Bärmann/Pick

Wohnungseigentumsgesetz

Wohnungseigentumsgesetz

Gesetz über das Wohnungseigentum
und das Dauerwohnrecht

Kommentar

mit Wohnungsgrundbuchverfügung,
Heizkostenverordnung, Energieeinsparverordnung,
Wohnflächenverordnung, Betriebskostenverordnung
sowie weiteren das Wohnungseigentum
betreffenden Gesetzen und Verordnungen

von

ECKHART PICK

Dr. jur., Professor an der Universität Mainz,
Parlamentarischer Staatssekretär a. D.

19., völlig neu bearbeitete Auflage
des von JR Prof. Dr. Johannes Bärmann †
begründeten Werks

Verlag C. H. Beck München 2010

Verlag C. H. Beck im Internet:
beck.de

ISBN 978 3 406 60014 2

© 2010 Verlag C. H. Beck oHG
Wilhelmstraße 9, 80801 München
Satz: Druckerei C. H. Beck Nördlingen
(Adresse wie Verlag)
Druck: CPI books GmbH, Birkstraße 10, 25917 Leck

Gedruckt auf säurefreiem, alterungsbeständigem Papier
(hergestellt aus chlorfrei gebleichtem Zellstoff)

Vorwort zur 19. Auflage

Die vorliegende Auflage ist gegenüber der 18. Auflage gründlich überarbeitet. Sie enthält insbesondere die Ergebnisse von Rechtsprechung und Literatur zur Bewältigung der durch die Reform des WEG 2007 gelösten oder ausgelösten gegebenenfalls bisher ungelösten Rechtsfragen. Letzteres ist übrigens Normalität in der Folge einer umfangreichen Gesetzesänderung. Festzustellen ist, dass die aktuellen Probleme erstens lösbar sind und zweitens in den Verfahren durchweg sachgerecht entschieden wurden.

Der gelegentlich erhobene Ruf nach dem Gesetzgeber als Revisor seiner Reform erscheint jedenfalls verfrüht.

Der 19. Auflage des Kommentars wurde der noch der Vorauflage beigefügte Ergänzungsband mit den Materialien zur WEG-Reform 2007 nicht mehr mitgegeben. Er bleibt nichts desto weniger, wie die Begründungen der Gerichte zeigen, notwendiges Instrument, um die Motive des Gesetzgebers zu berücksichtigen. Wegen dieser Aktualität sollte der Ergänzungsband auch die Neuauflage begleiten (es wird daher geraten, jedenfalls den Ergänzungsband zur 18. Aufl. keinesfalls wegzuwerfen).

Die Bearbeitung enthält Literatur und Rechtsprechung mit dem Stand zum 1. Februar 2010.

Mainz, im März 2010 Prof. Dr. Eckhart Pick

Inhaltsübersicht

Inhaltsverzeichnis	IX
Abkürzungs- und Literaturverzeichnis	XIII
Text des WEG (Stand 1. 7. 2007)	1

Wohnungseigentumsgesetz
– Kommentar –

Einleitung	31
I. Teil. Wohnungseigentum	55
1. Abschnitt. Begründung des Wohnungseigentums	70
2. Abschnitt. Gemeinschaft der Wohnungseigentümer	153
3. Abschnitt. Verwaltung	370
4. Abschnitt. Wohnungserbbaurecht	603
II. Teil. Dauerwohnrecht	609
III. Teil. Verfahrensvorschriften	653
IV. Teil. Ergänzende Bestimmungen	707

Anhang

I. Ergänzende Vorschriften	715
II. Änderungen des ZVG, der ZPO und des GKG	807
III. Gesetze mit Bezug auf das Wohnungseigentum	814
Sachregister	851

Inhaltsverzeichnis

Abkürzungs- und Literaturverzeichnis XIII
Text des WEG (Stand 1. 7. 2007) 1

Gesetz über das Wohnungseigentum und das Dauerwohnrecht (Wohnungseigentumsgesetz)

Einleitung 31

I. Teil. Wohnungseigentum

§ 1 Begriffsbestimmungen 55

1. Abschnitt. Begründung des Wohnungseigentums

§ 2 Arten der Begründung 70
§ 3 Vertragliche Einräumung von Sondereigentum 75
§ 4 Formvorschriften 95
§ 5 Gegenstand und Inhalt des Sondereigentums 102
§ 6 Unselbstständigkeit des Sondereigentums 120
§ 7 Grundbuchvorschriften 123
§ 8 Teilung durch den Eigentümer 138
§ 9 Schließung der Wohnungsgrundbücher 150

2. Abschnitt. Gemeinschaft der Wohnungseigentümer

Vorbemerkung zu § 10 153
§ 10 Allgemeine Grundsätze 170
§ 11 Unauflöslichkeit der Gemeinschaft 202
§ 12 Veräußerungsbeschränkung 207
Vorbemerkung zu § 13 222
§ 13 Rechte des Wohnungseigentümers 225
§ 14 Pflichten des Wohnungseigentümers 257
§ 15 Gebrauchsregelung 274
§ 16 Nutzungen, Lasten und Kosten 307
§ 17 Anteil bei Aufhebung der Gemeinschaft 360
§ 18 Entziehung des Wohnungseigentums 362
§ 19 Wirkung des Urteils 371

3. Abschnitt. Verwaltung

Vorbemerkung zu § 20 374
§ 20 Gliederung der Verwaltung 377

Inhalt

§ 21 Verwaltung durch die Wohnungseigentümer	379
§ 22 Besondere Aufwendungen, Wiederaufbau	419
§ 23 Wohnungseigentümerversammlung	460
§ 24 Einberufung, Vorsitz, Niederschrift	484
§ 25 Mehrheitsbeschluss	500
§ 26 Bestellung und Abberufung des Verwalters	522
§ 27 Aufgaben und Befugnisse des Verwalters	548
§ 28 Wirtschaftsplan, Rechnungslegung	579
§ 29 Verwaltungsbeirat	604

4. Abschnitt. Wohnungserbbaurecht

§ 30 Wohnungserbbaurecht	611

II. Teil. Dauerwohnrecht

Vorbemerkung zu § 31	617
§ 31 Begriffsbestimmungen	620
§ 32 Voraussetzungen der Eintragung	628
§ 33 Inhalt des Dauerwohnrechts	632
§ 34 Ansprüche des Eigentümers und der Dauerwohnberechtigten	639
§ 35 Veräußerungsbeschränkung	640
§ 36 Heimfallanspruch	641
§ 37 Vermietung	646
§ 38 Eintritt in das Rechtsverhältnis	647
§ 39 Zwangsversteigerung	651
§ 40 Haftung des Entgelts	653
§ 41 Besondere Vorschriften für langfristige Dauerwohnrechte	656
§ 42 Belastung eines Erbbaurechts	658

III. Teil. Verfahrensvorschriften

Einführung zum III. Teil	661
Vorbemerkung zu § 43	661
§ 43 Zuständigkeit	674
§ 44 Bezeichnung der Wohnungseigentümer in der Klageschrift	697
§ 45 Zustellung	699
§ 46 Anfechtungsklage	702
§ 47 Prozessverbindung	705
§ 48 Beiladung, Wirkung des Urteils	707
§ 49 Kostenentscheidung	710

Inhalt

§ 50 Kostenerstattung ... 713
§§ 51–58 *(aufgehoben)* ... 716

IV. Teil. Ergänzende Bestimmungen

§ 59 (aufgehoben) ... 717
§ 60 Ehewohnung (aufgehoben) ... 717
§ 61 [Veräußerung ohne Zustimmung] ... 717
§ 62 Übergangsvorschrift ... 720
§ 63 Überleitung bestehender Rechtsverhältnisse ... 723
§ 64 Inkrafttreten ... 724

Anhang

I. Ergänzende Vorschriften

Übersicht ... 725
1. Allgemeine Verwaltungsvorschrift für die Ausstellung von Bescheinigungen gemäß § 7 Abs. 4 Nr. 2 und § 32 Abs. 2 Nr. 2 des Wohnungseigentumsgesetzes ... 726
2. Verordnung über die Anlegung und Führung der Wohnungs- und Teileigentumsgrundbücher (Wohnungsgrundbuchverfügung – WGV) ... 729
2 a. Sondervorschriften für das Gebiet der ehemaligen DDR im Rahmen der Verfügung über die grundbuchmäßige Behandlung der Wohnungseigentumssachen. Einigungsvertrag – Auszug – ... 745
2 b. Einführungsgesetz zur Insolvenzordnung (EGInsO) – Auszug – ... 745
3. Entwurf eines Gesetzes zur Änderung des Wohnungseigentumsgesetzes und anderer Gesetze (siehe Ergänzungsband zur 18. Auflage) ... 746
3 a. Verordnung zur Berechnung der Wohnfläche (Wohnflächenverordnung – WoFlV) ... 746
4. Verordnung über wohnungswirtschaftliche Berechnungen (Zweite Berechnungsverordnung – II. BV) – Auszug – ... 749
4 a. Verordnung über die Aufstellung von Betriebskosten (Betriebskostenverordnung – BetrKV) ... 760
5. Verordnung über die verbrauchsabhängige Abrechnung der Heiz- und Warmwasserkosten (Verordnung über Heizkostenabrechnung – HeizkostenV) ... 764
6. Gesetz zur Einsparung von Energie in Gebäuden (Energieeinsparungsgesetz – EnEG) ... 772

Inhalt

6 a. Verordnung über energiesparenden Wärmeschutz und energiesparende Anlagentechnik bei Gebäuden (Energieeinsparverordnung – EnEV) 778
7. Baugesetzbuch (BauGB) – Auszug – 803

II. WEG-relevante Regelungen des ZVG, der ZPO und des GKG

1. Gesetz über die Zwangsversteigerung und Zwangsverwaltung (ZVG) – Auszug – 807
2. Gerichtsverfassungsgesetz (GVG) – Auszug –.............. 810
2 a. Zentrale Berufungs- und Beschwerdegerichte für Streitigkeiten nach § 43 Nr. 1 bis 4 und 6 WEG (§ 72 Abs. 2 GVG)... 812
3. Gerichtskostengesetz (GKG) – Auszug – 813

III. Gesetze mit Bezug auf das Wohnungseigentum

Übersicht 814
1. Mietrecht – Auszug aus dem BGB – 814
1 a. Wohnungsvermittlungs(regelungs)gesetz 820
2. Verjährung und Allgemeines Schuldrecht – Auszug aus dem BGB – 824
3. Formvorschriften – Auszug aus dem BGB – 840
4. Gesetz zur Beendigung der Diskriminierung gleichgeschlechtlicher Lebenspartnerschaften (LPartG) – Auszug – 841
5. Verordnung über die Pflichten der Makler, Darlehens- und Anlagevermittler, Bauträger und Baubetreuer (Makler- und Bauträgerverordnung – MaBV) – Auszug – 842
6. Bauhandwerkersicherung – § 648 a BGB – 844
7. Beschleunigung fälliger Zahlungen – Auszug aus dem BGB – 846
8. Verordnung über Abschlagszahlungen bei Bauträgerverträgen – Auszug – 849

Sachregister... 851

Abkürzungs- und Literaturverzeichnis

a. A.	anderer Ansicht
a. F.	alte Fassung
AG	Amtsgericht
AktG	Aktiengesetz vom 6. 9. 1965
AkZ	Zeitschrift der Akademie für Deutsches Recht
Allg.VV	Allgemeine Verwaltungsvorschrift für die Ausstellung von Bescheinigungen gemäß § 7 Abs. 4 Nr. 2 und § 32 Abs. 2 Nr. 2 WEG
a. M.	anderer Meinung
Anm.	Anmerkung
Anwkomm	Anwaltskommentar, Bd. 3, Sachenrecht, 2003; WEG, bearb. von *Heinemann* und *Schultzky*
AV	Ausführungsverordnung
Bärmann, Wohnungseigentum	Kurzlehrbuch, 1991 (zit. Wohnungseigentum)
Bärmann – Bearbeiter	*Bärmann*, Kommentar zum WEG, 10. Aufl. 2008 (zitiert als *Bärmann/Bearbeiter*)
Bärmann, FG	*Bärmann*, Freiwillige Gerichtsbarkeit und Notarrecht, 1968
Bärmann/Seuß	*Bärmann/Seuß*, Praxis des Wohnungseigentums, 4. Aufl. 1996, Erg. 1998
Bamberger/Roth	BGB, Band 3, 2. Aufl. 2008; WEG, bearb. von *Hügel*
BAnz	Bundesanzeiger
BadAGBGB	Badisches Ausführungsgesetz zum BGB
BauGB	Baugesetzbuch v. 8. 12. 1986 i. d. F. d. Bek. v. 23. 9. 2004
Baumbach/Lauterbach/ Albers/Hartmann	Zivilprozessordnung, 67. Aufl. 2009
BayAGBGB	Bayerisches Ausführungsgesetz zum BGB
BayObLG	Bayerisches Oberstes Landesgericht
BayObLGZ	Entscheidungen des Bayerischen Obersten Landesgerichts in Zivilsachen (jetzt in OLG/OLGR)
BBauG	Bundesbaugesetz (in das BauGB übernommen)
Bd.	Band
BetrKV	Verordnung über die Aufstellung von Betriebskosten (Betriebskostenverordnung) v. 25. 11. 2003
BewG	Bewertungsgesetz v. 1. 2. 1991 i. d. F. d. G. v. 20. 12. 2001

Abkürzungen

Abk. und Literatur

BFH	Bundesfinanzhof
BGB	Bürgerliches Gesetzbuch v. 18. 8. 1896
BGBl.	Bundesgesetzblatt
Blank/Börstinghaus	Miete, 3. Aufl. 2008
BlGBW	Blätter für Grundstücks-, Bau- und Wohnungsrecht (Zeitschrift)
Boeckh	Wohnungseigentumsrecht, 2007
BR	Bundesrat
BReg	Bundesregierung
BStBl.	Bundessteuerblatt
BT	Deutscher Bundestag
BT-Drs.	Bundestagsdrucksache
Bub/von der Osten	Wohnungseigentum von A–Z, 7. Aufl. 2004 (Nachtrag 2007)
Bub, Rew.	Das Finanz- und Rechnungswesen der Wohnungseigentümergemeinschaft, 2. Aufl. 1996
Büro	Das Büro
BV	II. Berechnungsverordnung i. d. F. v. 12. 10. 1990
BVerfG	Bundesverfassungsgericht
BWNotZ	Zeitschrift für das Notariat in Baden-Württemberg
Cc.	Code civil
DB	Der Betrieb (Zeitschrift)
Deckert/Bearb.	Die Eigentumswohnung, Loseblattausgabe
Demharter	Grundbuchordnung, 26. Aufl. 2008
DerWEer	Der Wohnungseigentümer (Zeitschrift)
Diester	Kommentar zum WEG, 1952
Diester Rspr	Die Rechtsprechung zum WEG, 1967
DJ	Deutsche Justiz
DNotZ	Deutsche Notarzeitschrift, auch Zeitschrift des Deutschen Notarvereins
DNR	Dauernutzungsrecht
DOfNot	Dienstordnung für Notare
DR	Deutsches Recht
Drasdo	Die Eigentümerversammlung nach WEG, 4. Aufl. 2009
Drs.	Drucksache
DRZ	Deutsche Rechtszeitschrift
DVBl.	Deutsches Verwaltungsblatt
DVO	Durchführungsverordnung
DWE	Der Wohnungseigentümer (Zeitschrift)
DWR	Dauerwohnrecht
DWW	Deutsche Wohnungswirtschaft

Abkürzungen

EG	Einführungsgesetz
EGBGB	Einführungsgesetz zum Bürgerlichen Gesetzbuch v. 18. 8. 1896
Eigenwohner	Der Eigenwohner; jetzt: Wohnungseigentum (Zeitschrift)
Einl.	Einleitung (vor § 1)
EnEG	Energieeinsparungsgesetz i. d. F. v. 1. 9. 2005
EnEV	Energieeinsparverordnung i. d. F. v. 2. 12. 2004
ErbR	Erbbaurecht
ErbRVO	Verordnung über das Erbbaurecht v. 15. 1. 1919
Erman	BGB, Kommentar, 11. Aufl. 2004; WEG bearbeitet von *Ganten*
EStG	Einkommensteuergesetz
EW	Eigentumswohnung
Fehmel	Hausratsverordnung, 1986
FernabsG	Fernabsatzgesetz v. 27. 6. 2000
fG	Freiwillige Gerichtsbarkeit
FGG	Reichsgesetz über die Angelegenheiten der Freiwilligen Gerichtsbarkeit v. 17. 5. 1898
FGPrax	Praxis der Freiwilligen Gerichtsbarkeit (Zeitschrift)
FinMin	Finanzminister(ium)
Fn.	Fußnote
Formularbuch	siehe *Bärmann/Seuß*
Fritz	Gewerberaummietrecht, 4. Aufl. 2005, i. V. 5. Aufl.
G	Gesetz
GBA	Grundbuchamt
GBO	Grundbuchordnung i. d. F. v. 26. 5. 1994
GBR	Gesellschaft des Bürgerlichen Rechts
GemE	Gemeinschaftseigentum
GemMinBl.	Gemeinsames Ministerialblatt des Bundesministers des Innern, des Bundesministers für Vertriebene, des Bundesministers für Wohnungsbau, des Bundesministers für Angelegenheiten des Bundesrates
GemO	Gemeinschaftsordnung
GG	Grundgesetz
ggf.	gegebenenfalls
GmbHG	Gesetz betr. die Gesellschaft mit beschränkter Haftung
Gottschalg	Die Haftung von Verwalter und Beirat in der Wohnungseigentümergemeinschaft, 3. Aufl. 2009

Abkürzungen

Gramlich	Mietrecht, 10. Aufl. 2007
GrundbVfg.	Allgemeine Verfügung über die Einrichtung und Führung des Grundbuches (Grundbuchverfügung) i. d. F. v. 24. 1. 1995
GrStG	Grundsteuergesetz
Grundeigentum	Das Grundeigentum (Zeitschrift)
GuT	Gewerbemiete und Teileigentum
GVBl.	Gesetz- und Verordnungsblatt (Bayern, Hessen, Schleswig-Holstein oder Rheinland-Pfalz)
GVG	Gerichtsverfassungsgesetz i. d. F. v. 9. 5. 1975 i. d. F. der Änderung vom 13. 4. 2007
GWW	Gemeinnütziges Wohnungswesen (Zeitschrift)
Hartmann	Kostengesetze, 39. Aufl. 2009
HausratsVO	Verordnung über die Behandlung der Ehewohnung und des Hausrats nach der Scheidung (aufgehoben; jetzt §§ 1568a, b BGB)
Hess. AGBGB	Hessisches Ausführungsgesetz zum BGB
HGB	Handelsgesetzbuch v. 10. 5. 1897
h. M.	herrschende Meinung
HRVO	Hausratsverordnung v. 21. 10. 1944
Hs	Halbsatz
Hügel/Elzer	Das neue WEG-Recht, 2007
i. d. F. v.	in der Fassung vom
i. F.	in Form
i. G.	im Gegensatz
immo-telex	Informationsdienst für alle Themenbereiche der Wirtschaft
i. S.	im Sinne
InsO	Insolvenzordnung
i. Zw.	im Zweifel
Jennißen	Die Verwalterabrechnung nach dem Wohnungseigentumsgesetz, 6. Aufl. 2009
Jennißen, WEG-Verw.	Der WEG-Verwalter – Handbuch für Verw. u. Beirat, 2007
Jennißen-Bearb.	WEG, 2007
JMBl.NRW	Justizministerialblatt für das Land Nordrhein-Westfalen
Jur.Büro	Juristisches Büro (Zeitschrift)
Justiz	Die Justiz (Zeitschrift)
JW	Juristische Wochenschrift
JZ	Juristen-Zeitung
Keidel/Bearbeiter	Freiwillige Gerichtsbarkeit, 2009
KG	Kammergericht, Kommanditgesellschaft

Abkürzungen

KGJ	Jahrbuch für Entscheidungen des Kammergerichts
KGJW	Entscheidungen des Kammergerichts, veröffentlicht in der Juristischen Wochenschrift
Kirchhoff, Ulrike	Wohnungseigentum in Frage und Antwort, 2007
Klaßen/Eiermann	Das Mandat in WEG-Sachen, 3. Aufl. 2008
Kleine-Möller/Merl	Handbuch des privaten Baurechts, 4. Aufl. 2009
Köhler	Das neue WEG, 2007
Köhler/Bassenge	Anwaltshandbuch Wohnungseigentumsrecht, 2. Aufl. 2009
KostO	Gesetz über die Kosten in Angelegenheiten der freiwilligen Gerichtsbarkeit (Kostenordnung) v. 26. 7. 1957
Kreuzer	Die Gemeinschaftsordnung nach dem WEG, 2005
KTS	Zeitschrift für Konkurs-, Treuhand- und Schiedsgerichtswesen
Kümmel/Becker/Ott	Wohnungseigentumsrecht, 2004
Kunz/Butz/Wiedemann	Kommentar zum Heimgesetz, 10. Aufl. 2004
Lammel	Kommentar zur Heizkostenverordnung, 2. Aufl. 2004 (3. Aufl. i. V.)
Locher	Das private Baurecht, 7. Aufl. 2005
LS	Leitsatz
LZ	Leipziger Zeitschrift
MaBV	Makler- und Bauträgerverordnung i. d. F. der Bek. v. 7. 11. 1990
Maletz	Grundstücks- und Wohnungskauf von A–Z, 2. Aufl. 2007
MDR	Monatsschrift für Deutsches Recht
ME	Miteigentum
MietR-kom	Mietrecht kompakt (Zeitschrift)
MietRRG	Mietrechtsreformgesetz
MittBayNot	Mitteilungen des Bayerischen Notarvereins, der Notarkasse und der Landesnotarkammer Bayern
MittRhNotK	Mitteilungen der Rheinischen Notarkammer
MK-*Bearb.*	Münchener Kommentar zum BGB, Band 6, Sachenrecht, 5. Aufl. 2009; WEG, bearb. von *Commichau* und *Engelhardt*
Müller	Praktische Fragen des Wohnungseigentums, NJW-Schriftenreihe (H. 43), 4. Aufl. 2004
Müller/Bearb.	Wohnungseigentumsrecht, Formularbuch, 2007
Munzig	Teilungserklärung und Gemeinschaftsordnung, 2. Aufl. 2008
m. W.	mit Wirkung
m. w. N.	mit weiteren Nachweisen

Abkürzungen Abk. und Literatur

NdsRpfl.	Niedersächsische Rechtspflege (Zeitschrift)
n. F.	neue Fassung
Niedenführ/Kümmel/Vandenhouten	Wohnungseigentumsgesetz, 9. Aufl. 2009
NJOZ	Neue Jusristische Online-Zeitschrift
NJW	Neue Juristische Wochenschrift
NJWE-MietR	NJW-Entscheidungsdienst Miet- und Wohnungsrecht (Zeitschrift)
NJW-RR	NJW-Rechtsprechungs-Report (Zivilrecht)
NJW-Spezial	Zeitschrift
Nr.	Nummer
NRW	Nordrhein-Westfalen
NVwZ-RR	Neue Zeitschrift für Verwaltungsrecht – Rechtsprechungs-Report
NZM	Neue Zeitschrift für Miet- und Wohnungsrecht
OHG	Offene Handelsgesellschaft
OLG	Oberlandesgericht bzw. Die Rechtspr. der OLGe, Band und Seite
OLGR	OLG-Report (getrennt für jedes OLG)
OLGZ	Entscheidungen der Oberlandesgerichte in Zivilsachen
OVG	Oberverwaltungsgericht
Palandt/Bearbeiter	Kommentar zum Bürgerlichen Gesetzbuch von Palandt, 69. Aufl. 2010; WEG bearbeitet von Bassenge
PIG	Partner im Gespräch (Schriftenreihe des Evangelischen Siedlungswerkes in Deutschland, Bd. und Seite, ab 2009 ZWE)
PKH	Prozesskostenhilfe
RG	Reichsgericht, auch amtliche Sammlung der RG-Rechtsprechung in Zivilsachen
RGBl.	Reichsgesetzblatt
RGRK	Kommentar der Reichsgerichtsräte zum BGB, 12. Aufl. 1983, WEG, bearbeitet von *Augustin*
Riecke/Schmid	Wohnungseigentumsrecht, Fachanwaltskommentar, 2. Aufl. 2008
Röll/Sauren	Handbuch für Wohnungseigentümer und Verwalter, 8. Aufl. 2002
Rn	Randnummer
RNotZ	Rheinische Notar-Zeitschrift (bis 2000: RhNK)
Rpfleger	Der Deutsche Rechtspfleger (Zeitschrift)
RPK	Recht und Praxis der Kapitalanlage (Informationsdienst)
RVG	Rechtsanwaltsvergütungsgesetz
Rz.	Randziffer

Abkürzungen

S.	siehe bzw. Seite oder Satz
s. a.	siehe auch
SächsArch	Sächsisches Archiv
Sauren	Wohnungseigentumsgesetz (WEG), 5. Aufl. 2008
Sauren	WEG-Verwalter, 4. Aufl. 2009
Scheif	Beck-Ratgeber, Lexikon für Wohnungseigentümer, 1998
SchlHA	Schleswig-Holsteinische Anzeigen (Zeitschrift)
Schmid/Kahlen	Wohnungseigentumsgesetz, 2007
SE	Sondereigentum
Seuß/Jennißen	Die Eigentumswohnung, 12. Aufl. 2008
SJZ	Süddeutsche Juristenzeitung
Soergel	Soergel, Kommentar zum BGB, Bd. 6, 12. Aufl. 1990; WEG bearbeitet von *Stürner*
Spark	Sparkasse (Zeitschrift); 13. Aufl. 2000 ff.
StädtebaufördG	Städtebauförderungsgesetz (in das BauGB aufgenommen)
Stat. BA	Statistisches Bundesamt
Staudinger	Staudinger, Kommentar zum BGB, 13. Aufl. 1993 ff.; WEG bearbeitet von *Bub, Kreuzer, Rapp, Spiegelberger, Stuhrmann, Wenzel* (2005)
str.	streitig
st. Rspr.	ständige Rechtsprechung
T	Teil
TE	Teileigentum
Thomas/Putzo/Bearbeiter	ZPO, 29. Aufl. 2008
Tresper	Wohnungseigentum in der Praxis (vorm. *Koepp*), 5. Aufl. 1983
UWG	Gesetz gegen den unlauteren Wettbewerb v. 7. 6. 1909
VermStG	Vermögensteuergesetz
vgl.	vergleiche
VO	Verordnung
Vorb.	Vorbemerkung
VV	Vergütungsverzeichnis (i. V. m. RVG)
WE	Wohnungseigentum; mit Jahrgang u. Seite = Wohnungseigentum (Zeitschrift)
WEer	Wohnungseigentümer
WEG	Gesetz über das Wohnungseigentum und das Dauerwohnrecht (Wohnungseigentumsgesetz) v. 15. 3. 1951
WEG-ÄndG	Wohnungseigentumsänderungsgesetz (= Gesetz zur Änderung des Wohnungseigentumsgesetzes und anderer Gesetze v. 26. 3. 2007 (BGBl. I S. 370; nichtamtl. Abkürzung durch Verf.)

Abkürzungen

Abk. und Literatur

Weitnauer/Bearbeiter	*Weitnauer,* Kommentar zum WEG, 9. Aufl. 2005 (Bearbeiter: *Briesemeister, Gottschalg, Lüke, Mansel* sowie *Maus* und *Wilhelmy*)
WEM	Wohnungseigentümer-Magazin (Zeitschrift)
WERS	Wohnungseigentumsrechtsammlung
WEZ	Zeitschrift für Wohnungseigentumsrecht (erschienen 1987/8)
WGV	Verfügung über die grundbuchmäßige Behandlung der Wohnungseigentumssachen v. 1. 8. 1951 (BAnz. Nr. 152), mehrfach geändert
Wienecke	WEG, Kommentar, 1974
WoBauG	2. Wohnungsbaugesetz (aufgehoben)
WoFG	Wohnraumförderungsgesetz v. 13. 9. 2001
WoFlV	Verordnung zur Berechnung der Wohnfläche (Wohnflächenverordnung) v. 25. 11. 2003
WohngeldG	Wohngeldgesetz i. d. F. v. 19. 10. 2001
Wohnung und Haus	Zeitschrift (Jahr u. Seite)
Wolff/Raiser	In: *Enneccerus,* Lehrbuch des Bürgerlichen Rechts, III. Band, Sachenrecht, 10. Aufl. 1957
WoPG	Wohnungsbau-Prämiengesetz i. d. F. v. 29. 12. 2003
WoVermG	Wohnungsvermittlungsgesetz v. 4. 11. 1971 i. d. F. v. 9. 12. 2004
WsErbbR	Wohnungserbbaurecht
Ws-Grundbuch	Wohnungsgrundbuch
WuM	Wohnungswirtschaft und Mietrecht (Zeitschrift)
ZdWBay	Wohnen, Zeitschrift der Wohnungswirtschaft Bayern
ZflR	Zeitschrift für Immobilienrecht
ZIP	Zeitschrift für Wirtschaftsrecht und Insolvenzpraxis
ZMR	Zeitschrift für Miet- und Raumrecht
ZPO	Zivilprozessordnung
zug.	zugunsten
ZVG	Gesetz über die Zwangsversteigerung und die Zwangsverwaltung i. d. F. des G. v. 29. 7. 2009 (BGBl. I S. 2258)
ZWE	Zeitschrift für Wohnungseigentumsrecht (bis 2003 Zeitschrift für Wohnungseigentum)

Text

Gesetz über das Wohnungseigentum und das Dauerwohnrecht (Wohnungseigentumsgesetz)

Vom 15. März 1951

(BGBl. I S. 175, ber. S. 209)

Geändert durch Gesetz über Maßnahmen auf dem Gebiete des Kostenrechts vom 7. 8. 1952 (BGBl. I S. 401), Gesetz zur Änderung und Ergänzung kostenrechtlicher Vorschriften vom 26. 7. 1957 (BGBl. I S. 861), Gesetz zur Änderung des Bürgerlichen Gesetzbuches und anderer Gesetze vom 30. 5. 1973 (BGBl. I S. 501), Gesetz zur Änderung des Wohnungseigentumsgesetzes und der Verordnung über das Erbbaurecht vom 30. 7. 1973 (BGBl. I S. 910), Gesetz zur Erhöhung von Wertgrenzen in der Gerichtsbarkeit vom 8. 12. 1982 (BGBl. I S. 1615), Steuerbereinigungsgesetz 1985 vom 14. 12. 1984 (BGBl. I S. 1493), Rechtspflegevereinfachungsgesetz vom 17. 12. 1990 (BGBl. I S. 2847), Gesetz zur Beseitigung von Hemmnissen bei der Privatisierung von Unternehmen und zur Förderung von Investitionen vom 22. 3. 1991 (BGBl. I S. 766), Gesetz zur Entlastung der Rechtspflege vom 11. 1. 1993 (BGBl. I S. 50), Gesetz zur Heilung des Erwerbs von Wohnungseigentum vom 3. 1. 1994 (BGBl. I S. 66), Kostenrechtsänderungsgesetz 1994 vom 24. 6. 1994 (BGBl. I S. 1325), Einführungsgesetz zur Insolvenzordnung vom 5. 10. 1994 (BGBl. I S. 2911), Gesetz über Fernabsatzverträge und andere Fragen des Verbraucherrechts sowie zur Umstellung von Vorschriften auf Euro vom 27. 6. 2000 (BGBl. I S. 897, ber. 1139), Gesetz zur Neuordnung des Gerichtsvollzieherkostenrechts vom 19. 4. 2001 (BGBl. I S. 623), Gesetz zur Neugliederung, Vereinfachung und Reform des Mietrechts vom 19. 6. 2001 (BGBl. I S. 1149), Gesetz zur Anpassung von Formvorschriften des Privatrechts und anderer Vorschriften an den modernen Rechtsgeschäftsverkehr vom 13. 7. 2001 (BGBl. I S. 1542), Gesetz zur Reform des Zivilprozesses vom 27. 7. 2001 (BGBl. I S. 1887), Siebente Zuständigkeitsanpassungs-Verordnung vom 29. 10. 2001 (BGBl. I S. 2785), Art. 25 Abs. 10 des Gesetzes zur Änderung des Rechts der Vertretung durch Rechtsanwälte vor den Oberlandesgerichten (OLG-Vertretungsänderungsgesetz) vom 23. 7. 2002 (BGBl. I S. 2850), Art. 4 Nr. 36 des Gesetzes zur Modernisierung des Kostenrechts/Kostenrechtsmodernisierungsgesetz – KostRMoG – vom 5. 5. 2004 (BGBl. I S. 718), Gesetz zur Änderung des Wohnungseigentumsgesetzes und anderer Gesetze vom 26. 3. 2007 (BGBl. I S. 370 mit Ändg. durch Art. 4 des Gesetzes vom 13. 4. 2007, BGBl. I S. 509)[1], Art. 8 des Gesetzes zur Änderung des Zugewinnausgleichs- und Vormundschaftsrechts vom 6. 7. 2009 (BGBl. I S. 1696) und Art. 9 des Gesetzes zur Reform des Kontopfändungsschutzes vom 7. 7. 2009 (BGBl. I S. 1707)

(BGBl. III/FNA 403–1)

I. Teil. Wohnungseigentum

§ 1 Begriffsbestimmungen

(1) Nach Maßgabe dieses Gesetzes kann an Wohnungen das Wohnungseigentum, an nicht zu Wohnzwecken dienenden Räumen eines Gebäudes das Teileigentum begründet werden.

---

[1] Die Änderungen durch das WEG-ÄndG sind am 1. 7. 2007 in Kraft getreten.

(2) Wohnungseigentum ist das Sondereigentum an einer Wohnung in Verbindung mit dem Miteigentumsanteil an dem gemeinschaftlichen Eigentum, zu dem es gehört.

(3) Teileigentum ist das Sondereigentum an nicht zu Wohnzwecken dienenden Räumen eines Gebäudes in Verbindung mit dem Miteigentumsanteil an dem gemeinschaftlichen Eigentum, zu dem es gehört.

(4) Wohnungseigentum und Teileigentum können nicht in der Weise begründet werden, daß das Sondereigentum mit Miteigentum an mehreren Grundstücken verbunden wird.

(5) Gemeinschaftliches Eigentum im Sinne dieses Gesetzes sind das Grundstück sowie die Teile, Anlagen und Einrichtungen des Gebäudes, die nicht im Sondereigentum oder im Eigentum eines Dritten stehen.

(6) Für das Teileigentum gelten die Vorschriften über das Wohnungseigentum entsprechend.

1. Abschnitt. Begründung des Wohnungseigentums

§ 2 Arten der Begründung

Wohnungseigentum wird durch die vertragliche Einräumung von Sondereigentum (§ 3) oder durch Teilung (§ 8) begründet.

§ 3 Vertragliche Einräumung von Sondereigentum

(1) Das Miteigentum (§ 1008 des Bürgerlichen Gesetzbuches) an einem Grundstück kann durch Vertrag der Miteigentümer in der Weise beschränkt werden, daß jedem der Miteigentümer abweichend von § 93 des Bürgerlichen Gesetzbuches das Sondereigentum an einer bestimmten Wohnung oder an nicht zu Wohnzwecken dienenden bestimmten Räumen in einem auf dem Grundstück errichteten oder zu errichtenden Gebäude eingeräumt wird.

(2) [1]Sondereigentum soll nur eingeräumt werden, wenn die Wohnungen oder sonstigen Räume in sich abgeschlossen sind. [2]Garagenstellplätze gelten als abgeschlossene Räume, wenn ihre Flächen durch dauerhafte Markierungen ersichtlich sind.

§ 4 Formvorschriften

(1) Zur Einräumung und zur Aufhebung des Sondereigentums ist die Einigung der Beteiligten über den Eintritt der Rechtsänderung und die Eintragung in das Grundbuch erforderlich.

(2) ¹Die Einigung bedarf der für die Auflassung vorgeschriebenen Form. ²Sondereigentum kann nicht unter einer Bedingung oder Zeitbestimmung eingeräumt oder aufgehoben werden.

(3) Für einen Vertrag, durch den sich ein Teil verpflichtet, Sondereigentum einzuräumen, zu erwerben oder aufzuheben, gilt § 311 b Abs. 1 des Bürgerlichen Gesetzbuchs entsprechend.

§ 5 Gegenstand und Inhalt des Sondereigentums

(1) Gegenstand des Sondereigentums sind die gemäß § 3 Abs. 1 bestimmten Räume sowie die zu diesen Räumen gehörenden Bestandteile des Gebäudes, die verändert, beseitigt oder eingefügt werden können, ohne daß dadurch das gemeinschaftliche Eigentum oder ein auf Sondereigentum beruhendes Recht eines anderen Wohnungseigentümers über das nach § 14 zulässige Maß hinaus beeinträchtigt oder die äußere Gestaltung des Gebäudes verändert wird.

(2) Teile des Gebäudes, die für dessen Bestand oder Sicherheit erforderlich sind, sowie Anlagen und Einrichtungen, die dem gemeinschaftlichen Gebrauch der Wohnungseigentümer dienen, sind nicht Gegenstand des Sondereigentums, selbst wenn sie sich im Bereich der im Sondereigentum stehenden Räume befinden.

(3) Die Wohnungseigentümer können vereinbaren, daß Bestandteile des Gebäudes, die Gegenstand des Sondereigentums sein können, zum gemeinschaftlichen Eigentum gehören.

(4) ¹Vereinbarungen über das Verhältnis der Wohnungseigentümer untereinander können nach den Vorschriften des 2. und 3. Abschnittes zum Inhalt des Sondereigentums gemacht werden. ²Ist das Wohnungseigentum mit der Hypothek, Grund- oder Rentenschuld oder der Reallast eines Dritten belastet, so ist dessen nach anderen Rechtsvorschriften notwendige Zustimmung zu der Vereinbarung nur erforderlich, wenn ein Sondernutzungsrecht begründet oder ein mit dem Wohnungseigentum verbundenes Sondernutzungsrecht aufgehoben, geändert oder übertragen wird. ³Bei der Begründung eines Sondernutzungsrechts ist die Zustimmung des Dritten nicht erforderlich, wenn durch die Vereinbarung gleichzeitig das zu seinen Gunsten belastete Wohnungseigentum mit einem Sondernutzungsrecht verbunden wird.

§ 6 Unselbständigkeit des Sondereigentums

(1) Das Sondereigentum kann ohne den Miteigentumsanteil, zu dem es gehört, nicht veräußert oder belastet werden.

Text § 7 Wohnungseigentumsgesetz

(2) Rechte an dem Miteigentumsanteil erstrecken sich auf das zu ihm gehörende Sondereigentum.

§ 7 Grundbuchvorschriften

(1) [1]Im Falle des § 3 Abs. 1 wird für jeden Miteigentumsanteil von Amts wegen ein besonderes Grundbuchblatt (Wohnungsgrundbuch, Teileigentumsgrundbuch) angelegt. [2]Auf diesem ist das zu dem Miteigentumsanteil gehörende Sondereigentum und als Beschränkung des Miteigentums die Einräumung der zu den anderen Miteigentumsanteilen gehörenden Sondereigentumsrechte einzutragen. [3]Das Grundbuchblatt des Grundstücks wird von Amts wegen geschlossen.

(2) [1]Von der Anlegung besonderer Grundbuchblätter kann abgesehen werden, wenn hiervon Verwirrung nicht zu besorgen ist. [2]In diesem Falle ist das Grundbuchblatt als gemeinschaftliches Wohnungsgrundbuch (Teileigentumsgrundbuch) zu bezeichnen.

(3) Zur näheren Bezeichnung des Gegenstandes und des Inhalts des Sondereigentums kann auf die Eintragungsbewilligung Bezug genommen werden.

(4) [1]Der Eintragungsbewilligung sind als Anlagen beizufügen:
1. eine von der Baubehörde mit Unterschrift und Siegel oder Stempel versehene Bauzeichnung, aus der die Aufteilung des Gebäudes sowie die Lage und Größe der im Sondereigentum und der im gemeinschaftlichen Eigentum stehenden Gebäudeteile ersichtlich ist (Aufteilungsplan); alle zu demselben Wohnungseigentum gehörenden Einzelräume sind mit der jeweils gleichen Nummer zu kennzeichnen;
2. eine Bescheinigung der Baubehörde, daß die Voraussetzungen des § 3 Abs. 2 vorliegen.

[2]Wenn in der Eintragungsbewilligung für die einzelnen Sondereigentumsrechte Nummern angegeben werden, sollen sie mit denen des Aufteilungsplanes übereinstimmen. [3]Die Landesregierungen können durch Rechtsverordnung bestimmen, dass und in welchen Fällen der Aufteilungsplan (Satz 1 Nr. 1) und die Abgeschlossenheit (Satz 1 Nr. 2) von einem öffentlich bestellten oder anerkannten Sachverständigen für das Bauwesen statt von der Baubehörde ausgefertigt und bescheinigt werden. [4]Werden diese Aufgaben von dem Sachverständigen wahrgenommen, so gelten die Bestimmungen der Allgemeinen Verwaltungsvorschrift für die Ausstellung von Bescheinigungen gemäß § 7 Abs. 4 Nr. 2 und § 32 Abs. 2 Nr. 2 des Wohnungseigentumsgesetzes vom 19. März 1974 (BAnz. Nr. 58

vom 23. März 1974) entsprechend. [5]In diesem Fall bedürfen die Anlagen nicht der Form des § 29 der Grundbuchordnung. [6]Die Landesregierungen können die Ermächtigung durch Rechtsverordnung auf die Landesbauverwaltungen übertragen.

(5) Für Teileigentumsgrundbücher gelten die Vorschriften über Wohnungsgrundbücher entsprechend.

§ 8 Teilung durch den Eigentümer

(1) Der Eigentümer eines Grundstücks kann durch Erklärung gegenüber dem Grundbuchamt das Eigentum an dem Grundstück in Miteigentumsanteile in der Weise teilen, daß mit jedem Anteil das Sondereigentum an einer bestimmten Wohnung oder an nicht zu Wohnzwecken dienenden bestimmten Räumen in einem auf dem Grundstück errichteten oder zu errichtenden Gebäude verbunden ist.

(2) [1]Im Falle des Absatzes 1 gelten die Vorschriften des § 3 Abs. 2 und der §§ 5, 6, § 7 Abs. 1, 3 bis 5 entsprechend. [2]Die Teilung wird mit der Anlegung der Wohnungsgrundbücher wirksam.

§ 9 Schließung der Wohnungsgrundbücher

(1) Die Wohnungsgrundbücher werden geschlossen:
1. von Amts wegen, wenn die Sondereigentumsrechte gemäß § 4 aufgehoben werden;
2. auf Antrag sämtlicher Wohnungseigentümer, wenn alle Sondereigentumsrechte durch völlige Zerstörung des Gebäudes gegenstandslos geworden sind und der Nachweis hierfür durch eine Bescheinigung der Baubehörde erbracht ist;
3. auf Antrag des Eigentümers, wenn sich sämtliche Wohnungseigentumsrechte in einer Person vereinigen.

(2) Ist ein Wohnungseigentum selbständig mit dem Rechte eines Dritten belastet, so werden die allgemeinen Vorschriften, nach denen zur Aufhebung des Sondereigentums die Zustimmung des Dritten erforderlich ist, durch Absatz 1 nicht berührt.

(3) Werden die Wohnungsgrundbücher geschlossen, so wird für das Grundstück ein Grundbuchblatt nach den allgemeinen Vorschriften angelegt; die Sondereigentumsrechte erlöschen, soweit sie nicht bereits aufgehoben sind, mit der Anlegung des Grundbuchblatts.

2. Abschnitt. Gemeinschaft der Wohnungseigentümer

§ 10 Allgemeine Grundsätze

(1) Inhaber der Rechte und Pflichten nach den Vorschriften dieses Gesetzes, insbesondere des Sondereigentums und des gemeinschaftlichen Eigentums, sind die Wohnungseigentümer, soweit nicht etwas anderes ausdrücklich bestimmt ist.

(2) [1]Das Verhältnis der Wohnungseigentümer untereinander bestimmt sich nach den Vorschriften dieses Gesetzes und, soweit dieses Gesetz keine besonderen Bestimmungen enthält, nach den Vorschriften des Bürgerlichen Gesetzbuches über die Gemeinschaft. [2]Die Wohnungseigentümer können von den Vorschriften dieses Gesetzes abweichende Vereinbarungen treffen, soweit nicht etwas anderes ausdrücklich bestimmt ist. [3]Jeder Wohnungseigentümer kann eine vom Gesetz abweichende Vereinbarung oder die Anpassung einer Vereinbarung verlangen, soweit ein Festhalten an der geltenden Regelung aus schwerwiegenden Gründen unter Berücksichtigung aller Umstände des Einzelfalles, insbesondere der Rechte und Interessen der anderen Wohnungseigentümer, unbillig erscheint.

(3) Vereinbarungen, durch die die Wohnungseigentümer ihr Verhältnis untereinander in Ergänzung oder Abweichung von Vorschriften dieses Gesetzes regeln, sowie die Abänderung oder Aufhebung solcher Vereinbarungen wirken gegen den Sondernachfolger eines Wohnungseigentümers nur, wenn sie als Inhalt des Sondereigentums im Grundbuch eingetragen sind.

(4) [1]Beschlüsse der Wohnungseigentümer gemäß § 23 und gerichtliche Entscheidungen in einem Rechtsstreit gemäß § 43 bedürfen zu ihrer Wirksamkeit gegen den Sondernachfolger eines Wohnungseigentümers nicht der Eintragung in das Grundbuch. [2]Dies gilt auch für die gemäß § 23 Abs. 1 aufgrund einer Vereinbarung gefaßten Beschlüsse, die vom Gesetz abweichen oder eine Vereinbarung ändern.

(5) Rechtshandlungen in Angelegenheiten, über die nach diesem Gesetz oder nach einer Vereinbarung der Wohnungseigentümer durch Stimmenmehrheit beschlossen werden kann, wirken, wenn sie auf Grund eines mit solcher Mehrheit gefaßten Beschlusses vorgenommen werden, auch für und gegen die Wohnungseigentümer, die gegen den Beschluß gestimmt oder an der Beschlußfassung nicht mitgewirkt haben.

(6) [1]Die Gemeinschaft der Wohnungseigentümer kann im Rahmen der gesamten Verwaltung des gemeinschaftlichen Eigentums

gegenüber Dritten und Wohnungseigentümern selbst Rechte erwerben und Pflichten eingehen. ²Sie ist Inhaberin der als Gemeinschaft gesetzlich begründeten und rechtsgeschäftlich erworbenen Rechte und Pflichten. ³Sie übt die gemeinschaftsbezogenen Rechte der Wohnungseigentümer aus und nimmt die gemeinschaftsbezogenen Pflichten der Wohnungseigentümer wahr, ebenso sonstige Rechte und Pflichten der Wohnungseigentümer, soweit diese gemeinschaftlich geltend gemacht werden können oder zu erfüllen sind. ⁴Die Gemeinschaft muss die Bezeichnung „Wohnungseigentümergemeinschaft" gefolgt von der bestimmten Angabe des gemeinschaftlichen Grundstücks führen. ⁵Sie kann vor Gericht klagen und verklagt werden.

(7) ¹Das Verwaltungsvermögen gehört der Gemeinschaft der Wohnungseigentümer. ²Es besteht aus den im Rahmen der gesamten Verwaltung des gemeinschaftlichen Eigentums gesetzlich begründeten und rechtsgeschäftlich erworbenen Sachen und Rechten sowie den entstandenen Verbindlichkeiten. ³Zu dem Verwaltungsvermögen gehören insbesondere die Ansprüche und Befugnisse aus Rechtsverhältnissen mit Dritten und mit Wohnungseigentümern sowie die eingenommenen Gelder. ⁴Vereinigen sich sämtliche Wohnungseigentumsrechte in einer Person, geht das Verwaltungsvermögen auf den Eigentümer des Grundstücks über.

(8) ¹Jeder Wohnungseigentümer haftet einem Gläubiger nach dem Verhältnis seines Miteigentumsanteils (§ 16 Abs. 1 Satz 2) für Verbindlichkeiten der Gemeinschaft der Wohnungseigentümer, die während seiner Zugehörigkeit zur Gemeinschaft entstanden oder während dieses Zeitraums fällig geworden sind; für die Haftung nach Veräußerung des Wohnungseigentums ist § 160 des Handelsgesetzbuches entsprechend anzuwenden. ²Er kann gegenüber einem Gläubiger neben den in seiner Person begründeten auch die der Gemeinschaft zustehenden Einwendungen und Einreden geltend machen, nicht aber seine Einwendungen und Einreden gegenüber der Gemeinschaft. ³Für die Einrede der Anfechtbarkeit und Aufrechenbarkeit ist § 770 des Bürgerlichen Gesetzbuches entsprechend anzuwenden. ⁴Die Haftung eines Wohnungseigentümers gegenüber der Gemeinschaft wegen nicht ordnungsmäßiger Verwaltung bestimmt sich nach Satz 1.

§ 11 Unauflöslichkeit der Gemeinschaft

(1) ¹Kein Wohnungseigentümer kann die Aufhebung der Gemeinschaft verlangen. ²Dies gilt auch für eine Aufhebung aus wichtigem Grund. ³Eine abweichende Vereinbarung ist nur für den Fall

zulässig, daß das Gebäude ganz oder teilweise zerstört wird und eine Verpflichtung zum Wiederaufbau nicht besteht.

(2) Das Recht eines Pfändungsgläubigers (§ 751 des Bürgerlichen Gesetzbuchs) sowie das im Insolvenzverfahren bestehende Recht (§ 84 Abs. 2 der Insolvenzordnung), die Aufhebung der Gemeinschaft zu verlangen, ist ausgeschlossen.

(3) Ein Insolvenzverfahren über das Verwaltungsvermögen der Gemeinschaft findet nicht statt.

§ 12 Veräußerungsbeschränkung

(1) Als Inhalt des Sondereigentums kann vereinbart werden, daß ein Wohnungseigentümer zur Veräußerung seines Wohnungseigentums der Zustimmung anderer Wohnungseigentümer oder eines Dritten bedarf.

(2) ¹Die Zustimmung darf nur aus einem wichtigen Grunde versagt werden. ²Durch Vereinbarung gemäß Absatz 1 kann dem Wohnungseigentümer darüber hinaus für bestimmte Fälle ein Anspruch auf Erteilung der Zustimmung eingeräumt werden.

(3) ¹Ist eine Vereinbarung gemäß Absatz 1 getroffen, so ist eine Veräußerung des Wohnungseigentums und ein Vertrag, durch den sich der Wohnungseigentümer zu einer solchen Veräußerung verpflichtet, unwirksam, solange nicht die erforderliche Zustimmung erteilt ist. ²Einer rechtsgeschäftlichen Veräußerung steht eine Veräußerung im Wege der Zwangsvollstreckung oder durch den Insolvenzverwalter gleich.

(4) ¹Die Wohnungseigentümer können durch Stimmenmehrheit beschließen, dass eine Veräußerungsbeschränkung gemäß Absatz 1 aufgehoben wird. ²Diese Befugnis kann durch Vereinbarung der Wohnungseigentümer nicht eingeschränkt oder ausgeschlossen werden. ³Ist ein Beschluss gemäß Satz 1 gefasst, kann die Veräußerungsbeschränkung im Grundbuch gelöscht werden. ⁴Der Bewilligung gemäß § 19 der Grundbuchordnung bedarf es nicht, wenn der Beschluss gemäß Satz 1 nachgewiesen wird. ⁵Für diesen Nachweis ist § 26 Abs. 3 entsprechend anzuwenden.

§ 13 Rechte des Wohnungseigentümers

(1) Jeder Wohnungseigentümer kann, soweit nicht das Gesetz oder Rechte Dritter entgegenstehen, mit den im Sondereigentum stehenden Gebäudeteilen nach Belieben verfahren, insbesondere diese bewohnen, vermieten, verpachten oder in sonstiger Weise nutzen, und andere von Einwirkungen ausschließen.

Wohnungseigentumsgesetz §§ 14, 15 **Text**

(2) ¹Jeder Wohnungseigentümer ist zum Mitgebrauch des gemeinschaftlichen Eigentums nach Maßgabe der §§ 14, 15 berechtigt. ²An den sonstigen Nutzungen des gemeinschaftlichen Eigentums gebührt jedem Wohnungseigentümer ein Anteil nach Maßgabe des § 16.

§ 14 Pflichten des Wohnungseigentümers
Jeder Wohnungseigentümer ist verpflichtet:
1. die im Sondereigentum stehenden Gebäudeteile so instand zu halten und von diesen sowie von dem gemeinschaftlichen Eigentum nur in solcher Weise Gebrauch zu machen, daß dadurch keinem der anderen Wohnungseigentümer über das bei einem geordneten Zusammenleben unvermeidliche Maß hinaus ein Nachteil erwächst;
2. für die Einhaltung der in Nummer 1 bezeichneten Pflichten durch Personen zu sorgen, die seinem Hausstand oder Geschäftsbetrieb angehören oder denen er sonst die Benutzung der in Sonder- oder Miteigentum stehenden Grundstücks- oder Gebäudeteile überläßt;
3. Einwirkungen auf die im Sondereigentum stehenden Gebäudeteile und das gemeinschaftliche Eigentum zu dulden, soweit sie auf einem nach Nummer 1, 2 zulässigen Gebrauch beruhen;
4. das Betreten und die Benutzung der im Sondereigentum stehenden Gebäudeteile zu gestatten, soweit dies zur Instandhaltung und Instandsetzung des gemeinschaftlichen Eigentums erforderlich ist; der hierdurch entstehende Schaden ist zu ersetzen.

§ 15 Gebrauchsregelung
(1) Die Wohnungseigentümer können den Gebrauch des Sondereigentums und des gemeinschaftlichen Eigentums durch Vereinbarung regeln.

(2) Soweit nicht eine Vereinbarung nach Absatz 1 entgegensteht, können die Wohnungseigentümer durch Stimmenmehrheit einen der Beschaffenheit der im Sondereigentum stehenden Gebäudeteile und des gemeinschaftlichen Eigentums entsprechenden ordnungsmäßigen Gebrauch beschließen.

(3) Jeder Wohnungseigentümer kann einen Gebrauch der im Sondereigentum stehenden Gebäudeteile und des gemeinschaftlichen Eigentums verlangen, der dem Gesetz, den Vereinbarungen und Beschlüssen und, soweit sich die Regelung hieraus nicht ergibt, dem Interesse der Gesamtheit der Wohnungseigentümer nach billigem Ermessen entspricht.

§ 16 Nutzungen, Lasten und Kosten

(1) ¹Jedem Wohnungseigentümer gebührt ein seinem Anteil entsprechender Bruchteil der Nutzungen des gemeinschaftlichen Eigentums. ²Der Anteil bestimmt sich nach dem gemäß § 47 der Grundbuchordnung im Grundbuch eingetragenen Verhältnis der Miteigentumsanteile.

(2) Jeder Wohnungseigentümer ist den anderen Wohnungseigentümern gegenüber verpflichtet, die Lasten des gemeinschaftlichen Eigentums sowie die Kosten der Instandhaltung, Instandsetzung, sonstigen Verwaltung und eines gemeinschaftlichen Gebrauchs des gemeinschaftlichen Eigentums nach dem Verhältnis seines Anteils (Absatz 1 Satz 2) zu tragen.

(3) Die Wohnungseigentümer können abweichend von Absatz 2 durch Stimmenmehrheit beschließen, dass die Betriebskosten des gemeinschaftlichen Eigentums oder des Sondereigentums im Sinne des § 556 Abs. 1 des Bürgerlichen Gesetzbuches, die nicht unmittelbar gegenüber Dritten abgerechnet werden, und die Kosten der Verwaltung nach Verbrauch oder Verursachung erfasst und nach diesem oder nach einem anderen Maßstab verteilt werden, soweit dies ordnungsmäßiger Verwaltung entspricht.

(4) ¹Die Wohnungseigentümer können im Einzelfall zur Instandhaltung oder Instandsetzung im Sinne des § 21 Abs. 5 Nr. 2 oder zu baulichen Veränderungen oder Aufwendungen im Sinne des § 22 Abs. 1 und 2 durch Beschluss die Kostenverteilung abweichend von Absatz 2 regeln, wenn der abweichende Maßstab dem Gebrauch oder der Möglichkeit des Gebrauchs durch die Wohnungseigentümer Rechnung trägt. ²Der Beschluss zur Regelung der Kostenverteilung nach Satz 1 bedarf einer Mehrheit von drei Viertel aller stimmberechtigten Wohnungseigentümer im Sinne des § 25 Abs. 2 und mehr als der Hälfte aller Miteigentumsanteile.

(5) Die Befugnisse im Sinne der Absätze 3 und 4 können durch Vereinbarung der Wohnungseigentümer nicht eingeschränkt oder ausgeschlossen werden.

(6) ¹Ein Wohnungseigentümer, der einer Maßnahme nach § 22 Abs. 1 nicht zugestimmt hat, ist nicht berechtigt, einen Anteil an Nutzungen, die auf einer solchen Maßnahme beruhen, zu beanspruchen; er ist auch nicht verpflichtet, Kosten, die durch eine solche Maßnahme verursacht sind, zu tragen. ²Satz 1 ist bei einer Kostenverteilung gemäß Absatz 4 nicht anzuwenden.

(7) Zu den Kosten der Verwaltung im Sinne des Absatzes 2 gehören insbesondere Kosten eines Rechtsstreits gemäß § 18 und der Ersatz des Schadens im Falle des § 14 Nr. 4.

(8) Kosten eines Rechtsstreits gemäß § 43 gehören nur dann zu den Kosten der Verwaltung im Sinne des Absatzes 2, wenn es sich um Mehrkosten gegenüber der gesetzlichen Vergütung eines Rechtsanwalts aufgrund einer Vereinbarung über die Vergütung (§ 27 Abs. 2 Nr. 4, Abs. 3 Nr. 6) handelt.

§ 17 Anteil bei Aufhebung der Gemeinschaft

[1] Im Falle der Aufhebung der Gemeinschaft bestimmt sich der Anteil der Miteigentümer nach dem Verhältnis des Wertes ihrer Wohnungseigentumsrechte zur Zeit der Aufhebung der Gemeinschaft. [2] Hat sich der Wert eines Miteigentumsanteils durch Maßnahmen verändert, deren Kosten der Wohnungseigentümer nicht getragen hat, so bleibt eine solche Veränderung bei der Berechnung des Wertes dieses Anteils außer Betracht.

§ 18 Entziehung des Wohnungseigentums

(1) [1] Hat ein Wohnungseigentümer sich einer so schweren Verletzung der ihm gegenüber anderen Wohnungseigentümern obliegenden Verpflichtungen schuldig gemacht, daß diesen die Fortsetzung der Gemeinschaft mit ihm nicht mehr zugemutet werden kann, so können die anderen Wohnungseigentümer von ihm die Veräußerung seines Wohnungseigentums verlangen. [2] Die Ausübung des Entziehungsrechts steht der Gemeinschaft der Wohnungseigentümer zu, soweit es sich nicht um eine Gemeinschaft handelt, die nur aus zwei Wohnungseigentümern besteht.

(2) Die Voraussetzungen des Absatzes 1 liegen insbesondere vor, wenn

1. der Wohnungseigentümer trotz Abmahnung wiederholt gröblich gegen die ihm nach § 14 obliegenden Pflichten verstößt;
2. der Wohnungseigentümer sich mit der Erfüllung seiner Verpflichtungen zur Lasten- und Kostentragung (§ 16 Abs. 2) in Höhe eines Betrages, der drei vom Hundert des Einheitswertes seines Wohnungseigentums übersteigt, länger als drei Monate in Verzug befindet; in diesem Fall steht § 30 der Abgabenordnung einer Mitteilung des Einheitswerts an die Gemeinschaft der Wohnungseigentümer oder, soweit die Gemeinschaft nur aus zwei Wohnungseigentümern besteht, an den anderen Wohnungseigentümer nicht entgegen.*

---

* Abs. 2 Nr. 2 durch einen letzten Hs. ergänzt gemäß Art. 9 G. zur Reform des Kontopfändungsschutzes v. 7. 7. 2009 (BGBl. I S. 1707). Mit der Verkündung trat die Änderung am 11. 7. in Kraft.

(3) ¹Über das Verlangen nach Absatz 1 beschließen die Wohnungseigentümer durch Stimmenmehrheit. ²Der Beschluß bedarf einer Mehrheit von mehr als der Hälfte der stimmberechtigten Wohnungseigentümer. ³Die Vorschriften des § 25 Abs. 3, 4 sind in diesem Falle nicht anzuwenden.

(4) Der in Absatz 1 bestimmte Anspruch kann durch Vereinbarung der Wohnungseigentümer nicht eingeschränkt oder ausgeschlossen werden.

§ 19 Wirkung des Urteils

(1) ¹Das Urteil, durch das ein Wohnungseigentümer zur Veräußerung seines Wohnungseigentums verurteilt wird, berechtigt jeden Miteigentümer zur Zwangsvollstreckung entsprechend den Vorschriften des Ersten Abschnitts des Gesetzes über die Zwangsversteigerung und die Zwangsverwaltung. ²Die Ausübung dieses Rechts steht der Gemeinschaft der Wohnungseigentümer zu, soweit es sich nicht um eine Gemeinschaft handelt, die nur aus zwei Wohnungseigentümern besteht.

(2) Der Wohnungseigentümer kann im Falle des § 18 Abs. 2 Nr. 2 bis zur Erteilung des Zuschlags die in Absatz 1 bezeichnete Wirkung des Urteils dadurch abwenden, daß er die Verpflichtungen, wegen deren Nichterfüllung er verurteilt ist, einschließlich der Verpflichtung zum Ersatz der durch den Rechtsstreit und das Versteigerungsverfahren entstandenen Kosten sowie die fälligen weiteren Verpflichtungen zur Lasten- und Kostentragung erfüllt.

(3) Ein gerichtlicher oder vor einer Gütestelle geschlossener Vergleich, durch den sich der Wohnungseigentümer zur Veräußerung seines Wohnungseigentums verpflichtet, steht dem in Absatz 1 bezeichneten Urteil gleich.

3. Abschnitt. Verwaltung

§ 20 Gliederung der Verwaltung

(1) Die Verwaltung des gemeinschaftlichen Eigentums obliegt den Wohnungseigentümern nach Maßgabe der §§ 21 bis 25 und dem Verwalter nach Maßgabe der §§ 26 bis 28, im Falle der Bestellung eines Verwaltungsbeirats auch diesem nach Maßgabe des § 29.

(2) Die Bestellung eines Verwalters kann nicht ausgeschlossen werden.

Wohnungseigentumsgesetz § 21 **Text**

§ 21 Verwaltung durch die Wohnungseigentümer

(1) Soweit nicht in diesem Gesetz oder durch Vereinbarung der Wohnungseigentümer etwas anderes bestimmt ist, steht die Verwaltung des gemeinschaftlichen Eigentums den Wohnungseigentümern gemeinschaftlich zu.

(2) Jeder Wohnungseigentümer ist berechtigt, ohne Zustimmung der anderen Wohnungseigentümer die Maßnahmen zu treffen, die zur Abwendung eines dem gemeinschaftlichen Eigentum unmittelbar drohenden Schadens notwendig sind.

(3) Soweit die Verwaltung des gemeinschaftlichen Eigentums nicht durch Vereinbarung der Wohnungseigentümer geregelt ist, können die Wohnungseigentümer eine der Beschaffenheit des gemeinschaftlichen Eigentums entsprechende ordnungsmäßige Verwaltung durch Stimmenmehrheit beschließen.

(4) Jeder Wohnungseigentümer kann eine Verwaltung verlangen, die den Vereinbarungen und Beschlüssen und, soweit solche nicht bestehen, dem Interesse der Gesamtheit der Wohnungseigentümer nach billigem Ermessen entspricht.

(5) Zu einer ordnungsmäßigen, dem Interesse der Gesamtheit der Wohnungseigentümer entsprechenden Verwaltung gehört insbesondere:
1. die Aufstellung einer Hausordnung;
2. die ordnungsmäßige Instandhaltung und Instandsetzung des gemeinschaftlichen Eigentums;
3. die Feuerversicherung des gemeinschaftlichen Eigentums zum Neuwert sowie die angemessene Versicherung der Wohnungseigentümer gegen Haus- und Grundbesitzerhaftpflicht;
4. die Ansammlung einer angemessenen Instandhaltungsrückstellung;
5. die Aufstellung eines Wirtschaftsplans (§ 28);
6. die Duldung aller Maßnahmen, die zur Herstellung einer Fernsprechteilnehmereinrichtung, einer Rundfunkempfangsanlage oder eines Energieversorgungsanschlusses zugunsten eines Wohnungseigentümers erforderlich sind.

(6) Der Wohnungseigentümer, zu dessen Gunsten eine Maßnahme der in Absatz 5 Nr. 6 bezeichneten Art getroffen wird, ist zum Ersatz des hierdurch entstehenden Schadens verpflichtet.

(7) Die Wohnungseigentümer können die Regelung der Art und Weise von Zahlungen, der Fälligkeit und der Folgen des Verzugs sowie der Kosten für eine besondere Nutzung des gemeinschaftlichen Eigentums oder für einen besonderen Verwaltungsaufwand mit Stimmenmehrheit beschließen.

(8) Treffen die Wohnungseigentümer eine nach dem Gesetz erforderliche Maßnahme nicht, so kann an ihrer Stelle das Gericht in einem Rechtsstreit gemäß § 43 nach billigem Ermessen entscheiden, soweit sich die Maßnahme nicht aus dem Gesetz, einer Vereinbarung oder einem Beschluss der Wohnungseigentümer ergibt.

§ 22 Besondere Aufwendungen, Wiederaufbau

(1) [1] Bauliche Veränderungen und Aufwendungen, die über die ordnungsmäßige Instandhaltung oder Instandsetzung des gemeinschaftlichen Eigentums hinausgehen, können beschlossen oder verlangt werden, wenn jeder Wohnungseigentümer zustimmt, dessen Rechte durch die Maßnahmen über das in § 14 Nr. 1 bestimmte Maß hinaus beeinträchtigt werden. [2] Die Zustimmung ist nicht erforderlich, soweit die Rechte eines Wohnungseigentümers nicht in der in Satz 1 bezeichneten Weise beeinträchtigt werden.

(2) [1] Maßnahmen gemäß Absatz 1 Satz 1, die der Modernisierung entsprechend § 559 Abs. 1 des Bürgerlichen Gesetzbuches oder der Anpassung des gemeinschaftlichen Eigentums an den Stand der Technik dienen, die Eigenart der Wohnanlage nicht ändern und keinen Wohnungseigentümer gegenüber anderen unbillig beeinträchtigen, können abweichend von Absatz 1 durch eine Mehrheit von drei Viertel aller stimmberechtigten Wohnungseigentümer im Sinne des § 25 Abs. 2 und mehr als der Hälfte aller Miteigentumsanteile beschlossen werden. [2] Die Befugnis im Sinne des Satzes 1 kann durch Vereinbarung der Wohnungseigentümer nicht eingeschränkt oder ausgeschlossen werden.

(3) Für Maßnahmen der modernisierenden Instandsetzung im Sinne des § 21 Abs. 5 Nr. 2 verbleibt es bei den Vorschriften des § 21 Abs. 3 und 4.

(4) Ist das Gebäude zu mehr als der Hälfte seines Wertes zerstört und ist der Schaden nicht durch eine Versicherung oder in anderer Weise gedeckt, so kann der Wiederaufbau nicht gemäß § 21 Abs. 3 beschlossen oder gemäß § 21 Abs. 4 verlangt werden.

§ 23 Wohnungseigentümerversammlung

(1) Angelegenheiten, über die nach diesem Gesetz oder nach einer Vereinbarung der Wohnungseigentümer die Wohnungseigentümer durch Beschluß entscheiden können, werden durch Beschlußfassung in einer Versammlung der Wohnungseigentümer geordnet.

(2) Zur Gültigkeit eines Beschlusses ist erforderlich, daß der Gegenstand bei der Einberufung bezeichnet ist.

(3) Auch ohne Versammlung ist ein Beschluß gültig, wenn alle Wohnungseigentümer ihre Zustimmung zu diesem Beschluß schriftlich erklären.

(4) [1]Ein Beschluss, der gegen eine Rechtsvorschrift verstößt, auf deren Einhaltung rechtswirksam nicht verzichtet werden kann, ist nichtig. [2]Im Übrigen ist ein Beschluss gültig, solange er nicht durch rechtskräftiges Urteil für ungültig erklärt ist.

§ 24 Einberufung, Vorsitz, Niederschrift

(1) Die Versammlung der Wohnungseigentümer wird von dem Verwalter mindestens einmal im Jahre einberufen.

(2) Die Versammlung der Wohnungseigentümer muß von dem Verwalter in den durch Vereinbarung der Wohnungseigentümer bestimmten Fällen, im übrigen dann einberufen werden, wenn dies schriftlich unter Angabe des Zweckes und der Gründe von mehr als einem Viertel der Wohnungseigentümer verlangt wird.

(3) Fehlt ein Verwalter oder weigert er sich pflichtwidrig, die Versammlung der Wohnungseigentümer einzuberufen, so kann die Versammlung auch, falls ein Verwaltungsbeirat bestellt ist, von dessen Vorsitzenden oder seinem Vertreter einberufen werden.

(4) [1]Die Einberufung erfolgt in Textform. [2]Die Frist der Einberufung soll, sofern nicht ein Fall besonderer Dringlichkeit vorliegt, mindestens zwei Wochen betragen.

(5) Den Vorsitz in der Wohnungseigentümerversammlung führt, sofern diese nichts anderes beschließt, der Verwalter.

(6) [1]Über die in der Versammlung gefaßten Beschlüsse ist eine Niederschrift aufzunehmen. [2]Die Niederschrift ist von dem Vorsitzenden und einem Wohnungseigentümer und, falls ein Verwaltungsbeirat bestellt ist, auch von dessen Vorsitzenden oder seinem Vertreter zu unterschreiben. [3]Jeder Wohnungseigentümer ist berechtigt, die Niederschriften einzusehen.

(7) [1]Es ist eine Beschluss-Sammlung zu führen. [2]Die Beschluss-Sammlung enthält nur den Wortlaut

1. der in der Versammlung der Wohnungseigentümer verkündeten Beschlüsse mit Angabe von Ort und Datum der Versammlung,
2. der schriftlichen Beschlüsse mit Angabe von Ort und Datum der Verkündung und
3. der Urteilsformeln der gerichtlichen Entscheidungen in einem Rechtsstreit gemäß § 43 mit Angabe ihres Datums, des Gerichts und der Parteien,

Text § 25 Wohnungseigentumsgesetz

soweit diese Beschlüsse und gerichtlichen Entscheidungen nach dem 1. Juli 2007 ergangen sind. ³Die Beschlüsse und gerichtlichen Entscheidungen sind fortlaufend einzutragen und zu nummerieren. ⁴Sind sie angefochten oder aufgehoben worden, so ist dies anzumerken. ⁵Im Falle einer Aufhebung kann von einer Anmerkung abgesehen und die Eintragung gelöscht werden. ⁶Eine Eintragung kann auch gelöscht werden, wenn sie aus einem anderen Grund für die Wohnungseigentümer keine Bedeutung mehr hat. ⁷Die Eintragungen, Vermerke und Löschungen gemäß den Sätzen 3 bis 6 sind unverzüglich zu erledigen und mit Datum zu versehen. ⁸Einem Wohnungseigentümer oder einem Dritten, den ein Wohnungseigentümer ermächtigt hat, ist auf sein Verlangen Einsicht in die Beschluss-Sammlung zu geben.

(8) ¹Die Beschluss-Sammlung ist von dem Verwalter zu führen. ²Fehlt ein Verwalter, so ist der Vorsitzende der Wohnungseigentümerversammlung verpflichtet, die Beschluss-Sammlung zu führen, sofern die Wohnungseigentümer durch Stimmenmehrheit keinen anderen für diese Aufgabe bestellt haben.

§ 25 Mehrheitsbeschluß

(1) Für die Beschlußfassung in Angelegenheiten, über die die Wohnungseigentümer durch Stimmenmehrheit beschließen, gelten die Vorschriften der Absätze 2 bis 5.

(2) ¹Jeder Wohnungseigentümer hat eine Stimme. ²Steht ein Wohnungseigentum mehreren gemeinschaftlich zu, so können sie das Stimmrecht nur einheitlich ausüben.

(3) Die Versammlung ist nur beschlußfähig, wenn die erschienenen stimmberechtigten Wohnungseigentümer mehr als die Hälfte der Miteigentumsanteile, berechnet nach der im Grundbuch eingetragenen Größe dieser Anteile, vertreten.

(4) ¹Ist eine Versammlung nicht gemäß Absatz 3 beschlußfähig, so beruft der Verwalter eine neue Versammlung mit dem gleichen Gegenstand ein. ²Diese Versammlung ist ohne Rücksicht auf die Höhe der vertretenen Anteile beschlußfähig; hierauf ist bei der Einberufung hinzuweisen.

(5) Ein Wohnungseigentümer ist nicht stimmberechtigt, wenn die Beschlußfassung die Vornahme eines auf die Verwaltung des gemeinschaftlichen Eigentums bezüglichen Rechtsgeschäfts mit ihm oder die Einleitung oder Erledigung eines Rechtsstreits der anderen Wohnungseigentümer gegen ihn betrifft oder wenn er nach § 18 rechtskräftig verurteilt ist.

§ 26 Bestellung und Abberufung des Verwalters

(1) ¹Über die Bestellung und Abberufung des Verwalters beschließen die Wohnungseigentümer mit Stimmenmehrheit. ²Die Bestellung darf auf höchstens fünf Jahre vorgenommen werden, im Falle der ersten Bestellung nach der Begründung von Wohnungseigentum aber auf höchstens drei Jahre. ³Die Abberufung des Verwalters kann auf das Vorliegen eines wichtigen Grundes beschränkt werden. ⁴Ein wichtiger Grund liegt regelmäßig vor, wenn der Verwalter die Beschluss-Sammlung nicht ordnungsmäßig führt. ⁵Andere Beschränkungen der Bestellung oder Abberufung des Verwalters sind nicht zulässig.

(2) Die wiederholte Bestellung ist zulässig; sie bedarf eines erneuten Beschlusses der Wohnungseigentümer, der frühestens ein Jahr vor Ablauf der Bestellungszeit gefaßt werden kann.

(3) Soweit die Verwaltereigenschaft durch eine öffentlich beglaubigte Urkunde nachgewiesen werden muß, genügt die Vorlage einer Niederschrift über den Bestellungsbeschluß, bei der die Unterschriften der in § 24 Abs. 6 bezeichneten Personen öffentlich beglaubigt sind.

§ 27 Aufgaben und Befugnisse des Verwalters

(1) Der Verwalter ist gegenüber den Wohnungseigentümern und gegenüber der Gemeinschaft der Wohnungseigentümer berechtigt und verpflichtet,
1. Beschlüsse der Wohnungseigentümer durchzuführen und für die Durchführung der Hausordnung zu sorgen;
2. die für die ordnungsmäßige Instandhaltung und Instandsetzung des gemeinschaftlichen Eigentums erforderlichen Maßnahmen zu treffen;
3. in dringenden Fällen sonstige zur Erhaltung des gemeinschaftlichen Eigentums erforderliche Maßnahmen zu treffen;
4. Lasten- und Kostenbeiträge, Tilgungsbeträge und Hypothekenzinsen anzufordern, in Empfang zu nehmen und abzuführen, soweit es sich um gemeinschaftliche Angelegenheiten der Wohnungseigentümer handelt;
5. alle Zahlungen und Leistungen zu bewirken und entgegenzunehmen, die mit der laufenden Verwaltung des gemeinschaftlichen Eigentums zusammenhängen;
6. eingenommene Gelder zu verwalten;
7. die Wohnungseigentümer unverzüglich darüber zu unterrichten, dass ein Rechtsstreit gemäß § 43 anhängig ist;

Text § 27   Wohnungseigentumsgesetz

8. die Erklärungen abzugeben, die zur Vornahme der in § 21 Abs. 5 Nr. 6 bezeichneten Maßnahmen erforderlich sind.

(2) Der Verwalter ist berechtigt, im Namen aller Wohnungseigentümer und mit Wirkung für und gegen sie

1. Willenserklärungen und Zustellungen entgegenzunehmen, soweit sie an alle Wohnungseigentümer in dieser Eigenschaft gerichtet sind;
2. Maßnahmen zu treffen, die zur Wahrung einer Frist oder zur Abwendung eines sonstigen Rechtsnachteils erforderlich sind, insbesondere einen gegen die Wohnungseigentümer gerichteten Rechtsstreit gemäß § 43 Nr. 1, Nr. 4 oder Nr. 5 im Erkenntnis- und Vollstreckungsverfahren zu führen;
3. Ansprüche gerichtlich und außergerichtlich geltend zu machen, sofern er hierzu durch Vereinbarung oder Beschluss mit Stimmenmehrheit der Wohnungseigentümer ermächtigt ist;
4. mit einem Rechtsanwalt wegen eines Rechtsstreits gemäß § 43 Nr. 1, Nr. 4 oder Nr. 5 zu vereinbaren, dass sich die Gebühren nach einem höheren als dem gesetzlichen Streitwert, höchstens nach einem gemäß § 49a Abs. 1 Satz 1 des Gerichtskostengesetzes bestimmten Streitwert bemessen.

(3) [1]Der Verwalter ist berechtigt, im Namen der Gemeinschaft der Wohnungseigentümer und mit Wirkung für und gegen sie

1. Willenserklärungen und Zustellungen entgegenzunehmen;
2. Maßnahmen zu treffen, die zur Wahrung einer Frist oder zur Abwendung eines sonstigen Rechtsnachteils erforderlich sind, insbesondere einen gegen die Gemeinschaft gerichteten Rechtsstreit gemäß § 43 Nr. 2 oder Nr. 5 im Erkenntnis- und Vollstreckungsverfahren zu führen;
3. die laufenden Maßnahmen der erforderlichen ordnungsmäßigen Instandhaltung und Instandsetzung gemäß Absatz 1 Nr. 2 zu treffen;
4. die Maßnahmen gemäß Absatz 1 Nr. 3 bis 5 und 8 zu treffen;
5. im Rahmen der Verwaltung der eingenommenen Gelder gemäß Absatz 1 Nr. 6 Konten zu führen;
6. mit einem Rechtsanwalt wegen eines Rechtsstreits gemäß § 43 Nr. 2 oder Nr. 5 eine Vergütung gemäß Absatz 2 Nr. 4 zu vereinbaren;
7. sonstige Rechtsgeschäfte und Rechtshandlungen vorzunehmen, soweit er hierzu durch Vereinbarung oder Beschluss der Wohnungseigentümer mit Stimmenmehrheit ermächtigt ist.

[2]Fehlt ein Verwalter oder ist er zur Vertretung nicht berechtigt, so vertreten alle Wohnungseigentümer die Gemeinschaft. [3]Die Woh-

nungseigentümer können durch Beschluss mit Stimmenmehrheit einen oder mehrere Wohnungseigentümer zur Vertretung ermächtigen.

(4) Die dem Verwalter nach den Absätzen 1 bis 3 zustehenden Aufgaben und Befugnisse können durch Vereinbarung der Wohnungseigentümer nicht eingeschränkt oder ausgeschlossen werden.

(5) [1] Der Verwalter ist verpflichtet, eingenommene Gelder von seinem Vermögen gesondert zu halten. [2] Die Verfügung über solche Gelder kann durch Vereinbarung oder Beschluss der Wohnungseigentümer mit Stimmenmehrheit von der Zustimmung eines Wohnungseigentümers oder eines Dritten abhängig gemacht werden.

(6) Der Verwalter kann von den Wohnungseigentümern die Ausstellung einer Vollmachts- und Ermächtigungsurkunde verlangen, aus der der Umfang seiner Vertretungsmacht ersichtlich ist.

§ 28 Wirtschaftsplan, Rechnungslegung

(1) [1] Der Verwalter hat jeweils für ein Kalenderjahr einen Wirtschaftsplan aufzustellen. [2] Der Wirtschaftsplan enthält:
1. die voraussichtlichen Einnahmen und Ausgaben bei der Verwaltung des gemeinschaftlichen Eigentums;
2. die anteilmäßige Verpflichtung der Wohnungseigentümer zur Lasten- und Kostentragung;
3. die Beitragsleistung der Wohnungseigentümer zu der in § 21 Abs. 5 Nr. 4 vorgesehenen Instandhaltungsrückstellung.

(2) Die Wohnungseigentümer sind verpflichtet, nach Abruf durch den Verwalter dem beschlossenen Wirtschaftsplan entsprechende Vorschüsse zu leisten.

(3) Der Verwalter hat nach Ablauf des Kalenderjahres eine Abrechnung aufzustellen.

(4) Die Wohnungseigentümer können durch Mehrheitsbeschluß jederzeit von dem Verwalter Rechnungslegung verlangen.

(5) Über den Wirtschaftsplan, die Abrechnung und die Rechnungslegung des Verwalters beschließen die Wohnungseigentümer durch Stimmenmehrheit.

§ 29 Verwaltungsbeirat

(1) [1] Die Wohnungseigentümer können durch Stimmenmehrheit die Bestellung eines Verwaltungsbeirats beschließen. [2] Der Verwal-

tungsbeirat besteht aus einem Wohnungseigentümer als Vorsitzenden und zwei weiteren Wohnungseigentümern als Beisitzern.

(2) Der Verwaltungsbeirat unterstützt den Verwalter bei der Durchführung seiner Aufgaben.

(3) Der Wirtschaftsplan, die Abrechnung über den Wirtschaftsplan, Rechnungslegungen und Kostenanschläge sollen, bevor über sie die Wohnungseigentümerversammlung beschließt, vom Verwaltungsbeirat geprüft und mit dessen Stellungnahme versehen werden.

(4) Der Verwaltungsbeirat wird von dem Vorsitzenden nach Bedarf einberufen.

4. Abschnitt. Wohnungserbbaurecht

§ 30

(1) Steht ein Erbbaurecht mehreren gemeinschaftlich nach Bruchteilen zu, so können die Anteile in der Weise beschränkt werden, daß jedem der Mitberechtigten das Sondereigentum an einer bestimmten Wohnung oder an nicht zu Wohnzwecken dienenden bestimmten Räumen in einem auf Grund des Erbbaurechts errichteten oder zu errichtenden Gebäude eingeräumt wird (Wohnungserbbaurecht, Teilerbbaurecht).

(2) Ein Erbbauberechtigter kann das Erbbaurecht in entsprechender Anwendung des § 8 teilen.

(3) [1] Für jeden Anteil wird von Amts wegen ein besonderes Erbbaugrundbuchblatt angelegt (Wohnungserbbaugrundbuch, Teilerbbaugrundbuch). [2] Im übrigen gelten für das Wohnungserbbaurecht (Teilerbbaurecht) die Vorschriften über das Wohnungseigentum (Teileigentum) entsprechend.

II. Teil. Dauerwohnrecht

§ 31 Begriffsbestimmungen

(1) [1] Ein Grundstück kann in der Weise belastet werden, daß derjenige, zu dessen Gunsten die Belastung erfolgt, berechtigt ist, unter Ausschluß des Eigentümers eine bestimmte Wohnung in einem auf dem Grundstück errichteten oder zu errichtenden Gebäude zu bewohnen oder in anderer Weise zu nutzen (Dauerwohnrecht). [2] Das Dauerwohnrecht kann auf einen außerhalb des Gebäu-

des liegenden Teil des Grundstücks erstreckt werden, sofern die Wohnung wirtschaftlich die Hauptsache bleibt.

(2) Ein Grundstück kann in der Weise belastet werden, daß derjenige, zu dessen Gunsten die Belastung erfolgt, berechtigt ist, unter Ausschluß des Eigentümers nicht zu Wohnzwecken dienende bestimmte Räume in einem auf dem Grundstück errichteten oder zu errichtenden Gebäude zu nutzen (Dauernutzungsrecht).

(3) Für das Dauernutzungsrecht gelten die Vorschriften über das Dauerwohnrecht entsprechend.

§ 32 Voraussetzungen der Eintragung

(1) Das Dauerwohnrecht soll nur bestellt werden, wenn die Wohnung in sich abgeschlossen ist.

(2) [1] Zur näheren Bezeichnung des Gegenstandes und des Inhalts des Dauerwohnrechts kann auf die Eintragungsbewilligung Bezug genommen werden. [2] Der Eintragungsbewilligung sind als Anlagen beizufügen:
1. eine von der Baubehörde mit Unterschrift und Siegel oder Stempel versehene Bauzeichnung, aus der die Aufteilung des Gebäudes sowie die Lage und Größe der dem Dauerwohnrecht unterliegenden Gebäude- und Grundstücksteile ersichtlich ist (Aufteilungsplan); alle zu demselben Dauerwohnrecht gehörenden Einzelräume sind mit der jeweils gleichen Nummer zu kennzeichnen;
2. eine Bescheinigung der Baubehörde, daß die Voraussetzungen des Absatzes 1 vorliegen.

[3] Wenn in der Eintragungsbewilligung für die einzelnen Dauerwohnrechte Nummern angegeben werden, sollen sie mit denen des Aufteilungsplans übereinstimmen. [4] Die Landesregierungen können durch Rechtsverordnung bestimmen, dass und in welchen Fällen der Aufteilungsplan (Satz 2 Nr. 1) und die Abgeschlossenheit (Satz 2 Nr. 2) von einem öffentlich bestellten oder anerkannten Sachverständigen für das Bauwesen statt von der Baubehörde ausgefertigt und bescheinigt werden. [5] Werden diese Aufgaben von dem Sachverständigen wahrgenommen, so gelten die Bestimmungen der Allgemeinen Verwaltungsvorschrift für die Ausstellung von Bescheinigungen gemäß § 7 Abs. 4 Nr. 2 und § 32 Abs. 2 Nr. 2 des Wohnungseigentumsgesetzes vom 19. März 1974 (BAnz. Nr. 58 vom 23. März 1974) entsprechend. [6] In diesem Fall bedürfen die Anlagen nicht der Form des § 29 der Grundbuchordnung. [7] Die Landesregierungen können die Ermächtigung durch Rechtsverordnung auf die Landesbauverwaltungen übertragen.

(3) Das Grundbuchamt soll die Eintragung des Dauerwohnrechts ablehnen, wenn über die in § 33 Abs. 4 Nr. 1 bis 4 bezeichneten Angelegenheiten, über die Voraussetzungen des Heimfallanspruchs (§ 36 Abs. 1) und über die Entschädigung beim Heimfall (§ 36 Abs. 4) keine Vereinbarungen getroffen sind.

§ 33 Inhalt des Dauerwohnrechts

(1) ¹Das Dauerwohnrecht ist veräußerlich und vererblich. ²Es kann nicht unter einer Bedingung bestellt werden.

(2) Auf das Dauerwohnrecht sind, soweit nicht etwas anderes vereinbart ist, die Vorschriften des § 14 entsprechend anzuwenden.

(3) Der Berechtigte kann die zum gemeinschaftlichen Gebrauch bestimmten Teile, Anlagen und Einrichtungen des Gebäudes und Grundstücks mitbenutzen, soweit nichts anderes vereinbart ist.

(4) Als Inhalt des Dauerwohnrechts können Vereinbarungen getroffen werden über:
1. Art und Umfang der Nutzungen;
2. Instandhaltung und Instandsetzung der dem Dauerwohnrecht unterliegenden Gebäudeteile;
3. die Pflicht des Berechtigten zur Tragung öffentlicher oder privatrechtlicher Lasten des Grundstücks;
4. die Versicherung des Gebäudes und seinen Wiederaufbau im Falle der Zerstörung;
5. das Recht des Eigentümers, bei Vorliegen bestimmter Voraussetzungen Sicherheitsleistung zu verlangen.

§ 34 Ansprüche des Eigentümers und der Dauerwohnberechtigten

(1) Auf die Ersatzansprüche des Eigentümers wegen Veränderungen oder Verschlechterungen sowie auf die Ansprüche der Dauerwohnberechtigten auf Ersatz von Verwendungen oder auf Gestattung der Wegnahme einer Einrichtung sind die §§ 1049, 1057 des Bürgerlichen Gesetzbuches entsprechend anzuwenden.

(2) Wird das Dauerwohnrecht beeinträchtigt, so sind auf die Ansprüche des Berechtigten die für die Ansprüche aus dem Eigentum geltenden Vorschriften entsprechend anzuwenden.

§ 35 Veräußerungsbeschränkung

¹Als Inhalt des Dauerwohnrechts kann vereinbart werden, daß der Berechtigte zur Veräußerung des Dauerwohnrechts der Zustim-

mung des Eigentümers oder eines Dritten bedarf. ²Die Vorschriften des § 12 gelten in diesem Falle entsprechend.

§ 36 Heimfallanspruch

(1) ¹Als Inhalt des Dauerwohnrechts kann vereinbart werden, daß der Berechtigte verpflichtet ist, das Dauerwohnrecht beim Eintritt bestimmter Voraussetzungen auf den Grundstückseigentümer oder einen von diesem zu bezeichnenden Dritten zu übertragen (Heimfallanspruch). ²Der Heimfallanspruch kann nicht von dem Eigentum an dem Grundstück getrennt werden.

(2) Bezieht sich das Dauerwohnrecht auf Räume, die dem Mieterschutz unterliegen, so kann der Eigentümer von dem Heimfallanspruch nur Gebrauch machen, wenn ein Grund vorliegt, aus dem ein Vermieter die Aufhebung des Mietverhältnisses verlangen oder kündigen kann.

(3) Der Heimfallanspruch verjährt in sechs Monaten von dem Zeitpunkt an, in dem der Eigentümer von dem Eintritt der Voraussetzungen Kenntnis erlangt, ohne Rücksicht auf diese Kenntnis in zwei Jahren von dem Eintritt der Voraussetzungen an.

(4) ¹Als Inhalt des Dauerwohnrechts kann vereinbart werden, daß der Eigentümer dem Berechtigten eine Entschädigung zu gewähren hat, wenn er von dem Heimfallanspruch Gebrauch macht. ²Als Inhalt des Dauerwohnrechts können Vereinbarungen über die Berechnung oder Höhe der Entschädigung oder die Art ihrer Zahlung getroffen werden.

§ 37 Vermietung

(1) Hat der Dauerwohnberechtigte die dem Dauerwohnrecht unterliegenden Gebäude- oder Grundstücksteile vermietet oder verpachtet, so erlischt das Miet- oder Pachtverhältnis, wenn das Dauerwohnrecht erlischt.

(2) Macht der Eigentümer von seinem Heimfallanspruch Gebrauch, so tritt er oder derjenige, auf den das Dauerwohnrecht zu übertragen ist, in das Miet- oder Pachtverhältnis ein; die Vorschriften der §§ 566 bis 566e des Bürgerlichen Gesetzbuches gelten entsprechend.

(3) ¹Absatz 2 gilt entsprechend, wenn das Dauerwohnrecht veräußert wird. ²Wird das Dauerwohnrecht im Wege der Zwangsvollstreckung veräußert, so steht dem Erwerber ein Kündigungsrecht in entsprechender Anwendung des § 57a des Gesetzes über die Zwangsversteigerung und Zwangsverwaltung zu.

Text §§ 38–40 Wohnungseigentumsgesetz

§ 38 Eintritt in das Rechtsverhältnis

(1) Wird das Dauerwohnrecht veräußert, so tritt der Erwerber an Stelle des Veräußerers in die sich während der Dauer seiner Berechtigung aus dem Rechtsverhältnis zu dem Eigentümer ergebenden Verpflichtungen ein.

(2) [1]Wird das Grundstück veräußert, so tritt der Erwerber an Stelle des Veräußerers in die sich während der Dauer seines Eigentums aus dem Rechtsverhältnis zu dem Dauerwohnberechtigten ergebenden Rechte ein. [2]Das gleiche gilt für den Erwerb auf Grund Zuschlages in der Zwangsversteigerung, wenn das Dauerwohnrecht durch den Zuschlag nicht erlischt.

§ 39 Zwangsversteigerung

(1) Als Inhalt des Dauerwohnrechts kann vereinbart werden, daß das Dauerwohnrecht im Falle der Zwangsversteigerung des Grundstücks abweichend von § 44 des Gesetzes über die Zwangsversteigerung und Zwangsverwaltung auch dann bestehen bleiben soll, wenn der Gläubiger einer dem Dauerwohnrecht im Range vorgehenden oder gleichstehenden Hypothek, Grundschuld, Rentenschuld oder Reallast die Zwangsversteigerung in das Grundstück betreibt.

(2) Eine Vereinbarung gemäß Absatz 1 bedarf zu ihrer Wirksamkeit der Zustimmung derjenigen, denen eine dem Dauerwohnrecht im Range vorgehende oder gleichstehende Hypothek, Grundschuld, Rentenschuld oder Reallast zusteht.

(3) Eine Vereinbarung gemäß Absatz 1 ist nur wirksam für den Fall, daß der Dauerwohnberechtigte im Zeitpunkt der Feststellung der Versteigerungsbedingungen seine fälligen Zahlungsverpflichtungen gegenüber dem Eigentümer erfüllt hat; in Ergänzung einer Vereinbarung nach Absatz 1 kann vereinbart werden, daß das Fortbestehen des Dauerwohnrechts vom Vorliegen weiterer Voraussetzungen abhängig ist.

§ 40 Haftung des Entgelts

(1) [1]Hypotheken, Grundschulden, Rentenschulden und Reallasten, die dem Dauerwohnrecht im Range vorgehen oder gleichstehen, sowie öffentliche Lasten, die in wiederkehrenden Leistungen bestehen, erstrecken sich auch auf den Anspruch auf das Entgelt für das Dauerwohnrecht in gleicher Weise wie auf eine Mietforderung, soweit nicht in Absatz 2 etwas Abweichendes bestimmt ist. [2]Im übrigen sind die für Mietforderungen geltenden Vorschriften nicht entsprechend anzuwenden.

(2) ¹Als Inhalt des Dauerwohnrechts kann vereinbart werden, daß Verfügungen über den Anspruch auf das Entgelt, wenn es in wiederkehrenden Leistungen ausbedungen ist, gegenüber dem Gläubiger einer dem Dauerwohnrecht im Range vorgehenden oder gleichstehenden Hypothek, Grundschuld, Rentenschuld oder Reallast wirksam sind. ²Für eine solche Vereinbarung gilt § 39 Abs. 2 entsprechend.

§ 41 Besondere Vorschriften für langfristige Dauerwohnrechte

(1) Für Dauerwohnrechte, die zeitlich unbegrenzt oder für einen Zeitraum von mehr als zehn Jahren eingeräumt sind, gelten die besonderen Vorschriften der Absätze 2 und 3.

(2) Der Eigentümer ist, sofern nicht etwas anderes vereinbart ist, dem Dauerwohnberechtigten gegenüber verpflichtet, eine dem Dauerwohnrecht im Range vorgehende oder gleichstehende Hypothek löschen zu lassen für den Fall, daß sie sich mit dem Eigentum in einer Person vereinigt, und die Eintragung einer entsprechenden Löschungsvormerkung in das Grundbuch zu bewilligen.

(3) Der Eigentümer ist verpflichtet, dem Dauerwohnberechtigten eine angemessene Entschädigung zu gewähren, wenn er von dem Heimfallanspruch Gebrauch macht.

§ 42 Belastung eines Erbbaurechts

(1) Die Vorschriften der §§ 31 bis 41 gelten für die Belastung eines Erbbaurechts mit einem Dauerwohnrecht entsprechend.

(2) Beim Heimfall des Erbbaurechts bleibt das Dauerwohnrecht bestehen.

III. Teil. Verfahrensvorschriften

§ 43 Zuständigkeit

¹Das Gericht, in dessen Bezirk das Grundstück liegt, ist ausschließlich zuständig für
1. Streitigkeiten über die sich aus der Gemeinschaft der Wohnungseigentümer und aus der Verwaltung des gemeinschaftlichen Eigentums ergebenden Rechte und Pflichten der Wohnungseigentümer untereinander;

2. Streitigkeiten über die Rechte und Pflichten zwischen der Gemeinschaft der Wohnungseigentümer und Wohnungseigentümern;
3. Streitigkeiten über die Rechte und Pflichten des Verwalters bei der Verwaltung des gemeinschaftlichen Eigentums;
4. Streitigkeiten über die Gültigkeit von Beschlüssen der Wohnungseigentümer;
5. Klagen Dritter, die sich gegen die Gemeinschaft der Wohnungseigentümer oder gegen Wohnungseigentümer richten und sich auf das gemeinschaftliche Eigentum, seine Verwaltung oder das Sondereigentum beziehen;
6. Mahnverfahren, wenn die Gemeinschaft der Wohnungseigentümer Antragstellerin ist. Insoweit ist § 689 Abs. 2 der Zivilprozessordnung nicht anzuwenden.

§ 44 Bezeichnung der Wohnungseigentümer in der Klageschrift

(1) [1] Wird die Klage durch oder gegen alle Wohnungseigentümer mit Ausnahme des Gegners erhoben, so genügt für ihre nähere Bezeichnung in der Klageschrift die bestimmte Angabe des gemeinschaftlichen Grundstücks; wenn die Wohnungseigentümer Beklagte sind, sind in der Klageschrift außerdem der Verwalter und der gemäß § 45 Abs. 2 Satz 1 bestellte Ersatzzustellungsvertreter zu bezeichnen. [2] Die namentliche Bezeichnung der Wohnungseigentümer hat spätestens bis zum Schluss der mündlichen Verhandlung zu erfolgen.

(2) [1] Sind an dem Rechtsstreit nicht alle Wohnungseigentümer als Partei beteiligt, so sind die übrigen Wohnungseigentümer entsprechend Absatz 1 von dem Kläger zu bezeichnen. [2] Der namentlichen Bezeichnung der übrigen Wohnungseigentümer bedarf es nicht, wenn das Gericht von ihrer Beiladung gemäß § 48 Abs. 1 Satz 1 absieht.

§ 45 Zustellung

(1) Der Verwalter ist Zustellungsvertreter der Wohnungseigentümer, wenn diese Beklagte oder gemäß § 48 Abs. 1 Satz 1 beizuladen sind, es sei denn, dass er als Gegner der Wohnungseigentümer an dem Verfahren beteiligt ist oder aufgrund des Streitgegenstandes die Gefahr besteht, der Verwalter werde die Wohnungseigentümer nicht sachgerecht unterrichten.

(2) [1] Die Wohnungseigentümer haben für den Fall, dass der Verwalter als Zustellungsvertreter ausgeschlossen ist, durch Beschluss

mit Stimmenmehrheit einen Ersatzzustellungsvertreter sowie dessen Vertreter zu bestellen, auch wenn ein Rechtsstreit noch nicht anhängig ist. ²Der Ersatzzustellungsvertreter tritt in die dem Verwalter als Zustellungsvertreter der Wohnungseigentümer zustehenden Aufgaben und Befugnisse ein, sofern das Gericht die Zustellung an ihn anordnet; Absatz 1 gilt entsprechend.

(3) Haben die Wohnungseigentümer entgegen Absatz 2 Satz 1 keinen Ersatzzustellungsvertreter bestellt oder ist die Zustellung nach den Absätzen 1 und 2 aus sonstigen Gründen nicht ausführbar, kann das Gericht einen Ersatzzustellungsvertreter bestellen.

§ 46 Anfechtungsklage

(1) ¹Die Klage eines oder mehrerer Wohnungseigentümer auf Erklärung der Ungültigkeit eines Beschlusses der Wohnungseigentümer ist gegen die übrigen Wohnungseigentümer und die Klage des Verwalters ist gegen die Wohnungseigentümer zu richten. ²Sie muss innerhalb eines Monats nach der Beschlussfassung erhoben und innerhalb zweier Monate nach der Beschlussfassung begründet werden. ³Die §§ 233 bis 238 der Zivilprozessordnung gelten entsprechend.

(2) Hat der Kläger erkennbar eine Tatsache übersehen, aus der sich ergibt, dass der Beschluss nichtig ist, so hat das Gericht darauf hinzuweisen.

§ 47 Prozessverbindung

¹Mehrere Prozesse, in denen Klagen auf Erklärung oder Feststellung der Ungültigkeit desselben Beschlusses der Wohnungseigentümer erhoben werden, sind zur gleichzeitigen Verhandlung und Entscheidung zu verbinden. ²Die Verbindung bewirkt, dass die Kläger der vorher selbständigen Prozesse als Streitgenossen anzusehen sind.

§ 48 Beiladung, Wirkung des Urteils

(1) ¹Richtet sich die Klage eines Wohnungseigentümers, der in einem Rechtsstreit gemäß § 43 Nr. 1 oder Nr. 3 einen ihm allein zustehenden Anspruch geltend macht, nur gegen einen oder einzelne Wohnungseigentümer oder nur gegen den Verwalter, so sind die übrigen Wohnungseigentümer beizuladen, es sei denn, dass ihre rechtlichen Interessen erkennbar nicht betroffen sind. ²Soweit in einem Rechtsstreit gemäß § 43 Nr. 3 oder Nr. 4 der Verwalter nicht Partei ist, ist er ebenfalls beizuladen.

(2) ¹Die Beiladung erfolgt durch Zustellung der Klageschrift, der die Verfügungen des Vorsitzenden beizufügen sind. ²Die Beigeladenen können der einen oder anderen Partei zu deren Unterstützung beitreten. ³Veräußert ein beigeladener Wohnungseigentümer während des Prozesses sein Wohnungseigentum, ist § 265 Abs. 2 der Zivilprozessordnung entsprechend anzuwenden.

(3) Über die in § 325 der Zivilprozessordnung angeordneten Wirkungen hinaus wirkt das rechtskräftige Urteil auch für und gegen alle beigeladenen Wohnungseigentümer und ihre Rechtsnachfolger sowie den beigeladenen Verwalter.

(4) Wird durch das Urteil eine Anfechtungsklage als unbegründet abgewiesen, so kann auch nicht mehr geltend gemacht werden, der Beschluss sei nichtig.

§ 49 Kostenentscheidung

(1) Wird gemäß § 21 Abs. 8 nach billigem Ermessen entschieden, so können auch die Prozesskosten nach billigem Ermessen verteilt werden.

(2) Dem Verwalter können Prozesskosten auferlegt werden, soweit die Tätigkeit des Gerichts durch ihn veranlasst wurde und ihn ein grobes Verschulden trifft, auch wenn er nicht Partei des Rechtsstreits ist.

§ 50 Kostenerstattung

Den Wohnungseigentümern sind als zur zweckentsprechenden Rechtsverfolgung oder Rechtsverteidigung notwendige Kosten nur die Kosten eines bevollmächtigten Rechtsanwalts zu erstatten, wenn nicht aus Gründen, die mit dem Gegenstand des Rechtsstreits zusammenhängen, eine Vertretung durch mehrere bevollmächtigte Rechtsanwälte geboten war.

§§ 51 bis 58 *(aufgehoben)*

IV. Teil. Ergänzende Bestimmungen

§ 59 *(aufgehoben)*

§ 60* *(aufgehoben)*

§ 61 [Veräußerung ohne Zustimmung]

¹Fehlt eine nach § 12 erforderliche Zustimmung, so sind die Veräußerung und das zugrundeliegende Verpflichtungsgeschäft unbeschadet der sonstigen Voraussetzungen wirksam, wenn die Eintragung der Veräußerung oder einer Auflassungsvormerkung in das Grundbuch vor dem 15. Januar 1994 erfolgt ist und es sich um die erstmalige Veräußerung dieses Wohnungseigentums nach seiner Begründung handelt, es sei denn, daß eine rechtskräftige gerichtliche Entscheidung entgegensteht. ²Das Fehlen der Zustimmung steht in diesen Fällen dem Eintritt der Rechtsfolgen des § 878 des Bürgerlichen Gesetzbuchs nicht entgegen. ³Die Sätze 1 und 2 gelten entsprechend in den Fällen der §§ 30 und 35 des Wohnungseigentumsgesetzes.

§ 62 Übergangsvorschrift

(1) Für die am 1. Juli 2007 bei Gericht anhängigen Verfahren in Wohnungseigentums- oder in Zwangsversteigerungssachen oder für die bei einem Notar beantragten freiwilligen Versteigerungen sind die durch die Artikel 1 und 2 des Gesetzes vom 26. März 2007 (BGBl. I S. 370) geänderten Vorschriften des III. Teils dieses Gesetzes sowie die des Gesetzes über die Zwangsversteigerung und die Zwangsverwaltung in ihrer bis dahin geltenden Fassung weiter anzuwenden.

(2) In Wohnungseigentumssachen nach § 43 Nr. 1 bis 4 finden die Bestimmungen über die Nichtzulassungsbeschwerde (§ 543 Abs. 1 Nr. 2, § 544 der Zivilprozessordnung) keine Anwendung, soweit die anzufechtende Entscheidung vor dem 1. Juli 2012 verkündet worden ist.

§ 63 Überleitung bestehender Rechtsverhältnisse

(1) Werden Rechtsverhältnisse, mit denen ein Rechtserfolg bezweckt wird, der den durch dieses Gesetz geschaffenen Rechtsformen entspricht, in solche Rechtsformen umgewandelt, so ist als Geschäftswert für die Berechnung der hierdurch veranlaßten Gebühren der Gerichte und Notare im Falle des Wohnungseigentums ein Fünfundzwanzigstel des Einheitswertes des Grundstückes, im

---

* § 60 m. W. ab 1. 9. 2009 aufgehoben durch Art. 8 G. zur Änderung des Zugewinnausgleichs- und Vormundschaftsrechts v. 6. 7. 2009 (BGBl. I S. 1696).

Text § 64 Wohnungseigentumsgesetz

Falle des Dauerwohnrechtes ein Fünfundzwanzigstel des Wertes des Rechtes anzunehmen.

(2) (gegenstandslose Übergangsvorschrift)

(3) Durch Landesgesetz können Vorschriften zur Überleitung bestehender, auf Landesrecht beruhender Rechtsverhältnisse in die durch dieses Gesetz geschaffenen Rechtsformen getroffen werden.

§ 64 Inkrafttreten

Dieses Gesetz tritt am Tage nach seiner Verkündung* in Kraft.**

---

* Verkündet am 19. 3. 1951.
** Die Änderung des WEG durch das Ges. zur Änderung des Wohnungseigentumsgesetzes und anderer Gesetze v. 26. 3. 2007 (BGBl. I S. 370) trat gemäß Art. 3 dieses Gesetzes am 1. Juli 2007 in Kraft.

Kommentar

Einleitung

Übersicht

	Rz.
I. Verbreitung	1
II. Soziologische Rechtfertigung	2
III. Juristische Grundlagen	5
1. Zulässige Formen	5
2. Zum Namen des Instituts	6
3. Theorienstreit	7
4. Die dreigliedrige Einheit	8
5. Schlussfolgerung	9
6. Rechtsmängel bei Begründung	12
7. Untrennbarkeit der Elemente	13
8. Gesamtwirkung jeder Verfügung	15
9. Verdinglichung der Vereinbarung	16
10. Unauflösbarkeit der WEer-Gemeinschaft	17
11. Rechte und Pflichten der WEer	18
IV. Die Reform des WEG 2007	20
1. Gesetzgebungsgang	21
2. Der Inhalt der Reform	24
3. Bewertung	28
4. Gelöste und ungelöste Fragen	29
5. Teilrechtsfähigkeit und öffentliches Recht	36
V. Änderungen des WEG bis zur WEG-Reform 2007	37
VI. Besondere Entwicklungsformen	38
1. Das Time-Sharing (Teilzeiteigentum)	38
2. Wohnbesitz	40
VII. Umwandlung von Miet- in Eigentumswohnungen	41

I. Verbreitung

Das Institut ist geschichtlich in der Form des Stockwerkeigentums **1** allgemein bekannt. Ganz ähnliche Verhältnisse finden sich auch in den sog. Ganerbenburgen (dazu F. K. *Alsdorf,* Untersuchungen zur Rechtsgestalt und Teilung deutscher Ganerbenburgen, 1980). Zur Geschichte s. *Bärmann,* Einl. Rz. 1 ff. WE ist auch gegenwärtig ohne wesentliche Ausnahme überall, selbst in den Volksdemokratien, verbreitet. In den romanischen Ländern ist es allgemein hergebracht. Siehe Art. 664 Cc. Besondere Gesetze bestehen dazu noch in Belgien 1924, Belgisch-Kongo 1949, Rumänien 1927,

Einl. 2 Einleitung

Brasilien 1928, Griechenland 1929, Polen 1934, Italien 1934, dann Art. 117 ff. in Cc. von 1941/42; Bulgarien 1935, Chile 1937, Ekuador 1959, Frankreich 1938 (neu 1965), Spanien 1939 (neu 1960 mit Änderung 1988), Uruguay 1946, Peru (erg. 1959), Österreich seit 1948 (neu 1975), Argentinien 1948, Bolivien 1949, Columbien 1948, Niederlande 1951, Saarland 1952[1]), Kuba 1952, Israel 1952, Portugal 1955, Venezuela 1959, Guatemala 1959, Schweiz 1963, Rep. Süd-Afrika 1972. Zulässig auch in Panama, Honduras, Mexiko 1954, Quebec, Japan und Jugoslawien. Für den angloamerikanischen Rechtskreis ebenfalls unproblematisch. Schweden kennt besonders das dingliche DWR auf der Grundlage staatlich gelenkter Genossenschaften. Norwegen hat Miet-AG oder Miet-Genossenschaft. Die Türkei hat nun eine eigene Regelung (G v. 23. 6. 1965). Neben dem WE findet sich noch häufig die Form der WEer-Gesellschaft, so in Frankreich, Italien und Belgien (Anteil an ziviler oder bürgerlich-rechtlicher Gesellschaft gibt Wohnrecht). Einzelheiten siehe bei *Bärmann,* 4. Aufl. 1980 u. 5. Aufl. 1983, Einleitung, Rz. 5 ff.

Starke internationale Verbreitung auch in der Form der internationalen Austauschbarkeit der Objekte (Timesharing).

II. Soziologische Rechtfertigung

2   Eine besondere Rechtfertigung erhält das Institut durch: Erfassung kleinerer Kapitalien, Verwertbarkeit bei der Erbteilung, bessere wirtschaftliche Auswertung des Grund und Bodens, Verbilligung der Baukosten, soziales Gefühl des Eigenbesitzes, Pflege der Selbstverantwortlichkeit und des Selbstbewusstseins. Mehr als 80% der Bundesbürger wünschen sich Wohneigentum. Weitere Gesichtspunkte für WE sind: Förderung des Wiederaufbaus auch in der Form der Umlegung in die Horizontale, Sachwertsicherung, rascherer Umschlag der Baugelder, Sicherung von Baukostenzuschüssen, Erhaltung des Wohnungsbaus in (Innen)städten überhaupt, Ermöglichung verdichteter Bauweise, Erleichterung des Hausgehilfinnenproblems, Amortisation des Eigentums statt Miete. So spielte das **Sparmotiv** für Wohnungseigentum mit 54% nach der Altersvorsorge die zweitwichtigste Rolle (ZdW Bay 2004, 179). 2009 halten dies $^2/_3$ für die ideale Form der Altersabsicherung (Inst. f. Demoskopie Allensbach). Ausschaltung des sozialen Spannungsverhältnisses zwischen Vermieter und Mieter, soziale Gleichordnung und Altersvorsorge. Die Wohneigentumsquote ist mit 43% gegen-

---

[1]) Siehe Anm. zu § 64.

Einleitung 2 **Einl.**

über 57% Mieterhaushalten noch immer recht niedrig (Statista 2009). Von daher besteht in Deutschland noch ein hohes Potenzial auch für WE. 77% der Bevölkerung halten die Immobilie zur Eigennutzung für die geeignetste Form der **Altersvorsorge** (Modernisierungs-Magazin 5/2004). Erst in großen Abständen folgen Lebensversicherung, Fonds und gesetzliche Rente, so die „Trend-Research-Studie 2003". Es wurde deshalb mit Recht die gleichberechtigte **gesetzliche** Einbindung von Wohnimmobilien in die geförderte Altersvorsorge gefordert, was mit der Einbeziehung in die sog. Riesterrente vollzogen wurde. Weitere Chancen bestehen für WE im Bereich der **Stadtsanierung** im Rahmen der städtebaulichen Sanierungsmaßnahmen nach §§ 136 ff. BauGB). In geeigneten Objekten bestehen auch durch die Installation von Anlagen der regenerativen Stromgewinnung (Photovoltaik) und Energieerzeugung z.b. durch ein Blockheizkraftwerk Möglichkeiten der Energieeinsparung. Solche Maßnahmen halten den Strompreis in Grenzen. Die Bedeutung des WEs für Anlage und Alterssicherung ergibt sich aus der Vermietungsquote von ca. 60–70% bei EWen. Hinzukommt, dass die demographische Entwicklung für eine weitere Privatisierung von Wohnungen aus dem Bestand spricht. Hier treffen sich die Interessen von Unternehmen und Interessenten (*Tigges,* ZdW Bay 2004, 206). Die Erfahrung der letzten Jahrzehnte zeigt, dass Immobilien im Regelfall Vorteile bei Vermögensbildung und Altersvorsorge bieten gegenüber Lebensversicherungs- und Aktienfondsparen (Modern.-Magazin 12/2003, 5). Nach einer Studie des Bundesamtes für Bauwesen und Raumordnung ist der Beitrag von Wohneigentum für die soziale Stabilität von städtischen Wohnquartieren signifikant. Die Verbesserung der sozialen Beziehungen, der Sozialstruktur und Sozialkontrolle sind dabei wichtige Ergebnisse. Sie müssen auch für junge Familien attraktiver werden, wie die BReg. erkannt hat (Modernisierungs-Magazin 2005, 11). Dazu gehört die Bewältigung des demographischen Wandels, Integration und sozialer Zusammenhalt (Stadtentwicklungsbericht 2008; ZdW Bay 2009, 125). Auch der Wohnbesitz ermöglichte die Bildung von echtem Eigentum in der Form von WE (s. unten Rz. 20). U. U. hat der in Not geratene WEer Anspruch auf **Wohngeld**.

Während die Begründung von WE ansonsten keinen Einschränkungen unterliegt, kann sie in Fremdenverkehrsgemeinden an eine Genehmigung geknüpft werden. Grundlage ist gemäß § 22 Abs. 1 BauGB eine entspr. RVO des Bundeslandes. Der Regelung des § 22 BauGB liegt die tatsächliche Vermutung des Gesetzgebers zugrunde, dass die Begründung von WE in Fremdenverkehrsgebieten regelmäßig zu **Zweitwohnungsnutzung** führt mit der für den Fremdenverkehr negativen Folge, dass Wohnraum der wechselnden Benutzung durch Fremde entzogen wird und die Tendenz zu sog. „Rollladensiedlungen" entsteht (BVerwG, BauR 96, 72 = DVBl. 96, 55 = NVwZ-RR 96, 373; BVerwGE Bd. 99, 242 = NVwZ 96, 999). Dies gilt auch dann, wenn eine (weitere) Verschlechterung der städtebaulichen Situation eintritt (BVerwG a. a. O.).

3 Das WE hat auch **Vorzüge** gegenüber der gewöhnlichen Bruchteilsgemeinschaft mit Nutzungsvereinbarung nach § 1010 BGB, ganz abgesehen von der Unmöglichkeit, die Aufhebung dieser Bruchteilsgemeinschaft für alle Fälle zu verhindern und damit unliebsame Überraschungen auszuschließen (§ 749 Abs. 2 BGB, § 16 KO). So gibt WE über § 1010 BGB hinaus ein Eigentumsrecht, nicht ein bloßes Benutzungsrecht am SE; die Verwaltung ist eingehender im Gesetz geregelt und durch die Gemeinschaftsordnung noch unangreifbarer zu gestalten; WE ist selbstständig wirtschaftlich verwertbar. WE ist auch dem in den §§ 31–42 geregelten **DWR,** das lediglich eine Art beschränkt persönlicher Dienstbarkeit darstellt, vorzuziehen. Insgesamt hat sich das DWR nicht als attraktiv erwiesen und führt ein Schattendasein. Verschiedene Versuche, eine Renaissance zu suggerieren, scheitern an der Tatsache, dass substantielles WE darunter liegenden Nutzungsformen und -rechten qualitativ, rechtlich und im Hinblick auf die Verkehrsfähigkeit überlegen ist (s. § 31 Rz. 17). Sofern nicht Mindestlaufzeiten verbunden mit eigentumsähnlichen Rechten und Pflichten eingeräumt werden, sind sie auch steuerrechtlich problematisch.

Architektonisch stellt das WE besondere Anforderungen an Planung und Ausführung. Die Bereiche von SE und GemE sollten auch gestalterisch von einander abgesetzt sein. Die Bauweise ist entscheidend für die Höhe der entstehenden Umlagen! Gemeinschaftseinrichtungen müssen ausreichend vorhanden sein. Im allg. bewährt sich ein bürgerlicher Wohnungstyp mit gewissem Komfort. Es zeichnet sich auch ein Trend zum Wohnen in zeitgemäß gestalteter historischer Bausubstanz ab, der neben dem Neubau qualitativ hochwertigen Wohnungen zur Geltung kommt. Dabei spielt der Bedarf an größerer Wohnfläche ebenfalls eine Rolle. 2005 ist die durchschnittliche Wohnfläche pro Kopf auf 46 m^2 gestiegen. Auch die Zahl der Haushalte (2003: Lt. Stat. BA 37,9 Millionen) wird, unabhängig vom Rückgang der Bevölkerung, künftig noch steigen.

4 Das WE hat sich inzwischen unzweifelhaft **bewährt;** s. Erfahrungsberichte bei *Diester,* NJW 60, 268; 61, 1329; 70, 1107 und 71, 1153 sowie Rpfl. 60, 109 und 61, 177; ferner *Karstädt*, SchlHA 61, 235 und 62, 135, 231 sowie BlGBW 62, 296 und 311. Über

Einleitung 4 **Einl.**

Bedeutung des TE für Geschäftsräume s. *Herold,* BlGBW 60, 342. Über wirtschaftliche Aspekte s. *Schiebel,* Die Eigentumswohnung, Karlsruhe 1963. Kritische Stimmen sind sehr selten geworden (aber *Karstädt* in BlGBW 66, 45). Zu den aktuellen Problemen des WEsrechts in Rspr. und Literatur s. *Böhringer,* ZIR 97, 68. Mittlerweile hatte sich eine lebhafte Diskussion über Stand und Perspektiven des WEs auf den unterschiedlichsten Ebenen entwickelt. Anlass war eine parlamentarische Initiative. Die Antwort der Bundesregierung (BT-Drucks. 13/4712) auf die Große Anfrage der Abgeordneten *Dr. Eckhart Pick* ... und der Fraktion der SPD (BT-Drucks. 13/2653) hat die Erfahrungen und Weiterentwicklung des WEs zusammengefasst und bestätigt das Institut in hohem Maße. Für grundsätzliche Korrekturen bestand aus damaliger Sicht danach kein Anlass. Bei der Antwort der Bundesregierung hatte sich herausgestellt, dass (nur noch) 40% der EWen von den Eigentümern selbst bewohnt werden und ca. 60% damit dem Mietwohnungsmarkt zur Verfügung stehen. Es hat sich als Vorurteil herausgestellt, dass WE Quelle des Zwists zwischen den WEen sei. Die WEer sind im allg. auch mit der Verwaltung zufrieden.

Das Ergebnis der Gebäude- und Wohnungszählung 1987 ergab gegenüber der Erhebung 1968 bereits fast eine Verfünffachung der Zahl der Gebäude mit Eigentumswohnungen. Von 56 431 Gebäuden 1968 stieg die Zahl auf 257 901.

Gleichzeitig stieg der Anteil der Gebäude mit Eigentumswohnungen am Gesamtbestand von Gebäuden mit Wohnraum von 0,6% auf 2,1% im Bundesdurchschnitt. 6% der Bundesbürger besitzen eine EW (Statista 2009).

Die **absolute Zahl** der Eigentumswohnungen betrug 2,444 Millionen (alte Bundesländer) bzw. 15 900 (neue Bundesländer) zum Stichtag 30. 9. 1993 (Quelle: Angaben der Bundesregierung BT-Drucks. 13/4712 S. 3). Die Einkommens- und Verbrauchsstichprobe 2003 ergab 4,494 Mio. EWen (Stat. BA). Nachdem sich die Zahl der EWen zum Ende 2006 auf ca. 5 Millionen belief (die BMin der Justiz in: Liegenschaft aktuell 2/2007 S. 9), ging das Stat.BA zum 1. 1. 2008 von 6,4 Mio. EWen aus. Von rd. 37 Mio. Wohnungen waren 2003 12,8% EWen (Stat. BA a. a. O., zum 1. 1. 2008 13,3% EWen). Mehr als die Hälfte aller Wohnungen im Geschosswohnungsbau entfällt auf EWen (1993: 56,3%, 1994: 55,9%). Seit 1993 haben sich die Strukturen des selbstgenutzten Wohneigentums in Ost und West signifikant verändert. Das Einfamilienhaus ist zwar immer noch die beliebteste Wohnform. Danach stand aber nicht mehr, wie noch 1993, das Wohnen im Zweifamilienhaus an zweiter Stelle beim selbstgenutzten Wohneigentum. Haushalte bevorzugen in zunehmendem Umfang Eigentumswohnungen als preisgünstige Alternative zum Eigenheim (WIB-Report 42/2000, S. 11). Mit der Abnahme der Zahl **fertiggestellter** Wohnungen in Deutschland (2004: 278 Tsd., 2005 ca. 250 Tsd.) steigt auch die Anzahl der EWen langsamer. Auch die **Baugenehmigungen** fielen 2005 auf ca. 238 Tsd. (StatBA/Prognose der LBS), im Jahre 2008 auf 65 657 (DWE 4/2009, II).

Nach *LBS-Research* hat WE in den Großstädten bereits einen Anteil von 42% am selbstgenutzten Wohneigentum (Der Immobilienverwalter 5/04).

Der in Umsetzung europarechtlicher Vorgaben (der sog. Energieeffizienz-Richtlinie) im Rahmen der Novellierung der EnEV geregelte **Energieausweis** betrifft auch Wohnungen in der Form des Wohnungseigentums. Dabei wird wohl nicht zwischen Neubauten und Gebäuden aus dem Bestand unterschieden. Der Energieausweis (Gebäudeenergiepass) soll dem Käufer aber auch dem Verkäufer Aufschluss über den Energieverbrauch der Wohnung/des Gebäudes geben. Umstritten ist, ob der bedarfsorientierten oder verbrauchsorientierten Methode bei der Erstellung des Ausweises der Vorzug zu geben ist. Ein Feldversuch der Immobilienwirtschaft kam nicht zur Empfehlung einer bestimmten Methode, sondern hielt ein Wahlrecht für angemessen (vgl. ZdWW Bayern 2006, 27). Dem ist der Gesetzgeber gefolgt (§ 17 Abs. 1 EnEV). Energiepass/ -ausweis sind in §§ 16–19 EnEVO auf Grund der Ermächtigung im EnEG geregelt (s. § 21 Rz. 45 a; Anh. I, 6).

Nicht angemessen erscheint, auch Gemeinschaften nach dem WEG bei der Kontenführung den Kriterien des **Geldwäschegesetzes** zu unterwerfen (Liegenschaft aktuell 2005, 20). Ggfs. könnte man bei kleinen Gemeinschaften und außergewöhnlich hohen Bewegungen anlassbezogen vorgehen.

III. Juristische Grundlagen

5 **1. Zulässige Formen.** WE ist anwendbar nicht nur auf horizontale Teilung eines Gebäudes, sondern auch auf vertikal geteilte Gebäude oder auf mehrere Gebäude auf demselben Grundstück oder auf Räume in mehreren Geschossen, sofern nur die Abgeschlossenheit der Wohnung bzw. des TEs gewährleistet ist (s. § 5 Rz. 15 f.). Auch die Zusammenfassung mehrerer abgeschlossener Wohnungen desselben Gebäudes zu einem WE ist möglich. Ein Teil, z. B. auch mehrerer Stockwerke eines Gebäudes oder Lagerhallen, Garagen, Schuppen und dgl., kann zum gemeinschaftlichen Eigentum zugeschlagen werden. Dies gilt z. B. für eine Hausmeisterwohnung.

Auch an noch nicht fertigen Gebäuden oder auch nur geplanten Gebäuden (§ 3 Abs. 1 a. E.) kann WE begründet werden.

2. Zum Namen des Instituts. Der Name „WE" ist Verlegen- 6
heitslösung, ein wirklich treffender Name fehlt auch im ausländischen Recht (dort condominium, communio pro indiviso, copropriété, Horizontaleigentum, propiedad por pisos und anderes). Die juristisch einwandfreie Bezeichnung lautet **Gemeines Raumeigentum** vgl. *Bärmann,* AcP 155.

3. Theorienstreit. Es findet sich eine ungewöhnlich große Zahl 7
von Theorien im ausländischen Recht zur dogmatischen Erklärung des Instituts, ausgehend teils vom Sachenrecht, teils vom Gemeinschaftsrecht (Personenrecht). Keine dieser Theorien bietet einen Oberbegriff, wie er im gewöhnlichen Eigentumsrecht möglich ist. Die Theorie des absoluten Eigentums hat die Zuordnung an eine Mehrheit von Eigentümern begrifflich erschwert (dazu ausführlich *Pick* in *Bärmann/Pick/Merle,* 9. Aufl., Einl. Rz. 5 ff.; *Bärmann* in Wohnungseigentum, Rz. 16 ff.; *Kurz* in: NJW 1989, 1057.

Trotz seiner unbestrittenen Einordnung in den sachenrechtlichen Kanon dinglicher Rechte ist das WE dynamisch und in **Weiterentwicklung** durch Gesetzgebung, Theorie und Praxis begriffen (s. *Jennißen,* Die Entwicklung d. WEsrechts in den Jahren 1994 und 1995, NJW 96, 696; ... in den Jahren 1996 und 1997, NJW 98, 2253; ... in den Jahren 1998 und 1999, NJW 2000, 2318; ... in den Jahren 2000 und 2001, NJW 2002, 3296; ... in den Jahren 2002 und 2003, NJW 2004, 3527; ... in den Jahren 2004 und 2005, NJW 2006, 2163; ... in den Jahren 2006 und 2007, NJW 2008, 2004).

4. Die dreigliedrige Einheit. Für WE gilt: sachenrechtliche 8
Berechtigung und personenrechtliches Gemeinschaftsverhältnis stehen nicht selbstständig nebeneinander. Die Qualifikation der Beteiligung (Mitgliedschaftsrecht an der WEer-Gemeinschaft) bestimmt die sachenrechtlichen Befugnisse und umgekehrt. Dabei entsteht eine Gemeinschaft nach dem WEG (sui generis), nicht nur eine einfache Gemeinschaft römischen Rechtes oder des BGB (so a. BGH NJW 2005, 2061). Es handelt sich bei der Gemeinschaft nicht um eine juristische Person in toto. Es besteht aber **Teilrechtsfähigkeit,** die durch das Gesetz in § 10 Abs. 6 anerkannt ist (schon *Bärmann,* NJW 89, 1062, sprach von „teilweiser Rechtssubjektivität der WEer-Gemeinschaft"; *ders.* in: Wohnungseigentum Rz. 277 ff.). Dieser schon in der 16. Aufl. vertretenen Ansicht hatte sich der BGH angeschlossen (NJW 2005, 2061 vgl. aber Rz. 21). Es sind aber Anklänge an die Gesamthand vorhanden (vgl. *Merle,* Das WE

im System des bürgerlichen Rechts, 1979; *Bärmann,* NJW 1989, 1060; ders. in: Wohnungseigentum, Rz. 277 ff.; ders. PIG Bd. 22, 209 ff.). Wesentlich sind: Unauflösbarkeit durch Dritte und Untrennbarkeit der Elemente: **SE** (reine Dinglichkeit), **ME** (Dinglichkeit im Verbund), **Mitgliedschaftsrecht.** Daraus ergibt sich eine **dreigliedrige Einheit:** in Form einer wechselseitigen, akzessorischen Verbundenheit von SE, ME und verdinglichtem Mitgliedschaftsrecht (*Bärmann,* NJW 89, 1057; ders. in: Wohnungseigentum, Rz. 25 ff.). Für dreigliedrige Einheit ausdrücklich BayObLG, Beschl. v. 9. 2. 1965 NJW 65, 821 = Rpfleger 65, 224; BGH, Rpfleger 79, 57; 79, 97 und *Wienicke,* Einf. I 1. Ggfs. tritt das jetzt durch § 5 Abs. 4 Sätze 2 und 3 anerkannte **Sondernutzungsrecht** als sondereigentumsähnliche Berechtigung am Gemeinschaftseigentum hinzu. Das zwingend mit der Beteiligung an einer WEsanlage verbundene Mitgliedschaftsrecht besteht nun auch in der Form der **personalen Verbindung** mit der juristischen Person, der **Gemeinschaft.** Insofern ist der hier vertretene theoretische Ansatz bestätigt. Die Mitgliedschaft an dem Verband hat wegen der Wechselmöglichkeit durch „Austritt" nach Veräußerung vereinsrechtliche Züge, allerdings mit dem herausgehobenen Merkmal der Unauflösbarkeit, ob sie nun von einzelnen WEern oder deren Gläubiger angestrebt würde. Die Gemeinschaft löst sich nur durch Vereinigung aller WEsrechte in einer Hand oder durch einstimmige Aufhebung auf. Im ersten Fall befindet sie sich in einem Wartestand, der jederzeit durch Hinzutritt eines zweiten WEers beendet werden kann. Auf jedes dieser Elemente ist sein Recht anwendbar, vorbehaltlich Einschränkungen und Abwandlungen zufolge akzessorischer Verbundenheit (s. dazu ausführlich *Pick* in *Bärmann/Pick,* WEG, Einl. Rz. 5 ff.; ähnlich MK-*Commichau,* Rz. 20 ff. vor § 1). Die bisher h. M. (z. B. RGRK-*Augustin,* § 1 Anm. 4, § 3 Anm. 1; *Weitnauer,* WEG, Rz. 25 ff. vor § 1; BGH, NJW 2002, 1647; *Merle,* a. a. O.), hebt das personenrechtliche Element nicht genügend hervor und behandelt es als unverbundene Gemeinschaft i. S. d. §§ 741 ff. BGB (vgl. *Ertl,* DNotZ 79, 267; 88, 4). Diese Auffassung bedarf der Revidierung. *Junker* (Die Gesellschaft nach dem WEG, 1993) gelangt von einem gesellschaftsrechtlichen Ansatz oft zu denselben Ergebnissen (s. *Pick,* a. a. O., Rz. 11 ff.).

9 **5. Schlussfolgerung** (aus dem Zweck, causa finalis). Über kein Element kann gesondert verfügt werden: Untrennbarkeit der Komponenten. Eine entspr. Interpretation des Begriffs ergibt: bei dinglichen Rechten an gemeinschaftlichen Sachen und Einrichtungen liegt die Betonung auf ME. Bei dinglichen Rechten an SEs-Räumen und im Zweifel auch bei den obligatorischen Rechten liegt die Betonung auf SE als Alleineigentum. Reine Forderungsrechte (Rücklagen, Rückstellungen, Beitragsleistungen und -forderungen): Dabei erweist sich der Vorrang des verdinglichen Mitgliedschaftsrechts. Die Akzessorietät ist dem Grade nach nicht an eine Größe der MEs-Anteile gebunden (Substanzwert oder Ertragswert). Die Möglichkeit der Verdinglichung gegenseitiger Rechte und Pflichten durch Vereinbarung nach § 10 Abs. 1 S. 2 i. V. m. § 5 Abs. 4 geht sehr weit: ausgenommen bei nicht abdingbaren Vorschriften: z. B. Verwaltereinsetzung auf Dauer, jedoch sicherlich Befugnisse desselben. Zu den Einzelheiten s. die Erl. zu den jeweiligen Vorschriften. WE ist Typus sui generis mit Dinglichkeitsgrundsatz seiner drei Komponenten.

SE ist im Rahmen des WEs echtes Eigentum. Die §§ 925 ff. BGB sind nur einheitlich auf WE anwendbar. §§ 985 ff. BGB dagegen sowohl für SE allein, wie auch für WE als Einheit, ebenso §§ 1004 BGB und 1007 BGB. Letztere Ansprüche hat der WEer auch als MEer. Auch dieses ist Eigentum. Das Mitgliedschaftsrecht der WEer an der WEs-Gemeinschaft wird im Rahmen der Eintragung nach § 10 Abs. 2 verdinglicht, allerdings in Grenzen und abhängig von der Erklärung zum Inhalt des SEs nach § 5 Abs. 4. Aus der dreigliedrigen Einheit von SE, ME und Mitgliedschaftsrecht in der verdinglichten Gemeinschaft folgen auch die Schranken der Nutzungen und des Gebrauchs, wie auch die Pflichten, z. B. die Pflicht, alle jene Nutzungen der SEs-Räume wie der gemeinschaftlichen Sache zu unterlassen, welche geeignet wären, die Stabilität und Sicherheit des Gebäudes zu beeinträchtigen. Gleiches folgt aus der Zweckbestimmung des Gebäudes.

Dritten gegenüber hat jeder einzelne Mitbesitzer (WEer) unbeschränkten Besitzschutz (§§ 859–862, 867 BGB), Recht auf Wiedereinräumung des Mitbesitzes. Daneben gilt § 1011 BGB.

WE ist Grundstück im Sinne der GBO wie auch des BGB. Gesondertes WEs-Grundbuchblatt und Hinzutreten räumlich abgegrenzten SEs sowie die Formenvorschriften des § 4 rechtfertigen den Schluss, dass WE – noch eher als das ErbR – einem Grundstück im Allgemeinen gleich behandelt wird (nicht lediglich grundstücksgleiches Recht: BayObLGZ 93, 297).

6. Rechtsmängel bei Begründung. Rechtsmängel der Begründung machen diese nicht stets ex tunc nichtig oder vernichtbar (allg. zu Gründungsmängeln *Thoma*, RNotZ 2008, 121). Mit der rechtlichen Entstehung des WEs ist gemäß § 11 die Unauflösbarkeit eingetreten, antizipiert schon durch die Bindung nach § 873 Abs. 2

BGB. Die Rechtsfolgen hängen von der Art des Willensmangels ab (im Einzelnen *Bärmann,* Wohnungseigentum, Rz. 199 ff.). Es kann auch inzwischen gutgläubiger Erwerb eingetreten sein. U. U. besteht eine Abhilfe bei beachtenswerten Abschluss- oder Willensmängeln nur darin, den Mangel nachträglich zu beseitigen oder im Ausscheiden der betreffenden Person ohne Auflösung der Gemeinschaft. Die verdinglichte Verbindung schränkt Geltendmachung der Nichtigkeit ex tunc, die Anfechtung und selbst die Auflösung ex nunc wesentlich ein (dazu *Gaberdiel*, NJW 72, 847; *Pick* in *Bärmann/Pick*, 10. Aufl., Einl. Rz. 476 ff.).

13 **7. Untrennbarkeit der Elemente.** Wegen der Untrennbarkeit der drei Komponenten sind grundsätzlich nur **einheitliche** Veräußerung, Belastung, Verfügung, Erbfolge möglich (zu Ausnahmen s. § 6 Rz. 5). Der Eintritt des Erwerbers erfolgt immer gleichzeitig in die drei Bestandteile des WEs (a. A. BGH NJW 2005, 2061).

Beendigung der Untrennbarkeit ist nur durch einstimmige Vereinbarung über Aufhebung des SEs möglich. Bei Mehrheit von Eigentümern entsteht dann ME nach § 1008 BGB. Verzicht an ME allein ist nicht möglich, wohl aber Verzicht auf Nutzung und Gebrauch gemeinschaftlicher Teile ohne Beeinträchtigung der Lastentragung. Besondere Gebrauchsregelung kann in diesem Fall erfolgen. Aufgabe des SEs bedeutet zugleich Aufgabe des MEs und des Mitgliedschaftsrechtes. Ein Anwachsungsrecht bzw. Erwerbsrecht der verbleibenden WEer besteht nicht. Zur Aufhebung s. § 4.

14 Die obengenannte wechselseitige Akzessorietät erfasst insbesondere auch die Mitgliedschaftsrechte. Einzelne Forderungsrechte in der **Zuständigkeit** der Gemeinschaft können von Gläubigern eines WEers nicht gepfändet, auch nicht an sie abgetreten werden. Verfügbarkeit entsteht erst mit Beschluss über Ausschüttung des Nutzungsüberschusses. Das Bruchteils-ME muss dem Werte nach nicht gleich dem Wert der SEs-Räume sein. Ebenso kann die Aufschlüsselung von Nutzungen und Lasten vom ME-Bruchteil abweichen, z. B. wegen besonderer Nutzungsart einzelner Räume. Krasse Abweichungen des Wertes des SEs vom ME-Bruchteil können § 1 Abs. 2 bzw. § 3 widersprechen. Sachlich gerechtfertigte Relation zwischen Anteilen an Nutzungen und Lasten, Rechten und Pflichten einerseits und Größe des Bruchteils bzw. Wert des SEs andererseits sollte bestehen (s. *Pick*, NJW 1989, 1060; *Armbrüster* in *Bärmann* § 3 Rz. 38 f.).

15 **8. Gesamtwirkung jeder Verfügung.** Eine Verfügung (Übertragung, Belastung oder Beschlagnahme) über das WE ist nur im ganzen möglich, nicht über SE oder MEs-Anteil oder Mitgliedschaftsrecht im Einzelnen (a. A. zum Vermögensanteil BGH NJW 2005, 2061). Die Gesamtwirkung gilt auch für den gutgläubigen Erwerb, auch hinsichtlich eines Forderungsrechtes aus dem Mitgliedschaftsrecht. Das Vermögen der WEer-Gemeinschaft ist wie diese selbst **nicht insolvenzfähig.** Jedoch kann die Zwangsvollstreckung in dieses Vermögen aus Forderungen gegen die **Gemeinschaft** als solche, ggfs. auch gegen die **WEer** als Gesamtschuldner stattfinden, sofern ein besonderer Verpflichtungsgrund gegeben ist. Auch die Gesamtheit der WEer kann nicht über das gemeinschaftliche Eigentum insgesamt verfügen.

9. Verdinglichung der Vereinbarung. Im Falle der Teilung im eigenen Besitz nach § 8 wird die „Wohnungseigentümervereinbarung" zu einem Realstatut der kommenden Gemeinschaft, soweit sie nach § 10 Abs. 2 eingetragen wird. Sie wird verdinglichte Vertragsnorm und somit allgemeinverbindliche Grundlage für den späteren Erwerber. 16

10. Unauflösbarkeit der WEer-Gemeinschaft. Die Unauflösbarkeit der WEer-Gemeinschaft gilt auch im Hinblick auf das Gemeinschaftsvermögen. Rechtspfändung gegen einen WEer gemäß § 857 ZPO kann sich erst auf einen auf Grund Vereinbarung oder Beschluss oder richterlicher Entscheidung dem WEer im Einzelnen zur Verfügung stehenden Betrag richten, nicht dagegen auf einen ideellen Anteil am Gesamtvermögen der Gemeinschaft, den es nach Anerkennung der Rechtsfähigkeit der Gemeinschaft nicht mehr gibt. Die der Gemeinschaft oder deren Verwalter zur Verfügung gestellten Beträge gelten nicht als eigene Guthaben der WEer, sondern als an die Unauflösbarkeit der Gemeinschaft gebundene Vermögensbestandteile, verbunden mit dem ME und dem SE (so, wenn auch mit anderer Begr. BGH NJW 2005, 2061; KG, DerWEer 89, 17; LG Berlin, JR 62, 220; a. A. BayObLGZ 84, 198; s. § 1 Rz. 10). So kann deshalb auch nicht beim Ausscheiden eines WEers von diesem ein Anteil an der Rückstellung für Instandsetzung verlangt werden (h. M.; BGH a. a. O.; KG, DerWEer 89, 17). Das gilt auch für und gegen den Insolvenzverwalter. § 84 InsO scheidet insoweit aus (s. a. Anh. I, 2 c). 17

11. Rechte und Pflichten der WEer. Die Rechte und Pflichten der WEer beginnen bereits mit **Eintragung** der Auflassungsvormerkungen und **Einzug** in die Wohnanlage (OLG Köln, NJW-RR 98, 518 = NZM 98, 199; s. Rz. 2 vor § 43). Damit entsteht materiell ein **Anwartschaftsrecht,** auf das nach allg. Lehre schon die **Regeln** über das **Vollrecht** grundsätzlich anwendbar sind, soweit nicht erst mit dem Erstarken zum Vollrecht einzelne Bestimmungen gelten. 18

Einl. 19, 20   Einleitung

Beim WE im Anwartschaftsstadium kann der Erwerber damit alle Verwaltungsrechte, vor allem das Stimmrecht und die Nutzungsrechte, in Anspruch nehmen. Nur die Lasten- und Kostentragung gegenüber der Gemeinschaft folgt der Eintragung ins GB.

Für die Rechte und Pflichten ergibt sich:

– Rechte der WEer: Verfügungen über die dreigliedrige Einheit, Gebrauch der SEs-Räume, Gebrauch der gemeinschaftlichen Sachen, immer unter Beachtung des Kollektivinteresses, insbesondere der qualifizierten Nachbarrechte. Gebrauchsregelung nach § 15. Mitgliedschaftsrecht an rechtsfähiger Gemeinschaft und aus verdinglichtem Gemeinschaftsverhältnis. D. h. Mitwirkung bei der Verwaltung, Anteil am gemeinschaftlichen Vermögen, Anteil an dem Vermögen erst bei Auseinandersetzung (§ 17). Ansonsten wegen Unselbstständigkeit keine Anteile am Vermögen. Nichtauflösbarkeit, Mehrheitsprinzip, Handlungen nach § 21 Abs. 2, Recht auf Verwaltung (§ 21 Abs. 3, 4, 5).

19 – Pflichten: Aus dem Sondereigentum: § 14 zum positiven Tun und zur Duldung. Aus dem Miteigentum: § 14 Nr. 1 Beschränkung des Gebrauchs, Einstehen für Dritte, Duldung. Aus der Mitgliedschaft: Duldung des Vollzugs der Beschlüsse, Anordnungen des Verwalters oder Gerichts. Beitragspflicht zu Lasten und Kosten, Wiederaufbaupflicht nach § 22 Abs. 4.

Das Verhältnis der WEer **untereinander** und gegenüber der **Gemeinschaft** ist charakterisiert durch ein qualifiziertes Geflecht von gegenseitigen direkten und reflektiven Beziehungen der vorstehend präzisierten Art. Deshalb geht auch die h. M. von einem gesetzlichen Schuldverhältnis aus (BGH, NJW 99, 2108), das gegenseitige Treuepflichten enthält sowohl untereinander als auch gegenüber der Gemeinschaft (BGH, NJW 2005, 2061, 2067; NZM 2007, 88; BayObLG, NJW 2002, 71; *Armbrüster*, ZWE 2002, 333). Daraus ergeben sich **Treue-** und **Rücksichtnahmepflichten** (BGH a. zuletzt a. O.).

IV. Die Reform des WEG 2007

20   **Literatur:** S. *Bergerhoff*, Die wohnungseigentumsrechtliche Anfechtungsklage im ZPO-Verfahren, NZM 2007, 425; *ders.*, Die Anfechtungsklage gegen den Verband Wohnungseigentümergemeinschaft … NZM 2010, 18; *V. Bielefeld*, Das neue WEG – ein neuer Anfang und seine Folgen, DWE 2007, 3; *ders.*, WEG-Reform: Beschluss-Sammlung ist Pflicht, DEW 2007, 19; *L. Briesemeister*, Das Haftungssystem der Wohnungseigentümergemeinschaft nach der WEG-Reform, NZM 2007, 225; *ders.*, Korrigenda zur WEG-Reform 2007, NZM 2007, 345; *W.-R. Bub*, Das Verwaltungsvermögen, ZWE 2007, 15; *P. Derleder/F. N. Fauser*, Die Haftungsverfassung der Wohnungseigentümergemeinschaft nach neuem Recht, ZWE 2007, 2; *ders.* Die

Einleitung 21, 22 **Einl.**

Haftungsverfassung der WEergemeinschaft nach dem neuen WEG, Berlin 2007; *O. Elzer,* Die WEG-Novelle 2007, WuM 2007, 295; *W. Gottschalg,* WEG-Reform: Das neue Verfahrensrecht, DWE 2007, 13, *ders.,* Wesentliche Aspekte der beschlossenen WEG-Novelle, NZM 2007, 194; *Hügel,* Die Mehrhausanlage nach der Reform des WEG, NZM 2010, 8; *Hügel/O. Elzer,* Das neue WEG-Recht, 2007; *W.J. Köhler,* Das neue WEG, 2007; *Moosheimer,* Zwei Jahre WEG-Reform – Offene Streitfragen und erste Rechtsprechung, ZMR 2009, 809; *Niedenführ,* Die WEG-Novelle 2007, NJW 2007, 1841; *Schmid,* „Vergemeinschaftung" von Individualrechten der Wohnungseigentümer und Prozessstandschaft, NZM 2009, 721; *ders.,* Notwendigkeit einer Reperatur der WEG-Reform, ZRP 2009, 169; *B. Zypries,* Neue Impulse für das Wohneigentumsrecht, DWE 2007, 7 = Liegenschaft aktuell 2007, 8.

Formularbücher: Beck'sches Formularbuch Wohnungseigentumsrecht, herausg. von *H. Müller,* 2007; *Bärmann/Seuß,* Praxis des Wohnungseigentums, 5. Auflage 2010.

Mit der Verkündung des „Gesetzes zur Änderung des Wohnungseigentums und anderer Gesetze" vom 26. 3. 2007 am 30. 3. 2007 im Bundesgesetzblatt hat die Geschichte des Wohnungseigentums ein neues Kapitel aufgeschlagen. Es ist die seit dem Bestehen des Gesetzes 1951 umfangreichste Änderung und auch qualitativ einschneidenste **Reform.** 21

1. Gesetzgebungsgang. Nach gründlicher Vorbereitung, wurde zunächst 2005 durch das Bundesministerium der Justiz ein Referentenentwurf veröffentlicht, der in der Folgezeit intensiv diskutiert und unter dem Eindruck der z. T. kritischen Stellungnahmen überarbeitet wurde. Noch in der 15. Wahlperiode des Deutschen Bundestags nahm der Bundesrat zu dem Regierungsentwurf in seiner Sitzung am 8. Juli 2005 Stellung. Nach der Auflösung des Bundestags im Verlauf der 15. Wahlperiode wurde das Gesetzgebungsverfahren zwar unterbrochen, fiel allerdings, da der Bundestag noch nicht mit dem Gesetzentwurf befasst worden war, nicht der sog. Diskontinuität zum Opfer. Nach der BTswahl am 18. September 2005 konnte das Gesetzgebungsverfahren damit ohne erneute Beteiligung des Bundesrats fortgeführt werden. Am 8. 3. 2006 verabschiedete die BReg. den Entwurf eines „Gesetzes zur Änderung des Wohnungseigentumsgesetzes und anderer Gesetze" mit Begründung (s. schon den Ergänzungsband zur 17. Aufl. dieses Kommentars). Im weiteren Verlauf des Gesetzgebungsverfahrens wurde der Gesetzentwurf dann dem Bundestag mit der Stellungnahme des Bundesrats und der Gegenäußerung der BReg. zugeleitet (BT-Drs. 16/887). Der BT beriet in seiner Sitzung vom 11. Mai 2006 den Entwurf in erster Lesung und überwies ihn an die zuständigen Ausschüsse, federführend dem Rechtsausschuss, zur weiteren Bera- 22 tung (Plenarprotokoll 16/35, 35. Sitzung am 11. 5. 2006, S. 3024, 3030 ff., Anl. 3). In der Folgezeit beriet der Rechtsausschuss und führte am 18. 9. 2006 eine öffentliche Anhörung durch (Prot. der 23. Sitzung des Rechtsausschusses des Deutschen Bundestags).

23 Nach den Beratungen der zuständigen Ausschüsse erarbeitete der Rechtsausschuss unter dem 13. 12. 2006 die Beschlussempfehlung und seinen Bericht (BT-Drs. 16/3843). Am 14. 12. 2006 verabschiedete der Deutsche Bundestag den Gesetzentwurf mit großer Mehrheit. Nur die Fraktion Die Linke stimmte dagegen.

Nach der Zustimmung durch den BT wurde die Novelle dem BR zugeleitet. Dieser beschloss in seiner Sitzung am 16. 2. 2007, keinen Antrag nach Art. 77 Abs. 2 GG zu stellen, d. h. auf die Anrufung des Vermittlungsausschusses zu verzichten. Nachdem der Bundespräsident das Gesetz nach Art. 82 Abs. 1 GG unter dem 26. 3. 2007 nach Gegenzeichnung durch die Bundeskanzlerin und die Bundesministerin der Justiz ausgefertigt hatte, wurde es am 30. März im Bundesgesetzblatt veröffentlicht (verkündet). Das WEsÄndG trat damit am 1. Juli 2007 in Kraft, soweit es das WEG als solches betraf, im Übrigen mit der Verkündung.

Durch Art. 5 des G zur Vereinfachung des Insolvenzverfahrens vom 13. 4. 2007 wurde § 72 GVG erneut geändert (BGBl. I S. 509).

24 **2. Der Inhalt der Reform.** Der Gesetzesentwurf der BReg. vom 9. 3. 2006 (BT-Drs. 16/887), abgedruckt im Ergänzungsband der 17. und 18. Aufl., formuliert die mit der Reform verbundenen Ziele, so dass sie hier nur verkürzt wiederzugeben sind.

Es geht zum Einen um die Erleichterung der Willensbildung in der WEerversammlung durch eine vorsichtige Durchbrechung des Einstimmigkeitsprinzips, das grundsätzlich aber weiter in Bezug auf Vereinbarungen gilt. Die praktisch wichtigen Ausnahmen betreffen den neuen § 16 Abs. 3, der hinsichtlich der Betriebskosten das Mehrheitsprinzip einführt und in seinem Abs. 4 im Einzelfall eine Abweichung mit $^3/_4$-Mehrheit von der vereinbarten Kostenbeteiligung bei Instandhaltung, Instandsetzung und baulichen Veränderungen zulässt. In diesen Zusammenhang gehört auch die Regelung in § 22 Abs. 1, nach der das Zustimmungserfordernis zu baulichen Veränderungen und Aufwendungen, soweit sie **über** die ordnungsmäßige Instandhaltung und Instandsetzung hinausgehen, nur von der Zustimmung der über das Maß des § 14 Nr. 1 bestimmte Maß hinaus beeinträchtigen WEer abhängig gemacht wird. Der Zustimmung der insoweit nicht Betroffenen bedarf es hingegen nicht. Bei Modernisierungsmaßnahmen entspr. § 559 Abs. 1 BGB und Maßnahmen zur Anpassung des GemEs an den Stand der Technik i. S. des § 22 Abs. 1 genügt grundsätzlich eine ³/₄-Mehrheit, auch wenn sie nicht dringlich sind, aber unter vernünftigen Gesichtspunkten sinnvoll sind.

Eine weitere Abweichung vom Einstimmigkeitsprinzip stellt die **25** Möglichkeit nach § 12 Abs. 4 dar, Veräußerungsbeschränkungen mehrheitlich aufzuheben.

Das **zweite** Reformziel ist die Überführung des bisherigen Verfahrens der fG nach den §§ 43 ff. WEG in das streitige Verfahren nach der **ZPO.** Damit wird einerseits ein Teilbereich der schon lange geplanten Reform der fG vorweggenommen, andererseits werden die Besonderheiten des bisherigen WEG-Verfahrens als sog. Streitverfahren der fG mit den inhaltlich gleich gelagerten Strukturen in der ZPO harmonisiert. Auch entspricht dieses Verfahren der fast durchgängig zu beobachtenden Praxis, trotz des Amtsermittlungsgrundsatzes das Vorbringen der Parteien in den Vordergrund zu stellen.

Der dritte wesentliche Reformansatz betrifft die Sicherung der WEer gegenüber zahlungsunfähigen oder -unwilligen MEern, ein Problem, das zunehmend die Funktionsfähigkeit von WEs-Gemeinschaften in Frage stellt bzw. die zur Vorlage von Verwaltungsbeiträgen des säumigen WEers gezwungenen WEer überfordert. Das Gesetz versucht das Problem mittels eines **Vorrechts** bei der Zwangsversteigerung in Höhe von 5% des Verkehrswerts zu lösen (§ 10 Abs. 1 Nr. 2 ZVG). Es privilegiert dadurch die Gemeinschaft, setzt sie jedoch in Zugzwang, auflaufenden Rückständen nicht tatenlos zuzusehen.

Die vierte wesentliche Änderung gegenüber der bisherigen Ge- **26** setzeslage ist die Anerkennung der **Teilrechtsfähigkeit** der Gemeinschaft durch den Gesetzgeber. Diese ursprünglich nicht einbezogene Reformziel wurde von der BReg. erst auf Grund der Bitte des BRs in seiner Stellung zum Regierungsentwurf aufgenommen und als Vorschlag ins Gesetzgebungsverfahren eingebracht (BT-Drs. 16/887 S. 60 ff.). Der Gesetzgeber hat sich dieser Auffassung angeschlossen und der Gemeinschaft in der zentralen Vorschrift des § 10 Abs. 6 Rechtsfähigkeit im Rahmen der gesamten Verwaltung zuerkannt. Damit ist eine Stärkung der „Organisation" mit dem Verwalter gegenüber den WEern verbunden, die allerdings weiterhin die Träger der Gemeinschaft sind und in ihr die Verantwortung für das Gedeihen der Anlage wahrnehmen.

Die Gemeinschaft kann als solche Rechte und Pflichten erwerben, z. B. Grundpfandrechte und Sondereigentum, etwa eine Hausmeisterwohnung oder eine Garage erwerben, Auf der anderen Seite haftet sie Außenstehenden für ihre Verbindlichkeiten auch als

Rechtsperson. Zur Sicherung der Gläubiger begründet § 10 Abs. 8 S. 1 Hs. 1 neben der vollen Haftung der Gemeinschaft eine teilschuldnerische **Außenhaftung,** die sich in der Höhe nach dem Miteigentumsanteil eines WEers richtet. Die Haftung der WEer besteht also neben der der Gemeinschaft, ist also keine sekundäre, sondern eine unmittelbare anteilige. In der Praxis werden sich Gläubiger der Gemeinschaft in erster Linie schon aus Gründen der einfacheren Geltendmachung ihrer Ansprüche an die Gemeinschaft, üblicherweise vertreten durch den Verwalter, halten.

27 Neu ist die Einführung der Verpflichtung, eine **Beschlusssammlung** zu führen (§ 24 Abs. 7, 8). Damit soll die Beschlusslage der Gemeinschaft übersichtlicher und auch für einen Erwerber transparenter werden. Dies ist Aufgabe des Verwalters. Wo er nicht bestellt ist, obliegt die Aufgabe den WEern, die dies zu organisieren haben.

Gegenüber der Stärkung der Verwalterstellung als Organ der Gemeinschaft ist eine erhöhte Verantwortung eingeführt. Diese kommt ausdrücklich in § 26 Abs. 1 S. 4 zum Ausdruck, nach dem in der mangelhaften Führung der Beschlusssammlung ein Abberufungsgrund gegeben ist. Dies ist m. E. Hinweis auf eine gegenüber der früheren Rechtslage insgesamt gesteigerte Anforderung an seine Zuverlässigkeit im Rahmen seiner Aufgaben. Die erste Bestellung des Verwalters ist jetzt nach § 26 Abs. 1 S. 2 auf **drei** Jahre statt wie bisher fünf begrenzt. Der Gleichlauf mit der Gewährleistungsfrist des § 634a Abs. 1 BGB war wegen der möglichen Interessenkonflikte nicht angemessen. Diese Regelung wurde erst am Ende der Beratungen der Koalitionsfraktionen eingeführt und vom Verf. unterstützt.

28 **3. Bewertung.** Nach Auffassung der Bundesministerin der Justiz, Frau *Zypries,* bringt die Reform wesentliche Vorteile: „Die Reform macht das Wohnungseigentum also praktikabler und kommt den Eigentümern unmittelbar zugute. Sie wird die Attraktivität des Wohneigentums weiter erhöhen und so auch für die Zukunft sichern" (DWE 2007, 7 = Liegenschaft aktuell 2/2007, S. 8). Man kann ihr zustimmen. Auch der Parlamentarische Staatssekretär *Hartenbach* urteilte: „Mit der heutigen zweiten und dritten Lesung sorgen wir für eine praktikable Modernisierung des Gesetzes" (Sitzung des BTs am 14. 12. 2006). Ähnlich positiv fiel auch die Stellungnahme der Spitzenverbände der Wohnungswirtschaft aus. Sie hielten bereits den Gesetzentwurf der BReg. für „umfassend und ausgewogen" (DWE 2006, 51). Sicher sind nicht alle Wünsche bei diesem Gesetzesvorhaben in Erfüllung gegangen. Die Reform war jedoch an der Zeit und insbesondere auf Grund der Rechtsprechung des BGH zur Teilrechtsfähigkeit und der daraus folgen-

den Fragen als Vorgabe der Richtung notwendig. Neue zu lösende Fallgestaltungen sind zu erwarten. Sie werden Literatur und Rechtsprechung auf Trab halten.

Es sei übrigens festgehalten, dass sich die Mitglieder des Rechtsausschusses des BTs, vor allem die Berichterstatter der Fraktionen, alternativen Vorschlägen gegenüber aufgeschlossen gezeigt haben. Hervorzuheben sind die Berichterstatter für die CDU/CSU-Fraktion, *Norbert Geis* und für die SPD-Fraktion, *Dirk Manzewski,* die das Verfahren umsichtig und mit der Materie vertraut gesteuert haben. Der zuständige Referatsleiter des Bundesministeriums der Justiz, Ministerialrat *Stiller,* hat beharrlich den Entwurf begleitet und auf die Einhaltung der Grundsätze geachtet. Die Antwort der BReg. auf eine kleine Anfrage der FDP-Bundestagsfraktion (BT-Drs. 16/11553) zeigt, dass es zu früh ist, schon eine Bilanz der Auswirkungen der Reform zu ziehen. Sie werden sich erst in den nächsten Jahren zeigen. Es scheint sich aber schon deutlich zu erweisen, dass die Rechtsprechung keine Anpassungsprobleme an das neue Verfahren und das materielle Recht hat (kritisch und zweifelnd *Hügel/Elzer,* NZM 2009, 457). Zu den Auswirkungen auf die notarielle Praxis s. *Fabis,* DNotZ 2007, 369. Auch die BReg. scheint (abgesehen von dem später ergänzten § 10 Abs. 1 Nr. 2 ZVG) in ihrer Antwort auf eine Kleine Anfrage keinen Änderungs-/Ergänzungsbedarf zu sehen (BT-Drs. 16/11553).

4. Gelöste und ungelöste Fragen. Die Frage der **Insolvenzfähigkeit** der Gemeinschaft war im Gesetzgebungsgang lange Zeit umstritten. Der Bundestag hat sie letztlich mit Recht verneint, die Unauflöslichkeit der **Gemeinschaft,** so heißt es wörtlich in § 11 Abs. 2 (!), beibehalten (*Norbert Geis,* MdB, Der Immobilienverwalter 2/2007, 7 f.; *Dirk Manzewski,* MdB, DWE 2007, 12; a. A. *Bielefeld,* Der Immobilienverwalter, 2/2007) und durch den neuen § 11 Abs. 3 ein **Insolvenzverfahren** ausdrücklich **ausgeschlossen.** Begründet wurde diese Entscheidung mit der Erwägung, dass es sozusagen eine Nachschusspflicht der WEer bis zur Befriedigung der Gläubiger gebe. Letzteres Argument ist eher nicht stichhaltig, wenn die WEer sich z. B. einig sind, keine entspr. Umlage vorzunehmen. Es besteht zwar ein Anspruch der Gemeinschaft gegenüber den WEern, für Verbindlichkeiten der Gemeinschaft aufzukommen, doch ist dieser Anspruch nicht abtretbar und folglich auch nicht pfändbar, weil er sich nur auf das Binnenverhältnis bezieht. Würde man anders entscheiden, könnten Gläubiger über die Teilverbindlichkeit nach § 10 Abs. 8 Abs. 1 S. 1 Hs. 1 hinaus einzelne WEer überobligationsmäßig in Anspruch nehmen, wenn andere WEer nicht zahlungsfähig sind. Dies würde der Regelung widersprechen. Damit findet eine Insolvenzverwaltung, auch in Form der Eigenverwaltung, nicht statt, da ein Insolvenzverfahren nicht von einem Dritten veranlasst werden kann. Überdies wären zwei nebeneinander bestehende Verwaltungen schlechterdings nicht praktikabel.

30 Das Regulativ für den Ausschluss der Insolvenz besteht darin, dass alle WEer ein Interesse haben (müssen), den Wert der gemeinschaftlichen Immobilie zu erhalten. Insofern obliegt es ihnen, für eine ausreichende Ausstattung der Gemeinschaft zu sorgen. Das **Sicherungsrecht** nach § 10 Abs. 1 Nr. 2 ZVG ist eine sinnvolle Grundlage für das Engagement Einzelner. Die Insolvenzfähigkeit **einzelner** WEer ist unberührt. Erneut wird sich die Frage stellen, wenn auch auf geänderter Ebene, wie es mit dem **Anwartschaftsrecht** eines Erwerbers steht und ab wann materiell- und verfahrensrechtliche Vorschriften auf dieses anwendbar sind. Dies gilt auch für die **werdende** Gemeinschaft. Das Problem, ob etwa die Vorschrift über die örtliche Zuständigkeit nach § 43 schon **vor** dem Rechtserwerb anwendbar ist, ist nach meiner Auffassung wegen der strukturellen Nähe zum Vollrecht und angesichts der bisher vorgenommenen weiten Auslegung des § 43 zu bejahen.

31 Ob Gleiches auch für die **werdende Gemeinschaft** in Bezug auf die **Teilrechtsfähigkeit** anzunehmen ist, ist nicht so klar, da hier auch die Interessen des Rechts- und Geschäftsverkehrs mit den werdenden Gemeinschaftern zu berücksichtigen sind. Sie werden eher ein Interesse an der Einzelhaftung haben, da sie ja nicht sicher sind, ob die Vollrechte entstehen. So wird man das argumentum e contrario heranzuziehen haben, weil der Gesetzgeber die Teilrechtsfähigkeit der „Gemeinschaft" verleiht und dabei von der rechtlich **entstandenen** ausgeht (a. A. zur Rechtslage vor der Reform *Hügel*, DNotZ 2005, 753; *Palandt/Bassenge*, § 1 Rz. 7). Im Fall des § 147 ZVG ist eine analoge Anwendung auf die werdende Gemeinschaft/werdenden WEer nicht möglich, da es sich noch nicht um ein eingetragenes Recht handelt (BGH, NZM 2009, 912, Rz. 8 vor § 43).

32 Beantwortet ist die Frage, ob **einzelne** WEer – wie früher angenommen – entsprechend § 432 BGB befugt sind, z. B. rückständige Beiträge von WEern als Leistung **an alle** fordern können. **Gegen** diese Möglichkeit spricht § 10 Abs. 6 Satz 3, der die **Ausübung** der gemeinschaftsbezogenen Rechte der **Gemeinschaft** zuweist und überdies in Satz 2 die **Inhaberschaft** der als Gemeinschaft begründeten Rechte dieser zuerkennt. Damit können einzelne WEer Beiträge anderer nur unter der Voraussetzung des § 21 Abs. 2 (unmittelbar für das GemE drohende Gefahr) als Leistung an die Gemeinschaft fordern.

Einleitung 33, 34 **Einl.**

Nach der WEG-Reform 2007 ist das interne Ausgleichssystem 33
neu zu justieren. Konnte man vor der Reform von dem Rückgriff
eines WEers § 426 BGB ausgehen (vgl. OLG Hamm, NZM 2004,
952) der im Rahmen eines Gesamtschuldnerverhältnisses nach Befriedigung
des Gläubigers von den übrigen Gesamtschuldnern nach
§ 426 Abs. 2 S. 1 BGB Ausgleichung verlangen kann, passt dieses
Verhältnis nun nicht mehr unmittelbar. Jetzt ist von einer **Teilschuldnerschaft**
der WEer im Verhältnis ihres Anteils nach § 10
Abs. 8 S. 1 gegenüber Gläubigern der Gemeinschaft auszugehen.
Der Gläubiger kann für Verbindlichkeiten der Gemeinschaft die
WEer also nur anteilig in Anspruch nehmen. **Befriedigt** allerdings
ein **WEer** den Gläubiger über seine anteilige Verpflichtung hinaus,
z.B. weil die Gemeinschaft und/oder einzelne WEer nicht zahlungsfähig sind, kann er abgesehen von einer Notmaßnahme gemäß
§ 21 Abs. 2, lediglich nach den Grundsätzen der Geschäftsführung
ohne Auftrag (§§ 683, 684, 812, 369 BGB) Ersatzansprüche gegen
die Gemeinschaft und/oder einzelne WEer geltend machen (vgl.
BayObLG, NZM 2000, 299; OLG Hamburg, ZMR 2004, 137;
OLG Schleswig, SchHA 2004, 214). Der gesetzliche Aufwendungsersatzanspruch
umfasst allerdings nur den jeweiligen **Anteil** eines
WEers, den der in Vorlage getretene WEer liquidieren kann (§ 10
Abs. 8 S. 1). Im Streitfall müsste er demnach die Gemeinschaft auf
vollen Ersatz (abzüglich seines Anteils) und die verpflichteten WEer
jeweils in Höhe des auf sie entfallenden Anteils verklagen. Es käme
zwar keine Klageverbindung nach § 47 in Betracht, jedoch könnte
der WEer die Gemeinschaft und die betreffenden WEer gemeinschaftlich verklagen als Streitgenossen nach §§ 60 ff. ZPO. Im Erfolgsfall würde er einen Titel gegen die Gemeinschaft sowie gegen
die WEer erwirken.

Man wird auch die Frage neu überdenken müssen, wie sich jetzt 34
Mehrhausanlagen zu organisieren haben. Neben der Gemeinschaft mit ihrer Rechtsfähigkeit sind solche Untergemeinschaften
ohne Rechtspersönlichkeit von der Delegation einzelner Aufgaben
durch die Gemeinschaft abhängig. Umfang und Qualität sind daran
zu messen, in wieweit Aufgaben disponibel und nicht wie etwa in
den Vorschriften der §§ 10 Abs. 6 bis 8, 18 Abs. 1 S. 2, 19 Abs. 1
S. 2 der Gemeinschaft zugewiesen sind. Das gilt auch hinsichtlich
der Vorschriften, die, wie die §§ 16 Abs. 3 und 4, 22 Abs. 2, einen
Mehrheitsbeschluss der **Gemeinschaft** vorsehen. Sicher ist, dass die
Untergemeinschaften mangels Rechtspersönlichkeit nicht selbst
Vertragspartner sein können (*Wenzel,* NZM 2006, 321). Zulässig
bleibt wohl, im Rahmen der entspr. Ermächtigung nach Gebrauch
und Nutzen bzw. Betroffenheit zu differenzieren.

35 Meine Bedenken hinsichtlich der Auswirkung des Gesetzes auf verfassungsmäßig geschützte Rechtspositionen durch bisherige autonome Regelungen der Gemeinschaften mit ihrem dinglichen Charakter, die jetzt auf die Gemeinschaft übergehen, habe ich in der Anhörung präzisiert (Prot. der 23. Sitzung des Rechtsausschusses vom 18. 9. 2006). Sie scheinen mir nicht alle ausgeräumt.

36 **5. Teilrechtsfähigkeit und öffentliches Recht.** Für das **öffentliche Recht** gelten die Grundsätze des WEG nicht uneingeschränkt. Z. B. stellt jedes Ws/TE ein selbstständiges Steuerobjekt dar, für die der Eigentümer Schuldner ist (GrSt, GrErwSt, Zweitwohnungssteuer etc.). Was die öffentlich-rechtlichen **Lasten** betrifft, die für die Anlage relevant sind, ist entscheidend **wie** der örtliche **Satzungsgeber** (Stadt, Gemeinde, Kreis) die Anknüpfung regelt. Ist z. B. das einzelne WE Surrogat der Abgabenlast, ist allein der Eigentümer Schuldner von Grundbesitzabgaben, Ausbaubeiträgen und Abfallgebühren usw. (*Drasdo,* NJW-Spezial 2010, 33.) Ob der Satzungsgeber statt dessen die **Gemeinschaft** zur Gebührenschuldnerin macht, obliegt seiner Entscheidung. Der Beschluss des BGH zur Teilrechtsfähigkeit hat darauf **keinen Einfluss** (BVerwG v. 11. 11. 2005 – 10 B 65/05 NJW-aktuell 2006, X). Das Kommunalabgabenrecht sieht ggf. eine gesamtschuldnerische Haftung der **WEer** als (verbundene) Grundstückseigentümer vor. Ein entspr. Bescheid ist damit nicht an den Verband, sondern an **alle** WEer zu richten (VG Gelsenkirchen, NJW-Spezial 2009, 723 = BeckRS 2009, 39279; VG Düsseldorf, BeckRS 2009, 39031; 39032).

Deshalb haften die WEer als **Gesamtschuldner,** auch wenn der **Versorgungsvertrag** mit der WEer**gemeinschaft** zu Stande kommt, für die Zahlung der Verbrauchskosten für die Be- und Entwässerung der WEsanlage gemäß den Allg. Bedingungen für die Entwässerung in Berlin (KG, NZM 2007, 216) oder Straßenbaubeiträge (VG Gelsenkirchen, NJW-Spezial 2008, 707). Damit ist § 10 Abs. 8 S. 1 Hs. 1 **abbedungen** (im Einzelnen unterschiedlicher M. *Drasdo,* NJW-Spezial 2010, 33).

Mit der Anerkennung der Gemeinschaft als rechtsfähiger Verband ist sie gemäß § 61 Nr. 2 VwGO beteiligungsfähig (OVG Berlin-Brandenburg, ZWE 2010, 50). Sie ist z. B. in einem Normenkontrollverfahren antragsbefugt (ebenda).

V. Änderungen des WEG bis zur WEG-Reform 2007

37 Dazu wird auf die vorhergehenden Auflagen des Kommentars verwiesen.

VI. Besondere Entwicklungsformen

1. Das Time-Sharing (Teilzeiteigentum). Zum Time-Sharing s. *Bärmann*, Einl. Rz. 661, 717. Auf die Anfrage des Abgeordneten Prof. *Dr. Pick* (Nr. 2/56) nach dem Schutz der Verbraucher hat die Bundesregierung geantwortet, dass sie gesetzgeberische Maßnahmen z. Z. für entbehrlich halte. Missstände in der Bundesrepublik seien bisher nicht aufgetaucht. Dagegen seien im Ausland Käufer z. T. beträchtlich geschädigt worden.

Aus diesem Grund hatte das Europäische Parlament die EG-Kommission am 13. 10. 1988 ersucht, einen Richtlinienvorschlag zur Harmonisierung der nationalen gesetzlichen Vorschriften im Bereich des Teilzeiteigentums zu erarbeiten, welcher als Mindestinhalt auch besondere Regelungen zum Schutz der Erwerber und Inhaber von Teilzeiteigentum vorsieht.

Innerhalb der EG haben nur Frankreich und Portugal eine einschlägige Regelung. Auf eine weitere Frage (Nr. 2/330) nach der Bedeutung des Teilzeiteigentums in der Bundesrepublik konnte die Bundesregierung abgesehen von dem sog. „Oberstdorfer Modell" über keine Erkenntnisse berichten.

Mit Beschluss vom 14. 11. 1996 hat der Bundestag das Gesetz über die Veräußerung von Teilzeitnutzungsrechten an Wohngebäuden (Teilzeit-Wohnrechtegesetz – TzWrG) verabschiedet (BGBl. I S. 2154), Durch das Gesetz wurde die EU-Richtlinie 94/47/EG in das deutsche Recht umgesetzt. Dabei geht es nicht um eine gesetzliche Ordnung des Time-Sharingrechts als solchem, sondern um den **Schutz** der **Erwerber** bei und nach Erwerb entsprechender Rechte. So soll z. B. durch einen Prospekt mit formalisiertem Inhalt, der den Erwerbsinteressenten auszuhändigen ist, eine hinreichende Information der Erwerber sichergestellt werden. Schriftform des Vertrags und Pflichtangaben im Vertrag sollen die Transparenz der Verträge verbessern. Der Erwerber erhält ein gesetzliches Widerrufsrecht von 10 Tagen. Während dieser Zeit dürfen von ihm keine Anzahlungen verlangt oder entgegengenommen werden (vgl. Beschlussempfehlung und Bericht des Rechtsausschusses, BT-Drs. 13/5865). Die entspr. Belehrung über den Widerruf hat auch darüber zu belehren, dass die Widerrufsfrist erst mit Aushändigung der Belehrung zu laufen beginnt (LG Mainz, NZM 99, 679). Zur **inneren Ordnung** des Time-Sharings, s. unten § 31 Rz. 17. Die Rspr. hat sich bisher mit der Figur des Time-Sharing vorwiegend unter dem Gesichtspunkt der Sittenwidrigkeit, des Anfechtungsrechts, der Erfüllung des Vertrags und des Haustürwiderrufs beschäftigt (LG Leipzig, NZM 99, 725; s. a. OLG Dresden, NZM 2000,

207; BGH, NJW 97, 1069 u. OLG Celle, NJW-RR 97, 504 = ZIP 96, 1874; zu den Einzelheiten s. *Pick* in *Bärmann/Pick/Merle,* 9. Aufl. 2003, Einl. Rz. 66 ff.). Auch das Institut des Verschuldens bei Vertragsabschluss (culpa in contrahendo) wurde bemüht (OLG Köln, ZMR 96, 606 = NJW-RR 97, 308 = VuR 96, 343). Ggfs. kommt auch ein den Erwerbspreis finanzierender Kreditvertrag i. S. von § 9 VerbraucherkreditG in Betracht (OLG Düsseldorf NJW 97, 2056). Zu den Pflichten eines Treuhänders s. LG Hamburg, NZM 99, 722. In Anbetracht der Tatsache, dass die EU-Richtlinie nur **Mindestschutz** vorsieht und das G. keine Ausschließlichkeit beansprucht, gelten darüber **hinausgehende** Schutzvorschriften hinsichtlich des Time-Sharings weiter (kritisch *Martinek,* NJW 97, 1393). Trotz des EU-weiten Standards ist genaue Prüfung solcher Angebote – insbesondere in Urlaubsländern – unbedingt notwendig. Es wird häufig versucht, die gesetzlichen Vorgaben zu umgehen (z. B. „Ferienclub-Mitgliedschaft") bei Preisen von durchschnittlich 10 000 Euro, wie das Europäische Verbraucherzentrum in Kiel im Jahre 2003 feststellte.

40 **2. Wohnbesitz.** Im Zusammenhang mit den gesetzgeberischen Bemühungen um gesicherte Wohnrechte war das G. zur Förderung von WE und Wohnbesitz im sozialen Wohnungsbau v. 23. 3. 1976 (BGBl. I S. 737) in Kraft getreten. Es regelte den Wohnbesitz als eine neue Form der Dauerwohnberechtigung im 2. WoBauG. Wohnbesitz war nach § 12a Abs. 1 2. WoBauG ein mit einer Beteiligung an einem zweckgebundenen Vermögen verbundenes schuldrechtliches Dauerwohnrecht. Zu den Einzelheiten des damals lebhaft diskutierten Gesetzes s. *Pick,* Das neue Recht des Wohnbesitzes, NJW 76, 1049. Die Verbindung zum WE war insofern gegeben, als nach Beendigung des Wohnbesitzes eine Umwandlung in WE erfolgen konnte (§ 62 Abs. 1 Satz 1 2. WoBauG; dazu *Pick,* a. a. O. S. 1054).

Da sich die neue Form der Wohnungsnutzung nicht durchsetzen konnte, wurde sie durch das „WohnrechtsvereinfachungsG" v. 11. 7. 1985 (BGBl. I S. 1277) aufgehoben.

VII. Umwandlung von Miet- in Eigentumswohnungen

41 **1.** Am 30. 6. 1992 beschloss der Gemeinsame Senat der obersten Gerichtshöfe des Bundes zur Problematik der **Abgeschlossenheit,** dass Wohnungen und sonstige Räume in bestehenden Gebäuden auch dann im Sinne von § 3 Abs. 2 S. 1 WEG in sich abgeschlossen sein können, wenn die Trennwände und -decken nicht den Anforderungen entsprechen, die das Bauordnungsrecht des jeweiligen Bundeslandes aufstellt (GmS-OGB 1/91).

Einleitung

Damit wurde eine Streitfrage entschieden, die von der höchstrichterlichen Rechtsprechung unterschiedlich beantwortet worden war. Der Gemeinsame Senat hat sich im Ergebnis der Auffassung der Zivilgerichtsbarkeit angeschlossen (zuletzt der V. Zivilsenat des BGH im Vorlagebeschluss an den Gemeinsamen Senat; vgl. dazu *Koeble,* Probleme der Sanierungsmodelle, BauR 92, 569).

Dagegen hatte das Bundesverwaltungsgericht bis zuletzt (Beschluss vom 18. 4. 1991 – 8 ER 9.91/1) die Ansicht vertreten, dass bei der Prüfung der Abgeschlossenheit gem. § 3 Abs. 2 S. 1 WEG auf die bauordnungsrechtlichen Anforderungen an (Wohnungs-)Trennwände und (Wohnungs-)Trenndecken abzustellen sei, insbesondere hinsichtlich des Brand-, Schall- und Wärmeschutzes (BVerwG Beschluss v. 26. 7. 1989 – 8 B 112.89).

Nach dieser Entscheidung gingen die Anträge auf Erteilung der Abgeschlossenheit sprunghaft in die Höhe.

Insbesondere in den Ballungsgebieten kam es zu enormen Steigerungen. So stiegen lt. dem Schreiben des BundesMin. für Raumordnung, Bauwesen und Städtebau vom 7. 12. 1992 (W III 3 – 20 05 06) die Anträge in den ersten drei Quartalen des Jahres 1992 gegenüber dem Jahr 1991 z. B. in Duisburg von 314 auf 1582, Frankfurt a. M. von 663 auf 3208, Mannheim von 118 auf 1475, München von 1032 auf 7613 und Nürnberg von 275 auf 3586. Genaue Zahlen liegen nicht vor (Antwort der Bundesregierung vom 23. 5. 96, Drucks. 13/4712 S. 3). Für die neuen Bundesländer sind im Rahmen der Privatisierungsverpflichtung aus dem Altschuldenhilfe-Gesetz laut Auskunft der Bundesregierung 57 200 Wohnungskäufe durch Mieter gefördert worden (BT-Drucks. 13/4712 S. 4).

2. Die damit verbundene zum großen Teil spekulative Umwandlung von bisherigen Miet- in Eigentumswohnungen verbunden mit dem entsprechenden Druck zum Erwerb der Wohnung oder Räumung durch Kündigung wegen Eigenbedarfs ist dann Gegenstand mehrerer Initiativen der gesetzgebenden Körperschaften gewesen (zur Entwicklung s. die 15. Aufl.). Die Problematik ist durch das MietRRG geregelt, das zum 1. 9. 2001 in Kraft getreten ist (BGBl. I S. 1149). Rechtsgrundlagen sind die §§ 577, 577 a BGB. Nach § 577 Abs. 1 BGB steht dem Mieter ein **Vorkaufsrecht** an der Wohnung zu, wenn während der Überlassung der Wohnräume im Rahmen eines Mietvertrags WE begründet und an einen Dritten verkauft werden soll. Das gilt auch, wenn eine Anlage mit **Reihenhäusern** in WE umgewandelt wird (BGH, Beck RS 2008, 11430 = NJW-Spezial 2008, 481), also auch bei SE an einem Haus als Form der Realteilung. Tritt der Mieter in Ausübung seines Vorkaufsrechts in einem vom Vermieter während der Zwangsverwaltung geschlossenen Kaufvertrag ein, richtet sich der Anspruch auf Eigentumsverschaffung gegen den Zwangsverwalter (BGH, NZM 2009, 151). Ergänzend gelten die Vorschriften über den Verkauf (§§ 463 ff. BGB), soweit § 577 nicht spezielles Recht enthält z. B. die Schriftform der Erklärung über die Ausübung des Vorkaufsrechts in § 577 Abs. 3 BGB (s. § 8 Rz. 19 ff.).

44 **3.** Zentraler Punkt ist die **Kündigungsbeschränkung** bei der Umwandlung vermieteter Wohnräume in WE. Ein **Erwerber** kann sich auf berechtigte Gründe einer Kündigung des Mietverhältnisses i. S. des § 573 Abs. 2 Nr. 2, 3 BGB erst nach Ablauf von 3 Jahren nach der Veräußerung berufen. § 557 a BGB gilt nach seinem eindeutigen Wortlaut nur in den Fällen des § 573 Abs. 2 Nr. 2 und 3 BGB (BGH, NJW-Spezial 2009, 355). Andere Kündigungsgründe, die ihre Grundlage in § 573 Abs. 1 S. 1 BGB haben, können somit angeführt werden (ebenda = BeckRS 2009, 10915). Die Länder sind ermächtigt, die Frist bis zu 10 Jahren zu verlängern, wenn in Gemeinden die „ausreichende Versorgung der Bevölkerung mit Mietwohnungen zu angemessenen Bedingungen ... besonders gefährdet ist" (zum Gesetzestext s. Anh. III, 1). Die Länder haben z. T. von der neuen Ermächtigung wie schon zu § 564 b a. F. BGB Gebrauch gemacht (s. Anh. III, 1).

I. Teil. Wohnungseigentum

§ 1 Begriffsbestimmungen

(1) Nach Maßgabe dieses Gesetzes kann an Wohnungen das Wohnungseigentum, an nicht zu Wohnzwecken dienenden Räumen eines Gebäudes das Teileigentum begründet werden.

(2) Wohnungseigentum ist das Sondereigentum an einer Wohnung in Verbindung mit dem Miteigentumsanteil an dem gemeinschaftlichen Eigentum, zu dem es gehört.

(3) Teileigentum ist das Sondereigentum an nicht zu Wohnzwecken dienenden Räumen eines Gebäudes in Verbindung mit dem Miteigentumsanteil an dem gemeinschaftlichen Eigentum, zu dem es gehört.

(4) Wohnungseigentum und Teileigentum können nicht in der Weise begründet werden, daß das Sondereigentum mit Miteigentum an mehreren Grundstücken verbunden wird.

(5) Gemeinschaftliches Eigentum im Sinne dieses Gesetzes sind das Grundstück sowie die Teile, Anlagen und Einrichtungen des Gebäudes, die nicht im Sondereigentum oder im Eigentum eines Dritten stehen.

(6) Für das Teileigentum gelten die Vorschriften über das Wohnungseigentum entsprechend.

Übersicht

	Rz.
I. Sinn und Zweck der Vorschrift	1
II. Allgemeines	1a
III. Begriffe	2
IV. Gegenstandsabgrenzung	8
V. Verfügungsfähigkeit	
1. Veräußerung	12
2. Vererblichkeit	15
3. Belastung und Beleihung	16
4. Vereinigung	26
5. Zwangsvollstreckung	27
6. Insolvenz eines WEers	28
7. Wohnraumbewirtschaftung	29
VI. WE und Heimstätte	30
VII. Besitz	31

	Rz.
VIII. Eigentumsschutz	32
IX. Rechtsbeziehungen zum Veräußerer	33
X. Übergangsregelung 1973	35

Literatur: Vgl. die Kommentare und Lehrbücher; Übersichten zur Entwicklung des WEsrechts in regelmäßigen Abständen von *Jennißen*, NJW 2008, 2004 für die Jahre 2006/2007; *Drasdo*, Literaturübersicht zum WE, NZM 2009, 506; 649; 770; vgl. auch *Wenzel*, ZWE 2006, 62 zur Rspr. des BGH.

I. Sinn und Zweck der Vorschrift

1 Die Vorschrift stellt mit einer Reihe von Legaldefinitionen die für das gesamte WEG geltenden grundlegenden Begriffe zu Verfügung (vgl. die amtlich nicht veröffentlichte Begründung zum Regierungsentwurf des WEG: BR-Drucks. 75/51; abgedruckt in *Bärmann*, Anh. II, 1). Die Paragraphenüberschriften des WEG – wie z. B. in § 1 „Begriffsbestimmungen" – sind im Gegensatz zu in den meisten anderen Gesetzes gewählten redaktionellen Überschriften amtlich (Ausnahme § 61 neu).

II. Allgemeines

1a Zur juristischen Natur siehe Einleitung Rz. 5 ff. und § 10 Rz. 1.
Ein einheitlicher Oberbegriff fehlt. Vier Einzelbegriffe kennzeichnen das WE. WE, TE, SE und ME. Dazu kommt das verdinglichte personenrechtliche Mitgliedschaftsrecht.

Die oben in der Einleitung entwickelte Theorie von der dreigliedrigen Einheit des Begriffes WE schließt die herkömmlichen Theorien von ME oder SE als Oberbegriff aus. Vielmehr sind die drei Elemente: ME, SE und Mitgliedschaftsrecht gegenseitig akzessorisch zueinander.

III. Begriffe

2 **WE** ist echtes Eigentum. Alle Vorschriften über das Eigentum finden darum Anwendung. Es besteht auch kein Rangverhältnis zwischen Real-SE und anderen Grundstücksrechten am WE oder am MEs-Anteil. Bei der **Bestimmung** des **MEsanteils** sind die WEer grundsätzlich **frei** (BGH, NJW 76, 1976; BayObLG, Der-WEer 81, 27; OLG Stuttgart, NZM 2004, 264; OLG Düsseldorf, NZM 2004, 508; *Röll*, MittBayNot 79, 4). Dies gilt nicht nur hinsichtlich des Wertes des SEs, sondern auch bezüglich der vom WEer tatsächlich genutzten Fläche, z. B. bei einem Sondernut-

Begriffsbestimmungen 3, 4 § 1

zungsrecht am Grundstück (BayObLG, DerWEer 83, 30). Allerdings sind extreme Missverhältnisse zwischen MEsanteil und Wsgröße zu vermeiden, so dass häufig eine Harmonisierung/Kombination mehrerer Maßstäbe angezeigt sein kann (OLG Stuttgart, a. a. O.). **WE** und **TE** sind nur dadurch unterschieden, dass zu ersterem das SE an einer Wohnung, zu letzterem das SE an sonstigen Räumen (Abs. 3) gehört, Es muss sich um eine **Wohnung** handeln. Eine Toilette kann nicht für sich allein Gegenstand eines WEes oder TEs sein (OLG Düsseldorf, OLGZ 76, 272 = Rpfleger 76, 215 = ZMR 77, 82 = NJW 76, 1458). Die h. M. sieht in der Verbindung eines TEs (Keller) mit dem SNR an einer Wohnung (sog. **Kellermodell**) keine unzulässige Gesetzesumgehung (Gem. Senat der obersten Gerichtshöfe des Bundes als obiter dictum, aber kritisch, NJW 92, 3293; BayObLG, MittRhNotK 92, 115; OLG Hamm, MDR 93, 866 LS = NJW-RR 93, 1233; *Pause*, NJW 92, 671; *Eckhardt*, Rpfleger 92, 156; *Blum*, MittRhNotK 92, 109, a. A. *Schäfer*, Rpfleger 91, 307; zu den Risiken s. *Blum*, MittRhNotK 92, 109, s. u. § 3 Rz. 7). Zu den Voraussetzungen für TE an Garagen s. OLG Hamm, NJW 76, 1752 = DNotZ 77, 588. Zu warnen ist auch vor dem Erwerb bloßer MEsanteile an EWen, finanziert nach dem sog. WoPG (Höchstbetrag 512 Euro/1024 bei Ehegatten). Es ist sehr problematisch wegen der Haftung für Verbindlichkeiten der MEergemeinschaft und der Gefahr der Auflösung z. B. bei Zwangsversteigerung. Der bloße Bruchteil einer EW stellt i. d. R. keinen realisierbaren Wert dar (so die Notarkammern).

Verbindung von **WE** und **TE** zu einem gemischten W- und TE 3 ist nicht ausgeschlossen, BayObLG, NJW 60, 2100 (vgl. § 2 WsGBVerf.). Eine Falschbezeichnung im GB ist für die Eintragung unschädlich (*Bärmann*, Wohnungseigentum, Rz. 102). Grundsätzlich sind WE und TE an jeder Art von Gebäuden möglich (Einfamilienhäuser, Zweifamilienhäuser, Mietskasernen, große Lagerhäuser u. a.). Mindestens sind aber zwei MEsrechte Voraussetzung, die in gleicher Hand liegen können (s. a. § 8). Auch eine Zusammenfassung von selbstständigen Gebäuden auf ein und demselben Grundstück oder auf Nachbargrundstücken in der gleichen WEer-Gemeinschaft ist möglich, sofern gemeinschaftliche Einrichtungen vorhanden sind.

Zur Abgeschlossenheit s. unten § 3 Rz. 18. 4
Bruchteilsmiteigentum an einem WE ist möglich, (OLG Neustadt, NJW 60, 295 m. zust. Anm. v. *Bärmann;* BayObLG NJW 69, 883; *Weitnauer,* DNotZ 60, 115; BGH, DNotZ 83, 487 = MDR 83, 568; a. A. OLG Köln, DNotZ 83, 106 = NJW 83, 568, aufgehoben durch BGH a. a. O.). Die Aufteilung in beliebig

viele Bruchteile ist dabei gewährleistet (BGH, NJW 81, 455). Z. B. können Ehegatten/Familienangehörige Miteigentümer einer EW sein. Berechtigte an einem WE kann auch eine **Gesamthandsgemeinschaft** sein (BGB-Gesellschaft, Ehegatten in Gütergemeinschaft usw.; OLG Stuttgart NZM 2005, 426; OLG München ZWE 2006, 48/LS) oder eine OHG bzw. KG. Im Fall der **BGB**-Gesellschaft bejaht die neuere Rspr. Rechtsfähigkeit (BGHZ 146, 341; NJW 2002, 368). Sie hält allerdings als Publizitätsakt weiterhin die Eintragung **aller** Gesellschafter für erforderlich (§ 47 GBO). Die Eintragung des Namens der Gesellschaft reicht nicht aus (OLG Düsseldorf, NJW 97, 1991 = DB 97, 973; OLG München, DNotZ 2001, 535; str.). Zunehmend wird die Grundbuchfähigkeit der GBR bejaht (OLG Stuttgart, RNotz 2007, 106 abw. von BayObLG und OLG Celle). Die Rechtsbeziehungen der Personenmehrheit untereinander, die eine Untergesellschaft bildet, richtet sich nach dem Recht des betreffenden Gemeinschaftsverhältnisses (BGH, NZM 2000, 1063), nicht nach WEG. Das **Ausscheiden** eines BGB-Gesellschafters bedarf nach OLG Stuttgart (NZM 2005) nicht des Nachweises nach § 29 GBO, sondern kann auch durch nicht beglaubigte Kopien der entspr. Urkunden geführt werden (a. A. OLG Hamm NJW-RR 89, 655). Zur **Haftung** Bruchteilsberechtigter für Lastenbeiträge s. unter §§ 16 Rz. 35, 21 Rz. 49 (BruchteilsME). Zum Anspruch eines geschiedenen Ehegatten auf Neuregelung und Verwaltung der im ME stehenden EW vgl. BGH, DerWEer 83, 29. Um gemeinsames WE zu erlangen, müssen Grundstückseigentümer ihre MEs-Bruchteile verbinden, da SE an einer Wohnungseinheit nur mit einem MEs-Anteil verbunden werden kann.

Nach Bejahung der *Grundbuchfähigkeit* kann auch die Gemeinschaft als solche (der Verband) nach § 10 Abs. 6 S. 1 und 2 als Eigentümerin eines SEs eingetragen werden (BGH NJW 2005, 2061; dazu *Wenzel,* ZWE 2006, 7; *Hügel,* DNotZ 2005, 753, 771).

Auch bisher war kein WE als SE verbunden mit dem MEs-Anteil an **mehreren** Grundstücken möglich (BayObLG, Rpfleger 70, 346 = MDR 70, 928 = DNotZ 70, 602 = MittBayNot 70, 105 m. Anm. *Promberger,* S. 125). Dies wurde mit der Neufassung des **Abs. 4** durch das G vom 30. 7. 1973 (BGBl. I S. 910) klargestellt. Es kann allerdings aus verschiedenen selbstständigen Flurstücken bestehen (*Demharter,* DNotZ 86, 457).

Für § 47 GBO reicht es aus, wenn MEs-Bruchteile mit Kennzeichnung „verbunden im WE" vereinigt werden, da WE Eigentumsform sui generis ist (s. *Bärmann,* NJW 60, 295; OLG Neustadt, DNotZ 60, 152). Zur Bestellung eines Bevollmächtigten durch die mitberechtigten Stellplatzinhaber an einer Tiefgarage in SE s. AG München, DerWEer 84, 29.

SE beinhaltet praktisch abgesonderte Nutzung. Nicht abgesonderte Verfügung (vielmehr nur in Verbindung mit den beiden anderen Elementen). Es handelt sich aber um eine eigentumsgleiche Nutzung mit Eigentums- und Besitzschutz und nachbarrechtlichem Schutz. Gegenstand und Inhalt sind in § 5 umschrieben. Bei Begründung ist reale Errichtung des Gebäudes nicht erforderlich (s. § 3 Rz. 11).

Gemeinschaftliches Eigentum: Mindestbestimmungen sind in **Abs. 5** enthalten. Dazu kommt § 5 Abs. 2: SE können nicht sein: Teile des Gebäudes, die für dessen Bestand oder Sicherheit erforderlich sind, sowie Anlagen und Einrichtungen, die dem gemeinschaftlichen Gebrauch der WEer dienen. Soweit das ME der WEer in Betracht kommt, bilden sie eine **Bruchteilsgemeinschaft,** die allerdings nicht rechtsfähig sein kann. Dieses Rechtsverhältnis richtet sich grundsätzlich nach den §§ 741, 1008 BGB, geht allerdings in der Regel in den Vorschriften der Verwaltung des GemEs nach §§ 20 ff. auf.

Eine Bezeichnung im Grundbuch als WE oder als TE nimmt als solche nicht am **öffentlichen Glauben** des Grundbuches teil, da es sich um eine Tatsacheneintragung handelt. Sie ist aber mitentscheidend für die Ermittlung des Bestimmungszwecks und die zulässige Nutzung. Ausschluss gewerblicher Nutzung in der GemO, was gemäß § 10 Abs. 2 verdinglicht wird, schließt allerdings gutgläubigen Erwerb aus. Fehlerhafte Bezeichnung als WE oder TE im Grundbuch ist unschädlich. Auch der Aufteilungsplan nimmt am öffentlichen Glauben des GBs teil, soweit er die Abgrenzung von SE und GemE zum Gegenstand hat (BayObLG, Rpfleger 80, 260; 294). Die **Umwandlung** von WE in TE oder umgekehrt bedarf der Zustimmung aller WEer (OLG Braunschweig, MDR 76, 1023; BayObLG, DerWEer 83, 94; *Armbrüster,* ZMR 2005, 244 f.). Verpflichtet sich der Verkäufer WE zu verschaffen, so genügt er seiner Verpflichtung nicht, wenn er nur TE verschafft. Er schuldet auch die Umschreibung des TEs in WE (OLG Celle, OLGZ 83, 126 = MittBayNot 83, 115). Zur Befugnis des Veräußerers nach Veräußerung einer EW anderes WE in TE umzuwandeln, s. § 3 Rz. 27.

IV. Gegenstandsabgrenzung

Zum Gegenstand des gemeinschaftlichen Eigentums s. Abs. 4: Grundstück sowie Teile, Anlagen und Einrichtungen des Gebäudes, die nicht im SE oder im Eigentum eines Dritten stehen. Es besteht eine Vermutung für Zugehörigkeit zum gemeinschaftlichen Eigentum, sofern nicht zum Gegenstand des SEs erklärt oder im Eigentum Dritter stehend (OLG Frankfurt a. M., Rpfleger 78, 380), oder bei rechtlichem Mangel der SEserklärung (OLG Hamm, Rpfleger 76, 317). Grund dafür ist die Bestandteilslehre des bürgerlichen Rechts (§§ 93 ff. BGB).

9 Bei **Grenzüberbau** entsteht grundsätzlich kein WE zugunsten des Stammgrundstücks, es sei denn eine Grunddienstbarkeit verpflichtet zur Duldung (OLG Hamm, Rpfleger 84, 98; 266 m. Anm. *Ludwig* = MittBayNot 84, 34 = MittRhNotK 84, 14 = DerWEer 84, 29 = OLGZ 84, 54; OLG Stuttgart, BWNotZ 82, 137; LG Leipzig, NZM 2000, 393). Ob dies auch gilt, wenn ein Überbau vom Nachbarn gemäß § 912 BGB zu dulden ist, hat das OLG Hamm, a. a. O. offengelassen (bejahend RGRK-*Augustin*, § 1 Rz. 30; *Palandt/Bassenge*, § 1 Rz. 3; *Röll*, MittBayNot 82, 172). Die Frage ist zu bejahen, da die Verbindung von SE auf dem Nachbargrundstück mit ME am Stammgrundstück keine unklaren Rechtsverhältnisse entstehen lässt (OLG Karlsruhe, DNotZ 86, 753). Dies gilt auch; wenn das SE ausschließlich auf dem Nachbargrundstück gelegen ist (dazu *Demharter*, Rpfleger 83, 133; einschränkend, wenn der GB die rechtlichen Verhältnisse nicht verlautbart) OLG Stuttgart, BWNot 82, 137.

10 Auch **gemeinschaftliche Gelder,** Fonds, Rücklagen (Verwaltungsvermögen) usw. sind Eigentum der (rechtsfähigen) Gemeinschaft, ebenso gezogene Nutzungen oder Früchte. Sie unterliegen damit nicht mehr der Unauflöslichkeit (zum früheren Meinungsstreit s. die 17. Aufl.). Erst mit dem **genehmigten** und zur **Verteilung** beschlossenen Saldo der Jahresrechnung oder Zwischenrechnung entsteht realer Anteil jedes MEers zur freien Verfügung. Vorher besteht kein Anteil am Gemeinschaftsvermögen. Nach richtiger Ansicht erwirbt der Ersteher von WE kraft Gesetzes Rechte, die dem früheren Eigentümer im Gemeinschaftsverhältnis mit den übrigen WEern zustanden. Die Entscheidung des BayObLG (FGPrax 2001, 93) ist weder dogmatisch noch praktisch haltbar. Wegen der Akzessorietät sind getrennte Verfügungen über die Beteiligung an der Gemeinschaft nicht möglich (h. M.; *Palandt/Bassenge*, § 1 Rz. 15). Dies gilt entsprechend für die Zwangsvollstreckung. Sie ist nur in das WE selbst möglich. Ein Grundpfandrecht am WE erfasst auch das Mitgliedschaftsrecht und die vom ME und SE untrennbare Beteiligung an der Gemeinschaft.

11 **Abgesondertes Miteigentum** an bestimmten Einrichtungen, z. B. Fahrstuhl, Bade- und Trockenräume und Garagen für einzelne

Begriffsbestimmungen 12–14 § 1

WEer erscheint möglich (str., siehe unten § 5 Rz. 3). Damit kann jedenfalls auch eine abgesonderte Lastentragung einhergehen.

Die Bildung von **Untergemeinschaften,** die insbesondere bei **Mehrhausanlagen** sinnvoll sein können, bleibt auch nach der Anerkennung der Rechtsfähigkeit möglich. Sie sind allerdings nicht rechtsfähig und können deswegen nicht Träger von Vermögensrechten sein (so schon OLG München OLGR 2006, 288). Die Ausstattung mit Kompetenzen ist Sache der Vereinbarung (zu den Grenzen s. Einl. Rz. 31).

V. Verfügungsfähigkeit

1. Veräußerung. WE ist veräußerlich, vererblich und belastbar 12 wie gewöhnliches Eigentum. Bei Veräußerung eines Teiles soll der Abgeschlossenheit weiter entsprochen werden. Damit neugebildete MEs-Anteile müssen wieder mit einer abgeschlossenen Wohnung verbunden werden (zur Unterteilung s. § 8 Rz. 16). Nach LG Düsseldorf, ZMR 70, 269 soll eine entspr. Anwendung des § 566 BGB bei Veräußerung von TE nicht möglich sein (zweifelhaft, a. A. LG Mannheim, MDR 64, 1007).

Auswechselung von Räumen zwischen SEern können Verschiebungen der MEs-Verhältnisse, wie auch der Kosten- und Nutzenanteile ergeben. Die Zustimmung der WEer ist nach h. M. nicht notwendig, solange die übrigen WEer nicht betroffen sind. Die Eintragung im Grundbuch als Inhalt des SEs ist erforderlich, auch hinsichtlich Änderung der MEs-Anteile (zu den Einzelheiten s. Rz. 16 ff. vor § 10).

Anders als bei einem bloßen MEsanteil an einem Grundstück, 14 der **nicht** entsprechend § 928 Abs. 1 BGB durch Verzicht aufgegeben werden kann (BGHZ 115, 1; OLG Düsseldorf, NJW-RR 2001, 233), ist die Aufgabe des WEs als im GB verlautbartes, selbstständiges und komplexes Recht zulässig. Die **Aufgabe** des WEs kann nur das **ganze** Recht, nicht etwa Raumteile, einzelne Räume, nur das SE oder nur das ME umfassen (BGHZ 172, 209 = NJW 2007, 2254; BGHZ 172, 338 = NJW 2007, 2547). Sonst würde der MEsanteil ggfs. herrenlos (ebenda) (OLG Hamm, NJWE-MietR 96, 61: kein Verzicht auf SE allein). Auch die Aufgabe des WEs als solches soll nach der h. M. nicht möglich sein (s. § 3 Rz. 30). Bei wirksamem Verzicht ist die Folge: §§ 928 Abs. 2, 927 BGB. Die **Schenkung** eines WEsrechts an einen **Minderjährigen** ist für diesen nicht lediglich rechtlich vorteilhaft gem. § 107 BGB. Im Gegensatz zum Erwerb eines belasteten Grundstücks haftet der Minderjährige auch persönlich für übernommene Verpflichtungen gem. §§ 10 ff., 20 ff. WEG (BGH, NJW 81, 109; OLG München NJW-Spezial 2008, 291). Deshalb ist die Genehmigung des Vormundschaftsgerichts erforderlich (OLG München, a. a. O. = RNotZ 2008, 346). Zur Schenkung eines WEs unter **Ehegatten** mit Leibrentenversprechen und seiner Wirkung auf den Zugewinnausgleich s. BGH NJW 2005, 3710. Zum **Widerruf** einer Schenkung und bestehender MEergemeinschaft s. BGH, NJW 2000, H.43.X.

15 2. **Vererblichkeit.** Bei der Vererblichkeit bestehen keine Besonderheiten. Auch Entstehung durch letztwillige Anordnung, bei freiwilliger Auseinandersetzung einer Erbengemeinschaft, im Rahmen eines amtlichen Vermittlungsverfahrens ist möglich. Nicht durch richterliches Urteil, so die Rspr. (s. unten § 2 Rz. 3). Der Fiskus (Bundesland) kann gesetzlicher oder kraft letztwilliger Verfügung bestimmter Erbe sein. Im ersten Fall hat er kein Ausschlagungsrecht. Er ist aber dann durch §§ 1966, 2011 BGB und § 780 Abs. 2 ZPO privilegiert (zu den Folgen bei Schulden des WEers/Erblassers s. *Drasdo,* NJW-Spezial 2009, 433).

16 3. **Belastung und Beleihung.** WE ist belastbar wie ein Grundstück. Gesamthypothek bzw. Gesamtgrundschuld belastet sämtliche WEs-Rechte. **Einzelbelastung** ist üblich geworden. Zur Zulässigkeit von Vereinbarungen einer Vorfälligkeitsentschädigung s. BGH, MittBayNot 81, 67. Eine **Gesamtbelastung** besteht nicht am Grundstück, sondern an den einzelnen WEs-Rechten. Möglich ist ein verschiedener Rang (a. A. KG, OLGZ 76, 257 = Rpfleger 76, 180). Der Streit erscheint müßig, weil durch die Belastung aller WEsrechte das gemeinschaftliche Grundstück z. B. mit einem **Wegerecht** belastet werden kann (BayObLG, ZMR 95, 421 = MittBayNot 95, 288; 267). §§ 1174, 1175, 1176, 1172 BGB gelten entsprechend, auch § 1181 BGB.

17 Auch ein noch nicht fertiges oder erst geplantes WE ist belastbar; auch bei Teilung im eigenen Besitz nach § 8. Voraussetzung ist jedoch, dass bereits WE entstanden ist. Eine Auslegung des Eintragungsantrags dahingehend, dass an Stelle des noch nicht entstandenen WEs der bereits eingetragene MEanteil belastet werden soll, ist wegen der Rechtsnatur des WEs (Trinität) nicht möglich (OLG Hamm, Rpfleger 83, 395 = DNotZ 84, 108). Wird ein Grundstück vor Begründung von WE belastet, so ist gemäß § 1132 Abs. 2 BGB auf die einzelnen WEs-Rechte später zu verteilen.

18 Vorschläge zur Abwendung der Gefahren der Gesamtbelastung: Ausfallbürgschaft oder Ausfallversicherung, Vereinbarung der Einrede der Vorausklage, Begrenzung der persönlichen Schuldverbind-

Begriffsbestimmungen 19–22 § 1

lichkeit auf den Ausfall, Beschränkung auf einen Kapitalteilbetrag, Beschränkung der Haftung auf den dem Verhältniswert des WEs entsprechenden Betrag, Ausbietungsgarantie u. a. (s. § 50 ehem. Saarländisches WEG: Vor-Befriedigungspflicht).

Eine Übertragung der Einziehungsbefugnis für Annuitäten aus **19** Belastungen auf den Verwalter kann zweckmäßig sein. Verzug in der Erfüllung als Entziehungsgrund nach § 18.

Zur Bestimmung in der GemO, dass für Bestellung des Verwalter Zustimmung Dritter notwendig sei, s. § 26 Abs. 1 S. 4. WE *an* WE **(Unter-WE)** ist nicht möglich (OLG Köln, Rpfleger 84, 268 = MDR 84, 583).

Bei Einzelbeleihung werden ggfs. folgende Bestimmungen vor- **20** geschlagen: Sofortige Kündigung, falls unter WEern Vereinbarungen ohne Zustimmung der Bank geschlossen oder falls Mitteilung über beabsichtigte Entziehung, Bestellung oder Abberufung des Verwalters nicht unverzüglich erfolgt; Verpflichtung, keine Veräußerungsbeschränkung nach § 12 zu vereinbaren.

Die Zustimmung Dritter, insbesondere der Grundpfand- **21** rechtsgläubiger, zur **Begründung von WE** erscheint formal aus §§ 877, 876 BGB gerechtfertigt. Es ist aber doch zu bedenken, dass der des BGB 1900 Gesetzgeber eine solche Änderung des Inhalts des Eigentums nicht für möglich gehalten hat. Das BayObLG, NJW 57, 1840 f. sowie OLG Frankfurt a. M., NJW 59, 1977 (dazu *Weitnauer,* DNotZ 60, 120) halten z. B. die Zustimmung durch Dauerwohnberechtigte am Grundstück bei späterer Aufteilung in WE nicht für erforderlich. Das BayObLG (DNotZ 1959, 91) hält allgemein die Zustimmung der dinglich Berechtigten bei Aufteilung in WE, sei es nach § 3 oder nach § 8 WEG nicht für erforderlich. Demnach ist davon auszugehen, dass eine Zustimmung nicht notwendig ist (h. M.). Zur Änderung der Vereinbarung und Zustimmung der Realgläubiger vgl. u. § 10 Rz. 26. Hypothekenbanken helfen sich mit Aufnahme von Bestimmungen in die Hypothekenurkunden über Kündigung ohne Frist für den Fall der Errichtung von WE usw. (a. § 3 Rz. 11). Hinsichtlich der Sicherung des Bauunternehmers gilt: Er hat nunmehr einen Anspruch gegenüber dem Besteller auf Sicherheitsleistung für die zu erbringenden Vorleistungen gemäß § 648 a BGB (s. Anh. III 6).

Im Übrigen ist wie auch sonst bei der Belastung eines Grundstücks mit Grundpfandrechten, Dienstbarkeiten, Vorkaufsrechten usw. die **Zustimmung Dritter** entsprechend §§ 867, 877 BGB *erforderlich.*

Bestellung eines **Vorkaufsrechts** an WE ist zweifelsfrei zulässig, **22** nicht allerdings als Inhalt des SEs im Sinne des § 10 Abs. 2; dies wäre mit dem Gedanken des § 12 Abs. 2 WEG nicht zu vereinbaren (OLG Celle, DNotZ 55, 320 ff.; HansOLG Bremen, Rpfleger 77, 313).

Das frühere **gesetzliche Vorkaufsrecht** der Gemeinde nach §§ 24 ff. BBauG, das hinsichtlich seines Umfangs bei WE sehr umstritten war, ist seit 1997 generell ausgeschlossen „beim Kauf von Rechten nach dem WEG" (§ 24 Abs. 2 BauGB). Ein gesetzliches Vorkaufsrecht besteht hingegen **zugunsten des Mieters** nach § 577 Abs. 1 S. 1 BGB. Für den Mieter umgewandelter und an Dritte verkaufter Wohnungen besteht generell ein Vorkaufsrecht (s. Einl. Rz. 43). Das Vorkaufsrecht gemäß § 577 BGB besteht in den Fällen, in denen entweder nach der Überlassung der Mieträume WE begründet **wurde** oder begründet werden **soll**. Das gilt z. B. in dem Fall, in dem die Teilungserklärung **vor** Abschluss eines Mietvertrags abgegeben worden ist, sofern die Teilungserklärung erst **nach** Mietvertragsabschluss durch Anlegung des WsGBs vollzogen wurde (AG Frankfurt a. M., NJW 95, 1034 = MDR 95, 145).

Das Vorkaufsrecht soll allerdings **nicht eingreifen,** wenn der Eigentümer die umgewandelte Wohnung an einen **Angehörigen** seiner Familie oder seines Haushalts verkauft. Es kommt auch nicht zum Zuge, wenn der Eigentümer das gesamte Anwesen – also nicht einzelne Eigentumswohnungen – veräußert. Dies ergibt sich aus der Rechtsprechung zu dem insoweit inhaltsgleichen § 2 b WoBindG (Rechtsentscheid des BayObLG vom 16. April 1992 – NJW-RR 92, 1039). Das Mietervorkaufsrecht nach Begründung von WE steht auch solchen Mietern zu, die nicht mehr die Wohnung bewohnen, z. B. dem geschiedenen oder ausgezogenen Ehegatten (LG Köln, NJW-RR 95, 1354). Die Zusage des Käufers einer solchen Wohnung, dem Vorkaufsberechtigten Gelegenheit zur Ausübung des Vorkaufsrechts zu geben, stellt einen Vertrag zugunsten des Mieter dar, der diesen unmittelbare Ansprüche gegen den Käufer, ggfs. auf Eigentumsübertragung gibt. Dieser Eigentumsübertragungsanspruch ist durch eine Vormerkung sicherbar (LG Köln, a. a. O.). Das Vorkaufsrecht entsteht mit dem Abschluss eines Kaufvertrags zwischen dem verfügungsberechtigten Vermieter und einem Dritten über die Mietwohnung als durch Umwandlung entstehendes oder noch zu begründendes WE (BayObLG, NJW-RR 92, 1039 zu § 2 b WoBindG).

Das Vorkaufsrecht ist **nicht** rechtsgeschäftlich **übertragbar.** Dies ergibt sich aus § 473 BGB, der – wie auch die §§ 463–472 – im Übrigen auf das Vorkaufsrecht des Mieters anzuwenden ist, soweit das Gesetz, wie z. B. in Absatz 4 für den Tod des Mieters, nichts anderes bestimmt.

Begriffsbestimmungen 23, 24 § 1

Grundsätzlich sind **beschränkt dingliche Rechte** aller Art an 23
WE zulässig wie Nießbrauch, auch Realgerechtigkeit und Grunddienstbarkeiten sowohl zugunsten (BayObLG, DerWEer 84, 30) als auch zu Lasten eines WEs. Es gelten dabei die allg. Grundsätze, wie z. B. der **Bestimmtheit** (BayObLG, DerWEer 85, 126/LS für eine auflösende Bedingung der Grunddienstbarkeit) oder der **Beschränkung** der Berechtigung (KG, FGPrax 95, 226 m. Anm. *Demharter*). Dies steht einer umfassenden Befugnis zur Nutzung eines SEs „zu Wohnzwecken", im Übrigen aber unbeschränkt, entgegen (KG, a. a. O.). Allerdings kann ein WEs-Recht mit einer **Dienstbarkeit** nur insoweit belastet werden, als sich deren Ausübung auf den Gebrauch des SEs beschränkt (BayObLG, NJW 75, 59 = Rpfleger 75, 22; KG, OLGZ 76, 257 = Rpfleger 76, 180; BayObLG, Rpfleger 80, 150; MittBayNot 79, 227). Ist das herrschende Grundstück einer Grunddienstbarkeit in WE aufgeteilt worden, so kann diese nach Begründung des WEs auf Grund der Bewilligung nur eines einzelnen WEers auch nicht hinsichtlich des ihm zustehenden WEs (teilweise) gelöscht werden (BayObLG, Rpfleger 83, 434 = DerWEer 83, 126). Das **Sondernutzungsrecht** eines WEers am gemeinschaftlichen Eigentum (z. B. Kfz-**Stellplatz**) kann deshalb nicht Gegenstand einer Dienstbarkeit am WE sein (a. a. O.). Ebenso OLG Karlsruhe, Rpfleger 75, 356 für **Tankstellendienstbarkeit** und KG, OLGZ 76, 257 = Rpfleger 76, 180 = ZMR 76, 310 zu einer **persönlichen Dienstbarkeit,** die lediglich zur Nutzung von Gemeinschaftseigentum (Garagen) berechtigen soll. Nicht möglich als Inhalt einer Grunddienstbarkeit ist auch die Verpflichtung eines WEers, zu unterlassen, von einer anderen als einer bestimmten Versorgungsanlage (TE) Wärme oder Warmwasser zu beziehen (BayObLGZ 76, 219 = ZMR 77, 62 = Rpfleger 76, 397; ebenso für eine entspr. beschränkte pers. Dienstbarkeit BayObLG, MDR 80, 579). Dasselbe gilt für die Verpflichtung eines WEers, seine EW der Gemeinschaft unentgeltlich als Hausmeisterwohnung ausschließlich zur Verfügung zu stellen (BayObLGZ 79, Nr. 75 = Rpfleger 80, 142; 150).

Zur Belastung eines WEs und einer **Dienstbarkeit** zugunsten 24
des jeweiligen Eigentümers eines anderen WEs mit dem Inhalt, dass die Ausübung eines Nutzungsrechts an einer best. Gartenfläche ausgeschlossen ist, s. OLG Hamm, Rpfleger 80, 469. Zum zulässigen Inhalt einer Grunddienstbarkeit, dass auf dem dienenden Grundstück kein Gewerbe ausgeübt und die einheitliche Gestaltung der umliegenden Wohnsiedlung nicht durch bauliche Maßnahmen verändert werden darf, s. bejahend BGH, MittBayNot 82, 244. Das Verbot, ein WE nicht länger als 6 Wochen im Jahr selbst zu bewoh-

§ 1 25–27   I. Teil. Wohnungseigentum

nen oder durch ein und denselben Dritten bewohnen zu lassen, und es „zu anderen beruflichen oder gewerblichen Zwecken als denen eines fremdenverkehrsgewerblichen Beherbergungsbetriebs mit ständig wechselnder Belegung zu nutzen" (**Fremdenverkehrsdienstbarkeit**) kann Inhalt einer beschränkten persönlichen Dienstbarkeit sein (BayObLG, DerWEer 85, 95). Auch das im gemeinschaftlichen Eigentum der WEer stehende Grundstück kann mit einer Grunddienstbarkeit (z. B. **Wegerecht**) belastet werden. In diesem Fall muss die Grunddienstbarkeit in Abt. II sämtlicher WsGBer in der Weise eingetragen werden, dass die Belastung des ganzen Grundstücks erkennbar ist; anderenfalls liegt eine unzulässige Eintragung vor, die nicht Grundlage für einen Erwerb öffentlichen Glaubens sein kann (BayObLG, ZMR 95, 421 = MittBayNot 95, 288/LS; MittBayNot 95, 267 m. Anm. *Amann*).

25   Auch Vorkaufsrecht und **Reallast** zugunsten des jeweiligen Eigentümers eines WEs, beschränkte persönliche Dienstbarkeiten sowie DWR sind an WE zulässig, ebenso Nießbrauch (§ 1066 BGB). Gegen **Vormerkungen nach** § 883 BGB bestehen keine Bedenken.

Für den Haftungsumfang zugunsten von Grundpfandrechten gelten §§ 1120 ff. BGB entsprechend, auch die Bestandteilshaftung.

Grundpfandrechte umfassen alle mit dem WE verbundenen vermögenswerten Rechte wie SE und ME, nicht aber aus der Mitgliedschaft in der Gemeinschaft folgende Berechtigungen. Dagegen nicht mehr den ideellen Anteil am Gemeinschaftsvermögen (zur früheren Rechtslage s. 17. Aufl.; im Übrigen s. o. Rz. 10).

26   **4. Vereinigung.** Beim Erwerb mehrerer WEs-Rechte in gleichem Gebäude tritt keine Vereinigung nach § 890 Abs. 2 BGB ein. Vereinigung liegt nur vor, wenn die SEs-Räume zusammengelegt werden (LG Ravensburg, Rpfleger 76, 303). Sie ist grundsätzlich rechtlich möglich und setzt nicht die Abgeschlossenheit (§ 3 Abs. 2) der vom nunmehr einheitlichen WEsrecht umfassten Raumgesamtheit als solcher voraus (KG, NJW-RR 89, 1360).

27   **5. Zwangsvollstreckung.** Für die Zwangsvollstreckung in WE gelten die allgemeinen Vorschriften über die Zwangsvollstreckung in Immobilien: §§ 864 ff. ZPO, besonders 864 Abs. 2, und das ZVG. Die Zwangsverwaltung ist durch § 149 ZVG stark behindert. Eine Zwangshypothek ist ggf. auf mehrere WEs-Rechte zu verteilen (§ 867 Abs. 2 ZPO). Bei Gesamtschuld aller WEer ist eine Gesamtzwangshypothek auf sämtlichen WEs-Rechten möglich.

Eine Pfändung des **Anteils** (Beteiligung) an der Gemeinschaft, insbesondere am Gemeinschaftsvermögen gemäß § 857 ZPO, ist wegen der Selbstständigkeit des Verwaltungsvermögens nicht möglich.

Wenn nach Zerstörung des Gebäudes nicht wieder aufgebaut zu werden braucht (Vereinbarung nach § 11 Abs. 1 Satz 3), erstrecken sich Grundpfandrecht und Beschlagnahme auch auf den Aufhebungsanspruch.

Die Veräußerungsbeschränkung nach § 12, die auch gegenüber Zwangsvollstreckung gilt, kann ein praktisches Hindernis bilden.

Bei der Zwangsversteigerung aus einer Gesamthypothek erfolgen auf Antrag Einzelausgebot und Gesamtausgebot.

Zur Vollstreckung in einen gemeinschaftlichen Gegenstand (z. B. Zubehörteil) ist ein Titel gegen die Gemeinschaft erforderlich.

Vollstreckungsnotrecht gilt auch hier (z. B. auch § 30 a ZVG).

6. Insolvenz eines WEers. Ein WE fällt als Vermögenswert in **28** die Insolvenzmasse. § 84 Abs. 2 InsO und §§ 751, 749 Abs. 2 BGB sind ausgeschlossen. Bei Verwertung durch den Insolvenzverwalter ist ggf. § 12 zu beachten. Eine Insolvenz über das Vermögen der WEergemeinschaft als Ganzes ist nicht möglich; kein insolvenzfähiges Sondervermögen (s. § 11 Abs. 2, 3).

7. Wohnraumförderung. WEer kann **Vermieter** i. S. des G **29** über die soziale Wohnraumförderung (WoFG) bzw. des WoBindG i. d. F. v. 13. 9. 2001 sein gemäß § 577 a BGB für den Fall, dass nach der Überlassung einer Wohnung an den Mieter WE begründet und veräußert wird: Ausschluss der Berufung auf Eigenbedarf vor Ablauf von drei Jahren, ggfs. von 10 Jahren (s. a. § 13 Rz. 10 f. u. Anh. III, 1).

VI. WE und Heimstätte

WE konnte Heimstätte sein (*Palandt/Bassenge,* Rz. 8 vor § 1; str. **30** a. A. *Diester,* Rpfleger 60, 114 m. w. Nachweisen; bejahend wenigstens für WE an Einfamilienhäusern OLG Frankfurt a. M., DNotZ 63, 442, OLG Neustadt, Rpfleger 63, 85, ebenso *Diester* Rspr., S. 61). Keine höchstrichterliche Entscheidung lag vor zur Heimstätteneigenschaft von „vertikalem WE", aber zu bejahen. Eine Reichsheimstätte konnte auch in WE unterteilt werden (BayObLG MDR 67, 840 = NJW 67, 2363). Das Gesetz zur Aufhebung des ReichsheimstättenG vom 17. 6. 93 (BGBl. I S. 912) beendete das Heimstättenrecht. Es trat zum 1. 10. 93 außer Kraft. Das Gesetz enthielt allerdings in Art. 6 §§ 1–5 Übergangsregelungen für bestehende Forderungen bis zum 31. 12. 98. Wird mit der Löschung des Reichsheimstättenvermerks bei den in Abt. III des GBs eingetragenen Grundpfandrechten nach Art. 6 § 2 Abs. 3 des AufhebungsG vermerkt, für sie gelte weiterhin § 17 Abs. 2 des früheren RHeimstG, so hat dieser Vermerk nur deklaratorische Bedeutung und verweist lediglich auf die sich aus Art. 6, § 1 Abs. 1 S. 2 des AufhebungsG ohnehin ergebende Rechtslage (OLG Hamm, NJW-RR 95, 1357). An den Reichsheimstättenvermerk in Abt. II des GBs kann sich kein guter Glaube mehr anschließen (OLG Hamm, FGPrax 96, 44 = NJW-RR 96, 660).

VII. Besitz

31 WEer hat teils Alleinbesitz, teils Mitbesitz, auch in der Form des Wechselbesitzes. § 866 BGB ist zu beachten.

VIII. Eigentumsschutz

32 Zum Eigentumsschutz s. unten § 13 Rz. 38 u. § 14 Rz. 20, Ansprüche aus §§ 985 ff. und § 1004 BGB können bestehen. Zum Anspruch nach § 1004 auf Beseitigung eines Überbaus s. OLG Hamm, OLGZ, 76, 62 = ZMR 77, 85 = Rpfleger 76, 310; *Weitnauer,* ZfBR 82, 97; OLG Stuttgart, Rpfleger, 82, 375 = Die Justiz 82, 332; differenzierend *Ludwig,* DNotZ 83, 411). Zur Beseitigung eines durch den Verwalter eigenmächtig errichteten Spielplatzes s. LG Mannheim, ZMR 76, 51; 77, 85. Auch §§ 987 ff. BGB sind anwendbar.

IX. Rechtsbeziehungen zum Veräußerer

33 Das Vertragsverhältnis Veräußerer – Erwerber richtet sich bei bereits **fertiggestellten** und schon **gebrauchten** EWen grundsätzlich nach **Kaufrecht,** §§ 433 ff. BGB (BGH, WM 69, 296 = DNotZ 69, 353; WM 71, 958; NJW 76, 515 = DNotZ 76, 414; *Deckert,* NJW 73, 1073; *Brych,* NJW 73, 1585; *Rosenberger,* BauR 80, 267). S. dazu auch § 3 Rz. 26.

Bei noch **zu errichtenden** Häusern oder EWen ist nach Auffassung der Rspr. **Werkvertragsrecht** ohne Rücksicht auf den baulichen Zustand der EW bei Abschluss des Vertrags anzuwenden, sofern sich der Veräußerer zur Herstellung verpflichtet hat (BGH, NJW 76, 515; NJW 77, 1336; 79, 1406; 2209; NJW 80, 400 = DNotZ 80, 603 = ZMR 80, 54 = NJW 79, 2207 = BlGBW 80, 70 = BauR 80, 119; 267; WM 81, 944 = ZfBR 81, 219; MDR 80, 135 = Rpfleger 80, 14 = BlGBW 80, 71 = BauR 80, 69; BauR 81, 571 = DNotZ 82, 125). Das gilt auch beim Erwerb eines **Altbaus,** wenn der Veräußerer einer mit einem Neubau vergleichbare Herstellungspflicht übernimmt (BGH, NJW 2005, 1115), z. B.

Begriffsbestimmungen 34 § 1

eine EW nach **Umbau** und umfassender **Sanierung** veräußert wird (BGHZ 100, 391; 108, 164; dazu *Bischoff/Mauch,* DNotZ 2004, 342).

Im Übrigen sind die gesamten Umstände entscheidend. Für die 34 Formvorschrift des § 311 b BGB ist entscheidend, ob der gesamte Vertrag eine rechtliche Einheit bildet (BGHZ 76, 48), als Einheit angeboten war (BGHZ 78, 348). Bei der Veräußerung eines noch zu bebauenden Grundstücks ist dieses Vertragsverhältnis ein gemischter oder zusammengesetzter Vertrag, auf den hinsichtlich des Grundstücks (teils) Kaufrecht, hinsichtlich der Bauverpflichtung (teils) Werkvertragsrecht (§ 631 BGB) Anwendung findet. Die **Aufspaltung** des Bauträgervertrags in zwei äußerlich getrennte Verträge führt im allg. nicht zu dem vom Bauträger gewünschten Erfolg (*Hartmann,* MittRhNotK 2000, 11). Zu den Folgen für die Gewährleistung s. § 13 Rz. 42 ff. Handelt es sich um ein Bauherrenmodell, sind im allg. die mit dem Erwerbsvertrag von ME auch der Treuhandvertrag sowie der Gesellschaftsvertrag eine Einheit (BGHZ 101, 396).

Für Streitigkeiten aus dem Erwerbsvertrag ist die allg. streitige Gerichtsbarkeit zuständig (BGH NZM 2005, 18), nicht die §§ 43 ff. Dies gilt auch für die Zulassung der Revision.

Der Eigentümer einer EW hat Anspruch auf Herausgabe von **Bauunterlagen** gegenüber dem früheren Eigentümer und Verwalter i. F. von Fotokopien gegen Kostenerstattung (OLG Köln, DerWEer 81, 48). Zur **Verjährung** des Vergütungsanspruchs eines Veräußerers von noch herzustellendem WE/TE bei gewerblicher Tätigkeit s. § 195 BGB (3 Jahre). In einem Kaufvertrag über eine EW darf geregelt sein, dass der **Makler** vom **Verkäufer** beauftragt wurde und die Provision vom **Käufer** zu entrichten ist (OLG Hamm, Az. 18 U 72/95).

Umstritten ist seit langem, ob der Verwalter nach WEG ohne weiteres Verwalter i. S. des **WohnungsvermittlungsG** ist und damit den dortigen Beschränkungen unterliegt (verneinend *Löhlein,* NZM 2000, 119; ebenso LG Mainz, NZM 2000, 310 und LG Cottbus, NZM 2000, 150 für den Fall, dass der Verwalter nur das GemE verwaltet). Kein Provisionsanspruch besteht hingegen, wenn der Vermittler bei Erwerb, Vermietung und Verwaltung der EW durch den Vermieter eingeschaltet war (LG Essen, NZM 2000, 150) oder wenn er für die WEer gegenüber den Mietern die Heizkostenabrechnung erstellt und abrechnet (LG Wuppertal, NZM 2000, 352). Die Summe, die ein Interessent am Kauf einer EW dem Vertreter des Verkäufers zahlt, damit dieser den Abschluss eines bestandskräftigen Kaufvertrags herbeiführe, ist, wenn der Käufer sich ein an keine sonstigen Voraussetzungen gebundenen Rücktrittsrecht vorbehalten hat, erst verdient, wenn das Rücktrittsrecht nicht mehr ausgeübt werden kann (BGH, NZM 2000, 351).

Keine Voraussetzung des **Courtageanspruchs** ist, dass im Zeitpunkt des Nachweises bereits ein Maklervertrag geschlossen war (OLG Frankfurt a. M., NJW-RR 2000, 751).

X. Übergangsregelung 1973

35   Die Übergangsvorschrift des Art. 3 § 1 Abs. 1 G v. 30. 7. 1973 heilte rückwirkend die häufigen Verstöße gegen § 1 Abs. 2 mittels der Fiktion der Vereinigung der mehreren Grundstücke zum Zeitpunkt der Anlegung des Ws- oder TEs-Grundbuchs.

Ist das SE mit unterschiedlich großen MEsanteilen an mehreren Grundstücken verbunden worden, heilt Art. 3 § 1 Abs. 2 auch diesen bisher schon rechtswidrigen Zustand mit rückwirkender Kraft, sofern nicht sonstige die rechtswirksame Begründung ausschließende Mängel vorliegen. Unklar ist allerdings, ob wie in Art. 1 eine gesetzliche Vereinigung der mehreren Grundstücke stattfindet oder nur der jetzige Zustand sanktioniert wird. Man wird annehmen müssen, dass eine Vereinigung nicht gewollt ist, da sich die Schwierigkeiten bei der Festlegung des Miteigentumsanteils nicht ausräumen lassen. Immerhin besteht in diesen (wohl seltenen) Fällen nun ein Sonderrecht.

1. Abschnitt. Begründung des Wohnungseigentums

§ 2 Arten der Begründung

Wohnungseigentum wird durch die vertragliche Einräumung von Sondereigentum (§ 3) oder durch Teilung (§ 8) begründet.

Übersicht

		Rz.
I.	Sinn und Zweck der Vorschrift	1
II.	Bestandteilslehre	1 a
III.	Bedeutsame Fälle	2
	1. juristisch	2
	2. wirtschaftlich	2
IV.	Vorgänge zur Entstehung des WEs	5
V.	Gefahren des WEs	9
VI.	Die Baumodelle	10

Arten der Begründung 1–3 § 2

I. Sinn und Zweck der Vorschrift

Die Vorschrift soll die rechtlichen Möglichkeiten aufzeigen, 1
nach denen WE begründet werden kann. Hierbei hat der Gesetzgeber sowohl den Vertrag der Miteigentümer als auch die einseitige Teilungserklärung des Eigentümers, der auch eine Gesellschaft/Personenmehrheit sein kann (vgl. die Begründung zu dem RegierungsE des WEG: BR-Drucks. 75/51; s. *Bärmann,* Anh. II, 1) vorgesehen. Andere rechtliche Formen zur Begründung von WE sind damit ausgeschlossen.

II. Bestandteilslehre

Grundsätzlich besteht wegen der Bestandteilslehre der §§ 93 ff. 1a
BGB keine Vermutung für das Vorhandensein von WE.

III. Bedeutsame Fälle

1. juristisch. Das Gesetz behandelt: 2
– Teilung im eigenen Besitz mit gleichzeitiger Errichtung von WE § 8;
– Ausgestaltung von ME zu WE § 3.

2. wirtschaftlich. Wirtschaftliche Verwendungsmöglichkeit:
– Erwerb von Gelände, Vorratsbau durch Aufteilung nach § 8 und anschließende Veräußerung. Vor allem unter steuerlichen Gesichtspunkten erfolgt der Erwerb im sog. „Bauherrenmodell" (dazu unten Rz. 10) oder durch Baubetreuer.
– Aufteilung auf Grund letztwilliger Verfügung.
– Auseinandersetzung unter Miterben. Es kann der Erbe auf Grund einer Teilungsanordnung nach § 2048 BGB zur Begründung von WE nach § 3 verurteilt werden (BGH, NJW 2002, 2710).
– Zusammenwirken mehrerer Personen zur Errichtung eines Gebäudes in WE ggf. unter Einschaltung eines Baubetreuers.
– Veräußerung bestimmter Appartements eines Gebäudes durch Eigentümer an verschiedene Erwerber unter gleichzeitiger Einräumung von WE.
– Aufgliederung, Aufspaltung sonst unverwertbarer großer Baukomplexe.
– Freiwillige Versteigerung von einzelnen Appartements nach der Aufteilung in Appartements gemäß § 3 oder § 8.
– Im Verfahren der amtlichen Vermittlung der Auseinandersetzung. 3
Dagegen ist Begründung von WE durch gerichtliches **Teilungs-**

urteil nach dtsch. Rspr. bislang nicht zulässig (OLG München, NJW 52, 1297), auch nicht im Verfahren nach § 1568a BGB, der die aufgehobene HausratsVO ersetzt (s. § 60; zur früheren Rechtslage s. OLG Hamm, JMBlNRW 58, 103). Im konkreten Fall einer Wiedergutmachungsauflage gemäß § 56b II Nr. 1 StGB: keine Verpflichtung des Schädigers zur Verschaffung des Eigentums an einer EW (OLG Stuttgart, NJW 80, 1114), was allerdings nicht generell ausgeschlossen ist. Es kann im Einzelfall nach Treu und Glauben die Aufhebung einer Gemeinschaft durch Zwangsversteigerung eine unzulässige Rechtsausübung sein, so dass sich der betreibende Teilhaber auf eine vom anderen Teil vorgeschlagene und vom Richter gebilligte Realteilung verweisen lassen muss (BGH, MittBayNot 75, 115). Nach h. M. ist die Begründung von WE an **selbstständigem** Gebäudeeigentum in den neuen Bundesländern auch ausgeschlossen (*Hügel*, DNotZ 96, 66). Dagegen kann nach § 67 SachenRBerG in den Fällen des § 66 Abs. 2 SachenRBerG jeder Beteiligte verlangen, dass anstelle einer Grundstücksteilung oder Veräußerung einer Teilfläche Ws- oder TE begründet und veräußert wird. Das ist dann der Fall, wenn bei mehreren Nutzern eine Teilung des Grundstücks nicht möglich oder unzweckmäßig ist bzw. mehrere Nutzer oder der Grundstückseigentümer und der Nutzer abgeschlossene Teile eines (einheitlichen) Gebäudes unter Ausschluss der anderen nutzen (*Hügel*, a. a. O. S. 67).

4 – Erleichterung der Umlegung im städtischen Bezirk durch horizontale Aufteilung gemäß § 59 Abs. 4 Nr. 3 BauGB (s. *Battis/Krautzberger/Löhr*, BauGB, 11. A. 2009).

– Zur Zweckentfremdung durch Abbruch veralteten Wohnraums und Auferlegung von Zahlungspflichten (s. BVerfG v. 1. 12. 80, GWW 81, 173: Grundsatz der Verhältnismäßigkeit ist zu wahren, Art. 6 § 1 MietrechtsverbesserungsG i. V. m. Art. 14 Abs. 1 S. 2 GG).

IV. Vorgänge zur Entstehung des WEs

5 Gliederung des Vorgangs zur Entstehung des WEs:

– Rein technische Vorarbeit für die Teilung, insbesondere Erstellung des Aufteilungsplanes (§ 7 Abs. 4 Nr. 1 und WsGrundbVfg. (WGV) im Anh. I 2a).

– Veräußerung der Bruchteile in der Form des MEs unter gleichzeitiger Einräumung des SEs an sämtlichen dafür vorgesehenen Wohnungen und an Räumen, sofern nicht nach § 8 im eigenen Besitz geteilt wird.

Arten der Begründung 6–8 § 2

– Sachenrechtliche Übertragung des errichteten WEs.
– Vertragliche Inhaltsbestimmung der kraft Gesetzes entstehenden Gemeinschaft.
– Schließt sich eine Vielheit von Personen zum Zweck der Errich- 6 tung eines Gebäudes zusammen, so kommen außerdem die vorbereitenden Verträge zwischen ihnen und mit Dritten, z. B. Bauunternehmern und Architekten, hinzu. Die Gesamtheit bildet dabei als Bauherrengemeinschaft, was einer entspr. vertraglichen Regelung bedarf (OLG Karlsruhe, ZMR 2000, 56), eine Gesellschaft nach bürgerlichem Recht. Denkbar ist auch, dass eine Aktiengesellschaft oder GmbH errichtet wird oder eine OHG gewerbsmäßig die Vorbereitung leitet. U. U. sind aber auch schon auf die Rechtsbeziehungen während der Bauzeit die Bestimmungen des WEG entsprechend anwendbar, sofern ein Anwartschaftsrecht entstanden ist (LG Berlin, JR 62, 220; OLG Hamburg, NJW 63, 818 und KG, MDR 70, 234; s. besonders Rz. 2 vor § 43). Das gilt erst recht für das Volleigentum, das mit Anlegung der WsGBer und Eintragung ohne Rücksicht auf den Bauzustand entsteht (BGH, NJW 86, 2759), also auch vor Realisierung des SEs.

Zur Inhaltsbestimmung der Gemeinschaft s. § 10, zur Dinglichkeitswirkung dort Abs. 2.

Für Erwerber eines Grundstücks zu ME, auf welchem sodann 7 WE errichtet werden soll, gelten die üblichen Genehmigungsvorschriften (Grundstücksverkehrsgesetz, evt. BauGB, Unbedenklichkeitsbescheinigung des Finanzamts). Im Verhältnis zu den beauftragten Bauträgern, Generalbauunternehmern und Architekten sowie zu den Handwerkern gilt allgemeines Recht, überwiegend **Werkvertragsrecht** und Geschäftsbesorgung. Zur Schadensersatzklage des SEers vgl. *Schneider,* NJW 60, 276; wegen Mängeln am gemeinschaftlichen Eigentum s. unten § 13 Rz. 42 ff.

Die Form des Generalbauvertrages mit einem Unternehmer oder 8 Bauträger kann zweckmäßig sein. Inzwischen haben sich bestimmte Gesellschaften auf den Bau von Eigentumswohnungen im eigenen Namen **(Vorratsbau)** oder auch im fremden Auftrag spezialisiert. Praktisch ist heute der Vorratsbau die häufigste Form der Schaffung von WE. Dafür ist zunächst Teilungserklärung nach § 8 notwendig; sodann folgt die GemO als Realstatut. Anschließend werden dann die einzelnen WEs-Rechte aus dem eigenen Besitz des Bauträgers verkauft. Bauunternehmen bleiben meist nach Entstehung des WEs Verwalter desselben auf Grund Vereinbarung (darüber unten bei §§ 20 Rz. 11, 26 Rz. 3 ff.).

V. Gefahren des WEs

9 Die Diskussion um sog. **„Schrottimmobilien"** zeigt, dass auch der Erwerb von WE nicht ohne Risiko ist. Dies liegt nicht in der Rechtskonstruktion, sondern in Mängeln in der Substanz, der Lage und Vermietbarkeit des Gebäudes sowie überteuerter Preise. Eine genaue Prüfung des Objekts, ggfs. unter Hinzuziehung von Gutachtern, hilft bei einer Entscheidung und minimiert das Risiko. Den Verkäufer treffen Beratungspflichten im Immobilien**strukturvertrieb** i. F. Sanierungsstaus und Mietpools (BGH, NJW 2004, 64). Wegen der Problematik des HaustürWG im Bezug auf den Widerruf eines Immobiliarkredits im Strukturvertrieb war die Frage dem EuGH vorgelegt (OLG Bremen, NJW 2004, 2238). Dieser hat in zwei Entscheidungen (NZM 2005, 873 u. NZM 2005, 877) zur Risikoübernahme der beteiligten Kreditinstitute wegen unterbliebener Rechtsbelehrung die Rechtsstellung des Erwerbers gestärkt. Der BGH ist den Vorgaben des EuGH insofern gefolgt, als er bei einem „institutionalisierten Zusammenwirken" von einer Vermutung für die Kenntnis der Bank von den Umständen ausgeht (NZM 2006, 550, Näheres *Lechner,* NZM 2007, 145 ff.).

Vorsicht auch bei Auswahl des Verwalters wegen der Aufgaben nach §§ 27, 28; Vorsicht bei der Auswahl der Mitbeteiligten; genaue Regelung der Beteiligung an den Gesamtherstellungskosten; Sicherung durch Eintragung einer Auflassungsvormerkung (§ 106 InsO); Anwendung der **Makler- und Bauträger-VO** (dazu Anh. III 5 und *Bärmann/Seuß,* Rz. A 455 ff.); zur WEs-Finanzierung allgemein s. *Bärmann/Seuß,* Rz. A 834 ff., *Kreile,* DB 72, 1036 und *Jenkis,* BB 72, 788; eingehende Regelung von Gebrauch und Verwaltung des gemeinschaftlichen Eigentums, insbesondere hinsichtlich der Änderung nur durch qualifizierte Mehrheit oder einstimmig; Abstimmung nach Verhältnis der WEs-Anteile, nicht nach Köpfen; Gesamthypotheken sind zu vermeiden; Erwerber von WE sollten sich über Gebrauchsbeschränkungen sowie über gefasste Beschlüsse der WEer-Gemeinschaft wie auch gerichtliche Beschlüsse orientieren, da sie zur dinglichen Wirkung nicht der Eintragung bedürfen (§ 10 Abs. 3 WEG). Auch dem beurkundenden **Notar** obliegt eine Beratungspflicht. Er kann z. B. bei ungenauer Bezeichnung des Kaufgegenstands haften (BGH, NJW 2004, 69).

VI. Die Baumodelle

10 Neben dem „klassischen" Modell der Begründung von WE in den Formen des § 3 und § 8 haben sich in der Praxis die unterschiedlichsten Erwerbsformen entwickelt, die aus wirtschaftlichen, vor allem steuerrechtlichen Erwägungen begründet sind. Diese Vertragsgestaltungen können hier nicht dargestellt werden. Es wird hierbei insbesondere auf *Bärmann/Seuß,* Rz. A 936 ff. verwiesen. Während das **Bauherrenmodell** an Bedeutung wesentlich verloren hat, spielen Verträge mit einem Bauträger, Bauträger-Modell, Käufermodell, Gesellschaftsmodell und Baubetreuung eine größere Rolle (zu den Einzelheiten s. *Pause,* Bauträgerkauf und Baumodelle, 4. Aufl. 2004). Zur Haftung des Bauträgers im Erwerber- u. Bauherrenmodell für den Vermittler s. OLG Köln, DNotZ 2000, 195 = NZM 2000, 924.

Dabei entstehen Fragen der Abgrenzung zwischen Baubetreuung 11 und Bauträgerschaft (dazu *Bärmann/Seuß,* Rz. A 427 ff., 436 ff.; *Kleine-Möller/Merl,* Handb. d. priv. Baurechts, 4. Aufl. 2009; *Locher,* Das private Baurecht, 7. Aufl. 2005; *Jagenburg,* Das private Baurecht im Spiegel der Rechtsprechung, 1980; *ders.* Die Entwicklung des privaten Bauvertragsrechts, NJW 94, 2864; 95, 91; 96, 1918, 2198; 97, 1710; *Leinemann,* FoSiG – Neue Perspektiven im Bauvertragsrecht?, NJW 2008, 3745). Nach BGH, NJW 81, 575 ist **Baubetreuer,** wer gewerbsmäßig Bauvorhaben im fremden Namen für fremde Rechnung wirtschaftlich vorbereitet oder durchführt; **Bauträger,** wer im eigenen Namen für eigene oder fremde Rechnung vorbereitet oder durchführt (s. a. *Bärmann/Seuß,* Rz. A 427 ff., 436 ff.).

§ 3 Vertragliche Einräumung von Sondereigentum

(1) **Das Miteigentum (§ 1008 des Bürgerlichen Gesetzbuches) an einem Grundstück kann durch Vertrag der Miteigentümer in der Weise beschränkt werden, daß jedem der Miteigentümer abweichend von § 93 des Bürgerlichen Gesetzbuches das Sondereigentum an einer bestimmten Wohnung oder an nicht zu Wohnzwecken dienenden bestimmten Räumen in einem auf dem Grundstück errichteten oder zu errichtenden Gebäude eingeräumt wird.**

(2) [1] **Sondereigentum soll nur eingeräumt werden, wenn die Wohnungen oder sonstigen Räume in sich abgeschlossen sind.** [2] **Garagenstellplätze gelten als abgeschlossene Räume, wenn ihre Flächen durch dauerhafte Markierungen ersichtlich sind.**

(3) *(aufgehoben)*

Übersicht

	Rz.
I. Sinn und Zweck der Vorschrift	1
II. Voraussetzungen	
1. ME am Grundstück als Grundlage (Abs. 1)	2
2. SE für alle MEer	3
3. SE nur an „Räumen"	6
4. Nicht notwendige Voraussetzung	11
5. Abgeschlossenheit (Abs. 2)	18
6. Ehemaliger Abs. 3	20
III. Einräumungsvertrag	21
1. Form	21
2. Abschlussmängel	22
3. Ausgestaltung der Verträge	23
4. Wesen der Einräumung	29
5. Einräumung durch letztwillige Verfügung	29
6. Buchersitzung	30
IV. Wirkung	
1. Beschränkung des MEs	31
2. Rangverhältnisse	32
3. Anwartschaft	33
4. Angleichung der Gemeinschaft	34
5. Gutglaubenschutz	35
6. Kosten und Lasten des SEs	36
7. Umwandlungsanspruch	37
V. Internationales Privatrecht	38
VI. Gebühren, Steuern, Wert	39

I. Sinn und Zweck der Vorschrift

1 Es handelt sich bei § 3 um die grundlegende Vorschrift über die vertragliche Begründung des WEs. Dagegen regelt § 8 die einseitige Aufteilung in WE durch den Eigentümer. § 3 bringt die zwei „Eigentumssphären" (vgl. die Begründung zu dem Regierungsentwurf des WEG: BR-Drucks. 75/51; *Bärmann/Pick/Merle,* Anh. I), die das WEG in sich einschließt, zum Ausdruck: den Anteil am gemeinschaftlichen Eigentum (§ 1 Abs. 4) und das Sondereigentum an der Wohnung oder an den sonstigen Räumen (vgl. hierzu § 5).

1a Grundsätzlich besteht keine Vermutung für das Bestehen von WE (§§ 93 ff. BGB).

SE ist „Beschränkung" des MEs, nicht aber etwa beschränktes dingliches Recht. Zum Begriff s. Einleitung Rz. 5 ff.

II. Voraussetzungen

2 **1. ME am Grundstück als Grundlage.** Abs. 1 geht zwingend von ME aus; dagegen ist Gesamthandseigentum (Gesellschaften,

Vertragliche Einräumung von Sondereigentum 3 § 3

Gütergemeinschaft oder Erbengemeinschaft) keine Grundlage für WE. Für Bildung von ME im eigenen Besitz s. § 8. Heimstätteneigenschaft stand nicht entgegen, s. § 1 Rz. 30.

2. SE für alle MEer. Jedem MEer ist nach Abs. 1 SE einzuräumen (OLG Frankfurt a. M., ZMR 70, 273). Ein **isolierter** MEsanteil kann zwar nicht rechtsgeschäftlich begründet werden, er soll aber nach h. M. kraft Gesetzes entstehen, wenn die Begründung von SE an einem Gebäudeteil gegen zwingende gesetzliche Vorschriften verstößt und daher insoweit unwirksam ist (BGH, NJW 2004, 1798; NJW 90, 447; BGHZ 109, 179; OLG Hamm, NZM 2007, 448). Dies wird auch für den Fall der mangelnden Bestimmtheit bejaht (BGHZ 130, 159) und für den Fall, dass kein SE nach dem Aufteilungsplan zugeordnet werden kann (BGH, 2004, 1798). Für den Fall, dass überhaupt kein SE vorgesehen ist, lehnt der BGH die Entstehung von SE allerdings auch ab (BGHZ 109, 179; NZM 2004, 876 = NJW 2004, 3418; a. A. *Demharter,* NZM 2000, 1196; *Palandt/Bassenge,* § 3 Rz. 3). Die Gleichsetzung von isoliertem MEanteil mit dem Vollrecht WE ist abzulehnen (*Demharter,* NZM 2000, 1996; a. A. *Ertl,* WE 92, 219). Nach dieser Meinung ist er aber bis zur Behebung des gesetzwidrigen Zustands zur anteiligen **Kostentragung** verpflichtet (OLG Hamm, NZM 2007, 448). Eine Lösung ist nur unter Abwägung der Interessen im Einzelfall möglich entweder unter Anpassung an die tatsächliche Lage oder Einräumung von SE in anderer Form (vgl. *Hügel,* ZMR 2004, 549). Der isolierte MEanteil wächst den anderen Miteigentümern nicht entsprechend § 738 I BGB zu, da sie nicht gesamthänderisch verbunden sind, BGH, NJW 90, 447. Ein solcher MEanteil ohne SE oder Anwartschaftsrecht auf SE kann, wenn er neben vollständigem Ws oder TE (unzulässiger Weise) eingetragen ist, nicht auf Dauer bestehen bleiben (anders, wenn alle MEanteile isoliert sind). Vielmehr ist er durch Änderung des Gründungsakts auf die übrigen Miteigentümer zu übertragen, falls er nicht anderweitig mit SE verbunden wird (OLG Hamm, NJW-RR 91, 335; NZM 2007, 448). Dies kann wegen eines Anspruches aus § 242 BGB erfolgen, der auf Änderung der Teilungserklärung und des Aufteilungsplans gerichtet sein kann (BGH NJW 2004, 3418 = NZM 2004, 876; BayObLG, NZM 2000, 1234). Ggfs. ist ein Ausgleich, z. B. bei SEsunfähigkeit der Räume über eine Zahlung der anderen WEer zu suchen (BGHZ 109, 179; NJW 2004, 1798). Im umgekehrten Fall, **„isolierten SE",** wenn ein Raum nicht mit einem MEanteil verbunden ist, entsteht GemE (Arg. § 5 Abs. 1; *Palandt/Bassenge,* § 3 Rz. 4). Das GBA darf auch eine entsprechende Eintragung nicht vornehmen

(BayObLGE 95, 399). Die Rspr. zum sog. isolierten MEs-Anteil ist insoweit abzulehnen, als sie mit dessen grundsätzlicher Zulassung dem Gesetz widerspricht (*Niedenführ/Schulze,* § 4 Rz. 13; so im Grunde auch OLG Hamm, NZM 2007, 448 = RNotZ 2007, 207). Die h. M. bezieht den isolierten MEsanteil analog §§ 1 ff. in eine faktische WEergemeinschaft ein (OLG Hamm a. a. O.). Er hat u. a. bis zur Bereinigung an der Kostentragung teilzunehmen und hat die entspr. Mitverwaltungsrechte (ebenda). Danach ist ein **Nebeneinander** von gewöhnlichem ME und WE nicht möglich. Es entsteht zunächst GemE. Wenn ausschließlich MEsanteile entstehen, z. B. wenn mangels Bestimmtheit keine SEsrechte – und damit auch kein WE – entsteht, können die als „WEer" eingetragenen Berechtigten den fehlerhaften Begründungsakt so ändern, dass SE entsteht (OLG München, RNotZ 2008, 606).

Auch können mehrere WEs-Rechte in **einer** Hand vereinigt bleiben, z. B. in der des bisherigen Grundstückseigentümers (so eindeutig ehem. Saarländisches WEG), wie umgekehrt ein WE mehreren als **BruchteilsMEern** zustehen kann (s. § 1 Rz. 4).

Ein SE an einer bestimmten Wohnungseinheit kann allerdings nur mit **einem** MEs-Anteil verbunden werden (OLG Neustadt, NJW 60, 295, m. Anm. v. *Bärmann;* abw. OLG Köln, DNotZ 83, 106 m. abl. Anm. *Röll* = Rpfleger 83, 7 = NJW 83, 248; aufgeh. durch BGH, DNotZ 83, 487 = MDR 83, 568 = NJW 83, 1683). Ebenso war bisher schon die Verbindung eines SEs mit den MEs-Anteilen an mehreren rechtlich selbstständigen Grundstücken nicht möglich (BayObLG, Rpfleger 70, 346 = MDR 70, 928 = DNotZ 70, 693 = MittBayNot 70, 105; OLG Saarbrücken, NJW 72, 691 jetzt § 1 Abs. 4; s. a. dort Rz. 18). Mit **einem** MEs-Anteil können hingegen **mehrere** abgeschlossene Wohnungen verbunden werden (einschränkend, weil Abgeschlossenheit der jetzt einheitlichen SEs-Räume fordernd, OLG Hamburg, NJW 65, 1765 = Rpfleger 66, 79 m. zust. Anm. v. *Riedel*). Wie hier auch BGH, NJW 2001, 1212; BayObLG, MittBayNot 71, 169 = DNotZ 71, 473; NZM 2000, 1232 und KG, NJW-RR 89, 1360.

Zur späteren Aufteilung von WEs-Rechten in mehrere WEs-Rechte, wie auch Veränderung des MEs-Bruchteile (zur Unterteilung s. u. § 8 Rz. 16 und Rz. 12 vor § 10) ist immer die **Abgeschlossenheit** zu beachten. Diese ist allerdings nur Sollvorschrift (BayObLG, Rpfleger 80, 295). Eine **nachträgliche** Begründung von SE an Räumen des gemeinschaftlichen Eigentums bedarf der Vereinbarung aller WEer und Eintragung im Grundbuch.

4 **Verbindung** der Begründungsarten nach § 3 u. § 8 ist möglich, etwa wenn bei Begründung nach § 8 durch MEer gleichzeitig ein

Vertragliche Einräumung von Sondereigentum 5–7 § 3

oder mehrere WEs-Rechte veräußert werden. MEer eines Grundstücks können durch einen dinglichen Vertrag ME nach § 3 auch in der Weise begründen, dass sie sowohl die Zahl der MEs-Anteile verändern (zusammenlegen) als auch an diesen (neuen) Anteilen jeweils das SE an einer Wohnung zuordnen (BGH, Rpfleger 83, 270 = NJW 83, 1672 = BWNotZ 83, 92 = JZ 83, 619 Anm. *Stürmer/ Weber*). Bei **Teilung** eines in Bruchteilseigentum stehenden Grundstückes nach § 8 setzt sich die **Bruchteilsgemeinschaft** an den einzelnen Raumeigentumsrechten fort (BayObLG, ZMR 70, 273).

Zum Problem der **Umwandlung** von Mietwohnungen vgl. *Bärmann/Seuß*, Rz. A 600 ff.; *Seuß*, Die Eigentumswohnung, 1993, S. 95 f. und *Sonnenschein*, NJW 80, 2057 (dazu Umwandlung von Miet- in Eigentumswohnungen, Broschüre des Deutschen Mieter-Bundes, 1995) sowie *Häring*, ZGemWoW i. B. 82, 351. Die Frage ist jetzt einheitlich, auch für sozial geförderten Wohnraum nach § 1 WoFG, in § 577 a BGB geregelt (s. Anh. III 1). Überdies steht dem von der Umwandlung betroffenen Mieter im Fall des Verkaufs an einen Dritten ein gesetzliches **Vorkaufsrecht** nach § 577 Abs. 1 S. 1 BGB zu (s. Einl. Rz. 37 ff. u. Anh. III 1). 5

3. SE nur an „Räumen" (Abs. 1). Raum im Sinne des Gesetzes ist immer ein allseits durch ein Gebäude nach außen abgeschlossener Raum (steuerrechtlich wird in jedem Fall ein räumlicher Abschluss gefordert, BFH v. 5. 10. 1984, BStBl. II 1985, 151). Zur Sondereigentumsfähigkeit eines Innenhofes (ablehnend) vgl. den Beitrag in DNotZ-Report 1998, 1). Siehe gelegentlich des Falles einer **Tankstelle** LG Münster, DNotZ 53, 148. SE ist also nicht an bloßen Grundstücksflächen möglich (OLG Karlsruhe, MDR 72, 516 = MittBayNot 72, 163), auch nicht an einer Terrasse mit Plattenbelag ohne jede Höhenabgrenzung (OLG Köln, DerWEer 83, 28), wohl aber an **Nebengebäuden** wie Garagen (OLG Frankfurt a. M., Rpfleger 78, 380; BayObLG, NJW-RR 89, 142), Lagerhallen, Schuppen usw., nicht aber an einer Toilette allein (s. oben § 1 Rz. 2). Auch ein **U-Bahnhof** kann Gebäude i. S. des WEG sein (LG Frankfurt a. M., NJW 71, 759). 6

Zum Schwimmbad als SE s. BGH, BWNotZ 81, 41, bejahend. Bei einem Doppelwohnhaus ist SE an den konstitutiven Bestandteilen nicht zulässig (BayObLG, MDR 66, 413 = Rpfleger 66, 149; a. A. *Meikel/Imhof/Riedel*, Grundbuchrecht, Vorb. 39 vor § 13). Bei **selbstständigen Gebäuden** sollte hingegen SE bejaht werden (a. A. die h. M., BGH, NJW 68, 1230; OLG Frankfurt a. M., Rpfleger 75, 79; OLG Karlsruhe, OLGZ 78, 175 u. *Röll*, Teilungserklärung, S. 23; wie hier *Riedel*, a. a. O.). 7

Verschiedentlich werden Konstruktionen praktiziert, bei denen die MEsanteile mit dem SE an einer Garage (oder anderen Nebenräumen), sowie dem Sondernutzungsrecht an bestimmten Wohnräumen verbunden wird, sog. **Kellereigentum**. Dies erscheint wegen der Umgehungsabsicht bedenklich (ebenso LG Braunschweig, Rpfleger 91, 201; 91, 307 m. Anm. *Schäfer;* 91, 499 m. Anm. *Schneider*). Sinn und Zweck des Abs. 1 bestehen darin, bei „Wohnungseigentum" den Schwerpunkt im SE an den Wohnräumen zu erblicken und nicht in Nebenräumen. Damit wäre das WE nur eine Hülse (LG Hagen, NJW 93, 402). Nach BayObLG (NJW 92, 700; 671 m. Anm. *Pause*) und OLG Hamm (MDR 93, 866/LS = NJW-RR 93, 1233) kann die Eintragung jedoch nicht mit der Begründung verweigert werden, dem TE an Kellerräumen werde **später** möglicherweise das Sondernutzungsrecht an einer Wohnung zugeordnet (s. § 1 Rz. 2).

8   Der durch das G. v. 30. 7. 1973 (BGBl. I S. 910) eingefügte **Abs. 2 Satz 2** enthält eine Fiktion, mit deren Hilfe ausnahmsweise bestimmte Grundstücksflächen als „Räume" behandelt werden. Voraussetzung ist allerdings, dass es sich um **Garagenstellplätze** handelt. Damit ist kein Sondereigentum an Stellplätzen im **Freien** möglich (OLG Hamm, NJW 75, 60 = DNotZ 75, 108 = MDR 75, 319 = Rpfleger 75, 27; OLG Köln, OLGZ 82, 413 = DNotZ 82, 753; so für plattierte Terrassenflächen ohne vertikale Begrenzung OLG Frankfurt a. M., Rpfleger 83, 482 = MDR 84, 147). Dies gilt auch für Abstellplätze auf einem ebenerdig gelegenen und von der Umgebung nicht abgegrenzten Dach einer **Tiefgarage** (OLG Frankfurt a. M., OLGZ 84, 32; a. A. OLG Frankfurt a. M., Rpfleger 77, 312; OLG Köln DNotZ 84, 700; OLG Hamm, NZM 98, 267) und für die auf einem Freidach eines Garagengebäudes angeordneten Stellplätze (OLG Hamm, NZM 2007, 448). Nach BayObLG, NJW 75, 740 gilt dies auch für die Hebebühne einer **Doppelstockgarage** (a. a. O. nur LS = Rpfleger 75, 90; im Ergebnis zustimmend *Noack,* Rpfleger 76, 5 und OLG Düsseldorf, MittRhNotK 78, 85; OLG Jena, RPfleger 2005, 309; offen bei OLG Hamm, OLGZ 83, 1 = DNotZ 83, 618 = Rpfleger 83, 19 = MittRhNotK 82, 218 = DerWEer 83, 62 und OLG Celle NZM 2005, 871), weil der Bereich des SEs nicht feststeht (a. A. *Hügel,* ZWE 2001, 42).

Während die SEs-Fähigkeit der entspr. **Räumlichkeiten** bejaht werden kann, ist die SEs-Fähigkeit der **konstruktiven Teile** wegen § 5 Abs. 2 zu verneinen (OLG Celle NZM 2005, 871). Die WEer können beschließen, die Instandsetzungskosten aus der allg. Instandhaltungsrücklage zu bestreiten (ebenda). Nach Auffassung des Bay-

Vertragliche Einräumung von Sondereigentum 8 § 3

ObLG kann an den Stellplätzen einer **Doppelstockgarage** mit **Kippvorrichtung** (sogen. **Duplex-Stellplatz**) kein SE begründet werden (BayObLG, NJW-RR 95, 783; a. a. A. OLG Jena, OLG-NL 2000, 58, das eine Benutzungsregelung insoweit für eintragungsfähig hält; dafür auch *Hügel,* ZWE 2001, 42). Für SEsfähigkeit von Stellplätzen auf einem nicht überdachten Gebäude *Merle,* Rpfleger 77, 196 und OLG Frankfurt a. M., Rpfleger 77, 312 (a. A. LG Lübeck, Rpfleger 76, 252 = ZMR 77, 82; LG Aachen, Rpfleger 84, 184 m. krit. Anm. *Sauren;* LG Braunschweig, Rpfleger 81, 298 = ZGemWW i. B. 81, 419; KG, NJW-RR 96, 587; s. a. *Röll,* WEM 82, 14 und DNotZ 92, 221). Nach OLG Celle (NJW-RR 91, 1489) gilt die SEsunfähigkeit auch für Stellplätze in einer seitlich offenen Garage (zweifelhaft). Die Auffassung des LG Nürnberg/Fürth (DNotZ 88, 321), wonach in der Teilungserklärung nicht nur die Lage der Stellplätze angegeben werden muss, sondern auch die Art ihrer Abgrenzung stellt Anforderungen, wie sie von Gesetzeswegen nicht verlangt werden; im Gegensatz zu dieser absoluten Mindermeinung wird sich das Grundbuchamt zur Erfüllung der Voraussetzungen der §§ 7 Abs. 4, 3 Abs. 2 WEG mit der **Bezeichnung** der abgegrenzten Räume begnügen. Folgte man dem LG Nürnberg/Fürth, so müsste eine Baubeschreibung für die Abgeschlossenheit vorgelegt werden; eine solche wird aber in keiner Vorschrift verlangt (vgl. die Kritik von *Röll,* DNotZ 88, 325).

Zu weit gehen die Anforderungen des LG Nürnberg/Fürth auch bezüglich der zur Abgeschlossenheit von **Tiefgaragenplätzen** notwendigen dauerhaften **Markierung.** Sie soll dann nicht gegeben sein, wenn dies in der Teilungserklärung wie folgt beschrieben wird: „wie etwa durch andersfarbige eingelegte Steine oder Sockelleisten oder ähnlichem" (LG Nürnberg/Fürth, DNotZ 88, 321 (323). Diese Entscheidung ist aus den o. g. rechtlichen Gründen abzulehnen. Es kommt hinzu, dass es dem Bauträger vorbehalten sein muss, etwa den ursprünglich zur Abgrenzung der einzelnen Stellplätze vorgesehenen Betonsockel durch Holzschwellen, farbige Steine oder das Einbetonieren von aus dem Boden geringfügig herausragenden Eisenpflöcken zu ersetzen. Vgl. hierzu die Kritik von *Röll* (DNotZ 88, 325), wonach bei Erfüllung der vom LG Nürnberg/Fürth verlangten Voraussetzungen der Bau von Eigentumswohnanlagen mit Tiefgaragenplätzen bei engen räumlichen Verhältnissen sehr erschwert, u. a. sogar unmöglich gemacht würde. Auch die Entscheidung des OLG Celle (NJW-RR 91, 1489) erscheint bedenklich, da das Gericht neben der dauerhaften Markierung nach S. 2 eine **Zugangssperre** für erforderlich hält, um dem Erfordernis der Abgeschlossenheit genüge zu tun.

9 **Sinn und Zweck** der Regelung sind, Missverständnisse über die den SEern zustehenden Abstellflächen auszuschließen und eine Abgrenzung zum GemE zu erreichen. Es genügt, dass die Flächen „durch **dauerhafte Markierungen**" ersichtlich sind. Diese können z. B. aus einem Beton- bzw. Zementsockel oder dauerhafter Kunststoffmasse bestehen. Es genügt, dass die Markierung jederzeit an Hand des Aufteilungsplans rekonstruierbar ist (BayObLG, ZWE 2001, 372). Ein einfacher Farbanstrich, der nicht zweifelsfrei wiederherstellbar ist, dürfte nicht genügen, da er wegen des Überfahrens bald unkenntlich sein würde. Als Markierung sind auch solche Abteilungsmaßnahmen anzusehen, die als Maschen- oder Holzzaun bzw. Brüstung oder eingelassene besondere Steine oder Metallzeichen Gewähr für dauernde Klarheit der Eigentumsverhältnisse bieten (kritisch zum Entwurf des Bundesrats *Diester*, BB 72, 685). Zum **Sondernutzungsrecht** an Kfz-Stellplätzen s. u. § 15 Rz. 9.

10 **Vereinigung** mehrerer Wohnungen in einem WE, Vereinigung mehrerer WEs-Rechte in einer Person sind möglich (s. o. Rz. 3). Ebenso die **Verbindung** von WE und TE zu einheitlichem Wohnungsteileigentum. Letzteres ist eine Frage der Zweckmäßigkeit. Unterschiedliche Steuerfolgen zu beachten: Steuerliche Förderung für Wohnungen, nicht für Gewerberäume. Auch eine Verbindung horizontaler mit vertikaler Teilung ist möglich. WE an selbstständigen Gebäuden auf demselben Grundstück ist ebenfalls zulässig (allgem. Ansicht OLG Köln, NJW 62, 162, s. besonders § 5 Rz. 15). Dass eine Teilung des Grundstücks möglich wäre, steht nicht entgegen, OLG Frankfurt a. M., NJW 63, 814.

11 **4. Nicht notwendige Voraussetzung** ist ein Neubau. Auch an zu errichtenden, geplanten oder projektierten Gebäuden kann die Begründung von WE erfolgen (BGHZ 110, 36; VG Schleswig-Holstein v. 26. 2. 1970 – 10 A 67/69; OLG Frankfurt a. M., Rpfleger 78, 380; 381). Die Frage der öffentlich-rechtlichen Zulässigkeit des Gebäudes ist nicht maßgeblich (BGH a. a. O.). Es muss jedoch wegen des **Bestimmtheitsgrundsatzes** ein Aufteilungsplan (§ 7) vorliegen. So ist eine Vereinbarung über ein **Ankaufsrecht** bez. eines noch zu bildenden WEs nicht hinreichend bestimmt, wenn sich dem Vertrag lediglich die dem Kaufgegenstand zuzuordnenden Räume und der Kaufpreis entnehmen lassen (OLG Düsseldorf v. 21. 12. 94 – 9 U 208/94, MittRhNotK 95, 60). Auch vor Vollendung von Gem- und SE besteht juristisch **echtes WE** als Vollrecht mit Anspruch auf plangemäße Errichtung als gegenseitiges **Anwartschaftsrecht** (vgl. BGH, NJW 86, 2759; OLG Frankfurt

a. M., Rpfleger 78, 381; WEer kann auch die Herstellung selbst übernehmen; BayObLG, DNotZ 73, 611; MDR 80, 142; OLG Hamm, DerWEer 88, 27). Mit der Anlage der WsGrundbücher ist das WEG auf die beteiligten MEer anwendbar (OLG Hamm, NZM 2007, 448). Eine Vereinbarung der Aufhebung für den Fall der nicht frist- oder plangerechten Fertigstellung ist ausgeschlossen wegen der **Bedingungsfeindlichkeit** der WEs-Begründung.

Wird nicht genau nach Plan errichtet, ist Berichtigung der Begründungsurkunde mit verändertem Aufteilungsplan erforderlich, und zwar einstimmig; nötigenfalls Bruchteilsverschiebungen (dazu Tasche, DNotZ 72, 710). **Zwangsversteigerung** während des Baues aus Gesamthaft: Vorbeugung gegen Schäden der Gläubiger durch Auszahlung der Mittel nur nach Bauabschnitten (s. o. § 2 Rz. 9 und Makler- u. BauträgerVO im Anh. III 5). Bei Gesamtausgebot kann Erwerber WEs-Rechte aufheben. Bei Einzelausgebot treten die einzelnen Erwerber in die bereits verdinglichten Verpflichtungen der GemO und in die WEer-Rechte und -Pflichten ein. Empfehlenswert ist die Aufnahme der Finanzierungsverpflichtungen und der Verpflichtung zum Beitrag zum Aufbau des Gesamtgebäudes in den Inhalt des SEs gemäß § 10 Abs. 2.

Falsche Darstellung des SEs im Aufteilungsplan macht das Grundbuch unrichtig; es entsteht kein SE (BayObLG, NJW 73, 1086; NJW 74, 152), sondern GemE. Es ist eine Änderung des Planes notwendig. Bei faktischen **Abweichungen** vom Aufteilungsplan kann nach OLG Celle u. U. gem. § 242 BGB auch eine analoge Anwendung der §§ 912 ff. BGB in Betracht kommen (OLG Celle, OLGZ 81, 106). Nach BGH entsteht bei einem **Widerspruch** zwischen Teilungserklärung und Aufteilungsplan kein SE (BGH, NJW 95, 2851). Die Abweichung muss allerdings wesentlich sein. Ist dagegen die Abgrenzung von SE und GemE zweifelsfrei, entsteht das gebaute SE (OLG Karlsruhe, NJW-RR 93, 1294). Allerdings ist das GB durch die Anpassung des Aufteilungsplans an die Realität zu berichtigen (OLG Celle, OLGZ 81, 106; BayObLG, BWNotZ 89, 64). Bei Einbeziehung von GemE, das im Plan als solches ausgewiesen ist, in SE, bleibt es GemE (OLG Hamm, DWE 15, 127). Ggfs. ist eine Bereinigung unklarer Verhältnisse in Bezug auf SE oder GemE durch eine Anpassung der Teilungserklärung nach § 242 BGB zu suchen (BayObLG u. KG, ZfIR 2001, 745). Zur Unrichtigkeit lediglich der Einzelausgestaltung des Gebäudes s. § 7 Rz. 32. Beschreibung des SEs-Räume samt Bauzeichnung (§ 7 Abs. 4) ist amtliches Verzeichnis im Sinne des § 2 GBO. Zur Frage von Mängeln bei der Begründung s. *Gaberdiel*, NJW 72, 847.

Verstößt die Begründung von SE an einem Gebäudeteil gegen zwingende gesetzliche Vorschriften und ist daher unwirksam, so soll ein isolierter MEsanteil – der übrigens nicht rechtsgeschäftlich begründet werden kann – kraft Gesetzes entstehen (BGH NJW 90, 447; allerdings sehr streitig!; s. o. Rz. 3).

13 Vollständige **Aufteilung** des Gesamtgebäudes in SEs-Räume ist nicht nur nicht notwendig, sondern auch nicht möglich; gemeinschaftliches Eigentum bleibt (§ 1 Abs. 5). Auch Verbindung mehrerer abgeschlossener Wohnungen oder sonstiger Räume mit einem MEs-Anteil ist möglich. Keine Höchst- oder Mindestzahl von WEern in einem Gebäude, auch nicht als Voraussetzung für Verwaltung. Lassen Teilungserklärung und Aufteilungsplan die genaue Deckenhöhe eines Nebenraums offen, kann ein WEer aus einer **vor** seinem Eigentumserwerb vorgenommenen Tieferlegung dieser Decke weder Rechte gegen die Gemeinschaft noch gegen den durch die Vergrößerung seines Wohnraums begünstigten WEer geltend machen (KG, NJW-RR 91, 1422).

14 Die Freiheit von **Belastungen** des aufzuteilenden Grundstückes ist ebenfalls nicht Voraussetzung (zur Zustimmungsbedürftigkeit siehe oben § 1 Rz. 21 u. OLG Frankfurt a. M., NJW 59, 1977: danach ist zur Eintragung des WEs nicht die Zustimmung derjenigen erforderlich, für die DWRe am Grundstück eingetragen sind). Zur Vereinbarung von Veräußerungsbeschränkungen siehe § 12 Rz. 4 ff.

15 Ein angemessenes **Verhältnis** der MEs-Bruchteile zum Wert des eingeräumten SEs ist nicht erforderlich (s. Einleitung Rz. 14 u. § 1 Rz. 2 sowie BGH NJW 76, 1976; OLG Düsseldorf, NZM 2004, 508; BayObLG, DerWEer 81, 27; OLG München NJW-RR 2006, 87). Es besteht keine Vermutung der **Gleichheit** der Bruchteile (§ 742 BGB).

16 Zur **Änderung** des MEs-Anteile bei WE an einem Gebäude ist die Zustimmung aller erforderlich, wenn alle betroffen sind (vgl. *Henke,* NJW 58, 897, BayObLG, NJW 58, 2116, BGH, Rpfleger 76, 352 und BayObLG, Rpfleger 76, 403; DerWEer 83, 94). Auch wenn (nur) die Größe der MEsanteile der WEsrechte ohne Änderung des zugehörigen SEs verändert wird, sind hierzu entspr. Rechtsänderungs- und Auflassungserklärungen der beteiligten WEer erforderlich (BayObLG, NJW-RR 93, 1043; nach OLG Frankfurt a. M. ZfIR 97, 417, wenn sich der Haftungsgegenstand verändert). Ein **Anspruch** auf Änderung/Anpassung des MEsanteils nach einer Vergrößerung ist nur unter außergewöhnlichen Umständen denkbar, wenn das Festhalten am bisherigen Zustand grob unbillig wirkt (BGHZ 95, 137; OLG Düsseldorf, ZMR 2001, 378; NZM 2004,

Vertragliche Einräumung von Sondereigentum 17, 18 § 3

508). Erforderlich sind auch die Zustimmung der dinglich Berechtigten an den WEsrechten, deren MEsanteil **kleiner** wird und die Pfandunterstellung seitens der WEer (BayObLG, a. a. O.; BayObLGZ 57, 95). Grundlage kann auch eine schuldrechtliche Vereinbarung sein (OLG Karlsruhe, ZMR 2000, 56).

Die Verpflichtung jedes WEers zum Beitrag zu den Finanzierungskosten entsprechend ursprünglicher Vereinbarung und etwaiger Beschlüsse der WEer-Gemeinschaft ist möglich (BayObLG, BReg. 2 Z 125/59 v. 6. 11. 1959; BayObLG, NZM 99, 277). Im Übrigen können im Teilungsvertrag Gegenstände bereits geregelt werden, die ansonsten eines Abschlusses bedürfen (*Palandt/Bassenge*, § 3 WEG Rz. 6; *F. Schmidt*, FS Bub, 221/234; *Wenzel*, FS Bub, 249/261). 17

5. Abgeschlossenheit nach **Abs. 2**. Es handelt sich um eine Sollvorschrift, der lediglich eine **Ordnungsfunktion** zukommt (BGH, NJW 2008, 3982; OLG Köln, NJW-RR 94, 717 = ZMR 94, 230). Damit hindert die **fehlende** Abgeschlossenheit die Entstehung von WE nicht (BGH a. a. O.). SE kann auch an einem Raum entstehen, wenn es an einer **tatsächlichen** Abgrenzung des Raumes gegen fremdes SE fehlt („Luftschranke"; BGH a. a. O.). Deswegen hängt auch die vertragliche **Verpflichtung** eines Beteiligten, die für die Einräumung von SE erforderlichen Erklärungen abzugeben, nicht davon ab, ob zum Zeitpunkt der Abgabe der Willenserklärung die Voraussetzungen der Abgeschlossenheit gegeben sind (BayObLG, NJW-RR 91, 721). Dazu gehört ergänzend die allg. Verwaltungsvorschrift für die Ausstellung von Bescheinigungen gemäß § 7 Abs. 4 Nr. 2 und § 32 Abs. 2 Nr. 2 des WEG (im Anhang I 1). **Abgeschlossen** sind Wohnungen, wenn sie baulich von fremden Wohnungen und Räumen abgeschlossen sind. Die bisherigen zusätzlichen Anforderungen an die Abgeschlossenheit, wonach bei der Aufteilung bereits errichteter Gebäude bezüglich der Anforderungen an Schall-, Wärme- und Brandschutz bei Wohnungstrennwänden und Decken diese den vom Bauordnungsrecht des jeweiligen Bundeslandes aufgestellten DIN-Vorschriften (DIN 4109, 4108 und 4102) entsprechen müssen, wurden durch Beschluss des Gemeinsamen Senates der obersten Gerichtshöfe des Bundes vom 30. Juni 1992 (GmS-OGB 1/91) für unzulässig erklärt (NJW 92, 3290). Für die Frage, ob Wohnungen im Sinne des § 3 abgeschlossen sind, kommt es nunmehr allein darauf an, dass die betreffenden Wohnungen einen **eigenen abschliessbaren Zugang** unmittelbar vom Freien, von einem Treppenhaus oder einem Vorraum haben (vgl. Beschluss des Gemeinsamen Senates der 18

Obersten Gerichtshöfe des Bundes vom 30. Juni 1992 (GmS-OGB 1/91). Zusätzliche Räume außerhalb des Wohnungsabschlusses können dazu gehören (zur Auslegung des Abs. 2 S. 1 s. *Kowalski,* ZMR 91, 457; *Palandt/Bassenge,* § 3 Rz. 7). Eine **Ausnahme** vom Erfordernis der Abgeschlossenheit hat BayObLG für den Fall bejaht, dass durch die Vereinigung zweier einem WEer zustehender WE-rechte (hier Miteigentumsanteil und im Sondereigentum stehende Räume) eine **neue Wohnung entsteht** (BayObLG, WuM 99, 348; NZM 2000, 1232): Diese neu entstehende Wohnung braucht nicht insgesamt abgeschlossen zu sein (a. a. O.).

Wasserversorgung, Ausguss und Toilette müssen innerhalb der Wohnung liegen (s. Allg. VV, Nr. 5 a im Anh. I 1; *Röll,* Rpfleger 83, 380); BayObLG, MittBayNot 84, 184 = MDR 84, 849). Mitbenutzungsmöglichkeit genügt nicht (ebenda). Eine Küche ist unverzichtbar. Eigene Zähler und Messvorrichtungen sind nicht erforderlich. Zum Begriff der Wohnung i. S. der §§ 21 Abs. 2, 21 a Abs. 1 EStG s. BFH v. 7. 12. 82 – VIII R 166/80: Raum oder Zusammenfassung von Räumen, in denen die Führung eines selbstständigen Haushalts möglich ist; dazu gehört eine Küche oder Kochgelegenheit. Letzteres ist auch dann gegeben, wenn lediglich die **Anschlüsse** vorhanden sind (BGH, NJW 81, 1064). Das **GBA** kann die Voraussetzung der Abgeschlossenheit an Hand des Aufteilungsplans prüfen. Es besteht keine Bindung des GBAs an die Bescheinigung durch die Baubehörde (BayObLG, MittBayNot 71, 169 m. Anm. *Reuss* = BayObLGZ 71, 102, 246 = DNotZ 71, 473 = ZMR 71, 378; OLG Düsseldorf, FGPrax 98, 12; a. A. LG Frankfurt a. M.; NJW 71, 760; dazu unten § 7 Rz. 37 ff.). Der Aufteilungsplan muss bei (bestehenden) Gebäuden eine Baubestandszeichnung sein, also den derzeitigen Bauzustand zutreffend wiedergeben (BayVwGH, NZM 99, 260 = WuM 98, 423).

Auch mehrere Zugänge von Treppe oder gemeinschaftlichem Flur sind möglich. Wohnungen und sonstige Räume in bestehenden Gebäuden können auch dann abgeschlossen sein, wenn deren **Trennwände** und **-decken** nicht den landesrechtlichen Anforderungen des Bauordnungsrechts entsprechen (BGH, NJW 93, 592).

19 Wesentlich sind organische Einheit und Zugänglichkeit von gemeinschaftlichen Teilen. Die Verwendung der Räume muss der vereinbarten oder aus den Umständen sich ergebenden Zweckbestimmung des Gesamtgebäudes entsprechen. Daher ist in reinem Wohngebäude kein Gewerbebetrieb zulässig (im Einzelnen s. u. § 13 Rz. 5). Zur Abgeschlossenheitsbescheinigung für **Hotelzimmer** und -appartements s. OVG Lüneburg, BLGBW 84, 127 m. Anm. *Kahlen.* Zutreffend ist die Begründung von SE an einzelnen Hotelzimmern üblichen Zuschnitts anzuerkennen (BayObLG, NZM 2003, 520; OLG Naumburg, NotBZ 2005, 221; a. A.; LG Halle, NZM 2004, 748; dazu allg. *Drasdo,* NJW-Spezial 2008, 193).

Zur **Unterteilung** bestehenden WEs in neue selbstständige Raumeinheiten vgl. § 8 Rz. 16.

Die Baubehörde darf eine von ihr erteilte Abgeschlossenheits- **19a** bescheinigung nachträglich für **kraftlos** erklären, wenn der zugrundeliegende Aufteilungsplan durch **bauliche Veränderungen** des Gebäudes **unrichtig** geworden ist und den Umfang des Sondereigentums sowie des Gemeinschaftseigentums und der zulässigen Nutzung nicht mehr zutreffend darstellt (BVerwG, WuM 96, 574). Die **Aufhebung** der Abgeschlossenheit i. S. des § 3 Abs. 2 durch bauliche Veränderungen stellt wegen der unter Rz. 18 betonten reinen Ordnungsfunktion der Vorschrift den Fortbestand des SE nicht in Frage (BGH, NJW 2008, 2982; OLG Köln, NJW-RR 94, 717; BayObLG, NZM 99, 277). Damit bewirkt die Aufhebung der Abgeschlossenheit keine Unrichtigkeit des Wohnungsgrundbuchs (a. a. O.). Fehlt einer nach dem Aufteilungsplan erstellten EW tatsächlich die Abgeschlossenheit, kann zur nachträglichen Herstellung grundsätzlich nicht eine bauliche Veränderung fremden Sondereigentums beansprucht werden (OLG Düsseldorf, WuM 96, 441).

6. Ehemaliger Abs. 3. Der durch das G. zur Beseitigung von **20** Hemmnissen bei der Privatisierung von Unternehmen und zur Förderung von Investitionen vom 22. 3. 91 (BGBl. I S. 766) eingeführte **Abs. 3** hatte zum Ziel, die Entstehung von Wohnungseigentum in den neuen Bundesländern nicht deswegen scheitern zu lassen, weil die Wohnungen oder sonstigen Räume nicht den Anforderungen eines zeitgemäßen Wärme-, Brand- und Schallschutzes entsprachen. Da er zum 31. 12. 1996 bereits außer Kraft getreten war, wurde er durch das WEG-ÄndG aufgehoben (BT-Drs. 16/3843 S. 44).

III. Einräumungsvertrag

Er soll jedem MEer Alleineigentum an gewissen Räumen nach **21** Maßgabe des § 5 u. § 1 Abs. 2 verschaffen. Es ist eine Verfügung wegen inhaltlicher Änderung des MEs.

1. Form. Zunächst schuldrechtlicher Vertrag. Darauf folgt dingliches Geschäft der Bestellung des WEs selbst und die Eintragung im Grundbuch. Näheres bei § 4.

2. Abschlussmängel. Nichtigkeit bzw. Vernichtbarkeit des **22** schuldrechtlichen Vertrags erfassen das dingliche Geschäft grundsätzlich nicht. Betreffen sie (auch) das dingliche Geschäft, findet keine Rückwirkung ex tunc statt, ähnlich neuerer Auffassung zum Gesellschaftsrecht (so auch *Riebandt/Korfmacher*, GemWoW 51, 386, u. *Diester*, § 3 Anm. 18 a; *Palandt/Bassenge*, § 2 Rz. 2). Betreffen Nichtigkeit bzw. Vernichtbarkeit nur **einen** Beteiligten z. B. bei Anfechtung, kommt es nur zum Ausscheiden des Beteiligten, in dessen Person der Grund eingetreten ist oder gegeben war. Näheres Einleitung Rz. 12. Im Übrigen kommt in diesen Fällen eine Heilung des Begründungsgeschäfts durch gutgläubigen Erwerb in Betracht (BGHZ 109, 179). Dies gilt dann für alle betroffenen WEsrechte, auch im Fall der Zwangsversteigerung.

23 3. **Ausgestaltung der Verträge.** a) **GemO.** Die GemO muss nicht gleichzeitig mit Begründung des WEs vereinbart werden. Fehlt sie, gilt das Gesetz, §§ 10 ff. (BGH, NJW 2002, 2710). Bei geringer Zahl von WEer-Rechten ist eine differenziert ausgestaltete Ordnung nicht unbedingt erforderlich. Im Übrigen ist aber größter Wert auf die Kautelargestaltung zu legen. Dies auch schon bei Teilung „im eigenen Besitz" nach § 8, da die GemO bei Veräußerung für die Erwerber verbindlich ist.

24 b) **Schuldrechtliche Verträge beim Erwerb.** Veräußert der Verkäufer von WE vor Anlegung der Ws-Grundbücher eine Teilfläche des verkauften gemeinschaftlichen Grundstücks an einen Dritten, so sichert die **Auflassungsvormerkung** den Anspruch auf Verschaffung von ME an der veräußerten Fläche (BayObLG, ZMR 77, 82). Wird eine EW während eines laufenden **Umlegungs**verfahrens unter Hinweis auf die noch ungewisse Grundstücksfläche veräußert, liegt eine Anpassung des Vertrags an die zugeteilte Fläche nahe (BGH NZM 2005, 755). Zu den Voraussetzungen einer Vormerkung bei errichtetem Gebäude s. BayObLGZ 88, Nr. 28 = Rpfleger 77, 300. Für den Fall einer erbvertraglichen Verpflichtung des WEers zur Auflassung vgl. BayObLG, Rpfleger 78, 442 = MittBayNot 78, 208. Der Anspruch auf Übereignung wird gem. § 106 InsO durch eine Erfüllungsablehnung des **Insolvenzverwalters** nach §§ 115, 116 InsO auch dann nicht berührt, wenn der zugrunde liegende Vertrag zugleich auf die Erstellung des Bauwerks gerichtet ist (BGH, DNotZ 81, 556: zur KO). Die Käuferin und Besitzerin eines WEs, zu deren Gunsten seit 14 Jahren eine Auflassungsvormerkung eingetragen ist, kann sich gegenüber der WEers-Gemeinschaft nicht darauf berufen, der Kaufvertrag sei unwirksam wegen fehlender Genehmigung der Wohnungsbauförderungsanstalt (OLG Köln, MDR 81, 408).

25 Empfehlenswert ist, Verpflichtungen über Finanzierung und Aufbau aufzunehmen (zur Sicherung der Erwerber von WE hinsichtlich des Kaufpreises s. *Bärmann/Seuß*, Rz. A 447). Auflassungsvormerkung, Zahlung auf Anderkonten, sollten selbstverständlich sein, ebenfalls Vermeidung von Globalbelastungen. Zur **anwaltlichen** Beratungspflicht beim Erwerb einer unfertigen EW s. BGH, NJW 95, 449.

Die **Makler- u. Bauträger-VO** (MaBV) ist ggfs. anzuwenden. Sie sieht besondere Sicherungspflichten für Bauträger vor. Nach § 3 Abs. 1 MaBV darf der Bauträger erst dann Vermögenswerte annehmen, wenn ein formgerechter Vertrag nachgewiesen ist und ein Eigentumsverschaffungsanspruch durch Vormerkung an einem **begründeten** Ws- oder TE gesichert ist (dazu *Wilhelmi,* Betr 92, 1815; im Einzelnen s. Anh. III 5). Zur Rechtsprechung des BGH zum Eigenheimbewerbervertrag vgl. *Mattern,* WM 72, 670. Zur Wirksamkeit von **Freizeichnungsklauseln** s. *Walnitz,* NJW 72, 1397, BGH, NJW 74, 1135; 79, 1406 = BlGBW 80, 69; 71 und *Löwe,* NJW 74, 1108. Allgemein zur Vertragsgestaltung *Knöchlein/ Friedrich,* MittBayNot 71, 129. Zum **Rücktrittsrecht** s. § 18 Rz. 22. Zum Ganzen auch *Brych,* NJW 73, 1587 und *Jagenburg,* NJW 73, 1728 sowie BGH, JZ 73, 735 m. Anm. *Weitnauer.* Zum Umfang der **Bürgenhaftung** nach § 7 MaBV s. BGH, Beck RS 2008, 06944 = NJW-Spezial 2008, 300.

Zur **Rechtsnatur** des Vertrags über ein Kaufeigenheim s. BGH, MDR 73, 665. Vertrag kann **Kauf-** oder **Werk**(lieferungs)**vertrag** sein (BGH, BB 74, 15; BGH NZM 2005, 753). Auch wenn nur noch geringfügige Restarbeiten durchzuführen sind, wendet der BGH (NJW 79, 1406 = BlGBW 80, 69; 71) **Werkvertragsrecht** an mit der Folge fünfjähriger Gewährleistung. Damit unterliegen im Wesentlichen gebrauchte EWen, aus dem Bestand, dem **Kaufrecht.** Dies gilt auch in dem Fall, wenn der Verkäufer die EW ausgebaut hat, jedoch noch nicht bewohnt hatte (OLG Celle, NJW-RR 96, 1416). Ein in dem Vertrag enthaltener Gewährleistungsausschluss ist wirksam (OLG Celle, a. a. O.). Zur Frage des Verfalls einer Anzahlung nach der Vereinbarung im Kaufvertrag siehe BGH, NJW 74, 849.

Kauf-/Werkverträge können der **AGB**-Kontrolle unterliegen. So ist ein in den AGB eines Erwerbsvertrags über eine EW mit Renovierungsverpflichtung des Veräußerers enthaltener Ausschluss des Rücktritts vom Vertrag wegen Mängeln unwirksam (OLG Oldenburg, Beschl. v. 19. 8. 04 − 12 U 64/04). Zur Rechtsnatur sog. **Formularverträge** vgl. insbesondere auch BGH, NJW 74, 1135 = DNotZ 74, 558 und *Ohmen,* DNotZ 75, 344 zur Haftungsfreizeichnung und Aufklärungspflicht des Verkäufers hinsichtlich Dauerbelastung).

Es gelten für die schuldrechtlichen Verträge die Vorschriften des **BGB** Allg. Teil sowie das allg. und das einschlägige besondere

§ 3   26   I. Teil. Wohnungseigentum

Schuldrecht. Wird beim Verkauf einer EW zugesichert, dass sie termingerecht bezugsfertig sei, ist damit i. allg. nicht die Übernahme einer Gewähr verbunden. Somit kein Schadensersatz bei Verzögerung (OLG Hamm, ZGemWoW i. B. 81, 534). Dies gilt auch für die vertragswidrige Verzögerung von Handwerksarbeiten für einen Zeitraum von 12 Tagen (OLG Düsseldorf, MDR 81, 495). Weist die EW tatsächlich eine geringere **Wohnfläche** auf als im Kaufvertrag beurkundet, so ist die **Minderung** linear proportional zum Quadratmeterpreis vorzunehmen (OLG München, NJW-RR 96, 1417). Geringfügige Änderungen der berechneten **Wohnfläche** führen im Falle einer entspr. Vereinbarung nicht zu einer Ermäßigung der Erhöhung des Kaufpreises. Ergibt sich allerdings eine deutliche Abweichung nach unten (statt 102,5 m^2 nur 90,48 m^2) ist die Herabsetzung des Kaufpreises gerechtfertigt und zwar ohne Kürzung um einen „Geringfügigkeitszuschlag" (BGH v. 22. 10. 99 = VZR 398/98, NJW 1999 H. 51, VIII). Wird ein in der Teilungserklärung als **Speicher** ausgewiesener Raum als **Wohnraum** verkauft, haftet dem Kaufobjekt ein **Rechtsmangel** an (BGH, NJW 2004, 364). Erklären die Verkäufer, zur EW gehöre ein Hobbyraum, ist das verkaufte WE mit einem **Rechtsmangel** behaftet, wenn dieser Raum zwar tatsächlich benutzbar ist, daran aber weder SE noch ein SNR besteht (BGH, NJW 97, 1778 = BB 97, 962). Beim Kauf einer EW ist die bestehende **Sozialbindung** ebenfalls ein Rechtsmangel mit der Folge der Nichterfüllung (BGH, DB 2000, 1404). Wer vom Verkäufer mit dem Verkauf der EW beauftragt wurde, diese dann aber selbst kauft, ohne den Verkäufer über das Kaufinteresse eines Dritten, der bereit ist mehr zu zahlen, aufzuklären, und dann an den Dritten höher weiterverkauft, haftet aus Verschulden bei Vertragsschluss **(culpa in contrahendo)** gemäß § 311 Abs. 2 u. 3, der das Verschulden bei Vertragsverhandlungen auf eine gesetzliche Grundlage stellt, wegen Verletzung einer Aufklärungspflicht (OLG Hamm, NJWE-MietR 96, 270). Ebenso haftet der Verkäufer einer EW, wenn er verschweigt, dass die WEergemeinschaft tiefgreifend **zerstritten** ist (OLG Düsseldorf, NJW 97, 1079 = MittRhNotK 97, 29 ebenso für schikanöse Hausnachbarn OLG Frankfurt a. M. 1 U 84/01). Wird eine EW in einer reinen Wohnanlage veräußert, und wird auch TE danach begründet, haftet der Veräußerer dem Erwerber nicht nach Gewährleistungsrecht, sondern nach den Grundsätzen der **positiven Vertragsverletzung** analog § 326 BGB a. F. auf Schadensersatz wegen Nichterfüllung (BGH NZM 2005, 753: Großer Schadensersatz). Dies gilt auch, wenn die Nutzungsänderung in der Teilungserklärung vorbehalten war (BGH a. a. O., zweifelhaft!).

Architektenvertrag, Bauverträge, Bauverpflichtungs-, Treuhand- und Finanzierungsverträge bleiben unberührt. Die regelmäßige **Verjährungsfrist** für Ansprüche aus schuldrechtlichen Verträgen beträgt seit 1. 1. 2002 nach § 195 BGB drei Jahre. Sie beginnt nach § 199 Abs. 1 BGB mit dem **Schluss** des Jahres, in dem der Anspruch entstanden ist. Es kommt **Schadensersatz** bei verspäteter Fertigstellung der EW in Betracht (BGH, NJW 78, 1805 = DWEer 78, 121). Als Folge der Verträge nach § 3 ergeben sich: ein Grundstückserwerbsvertrag in der Form des MEs der künftigen WEer; Begründung des WEs nach § 3; ggf. GemO nach §§ 10 ff.; ggf. Vertrag mit eingeschaltetem Bauträger. Selbstständig daneben die Bauverträge und die Darlehensverträge, ebenso Verwaltervertrag (Dienstvertrag). Zu den Rechtsbeziehungen zwischen Bauträger, Handwerker und Wohnungserwerber s. BGH, NJW 77, 294 und LG Arnsberg, NJW 78, 1588; s. a. *Locher,* Das private Baurecht, 7. Aufl. 2005; u. *Jagenburg,* zur Entw. des priv. Bauvertragsrechts, NJW 2002, 2677 und *Brück/Reichelt,* Die Entwicklung des privaten Bauvertragsrechts seit 2002; VOB/B, NJW 2005, 2273. Zur Haftung des **Architekten,** wenn sich bei einer von zahlreichen gleichen EWen ein Planungsfehler zeigt (s. OLG Düsseldorf, NJW-RR 99, 960; allg. *Schmalzl/Lauer/Wurm,* Haftung des Architekten und Bauunternehmers, 5. Aufl. 2006). Ist ein Vertrag zwischen Unternehmer und dem Wohnungsbauunternehmen als Verwalter von Mietwohnungen zu Stande gekommen, hat der Unternehmer keinen Anspruch gegen die mitbegünstigten WEer (BGH, NJW 2004, 777/LS = NJW-RR 2004, 81).

Bei Bauverträgen über die Errichtung eines Hauses mit Eigentumswohnungen, durch welche die künftigen Wohnungseigentümer die Bauarbeiten im eigenen Namen vergeben, war in der Regel anzunehmen, dass die Wohnungseigentümer nicht als Gesamtschuldner, sondern nur **anteilig verpflichtet** werden (so BGH, NJW 59, 2160 und NJW 79, 2101 = Rpfleger 79, 377 = DB 79, 1887; NJW 2002, 1642; ebenso für Bauherren, vertreten durch den Baubetreuer, BGH, ZMR 80, 340; NJW 2002, 1642). Mit der gesetzlichen Anerkennung zur **Teilrechtsfähigkeit** in § 10 Abs. 6 ist nunmehr **im Allg.** bei dem Abschluss eines Vertrags die Berechtigung und Verpflichtung der **Gemeinschaft** (des **Verbandes**) als solcher anzunehmen (s. schon BGH NJW 2005, 2061). Aus § 10 Abs. 8 folgt zusätzlich zu Lasten der WEer eine Anteilshaftung auch im Außenverhältnis. Anteilige Verpflichtung gilt auch für den Anspruch des Bauhandwerkers für Leistungen auf Einräumung einer **Sicherungshypothek:** also nur in Höhe der für die bestimmte EW erbrachten Leistungen (OLG Frankfurt a. M., NJW 74, 62; *Locher,*

Das private Baurecht, 7. A. 2005, § 8 II). Er umfasst nach § 648 BGB den Anspruch auf Sicherung der gesamten für die erbrachten Leistungen erwachsenen Werklohnforderung (BGH, NJW 2000, 1861). Zur Abgrenzung von Baubetreuer und Bauträger s. BGH v. 20. 11. 80 – VII ZR 289/79: Baubetreuer verpflichtet den Betreuten unmittelbar; der Bauträger wird im eigenen Namen für eigene oder fremde Rechnung tätig (dazu *Bärmann/Seuß*, Rz. A 427, 436 ff.). Zum Umfang der Sicherheit nach § 648 a BGB bei der Vereinbarung der VOB/B s. *Zanner*, BauR 2000, 485). Vgl. die §§ 632 a, 640, 641, 641 a, 648 a und 649 BGB, eingeführt durch das G. zur **Beschleunigung fälliger Zahlungen** i. d. F. des G. zur Modernisierung des Schuldrechts (Anh. III, 7).

29 **4. Wesen der Einräumung.** SE ist Rechtsbeschränkung der anderen MEer. Abstrakter Vertrag, unabhängig vom Kausalgeschäft, § 873 BGB; bindende Wirkung im Sinne von Abs. 2. Bedingungsfeindlich (§ 4 Abs. 2). Kein Vertrag zugunsten Dritter.

Auch Inhaltsänderungen des WEs erfolgen nur nach § 873 BGB zwischen den Beteiligten z. B. bei Einräumung zusätzlichen SEs (OLG Frankfurt a. M., ZflR 97, 417). Bei Auswechselung von Räumen von einem SE in ein anderes (§ 4 zu beachten) ist die Zustimmung der beteiligten WEer erforderlich. Im Fall der Erweiterung des räumlichen Umfangs der SEs-Räume sowie Veränderungen der MEs-Anteile bei unverändert bleibendem SE sind ebenfalls nur die betroffenen WEer an der Änderungsvereinbarung beteiligt (BayObLG, NJW 58, 2116). Dagegen bedarf es bei der Aufhebung eines SEs der Vereinbarung aller WEer (OLG Hamm, NJW-E MietR 96, 61). Zur Übertragung von Sondernutzungsrechten innerhalb der Gemeinschaft s. u. § 15 Rz. 9 ff. und Rz. 15, 21 f. vor § 10.

5. Einräumung durch letztwillige Verfügung. S. dazu § 2 Rz. 2.

30 **6. Buchersitzung.** § 900 BGB anwendbar, wenn WE schon gebildet *Soergel-Stürner*, § 3 Rz. 4. Grundsätzlich ist das allgemeine Eigentumsrecht anwendbar. Auch Erwerb im Aufgebotsverfahren mit Ausschlussurteil nach § 927 BGB ist denkbar.

Aufgabe des WEs bzw. TEs nach § 928 BGB ist nach h. M. nicht möglich (BGHZ 172, 338 = NJW 2007, 2547; BayObLG; NJW 91, 1962; OLG Düsseldorf, ZWE 2001, 36; OLG Celle, NJOZ 2003, 2588; OLG Zweibrücken, ZWE 2002, 603). Dies widerspricht § 928 BGB, denn WE ist **Volleigentum** (s. *Bärmann-Pick*, 9. Aufl., § 3 Rz. 79 f.; wie hier OLG Düsseldorf, NZM 2007, 221 = RNotZ 2007, 102 im Vorlagebeschluss an den BGH). Der BGH

Vertragliche Einräumung von Sondereigentum 31–33 § 3

lässt ggfs. die Aufhebung der WEergemeinschaft unter dem Gesichtspunkt von Treu und Glauben zu (a. a. O.). Die Aufgabe einzelner Räume oder des Anteils am GemE und gemeinschaftlichen Einrichtungen kommt unstreitig nicht in Betracht. Das Gericht bejaht den Verzicht auf einen **MEsanteil** (a. a. O.).

IV. Wirkung

1. Beschränkung des MEs. Die Beschränkung ist nicht Belastung. Auch nicht Veräußerung i. S. d. ehemaligen § 1 WohnGebBefrG (BayObLG, DNotZ 82, 750 = MittBayNot 81, 210). Damit auch keine (erste) Weiterveräußerung (BayObLG, DerWEer 82, 104). 31

2. Rangverhältnisse. Es ergeben sich keine Fragen der Rangordnung zwischen ME und SE. Dingliche Rechte am Grundstück bleiben unverändert an den WEs-Rechten bestehen. 32

3. Anwartschaft. Sofern eine Bestellung im Sinne des § 873 Abs. 2 BGB erfolgt ist, verbunden mit einer Vormerkung zur Sicherung des Erwerbs, besteht bereits eine Bindung und damit antizipierte Wirkungen des Vollrechts, insbes. Entstehung der Gemeinschaft i. S. des WEG, Unauflösbarkeit (§ 11) und Untrennbarkeit (§ 6). 33

Rspr. und Lehre haben sich im Bemühen, den Zeitraum bis zum Erwerb des Vollrechts rechtlich auszufüllen, den Begriff der **„werdenden Gemeinschaft"** geprägt, entsprechend beim späteren Einzeleintritt in eine bestehende Gemeinschaft den des „werdenden Eigentümers" (vgl. *Bärmann*, PIG 22, 219 ff.; BGH, NJW-Spezial 2008, 609 = Beck RS 2008, 14200). Begründen die Beteiligten WE nach Abs. 1 im Wege der Teilungsvereinbarung, kann dieses Zwischenstadium nicht entstehen, da rechtlich mit der gegenseitigen Beschränkung des MEs die Gemeinschaft begründet wird (BayObLG, NJW-RR 92, 597; NZM 2000, 663). Die Frage betrifft die Anwendung der §§ 10–29, insbesondere Stimmrecht und Haftung, die grundsätzlich schon mit Anlegung der WsGrundbücher zu bejahen ist (allg. M.; BGH a. a. O.; OLG Hamm, RNotZ 2007, 207 = NZM 2007, 448 beide zu § 16 Abs. 2), sowie die Anwendbarkeit der §§ 43 ff. (dazu Rz. 8 Vor 43). U. U. folgt daraus auch eine Pflicht zur Mitwirkung bei der Fertigstellung (vgl. § 22 Rz. 49 f.). Entscheidend ist das Maß der rechtlichen und tatsächlichen **Eingliederung.** So genügt die Eintragung im GB als Vormerkungsberechtigter nicht, wenn der werdende Eigentümer vom Kaufvertrag zurückgetreten ist (BayObLG, FGPrax 95, 232; NJW-RR 96, 334 = MDR 96, 95). Nach allg. Ansicht entsteht eine werdende Gemeinschaft erst mit der Eintragung einer **Auflassungsvormer-**

kung im GB und mit der Erlangung des **Besitzes** an der Wohnung bzw. den Räumen von 2 Anwärtern (BGH, NJW 2008, 2639/40; OLG Düsseldorf NZM 2005, 828; OLG München, ZMR 2006, 308). Dem steht eine bindende Auflassung mit dem Eintragungsantrag des Erwerbers gleich (AG Greifswald, NZM 2001, 344). Eine **„Ein-Mann-Gemeinschaft/Gesellschaft"** kann nicht entstehen (BGH v. 5. 6. 2008 – VZB 85/07 = NJW-Spezial 2008, 609; OLG Düsseldorf, ZflR 2006, 331). Im Übrigen gilt das Gesagte entspr. für den werdenden **WEer** (LG Dresden, NZM 2005, 911). Er besitzt aber noch keine Rechte aus eigener Mitgliedschaft neben dem Eigentümer (BGHZ 106, 113). Dazu kommt es auf den Erwerb des Vollrechts an. Das gilt auch für die Rechtsposition eines Erwerbers, falls die übrigen Anwärter durch Eintragung bereits Inhaber des Vollrechts sind (OLG Köln, FGPrax 2006, 60). Deren Gemeinschaft nach WEG berührt die Stellung des noch nicht als Eigentümer eingetragenen Erwerbers nicht (a. a. O.).

34 **4. Angleichung der Gemeinschaft** an eine juristische Person, gleichzeitig Bruchteilsgemeinschaft (§§ 741 ff. BGB, §§ 10 ff.).

35 **5. Gutglaubensschutz.** §§ 892 ff. BGB sind anwendbar auf Einräumung des SEs nach § 3. Es besteht aber Zweifel, ob ein schutzfähiges Verkehrsgeschäft vorliegt, dies ist jedoch zu bejahen.

Guter Glaube an Nichtbestehen von Versammlungsbeschlüssen und richterlichen Entscheidungen, die nach § 10 Abs. 3 dingl. Wirkung erlangen, wird nicht geschützt. Andererseits erstreckt sich der Schutz des guten Glaubens eines Sonderrechtsnachfolgers auch darauf, dass bei dem WE/TE **Vereinbarungen** mit Wirksamkeit gegenüber dem Sonderrechtsnachfolger über den im GB ausgewiesenen Bestand hinaus nicht getroffen sind (OLG Hamm, NJW-RR 93, 1295).

Verkehrsschutz nach § 893 BGB.

36 **6. Kosten und Lasten des SEs.** Der SEer hat die Kosten und Lasten seines SEs zu tragen. Dazu gehören die Unterhaltung, die Steuern und, soweit es selbstständiger Gegenstand öffentlich-rechtlicher Lasten ist, die entspr. öffentlich-rechtlichen Abgaben.

37 **7. Umwandlungsanspruch.** Grundsätzlich bedarf eine Umwandlung von TE in WE (oder umgekehrt) der Einigung aller WEer (BayObLG 97, 512). Sozialpolitisch bedeutsam ist der Beschluss des OLG Bremen (WuM 96, 168), wonach die Miteigentümer **verpflichtet** sind, einer Umwandlung von TE in WE zuzustimmen, damit bei allgemeiner Wohnungsnot Wohnraum dem Mietwohnungsmarkt zur Verfügung gestellt werden kann (vgl. auch AG Bremen und LG Bremen, beide = WuM 96, 168). Diese Ent-

Formvorschriften § 4

scheidung ist rechtlich zumindest **bedenklich,** da einerseits **sozialpolitische** Aufgaben auf Private abgewälzt werden sollen und andererseits § 8 Abs. 1 WEG fehlinterpretiert wurde, da die dort genannte Möglichkeit der Schaffung von WE („... der Eigentümer kann ...") in eine „Mussvorschrift" umgewandelt wird, die aber im **Privatrecht keine Existenzberechtigung** hat (vgl. auch unten, § 10 Rz. 14). Klarstellend ist in diesem Zusammenhang auch ein Beschluss des KG, wonach der genehmigte Einbau von Küche und Bad in ein TE im Dachraum keine Umwandlung des TEs in WE bewirkt (KG, WuM 98, 560).

V. Internationales Privatrecht

Entscheidend ist das Recht der belegenen Sache (Art. 11 Abs. 2 EGBGB). Die Beurkundung findet statt vor deutscher Urkundsperson. Für die Geschäftsfähigkeit gilt das Heimatrecht (Art. 7 EGBGB). Grundpfandrechte und WE richten sich nach Sachstatut. Für die Forderung gilt das Schuldstatut. Im Zweifel Schuldstatut der Forderung, auch gegen Sachstatut gültig (zum WE im Ausland siehe *Pick* in *Bärmann/Pick/Merle,* 6. Aufl., § 3 Rz. 93, 94). 38

VI. Gebühren, Steuern, Wert

Bei der Ermittlung des Verkehrswerts einer zur Vermietung bestimmten EW ist das Gericht nicht auf eine bestimmte Methode festgelegt. Zulässig ist neben der Verkehrswertermittlung nach Vergleichspreisen auch eine Bewertung nach den Erträgnissen (BGH, NJW 2004, 2671). 39

§ 4 Formvorschriften

(1) Zur Einräumung und zur Aufhebung des Sondereigentums ist die Einigung der Beteiligten über den Eintritt der Rechtsänderung und die Eintragung in das Grundbuch erforderlich.

(2) ¹Die Einigung bedarf der für die Auflassung vorgeschriebenen Form. ²Sondereigentum kann nicht unter einer Bedingung oder Zeitbestimmung eingeräumt oder aufgehoben werden.

(3) Für einen Vertrag, durch den sich ein Teil verpflichtet, Sondereigentum einzuräumen, zu erwerben oder aufzuheben gilt § 311 b Abs. 1 des Bürgerlichen Gesetzbuchs entsprechend.

Übersicht

	Rz.
I. Sinn und Zweck der Vorschrift	1
II. Einzelheiten	
1. Anlehnung an § 873 Abs. 1 BGB	1 a
2. Einigung und Eintragung	5
3. Für Auflassung	6
4. Formvorschrift für den schuldrechtlichen Vertrag	9
5. Behördliche Genehmigungen für Grundstücksverfügungen	14
6. Vormundschaftsgerichtliche Genehmigung	15
7. Zustimmung dinglich Berechtigter	15
8. Eintragung	15
9. Aufhebung des SEs	16
10. Auflassungsverordnungen	18
11. Beendigungs- und Befristungsfeindlichkeit	19
12. Bindung an die Erklärungen	19
13. WohnungserbbR endet mit ErbbR	19
14. Vormerkung des Anspruches auf Einräumung von SE	20
15. Kosten eines Erwerbsgeschäfts	21

I. Sinn und Zweck der Vorschrift

1 Die Vorschrift stellt an die Einräumung und Aufhebung von Sondereigentum besondere Formvoraussetzungen, unter denen die dingliche Rechtsänderung möglich ist (vgl. die Begründung zu dem RegierungsE des WEG: BR-Drucks. 75/51; *Bärmann*, Anh. I). Es wurde beabsichtigt, für diese Rechtsänderung die für eine Eigentumsübertragung an Grundstücken geltenden Vorschriften für anwendbar zu erklären (a. a. O.).

II. Einzelheiten

1a **1. Anlehnung an § 873 Abs. 1 BGB.** Einigung der Beteiligten und Eintragung **(Abs. 1)**. Einigung ist rechtstechnisch als **Auflassung** erklärt **(Abs. 2)**. Gleichzeitige Anwesenheit beider Teile vor der zuständigen Stelle (§ 925 BGB) ist erforderlich.

2 § 4 betrifft nur den Fall, dass ME bereits besteht und nur dieses ME mit SE verbunden werden soll. Für die Errichtung von ME gilt allgemeines Recht.

Für Einräumung und Aufhebung des SEs wird nicht einfach auf §§ 873, 925 BGB verwiesen, § 4 gibt vielmehr den wesentlichen Inhalt der Vorschriften in Anpassung an die besondere Lage wieder.

Formvorschriften 3–5 § 4

Abs. 2 Satz 1 verweist auf Auflassungsform (§ 925). Nur auf die 3
Form ist verwiesen. Daraus entsteht die Frage, ob nur sogenanntes
formelles Konsensprinzip oder materielles Konsensprinzip für das
Grundbuchamt gilt. Der Verweis auf die Form für Auflassung umfasst auch formelles Grundbuchrecht.

Die **Auflassungsform** gilt nur für Einräumung und Aufhebung, 4
nicht für Inhaltsänderung des SEs, wohl aber bei Aufteilung von
gemeinschaftlichen Teilen zu SE oder umgekehrt bzw. zu abgesondertem GemE. Zur Identität eines WEs s. BayObLG, MittBayNot 84, 183. Nach Aufhebung **aller** SEsrechte entsteht eine MEergemeinschaft nach §§ 741 ff., 1008 BGB. Bei Aufhebung **eines** SEs, das der Vereinbarung aller WEer ebenfalls bedarf, soll nach h. M. ein **isolierter MEsanteil** entstehen (s. § 3 Rz. 3). Das SE wird jedenfalls zum GemE. Dieser Akt stellt keinen Verzicht dar, sondern ist gemeinschaftliches Rechtsgeschäft i. F. eines Aufhebungsvertrags (OLG Hamm, NJW-E MietR 96, 61). Zur Aufhebung ist die Zustimmung der am WE dinglich Berechtigten notwendig (BayObLG ZMR 98, 299). Anders bei bestehender Gesamtbelastung (OLG Frankfurt a. M., ZMR 90, 229). Auflassungsform erfordert auch die **Umwandlung** von GemE in SE, wobei die Eintragung ins GB dazukommen muss (BayObLG, WuM 94, 97; WuM 97, 512; OLG Saarbrücken NZM 2005, 423), z. B. im Falle der **Umwandlung** einer im GemE stehenden Hausmeisterwohnung in SE (OLG Düsseldorf, WuM 96, 236). Hierbei müssen alle WEer mitwirken, sogar dann, wenn einem WEer an den gemeinschaftlichen Räumen (bereits) ein **Sondernutzungsrecht** zusteht (BayObLG, ZMR 93, 423; OLG Saarbrücken NZM 2005, 423). Nur ausnahmsweise kann sich aus § 242 BGB (Treu und Glauben) ein Anspruch auf Umwandlung in GemE ergeben (OLG Saarbrücken a. a. O.). Die Zustimmung (Bewilligung) der an den einzelnen WEsrechten **dinglich Berechtigten** zur Umwandlung von GemE in SE ist grundsätzlich erforderlich. Eine Ausnahme kann in dem Fall bestehen, dass die Zulässigkeit der Änderung bereits bei Bildung des WEs in der Teilungserklärung festgelegt wurde (LG Augsburg, NZM 99, 872). Vereinbarungen, durch die **ein** WEer ermächtigt wird, Gemeinschafts- in SE umzuwandeln, oder nach denen die vorweggenommene Zustimmung dazu erteilt ist, können allerdings nicht als Inhalt des SEs vereinbart werden (BGH NJW 2003, 2165 = NZM 2003, 480; BayObLG NJW 2005, 444).

2. Einigung und Eintragung. Letztere ist auch wirksam, wenn 5
die Einigung erst nachfolgt. Einzelnes WE entsteht erst, wenn sämtliche WEs-Rechte bestellt und eingetragen sind. Die Eintragung ist

jedoch nur geschlossen möglich. Sonst liegt ein Fall des Amtswiderspruchs nach § 53 Abs. 1 Satz 1 GBO vor. Es ist aber gutgläubiger Erwerb am einzelnen eingetragenen WE möglich.

6   **3. Für Auflassung.** Es gelten §§ 925, 925 a BGB; nach a. A. soll § 925 a BGB, eine reine Ordnungsvorschrift, nicht anwendbar sein (*Palandt/Bassenge,* § 4 Rz. 2). Zuständig ist nach Inkrafttreten des Beurkundungsgesetzes v. 28. 8. 69 (BGBl. I S. 1513) grundsätzlich nur der Notar, das Gericht bei gerichtlichen Vergleichen sowie rechtskräftig bestätigtem Insolvenzplan.

Rechtfertigung der Auflassungsform: Wichtigkeit der Aufklärung und der kautelaren Formulierung. Sie ist zwingend (BayObLG, ZMR 98, 299).

Nur von Einräumung oder Aufhebung des SEs wird in Abs. 1 gesprochen, (s. oben Rz. 4) nicht von Inhaltsänderung. Nachträgliche Inhaltsänderung des SEs (i. S. des § 10 Abs. 2) bedürfte danach nicht der Auflassungsform, es sei denn, dass SEs-Räume verschoben oder MEs-Anteile geändert werden. § 29 GBO ist allerdings zu beachten.

Für Prozessvergleich nach § 925 Abs. 1 S. 3 BGB s. § 159 ZPO. Mit einer Zwischenverfügung darf nicht aufgegeben werden, eine Auflassung nachzuholen (BayObLG, DerWEer 85, 126/LS).

7   Teilt sich eine BGB-Gesellschaft, der mehrere WEs-Rechte gehören, in personengleiche Gesellschaften in der Weise auf, dass jeder neuen Gesellschaft ein WE zugewiesen wird, so bedarf es der Auflassung; für eine GB-Berichtigung ist kein Raum (BayObLG, BW-NotZ 81, 63). Zur Formbedürftigkeit einer Auflassungsvollmacht (Generalvollmacht), in der die Auflassung erklärende Erwerber von den Beschränkungen des § 181 BGB befreit ist, s. BayObLG, DNotZ 81, 567.

8   Schließt der **Bevollmächtigte** für den Vollmachtgeber einen Vertrag auf Erwerb von WE, kann die Berücksichtigung aller Auslegungsumstände zum Ergebnis führen, dass unterschiedliche Bruchteilsangaben zum ME in der Vollmacht und im Erwerbsvertrag die Gültigkeit des Rechtsgeschäfts und die grundbuchrechtlich erforderliche Form nicht in Zweifel ziehen (OLG Köln, Rpfleger 81, 440 = MittRhNotK 81, 186).

9   **4. Formvorschrift für den schuldrechtlichen Vertrag.** § 4 **Abs. 3** verweist auf § 311 b BGB. Der ganze Vertrag muss formgerecht sein, Antrag, Annahme und alle Einzelbestimmungen. Er bezieht sich auf alle nach dem Willen der Parteien zum WE gehörende Räume und Rechte (BayObLG, WE 97, 113). Beim Auseinanderfallen von Auflassung und Eintragung entsteht kein WE

Formvorschriften 10, 11 § 4

(ebenda). § 139 BGB ist auf den Fall nicht anwendbar, wenn ein dazugehöriger Kellerraum verwechselt wurde. Die Eintragung ist nicht teilbar. Nach LG München, WM 60, 954 gilt das Formerfordernis auch für einen Vertrag, durch den sich ein Bauunternehmer verpflichtet, Grundstücke für eigene Rechnung zu kaufen und das bebaute Grundstück Bewerbern in Form von WE zu überlassen. Es gilt auch für alle Formen von **Vorverträgen** (Anwartschaftsverträgen: OLG Hamm, DNotZ 71, 363), die eine **Verpflichtung** zur Eigentumsverschaffung beinhalten (BGHZ 12, 303; BGH, WM 71, 1202; MittBayNot 71, 309; NJW 72, 1189). Zur Formbedürftigkeit eines Vertrags, durch den ein Grundstückskaufvertrag aufgehoben werden soll s. BGH, NJW 82, 1639, zur Beurkundungspflicht eines „Bauwerkvertrags" über ein Fertighaus vgl. OLG Hamm, MDR 81, 931. Dagegen besteht keine Formbedürftigkeit eines Vertrags, wenn jemand einer KG beitritt, deren Zweck es ist, ihren Gesellschaftern WE zu verschaffen (BGH, NJW 78, 2504 = DNotZ 78, 422). Nur ausnahmsweise ist die **Berufung** auf einen **Formmangel** rechtsmissbräuchlich (BGH, NJW 79, 2157; BauR 81, 282). Auch die **Teilungserklärung** unterliegt, wenn sie die im Vertrag selbst geregelten Pflichten erweitert und zudem über die gesetzlich vorgeschriebene Ausgestaltung der Rechtsbeziehungen der WEer hinausgeht, der für das Veräußerungsgeschäft geltenden **Beurkundungspflicht** (BGH, ZMR 80, 313 = NJW 79, 1498; DNotZ 84, 208).

Wird beim Kauf eines erst noch **zu bildenden** WEs die Erstellung 10 der Teilungserklärung mit wesentlichen Regelungspunkten dem **Ermessen** des Veräußerers nach § 315 BGB überlassen, so genügt der Kaufvertrag nicht den Anforderungen des § 311 b BGB (OLG Düsseldorf, DNotZ 81, 743). Die in einem notariellen Kaufvertrag dem Verkäufer erteilte „gegenüber dem GBA uneingeschränkte **Vollmacht** zur Änderung der Teilungserklärung" betrifft nur das (Innen)verhältnis der Erwerber zum Verkäufer; sie macht die Bewilligung der dinglich Berechtigten nicht entbehrlich (BayObLG, DNotZ 96, 297). Dagegen ist die Zustimmung der eingetragenen Erwerber bzw. Auflassungsberechtigten nicht erforderlich (BayObLG, a. a. O.).

Zur **Beurkundung:** § 128 BGB, § 167 FGG. Zur **Belehrungs-** 11 **pflicht** des Notars gegenüber dem Käufer einer EW s. OLG Düsseldorf, MDR 77, 588, vor allem BGH, NJW 93, 2741, gegenüber Käufern eines Grundstücks mit steckengebliebenem Bauvorhaben OLG Düsseldorf, VersR 80, 1049; zur Belehrung in steuerlicher und wirtschaftlicher Hinsicht *Kapp,* BB 80, 1815 und OLG Düsseldorf, DNotZ 81, 138. Der Notar muss auf den billigeren Weg bei verschiedenen Gestaltungsmöglichkeiten, die mit der gleichen Sicherheit und Zweckmäßigkeit verbunden sind, hinweisen (OLG Saarbrücken, DNotZ 82, 451 m. Anm. *Appell*). Über Inhalt und Grenzen der Pflicht des Notars zur **Beratung** und Belehrung über wirtschaftliche Gefahren s. OLG Düsseldorf, VersR 81, 83. Beurkundet der Notar nur ein **Angebot** zum Abschluss eines Grundstückskaufvertrags, so ist er grundsätzlich nicht verpflichtet, den Adressaten des Angebots über Risiken der Vertragsgestaltung zu belehren. Diese Pflicht obliegt dem die **Annahme** beurkundenden Notar (BGH, DNotZ 81, 773 = MittBayNot 81, 204).

12 Aufgrund der Novellierung durch das „Gesetz zur Änderung des Bürgerlichen Gesetzbuches und anderer Gesetze" vom 30. Mai 1973 (BGBl. I S. 501) wurde auch die **Verpflichtung zum Erwerb** von SE der Form des § 311 b BGB unterstellt. Damit wurde die vielfach erörterte Frage der Formbedürftigkeit von Erwerbsverpflichtungen durch den Gesetzgeber positiv entschieden worden (zum damaligen Meinungsstreit s. *Pick* in *Bärmann/Pick/Merle*, 2. Aufl., § 4 Rz. 13; zur Auslegung, wann ein Vor(vertrag) zustande gekommen ist, s. BGH, JR 73, 197 = BB 73, 308 = NJW 73, 517 = MDR 73, 394).

13 Durch das G. zur Änderung und Ergänzung beurkundungsrechtlicher Vorschriften v. 20. 2. 80 (BGBl. I S. 157) wurden **rückwirkend** Verstöße gegen die §§ 9 Abs. 1 S. 2, 13 BeurkG geheilt (zur Verfassungsmäßigkeit BGH v. 19. 9. 80, MittBayNot 81, 38 und BayObLG, Rpfleger 81, 95 = NJW 81, 228 = MittBayNot 81, 40). Bei bereits vollzogener Eintragung im GB genügt regelmäßig ein **Hinweis** (z. B. bez. der Teilungserklärung bzw. GemO; vgl. *Röll*, MittBayNot 80, 1). Mitbeurkundung ist allerdings zu empfehlen! Erklären Beteiligte, sie wollten eine im Aufteilungsplan mit einer bestimmten Nummer bezeichnete EW mit dem dort angegebenen MEs-anteil kaufen, braucht der Notar regelmäßig nicht die **Wohnungsgröße** zu ermitteln (BGH, NZM 99, 669). Zu Einzelheiten weiter *Lichtenberger*, NJW 80, 864; *Winkler*, Rpfleger 80, 169 und *Röll*, MittBayNot 80, 1. Zur Niederschrift i. S. von § 1 Abs. 1 Satz 2 BeurkG vgl. BGH, MittBayNot 81, 38. Zum Problem zusammengesetzter Verträge (Kaufvertrag u. Bauwerksvertrag) und ihrer Aufspaltung s. OLG Hamm, MittRhNotK 81, 105. Bauherrenvollmacht und der dieser zugrundeliegende Treuhandvertrag bilden eine Einheit, die insgesamt nach § 311 b BGB beurkundungspflichtig ist (LG Aachen, MittRhNotK 81, 242).

Für den Fall, dass der Käufer in einen Grundstückskaufvertrag oder beim Kauf von WE eine **Verbindlichkeit des Verkäufers** aus einem anderen Schuldverhältnis übernimmt, hat der BGH festgestellt, dass diese Verpflichtung nicht mitbeurkundet werden muss (BGH, NJW 94, 1347).

Formvorschriften 14–19 § 4

5. Behördliche Genehmigungen für Grundstücksverfü- 14
gungen. Einräumung des WEs ist **nicht** Verfügungshandlung in
diesem Sinne. Auch die Regeln über gesetzliche Vorkaufsrechte sind
hier nicht anwendbar (s. o. § 1 Rz. 22).
Keine Grunderwerbsteuerpflicht für Einräumung, außer etwa bei
Änderung der MEs-Anteile. Keine Unbedenklichkeitsbescheinigung des Finanzamts.

6. Vormundschaftsgerichtliche Genehmigung. Sie ist immer 15
notwendig bei Verfügungsgeschäften des Minderjährigen/Betreuten
usw. Juristisch erscheint deren Notwendigkeit bei Schenkung an
diesen Personenkreis zweifelhaft. Da aber Benachteiligungen eines
MEers denkbar sind, muss aus wirtschaftlichen Erwägungen die Genehmigungspflichtigkeit angenommen werden (s. a. o. § 1 Rz. 14).

7. Zustimmung dinglich Berechtigter. Siehe § 1 Rz. 21, § 3
Rz. 14.

8. Eintragung. Siehe § 7.

9. Für Aufhebung des SEs gilt gleiches wie für Einräumung. 16
Zunächst tritt gewöhnliches ME nach §§ 741, 1008 BGB ein. Zur
Aufhebung ist die Zustimmung sämtlicher WEer in der Form des
§ 4 erforderlich (§§ 873, 925, 925 a BGB sind zu beachten).

Auch eine Aufhebung des Charakters gemeinschaftlichen Eigen- 17
tums und Überführung in SE wie umgekehrt bedürfen der Form
des § 4. Ebenso Änderung der MEs-Anteile. Gegebenenfalls ist eine
entspr. Änderung der Wertbestimmungen, insbesondere für Lasten-
und Kostentragung notwendig, wie auch der daraus sich ergebenden
Stimmrechte. Zur Änderung v. MEs-Anteilen vgl. BayObLG
(NJW 58, 2116; DerWEer 83, 94: keine Anwendbarkeit des § 20
GBO, sondern des § 19 GBO; *Henke,* NJW 58, 897).

10. Auflassungsverordnungen, nun § 925a BGB, gleichfalls 18
zu beachten, damit auch § 311b BGB (str., a. A. *Pritsch,* § 4
Anm. 6a m. w. Nachweisen; *Palandt/Bassenge,* § 4 Rz. 1, 2 und
Weitnauer/Briesemeister § 4 Rdnr. 5: nur Eintragungsbewilligung).

11. Beendigungs- und Befristungsfeindlichkeit (Abs. 2 19
S. 2). Die Einräumung bzw. Aufhebung von SE kann entsprechend
§ 925 Abs. 2 BGB nicht unter einer Bedingung oder Befristung
erfolgen (BayOblLG, Rpfleger 80, 110). Eine Ausnahme besteht für
sogenannte Rechtsbedingungen (*Palandt/Bassenge,* Einf. Rz. 20 vor
§ 925).

12. Bindung an die Erklärungen gemäß § 873 Abs. 2 BGB.

13. WohnungserbbR endet mit ErbbR, nicht bei Heimfall.

§ 5 I. Teil. Wohnungseigentum

20 **14. Vormerkung des Anspruches** auf Einräumung von SE nach § 883 BGB an Grundstück ist möglich. Zu den Voraussetzungen gehören mindestens Lage- und Aufteilungsplan (OLG Stuttgart, MittBayNot 71, 245 = BWNotZ 71, 25 und BayObLG MDR 74, 669 = DNotZ 75, 36). Insgesamt muss sich daraus die **Bestimmtheit** des WEs ergeben. Dazu auch OLG Frankfurt a. M:, DNotZ 72, 180: Grundstück braucht noch nicht geteilt zu sein (BayObLGZ 77, Nr. 28 = Rpfleger 77, 300; OLG Düsseldorf, ZMR 81, 248). Auch die Voraussetzungen der Abgeschlossenheit müssen z. Zt. der **Abgabe** der Willenserklärungen noch nicht vorliegen (BayObLG, NJW-RR 91, 721). Zur Frage der Gestaltung von Erwerbsverträgen, mit denen ein MEer SE an noch zu bildenden Dachgeschosswohnungen erwerben will, vgl. BGH, NZM 2000, 279. Zu den Anforderungen an die Bezeichnung der berechtigten WEer siehe BayObLG, MittBayNot 75, 93; ZMR 77, 340. Ein Anspruch auf Auflassung einer **Teilfläche** des Grundstücks ist an einem einzelnen Wsgrundbuch nicht vormerkungsfähig (BayObLG, MDR 74, 699 = DNotZ 75, 36). Auch der Miteigentumsanteil muss beim Erwerb von WE **beziffert** werden, um vormerkungsfähig zu sein (LG Hannover, Rpfleger 75, 284 m. krit. Anmerkung von *Schmedes; Meyer-Stolte,* Rpfleger 77, 121 und LG Hamburg, Rpfleger 82, 272). Dem Bestimmtheitsgrundsatz kann u. U. auch die Bezeichnung einer noch nicht vermessenen Teilfläche genügen. Für die Frage, ob ein Grundstückskaufvertrag wirksam abgeschlossen ist, kommt es auf die subjektive Einigung zwischen Verkäufer und Käufer und deren ausreichende Aufnahme in den Kaufvertrag an (*Kanzleiter,* NJW 2000, 1919 = krit. Bespr. von BGH, NJW-RR 99, 1030). S. auch oben § 3 Rz. 24 zur Wirkung der Vormerkung bei Veräußerung einer Teilfläche vor Anlegung der Ws-Grundbücher.

21 **15. Kosten** eines Erwerbsgeschäfts richten sich nach § 21 Abs. 2 KostO. Das gilt auch für die Aufhebung oder Löschung von SE. Verpflichtung zur Beschaffung eines Grundstücks zur Begründung von WE ist dagegen vorausgehendes Erwerbsgeschäft i. S. von § 44 KostO (OLG Hamm, MittBayNot 70, 121).

§ 5 Gegenstand und Inhalt des Sondereigentums

(1) Gegenstand des Sondereigentums sind die gemäß § 3 Abs. 1 bestimmten Räume sowie die zu diesen Räumen gehörenden Bestandteile des Gebäudes, die verändert, beseitigt oder eingefügt werden können, ohne daß dadurch das

gemeinschaftliche Eigentum oder ein auf Sondereigentum beruhendes Recht eines anderen Wohnungseigentümers über das nach § 14 zulässige Maß hinaus beeinträchtigt oder die äußere Gestaltung des Gebäudes verändert wird.

(2) Teile des Gebäudes, die für dessen Bestand oder Sicherheit erforderlich sind, sowie Anlagen und Einrichtungen, die dem gemeinschaftlichen Gebrauch der Wohnungseigentümer dienen, sind nicht Gegenstand des Sondereigentums, selbst wenn sie sich im Bereich der im Sondereigentum stehenden Räume befinden.

(3) Die Wohnungseigentümer können vereinbaren, daß Bestandteile des Gebäudes, die Gegenstand des Sondereigentums sein können, zum gemeinschaftlichen Eigentum gehören.

(4) [1] Vereinbarungen über das Verhältnis der Wohnungseigentümer untereinander können nach den Vorschriften des 2. und 3. Abschnittes zum Inhalt des Sondereigentums gemacht werden. [2] Ist das Wohnungseigentum mit der Hypothek, Grund- oder Rentenschuld oder der Reallast eines Dritten belastet, so ist dessen nach anderen Rechtsvorschriften notwendige Zustimmung zu der Vereinbarung nur erforderlich, wenn ein Sondernutzungsrecht begründet oder ein mit dem Wohnungseigentum verbundenes Sondernutzungsrecht aufgehoben, geändert oder übertragen wird. [3] Bei der Begründung eines Sondernutzungsrechts ist die Zustimmung des Dritten nicht erforderlich, wenn durch die Vereinbarung gleichzeitig das zu seinen Gunsten belastete Wohnungseigentum mit einem Sondernutzungsrecht verbunden wird.

Übersicht

	Rz.
I. Sinn und Zweck der Vorschrift	1
II. Gegenstand	
1. Widerlegbare Vermutung für gemeinschaftliches Eigentum	1a
2. Vereinbarungen über Gegenstände des SEs	7
3. Gegenstände des SEs	8
4. Ausgeschlossen als Gegenstand des SEs	15
5. Gegenstand des gemeinschaftlichen Eigentums	20
6. Abgesondertes ME	25
III. Inhalt des SEs	
1. Vereinbarungen (Abs. 4 S. 1)	26
2. Typischer Inhalt	27
3. Inhalt des SEs, nicht des WEs	29
4. Mitgliedschaftsrechte aller Art verdinglicht	30

	Rz.
5. Zustimmung von Grundpfandrechts- und Real-lastgläubigern....................................	31
a) Neue Sätze 2 und 3...........................	31
b) Satz 2...	32
c) Satz 3...	33

I. Sinn und Zweck der Vorschrift

1 Die Regelung enthält in Abs. 1 und 2 die Vorschriften über den Gegenstand des Sondereigentums; in Abs. 1 wird dieser positiv und in Abs. 2 negativ umschrieben (vgl. die Begründung zu dem Regierungsentwurf des WEG: BR-Drucks. 75/51). Abs. 3 eröffnet ausdrücklich die Befugnis, Bestandteile des Gebäudes, die sondereigentumsfähig sind, GemE werden. Hinsichtlich des Inhalts des Sondereigentums enthält Abs. 4 einen Hinweis darauf, dass § 10 Abs. 2 die Möglichkeit vorsieht, wonach die Wohnungseigentümer Vereinbarungen über ihr Verhältnis untereinander zum Inhalt des Sondereigentums machen können. Der Regierungsentwurf 1951 verwies noch auf § 13, der die Rechte der WEer näher umschreibt (vgl. BR-Drucks. 75/51; *Bärmann*, Anh. I). Die Sätze 2 und 3 in Abs. 4 wurden durch das WEG-ReformG 2007 angefügt (s. Hinweis im Anh. I, 3).

II. Gegenstand

1a **1. Widerlegbare Vermutung für gemeinschaftliches Eigentum.** Nach nichtamtlicher Begründung sind an Bestandteilen des Gebäudes zu unterscheiden (vgl. *Bärmann*, Anh. I):

– Bestandteile, die verändert, beseitigt oder eingefügt werden können, ohne dass dadurch das gemeinschaftliche Eigentum oder ein auf SE beruhendes Recht eines anderen WEers über das nach § 14 zulässige Maß hinaus beeinträchtigt oder die äußere Gestaltung des Gebäudes verändert wird **(Abs. 1)**.

– Teile des Gebäudes, die für dessen Bestand oder Sicherheit erforderlich sind **(Abs. 2)**.

– Alle jene Teile des Gebäudes, die entweder nicht zu den in SE stehenden Räumen gehören oder bei denen aus anderen Gründen die Voraussetzungen des Abs. 1 nicht gegeben sind.

2 Bestandteile der unten in 3 b) und c) bezeichneten Art stehen im gemeinschaftlichen Eigentum, auch dann, wenn sie die in SE stehenden Räume umschließen.

Gegenstand und Inhalt des Sondereigentums 3–6 § 5

Daneben ist ein **abgesondertes ME** denkbar, z. B. an nicht tragenden Trennwänden zwischen zwei Wohnungen. Soweit dabei der Sinn des Abs. 2 nicht verletzt wird, könnten auch bauliche Veränderungen von den beiden Anliegern gemeinschaftlich an solchen nicht tragenden Zwischenwänden vorgenommen werden. Die Frage ist sehr streitig. Sie wird von der Rspr. bejaht für nichttragende Wände zwischen zwei zu verschiedenen SEsrechten gehörenden Räumen (BGH, NJW 2001, 1212 gegen BGHZ 130, 159; *Weitnauer/Briesemeister,* § 3 Rz. 34; § 5 Rz. 36 f.; a. A. *Palandt/Bassenge,* § 5 Rz. 5 u. OLG Düsseldorf, Rpfleger 75, 308). Dann kann auch eine darin verlegte Abwasserleitung SE sein (OLG Zweibrücken, NJW-RR 87, 332). Darauf ist § 922 anwendbar (OLG München, NJW 2006, 297; a. A. *Palandt/Bassenge,* § 3 Rz. 5). An einem **Treppenhaus,** das lediglich der Benutzung der in den Obergeschossen befindlichen Räumen dienen soll, kann **nicht** Mit-SE der WEer, denen das SE an diesen Räumen zusteht, begründet werden (BayObLG, MittBayNot 82, 26 = BayObLGZ 81, 407 = DNotZ 82, 246; *Weitnauer/Briesemeister,* § 5 Rz. 37). 3

Grundsätzlich spricht eine **gesetzliche Vermutung** für gemeinschaftliches Eigentum (so auch BGHZ 130, 159; BayObLG, NJW 74, 152; Rpfleger 80, 435; MDR 82, 148); auf der anderen Seite besteht Dispositionsfreiheit über Bestimmung der Gegenstände des SEs wie des gemeinschaftlichen Eigentums, eingeschränkt lediglich durch § 5 Abs. 2, der zwingend ist (BayObLG, DerWEer 81, 27; OLG Bremen, DerWEer 87, 59). 4

Der Vermutung des gemeinschaftlichen Eigentums erstreckt sich nur auf jene Teile, die bestimmt sind zum gemeinschaftlichen Gebrauch oder dazu dienen. Fehlt eine solche Bestimmung, so fehlt es an der Vermutung. Mit Bejahung der Rechts- und Grundbuchfähigkeit der Gemeinschaft (BGH NJW 2005, 2061; dazu *Wenzel,* ZWE 2006, 7) kann ein SE als der Gemeinschaft gehörig bezeichnet werden (s. § 10 Rz. 1). Damit erstarkt die Vermutung zur eindeutigen Bezeichnung. 5

Auch den gemeinschaftlichen Teilen können Bestandteile anwachsen.

Die Vermutung des § 742 BGB (gleiche Anteile) scheidet aus.

Wichtig ist eine klare, Zweifel ausschließende **Abgrenzung** des SEs vom gemeinschaftlichen Eigentum, vor allem durch GemO und Aufteilungsplan (OLG Frankfurt a. M., Rpfleger 80, 391; BayObLG, Rpfleger 80, 435). D. h. wie sich aus der Eintragung im Ws/TEs-GB und den dort zulässigerweise in Bezug genommenen Unterlagen (Teilungserklärung/Aufteilungsplan) ergibt (BayObLG, Rpfleger 82, 21). Allein die Grundbucheintragung in Verbindung mit den zulässi- 6 gerweise in Bezug genommenen Eintragungsunterlagen ist maßgebend. An eine abweichende Rechtsauffassung der Beteiligten zur Abgrenzung von SE und GemE sind die Gerichte nicht gebunden (BayObLG, NJW-RR 91, 1356). **Widerspricht** der schriftliche Teil der Begründung von SE hinsichtlich der Zuordnung einzelner Räume zum S- oder GemE dem späteren Aufteilungsplan, so entsteht bei Bezugnahme auf beide im GB an diesen Räumen kein Sonder-, sondern **GemE** (OLG Karlsruhe, NJW-RR 93, 1294). Dasselbe gilt, wenn SE an einem nicht SEsfähigen Gegenstand begründet werden soll (BGH, NJW 95, 2851), etwa wenn das SE nicht hinreichend bestimmt bezeichnet ist (OLG Frankfurt, ZfIR 97, 417). Ggfs. kommt eine **Umdeutung** in die Begründung eines **SNRs** in Betracht (OLG Köln, RhNotK 96, 61; KG, NZM 99, 258). Sehr zweifelhaft ist, ob daneben auch von einer Abbedingung der §§ 16 Abs. 2, 21 Abs. 5 Nr. 2 ausgegangen werden kann (dafür wohl OLG München, NZM 2005, 825; ablehnend BayObLG, NZM 2004, 106). Es besteht kein Vorrang eines der sich widersprechenden Erklärungsinhalte (BGH, NJW 95, 2851 = MittBayNot 95, 379).

7 **2. Vereinbarungen über Gegenstände des SEs.** Sie sind formbedürftig gemäß § 4.

Auch ganze **Wohnungen** oder sonstige Räume, ebenso Nebenräume und Nebenanlagen, z. B. Garagen, Keller, Boden- und Speicherräume, können zu gemeinschaftlichem Eigentum erklärt werden. Ebenfalls nicht tragende Zwischenmauern zwischen zwei Appartements. Eine Grenze besteht nur nach Abs. 1 für die notwendigen Gegenstände des gemeinschaftlichen Eigentums. Für die **Umwandlung** von WE (hier eine im Keller befindliche Hausmeisterwohnung) in GemE (hier: Fahrradkeller) reicht ein Mehrheitsbeschluss dann nicht aus, wenn mit der neuen Nutzung ein höherer Belastungsgrad verbunden ist (hier bejahend OLG Düsseldorf, WuM 97, 452). Ebenso bedarf die nachträgliche **Umwandlung** von GemE in SE der Zustimmung aller WEer (BayObLG, NJW 74, 152).

8 **3. Gegenstände des SEs.** Grundsatz des § 93 BGB ist durchbrochen (so Wortlaut des § 3 u. h. M.; a. A. *Börner*, Festschrift für Dölle I, 201 ff.).

a) Charakterisierung als wesentliche Bestandteile des Gebäudes. Wenn es sich nicht um wesentliche Bestandteile im Sinn der §§ 93, 94 BGB handelt, folgt noch keine Anwendung des § 5, da sie sonderrechtsfähig sind.

Abs. 1 stellt für die Gegenstände des SEs ab auf die Vereinbarung gemäß § 3 Abs. 1 und die zugehörigen Bestandteile dieser Räume. Alleine von der **Zugänglichkeit** her (Dachboden von einem SE) kann noch nicht auf SE geschlossen werden (Celle OLGR 2005, 706). Allerdings kann sich aus der tatsächlichen Lage ein ausschließliches **Nutzungsrecht** des SEs-Berechtigten ergeben (BayObLG, ZWE 2004, 93). Begnügt sich die Teilungserklärung mit einer eher **pauschalen** Charakterisierung als SE, sind nicht die Teile erfasst, die zwingend GemE darstellen (BayObLG, NZM 2004, 106).

b) Räume. Zum Begriff s. oben § 3 Rz. 6. 9
Trag- und Stützmauern des Gebäudes können nicht Gegenstand des SEs sein. Der bloße **Luftraum** ist res extra commercium, soweit ummauert, allerdings **SE** als **Raum** (BGH, NJW 85, 1551; BayObLG, WEM 80, 31: innerhalb Balkons bzw. Loggia), einschließlich der Trennmauern innerhalb der Wohnung, die nicht Stützmauern sind, des Verputzes, Bodenbelages, Deckenverkleidung, Türen und anderem. Dazu kommen **Nebenräume,** wie Keller, Bodenräume, Garagen, Nebengebäude, Lagerhallen, Werkstätten oder Schwimmbad mit Sauna (BGH, NJW 81, 455). Grundsätzlich nicht SEsfähig sind die **konstruktiven Gebäudeteile** (vgl. OLG Düsseldorf WuM 99, 426). Bei **selbstständigen Gebäuden** auf demselben Grundstück kann WE bzw. TE an jedem der Gebäude selbstständig begründet werden (allgem. Ansicht, BGHZ 50, 56 und OLG Köln, NJW 62, 156; *Palandt/Bassenge,* § 5 Rz. 2). Auch an dem einem **Haus** WE, am anderen TE, z. B. bei Doppel- und Reihenhäusern (s. OLG Frankfurt a. M., NJW 63, 814, für Wohnungs- und TeilerbbR und bei Etagenhäusern LG Kiel SchlHA 69, 179). Zur Frage, ob das SE auch die konstitutiven Teile umfassen kann, s. unten Rz. 15. Gemeinschaftliche Sachen und Einrichtungen müssen noch vorhanden sein, z. B. das gemeinschaftliche Grundstück; dazu kommen gemeinschaftliche Einrichtungen wie Waschküchen, Trockenplätze, gemeinschaftliche Küchen, Mülltonnenstellplätze.

Sind solche gemeinschaftliche Einrichtungen nicht vorhanden oder unnötig, empfiehlt sich doch eher die Bildung selbstständiger Grundstücke. Ein **Schwimmbad** (mit **Sauna**) kann SE sein (BGH, DNotZ 81, 565 = DerWEer 81, 51 = MittBayNot 81, 78). Es kann deshalb auch TE daran begründet werden.

Zur Frage des SEs an **Sammelgaragen** s. *Stumpp,* MittBayNot 10
71, 10. Grundsätzlich kann an einer Tief-Sammelgarage SE/TE gebildet werden. Dem steht nicht entgegen, dass die Verkehrsfläche der Garage ausschließlich im Gefahrenfall als „zweiter Rettungsweg", im Interesse der Gemeinschaft benutzt werden darf (OLG Frankfurt a. M., ZMR 95, 166). Stellt die Tiefgarage ein selbstständiges TE dar, umfasst das SE nicht die Tiefgaragenabfahrtsrampe

und die seitlich eingrenzenden Wände (BayObLG, NJW-RR 93, 1039). Die Stellplätze einer Doppelgarage mit Kippvorrichtung (Duplex-Stellplatz) sind nicht SEsfähig (BayObLG, NJW-RR 95, 783). Es genügt aber die Vereinbarung von Sondernutzungsrechten an unter- bzw. oberirdischen Abstellplätzen (Tiefgarage) als Gebrauchsregelung i. S. von § 15 Abs. 1 (LG München I, MittBayNot 71, 242; s. a. v. *Heynitz,* DNotZ 71, 645). Auch die **Hebebühne** einer **Doppelstockgarage** ist als konstruktiver Gebäudeteil im Sinne von § 5 Abs. 2 GemE (OLG Düsseldorf WuM 99, 426; OLG Celle NZM 2005, 871; s. § 3 Rz. 8). Andererseits ist es möglich, TEs-Bruchteile mit Sondernutzungsrecht an einem best. Abstellplatz zu bilden (LG München I, MittBayNot 71, 83). Voraussetzung für SE ist die **Abgeschlossenheit** (OLG Karlsruhe, MDR 72, 516 s. dazu oben § 3 Rz. 18, vor allem zur Problematik von Kfz-Stellplätzen auf nicht überdachten Oberdecks).

11 c) Zu den Räumen gehören auch Bestandteile des Gebäudes: § 94 Abs. 2 neben § 93 BGB (RGZ 90, 201; 150, 25), auch wenn die besonderen Voraussetzungen des § 93 nicht erfüllt sind.

Abs. 1 des § 5 nennt aus den wesentlichen Bestandteilen diejenigen, die Gegenstand des SEs sein können (als zu den SEs-Räumen gehörende Bestandteile); **Abs. 2** diejenigen, die es nicht sein können. Letzteres ist Tatfrage, daher auch findet sich kein Katalog im Gesetz.

12 § 5 sondert gewissermaßen aus den Bestandteilen des Gesamtgebäudes solche heraus, die zum SE und solche, die zum gemeinschaftlichen Eigentum gehören können bzw. müssen. Materielle Bestandteile eines Gebäudes werden also zum Bestandteil eines Rechtes, nämlich des SEs oder des gemeinschaftlichen Eigentums (Umkehrung des § 96 BGB).

Installation für Gas, Wasser und Elektrizität und anderes sind von der Abzweigung in die einzelnen Wohnungen ab SE; niemals allerdings die Gemeinschaftsleitungen, ebenso nicht die für die **Funktion** der **Gesamtanlage** und der Abrechnung in der Gemeinschaft notwendige Teile in den Räumen des SEs, etwa Thermostatventile (OLG Hamm, NZM 2001, 1130) und **Verbrauchszähler** (OLG Hamburg, ZMR 2004, 291). So sind die Wasseranschlüsse (Wasserhähne) im Bereich des gemeinschaftlichen Gartens GemE (OLG München, NJW-RR 2007, 806).

13 Str. war, ob **Veranden, Loggien, Balkone** SE sein können. Die heute h. M. bejaht grundsätzlich die SEsfähigkeit (BGH, NJW 85, 1551), soweit sie nach den tatsächlichen Gegebenheiten mit SE verbunden sind und als SE verlautbart wurden (OLG Frankfurt,

Gegenstand und Inhalt des Sondereigentums 13 § 5

ZfIR 97, 417). SEsfähigkeit von Balkonen bejahend OLG Düsseldorf, WuM 99, 349. Richtigerweise ist zu **differenzieren:** Grundsätzlich können solche Anlagen SE sein; aber **Außenwände** und sonstige Außenbestandteile (z. B. Gitter, BayObLG, Rpfleger 74, 316 = MittBayNot 74, 149), Verkleidungen der **Balkone** usw. sind **gemeinschaftl. Eigentum,** weil sie zur Gebäudefassade gehören (§ 5 Abs. 1 a. E; BayObLG, NZM 2004, 106; WEM 80, 31; DerWEer 83, 123: Geländer; *Diester,* NJW 61, 302; ders. Eigenwohner 62, 4 (dort auch für Terrassen; BayObLG, WuM 99, 641); *Kahlen,* ZMR 89, 168; auch LG München I Rpfleger 69, 245 mit Anm. *Diester* und OLG Frankfurt a. M., MittBayNot 75, 225 = Rpfleger 75, 178). Die Differenzierung nach der Funktion ist auch hinsichtlich einer **Markisenanlage** angemessen (OLG Frankfurt/M, NJW-RR 2007, 807): GemE dann, wenn sie eine fassadengestaltende Bedeutung hat, etwa bei Einheitlichkeit, vorgegeben durch die GemO. Desweiteren sind GE die **konstruktiven** und der **Sicherheit** des Gebäudes **dienenden Bauteile** der Balkone (OLG Düsseldorf, WuM 99, 349; BayObLG, NZM 2005, 825; OLG München, NZM 2007, 369) ebenso die die Gebäudegestaltung beeinflussende **Balkonplatte** (Ffm OLGZ 89, 422; OLG Hamm, ZMR 89, 98); auch die **Balkonbrüstung** (BayObLG, NJW-RR 90, 784 und WuM 99, 641; OLG München a. a. O.) und das **Geländer** (BayObLG, WE 97, 156). GemE sind auch die konstruktiven Teile (LG Flensburg, DerWEer 89, 70). SE sind der Balkon- bzw. **Loggieninnenraum** (BayObLG, WEM 80, 31). SE ist zweifelhaft, falls die **Dachterrasse** nicht entsprechende Abgrenzungen enthält. Das OLG Köln (ZMR 76, 310 = OLGZ 76, 142) stellt zu Recht darauf ab, in wieweit die Bauteile der Dachterrasse für den Bestand und die Sicherheit des Gebäudes erforderlich sind (ähnlich BayObLG, NJW-RR 94, 548; zur Erdgeschosserrasse s. BayObLG, DerWEer 84, 30; offen gelassen von OLG Düsseldorf, DWE 2009, 61 für Balkonräume und Terrassen). Nach BayObLG kann bei einer Dachterrasse allenfalls die **oberste** begehbare **Schicht** des Aufbaus zu SE erklärt werden, der **Bodenbelag** (WuM 94, 152) oder Estrich (NJW-RR 94, 598). Die darunterliegenden Schichten zur **Feuchtigkeitsisolierung** und **Wärmedämmung** sind **zwingend** gemeinschaftliches Eigentum (BayObLG, NJW-RR 89, 1293; 91, 976; WuM 94, 152; NZM 2000, 867: **Abdichtungsanschluss** zwischen Gebäude u. Terrasse). **Tragende Bauteile, Mauerwerk** und **Isolierschichten** sind **zwingend** Gemeinschaftseigentum (OLG Köln a. a. O.; ebenso OLG Oldenburg, DerWEer 84, 28; OLG Düsseldorf, DerWEer 79, 128; BayObLG, DerWEer 87, 27; 58; KG, WuM 90, 126; BGH NJW 91, 2480; BayObLG, NJW-RR 91, 976; OLG München,

§ 5 14, 15   I. Teil. Wohnungseigentum

NZM 2007, 369). Ebenso der **Fußboden**(aufbau) (OLG Düsseldorf, NZM 99, 1060 LS) wie auch die **Trittschallmatte** im Fußboden einer Gewerbeeinheit (OLG Düsseldorf, WuM 99, 532). Entscheidend ist, dass die Isolierungen (auch) eine **Schutzwirkung** zugunsten des GemEs und/oder des SEs anderer WEer entfalten (BayObLG, ZMR 2004, 928). Auch die Abgrenzungseinrichtung zwischen verschiedenem Sondereigentum (BayObLG, NJW-RR 91, 722) ist wie der Luftraum über der **Kehlbalkenlage** (OLG Düsseldorf, DNotZ 95, 82) GemE. Ansonsten ist der auf dem Estrich verlegte Bodenbelag wie Teppich, Fliesen oder Parkett SE des jeweiligen WEers (LG Halle, ZWE 2010, 48).

14   Veränderung, Beseitigung oder Einfügung von Bestandteilen des SEs-Räume dürfen daher die äußere **Gestalt des Gebäudes** nicht verändern (OLG Stuttgart, WEM 80, 36). Dies kann z. B. durch Fensterläden, Fensteranstrich, Balkone, Dachgarten, Terrasse, Sonnendach und Glasfensterverkleidung eines Balkons (BayObLG, WEM 80, 31; OLG Stuttgart, WEM 80, 36) geschehen.

Im Grundsatz folgt die **Unterhaltungsregelung** mit der entspr. **Kostenfolge** der eigentumsmäßigen Zuordnung. Dies gilt auch, wenn sich wie etwa bei **Balkonen** und **Terrassen,** diese nur schwierig feststellen lässt (OLG München, NZM 2007, 369, s. dazu o. Rz. 13). Anders als die Zuordnung zum GemE kann deshalb die **Unterhaltung** in der GemO geregelt sein. Auch kann sie sich auf SEsfähige Bestandteile erstrecken (BayObLG, NZM 2004, 106). Eine schwerwiegende Abweichung vom Regelfall muss klar und deutlich zum Ausdruck kommen (OLG München a. a. O.).

15   **4. Ausgeschlossen als Gegenstand des SEs.** Nach **Abs. 2,** was für **Bestand** und **Sicherheit** (OLG Düsseldorf WuM 99, 349) des Gebäudes erforderlich ist, also die **konstruktiven Gebäudeteile** (vgl. OLG Düsseldorf WuM 99, 426). Gleiches gilt für die äußere Gestaltung, schon nach Abs. 1 ist sie zwingender Natur. Aber einengende Auslegung ist geboten, wenn SE an jedem von mehreren Gebäuden desselben Grundstücks bestellt werden soll. Dann ist SE am ganzen **Gebäude** einschließlich der konstitutiven Teile, auf die § 5 Abs. 2 nach Sinn und Zweck nicht zutrifft, möglich (str., OLG Frankfurt a. M., NJW 63, 814 m. abl. Anm. *Diester*, OLG Köln, DNotZ 62, 210 m. abl. Anm. *Weitnauer* = Rpfleger. 62, 132 abl. Anm. *Diester;* Vorentscheidung: LG Köln, NJW 61, 322. Ablehnend offenbar – allerdings obiter dictum – BayObLG, NJW 64, 1961; s. a. BayObLG, Rpfleger 66, 149 (m. abl. Anm. *v. Riedel*). Die Frage ist durch die Entsch. des BGH in BGHZ 50, 56 = NJW 68, 1250 auf Vorlage des OLG Schleswig NJW 67, 2080 für die Praxis in verneinendem Sinn entschieden (ebenso OLG Karlsruhe, OLGZ 78, 175; OLG Frankfurt a. M., Rpfleger 75, 179; zuletzt BayObLG, NZM 2000, 674 für die **Dächer** von Reihenhäusern). Die Praxis hilft sich bei Einzel-/Reihenhäusern mit weitgehendem Verzicht auf die Rechte nach § 22 (s. 15 Rz. 14). Mindestens Gründe der Praktikabilität sprechen für Bejahung von SE auch an konstitutiven Bestandteilen von Einfamilienhäusern. Unabhängig davon können die übrigen WEer im Rahmen des Gemeinschaftsverhältnisses die Einhaltung der nachbarschützenden Vorschriften des **Bauordnungsrechts** verlangen (BayObLG, NJW-RR 94, 781 = WuM 94, 154).

SE ist auch ausgeschlossen an **Anlagen** und **Einrichtungen** zum **gemeinschaftlichen Gebrauch** z. B. Treppen, Aufzüge (OLG Düsseldorf, DerWEer 86, 28), Fahrstühle, Flure (BayObLG, DerWEer 85, 126/LS), Korridore und **Zugangsflächen** zum Gebrauch für mehr als eine EW (OLG Oldenburg, Rpfleger 89, 365), Installationen für Wasser, Gas und Strom, Heizung, soweit gemeinschaftlich; so auch BGH, NJW 81, 455; ebenso OLG Düsseldorf WuM 99, 425). Ein **Stellplatz** und ein **Verbindungsflur**, die den einzigen Zugang zur gemeinschaftlichen **Heizanlage** und zu den zentralen Versorgungseinrichtungen des Hauses darstellen, können nicht Gegenstand des Sondereigentums sein (BGH, NJW 91, 2909), ebenso kann ein **Kellerraum,** der den einzigen Zugang zu einem im GemE stehenden **Geräteraum** bildet, nicht im SE stehen (BayObLG, NJW-RR 96, 12 = MittBayNot 95, 204). Dies gilt auch für eine gemeinschaftlich benützte **Eingangshalle** (BayObLG, DerWEer 81, 27) oder einen **Fahrradraum** (OLG Frankfurt a. M., DerWEer 87, 28). Geht dagegen aus dem Aufteilungsplan hervor, dass ein als GemE ausgewiesener **Speicherraum** (Spitzboden) nach Beschaffenheit und Zugang **nicht** dem ständigen Gebrauch aller WEer dienen kann, steht es der Begründung von WE nicht entgegen, dass der Raum nur über das SE eines WEers zu erreichen ist (BayObLG, NJW-RR 95, 908 = MittBayNot 95, 206; Bestätigung von BayObLG, NJW-RR 92, 81: SE als Zugang zu nicht ausgebautem Dachspeicher). Ähnlich gelagert ist der Fall, dass ein zusätzlicher Treppenabgang zu einem von der Gemeinschaft genutzten Keller in der Teilungserklärung zum SE gemacht werden kann (OLG Hamm, NJW-RR 92, 1296). Mangels eindeutiger Zuordnung des **Spitzbodens** zum SE der darunter liegenden Dachgeschosswohnung gehört er zum **GemE** (OLG Celle ZWE 2006, 50/LS). Das gilt auch dann, wenn der Spitzboden nur über das der betr. Wohnung aus zugänglich ist (ebenda). Messer und Zähler in jeder Wohnung sind SE, ebenso Warmwasserbehälter, Zentralheizungskörper (Bay-

ObLG, WEM 79, 85 = Rpfleger 79, 216 = ZMR 79, 211), Lampen, Gas- und elektrische Geräte (s. unten Rz. 22). Es besteht GemE an **Thermostatventilen** (OLG Stuttgart, WuM 2008, 44; NJW-Spezial 2008, 67; OLG Münster NJW-RR 2008, 1182; OLG München, DWE 2009, 29; AG Heidelberg, DerWEer 89, 72) und **Regelungseinrichtungen** (OLGe ebenda). Auch sonstige Heizkörperventile sind GemE (AG Wennigsen, DWE 2009, 50). Das gilt auch für **Brand- und Rauchwarnmelder** (OLG Frankfurt/M., DWE 2009, 93).

17   Bei Abfassung der **Verträge** ist besondere Aufmerksamkeit auf die Abgrenzung dieser Gegenstände zu richten. Unabhängig davon besteht die Haftung des WEers für Benutzbarkeit der Einrichtungen, soweit sie die gemeinschaftlichen Einrichtungen beeinflussen.

Es besteht kein Recht zur Veränderung der Außenwände, Fassaden des Gebäudes, etwa durch Schilder, Anstrich, Veranden, Balkone. Unabhängig von der Eigentumsfrage kann die **Unterhaltungs-** bzw. **Instandsetzungslast** geregelt werden. Z. B. können durch Vereinbarung diese inbezug auf in GemE stehende Gebäudeteile dem SEer der jeweils angrenzenden Räumlichkeiten auferlegt werden (OLG Düsseldorf, NJWE-MietR 97, 78 = ZMR 97, 38), z. B. für **Fenster** (BayObLG NZM 2004, 106; NZM 2001, 1081).

18   **Fenster,** Fensterfassungen und -Gläser sind **Gemeinschaftseigentum** (BayObLG, NZM 2004, 106; NJW-RR 96, 140; v. 14. 8. 2003, 2 ZBR 112/03). Eine Aufspaltung i. S. vertikaler Aufteilung des Eigentums nach innen bzw. außen erscheint nicht sachgerecht. Dies gilt für alle nach außen gerichtete Fenster (LG Flensburg, DerWEer 89, 70; OLG Bremen, Der WEer 87, 59: Fensterfassungen und Fenstergläser sind GemE auch bei **Doppelverglasung;** LG Frankenthal, Der WEer 88, 31; OLG Oldenburg, Der WEer 88, 64; BayObLG, WuM 95, 326 = NJW-RR 96, 140). Unabhängig von der Zuordnung des Eigentums kann die Unterhaltungslast geregelt werden (allg. M). So kann die Bestimmung, dass der jeweilige SEer Glasschäden im Bereich seines SEs zu tragen hat, dahin ausgelegt werden, dass die Unterhaltungspflicht auch das Auswechseln „blind" gewordener Glasscheiben umfasst (OLG Düsseldorf NZM 2005, 305). Eine entgegenstehende Bestimmung kann im Einzelfall dahin umgedeutet werden, dass der jeweilige Ws- bzw. TEer die Instandhaltungskosten in Bezug auf die Außenfenster zu tragen hat (OLG Hamm, NJW-RR 92, 148 = MDR 92, 258). **Rollläden** können SE sein (LG Memmingen, Rpfleger 78, 101). **Jalousien** nach außen sind i. Zw. GemE (KG, DerWEer 85, 126/LS).

Vertikale Aufspaltung des Eigentums ist auch bei **Eingangs-/ Abschlusstüren** zu verneinen (LG Stuttgart, Rpfleger 73, 401

m. Anm. *Diester*). Sie sind zwingend GemE (OLG Düsseldorf, NZM 2000, 193 LS). Ebenfalls GemE sind Wohnungseingangstüren, zumal wenn sie ins Freie führen (OLG München, ZWE 2007, 490; LG Flensburg, DerWEer 89, 70).
Nicht bebaute Grundstücksteile können nicht Gegenstand 19 des SEs sein. Dies würde reale Teilung bedeuten (allg. M., OLG Frankfurt a. M., Rpfleger 75, 173; OLG Hamm, DerWEer 88, 27) unabhängig von einer etwa vorgesehenen Bebauung eines Ws-/TE (OLG Hamm, DerWEer 88, 27; a. A. OLG Frankfurt a. M., Rpfleger 78, 381 = OLGZ 78, 295). **Ausnahme** ist das SE an **Garagenstellplätzen** (§ 3 Abs. 2 Satz 2), falls dauerhafte Markierungen vorhanden sind (s. § 3 Rz. 8 f.). Aber Einräumung von **Sondernutzungsrechten** (z. B. Abstellplätze) ist möglich (s. oben Rz. 10 und unten § 15 Rz. 9 f.). Im Einzelnen s. *Noack,* Die Veräußerung von Pkw-Abstellplätzen, Rpfleger 76, 193, *Weitnauer,* Die Übertragung des Gebrauchsrechts an Kfz-Abstellplätzen, Rpfleger 76, 341, der der Übertragung lediglich schuldrechtlichen Charakter beilegt (dazu *Merle,* Rpfleger 78, 86 und *Bärmann/Wenzel,* § 13 Rz. 78, 121 ff.). Zur Eintragung des Sondernutzungsrechts an Abstellplätzen s. LG Düsseldorf, Rpfleger 77, 30.

5. Gegenstand des gemeinschaftlichen Eigentums. Gegen- 20 stand ist alles, was nicht SE ist.

a) Kraft Gesetzes. So immer das Grundstück nach § 1 Abs. 4 (entsprechend das ErbbR nach § 30). Teile des Gebäudes, Anlagen und Einrichtungen nur, wenn sie nicht SE oder Eigentum Dritter und soweit sie für den Bestand des Gebäudes erforderlich sind (§ 5 **Abs. 2**). Nach der Reform des WEG 2007 (s. schon NJW 2005, 2061; *Wenzel* ZWE 2006, 7) ist die Grundbuchfähigkeit der Gemeinschaft zu bejahen (§ 10 Abs. 6 S. 1). Damit kann an Stelle der Vermutung des § 5 für GemE, soweit es nicht dem SE zugewiesen ist, z. B. an Räumen SE der Gemeinschaft begründet werden, was allerdings keinen qualitativen Unterschied zur bisherigen Praxis bedeutet. Neu ist die Gläubigerschaft der Gemeinschaft im Hinblick auf Grundpfandrechte, aber z. B. auch der Erwerb eines Nachbargrundstücks durch die Gemeinschaft als solche.

Gemeinschaftlich i. S. v. § 5 Abs. 2 können nur wesentliche 21 Grundstücksbestandteile sein (OLG Düsseldorf, NJW-RR 95, 206). Dies sind die **konstitutiven Elemente** des Gebäudes (s. § 5 Abs. 2, Ausnahme oben Rz. 15; OLG Düsseldorf WuM 99, 426), d. h. die **Bausubstanz** einer EWsanlage (BGH, DerWEer 85, 93); z. B. die **Geschossdecken** einer **Tiefgarage** (OLG München, DWE 2008, H.2, III/LS). Auch der Grund und Boden, auch eine plattierte

Terrassenfläche ohne jede Abgrenzung (OLG Köln, DerWEer 83, 28 = MDR 82, 757 = Rpfleger 82, 278); **Fundamente,** gleich welcher Art; **Umfassungsmauern** und innere Mauern, die das Gebäude und das Dach stützen und die gemeinsamen Leitungen enthalten, nicht Zwischen- oder Trennmauern, die nicht Tragmauern sind; dagegen ist die Bestimmung einer Teilungserklärung, durch die die **Außenfenster** dem Sondereigentumsbereich zugeordnet werden, gem. § 5 Abs. 2 unwirksam. Eine solche Bestimmung kann im Einzelfall dahin **umgedeutet** werden, dass der jeweilige Wohnungs- bzw. Teileigentümer die Instandhaltungspflicht in Bezug auf die Außenfenster zu tragen hat (OLG Hamm, NJW-RR 92, 148 = MDR 92, 258); das **Dach,** gleich welcher Art, auch Sonnendach, Betondach, **Dachterrasse** (s. oben Rz. 13), Dachgarten, Flachdächer, Terrassendächer; ein auf einer Terrasse errichteter **Wintergarten** mit seinen konstruktiven Teilen (OLG Düsseldorf NZM 2006, 109; = ZWE 2006, 50/LS *Weitnauer/Briesemeister,* § 5 Rz. 18); **Treppen** (jedoch kann ein zusätzlicher Treppenabgang zu einem von der Gemeinschaft genutzten Keller in der Teilungserklärung zum Sondereigentum gemacht werden (OLG Hamm, NJW-RR 92, 1296)). Nicht SEs-fähig sind ferner **Aufzüge, Vestibüle, Vorhallen** (für Eingangshalle offengelassen, aber wohl eher zu GemE neigend BayObLG, DerWEer 81, 27, dort auch zur Umdeutung in ein Sondernutzungsrecht), **Eingangsflure, Korridore,** Säulenhallen, **Eingangstüren,** die Wohnungseingangstür (s. o. Rz. 18), ebenso wie die Fenster; Speicher-, Keller-, Abstellräume können SE sein, ebenso Garagen; an **Decken** und **Böden** ist das rohe Mauer- und Balkenwerk gemeinschaftlich (OLG Hamm, ZMR 89, 98). Räumlichkeiten, die den einzigen Zugang zu einem im Gemeinschaftseigentum stehenden Raum bilden, können dann im Sondereigentum stehen, wenn der Raum (hier: nicht ausgebauter **Dachspeicher**) seiner Beschaffenheit nach nicht dem ständigen Mitgebrauch aller WEer dient (BayObLG, NJW-RR 92, 81 in Abgrenzung zu BayObLGZ 1986, 26; bestätigt durch BayObLG, NJW-RR 95, 908). Ansonsten begründet die Zugänglichkeit lediglich von einem SE noch nicht das SE an **Dachräumen** (OLG Celle, NJOZ 2007, 4184). Unterfutter, Deckenbewurf, **Estrich**/Trittschalldämmung (BayObLG, Wohnung u. Haus 80, 102; NJW-RR 94, 598 = ZMR 94, 167; vgl. OLG Düsseldorf NZM 2001, 958; OLG Frankfurt a. M. NZM 2005, 68; a. A. (GemE) OLG Hamm, DWE 2007, 20, 30, das auf die Schutzfunktion abstellt) und **Fußbodenbelag** sind SE oder können es sein (OLG Frankfurt a. M., DerWEer 83, 121: Plattenbelag und Mörtelbett). Lässt ein WEer nachträglich einen **Trockenestrich** zur Verbesserung des Trittschallschutzes einbauen, hat er keinen Anspruch auf Kostenersatz (OLG Celle NZM 2005, 379: Das Gericht ließ die Frage SE oder GemE offen). Die **Bodenplatte** eines Balkons, die gleichzeitig Kellerdecke ist, steht zwingend im Gemeinschaftseigentum (BayObLGZ 74, 269 = Rpfleger 74, 316 = MittBayNot 74, 149 = MDR 74, 936; WEM 80, 31; OLG Frankfurt a. M., DerWEer 83, 121; OLG Hamm, ZMR 89, 98), desgl. die **Dachunterspannbahn,** falls sie teilweise mit der Decke der darunter liegenden EW identisch ist (OLG Hamm, a. a. O.), auch die **Isolierung** (OLG Frankfurt a. M., a. a. O.; OLGZ 84, 148; BayObLG, Rpfleger 82, 278 = DerWEer 82, 102; BGH, DerWEer 85, 92) allg. von Dächern, Terrassen, Balkonen und Loggien (BayObLG, DerWEer 87, 27; NJW 89, H. 32 VIII); gleichfalls die Schichten zur Wärmedämmung (BayObLG, NJW 89 H. 43, VIII = NJW-RR 89, 1293); ebenso ein **Kellerraum,** der den WEern als Zugang zum Kellerausgang dient (BayObLG, MittBayNot 80, 212) oder den einzigen Zugangsraum zu einem dem ständigen Mitgebrauch der WEer dienenden Raum des GemEs (BGH, NJW 91, 2909; BayObLG, Rpfleger 2004, 214) darstellt. Ebenso **Räume** für gemeinschaftliche Dienste im Gebäude, wie Hausmeisterbüro u. -wohnung, Zentralheizungsraum (BGH, NJW 79, 2391 = Rpfleger 79, 255). Trockenplätze usw. sind im Zweifel gemeinschaftliches Eigentum. Dagegen sind **Anlagen, Einrichtungen,** Vorrichtungen zum gemeinschaftlichen Gebrauch und Nutzen, wie Aufzug, Kamine, Wassergräben, Abwässerkanäle, Rückstausicherungen an Waschmaschinen, die im zum GemE zählenden Waschmaschinenkeller stehen, selbst wenn diese Maschinen Privateigentum sind (OLG Köln, WuM 98, 308). Müllabzüge (abgesehen von dem Zugang in der Wohnung), Kanalisationen aller Art stets Gemeinschaftseigentum. Zu beurteilen ist dies nach der Zweckbestimmung der Anlage (BGH, Rpfleger 81, 96 = MDR 81, 216 = DNotZ 81, 565 = NJW 81, 455 = MittBayNot 81, 78 mit konkreten Voraussetzungen). Auch der Türöffner der Hauptsprechanlage ist dem GemE zuzuordnen (AG Böblingen, NJW-RR 96, 1297). Ebenso eine **Schließanlage** mit dem Schlüssel für das GemE (OLG Hamm, NJW-RR 2004, 1310) und eine Kfz-**Hebebühne,** wenn sie sich in einem Raum des GemEs befindet (OLG Celle, NJW-RR 2005, 1682).

Anstricharbeiten an den im Bereich von Balkonen zurückspringenden Außenwänden einschließlich der Fensterlaibungen, an den aus Sichtbeton bestehenden Decken der Balkone, an den Balkongittern und an den Seitenwänden, auch wenn diese keine tragende Funktion haben, betreffen das Gemeinschaftseigentum (OLG Düsseldorf, ZMR 91, 486; BayObLG, WE 97, 156). Das gilt

§ 5 22, 23 I. Teil. Wohnungseigentum

ebenfalls für den Anstrich der Innenseiten von aus Sichtbeton bestehenden Balkonbrüstungen (OLG Düsseldorf, ZMR 91, 486). Über den Farbanstrich entscheidet i. Zw. die Mehrheit (BayObLG, a. a. O.).

22 **Heizungsanlagen** (OLG München, DWE 2009, 29; LG Bonn, Rpfleger 84, 14; OLG Stuttgart, OLGZ 84, 137; umfassend *Hurst, DNotZ* 84, 66 ff., 140 ff.), abgesehen von den **Heizungskörpern** in den Wohnungen, sind kraft G. gemeinschaftliches Eigentum, selbst wenn es sich um eine Anlage handelt, die *auch* der Versorgung weiterer Gebäude dient (so a. *Gonitz,* Rpfleger 73, 390; OLG Zweibrücken, ZMR 84, 33; a. A. LG Bayreuth, Rpfleger 73, 401 und BGH, NJW 75, 688 = WM 75, 179 = MittBayNot 75, 103 = DNotZ 75, 553 = MDR 75, 389 = Rpfleger 75, 124 = ZMR 76, 84 = ZMR 77, 82), deren Entscheidung wegen der Verkennung des rechtspolitischen Zwecks des § 5 Abs. 2 abzulehnen ist (dazu *Pick,* FWW 74, 130 und *Bärmann/Armbrüster,* § 5 Rz. 33 ff.). Dazu auch *Diester,* Rpfleger 72, 451 und *Schopp,* Rpfleger 74, 91. Der BGH hat aber deutlich gemacht, dass eine Heizungsanlage jedenfalls dann nicht SE sein kann, wenn sie ausschließlich der Versorgung der Anlage dient (NJW 79, 2391 = Rpfleger 79, 255; ebenso BayObLG, Rpfleger 80, 230 = ZMR 80, 185 = ZGemWoW i. B. 81, 49 = MittBayNot 80, 76; kritisch *Seuß,* PIG VI, 1980, 91; allg. auch *Röll,* Rpfleger 92, 94). Dagegen dient eine zentrale Heizungsanlage, die sich in einem im SE eines WEers stehenden Raum befindet und von der die Räume dieses WEs und die Räume eines anderen Ws- oder TEs versorgt werden, nicht dem gemeinschaftlichen Gebrauch der WEer. Sie kann deswegen SE sein (BayObLG, NZM 2000, 516). Fernsprech-, Radio- und Fernsehanlagen in Wohnungen sind im Zweifel SE. Zum gemeinschaftlichen Eigentum gehören auch **Instandhaltungsrücklagen** (so AG Wiesbaden, Urt. v. 10. 9. 1965, 31/Wiesb.-Bl. 6131, MDR 67, 126 f., *Palandt/Bassenge,* § 27 Rz. 2; a. A. *Weitnauer/Lüke,* § 27 Rz. 30).

23 **b) Kraft Vereinbarung. Abs. 3** ermöglicht Gemeinschaftseigentum kraft Vereinbarung an Bestandteilen des Gebäudes, die Gegenstand des SEs sein können. Zu denken ist z. B. an nichttragende Wände, Heizkörper im SE usw. SE ist auch an Heizungsanlagen und **Heizungsgeräten** innerhalb des GemEs (Keller) möglich, wenn sie voneinander getrennt und unabhängig jeweils nur **einer** einzigen EW zugeordnet sind (LG Frankfurt a. M., NJW-RR 89, 1166). Das gilt auch für den Teil einer Sprechanlage **im** Bereich des SEs, die unabhängig von der Funktion der Gesamtanlage ist (OLG Köln, NZM 2002, 865). Nach OLG Düsseldorf (OLG Düsseldorf, WuM 98, 737) kann auch vereinbart werden, dass **Versorgungs- und Entsorgungsleitungen,** die nur dem Gebrauch eines SEers dienen, auch dann zum GemE gehören, wenn sie sich im Bereich eines (anderen) SEs befinden. Grenzen der Vertragsfreiheit werden im Übrigen durch § 5 Abs. 2 und § 1 Abs. 4 gezogen (abgesehen vom Erbbaurecht nach § 30). Ebenso können Rechte zur Benutzung eines **Nachbargrundstücks** nicht zum Inhalt des SEs gemacht werden (so für das SNR an einer Fläche über einen verrohrten Wasserlauf OLG Hamm, NJW-RR 97, 522 = ZMR 97, 150 = FGPrax 97, 59).

c) **Wertverhältnis.** Es besteht keine gesetzliche notwendige Relation zwischen MEs-Anteil und Wert des SEs. Dennoch sind pathologische Ausnahmefälle abzulehnen (vgl. Einleitung Rz. 14, § 3 Rz. 15).

6. **Abgesondertes ME** z. B. an Zwischenwand zwischen zwei Wohnungen oder etwa an einer Aufzugseinrichtung nur bis zu einem gewissen Stockwerk oder von einem gewissen Stockwerk ab oder an Lastenaufzügen nur für bestimmte Teileigentumsräume erscheint zulässig (s. oben Rz. 3). Dazu kann sich dann auch ein abgesondertes Vermögen in den Händen dieser abgesonderten Gemeinschaft entwickeln. Auch an **Garagenbauten** ist dergleichen denkbar, wenn nicht die einzelnen Garagen mit den einzelnen WEs-Rechten verbunden werden. Die Anforderungen an den Bestimmtheitsgrundsatz, wenn an baulich selbstständigen Garagen SE begründet werden soll, entsprechen § 7 Abs. 4 (OLG Düsseldorf, NZM 2000, 666/LS). Aufteilung von gemeinschaftlichen Teilen zur abgesonderten Gemeinschaft bedarf der Form des § 4, ebenso die Überführung in SE. Für abgesondertes Miteigentum auch an Räumen, LG Kempten, MittBayNot 75, 166; dagegen OLG Düsseldorf, Rpfleger 75, 308. U. U. ist das Recht der **Grenzanlage** (§ 921 BGB) auf die Rechtsbeziehungen zwischen den beteiligten WEern anzuwenden (vgl. z. B. LG Zweibrücken, MDR 96, 46).

III. Inhalt des SEs

1. **Vereinbarungen (Abs. 4 S. 1)** können z. B. die Umwandlung eines TE in ein WE oder umgekehrt betreffen: Sie bedürfen grundsätzlich der Mitwirkung aller WEer und TEer sowie der Eintragung in das GB (BayObLGZ 97, 233 = WE 98, 151 = DNotZ 98, 379). Vereinbarungen können auch über **Abgrenzung** von SE und gemeinschaftlichem Eigentum getroffen werden. Sie entfalten dingliche Wirkung gemäß § 10 Abs. 2 als Inhalt des SEs (BayObLGZ 83,

79 = MDR 83, 671 = DNotZ 84, 104; BGH, Rpfleger 79, 57 = BGHZ 73, 145; KG, OLGZ 82, 436). Z. B. kann den WEern SE an ehemaligem GemE übertragen werden, aber nur im Wege einer **Vereinbarung** (zur Umwandlung von GemE in SE an Wasseranschlüssen über Gemeinschaftsflächen s. OLG München, RNotZ 2007, 345). Wirkungen solcher Vereinbarungen bestehen **unter** den WEern schon vor der Eintragung entsprechend der Bindung nach § 873 Abs. 2 BGB, Dritten gegenüber erst mit Eintragung. Zu beachten ist in diesem Zusammenhang, dass die Bezeichnung einer Fläche (z. B. als „Büro") allein in der **Bauplanung des** Architekten **keinen Vereinbarungscharakter** hat (OLG Schleswig WuM 99, 229). Auch für eine abgesonderte Gemeinschaft gelten Unauflösbarkeit nach § 11 und die Bestimmungen der §§ 13, 14, 15 und 16 entsprechend. Ein Austausch von **Sondernutzungsrechten** an zwei Abstellplätzen, die durch Gebrauchsregelung entstanden sind, bedarf nicht der Zustimmung aller **WEer** (Näheres s. § 15 Rz. 9 ff.).

27 2. **Typischer Inhalt.** S. die Formulare, insbesondere das Formularbuch *Bärmann/Seuß*, Rz. B 43 ff. und unten § 10 Rz. 20. Vor allem Nutzungen des gemeinschaftlichen Eigentums, Beteiligung und Mitgebrauch daran. Das **Sondernutzungsrecht** braucht sich nicht auf bestimmte einzelne Nutzungen zu beschränken (BayObLGZ 81, 56). Die Grenze ist jedoch dort, wo es sich auch auf solche baulichen Veränderungen bezieht, die nach dem Gesetz der einstimmigen Beschlussfassung der WEer bedürfen (KG, OLGZ 82, 436 = Rpfleger 83, 20). **Natur** und **Bestimmungszweck** des Gebäudes oder der gemeinschaftlichen Teile oder eine bestehende Übung sind zu achten. Außer §§ 13 ff. gelten auch die allgemeinen Eigentumsschranken der §§ 903–924 BGB. Zur Ausübung einer ärztlichen **Kassenpraxis** in einer EW s. AG Hamburg, MDR 57, 43 (unten § 13 Rz. 10).

28 Erwerb eines erhöhten Nutzungsrechtes an gemeinschaftlichen Sachen durch Zeitablauf, Ersitzung und Verwirkung finden nicht statt.

Eine getrennte Verfügung über gemeinschaftliches Eigentum ist nicht möglich.

Auch eine Verbindung zwischen zwei Eigentumswohnungen in gleicher Hand bedarf grundsätzlich der Zustimmung aller, wenn eine Trag- oder Stützmauer durchbrochen wird.

29 3. **Inhalt des SEs, nicht des WEs.** Diese Bestimmung des **Abs. 4** hat grundbuchtechnische Gründe. Vorbild war offenbar § 2 der ErbbRVO. Selbst die Vereinbarung einer Veräußerungsbeschränkung nach § 12 ist Inhalt des SEs, obgleich sie den MEs-Anteil mitumfasst. Letztlich handelt es sich dann doch um den Inhalt des **WEs**.

4. Mitgliedschaftsrechte aller Art verdinglicht. Vereinbarungen verschiedenartigsten Inhalts können gemäß § 10 Abs. 2 durch Erklärung zum Inhalt des SEs und Eintragung im GB **verdinglicht** werden, mit absoluter Wirkung nicht nur unter den gegenwärtigen WEern, sondern auch gegenüber Rechtsnachfolgern (BayObLG, MittBayNot 84, 183) und der Folge des öffentlichen Glaubens des GBs. Selbst **Vereinbarungen** über Art und Weise der Rechnungslegung, der Verwaltung, Führung gemeinschaftlicher Fonds, Rücklagen, Gelder schlechthin, Voranschlag usw. sowie Finanzierungsverpflichtungen, Beauftragung des Verwalters zum Einzug der Annuitäten auf Gesamt- wie Einzelbelastungen, Haftung des Erwerbers einer EW für Wohngeldrückstände des Voreigentümers (diese ist grundsätzlich wirksam: BGH, NJW 94, 2950), usw. sind zulässig.

5. Zustimmung von Grundpfandrechts- und Reallastgläubigern. a) Die **Sätze 2** und **3** wurden durch das WEG-ÄndG eingefügt. Ziel der Regelung war, die zu Vereinbarungen bisher erforderliche Zustimmung dinglich Berechtigter in vielen Fällen entbehrlich zu machen (BT-Drs. 16/887, S. 14 f.).

b) Nach **S. 2** bedarf eine Vereinbarung bzw. Änderung einer Vereinbarung der Zustimmung Dritter, falls das WE zugunsten des Dritten mit einem Grundpfandrecht oder einer Reallast belastet ist **und** wenn es um die Begründung, Aufhebung, Änderung oder Übertragung eines **SNRs** geht (a. a. O. S. 15) geht. Daraus ergeben sich mehrere Konsequenzen:

1. wird durch S. 2 (eher beiläufig) das **SNR** ohne gesetzliche Definition als dingliches Recht am GemE durch den **Gesetzgeber anerkannt**, wobei hier – es wird nicht ausdrücklich gesagt – wohl das **dingliche** SNR gemeint ist (a. a. O. S. 16). In der Begr. wird stattdessen ausgeführt (a. a. O. S. 16): „Ein Sondernutzungsrecht begründet nach allgemeiner Auffassung für den Berechtigten das Recht, einen Teil des gemeinschaftlichen Eigentums unter Ausschluss der übrigen Wohnungseigentümer zu nutzen".
2. Bei allen anderen Rechten an Grundstücken bzw. WE bleibt es bei der bisherigen Rechtslage. Z. B. müssen Inhaber von (Grund-)Dienstbarkeiten weiterhin zustimmen, falls eine Beeinträchtigung ihres Rechts nicht ausgeschlossen ist (BT-Drs. a. a. O. S. 16).
3. In allen Fällen bleibt die Zustimmung wie bisher entbehrlich, wenn eine Beeinträchtigung des Rechts ausgeschlossen ist. Inso-

§ 6   I. Teil. Wohnungseigentum

fern bleibt es bei dem Erfordernis der Zustimmung nach §§ 876, 877 BGB (BT-Drs. 16/887, S. 15). Der Gesetzgeber stellt darauf ab, ob die in S. 2 genannten Gläubiger in ihrer Verwertungsmöglichkeit des WEs im Falle von Zwangsversteigerung oder -verwaltung konkret beeinträchtigt sind (BT-Drs. 16/887, S. 15).

33   c) Das sind sie nach S. 3 in dem Falle nicht, wenn bei der **Begründung** eines SNRs durch die Vereinbarung **gleichzeitig** das zu Gunsten des Dritten belastete WE mit einem SNR verbunden wird. Der Gesetzgeber unterstellt dabei die **Gleichwertigkeit** der SNRe. Hierbei wird allerdings übersehen, dass diese nicht immer gleichwertig zu sein brauchen. Es kann sich im Gegenzug zur Übertragung um inhaltlich und wirtschaftlich unterschiedlich zu gewichtende SNRe handeln.

Z. B. wäre die Einräumung des SNRs an einer Dachfläche oder innerhalb des Speicherraums kaum mit dem SNR an einer Gartenfläche oder einem Pkw-Abstellplatz zu vergleichen (s. meine Stellungnahme für den Rechtsausschuss, Prot. der 23. Sitzung, 16. Wahlperiode, S. 160).

Meiner Anregung, von einem „gleichwertigen" SNR auszugehen, ist der BT nicht gefolgt. Das vom Gesetzgeber unterstellte Äquivalenzprinzip ist nicht stets gegeben und als Ausnahme eng auszulegen (OLG München, RNotZ 2009, 541). S. 3 ist z. B. dann nicht anwendbar und die Zustimmung der Grundpfandrechtsgläubiger auch nicht entbehrlich, wenn die mit jedem durch Grundpfandrechte belasteten WE einer Wohnanlage verbundenen SNRe aufgehoben und gleichzeitig durch Vereinbarung SNRe **neu** begründet und mit jedem WE verbunden werden (ebenda).

§ 6 Unselbständigkeit des Sondereigentums

(1) **Das Sondereigentum kann ohne den Miteigentumsanteil, zu dem es gehört, nicht veräußert oder belastet werden.**

(2) **Rechte an dem Miteigentumsanteil erstrecken sich auf das zu ihm gehörende Sondereigentum.**

Übersicht

	Rz.
I. Sinn und Zweck der Vorschrift	1
II. Grundsatz der Trinität	1 a
III. Wechselseitige Abhängigkeit	2
IV. Beendigung der Untrennbarkeit	6
V. Verhältnis zu § 11	7

I. Sinn und Zweck der Vorschrift

In § 6 wird eine Verbindung von Miteigentumsanteil und Sondereigentum durch den Gesetzgeber (vgl. die Begründung zu dem RegierungsE des WEG: BR-Drucks. 75/51; *Bärmann,* Anh. I) festgelegt. In **Abs. 1** kommt zum Ausdruck, dass es **nicht** möglich ist, Sondereigentum **ohne** den Miteigentumsanteil am Grundstück zu erwerben (BayObLGZ 1984, 10 ff., 13). SE kann schon gar nicht ohne einen MEsanteil entstehen (BayObLG, WE 97, 113). Dies hat zur Konsequenz, dass Veräußerung, Belastung, Verpfändung und Pfändung von **Sondereigentum** allein ohne den MEsanteil nicht vorgenommen werden können. **Abs. 2** stellt dementsprechend fest, dass sich Rechte am MEsanteil automatisch auch auf das zu ihm gehörende SE erstrecken. 1

II. Grundsatz der Trinität

Siehe Einleitung Rz. 8 ff. WE ist die Verbindung von MEs-Anteil, SE und verdinglichtem Mitgliedsrecht zu einer dreigliedrigen Einheit. Das Mitgliedschaftsrecht ist mit den beiden Sachenrechten verbunden als Inhalt des SEs nach § 5 Abs. 4 und § 10 Abs. 2. 1a

III. Wechselseitige Abhängigkeit

Es wird grundsätzlich auf die Ausführungen in der Einleitung Rz. 8 ff. verwiesen. Sie besteht sowohl 2

- dem Grunde wie
- dem Grade nach, sowie hinsichtlich der Frage
- der Gesamtwirkung jeder Verfügung.
- Devastationsansprüche stehen dem Gläubiger aus einem Grundpfandrecht auch gegenüber dem WEer zu (§§ 1133 bis 1135 BGB).
- Schuldrechtliche Wirkung: Da WE wie Eigentum zu behandeln ist, gelten auch §§ 433, 311 b, 566 BGB, 57 c und d ZVG. Die Rechte des Käufers ergeben sich in erster Linie aus der Sachmängelhaftung bei Veräußerung (§§ 434 ff. BGB), falls ein vertragsmäßig zugesagter Bestandteil des WEs fehlt. Rechtsmängelhaftung ist der Sachmängelhaftung gleichgestellt. § 435 BGB kann insoweit, als die Art der Berechtigungen aus dem Verhältnis der einzelnen Eigentümer zueinander und aus dem Verhältnis des Gemeinschaftseigentums zum SE in Frage steht, in Betracht kommen. 3
- Gutglaubensschutz (s. auch § 3 Rz. 35). 4

Für den **Erwerb** eines **Einzelrechtes** aus der dreigliedrigen Einheit ist jeder gutgläubige Erwerb **ausgeschlossen;** ebenso für den Erwerb eines Rechtes an einer gemeinschaftlichen Sache durch Verfügung eines einzelnen; die Verfügung bzgl. eines abgetrennten Zubehörstücks ist durch sämtliche MEer bzw. die Gemeinschaft denkbar. Verfügt dann ein einzelner WEer, handelt es sich um eine bewegliche Sache, für die der öffentliche Glaube nicht mehr gilt, sondern die §§ 932 ff. BGB.

5   Eine **Ausnahme** vom Akzessorietätsprinzip ist zugelassen (OLG Celle, MDR 74, 669 = Rpfleger 74, 438; 267 = DNotZ 75, 42 = ZMR 76, 84 und BayObLGZ 84, 10; BayObLGE 98, 2), wenn Miteigentümer untereinander über einen **Raum** durch Auflassung und Eintragung verfügen. Dieser Auffassung ist zuzustimmen (s. unter Rz. 14 vor § 10 und *Pick* in *Bärmann/Armbrüster,* § 6 Rz. 6). Der BGH (Rpfleger 76, 352 = ZMR 77, 81 = MDR 77, 41) lässt auch eine **Änderung** der Miteigentumsanteile untereinander ohne Beteiligung der übrigen WEer zu. Zur Wirksamkeit bedarf es der Auflassung zwischen den Betroffenen und Eintragung (BayObLG 93, 166). Nicht entbehrlich ist dagegen die Zustimmung der Realberechtigten am „verlierenden" MEsanteil (BayObLGE 93, 166; s. o. § 3 Rz. 16). Dasselbe gilt für die **Abspaltung** i. f. der **Unterteilung** durch einen WEer, wenn dadurch gleichzeitig SE verbunden wird (BayObLGZ 76, Nr. 36 = ZMR 77, 82 = MDR 77, 53; BayObLG, NJW-RR 2003, 950; allg. in *Bärmann/Armbrüster,* § 2 Rz. 22 ff.). Wird ein MEsanteil vergrößert, erstrecken sich die Belastungen ohne Weiteres auch auf den vergrößerten Bestand (LG Wiesbaden, Rpfleger 2004, 350).

IV. Beendigung der Untrennbarkeit

6   Siehe Einleitung Rz. 13 f. Die Aufhebung von SE oder GemE kann nur durch **einstimmige** Erklärung aller WEer i. S. einer Vereinbarung und Bewilligung erfolgen. So z. B. können sich alle WEer darüber einigen, TE in WE **umzuwandeln** oder umgekehrt (BayObLG 97, 512). Zu beachten ist, dass eine solche Rechtsänderung selbstverständlich auch der Eintragung ins GB bedarf (a. a. O.). Eine Verfügung kann in Ausnahmefällen durch Mehrheitsbeschluss vorgenommen werden, wenn sie ordnungsmäßiger Verwaltung entspricht. Zum Problem des **Tausches** von Räumen unter WEern s. *Tasche* DNotZ 72, 710 und unten Rz. 14 vor § 10, § 12 Rz. 24 f.

V. Verhältnis zu § 11

7   § 6 regelt die Untrennbarkeit der begrifflichen Bestandteile ME, SE und verdinglichtes Mitgliedschaftsrecht; § 11 die Unlösbarkeit

Grundbuchvorschriften § 7

der verdinglichten Gemeinschaft. Es handelt sich um zwei Seiten des gleichen Problems, einmal die sachenrechtliche, zum anderen die gemeinschaftsrechtliche.

§ 7 Grundbuchvorschriften

(1) [1]Im Falle des § 3 Abs. 1 wird für jeden Miteigentumsanteil von Amts wegen ein besonderes Grundbuchblatt (Wohnungsgrundbuch, Teileigentumsgrundbuch) angelegt. [2]Auf diesem ist das zu dem Miteigentumsanteil gehörende Sondereigentum und als Beschränkung des Miteigentums die Einräumung der zu den anderen Miteigentumsanteilen gehörenden Sondereigentumsrechte einzutragen. [3]Das Grundbuchblatt des Grundstücks wird von Amts wegen geschlossen.

(2) [1]Von der Anlegung besonderer Grundbuchblätter kann abgesehen werden, wenn hiervon Verwirrung nicht zu besorgen ist. [2]In diesem Falle ist das Grundbuchblatt als gemeinschaftliches Wohnungsgrundbuch (Teileigentumsgrundbuch) zu bezeichnen.

(3) Zur näheren Bezeichnung des Gegenstandes und des Inhalts des Sondereigentums kann auf die Eintragungsbewilligung Bezug genommen werden.

(4) [1]Der Eintragungsbewilligung sind als Anlagen beizufügen:
1. eine von der Baubehörde mit Unterschrift und Siegel oder Stempel versehene Bauzeichnung, aus der die Aufteilung des Gebäudes sowie die Lage und Größe der im Sondereigentum und der im gemeinschaftlichen Eigentum stehenden Gebäudeteile ersichtlich ist (Aufteilungsplan); alle zu demselben Wohnungseigentum gehörenden Einzelräume sind mit der jeweils gleichen Nummer zu kennzeichnen;
2. eine Bescheinigung der Baubehörde, daß die Voraussetzungen des § 3 Abs. 2 vorliegen.

[2]Wenn in der Eintragungsbewilligung für die einzelnen Sondereigentumsrechte Nummern angegeben werden, sollen sie mit denen des Aufteilungsplanes übereinstimmen. [3]Die Landesregierungen können durch Rechtsverordnung bestimmen, dass und in welchen Fällen der Aufteilungsplan (Satz 1 Nr. 1) und die Abgeschlossenheit (Satz 1 Nr. 2) von einem öffentlich bestellten oder anerkannten Sachverständigen für

§ 7 1   I. Teil. Wohnungseigentum

das Bauwesen statt von der Baubehörde ausgefertigt und bescheinigt werden. [4] Werden diese Aufgaben von dem Sachverständigen wahrgenommen, so gelten die Bestimmungen der Allgemeinen Verwaltungsvorschrift für die Ausstellung von Bescheinigungen gemäß § 7 Abs. 4 Nr. 2 und § 32 Abs. 2 Nr. 2 des Wohnungseigentumsgesetzes vom 19. März 1974 (BAnz. Nr. 58 vom 23. März 1974) entsprechend. [5] In diesem Fall bedürfen die Anlagen nicht der Form des § 29 der Grundbuchordnung. [6] Die Landesregierungen können die Ermächtigung durch Rechtsverordnung auf die Landesbauverwaltungen übertragen.

(5) Für Teileigentumsgrundbücher gelten die Vorschriften über Wohnungsgrundbücher entsprechend.

Übersicht

	Rz.
I. Sinn und Zweck der Vorschrift	1
II. Grundsatz (Abs. 1)	
1. Buchungsgegenstand	1a
2. Art der Eintragung	3
3. Inhalt der Eintragung	10
4. Bezugnahme auf die Eintragungsbewilligung nach Abs. 3	23
5. Form der Eintragung	24
6. Schließung des Grundstücks-Grundbuchs	25
III. Gemeinschaftliches Grundbuchblatt als Ausnahme	26
IV. Voraussetzungen der Eintragung	
1. Eintragungsantrag (Abs. 4)	27
2. Eintragungsbewilligung	28
3. Anlagen	29
4. Öffnungsklausel (Sätze 3–6)	41
a) Ermächtigung der Länder (Satz 3)	42
b) Verweis auf Satz 1 Nr. 2 (Satz 4)	43
c) Vorrang vor § 29 GBO (Satz 5)	44
d) Ermächtigung der Übertragung (Satz 6)	44
V. TEs-Grundbuch	45
VI. Einzelheiten der Eintragung	46

I. Sinn und Zweck der Vorschrift

1   Die Vorschrift enthält die für das WE geltenden besonderen Grundbuchvorschriften. Es werden u. a. die für eine Grundbucheintragung von der zuständigen Baubehörde zu bestätigenden bzw. auszustellenden und dem Grundbuchamt vorzulegenden Pläne bzw. Bescheinigungen (Aufteilungsplan, Abgeschlossenheitsbescheini-

gung) genannt (zu näheren Einzelheiten vgl. die Begründung zu dem RegierungsE des WEG: BR-Drucks. 75/51; *Bärmann,* Anh. I). Zur vorgesehenen Änderung des Abs. 4 s. Ergänzungsband.

II. Grundsatz (Abs. 1)

Siehe auch die Wohnungsgrundbuchverfügung (WGV) vom 1. 8. 1951 (BAnz. Nr. 152 S. 1; abgedruckt hier im Anhang I 2a). Ferner die Allg. Verwaltungsvorschrift für die Ausstellung von Bescheinigungen gemäß § 7 Abs. 4 Nr. 2, § 32 Abs. 2 Nr. 2 des WEG vom 19. 3. 1974 (BAnz. Nr. 58; s. unten Anhang I 1). **1a**

Vorbild war § 3 Abs. 3 GBO: Verbindung eines MEs-Anteils mit einem anderen Eigentum.

Grundsatz des **Abs. 1** ist, für jedes nach § 3 Abs. 1 zu bildende WE ein eigenes Ws-Grundbuchblatt, für jedes TE ein eigenes TEs-Grundbuchblatt anzulegen. Dort wird nicht nur der MEs-Anteil verzeichnet, sondern zugleich das zugehörige SE in entsprechender Bezeichnung und mit Hinweis auf die mit den anderen MEs-Anteilen verbundenen SEs-Räume (zur Ausnahme nach Abs. 2 s. unten). **2**

Dies gilt auch für die Eintragung mehrerer WEs- oder TEs-Rechte des gleichen Eigentümers auf einem Ws-(TEs)Blatt.

Auch **Verbindung von WE und TE** im gleichen Blatt als Ws- und TEs-Grundbuch ist möglich (§ 3 Satz 2 der WGV).

Neben den genannten Vorschriften sind die GBO und allgemeine GrundbVfg. vom 8. 8. 1935 anwendbar.

1. Buchungsgegenstand. Der MEs-Anteil (grundbuchmäßig zu bezeichnen), mit dem ME verbundenes SE an bestimmten Räumen und Beschränkung des MEs durch die Einräumung der zu den anderen MEs-Anteilen gehörenden SEs-Rechte (s. Eintragungsmuster in der WGV im Anhang I 2a). **3**

Nicht eingetragen wird, was zu dem gemeinschaftlichen Eigentum im Einzelnen gehört, auch nicht, wenn ganze Wohnungen oder selbstständige Räume nicht zum SE, sondern zum gemeinschaftlichen Eigentum gehören. **Mängel** des **Aufteilungsplans** – z. B. die fehlende Bezeichnung von Garagen als Sondereigentum – haben die Entstehung von **Gemeinschaftseigentum** zur Folge (BayObLG, NJW 74, 152 = MDR 74, 138; MDR 82, 148; OLG Frankfurt a. M., Rpfleger 78, 380; OLG Stuttgart, Justiz 81, 82 = Rpfleger 81, 109 = OLGZ 81, 160 = MittBayNot 81, 132). Diese Rechtsfolge tritt auch ein, wenn Räume, die im GemE stehen, baulich in eine Wohnung einbezogen werden (BayObLG, ZMR 93, 423). Dies gilt auch, wenn sich Eintragungsbewilligung (Tei- **4**

lungserklärung) und Aufteilungsplan **widersprechen** (OLG Stuttgart, Rpfleger 81, 109 = MittBayNot 81, 132). Diese Ansicht wurde durch den BGH bestätigt (NJW 95, 2851 = MittBayNot 95, 379; BGHZ 130, 159; ebenso OLG Karlsruhe, NJW-RR 93, 1294 und OLG München, RNotZ 2008, 606). Es besteht insoweit **kein Vorrang** einer der beiden Erklärungsgehalte (OLG Stuttgart, a. a. O.; OLG Köln, NJW-RR 93, 204; OLG München, RNotZ 2008, 606). Damit entfällt die Grundlage eines Erwerbs kraft guten Glaubens (OLG Karlsruhe, a. a. O.). Zur Abgrenzung von SE gegenüber fremdem SE und GemE s. § 3 Rz. 18.

5   Hinsichtlich des Inhalts des SEs kann im Übrigen auf die **Eintragungsbewilligung** Bezug genommen werden (durch Angabe der entsprechenden Nummer des Aufteilungsplanes). Nach LG Düsseldorf (Rpfleger 77, 30) sind **Kfz-Abstellplätze** im Lageplan kennzeichnungsfähig. Eine **Benutzungsregelung** bezüglich einer im ME zweier WEer stehenden Duplexgarage ist eintragungsfähig (OLG Jena, FGPrax 2000, 7 = OLG-NL 2000, 58; s. § 3 Rz. 8). Zur Entstehung eines dinglich wirksamen SNRs bedarf es der Eintragung im GB (KG, NJW-RR 97, 205 = FGPrax 96, 178). Der Bestimmtheitsgrundsatz verlangt, dass die Eintragungsbewilligung die Teilfläche genau bezeichnet, an der ein **Sondernutzungsrecht** bestellt werden soll (BayObLG, DerWEer 85, 95; OLG Frankfurt a. M., NJW-RR 96, 1168). Ausnahmsweise genügt zur wirksamen Eintragung im WsGB die Bezugnahme auf den in der Teilungserklärung niedergelegten Inhalt des SEs auch dann, wenn dort die Beifügung des Lageplans unterblieben ist, sofern einer SEseinheit die SNRe an **allen** auf dem Grundstück befindlichen Kfz-Einstellplätze ausnahmslos zugeordnet sind (KG, NJW-RR 97, 205 = FGPrax 96, 178). Die Eintragung von **Sondernutzungsrechten** erfolgt im Bestandsverzeichnis und zwar auf allen WsGrundbuchblättern (*Ertl*, Rpfleger 79, 82, dort auch zur Formulierung des Eintragungsvermerks; a. A. *Röll*, MittBayNot 79, 218). Sie wird durch die Eintragung Inhalt des SEs (OLG Frankfurt a. M., NJW-RR 96, 1168; KG, NJW-RR 97, 205 = FGPrax 96, 178). Zur näheren Bezeichnung des Gegenstands und des Inhalts des SEs kann nach Abs. 3 auf die Eintragungsbewilligung Bezug genommen werden. Sie gilt mithin auch für Umfang und Inhalt des **SNRs,** das durch Eintragung zum Inhalt des SEs werden soll (BayObLGZ 85, 204 = NJW-RR 86, 93 = DNotZ 86, 479 m. Anm. *Ertl* = Rpfleger 86, 132; OLG Frankfurt a. M., NJW-RR 96, 1168). Eine wenigstens schlagwortartige Bezeichnung solcher Vereinbarungen ist zweckmäßig (allg. M., zuletzt OLG Frankfurt a. M., a. a. O.). Eine Ergänzung der Eintragung ist nur auf der Grundlage

der (früheren) Eintragungsbewilligung möglich, wenn diese klar und bestimmt bezeichnet, an welchen Flächen die SNRe bestehen sollen (OLG Frankfurt a. M., a. a. O.), es genügt allerdings Bestimmbarkeit anhand eines Plans (zum SNR s. allg. § 15 Rz. 9). Die nachträgliche Einräumung eines Sondernutzungsrechts ist nicht in den WsGBüchern der WEer einzutragen, die durch eine im GB eingetragene Gebrauchsregelung vom Mitgebrauch einer genau bestimmten Gemeinschaftspflicht ausgeschlossen sind (BayObLG, DerWEer 85, 61). Das Verhältnis WEer zueinander kann nicht aus dem Grundbuch selbst ersehen werden, sondern nur aus den Grundakten, nämlich dem Gemeinschaftsvertrag und etwaigen Änderungen. Anders bei **Veräußerungsbeschränkungen** nach § 12, die ausdrücklich einzutragen sind (§ 3 Abs. 2 Halbsatz 2 der WGV).

Über das gemeinschaftliche Eigentum kann nur durch eigene **6** Anschauung und Zusammenstellung der SEs-Räume insgesamt Aufschluss erlangt werden.

Das Gesagte gilt auch für die Eintragung in dem Bestandsverzeichnis. Für Abteilung 1, 2 und 3 des Ws-Grundbuchblattes gilt das allgemeine Recht.

Wird ein Grundstück an mehrere MEer zu Bruchteilen und unter **7** gleichzeitiger Einräumung von SE veräußert, so sind unmittelbar die einzelnen Ws-Grundbücher anzulegen, ohne dass die Anlegung eines Grundbuches über das Grundstück für die neuen Erwerber mit Bezeichnung der MEs-Anteile dazwischengeschaltet werden müsste (s. *Bärmann*, Anm. zu OLG Neustadt, NJW 60, 295).

Auf dem bisherigen Grundstücks-Grundbuchblatt kann auch **8** nicht ein einzelnes WE stehen bleiben. Es kommt höchstens Neubenutzung des Grundbuchblattes nach Abschluss der bisherigen Eintragungen in Frage.

Nach **Abs. 1 S. 2** ist das Grundbuchblatt des Grundstücks von Amts wegen zu schließen (s. § 36 GrundbVfg. vom 8. 8. 1935).

Grundakten sind für jedes Ws-Grundbuch besonders anzulegen; **9** daher je eine Abschrift der Urkunden für jeden Grundakt.

Für das formelle Grundbuchrecht liegt die Betonung auf dem **ME;** dies ergibt sich schon aus der Art der Eintragung in das Bestandsverzeichnis.

2. Art der Eintragung. Grundsätzlich **Realfolium** (§ 3 GBO) **10** für jedes WE, wie nach § 3 GBO für jedes Grundstück. Wohl aber kann gemäß § 4 Abs. 1 GBO ein Grundbuchblatt für mehrere WEs-Rechte des gleichen Eigentümers angelegt werden. Dies ist ein einheitliches Grundbuchblatt nach § 4 Abs. 1 GBO, nicht gemeinschaftliches Ws-Grundbuch nach § 7 Abs. 2. Nach **Abs. 2** kann lediglich von der Anlegung **besonderer** Grundbuchblätter abgesehen werden, z. B. im Falle eines ehemaligen Zweifamilienhauses. Es wird dann ein gemeinschaftliches GB-Blatt für **alle** Ws- bzw. TEsrechte angelegt. Auch hier ist maßgebend, dass **keine Verwirrung** zu besorgen ist (zu diesem Begriff s. BayObLG, Rpfleger 77, 251). Sie kann sich schon im Bestandsverzeichnis durch die Häufung von Beschreibungen der mit dem MEs-Anteil verbundenen SEs-Rechte usw. ergeben. Zur Anwendung des § 3 Abs. 3 Buchst. a und b GBO s. OLG Düsseldorf, Rpfleger 70, 394. Unter denselben Voraussetzungen kann auch ein gemeinschaftliches GB-Blatt für mehrere Ws- bzw. TEsrechte *eines* Eigentümers gebildet werden. Im Falle des Verzichts auf die Anlegung besonderer Grundbuchblätter lautet die Bezeichnung: **Gemeinschaftliches Wohnungsgrundbuch** (Teileigentumsgrundbuch).

11 **Vereinigung** nach § 890 Abs. 1 BGB ist bei WEs-Rechten des gleichen Eigentümers denkbar. Eine Zustimmung der übrigen WEer ist nicht erforderlich. Eine Abgeschlossenheit der zusammengelegten Räume ist nicht erforderlich (BGH, NJW 2001, 1212, s. o. § 3 Rz. 3). Verwirrung durch Verschiedenheit der Belastungen ist zu bedenken. Der Rechtspfleger entscheidet nach pflichtgemäßem Ermessen (näheres *Demharter,* GBO, § 5 Rz. 5; *Hügel/Kral,* GBO, 2007, § 5 Rz. 29 ff.). Der WEer braucht zur Verbindung zweier benachbarten EWen (nur dann) die Zustimmung der übrigen WEer, wenn dabei tragende Wände eingerissen werden müssen (BayObLG, Az. 2 Z BR 71/94).

12 Für das Eigentumsverzeichnis gilt § 21 Nr. 8 der Aktenordnung.

Zur Vereinigung von Grundstücken ist stets ein Antrag erforderlich. Bei späterer unterschiedlicher Belastung folgt die Rückgängigmachung der Vereinigung. Zur **Zuschreibung** eines im gewöhnlichen ME stehenden Grundstücks zum WE s. OLG Oldenburg, Rpfleger 77, 22 = MittRhNotK 77, 13. Die Zuschreibung eines Grundstücks als Bestandteil eines Ws- oder TEs ist zu bejahen (OLG Hamm, NJW-RR 96, 1100).

Die Überschrift des Grundbuchblattes bei gemeinschaftlichem **WE** und **TE** lautet: Ws- und TEs-Grundbuch.

13 **3. Inhalt der Eintragung.** Der MEs-Anteil ist gemäß § 47 GBO auf dem Ws-Grundbuchblatt anzugeben. Dazu Bemerkungen im Sinne des § 7 Abs. 1. Es genügt, wenn sich das maßgebliche Gemeinschaftsverhältnis durch Auslegung der Urkunde entnehmen lässt (LG Nürnberg-Fürth, MittBayNot 81, 16). Über den Umfang der Eintragung vgl. auch *Diester,* Rpfleger 60, 112 f. Zur Bezeich-

Grundbuchvorschriften 14–19 § 7

nung als „Gesamtberechtigte" s. OLG Frankfurt a. M., Rpfleger 80, 417 (Vorlagebeschluss). Zum Erfordernis des Bestimmtheitsgrundsatzes und Auslegung von GBerklärungen s. BayObLG, MittBayNot 80, 207.

In Spalte 6 des Bestandsverzeichnisses erfolgt Vermerk, woher **14** MEs-Anteil übertragen wurde, Änderung am Gegenstand und Inhalt des SEs. Hierwegen ist Bezugnahme auf die Eintragungsbewilligung zulässig. Unterschrift in Spalte 6 deckt auch den Eintragungsvermerk in Spalte 3 (OLG Celle, Rpfleger 71, 184 = DNotZ 71, 305).

Bei **Gesamtbelastungen** ist nur Eintragung auf sämtlichen Ws- **15** Grundbuchblättern möglich: ein Grundbuchblatt des Grundstückes existiert nicht mehr (BayObLG, ZMR 95, 421). Zur umstrittenen Frage, ob ein Grundstück im Rechtssinn fortbesteht, s. (bejahend) OLG Oldenburg, Rpfleger 77, 22, *Palandt/Bassenge,* § 7 Rz. 8; wohl auch BayObLG, ZMR 95, 421. Ansprüche auf Verfügung, die das Gesamtgrundstück betreffen, sind durch Vormerkungen auf **allen** WsGrundstücken zu sichern (BayObLG, MittBayNot 2002, 189; a. A. *Hoffmann,* MittBayNot 2002, 955).

Zur Bestellung und Eintragungsfähigkeit beschränkter **dinglicher** **16** **Rechte** s. oben § 1 Rz. 23 f. (hinsichtlich Grunddienstbarkeiten, Dienstbarkeiten, Vorkaufsrecht, Reallast, Nießbrauch, Vormerkung u. a.). Nach *Röll* (MittBayNot 79, 218) brauchen Veränderungen, die sich auf Nebenräume, MEsanteile oder Sondernutzungsrechte beziehen, nur auf dem entsprechenden WsGB eingetragen zu werden (a. A. *Ertl,* Rpfleger 79, 82).

Falls das Gebäude schon **errichtet** ist, bedarf es zur Eintragung **17** einer Vormerkung nicht zwingend der Vorlage eines Aufteilungsplans. Es genügt eine zweifelsfreie Beschreibung der Wohnung (BayObLGZ 77, Nr. 28 = Rpfleger 77, 300 = ZMR 77, 340).

Anlage 1 zur WGV (s. Anhang I 2 a) sieht im Bestandsverzeichnis **18** lfd. Nr. 3 zu 2 Eintragung eines Licht- und Fensterrechtes am Gesamtgrundstück vor. Die Eintragung erfolgt jedoch nur in den einzelnen WEs-Grundbuchblättern. Dies gilt nicht nur für das belastete, sondern auch für das dienende Grundstück (s. ebenda, Eintragung 2. Abt. lfd. Nr. 1). Auch bei der Eintragung auf herrschendem WE oder TE für Grunddienstbarkeiten, Vorkauf, Reallast ergibt sich aus dem Ws-Grundbuchblatt das berechtigte WE, z. B. i. S. d. § 1018 BGB.

Bestehende Belastungen werden auf die einzelnen Ws-Grund- **19** buchblätter übertragen (§ 48 GBO). Wenn nichts anderes mit den Gläubigern vereinbart, werden sie zu Gesamtbelastungen aller WEer (BGH, NJW 92, 1390).

Abgesonderte Gemeinschaft (s. oben § 5 Rz. 25) kommt im Grundbuch nicht unmittelbar zum Ausdruck; sie ergibt sich nur aus der GemO.

20 WE ist vertraglich gestaltbar, nicht wie Eigentum dogmatisch unveränderlich. Daher sind Veränderungen möglich in Bezug auf das Verhältnis der WEer untereinander (zu den Einzelheiten s. unten Rz. 24 f. vor § 10). Auch Beschlüsse der WEer-Versammlung ändern den Inhalt ebenso gerichtliche Entscheidungen nach § 43. Deren Verdinglichung tritt selbst ohne Eintragung oder Einreichung zu den Grundakten ein (§ 10 Abs. 3 i. V. mit §§ 23, 43). Zum GB-Vollzug von Änderungen *Ertl, Rpfleger* 79, 83 und *Röll,* MittBayNot 79, 218.

21 Zur Inhaltsänderung ist die Zustimmung aller i. S. des § 19 GBO erforderlich, soweit Dinglichkeitswirkung erst mit der Eintragung eintritt.

22 Für die **Berichtigung** des Grundbuchs (z. B. bei Unrichtigkeit zufolge tatsächlicher Veränderung der Zugehörigkeit der SEs-Räume) sind §§ 14, 22 GBO zu beachten, bzw. § 894 BGB. Der Nachweis der Unrichtigkeit erfolgt durch öffentliche Urkunde (BayObLG, DerWEer 85, 126/LS). Ist SE wegen fehlerhafter Abgrenzung nicht entstanden, sind sämtliche WEer verpflichtet, an der Berichtigung mitzuwirken. Während der BGH (NJW 95, 2851) von der „Beseitigung des isolierten MEsanteils" spricht, ist richtigerweise von der Einräumung von SE anstelle GemEs auszugehen. Jedenfalls herrscht Einigkeit, diesen gesetzwidrigen Zustand nicht auf Dauer bestehen zu lassen (OLG Hamm, RNotZ 2007, 207). Eine inhaltlich unzulässige Eintragung liegt jedenfalls dann vor, wenn sie bei einem durch Unterteilung entstandenem (?) WE sowohl auf die ursprüngliche Teilungserklärung, die von der Unterteilung erfasste Räume als GemE ausweist, als auch auf die Unterteilungserklärung Bezug nimmt (BGH NZM 2004, 876 = NJW 2004, 3418/LS). Das GB ist nicht der Ort der Klärung materiell-rechtlicher Zweifelsfragen, auch nicht durch einen **Klarstellungsvermerk,** etwa ob Balkon-/Terrassenräume im SE stehen (OLG Düsseldorf, NZM 2009, 585).

23 **4. Bezugnahme auf die Eintragungsbewilligung** nach **Abs. 3.** Sie ist sowohl für den Gegenstand wie den Inhalt des SEs zulässig (§ 5, § 10 Abs. 2), Verfügungsbeschränkungen sind besonders anzugeben (§ 3 Abs. 2 der WsGrundbVfg). Bauzeichnung als Anlage der Eintragungsbewilligung ist deren Bestandteil (s. auch § 874 BGB). Zur Frage der Mitbeurkundung der Baubeschreibung s. o. § 4 Rz. 9 f. Alles, was in der Eintragungsbewilligung enthalten ist, wird durch die auf sie Bezug nehmende Eintragung zum Inhalt des GBs (OLG Frankfurt a. M. NZM 2005, 947; *Weitnauer/Briesemeister*, § 7 Rz. 32) und nimmt damit am **öffentlichen Glauben** teil.

5. Form der Eintragung. Besondere Vorschrift in § 3, bes. Abs. 3–7 der WGV, §§ 1 ff. GrundbVfg. Besonderheiten beziehen sich ausschließlich auf das Bestandsverzeichnis. 24

Besonderes gilt für ein gemeinschaftliches WsGrundbuch (als Ausnahme). Angaben über Gegenstand und Inhalt des SEs als Bezeichnung des Gemeinschaftsverhältnisses i. S. des § 47 GBO gem. § 9 Buchstabe b der WGV sind in Spalten 2 u. 4 der ersten Abteilung einzutragen; beim einzelnen WsGrundbuch dagegen in Spalte 3. 25

Im Übrigen siehe § 8 der allgemeinen GrundbVfg. (*Meikel/Imhof/Riedel* § 3 Anm. 8, 26 ff. u. 97; *Demharter*, Grundbuchordnung, 26. Aufl. 2008, WGV, Anh. 2).

6. Schließung des Grundstücks-Grundbuchs. Gemäß §§ 34–36 der Allgemeinen GrundbVfg. (KG, NZM 2007, 451; *Demharter*, GBO, Anh. 1). Eine Schließung unterbleibt nur, wenn keine Ws-Grundbücher im Einzelnen angelegt werden oder auf dem Blatt des betroffenen Grundstücks weitere Grundstücke verzeichnet sind gem. § 4 Abs. 1 GBO. 26

Durchkreuzungs- und Schließungsvermerk mit Angabe des Grundes erfolgt nach § 36 GrundbVfg. Siehe auch dort § 34 Buchst. b.

III. Gemeinschaftliches Grundbuchblatt als Ausnahme

Siehe schon oben Rz. 10. Bezeichnung „Gemeinschaftliches Ws-Grundbuch" oder „Gemeinschaftliches TEs-Grundbuch" oder „Gemeinschaftliches Ws- und TEs-Grundbuch". 27

Über Fragen, ob Verwirrung zu besorgen ist, entscheidet der Grundbuchrichter nach Ermessen (§ 3 Abs. 3, §§ 4–6 GBO, *Demharter*, GBO, § 3 Rz. 28, § 5 Rz. 13).

IV. Voraussetzungen der Eintragung

1. Eintragungsantrag (Abs. 4). § 13 GBO, formlos. Bedingungs- und befristungsfeindlich (§ 16 GBO). 28

2. Eintragungsbewilligung. § 19 GBO formelles Konsensprinzip. Daneben ist am materiellen Konsensprinzip festzuhalten (gegen *Weitnauer* und *Diester;* s. o. Rz. 3). 29

Eintragungsgrundlagen bedürfen der **Form** des § 29 GBO (*Pick* in *Bärmann/Armbrüster,* § 7 Rz. 75 m. w. N.).

30 **3. Anlagen. a) Aufteilungsplan** nach Abs. 4 Nr. 1. Er stellt einen amtlichen Plan dar, der den Anforderungen nach Ziff. 2 ff. der Allg. Verwaltungsvorschrift für die Ausstellung von Bescheinigungen gem. § 7 Abs. 4 Nr. 2 u. § 32 Abs. 2 Nr. 2 des WEG (s. u. Anhang I 1) über Anforderungen an **Bauzeichnung,** Maßstab 1 : 100, zu entsprechen hat. Der Aufteilungsplan muss bei **(bestehenden)** Gebäuden eine Baubestandszeichnung sein, also den derzeitigen Bauzustand zutreffend wiedergeben (BayVwGH, NZM 99, 260 = WuM 98, 423). Weitere Einzelheiten dort. Farbumrandungen bezeichnen lediglich die Räume, die in SE stehen, und treffen keine Bestimmung über SE an Wänden usw. (LG Frankenthal, MittBayNot 78, 60). Zur Voraussetzung der Abgeschlossenheit und zusätzliche Räume (s. oben bei § 3 Rz. 18 f. und § 5 Rz. 15). Über die Folgen von Mängeln in Teilungserklärung und Aufteilungsplan siehe oben Rz. 4. Der Aufteilungsplan dient in Verbindung mit der Teilungserklärung der **Abgrenzung** von S- und ME (OLG Frankfurt a. M., Rpfleger 80, 391; BGH, NJW 95, 2851; BayObLG, MittBayNot 97, 291) und damit der Realisierung des **Bestimmtheits**grundsatzes. Es muss auch gegenüber fremdem **SE** eindeutig abgrenzbar sein (BGH, NJW 2008, 2982). Entsteht mangels Bestimmtheit kein SE für die WEer, ist der Begründungsakt durch beurkundeten Nachtrag zur Teilungserklärung zu ändern (s. § 3 Rz. 3).

31 Die **Bezugnahme** auf die Eintragungsbewilligung umfasst auch die **Bauzeichnung** als deren Anlage und Bestandteil (§ 176 Abs. 2 FGG; OLG Frankfurt a. M., Rpfleger 78, 380; BayObLG, Rpfleger 80, 260; OLG Stuttgart, Rpfleger 81, 109). Bei Widerspruch **(Divergenz)** von Teilungserklärung und Aufteilungsplan ist grundsätzlich keiner der sich widersprechenden Erklärungsinhalte vorrangig (OLG München, RNotZ 2008, 606; BGH, NJW 2004, 1748; s. u. Rz. 4). Ein bei Begründung von SE nicht vorliegender Aufteilungsplan, auf den später in den WsGBüchern Bezug genommen wird, wird durch diese Bezugnahme Inhalt des Grundbuchs und nimmt an dessen öffentlichen Glauben teil. Durch nachfolgenden **gutgläubigen Erwerb** wird ein solcher **Gründungsmangel** geheilt (OLG Karlsruhe, NJW-RR 93, 1294).

32 Daher macht eine **Änderung** des Aufteilungsplanes oder tatsächliche Änderung der Aufteilung der SEs-Räume untereinander oder im Verhältnis zu den gemeinschaftlichen Teilen das **Grundbuch unrichtig** (BayObLG, NJW 73, 1086 = Rpfleger 74, 111 = ZMR 74, 55; OLG Karlsruhe, Justiz 83, 307; DerWEer 85, 126/LS; Bay-

ObLGZ 80, 226 = Rpfleger 80, 435; Rpfleger 80, 260 = 294; 435: Teilnahme am **öffentlichen Glauben** des GBs, soweit es um die Abgrenzung von SE und GemE geht); es besteht ein Recht auf **Grundbuchberichtigung** aller betroffenen WEer. Keine Unrichtigkeit, wenn lediglich die Einzelausgestaltung des Gebäudes vom Aufteilungsplan abweicht (BayObLG, NJW 67, 986). Bei Abweichung der Bauausführung **innerhalb** einer mit dem Plan übereinstimmenden WEseinheit s. OLG Köln, DNotZ 83, 618 = MDR 82, 1021 = Rpfleger 83, 374 = MittRhNotK 82, 221. SE entsteht auch dann, wenn entgegen dem Aufteilungsplan 2 Wen zu einer **zusammengefasst** werden (BayObLG, DNotZ 82, 242) oder wenn eine Trennwand zwischen zwei selbstständigen SEs-räumen überhaupt nicht errichtet wurde (BGH, NJW 2008, 2982). Sie kann problemlos nachgeholt werden, wenn der Aufteilungsplan sie vorsieht.

Die **Bauzeichnung** muss auch Lage und Größe der SEs-Räume 33 wie des gemeinschaftlichen Eigentums **beschreiben** (BGH, NJW 95, 2851). Die zeichnerische Darstellung nur eines Teils des Gebäudes, insbesondere nur der im SE stehenden Gebäudeteile, genügt nicht (LG Lüneburg, Rpfleger 79, 314; LG Köln, MittRhNotK 84, 16). Die Bauzeichnung muss außer **Grundrissen** auch **Schnitte** und **Ansichten** des Gebäudes enthalten (BayObLG, WuM 97, 461; LG Lüneburg a. a. O.; BayObLG, Rpfleger 80, 435; = DNotZ 80, 747 = OLGZ 81, 159 = MittBayNot 80, 162; LG Köln, MittRhNotK 84, 17). Sollen mehrere Bauwerke errichtet werden, ist neben der Größe auch der Standort im Lageplan festzulegen (HansOLG Bremen, Rpfleger 80, 68 = DNotZ 80, 489). Ansichten und Schnitte sind in diesem Fall (selbstständiges **Garagenbauwerk** im GemE) nicht erforderlich (BayObLG, NJW-RR 93, 1040). Anderes gilt, wenn an baulich selbstständigen Garagen SE begründet werden soll. In diesem Fall sind dem GBA wegen des **Bestimmtheitsgrundsatzes** die in Abs. 4 genannten Unterlagen vorzulegen (OLG Düsseldorf, NZM 2000, 666/LS). Zur Bauzeichnung allg. s. BayObLG, Rpfleger 84, 314 und MittBayNot 97, 291.

§ 7 **Abs. 4** soll der Klarheit des Ws-GBs dienen (LG Bayreuth, 34 MittBayNot 75, 102). Um eindeutiger Zuordnung willen sollen **Einzelräume,** die zu einem WE gehören, mit der gleichen Nummer des Aufteilungsplanes gekennzeichnet werden (a. A. OLG Zweibrücken, OLGZ 82, 263 m. w. N.). Dies kommt seiner Übersichtlichkeit zugute.

Ist in der Teilungserklärung als Gegenstand des SEs „ein ebenfalls 35 dazugehöriger Hobbyraum im Keller" angegeben, dieser Raum jedoch im Aufteilungsplan nicht (mit Nummer und/oder Farbe) gekennzeichnet, so entsteht insoweit GemE (BayObLG, Rpfleger 82, 21). Zum umgekehrten Fall: Räume sind lediglich im Aufteilungsplan, aber nicht in der Teilungserklärung als SE bezeichnet, s. OLG Stuttgart, Rpfleger 81, 109. Mit **„Einzelräume"** sind insbesondere Keller, Speicher oder Garagen bzw. Stellplätze (Näheres LG Düsseldorf, Rpfleger 77, 30 = ZMR 80, 63) gemeint, nicht auch kleinste Räume (LG Bayreuth, a. a. O.). Außerdem sollen Eintragungsbewilligung und Aufteilungsplan hinsichtlich der Nummerierung der Sondereigentumsrechte übereinstimmen.

36 Die Überleitungsvorschrift des Art. 3 § 3 des G v. 30. 7. 1973 nimmt davon allerdings alle Anträge aus, die vor Inkrafttreten des Änderungsgesetzes (1. Okt. 1973) beim Grundbuchamt gestellt wurden.

37 **b) Bescheinigung der Baubehörde** bzw. des **öffentlich** bestellten **Sachverständigen** nach **Abs. 4 Nr. 2.** (s. Anlage zur Allg. Verwaltungsvorschrift vom 19. 3. 1974, Anh. I 1). Sie soll ausweisen, dass die Voraussetzungen des § 3 Abs. 2 vorliegen. Wie die Bauzeichnung ist sie mit Unterschrift sowie Siegel oder Stempel zu versehen (allgemein zur Abgeschlossenheitsbescheinigung *Trendel,* BauR 84, 215 und *Becker,* NJW 91, 2742).

38 **Zuständig** ist grundsätzlich die **Bauaufsichtsbehörde** (zur Öffnungsklausel s. u. Rz. 41 f.). Die Verbindung von Abgeschlossenheitsbescheinigung und Bauzeichnung ist nur **eine** Möglichkeit zur Kenntlichmachung der Zusammengehörigkeit. Daneben kann die Zusammengehörigkeit auch durch übereinstimmende Aktenbezeichnung ersichtlich gemacht werden (LG Köln, MittRhNotK 84, 16).

Abgeschlossenheit der Wohnung ist nur Sollvorschrift (§ 3 Abs. 2); Verstoß macht die Eintragung nicht ungültig und das GB nicht unrichtig (BayObLG, Rpfleger 80, 295; MittBayNot 84, 184), auch wenn Bescheinigung irrigerweise erteilt wurde. Anders wenn die Wirklichkeit vom Aufteilungsplan abweicht. Ist Gegenstand des SEs ein Etagenhaus, so genügt eine Bescheinigung über die Abgeschlossenheit der einzelnen Wen (LG Kiel SchlHA 69, 179).

Das **GBA** hat ein materielles **Prüfungsrecht** und nach der Rspr. sogar eine **Prüfungspflicht** (OLG Düsseldorf 98, 27 = WE 98, 226 = MittRhNotK 98, 399). Selbst beim Vorliegen einer behördlichen Abgeschlossenheitsbescheinigung hat das GBA in eigener Verantwortung anhand der Eintragungsunterlagen zu prüfen, ob die Voraussetzungen der Abgeschlossenheit vorliegen (OLG Düsseldorf, a. a. O.). Insoweit besteht keine Bindung an die Bescheinigung der Baubehörde (BayObLG, DNotZ 71, 473; OLG Frankfurt a. M.,

Rpfleger 77, 312; s. § 3 Rz. 18; a. A. LG Frankfurt a. M., NJW 71, 760). Zum **Umfang** des Prüfungsrechts und einer eventuellen Prüfungspflicht s. *Armbrüster,* § 7 Rz. 121 ff. u. BayObLG, Rpfleger 80, 105, zur Prüfung, ob WE oder TE vorliegt, s. *Trendel,* BauR 84, 215 ff. sowie OLG Düsseldorf, WE 98, 226). Stellt sich nach Teilung eines WEs in neue selbstständige WEs-Rechte heraus, dass die Bauausführung vom ursprünglichen Aufteilungsplan abweicht, beschränkt sich die Prüfung des GBAs darauf, ob die **Abgrenzung** der im GemE und im SE stehenden Gebäudeteile nach wie vor mit dem Aufteilungsplan übereinstimmt (OLG Köln v. 23. 6. 82 – 2 Wx 17/82, Rpfleger 82, 374).

Das GBA hat darüber hinaus eine Prüfungskompetenz, um die Richtigkeit des GBs zu gewährleisten. **39**

Nicht der Prüfungskompetenz unterliegt die Frage, ob die WEer im Rahmen ordnungsmäßiger Verwaltung z. B. beim Erwerb von WE in derselben Anlage gehandelt haben (*Jennißen,* NJW 2008, 2005; OLG Celle, NJW 2008, 1537 = NZM 2008, 370). Nur bei **Nichtigkeit** des Beschlusses kann das GBA den Eintragungsantrag zurückweisen. Auch hinsichtlich von **AGB** beschränkt sich die Prüfungskompetenz auf offensichtliche Verstöße gegen §§ 305 ff. BGB (OLG München, RNotZ 2009, 329).

Das GB-Verfahren ist nicht der Ort, schwierige materiell-rechtliche Fragen wie SE an Terrassen zu klären (OLG Düsseldorf, DWE 2009, 69).

Bei der **Umwandlung** von Altbau(miet)wohnungen wurde – auch unter dem Eindruck der Wohnungsnot – die Abgeschlossenheitsbescheinigung immer mehr als Instrument zur Sicherung des Mietwohnungsbestandes eingesetzt (zur Diskussion zwischen BVerwG und BGH über die Abgeschlossenheitsvoraussetzungen s. die 15. Aufl.). Durch Beschluss vom 30. 6. 1992 entschied der Gemeinsame Senat der Obersten Gerichte des Bundes (GmS-OGB 1/91), dass Wohnungen und sonstige Räume in bestehenden Gebäuden auch dann im Sinne von § 3 Abs. 2 Satz 1 in sich abgeschlossen sein können, wenn die Trennwände und Trenndecken nicht den Anforderungen entsprechen, die das Bauordnungsrecht des jeweiligen Bundeslandes aufstellt (Beschluss vom 30. 6. 1992, GmS-OGB 1/91; BGH, NJW 93, 592). Damit sind die Baubehörden gehalten, etwa zurückbehaltene Abgeschlossenheitsbescheinigungen zu erteilen (vgl. Einl. Rz. 25 ff. und § 3 Rz. 18).

Gegen die Verweigerung der Bescheinigung sind Widerspruch und Verwaltungsrechtsweg eröffnet.

Die Baubehörde kann den Aufteilungsplan für kraftlos erklären, **40** aber nicht ihrerseits Berichtigung des Grundbuchs verlangen (vgl.

auch BVerwG, WuM 96, 574). Ein Amtswiderspruch (§ 53 GBO) kommt nur unter besonderen Voraussetzungen in Frage: ordnungswidrige Eintragung, Unrichtigkeit des GBs und Gefahr gutgläubigen Erwerbs (*Demharter,* GBO, § 53 Anm. 3).

Aufteilungsplan und Bescheinigung sind auch erforderlich, wenn offensichtlich mehrere in sich abgeschlossene Gebäude auf dem gleichem Grundstück in WE errichtet wurden (anders für DWR LG Münster, DNotZ 53, 148).

Die Abgeschlossenheitsbescheinigung trifft keine verbindliche Feststellung über den Umfang der **baurechtlich** zulässigen Nutzung des SEs (BVerwG, DerWEer 83, 62). Zur Frage einer zusätzlichen Erlaubnis nach dem DenkmalschutzG (hier: Bayern) s. BayObLG, DerWEer 84, 30.

Aufteilungsplan und Abgeschlossenheitsbescheinigung müssen nicht neu sein. Es genügen auch ältere Unterlagen (LG Landau v. 26. 2. 82 – 4 T 19/82, in MittBayNot 82, 134 für die Umwandlung eines Sondernutzungsrechts an einer abgeschlossenen Wohnung in WE). Es gelten die oben Rz. 40 bez. Anforderungen.

41   4. Die neue **Öffnungsklausel** soll den Änderungen der tatsächlichen und rechtlichen Situation im Bauwesen seit 1951 Rechnung tragen (BT-Drs. 16/887 S. 17). WE wird heute mehr denn je in der Form der Aufteilung vorhandenen Wohnraums geschaffen als durch Neubau, ohne entspr. baurechtliche Genehmigung; des Weiteren haben die Länder sehr unterschiedliche Genehmigungsverfahren in Bezug auf Bauvorhaben entwickelt, die von genehmigungsfreien über vereinfachte bis zu Standardverfahren reichen (a. a. O.).

42   Satz 3 enthält die Befugnis der Länder (Landesregierungen), zu entscheiden, ob Aufteilungsplan und Abgeschlossenheit statt wie bisher allein von der Baubehörde nun auch von eine(m)r Sachverständigen bescheinigt werden kann. Die Länder können dabei differenzieren, ob dies generell oder nur für bestimmte Fälle gelten soll. Der Begriff des „öffentlich bestellten oder anerkannten Sachverständigen" stellt auf die **Unabhängigkeit** gegenüber dem Eigentümer ab. Es soll nicht zwischen de(m)r öffentlich bestellten (z. B. von der IHK) und de(m)r nach Landesrecht staatlich anerkannten Sachverständigen unterschieden werden (a. a. O. S. 17).

Dabei richtet sich die Anerkennung als Bausachverständige(r) nach den bundesrechtlichen (z.B. § 36 GewO) und landesrechtlichen Bestimmungen.

43   Satz 4 verweist auf die entsprechende Anwendung der Allg. VV (gemäß Abs. 4 S. 1 Nr. 2, § 32 Abs. 2 Nr. 2; s. Anh. I 1).

In der Begr. wird auf Nr. 8 dieser Vorschrift hingewiesen, wonach die Bescheinigung bei Genehmigungsfreiheit des Bauvorhabens erst erteilt werden darf, wenn der Eingang der Unterlagen bei der Baubehörde und die Wartefrist erfüllt sind (a. a. O.).

Satz 5 enthält die **Klarstellung,** dass Abs. 4 als lex specialis dem **44** § 29 GBO insoweit vorgeht, als die von de(m)r Sachverständigen erstellten Unterlagen – Aufteilungsplan und Abgeschlossenheitsbescheinigung – in Rede stehen. Die Form richtet sich ausschließlich nach der Allg. VV (Unterschrift, Stempel und einheitliche Bezeichnung). Die öffentl. Beglaubigung der Unterschrift ist nicht notwendig. Unberührt bleibt das Prüfungsrecht des Grundbuchamts.

Satz 6 enthält die Befugnis der Landesregierungen zur Delegation ihrer Befugnis nach Satz 3 auf die Landesbauverwaltungen.

V. TEs-Grundbuch

Nach **Abs. 5** gilt alles Gesagte entsprechend für das **TEs-** **45** **Grundbuch.** Zur Abgeschlossenheit der nicht zu Wohnzwecken dienenden Räume sagt Ziff. 5 b der Allg. Verwaltungsvorschrift: Bei nicht zu Wohnzwecken dienenden Räumen gelten diese Erfordernisse sinngemäß, also die Erfordernisse, die an eine abgeschlossene Wohnung gestellt werden (im Anh. I 1). Vgl. § 3 Rz. 19 für Hotelzimmer bzw. Appartement. Für **Kellerräume** ist nach VGH München (NJW-RR 91, 595) eine Abgeschlossenheitsbescheinigung nicht ausgeschlossen.

VI. Einzelheiten der Eintragung

Es gelten die GBO und die GrdbVfg., also das allgemeine Grund- **46** buchrecht, auch hinsichtlich Grundbucheinsicht, Zwischenverfügungen und Rechtsmittel hiergegen, Aufbewahrung der Urkunden u. a., ebenso § 55 GBO über Bekanntmachung der Eintragung. Grundbucherklärungen sind **auslegungsfähig** (BayObLG, Mitt-BayNot 79, 227). Veränderungen eines WEs berühren sämtliche übrigen WEer, nicht allerdings Eintragungen in Abt. 1, 2 und 3. Mitteilungen an Vermessungsämter nach AVRJM vom 20. 1. 1940, DJ 214 (zum Prüfungsrecht des GBAs s. *Bärmann/Armbrüster*, § 7 Rz. 121 f.). Neben den formellen Voraussetzungen der Eintragung hat das GBA auch den materiellen Inhalt des WEs zu prüfen, z. B. ob Willensmängel vorliegen. Ansonsten hat das GBA den Eintragungsantrag nur unter dem Gesichtspunkt eines Verstoßes gegen §§ 134, 138 BGB einer Kontrolle zu unterziehen. Eine **Eintragung** kann jedenfalls **versagt** werden, wenn die Unwirksamkeit

einer Klausel der GemO nach Überzeugung des GBAs zu einer Unrichtigkeit des GBs führt (BayObLG, Rpfleger 80, 105; BayObLG, ZMR 97, 369; OLG Frankfurt a. M., MittBayNot 98, 345; LG Traunstein, MittBayNot 78, 218) etwa bei Nichtigkeit einer Bestimmung wegen Verstoßes gegen unabdingbare Vorschriften des WEG oder §§ 134, 138 BGB. Vereinbarungen in Abweichung von den Vorschriften des WEG sind vom GBA nur dann auf ihre Übereinstimmung mit den zwingenden Vorschriften des WEG zu **überprüfen,** wenn diese Vereinbarungen durch **Eintragung** im GB verdinglicht werden sollen (OLG Köln, Rpfleger 82, 62 = DNotZ 82, 756). Zum **Umfang** und den **Grenzen** der Ermittlungspflicht im GB-Eintragungs-Antragsverfahren s. BayObLG, DNotZ 81, 567.

Das Recht der AGB, jetzt §§ 307 ff. BGB, hat an den hergebrachten Grundsätzen des GBverfahrens nichts geändert (OLG Hamm, OLGZ 80, 86). Kritisch *Schmidt,* PIG 9, 82 u. ZGemWoW i. B. 81, 21; *H. Schmid,* BB 79, 1639. Zur Anwendung der §§ 307 ff. BGB s. Rz. 9 f. vor § 10.

47 Beschwerderecht gegen Entscheidungen des GBAs nach § 71 GBO. Gegen eine **GemO,** die durch Bezugnahme **Teil** der **Eintragung** im Ws-GB wurde, ist eine Beschwerde nur unter den eingeschränkten Voraussetzungen des § 71 Abs. 2 Satz 2 GBO zulässig (BayObLG, Rpfleger 82, 15).

48 Ist ein die Vereinbarung ändernder (Mehrheits)beschluss nicht rechtzeitig angefochten, und werden diese Tatsachen in grundbuchmäßiger Form nachgewiesen, hat das GBA auf Antrag einzutragen (ohne Prüfungsrecht; LG Bielefeld, Rpfleger 81, 355: **Pseudovereinbarung**).

§ 8 Teilung durch den Eigentümer

(1) **Der Eigentümer eines Grundstücks kann durch Erklärung gegenüber dem Grundbuchamt das Eigentum an dem Grundstück in Miteigentumsanteile in der Weise teilen, daß mit jedem Anteil das Sondereigentum an einer bestimmten Wohnung oder an nicht zu Wohnzwecken dienenden bestimmten Räumen in einem auf dem Grundstück errichteten oder zu errichtenden Gebäude verbunden ist.**

(2) [1]**Im Falle des Absatzes 1 gelten die Vorschriften des § 3 Abs. 2 und der §§ 5, 6, § 7 Abs. 1, 3 bis 5 entsprechend.** [2]**Die Teilung wird mit der Anlegung der Wohnungsgrundbücher wirksam.**

Teilung durch den Eigentümer 1, 2 § 8

Übersicht

	Rz.
I. Zweck und praktische Bedeutung	1
II. Juristische Natur der Teilungserklärung	
1. Sachenrechtliche Teilung	3
2. Verdinglichung der Vereinbarung der WEer	7
III. Voraussetzungen	
1. Alleineigentum	8
2. Erklärung gegenüber dem Grundbuchamt	9
3. Zustimmung Dritter	10
4. Eintragung	11
IV. Inhalt der Eintragung	12
V. Wirkung	13
VI. Aufhebung	15
VII. Unterteilung	16
VIII. Kosten	17
IX. Wohnraumkündigungsschutz	19
X. Baugesetzbuch und sonstige Rechte des Mieters	21

I. Zweck und praktische Bedeutung

Trotz dogmatischer Bedenken aus der grundsätzlichen Ablehnung 1
der Bildung von Eigentumsteilen in der gleichen Hand und deren unterschiedlicher Belastungsmöglichkeit hat man sich der praktischen Notwendigkeit nicht verschlossen, den **Vorratsbau**, insbesondere durch Bauträger und Baugesellschaften zu fördern, und darum den § 8 geschaffen. Inzwischen hat sich der Vorratsbau weitgehend durchgesetzt. Die ursprünglich befürchteten steuerlichen Nachteile sind durch die Gesetzgebung großenteils ausgeschaltet.
§ 8 kann darüber hinaus auch der Auflösung unwirtschaftlicher Großobjekte dienen, die auf diese Weise in Teilen veräußert werden können. Da die GemO meist vorher festgelegt werden wird, besteht die Gefahr, dass künftige Interessenten sie nicht billigen. Andererseits ist der Schutz der Erwerber vor unbilligen Regelungen zu beachten (s. Rz. 8 ff. Vor § 10). Zur Anwendbarkeit des Rechts der **AGB** auf GemOen s. u. Rz. 11 und Rz. 9 f. vor § 10 (vgl. *Bärmann/Wenzel,* § 10 Rz. 105; BGHZ 151, 164 mit Recht eher verneinend).

§§ 3 und 8 sind die zwei Möglichkeiten der Begründung von 2
WE (über das Verhältnis zu § 3 und die Möglichkeit der Verbindung beider Verfahren s. oben bei § 3 Rz. 4). Da neben Personengesellschaften auch die Bruchteilsgemeinschaft an nur einem WE für zulässig zu erachten ist, wäre z. B. auch denkbar, dass mehrere MEer eines Grundstückes WE in der Form errichten, dass sie alle oder auch nur einzelne von ihnen an allen oder auch nur einzelnen

neugebildeten WEs-Rechten als MEer beteiligt sind (s. auch BayObLG, NJW 69, 883: Teilung nach § 8 verändert die bisherige **Gemeinschaft** der MEer nicht, da nur rechtstechnische Maßnahme). Ein grunderwerbsteuerpflichtiger Vorgang liegt hierin allerdings nicht, es sei denn, dass eine Verschiebung der WEs-Bruchteile eintritt (allg. zur Aufteilung von Grundbesitz in WE *Thoma*, RNotZ 2008, 121).

II. Juristische Natur der Teilungserklärung

3 **1. Sachenrechtliche Teilung.** Nach **Abs. 1** kann der Grundstückseigentümer das Eigentum am Grundstück teilen. Es muss sich um **MEs-Bruchteile** handeln, nicht etwa um Gesamthandseigentum. Die Begründung ist nur dann wirksam, wenn die Teilungserklärung von demjenigen abgegeben wird, der im Zeitpunkt der Anlegung der Ws-Grundbücher Eigentümer des betreffenden Grundstücks ist (OLG Düsseldorf, DNotZ 76, 168). „Der Eigentümer" ist auch die an einem Grundstück bestehende Gemeinschaft nach §§ 741, 1008 BGB oder Gesamthand. Die **Teilungserklärung** nach § 8 an das Grundbuchamt ist kein Vertrag mit sich selbst, sondern eine an das Grundbuchamt gerichtete **Erklärung** mit Bestimmung der Bruchteile i. S. des § 19 GBO (LG Köln, MittRhNotK 84, 16). Die Veräußerung eines solchen nach § 8 gebildeten WEs unterliegt den allgemeinen Vorschriften. Mit **einem** Veräußerungsfall entsteht eine echte WEerGemeinschaft i. S. der §§ 10 ff., 20 ff. (LG Frankfurt a. M., ZMR 89, 351). Übertragungs- bzw. Belastungsansprüche sind bereits dann vormerkbar, wenn der MEsanteil ziffernmäßig oder auf andere Weise bestimmbar ist (BGH, NJW 2008, 2639).

4 Verfügungsgegenstand braucht kein Grundstück im grundbuchrechtlichen Sinne zu sein. Es genügt ein bestimmter räumlich abgegrenzter Teil der Erdoberfläche i. S. eines Wirtschaftsgrundstücks (OLG Saarbrücken NJW 72, 691 = MittBayNot 72, 120).

5 Bei Vorratsbau erfolgt die Teilung nach § 8 und anschließend die Veräußerung der WEs-Rechte vor Baubeginn, während des Baues oder nach Fertigstellung des Baues im Einzelnen (zur Teilungserklärung in der Praxis vgl. *Karstädt*, MDR 65, 256; dazu auch die Beispiele bei *Bärmann/Seuß*, TeilG Nr. 11 ff.). Der Verkäufer von WE verliert seine **Verfügungsbefugnis** über das als Gemeinschaftseigentum verkaufte Grundstück erst mit der Anlegung der Ws-Grundbücher und der Veräußerung mindestens *eines* WEs (BayObLG, Rpfleger 76, 13; *Palandt/Bassenge*, § 7 Rz. 6). Er kann dann auch nicht mehr die Teilungserklärung einseitig ändern (OLG

Frankfurt a. M., DerWEer 89, 32). Dies gilt schon ab der Eintragung einer **Auflassungserklärung** für den ersten Erwerber einer EW (BayObLG, NJW-RR 93, 1362). Ein etwaiger **„Alleinbeschluss"** ist unwirksam (ebenda). Eine wirkliche Gemeinschaft entsteht spätestens mit Veräußerung und Eintragung mindestens eines WEs, antizipiert aber schon mit Bindungswirkung des Veräußerungsvertrages nach § 873 Abs. 2 BGB und Eintragung einer Vormerkung, nicht erst mit Eintragung (zu den Einzelheiten s. Rz. 2 Vor § 43). Zur Bevollmächtigung des Bauträgers in den Erwerbsverträgen zur Aufstellung einer Benutzungsregelung am Kfz-Abstellplatz s. BayObLG, WEM 80, 171.

Vor Entstehen der WEergemeinschaft bilden die Erwerber, für die eine Auflassungsvormerkung im GB eingetragen ist und die Besitz an der Wohnung erlangt haben, eine **werdende** Gemeinschaft (BGH, NJW 2008, 2639). Sie haben dieselben Rechte und Pflichten wie bereits eingetragene WEer (ebenda).

Bei der Anwendung des § 103 Abs. 1 InsO auf die **Insolvenz** 6 eines WEers vor Eintragung ist Erfüllung objektiv auszulegen. Der Insolvenzverwalter kann vor Eintragung noch über Erfüllung des Vertrages entscheiden, es sei denn, dass der Eintragungsantrag durch den Erwerber gestellt ist. Wählt der Insolvenzverwalter Nichterfüllung, hat dies jedoch nicht die Aufhebung der Gemeinschaft und des WEs der anderen zur Folge. Dies gilt auch für den Fall der Insolvenz des Veräußerers. Etwas anderes gilt, wenn der Auflassungsanspruch des Erwerbers durch **Vormerkung** gesichert ist. In diesem Fall ist er entspr. § 106 I InsO durchsetzbar, auch wenn der Veräußerer weitere Verpflichtungen nicht oder nicht vollständig erfüllt hat (§ 106 I S. 2 InsO). Ein durch Vormerkung gesicherter Anspruch auf Grundstücksübereignung wird gemäß § 106 I InsO durch eine Erfüllungsablehnung nach § 103 InsO auch dann nicht berührt, wenn der dem Übereignungsanspruch zugrunde liegende Vertrag zugleich auf die Erstellung eines Bauwerks gerichtet ist (BGH, DNotZ 81, 556).

2. Verdinglichung der Vereinbarung der WEer. Dazu s. Einleitung Rz. 16. 7

III. Voraussetzungen

1. Nach **Abs. 1** des **Alleineigentum** einer natürlichen oder 8 juristischen Person, einer Gesamthandsgemeinschaft (z. B. Miterbengemeinschaft) bzw. einer Bruchteilsgemeinschaft am Grundstück i. S. der §§ 1008 ff. BGB (s. o. Rz. 2).

§ 8 9–11 I. Teil. Wohnungseigentum

9 **2. Erklärung gegenüber dem Grundbuchamt.** Hier ist keine Auflassung notwendig, nur Erklärung an das Grundbuchamt in der Form des § 29 GBO; sie ist rein grundbuchrechtlicher Natur. § 4 gilt nicht. Daher auch keine Bindung an Einigung i. S. des § 873 Abs. 2 BGB (LG Köln, MittRhNotK 84, 16). Die Erklärung muss Aufteilung in MEs-Anteile ergeben (§ 47 GBO) und Einräumung des SEs. Hierbei müssen Aufteilungsplan und Inhalt der Teilungserklärung wegen des sachenrechtlichen Bestimmtheitsgrundsatzes **übereinstimmen** (OLG Köln, NJW-RR 93, 204), da andernfalls kein SE entsteht (BGH, NJW 95, 2851, s. auch oben bei § 7 Rz. 4). Die Teilungserklärung unterliegt den **Auslegungsgrundsätzen** für GB-Inhalte (KG, MDR 82, 149). Eine beigefügte **GemO** wird durch Bezugnahme Teil der Eintragung im Ws-GB (BayObLG, Rpfleger 82, 15). Hierbei ist der Berechtigte in der Gestaltung im Rahmen der Gesetze frei. Spätere Änderungen werden (bis zur ersten Veräußerung) nur durch Eintragung im GB für **Rechtsnachfolger** verbindlich (LG Frankfurt a. M., ZMR 89, 351).

Aufteilungsplan und Bescheinigung der Baubehörde sind beizufügen **(Abs. 2)**. Mehrere selbstständige Grundstücke müssen spätestens mit der Erklärung vereinigt werden gemäß § 890 BGB (BayObLG, MDR 70, 928; OLG Saarbrücken, NJW 72, 691 = MittBayNot 72, 120; vgl. § 3 Rz. 3). Bezüglich der Klage auf **Bewilligung** der Eintragung des Eigentümers hat der BGH grundsätzlich festgestellt, dass das Rechtsschutzinteresse bereits vor Anlegung des Wohnungsgrundbuches zu bejahen sei, wenn dem Grundbuchamt die Teilungserklärung mit Aufteilungsplan und Abgeschlossenheitsbescheinigung vorliegt (im Anschluss an BGH, NJW 1986, 1867 = LM § 894 BGB Nr. 10, und NJW 1988, 415 = LM § 19 GBO Nr. 10; BGH Urt. v. 2. 4. 1993, NJW-RR 93, 840).

10 **3. Zustimmung Dritter.** S. dazu oben bei § 1 Rz. 21.

Nach h. M. (BayObLG 15. 3. 1957, BReg 2 Z 226–231/1956) ist Teilung nach § 8 jedoch keine inhaltliche Änderung des Alleineigentums, sondern **Teilung** des Vollrechtes (ebenso schon BayObLG v. 15. 3. 57, BReg 2 Z 226–231/1956; NJW 69, 883). **§§ 877, 876 BGB** sind **nicht** anwendbar (s. a. *Weitnauer*, DNotZ 60, 115 ff.); ebenso nicht § 875 Abs. 2 BGB (LG Köln, MittRhNotK 84, 16) und § 878 BGB analog (LG Köln, a. a. O.).

11 **4. Eintragung.** §§ 5, 6, 7 Abs. 1 sind entsprechend anwendbar. Für jedes WE ist von Amts wegen ein besonderes GBlatt anzulegen. Nicht anwendbar ist § 7 Abs. 2, also niemals gemeinschaftliches Grundbuchblatt; dies ist aber nur Ordnungsvorschrift (*Palandt/Bassenge*, § 8 Rz. 2). Für Gegenstand und Inhalt des SEs ist entscheidend die **Bezugnahme** auf die Eintragungsbewilligung, damit auch auf den Aufteilungsplan (OLG Köln, NJW-RR 93, 204; a. A. OLG Zweibrücken, OLGZ 82, 263). Die Teilungserklärung unterliegt damit der **Auslegung** (BGH NJW 2004, 3413), ggfs. auch der ergänzenden Vertragsauslegung (ebenda); zur Auslegung eines in der Teilungserklärung bezeichneten SEs als Gebrauchsregelung s. BayObLG, NJW-RR 89, 719. Zur Frage der Beurkundung der Erwerbsverträge und mit ihnen verbundener Urkunden s. o. § 4 Anm. 4.

Die **GemO** des Alleineigentümers als Satzung oder Realstatut wird Inhalt des SEs (OLG Stuttgart, Justiz 81, 82 = Rpfleger 81, 109 = OLGZ 81, 160 = MittBayNot 81, 132; BGH, DerWEer 87, 23). Er kann grundsätzlich all das regeln, was sonst Gegenstand einer **Vereinbarung** der WEer sein kann. Auch hierfür gilt Gestaltungsfreiheit in den Grenzen der §§ 134, 138, 242 BGB (BGH, a. a. O.). Der teilende Eigentümer kann sich die Befugnis in den Erwerbsverträgen vorbehalten, die GemO/Teilungserklärung einseitig zu ändern. Allerdings muss die entspr. Vollmacht hinreichend bestimmt sein und darf die Erwerber nicht unangemessen benachteiligen. Der Inhalt der vom teilenden Grundstückseigentümer in der Teilungserklärung gesetzten GemO im Rahmen des Grundbucheintragungsverfahrens unterliegt der **Kontrolle,** zumindest im Hinblick auf ‚offensichtliche Verstöße gegen Treu und Glauben' (BayObLG, NJW-RR 96, 1037; LG Regensburg, NJW-RR 91, 1169). So liegt ein solcher offensichtlicher Verstoß gegen Treu und Glauben vor, wenn auf Grund einer Bestimmung in der GemO der Umfang des Stimmrechts eines WEers erst nach erfolgter Abstimmung endgültig feststeht (LG Regensburg, NJW-RR 91, 1169). Die vom Eigentümer bestimmte GemO unterliegt nicht der **AGB**-Kontrolle, §§ 307 ff. BGB (OLG Hamburg, FGPrax 96, 132; s. § 7 Rz. 38, 46). Ein Vorbehalt des Inhalts, dass dem Ersteller der Teilungserklärung ein weder in zeitlicher noch, jedenfalls im Außenverhältnis, in materieller Hinsicht begrenztes Änderungsrecht bezüglich der **Grenzziehung** zwischen den einzelnen SNRen und SEsrechten und dem GemE zugebilligt wird, ist wegen Verstoßes gegen die §§ 307 Abs. 1, 308 Nr. 4 BGB unwirksam (LG Nürnberg-Fürth, NZM 2009, 789). Der teilende Eigentümer kann bevollmächtigt werden, weiteres SE oder SNRe einzuräumen (BayObLG, RNotZ 2009, 329). Die Vollmacht muss hinreichend bestimmt sein (ebenda).

Eine **Vollmacht** in einem Kaufvertrag über ein WE, durch die der Erwerber den Verkäufer ermächtigt, die **Teilungserklärung** zu **ändern** „für den Fall, dass sie noch einer Änderung bedarf" und die Änderung „nicht das SE ... berührt", ist **nicht** hinreichend **bestimmt** (OLG Düsseldorf, MittRhNotK 97, 131). Dies gilt auch für eine Vollmacht, Änderungen der Teilungserklärung nach **billigem Ermessen** oder insbesondere insoweit vorzunehmen, „als dadurch keinem anderen WEer zusätzliche Lasten und Verpflichtungen auferlegt werden" (BayObLG, NJW-RR 97, 586) oder wenn das SE bei „wirtschaftlicher Betrachtungsweise" nicht beeinträchtigt werden darf (BayObLGZ 2002, 296 = DNotZ 2003, 51 = RNotZ 2002, 513). Die einem Bauträger erteilte **Generalvollmacht** zur Änderung der Teilungserklärung unterliegt der Auslegung (OLG München, NZM 2009, 786). Ist sie mit Bindungen im Innenverhältnis ausgestaltet, umfasst diese i. d. R. **nicht** die Befugnis, auch **Dienstbarkeiten** zu bestellen (ebenda). SEs- und MEs-Anteil sowie Mitgliedschaftsrecht werden **untrennbar**, WE **unauflösbar.** Solange jemand Alleineigentümer ist, kann dieser allerdings wieder aufheben, wie auch ganz allein Inhaltsänderungen vornehmen.

IV. Inhalt der Eintragung

12 Hierbei bestehen keine Besonderheiten.

V. Wirkung

13 Teilung „im eigenen Besitz" ist mit Anlegung der Ws-Grundbücher eingetreten. Es besteht keine Bindung an die Einigung i. S. des § 873 BGB, da eine solche nicht vorliegt. Mit der Eintragung entsteht WE, auch bereits vor Errichtung des Gebäudes. Der Erwerber kann **Anwartschaftsrecht** gegenüber Veräußerer auf Erstellung der Substanz des WEs haben (OLG Frankfurt a. M., Rpfleger 78, 381). Mit der Veräußerung **eines** WEs entsteht echte WEer-Gemeinschaft. Sogar schon mit Sicherung des Eigentumsverschaffungsanspruchs durch eine **Vormerkung.** Sie führt auch dazu, dass keine Änderung der Teilungserklärung (GemO) mehr gegen den Willen des Berechtigten möglich ist (BayObLGE 98, 255; OLG Köln, ZfIR 99, 601). Die aus der Vormerkung Berechtigten müssten einer Änderung gemäß §§ 876, 877 BGB zustimmen (BGH, NJW 2008, 2639). Der Eigentümer kann bis dahin seine Teilungserklärung einseitig ändern (BayObLG, NJW 74, 1134 = MDR 74, 847 = Rpfleger 74, 314 = DNotZ 75, 31). Die vom Alleineigentümer getroffenen Bestimmungen wirken nunmehr im Verhältnis der WEer untereinander wie eine **Vereinbarung** (BGH NJW 2004, 3413, allerdings mit unzutreffender Begründung; OLG Hamm, Rpfleger 78, 60; BayObLG, MittBayNot 78, 212; 81, 29, 31; AG München, DerWEer 83, 95; OLG Frankfurt a. M., WuM 97, 564; kritisch *Schmidt,* MittBayNot 81, 12). Der Eigentümer (Bauträger) kann deshalb auch festlegen, dass

Rechtsnachfolger für Wohngeldrückstände des Veräußerers haften (OLG Frankfurt a. M., Rpfleger 80, 349) oder dass bereits ein Verwalter bestellt wird; überhaupt können später durch Beschluss regelbare Angelegenheiten bestimmt werden (s. o. § 3 Rz. 17; Palandt-Bassenge, § 8 Rz. 2). Zur **Auslegung** einer Teilungserklärung s. BayObLG, Der-WEer 83, 94 und NJW-RR 89, 719 (oben Rz. 11). Ist einem TEer in der GemO gestattet, sein TE in bestimmter Weise baulich zu verändern, um Wohnräume zu schaffen, kann darin die vorweggenommene Mitwirkung der übrigen WEer in die **Umwandlung** des TEs in WE liegen (BayObLG, NJW-RR 97, 586). Ggfs. ist darin die Verpflichtung enthalten, die hierzu erforderlichen materiell- und grundbuchrechtlichen Erklärungen abzugeben (ebenda). Der in der Teilungserklärung genehmigte Einbau von Küche und Bad in ein TE im Dachraum bewirkt keine Umwandlung des TEs in WE (KG, WuM 98, 560).

Für den Widerruf der Teilungserklärung s. § 31 GBO (Form wie § 29 Satz 1 GBO). Siehe auch § 9 Abs. 1 Nr. 3.

Bei Veräußerung oder Belastung, also jeder Verfügung über WE, sind §§ 311b, 873, 925, 925a BGB zu beachten.

Zur Erstreckung der **Bauhandwerkersicherungshypothek** auf die entstehenden WEsrechte siehe unten § 16 Rz. 59.

VI. Aufhebung

Dazu § 9 Abs. 1 Nr. 3. Es ist jedoch nicht nur ein Antrag i. S. der §§ 13, 30 GBO erforderlich, sondern auch eine Eintragungsbewilligung nach § 29 GBO. Mit Anlegung des Grundstücks-Grundbuchblattes ist das WE beendet und Eigentum am Gesamtgrundstück wieder hergestellt und die rechtliche Aufgliederung in SEs-Räume beseitigt.

VII. Unterteilung

Diese ist bei Teilungsfähigkeit (Abgeschlossenheit) möglich **analog** § 8 (BGH JZ 68, 562 m. zust. Anm. v. *Bärmann* = BGHZ 49, 250 = NJW 68, 499; NJW 79, 870; ebenso OLG Schleswig, MDR 65, 46; BayObLG, Rpfleger 76, 403 = ZMR 77, 341; BayObLGZ 77, 1 = Rpfleger 77, 126, 140; OLG Braunschweig, MDR 76, 1023). Nach OLG Saarbrücken (Rpfleger 78, 165) soll diese auch bei **Umwandlung** einer EW in TE gelten. Eine Regelung in der GemO ist empfehlenswert. Dies wird nur dann zu bejahen sein, wenn die Art der Nutzung des TEs festgeschrieben und nicht mehr beeinträchtigt als die Wohnnutzung. Das kann für Büronutzung gegeben sein. Die Teilung eines WEsrechts lediglich zum Zwecke der Quotenbelastung ist unzulässig (BayObLG, Rpfleger 75, 90). Die Frage, wie sich die Unterteilung auf die Berechtigungen an Gemeinschaftseigentum und Mitgliedschaftsrecht auswirkt, ist umstritten (s. dazu unten Rz. 12f. Vor § 10, *Bärmann* a. a. O. und OLG Stuttgart, OLGZ 73, 179 = MittBayNot 73, 361 = MittBayNot 74, 16 m. krit. Anm. von *Meier-Kraut* sowie unten § 25 Rz. 25). Der BGH (NJW 79, 870 = Rpfleger 79, 96) sah die Interessen der WEer auch bei Veräußerung des unterteilten WEs nicht tangiert. Hinsichtlich des Stimmrechts erwog er eine entspr. Anwendung des § 25 Abs. 2 S. 2 (ebenso *Schoene,* NJW 81, 435). M. E. darf grundsätzlich der Status der übrigen WEer durch die Unterteilung des WEs nicht negativ verändert werden (BayObLG, NJW-RR 91, 910). Dieser Auffassung hat sich nunmehr auch der BGH angeschlossen (NJW 2004, 3413), der eine entspr. Anwendung des § 25 Abs. 2 S. 2 zu Recht ausschließt. Auch bei Veräußerung bleibt es bei diesem Grundsatz (jetzt auch BGH a. a. O.).

Die bei der Unterteilung in vielen Fällen relevanteste Frage ist die nach der Auswirkung auf Stimmrecht und damit -gewichtung. Wenn schon keine Zustimmung der anderen WEer zur Unterteilung für erforderlich gehalten wird (ganz h. M.; BayObLG, NJW-RR 2003, 950; KG, NZM 2004, 349), darf **unabhängig** von der Regelung des Stimmrechts in der betr. Gemeinschaft das Gewicht der bestehenden Stimmrechte nicht beeinträchtigt werden (BGH NJW 2004, 3413; OLG Stuttgart NZM 2005, 312). Das gilt auch, wenn das gesetzliche **Kopfstimmrecht** besteht. Denn auch in diesem Fall war der Fall der Unterteilung nicht vorgesehen und ist somit das Schutzbedürfnis genauso zu beachten wie im Falle des **Objektstimmrechts,** wonach **jedes WE** eine Stimme gibt. In diesem Fall geht die h. M. mit Recht von einem Splitting/Quotelung des Stimmrechts im Hinblick auf das unterteilte WE aus (BGH NJW 2004, 3413; OLG Stuttgart NZM 2005, 312, OLG Hamm, ZWE 2002, 489; KG, NZM 2000, 671; NZM 2004, 549; *Briesemeister,* NZM 2000, 992; a. A. *Wedemeyer,* NZM 2000, 638). Das Prinzip muss dann auch für das Kopfstimmrecht gelten, nach dem jeder WEer eine Stimme hat. Auch in diesem Fall wirkt sich die Unterteilung wie beim Objektstimmrecht (a. A. die h. M.; KG, ZMR 2000, 191; OLGZ 94, 389; NZM 2004, 549; OLG Düsseldorf, NZM 2004, 234) aus. Im Fall der Regelung des Stimmrechts nach dem **Wertprinzip** (MEs-anteil) ergeben sich durch die Unterteilung keine Stimmrechtsverschiebungen, da jedes WE mit einem MEsanteil verbunden sein muss, der dem unterteilten WE entnommen wird. Eine Unterteilung kann sich auf die anderen WEer auch hinsichtlich der **Kostenverteilung** negativ auswirken. Bei relevanter Veränderung steht ihnen ein Anspruch auf Anpassung des Schlüssels nach § 16 Abs. 2 zu (s. § 16 Rz. 45).

Ermächtigt die Teilungserklärung den nach § 8 teilenden Alleineigentümer, einzelne WEseinheiten **nochmals** zu **teilen,** und in diesem Zusammenhang auch die Bestimmung, dass jede Einheit nur eine Stimme gewährt **(Objektstimmrecht)** soweit erforderlich oder zweckmäßig, zu ändern, kann er den durch die Unterteilung entstandenen neuen WEseinheiten jeweils eine **neue** Stimme zuweisen (OLG Köln NZM 2005, 148). Wegen der weitgehenden Ermächtigung dürfte dies allerdings ein Grenzfall sein.

Ein Zustimmungs**vorbehalt** gemäß § 12 ist zulässig (BGH, ebenda). Ansonsten bedarf die bloße Aufteilung eines Ws/TEs **nicht** der **Zustimmung** der anderen WEer/TEer oder eines Dritten (BGH, NZM 2004, 876; BayObLG, Rpfleger 91, 455). Wird TE in ein WEs- und in ein TEsrecht aufgeteilt, so bedarf dies der Zustimmung der übrigen WEer (BayObLGZ 83, 79 = MDR 83, 671 = DNotZ 84, 104 = MittBayNot 83, 124). Auch die **Form** richtet sich entsprechend § 8 Abs. 1. Die reale Teilung erfasst den MEsanteil und das SE.

Im Übrigen müssen die sonstigen **Voraussetzungen** zur Begründung von WE gegeben sein. Z. B. müssen bei der Unterteilung dem GBA auch dann Aufteilungsplan **(Unterteilungsplan)** und Abgeschlossenheitsbescheinigung vorgelegt werden, wenn das WE durch die Vereinigung zweier Einheiten entstanden ist und jetzt der frühere Zustand wieder hergestellt werden soll (BayObLG, NJW-RR 94, 716). Allgemein zu Problemen der Unterteilung *Sauren,* Unterteilung von WE, jur. Diss. Mainz 1983.

VIII. Kosten

Überträgt bei **Vorratsteilung** der Bauträger WE, so gelten für 17 den Erwerber die allgemeinen Bestimmungen (Notar, GBA).

Der **Geschäftswert** einer Teilungserklärung richtet sich nach 18 dem Wert des **Grundstücks** nach der beabsichtigten Bebauung (OLG Hamm, DNotZ 72, 115). Erfolgt die Bebauung durch den Veräußerer, aber für Rechnung und im Auftrage des Erwerbers, ist § 20 Abs. 2 Satz 2 2. HS KostO anzuwenden (OLG a. a. O.). Finanzierungsvereinbarungen fallen als Sicherungsgeschäfte unter § 44 Abs. 1 KostO (OLG a. a. O.).

IX. Wohnraumkündigungsschutz

Ein WEer kann sein WE grundsätzlich vermieten (s. dazu *Moritz,* 19 EW und Vermietung, WEM 82, 13). Er muss Beschlüsse der Gemeinschaft gegenüber dem Mieter durchsetzen. Zur Abwälzung des sog. Wohngelds auf den Mieter s. LG München, ZMR 81, 205 zu § 10 MHG.

Nach § 577 a Abs. 1 1. Alt. BGB kann sich der Erwerber einer vermieteten EW vor Ablauf von 3 Jahren seit Veräußerung nicht auf **Eigenbedarf** (§ 573 Abs. 2 Nr. 2) berufen (s. Anh. III 1). Zur entspr. Anwendung auf den Fall des Erwerbs vom ME mit dem ausschließlichen Nutzungsrecht an einer Wohnung nach § 1010 BGB und der alsbaldigen Begründung von WE s. OLG Karlsruhe, NJW 93, 405. Der Eigentümer einer Wohnung darf sich hingegen als Vermieter grundsätzlich dann auf ein **berechtigtes Interesse** an der Beendigung des Mietverhältnisses ohne Rücksicht auf die Wartefrist nach S. 2 berufen, wenn er erst nach Überlassung der Wohnung an den Mieter das Hausgrundstück als MEer in einer Bruchteilsgemeinschaft mit Dritten erworben hat (BGH, NJW 94, 2542 = WuM 94, 452; BayObLG, NJW 94, 1024; a. A. KG v. 26. 3. 87 – 8 RE-Miet 6750/86; dazu *Zimmermann,* WuM 95, 81).

20 Eigenbedarf, der durch den Kauf einer vermieteten **EW** erst geschaffen worden ist (sog. **gekaufter Eigenbedarf**) ist grundsätzlich kein verschuldeter Eigenbedarf. Seine Geltendmachung verstößt im allg. nicht gegen Treu und Glauben (BayObLG, Wohnung u. Haus 82, 136).

Die **3-Jahresfrist** (entspr. auch 10-Jahresfrist, s. u.), innerhalb deren sich der Vermieter nicht auf berechtigte Interessen i. S. des § 573 Abs. 2 Nr. 2 oder 3 BGB berufen kann, beginnt mit Eintragung des ersten Erwerbers des nach Überlassung des Wohnraums an den Mieter begründeten und sodann veräußerten WEs im WsGB (BayObLG, NJW 82, 451). § 566 BGB gilt auch dann, wenn sämtliche MEer eines Grundstücks, die zugleich dessen Vermieter sind, das Eigentum an dem Grundstück durch Begründung von WE nach § 8 teilen und sodann einem MEer das alleinige WE an einer bestimmten Wohnung übertragen (BayObLG, a. a. O.). Der über eine **Wohnung** und eine **Garage** geschlossene einheitliche Mietvertrag wird durch die Veräußerung an **verschiedene** Erwerber nicht in mehrere Mietverhältnisse aufgespalten. Die Erwerber treten in den einheitlichen Mietvertrag ein, wobei diese eine Bruchteilsgemeinschaft bilden (BGH NJW 2005, 3781). Eine Kündigung des Erwerbers wegen Eigenbedarfs kann wirksam nicht **vor** Ablauf der dreijährigen Wartefrist ausgesprochen werden (OLG Hamm, OLGZ 81, 71 = ZGemWW i. B. 81, 312). Eine Kündigung kann erst *nach* Ablauf der Wartefrist ausgesprochen werden (OLG Hamm, NJW 81, 584). Diese Frist verlängert sich nach § 577 a Abs. 2 S. 1 BGB bis auf **10 Jahre** in einer Gemeinde bzw. einem Teil einer

Gemeinde, wenn die ausreichende Versorgung der Bevölkerung mit Mietwohnungen zu angemessenen Bedingungen besonders gefährdet ist. Diese Gebiete werden durch RVO der Landesregierungen für die Dauer von jeweils höchstens zehn Jahren bestimmt (zu den Einzelheiten s. Anh. III 1).
Im Falle der sog. **Verwertungskündigung** (§ 573 Abs. 2 Nr. 3) gilt unter den Voraussetzungen des § 577 a Abs. 1 BGB ebenfalls eine Frist von drei Jahren, innerhalb derer sich der **Erwerber** nicht darauf berufen kann, dass er die Miteräume veräußern will. Ein Mindererlös gegenüber dem höchstmöglichen Verkaufspreis einer EW in nicht vermieteten Zustand stellt so lange keinen zur Kündigung berechtigenden **erheblichen Nachteil** für den Vermieter dar, als der in vermietetem Zustand erzielbare Erlös den Wert der Wohnung übersteigt, der sich bei der Orientierung an dem vom Vermieter selbst gezahlten Kaufpreis ergibt (LG Gießen, Urt. v. 27. 7. 94 – 1 S 233/94, NJW-RR 95, 331). Er muss darlegen, was er bei dem Kauf der vermieteten Wohnung erspart hat, damit die für ihn entstehenden Nachteile nachprüfbar werden (LG Berlin, NJW-RR 97, 10). Im Übrigen kann der **Vermieter** überhaupt nicht geltend machen, dass er die Miteträume im Zusammenhang mit einer beabsichtigten oder nach Überlassung an den Mieter erfolgten Begründung von WE veräußern will (§ 573 Abs. 2 Nr. 3 letzter Hs).

Nach dem MietRRG gilt ebenfalls ggfs. eine **zehnjährige Frist** beginnend mit der Veräußerung, innerhalb derer berechtigte Interessen des **Vermieters** nicht berücksichtigt werden. Der Vermieter kann zwecks Veräußerung (sog. Verwertungskündigung) dem Mieter nicht kündigen, wenn er das Verfahren zur Begründung von WE bereits vor der Überlassung an den Mieter eingeleitet hat (LG Duisburg, NJW 89, Heft 39, VI). Entscheidend ist der Zeitpunkt der Anlegung der WsGBer. Im Übrigen gilt das allg. Mietrecht der §§ 535 ff. BGB. §§ 577, 577 a BGB (Vorkaufsrecht des Mieters, Kündigungsschutz) finden auf die **Realteilung** eines mit zu Wohnzwecken vermieteten Einfamilienhäusern bebauten **Grundstücks** entsprechende Anwendung (BGH, NJW 2008, 2257).

X. Baugesetzbuch und sonstige Rechte des Mieters

Eine Aufteilung des Grundstücks in WE/TE stellt keine Grundstücksteilung i. S. des § 19 Abs. 2 BauGB dar (VG Regensburg, Rpfleger 74, 432). Anders ausnahmsweise § 22 Abs. 1 S. 1, 2 BauGB zur Sicherung von Gebieten mit Fremdenverkehrsfunktionen. Danach können Begründung oder Teilung von WE/TE an

§ 9   I. Teil. Wohnungseigentum

eine Genehmigung gebunden werden. Verrechnet ein Mieter einen geleisteten **Baukostenzuschuss** mit der Miete, so ist auch ein neuer WEer daran gebunden (OLG Düsseldorf, Az 10 U 184/83). Der Mieter einer EW kann einen **Instandsetzungsanspruch,** der Eingriffe in das GemE notwendig macht, auch gegen einen gewerblichen Zwischenmieter gerichtlich geltend machen (OLG Zweibrücken, RE v. 16. 9. 94 – 3 N-RE 195/94).

§ 9 Schließung der Wohnungsgrundbücher

(1) **Die Wohnungsgrundbücher werden geschlossen:**
1. **von Amts wegen, wenn die Sondereigentumsrechte gemäß § 4 aufgehoben werden;**
2. **auf Antrag sämtlicher Wohnungseigentümer, wenn alle Sondereigentumsrechte durch völlige Zerstörung des Gebäudes gegenstandslos geworden sind und der Nachweis hierfür durch eine Bescheinigung der Baubehörde erbracht ist;**
3. **auf Antrag des Eigentümers, wenn sich sämtliche Wohnungseigentumsrechte in einer Person vereinigen.**

(2) Ist ein Wohnungseigentum selbständig mit dem Rechte eines Dritten belastet, so werden die allgemeinen Vorschriften, nach denen zur Aufhebung des Sondereigentums die Zustimmung des Dritten erforderlich ist, durch Absatz 1 nicht berührt.

(3) Werden die Wohnungsgrundbücher geschlossen, so wird für das Grundstück ein Grundbuchblatt nach den allgemeinen Vorschriften angelegt; die Sondereigentumsrechte erlöschen, soweit sie nicht bereits aufgehoben sind, mit der Anlegung des Grundbuchblatts.

Übersicht

	Rz.
I. Allgemeines	1
II. Gründe (Abs. 1)	
1. Vertragliche Aufhebung (Nr. 1)	2
2. Gegenstandsloswerden der SEs-Rechte, Zerstörung (Nr. 2)	3
3. Vereinigung aller Rechte	4
III. Durchführung	
1. Antrag	6
2. Zustimmung Dritter	8
3. Ausführung	9

Schließung der Wohnungsgrundbücher 1–4 § 9

Rz.
IV. Folgen der Schließung
  1. Erlöschen der SEs-Rechte (Abs. 3) 10
  2. Formell 11
V. Gemeinschaftliches Ws-Grundbuch 12
VI. Hypotheken-, Grundschuld- und Rentenschuld-
  briefe 13

I. Allgemeines

§ 9 ist formellrechtliche Vorschrift entspr. der materiellrecht- 1
lichen des § 4 für den Fall der Aufhebung des WEs. Sie gilt auch für
den Fall gemeinschaftlichen Ws-Grundbuchs.

II. Gründe (Abs. 1)

1. Vertragliche Aufhebung (Nr. 1). Nicht nur bei vertragli- 2
cher Aufhebung nach § 4, sondern auch bei Aufhebung durch
Rücknahme der Teilungserklärung nach § 8. Im Falle des § 4 ist
materiellrechtlich wirksame Einigung Voraussetzung, nach § 8 nur
einseitige Erklärung in der Form des § 29 GBO. Die Aufhebung
tritt nach § 4 Abs. 1 ein durch Einigung und Eintragung im Grundbuch. Die Eintragung besteht nur im Schließungsvermerk (dazu
§ 36 Allgemeine GrundbVfg.). Bei Aufhebung gem. § 4 entsteht
gewöhnliche **Bruchteilsgemeinschaft** nach §§ 1008 f. BGB.

2. Gegenstandsloswerden der SEs-Rechte, Zerstörung 3
(Nr. 2). Es ist keine Einigung i. S. des § 4 vorausgesetzt, vielmehr
genügt Antrag sämtlicher WEer. Voraussetzung ist völlige Zerstörung des Gebäudes; Nachweis erfolgt durch **Bescheinigung** der
Baubehörde. Die Allg. Verwaltungsvorschrift (im Anhang I 1) enthält hierüber nichts. Die Baubehörde müsste sich überzeugen, dass
eine Wiederaufbaupflicht auch vertragsmäßig nicht übernommen
ist, etwa in Abänderung des § 22 Abs. 2. Nach Nr. 2 genügt also
einfache, der Form des § 29 GBO entsprechende Erklärung. Nach
§ 4 müssen materiell-rechtliche Einigung nach § 873 BGB und
auch schuldrechtliche Vereinbarung nach § 311 b BGB vorliegen.

Wird das Gebäude nie fertiggestellt, besteht nur die Möglichkeit
der Aufhebung nach § 4, nicht nach Nr. 2 (*Niedenführ/Schulze,* § 9
Rz. 4), ggfs. Nr. 3.

3. Vereinigung aller Rechte. Gleich aus welchem Grund, dies 4
gilt auch wenn sie (noch) bestehen infolge der Erklärung des Alleineigentümers gem. § 8.

5 Person i. S. der **Nr. 3** können auch juristische Person, Personenmehrheit, Gesamthand wie BGB-Gesellschaft sein (OLG Köln, NJW-RR 97, 1443). Nicht hierher gehört die Vereinigung von mehreren WEs-Rechten zu einheitlichem WE. Dann sind nur eines oder mehrere Ws-Grundbücher zu schließen durch Übertrag der Rechte auf ein anderes Ws-Grundbuch. Erwirbt der vormalige Bruchteilseigentümer Alleineigentum i. S. der Nr. 3, so kann das EinheitsgrundpfandR auch auf dem gesamten Grundstück lastend eingetragen werden (OLG Schleswig, NJW-RR 91, 848; s. u. Rz. 10).

III. Durchführung

6 **1. Antrag.** Bei Nr. 1 liegt der Antrag im Eintragungsantrag zur Einigung über Aufhebung nach § 4. Dagegen ist bei Nr. 2 der Antrag sämtlicher WEer, bei Nr. 3 des nunmehrigen Alleineigentümers erforderlich. Beide Anträge sind als Bewilligung i. S. der §§ 29, 30 GBO aufzufassen. §§ 873 Abs. 2 und 875 Abs. 2 BGB sind nicht anwendbar. Zur Auslegung einer Auflassung bei Übertragung eines MEsanteils und gleichzeitiger Aufhebung des SEs vgl. OLG Frankfurt a. M., Rpfleger 78, 213.

7 Keine Schließung der Wohnungsgrundbücher erfolgt analog § 9 Abs. 1 Nr. 1, wenn an Stelle der ursprünglich geplanten größeren EWen in deren Grundrissen jeweils mehrere kleine EWen errichtet worden sind (OLG Düsseldorf DNotZ 70, 42 = Rpfleger 70, 26 = OLGZ 70, 72).

8 **2. Zustimmung Dritter.** Es gilt gleiches wie bei der Errichtung des WEs (s. oben § 1 Rz. 21). Nach der h. M. kann auch im Falle der Nr. 2 (völlige Zerstörung des Gebäudes) eine Zustimmung der Gläubiger bei Gesamtbelastung nicht mehr in Betracht kommen (OLG Frankfurt a. M., ZMR 90, 229). Etwas anderes gilt nach **Abs. 2** dann, wenn ein WE selbstständig mit dem Recht eines Dritten belastet ist. Die Einzelbelastung eines WEs/TEs ist auf das GB-Blatt zu übertragen, wenn eine Belastung eines MEsanteils, überhaupt möglich ist (für den Fall einer Hypothek OLG Frankfurt a. M., ZfIR 2000, 285).

In jedem Fall müssen die Realberechtigten gemäß §§ 876, 877 BGB zustimmen, da der Haftungsgegenstand geändert wird oder ganz entfällt (OLG Düsseldorf, OLGZ 70, 72).

Ein Vorbehalt der Veräußerungsbeschränkung nach § 12 ist hier belanglos, da keine Veräußerung vorliegt.

9 **3. Ausführung.** § 34 Allg. GrundbVfg.

IV. Folgen der Schließung

1. Erlöschen der SEs-Rechte (Abs. 3). Es entsteht gewöhnliches ME bzw. Alleineigentum. SEs-Rechte und -Räume werden wieder Bestandteil des Grundstücks (§§ 93 ff. BGB). Im Fall der Nr. 1 (und entsprechend § 4) tritt die Rechtswirkung erst mit der Schließung der Ws-Grundbücher ein und der darauf folgenden Anlegung des Grundbuchblattes für das Grundstück. Die auf den WEs-Rechten lastenden Gesamtbelastungen können nach Schließung der WsG-Bücher und Anlegung **eines** Grundbuchblattes für das Grundstück gemäß Abs. 3 zu Einheitsgrundpfandrechten zusammengefasst werden, sofern die weiteren Voraussetzungen zur Bildung von EinheitsgrundpfandRen vorliegen (OLG Schleswig, NJW-RR 91, 848 = Rpfleger 91, 150 m. Anm. *Meyer-Stolte*).

2. Formell. Zug um Zug mit der Schließung der Ws-Grundbücher hat die Anlegung des Grundbuchs für das Grundstück zu erfolgen. Es entstehen dabei keine Katasterfortführungsgebühren (BayObLGZ 79, 86 = Rpfleger 79, 264).

10

11

V. Gemeinschaftliches Ws-Grundbuch

Die Bezeichnung „gemeinschaftliches Ws-Grundbuch" ist zu löschen, desgleichen in der 1. Abteilung der Zusatz über die Verbindung mit SE und alle damit zusammenhängenden Vermerke über Gegenstand und Inhalt des SEs usw. Dies kann Verwirrung herbeiführen, weshalb eine Schließung zweckmäßiger erscheint.

12

VI. Hypotheken-, Grundschuld- und Rentenschuldbriefe

Siehe § 5 WGV. Über die Muster für die Ausfertigung von Hypotheken- und Grundschuldbriefen s. die Anlage 4 der WGV und die Anlagen 3 bis 8 der GrundbVfg., i. d. F. vom 24. 1. 1995).

13

2. Abschnitt. Gemeinschaft der Wohnungseigentümer

Vorbemerkung zu § 10

Übersicht

	Rz.
I. Notwendigkeit der Sonderregelung.	1
II. Juristische Gestalt der Gemeinschaft	5
III. Typus sui generis	6

	Rz.
IV. Vertragsfreiheit	7
V. Änderungen des WEs und seiner Elemente	
1. Unterteilung des WEs	11
2. Vereinigung, Zuschreibung, Bestandteilserklärung	12
3. Neukonstruktionen	14
4. Verschiebung von Miteigentumsanteilen	16
5. Veränderungen an Sondereigentumsteilen	19
6. Veränderungen an Sondernutzungsrechten	21
7. Änderung der Gemeinschaftsordnung i. S. des § 10 WEG	24
8. Planabweichung, Planänderung	28
9. Änderungen an gemeinschaftl. Teilen und Einrichtungen	30
10. Änderungen des Bestimmungszweckes	35
11. Zustimmung Dritter	37
12. Form	41
13. Ganze oder teilweise Aufhebung des Sondereigentums	44

I. Notwendigkeit der Sonderregelung

1 Die §§ 741 ff. BGB erweisen sich für eine auf Dauer und Unauflöslichkeit angelegte Gemeinschaft unzulänglich. Daher sind die §§ 749–751 BGB über die Auflösbarkeit einer Gemeinschaft unanwendbar, auch für die Gläubiger eines WEers. Diese können nur das WE als selbstständiges Recht verwerten, d. h. es zur Zwangsversteigerung bringen oder in Zwangsverwaltung nehmen bzw. Zwangshypothek eintragen lassen. Auch § 84 Abs. 2 InsO ist ausgeschlossen.

2 Auch der Ausbau der Mehrheitsentscheidung ist erforderlich; daher sind die §§ 743 bis 746 BGB im Wesentlichen durch §§ 15 ff., 20 ff. ersetzt. Ein Ausnahme gilt nur für § 745 Abs. 3 Satz 2 (Beeinträchtigung des Nutzungsanteils nur mit Zustimmung).

Schließlich mussten Verwaltung und Bestellung des Verwalters gesetzlich geordnet werden.

3 Ausgangspunkt war nach der (nichtamtlichen) Begründung 1951 § 1010 BGB, insbesondere Abs. 2. Nun wird aber die Nutzungsvereinbarung dinglicher Inhalt des SEs durch Eintragung im Grundbuch bzw. Bezugnahme auf die Eintragungsbewilligung.

4 Wegen abschreckender Beispiele des früheren Stockwerkseigentums ist eine **Mindestordnung** für die WEer-Gemeinschaft in §§ 10 ff. notwendig. Daneben gilt der Grundsatz der Vertragsfreiheit (s. unten Rz. 7 f.). Der Ausgestaltung der GemO ist die größte

Vorbemerkung zu § 10   5 **Vor § 10**

Sorgfalt zuzuwenden. Sie und ein fähiger Verwalter sind Grundlagen der WEs-Idee.

II. Juristische Gestalt der Gemeinschaft

Wie schon in Einleitung (Rz. 8 f.) gesagt, steht die WEer-Gemeinschaft theoretisch als Kollektivität zwischen einfacher Gemeinschaft und juristischer Person. Nach bisher h. M. war die Gemeinschaft nach WEG keine juristische Person (BGH, NJW 77, 1686; NZM 98, 667; *Raiser,* ZWE 2001, 173; *Drasdo,* NJW 2004, 1988 m. w. N.; *ders.,* NJW-Spezial 2004, 241; OLG Frankfurt a. M., NZM 2004, 503. Die strukturellen Unterschiede wirken sich insbesondere in der vermögensrechtlichen Zuordnung aus. I. G. zur BGB-Gesellschaft, die **nur** ein gemeinschaftliches Vermögen (§ 718: Gesellschaftsvermögen) kennt, liegt der Schwerpunkt beim WEG auf dem Miteigen- und Sondereigentum des Einzelnen und der mitgliedschaftsrechtlichen Komponente. Mit der Anerkennung der **(Teil)- rechtsfähigkeit** durch den Gesetzgeber (s. Abs. 6) scheint die Frage jetzt (teilweise) gelöst, soweit es um die Außenseite bei der Verwaltung des GemEs geht (s. schon BGH NJW 2005, 2061; s. Einl. Rz. 21). Das Verhältnis der WEer zueinander ist gemischter Natur: sachenrechtliche und personenrechtliche Elemente bestehen nebeneinander (s. Einleitung Rz. 8 f. über die dreigliedrige Einheit). Das hat Bedeutung für die Interpretation des Gesetzes. Die Gemeinschaft nach WEG begründet ein **gesetzliches Schuldverhältnis** (BGH, NJW 99, 2108; OLG München NJW 2005, 2932 = NZM 2005, 585). Aus diesem folgen wechselseitige Rechte und Pflichten, auch in der Form eines wechselseitigen Treueverhältnisses (BayObLG, NJW 2002, 71; *Armbrüster,* ZWE 2002, 333; s. BayObLG, NZM 2000, 47). Aus der schuldrechtlichen **Sonderverbindung** der WEer kann sich die Verpflichtung ergeben, einen **Schaden** nicht gegenüber dem schädigenden WEer, sondern (zuerst) dem Versicherer geltend zu machen, wenn der Schaden Bestandteil des versicherten Interesses ist und der Versicherer nicht Regress nehmen könnte (BGH, NZM 2007, 88). Solche Rechte und Pflichten können sich bereits mit **Eintragung** der Auflassungsvormerkungen und **Einzug** in die Wohnanlage nach WEG bestimmen (OLG Köln, NJW-RR 98, 518 = NZM 98, 199; zur Dogmatik s. *John,* Die organisierte Rechtsperson, 1977; *Hennecke,* Das Sondervermögen der Gesamthand, 1976; *Bärmann,* Wohnungseigentum, Rz. 270 ff. und *Junker,* Gesellschaft nach dem WEG, 1993). Neben dem gesetzlichen Schuldverhältnis können auch Verträge zwischen WEer(n) und den übrigen WEern (Gemeinschaft) geschlossen werden (KG, ZWE 2004, 378/LS).

III. Typus sui generis

6 Siehe Einleitung Rz. 8 f.: **dreigliedrige Einheit** aus ME, SE und verdinglichtem Mitgliedschaftsrecht.

IV. Vertragsfreiheit

7 In erster Linie ist das WEG maßgebend, sodann die Vereinbarung der WEer. Für diese besteht grundsätzlich Vertragsfreiheit (BGH, DerWEer 85, 120) mit folgenden **Ausnahmen:**
- § 5 Abs. 2 hinsichtlich gemeinschaftlicher Teile des Gebäudes, die für dessen Bestand oder Sicherheit erforderlich sind usw.
- § 6 Unselbstständigkeit des SEs.
- § 11 Unauflösbarkeit der Gemeinschaft.
- § 12 Abs. 2 Zustimmung zur Veräußerung darf nur aus wichtigem Grund versagt werden.
- § 12 Abs. 4 S. 1: Aufhebung einer Veräußerungsbeschränkung (OLG Hamm, NZM 2209, 163).
- § 16 Abs. 3: Änderung des Betriebskostenschlüssels (OLG Hamm, NZM 2009, 163).
- § 16 Abs. 4: Abweichung von § 16 Abs. 2 (OLG Hamm, a. a. O.).
- § 16 Abs. 5: Keine Erschwerung von Mehrheitsbeschlüssen.
- § 18 Abs. 1, 4 hinsichtlich Anspruch auf Entziehung des WEs. Auch das Recht auf Beschlussfassung hierüber nach § 18 Abs. 3 kann nicht einseitig beschränkt werden.
- § 20 Abs. 2 Bestellung eines Verwalters.
- § 21 Abs. 7: Zahlungsmodalitäten durch Beschluss (keine Erschwerung).
- § 22 Abs. 2 S. 1: Keine Abweichung i. S. von Erschwerung bei Modernisierung (OLG Hamm, a. a. O.).
- § 24 Abs. 7: Führung einer Beschluss-Sammlung.
- § 26 Abs. 1 Beschränkungen bei der Wahl des Verwalters (OLG Hamm, a. a. O.; LG Lübeck, DerWEer 85, 128/LS = 86, 64).
- § 27 Abs. 4 Einschränkung der Aufgaben und Befugnisse des Verwalters.
- Örtliche und sachliche Zuständigkeiten nach §§ 43 ff.
- Verfahren nach §§ 43 ff., z. B. das Recht eines Miteigentümers an WE, Beschlüsse anzufechten (BayObLG, DerWEer 83, 30).
- Benutzungsregelungen über ein im bloßen ME der WEer stehendes Nachbargrundstück (OLG Frankfurt a. M., Rpfleger 75, 179; s. a. HansOLG Hamburg, Rpfleger 80, 122).

Im Übrigen sind die **allg. Grenzen** des bürgerlichen Rechts 8 (§§ 134, 138 BGB) zu beachten. Unzulässig sind deswegen unverzichtbare Rechtsvorschriften oder Eingriffe in den dinglichen **Kernbereich** des WEsrechts (OLG Düsseldorf, NJW-RR 96, 210 = FGPrax 95, 192; NJWE-MietR 97, 81). Unzulässig sind deswegen Regelungen der **sachlichen Zuordnung** SE, GemE, SNR, die weder einer Vereinbarung noch gar Beschlussfassung gegen den Willen der Betroffenen zugänglich sind. Das gilt z. B. für eine entspr. Einwilligung bzw. Ermächtigung zur Änderung von GemE in SE oder umgekehrt (BGH, NJW 2003, 2165) oder entsprechende Verpflichtungen (BGH, a. a. O.). So kann der Verwalter nicht zur Übertragung der Verwaltung ohne Mitsprache der WEer ermächtigt werden (BayObLG, Wohnung u. Haus 80, 101) oder wenn auf Grund einer Bestimmung in der GemO der **Umfang** des Stimmrechts eines WEers erst **nach** erfolgter Abstimmung endgültig feststehen soll (LG Regensburg, NJW-RR 91, 1169). Zum Problem der Haftung von **Rechtsnachfolgern** s. § 16 Rz. 31 f. Soweit Vereinbarung und WEG nicht ausreichen, ist das allgemeine Recht, insbesondere das BGB anwendbar. Zur Wirksamkeit vor **Wertsicherungsklauseln** in der Vereinbarung siehe das Preisangaben- u. PreisklauselG und PreisklauselVO. Lediglich sog. Gleitklauseln bedürfen der Genehmigung, nicht sog. Spannungsklauseln und Leistungsvorbehalte. In der Teilungserklärung kann bestimmt werden, dass die Aufwendungen eines WEers, der Mieter/Nutzer eines der WEsanlage **benachbarten** unbebauten **Grundstücks** ist und als solcher Mietzins und Nebenkosten zu tragen hat, von den WEern nach Maßgabe der für die Verteilung der Kosten des GemEs getroffenen Regelung zu tragen sind (OLG Hamburg, NJWE-MietR 96, 271 = FGPrax 96, 132 = ZMR 96, 443). Eine pauschale Vereinbarung, nach der jegliche **schuldrechtlichen** Vereinbarungen auch ohne Eintragung im GB gegenüber Sonderrechtsnachfolgern wirksam sein sollen (OLG Hamm, RNotZ 2008, 154).

Vereinbarungen verdrängen (ergänzen bzw. ersetzen) das (dispositive)Recht nur, wenn Abweichung erkennbar **gewollt** (BayObLG, Rpfleger 72, 260). Charakteristisch ist, dass die Gemeinschaft mit der Regelung dauerhaft das Gemeinschaftsverhältnis gestalten will. Sie unterliegen der **Auslegung** gemäß §§ 133, 157, 242 BGB (BGHZ 49, 2950; BayObLG, Rpfleger 79, 427 = WEM 79, 171; WuM 93, 482; KG, DWE 2009, 54), auch durch das Gericht der Rechtsbeschwerde (s. § 10 Rz. 7; *Bärmann,* Wohnungseigentum, Rz. 149). Regelungen in der GemO sind **keine** Vertragsbedingungen i. S. des Rechts der **AGB** (*Ulmer,* Festgabe für *H. Weitnauer,* 9

Vor § 10 10   I. Teil. Wohnungseigentum

1980, S. 205 ff.; *Bärmann/Wenzel,* § 10 Rz. 105; OLG Frankfurt a. M., NZM 98, 409 = NJW-RR 98, 1707; a. A. LG Frankfurt a. M., DerWEer 83, 121). Die Bestimmungen der Gemeinschaftsordnung unterliegen auch dann nicht einer Kontrolle nach dem Recht der AGB (jetzt §§ 305–310 BGB), wenn sie einseitig nach § 8 bestimmt sind (BayObLG, NJW-RR 92, 83; OLG Hamburg, FGPrax 96, 132; offengelassen von BGH, NJW 87, 650; vgl. aber NZM 2002, 788 = NJW 2002, 3240: Verwaltervertrag). Sie unterliegen allerdings wie jedes private Rechtsgeschäft einer **Inhaltskontrolle** unter dem Gesichtspunkt von **Treu** und **Glauben** (BGH, NJW 2004, 937; OLG Frankfurt a. M., NZM 2004, 231; LG Halle, NZM 2004, 748; BayObLG, NJW-RR 96, 1037 = DNotZ 96, 37; *Palandt/Bassenge,* § 8 Rz. 1) und den übrigen Schranken des Rechts wie z. B. nach § 138 BGB. Wegen ihres dinglichen Charakters (Inhaltsbestimmung von S- und GemE) und mangelnder Unterwerfung unter sie erscheint auch eine analoge Anwendung nicht möglich. Das Recht der AGB (§§ 307 ff. BGB) gilt seinem Zweck nach nur für Austauschverträge (a. A. im Ergebnis *Ulmer* a. a. O.; für analoge Anwendung *Wolf,* AGBG, 2. Aufl. 1994, § 9 W 21; *Röll,* DNotZ 78, 270; wie hier *Schmidt,* MittBayNot 79, 139; *Bärmann,* Wohnungseigentum, Rz. 139; *Palandt/Heinrichs,* § 305 Rz. 4; *Weitnauer,* DB 81, Beil. 4 S. 5; offengelassen von BGH, aber eher ablehnend NZM 2002, 788; DerWEer 87, 23; alle noch zum AGBG).

10 Eine andere, häufig vertretene Auffassung gelangt ebenfalls zu dem hier vertretenen Ergebnis, indem sie davon ausgeht, dass die GemOen der WEer unter die Ausnahme des früheren § 23 Abs. 1 AGBG fielen, jetzt § 310 Abs. 4 BGB (*Ertl,* PIG VII, 1981, 123 u. ZGemWoW i. B. 81, 21; *ders.,* DNotZ 81, 149; *Schippel/Brambring,* DNotZ 77, 152). I. ü. beschränken sich **Prüfungsrecht** und **-pflicht** auf Fragen, aus deren Beantwortung die Richtigkeit bzw. Unrichtigkeit des GBs sich ergeben könnte. Eine den §§ 307 ff. BGB widersprechende Bestimmung in einer GemO macht jedoch das GB nicht unrichtig. Anderes gilt für entsprechende Erwerbsverträge hinsichtlich WEs (*Weitnauer,* DNotZ 77, Sonderheft, S. 47). D. h. nicht, dass auch eine entsprechende Inhaltskontrolle der GemOen nicht stattfindet. Auch das **GBA** hat im Rahmen des Eintragungsverfahrens innerhalb seines Ermessens eine Prüfungsbefugnis (s. dazu LG Traunstein, MittBayNot 78, 218 und o. § 7 Rz. 46). Es darf gegen zwingendes Recht verstoßende Vereinbarungen nicht eintragen (BayObLG, WEM 81, 64).

Vorbemerkung zu § 10   11–15   **Vor § 10**

V. Änderungen des WEs und seiner Elemente

Rechtsprechung und Literatur haben die Möglichkeiten einer   **11**
rechtlichen oder faktischen **Änderung** des WEs und seiner Elemente über den Gesetzeswortlaut hinaus fortentwickelt. Im Folgenden werden die verschiedenen Sachverhalte unabhängig von den gesetzlichen Tatbeständen zusammengefasst (vgl. *Bärmann,* Festschrift O. Mühl, 1981).

1. Unterteilung des WEs. Der BGH (Urt. v. 17. 1. 68, JZ 68,   **12**
563 = NJW 68, 499 mit zustimmender Anm. *Bärmann*) geht aus von der Anwendung des § 8 WEG (s. a. BayObLG, Rpfleger 77, 126, 140 = BayObLGZ 77, 1; OLG Saarbrücken, Rpfleger 78, 165 und erneut BGH, NJW 79, 870 = DB 1979, 464). Schwierigkeiten ergeben sich, wenn infolge Veräußerung bei Abstimmung nach Köpfen eine zusätzliche Stimme entstehen würde. Das hängt von der Ausgestaltung des Stimmrechts ab (s. o. § 8 Rz. 16).

Grundsatz ist: Durch Wegveräußerung eines Teiles nach Unter-   **13**
teilung dürfen die **Mitgliedschaftsrechte** der übrigen WEer nicht beeinträchtigt werden. Vermögensrechte sind grundsätzlich teilbar (§ 16), ebenso Gebrauchsrechte (§ 15) und Pflichten (§ 14). Für Verwaltungsrechte nach §§ 20 ff., insbesondere § 21 WEG, sind Schlussfolgerungen zu ziehen aus der allgemeinen Gemeinschaftsbindung, dem Gebot von Treu und Glauben (dazu auch *Tasche,* DNotZ 72, 719 mit Nachweisen). Zur **Form** s. o. § 8 Rz. 16 und *Bärmann/Armbrüster,* § 4 Rz. 24 ff. Grundsätzlich ist ein neuer Aufteilungsplan dem Antrag beizugeben (*Röll*, MittBayNot 79, 219; s. aber BayObLG v. 3. 4. 80, Rpfleger 80, 295). § 6 WEG (untrennbare Verbindung von SE und MitEsanteil) ist kein Hindernis für Unterteilung (s. o. § 6 Rz. 5 und *Pick* in *Bärmann/Pick/Merle,* § 6 Rz. 7).

2. Vereinigung, Zuschreibung, Bestandteilserklärung. Ver-   **14**
einigung zweier WEsrechte ist grundsätzlich möglich i. S. des § 890 Abs. 1 BGB (s. o. § 3 Rz. 10, 18; § 1 Rz. 26; KG, NJW-RR 89, 1360). Sie setzt nicht die Abgeschlossenheit (§ 3 Abs. 2) der vom nunmehr einheitlichen WEs Recht umfassten Raumgesamtheit als solcher voraus (KG, a. a. O.). Zuschreibung gilt als ausgeschlossen (s. allerdings OLG Frankfurt a. M., Rpfleger 73, 394; OLG Oldenburg, MittRhNotK 77, 13 = Rpfleger 77, 22; *Bengel,* JA 75, 90). Zuschreibung von WE untereinander ist zulässig (*Weitnauer,* § 3 Rz. 91 f.; *Röll,* Rpfleger 76, 285; *Bärmann/Armbrüster,* § 1 Rz. 65 f).

3. Neukonstruktionen. Werden bei mehreren Bauabschnitten   **15**
nach Vollendung des ersten Bauabschnittes auf den weiteren Bau-

abschnitt abweichend vom Aufteilungsplan neue Anlagen, z. B. Garagen, Kfz-Stellplätze, Kinderspielplätze, Hobbyräume usw. geschaffen, so werden diese auf jeden Fall, wegen Abweichung vom Plan, gemeinschaftliches Eigentum (*Bärmann/Seuß,* Rz. A 265 ff. mit Hinweisen; *Röll,* Teilungserklärung, S. 36 Ziff. 6.2 will Zustimmungspflicht auf Wohnungseigentümer des zweiten Bauabschnittes beschränken). Zustimmung sämtlicher Wohnungseigentümer ist auch erforderlich für Einräumung von Sondernutzungsrechten gemäß § 15 Abs. 1 WEG z. B. an neu einzurichtenden Pkw-Stellplätzen (BayObLG, DNotZ 75, 32; *Röll,* a. a. O. S. 40 mit Hinw. auf Gefahren). Eine **Vollmacht** des Verkäufers zur Anpassung der **Teilungserklärung** an notwendig werdende **bestimmbare** Änderungen ist zulässig (OLG München, RNotZ 2009, 329). Sie kann die Einräumung weiterer SEs, von SNRen und Änderungen der GemO betreffen (OLG München a. a. O.). Sie ist grundsätzlich unwiderruflich (ebenda). Ob eine „gegenüber dem GBA uneingeschränkte Vollmacht zur Änderung der Teilungserklärung" wirksam ist, dürfte wegen der Reichweite und seiner **Unbestimmtheit** zweifelhaft sein (a. A. wohl BayObLG, DNotZ 96, 297; wie hier OLG Düsseldorf, MittRhNotK 97, 131; s. o. § 8 Rz. 11). Dagegen ist eine Ermächtigung zur Vornahme der Umbauarbeiten und auch zu einer Unterteilung der Dachgeschosswohnung wirksam, wenn der teilende Eigentümer sich in allen notariellen Kaufverträgen mit den EWserwerbern eine bestimmte umrissene Vollmacht zur Änderung der Teilungserklärung hinsichtlich des Dachgeschossausbaus im Rahmen bauaufsichtlicher Genehmigungen geben lassen (KG, NJW-RR 95, 1228). Hängt die **Umgestaltung** eines TEs in WE in der GemO von der Einhaltung bestimmter baulicher Vorgaben ab, kann das GBA, weil es deren Beachtung nicht nachprüfen kann, nicht eintragen (BayObLG, NJW-RR 97, 586; s. o. § 8 Rz. 11, 13). Die Prüfungskompetenz des GBAs beschränkt sich auf offensichtliche Verstöße gegen die §§ 305 ff. BGB (OLG München, RNotZ 2009, 329).

16 **4. Verschiebung (Zu- und Abschreibung) von Miteigentumsanteilen.** Schon das BayObLG (NJW 58, 2116) hat Verschiebung im eigenen Besitz eines WEers gebilligt (s. o. § 1 Rz. 13; *Pick* in *Bärmann/Pick/Merle,* 9. Aufl. § 1 Rz. 21). Zulässig ist auch die Verschiebung von Miteigentumsanteilen unter mehreren Wohnungseigentümern ohne Änderung des damit verbundenen SEs (LG Bremen, DerWEer 85, 95). Vorschriften zur **Form** nach § 4 WEG, §§ 925 ff. BGB (Auflassung) sind zu beachten (so auch BayObLG, DerWEer 85, 126/LS; unten Rz. 37).

Vorbemerkung zu § 10 17–20 **Vor § 10**

Zur Frage der **Veränderung** des Miteigentumsanteils durch den 17
ursprünglichen Eigentümer nach erstem Verkauf einer Einheit wegen behördlich angeordneter Verlegung von Hobbyräumen s.
BGH v. 18. 6. 1976 (NJW 76, 1976 = Rpfleger 76, 352). Abtrennung von Teilen mehrerer Miteigentumsanteile und Vereinigung
zu einem neuen Miteigentumsanteil mit gleichzeitiger Einräumung
von SE ist möglich (BayObLG v. 25. 8. 1976 BayObLGZ 76,
Nr. 36).

Umwandlung gemeinschaftlichen Eigentums in SE bedarf der 18
Vereinbarung aller WEer sowie der Form des § 4 (s. o. § 4 Rz. 16 f.;
Bärmann/Armbrüster, § 4 Rz. 24). Zur Form der „Inhaltsänderung",
d. h. der **Quotenänderung** des MEs, wie oben dargestellt, und zur
hier angenommenen Auflassungsform nach § 4 WEG s. *Merle,*
a. a. O. S. 190, der die Inhaltsänderung nicht dieser Form, sondern
nur §§ 877, 873 BGB unterwerfen will (s. o. § 4 Rz. 17). Die
Zustimmungspflicht beschränkt sich auf die unmittelbar an der
Quotenverschiebung Beteiligten (a. a. O. und *Merle,* a. a. O. S. 191).
Ein WEer hat grundsätzlich **keinen Anspruch** auf Änderung der
MEs-Quoten (BayObLG, DerWEer 85, 60; OLG Düsseldorf,
NZM 2004, 508). Nur ausnahmsweise kann ein Anspruch auf
Änderung/Anpassung bei Vergrößerung des SEs gegeben sein, wenn
das Festhalten am bisherigen Anteil grob unbillig wäre (ebenda).

5. Veränderungen an Sondereigentumsteilen. Grundsätzlich 19
kann jeder WEer mit seinem SE nach Belieben verfahren, sofern er
dadurch nicht gemeinschaftliches Eigentum oder Einrichtungen
beeinträchtigt, auch nicht die Stabilität, den Bestand, und das architektonisch-ästhetische Aussehen des Gebäudes (s. o. § 13 Rz. 8 f.;
§ 1 Rz. 36 ff.). Der **Austausch** oder die bloße Abgabe realer Teile
des Sondereigentums (z. B. Kellertausch) ist als Inhaltsänderung des
WEs für zulässig zu halten (s. o. § 6 Rz. 5; *Merle* a. a. O. S. 187;
Tasche, DNotZ 72, 710), ebenso der **vollständige Austausch** des
SEs zwischen WEern unter Beibehaltung ihres jeweiligen MEs-Anteils (BayObLGZ 84, 10 = DerWEer 84, 62 = Rpfleger 84,
268). Bei **Divergenz** zwischen Teilungserklärung und Bauausführung sowie Zuordnung (Kellerräume) können sich schwierige Herausgabe- und Beseitigungs-/Wiederherstellungsverhältnisse ergeben. Hier ist die nach Treu und Glauben sinnvollste und am wenigsten belastende Regelung auf Grund des Gemeinschaftsverhältnisses
zu suchen (OLG Düsseldorf, DWE 2008, 54).

Es genügt die Vereinbarung unter den am Tausch oder an der 20
Abgabe beteiligten WEern. Einigung nach § 877, 873 BGB und
Auflassung nach § 4 Abs. 1 WEG, § 925 BGB (über Vollzug s. o.

Vor § 10 21–23   I. Teil. Wohnungseigentum

§ 7 Rz. 13 ff., 28 ff.). Allerdings ist die Zustimmung dinglich Berechtigter, insbes. Grundpfandrechtsgläubiger, erforderlich.

21 **6. Veränderungen an Sondernutzungsrechten.** Ein Sondernutzungsrecht kann nicht Gegenstand einer Dienstbarkeit am Wohnungseigentum sein (s. o. § 1 Rz. 23; anders *Merle,* a. a. O. S. 194).

22 Einräumung von Sondernutzungsrechten ist grundsätzlich nur mit Zustimmung aller WEer durch Vereinbarung durchführbar. Zweifelhaft ist, ob der Gebrauch gemeinschaftlichen Eigentums durch Mehrheitsbeschluss bestimmten Wohnungseigentümern zur **Alleinnutzung** zugewiesen werden kann (s. u. § 15 Rz. 2). Auch wird eine Vereinbarung zu verlangen sein z. B. für dauernde Gebrauchsregelung gemeinschaftlicher Garagen (BayObLG, ZMR 72, 224 = Rpfleger 72, 260 = MDR 72, 607 = NJW 72, 1286/LS = WM 73, 769 = MittBayNot 72, 162; KG, MDR 72, 239). Zur Frage zulässigen Mehrheitsbeschlusses für den Austausch von Gemeinschaftsräumen mit vereinbarungsgemäß festgelegter Zweckbestimmung gegen im Sondereigentum stehende andere Räumlichkeiten BayObLG (NJW 62, 492).

23 Die Zulässigkeit der Übertragung dinglicher bzw. verdinglichter **Sondernutzungsrechte** unter den WEern derselben Anlage wird grundsätzlich bejaht (s. o. § 5 Abs. 4 Sätze 2 und 3 u. § 15 Rz. 9 ff.). Einigung nach § 877, 873 BGB und Eintragung im Grundbuch sind erforderlich (BGH, NJW 79, 548 = DNotZ 79, 168). Einstimmige Vereinbarung jedoch für Änderung der Zweckbestimmung bestimmter Räume oder Einrichtungen zugunsten eines anderen Gebrauchs (s. u. § 15 Rz. 2; BayObLG, NJW 62, 492).

Diese Grundsätze für die Übertragung von Sondernutzungsrechten gelten nicht, wenn Miteigentum (hier an einer Garagenanlage) nach §§ 1008, 741 ff. BGB besteht (BayObLG, Rpfleger 80, 478). Ebenfalls eine **Ausnahme** vom Konsensprinzip besteht nach OLG Frankfurt a. M. für den Fall eines **teilenden Bauträgers** unter folgenden Voraussetzungen: Hat dieser in der Gemeinschaftsordnung einer Mehrhausanlage eine Regelung getroffen, dass er bis zur Veräußerung der letzten Eigentumswohnung befugt ist, am GemE weitere SNRe, deren Ausübungsbereich in der Gemeinschaftsordnung nicht näher beschrieben ist, zu begründen, so kann dies als Inhalt des SNRs in das GB eingetragen werden. Dadurch wird der Bauträger ermächtigt, SNRe auch noch nach einer Auflassungsvormerkung für den ersten Erwerber eines WEs allein zu begründen (OLG Frankfurt a. M., WuM 98, 303). Die Rechtsprechung ist nachgiebig bei **Nutzungsänderung** z. B. für die Einrichtung einer Arztpraxis oder eines gutbürgerlichen Restaurants (s. u. § 13

Rz. 9 f.), jedoch nicht bei der Umwandlung von einem „Laden" in Biersalon bzw. Spielsaal oder Gewerberaum in Bordell (BayObLGZ 78, 214 = Rpfleger 78, 414 = MittBayNot 78, 212; 79, 169 m. Anm. *Meier-Kraut;* BayObLG, Rpfleger 80, 348 und BayObLG v. 19. 12. 80, 2 Z 74/79 (vgl. LG Passau, Rpfleger 80, 330).

7. Änderung der Gemeinschaftsordnung i. S. des § 10 WEG. Grundsätzlich besteht Vertragsfreiheit für die Gestaltung der Vereinbarung nach § 10 (s. o. Rz. 7 ff.). Jedoch bedarf es immer der **Einstimmigkeit** aller, grundsätzlich auch für Änderungen, selbst bezüglich der Verwaltungs- und Gebrauchsregelung in der Vereinbarung. Hier bestehen jedoch Ausnahmen z. B. hinsichtlich der Hausordnung (BayObLG v. 9. 6. 75, ZMR 76, H. 10). Die Einstimmigkeitsbindung gilt jedenfalls für grundlegende und wesentliche Regelungen betreffend das Zusammenleben (s. u. § 10 Rz. 5 ff.; AG Köln, ZMR 77, 84; BayObLG, Rpfleger 79, 108; OLG Oldenburg, ZMR 78, 245; BayObLGZ 70, 1). Zur Identität eines WEs bei Veränderungen des GemEs und bei Änderung der GemO s. BayObLG, MittBayNot 84, 183.

In den Vereinbarungen selbst kann erleichterte Änderbarkeit durch Mehrheitsbeschluss erlaubt werden (**Öffnungsklausel**, s. § 10 Rz. 14, 28). Dies betrifft Vereinbarungen als solche, sog. allstimmige Beschlüsse oder solche Regelungen, die der Zustimmung der Betroffenen bedürfen. Allerdings kann eine abweichende Entscheidung statt der gesetzlich vorgesehenen Einstimmigkeit durch **Mehrheitsbeschluss nicht generell** vorgesehen werden (BGHZ 95, 137; *Weitnauer/Lüke,* § 10 Rz. 51; *Palandt/Bassenge* § 10 Rz. 14; wohl auch BayObLG, DerWEer 88, 140). Diese Ermächtigung muss vielmehr bestimmt sein und darf zu keiner Aushöhlung des Eigentumsrechts führen (OLG Köln, Rpfleger 82, 278 = MDR 82, 757 = DNotZ 82, 731). Dagegen besteht dieses Bedenken nicht im Falle der Beschränkung auf eine **konkrete Regelung**. So auch z. B. im Rahmen der Ermächtigung die Änderung des vereinbarten **Verteilungsschlüssels** für die Kosten des gemeinschaftlichen Eigentums vorgenommen werden (BGHZ 95, 137; DerWEer 85, 120; BayObLG, DerWEer 88, 140; BayObLG, NZM 2004, 659). Ausnahmen von der Einstimmigkeit sind jetzt in § 16 Abs. 3 und 4 gesetzlich zugelassen (s. dort), ebenfalls nach § 21 Abs. 7 hinsichtlich der Modalitäten der Zahlungen und § 22 Abs. 2 S. 2 bezüglich Modernisierungsmaßnahmen. Die dort bestimmten Mehrheiten können aber wohl nach unten verändert werden. Eine Änderung ist aber auch im Fall der Ermächtigung zur Änderung der GemO durch (Mehrheits)Beschluss nur zulässig, wenn **sachliche Gründe** vorliegen und einzelne WEer gegenüber dem bisherigen Rechtszustand nicht unbillig benachteiligt werden (BGH a. a. O.). Das gilt auch im Rahmen baulicher Veränderungen nach § 22. Einerseits kann an Stelle eines bloßen Mehrheitsbeschlusses Allstimmigkeit vorgesehen, die Entscheidung also erschwert sein. Andererseits gilt der Grundsatz, dass Vereinbarungen nur durch Vereinbarung geändert oder ersetzt werden können. Die Einführung pauschalierter **Verzugszinsen** bei Rückständen hinsichtlich des Wohngelds war vor der WEG-Reform 2007 nur mittels einer Vereinbarung möglich (BGH V ZB 24/90). Sie ist jetzt nach § 21 Abs. 7 durch Stimmenmehrheit möglich. Die Abänderung der in der Teilungserklärung enthaltenen Regelungen für den Fall der nicht rechtzeitigen Zahlung des Hausgeldes durch bloßen Mehrheitsbeschluss ist folglich wirksam. Ist eine Regelung der GemO mit der erforderlichen (ggfs. qualifizierten) Mehrheit geändert, ist eine Aufhebung bzw. Änderung dieses Beschlusses auch nur mit der gleichen Mehrheit möglich (BayObLG, DerWEer 88, 140). Zur Frage, ob ein einstimmiger Beschluss schon als Vereinbarung anzusehen ist und ins Grundbuch eingetragen werden kann, s. unten § 10 Rz. 29; ablehnend *Weitnauer/Lüke,* § 10 Rz. 57; *Diester,* Rpfleger 1965, 193, 210; *Palandt/Bassenge,* § 10 Rz. 13.

26 Vereinbarungen sind grundsätzlich einer Änderung durch bloßen Beschluss entzogen. Ggfs. kann ein Anspruch auf Änderung auf Grund von Treu und Glauben bestehen, etwa bei wichtigem Grund, vor allem wegen der Unmöglichkeit der Kündigung aus wichtigem Grund nach Treu und Glauben wie bei Dauerschuldverhältnissen. Sofern der Verteilungsschlüssel Vereinbarungsqualität hat, besteht nur über § 242 BGB die Möglichkeit einer Anpassung (so die h. M. OLG Schleswig, MDR 97, 33 = NJWE-MietR 97, 32). Der Fall ist nun gesetzlich in § 10 Abs. 2 S. 3 geregelt (s. § 10 Rz. 18). Der in einer GemO festgelegte Kostenverteilungsschlüssel kann, wenn die GemO nichts anderes vorsieht, selbst bei einer auf Dauer **nicht fertiggestellten** Wohnanlage nur durch Vereinbarung der WEer geändert werden (BGH, NJW 95, 2791)! Nicht angefochtene Beschlüsse in **Wirtschaftsplänen** können nur für das betreffende Jahr verbindlich sein. Die Tatsache allein, dass **über Jahre** hinweg Jahresabrechnungen entgegen der GemO erstellt und genehmigt wurden, führt nicht zu einer Änderung der Vereinbarung (BayObLG, DerWEer 86, 57). Die Abweichung von der bestehenden Vereinbarung muss vielmehr von den WEern gewollt und für die Zukunft Geltung haben (BayObLG, NZM 2001, 754).

Der Kreis derjenigen, die für einen solchen Mehrheitsbeschluss in Betracht kommen können, kann beschränkt sein auf die Bewohner

Vorbemerkung zu § 10 27, 28 **Vor § 10**

eines Hauses bei einer **Mehrhausanlage**. Grundsätzlich ist die Beschränkung des Kreises der Beteiligten anerkannt, bedarf aber einer entspr. Vereinbarung (a. A. OLG Hamm, OLGZ 85, 12), (s. u. § 15 Rz. 19; § 10 Rz. 70; § 16 Rz. 150; § 25 Rz. 14 ff.; § 23 Rz. 8 mit weiteren Hinw.).

Die Befugnis der Gerichte zur Abänderung von Vereinbarungen 27 findet ihre Grenze durch die Parteiautonomie zur Setzung solcher Regeln. Nur in Ausnahmefällen (s. o.) kann etwa eine leistungsgerechte **Verteilung**, z. B. der Fahrstuhlkosten erreicht werden. Der Weg über eine selbstständige Auslegung der Vereinbarung durch das Gericht ist problematisch (vgl. die Versuche von OLG Köln (DWEer 78, 87), LG Mannheim (DWEer 77, 27) sowie BayObLG, WEM 79, 171). Werden solche, dem Grundsatz nach nicht zulässige, aber von der grundsätzlichen Kompetenz gedeckte Mehrheitsbeschlüsse zur Veränderung des Inhalts von Vereinbarungen innerhalb der Frist des § 23 Abs. 4 S. 2 WEG nicht angefochten, so werden sie rechtsgültig, sofern sie nicht den guten Sitten oder einem gesetzlichen Verbot widersprechen, insbes. also auch den nicht abdingbaren Regeln des Gesetzes selbst (s. u. § 23 Rz. 16 f., dort auch zur Frage vereinbarungsersetzender Beschlüsse).

8. Planabweichung, Planänderung. Der Aufteilungsplan wird 28 durch Eintragung grundsätzlich, ebenso wie die Bescheinigung der Baubehörde, Bestandteil der Eintragungsbewilligung und damit **Inhalt des Grundbuches** (s. o. § 7 Rz. 30 f.; o. § 4 Rz. 9 ff. zur Mitbeurkundung). Spätere **Änderung** des Aufteilungsplanes bedarf der Einstimmigkeit. Aufteilungsplan oder Bauplan nehmen am öffentlichen Glauben des Grundbuchs teil (s. o. § 1 Rz. 7). Z. B. ist ein Beschluss, der die Schließung eines bei der Teilung vorhandenen, im Aufteilungsplan auch zeichnerisch dargestellten Zugangs zu einer TEseinheit gegen den Willen des Betroffenen anordnet, wirkungslos und unbeachtlich (OLG Düsseldorf, NJWE-MietR 97, 81: Eingriff in den Kernbereich des SEs und damit absolute Unzuständigkeit). Bei einem **Widerspruch** zwischen Teilungserklärung und Aufteilungsplan kann von der Entstehung von GemE ausgegangen werden (OLG Frankfurt a. M., DerWEer 88, 141). Im Widerspruch zum Plan erfolgte Errichtungen, die Gemeinschaftseigentum über das im Plan vorgesehene Maß hinaus in Anspruch nehmen, können Sondereigentum nicht begründen (s. o. § 1 Rz. 7; Vermutung für Gemeinschaftseigentum). Unrichtige Bescheinigung über die Abgeschlossenheit i. S. des § 3 Abs. 2 WEG macht aber das Grundbuch nicht unrichtig (s. o. § 7 Rz. 39). **Abweichungen** vom Plan machen grundsätzlich das Grundbuch unrichtig (s. o. § 7

Vor § 10 29–31   I. Teil. Wohnungseigentum

Rz. 32). Davon jedoch Ausnahmen je nach ihrem Charakter und der Bedeutung der Abweichungen (*Röll,* Teilungserklärung, 1975, S. 49 ff.). Werden nur **kleinere** Wohnungen entgegen dem Aufteilungsplan, ohne Veränderung der Gesamtplanung errichtet, entstehen dennoch Wohnungseigentum und auch Sondereigentum (OLG Düsseldorf, Rpfleger 70, 26 = DNotZ 70, 42; s. o. § 7 Rz. 32 über analoge Anwendung wie bei Aufteilung im eigenen Besitz). Errichtung von nicht vorgesehenen Garagen auf Gemeinschaftsgrundstück führt zu gemeinschaftlichem Eigentum, wenn keine Vereinbarung vorhanden (s. o. § 7 Rz. 33 f.; *Röll,* a. a. O. S. 50 ff.). Zur Aufbaupflicht der Wohnungseigentümer im Falle der Insolvenz des Bauträgers (s. u. § 22 Rz. 49).

29 Grundsätzlich hat jeder Eigentümer bei Abweichungen, die rechtsgültig geworden sind, Anspruch auf Berichtigung des Grundbuchs nach § 894 BGB im Verfahren nach § 43 Nr. 1.

30 **9. Änderungen an gemeinschaftlichen Teilen und Einrichtungen.** Der Autonomie des Wohnungseigentümers in Bezug auf die Handhabung seiner Eigentumsräume – vorbehaltlich nachbarrechtlicher Beschränkungen – steht der Schutz der gemeinschaftlichen Teile und Einrichtungen gegenüber. Dabei gilt die grundsätzliche **Vermutung** der Zugehörigkeit der Bestandteile eines Gebäudes zum gemeinschaftlichen Eigentum (s. o. § 5 Rz. 1 ff. zum Nachbarrecht s. u. § 13 Rz. 34 ff.; s. a. die Komm. zu §§ 906–908 BGB). Auch dürfen selbst bei erlaubten Maßnahmen in Beziehung auf das SE niemals Stabilität, Bestand und auch architektonisch-ästhetischer Charakter des Gebäudes verletzt werden, sowenig wie der Bestimmungszweck (s. u. § 13 Rz. 5 ff.). Jeder WEer kann das Gericht nach § 43 Abs. 1 Nr. 1 WEG anrufen oder aus Gründen des Nachbarrechtes und des Eigentumsschutzes, abgesehen von seinem Einspruchsrecht aus Notverwaltung (s. u. § 21 Rz. 12 ff.). Zur entsprechenden Pflicht des Verwalters s. u. § 27 Rz. 12.

31 § 22 Abs. 1 WEG hat eine Einschränkung des Einstimmigkeitsprinzips (Allstimmigkeit) für bauliche Veränderungen und Aufwendungen, die über die ordnungsgemäße Instandhaltung oder Instandsetzung des gemeinschaftlichen Eigentums hinausgehen, getroffen. Das erste Problem ist die Abgrenzung zu den baulichen Veränderungen usw. von den der Verwaltung obliegenden Maßnahmen der Instandhaltung und Instandsetzung nach § 21 Abs. 5 Ziff. 2 WEG (dazu u. § 22 Rz. 9 ff.; *Merle* in *Bärmann/Merle,* § 22 Rz. 62 ff. und die Beiträge in PIG Nr. 71981, insbes. von *Deckert:* Instandsetzung, Instandhaltung und bauliche Maßnahmen; zum Begriff „Änderungen" s. u. § 22 Rz. 2). Jüngere Entscheidungen ha-

Vorbemerkung zu § 10   32–35 **Vor § 10**

ben wesentliche Konzessionen auch noch zur Erleichterung der Anwendung des § 22 Abs. 1 WEG gebracht, unter Einengung der Zustimmung auf die unmittelbar am Vorgang Beteiligten (BGH, NJW 79, 817 = WEM 79, 63 = ZfBR 79, 115; s. a. WEM 80, 7; OLG Stuttgart, WEM 80, 75. Danach ist die Zustimmung der anderen Wohnungseigentümer überhaupt entbehrlich, wenn diese dadurch nicht beeinträchtigt werden (OLG Stuttgart, a. a. O.). § 22 Abs. 1 fasst die Ergebnisse der Rspr. sowohl hinsichtlich der Zustimmungsbedürftigkeit als auch des Übergehens nicht Betroffener WEer zusammen (s. dort).

Für einen **Mauerdurchbruch** zwischen zwei Wohnungen durch 32 eine Tragmauer, die immer gemeinschaftliches Eigentum ist, bedarf es nicht nur der Zustimmung der beteiligten beiden Nachbarn. Hier muss ein Vorbehalt gemacht werden in Bezug auf die Gewährleistung der Stabilität und des Bestandes. Ein Mehrheitsbeschluss der Versammlung dürfte im allg. nicht genügen (BGH, NJW 2001, 1212; OLG Frankfurt a. M. v. 5. 11. 1979, OLGZ 80, 78). Dies gilt grundsätzlich auch für den Durchbruch einer **Brandwand** bei Vereinigung zweier EWen (KG, NJW-RR 97, 587 = FGPrax 97, 55 = ZMR 97, 197). Ausnahmsweise kann dem betr. WEer ein Anspruch gegen die übrigen WEer auf Genehmigung zustehen, wenn keine Nachteile entstehen (BGHZ 116, 392 = NJW 92, 978 = WE 92, 321; NJW 2001, 1212; KG, OLGZ 93, 427 = NJW-RR 93, 909 = WE 93, 220; NJW-RR 97, 587; s. § 22 Rz. 3).

Wichtig bleibt aber immer die Abgrenzung von Instandhaltung 33 und Instandsetzung einerseits, von Maßnahmen der baulichen Veränderungen usw. nach § 22 Abs. 1 WEG andererseits (s. *Deckert,* a. a. O.).

Das weitere Problem des § 22 Abs. 1 WEG ist die Auslegung der 34 „Beeinträchtigung nicht über das in § 14 WEG bestimmte Maß hinaus". Die Wahrung des geordneten Zusammenlebens, aber auch der Stabilität, des Bestandes, der Sicherheit und des architektonisch-ästhetischen Bildes des Gebäudes ist Pflicht (s. u. § 22 Rz. 9). Auch der **Bestimmungszweck** der Anlage ist zu wahren (LG Mannheim, ZMR 76, 51; s. a. eingehend BGH, NJW 79, 819 = WEm 79, 83). Ergibt sich die Entbehrlichkeit der Zustimmung wegen Nichtbeeinträchtigung der Rechte, so braucht nach der Rechtsprechung auch ein Mehrheitsbeschluss nicht gefasst zu werden, abgesehen von etwaiger Garantie für Stabilität usw. des Gebäudes (s. u. § 22 Rz. 18 ff.).

10. Änderungen des Bestimmungszweckes. Das kann zu- 35 nächst die **SEsräume** und deren Einrichtung betreffen, z. B. durch Lärm und sonstige Belästigungen, Einrichtung eines Hotels, eines

Ballsaales, einer Tanzschule, einer Klinik usw. Nutzungsänderungen müssen insbesondere auf den Bestimmungszweck Rücksicht nehmen (s. § 13 Rz. 3). Bei **Mehrhausanlagen** kann die Zustimmungsbedürftigkeit beschränkt sein auf die Gruppe der Bewohner eines bestimmten Hauses bzw. der Nutzer, z. B. von Garagen (s. u. § 5 Rz. 19).

36 Nutzungsbeschränkungen in einer **Vereinbarung** nach § 10 WEG können nicht durch Hausordnungen eines Verwalters oder durch Mehrheitsbeschluss abgeändert werden (s. u. § 15 Rz. 1; BayObLGZ 83, 79 = MDR 83, 671 m. w. N. = DNotZ 84, 101). Daher ist es auch nicht zulässig – weil zu unbestimmt – in der GemO vorzusehen, dass zukünftige Änderungen der GemO oder der Teilungserklärung durch **Mehrheitsbeschluss** getroffen werden können (OLG Köln, OLGZ 82, 413 = DNotZ 82, 753; s. o. Rz. 25). Haben die WEer der Nutzung eines Raumes entgegen der Zweckbestimmung der GemO formlos zugestimmt, so steht den **Sondernachfolgern** ein Anspruch auf Unterlassung der Nutzung nicht zu, auch wenn der Ausschluss des Anspruchs aus dem WsGB nicht ersichtlich ist (OLG Hamm, NJW-RR 96, 971). Dagegen wird eine einstimmige **schuldrechtliche** Vereinbarung der WEer, die auf eine grundlegende **Änderung der GemO** gerichtet ist, mit ihrem Gesamtinhalt hinfällig, wenn Sonderrechtsnachfolger in die Gemeinschaft eintreten, die gemäß § 10 Abs. 2 wegen unterbliebener Eintragung als Inhalt des SEs im GB an die Vereinbarung nicht gebunden sind (OLG Hamm, ZMR 96, 671). Ein bloßer Mehrheitsbeschluss ist nach h. M. als Dauerregelung gedacht, nichtig. Jeder WEer hat das Recht, das Gericht anzurufen nach § 21 Abs. 4, § 43 Abs. 1 Nr. 1 od. 4.

37 **11. Zustimmung Dritter.** Zur **Umwandlung** von Grundeigentum in WE bedarf es der Zustimmung von **Grundpfandgläubigern** nicht (s. o. § 1 Rz. 21, § 8 Rz. 10; s. aber *Röll*, Teilungserklärung, S. 36). Nach h. M. ist für die **Inhaltsänderung** des Wohnungseigentums selbst durch Raumverschiebung oder Zusammenlegung eine **Zustimmung Dritter** nur erforderlich, wenn der Haftungsgegenstand nachteilig betroffen ist (s. o. Rz. 16; *Röll*, a. a. O. S. 36 Ziff. 6.3 Abs. 2). Bei Rangkonkurrenz oder -verlust sind die Rechte der Gläubiger betroffen. Auch eine mit der Änderung der MEsanteile vorgenommene **Verkleinerung** der EW bedarf der Zustimmung der dinglich Berechtigten (LG Bremen, DerWEer 85, 95) ebenso bei einer Verkleinerung des MEsanteils (BayObLG, NJW-RR 93, 1043). Entsprechend ist im Fall der Betroffenheit der **Realgläubiger** deren Zustimmung für erforderlich zu halten bei Änderungen der Vereinbarung nach § 10 (s. u. § 10 Rz. 14, 26; *Ertl,* DNotZ 1979, 281 ff. will von Fall zu Fall entscheiden). Dies gilt auch bei Begründung von **Sondernutzungsrechten** an Kfz-Abstellplätzen (BGH, NJW 84, 2409 = MDR 84, 830) und für den Fall der **Umwandlung** von WE in TE oder umgekehrt (BayObLGZ 89, Nr. 7 = DerWEer 89, 132). Diese Frage klärt jetzt (bejahend) § 5 Abs. 4 S. 2 und sieht nur für den **Tausch** von SNRen von der Zustimmung ab (s. zu den Einzelheiten dort).

Die **Zustimmung** anderer **WEer** kann schon in der Vereinbarung delegiert werden auf den Verwalter (OLG Frankfurt a. M. WuM 97, 564), insbesondere bei Veräußerungsbeschränkungen nach § 12 WEG (s. u. § 10 Rz. 20). Grundsatz des wichtigen Grundes für Versagung ist zu beachten (BayObLGZ 80, 8). Die Mitwirkung der WEer kann aber auch durch die GemO schon ganz ausgeschlossen sein. In diesem Fall bedarf es auch nicht der Zustimmung der Grundpfandrechtsgläubiger (BayObLGZ 89, Nr. 7 = DerWEer 89, 132). Schwierig ist die Rechtslage, wenn inhaltliche Änderungen der Vereinbarung durch einen Beschluss infolge Nichtanfechtung nach § 23 Abs. 4 WEG rechtsgültig werden. Hier besteht keine Kontrollmöglichkeit. Erlangt ein Dritter, ein Hypothekengläubiger, Kenntnis davon, kann er sein Zustimmungsrecht im Zivilprozess geltend machen, § 43 WEG. Er kann sich aber schützen durch die formularmäßige Klausel der Fälligkeit (BGH, Rpfleger 80, 271 mit Anm. *Gasteier;* BB 80, 859; NJW 80, 1625) für den Fall der ganzen oder teilweisen Veräußerung, auch im Rahmen des § 9 Abs. 2 Nr. 1 AGBG, jetzt § 307 BGB). Dies kann dann auch für den Fall von Veränderungen von Vereinbarungen vorgesehen werden. Es liegt auf der Hand, dass sich hier im ganzen Schwierigkeiten für das **Prüfungsrecht** des Grundbuchamtes ergeben (s. o. § 7 Rz. 46). **38**

Die Zustimmung muss nur in grundbuchmäßiger Form nach § 29 GBO nachgewiesen werden. Auch wird anzunehmen sein, dass eine Änderung der Vereinbarung, auch durch nicht angefochtenen Mehrheitsbeschluss, Dritten gegenüber wie Rechtsnachfolgern gegenüber erst mit der Eintragung wirksam wird (str.; s. u. § 10 Rz. 29; a. A. die h. M.). **39**

Da die Unterteilung analog § 8 WEG behandelt wird, kommt auch hier eine **Zustimmung** der Grundpfandrechtsgläubiger oder sonstiger Dritter nicht in Frage (BayObLG; NJW-RR 2003, 950; *Palandt/Bassenge,* § 6 Rz. 6). **40**

12. Form. Siehe oben zu den Einzelfragen. Grundsatz ist für Vereinigung, Quotenverschiebung, Raumverschiebung, Einigung **41**

und Eintragung gemäß § 873 BGB, ggfs. Zustimmung der Realgläubiger nach §§ 876, 877 BGB. Zweifel erheben sich bezüglich der Anwendung der Auflassungsform nach § 4 WEG, §§ 925, 925 a wie auch 311 b BGB (s. § 4 Rz. 16 f.).

42 Nicht der Auflassungsform bedarf eine Änderung der Vereinbarung nach § 10 WEG; für deren Eintragung genügt Einigung und Eintragungsantrag der Beteiligten bzw. die Vorlage des Beschlusses mit Eintragungsantrag (s. o. § 3 Rz. 29 und unten § 10 Rz. 14). *Merle* lehnt grundsätzlich die Auflassungsform nach § 4 ab (a. a. O. S. 190). Die **Unterteilung,** die sich nach § 8 WEG analog vollzieht, bedarf **nicht** der Form des § 4 WEG, also der Auflassung (s. o. § 8 Rz. 9; *Demharter,* GBO, Anh. zu § 3 Rz. 75).

43 Die **Berichtigung** des Grundbuches bei Abweichung vom Aufteilungsplan erfolgt über §§ 14, 22 GBO, sofern nicht eine einstimmige Änderung der Teilungserklärung und der Vereinbarung erforderlich ist (s. o. § 7 Rz. 22). Für den **Tausch** von Sondernutzungsrechten lehnt die h. M. die Auflassungsform ab. Es genügt neben dem Antrag die **Eintragungsbewilligung** (BayObLGZ 78, 382; MittBayNot 80, 212). Zum grundbuchmäßigen Vollzug s. *Röll,* DNotZ 78, 218; BayObLG, NJW 58, 2116; *Röll,* MittBayNot 79, 219.

44 **13. Ganze oder teilweise Aufhebung des Sondereigentums.** Sie ist nur mit Einigung aller Eigentümer in der Form der Auflassung nach § 4 WEG möglich. Die Wohnungsgrundbücher sind zu schließen (§ 9 Abs. 1 WEG). Bei ganzer oder teilweiser Zerstörung i. S. des § 22 Abs. 2 WEG kann auch ein einzelner Wohnungseigentümer die Aufhebung verlangen. Die Aufhebung der Gemeinschaft erfolgt nach § 17 WEG (s. o. § 17 Rz. 1 ff.; *Weitnauer/Lüke,* § 17 Rz. 1 ff.).

§ 10 Allgemeine Grundsätze

(1) **Inhaber der Rechte und Pflichten nach den Vorschriften dieses Gesetzes, insbesondere des Sondereigentums und des gemeinschaftlichen Eigentums, sind die Wohnungseigentümer, soweit nicht etwas anderes ausdrücklich bestimmt ist.**

(2) ¹**Das Verhältnis der Wohnungseigentümer untereinander bestimmt sich nach den Vorschriften dieses Gesetzes und, soweit dieses Gesetz keine besonderen Bestimmungen enthält, nach den Vorschriften des Bürgerlichen Gesetzbuches über die Gemeinschaft.** ²**Die Wohnungseigentümer können von den Vorschriften dieses Gesetzes abweichende**

Allgemeine Grundsätze § 10

Vereinbarungen treffen, soweit nicht etwas anderes ausdrücklich bestimmt ist. ³Jeder Wohnungseigentümer kann eine vom Gesetz abweichende Vereinbarung oder die Anpassung einer Vereinbarung verlangen, soweit ein Festhalten an der geltenden Regelung aus schwerwiegenden Gründen unter Berücksichtigung aller Umstände des Einzelfalles, insbesondere der Rechte und Interessen der anderen Wohnungseigentümer, unbillig erscheint.

(3) Vereinbarungen, durch die die Wohnungseigentümer ihr Verhältnis untereinander in Ergänzung oder Abweichung von Vorschriften dieses Gesetzes regeln, sowie die Abänderung oder Aufhebung solcher Vereinbarungen wirken gegen den Sondernachfolger eines Wohnungseigentümers nur, wenn sie als Inhalt des Sondereigentums im Grundbuch eingetragen sind.

(4) ¹Beschlüsse der Wohnungseigentümer gemäß § 23 und gerichtliche Entscheidungen in einem Rechtsstreit gemäß § 43 bedürfen zu ihrer Wirksamkeit gegen den Sondernachfolger eines Wohnungseigentümers nicht der Eintragung in das Grundbuch. ²Dies gilt auch für die gemäß § 23 Abs. 1 aufgrund einer Vereinbarung gefassten Beschlüsse, die vom Gesetz abweichen oder eine Vereinbarung ändern.

(5) Rechtshandlungen in Angelegenheiten, über die nach diesem Gesetz oder nach einer Vereinbarung der Wohnungseigentümer durch Stimmenmehrheit beschlossen werden kann, wirken, wenn sie auf Grund eines mit solcher Mehrheit gefaßten Beschlusses vorgenommen werden, auch für und gegen die Wohnungseigentümer, die gegen den Beschluß gestimmt oder an der Beschlußfassung nicht mitgewirkt haben.

(6) ¹Die Gemeinschaft der Wohnungseigentümer kann im Rahmen der gesamten Verwaltung des gemeinschaftlichen Eigentums gegenüber Dritten und Wohnungseigentümern selbst Rechte erwerben und Pflichten eingehen. ²Sie ist Inhaberin der als Gemeinschaft gesetzlich begründeten und rechtsgeschäftlich erworbenen Rechte und Pflichten. ³Sie übt die gemeinschaftsbezogenen Rechte der Wohnungseigentümer aus und nimmt die gemeinschaftsbezogenen Pflichten der Wohnungseigentümer wahr, ebenso sonstige Rechte und Pflichten der Wohnungseigentümer, soweit diese gemeinschaftlich geltend gemacht werden können oder zu erfüllen sind. ⁴Die Gemeinschaft muss die Bezeichnung „Wohnungseigentümergemeinschaft" gefolgt von der be-

§ 10 I. Teil. Wohnungseigentum

stimmten Angabe des gemeinschaftlichen Grundstücks führen. [5] Sie kann vor Gericht klagen und verklagt werden.

(7) [1] Das Verwaltungsvermögen gehört der Gemeinschaft der Wohnungseigentümer. [2] Es besteht aus den im Rahmen der gesamten Verwaltung des gemeinschaftlichen Eigentums gesetzlich begründeten und rechtsgeschäftlich erworbenen Sachen und Rechten sowie den entstandenen Verbindlichkeiten. [3] Zu dem Verwaltungsvermögen gehören insbesondere die Ansprüche und Befugnisse aus Rechtsverhältnissen mit Dritten und mit Wohnungseigentümern sowie die eingenommenen Gelder. [4] Vereinigen sich sämtliche Wohnungseigentumsrechte in einer Person, geht das Verwaltungsvermögen auf den Eigentümer des Grundstücks über.

(8) [1] Jeder Wohnungseigentümer haftet einem Gläubiger nach dem Verhältnis seines Miteigentumsanteils (§ 16 Abs. 1 Satz 2) für Verbindlichkeiten der Gemeinschaft der Wohnungseigentümer, die während seiner Zugehörigkeit zur Gemeinschaft entstanden oder während dieses Zeitraums fällig geworden sind; für die Haftung nach Veräußerung des Wohnungseigentums ist § 160 des Handelsgesetzbuches entsprechend anzuwenden. [2] Er kann gegenüber einem Gläubiger neben den in seiner Person begründeten auch die der Gemeinschaft zustehenden Einwendungen und Einreden geltend machen, nicht aber seine Einwendungen und Einreden gegenüber der Gemeinschaft. [3] Für die Einrede der Anfechtbarkeit und Aufrechenbarkeit ist § 770 des Bürgerlichen Gesetzbuches entsprechend anzuwenden. [4] Die Haftung eines Wohnungseigentümers gegenüber der Gemeinschaft wegen nicht ordnungsmäßiger Verwaltung bestimmt sich nach Satz 1.

Übersicht

	Rz.
Vorbemerkung	1
I. Grundsätzliches	1 a
a) Abgrenzung der Befugnisse (Abs. 1)	1 a
b) Verhältnis der WEer	2
II. Juristische Natur der Vereinbarung	
a) Abs. 2 Satz 2	5
b) Abs. 2 Satz 3	13
III. Begründung und Änderung der Vereinbarung (Abs. 3)	15
IV. Vertragsfreiheit als Grundsatz	19

	Rz.
V. Beschlüsse der WEer (Abs. 4)	28
a) Allgemeines	28
b) Satz 1	29
c) Satz 2	30
d) Zuständigkeit	31
VI. Gerichtliche Entscheidungen	32
VII. Wirkung der Mehrheitsbeschlüsse (Abs. 5)	33
VIII. Begünstigende Vereinbarungen und Beschlüsse	36
IX. Teilrechtsfähigkeit der Gemeinschaft (Abs. 6)	37
a) Bedeutung	37
b) Satz 1	38
c) Satz 2	39
d) Satz 3	40
e) Satz 4	41
X. Verwaltungsvermögen (Abs. 7)	42
a) Satz 1	42
b) Satz 2	43
c) Satz 3	44
d) Satz 4	45
XI. Haftung der Wohnungseigentümer (Abs. 8)	46
a) Zweck	46
b) Satz 1 Hs. 1	47
c) Satz 1 Hs. 2	48
d) Satz 2	49
e) Satz 3	50
f) Satz 4	51

Vorbemerkung

Der durch das WEG-ÄndG neu gefasste § 10 stellt die materiell- **1** rechtliche Neukonzeption des WEs dar. Sie ist erst in der Gegenäußerung der BReg. die Anregung des BRs hin entwickelt worden, nachdem der Regierungsentwurf zunächst die Frage der (Teil-) rechtsfähigkeit weiterhin Rspr. und Wissenschaft überlassen wollte (BT-Drs. 16/887, S. 56 ff.).

Der Gesetzgeber nimmt damit die Rspr. des BGH, wie sie in seinem Beschluss vom 2. 6. 2005 formuliert wurde auf, versucht aber, „mit dem Beschluss aufgeworfene Folgefragen zu lösen" und „die dort geregelte Haftung der Wohnungseigentümer zu ändern und die Vertretungsmacht des Verwalters als Organ der Gemeinschaft gegenüber seiner Funktion als Vertreter der Wohnungseigentümer abzugrenzen" (BT-Drs. 16/3843 S. 30).

I. Grundsätzliches

1a a) Abgrenzung der Befugnisse (Abs. 1). Abs. 1 (neu) grenzt die Rechte und Pflichten der WEer als solcher gegenüber der jetzt rechtsfähigen Gemeinschaft ab. Dabei unterscheidet der Gesetzgeber klarstellend die (rechtsfähige) Gemeinschaft von „der nicht rechtsfähigen Gesamtheit" der WEer (BT-Drs. 16/887, S. 60). **Halbsatz 1** weist den WEern die Rechtsträgerschaft in Bezug auf das SE und ihren Anteil am GemE neben anderen Rechten beispielhaft zu. Damit wird der **Grundsatz** formuliert, dass nur bei ausdrücklicher abweichender Regelung diese Zuweisung ausnahmsweise durchbrochen ist. Dies entspricht meinen Ausführungen in der Anhörung des Rechtsausschusses am 18. 9. 2006: „Das letzte Wort steht eindeutig den Wohnungseigentümern zu, die die wesentlichen Entscheidungen allein zu verantworten haben" (Prot. Nr. 23 des Rechtsausschusses des BTs, 16. Wahlperiode, S. 159). Der Gesetzgeber will die Verantwortlichkeit der Gemeinschaft lediglich auf die Funktion beschränken, „das gemeinschaftliche Eigentum ... leichter als bisher verwalten zu können" (BT-Drs. 16/887, S. 60). In **Halbsatz 2** werden Einschränkungen formuliert, die in den Absätzen 6 und 7 ausgeführt werden (s. u.).

Die Vorschriften des WEG gelten bereits mit **Eintragung** der Auflassungsvormerkungen und **Einzug** in die Wohnanlage (s. o. § 3 Rz. 33; Rz. 2 vor 43; OLG Köln, NJW-RR 98, 518 = NZM 98, 199). Die Gemeinschaft kann z. B. damit jetzt Schuldnerin einer **Abfallgebühr** sein, weil sie rechtsfähig ist und als solche Trägerin von Rechten und Pflichten sein kann (a. A. noch BayObLG NZM 2004, 344; NZM 2001, 534 = WuM 2001, 140; NJW-RR 2002, 445 = NZM 2001, 956; OLG Frankfurt a. M., NZM 2004, 503; OVG Schleswig, NJW-RR 92, 457); damit sei ein an die WEer-Gemeinschaft zu Händen des Verwalters gerichteter Gebührenbescheid nichtig (OVG Schleswig, a. a. O.). Nunmehr kommt es darauf an, wie der öffentliche Satzungsgeber öffentlich-rechtliche Abgaben organisiert (s. Einl. Rz. 21). Ein **Abgabenbescheid,** der an den Verwalter einer WEergemeinschaft gerichtet ist, muss hinreichend bestimmt in der Hinsicht sein, **wer** die Abgabe schuldet, sonst ist er nichtig (VG Aachen, NZM 2004, 114). Soll der Anschluss eines Grundstücks, das in WE aufgeteilt ist, an die öffentl. **Entwässerungsanlage** angeordnet werden, kann die notwendige Bekanntgabe der Verfügung an **alle** WEer gemeinsam durch **Bekanntgabe** an den **Verwalter,** aber auch – soweit zustellungsrechtlich nicht eine Zustellung an einen Bevollmächtigten vorgeschrieben ist – durch **Bekanntgabe** des einheitlichen Verwaltungsakts

Allgemeine Grundsätze 2 § 10

gegenüber **jedem einzelnen** WEer erfolgen (OVG Münster, NZM 2004, 557). Im Übrigen hindert die Teilrechtsfähigkeit der WEergemeinschaft die Geltung einer im kommunalen **Abgabenrecht** statuierten **gesamtschuldnerischen** Haftung der WEer für **Grundbesitzabgaben** nicht (BVerwG NJW 2006 H.4, X = NZM 2006, 146; VG Düsseldorf, BeckRS 2009, 39031; 39032; VG Gelsenkirchen, BeckRS 2009, 39279). Dies gilt auch für sonstige Versorgungs- und Entsorgungsleistungen (KG, ZMR 2008, 556; NJW-RR 2008, 966).
Die Gemeinschaft ist jetzt **grundbuchfähig** gemäß § 10 Abs. 6 (so schon BGH NJW 2005, 2061; OLG Celle, RNotZ 2008, 342; *Demharter,* NZM 2005, 601; *ders.,* ZWE 2005, 357; *Wenzel,* ZWE 2006, 7; OLG Celle, NJW-Spezial 2008, 259; KG, NJW-Spezial 2008, 483 zur BGB-Gesellschaft; a.A. noch OLG Frankfurt a.M., NZM 2004, 503). Zur Teilung durch den Eigentümer nach § 8 und der von ihm zugrundegelegten Gemeinschaftsordnung siehe oben § 8 Rz. 13.

b) Verhältnis der WEer. Abs. 2 Satz 1 stellt zunächst auf die 2
speziellen Regeln des WEG ab, sodann wird auf die §§ 741 ff., 1008 BGB verwiesen, die **ergänzend** hinzutreten. Beide Gesetze bestimmen somit das Verhältnis der WEer untereinander i. S. einer Binnenordnung. U. U. sind die Vorschriften des WEG schon auf die Gemeinschaft entsprechend anwendbar, bevor der Erwerb des Vollrechts von statten gegangen ist. Entscheidend sind die rechtlich gesicherte Position und die Eingliederung in die Gemeinschaft. Hierbei kann der Zeitpunkt je nach Art der Begründung variieren.
Im Fall der Begründung nach § 8 mit nachfolgenden Veräußerung an Dritterwerber ist eine antizipierte Anwendung der Vorschriften des WEG auf das Rechtsverhältnis des Erwerbers gerechtfertigt, wenn der Erwerber von dem teilenden Eigentümer durch Eintragung einer **Auflassungsvormerkung** eine rechtlich gesicherte Anwartschaft auf den dinglichen Erwerb erlangt hat und ihm daraufhin auch der Besitz an der Wohnung übertragen worden ist (OLG Köln, NZM 2000, 53/LS; OLG Düsseldorf NZM 2005, 828; h.M.). Auf diese Gemeinschaft sind dann auch die §§ 10 ff. anwendbar (LG Ellwangen, NJW-RR 96, 973; a.A. für den Fall einer Erbengemeinschaft OLG Hamm, MDR 68, 413; s. unten Rz. 2 f. vor § 43); §§ 741 ff. BGB sind nur mit Einschränkung anwendbar. Spätestens mit dem Erwerb des Eigentums entsteht die Gemeinschaft, dann allerdings auch ohne Besitz an der Wohnung. Eine **werdende** (faktische) **Gemeinschaft** wird durch die Eintragung eines Mitglieds dieser Gemeinschaft in das GB nicht beendet

(LG Ellwangen, NJW-RR 96, 973). Mit der Invollzugsetzung der tatsächlichen WEergemeinschaft durch Anlegung des WsGBer und Eintragung von mindestens **zwei** WEern endet eine bis dahin eventuell bestehende faktische WEergemeinschaft. Dies gilt auch dann, wenn noch nicht alle früheren Mitglieder der faktischen WEergemeinschaft bereits Mitglieder der neuen tatsächlichen Gemeinschaft i. S. des WEG sind (OLG Köln, NJW-RR 99, 959).

3   Im Verhältnis zu §§ 741 ff., 1008 ff. gilt: Sie sind grundsätzlich anwendbar, jedoch scheiden §§ 749–758 BGB wegen § 11 aus; anders beim Ausnahmefall des § 11 Abs. 1 Satz 2 oder bei Beschluss der WEer über die Aufhebung. § 742 BGB wird nicht praktisch. Bezüglich § 743 siehe § 16, §§ 13 Abs. 2, 14 und 15. Wegen §§ 744–746 s. §§ 20–29. § 747 BGB entspricht dem Verfügungsrecht über das WE als solches. Über das **Grundstück** können nur alle WEer gemeinschaftlich verfügen (Einstimmigkeit auch für den **Hinzuerwerb** eines anderen Grundstücks; s. § 21 Rz. 37). Die gegenständlich abgegrenzte Gebrauchsregelung für eine Garagenanlage bedarf der **einstimmigen Vereinbarung** (BayObLG, NJW 74, 152), ebenso die nicht unbeträchtliche Veränderung des optischen Gesamteindrucks der Wohnanlage (OLG Frankfurt a. M., Rpfleger 80, 112). Zur **Vollstreckung** in einen gemeinschaftlichen Gegenstand, soweit derselbe überhaupt selbstständig pfändbar ist, insbesondere Zubehör oder unwesentlichen Bestandteil, ist ein Titel gegen die **Gemeinschaft** erforderlich, die nach Abs. 7 S. 1 **Trägerin** des Verwaltungsvermögens ist. Bei Feststellung gemeinschaftlichen Rechtes, z. B. bei Besitzentziehung, sind die WEer notwendige Streitgenossen (§ 62 ZPO Fall 1). § 748 BGB ist durch § 16 neugeregelt. §§ 749–751 BGB sind grundsätzlich wegen § 11 unanwendbar. §§ 752–758 sind anwendbar, falls die WEer-Gemeinschaft durch Aufhebung des SEs aufgehoben wird. Zu § 1009 Abs. 1 BGB s. o. § 1 Rz. 23 f. über die Belastung mit Grunddienstbarkeiten usw.; § 1010 Abs. 1 ist durch §§ 20 ff. ersetzt. Von praktischer **Relevanz** sind die Regeln der Bruchteilsgemeinschaft zwischen WEern hinsichtlich von Änderungen des MEsanteils nach § 1008 BGB, im Außenverhältnis durch die Geltendmachung von Ansprüchen aus dem Eigentum nach § 1011 BGB.

4   Im Falle einer **Gesamtbelastung** kann Interesse der WEer bestehen, eine Vereinbarung im Sinne des § 1010 Abs. 2 BGB in das Grundbuch einzutragen oder von vornherein in die Vereinbarung i. S. des § 10 aufzunehmen (Berichtigung der Gesamtschuld aus dem gemeinschaftlichen Gegenstand im Falle der Aufhebung der Gemeinschaft). Gleiches gilt für § 756. Andere Regelungen sind

Allgemeine Grundsätze   5, 6 § 10

unbenommen (§§ 677, 812 ff., 273 BGB). Aus § 1011 BGB ergibt sich auch für den WEer Geltendmachung der Rechte in Ansehung der gemeinschaftlichen Teile, Herausgabeanspruch gegenüber einem Dritten gem. § 432 BGB nur an alle. Auch die Feststellung des Eigentums aller WEer kann vom einzelnen eingeklagt werden, ebenso Ansprüche aus Besitz, jedoch nur mit Wirkung für und gegen alle. Auch Ansprüche nach §§ 987, 989, 990 BGB können vom einzelnen geltend gemacht werden, soweit teilbar, auch für seinen Teil allein zur Leistung an ihn.

II. Juristische Natur der Vereinbarung

a) Abs. 2 Satz 2 Eine Legaldefinition bringt Abs. 2 S. 2 nur 5 insoweit, als (nur) solche Regeln als Vereinbarung bezeichnet werden, in denen vom Gesetz abgewichen wird. Dies wird im Rahmen der dispositiven Normen des Gesetzes zugelassen. Nicht kann über das zwingende Recht des WEG verfügt werden (S. 2, letzter Hs).

Ein materielles Kriterium für das Vorliegen einer Vereinbarung wird dann in **Abs. 2** angedeutet, als es sich um Regeln handeln muss, durch die die WEG ihr Verhältnis untereinander in **Ergänzung** oder Abweichung des WEG gestalten. Allerdings steht in Abs. 2 die dingliche Wirkung durch Eintragung gegenüber Sondernachfolgern im Vordergrund. Rspr. und Lehre haben deswegen materielle Kriterien entwickelt, die insbesondere auch der Abgrenzung zum Beschluss dienen (zu vorges. Änderungen s. Anh. III, 11).

Unter Vereinbarung i. S. des § 10 **Abs. 2 Satz 2** ist das vertrag- 6 lich bzw. einseitig (gemäß § 8) festgelegte **Realstatut** der Gemeinschaft, d. h. die **Grundordnung** zu verstehen (BayObLG, Rpfleger 79, 108). Sie hat den Charakter einer **Satzung** (BGH, DerWEer 87, 23). Mit ihr regeln die WEer ihre Rechtsbeziehungen hinsichtlich des SEs, GemEs und der Mitgliedschaftsrechts, vergleichbar der Satzung des Vereins (vgl. a. *Ritzinger,* BWNotZ 81, 153). Sie betreffen unmittelbar das Grundstück und seine wesentlichen Bestandteile (OLG Köln, NJW-RR 93, 982), im Übrigen auch die mit dem GemE untrennbar verbundenen Berechtigungen (OLG Hamburg, FGPrax 96, 132). Damit haben sie das Gemeinschaftsverhältnis zum Gegenstand, das sie für die Zukunft ergänzend bzw. abweichend vom Gesetz gestalten sollen.

Keinen Vereinbarungscharakter hat die Bezeichnung einer Fläche (z. B. als „Büro") allein in der **Bauplanung des Architekten** (vgl. OLG Schleswig, WuM 99, 229; s. § 15 Rz. 14) oder die **innere Aufteilung** und Nutzung des SEs (OLG Hamm, NZM 2007, 294). **Vereinbarungscharakter** haben dagegen die **Be-**

zeichnungen in der Teilungserklärung des SEs als „Wohnung", „Büroraum", „Gewerberaum" u. ä. (BayObLG, NJW-RR 93, 149), da sie den **Bestimmungszweck** enthalten. Nicht unter den Regelungsbereich von § 10 (Abs. 1 Satz 2, Abs. 2 WEG) fällt die Umwandlung von GemE in SE: Diese betrifft nur das sachenrechtliche Grundverhältnis (KG, WuM 98, 366). Die Veräußerung und Umwandlung eines **Dachbodens** zu Wohnzwecken unterfällt folglich § 4 Abs. 2 (KG, NZM 2004, 624).

7   Wird eine Vereinbarung nach § 10 nicht getroffen, besteht ein **gesetzliches Schuldverhältnis** nach WEG wie auch im Fall der die gesetzliche Regelung modifizierenden GemO (BGH NJW 99, 2108; s. o. Rz. 5 vor § 10). Es besteht ein Austauschverhältnis. Aus dem Gemeinschaftsverhältnis erwachsen Schutz- und Treupflichten nach § 242 BGB (BayObLG, NJW 02, 71; vgl. auch *Armbüster,* ZWE 2002, 333). Die **Auslegung** erfolgt entspr. §§ 133, 157 BGB (BayObLG, DerWEer 85, 125/LS), im Verfahren durch den Tatrichter (BayObLG, DerWEer 85, 126/LS). Als Bestandteil der Eintragung unterliegt sie auch der selbstständigen Auslegung durch das Rechtsbeschwerdegericht (BGHZ 37, 148; WEZ 87, 49; OLG Hamm, DerWEer 88, 27; BayObLG, NZM 99, 866; RGRK-*Augustin,* § 10 Rz. 36). Für die **Auslegung** der **Teilungserklärung** sind die für GBeintragungen anzuwendenden Grundsätze maßgebend. Danach ist nicht auf den Willen des Verfassers der Teilungserklärung abzustellen, sondern allein auf den Wortlaut und Sinn, wie er sich für einen unbefangenen Betrachter als nächstliegende Bedeutung des Eingetragenen ergibt (BGH, NZM 2009, 866; NZM 2006, 465; ZMR 2004, 834; NJW 98, 3713; NJW 2004, 3413; KG, DWE 2009, 54; OLG Frankfurt/M, NZM 2005, 910; 947; BayObLG, NZM 2004, 106; WuM 93, 289; NZM 99, 866; OLG Hamm, NZM 2004, 657; OLG Zweibrücken, NJWE-MietR 97, 255). Ggfs. kommt eine Schließung von Lücken im Wege der **ergänzenden (Vertrags)auslegung** in Betracht (BGH NJW 2004, 3413). Der **Vorrang** einer Vereinbarung vor den abdingbaren Regeln des WEG ist nur dann und nur insoweit anzuerkennen, als der Wille vom Gesetz abzuweichen, erkennbar zum Ausdruck gebracht ist (BGHZ 53, 307; BayObLGZ 72, 150 = MDR 72, 691; AG Köln, ZMR 77, 84). Ist eine Vereinbarung unklar oder widersprüchlich, ist sie nichtig mit der Folge, dass das Gesetz nicht abbedungen ist, sondern in Kraft bleibt (OLG Oldenburg, NZM 98, 39; OLG Stuttgart, DerWEer 99, 84).

8   Insbesondere nicht anwendbar sind die §§ 320 ff., 326 BGB. Pflichtverletzungen eines Teils berühren die Gültigkeit einer Vereinbarung oder des gesetzlichen Schuldverhältnisses (s. o. Rz. 5 vor 10)

Allgemeine Grundsätze

nicht, auch nicht die Verpflichtung der anderen. Einrede des nichterfüllten Vertrages nach § 320 BGB ist ausgeschlossen.

Es besteht der allgemeine **Haftungsumfang** des § 276 BGB, 9
nicht nur culpa in concreto. Erleichterte Haftung des § 708 BGB gilt nicht.

Mit der **Eintragung** der Vereinbarung nach **Abs. 3** als Inhalt 10
des SEs erfolgen ihre Verdinglichung und Wirkung für **Sondernachfolger** im WE, ohne Rücksicht auf deren Kenntnis (OLG Frankfurt a. M., DerWEer 83, 121; vgl. OLG Köln, NJW-RR 93, 844).

Ist eine Vereinbarung der WEer als Inhalt des SEs in die WsGBücher eingetragen, so entfällt die Bindungswirkung gegenüber dem Sondernachfolger nicht allein deshalb, weil im Zuge einer Bestandsabschreibung die Vereinbarung nicht in das Bestandsverzeichnis eines neu angelegten GBs übernommen worden ist; das GB wird lediglich unrichtig (OLG Hamm, NJW-RR 93, 1295). Die GemO ist durch Bezugnahme **Teil der Eintragung** im Ws-GB (BayObLG, MittBayNot 82, 30 = Rpfleger 82, 15).

§§ 823 ff. BGBG sind uneingeschränkt anwendbar. Dies gilt auch 11
für die Konkurrenz der Haftung aus Vertrag und unerlaubter Handlung.

Zu **unterscheiden** ist zwischen **Vereinbarung** i. S. des § 10 und 12
Beschlüssen (§ 23) mit Mehrheit (vgl. *Bärmann* zu BayObLG, NJW 59, 1277; s. a. BayObLG, MDR 73, 673). Die Unterscheidung ist deshalb von Bedeutuung, weil nach **Abs. 4** Satz 1 Beschlüsse der WEer nach § 23 zu ihrer Wirksamkeit gegenüber dem Sondernachfolger **nicht** der Eintragung in das GB bedürfen. Dies gilt nach Satz 1 auch für gerichtliche Entscheidungen in einem Rechtsstreit gemäß § 43. Das Gesetz erwähnt Beschlüsse in Abs. 4 im Zusammenhang mit § 23, der die Beschlussfassung in der Versammlung zum Gegenstand hat. WEG setzt dabei als Kriterium für einen Beschluss das formale Zusammenwirken der WEer in der Versammlung voraus (BGH, NJW 98, 3713), ohne dass eine materielle Vorgabe erfolgt. In Abs. 5 wird angedeutet, dass hier regelmäßig Mehrheitsentscheidungen gemeint sind.

Auch letztere werden dinglich mit ihrem ordnungsgemäßen Zustandekommen (Abs. 4), selbst ohne Eintragung (LG Köln, ZMR 77, 377). Neben dem Mehrheitsbeschluss sieht das WEG auch die Mitwirkung aller WEer vor, sog. **allstimmiger** Beschluss (BGH, NJW 2000, 3500; *Kümmel,* ZWE 2001, 52; *Wenzel,* ZWE 2001, 226). Er ist z. B. in § 22 Abs. 1 S. 1 vorgesehen oder im schriftlichen Verfahren nach § 23 Abs. 3 zugelassen. Im Übrigen kann die GemO solche Allstimmigkeit auch an Stelle einer Vereinbarung (erleichternd) oder eines Mehrheitsbeschlusses (erschwerend) vorsehen (*Palandt/Bassenge*, § 10 Rz. 14 a; *Schuschka*, NZM 2001, 497).

Ob eine **Vereinbarung** oder ein (einstimmiger) **Beschluss** vorliegt, ist **Auslegungsfrage** (BayObLG, NJW 74, 1134; OLG Hamm, Rpfleger 78, 60; OLG Zweibrücken, WE 97, 234). Beschlüsse beruhen auf gleichgerichteten Willenserklärungen, Vereinbarungen haben gegenseitige korrespondierende Verpflichtungen zum Gegenstand (OLG Köln, NJW-RR 92, 598). Ob eine unter Mitwirkung aller EWer im **schriftlichen** Verfahren getroffene Regelung einen Beschluss oder eine Vereinbarung (BayObLG, NZM 2003, 199; NJW-RR 2003, 9) darstellt, beurteilt sich entscheidend nach dem **Inhalt** der Regelung, eine Vereinbarung ist regelmäßig anzunehmen, wenn der Gegenstand einer Regelung durch Mehrheitsbeschluss nicht zugänglich ist (BayObLG, NJW-RR 92, 81; NJW-RR 2003, 9; OLG Düsseldorf ZWE 2001, 530; OLG Zweibrücken, ZMR 2001, 734; OLG Hamburg, ZMR 2008, 154), wenn er erkennbar die Grundordnung der Gemeinschaft ergänzt oder abweichend vom WEG mit rechtsgestaltender Wirkung für die Zukunft geregelt werden soll (OLG Hamburg, a. a. O.; LG Hannover, NJWE-MietR 97, 82; s. a. OLG Zweibrücken, WE 97, 234). Die Vereinbarung kann auch **sukzessive** wirksam werden (KG, OLGZ 89, 43), u. U. auch **stillschweigend** (BayObLGZ 98, 32).

Feststellung und Verkündung des Beschlussergebnisses können stillschweigend/konkludent erfolgen. Allerdings müssen daran besondere Voraussetzungen geknüpft werden. Insbesondere bei der Änderung des Kostenverteilungsschlüssels mit Wirkung für Sondernachfolger muss der Inhalt des Beschlusses für jedermann ohne Weiteres erkennbar sein und sich aus den Umständen, i. d. R. dem Protokoll, ergeben (OLG München, NZM 2007, 364 für den Fall einer Öffnungsklausel). Nicht alles, was in der GemO geregelt ist, hat Vereinbarungsqualität (OLG Hamm, a. a. O.). Auch in diesem Fall ist durch Auslegung zu entscheiden. Für das Zustandekommen der Vereinbarung kann nur **Einstimmigkeit** gelten (OLG Hamm, OLGZ 85, 12). Eine (allgemein) abweichende Regelung durch Vereinbarung einer (künftigen) Mehrheit ist unzulässig (OLG Köln, OLGZ 82, 413 = DNotZ 82, 753 = Rpfleger 82, 278 = DerWEer 83, 28; OLG Frankfurt a. M., OLGZ 84, 146; zu den Grenzen einer solchen Öffnungsklausel vgl. MK-*Commichau*, § 3 Rz. 43 f., § 10 Rz. 64; a. M. *Weitnauer/Lüke*, § 10 Rz. 51; s. a. oben Rz. 25, 36 Vor § 10). Im Übrigen spricht keine Vermutung von vornherein für das Vorliegen einer Vereinbarung oder Beschluss.

Allgemeine Grundsätze 13, 14 § 10

Entscheidend ist neben der Materie der Regelung der Wille der Beteiligten. Daran anschließend ist die Frage der Nichtigkeit/Anfechtbarkeit zu knüpfen.

Der Ausschluss individueller Beseitigungsansprüche in Bezug auf eine langjährige Gartengestaltung schließt die Kompetenz der Gemeinschaft hinsichtlich einer Neuregelung der Gartengestaltung für die Zukunft nicht aus (KG, NJW-RR 89, 976). Vor Einschaltung des WEsgerichts ist vorrangig die Befassung durch die Gemeinschaft zur Durchsetzung eines Regelungsanspruchs zu beachten (KG, a. a. O.).

b) Absatz 2 Satz 3 Wie die erstmalige Begründung einer Vereinbarung bedürfen auch **Änderungen** wegen der oben beschriebenen Rechtsnatur grundsätzlich der Vereinbarung (BGH, NZM 2009, 866; BGHZ 145, 158 = NJW 2000, 3500; OLG Frankfurt a. M., NZM 2005, 910; (vgl. BayObLG WuM 97, 512). **Mehrheitsbeschlüsse,** die auf Änderung der GemO gerichtet sind, sind daher **nichtig** (BGH a. a. O.). Es fehlt die Beschlusskompetenz (BGH a. a. O.; OLG Düsseldorf ZWE 2006, 50/LS). Ausnahmsweise kann sich in diesem eine Versagung der Zustimmung durch einen WEer als **Verstoß** gegen **Treu** und **Glauben** darstellen (OLG Köln, DerWEer 83, 28 = OLGZ 82, 413 = DNotZ 82, 753; AG München, DerWEer 83, 95; OLG Frankfurt a. M., DerWEer 84, 62; OLG München NJW-RR 2006, 87). Bisher waren an die Durchsetzung der Änderung mittels Anspruches auf Zustimmung ebenfalls außerordentlich **strenge Anforderungen** zu stellen (BayObLG, DerWEer 85, 57), ähnlich OLG Düsseldorf (DerWEer 85, 95/LS = 85, 122; OLG Schleswig, MDR 97, 33 = NJWE-MietR 97, 32; *Hauger,* ZdWBay 97, 135 m. w. N. = WE 97, 211). Ein bloßer Mehrheitsbeschluss reicht aber auch in diesem Fall nicht aus (OLG Düsseldorf, a. a. O.: notfalls Verfahren nach § 43 Abs. 1 Nr. 1 gerichtet auf Zustimmung der Zustimmung verweigernden WEer). Z. B. besteht auch bei wirtschaftlichem Ungleichgewicht der Stimmrechte und Gefahr der **Majorisierung** kein Anspruch einzelner WEer auf Änderung des in der Teilungserklärung festgelegten Objektstimmrechts (KG, NJW-RR 94, 525 = ZMR 94, 168). 13

Abs. 2 Satz 3 senkt die bisher von der Rspr. aufgestellte Eingriffsschwelle dadurch ab, dass an Stelle der bisher erforderlichen „außergewöhnlichen Umstände" jetzt auf „schwerwiegende Gründe" verwiesen wird, die nach Auffassung des Gesetzgebers eher vorliegen als außergewöhnliche Umstände. Ein weiteres gegenüber der bisherigen Auffassung erleichterndes Tatbestandsmerkmal besteht darin, dass die angegriffene (bestehende) Regelung nicht mehr 14

„grob unbillig" sein muss, sondern dass das Festhalten an der bestehenden Regelung **unbillig erscheint.** Dadurch soll deutlich gemacht werden, dass „für den Betroffenen kein so großer Nachteil erforderlich ist wie bei dem bisherigen Maßstab der groben Unbilligkeit" (BT-Drs. 16/887 S. 19). Allerdings ist damit der Ausnahmecharakter eines erfolgreichen Zustimmungsverfahrens nicht eliminiert.

Eine **Abweichung** bis 25% bei der Kostenverteilung ist i. d. R. noch hinnehmbar (OLG Köln, FGPrax 2008, 57; vgl. BT-Drs. 16/887, S. 19, Abdruck in der 18. Aufl.). Dagegen besteht ein Anspruch auf Änderung der Kostenverteilung, wenn durch Dachausbau ein Mehr von 25% der Nutz-/Wohnfläche die Folge ist (AG Hannover, DWE 2009, 50).

Diese Grundsätze müssen folgerichtig auch für **Öffnungsklauseln** gelten, in denen eine Änderung der Vereinbarung mittels Beschlusses möglich ist (BayObLG, NJW-RR 2001, 1092; OLG Schleswig, WuM 2006, 407). Der Anspruch muss ohne Rücksicht auf das Zustandekommen einer Regelung gelten.

Satz 3 gilt nicht entsprechend für einen Anspruch auf Änderung der MEsanteile (Palandt-Bassenge, § 10 Rz 12; a. A. OLG München, ZMR 2008, 567). Satz 3 besteht **neben** dem Anspruch aus § 21 Abs. 7 (*Becker,* ZWE 2008, 217; Palandt-Bassenge, § 10 Rz. 13; str.).

Zwar können Vereinbarungen nur durch alle WEer, insofern einstimmig, begründet werden (s. o. Rz. 5 ff.), doch ist nicht jeder einstimmig gefasste Beschluss eine Vereinbarung (s. o. Rz. 12). So führt ein „einstimmiger" Beschluss nicht zu einer Vereinbarung, wenn – gemäß der Teilungserklärung – die **Vertretung** der WEer, die in der Versammlung nicht anwesend und nicht anderweitig vertreten sind, vom **Verwalter** ausgeübt wird (OLG Düsseldorf, NZM 2000, 870).

III. Begründung und Änderung der Vereinbarung (Abs. 3)

Die Vereinbarung ist wie der Beschluss ein rechtsgeschäftlicher **Gesamtakt,** der durch gleichgerichtete Willenserklärungen der WEer zustande kommt (s. dazu entspr. u. Rz. 28). Während keine Zustimmung der Realgläubiger bei Begründung von Wohnungseigentum erforderlich ist (s. § 1 Rz. 21), bedarf jede **Inhaltsänderung** des WEs durch Eintragung der **Zustimmung** der **Grundpfandrechtsgläubiger** nach §§ 876, 877 BGB (LG Berlin, Rpfleger 75, 59 und OLG Frankfurt a. M., Rpfleger 75, 309 m. weiteren Nachweisen), soweit eine **Beeinträchtigung** ihrer Rechtsstellung

Allgemeine Grundsätze 16 § 10

nicht auszuschließen ist (BGHZ 91, 343). Dies gilt z. B. im Fall der Einräumung von **Sondernutzungsrechten** (BayObLG, MittBayNot 80, 211), weil dadurch der Wert des WEs als Gegenstand der Haftung substantiell gemindert wird (OLG Frankfurt a. M., FGPrax 98, 85), aber auch in dem Fall, dass SE nachteilig betroffen ist (BGH, NJW 84, 2409), was letztlich das WE als solches wiederum betrifft. Die Zustimmung der Realgläubiger ist auch erforderlich im Fall der **Umwandlung** von Ws- in TE oder umgekehrt (BayObLGZ 89, Nr. 7 = der WEer 89, 132; ZMR 93, 423), es sei denn es besteht ein Vorbehalt der Umwandlung in der Teilungserklärung/GemO (BayObLG v. 15. 2. 96–2 Z BR 109/95). Sachgerecht erscheint, auf das Kriterium der möglichen rechtlichen **Betroffenheit** der Realgläubiger abzustellen. Eine Eintragung der Vereinbarung ohne die erforderliche Zustimmung der Realberechtigten führt zur Unrichtigkeit des GBs.

Grundsätzlich ist **Einstimmigkeit** notwendig für Vereinbarung, 16 auch beim Zustandekommen nach § 8 (AG München, DerWEer 83, 95; BayObLG, WuM 97, 512). Sie kann auch in der Weise wirksam werden, dass ein Teil der WEer in der Versammlung der andere Teil nachträglich schriftlich zustimmt (KG OLGZ, 89, 43 = DerWEer 89, 69), **sukzessive** Vereinbarung. D. h. alle WEer müssen zustimmen (BayObLG, NZM 2003, 199). Die Änderung der GemO durch **qualifizierte** Mehrheit **(Öffnungsklausel)** kann in der Teilungserklärung **vorbehalten** sein (allg. M.; BGHZ 95, 137; OLG München, NZM 2010, 49; OLG Düsseldorf, NJW 2004, 1394; OLG Düsseldorf, NJW 2004, 1394 = NZM 2004, 302; BayObLG, WE 97, 111; ebenso OLG Frankfurt a. M., WuM 98, 303). Allerdings ist dabei der Grundsatz der Gleichbehandlung zu beachten und es darf nicht in das SE eingegriffen werden (BayObLG, a. a. O.). Die **Vereinbarung** einer Öffnungsklausel als solcher bedarf nicht der Zustimmung der Realgläubiger (OLG Düsseldorf, a. a. O.), ggfs. ein daraus folgender Beschluss. Eine Vereinbarung der WEer über ihr Verhältnis untereinander bedarf keiner **Form.** Z. B. kann eine Nutzungsvereinbarung über im GemE stehende Kellerräume durch die tatsächliche, widerspruchslose Einräumung des Alleingebrauchs geschlossen werden (OLG München NJW-RR 2006, 87); auch wenn sie sich aus einer eigentumsrechtlich fraglichen Zuordnung ergibt (ebenda). Sie kann auch durch **konkludentes** Verhalten zustande kommen (BayObLG, WuM 94, 222; BayObLGZ 98, 32). D. h. sie bindet die aktuellen WEer, die an der Vereinbarung Beteiligten (BayObLG, NJW-RR 2003, 9). Erst mit der **Eintragung** wird sie für Sondernachfolger verbindlich. Davor wirkt sie auch nicht bei Kenntnis des Sondernachfolgers

(OLG Hamm, FGPrax 97, 15). Mit dem Eintritt der Sondernachfolge wird die Vereinbarung hinfällig, wenn sie nur einheitlich gegenüber allen WEern beurteilt werden kann (OLG Hamm, MittRhNotK 97, 137; BayObLG; NZM 2003, 321; OLG Düsseldorf ZMR 2004, 451 = WuM 2004, 225). Allerdings ist ein **Beitritt** des Sondernachfolgers möglich (BayObLG, NZM 2001, 753). Im Übrigen wirkt eine schuldrechtliche Vereinbarung auch dann für ihn, wenn sie rechtlich für ihn günstig ist (BayObLG, NZM 2003, 321).

17 Der **Alleineigentümer** fungiert bei Aufteilung seines Grundstückes in WE als Satzungsgeber. Er verliert die Befugnis zu einseitiger Änderung der Teilungserklärung nach Eintragung einer Auflassungsvormerkung für den ersten Erwerber eines WEs (BayObLG, NJW-RR 93, 1362). Er kann über die Teilungserklärung Angelegenheiten der Gemeinschaft regeln, die nach deren Entstehung eines **Beschlusses** bedürfen (s. § 3 Rz. 17). Es besteht keine Pflicht der WEer zur **Zustimmung** in Begründung oder Änderung außer wenn Treupflichten aus Mitgliedschaft (§ 242 BGB) dies fordern (*Tasche*, DNotZ 73, 464; *Schmid*, BlGBW 81, 128; OLG Frankfurt a. M., Rpfleger 79, 109; OLGZ 84, 146; BayObLG, NJW-RR 92, 83; BayObLG, NJW-RR 94, 1425; BayObLG, NJW-RR 94, 145 = WuM 93, 753) und ein Festhalten an der Regelung grob unbillig ist (OLG Köln, NJW-RR 95, 973 = FGPrax 95, 105; BayObLG a. a. O.; BGH, NJW 95, 2791). Dazu ist § 21 Abs. 4 und § 22 Abs. 1 Satz 2 zu beachten. Insgesamt ist ein strenger Maßstab an den Anspruch auf Änderung einer Vereinbarung zu legen (OLG Hamm, ZMR 2003, 286). Er besteht selbstständig neben der Möglichkeit, die betreffende Vereinbarung durch einen Beschluss im Rahmen einer Öffnungsklausel zu ändern (BayObLG, NJW-RR 2001, 1092). Der Anspruch besteht nicht im Hinblick auf den Gegenstand des WEs, etwa auf Änderung des SEs (KG, FGPrax 98, 94 = ZfIR 98, 423). Streitig ist, inwieweit ein WEer an seine ursprüngliche Zustimmung zur Änderung der Vereinbarung gebunden ist (vgl. bejahend BayObLG, ZMR 79, 220; verneinend OLG Stuttgart, BWNotZ 75, 93). Grundsätzlich ist davon auszugehen, dass Entscheidungen in Versammlungen fallen und bis dahin **Widerruflichkeit** einer Erklärung zum Abstimmungsverhalten besteht. In Ausnahmefällen kann ein abredewidriges Abstimmungsverhalten gegen Treu und Glauben verstoßen (vgl. BayObLG a. a. O.). Die Vereinbarung enthält i. Zw. die Einigung nach § 873 Abs. 1 BGB. Sie ist damit Grundlage für einen Anspruch auf Abgabe der Einigungserklärung und der Eintragungsbewilligung (BayObLG, NJW-RR 2001, 1164). Für eine Bindung nur innerhalb angemessener Zeit auch BayObLGZ 80, 154 = Rpfleger 80, 260 = ZMR 80, 251. Die Entscheidung des OLG Bremen (s. oben § 4 Rz. 36), derzufolge die WEer dann zur Zustimmung verpflichtet sein sollen, wenn bei allgemeiner Wohnungsnot Wohnraum dadurch geschaffen werden soll, indem TE in WE umgewandelt wird, ist abzulehnen (WuM 96, 168). Auch eine **Änderung** einer **rechtskräftigen** Entscheidung zu einem Regelungsgegenstand der GemO kann zur Vermeidung einer unbilligen Härte und bei einer wesentlichen Änderung der tatsächlichen Verhältnisse nicht verlangt werden. Der genehmigte Einbau von Küche und Bad in ein TE im Dachraum bewirkt keine Umwandlung des TEs in WE (KG, WuM 98, 560).

§ 311 b BGB ist nicht anwendbar, obgleich die Vereinbarungen durch Eintragung dinglicher Inhalt werden.

Wird die Vereinbarung mit einer Änderung an dem Eigentumsbestandteil (ME und SE) verbunden, dann ist die Form der §§ 873 und 925 BGB erst Recht zu wahren (BGH, NJW 2000, 3643).

Verdinglichung erfolgt nach § 10 Abs. 3 mit der Eintragung (s. u. Rz. 26). Das materielle Konsensprinzip und das Legalitätsprinzip gelten. Es genügt nicht lediglich die Abgabe einer Eintragungsbewilligung i. S. der §§ 19, 22 GBO (a. A. frühere Aufl. u. BayObLG, Rpfleger 80, 111 = ZMR 80, 122). Wird eine Vereinbarung **nicht eingetragen,** wirkt sie nur zwischen den Beteiligten (OLG Frankfurt/M, ZWE 2006, 489). Eine Wirkung nach Abs. 3 S. 1 kann nicht vereinbart werden (OLG Hamm, Rpfleger 2008, 192).

Eine **Vormerkung** zur Sicherung des Anspruchs auf Eintragung des Inhalts des SEs nach § 883 BGB ist möglich, auch bei Teilung des Alleineigentümers nach § 8, wenn ein Dritterwerber hinzutritt.

Weicht die Eintragung vom materiellrechtlich vereinbarten Inhalt ab, ist das Grundbuch unrichtig (§ 894 BGB anwendbar).

Wegen Bezeichnung des Inhalts s. § 7 Abs. 3: **Bezugnahme** auf Eintragungsbewilligung. Allerdings würde das GB überfrachtet, wenn anstelle des **globalen** Bezugs auf die GemO, die **auch** mit dem Gesetz deckungsgleiche Bestimmungen enthält, diejenigen Einzelbestimmungen bezeichnet und in Bezug genommen würden, die von der gesetzlichen Regelung des WEG abweichen (OLG Hamm, NJW-RR 97, 522 = FGPrax 97, 59).

IV. Vertragsfreiheit als Grundsatz

Siehe Rz. 7 ff. vor § 10.

a) Ausnahmen. Siehe Rz. 7 vor § 10.

b) Möglicher Inhalt der Vereinbarung. Grundsätzlich alles, was das **Verhältnis der WEer** zueinander betrifft, sei es in Bezug auf die Gegenstände des SEs, sei es auch (trotz der Charakterisierung als Inhalt des SEs) in Bezug auf das ME (OLG Hamburg, FGPrax 96, 132; BayObLGZ 81, 56 = Rpfleger 81, 299 = WEM 81, H. 2 S. 62), die gemeinschaftlichen Gegenstände und die Mitgliedschaftsrechte in der WEer-Gemeinschaft (BayObLG, Rpfleger 79, 108).

So kann die GemO die **Instandsetzungslast** für in **GemE** stehende Gebäudeteile dem SEer der jeweils angrenzenden Räumlichkeiten auferlegen (OLG Düsseldorf, NJWE-MietR 97, 78 = ZMR 97, 38). Auch eine Vereinbarung, die die Ausübung einer Grunddienstbarkeit zugunsten des gemeinschaftlichen Grundstücks betrifft, regelt das Verhältnis der WEer untereinander und ist daher eintragungsfähig (für den Fall der Benutzungsregelung hinsichtlich einer auf dem **Nachbargrundstück** zu errichtenden Garage OLG Köln, NJW-RR 93, 982).

Die Eintragung der Benutzungsregelung erfolgt im Bestandsverzeichnis der WsGBücher (ebenda). Es muss sich um die **Grundlagen** des Gemeinschaftslebens handeln, vergleichbar mit der **Satzung** des Vereins (z. B. Stimmrecht nach Bruchteilen statt nach Köpfen, OLG Hamm, Rpfleger 75, 401 = ZMR 76, 310). So etwa kann durch Vereinbarung bestimmt werden, dass **Streitigkeiten** zwischen den WEern, die das WE betreffen, vor der Einleitung eines gerichtlichen Verfahrens dem **Verwaltungsbeirat** vorzulegen sind und dieser verpflichtet ist, auf eine gütliche Einigung hinzuwirken (BayObLG, WuM 96, 724). Ebenso kann durch Vereinbarung geregelt werden, dass zur Überlassung der Wohnung an einen Dritten die **Zustimmung** des **Verwalters oder** der **WEer-**Gemeinschaft erforderlich ist (BGHZ 37, 203 = DNotZ 63, 180, mit zustim. Anm. v. *Weitnauer* auf Vorlage des BayObLG, DNotZ 62, 315, gegen OLG Frankfurt a. M., DNotZ 59, 476, m. w. Nachweisen; allg. zur Ermächtigung dieser Art unten § 15 Rz. 14) oder dass das Gebäude durch **Verpachtung** an eine Hotelgesellschaft oder sonstige geeignete Personen **gewerblich genutzt** wird und dass die Einzelheiten der Beschlussfassung durch die TEer unterliegen (BayObLG, Rpfleger 82, 15, 63), dass mehrere Mitberechtigte an einem WE verpflichtet sind, einen **Bevollmächtigten** zur Ausübung des Stimmrechts zu bestellen (*Diester*, Rpfleger 63, 69).

20 Das gilt auch für die **Beschränkung der Vertretung** eines WEers in der Versammlung auf einen bestimmten **Personenkreis** (OLG Karlsruhe, OLGZ 76, 273 = MDR 76, 758) und der damit verbundenen Untersagung der Stimmabgabe und aktiven Betei-

Allgemeine Grundsätze

ligung eines Dritten (BGH, NJW 93, 1329). Auch eine Vereinbarung über Art und Weise der **Aufhebung** der Gemeinschaft, spätere **Teilung** usw. ist möglich. Handelt es sich dabei um Verpflichtungen zur Übertragung des Eigentums, dann ist § 311 b BGB zu beachten (OLG Köln, NJW 49, 64), sofern nicht die Vereinbarung selbst schon wegen Aufnahme im Begründungsakt für WE diese Form hat. Vereinbarungscharakter kann nach LG Mannheim (ZMR 76, 281 = WM 76, 210) auch der einstimmige Beschluss über die **Fahrstuhl**kosten haben. Ebenso die **Zuweisung** des **Gartens** zur ausschließlichen Nutzung einzelner WEer (AG Köln, ZMR 77, 84). Für zulässig wurde gehalten der Ausschluss eines WEers von der **Teilnahme** an **Versammlungen** bei Verzug mit der Zahlung von Beiträgen an die Gemeinschaft (LG München, Rpfleger 78, 381, bedenklich!). Eine in der Sache gleichartige **Ausschluss**wirkung entfaltet auch die (negative) Vereinbarung, dass künftige Erwerber von WE vom Mitgebrauch und von den Nutzungen von im GemE stehenden Wohnungen ausgeschlossen sein sollen (BayObLG, NJW-RR 97, 206). Diese Vereinbarung (SNR?) bleibt jedenfalls so lange wirksam, als noch **einer** der Vereinbarenden Mitglied der Gemeinschaft ist (BayObLG, NJW-RR 97, 206). Ein grundsätzliches **Verbot** der **Hundehaltung** bedarf einer Vereinbarung, ein Beschluss reicht dazu nicht aus (BGH, MittBayNot 95, 279; MittRhNotK 95, 313 = JR 96, 235 m. Anm. *Buck;* BGHZ 2000, 3500; BayObLG, ZMR 95, 167; NJW 2002, 1054; OLG Düsseldorf, NZM 2005, 345; OLG Hamm, ZMR 2005, 897; a. A. KG, NJW 92, 2577). Eine entspr. Vereinbarung verstößt weder gegen die guten Sitten, noch greift sie in den Kernbereich des WEs ein (BGH, a.a.O.; a.A. KG a.a.O.). Dagegen ist ein generelles (Haus)tierhaltungsverbot, auch in der Vereinbarung, nichtig als Verstoß gegen §§ 13 Abs. 1, 15 Abs. 2 WEG (OLG Saarbrücken, NZM 2007, 168). Die WEer können durch Vereinbarung einschränkende Voraussetzungen für das Anbringen von Parabolantennen bestimmen und das Anbringen auch generell verbieten (BGH, NJW 2004, 937 = NZM 2004, 227; BayObLG v. 15. 4. 2004, 2 ZBR 71/04).

Ein **Vorkaufsrecht** ist nicht als Inhalt des WEs, sondern nur als Belastung möglich (OLG Celle, DNotZ 55, 320 = NJW 55, 953, s. § 1 Rz. 22). **Nicht zulässig** sind auch Vereinbarungen, durch die unmittelbar Verpflichtungen gegenüber **Dritten** eingegangen werden, da Vereinbarungen nur das Verhältnis der WEer **untereinander** regeln (BayObLG, NJW 74, 2134 = Rpfleger 74, 360 = MittBayNot 74, 208 = MDR 74, 1020; OLG Frankfurt a. M., MDR 83, 580). Ein Ausschluss des § 5 Abs. 2 (best. Teile sind zwingend

GemE) in der GemO ist ebenfalls unzulässig (BayObLG, DerWEer 81, 27).

22 Dagegen ist die Vereinbarung einer **Konkurrenzschutzklausel** unbedenklich (BGH, NJW 74, 2317; OLG Hamm, DerWEer 86, 90). Einer Vereinbarung bedarf ebenfalls die Begründung von **Sondernutzungsrechten** einzelner Wohnungseigentümer (BayObLG, NJW 75, 59; OLG Köln, NJW-RR 92, 598; allg. M.). Der Gegenstand des SNRs unterliegt dem **Bestimmtheitsgrundsatz** (BayObLG, WuM 94, 149 = DNotZ 94, 244, s. u. § 15 Rz. 9 ff.). Die Einräumung eines ausschließlichen SNRs bedarf grundsätzlich einer Vereinbarung ggfs. im Rahmen einer **Öffnungsklausel** (BGH, NJW 2000, 3500). Ein unangefochten gebliebener Mehrheitsbeschluss wie auch ein einstimmiger Beschluss sind insoweit unzureichend (OLG Köln, NJW-RR 92, 598). Zur Ermächtigung zu künftigen Eingriffen in die Rechte der Wohnungseigentümer, durch Dritte in der Vereinbarung (z. B. Begründung von Sondernutzungsrechten) siehe unten § 15 Rz. 14.

23 Die Unterwerfung unter **Zwangsvollstreckung** wegen **Wohngeld** (Zinsen, Verwaltungskosten) ist zulässig, wenn das Wohngeld bestimmbar aus gegebenen Rechnungsgrößen ist (OLG Celle, ZMR 85, 103). Die Vereinbarung kann von § 288 BGB abweichende Höhe der **Verzugszinsen** vorsehen (OLG Celle, ZMR 85, 103; AG Hamburg, DerWEer 89, 77). Zulässig war bisher eine Vereinbarung, auf rückständige Beiträge zu den Lasten und Kosten des GemEs unabhängig von Eintritt und Höhe eines Verzugsschadens eine **Schadenspauschale** in Höhe von 10% Zinsen zu erheben (BGH, NJW 91, 2637 = JZ 92, 369 m. Anm. *Weitnauer*). Nach der Neuregelung in § 21 Abs. 4 sind solche Verzugsfolgen nun generell der **Beschlussfassung** zugänglich (s. dort). Schon früher war ein **Mehrheitsbeschluss** des Inhalts zulässig, der abweichend von der Teilungserklärung Verzugszinsen (in Höhe von 1,5% je angefangenen Monat) festsetzt (OLG Düsseldorf, WuM 99, 53). Siehe hierzu auch die verschiedenen Meinungsstände bei § 16 Rz. 39 unter dem Stichwort **Sanktionen.** Unwirksam ist eine Regelung in der GemO, die für den **Mehraufwand** des Verwalters im Fall der Säumnis eines WEers die **doppelte,** bei gerichtlichen Maßnahmen die **dreifache** jährliche **Verwaltergebühr** vorsieht (OLG Hamm, DWE 2008, 57 = RNotZ 2008, 345).

24 **c) Form und Zustandekommen.** Sie oben Rz. 14 ff. und § 4: §§ 873 ff. BGB sind anwendbar, da es sich zwar nicht um die Änderung des Inhalts eines Rechtes an einem Grundstück i. S. des § 877 handelt, aber um die Änderung eines Elementes des WEs selbst.

Zur **Zustimmung Drittberechtigter,** insbesondere Grund- 25
pfandrechtsgläubiger siehe oben Rz. 13. Zur Änderung der Vereinbarung (GemO) ist ihre Zustimmung im Allgemeinen nur dann erforderlich, wenn sie von der Änderung **betroffen** sein können (BayObLG, MDR 74, 847; DNotZ 75, 31; LG Stuttgart, BW-NotZ 74, 133; *Ertl,* DNotZ 79, 281; *Röll,* Rpfleger 80, 90). Dies ist z. B. der Fall bei der **Begründung** von **Veräußerungsbeschränkungen** nach § 12, **Benutzungsbeschränkungen** bez. des MEs, des SEs und der **Veräußerung** von Sondernutzungsrechten. So bedarf die Vereinbarung der WEer über eine **Benutzungsregelung** am Kfz-Abstellplatz der Zustimmung dinglich Berechtigter (BayObLG, WEM 80, 171 = MittBayNot 80, 211; BGH, NJW 84, 2409; OLG Stuttgart, Die Justiz 83, 49 = Rpfleger 83, 7; a. A. OLG Frankfurt a. M., Rpfleger 75, 309). Sie ist auch dann erforderlich, wenn sie in der Vereinbarung der WEer diese Zustimmung ausdrücklich **vorbehalten** worden ist. Haben die Grundpfandrechtsgläubiger die Änderung der Vereinbarung zum Kündigungsgrund gemacht, so ist diese Folge von den WEern wirtschaftlich zu beachten. Die Zustimmung der Grundpfandrechtsgläubiger ist **nicht** erforderlich, wenn in der GemO die Mitwirkung der übrigen WEer ausgeschlossen ist (BayObLGZ 89, Nr. 7 = DerWEer 89, 132). Das gilt auch im Fall der **Aufhebung** von SNRen, da sie davon keinen Nachteil haben.

Dingliche Wirksamkeit der Vereinbarung entsteht erst mit Ein- 26
tragung (über die Bindungswirkung siehe u. Rz. 10, 16). Somit entfaltet eine nicht eingetragene Vereinbarung lediglich Wirkung zwischen den aktuellen WEern. Sie wirkt auch nicht auf Grund Erbgangs gegenüber den Rechtsnachfolgern, wenn bei den damals beschließenden WEern zwischenzeitlich Sonderrechtsnachfolgen eingetreten sind (LG Hannover, NJWE-MietR 97, 82).

§§ 19, 29 GBO sind zu beachten: d. h. es bedarf der **Bewil-** 27
ligung aller WEer (BayObLG, Rpfleger 79, 108 = DNotZ 79, 174 = WEM 80, 171 = MDR 81, 56; ZMR 79, 382; OLG Frankfurt a. M., Rpfleger 79, 109). Dies gilt auch für die **Vollmacht** des Vertreters (BayObLG, a. a. O.). Zum Prüfungsrecht des GBAs s. o. § 7 Rz. 46.

Wirksam wird eine Änderung der Vereinbarung mit ihrer endgültigen Bestandskraft und gilt erst ab diesem Zeitpunkt für künftige Fälle z. B. im Fall der Änderung der Kostenverteilung (BayObLG, NZM 98, 813). Der Anspruch auf Änderung ist **unabhängig** von einem Anfechtungsrecht (BGHZ 130, 304, 312).

d) Vertragliche Veräußerungsbeschränkungen. Siehe § 12.

V. Beschlüsse der WEer (Abs. 4)

28 **a) Allgemeines.** Neben der Vereinbarung steht in der Hierarchie der Regeln **nach** Gesetz und Vereinbarung der **Beschluss**, regelmäßig mehrheitlich, ggfs. allstimmig gefasst. Er stellt einen rechtsgeschäftlichen Gesamtakt dar, in den die einzelnen Abstimmungserklärungen einmünden (BGH, NJW 98, 3713). Diese unterliegen wie alle Willenserklärungen den allg. Vorschriften des BGB, z. B. Stellvertretung (§§ 164 ff. BGB), Geschäftsfähigkeit nach §§ 104 ff. BGB (OLG Stuttgart, OLGZ 85, 259), Willensmängel nach §§ 119 ff. BGB (BGH, NJW 2002, 3639). Sie sind der Auslegung nach §§ 133, 157 zugänglich (allg. M.; vgl. *Bonifacio*, ZMR 2006, 583; OLG Frankfurt/M, NJW-RR 2008, 320; BGH, NJW 98, 3713; s. § 21 Rz. 16, § 23 Rz. 9, 15). Sie unterliegen den allg. gesetzlichen Schranken nach §§ 134, 138, 242 BGB (BayObLG, WE 99, 149). Werden einzelne Willenserklärungen erfolgreich angefochten, kommt es für die Wirksamkeit des Beschlusses darauf an, ob die jeweils erforderliche Mehrheit erreicht ist. Eine **Stimmabgabe** ist auch dann erforderlich, wenn nur der **Verwalter** als Bevollmächtigter der WEer an der Versammlung teilnimmt (OLG München, MittBayNot 2008, 290).

Die Willenserklärungen können **nicht** unter einer **Bedingung** abgegeben werden (OLG Düsseldorf, NZM 2002, 527). Die **Beschlussfassung** aber durchaus.

Beschlüsse können nicht nur durch das G. zugelassen sein, sondern auch auf Grund Vereinbarung (Öffnungsklausel, s. o. Rz. 16). Tritt ein Abschluss an die Stelle einer an sich notwendigen Vereinbarung, muss er sachlich begründet sein und keine unbilligen Nachteile für einen WEer enthalten (BGHZ 95, 137). Beschlüsse der WEer müssen grundsätzlich **hinreichend bestimmt** sein, da sie andernfalls unwirksam sind (vgl. BGHZ 139, 289 = NJW 98, 3713 = WuM 98, 738 = ZMR 99, 41 = MDR 99, 28). Zur Abgrenzung gegenüber Vereinbarung s. o. Rz. 12. Allg. regeln sie die weniger bedeutsamen Fragen von Gebrauch und Verwaltung des GemEs und Nutzung der SEs (s. u. Rz. 29). Bei Teilunwirksamkeit eines Eigentümerbeschlusses findet § 139 BGB entsprechend Anwendung (BGH a. a. O.).

29 **b) Satz 1.** Sie entfalten **dingliche Wirkung** auch ohne Eintragung und ohne besondere Formerfordernisse gemäß **Abs. 4 S. 1** (OLG Düsseldorf NZM 2006, 109 = ZWE 2006, 50/LS; LG München, DerWEer 83, 124). Sie wirken also nicht nur unter den an der Beschlussfassung Beteiligten, sondern binden auch die Unterle-

Allgemeine Grundsätze 30, 31 § 10

genen, Abwesenden und Sondernachfolger (Abs. 4). Erfolgt ein Beschluss auf Grund einer **Öffnungsklausel**, war die Frage der **Eintragungsfähigkeit** in dem Fall umstritten, wenn der Beschluss eine Vereinbarung zum Gegenstand hat (s. 17. Aufl.). Sie wird von der h.M. verneint (OLG München, NZM 2010, 49). Da ein solcher Beschluss auch Rechtsnachfolger bindet, ist Führung einer Beschlusssammlung um so wichtiger mit dem Zwang zur Einsichtnahme (ebenda).

c) Satz 2 (neu). Er stellt klar, dass eintragungsbedürftig und 30 damit auch eintragungsfähig nur **Vereinbarungen** sind, jedoch nicht Beschlüsse, die gesetz- oder vereinbarungsändernden Charakter haben (BT-Drs. 16/887, S. 20). Man will damit eine befürchtete Überlastung des GBAs und Unübersichtlichkeit des GBs vermeiden, die durch eine zunehmende Häufigkeit von Öffnungsklauseln zur Änderung von GemOen führt (a. a. O.). Die neu eingeführte Pflicht zur Führung einer Beschlusssammlung soll das Korrektiv der Gefahr mangelhafter Information der Erwerber von WE darstellen (s. § 24 Abs. 7, 8). Sie stehen damit „normalen" Beschlüssen gleich, die dingliche Wirkung auch ohne Eintragung haben.

Nach h.M. bedarf ein solcher **Beschluss** in jedem Fall der **Zustimmung** der Realgläubiger wenn sie negativ **betroffen** sind (OLG Düsseldorf, NJW 2004, 1394; BGH, NJW 94, 3230; *Lüke,* WE 98, 202; a.A. *Schmack,* ZWE 2001, 89; str. s. *Sauren,* ZMR 2008, 514). Eine Ungültigkeitserklärung allein wegen fehlender Zustimmung ist möglich (BayObLG, ZMR 98, 173; a.A. LG Lübeck, NJW-RR 90, 912).

Im Übrigen bedürfen Beschlüsse **nicht** der **Zustimmung** der Realberechtigten. Auch können einzelne WEer die Eintragung solcher Beschlüsse verlangen; nach § 13 GBO ist bei Eintragungsfähigkeit jeder antragsberechtigt, dessen Recht betroffen oder der begünstigt wird. Siehe auch den Anspruch auf ordnungsmäßige Verwaltung nach § 21 Abs. 4.

d) Die **Zuständigkeit** zu Beschlüssen kann auch durch Verein- 31 barung geregelt werden. Sofern es sich um eine Zuständigkeit im Rahmen der gesetzlichen Vorgaben handelt (s. Rz. 7 vor § 10), unterliegt die Beschlussfassung allg. Grundsätzen über Anfechtung, Zweckmäßigkeit usw.

Setzen die WEer an Stelle von eigentlich erforderlicher Vereinbarung qualitativ geringere Anforderungen an die Regelung durch allstimmigen oder mehrheitlichen Beschluss, gehen die WEer damit über die eingeräumte Kompetenz hinaus. Die Gesamtakte sind nichtig (BGH, NJW 2000, 3500). Eine Berufung auf die Nichtigkeit entfällt, wenn der Antrag auf Ungültigkeitserklärung rechtskräftig abgewiesen wurde (BayObLG, NZM 2002, 743) bzw. die Gültigkeit ist (positiv) festgestellt.

Dagegen soll ein Beschluss nur anfechtbar sein, wenn er Regelungen enthält, die über die durch Mehrheitsbeschluss regelbaren Materien wie ordnungsgemäßen Gebrauch oder Verwaltung hinausgehen, also in Fällen, in denen die Grenzen str. sind. Soweit solche Beschlüsse bestandskräftig sind, sind sie wiederum durch Beschluss änderbar (OLG Karlsruhe, NZM 2000, 860); es sei denn, die (Neu)regelung bedarf ihrerseits wieder einer Vereinbarung (OLG Stuttgart, NZM 2001, 532; OLG Hamm, Rpfleger 2001, 126). **Anspruch** auf **Änderung** besteht nur entspr. Abs. 2 S. 3 (OLG Frankfurt/M, NJW-RR 2007, 377: Autonomie der Gemeinschaft). Keine Änderung der GemO, sondern **Einzelfallentscheidung** ist das einmalige Abweichen vom geltenden Kostenverteilungsschlüssels im Fall einer Sanierungsmaßnahme (BayObLG, NZM 2004, 659).

Empfehlenswert ist, dem Verwalter in der Vereinbarung die Verpflichtung aufzuerlegen, die Beschlüsse genau zu protokollieren und einschlägige Urkunden sowie richterliche Entscheidungen zuverlässig aufzubewahren. Auf Erwerber gehen alle Rechte und Pflichten aus den Beschlüssen über, auch bei Gutgläubigkeit. Er übernimmt auch darin enthaltene Lastenbeitragsverpflichtungen.

VI. Gerichtliche Entscheidungen (Abs. 4)

32   Es gilt das oben Gesagte. Nach **Abs. 4** gehören nur die gerichtlichen Entscheidungen nach 43 hierher.

VII. Wirkung der Mehrheitsbeschlüsse (Abs. 5)

33   Aus der Gesamtwirkung aller Mehrheitsbeschlüsse folgt die unmittelbare Verpflichtung auch der **Minderheit** und der **Abwesenden** (OLG Karlsruhe, Justiz 83, 416) im Innenverhältnis gegenüber den anderen **WEern,** und gegenüber der **Gemeinschaft,** die der Verwalter vertritt. Dies gilt auch zugunsten des durch Mehrheit beauftragten Verwalters, falls ihm über den gesetzlichen Rahmen hinaus Aufgaben übertragen werden. Ein **überstimmter** WEer kann aber das Gericht gem. § 43 Nr. 4 anrufen, wenn der Beschluss der Ordnungsmäßigkeit der Verwaltung (§ 21 Abs. 4) widerspricht. §§ 226, 242 BGB sind daneben anwendbar. Grundsätzlich **nicht befugt** ist die Gemeinschaft zu Beschlüssen, die sich mit Materien befassen, die nur durch Vereinbarungen gem. § 10 Abs. 2 WEG geregelt werden können. Bei der Begründung von Sondernutzungs-

Allgemeine Grundsätze   34, 35   § 10

rechten ist der **Bestimmtheitsgrundsatz** zu beachten. So entsteht es z. B. nicht, wenn in einer für zwei Sondernutzungsrechte vorgesehenen Gesamtfläche keine Abgrenzung der einzelnen Sondernutzungsflächen zueinander markiert ist (OLG Hamm, NZM 2000, 659). U. U. besteht ein Anspruch auf Einräumung (ebenda). Auch Wohnungseigentumsanlagen mit hoher Wohndichte rechtfertigen nicht das generelle **Verbot der Hundehaltung** ohne Vorliegen konkreter Belästigungen. Ein Beschluss, der das **Singen und Musizieren** außerhalb der Ruhezeit von 20 Uhr bis 8 Uhr und von 12 Uhr bis 14 Uhr vorsieht, ist grundsätzlich zulässig (vgl. BGHZ 139, 289 = NJW 98, 3713 = WuM 98, 738 = ZMR 99, 41 = MDR 99, 28). Er kann allerdings wegen fehlender hinreichender Bestimmtheit dann unwirksam sein, wenn er das Singen und Musizieren außerhalb der genannten Zeiten in „nicht belästigender Weise" gestattet (BGH a. a. O.). Unwirksam ist auch ein Beschluss, der das Singen und Musizieren ohne sachlichen Grund stärker einschränkt als die Tonübertragung durch Fernseh-, Rundfunkgeräte oder Kassetten- bzw. Plattenspieler (BGH a. a. O.). Ein untersagender **Mehrheitsbeschluss** der Wohnungseigentümer ist unwirksam, selbst wenn er nicht angefochten worden ist (BGH, NJW 2000, 3500; KG, NJW 92, 2577); die Wohnungseigentümergemeinschaft ist jetzt befugt, durch Mehrheitsbeschluss auf rückständige Beiträge zu den Lasten und Kosten des gemeinschaftlichen Eigentums unabhängig von Eintritt und Höhe eines Verzugsschadens **pauschal** 10% **Zinsen** zu erheben (§ 21 Abs. 7), bisher schon, wenn sie dazu durch Teilungserklärung oder Vereinbarung ermächtigt war (BGH, NJW 91, 2367, Anm. *Weitnauer,* JZ 92, 369 Entscheidungssammlung).

Über Beschlussfähigkeit s. § 24 Abs. 3. Zu Verwaltungshandlungen siehe § 20 Rz. 6 ff.   34

Einstimmigkeit i. S. von Zustimmung aller gilt vor allem für Änderung des **Bestimmungszweckes,** etwa grundsätzliche Zulassung von gewerblichen Betrieben (s. a. § 13 Rz. 5 ff.). Zur Auslegung einer in der Teilungserklärung enthaltenen Bezeichnung eines SEs („Einfamilienhaus") als Bestimmung des Nutzungszwecks mit Vereinbarungscharakter s. OLG Hamm, NJW-RR 93, 786.

Zur Gebrauchsregelung siehe § 15.

Vertragsstrafen sind möglich für Übertretungen der Vereinbarungen (§§ 339 ff. BGB); ebenfalls sind Geldstrafen für Zuwiderhandlungen gegen Gemeinschaftspflichten in der GemO begründbar, die Verhängung erfolgt dann durch Mehrheitsbeschluss (OLG Frankfurt a. M., OLGZ 79, 25). Nach BayObLG, NJW 60, 292 haben solche Strafen die Rechtsnatur von **Vereinsstrafen** mit der Möglichkeit der Nachprüfung durch das Gericht (i. S. des § 43).   35

VIII. Begünstigende Vereinbarungen und Beschlüsse

36 Sie wirken ebenfalls für und gegen den Sonderrechtsnachfolger.

IX. Teilrechtsfähigkeit der Gemeinschaft (Abs. 6)

37 **a) Bedeutung.** Es handelt sich bei dieser Vorschrift um ein Kernelement der Reform 2007. Sie ist zwar erst in Reaktion auf die Stellungnahme des BRs Bestandteil des Regierungsentwurfs geworden (BT-Drs. 16/887 S. 56 ff.), charakterisiert jedoch exemplarisch das Konzept: „Die Teilrechtsfähigkeit hat im Wesentlichen zur Folge, dass es bei dem Wechsel eines Wohnungseigentümers im Unterschied zur früheren Rechtslage keiner Einzelübertragung der Anteile am Verwaltungsvermögen mehr bedarf, da dieses nun der Gemeinschaft zusteht. Außerdem kann die Gemeinschaft jetzt als Gläubigerin einer Zwangshypothek in das Grundbuch eingetragen werden. Das Grundbuch, in das die einzelnen Wohnungseigentümer eingetragen werden mussten, wird dadurch entlastet. Insbesondere ist die Gemeinschaft in einem Prozess, in dem es um die Teilnahme der Wohnungseigentümer am Rechtsverkehr geht, nun parteifähig. ... Dies vereinfacht die Aktiv- wie die Passivprozesse" (a. a. O. S. 56). Es wird auch deutlich, dass die **WEer** nicht mit der teilrechtsfähigen Gemeinschaft identisch sind. So gehören SE und GemE **nicht** dem Verband als Bestandteil dessen Vermögens, sondern den **WEern** (BGH, NZM 2007, 411/412). Diese sind folglich Grundstückseigentümer, woran sich auch meist die öffentlich-rechtlichen Verpflichtungen knüpfen (s. Einl. Rz. 36; *Drasdo*, NJW-Spezial 2010, 33). Es existieren mit dem rechtsfähigen Verband und der darüber hinaus nicht rechtsfähigen WEergemeinschaft vielmehr zwei unterschiedliche Zuordnungs**subjekte** von Rechten und Verbindlichkeiten (BGH a. a. O. S. 142: Dort „Zuordnungsobjekte").

38 **b) Satz 1** begründet und bestimmt zugleich die **Rechtsfähigkeit** der Gemeinschaft. Materiell-inhaltlich ist sie mit der Fähigkeit, „Rechte zu erwerben und Pflichten einzugehen" den Vorbildern § 14 Abs. 2 BGB und § 124 Abs. 1 HGB entlehnt, jedoch mit bewusstem Verzicht auf den dort gebrauchten Begriff „Verbindlichkeit"; dem Gesetzgeber erschien der Begriff **„Pflicht"** weiter und geeignet, Missverständnissen zu begegnen, den Begriff auf rein schuldrechtlichen Inhalt zu reduzieren. Die Worte „gegenüber Dritten und Wohnungseigentümern" sollen klarstellen, dass sowohl das Außenverhältnis zu Dritten (Nichteigentümern) als auch das Innenverhältnis im Hinblick auf die WEer gemeint sind (BT-Drs. 16/887 S. 60). Die Gemeinschaft kann in diesem Rahmen rechtsgeschäftliche Verpflichtungen eingehen. Daraus haftet der Verband – und nicht die WEer individuell – z. B. aus einem Gaslieferungsvertrag (BGH, NZM 2007, 363).

Die Rechtsfähigkeit der Gemeinschaft ist insoweit eine **eingeschränkte,** als sie zwar Rechtsgeschäfte und Rechtshandlungen „**im Rahmen der gesamten Verwaltung**" erfasst, aber eben nur in dieser Beziehung, nicht darüber hinaus. Das Wort „selbst" will die eigenständige Position der Gemeinschaft gegenüber den Mitgliedern der Gemeinschaft hervorheben (a. a. O.). „Gesamte Verwaltung" soll unter Bezug auf den üblichen Sprachgebrauch verdeutlichen, dass die „**Gesamte Geschäftsführung**" im Interesse der WEer im Hinblick auf das GemE gemeint ist, nicht reduziert auf Maßnahmen wie sie im I. Teil Abschn. 3 „Verwaltung" erwähnt werden. Es soll vielmehr auch der Bereich einbezogen sein, der Rechtsgeschäfte und -handlungen bei der Verwaltung des **Gebrauchs** des GemEs oder sich darauf beziehender Maßnahmen wie Entziehung des WEs oder Vorgehen gegen störende WEer betrifft (a. a. O. S. 60). Sie kann auch gegen störende Dritte entspr. § 1004 BGB vorgehen (BGH, GuT 2007, 161). Die Gemeinschaft kann ohne Weiteres **Eigentum** an beweglichen Sachen im Rahmen der gemeinschaftlichen Verwaltung erwerben, die dann dem gemeinschaftlichen Vermögen zuzuordnen sind. Sie ist aber auch berechtigt, Eigentum und sonstige Rechte an **Grundstücken** zu erlangen (OLG Celle, RNotZ 2008, 342 = DWE 2008, 50). Dazu gehört nicht nur der Erwerb von Eigentum/Rechten an **fremdem** Grundstück, sondern auch der von WE/TE am **eigenen** Grundstück. Dafür ist keine Vereinbarung erforderlich, sondern es genügt ein Beschluss (OLG Hamm, ZWE 2010, 56 = NZM 2009, 914; OLG Celle, a. a. O.; a. A. *Jennißen,* NZM 2006, 2003, noch zur alten Rechtslage). Bei Erwerb von TE oder WE im eigenen Grundstück ist i. d. R. von einer entspr. Beschlusskompetenz auszugehen (OLG Hamm a. a. O.). Dagegen steht dem Verwalter ohne Ermächtigung eine Vertretungsmacht zum Erwerb von SE **nicht** zu (a. a. O.). Beim Mehrheitserfordernis ist der widersprechende WEer nicht schutzlos, da er den Beschluss unter dem Kriterium ordnungsmäßiger Verwaltung überprüfen lassen kann (Anfechtung). Des „Outsourcings" durch die Konstruktion eines eigenständigen Vereins bedarf es nicht mehr (s. OLG Frankfurt/M, NJW-RR 2006, 1698). Erwerb von Eigentum (WE/TE) kann zweckmäßig etwa zur Einrichtung eines der Gemeinschaft dienlichen Raums (Hausmeister) oder zur Rettung von (Wohngeld-)Forderungen (OLG Celle, NJW 2008, 1537; LG Frankenthal, MittBayNot 2008, 128; a. A. LG Hannover, ZMR 2007, 893). Die Gemeinschaft ist, soweit sie bei der Verwaltung des

GemEs am Rechtsverkehr teilnimmt, **Verbraucher** i. S. des § 13 BGB (OLG München, NJW-Spezial 2008, 738; *Armbrüster,* ZWE 2007, 290; a. A. LG Rostock, NJW 2007, H. 19, XII = NZM 2007, 370). Sie kann auch dingliche Rechte an Grundstücken wie Grundpfandrechte und Sondereigentum erwerben und auch die Rechte aus einer Grunddienstbarkeit (alter) WEer geltend machen (OLG Hamm, FGPrax 2007, 14).

Für die Eintragung der WEer-Gemeinschaft als dinglich Berechtigte im GB ist die Einreichung einer **Liste** der WEer **nicht erforderlich** (LG Bremen, NJW 2007 H. 25, VIII/LS = NZM 2007, 453: Für Zwangssicherungshypotheken).

39 c) Auch **Satz 2** enthält eine Klarstellung, dass die Rechtsfähigkeit die in der „Person der Gemeinschaft" gesetzlich begründeten (vor allem durch das WEG) und die von ihr qua Rechtsgeschäft erworbenen Rechte und Pflichten erfasst. Die Begr. des Gesetz- Entw. weist hierbei auf die dem Verwalter im Rahmen der ihm durch § 27 Abs. 1 und 2 (jetzt § 27 Abs. 3 neu) zugewiesenen bzw. übertragenen Aufgaben hin (a. a. O. S. 60). Die Gemeinschaft haftet z. B. für eine Kaufpreisforderung (z. B. aus Gasbezug), auch bei rechtskräftiger Verurteilung einzelner WEer (BGH, NJW 2007, H. 19, X), unabhängig vom Zeitpunkt der Entstehung (BGH, NZM 2007, 363); allerdings nicht unmittelbar für **vor** dem 1. 7. 2007 entstandene (ebenda; a. A. KG, ZWE 2008, 234).

40 d) **Satz 3** weist mit der Formulierung, dass die Rechte und Pflichten von der Gemeinschaft **ausgeübt** und wahrgenommen werden, ihre Geltendmachung und Erfüllung der **Gemeinschaft** zu. Damit verbunden ist einerseits die Entfernung der Ausübungsbefugnis aus der „bisherigen Kompetenz" der WEer in ihrer Gesamtheit und Zuordnung auf die Gemeinschaft als solche (BT-Drs. 16/887 S. 60). Inhaber der Rechte und Pflichten bleiben allerdings die WEer!

Dass lediglich die Ausführungsbefugnis gemeint ist und keine Vollrechtsübertragung folgt aus Abs. 1 (s. o. Rz. 1). Insofern kann man das Verhältnis mit einer **Treuhand** vergleichen.

Unter „gemeinschaftsbezogen" ist wie bisher der Bereich gemeint, wie er sich einerseits aus § 21 Abs. 1 – dem Grundsatz der gemeinschaftlichen Verwaltung – ergibt und wie andererseits das für die Rechtsfähigkeit und für die Teilnahme am Rechtsverkehr typische Verhältnis Gemeinschaft versus WEer als Dritte beschrieben ist. **Gemeinschaftliche Forderungen** können daher nur von der Gesamtheit der WEer geltend gemacht werden. Die betreffende Leistung steht somit allen WEern gemeinsam zu. Die Gemeinschaft

Allgemeine Grundsätze 41 § 10

ist jedoch auch **Inhaberin** von Ansprüchen: Dazu zählen z. B. die Ansprüche auf Zahlung der Beiträge zu den **Lasten** und **Kosten** sowie auf Schadensersatz wegen Verletzung des GemEs (a. a. O.), die zum Verwaltungsvermögen zählen (s. Abs. 7 S. 2 und S. 3); ebenso **Mängelansprüche**, soweit sie gemeinschaftsbezogen sind wie das Wahlrecht, ob statt Nachbesserung Minderung oder (kleiner) Schadensersatz verlangt werden soll (a. a. O. S. 61). Dies gilt auch für den Fall, dass die Gemeinschaft z. B. das Recht auf Nachbesserung durch bestandskräftigen Beschluss an sich gezogen hat. Dazu gehören auch Ansprüche auf Schadensersatz wegen des Einbaus mangelhafter Installationsteile nach dem **ProdukthaftungsG** (OLG Stuttgart, ZWE 2010, 38). Das wird durch eine (nur) überwiegende private Nutzung des Gebäudes nicht ausgeschlossen (ebenda). Unter den „sonstigen" der Gemeinschaft **neben** jedem WEer zustehenden Rechten sind Ansprüche zu verstehen, die bisher „von der Gesamtheit der Wohnungseigentümer auf Grund eines entsprechenden Mehrheitsbeschlusses" geltend gemacht werden können, ihr aber nicht ausschließlich zustehen (a. a. O. S. 61). Dies gilt etwa für Ansprüche der WEer gegenüber störenden WEern. Individualrechtliche Ansprüche einzelner WEer bleiben jedoch unberührt. Das Gesagte gilt auch für die Erfüllung solcher gemeinschaftsbezogener Rechte und Pflichten. Ist das Bestehen eines SNRs zwischen den Mitgliedern einer WEergemeinschaft umstritten, soll die Klage gegen den Verband in seiner Funktion als passiver Prozessstandschafter angemessen sein (LG Nürnberg-Fürth, NZM 2009, 789); bedenklich, denn bei dieser Frage geht es um das **Grundverhältnis** der WEer untereinander (str., a. A. *Wenzel*, in *Bärmann*, § 10 Rz. 246), Die Teilrechtsfähigkeit hat zu Konsequenz, dass es bei einem Eigentümerwechsel nicht mehr − wie z. T. gefordert wurde − einer Einzelübertragung von Berechtigungen bedarf (die Begr., in BT-Drs. 16/887, S. 31 spricht von „Anteilen").

e) Durch **Satz 4** wird die Bezeichnung „Wohnungseigentümer- 41 gemeinschaft" sowie die Angabe des Grundstücks wie in § 44 Abs. 1 Satz 1 (neu) vorgeschrieben. Letztere kann sowohl die **postalische** Identifizierung (Anschrift) oder die **grundbuchmäßige** Bezeichnung enthalten.

Satz 5 bestimmt nach dem Vorbild des § 124 Abs. 1 HGB, dass die Gemeinschaft im Rahmen ihrer (eingeschränkten) Rechtsfähigkeit auch **parteifähig** ist. Dies gilt sowohl für einen Rechtsstreit mit Dritten als auch mit WEern. Z. B. ist sie passivlegitimiert, falls ein WEer (Rück-)zahlungsansprüche gegen die Gemeinschaft bezüglich Wohngeld geltend macht (OLG München, NZM 2006, 704).

X. Verwaltungsvermögen (Abs. 7)

42 **a)** Nach **Satz 1** gehört das Verwaltungsvermögen (ausschließlich) der rechtsfähigen Gemeinschaft. Daraus folgt, dass die früher teilweise angenommene schlichte Bruchteilsgemeinschaft an einzelnen der gemeinschaftlichen Verwaltung unterliegenden Gegenständen vom Gesetzgeber ausdrücklich aufgegeben ist (BT-Drs. 16/887 S. 62).

Die Vorschrift ist als ergänzende Klarstellung zu dem vorhergehenden Abs. 6 anzusehen. Trotzdem erschien dem Gesetzgeber die Betonung wegen der „großen praktischen Bedeutung" wichtig, aber auch um deutlich zu machen, dass auch das bereits bestehende Verwaltungsvermögen der Gemeinschaft zugeordnet ist, unabhängig **wann** die im Rahmen der Verwaltung des GemEs angeschafften Sachen und Rechte erworben wurden (a. a. O. S. 63). Zum Verwaltungsvermögen gehören die vom Verwalter betreuten **Verwaltungsunterlagen** (OLG München, NJW-RR 2006, 1024 = NZM 2006, 349).

43 **b) Satz 2** enthält die gesetzliche Bestimmung des Verwaltungsvermögens: Es besteht aus (allen) im Rahmen der gesamten Verwaltung des gemeinschaftlichen Eigentums gesetzlich oder rechtsgeschäftlich erworbenen Sachen und Rechten (= **Gegenstände**) sowie den hierbei entstandenen Verbindlichkeiten. Dieses zunächst überraschende Merkmal wird damit begründet, dass das „Verwaltungsvermögen nicht nur aus Aktiva, sondern auch aus Passiva besteht" (a. a. O.), eigentlich ein Zirkelschluss. In Abgrenzung zu Abs. 6 S. 2 wird auf die angeschafften Sachen i. G. zu den nach Abs. I im Eigentum befindlichen Gegenstände verwiesen (*Bub*, ZWE 2007, 15).

Es soll allerdings damit verdeutlicht werden, das auch die Verbindlichkeiten kraft Gesetzes auf den Rechtsträger, die Gemeinschaft, ohne einen rechtsgeschäftlichen Übertragungsakt übergehen. „Die Verbindlichkeiten treffen die Gemeinschaft unabhängig von dem jeweiligen Mitgliederstand und unabhängig von ihrem jeweiligen Mitgliederbestand und unabhängig davon, ob sie gesetzlich oder rechtsgeschäftlich begründet sind" (a. a. O.).

Damit wird die **Unterscheidung** zwischen dem Verwaltungsvermögen und dem weiteren Vermögen zu einer Zuständigkeitsfrage, die zwar auch in der Versammlung behandelt wird, jedoch in der Zuständigkeit der **WEer** liegen. Dies gilt vor allem für das GemE (vgl. schon BGH NJW 2005, 2061) und die sich darauf beziehenden Schutz- und Abwehransprüche. Vor allem ist die Gemeinschaft

Allgemeine Grundsätze **44, 45 § 10**

nicht Eigentümerin des Grundstücks (BGH, NZM 2007, 164). Allerdings wird die Unterscheidung schwierig, wenn sich die Zuständigkeiten überlappen z. B. bei der Verkehrssicherungspflicht, die sich formal aus der (Mit-)Eigentümerstellung ergibt (*Rapp,* MittBayNot 2005, 449), jedoch eine Verpflichtung der Gemeinschaft im Rahmen ordnungsmäßiger Verwaltung darstellt (OLG München, NZM 2006, 110). Ggfs. kommt hier sogar gesamtschuldnerische Haftung in Betracht. Nicht zum Verwaltungsvermögen gehören auch solche Ansprüche, die ein WEer alleine geltend machen kann wie den Anspruch gegen Miteigentümer wegen unzulässigen Gebrauchs des Gemeinschafts- oder SEs (BGH, NJW 2006, 2187). U. U. ist die Gemeinschaft befugt, bei Zweifelsfällen eine Angelegenheit zur **gemeinschaftlichen** zu machen (BGH a. a. O.), z. B. bei Leistung an alle WEer (BGH a. a. O., s. a. *Menzel,* ZWE 2006, 1 ff.).

c) Satz 3 nennt beispielhaft die Ansprüche und Befugnisse aus **44** Rechtsverhältnissen mit Dritten und mit WEern sowie die eingenommenen **Gelder** als zum Verwaltungsvermögen gehörig. Letztere sind vom Verwalter gemäß § 27 Abs. 1 Nr. 6 (neu) einzuziehen. Klar ist, dass auch die **Forderungen** auf Wohngeld der Gemeinschaft zustehen (s. schon OLG München, NZM 2006, 704).

In **Satz 4** handelt es sich um einen Fall des **gesetzlichen** Übergangs des Verwaltungsvermögens auf eine Person oder Personenmehrheit, wenn sich alle WEsrechte in diesen vereinigen, da in diesen Fällen eine Gemeinschaft der WEer nicht mehr vorhanden ist (a. a. O. S. 63). Eine solche Gemeinschaft entsteht erst wieder, wenn mindestens ein WEsrecht veräußert ist. Dieser neu entstandenen Gemeinschaft ist dann entspr. den Sätzen 1 und 2 das Verwaltungsvermögen (wieder) zugeordnet (dazu *Bonifacio,* NZM 2009, 561). **45**

Nicht Bestandteil des Verwaltungsvermögens sind die zwischen einzelnen WEern auf Grund besonderer Absprache gebildete Vermögen z. B. Rücklagen für gemeinsam genutzte Teile von GemE oder SE bzw. SNRen.

Zweifel können in Bezug auf **Mehrhausanlagen** entstehen. Die getrennte Verwaltung und damit auch die Entstehung eines Sondervermögens ist m. E. durch die Neuregelung der Rechtsfähigkeit **ausgeschlossen** (so a. *Hügel,* NZM 2010, 8, 9). Es widerspräche dem gesetzgeberischen Willen, auch Teilgemeinschaften mit Rechtsfähigkeit auszustatten. Die bisher zumindest für Angelegenheiten, die nur **ein** Haus betreffen, angenommene Kompetenz der Eigenverwaltung, dürfte jetzt für vermögensrelevante Angelegenheiten ausgeschlossen sein (s. § 23 Rz. 4). Nicht berührt ist die Befugnis der Gemeinschaft, für einzelne Häuser getrennte Rechnung zu führen.

XI. Haftung der Wohnungseigentümer (Abs. 8)

46 **a) Zweck.** Abs. 8 enthält die zentrale Regelung der **Haftung** der WEer im Verhältnis zu **Dritten** für Verbindlichkeiten der Gemeinschaft. Der Gesetzgeber versteht die Regelung ausdrücklich als Korrektur der Rspr. des BGH zur Teilrechtsfähigkeit, „weil die vom BGH mit dem oben genannten Beschluss (erg. v. 2. 6. 2005) zugleich geregelte Haftung der Wohnungseigentümer für Verwaltungsschulden die Kreditfähigkeit der Gemeinschaft schwächt und den Schutz ihrer Gläubiger zu stark einschränkt" (BT-Drs. 16/3843 S. 47).

47 **b)** Nach **Satz 1** Halbsatz besteht eine anteilige Haftung der WEer für Verbindlichkeiten der Gemeinschaft i. S. einer **teilschuldnerischen** Außenhaftung. Sie ist eine unmittelbare, keine subsidiäre Haftung, so dass sich der Gläubiger der Gemeinschaft unmittelbar an die WEer selbst halten kann. Dabei sind nicht nur die während der Zugehörigkeit eines WEers zur Gemeinschaft entstanden, sondern auch die in diesem Zeitraum **fällig** gewordenen Forderungen gemeint. Es spielt auch keine Rolle, ob es sich um einmalige oder um wiederkehrende Leistungen handelt. Die Rspr. des BGH ist insoweit obsolet (vgl. BGHZ 163, 154 und OLG Celle, NJW-RR 2006, 1307). Die anteilige Außenhaftung braucht nicht mit einer intern vereinbarten identisch zu sein. Dies kann bei **Unter-** bzw. **Teilgemeinschaften** der Fall sein, für die nach außen die Gesamtgemeinschaft handelt, die **alle** WEer nach Satz 1 verpflichtet (dazu *Hügel*, NZM 2010, 8; s. § 13 Rz. 47).

Beschränkt wird die Außenhaftung auf den (ideellen) Anteil des jeweiligen WEers am GemE. Insofern korreliert die Binnenhaftung (s. § 16 Abs. 2) grundsätzlich mit der Haftung im Außenverhältnis.

Im Innenverhältnis bleibt jedoch die Pflicht zur Leistung von Beiträgen, auch in der Form etwaiger **Nachschusspflicht** unberührt (zuletzt a. a. O. S. 47). Dies gilt auch für sonstige im Innenverhältnis bestehende Ausgleichs- oder Befreiungsansprüche: Diese richten sich nach dem internen Ausgleichssystem etwa auch im Fall des Regresses. Im Endeffekt soll der WEer nur in Höhe seines Anteils am ME belastet sein.

Hinsichtlich **Altschulden** (vor der Änderung der Rspr. und der Reform 2007 ist eine Haftung der WEer aus ungerechtfertigter Bereicherung zu erwägen (OLG Celle, NJW-RR 2006, 1307). Ein Vertrauensschutz auf die Rspr. des BGH (Gesamtschuld) besteht kaum

(BGH, NZW 2007, 363; OLG München, NZM 2007, 646). Abs. 8 gilt aber nicht für **Altfälle,** denen ein abgeschlossener Sachverhalt zu Grunde liegt (OLG Karlsruhe, NZM 2009, 247; s. § 62 Rz. 3).

Unabhängig von der gesetzlichen Haftungsregelung im Verhältnis zu Dritten kann sich eine weitergehende Haftung **aus Vertrag** gegenüber dem Dritten ergeben (so schon BGH, NJW 2005, 2061, 2067). Der **Verwalter** benötigt eine entspr. Vollmacht der WEer, die nur jeder Einzelne erteilen kann (dazu *Wenzel,* ZWE 2006, 1, 8; *Klein,* ZWE 2006, 58; teilw. überholt). Z. B. liegt eine Gesamtschuld vor, wenn sich **die WEer** (ggf. konkludent) in dieser Form verpflichten, etwa bei größeren Gewerken (KG, NJW-RR 2007, 232). Die Haftung für Grundbesitzabgaben richtet sich nach öffentlichem Recht (s. o. Rz. 1 a).

Die Neuregelung hat zur Folge, dass im Fall der **Veräußerung** des WEs in dem Zeitraum von Begründung bis zur Fälligkeit der Verbindlichkeit sowohl der **frühere** als auch der **Neueigentümer haften,** dabei einerseits als Gesamtschuldner, jedoch begrenzt durch die nach Satz 1 Hs. 1 anteilige Haftung. Der interne Ausgleich zwischen Veräußerer und Erwerber vollzieht sich nach der zwischen beiden getroffenen Vereinbarung.

Eine akzessorische gesamtschuldnerische Haftung der WEer kommt in Betracht, wenn sich die WEer **neben** dem Verband entsprechend durch Rechtsgeschäft verpflichten (OLG Karlsruhe, NZM 2009, 247). Für Abgaben auf Grund **öffentl.-rechtlicher Vorschriften** können Sonderregelungen bestehen. Z. B. können Beitragspflichten zum Straßenbau die **einzelnen** WEer **gesamtschuldnerisch** heranziehen (VG Gelsenkirchen, NJW-Spezial 2008, 707; s. Einl. Rz. 36) oder zu allgemeinen Grundbesitzabgaben durch Gemeinden (VGH Mannheim, NZM 2009, 286). Denn die Abs. 6 und 8 stehen einer durch Landesgesetz angeordneten **gesamtschuldnerischen persönlichen** Haftung der WEer in ihrer Eigenschaft als Miteigentümer des **Grundstücks** für die Entgelte aus Abfallentsorgung und Straßenreinigung nicht entgegen (BGH, NZM 2009, 622).

c) In Satz 1 **Halbsatz 2** wird durch die entsprechende Anwendung des § 160 HGB normiert, dass die Haftung eines **ausgeschiedenen** WEers auf fünf Jahre nach der Veräußerung beschränkt ist. Diese zeitliche Zäsur beginnt mit der Eintragung des Erwerbers im GB.

d) Satz 2 enthält die Klarstellung, dass der in Anspruch genommene WEer gegen den Gläubiger nur die der Gemeinschaft oder ihm persönlich zustehenden Einwendungen und Einreden geltend machen kann; jedoch nicht solche, die ihm im Innenverhältnis gegenüber der Gemeinschaft zustehen. Letztere müssen auf dieser Ebene geklärt werden.

50 **e)** Systematisch lehnt sich das System der Einwendungen und Einreden nach **Satz 3** an die Parallelregelung der **Bürgschaft** an (BT-Drs. 16/887 S. 66).

51 **f)** Durch **Satz 4** soll der „Gleichlauf" der internen Haftung der WEer gegenüber der Gemeinschaft mit der gegenüber Dritten – den Gläubigern der Gemeinschaft – gewährleistet wurden (BT-Drs. 16/887 S. 66).

Auch mit dieser Regelung soll die Rspr. des BGH (Beschluss v. 2. 6. 2005) korrigiert werden, dadurch dass die WEer in **allen** Fällen durch die anteilmäßig begrenzte Haftung nur ein begrenztes finanzielles Risiko zu tragen haben (ebenda).

Für den Gesetzgeber ist im Übrigen selbstverständlich, dass für die **Zwangsvollstreckung** gegen einen WEer immer ein gegen diesen gerichteter Titel erforderlich ist. Dagegen genügt ein Titel der sich **nur** gegen die **Gemeinschaft** richtet, nicht.

Generell ist zum **Haftungssystem** des neuen **Abs. 8** zu sagen, dass es einer Kompromiss zwischen einer rigiden Gesamtschuldnerschaft im Interesse der Gläubiger und dem existenziellen Interesse des WEers an einer beschränkten Haftung mit Hilfe einer anteilmäßigen und damit summenmäßigen Limitierung darstellt. Erschwert werden zwar dadurch auch die **Vollstreckungsmaßnahmen** der Gemeinschaftsgläubiger, doch können sie langwierige Verfahren durch die **Verbindung** der Klagen gegen Gemeinschaft und die einzelnen Mitglieder (WEer) vermeiden.

§ 11 Unauflöslichkeit der Gemeinschaft

(1) ¹**Kein Wohnungseigentümer kann die Aufhebung der Gemeinschaft verlangen.** ²**Dies gilt auch für eine Aufhebung aus wichtigem Grund.** ³**Eine abweichende Vereinbarung ist nur für den Fall zulässig, daß das Gebäude ganz oder teilweise zerstört wird und eine Verpflichtung zum Wiederaufbau nicht besteht.**

(2) **Das Recht eines Pfändungsgläubigers (§ 751 des Bürgerlichen Gesetzbuchs) sowie das im Insolvenzverfahren bestehende Recht (§ 84 Abs. 2 der Insolvenzordnung), die Aufhebung der Gemeinschaft zu verlangen, ist ausgeschlossen.**

(3) **Ein Insolvenzverfahren über das Verwaltungsvermögen der Gemeinschaft findet nicht statt.**

Unauflöslichkeit der Gemeinschaft 1–4 **§ 11**

Übersicht

		Rz.
I.	Rechtslage nach §§ 741 ff. BGB, 84 InsO	1
II.	Voraussetzungen......................................	3
III.	Ausnahmen	
	1. Allgemeines	6
	2. Zerstörung	8
	3. Wichtiger Grund...................................	10
	4. Zustimmungsersetzung	11
	5. Vereinbarung nach § 11 Abs. 1 Satz 3	12
	6. Ausscheiden durch Verzicht	14
	7. WohnungserbbR...................................	15
IV.	Zwangsvollstreckung und Insolvenz im Fall eines WEers..	16
V.	Ausschluss der Insolvenz der Gemeinschaft (Abs. 3)	18

I. Rechtslage nach §§ 741 ff. BGB, 84 InsO

Nach § 749 BGB kann die Aufhebung der Bruchteils-Gemein- 1 schaft erzwungen werden. Selbst der vereinbarte Ausschluss hindert nicht das Verlangen derselben aus wichtigem Grund. Auch die Wirkung einer Kündigungsfrist wird dadurch beseitigt. Gemäß § 750 endet die Vereinbarung über zeitlichen Ausschluss der Aufhebung mit dem Tod eines Teilhabers. Pseudodingliche Wirkung für und gegen Sonderrechtsnachfolger, nicht aber gegenüber Gläubigern eines Teilhabers (§ 751).

Dagegen schließt das WEG in **Abs. 1 Satz 1** ein Aufhebungs- 2 verlangen (§ 749 bis 751) aber auch Teilungsvorschriften (§§ 752 ff.) aus: § 11 bestimmt Unauflösbarkeit. Dies gilt auch für eine Aufhebung aus wichtigem Grund **(Abs. 1 Satz 2)**. Die sachenrechtliche Entsprechung hierzu ist § 6.

II. Voraussetzungen

§ 11 ist **unabdingbar,** nicht dispositives Recht (BayObLG, 3 Rpfleger 80, 110). Auch das **Gemeinschaftsvermögen** unterliegt der unauflöslichen Verbindung mit ME und SE. Auflösung des Überschusses erfolgt möglicherweise nach Jahresrechnung: dann sind Verteilung des Überschusses an die einzelnen WEer und Vollstreckung in das Guthaben möglich (*Pick,* IR, 72, 102; a. M. *Weitnauer/Lüke,* § 27 Rz. 30; wie hier *Palandt/Bassenge,* § 11 Rz. 2).

Die **Zwangsvollstreckung** gegen einzelne WEer richtet sich 4 gegen das WE als Ganzes, nicht getrennt in ME oder SE oder

Mitgliedschaftsrecht. Die Vollstreckung richtet sich nach §§ 864 ff. ZPO und ZVG.

Die Rechte eines Pfändungsgläubigers eines WEers nach § 751 BGB und eines Insolvenzverwalters nach § 84 Abs. 2 InsO sind ausdrücklich durch Abs. 2 ausgeschlossen.

5 Vereinbarte **Veräußerungsbeschränkungen** nach § 12 oder Vorkaufsrechte sind nach allgemeinem Recht zu beachten, auch im Falle der Zwangsversteigerung (s. § 12).

III. Ausnahmen

6 1. **Allgemeines.** (insbesondere Vereinbarungen). Eine entsprechende **Vereinbarung** ist nicht als Bedingung bei Begründung des WEs anzusehen **(Abs. 1 Satz 3).** Sie ist ein Fall des § 4, also sind Einigung und Eintragung erforderlich. Die Form richtet sich nach § 4 Abs. 2, §§ 311 b, 925, 925 a BGB und vor allem § 4 Abs. 3. Schließung der Ws-Grundbücher nach § 9 Abs. 1 Nr. 1 erfolgt bei Aufhebung. Wird SE aufgehoben, entsteht gewöhnliches ME und Gemeinschaft nach §§ 741 ff. Dann kann jeder MEer Aufhebung nach § 749 verlangen: auch § 751 BGB und § 84 Abs. 2 InsO werden wieder anwendbar. Entsteht Alleineigentum, dann ist Antrag auf Schließung der Ws-Grundbücher nach § 9 Abs. 1 Nr. 3 möglich.

7 Beim Heimfall einer Heimstätte an WE schließt sich keine unmittelbare Aufhebung des WEs an. Ebenso bei WohnungserbbR.

Bei Auseinandermessung eines Grundstücks mit mehreren selbstständigen Gebäuden bedürfte es einstimmiger Einigung aller über die Entstehung von Alleineigentum und Aufhebung der Gemeinschaft und des WEs. Einigung und Eintragung sind auch nötig bei Verschiebung der Bestandteile eines SEs oder Aufteilung unter einige MEer am gesonderten ME (§ 4).

Nach Begründung kann eine **Aufhebung** der Gemeinschaft im Wege der **Vereinbarung** jederzeit erfolgen (BayObLG, Rpfleger 80, 110 für den Fall der im Anschluss an die Begründung folgenden Aufhebungsvereinbarung). Die WEer können auch eine schuldrechtliche **Verpflichtung** dazu eingehen (BayObLG, ZfIR 99, 225).

8 2. **Zerstörung.** Ist die Verpflichtung zum **Wiederaufbau** vereinbart, ist ein Verlangen auf Aufhebung der Gemeinschaft auch nicht bei Zerstörung berechtigt. Selbst gänzliche Zerstörung hebt das WE nicht auf, es besteht als ideelle Berechtigung weiter.

9 Ob eine Verpflichtung zum Wiederaufbau besteht, bestimmt sich ausschließlich nach § 22 Abs. 2 und einer hierfür getroffenen Ver-

Unauflöslichkeit der Gemeinschaft 10–14 § 11

einbarung. § 22 Abs. 2 ist abdingbar. Nur wenn Vereinbarung nicht getroffen und Verpflichtung aus § 22 Abs. 4 nicht besteht, kann nach ganzer oder teilweiser Zerstörung ohne Rücksicht auf den Zerstörungsgrad die Auflösung nach § 11 Abs. 1 Satz 3 beschlossen bzw. verlangt werden (*Palandt/Bassenge*, § 11 Rz. 2; *Niedenführ/ Schulze*, § 22 Rz. 55 a; a. A. *Weitnauer/Lüke*, § 11 Rz. 7).

3. Wichtiger Grund. Im Gegensatz zu § 749 Abs. 2 BGB be- **10** rechtigt auch dieser nicht, die Aufhebung zu verlangen. Dagegen ist eine Vereinbarung möglich, dass ein gewisser Grad der Zerstörung als wichtiger Grund für Verlangen auf Auflösung anzusehen ist und die Wiederaufbauverpflichtung entfällt.

4. Zustimmungsersetzung. Eine Vereinbarung nach § 11 **11** Abs. 1 Satz 3 ist auch dann (einstimmig) erforderlich, wenn keine Wiederaufbaupflicht nach § 22 Abs. 4 besteht. Ausweg ist in diesem Fall die Zustimmungsersetzung durch das Verfahren nach § 894 ZPO: Fiktion der Abgabe einer Willenserklärung mit dem Urteil (ähnlich früher im Verfahren nach §§ 43 ff.; BayObLG, ZfIR 99, 225).

Ansprüche aus Durchführung der Teilung sind ebenfalls im **ordentlichen Rechtsweg** aus §§ 753, 755, 756 BGB zu verfolgen. Das Gericht nach § 43 müsste auch über Aufhebung der SEs-Rechte im Sinne des § 4 entscheiden. Das Urteil über die Aufhebung der Gemeinschaft ist Grundlage für §§ 753 ff. und für eine Zwangsversteigerung zum Zwecke der Aufhebung der Gemeinschaft mit anschließender Versteigerung des Grundstücks samt Gebäude.

5. Vereinbarung nach § 11 Abs. 1 Satz 3. Sie kann bereits in **12** die anfängliche GemO oder in den Begründungsakt aufgenommen werden als Inhalt des SEs mit Eintragung, dann verdinglicht gem. § 10 Abs. 2 (s. a. BayObLGZ 79, 71 = Rpfleger 80, 110). Es ist empfehlenswert, zugleich damit die Regelung der Ausgleichsansprüche nach §§ 755, 756 BGB zu verbinden.

Eine Vereinbarung der Aufhebung ist für den Fall der nicht frist- **13** gemäßen Fertigstellung bei Errichtung nicht zulässig. Die ursprüngliche Aufbauverpflichtung ist immanenter Inhalt des WEs und unabdingbar wegen Bedingungsfeindlichkeit des WEs.

6. Ausscheiden durch Verzicht. Die **Aufgabe** des WEs ist **14** nach h. M. nicht nach § 928 BGB wie sonst bei Grundstückseigentum zulässig. Sie ist jedenfalls nicht möglich an **bestimmten** gemeinschaftlichen Gegenständen oder nur am **SE**. Dafür ist einstimmige Vereinbarung nötig. Verzicht auf bestimmte Nutzungen ist hingegen zulässig. Entlassung aus der Kostentragung ist aber nur mit Zustimmung aller möglich, sofern Vereinbarung dadurch geändert wird: sonst durch Mehrheitsbeschluss.

15 **7. WohnungserbbR.** Erlischt das ErbbR, dann auch ein WohnungserbbR.

IV. Zwangsvollstreckung und Insolvenz im Fall eines WEers

16 Die Vollstreckung gegen einen WEer erfolgt nach §§ 864 ff. ZPO und ZVG in das WE als Ganzes. Bei Zerstörung und Verzicht auf Wiederaufbau erstrecken sich die Pfandrechte auf etwaige Versicherungssummen. Der Anspruch auf Aufhebung der Gemeinschaft ist in diesem Falle pfändbar. Als Vollstreckungsmaßnahmen kommen Zwangsversteigerung, Zwangsverwaltung und Eintragung einer Sicherungshypothek am WE in Betracht.

17 Nach **Abs. 2** ist das Recht eines Pfändungsgläubigers wie auch des Insolvenzverwalters, die **Aufhebung** der Gemeinschaft zu verlangen, ausgeschlossen. Allerdings kann der WEer u. U. ein Recht auf Aufhebung nach Abs. 1 S. 3 haben. In diesem Fall ist das Recht, Aufhebung zu verlangen, **künftiges** Recht (zur Zwangsvollstreckung s. §§ 839, 857 ZPO). Eine Pfändung ist nur zusammen mit dem WE möglich. Nach Durchführung des Aufhebungsanspruches erfolgt die Zwangsversteigerung nach §§ 181 ff. ZVG.

In der **Insolvenz** ist das WE selbstständiges Rechtsobjekt. Ein Insolvenz der **WEer-Gemeinschaft** ist ausgeschlossen (s. Abs. 3). Sie widerspräche einerseits dem Prinzip des § 11, der Unauflösbarkeit der Gemeinschaft, weil das Insolvenzverfahren auch eine (Teil)verwertung beinhaltet. Zum anderen hätte der Gesetzgeber, wenn er die WEer-Gemeinschaft als solche in den Anwendungsbereich der InsO hätte einbeziehen wollen, dies bei der Änderung des Abs. 2 durch die InsO ausdrücklich regeln müssen (zum Meinungsstand s. die 17. Aufl.).

V. Ausschluss der Insolvenz der Gemeinschaft (Abs. 3)

18 Auf Grund der Anhörung vom 18. 9. 2006 hatte bereits der Rechtsausschuss des BTs und ihm folgend dann der BT den Vorschlag der BReg mit der Bejahung der Rechtsfähigkeit abgelehnt und die Insolvenzfähigkeit der Gemeinschaft ausdrücklich ausgeschlossen (BT-Drs. 16/3843 S. 48 einerseits und 16/887 S. 67 f. andererseits). Begründet wird dies damit, dass Aufwand und Kosten des Verfahrens nicht in einem angemessenen Verhältnis zu den Vorteilen stünden. In der Anhörung des RechtsA war insbesondere das problematische Verhältnis von Insolvenzverwalter zu den Aufgaben und Befugnissen des Verwalters nach WEG problematisiert worden. Auch eine Beschränkung auf die Eigenverwaltung war abgelehnt worden. Abs. 3 spricht ausdrücklich vom **Verwaltungsvermögen** (der Gemeinschaft). Damit soll wie im Falle der Insolvenz eines **WEers** (Abs. 2) auch im Falle der Zahlungsunfähigkeit der **Gemeinschaft** eine Verwertung des Verwaltungsvermögens und damit mittelbar die Zerschlagung des vermögensrechtlichen Substrats der Gemeinschaft vermieden werden.

§ 12 Veräußerungsbeschränkung

(1) **Als Inhalt des Sondereigentums kann vereinbart werden, daß ein Wohnungseigentümer zur Veräußerung seines Wohnungseigentums der Zustimmung anderer Wohnungseigentümer oder eines Dritten bedarf.**

(2) **[1] Die Zustimmung darf nur aus einem wichtigen Grunde versagt werden. [2] Durch Vereinbarung gemäß Absatz 1 kann dem Wohnungseigentümer darüber hinaus für bestimmte Fälle ein Anspruch auf Erteilung der Zustimmung eingeräumt werden.**

(3) **[1] Ist eine Vereinbarung gemäß Absatz 1 getroffen, so ist eine Veräußerung des Wohnungseigentums und ein Vertrag, durch den sich der Wohnungseigentümer zu einer solchen Veräußerung verpflichtet, unwirksam, solange nicht die erforderliche Zustimmung erteilt ist. [2] Einer rechtsgeschäftlichen Veräußerung steht eine Veräußerung im Wege der Zwangsvollstreckung oder durch den Insolvenzverwalter gleich.**

(4) **[1] Die Wohnungseigentümer können durch Stimmenmehrheit beschließen, dass eine Veräußerungsbeschränkung gemäß Absatz 1 aufgehoben wird. [2] Diese Befugnis kann durch Vereinbarung der Wohnungseigentümer nicht eingeschränkt oder ausgeschlossen werden. [3] Ist ein Beschluss gemäß Satz 1 gefasst, kann die Veräußerungsbeschränkung im Grundbuch gelöscht werden. [4] Der Bewilligung gemäß § 19 der Grundbuchordnung bedarf es nicht, wenn der Beschluss gemäß Satz 1 nachgewiesen wird. [5] Für diesen Nachweis ist § 26 Abs. 3 entsprechend anzuwenden.**

Übersicht

	Rz.
I. Zweck	1
II. Verhältnis zu § 137 BGB	4
III. Wesen der Veräußerungsbeschränkung (Abs. 1)	
1. Keine gesetzliche Veräußerungsbeschränkung	5
2. Dinglicher Inhalt des SEs	7
3. Zustimmungsberechtigte	8
IV. Grenzen der Zustimmungsverweigerung (Abs. 2 Satz 1)	10
V. Wirkung (Abs. 3 Satz 1)	
1. Schwebende Unwirksamkeit	16
2. Verweigerung der Zustimmung	18
3. Zwangsvollstreckung und Insolvenz gem. Abs. 3 Satz 2	20
4. Gesetzliche Veräußerungsfälle	22
5. Sonderfälle	24
6. Bei Vereinigung	26
7. Geschäftswert	27
VI. Aufhebung der Veräußerungsbeschränkung (Abs. 4)	28
1. Satz 1. Stimmenmehrheit	28
2. Satz 2. Unabdingbarkeit	29
3. Satz 3. Löschung im GB	30
4. Satz 4. Entbehrlichkeit der Bewilligung	31
5. Satz 5. Nachweis nach § 26 Abs. 4	32
VII. Vorkaufsrecht	33
VIII. Zustimmung zur Vermietung, Verpachtung eines DWRS	35

I. Zweck

1 § 12 soll ein Mitbestimmungsrecht der WEer bei Wechsel eines Eigentümers wahren. Wegen der Unauflösbarkeit der Gemeinschaft haben die WEer ein gesteigertes Interesse, erkennbar problematischen Eintritten in die Gemeinschaft zu begegnen (OLG Celle NZM 2005, 260). Er ist **dispositives** Recht, keine gesetzliche Veräußerungsbeschränkung, Vorbild ist § 5 Abs. 1 ErbbRVO. Nicht gestattet ist eine Belastungsbeschränkung (LG Köln, RhNotK 83, 221). Bei Verstoß gegen das Verbot einer dinglichen Belastungsbeschränkung ist die Belastung jedoch wirksam (*Ertl*, DNotZ 79, 274).

2 Die Veräußerungsbeschränkung nach § 12 ist **Inhalt des SEs,** einzutragen gem. § 10 Abs. 2 (zum Fall der Erstveräußerung s. unten Rz. 9). Die Vereinbarung einer Veräußerungsbeschränkung bedarf **nicht** der **Zustimmung** der **Gläubiger,** deren Grund-

Veräußerungsbeschränkung 3–7 § 12

pfandrechte das **ganze Grundstück** belasten (OLG Frankfurt a. M., NJW-RR 96, 918). Dagegen ist die Eintragung **am WE** als Belastung zustimmungsbedürftig (*Böttcher,* ZfIR 97, 321; *Palandt/Bassenge,* § 12 Rz. 5).

Zum ehem. § 47 Saarl. WEG s. 15. Aufl. Die zu § 12 vorgesehenen Änderungen finden sich im Anh. I, 3. 3

II. Verhältnis zu § 137 BGB

Eine Durchbrechung gegenüber dem rechtsgeschäftlichen Verfügungsverbot nach § 137 BGB ist insofern gegeben, als nach **Abs.** 1 die Veräußerung eines WEs abhängig gemacht werden kann von der **Zustimmung** anderer WEer oder eines Dritten, und zwar mit **dinglicher Wirkung** (§ 10 Abs. 2). Es handelt sich nicht um ein Veräußerungsverbot. Auch bei entsprechender Vereinbarung kann nur aus wichtigem Grund die Zustimmung versagt werden. Eine Beschränkung auf Fälle freiwilliger Veräußerung ist möglich. 4

III. Wesen der Veräußerungsbeschränkung (Abs. 1)

1. Keine gesetzliche Veräußerungsbeschränkung. Sie entsteht vielmehr rechtsgeschäftlich, im Wege der **Vereinbarung** und hat mit der Eintragung eine **dingliche** Wirkung. Sie ist vom **Grundbuchamt** von Amts wegen zu beachten (BayObLG, DNotZ 62, 312: MittBayNot 81, 27). Die Vereinbarung entfaltet keine Beschränkung bei erbrechtlichen Verfügungen, außer bei vermächtnisweisem Verkauf. Wird die Vereinbarung nicht dinglicher Inhalt der WEsrechte, entfaltet sie lediglich **schuldrechtliche** Wirkung (*Wenzel,* ZWE 2008, 69). Ein **Beschluss** reicht nicht aus. Er ist unwirksam, was sowohl Begründung als auch Änderung betrifft. 5

Eine unterschiedliche Ausgestaltung ist vertraglich möglich, abgesehen von der Unabdingbarkeit des wichtigen Grundes. Eine solche Regelung ist jedoch **eng,** einschränkend und zugunsten des Veräußerers **auszulegen** (LG Mannheim, BB 77, 319: OLG Schleswig, DerWEer 83, 26; BayObLG; WuM 91, 612; BayObLG NZM 2005, 787; *Weitnauer/Lüke,* § 12 Rz. 3; OLG Zweibrücken ZWE 2006, 46 m. Anm. *Seuß* = NZM 2006, 144/LS). 6

Daneben sind öffentlich-rechtliche Veräußerungsbeschränkungen aus dem Grundstücksverkehrsgesetz usw. zu bedenken.

2. Dinglicher Inhalt des SEs. Als solcher ist der Genehmigungsvorbehalt **ausdrücklich** einzutragen (§ 3 Abs. 2 WGV): eine Bezugnahme auf die Eintragungsbewilligung ist nicht zulässig (LG Marburg, Rpfleger 60, 336: LG Mannheim, Rpfleger 63, 301, AG 7

Göppingen, Rpfleger 66, 14 und LG Kempten, Rpfleger 68, 58). Vor der Eintragung besteht lediglich schuldrechtliche Wirkung: als solche ist sie im Rahmen des § 137 BGB gültig. Eine Beschränkung auf Teile von SE (z. B. Lagerraum, Garage, Terrasse) ist nicht zulässig. Die Veräußerungsbeschränkung nach § 12 gilt grundsätzlich auch bei freiwilliger **Versteigerung** nach §§ 53 ff. Das GBA hat Zustimmungserfordernis **von Amts wegen** zu prüfen (BayObLG, DNotZ 84, 553). Sie gilt **nicht** bei einer **werdenden** WEergemeinschaft (OLG Hamm, NJW-RR 94, 975).

8 **3. Zustimmungsberechtigte.** Die anderen WEer. Damit sind **alle** gemeint. Die Bestimmung kann durch die Beschränkung auf **einzelne** oder eine bestimmte **Mehrheit** ersetzt werden (OLG Celle NZM 2005, 260). Fraglich, ob dies auch für Hypothekengläubiger gilt. Anders als in § 1136 handelt es sich bei § 12 nicht um die Verpflichtung, das Grundstück nicht zu veräußern. Da auch die **Zustimmung Dritter** vereinbart werden kann und der Begriff des „Dritten" hier nicht eingeschränkt ist, kann ein solcher Dritter auch ein **Hypothekengläubiger** sein (ebenso *Palandt/Bassenge*, § 12 Rz. 6; a. A. die h. M.). Ebenso der **Verwalter** als Treuhänder in mittelbarer Stellvertretung (BGH, ZWE 2010, 42; BGHZ 112, 240; BayObLGZ 80 Nr. 8: DNotZ 84, 559; AG Köln, WEM 81, 55; OLG Düsseldorf, DerWEer 85, 29). Das gilt auch für den gerichtlich bestellten (unentschieden OLG Hamm, DNotZ 67, 686). Da der Verwalter insoweit regelmäßig als **Treuhänder** tätig wird, kann die Gemeinschaft vor erteilter Zustimmung anderweitig entscheiden, indem sie die Zustimmung (Erklärungskompetenz) wieder an sich ziehen (OLG Köln, ZWE 2010, 42; KG, NZM 2004, 588; *Bub*, NZM 2001, 502 f.; BayObLG, Rpfleger 80, 142 = BayObLGZ 80, 29 = DNotZ 80, 751; OLG Zweibrücken, NJW-RR 87, 269; OLG Saarbrücken, DNotZ 89, 439) bzw. ist der Verwalter befugt, ihre Zustimmung einzuholen (KG, ZMR 94, 124; OLG Düsseldorf, NJW-RR 2005, 1254). In Zweifelsfällen **muss** er dies sogar. Ausnahmsweise kann der Verwalter auch eigener Rechtsträger und damit **Dritter** sein (*Bub*, NZM 2001, 503). Veräußert der Verwalter eine eigene EW, kann er selbst der Veräußerung zustimmen (BayObLG, NJW-RR 86, 1077). Dies gilt auch für den Fall, dass der Verwalter der **Erwerber** ist (KG, NZM 2004, 588 = NJW-RR 2004, 1161). Die WEer können allerdings die Zustimmung versagen (ebenda). Der veräußerungsbereite WEer hat das Zustimmungserfordernis selbst zu prüfen (KG, NJW-RR 89, 975). Dort auch zur Frage der **Sondervergütung** des Verwalters. Lehnt die WEerversammlung es ab, die verweigerte Zustimmung des Verwalters zur Veräußerung von WE durch eine **eigene** Entscheidung zu ersetzen, bleibt der Verwalter der richtige Antragsgegner im gerichtlichen Verfahren auf Zustimmung zur Veräußerung (OLG Zweibrücken, NJW-RR 94, 1103).

Fehlt ein Verwalter, ist die **Gemeinschaft** zuständig (LG Traunstein, MittBayNot 81, 134; LG Frankfurt a. M., NJW-RR 96, 1080), d. h. ihre Zustimmung ersetzt die des Verwalters. Der vom LG gemachten Einschränkung, falls kein WE mit Grundpfandrechten belastet ist, ist nicht zu folgen. Veräußert der Verwalter eine ihm gehörende in dieser Anlage gelegene EW, ist er durch § 181 BGB nicht gehindert, eine erforderliche Verwalterzustimmung zu erklären (BayObLG Rpfleger 83, 350; NJW-RR 86, 1077; OLG Düsseldorf, MittBayNot 84, 258 = MittRhNotK 84, 216 = DerWEer 85, 29).

Die Zustimmungsvereinbarung gilt aber noch nicht für **Erstveräußerung** beim Vorratsbau nach § 8, wenn nur allg. von Veräußerung gesprochen wird (OLG Hamm, NJW 94, 975; LG München, MittBayNotV 61, 253 und LG Bielefeld, Rpfleger 74, 111), vor allem dann, wenn eine Klarstellung, dass sie nicht unter Erstveräußerung fällt, den Vorbehalt einschränkt (LG Aachen, WuM 93, 287; a. A. *Wenzel,* ZWE 2008, 69). Dasselbe muss für die sonstige Übertragung einer Rechtsstellung (Anwartschaft) gelten. Erstveräußerung ist auch bei der Teilung nach § 3 entspr. anzunehmen (BayObLG, NJW-RR 87, 270). Im Übrigen steht einer ausdrücklichen Beschränkung des Zustimmungserfordernisses auf spätere Veräußerungsfälle rechtlich nichts entgegen (OLG Köln, NJW-RR 92, 1430). Zur Auslegung des Begriffs „Bauträger" i. S. von „Bauherr" s. OLG Köln, NJW-RR 92, 1430. Falls die Teilungserklärung die Veräußerung des WEs von der Zustimmung des Verwalters abhängig macht – gilt dies auch für die Veräußerung aus der Hand des teilenden Eigentümers **vor** (OLG Hamm, OLGZ 94, 515) und **nach** Entstehung der WEergemeinschaft (BGH, NJW 91, 1613; OLG Köln, a. a. O.). Ebenso für die erste Veräußerung durch den **Erben** des Erstveräußerers (LG Aachen, WuM 93, 287; RhNotK 93, 31). Ob die Entbehrlichkeit der Zustimmung auch für eine Veräußerung **viele Jahre nach** Errichtung der Teilungserklärung gilt, ist str. (mit Recht dafür OLG Frankfurt a. M., DerWEer 89, 32; OLG Köln NJW-RR 92, 1430; ablehnend LG Wuppertal, Rpfleger 85, 190 = MittRhNotK 85, 11). Nicht zustimmungsbedürftig ist auch die Weiterveräußerung eines TEs „Traforaum" an die Gemeinde zum Zwecke der öffentlichen Stromversorgung (BayObLG, DerWEer 83, 94 = DNotZ 84, 559).

Dies gilt auch für den umgekehrten Fall (OLG Köln, a. a. O.). S. auch unter § 61. Veräußerung ist auch die Übertragung auf eine Personengesellschaft, bei der der Veräußerer Mitglied ist (OLG München, NJW 2007, 1536). Str. ist die Übertragung eines MEsanteils innerhalb der Gemeinschaft (Quotenänderung). Doch gilt auch hier der Schutzzweck des § 12 (Palandt-Bassenge, § 12 Rz. 3; a. A. *Wenzel,* ZWE 2008, 69).

Die Zustimmungsbedürftigkeit kann auf **einzelne** WEs-Rechte beschränkt oder auf **bestimmte** z. B. spätere Veräußerungsfälle (OLG Köln, NJW-RR 92, 1430) werden. Auch können **Ausnahmen** von der Zustimmungsbedürftigkeit zugunsten bestimmter **Personen,** z. B. des **Ehegatten,** gemacht werden (OLG Schleswig, NJW-RR 93, 1103). Dazu genügt eine bindende Auflassung in einem gerichtlich protokollierten **Scheidungsvergleich** vor Rechtskraft des anschließend verkündeten Scheidungsurteils (OLG Schleswig, a. a. O.). Sie ist auch dann zustimmungsfrei, wenn in einem solchen Fall sich die Auflassung offenkundig als Erfüllung einer vor Rechtskraft getroffenen **Scheidungsfolgenvereinbarung** darstellt (KG, NJW-RR 97, 78; FGPrax 96, 140).

IV. Grenzen der Zustimmungsverweigerung (Abs. 2 Satz 1)

10   1. Nach **Abs. 2 Satz 1** kann die Zustimmung nur aus wichtigem Grund verweigert werden. Allgemein zur Anwendbarkeit des § 12 s. *Diester,* Rpfleger 74, 245. Die Frage der Erteilung der Zustimmung zur Veräußerung eines WEs darf nicht mit der Auseinandersetzung über eine andere, bereits in den bisherigen Verhältnissen der WEergemeinschaft begründete Streitfrage verknüpft werden, weil eine solche **Verknüpfung** dem Zweck der Vorschrift des § 12 **WEG widerspricht** (OLG Hamm, NJW-RR 92, 785). Zu den Voraussetzungen der Veräußerungsbeschränkung s. allgemein OLG Zweibrücken, NJW-RR 94, 1103.

Wichtiger Grund: Er muss in der **Person** des vorgesehenen **Erwerbers** begründet sein z. B. Ungeeignetheit des beabsichtigten Erwerbers, sich in die Gemeinschaft standesgemäß einzuordnen (BayObLG, DerWEer 83, 26; OLG Zweibrücken ZWE 2006, 46 m. Anm. *Seuß* = NZM 2006, 144/LS). Eigenschaften des Erwerbers, die lediglich **unerwünscht** sind oder bloße **Antipathie** reichen nicht aus (OLG Köln, ZWE 2010, 42; OLG Zweibrücken, ZWE 2006, 46). Als ein weiterer wichtiger Grund zur Versagung der Zustimmung des Verwalters kommt gemeinschaftsschädigendes Verhalten des Erwerbers – der bereits WEer der Wohngemeinschaft ist – in Betracht (OLG Düsseldorf, ZMR 92, 68). Weitere Gründe

Veräußerungsbeschränkung **10 § 12**

können sein: Gefahr der Veränderung des **Bestimmungszwecks**, z. B. bei Veräußerung an Gewerbetreibende, Anwalt usw. mit Folge der Störung des reinen Wohncharakters; persönliche oder finanzielle **Unzuverlässigkeit** (BayObLGZ 77, 40; OLG Düsseldorf NZM 2005, 787); ein Verhalten des Erwerbers, der die erkennbare Absicht hat, einen zu seinem WE gehörenden **Raum entgegen** der Teilungserklärung zu **nutzen** (OLG Düsseldorf, NJW-RR 97, 268 = ZMR 97, 88 = WuM 97, 58 = FGPrax 97, 17) oder aus der von ihm beabsichtigten Nutzung (OLG Frankfurt/M, NZM 2006, 380); mangelnde **Sicherheit** für Erfüllung der Lastenbeitrags- und Finanzierungsverpflichtungen (OLG Frankfurt a. M., DerWEer 83, 61; BayObLG, DerWEer 84, 60); wenn begründete **Zweifel** daran bestehen, dass der Erwerber die ihm gegenüber der Gemeinschaft obliegenden **finanziellen Verpflichtungen** ordnungsgemäß erfüllen wird (OLG Köln, NJW-RR 96, 1296). Das kann z. B. der Fall sein, wenn der Erwerber als bisheriger Mieter der EW mehrfach über Monate hinweg **Mietrückstände** hat auflaufen lassen (OLG Köln, a. a. O.) usw. Nur **schutzwürdige Gemeinschaftsinteressen** sind zu berücksichtigen (BayObLG, NJW 73, 125 = MDR 73, 138; DerWEer 83, 26; DerWEer 84, 60), also Gründe in der **Person des Erwerbers.** Deshalb kann die Zustimmung nur aus Gründen in der Person des Erwerbers versagt und nicht aus anderen Gründen zurückgehalten werden (OLG Brandenburg, DWE 2009, 55; BayObLG, NJW-RR 93, 280). Der Zustimmungsberechtigte kann deswegen auch kein **Zurückbehaltungsrecht**, etwa aus § 16, einwenden (BayObLGZ 77, 40 = Rpfleger 77, 173 = MDR 77, 670; MittBayNot 81, 190; DerWEer 83, 26; NJW-RR 90, 657; OLG Schleswig, DerWEer 83, 26). Der Zustimmungsberechtigte (MEer, Verwalter) hat sich bei der Prüfung nur an der Person des Erwerbers, nicht auch am sonstigen Inhalt der notariellen Urkunde zu orientieren (OLG Frankfurt a. M., ZMR 94, 124). Ausnahmsweise kann die Zustimmung auch von der Person abhängig gemacht werden kann, der der Erwerber des WEs seine Wohnung **überlassen** möchte: Dies gilt allerdings nur für den besonderen Fall, dass der Erwerber sein WE dem wegen nachhaltiger **Störungen** des Gemeinschaftsfriedens zur Veräußerung verurteilten **früheren WEer** zur weiteren Benutzung überlassen will (BayObLG, WuM 98, 736). Insgesamt sind die Voraussetzungen für die Verweigerung der Zustimmung weniger streng als die für das Entziehungsverfahren nach § 18 (BayObLG, NZM 2002, 255). Den **Veräußerer** trifft zumindest eine Nebenpflicht alles ihm Zumutbare zu tun, um dem Verwalter (oder der Gemeinschaft) die Erfüllung der **Prüfungspflicht** zu erleichtern (BayObLG, DerWEer 83, 26; KG, WuM 89,

652; OLG Köln, NJW-RR 96, 1296 = NJW-RR 97, 336/LS) bzw. den Erwerber zur **Selbstauskunft** zu veranlassen (OLG Köln, a. a. O.). Diesen steht damit ein Auskunftsanspruch zu (BayObLG, a. a. O.; ebenso OLG Köln, DNotZ 84, 162 für die WEer selbst).

11 **Abs. 2 Satz 1** ist **unabdingbar** (BayObLGZ 80 Nr. 8 = Rpfleger 80, 142 = DNotZ 80, 751; OLG Schleswig, DerWEer 83, 26; OLG Hamm, NJW-RR 93, 279; OLG Düsseldorf NZM 2005, 787). Entgegenstehende Vereinbarungen und Beschlüsse sind nichtig (OLG Brandenburg, DWE 2009, 55). Die Gründe, aus welchen die Zustimmungen nicht versagt werden können, können auch erweitert, aber nicht beschränkt werden (s. auch § 7 Abs. 2 Satz 2 ErbbRG).

12 Bei **Verweigerung** kann ein Verfahren nach § 43 Nr. 1 eingeleitet werden. Dies hat zur Folge, dass der Kaufvertrag bis zur rechtskräftigen Entscheidung in diesem Verfahren **schwebend unwirksam** bleibt (OLG Hamm, DNotZ 92, 232). Verweigert ein „Dritter", nicht der Verwalter, die Zustimmung, dann ist sie im ordentlichen Verfahren zu überprüfen. Das Gericht hat inhaltlich nachzuprüfen, ob die Verweigerung gerechtfertigt ist. Dabei obliegt die **Beweislast** den Verweigernden, dass ein wichtiger Grund vorliegt (OLG Brandenburg, DWE 2009, 55 = NZM 2009, 623; OLG Köln, ZWE 2010, 42). **Vom** Gericht ist der Begriff des **„wichtigen Grundes"** als unbestimmter Rechtsbegriff und dessen Ausfüllung **nachprüfbar** (OLG Zweibrücken ZWE 2006, 46 m. Anm. *Seuß* = NZM 2006, 144/LS). Unwirksam ist z. B. die Verweigerung der Zustimmung mit diskriminierender Begründung wie z. B. „Ausländer" (AG Velbert, Haus u. Grund 82, 10; BayObLG, WEM 81, 56) u. h. M. (OLG Köln, ZWE 2010, 42; *Palandt/Bassenge*, § 12 Rz. 11; *Jennißen/Baumann,* § 12 Rz. 26). Nach der Rspr. (OLG Hamm, NJW-RR 93, 279; BayObLG, NJW-RR 2003, 950) ist ein entspr. gegen Abs. 1 S. 1 verstoßender Beschluss **nichtig,** wenn ein wichtiger Grund zur Verweigerung der Zustimmung nicht vorlag (zweifelhaft). Richtig ist, dass die Anfechtung des Beschlusses Erfolg haben muss. Für die Beurteilung dieses Anspruchs kommt es auf die tatsächlichen Verhältnisse zum **Zeitpunkt** der letzten mündlichen Verhandlung in den Tatsacheninstanzen an (OLG Hamm, NJW-RR 93, 279; *Palandt/Bassenge,* § 12 Rz. 8; OLG Frankfurt/M, NZM 2006, 380). Die erforderliche Zustimmung kann zwar nicht durch das Gericht ersetzt werden, jedoch die ablehnenden WEer zur Zustimmung verpflichten. Für die Vollstreckung gilt § 894 ZPO (BayObLG, ZMR 77, 376 = Rpfleger 77, 173). D. h. die **Zustimmung gilt** mit Eintritt der Rechtskraft als **abgegeben** (OLG Zweibrücken ZWE 2006, 46 m. Anm. *Seuß*).

Veräußerungsbeschränkung 13–15 § 12

Eine Zustimmung muss in der **Form** des § 29 GBO dem Grund- 13
buchamt nachgewiesen werden (OLG Hamm, OLGZ 92, 295;
NJW-RR 89, 974). Der Anspruch des WEers bezieht sich neben
der Form (§ 29 GBO) auch auf den Inhalt der Zustimmung(ser-
klärung), so dass der Vollzug der Eigentumsumschreibung im
Grundbuch zweifelsfrei möglich ist (OLG Hamm, NJW-RR 92,
785).
Bedarf die Veräußerung des WEs der Zustimmung des Verwalters,
so hat das Grundbuchamt nicht nur einen formgerechten **Nachweis**
der Verwalterbestellung zu verlangen, sondern auch einen solchen
Nachweis für die **Fortdauer** der Verwalterstellung, sofern konkrete
Zweifel daran bestehen, dass die Verwaltereigenschaft bei Abgabe
der Zustimmungserklärung noch fortbestand (BayObLG, NJW-RR
91, 978). **Niederschrift** über Beschlussfassung der WEerversammlung mit öffentl. beglaubigter Unterschrift der in § 24 Abs. 5 genannten Personen reicht aus (BayObLG, DNotZ 62, 312; LG Bielefeld, Rpfleger 81, 356). Ob das Grundbuchamt die Nichtigkeit
des Eigentümerbeschlusses, durch den der zustimmende Verwalter
bestellt worden ist, zu **prüfen** hat unabhängig von der Feststellung
der Nichtigkeit durch das (fG)-Gericht, ist streitig (dafür BayObLG,
NJW 89, 1112/LS; dagegen OLG Frankfurt a. M., NJW-RR 88,
139 = Rpfleger 88, 184 = DNotZ 88, 707). Richtig ist, dass das
GBA nicht sehenden Auges zur Unrichtigkeit des GBs beitragen
darf. Es müssen allerdings Anhaltspunkte für die Nichtigkeit des
Beschlusses vorliegen.

§ 12 ist wie § 35 kein Schutzgesetz im Sinne des § 823 Abs. 2 14
BGB.

Klageberechtigt ist nur der Veräußerer, **nicht** der Erwerber.

Dem Anspruch auf Zustimmung kann ein **Zurückbehaltungs-** 15
recht nicht entgegengehalten werden (OLG Brandenburg, DWE
2009, 55; BayObLGZ 77, 40 = ZMR 77, 376 = Rpfleger 77, 173
= BayObLG, MittBayNot 77, 122), z. B. nicht der Anspruch des
Verwalters auf Zahlung einer Aufwandspauschale (BayObLG, Der
WEer 83, 26), oder wegen **rückständiger** Wohngelder (OLG
Brandenburg, DWE 2009, 55; BayObLGZ 77, 40 = MittBay-
Not 77, 122). Die Zustimmung kann auch nicht von einer Kostenübernahme abhängig gemacht werden (OLG Hamm, NJW-RR 89,
974) oder wegen der Rechtsform einer GmbH (OLG Brandenburg,
a. a. O.).

2. Abs. 2 S. 2 ermöglicht für bestimmte Fälle einen **Anspruch**
auf Erteilung der Zustimmung bei einer entspr. Vereinbarung. Er
lässt damit eine **Erweiterung** des Anspruchs auf Zustimmung zu.

Z. B. kann ein Katalog von Fällen vereinbart werden, in denen die Zustimmung ohne weiteres zu erteilen ist (z. B. wenn **Erwerber** best. Voraussetzungen erfüllt).

V. Wirkung (Abs. 3 Satz 1)

16 1. **Schwebende Unwirksamkeit** des schuldrechtlichen und dinglichen Vertrags **bis zur Entscheidung des Zustimmungsberechtigten gemäß Abs. 3 Satz 1** (BGHZ 33, 76; BayObLGZ 81, 384 = Rpfleger 81, 13 = MDR 81, 320 = DerWEer 81, 55 = MittBayNot 81, 27; BayObLGZ 82, 46/49 = MDR 82, 496 = Rpfleger 82, 177; DNotZ 84 559; OLG Hamm, DNotZ 92, 232; OLG Köln, NJW-RR 96, 1296; OLG Celle NZM 2005, 260). Aber **Vormerkung** eintragbar (BayObLG, NJW 64, 1962 = DNotZ 64, 722 mit Anm. *Diester*). Die §§ 182 ff. BGB über die Zustimmung zu einem Rechtsgeschäft sind anwendbar (BayObLG, DNotZ 84, 559), damit auch rückwirkende Genehmigung (LG Frankfurt a. M., NJW-RR 96, 1080). Die Zustimmung erstreckt sich nur auf einen **bestimmten** Vertrag. Ist die zur Veräußerung von WE erforderliche Zustimmung zu einem bestimmten Veräußerungsvertrag erteilt, kann die Auslegung ergeben, dass damit nur der Veräußerung durch diesen Vertrag zugestimmt wird, nicht aber auch der Veräußerung an denselben Erwerber in einem nach der Zustimmung zu veränderten Bedingungen neu abgeschlossenen Vertrag (BayObLG, DNotZ 92, 229). Die **Zustimmung** ist bedingungsfeindlich und bis zum Abschluss des Veräußerungsvertrages widerruflich. Sie wird **wirksam** mit dem Zugang der Erklärung gegenüber Veräußerer **oder** Erwerber. Dies gilt auch dann, wenn die Veräußerung nachfolgt (BayObLG, DNotZ 92, 229). Dem GBA gegenüber ist die Zustimmung in der **Form** des § 29 GBO nachzuweisen (OLG Hamm, RNotZ 2007, 34).

17 Auf Aufforderung haben sich Zustimmungsverpflichtete binnen angemessener **Frist** zu äußern, sonst ist Versagung anzunehmen (s. §§ 108 Abs. 2, 177 Abs. 2 u. 1829 Abs. 2 BGB entsprechend). Sie gilt mit Rechtskraft der Abweisung des Antrags auf Zustimmung als verweigert (OLG Hamm, WuM 97, 289). Damit ist der auf Veräußerung gerichtete Vertrag gegenstandslos.

Gleiches gilt nach **Abs. 3 Satz 2** für die Fälle der **Zwangsversteigerung** und Veräußerung durch den Insolvenzverwalter sowie Versteigerung nach §§ 18, 19, 53 ff. Der rechtskräftige Zuschlag in der Zwangsversteigerung heilt die fehlende Zustimmung (LG Frankenthal, Rpfleger 84, 183; *Streuer*, Rpfleger 2000, 357).

Bei **verspäteter** Zustimmung entsteht unter den Voraussetzungen der § 286 BGB (Verzug) ein **Schadensersatzanspruch** des

Veräußerers gegen die Zustimmungsberechtigten (BayObLG, Der-WEer 84, 60), dagegen kein Schadensersatzanspruch des Erwerbers gegen den Verwalter (LG Ansbach, DerWEer 82, 129). Der Erwerber hat andererseits gegen den **Veräußerer** u. U. Schadensersatzanspruch wegen Nichterfüllung (OLG Köln, NJW-RR 96, 1296 = 97, 336/LS).

Ob auch die **zu Unrecht** die Zustimmung zur Veräußerung untersagenden **WEer** persönlich **haften** i. S. von § 425 BGB (so noch *Drasdo,* NJW-Spezial 2006, H. 1, 1) ist unter dem Eindruck der Reform des WEG 2007 zur Teilrechtsfähigkeit eine der nun offenen Fragen. Allerdings ist dies nicht Sache der Gemeinschaft, sondern der **WEer,** so dass sie auch nach dem 1. 7. 2007 **persönlich** und gesamtschuldnerisch haften können. Sie haften, auch wenn kein Verweigerungsgrund gegeben ist, aus §§ 280 ff., 286 BGB auf Schadensersatz wegen Vertragspflichtverletzung (KG, DWE 2009, 57), wenn die Zustimmung verzögert oder verweigert wird (OLG Brandenburg, DWE 2009, 55). **Versagt** der Verwalter **pflichtwidrig** seine Zustimmung zur Veräußerung des WEs, steht dem WEer ein Anspruch aus **positiver Vertragsverletzung** zu (LG Essen, ZMR 94, 172), ggfs. auch Ersatz des Verspätungsschadens (§ 286 BGB), vor allem wenn er bei ernsthaften Zweifeln versäumt, von den WEern eine Weisung einzuholen (OLG Düsseldorf NZM 2005, 787).

2. Verweigerung der Zustimmung. Bei **Verweigerung** der **18** Zustimmung folgt absolute **Unwirksamkeit** des Verpflichtungs- und des Verfügungsgeschäftes (OLG Celle NZM 2005, 260). Trotzdem erfolgte Eintragung macht den GB unrichtig. Es ist kein gutgläubiger Erwerb möglich. Die Wirkung ist stärker als die einer Vormerkung, stärkt das Grundbuch, wenn auch eine dem § 15 ErbbRVO entsprechende Bestimmung fehlt. Das Grundbuchamt hat die Voraussetzungen zu prüfen (OLG Hamm, OLGZ 94, 515; a. A. LG Frankenthal, Rpfleger 84, 183). Wird die Veräußerungsbeschränkung wirksam, führt sie zur Anwendung des § 878 BGB auf die zu diesem Zeitpunkt dem GBA bereits vorliegenden Eigentumsumschreibungsanträge anderer WEserwerber (OLG Hamm, NJW-RR 94, 975). Wegen des Wortlauts des § 894 BGB steht den übrigen WEern kein **GB-Berichtigungsanspruch** zu (OLG Hamm, NJW-RR 2001, 1525); dagegen dem **Veräußerer** (OLG Frankfurt a. M., NZM 2004, 233). Die übrigen WEer können diesen zur Geltendmachung anhalten (OLG Frankfurt a. M., a. a. O.).

Gegen die **Versagung** der Zustimmung (oder die Nichterteilung **19** binnen angemessener Frist) steht dem veräußernden **WEer** der

Rechtsweg offen. Zulässig ist auch ein in der GemO festgelegtes außergerichtliches **Vorschaltverfahren** in Form der Anrufung der Versammlung (BayObLGZ 73, 1; DerWEer 82, 137). Der Anspruch auf Erteilung der Zustimmung kann nur Erfolg haben, wenn die Nichtigkeit des die Zustimmung verweigernden Eigentümerbeschlusses festgestellt ist (OLG Hamm, NJW-RR 93, 279). Der Zustimmungsberechtigte hat die Gründe der Verweigerung seiner Zustimmung darzulegen (BayObLG, NJW-RR 88, 1425). Er trägt insofern die Feststellungslast. Zur Passivlegitimation des Verwalters für das Zustimmungsverfahren nach §§ 12, 43 Nr. 3 s. BayObLG, DerWEer 82, 137.

20   **3. Zwangsvollstreckung und Insolvenz gemäß Abs. 3 Satz 2.** Die Ausdehnung bezieht sich auf Zwangsvollstreckung u. Insolvenz, nicht auf Arrest und einstweilige Verfügungen. Sie bezieht sich nicht auf Veräußerung des Gesamtgrundstücks.

Auch diese Veräußerungen sind bis zur Zustimmung schwebend unwirksam.

Wird bei der Zwangsvollstreckung oder Insolvenzverwertung die Zustimmung verweigert, ist besondere Pfändung und Überweisung des Anspruchs auf Zustimmung erforderlich.

21   Bei der Zwangsversteigerung bedarf nur der **Zuschlag** der Zustimmung nach § 12 (ebenso LG Berlin, Rpfleger 76, 149). Vorher muss diese nicht vorliegen. Daher sind auch Erinnerung nach § 766 ZPO und Widerspruchsklage nach § 772 ZPO für Berechtigte nicht zulässig. Die im Vollzug eines Aufhebungsvertrags erklärte **Rückauflassung** ist ein Veräußerungsgeschäft i. S. des Abs. 1 (BayObLGZ 76, 328 = ZMR 77, 342 = Rpfleger 77, 104, 126 = BB 77, 318).

Die Insolvenz erfasst alle Erträgnisse, Nutzungen und Früchte des WEs.

Für das Verfahren, in dem der Anspruch auf Zustimmung vom Vollstreckungsgläubiger oder Insolvenzverwalter geltend gemacht wird, ist ebenfalls das **Prozessgericht** zuständig.

22   **4. Bei gesetzlichen Veräußerungsfällen** ist § 12 nicht anwendbar, z. B. bei Gesamtrechtsnachfolge in Folge Erbgangs, Verfügung eines Miterben über seinen Anteil am Nachlass, selbst wenn es sich ausschließlich um ein WE handelt (OLG Hamm, OLGZ 79, 419; MittBayNot 79, 180 = Rpfleger 79, 461 = DNotZ 80, 53 = BlGBW 80, 76 = MDR 80, 56; 1397; BayObLGZ 82, 46/50 = Rpfleger 82, 177 = MDR 82, 496). Dagegen bedarf die Übertragung eines WEs von der Erbengemeinschaft auf einen der Miterben auch dann als „Veräußerung – bei entspr. Vereinbarung nach § 12 –

der **Zustimmung** des Verwalters, wenn sie der Erfüllung eines **Vermächtnisses** oder einer **Teilungsanordnung** dient (BayObLGZ 82, 46 = MDR 82, 496 = Rpfleger 82, 177).

Nicht anwendbar ist die Vorschrift auch in anderen Fällen der Gesamtrechtsnachfolge wie Vereinbarung einer Gütergemeinschaft, Eintritt in eine Gesamthand oder Ausscheiden aus derselben, Fusion usw. (Rechtsformwechsel). Im Übrigen sonstige Fälle, in denen Bestandteile zugeschrieben, Vereinigungen, Änderung der MEsanteile vorgenommen werden. Übertragung des SEs oder von Teilen dürfte der Genehmigung unterliegen, abgesehen von Verschiebungen in den WEsrechten desselben Eigentümers (OLG Celle, RhNotK 81, 196). Zur **Erstveräußerung** des ehemaligen Alleineigentümers s. o. Rz. 9. § 12 gilt nicht bei **Ausübung** eines **Vorkaufsrechts** (*Nies,* NZM 98, 179). Auch die Befugnis die **Belastung** eines WEs mit einem **Grundpfandrecht** oder Vorkaufsrechts **vorzunehmen** kann nicht mit **dinglicher** Wirkung beschränkt werden, allerdings mit schuldrechtlicher Verbindlichkeit (zur rechtspolitischen Frage der Erweiterung des § 12 auf Belastungen des WEs s. *Drasdo,* NZM 99, 681).

5. Sonderfälle. Nach der heute h. M. ist die Zustimmung bei der Veräußerung von Wohnungseigentumsrechten unter den **bisherigen Wohnungseigentümern** auch erforderlich. Dies erscheint im Hinblick auf anhängige Verfahren gegen den betreffenden Wohnungseigentümer, Erweiterung seiner Rechtsstellung oder Gefahr der Majorisierung sachgerecht (wie hier OLG Celle, Rechtspfleger 74, 438 mit abl. Anm. von *Schmedes,* a. a. O. S. 421; BayObLG, ZMR 77, 376 = Rpfleger 77, 173; KG, OLGZ 78, 296 = Rpfleger 78, 382 = DNotZ 79, 31 = ZMR 79, 51; LG Nürnberg-Fürth, MittBayNot 80, 75; missverständlich insoweit BayObLGZ 77, 1 = Rpfleger 77, 126, 140; s. a. OLG Düsseldorf, ZMR 92, 68).

Unter den Voraussetzungen des § 12 ist auch die Veräußerung an einen Gläubiger „zur Rettung seines Grundpfandrechts" zustimmungsbedürftig, selbst wenn die Veräußerung von WE im Wege der Zwangsvollstreckung keiner Zustimmung bedarf (LG Düsseldorf, Rpfleger 81, 193). Auch in Fällen der **Rückabwicklung** fehlgeschlagener Veräußerungen ist eine vorbehaltene Zustimmung zu beachten (KG, NJW-RR 88, 1426 kein Fall der Erstveräußerung. Zustimmung ist erforderlich bei der Übertragung eines **MEsanteils** am WE (OLG Celle, Rpfleger 74, 438). Auch bei Quotenänderung im Bezug auf das GemE, wenn sich dadurch **Vorteile** zugunsten des Erwerbers bei Kosten- und Lastentragung sowie Stimmrechten ergeben (KG, ZflR 99, 127). Sind die Auswirkungen neutral, ist keine Zustimmung notwendig (KG, a. a. O.). Die Änderung des MEs **am WE** selbst ist zustimmungsfrei. Beim Tausch von **Sondernutzungsrechten** ist nach h. M. die Zustimmung der übrigen Wohnungseigentümer nicht erforderlich (dazu § 15 Rz. 9 f). Sie kann aber entspr. § 12 vereinbart werden. Die Vereinbarung eines Gebots, das WE nur an **bestimmte Personen** zu veräußern, ist nicht zulässig (BayObLG, Rpfleger 84, 404).

26 **6. Bei Vereinigung.** Sind alle WEs-Rechte in einer Hand, kann § 12 bei Veräußerung nicht Anwendung finden.

7. Veräußerung des berechtigten WEers. Ist die Zustimmung einem oder mehreren WEern vorbehalten, steht die Befugnis dem/den jeweiligen WEr(n) zu (OLG Celle NZM 2005, 260). Dafür ist die Eintragung als Eigentümer zum Zeitpunkt des Umschreibungsantrags des Erwerbers maßgebend. Hat der Eigentumswechsel davor bezüglich des berechtigten WEs stattgefunden, wird die vom Rechtsvorgänger erteilte Zustimmung hinfällig (OLG Celle a. a. O.).

27 **8. Geschäftswert.** Der Geschäftswert eines Verfahrens auf **Verpflichtung** des **Verwalters** zur Zustimmung zur Veräußerung des Ws- bzw. TEs beträgt nach h.m. 10 bis 20% des Verkaufspreises (OLG Frankfurt/M, NZM 2009, 624; OLG Zweibrücken, NZM 2006, 144/LS = ZMR 2006, 219; ebenso bei Literatur). Dies gilt auch i. F. der Versagung durch die **Gemeinschaft.** Ggfs. können nach § 49 Abs. 2 dem Verwalter die Kosten auferlegt werden. Bei unentgeltlicher Veräußerung ist ebenfalls nicht der volle Verkaufswert als Geschäftswert anzunehmen (OLG Frankfurt a. M., DerWEer 88, 141: Der halbe, insoweit überholt).

VI. Aufhebung der Veräußerungsbeschränkung (Abs. 4)

28 **1. Satz 1** ermöglicht nunmehr die Aufhebung einer bestehenden Veräußerungsbeschränkung mit Stimmenmehrheit statt der bisher erforderlichen Einstimmigkeit (allg. dazu *Drasdo*, RNotZ 2007, 264). Dagegen bedarf die **Begründung** wie bisher einer Vereinbarung. Die Unterschiedlichkeit ist in der Wertung begründet, dass solche Vereinbarungen in bestimmten Situationen gerechtfertigt sein können, dass aber die ehemalige Begründung entfallen ist. Die WEer haben mit der Möglichkeit, eine obsolet gewordene Veräußerungsbeschränkung aufzuheben, nun die **Beschlusskompetenz** dazu. Begründungs- und Aufhebungskompetenz fallen damit auseinander! Die Aufhebung einer Veräußerungsbeschränkung muss aber ordnungsmäßiger Verwaltung entsprechen (*Wenzel*, ZWE 2008, 69).

2. Satz 2 sichert die (Aufhebungs-)Kompetenz dadurch, dass die in S. 1 geregelte Befugnis **nicht** durch abweichende Vereinbarungen entweder ganz **ausgeschlossen** oder **eingeschränkt** werden kann. Es können also keine davon abweichenden Mehrheiten vereinbart oder nur bestimmte Arten von Veräußerungsbeschränkungen zugelassen werden. Auch nicht durch Mehrheit auf Grund einer **Öffnungsklausel** (*Wenzel*, ZWE 2008, 69). Sie soll nach h. M. in der Literatur nicht für den Fall gelten, dass in Abweichung von § 25 Abs. 2 ein anderes Stimmgewicht vereinbart ist (s. *Jenißen-Baumann*, § 12 Rz. 61; *Palandt-Bassenge*, § 12 Rz. 15; a. A. *Drasdo*, RNotZ 2007, 264). Der Gesetzgeber verweist im Übrigen auf andere Instrumente, um das Ziel zu erreichen, die Gemeinschaft nur für „willkommene" Erwerber zu öffnen, etwa durch ein Rückübertragungsrecht oder ein Vorkaufsrecht (BT-Drs. 16/887 S. 22). 29

3. Mit **Satz 3** soll klargestellt werden, dass eine gemäß § 10 Abs. 2 im Wege der Vereinbarung oder einseitig vom teilenden Eigentümer errichtete Veräußerungsbeschränkung im GB gelöscht werden kann, (auch) wenn sie im Beschlussweg aufgehoben wurde. 30

4. Nach **Satz 4** bedarf es zur Löschung **keiner Bewilligung** nach § 19 GBO. Es reicht der Nachweis des Beschlusses gemäß Satz 1 aus. 31

5. Nach **Satz 5** ist der **Nachweis** in der Form des § 26 Abs. 4 zu führen. Danach genügt die Vorlage einer Niederschrift über den Aufhebungsbeschluss, bei der die Unterschriften der in § 24 Abs. 6 bezeichneten Personen – Vorsitzender der Versammlung, Vorsitzender des Verwaltungsbeirats bzw. ihrer Vertreter – öffentlich beglaubigt sind (vgl. § 26 Rz. 28). 32

VII. Vorkaufsrecht

Es besteht **kein** gesetzliches **Vorkaufsrecht** der WEer untereinander (BayObLG, NJW 73, 152), auch nicht an einer Hausmeisterwohnung (BayObLG a. a. O.). Dagegen kann ein Vorkaufsrecht durch Rechtsgeschäft bestellt werden. Es gelten die allgemeinen Vorschriften für ein rechtsgeschäftliches Vorkaufsrecht. Unabhängig davon besteht das gesetzliche Vorkaufsrecht des Mieters nach § 577 Abs. 1 S. 1 BGB (s. o. § 1 Rz. 22). 33

Ein Vorkaufsrecht als **Inhalt** des WEs wird abgelehnt (OLG Celle, DNotZ 55, 320 = NJW 55, 953). Die Berufung auf §§ 5, 2 ErbbRVO geht allerdings fehl (dazu und zum gesetzlichen Vorkaufsrecht s. § 1 Rz. 22 und BGH, MittBayNot 77, 183). 34

VIII. Zustimmung zur Vermietung, Verpachtung oder zur Bestellung eines DWRs

35 Solche Beschränkungen können nach heute ganz h. M. als **Inhalt des SEs** i. S. des § 10 Abs. 2 vereinbart werden (s. § 10 Rz. 19). Es handelt sich dabei um **Gebrauchsregelungen,** die nicht gegen das rechtsgeschäftliche Verfügungsverbot nach § 137 BGB verstoßen (BGHZ 37, 203; NJW 62, 663 = DNotZ 63, 180; *Bärmann/Pick/Merle,* § 12 Rz. 64). Durch Beschluss kann eine solche Beschränkung der Rechte der WEer nicht herbeigeführt werden (wie hier BayObLG, ZMR 76, 313; a. A. OLG Frankfurt a. M., Rpfleger 79, 109). Ein solcher Beschluss ist unwirksam. Fehlende Zustimmung zu einem Mietvertrag berührt dessen Rechtswirksamkeit nicht; Abs. 3 ist nicht entsprechend anwendbar (BayObLG, DerWEer 83, 61). Eine Vereinbarung mit dem Zustimmungsvorbehalt wirkt nur schuldrechtlich gegenüber den WEern und dinglich gegenüber Sondernachfolgern (OLG Frankfurt a. M., NZM 2004, 231; *Gottschalg,* DerWEer 2000, 50; *Staudinger/Kreuzer,* § 13 Rz. 12).

36 Im Falle vereinbarungswidriger Vermietung steht den WEern ein **Unterlassungsanspruch** zu (OLG Frankfurt a. M., NZM 2004, 231 für die Vermietung einer EW als **Arbeiterwohnheim**). Die Zulässigkeit der Vermietung eines WEs an wechselnde **Feriengäste,** wenn in der GemO eine nur aus wichtigem Grund zu verweigernde Verwalterzustimmung für Nutzungsüberlassungen vorgesehen ist, ist Tatfrage. Es besteht jedenfalls keine Verpflichtung des Verwalters zu einer generellen Zustimmung (BayObLGZ 82, Nr. 2). Auch die Zustimmung zur Übertragung von **Sondernutzungsrechten** kann vorbehalten werden (BGH, NJW 79, 548 = Rpfleger 79, 57).

Vorbemerkung zu § 13

Übersicht

	Rz.
I. Rechte und Pflichten der WEer	1
II. Überblick	
1. Verfügungen	8
2. Gebrauch der SEs-Räume	9
3. Gebrauch der gemeinschaftlichen Sachen	10
4. Mitgliedschaftsrechte	11
5. Pflichten	12

Vorbemerkung zu § 13 1–7 **Vor § 13**

I. Rechte und Pflichten der WEer

Aus der dreigliedrigen Einheit des Begriffs folgt eine dreigeteilte **1**
Grundlage für Rechte und Pflichten: aus SE, aus ME und aus
Mitgliedschaftsrecht (s. Einleitung Rz. 5 ff.).
Ausgangspunkt ist einerseits die Eigentümerstellung und andererseits die Mitgliedschaft. Die gesetzliche Regelung ist notwendig,
weil die §§ 741 ff. mit 1008 ff. BGB ungenügend sind.
Zu den §§ 13–16 über Rechte und Pflichten kommen noch
§§ 12, 17, 18 und 22.

Es handelt sich um die Modifizierung der allgemeinen Eigen- **2**
tumsvorschriften durch die aus der Natur der Sache (der Nachbarlage im gleichen Gebäude) sich ergebenden Beschränkungen.

Die Eigentümerstellung gibt das freie **Verfügungsrecht** wie bei
jedem Eigentum. Allgemeine Eigentumsschranken gelten auch hier.
Ebenso aber auch Eigentums- und Besitzschutz.

Besondere **Schranken** ergeben sich für den WEer daraus, dass **3**
jeder die Bestimmung des Ganzen zu respektieren hat, keiner das
Recht des Anderen durch den Gebrauch der eigenen Sache beeinträchtigen darf und die Kollektivinteressen der Gemeinschaft nicht
dem Nutzen eines Einzelnen geopfert werden dürfen.

Das ausschließliche Herrschaftsrecht jedes WEers beschränkt sich
auf sein SE.

Gesetz und GemO obliegen **Harmonisierung** der Interessen. **4**
Dazu besteht noch die allgemeine Verpflichtung aller WEer z. B.
zum Unterlassen gefährlichen Gewerbes, übermäßigen Lärms, Beeinträchtigungen aller Art; diese Beschränkungen gehen über gewöhnliche Nachbarrechtsbeschränkungen und Immissionsverbote
hinaus, ebenso die besonderen Instandsetzungs- und Instandhaltungsverpflichtungen des SEs.

Der **Grundsatz** lautet: die Nutzung des gemeinschaftlichen Ei- **5**
gentums ist auszuüben mit Rücksicht auf seine jeweilige Bestimmung und ohne Behinderung der Rechte der anderen WEer. Auch
die architektonische Gestalt des Gebäudes darf nicht geändert werden.

Der Gebrauch der SEs-Räume unterliegt gleichfalls den Be- **6**
schränkungen aus dem Bestimmungszweck der gemeinschaftlichen
Anlage.

Aus dem Mitgliedschaftsrecht ergibt sich die Mitberechtigung am **7**
Gemeinschaftseigentum, an Früchten und Erträgnissen, soweit sie
zur Verteilung bestimmt sind; das **Recht** zur Mitwirkung bei der
Verwaltung, aber auch die **Pflicht** zur Lastentragung und zur Mitwirkung bei der Verwaltung.

Vor § 13 8–13 I. Teil. Wohnungseigentum

Diese Beschränkungen auf Grund Gesetzes oder auf Grund vereinbarten Inhalts des SEs haben (durch Eintragung nach § 10 Abs. 2) dinglichen Charakter. Das **Verwaltungsvermögen** ist hingegen der Gemeinschaft nach § 10 Abs. 7 S. 1 zugeordnet. Daran besteht keine quotenmäßige Beteiligung.

II. Überblick

8 1. **Verfügungen.** Sie unterliegen nur Beschränkungen nach allgemeinem Recht des Eigentums, ggf. auch Veräußerungsbeschränkungen nach § 12.

9 2. **Gebrauch der SEs-Räume. § 13 Abs. 1.** Respektierung des Bestimmungsrechts, Nichtbeeinträchtigung des gleichen Rechts der anderen, Kollektivinteresse darf dem Eigeninteresse nicht geopfert werden. Es besteht ein qualifiziertes Nachbarrecht. Früchte der SEs-Räume nach § 99 BGB unterliegen allgemeinen Bestimmungen.

10 3. **Gebrauch der gemeinschaftlichen Sachen. § 13 Abs. 2.** Quotenmäßig aufgeteiltes Vollrecht gemäß Abs. 2 S. 2. Dazu kommt die Gebrauchsregelung nach § 15 für SE wie für gemeinschaftliche Sachen (Abs. 2 S. 1). Für die Früchte der gemeinschaftlichen Sachen i. S. des § 99 BGB gilt die Sonderregelung des § 16 Abs. 1.

11 4. **Mitgliedschaftsrechte.** Aus verdinglichter WEer-Gemeinschaft: Sie umfassen die Mitwirkung bei der Verwaltung (besonders § 25), Anteil ggfs. am Auseinandersetzungsguthaben und an der Nutzung des GemEs.

12 5. **Pflichten.** Hinsichtlich des SEs: § 14 enthält Verpflichtungen zum positiven Tun, Instandhaltung, bestimmte Gebrauchsausrichtung, Einstehen für Dritte, Verpflichtung zur Duldung.

Hinsichtlich der gemeinschaftlichen Sachen: aus § 14 Nr. 1 ergibt sich eine Beschränkung des Gebrauchs auf nichtstörende Weise, ebenso Duldungspflichten. Dazu kommen wiederum die verstärkten nachbarrechtlichen Verpflichtungen.

13 Aus der Mitgliedschaft folgen u. a. die Duldung des Vollzugs der Beschlüsse der Versammlung, der zulässigen Anordnungen des Verwalters und der Beschlüsse des Gerichts. Beitragspflicht zu Kosten und Lasten (§ 16 Abs. 2–5), Wiederaufbaupflicht nach § 22 Abs. 4 oder Vereinbarung.

§ 13 Rechte des Wohnungseigentümers

(1) **Jeder Wohnungseigentümer kann, soweit nicht das Gesetz oder Rechte Dritter entgegenstehen, mit den im Sondereigentum stehenden Gebäudeteilen nach Belieben verfahren, insbesondere diese bewohnen, vermieten, verpachten oder in sonstiger Weise nutzen, und andere von Einwirkungen ausschließen.**

(2) [1]**Jeder Wohnungseigentümer ist zum Mitgebrauch des gemeinschaftlichen Eigentums nach Maßgabe der §§ 14, 15 berechtigt.** [2]**An den sonstigen Nutzungen des gemeinschaftlichen Eigentums gebührt jedem Wohnungseigentümer ein Anteil nach Maßgabe des § 16.**

Übersicht

	Rz.
I. Verfügungsrechte	1
II. Gemeinsame Grundsätze des Gebrauchs für SE und ME	3
III. Rechte aus dem SE (Abs. 1)	
1. Grundsatz	4
2. Positive Wirkungen	5
3. Negative Wirkungen	14
IV. Rechte aus dem ME (Abs. 2)	
1. Grundsätze	15
2. Mitgebrauch	19
3. Schranke	21
4. Turnusnutzung	22
5. Plakate, Schilder, Reklamen, Antennen	23
6. Überlassung der Nutzung	25
7. Aufgabe des Rechtes	26
8. Sonstige Nutzungen	27
9. Abgesonderte Nutzung	28
V. Mitgliedschaftsrechte	
1. Mitwirkung bei der Verwaltung	29
2. Mitbestimmung über außerordentl. Instandsetzungsarbeiten	30
3. Befugnisse zur selbstständigen Vornahme von Erhaltungsakten	31
VI. Nachbarrecht	34
VII. Eigentumsschutz	38
VIII. Besitz und Besitzschutz (ius prohibendi)	39
IX. Gefahrtragung	41
X. Mängel des Gemeinschaftseigentums	42

I. Verfügungsrechte

1 SE ist echtes Eigentum. § 13 Abs. 1 ist an § 903 BGB angelehnt bei Einschränkung auf die in SE stehenden Gebäudeteile. Doch kann SE für sich nicht Gegenstand einer Verfügung sein. Dies folgt aus der notwendigen dreigliedrigen Einheit. Die Verfügungsfreiheit über WE ergibt sich aus der Natur der Sache und aus § 903. § 13 Abs. 1 meint nicht die Verfügungsrechte in seiner Aufzählung. Die SEs-Räume entsprechen der Sache i. S. des § 903 BGB, ohne selbstständige Sache im Sinne der §§ 90 ff., 93 BGB zu sein. § 13 spricht nur vom Ausschluss von „Einwirkungen", nicht wie § 903 BGB von „jeder Einwirkung". Die Rechtfertigung dafür ergibt sich aus dem Zusammenhang der Eigentümergemeinschaft. Beschränkungen in Form von Gebrauchsregelungen durch Vereinbarung oder Beschluss sind in den Grenzen ordnungsmäßiger Verwaltung zulässig.

2 **§ 13 Abs. 1** enthält die positive Seite, mit dem **SE** „nach Belieben zu verfahren", und die negative Seite der Verteidigung (§§ 1004 ff., 985 ff. BGB).

§ 13 Abs. 2 beschränkt sich auf das Mitgebrauchsrecht aller Eigentümer hinsichtlich des **GemEs.**

Weder Abs. 1 noch Abs. 2 behandeln das jus disponendi, auch nicht das jus fruendi (dazu § 16), sondern nur das jus utendi.

II. Gemeinsame Grundsätze des Gebrauchs für SE und ME

3 Zu **unterlassen** sind:
- Verrichtungen, die geeignet sind, Bestand, Stabilität und Sicherheit des Gebäudes zu beeinträchtigen.
- Verrichtungen, die das architektonische Aussehen des Gebäudes ändern.
- Maßnahmen, die den Bestimmungszweck des Gebäudes im ganzen wie der gemeinschaftlichen Sachen verändern können.
- Nutzungen und Gebrauch des SEs, die geeignet wären, Gebrauch und Nutzungen der gemeinschaftlichen Sachen und Dienste über die Grenzen der eigenen Berechtigung hinaus herbeizuführen und damit den Mitgebrauch der anderen zu beeinträchtigen. Ein Erwerb erhöhten Nutzungsrechtes durch Zeitablauf oder Verwirkung findet nicht statt. Auch für einen Schaden durch nichtgebrauchtes Eigentum ist aufzukommen.

III. Rechte aus dem SE (Abs. 1)

4 **1. Grundsatz. Erlaubt** ist jede Form der Nutzung und des Gebrauchs des SEs, die nicht eine Inanspruchnahme der gemeinschaftlichen Sachen und Dienste über die Grenzen des eigenen Anteils hinaus zur Folge hat. Hierfür kann die **Prognose** erstellt werden, ob eine Beeinträchtigung der übrigen WEer auf Grund bestimmter Tatsachen für die Zukunft zu befürchten sei (OLG Hamm, NJW-RR 93, 786). Eine **Änderung** der inneren Aufteilung und Ordnung der SEs-Räume ist zulässig, solange die Festigkeit der übrigen Gebäudeteile nicht gefährdet ist (OLG Hamm, NZM 2007, 294). Nutzungszweck einzelner Räume ist Sache des WEers (a. a. O.). Dies schließt auch **bauliche Veränderungen** ein, solange sie nicht das GemE beeinträchtigen oder mit §§ 14, 15 nicht vereinbar sind (OLG Hamm, NJW-RR 2004, 105). Eine Änderung der Außenteile des Eigentums, z. B. Eingangstür, Balkone, Fenster, Außenmauern ist unzulässig, ebenso ein Gewerbe in Wohnräumen ohne Zustimmung. Zweifelhaft ist je nach Umständen die Ausübung eines **freien Berufes**, z. B. einer **Anwaltspraxis** (zur freiberuflichen oder gewerblichen Nutzung von WE s. a. OLG Frankfurt a. M. v. 4. 3. 82, Rpfleger 82, 417: Änderung der **Zweckbestimmung**). Die Rspr. ist teilweise großzügig. So soll es grundsätzlich zulässig sein, ein in der Teilungserklärung als „**Wohnung**" gekennzeichnetes SE als **Architekturbüro** oder **Steuerberatungspraxis** zu nutzen (KG, NJW-RR 95, 333 = WuM 94, 494), auch eine gewerbliche Nutzung durch **Versicherungsvertretung** und **Wahrsagerei** ist erlaubt (KG, NJW-RR 94, 206 = WuM 93, 752). Zulässig ist der Betrieb einer psychologischen Einzelpraxis zu den üblichen Tageszeiten (OLG Düsseldorf, WuM 98, 112). Unzulässig ist der Betrieb einer **Klinik** oder **Praxis** mit ansteckenden Krankheiten und dergleichen (zum Betrieb eines Massageinstituts Hans-OLG Hamburg, MDR 74, 138; s. a. *Röll*, Gewerbebetriebe und Berufsausübung in EWsanlagen, WEM 81, 48). Die Genehmigung zu einer anderweitigen Nutzung einer Wohnung kann in der GemO **vorbehalten** sein (BayObLG, NJW-RR 90, 83). Dort auch zur Zulässigkeit eines Beschlusses, der zunächst eine öff.-rechtl. **Zweckentfremdungsgenehmigung** verlangt.

2. Positive Wirkungen. Abs. 1: nach Belieben zu verfahren, insbesondere bewohnen, vermieten und verpachten oder in sonstiger Weise nutzen (vgl. OLG Frankfurt a. M., DNotZ 59, 476). Dabei nimmt Abs. 1 die Befugnisse des Eigentümers nach § 903 S. 1 BGB in modifizierter Form auf, indem er mit dem SE „nach Belieben verfahren" kann, was die Berechtigung umfasst, über die SE zu verfügen und seine Nutzung zu regeln. Durch das Merkmal „insbesondere" ist gesagt, dass der Katalog der Nutzungsbefugnisse nicht abschließend ist. Z. B. kann sich der WEer entschließen, das

SE nicht zu nutzen oder den Innenbereich zu ändern. Zur Vermietung von Räumen in SE zu gewerblichen Zwecken s. *Fritz,* NZM 2000, 633. Diese Herrschafts-, Nutzungs- und Verfügungsrechte sind dem Eigentum als Grundlage persönlicher Freiheit immanent (vgl. BVerfGE 31, 239).

a) Schranken der positiven Befugnisse folgen aus der **Bestimmung** des Gebäudes (BayObLG, DerWEer 83, 94); insbesondere durch die **Bezeichnungen** in Teilungserklärung/GemO z. B. als **"Einfamilienhaus"** mit **Vereinbarungscharakter** (OLG Hamm, NJW-RR 93, 786). Sie können nicht durch Mehrheitsbeschluss geändert werden (OLG Düsseldorf, NZM 2005, 70). Die Bezeichnung eines WEs als **"Wohnung"** stellt eine solche **Zweckbestimmung** dar (BayObLG, NJW-RR 93, 149; OLG Düsseldorf NZM 2005, 70). Werden in der Teilungserklärung **einzelne Räume** einer Eigentumseinheit als „abgeschlossener Raum" und als „Garage" bezeichnet, stellt auch dies eine solche Zweckbestimmung dar (BayObLG, WuM 93, 289). Die Zweckbestimmung **Verkauf** schließt eine Nutzung als Restaurant nur aus, wenn dies in der Gemeinschaftsordnung so vereinbart ist (LG Itzehoe, ZWE 2010, 57). Ein entspr. Vermerk in den Bauplänen und der Abgeschlossenheitsbescheinigung allein „keine Restaurantnutzung" genügt nicht. Beschränkungen ergeben sich auch aus dem Wesen des WEs, der räumlichen Verbundenheit, der **Teilungserklärung** (BayObLG, NJW-RR 93, 149), aus besonderen **Vereinbarungen** (BayObLG, Rpfleger 82, 15) oder Gebrauchsregelungen nach § 15 Abs. 2, dem Rechtstitel oder den guten Sitten. Durch **Vereinbarung** kann z. B. das Recht auf Vermietung des SEs **eingeschränkt** werden (OLG Frankfurt a. M., NZM 2005, 910). So kann die **Zustimmung** des **Verwalters** zur Vermietung vorbehalten sein (ebenda). Weitere Einschränkungen durch **Beschluss** sind nichtig (OLG Frankfurt a. M., a. a. O.). Die Zweckbestimmung kann auch in einer Gebrauchsregelung der teilenden Eigentümer bestehen, wonach die **Wohnungen** nur i. S. des **betreuten Wohnens** genutzt werden dürfen (BGH, NZM 2007, 90). Dabei ist eine zeitliche Bindung in der Teilungserklärung, einen **Betreuungsvertrag** von mehr als zwei Jahren abzuschließen, unwirksam (BGH a. a. O.). Ob eine EW für freiberufliche oder gewerbliche Tätigkeit genutzt werden darf, ist unter Berücksichtigung der **örtlichen** und **baulichen Verhältnisse** wie auch der Art und des Umfangs der Nutzung zu entscheiden (BayObLG, DerWEer 84, 62: zur Nutzung eines als „gutes **Wohnhaus**" bezeichneten Anwesens; über Grenzen s. auch: *Kürzel,* DWW 61, 212 u. BlGBW 61, 84). Ein **Gebäude** kann nicht nur durch seine

Gliederung, Einteilung, Eigenart oder Bauart, sondern auch auf Grund seiner Ausstattung mit betriebsdienlichen Maschinen und Gerätschaften als für einen gewerblichen Betrieb dauernd eingerichtet angesehen werden (BGH NJW 2006, VIII/LS). Diese Grundsätze können, wenn eine konkrete Zweckbestimmung in der Teilungserklärung nicht getroffen ist, zur Auslegung entspr. herangezogen werden. Keine stärkere Benutzung der Waschküche ist z. B. erlaubt wegen **Pension,** keine Einrichtung von **Kino** oder öffentlichem Fernsehempfang, keine **Umwandlung** von **Wohnräumen** in gewerbliche Räume (OLG Frankfurt a. M., OLGZ 82, 419; DerWEer 83, 61), besonders Schankräume oder Gaststätte (OLG Celle, DerWEer 83, 59), **Blumenladen** (BayObLG, NJW-RR 91, 849), Blumenladen mit Zeitungsverkauf (BayObLG, NJW-RR 93, 149), Kliniken und dgl. (BayObLG, DerWEer 85, 125/LS: Ballettstudio in EW). Es ist schon zweifelhaft bei Anwaltspraxis. Die Bezeichnung „**Ladenräume**" hat i. d. R. nicht die Bedeutung einer Nutzungsbeschränkung (BayObLG, DNotZ 89, 426 = DerWEer 89, 27). Die Schranken der Nutzung eines im SE stehenden **Stellplatzes** sind dann überschritten, wenn der SEer zum Abschließen seines Platzes eigenmächtig ein Rolltor anbringt (OLG Köln, WuM 2000, 334).

Nicht vereinbar mit der Zweckbestimmung eines TEs als „**Laden**" ist der Betrieb einer **Chemischreinigung** unter Einsatz umfangreicher Reinigungsmaschinen und -geräte (OLG Hamm, Rpfleger 78, 60) oder der Betrieb eines **Tanzcafés** (BayObLG, Rpfleger 78, 414 = 437 = BayObLGZ 78 Nr. 44 = ZMR 78, 380 = MittBayNot 78, 212 = 79, 170 m. Anm. *Meier-Kraut;* BayObLGZ 83, 73) bzw eines **Cafés** oder einer **Gaststätte** (BayObLGZ 80 Nr. 28 = Rpfleger 80, 260; 349; DerWEer 83, 94; DerWEer 85, 60; OLG Zweibrücken, DerWEer 87, 54), ebenso nicht der Betrieb einer Teestube mit Spielsalon (BayObLG, DerWEer 84, 62 = Rpfleger 84, 269), der Betrieb einer **Pilsbar** sowie der Betrieb einer Weinstube (AG Dachau, DerWEer 86, 93) oder der Betrieb eines „**Salatrestaurants**" ohne Alkoholausschank (KG, DerWEer 85, 61). Mit der Zweckbestimmung „**Ladenraum**" ist der Betrieb eines Waschsalons mit Getränkeausschank nicht zu vereinbaren (OLG Frankfurt a. M., DerWEer 87, 28). Dasselbe gilt für den Betrieb einer Pilsstube in einem als „**Blumenladen**" bezeichneten TE (BayObLGZ 80, 154 = ZMR 80, 251 = Rpfleger 80, 349), den Betrieb eines Pilslokals (Pilsbar) in einem TE „Eisdiele und Café" (OLG München, NJW-RR 92, 1492), den Betrieb eines Bierpavillons in einem als „**Café- u. Ziergarten**" bez. TE (AG Passau, Rpfleger 84, 269), eines Restaurants in einem „**Eis-Café**"

(OLG Hamm, DerWEer 86, 90) oder eines Spielsalons in einem TE, das als **„Büro"** bezeichnet ist (AG Passau, Rpfleger 80, 23). Der Betrieb einer **Arztpraxis** ist in einem als **„Büro"** bezeichneten TE nicht zulässig (OLG Stuttgart, DerWEer 88, 139); dies gilt auch für eine **Kinderarztpraxis** (OLG Düsseldorf, Az. 3 Wx 259/95). In einem TE **„Gewerbeeinheit"** ist eine **Begegnungsstätte** für **Senioren** betreibbar (OLG Düsseldorf, NJW 2008, 2194 = NJW-Spezial 2008, 482); dies auch in der Form einer „gaststättenähnlichen" Einrichtung (ebenda).Zur grundsätzlichen Zulässigkeit des Betriebs eines Speiserestaurants in einem mit **„Geschäftsräumen"** bezeichneten TE s. BayObLGZ 82, 1 = MittBayNot 82, 72 oder eines Cafés in einem TE im Erdgeschoss **„für gewerbliche Zwecke"** (OLG Zweibrücken, DerWEer 87, 54); dies gilt nicht für die Einrichtung eines Nachtlokals (Bar) im TE **„Geschäftsräume"** einer ruhigen Wohnanlage (KG, 24 W 1240/88), oder die Nutzung eines TEs **„Café"** auch für „sonstige" gewerbliche Zwecke (OLG Zweibrücken, DerWEer 87, 54). Die Zweckbestimmung „Laden, Büro, Arzt(praxis) oder Wohnung", steht der Nutzung eines TEs als **Billard-Café** entgegen (OLG Zweibrücken, DerWEer 87, 54). So z. B. können in der Teilungserklärung Räume als **Praxis/Büro** bezeichnet werden; diese dürfen dann nicht als Ballettstudio genutzt werden (LG Bremen, NJW-RR 91, 1423); ebenso kann Teileigentum zur Schulung und Unterrichtung von **Asylbewerbern** und **Aussiedlern** in der Zeit von Montag bis Freitag von 8–15.30 Uhr benutzt werden (BayObLG, NJW 92, 919). Allerdings geht die Belegung einer Eigentumswohnung, – die in der Teilungserklärung als **Einfamilienhaus** ausgewiesen ist – mit mehreren **Aussiedlerfamilien** (Übergangsheim) über die vereinbarte Nutzung hinaus (OLG Hamm, NJW-RR 93, 786). Die Regelung in der Gemeinschaftsordnung kann für die Eigentümer die Verpflichtung enthalten, die **Eigenart** des **Bauwerks** als gutes Wohnhaus zu wahren und zu schützen; dies schließt nicht schlechthin aus, eine Wohnung zum dauernden Bewohnen durch eine von der Verwaltungsbehörde eingewiesenen **asylberechtigten** Familie zu überlassen (BayObLG, NJW 92, 917). Im Rahmen der Benutzungsregelung „zu Wohnzwecken" hält sich die Gebrauchsüberlassung von Wohnungseigentum an jeweils eine Familie von **Aus-** und **Übersiedlern** für eine Übergangszeit, wenn ungefähr ein Richtwert von 3 Personen je Zimmer und eine Verweildauer nicht unter einem halben Jahr eingehalten wird (OLG Stuttgart, NJW 92, 3045 u. 3046). Die Belegung einer 3-Zimmer-Wohnung mit 9 ausländischen **Arbeitern** in einer mehrheitlich von den Eigentümern selbst bewohnten Anlage ist nicht zulässig (OLG Frankfurt a. M., NZM 2004, 231:

Rechte des Wohnungseigentümers 7 § 13

„Arbeiterwohnheim"). Dies gilt auch für die Schaffung von vielen Wohnungen in einem bisher gewerblich genutzten TE, wenn Charakter und Wohnumfeld eine nicht nur kurzzeitige Belegung mit **wohnsitzlosen,** psychisch erkrankten Personen als intensivere und störendere Nutzung des GemEs qualifizieren (BayObLG NZM 2005, 263). Nicht zulässig ist auch die Nutzung einer in der Teilungserklärung als **Laden** erklärten Fläche als **Pizzeria** (LG Bremen, NJW-RR 92, 1297) oder **Stehlokal** bzw. -café (OLG Köln Az. 16 Wx 52/04), ebenfalls nicht die Nutzung eines TEs „Ladenlokal" als Stehpizzeria (OLG Düsseldorf, NJW-RR 93, 587 = ZMR 93, 122) oder eines TEs **Laden** mit dem Betrieb eines **Bistros** (BayObLG, ZMR 93, 427). Ist in der Teilungserklärung für die Nutzung sowohl „Gewerbe" als auch „Laden" angegeben, so ist eine Nutzung als Restaurant damit nicht ausgeschlossen (KG, WuM 2000, 333). Mit der Zweckbestimmung des Sondereigentums als Laden lässt sich der Betrieb einer **Kindertagesstätte** bzw. eines **Schülerladens** bei Betreuung bis zu 13 Kindern im Alter von 6– 12 Jahren und in der Zeit von Montag bis Freitag zwischen 8.00 Uhr bis 17.00 Uhr allenfalls dann vereinbaren, wenn zuvor besondere Nutzungseinschränkungen – wie z. B. Einhaltung der Mittagsruhe, Durchführung zusätzlicher **Schallschutz**maßnahmen) festgelegt werden (KG, NJW-RR 92, 1102). Zum Ganzen s. *Gerauer,* Rpfleger 80, 330 sowie *Röll/Gerauer,* Rpfleger 81, 50 und oben Rz. 23. Vor § 10 und unten Rz. 34 ff.; *Schmidt,* MittBayNot 81, 12. Einen besonderen Fall der Nutzung stellt die Überlassung einer Wohnung als **Wachstation** für Polizeibeamte, die zum Objektschutz eines gegenüberliegenden Anwesens eingesetzt sind, dar. Hierbei handelt es sich weder um eine Nutzung zu Wohnzwecken noch um eine gewerbliche oder freiberufliche Nutzung. In diesem Fall hat das BayObLG eine Parallele zu den freien Berufen und zum Gewerbe gezogen: Falls eine solche Nutzung nur mit Verwalterzustimmung zulässig sei, so könne der Verwalter die Nutzung als Wachstation nur dann versagen, wenn andere WEer durch diese Nutzung erheblich beeinträchtigt würden (WuM 96, 719).

Auch die Nutzung von **Teileigentum** hat sich im Rahmen des 7 Bestimmungszwecks zu halten. Die Nutzung von TE, die in der GemO nicht anders als in § 13 geregelt ist, hat sich **auch** im Rahmen des **Bauordnungsrechts** zu halten, z. B. der Bestimmungen der LandesbauO über den Aufenthalt in Dachräumen (OLG Schleswig, FGPrax 96, 138). In einem TE ist neben erlaubter „freiberuflicher Tätigkeit" auch der Betrieb einer **Digital-Druckerei** zulässig, wenn dieser nicht über die vorgesehene Nutzung hinaus die WEer beeinträchtigt (OLG Düsseldorf, NJW-Spezial 2008, 35).

Nach allg. M. (BayObLG, DerWEer 83, 94; BayObLGZ 89, Nr. 7 = DerWEer 89, 132; Rpfleger 86, 177; OLG Braunschweig, MDR 76, 1023) bedarf auch die **Umwandlung** eines (Teils eines) bisherigen **TEs** in ein **WE** der Zustimmung durch die übrigen WEer (BayObLG, WuM 98, 112), wenn es sich hierbei um eine materielle **Änderung** der **Zweckbestimmung** handelt (BayObLG, Rpfleger 84, 409 m. Anm. *Sauren* bei Umwandlung einer Kellergarage in eine Diele). Dies wird regelmäßig der Fall sein (BayObLG v. 15. 2. 96 – 2 Z BR 109/95; OLG Düsseldorf NZM 2005, 70). Die Rspr. begründet dies damit, dass die **Nutzung** eines **TEs** zu **Wohnzwecken** wegen der intensiveren Nutzungsmöglichkeit regelmäßig mehr als eine Nutzung zu anderen als zu Wohnzwecken störe (BayObLG, WuM 94, 222). Dann ist auch die Zustimmung der Grundpfandrechtsgläubiger erforderlich (BayObLG, DerWEer 89, 132). Die Bezeichnung „**Speicher**" steht der Nutzung des Dachgeschosses als Wohnung entgegen (BGH, NJW 2004, 364; KG, NZM 2004, 624). Der genehmigte Einbau von Küche und Bad in ein TE im Dachraum bewirkt keine Umwandlung des TEs in WE (KG, WuM 98, 560), so dass dieses TE nicht als eigenständige Wohnung genutzt werden darf. Ebenfalls keine eigenständige Wohnung zulässig in einem als „**Hobbyraum**" bezeichneten TE (BayObLG, DerWEer 85, 126/LS; LG Lübeck, DerWEer 88, 29) oder in als „**Partyraum,** Werkraum, Abstellraum, Waschküche, WC" bezeichneten **Kellerräumen** (BayObLG, NJW-RR 96, 464). Auch erlaubt die Bezeichnung eines WEs als Wohnung, bestehend aus Flur, Küche, Wohnzimmer sowie einem Speicherraum die Nutzung des Speicherraums zu Wohnzwecken nicht (BayObLG, NJW-RR 94, 82). Der WEer hat eine vereinbarungswidrige Nutzung (zu Wohnzwecken) zu unterlassen (OLG Düsseldorf, DerWEer 89, 176). Anders ist die Rechtslage bei der (vorhergehenden) Zustimmung in der Teilungserklärung zum Ausbau eines „Lagers" zu einer Wohnung (BayObLG v. 15. 2. 96 – 2 Z BR 109/95). Damit ist einer Umwandlung von TE in WE zuzustimmen (BayObLG a. a. O.).

Zum Problem des **Widerspruches** zwischen Teilungserklärung und GemO s. BayObLG, DerWEer 89, 27. Danach kann die Auslegung ergeben, dass Gebrauchsregelungen in der GemO enthalten sind, die die Teilungserklärung überlagern (ebenso zum Betrieb eines Speiserestaurants in einem TE „Ladenräume"). Zum Widerspruch zwischen Teilungserklärung und Aufteilungsplan s. BayObLG, WuM 85, 238 und BGH, NJW-RR 90, 81.

8 Grundsätze für die Beschränkung der Ausübung der Rechte des SEs wären:

Rechte des Wohnungseigentümers   9, 10   § 13

- Bestand, Stabilität, Sicherheit und architektonisch-ästhetisches Aussehen (s. § 5 Abs. 2) zu beachten.
- Bestimmungszweck des Gebäudes zu wahren.
- Sicherheit und Ruhe sowie das Ordnungsbedürfnis der anderen zu achten.
- Verpflichtung, für Einhaltung auch durch alle anderen Mitbewohner der SEs-Räume zu sorgen.
- Rücksicht auf gute Sitten, Gewohnheiten des Ortes, der Zeit und den Leumund zu nehmen.

b) Unzulässige Nutzungsarten des SEs (vgl. auch Rz. 5–7): 9 Ausübung **ärztlicher Praxis** für ansteckende und gefährliche Krankheiten, Gesang-, Musik-, Tanzschule, Blumenladen (BayObLG, NJW-RR 849), Blumenladen mit Zeitungsverkauf (BayObLG, NJW-RR 93, 149), öffentliches Büro, **Bordell** (BayObLG v. 21. 11. 80 2 Z 72/80), Vermietung einer EW zur gewerblichen Unzucht (LG Hamburg, DerWEer 84, 28; BayObLG v. 22. 6. 95, 2 Z BR 40/95), u. U. Sex-Shop und -Kino (LG Passau, DerWEer 83, 95) in einem Geschäfts- und Bürohaus (dazu auch AG München, DerWEer 82, 127). Dagegen kann ein **Erotik-Fachgeschäft** i. G. zu einem Sex-Shop zulässig sein, sofern die wohnungseigentumsrechtlichen und öffentlichrechtlichen Vorschriften beachtet werden (LG Wiesbaden v. 20. 7. 95 – 44 a UR II 103/94, NJWEMietR 96, 15). Unzulässig ist ein **Nachtlokal** (differenzierend LG Konstanz, I T 24/78), Druckerei, Autoreparaturwerkstatt, Garage, Maschinenbau, Spenglerei, gesundheitsgefährdendes Unternehmen, übermäßige **Haustierhaltung** (s. § 14 Rz. 10), insbesondere **Tierzucht,** kein störender Publikumsverkehr (z. B. Zurverfügungstellung an einen Verein zur Betreuung von Jugendlichen: OLG Frankfurt a. M., Rpfleger 81, 148 = OLGZ 81, 156; s. a. BayObLG, ZMR 80, 125); keine Veränderung durch Vermietung, Beachtung der Hausordnung. Durch Beschluss kann nicht die Benutzung eines **Gartengrills** auf dem Balkon allgemein gestattet werden (AG Wuppertal, Rpfleger 77, 445; LG Düsseldorf, NJW-RR 91, 1170). Gelegentliches Grillen ist dagegen zulässig (s. § 14 Rz. 7). Der Betrieb elektrischer Wäschetrocknungsgeräte kann in den zur EW gehörender „Wirtschaftskellern" unter der Voraussetzung untersagt werden, dass entsprechende Gemeinschaftsräume zur Verfügung stehen (OLG Düsseldorf, DerWEer 85, 127/LS.

c) Zulässige Nutzung: Überlassung, insbes. durch **Vermie-** 10 **tung.**

Dieses Vermietungsrecht schließt nach allg. M. die Befugnis ein, mit dem Sondereigentum auch das **Mitgebrauchsrecht** an den

gemeinschaftlichen Einrichtungen dem Mieter zu übertragen (OLG Düsseldorf, FGPrax 96, 17 = ZMR 96, 96 = WuM 96, 57; BayObLG, FGPrax 98, 16; OLG Düsseldorf, NJW-RR 2005, 163). Da Abs. 1 ausdrücklich die Ermächtigung enthält, SE zu vermieten, enthält der Abschluss eines Mietvertrags regelmäßig auch die Befugnis, das GemE, soweit es zur Erfüllung des Mietvertrags notwendig ist, in das Mietverhältnis einzuschließen. Nach h. M. (OLG Karlsruhe NZM 2005, 305) muss der vermietende WEer bei Beeinträchtigung des Mieters für diesen auf Grund seiner Eigentümerstellung gegen Verletzungen durch WEer vorgehen (für den Fall der Entwendung von Post durch einen WEer). Da das GemE jedoch der Gebrauchsbestimmung durch die **Gemeinschaft** unterliegt, muss logisch insoweit auch ein Mietverhältnis über das GemE **mit** der Gemeinschaft entstehen, nicht etwa abgeleitet und mittelbar. Wenn man die gesetzliche Ermächtigung dahingehend auslegt, ergäben sich hinsichtlich der Nutzung des GemES unmittelbare vertragliche Ansprüche zwischen Mieter und Gemeinschaft. Was die Vermietung des **SEs** betrifft, können die WEer nur Unterlassung eines gemeinschaftswidrigen Gebrauches verlangen (OLG Frankfurt a. M., NZM 2004, 231). Es bleibt dem WEer überlassen, wie er den Mietvertrag umgestaltet bzw. beendet (ebenda). I. G. zu der Auffassung *Wannemanns* (NZM 2004, 532) können die WEer **vertragliche** Ansprüche geltend machen und sind nicht nur auf gesetzliche angewiesen. Dies hat den weiteren Vorteil, dass nicht nur Eigentumsverletzungen nach § 1004 BGB, sondern auch Gebrauchstörungen erfasst werden. Damit wäre auch die Rspr. des BGH zur **Opfergrenze** für den Vermieter (WEer) bei Mängeln am GemE hinfällig (NJW 2005, 3284 = ZWE 2006, 36 m. Anm. *Blank*). Darüber hinaus könnte sich der Mieter an den Zuständigen, die WEer-Gemeinschaft halten, ohne dass es des zweifelhaften Umwegs über den vermietenden WEer bedürfte, der ggfs. zum Vorgehen gegen die Gemeinschaft gezwungen würde.

Aus den Ausführungen zur **Barrierefreiheit** innerhalb der WEergemeinschaft aus dem Wohnungseigentumsrecht zum barrierefreien Zugang ergibt sich, dass es inhaltlich mit der Parallelregelung des § 554 a BGB weitgehend übereinstimmt, da es jeweils auf eine **Abwägung** der Rechte und Interessen der Beteiligten ankommt. Eine Anpassung des Wohnungseigentumsgesetzes war somit nicht erforderlich, zumal dem Wohnungseigentümer das Recht auf bauliche Veränderung auch im Fall der **Vermietung** der Wohnung **an** einen **Behinderten** zusteht. Den unter den Voraussetzungen des § 22 Abs. 1 Satz 2 i. V. m. § 14 Nr. 1 geschaffenen zulässigen Gebrauch des Gemeinschaftseigentums haben die anderen Wohnungseigentümer gemäß § 14 Nr. 3 zu dulden. Nach der hier vertretenen

Auffassung kann der Mieter seinen Anspruch auf Barrierefreiheit nach § 554 a BGB nicht nur im Verhältnis zu seinem Vermieter (WEer) geltend machen, sondern auch gegenüber der Gemeinschaft. Im Bereich des SEs ist der Vermieter/WEer der Adressat, im Bereich der Zuständigkeit der Gemeinschaft (GemE/optisches Erscheinungsbild) kann er seinen Anspruch auch gegenüber der Gemeinschaft aus eigenem Recht geltend machen, in diesem Fall verstärkt durch die grundgesetzlich gefestigte Rechtsposition in Art. 3 Abs. 2 S. 2 GG. Eine gesetzeskonforme Auslegung des Verbots der Benachteiligung Behinderter muss dies bei der Interpretation der §§ 14 Nr. 1, 22 Abs. 1 S. 2 berücksichtigen. Dem widerspricht eine Diskriminierung i. e. F. der rechtlichen Erschwerung bei der Durchsetzung des Anspruchs, wenn man den Behinderten auf den Umweg über eine Klage gegen den Vermieter verwiese, der seinerseits ggfs. die übrigen WEer gerichtlich zwingen müsste. Ob die Ordnung der WEergemeinschaft die Interessen des Mieters begrenzen kann, ist str. (vgl. bejahend *Merrson,* NZM 2002, 213; a. A. *Lützenkirchen,* ZWE 2003, 99). Hier sind auch die Interessen der WEer zu gewichten, die etwa im Direktionsrecht bei der Ausführung bestehen.

Der WEer bleibt verantwortlich für einen vom Mieter gemachten illegitimen Gebrauch, insbes. bei Zweckentfremdung (zur Haftung für Hilfspersonen s. § 14 Rz. 12 ff.). Die **Zweckbestimmung** kann weder durch die Zustimmung des Verwalters noch durch das Einverständnis mehrerer WEer geändert werden (BayObLG, Rpfleger 80, 348). Keine Zustimmung der übrigen WEer ist zu einer Vermietung erforderlich, auch kein Vorzugsrecht derselben. Die WEer können im Beschlussweg bestimmen, dass im Vermietungsfall sachbezogene **Angaben** über den künftigen Mieter zu machen sind (LG Mannheim, ZMR 79, 319). Eine Änderung der Nutzung unterliegt den Beschränkungen durch §§ 14, 15. Danach kann unter dem Gesichtspunkt des wichtigen Grundes die Vermietung einer EW als **Facharztpraxis** normalerweise nicht verweigert werden (OLG Karlsruhe, OLGZ 76, 145 = ZMR 77, 343). Anders bei schwerwiegender Beeinträchtigung anderer WEer (BayObLG, ZMR 80, 125; einschränkend wohl OLG Frankfurt a. M., DerWEer 83, 61). Zur Nutzung einer EW als **Krankengymnastikpraxis** s. BayObLG, DerWEer 84, 62. Zur **Häufigkeit** von Vermietungen s. *Pick,* BlGBW 69, 127.

Das Recht zur Vermietung an wechselnde **Feriengäste** in einem bevorzugten Erholungs- und Sportgebiet ist unter dem Gesichtspunkt der **Ortsüblichkeit** zu bejahen (BayObLGZ 78 Nr. 60 = MittBayNot 78, 210 = Rpfleger 78, 437). Doch besteht keine Verpflichtung des **Verwalters** zu einer generellen Zustimmung, wenn in der GemO eine nur aus wichtigem Grund zu verweigernde

Verwalterzustimmung vorgesehen ist (BayObLG, DerWEer 83, 25). Durch Mehrheitsbeschluss kann nicht in Ergänzung der Hausordnung und ohne Deckung durch die GemO die Vermietung der Wohnung an Feriengäste untersagt werden (OLG Celle NZM 2005, 184). Zur Frage der Zulässigkeit von Teilvermietung u. Untervermietung AG Karlsruhe, Rpfleger 69, 131. Ob die Überlassung einer EW, die einer AG gehört, an Aktionäre zu Erholungszwecken mit der Begründung gestattet ist (so OLG Frankfurt a. M., OLGZ 83, 61), dass der berufsmäßige Geschäftsbetrieb nicht in der Wohnung ausgeübt werde, ist jedoch zu formalistisch und deswegen bedenklich. Dass ein WEer zu Überlassung der Wohnung an Dritten der **Zustimmung** des Verwalters oder WEergemeinschaft bedarf, kann aber gemäß § 10 Abs. 2 vereinbart werden (OLG Frankfurt a. M., NZM 2004, 231; BGH, NJW 62, 1663; s. § 10 Rz. 20; § 12 Rz. 30; § 15 Rz. 17 ff.; *Bärmann/Seuß*, Rz. B 58; *Röll*, WEM 79, 154; 80, 27). Es besteht keine Verpflichtung des **Verwalters,** dem WEer, der seine EW vermietet hat, eine Abrechnung zu erstellen, die **mietrechtlichen** Anforderungen entspricht (BayObLG – 2 Z BR 198/04). Sie muss nur dem § 28 genügen.

Im Übrigen kann der WEer mit dem Mieter im Rahmen des Mietverhältnisses auch sonst zulässige Vereinbarungen treffen. Nach einem Eigentumswechsel ist nicht der Erwerber des WEs, sondern der Veräußerer gegenüber dem Mieter bezüglich der zum Zeitpunkt des Wechsels im Eigentum abgelaufenen Abrechnungsperiode zur Abrechnung der Betriebskosten verpflichtet und zur Erhebung etwaiger Nachzahlungen berechtigt (BGH, NJW 2004, 851).

Zur Pflicht des Insolvenzverwalters im Fall der **Insolvenz** des **Zwischenmieters** zur Weiterleitung der **Miete** an den Hauptvermieter (WEer) s. BGH NJW 2005, 2552).

Zur Nutzung des SEs durch den WEer (aber auch Mieter) gehört die ungehinderte Möglichkeit, Besucher zu empfangen. Deswegen setzt ein **Hausverbot** gegen einen Besucher eines WEers eine sorgfältige Abwägung der unterschiedlichen Interessen zwischen SEer und Gemeinschaft voraus (BVerfG, NZM 2010, 44 = NJW 2010, 220 = NJW-Spezial 2010, 34).

12 d) Bauliche Veränderungen (zum Begriff siehe § 22 Rz. 2). **Untersagt** ist z. B. Durchbrechen von kleineren Öffnungen gegen den Hof, um Licht und Luft zu schaffen, Anbringung von Jalousien oder Markisen über dem Balkon, Durchbrechen von Stützmauern im Inneren, Durchbrechen von Türen zur Treppe, Ausgraben von Kellerräumen zum Zwecke einer Kantine, Errichtung von Läden und Verkaufsräumen, Veränderung der Fassade, Reklameanbringung (s.

unten Rz. 23). Grundsätzlich **erlaubt** ist die **Bepflanzung** von Balkonen und Terrassen, sofern keine nachteilige Veränderung des optischen Gesamteindruckes damit verbunden ist (BayObLG, DerWEer 84, 62), allerdings nicht die Beseitigung einer **Kiesschicht** auf der vorhandenen Dachterrasse und das Aufbringen von Erde zwecks **Bepflanzung** (BayObLG, WuM 96, 495).

e) Benutzung der Außenmauer: Diese ist schon Ausübung der gemeinsamen Rechte aus dem ME und damit grundsätzlich untersagt. **13**

3. Negative Wirkungen. Verteidigung, jus prohibendi. Dritten gegenüber hat jeder WEer für sich, auf Grund Delegation (nicht kraft Gesetzes) unter Umständen auch der Verwalter, Ansprüche aus §§ 1004 ff., §§ 985 ff. BGB, z. B. gegen den **Pächter** eines TEs, der dies bestimmungswidrig macht, im Zivilverfahren (OLG München, NJW-RR 92, 1492). Die Besitz- und Eigentumsschutzrechte bestehen auch gegenüber den **anderen WEern** (BayObLG, WuM 98, 561). Gegen Beeinträchtigung durch anderen WEer besteht die Möglichkeit der Anrufung des Gerichts im Verfahren der ZPO nach § 43 Nr. 1. Zur Frage der Beseitigung nachträglicher geräuschverstärkender **Einbauten** in einer EW (Holzpodest, Wasserarmaturenschrank, s. BayObLG, DerWEer 82, 103). Verringert ein WEer durch **Auswechseln** des Bodenbelags (Parkett statt Teppich) in seinem SE den **Trittschallschutz,** so übersteigt die damit einhergehende Beeinträchtigung anderer WEer das bei einem geordneten Zusammenleben unvermeidliche Maß nicht, solange die Anforderungen der DIN 4109 an den Trittschallschutz eingehalten werden (BayObLG, NJW-RR 94, 598 = ZMR 94, 167; OLG Frankfurt a. M., NZM 2005, 68), also die aktuellen Normen. Das muss auch für einen nachträglich durchgeführten Ersatz des bisherigen Belags durch **Fliesen** gelten (offengelassen von OLG München NZM 2005, 509: Einzelfallentscheidung). **14**

Verringert sich dagegen der Trittschallschutz, z. B. durch Entfernung des früheren **über** den bei Errichtung der EW damals geltenden Normen für Trittschallschutz liegenden Beläge, soll es genügen, eine dem damaligen Zustand gleichwertige Situation herzustellen (LG München I NZM 2005, 590, fraglich!).

Mängelansprüche gegen den Veräußerer einer EW richten sich nach §§ 434, 437 ff. BGB (s. unten Rz. 42 ff.).

IV. Rechte aus dem ME (Abs. 2)

1. Grundsätze. Ähnlich wie in § 743 BGB besteht das Recht auf **Mitgebrauch** nach Maßgabe der §§ 14 und 15 und auf den **15**

Anteil an den Nutzungen gemäß § 16. Dabei ist der **Bestimmungszweck** der gemeinschaftlichen Sache objektiv maßgebend. Allgemein steht das Recht zum Mitgebrauch des GemEs den WEern (nur) im Rahmen des Gesetzes und in den Grenzen einer Gebrauchsregelung durch Vereinbarungen zu (OLG Düsseldorf, ZMR 95, 88 = NJW-RR 95, 528).

Es sind zu beachten:
– Grenzen, die bei der Nutzung des SEs einzuhalten sind wegen der benachbarten SEer.
– Schranken im Gebrauch des gemeinschaftlichen Eigentums, um den anderen gleiche Nutzung zu gestatten.
– Beschränkungen, die sich jeder aufzuerlegen hat, damit auch die anderen über ihr SE die Befugnisse ausüben können, die den Inhalt ihres Rechtes bilden.

16 Daher sind zu unterscheiden:
– Verhalten hinsichtlich gemeinschaftlicher Sachen, Verbot nach den allgemeinen Regeln der Gemeinschaft: nicht den Bestimmungszweck zu ändern und nicht den gleichen Gebrauch der anderen zu hindern.
– Verbotenes Verhalten, z. B. Veränderungen und Neuerungen, die das architektonische Aussehen beeinträchtigen, die Schaden oder Nachteile für die anderen Eigentümer verursachen, auch an SE.
– Grenzen des Verhaltens und Pflichten zur Tätigkeit, um die Existenz sowohl des darüber liegenden sowie des darunter liegenden Eigentums zu gewährleisten und auch das der Nachbarn. § 22 Abs. 1 gehört gesetzestechnisch zu § 13.

17 Abgesonderte Nutzungsberechtigungen für einzelne WEer können bestehen. Diese können sich bei einer **Mehrhausanlage** aus dem Zuschnitt der Anlage ergeben (OLG Frankfurt a. M., FGPrax 97, 215). Bei Einfamilienhäusern kann die getrennte Nutzungs- und Gestaltungsfreiheit zu einer Quasirealteilung führen (OLG München, NJW-Spezial 2008, 259; s. a. § 15 Rz. 14). Allg. gilt, dass öffentlich-rechtliche **(Bau)genehmigungen** im Verhältnis zu den WEern **kein Recht** auf Einrichtung der Anlage geben (BayObLG, DerWEer 85, 61; KG, DerWEer 87, 97; OLG Hamburg, DerWEer 87, 98). Der WEer kann in solchen Fällen nicht im Verwaltungsprozess gegen eine Genehmigung vorgehen sondern nur im **ZPO**-Verfahren, um die Nichtausnutzung ihm gegenüber geltend zu machen (BVerwG, DerWEer 88, 107 noch zu § 43 a. F.).

18 **Nutzung** der gemeinschaftlichen Sache ist Funktion der Nutzung des SEs. Nutzung der gemeinschaftlichen Sache vollzieht sich in den Grenzen des Rechtes für jeden. Das Gesetz sieht Nutzungen als den Oberbegriff an, während Mitgebrauch und sonstige Nutzungen diesen ausfüllen (arg. Abs. 2 Sätze 1, 2). Dabei ist **nicht** auf den **MEs-Bruchteil** abzustellen (BayObLG, NZM 2001, 384), sondern auf die Bedeutung der SEs-Räume im Rahmen des Gesamtkomplexes (ebenso BayObLG, NJW 72, 1286 = MDR 72, 607 = DNotZ 72, 613; s. § 15 Rz. 1 ff.) und unter Ausschluss des Mitgebrauchs Dritter (BayObLG, NJW-RR 90, 82). Zur Nutzung von **Gärten** s. *Weimar,* MDR 76, 115 und AG Köln, ZMR 77, 84 (zur Sondernutzung AG Köln a. a. O.). Zur Aufstellung einer Tischtennisplatte auf einem **Kinderspielplatz** als Änderung des Bestimmungszwecks s. AG Berlin-Charlottenburg, Der WEer 84, 28. Dagegen hält sich die Aufstellung eines **Kinderhauses** auf einer Rasenfläche im Rahmen des Mitgebrauchs nach Abs. 2 Satz 1, wenn keine Gebrauchsregelung i. S. von § 15 Abs. 1 entgegensteht (AG Reinbek, Der WEer 84, 29).

Es handelt sich um ein gegenseitiges jus utendi und jus fruendi.

2. Mitgebrauch (§ 100 BGB). Gebrauchsvorteile müssen aus dem Gebrauch selbst fließen, nicht etwa aus rechtsgeschäftlicher Verwertung (hinsichtlich gemeinschaftlichen Eigentums). Vorbild ist § 743 Abs. 2 BGB. Es besteht grundsätzlich **keine quotenmäßige Berechtigung,** sondern eine allgemeine **Gebrauchsbefugnis** unter Einschränkung durch die Pflichten des § 14 und die Gebrauchsregelung des § 15. Weder MEs-Bruchteilsverhältnis noch Wertverhältnis der SEs-Räume sind entscheidend, vielmehr **Gebrauchsvorteil** in seiner Einschränkung durch die Interessen der sonstigen Beteiligten (§§ 14 u. 15; BayObLG, NZM 2001, 384; s. o. Rz. 15 und § 15 Rz. 1 ff.).

Daraus leitet sich auch ein **Duldungsanspruch** her, der sich gegen die übrigen WEer richtet (OLG München, ZMR 2006, 560).

Dazu kommt die Beteiligung an den wertmäßig teilbaren Nutzungen und Lasten nach § 16. Damit ist der Anteil aus der Fruchtziehung etwa bei Vermietung von GemE, oder an Erzeugnissen des Grundstückes gemeint. Ein **Lift** kann nicht durch Mehrheitsbeschluss stillgelegt werden (AG München, WM 75, 216 = ZMR 76, 312). Auf einer gemeinschaftlichen Parkfläche ist das Abstellen eines **Wohnmobils** unzulässig (BayObLG, DerWEer 85, 58). Ebenso der Anschluss eines offenen **Kamins** an einen Schornstein, wenn dadurch keine anderen Öfen mehr angeschlossen werden können (BayObLG, DerWEer 85, 60).

Das Verhältnis zwischen **WEer** und **Nießbraucher** richtet sich nach allgemeinen Grundsätzen. Der Nießbraucher wirkt bei der Verwaltung nur im Rahmen seiner eigenen Rechte (§ 1006 Abs. 1) mit. Siehe auch § 1039 und § 1041. Auch §§ 1042, 1044, 1045, 1046 und 1047 BGB finden entsprechend Anwendung. Berechtigt ein dingliches Wohnungsrecht i. S. von § 1093 BGB dazu, einen Teil des Gebäudes unter Ausschluss des Eigentümers als Wohnung zu nutzen, so schließt dies das Recht ein, die zum gemeinschaftlichen Gebrauch der Bewohner bestimmten Anlagen und Einrichtungen mitzubenutzen (BayObLG, MittRhNotK 97, 85).

21 **3. Schranke.** Aus den Rechten der anderen gemäß §§ 14 und 15. Zu unterscheiden sind: allgemeine Gebrauchsvorteile für jeden an der ganzen Sache, beschränkt nur durch die gleichen Rechte der anderen im Rahmen der §§ 14 und 15; dazu Nutzungen in einem gewissen Wertverhältnis oder in einer im Voraus festgelegten Nutzungsart ausschließlich (Turnusnutzung z. B.).

Bei Zuwiderhandlung ist das Verfahren nach § 43 Nr. 1 i. V. mit der ZPO, in schweren Fällen Entziehung nach § 18 möglich.

22 **4. Turnusnutzung.** Z. B. an Waschküchen, Fahrstühlen, Brunnen, Pumpen, Telefonanlagen, Trockenplätzen, Terrassen, sie ist in erster Linie durch Hausordnung zu regeln. Ein **Mieter** nutzt in den Grenzen des Eigentümers.

23 **5. Plakate, Schilder, Reklamen, Antennen.** Zu einer angemessenen Nutzung des SEs gehören auch ergänzende Einrichtungen. Dazu können Hinweise auf ein im SE ausgeübtes Gewerbe, vor allem aber auch Radio- und Fernsehempfangsinstallationen zählen. Gemeinsame Grundsätze für solche Einrichtungen sind: Die Anbringung muss Fachvorschriften entsprechen und Beeinträchtigungen der WEer, des GemEs, z. B. Erscheinungsbildes, sind möglichst gering zu halten. So gibt auch eine öffentlich-rechtliche Genehmigung nach § 3 AFuG dem Amateurfunker (WEer) nicht das Recht, die Mitbewohner im Empfang von Fernseh- oder Rundfunksendungen zu stören (BayObLG, DerWEer 83, 30 = WEM 82, 114).

Besonders zahlreich sind Entscheidungen zur Installation von Einrichtungen zum Radio- und Fernsehprogramm. Dabei ist zwischen Gemeinschaftsanlagen und Einzelempfangseinrichtungen zu unterscheiden.

Ausgangspunkt ist das durch Art. 5 Abs. 1 Satz 1 Hs. 2 GG gewährleistete Recht der Informationsfreiheit. Zwischen diesem Recht und den Interessen anderer ist eine Abwägung zu treffen (vgl. BVerfG, NJW 94, 2143; NJW-RR 94, 1232; ZMR 96, 534; NJW 2005, 1709/LS = NJW-RR 2005, 661 = NZM 2005, 252; BayObLG, NZM 2004, 108).

Besteht in der Anlage ein gemeinschaftlicher **Kabelanschluss,** besteht im allg. kein Anspruch auf Erweiterung des Empfangs und damit auch nicht auf Gestattung einer Einzel-**Parabolantenne**. Diese kann in der GemO dann untersagt werden (BGH, NZM 2004, 227; NJW 2004, 937). Es kann allerdings der Grundsatz dann durchbrochen sein, wenn die Einrichtung keine Beeinträchtigung optischer oder somit schutzwürdiger Interessen der WEer mit sich bringt (BGH, a. a. O.). Ein Verbot der Anbringung durch **Beschluss** ist **nichtig** (a. A. BayObLG, NZM 2004, 261; dort zum Anspruch auf Änderung). Ist der WEer **Ausländer,** hat er jedenfalls das Recht, auf dem Dach des Hauses an unauffälliger Stelle, eine Satelittenempfangsanlage **(Parabolantenne)** anzubringen, wenn er sonst heimatsprachige Sender nicht empfangen kann (OLG Düsseldorf, 3 Wx 159/92, NJW 93, 1274; BVerfG, NJW 95, 337; OLG Hamm, NZM 2002, 445; OLG Schleswig, NZM 2003, 558). Umgekehrt hat der Ausländer/WEer keinen Anspruch auf Gestattung einer Parabolantenne, wenn er ausreichend (mindestens zwei) heimatsprachige Sender über das Breitbandkabelnetz empfangen kann (BGH, NZM 2004, 227; dazu *Horst,* NJW 2005, 2654). Dasselbe gilt für einen Deutschen ausländischer (hier polnischer) Herkunft, der mindestens **ein** Vollprogramm des Heimatlands über Kabel empfangen kann (zum Mietrecht LG Krefeld, NJW-RR 2007, 734).

Erwirbt ein Ausländer WE in Kenntnis des Verbots individueller Antennenanlagen durch die GemO, soll er keine Duldung einer privaten Parabolantenne am GemE verlangen können (BGH, a. a. O.). Diese Auffassung ist kaum mit dem grundgesetzlich garantierten Recht auf Informationsfreiheit zu vereinbaren (so auch OLG Düsseldorf, ZWE 2001, 336). Auch die Beschränkung auf 2 Programme erscheint kaum sachgerecht. Sind **Mieter** von SE vorhanden, kann es zu einer **Überlagerung** von **Mietrecht** und Recht nach **WEG** kommen.

Dabei darf der Mieter von WE nicht schlechter als der einer sonstigen Wohnung gestellt werden.

Er bzw. sein Lebenspartner hat unter den genannten Voraussetzungen ebenfalls Anspruch auf den Empfang heimatsprachiger Sender (BVerfG, NJW 2000, 2658).

Da der Mieter insoweit auch Nutzer des GemEs auf Grund des mit Ermächtigung durch das Gesetz vom Vermieter (WEer) mit Wirkung für und gegen die Gemeinschaft geschlossenen Mietvertrags ist (s. o. Rz. 10), kann er den Anspruch gegen die WEer geltend machen. Umgekehrt kann die Gemeinschaft von ihm Entfernung eigenmächtiger Installationen verlangen. Es bedarf m. E. nicht des Umwegs der Rspr., die vom vermietenden Eigentümer verlangt, auf die Entfernung der (Parabol)antenne durch den Mieter **hinzuwirken** (OLG Köln, NZM 2005, 223; *Horst,* NJW 2005,

2656). Die Gemeinschaft als solche kann gegen Beeinträchtigungen des GemEs sowieso vorgehen. Eine Differenzierung nach WEern oder Mietern bei der Anbringung von Parabolantennen wird immer zweifelhaft sein. Letztlich wird der Fortschritt der Empfangstechnik die Entscheidung der angesprochenen Fragen bestimmen, z. B. auch bei Erneuerung/Ersetzung einer alten Anlage (so a. *Horst,* NJW 2005, 2654). Die Entwicklung geht jedenfalls in die Richtung, dass Einschränkungen der Programmwahl nicht mehr möglich sind (BGH, V ZB 51/03). Dabei sind Vorgaben des Baurechts und des **Denkmalschutzes** zu beachten (BVerfG v. 21. 6. 94 – 1 BvR 641/ 94). Zur Verpflichtung zur Umsetzung von der Fassade auf das Dach durch den Mieter s. LG Wiesbaden, DWW 95, 53.

24 **Werbeschilder** sind nur zu versagen, wenn unzumutbare Beeinträchtigung damit verbunden ist. Auch hierbei geht es um die Abwägung eines berechtigten Werbebedürfnisses mit Gemeinschaftsinteresse (BayObLG, NZM 2000, 1236; NZM 2002, 257; OLG Hamm, OLGZ 80, 274). Immer ist ästhetisches Aussehen des Gebäudes zu beachten. Ein generelles Verbot der Werbung erscheint unzulässig (a. A. *Zimmermann,* Rpfleger 78, 124), dagegen aber Bestimmungen über die Art und Weise (*Zimmermann,* a. a. O.). Zu **Schaukästen** s. OLG Stuttgart, WEM 80, 38. Der TEer, der (erlaubterweise) ein **Geschäft** in der Anlage betreibt, darf ortsüblich und angemessen werben (OLG Frankfurt a. M., Rpfleger 82, 64; BayObLG, DerWEer 87, 56), auch durch Anbringen einer **Leuchtreklame** (BayObLG, NZM 2000, 1236). Dies setzt voraus, dass sie nicht mit merklichem Lichteinfall und einer Beschränkung der Aussicht der übrigen WEer verbunden sind (OLG Köln, NZM 2007, 92). Dasselbe gilt i. F zulässiger Nutzung einer EW als eine freiberufliche **Praxis** für ein Praxisschild in angemessener Größe am Haus- und Wohnungseingang (KG, NJW-RR 95, 333 = WuM 94, 494). Die Bestimmungen des WEG sind **wertneutrale** Vorschriften i. S. des **UWG.** Deshalb handelt ein Gewerbetreibender unlauter, wenn er durch die Anbringung von Werbehinweisen unter Verstoß gegen §§ 13, 15 WEG i. V. mit der GemO einen im selben Anwesen tätigen Konkurrenten behindert (OLG München, Urt. v. 28. 3. 96 – 6 U 4248/95, NJW 96 H 40, VIII = NJW-RR 97, 462 = MDR 96, 1259).

Öffnungszeiten in einem als Laden bezeichneten TE haben sich im Allg. nach den öffentlich-rechtlichen **Ladenschlusszeiten** zu richten (OLG München, ZWE 2010, 36). Das erlaubt den Betrieb einer **Postfiliale** an Sonntagen (OLG München, NJW-Spezial 2008, 483). Bei Zuwiderhandlungen durch Verabreichen von Speisen und Getränken außerhalb der Ladenöffnungszeiten entsteht der

Rechte des Wohnungseigentümers 25–30 § 13

Unterlassungsanspruch gegen den Störer gemäß § 199 Abs. 5 BGB jeweils neu (OLG München, ZWE 2010, 36; dort auch zur Verwirkung). Das gilt auch für einen Nießbraucher (ebenda).

6. Überlassung der Nutzung des gemeinschaftlichen Eigentums an Dritte ist mit einfacher Mehrheit zu beschließen, auch Vermietung an WEer. Mieter genießt Besitzschutz. Es besteht kein gesetzliches Vorzugsrecht zur Miete für die WEer. Allgemeine Nutzungs- und Gebrauchsbeschränkungen des WEers sind auch durch den Mieter zu achten. Der WEer hat für die Einhaltung zu sorgen. Sonst entsteht möglicherweise ein Entziehungsgrund nach § 18. 25

7. Aufgabe des Rechtes. Nur über das **gesamte** WE kann verfügt werden, nicht über einzelne Rechte getrennt. Dagegen ist teilweise Nutzungsaufgabe denkbar, ohne dass daraus Freistellung von Lasten folgt (s. § 16 Rz. 37). Nach h. M. ist die Aufgabe des **WEs** (Dereliktion) i. S. des § 928 BGB nicht möglich (s. § 1 Rz. 14). 26

8. Sonstige Nutzungen. Gemeint sind Früchte im Sinne des § 99 BGB (s. u. § 16 Rz. 1). 27

9. Abgesonderte Nutzung. Denkbar z. B. bei mehreren Häusern, Treppen, Höfen, Eingängen, Korridoren, Terrassen, Abstellplätzen (s. § 5 Rz. 10). Dann folgt i. d. R. auch abgesonderte **Lastentragung**. Die Zulässigkeit von Dienstbarkeiten für gewisse besondere Nutzungen ist zu bejahen (s. § 1 Rz. 23). Für eine Dienstbarkeit am gemeinschaftlichen Eigentum ist immer die Zustimmung aller notwendig: Eintragung an sämtlichen WEs-Rechten mit Zustimmung aller. Ist eine **Tiefgarage** Gegenstand eines einzigen SEs, hat ein WEer, der **nicht** MEer der TEseinheit „Tiefgarage" ist, nur bei Vorliegen eines berechtigten Interesses Anspruch auf Aushändigung eines **Schlüssels** für das Garagentor. 28

Zur ausschließlichen Nutzung des GemEs in Form des **Sondernutzungsrechts** s. § 15 Rz. 9 f.

V. Mitgliedschaftsrechte

1. Mitwirkung bei der Verwaltung, insbesondere auch bei Vermietung von gemeinschaftlichen Teilen und Räumen. Mitbestimmung über Maßnahmen nach § 16, § 21 Abs. 1, Teilnahme an WEer-Versammlungen § 25. Zu den Einzelheiten s. die §§ 20–29. 29

2. Mitbestimmung über außerordentliche Instandsetzungsarbeiten. § 22 Abs. 1, 2, 21 Abs. 5 Nr. 2. Bei außerordentlichen baulichen Veränderungen und Aufwendungen Einstimmigkeit (Allstimmigkeit) mit Ersetzungsmöglichkeit (siehe § 22 Rz. 9 ff.). Ein 30

§ 13   31–34   I. Teil. Wohnungseigentum

Wiederaufbaubeschluss nach Zerstörung zu mehr als der Hälfte kann nur einstimmig erfolgen, nicht mit Mehrheit nach § 21 Abs. 3 oder auf Verlangen nach § 21 Abs. 4.

31   **3. Befugnisse zur selbstständigen Vornahme von juristischen und materiellen Erhaltungsakten.** Siehe § 21 Abs. 2–4 und § 27. § 21 Abs. 2 gibt jedem WEer das Recht, ohne Zustimmung der anderen die Maßnahmen zu treffen, die zur Abwendung eines dem gemeinschaftlichen Eigentum unmittelbar drohenden Schadens notwendig sind. Nach Abs. 4 des § 21 kann jeder WEer überdies eine ordnungsmäßige Verwaltung verlangen.

32   **Erhaltungsakte** sind teils juristischer Natur, teils tatsächlicher Art. Zur Geltendmachung eines vertraglichen Anspruchs gegen den Veräußerer durch einen Wohnungseigentümer siehe BGH, Rpfleger 74, 351 = NJW 74, 1552 = MDR 74, 1008 = BB 74, 1045 (hier Beseitigung von Kfz-Stellplätzen).

33   Zum Ersatz der **Aufwendungen** s. unten bei § 21 Rz. 1 ff. u. 12 ff., § 22 Rz. 6. Dabei ist auch entscheidend, ob die Aufwendungen notwendig oder nur nützlich oder gar überflüssig waren und für wen. Erfordert die von der **Behörde** verlangte Mängelbeseitigung bauliche Eingriffe sowohl in das SE als auch in das GemE, kann sich der in Anspruch genommene SEer ggfs. solange nicht auf rechtliches Unvermögen zum Eingriff in das GemE berufen, als nicht feststeht, ob sich die WEergemeinschaft dem Eingriff widersetzt (OVG Berlin, NJW-RR 91, 597).

VI. Nachbarrecht

34   Es besteht ein intensiviertes Nachbarschaftsverhältnis mit einer qualifizierten Anwendung von §§ 906, 907, 908 BGB (OLG Hamburg, DerWEer 89, 31). Auch bei Abbedingung insoweit des WEG in der Teilungserklärung ist § 906 BGB doch sinngemäß anwendbar (BayObLG NZM 2005, 69). Diese Haftung der übrigen WEer oder eines Einzelnen kann ohne Verschulden bestehen (OLG München, NJW-RR 2008, 461; OLG Schleswig, NZM 2007, 46; OLG Stuttgart, NJW 2006, 1744). Nur eine normale Nutzung des SEs ist zu dulden. Jede Störung und Immission sind untersagt, die die normale Duldungspflicht überschreiten. Ein **Mietvertrag**, der einer vereinbarten Gebrauchsregelung widerspricht, ist nicht unwirksam, jedoch auf Verlangen der WEer zum nächst zulässigen Termin zu kündigen (LG Lübeck, DerWEer 88, 29; OLG Stuttgart, DerWEer 88, 139). Ist auf Grund langfristig abgeschlossener Mietverträge, in denen die zweckwidrige Nutzung wirksam vereinbart wurde, eine sofortige Kündigung des Miet(Pacht)vertrags nicht möglich, steht der beeinträchtigten Gemeinschaft ein Anspruch auf **Entschädigung** analog § 906 Abs. 2 Satz 2 BGB wegen nicht zu duldender Immissionen zu (AG Dachau, DerWEer 86, 93; offengelassen von LG Konstanz, NZM 2009, 792). Bei der Abwicklung eines Wasserschadens zwischen WEer und **Nutzer** ist § 906 Abs. 2 S. 2 BGB jedenfalls nicht anwendbar (LG Konstanz, NZM 2009, 792). Gefahrdrohende Anlagen sind unzulässig. Veränderungen an Außenmauern und Tragmauern sind Störungen der gemeinschaftlichen Gegenstände. Bei Gefahr eines Einsturzes aus Nachbar-SE hat der Betroffene einen Anspruch auf Vorkehrungen (§ 908 BGB). Grenzeinrichtungen, Abteilungsmauern zwischen zwei Wohnungen oder Räumen, die nicht Stütz- oder Hauptmauern des Gebäudes sind, können unter Umständen nach §§ 921, 922, 743 Abs. 1, 744 bis 746 und 748 BGB unter Beschränkung auf die beiden **Anlieger** zu behandeln sein (s. § 5 Rz. 25).

Ein beeinträchtigter WEer hat die Abwehrklage (actio negatoria nach § 1004 BGB). Z. B. den Anspruch auf Beseitigung einer **Markise** (BayObLG, DerWEer 85, 126/LS). Die Würdigung, ob eine **Markise** zu einer nachteiligen Veränderung des **optischen Gesamteindrucks** einer EWsanlage führt, ist weitgehend vom Tatrichter zu beurteilen (BayObLG, WuM 95, 449 = NJW-RR 96, 266). Den Anspruch auf Beseitigung unzulässiger **baulicher Veränderungen** am Gemeinschaftseigentum kann jeder WEer grundsätzlich allein geltend machen (BayObLG, ZMR 76, 84; WEM 80, 31; OLG Stuttgart, WEM 80, 36; s. a. BayObLG, MDR 83, 134). Allerdings kann die Gemeinschaft die Geltendmachung von Ansprüchen auf Beseitigung bzw. Unterlassung **an sich ziehen.** Dazu bedarf es eines Beschlusses (*Jennißen,* NJW 2008, 2005; a. A. OLG München, NJW-RR 2008, 247 = NZM 2008, 87), der solche Rechte gegen einen oder mehrere WEer für die Gemeinschaft reklamiert.

Für den **Unterlassungsanspruch** bei Änderung des Nutzungszwecks genügt es, dass eine Beeinträchtigung der übrigen WEer auf Grund bestimmter Tatsachen für die Zukunft zu befürchten ist (OLG Hamm, NJW-RR 93, 786). Zum Anspruch eines WEers gegen den früheren Grundstückseigentümer im ordentlichen Verfahren s. BGH, NJW 74, 1552 = MDR 74, 1008 = BGHZ 62, 388 = ZMR 76, 218/LS.

Abdingbare Vorschriften länderrechtlicher NachbarschaftsGe unterliegen der Regelungskompetenz der WEer (so für die Errichtung von **Zäunen** in einer **Mehrhausanlage** OLG Düsseldorf, DerWEer 85, 127/LS). Ein WEer kann den Anspruch auf Unterlassung einer bestimmten Nutzung des SEs eines anderen WEers durch diesen auf eine **öffentlich-rechtliche** Vorschrift nur dann stützen, wenn es sich dabei um eine **drittschützende Norm** handelt, diese jedenfalls **auch** seinen Schutz bezweckt (BayObLG, NJW-RR 96, 463 = FGPrax 96, 21; NZM 2000, 667; OLG Saarbrücken, NZM 99, 265). Gegenüber Beeinträchtigungen des SEs von einem (fremden) **Nachbargrundstück** aus besteht öffentlich-rechtlicher Nachbarschutz (VGH München, NZM 2004, 235). Dies gilt nicht gegenüber Bauten auf dem **gemeinschaftlichen** Grundstück (BVerfG, ZMR 2006, 453).

36 Kein Unterlassungs- oder Schadensersatzanspruch, wenn
– die Einwirkung niemandem schadet oder keinen substantiellen Schaden verursacht, bei unwesentlicher Beeinträchtigung, auch nicht hinsichtlich der Nutzung des Nachbargrundstücks,
– zwar ein Schaden entsteht, aber innerhalb des üblichen Gebrauchs entsprechend den lokalen Gegebenheiten.

37 Als **unzulässige Einwirkungen** im Sinne des Nachbarrechts sind anzusehen: Rauch, Geräusch, Lärm und Schall in übermäßiger und unerträglicher Form (OLG Frankfurt a. M., OLGZ 84 Nr. 38 zu störendem Musizieren), Gerüche, Feuchtigkeit, Wasser, Schmutz, Erschütterungen, Vibration, Nutzung für ein verbotenes bzw. unmoralisches Gewerbe (zum Nachgehen der Prostitution s. § 14 Rz. 10, 12). Unzulässig sind im Allg. die Nutzung eines TEs/WEs als Krankenhäuser, Erholungsheime (s. aber auch § 1004 Abs. 2 und die Kommentare zu §§ 903, 906 BGB; zum sog. nachbarlichen Gemeinschaftsverhältnis s. BGH, NJW-RR 2003, 1313; dazu allg. *Alheit,* Nachbarrecht von A–Z, 11. Aufl. 2006).

VII. Eigentumsschutz

38 Ansprüche aus den §§ 985 ff. BGB stehen auch dem WEer gegenüber Dritten zu. Sie sind ebenfalls vor dem ordentlichen Gericht geltend zu machen. Der Schutz des **SEs** steht nur dessen Inhaber zu (BGH, NJW 99, 2108; NJW 2007, 1952). Das gilt auch für den Schutz des **SNR** und die Geltendmachung von Gewährleistungsansprüchen gegenüber dem Verkäufer (OLG München, NZM 2009, 747). Wenn sich der Anspruch aus der Gemeinschaft der WEer und aus der Verwaltung des gemeinschaftlichen Eigentums ergibt, wie häufig bei nachbarrechtlichen Störungen, ist das Gericht nach § 43 Nr. 1 zuständig (s. a. § 43 Rz. 2). Auch §§ 986 ff. und § 1004 sind dann im ZPO-Verfahren geltend zu machen (zu § 1004 s. OLG Hamm, OLGZ 76, 62 = Rpfleger 76, 100 = ZMR 77, 85, LG Mannheim, ZMR 76, 41 und BayObLG, ZMR 76, 84, alle noch zu § 43 a. F.).

Schadensersatzansprüche wegen Schäden am SE (z. B. durch schadhafte Außenmauer) gegen die übrigen WEer bestehen nur bei **schuldhafter** Verursachung bzw. Unterlassung (BayObLG, DerWEer 85, 58; OLG Frankfurt a. M., DerWEer 85, 61/LS = 85, 121), ggfs. auch gegenüber dem **Verwalter**. Ansprüche aus § 906 BGB sind nicht ausgeschlossen (vgl. OLG Stuttgart, NJW 2006, 1744; BGH, NJW 2004, 775). Steht dem durch **Feuchtigkeit** geschädigten WEer ein Schadensersatzanspruch gegen den Verursacher zu, kann er z. B. Ersatz durch Austausch der Fliesen verlangen (LG München I NZM 2005, 912). Ggfs. tritt dafür die Leitungswasserversicherung der Gemeinschaft ein (ebenda). Der Schadensersatzanspruch, der sich gegen die übrigen WEer richtet, ist nach Bejahung der **Rechtsfähigkeit** insoweit gegen die Gemeinschaft als solche zu richten (BGH NZM 2005, 543 = NJW 2005, 2061; OLG München NZM 2006, 110: bei Verletzung der **Verkehrssicherungspflicht**).

Gegenüber der Auffassung *Demharters* (NZM 2006, 82), die auf §§ 1004 Abs. 1 BGB, §§ 15 Abs. 3, 14 Nr. 1 WEG gestützten Abwehransprüche in Form von Beseitigungs- und Unterlassungsansprüchen bei einem unzulässigen Gebrauch des GemEs blieben auch nach der Entscheidung des BGH (jetzt des Gesetzgebers) in der Zuständigkeit der WEer(?), ist zu differenzieren. Es können sich durchaus Ansprüche eines oder mehrerer WEer gegen die **WEergemeinschaft** als solche ergeben. Nicht nur Schadensersatzansprüche sind denkbar, die aus der unsachgemäßen Verwaltung herrühren, sondern auch die aus einem unsachgemäßen Gebrauch des GemEs entstandenen oder zu erwartenden Beeinträchtigungen – nicht nur am SE, sondern auch im Hinblick auf sonstige absolute Rechte – (Gesundheit usw.). Hier erscheint fraglich, ob die Reduzierung der BGH-Entscheidung auf die „Verwaltung des GemEs" sachgerecht ist, vor allem im Hinblick auf denkbare Überlagerungen beider Gesichtspunkte und Konkurrenzen. Dies gilt nicht nur, wenn ein **WEer** solche Ansprüche geltend macht, sondern auch für die **Gemeinschaft** auf der „Aktivseite". Im Fall der Beeinträchtigung des GemEs ist jeder WEer befugt, Ansprüche aus §§ 985, 1004 selbstständig, aber gemäß § 1011 BGB, gegen Dritte geltend zu machen (BayObLG, NJW-RR 2004, 1160). Anders, wenn die **Gemeinschaft** die Geltendmachung solcher Ansprüche **beschließt** (s. o. Rz. 35). Dies folgt aus der eigentumsmäßigen Teilberechtigung eines jeden WEers. Nach dem VGH München (NZM 2006, 230) kann ein WEer nicht (mehr) im eigenen Namen Ansprüche wegen Verletzung des **GemEs** gegen ein Bauvorhaben auf dem **Nachbar-**

grundstück geltend machen. Bezüglich des SEs ist die Frage offengelassen (ebenda, unter teilw. Aufgabe seiner Rspr.).

Zur Anzeigepflicht s. BayObLG, DerWEer 87, 27, zur Sorgfalt für Versorgungseinrichtungen anderer (Einfrieren von Wasserleitungen) s. BayObLG, DerWEer 89, 135. Zum Unterlassungsanspruch bezüglich eines Bordellbetriebs s. BayObLG v. 21. 11. 80, 2 Z 72/80. Der vorübergehende **Ausfall** der **Nutzung** des SEs oder exklusiven Nutzungsmöglichkeit, etwa einer **Terrasse,** stellt i. d. R. keinen ersatzfähigen **Vermögensschaden** i. S. von § 249 S. 2 BGB dar (OLG Köln NJW-RR 2006, 89). Die Bewertung des Nutzungsausfalls als Vermögensschaden ist auf Wirtschaftsgüter von **zentraler Bedeutung** beschränkt, auf deren ständige Verfügbarkeit die eigene wirtschaftliche Lebenshaltung der Betroffene typischerweise angewiesen ist (BGH 98, 212 = NJW 87, 50; NJW 93, 1793 = MDR 93, 537; OLG Köln a. a. O.). Das **Rechtsschutzinteresse** für die Tituliering eines Anspruchs auf Unterlassung bestimmungswidriger Nutzung des SEs besteht auch dann, wenn der entspr. WEer infolge langfristiger Vermietung nicht in der Lage ist, den mit dem Unterlassungsanspruch begehrten Zustand kurzfristig herbeizuführen (KG, DerWEer 85, 61).

Zur Duldungspflicht bei Störungen s. *Palandt/Bassenge,* § 906 Rz. 31 ff.

VIII. Besitz und Besitzschutz (ius prohibendi)

39 1. Bei SE gilt das allgemeine Besitzrecht ohne wesentliche Abweichungen.

40 2. An gemeinschaftlichen Teilen besteht im allgemeinen Mitbesitz, auch alleiniger Teilbesitz oder Mitbesitz nur einiger WEer ist denkbar.

Bei Mitbesitz im Sinne des § 866 sind zu unterscheiden Besitzentziehung, dann voller Besitzschutz im Sinne der §§ 859 ff. BGB, und Besitzstörung, dann Klage im Sinne der §§ 13 bis 15 und 43 Nr. 1 (BayObLG, MDR 71, 301 = ZMR 71, 162; 243 (LS) = NJW 71, 436). Zur Besitzberechtigung eines **Ehegatten** auf Grund einer Vereinbarung für die Zeit nach der Scheidung vgl. AG Mannheim, NJW 75, 1037.

IX. Gefahrtragung

41 Jeder WEer trägt die Gefahr für den Bereich seines SEs allein u. für den Bereich des gemeinschaftl. Eigentums mit den anderen zusammen.

Nach § 21 Abs. 4 kann jeder auch die Mitwirkung zur Wiederherstellung eines ursprünglichen Zustandes von allen WEern verlangen.

X. Mängel des Gemeinschaftseigentums

Gewährleistungsansprüche aus Verträgen der **Gemeinschaft** stehen ohne Weiteres der rechtsfähigen Gemeinschaft zu. Probleme können sich beim Zusammentreffen individualrechtlicher Interessen mit solchen der Gemeinschaft ergeben.

Erwerber von WE haben bei Mängeln des WEs nicht nur Gewährleistungsrechte bezüglich des Gemeinschaftseigentums, sondern auch des SEs. In Bezug auf das **SE** ergeben sich keine Besonderheiten für die Geltendmachung. Diese ist allein Sache des betr. Erwerbers. Hinsichtlich der Gewährleistung am **GemE** ist bei einem individuellen Erwerb ebenfalls das Verhältnis Veräußerer – Erwerber maßgeblich. Streitfragen sind im **ordentlichen** Verfahren zu klären, wobei in diesen Fällen im allg. ein Kaufvertrag zugrunde liegt (Normalfall des Privatkaufs).

WEG-spezifische Probleme können sich im Rahmen der Begründung und des nachfolgenden Erwerbs von WE ergeben, wenn damit die Abnahme des GemEs vom Verkäufer/Bauträger/Unternehmer sowie die Geltendmachung etwaiger Mängel verbunden sind.

Damit sind die aus den jeweiligen Verträgen begründeten individuellen Ansprüche in best. Fällen **gemeinschaftsgebunden**. Nach h. M. kann jeder WEer **Mängelbeseitigungsansprüche** (§ 634 BGB) etwa gegen den Bauträger selbstständig geltend machen (BGHZ 114, 383; ZIP 96, 426; NZM 2004, 464); auch gegen andere Beteiligte (BGH, WM 91, 362). Dies jedoch nur in **Prozessstandschaft** mit Leistung an **alle** entspr. § 432 Abs. 1 BGB (OLG Frankfurt a. M., NJW 75, 2297), jetzt an die Gemeinschaft. Auch nach der gesetzlichen Anerkennung der **Teilrechtsfähigkeit** der Gemeinschaft handelt es sich nicht um Verwaltungsvermögen, sondern grundsätzlich um die anteilige Berechtigung der WEer am GemE (s. § 10 Abs. 6). Allerdings kann nun die Gemeinschaft als Verband durch **Mehrheitsbeschluss** die Durchsetzung der auf die ordnungsgemäße Herstellung des GemEs gerichteten Rechte der Erwerber von WE **an sich ziehen** (BGH, NZM 2007, 403 = NJW 2007, 1952; NJW 2007, 1957 = NZM 2007, 407). Macht sie von dieser Möglichkeit Gebrauch, begründet dies ihre **alleinige Zuständigkeit**. Im Gerichtsverfahren tritt die WEergemeinschaft als gesetzliche **Prozessstandschafterin** auf (BGH a. a. O.; ebenso in NZM 2007, 478). Das gilt auch für den Anspruch auf **Nachbesse-**

§ 13 42 I. Teil. Wohnungseigentum

rung (BGH, NJW 79, 2207; DerWEer 85, 92) nach § 634 Nr. 1 BGB i. V. mit § 635 (**Nacherfüllung**), § 634 Nr. 2 (Ersatz der Kosten für die **Selbstvornahme**) und ggfs. **Vorschuss** dafür (§ 637 BGB). Individuell bleibt der **Rücktritt** vom Vertrag nach §§ 281, 323 BGB im Rahmen eines Kaufs möglich (BGH, WM 71, 958 = DB 71, 1350 = ZMR 71, 323/LS; BGH, WM 71, 1251 = MittBayNot 71, 357; OLG Düsseldorf, NJW 71, 1847 = MittBayNot 71, 357; dazu auch *Knöchlein/Friedrich,* MittBayNot 71, 135). Ein Nachbesserungsanspruch aus dem Erwerbsvertrag wegen Mängeln am GemE kann schon vor der Eintragung im GB geltend gemacht werden (OLG Frankfurt a. M., NJW-RR 93, 339). Der Käufer einer EW kann nach Eröffnung der **Insolvenz** über das Vermögen des Verkäufers die Kaufpreisforderung nur insoweit durch **Aufrechnung** mit einer Gegenforderung wegen Mängeln am GemE erfüllen, wie der Wert der EW hinter ihrem Wert bei mangelfreiem Zustand des GemEs zurückbleibt (BGH v. 22. 12. 95 – V ZR 52/95, NJW 96 H. 12 S. VIII).

Ist die EW noch nicht vollkommen fertig gestellt, gilt **Werkvertragsrecht** (BGHZ 87, 112; BGH MDR 76, 484; NJW 77, 1336; 79, 2207; 80, 400 m. A. *Weitnauer;* MDR 80, 135 = BlGBW 80, 71 = WM 79, 839). Entscheidender Unterschied zum Kauf ist bei diesem nicht die Herstellung des Gegenstandes Vertragsinhalt, die Wertschöpfung für den Besteller, sondern die Übereignung eines **fertigen** Gegenstands (BGH, a. a. O.; im Einzelnen s. zusammenfassend *Pause,* NJW 93, 553). Auf den Erwerb einer **neuerrichteten** EW ist aber auch dann Werkvertragsrecht anzuwenden, wenn die Bauleistungen bei Vertragsschluss bereits abgeschlossen sind (BGH NZM 2005, 187 stRspr.). Dies gilt auch für die Veräußerung eines **sanierten Altbaus** (ebenda). Ein solcher nach Werksvertrag zu beurteilender Erwerbsvertrag liegt auch dann vor, wenn der Veräußerer in einem früher gewerblich genutzten Gebäudeteil nach entsprechenden Umbauten eine EW erstellt (BGH, NJW 88, 1972). Gleiches gilt, wenn ein **Altbau** in EWen umgewandelt wird und mit dem „Verkauf" der Wohnungen eine **Herstellungsverpflichtung** verbunden ist (BGHZ 100, 391; NJW 2005, 187; NJW 2006, 214 = NZM 2006, 21). Wenn dies nicht der Fall ist, gilt beim Erwerb umgewandelter EWen **Kaufrecht** (BGH, NJW 89, 2534; krit. *Sturmberg,* NJW 89, 1832). Erreicht die Herstellungspflicht nicht dem Umfang oder der Bedeutung nach **Neubaucharakter,** wendet der BGH auf den werkvertraglichen Teil Werkvertragsrecht, ansonsten Kaufrecht an (NJW 2006, 214 = NZM 2006, 21).

Nach Auffassung des BGH braucht der einzelne WEer die **Abnahme** durch die Mehrheit der WEer nicht gegen sich gelten zu lassen (DerWEer 85, 92). Richtig ist, dass das Recht zur Abnahme oder Verweigerung beim Erwerb seinen Grund in der individuellen Vertragsbeziehung Unternehmen – Erwerber hat, auch soweit es das GemE betrifft (*Riesenberger,* NZM 2004, 537). Andererseits genügt, dass die Mehrheit der WEer rechtzeitig gerügt hat, damit die Gemeinschaft **Nachbesserungsansprüche** wegen Mängel am **Gemeinschaftseigentum** geltend machen kann (BGH, DB 71, 1350 = WM 71, 960; BayObLG, NJW 73, 1086 = ZMR 74, 59; a. A. OLG Köln, Rpfleger 69, 54 und OLG Frankfurt a. M., MDR 74, 848). Nach h. M. kann die Gemeinschaft durch Beschluss die Abnahme erklären (BayObLG, NZM 99, 862), auch soweit es die Ersterstellung betrifft. Dies ist nicht notwendig, da der Veräußerer bis zur letzten Veräußerung das Risiko der Gewährleistung für Mängel trägt und der Gemeinschaft kein Risiko durch das spätere Handeln entsteht (im Ergebnis *Riesenberger,* a. a. O.). Ein WEer, der selbst keinen Vertragsanspruch hat, kann nach dem OLG München (OLGZ 80, 233) bez. des GemEs keine Mängelansprüche geltend machen (s. die Übersicht über die Rspr. des BGH von *Deckert,* ZfBR 84, 161; s. a. *Weitnauer,* JZ 92, 1054).

Der **einzelne** Wohnungseigentümer ist befugt, den **Kostenerstattungsanspruch** nach §§ 634 Nr. 2, 637 BGB) bei Selbstvornahme oder einen Vorschuss auf die voraussichtlichen Mängelbeseitigungskosten zu verlangen (BGH, NZM 2004, 464; NZM 2005, 792: Aufwendungsersatz nach § 633 Abs. 3 BGB a. F.); zumindest bis zu einer Beschlussfassung der Versammlung (OLG München, NJW 73, 2027; DWEer 78, 104; BGH NZM 2005, 792). Allerdings ist die Gemeinschaft letztlich deshalb zuständig, weil der Unternehmer durch die Fristsetzung nach § 637 Abs. 1 BGB nicht mehr in der Lage ist, selbst nachzuerfüllen (BGH, NJW 2003, 1526). Die Einleitung eines **Beweissicherungsverfahrens** bedarf keines Beschlusses der WEer (BGH, Rpfleger 80, 14). Grundsätzlich kann die **Gemeinschaft** über die Geltendmachung von Mängelbeseitigungsansprüchen befinden (BGH, NZM 2007, 403; BGHZ 89, 35; BayObLG, ZWE 2000, 266). Dies gilt auch für den Fall, dass **vor** Bildung der WEG-Gemeinschaft eine gesamthänderische Bindung durch eine – später auseinandergesetzte – **BGB-Gesellschaft** bestand (KG NZM 2005, 830). Der BGH differenziert nach der Art der geltend gemachten Gewährleistungsrechte. Die **Wahl** zwischen **Minderung** und **Schadensersatz** statt Nachbesserung steht den WEern gemeinschaftlich zu (BGH, NJW 79, 2207; NZM 2004, 464; NJW 2005, 187; 3420; NZM 2007, 403). Somit kann auch ein individueller **Mängelbeseitigungsanspruch** durch nachfolgenden, anders lautenden Beschluss hinfällig werden, und zwar aus dem Grund der Unmöglichkeit der Leistung (BGHZ 68, 372; BayObLG v. 29. 2. 96 – 2 ZBR 142/95). Auch ein Mehrheitsbeschluss der WEer, auf Gewährleistungsansprüche hinsichtlich best. Mängel am GemE im Wege des **Vergleichs** gegen Zahlung eines Ausgleichsbetrags seitens des Veräußerers zu verzichten, wirkt für und gegen die Minderheit, auch gegen einen Rechtsnachfolger (LG München I, NJW-RR 96, 333). Nach a. A. können sich die WEer nur selbst dafür entscheiden, ob Mängel am GemE durch die Gemeinschaft geltend gemacht werden sollen (*Staudinger/Bub,* § 21 Rz. 260).

44 Die WEer können auch durch Mehrheitsbeschluss bestimmen, dass der **Verwalter** Nachbesserungsansprüche wegen Mängeln am GemE im eigenen Namen geltend machen soll (BGH, Rpfleger 81, 346; WM 86, 837; NJW 92, 1881). Dies gilt auch für den Verwaltungsbeirat (BGH, NJW 2004, 464).

Rücktritt (§§ 634 Nr. 3, 636, 323, 326 Abs. 5 BGB) oder **großer Schadensersatz** bedeuten die Rückgängigmachung des Erwerbsvertrags. Die Ausübung dieser Rechte ist allein Sache des **einzelnen** WEers. Z. B. kann der Erwerber bei mangelhaftem Schallschutz, der sich nur durch erhebliche Eingriffe in die Bausubstanz lösen lässt, vom Vertrag zurücktreten (OLG Hamm, NZM 2009, 587). Dies ist unabhängig davon, ob die Gemeinschaft einen **Vergleich** mit dem Bauträger geschlossen hat (OLG Brandenburg NZM 2005, 431). Dabei ist der ihm bei Selbstnutzung anzurechnende **Vorteil** zeitanteilig linear aus dem Erwerbspreis zu ermitteln (BGH NZM 2006, 19). Ist die Wohnung mangelhaft, ist von dem Nutzungsvorteil unter Berücksichtigung des Gewichts der Beeinträchtigung ein Abschlag vorzunehmen, der gem. § 287 ZPO geschätzt werden kann. Der selbstnutzende WEer kann dabei von seiner Eigentümerstellung ausgehen (BGH a. a. O.).

Problematisch sind somit nur die Ansprüche auf Nachbesserung, Minderung oder kleiner Schadenersatz. Grundsätzlich ist jeder WEer, wie o. Rz. 42 ausgeführt, zur selbstständigen Verfolgung der aus seinem Vertrag herrührenden auf Beseitigung der Mängel gerichteten Ansprüche befugt (BGHZ 74, 258 = NJW 1979, 2207, NZM 2004, 464). Bis zu einer Entscheidung der Gemeinschaft gilt dies auch für die sekundären Gewährleistungsrechte. Es ist jedoch auch das Recht der Gemeinschaft, durch Mehrheitsbeschluss hierüber zu entscheiden (BGH, a. a. O.; NZM 2007, 403; KG, NJW 2004, 1672). Wird von der Mehrheit **Minderung** des Werklohns beschlossen, ist ein überstimmter WEer nicht mehr befugt, die Beseitigung der Mängel zu verlangen (OLG Düsseldorf, NJW-RR

93, 89 = BauR 93, 229). Begründet wird dies zurecht mit der Gemeinschaftsbezogenheit (BGH, NZM 2007, 403; BGH 74, 258; BGHZ 81, 35; BGH, NJW 83, 453; BGHZ 110, 258 = NJW 98, 2967; NZM 2004, 464; so auch KG, NJW 2004, 1672). Zieht die Gemeinschaft solche gemeinschaftlichen Ansprüche nicht an sich, hat sie ggfs. Ansprüche aus §§ 812 ff. BGB, wenn ein WEer diese erfolgreich geltend gemacht hat (KG, a. a. O.). Die WEer können aber nach der Grundsatzentscheidung **Minderung** dem einzelnen WEer überlassen, ob er Minderung geltend macht und einen Rückzahlungsanspruch entspr. seinem Anteil am GemE selbst verfolgt (BGH, NJW 83, 453). Im Fall der Entscheidung der Gemeinschaft für (kleinen) **Schadensersatz** kann sie selbst den Betrag geltend machen oder einen WEer, mehrere oder einen Dritten ermächtigen, ihn für sie oder im eigenen Namen zugunsten der Gemeinschaft einzufordern. Der einzelne WEer kann Zahlung an die Gemeinschaft verlangen, an sich selbst nur nach entspr. Entscheidung der Gemeinschaft (BGHZ 114, 383; NJW 2005, 189; 3420).

Die Gemeinschaftsgebundenheit kann auch entfallen in Fällen, in denen der Mangel nicht behoben werden kann, der nur das **SE** betrifft (BGHZ 110, 258), bei endgültiger Ablehnung der Nachbesserung (BGH, NJW 2002, 140) oder Schadensersatz für die notwendigen Gutacherkosten (OLG Dresden, BauR 2001, 1276). **Bürgschaftsansprüche** der einzelnen WEer gehören nicht zum Verwaltungsvermögen, etwa die nach der **MaBV** (BGH, NZM 2007, 407). In diesem Fall ist eine gewillkürte Prozessstandschaft durch Ermächtigung der WEer möglich (BGH a. zuletzt a. a. O.).

Offengelassen hat der BGH die Frage, ob diese Rspr. auch für die Gewährleistungsansprüche aus **Kaufrecht** gilt (NJW 89, 3534). Es sind allerdings keine Gründe ersichtlich, warum der Grundsatz im Kaufrecht nicht gelten sollte (so OLG Frankfurt a. M., NJW-RR 93, 121). Nach Auffassung des BGH haftet der Verkäufer von WE für Fehler des GemEs nach § 434 BGB für Sachmängel nur zu seinem rechnungsmäßigen Anteil (ebenda). Zum Schadenersatz wegen Nichterfüllung bei vorbehaltsloser **Abnahme** einer als mangelhaft erkannten Werkleistung s. *Peters*, NJW 80, 705 und *Kellermann*, DB 79, 2261. Zur Frage, ob der Beschluss, in dem die WEer einen vom Bauträger erhaltenen Abgeltungsbetrag für Baumängel anteilig an die WEer auszahlen, ein Verzicht auf Mängelbeseitigung darstellt, s. BayObLG, NJW-RR 89, 1165. Zur Geltendmachung von Schadensersatzansprüchen nach dem ProdukthaftungsG s. § 10 Rz. 40.

§ 13 45–47 I. Teil. Wohnungseigentum

45 Die **Beseitigung** von auf Baumängeln beruhenden Schäden wird grundsätzlich den Instandsetzungsverpflichtungen des **Verwalters** i. S. des § 27 Abs. 1 Nr. 2 WEG zugerechnet (OLG Schleswig, GemWoW 80, 199). Dies wird als Folge der Instandsetzungsaufgabe in Verbindung mit der allgemeinen Verwalterpflicht angesehen, die Gemeinschaft vor vermeidbaren Schäden zu bewahren, insbesondere den schutzwürdigen Interessen der Wohnungseigentümer nicht die eigenen Interessen voranzustellen (BGH, NJW 1977, 44; NJW-RR 93, 1227; dazu *Deckert,* Wohnung und Haus 79, 179 ff.). Der Verwalter ist dabei verpflichtet, auf eine sachgerechte Entscheidung der WEer zur Mängelbeseitigung – u. a. durch Hinwirken auf eine Klärung der **Mängelursache** – vorzubereiten und anzuregen (OLG Düsseldorf, NZM 2007, 137). Bei **Identität** Bauträger/Verwalter ist bei Geltendmachung eines Schadensersatzanspruchs wegen Verletzung der Verwalterpflichten auch zu prüfen, ob der Anspruch deshalb gerechtfertigt ist, weil der Verwalter als Bauträger die Anlage mangelhaft errichtet und aus diesem Grund gegenüber **dem WEer** schadensersatzpflichtig ist (a. a. O.; s. § 27 Rz. 67). Die **Kenntnis** des Verwalters von einer der Teilungserklärung **widersprechenden** baulichen **Herstellung** ist den WEern bei einem Rückbauverlangen (auch unter dem Gesichtspunkt der Verwirkung) nicht zuzurechnen (OLG Celle ZWE 2006, 50/LS).

46 In individuellen Verträgen kann die Gewährleistung wegen Mängeln durch entspr. Abrede abbedungen werden. Allerdings nur bei entspr. Information über die Rechte des Bestellers/Erwerbers. Eine formularmäßige **Freizeichnungsklausel,** in der der Veräußerer von WE seine Gewährleistung auf den Umfang beschränkt, in dem er die Baubeteiligten „mit zweifelsfrei begründeter Erfolgsaussicht" in Anspruch nehmen kann, ist unwirksam (BGH, ZMR 77, 48); ebenso die Bestimmung, dass ein Veräußerungsvertrag kein Werkvertrag, sondern Kaufvertrag sei, falls er in der Tat Werkvertrag ist (BGH, NJW 79, 2207).

47 Beim reinen **Kauf** einer EW kann dagegen die Gewährleistung formularmäßig abbedungen werden (BGHZ 108, 56). Das gilt auch für Mängel der von der Modernisierung unberührt gebliebenen **Altbausubstanz** (BGH NJW 2006, 214); anders bei Renovierung von Grund auf (BGHZ 100, 391; OLG Frankfurt a. M., NJW-RR 97, 121). Hat der Verkäufer von EWen die Gewährleistungsansprüche an die Käufer abgetreten, so muss er die entsprechenden Unterlagen an die Käufer herausgeben (OLG Hamm, ZMR 76, 142). Die Freizeichnung eines Bauträgers nach Abtretung seiner Gewährleistungsansprüche gegen andere am Bauwerk Beteiligte an den Besteller ist allerdings nach § 307 Abs. 2 Nr. 2 BGB unwirksam, wenn sie formularmäßig erfolgt (BGH, NJW 2002, 2470). Ein **Änderungs-/Abweichungsvorbehalt** im Bauträgervertrag bezüglich Bauausführung bzw. Materialauswahl wegen Verstoßes gegen § 10 Nr. 4 **AGBG** a. F. unwirksam sein (BGH NJW 2005, 3429; jetzt §§ 305 ff. BGB).

Auch bei **Mehrhausanlagen** steht das Recht auf Gewährleistung der (Gesamt-)Gemeinschaft zu. Ob die GemO allerdings bestimmen kann, dass eine **Teilgemeinschaft** (z. B. alle TEer von Stellplätzen an einer Tiefgarage) allein über die Art der geltend zu machenden Gewährleistungsansprüche wegen Baumängeln entscheidet (BayObLG v. 29. 2. 96 – 2 Z BR 142/95, NJW 96, H. 24 S. XIV), ist nach der Anerkennung der Teilrechtsfähigkeit der Gemeinschaft nach § 10 Abs. 6 zweifelhaft. Im **Einzelfall** sind gegen eine Ermächtigung dagegen keine Bedenken zu erheben. Neben der Gemeinschaft kann die Teilgemeinschaft keine Rechtsfähigkeit beanspruchen (s. Einl. Rz. 34).

Zu dem Recht der Allg. Geschäftsbedingungen s. §§ 305 ff. **48** BGB, zur Inhaltskontrolle § 307, zu den **Klauselverboten** § 308 (mit Wertungsmöglichkeit) und § 309 BGB (ohne Wertungsmöglichkeit). Zum Text s. Anh. III, 2.

Die Verjährungsfrist beträgt nach § 634a Abs. 1 Nr. 2 BGB bei Mängeln eines Bauwerks fünf Jahre. Die Frist beginnt mit der Abnahme (Abs. 2).

Zum Zurückbehaltungsrecht am Kaufpreis s. OLG Bamberg v. **49** 22. 12. 77 (WEM 79, 169).

Zum Umfang der Mängelansprüche s. BGH v. 28. 2. 80 (NJW 80, H. 20 S. VIII: Nicht als entschädigungspflichtiger Vermögensschaden ist anzusehen, wenn ein zu einem Bauwerk gehörendes Schwimmbad während der Mängelbeseitigung vorübergehend nicht benutzt werden kann).

Die vom BGH entwickelten **Grundsätze** zur **Unwirksamkeit** **50** des formelhaften Ausschlusses der Gewährleistung für Sachmängel in einem notariellen Individualvertrag gelten auch beim Erwerb einer EW, die durch **Umwandlung** eines **Altbaus** geschaffen worden ist (BGH, DerWEer 89, 37; NZM 2005, 187) oder durch Umwandlung eines Bungalows in ein Haus mit zwei EWen entstanden ist (BGH, ZIP 89, 1200).

Ein besonderes Problem ist die Aufnahme des § 13 VOB/B in den **51** Bauträgervertrag mit der Folge der Abkürzung der Verjährungsfrist auf 2 Jahre. Ausführlich dazu vor allem *Schmidt* (MittBayNot 80, 237). Nach ihm kann der Umstand, dass jemand mehr schuldet als nur eine Bauleistung, nicht dazu führen, dass das für Bauleistungen geltende

Recht nicht angewendet werden dürfe (anders die wohl h. M. vor allem *Brych,* Kauf vom Bauträger, 5. Aufl. Rz. 35, 285 ff. und ZfBR 79, 222; siehe auch *Bärmann/Seuß,* Rz. A 531; *Schmidt,* DNotZ 94, 420; *Pause,* Bauträgerkauf u. Baumodelle, 4. Aufl. 2004).

52 Die Frage, wann bei einer großen EWsanlage das GemE **abgenommen** ist, kann problematisch sein (s. OLG Stuttgart, MDR 80, 495; jedenfalls nicht automatisch mit Bezug der letzten Wohnung). Sie beginnt mit der Abnahme (BGH, NZM 2004, 464). „Wohnungsübergabeprotokoll" bedeutet nicht ohne weiteres auch **Abnahme** des GemEs (OLG Düsseldorf v. 21. 9. 79 – 22 U 49/79). Sie kommt erst in Betracht, wenn das GemE fertiggestellt ist (BGH, a. a. O.).

53 Zum Problem der Abnahme der Bauleistungen s. allgemein *Bühl,* BauR 84, 237, der der individualrechtlichen Lösung bezüglich des GemEs folgt und *Pause,* NJW 93, 553.

Die **Vorschussklage** einzelner WEer wegen Mängeln am GemE **unterbricht** die laufende Gewährleistungsfrist auch für einen später begründeten Anspruch auf Zahlung eines höheren Vorschusses zur Behebung desselben Mangels (OLG Düsseldorf, BauR 91, 798: Wechsel von der Vorschlussklage zum Anspruch auf Kostenerstattung).

54 Im Übrigen richten sich Reparaturen am GemE **nach** Erwerb, die durch die Gemeinschaft vergeben werden, nach §§ 631 ff. BGB.

55 Bezüglich des **SEs** gilt das Werkvertragsrecht bzw. Kaufrecht des BGB ohne Besonderheiten. Bei mangelhaftem **Schallschutz** einer EW gelten z. B. die entsprechenden Gewährleistungsregeln (BGH, NZM 2009, 590; OLG Zweibrücken v. 13. 2. 80 – 7 U 8/78: Schadensersatz). Es ist dabei vom üblichen Qualitäts- und Komfortstandard auszugehen (BGH a. a. O.). Dem Eigentümer eines **Stellplatzes** an einer Doppelstockgarage steht gegenüber dem Veräußerer ein Schadensersatzanspruch zu, wenn dieser Stellplatz unbrauchbar ist (BGH, DerWEer 85, 125).

56 Die **Wohnqualität** einer EW kann Geschäftsgrundlage des Erwerbsvertrags sein (BGH, Wohnung u. Haus 81, 138; OLG Frankfurt a. M. v. 9. 1. 80 – 17 U 180/78).

57 Wie jeder Bauherr hat auch der Erwerber einer EW vom Bauträger das Recht, die Zahlung einer nach **Baufortschritt** fälligen Rate des Erwerbspreises jedenfalls wegen bis dahin am SE aufgetretener Baumängel in angemessenem Verhältnis zum voraussichtlichen Beseitigungsaufwand zu verweigern (BGH, NJW 84 H. 5, VI = DNotZ 84, 478). Nach § 641 Abs. 3 BGB mindestens in Höhe des Dreifachen der für die Beseitigung des Mangels erforderlichen Kosten (s. Anh. III, 2).

§ 14 Pflichten des Wohnungseigentümers

Jeder Wohnungseigentümer ist verpflichtet:

1. die im Sondereigentum stehenden Gebäudeteile so instand zu halten und von diesen sowie von dem gemeinschaftlichen Eigentum nur in solcher Weise Gebrauch zu machen, daß dadurch keinem der anderen Wohnungseigentümer über das bei einem geordneten Zusammenleben unvermeidliche Maß hinaus ein Nachteil erwächst;
2. für die Einhaltung der in Nummer 1 bezeichneten Pflichten durch Personen zu sorgen, die seinem Hausstand oder Geschäftsbetrieb angehören oder denen er sonst die Benutzung der in Sonder- oder Miteigentum stehenden Grundstücks- oder Gebäudeteile überläßt;
3. Einwirkungen auf die im Sondereigentum stehenden Gebäudeteile und das gemeinschaftliche Eigentum zu dulden, soweit sie auf einem nach Nummer 1, 2 zulässigen Gebrauch beruhen;
4. das Betreten und die Benutzung der im Sondereigentum stehenden Gebäudeteile zu gestatten, soweit dies zur Instandhaltung und Instandsetzung des gemeinschaftlichen Eigentums erforderlich ist; der hierdurch entstehende Schaden ist zu ersetzen.

Übersicht

	Rz.
I. Vorbemerkung	1
II. Die dem Raumeigentum im Besonderen immanenten Pflichten	2
III. Die nachbarrechtlichen Verpflichtungen im Besonderen	3
IV. Das verdinglichte Gemeinschaftsverhältnis als Grundlage	4
V. Zu Nr. 1	
1. Instandhaltung des SEs	5
2. Kein Nachteil durch Gebrauchsrechte am SE und gemeinschaftlichen Eigentum	7
VI. Zu Nr. 2	12
VII. Zu Nr. 3	14
VIII. Zu Nr. 4	15
IX. Gebäudeschadenshaftung	16
X. Sanktionen	
1. § 43 Abs. 1 Nr. 1	19
2. §§ 1004, 1007 BGB	20
3. Schadensersatz	21
4. Entziehungsklage	22

I. Vorbemerkung

1 Die Vorschrift umschreibt die aus der Gemeinschaft entstehenden Pflichten der WEer beim Gebrauch des SEs und GemEs. Hierzu kommen noch § 15 über Gebrauchsregelung und § 16 Abs. 2 bis 5 über Beitragspflichten. Zu den Pflichten entspr. dem modernen Eigentumsbegriff vgl. die Kommentare zu § 903 BGB.

Gegen Pflichtverletzung richten sich Ansprüche aus Besitz- und Eigentumsstörung, auch die Klage auf Entziehung nach § 18. Insoweit wurde das dem § 1004 BGB entstammende Rechtsinstitut des Beseitigungs- und Unterlassungsanspruchs in das WEG transformiert. Streitigkeiten über den Gebrauch zwischen den WEern unterliegen § 43 Abs. 1 Nr. 1.

II. Die dem Raumeigentum im Besonderen immanenten Pflichten

2 **Nr. 1:** Instandhaltung und Gebrauchmachen in gegenseitiger Rücksichtnahme; **Nr. 2:** Ausdehnung auf zum Hausstand oder Geschäftsbetrieb gehörende Personen; **Nr. 3** und **4:** Duldungspflichten. § 14 betrifft das Gebrauchs**maß**, nicht die Gebrauchsart. Eine gewisse Toleranz ist allerdings zumutbar. Rechtsmissbrauch und Schikane sind wie allgemein verboten. Die Priorität eines Rechts ist dabei ohne Bedeutung.

III. Die nachbarrechtlichen Verpflichtungen im Besonderen

3 Sie erwachsen aus einem intensivierten Nachbarschaftsverhältnis (s. § 13 Rz. 34 ff.).

IV. Das verdinglichte Gemeinschaftsverhältnis als Grundlage

4 Das durch Eintragung auch mit Wirkung für Sondernachfolger verdinglichte Gemeinschaftsverhältnis ist die Grundlage für die Mitgliedschaftsrechte (siehe § 13 Rz. 29 ff.)

Zu unterscheiden sind:
– Juristische oder materielle Erhaltungsakte (s. § 21 Rz. 25 ff., § 13 Rz. 31 f.; s. auch § 16 über Lasten- und Kostentragung und Nutzungen).
– Mitwirkung bei der Verwaltung: Anspruch eines jeden WEers aus § 21 Abs. 3 und 4.
– Bauliche Veränderungen und Erneuerungen: § 22 Abs. 1 (dazu dort Rz. 2 ff., § 13 Rz. 4 ff.).

Pflichten des Wohnungseigentümers 5 § 14

- Pflichten zum Wiederaufbau: § 22 Abs. 4.
- Versicherungspflicht: § 21 Abs. 5 Nr. 3: innerhalb der ordnungsmäßigen Verwaltung (Feuerversicherung, Haus- und Grundbesitzerhaftpflicht).
- Aufopferungspflichten, nach allgemeinen Grundsätzen, s. insbesondere § 910, ggfs. nachbarrechtlicher Ausgleichsanspruch (*Palandt-Bassenge,* § 906 Rz. 42).

V. Zu Nr. 1

1. Instandhaltung des SEs. Die Verpflichtung zur Instandhaltung beinhaltet eine gewisse Einschränkung des Grundsatzes, über SEs-Räume beliebig verfahren zu können. Sie rechtfertigt sich aus dem Gesichtspunkt, dass die mangelhafte Pflege des SEs zu Schäden an fremdem SE oder des GemEs führen kann. Insbesondere sind alle Anschlussleitungen, die an Gemeinschaftsleitungen hängen (Wasser, Gas, Elektrizität, Heizung, Kabel), in einem solchen Zustand zu erhalten, dass Schäden für die übrigen und Beeinträchtigung ihrer gleichartigen Rechte nicht entstehen. Die entsprechenden Kosten sind von dem jeweiligen WEer zu tragen. Missbrauch des SEs durch Verwahrlosung findet seine Grenze in den Notwendigkeiten des geordneten Zusammenlebens. **Beheizungspflicht** während der Heizperiode ist vorzunehmen (BayObLG, WuM 89, 341). Die Sicherung eines einem WEer zur ausschließlichen Nutzung zugewiesenen Kfz-Abstellplatzes durch **Absperrpfähle** ist u. U. unzulässig (BayObLG, Rpfleger 82, 15). Nur bei wesentlicher Beeinträchtigung besteht ein Anspruch auf Durchführung **schalldämmender Maßnahmen** gegen einen MEer (BayObLG, Wohnung u. Haus 80, 102). Z.B. kann ein TEer, der beim erlaubten **Ausbau** seiner Dachgeschossräume zu Wohnzwecken einen nicht den anerkannten Regeln der Baukunst entsprechenden **Estrich** einbaut, vom Eigentümer der darunter liegenden Wohnung unmittelbar auf Verbesserung des Schallschutzes in Anspruch genommen werden (BayObLG, NJW-RR 92, 974).

Dagegen besteht bei der Begründung von WE an einem **Altbau** für WEer keine Pflicht, nachträgliche Maßnahmen zur Verbesserung des **Schallschutzes** anzubringen: Der z. Zt. der Aufteilung bestehende Zustand bestimmt den **Standard** (LG Halle, ZWE 2010, 48; OLG Stuttgart, WuM 94, 390 = NJW-RR 94, 1497; OLG Celle, NZM 2005, 379; OLG Düsseldorf, NZM 2008, 288; OLG München, NZM 2008, 133). Erst **danach** vorgenommene Maßnahmen zur Erneuerung des Bodenbelags und Versorgungsleitungen sowie im Sanitärbereich müssen sich nach den zeitgemäßen Standards richten. Diese ergeben sich aus den allg. anerkannten Normen wie DIN und VDI (OLG Frankfurt/M, NZM 2005, 68; str. a. A. OLG Saarbrücken, ZMR 2006, 802; OLG München, NZM 2005, 504). Es erscheint nicht angemessen, mit der a. A. auf den Standard des Errichtungszeitpunkts abzustellen. Allg. ist im Falle der Sanierung ist das **aktuelle** Baurecht z. B. hinsichtlich des Schallschutzes zu beachten (BayObLG, NZM 2000, 504; OLG Frankfurt/M, NZM 2006, 903; OLG München, NZM 2008, 133)). Auch bei Auswechslung der **Bodenbeläge** ist der aktuelle Standard des Trittschallschutzes einzuhalten (s. § 13 Rz. 14). Dazu gehört auch seine Erhaltung (OLG Hamm, ZMR 2001, 842 = ZWE 2001, 389). Es darf nicht zu negativen Veränderungen bei Maßnahmen kommen (OLG Düsseldorf, NZM 2008, 288; OLG München, NZM 2008, 133 = NJW-RR 2008, 608). Im Übrigen sind normale **Wohngeräusche** (Gehen, Putzen des Bodens, Badbenutzung, Telefonieren u. ä.) ortsüblich und hinzunehmen (LG Frankfurt a. M., NJW-RR 93, 281); ebenso Wohnungs**gerüche** im üblichen Rahmen (OLG Düsseldorf, NZM 2008, 489 = NJW 2008, 2194). Eine Geräuschentfaltung (Geschrei, laute Musik, Springen und Trampeln auf der Treppe in der häuslichen Wohnung, Möbelrücken, Türenknallen u.w.) ist in der Sonderverbindung der WEer zu unterlassen, soweit sie Nr. 1 überschreitet (OLG Düsseldorf, NZM 2009, 748). Eine **Haftung** des WEers für Schäden an fremdem SE oder dem GemE setzt grundsätzlich **Verschulden** voraus (OLG Saarbrücken, NZM 2007, 774; AG Mühlheim, DerWEer 84, 29 für Schäden an der Terrassenisolierung durch Wurzelwerk und BayObLG, NJW-RR 94, 718 für Wasserschaden). Allerdings wird auch die Auffassung vertreten, auch im Verhältnis der WEer untereinander gelte daneben der **verschuldensunabhängige** nachbarrechtliche Ausgleichsanspruch des § 906 Abs. 2 S. 2 BGB analog (OLG Stuttgart NZM 2006, 141). Das OLG hat demzufolge eine Haftung des WEers als **Störer** angenommen, in dessen SE ein undichter Sanitäranschluss einen Schaden am benachbarten SE herbeiführte. **Mittelbarer Störer** ist nicht nur der WEer, der die störende Handlung des Mieters billigt, sondern auch der, der es unterlässt, den Mieter vom das GemE beeinträchtigenden Gebrauch abzuhalten (OLG Düsseldorf, DWE 2009, 23). Im Übrigen haben die WEer auch insoweit **eigene** Ansprüche nach §§ 985 ff., 823 ff. BGB.

6   Durch Vereinbarung können **Pflichten** nach § 14 noch **präzisiert** und **erweitert** werden (OLG Frankfurt a. M., NZM 2004, 231). Zur Rücksichtnahme unter eng **verwandten** WEern s. BayObLG, NJW-RR 93, 336 = WuM 93, 88. Diese haben Nachteile als unvermeidlich hinzunehmen, die von einem Fremden nicht

Pflichten des Wohnungseigentümers 7 § 14

hingenommen werden müssen (BayObLG, a. a. O.). Eine der Teilungserklärung an sich widersprechende äußere Gestaltung der Wohnanlage (z. B. der **Gartengestaltung** der Gemeinschaftsfläche) wirkt für den Neuerwerber wie eine **Erstherstellung,** deren Änderung er nicht verlangen kann (KG, NJW-RR 89, 976).
Zu den Devastationsansprüchen s. §§ 1133 bis 1135 BGB.

2. Kein Nachteil durch Gebrauchsrechte am SE und gemein- 7
schaftlichen Eigentum (dazu *Behr/Pause/Vogel,* NJW 2009, 1385).
Keinem der anderen WEer darf ein **Nachteil** über das bei einem geordneten Zusammenleben unvermeidliche Maß hinaus entstehen. Dabei sind die Grenzen **fließend.** Sie werden u. a. bestimmt durch die Eigenart der Anlage, ihre Gestaltung, Gliederung in unterschiedliche Gebäude und Gemeinschaftsflächen und Umgebung (OLG Düsseldorf, WE 95, 150; OLG Frankfurt a. M., DerWEer, 98, 44; KG, NZM 2000, 879). Dabei ist kein Nachteil, wenn sich der Gebrauch innerhalb der getroffenen Regelung nach § 15 Abs. 1 hält (OLG München, ZMR 2007, 215). Im Übrigen ist eine fallbezogene Abwägung der beiderseits grundrechtlich geschützten Interessen erforderlich (BVerfG NJW 95, 1665; NZM 2005, 182; NZM 2010, 44: Für den Fall eines **Hausverbots** gegen den Besucher eines WEers; s. § 13 Rz. 11). Die Schwelle der Beeinträchtigung ist **eher niedrig** anzusetzen (ebenda). Eine ganz geringfügige Beeinträchtigung ist kein Nachteil i. S. der Nr. 1 (BayObLG, ZMR 80, 381), doch ist darunter nicht nur eine erhebliche Beeinträchtigung oder Gefährdung zu verstehen (BayObLG, WEM 80, 33), sondern jede **nicht ganz unerhebliche Beeinträchtigung** (BGH, NJW 92, 978; BayObLGZ 79, 267/272; NJW 81, 690; BVerfG NZM 2005, 182; a. A. insoweit OLG Zweibrücken, NZM 2004, 428, das im Fall einer Markise eine erhebliche Beeinträchtigung fordert). Entscheidend ist die Sicht eines **verständigen** WEers (BVerfG a. a. O.). Hierzu reicht es aus, dass eine Beeinträchtigung der übrigen WEer auf Grund bestimmter Tatsachen zu befürchten ist (OLG Hamm, NJW-RR 93, 786). Nur konkrete, objektive Beeinträchtigungen gelten als solcher Nachteil; entscheidend ist, ob sich nach der Verkehrsanschauung ein WEer in entsprechender Lage verständlicherweise beeinträchtigt fühlen kann (BGHZ 116, 392 = NJW 92, 978 = WE 92, 321). Das schließt **ideelle Beeinträchtigungen** nicht aus (KG, NJW-RR 88, 586), etwa **Ehrverletzungen** wie Beleidigungen und Beschimpfungen (OLG München, NJW 2008, 80). Auch übersteigt das gezielte Hineinsehen in die Fenster einer im SE stehenden Wohnung vom GemEs aus regelmäßig das zulässige Maß des Gebrauchs (OLG München NZM 2005, 949:

§ 14 7   I. Teil. Wohnungseigentum

Grimassen schneidende Kinder). Dazu kann das öffentliche **Baurecht** Hinweise geben, falls sich aus Vereinbarung und Beschlusslage keine Regelung ergibt (BVerfG, ZMR 2006, 453). Dazu gehört auch eine unzulässige **Videoüberwachung** von einem SE aus (s. § 21 Rz. 26). Das gilt ebenso für eine länger dauernde Überwachung durch Kamera oder einen **Bewegungsmelder** (OLG Düsseldorf, NJW 2007, 780; OLG Hamm, WuM 91, 127). Eine Haustürvideoanlage muss sich deshalb auf Besuchererkennung beschränken (OLG Köln, ZWE 2008, 104).

Eine Änderung der Nutzung einzelner Räume im Rahmen der Zweckbestimmung „Wohnung" ist innerhalb der Grenzen der Nr. 1 zulässig (OLG Hamm, NZM 2007, 294). Eine Beeinträchtigung liegt z. B. vor, wenn ein WEer regelmäßig und notorisch Mülltüten und ähnliche **Abfälle** vor seiner Wohnungstür im Hausflur deponiert (OLG Düsseldorf, WuM 96, 436 = ZMR 96, 446 = NJWE-MietR 96, 250). Ein Nachteil ist bereits dann zu bejahen, wenn eine bauliche Veränderung gegen **öffentlich-rechtliche** Vorschriften verstößt (BayObLG, ZMR 2000, 38 = WE 2000, 80). Allein das **Fehlen** einer **Baugenehmigung** begründet nicht stets einen unvermeidbaren Nachteil i. S. der Nr. 1 (BayObLG NZM 2005, 109). Ein Nachteil i. S. des § 14 Nr. 1 WEG kann auch in einer sich negativ auswirkenden Veränderung des **optischen Bildes** eines Gebäudes bestehen. Dabei reicht nicht aus, dass die Veränderung des äußeren Erscheinungsbilds einer Wohnanlage deutlich sichtbar ist (BayObLG, ZMR 97, 152 = NJWE-MietR 97, 112). Vielmehr muss die Veränderung zu einer Verschlechterung des Gesamteindrucks geführt haben (OLG Schleswig, WuM 99, 595). Ob ein solcher Fall vorliegt, muss **objektiv** feststehen; und unterliegt im Wesentlichen tatrichterlicher Würdigung (BayObLG, WuM 95, 449 = NJW-RR 96, 266; ZMR 97, 152 = NJWE-MietR 97, 112; NZM 2005, 109). Es genügt nicht eine **subjektiv** als störend empfundene Beeinträchtigung (BayObLG, NJW-RR 92, 150). Eine nachteilige optische Veränderung des Gesamteindrucks hat das BayObLG für den Fall des **Einbaus** von **Fenstern** anstelle der vorhandenen Glasbausteine angenommen (WuM 98, 373). Berücksichtigt wird, was eine übermäßige Nutzung des gemeinschaftlichen Eigentums bzw. eine schwerwiegende Beeinträchtigung der Rechte anderer WEer darstellt (OLG Hamburg, NJW 88, 2052) oder **intensiveren** Gebrauch des GemEs darstellt (BayObLG NZM 2005, 109). Die Nutzung einer Terrasse (selbst als SE?) als begrünter **Dachgarten** braucht nicht hingenommen zu werden, da sie eine andersartige belastendere Nutzung darstellt (OLG Köln NZM 99, 1103; NZM 2005, 508). Eine Änderung bedürfte einer Vereinbarung

Pflichten des Wohnungseigentümers 7 § 14

(ebenda). Das Aufstellen von **Gartenzwergen** kann unzulässiger Gebrauch des GemEs sein (OLG Hamburg, DerWEer 89, 91 = NJW 88, 2052). Eine Lanze für die Gartenzwerge bricht das AG Recklinghausen (NJW-RR 96, 657), das 4 Gartenzwerge (davon einer 75 cm hoch) vor einem Entfernen durch Beschluss in Schutz nimmt (a. A. AG Essen-Borbeck, NZM 2000, 309 = NJW-RR 2000, 461). Eine **schwerwiegende** Beeinträchtigung der Rechte anderer (und zwar aller) WEer liegt dann vor, wenn ein WEer einen **Mauerdurchbruch** durch eine tragende Wand schafft, um zwei Eigentumswohnungen miteinander zu verbinden. Hierzu bedarf er grundsätzlich der Zustimmung aller WEer. Der von den übrigen WEern nicht hinzunehmende Nachteil besteht vorliegend auch darin, dass infolge des Durchbruchs die Abgeschlossenheit der Wohnungen aufgehoben ist (BayObLG, NJW-RR 95, 649; Az. 2 Z BR 58/96: auch wenn es sich um eine nicht tragende Wand handelt); dies gilt grundsätzlich auch für den Durchbruch durch eine **Brandmauer** (s. o. Rz. 32 Vor § 10); ebenfalls ein Nachteil ist die Errichtung eines **Sandkastens** im Garten der WEer (LG Paderborn, WuM 94, 104). Auch die **Verglasung** eines Balkons ist eine nicht hinzunehmende Beeinträchtigung, BayObLG, NJW-RR 93, 337. Im Falle der zulässigen Nutzung eines WEs als Architekturbüro oder Steuerberatungspraxis (vgl. oben § 13 Rz. 5) müssen die WEer die Anbringung eines **Praxisschildes** in angemessener Größe sowohl am Haus- als auch am Wohnungseingang dulden (KG v. 8. 6. 94, 24 W 5760/93 = NJW-RR 95, 333); auch das Anbringen von **Glasscheiben** auf den seitlichen Balkonbrüstungen (BayObLG, WuM 96, 487); die eigenmächtige Anbringung einer (Laden)**markise** (BayObLG, WuM 95, 449 = NJW-RR 96, 266; KG, NJW-RR 95, 587); die Anbringung einer ca. 15 cm nach außen vorstehender **Rollladenkästen** an der zur Straße gelegenen Seite eines Hauses (OLG Düsseldorf, WuM 96, 111); der nachträgliche Einbau von Rollladenkästen, der zu einer Verkleinerung der Fenster um 8 cm führt (OLG Düsseldorf, WuM 2000, 27); der Einbau zusätzlicher **Heizkörper** im SE bei nicht ausreichender Auslegung der Zentralheizungsanlage (OLG Schleswig, NJW-RR 93, 24); der Anschluss eines **Kaminofens** an den **Notkamin,** wenn dadurch andere WEer aus technischen Gründen einen Kamin oder Ofen gleicher Bauart nicht anschließen können (BayObLG, WuM 96, 488); der Einbau eines **Dachflächenfensters** ist eine sichtbare, nicht ganz unerhebliche Veränderung des **optischen Gesamteindrucks** der Wohnanlage, die ein Wohnungseigentümer hinzunehmen braucht; ein Nachteil im Rechtssinne kann in solchen Fällen nicht durch Anlegung eigener ästhetischer Wertmaßstäbe des

§ 14 7 I. Teil. Wohnungseigentum

Tatrichters verneint werden (KG, NJW-RR 92, 1232). So soll die Beseitigung des **Fassadengrüns** (i. F. wilden Weins) ein Nachteil für den widersprechenden WEer sein, falls generell Fassadengrün ausgeschlossen sein sollte (OLG Düsseldorf NZM 2005, 149). Die Installation einer Parabol**antenne** kann eine Beeinträchtigung des Erscheinungsbildes einer WE-Anlage sein (s. o. § 13 Rz. 23). Hier sei darauf hingewiesen, dass dem Informationsbedürfnis eines Bewohners auf Grund der Informationsfreiheit nach **Art. 5 GG** der Vorrang gegenüber den Interessen der WEer gebührt und sich insoweit die Anwendung der Grundsätze anbietet, die für das Mietrecht des BGB entwickelt wurden (BVerfG, NJW 95, 1665): Allerdings ist es Aufgabe der Fachgerichte, die Ausnahmemodalitäten bezüglich des WEsrechts zu entwickeln (BVerfG, a. a. O.). Ansonsten findet das Recht auf Informationsfreiheit dann seine Grenzen, wenn die Informationen in ausreichender Vielfalt über **Satellitenantennen** bezogen werden sollen. In einem solchen Fall gebührt dem Eigentumsrecht der Gemeinschaft Vorrang vor dem Grundrecht des einzelnen auf Informationsfreiheit (OLG Köln, WuM 96, 292). Im Übrigen bleibt das **Bestimmungsrecht** über den Ort der Anbringung einer Parabolantenne beim Vermieter (BVerfG NJWE-MietR 96, 26 = ZMR 96, 122). Hat eine Gemeinschaft mit Mehrheit beschlossen, dass die vorhandene **Antenne** durch einen Kabelanschluss ersetzt wird, so kann ein WEer dagegen nicht mit der Begründung angehen, er habe dadurch Nachteile trotz zusätzlicher Informationsmöglichkeiten für die WEer (OLG Köln, DerWEer 95, 155). Der Einbau eines **Treppenhauslifts,** der einem behinderten WEer den Zugang zu seiner Wohnung ermöglicht, ist zulässiger Gebrauch des gemeinschaftlichen Eigentums (AG Krefeld, WuM 99, 590); Zur **Duldung** einer durch gemeinschaftliches Eigentum führenden **elektrischen Leitung** zwecks Anschluss der Räume des Sondereigentums an den **Hausanschluss** des Stromversorgungsunternehmens s. OLG Hamburg, ZMR 92, 118. Dazu zählt eine vermehrte **Geräuschbelästigung** (BayObLG, DerWEer 83, 31); zur Frage des (unzulässigen) **Einbaus** von **Schränken** im Treppenhaus s. § 22 Rz. 4; ein TEer, der beim erlaubten Ausbau seiner **Dachgeschossräume** zu Wohnzwecken einen nicht den anerkannten Regeln der Baukunst entsprechenden **Estrich** einbaut, kann vom Eigentümer der darunterliegenden Wohnung unmittelbar auf Verbesserung des **Schallschutzes** in Anspruch genommen werden (BayObLG, NJW-RR 92, 974); zu weit geht allerdings ein Eigentümerbeschluss, der nächtliches **Baden** verbietet (er kann grob unbillig sein und damit gegen Treu und Glauben verstoßen, BayObLG, NJW 91, 1620); **Nachteil** ist auch eine nicht unerhebliche

Beeinträchtigung des **Lichteinfalls** (BayObLG, DerWEer 84, 27) oder der **Luftzufuhr** (BayObLG, DerWEer 84, 30), u. U. auch psychische Beeinträchtigungen eines WEers oder dessen Mieters (KG, DerWEer 88, 23), wenn sie von dem räumlich-gegenständlichen Bereich des SEs oder GemEs ausgehen. Es besteht das Verbot übermäßigen Gebrauchs sowohl am SE wie gemeinschaftlichem Eigentum. Wie bei a) werden auch hier nicht nur in SE stehende Gebäudeteile, sondern alle Gegenstände des SEs erfasst. Dagegen wird man das Betreiben eines **Gartengrill**gerätes auf der einem SNR unterliegenden Terrasse jedenfalls dann nicht als Nachteil i. S. der Nr. 1 ansehen können, wenn dieses nur dreimal im Jahr ausgeübt wird (LG Stuttgart, ZMR 96, 624 = NJWE-MietR 97, 37). In einem solchen Fall kommt auch ein Unterlassungsanspruch nicht in Betracht (ebenda). Dagegen ist es unzulässig, auf einer Sondernutzungsfläche mit einem **Holzkohlengrill** in einem Bereich, der weniger als etwa 25 Meter von der nächsten Wohnung entfernt ist, mehr als insgesamt fünfmal im Jahr zu grillen (BayObLG, WuM 99, 534 = NZM 99, 575), bei schonendem Gebrauch jedoch **gelegentlich** (ebenda). Unzulässig ist auch der Betrieb einer Gas-Etagenheizung mit **Abgasabführung direkt ins Freie** wegen der damit verbundenen störenden Wasserdampfentwicklung, und zwar auch dann, wenn der teilende Eigentümer mit dem Einbau der Gas-Etagenheizung einverstanden war (OLG Düsseldorf, WuM 97, 514).

Auf **Verkehrspflichten** in der Gemeinschaft der WEer ist in erster Linie die **vertragliche Haftung** aus dem Gemeinschaftsverhältnis auf der Grundlage von §§ 276, 278 BGB anwendbar. §§ 823 ff. BGB bleiben unberührt. Grundsätzlich tritt eine **Haftung** nur bei **Verschulden** ein (BayObLG v. 10. 3. 1994, 2 Z BR 13/94). §§ 1004 BGB, 14 Nr. 1 WEG sind Schutzgesetze i. S. von § 823 Abs. 2 BGB (KG, DerWEer 88, 23). Die schuldhafte Verletzung der Verpflichtung aus § 14 Nr. 1 stellt eine positive Forderungsverletzung dar (BayObLG, DerWEer 89, 135 = ZMR 89, 349: Vorsorge gegen Einfrieren der Wasserleitungen im Bereich des SEs). Einer solchen Pflicht der **Vorsorge** durch den Eigentümer eines SEs allerdings Grenzen gesetzt: danach beinhaltet die Pflicht, das SE so instand zu halten, dass einem anderen WEer kein Schaden entsteht, nicht die Verpflichtung, die **Wasserinstallation** regelmäßig von einem Fachmann überprüfen zu lassen (BayObLG, NJW-RR 94, 718). Werden Jahrzehnte nach Errichtung eines Bauwerks Bad und Toilette einer Wohnung erneuert, ist für die Frage, welche bei dem Gebrauch der Installation ausgehenden Geräuschbeeinträchtigungen in einer Nachbarwohnung hinzunehmen sind, die

DIN-Norm maßgebend, die bei Vornahme der Umbauarbeiten gilt (BayObLG, FGPrax 2000, 15). Wird SE oder GemE, dessen Instandhaltung einem SEer obliegt, infolge mangelhafter Instandhaltung des GemEs beschädigt, haften die übrigen WEer dem Geschädigten nur für ein Eigenverschulden (OLG Düsseldorf, NJW-RR 95, 587 = ZMR 95, 177).

9 Auch **Störungen** durch Haus- und Besitzangehörige sind zu vermeiden, auch durch nur anstößiges Verhalten. Ein WEer braucht z. B. nicht hinzunehmen, dass sich ein Nachbar über längere Zeit hinweg mehr oder weniger bekleidet im Hausflur bewegt (LG Bonn, Az. 6 T 26/90). Das gilt nicht zugunsten des Mieters einer EW (ebenda). Eine Störung kann sich auch durch eine **Zweckentfremdung** hinsichtlich der Nutzung ergeben. So reicht es bspw. aus, dass eine im Aufteilungsplan als Büro gekennzeichnete Fläche als Getränkemarkt genutzt wird (vgl. OLG Schleswig, WuM 99, 229). Die Intensität der **Belegung** einer EW richtet sich ggfs. nach öffentlich-rechtlichen Vorschriften über Personenzahl und Zimmergrößen (BayObLG, NJW 94, 1662; OLG Frankfurt a. M., OLGZ 94, 532). Dürfen Räume nach ihrer Beschaffenheit oder Zweckbestimmung als „Laden" genutzt werden, so kann der Betrieb eines sogen. **Erotik- oder Sexshops,** in dem Waren einschließlich Filme und Zeitschriften verkauft werden, dann untersagt werden, wenn er mit dem Charakter der Wohnanlage und den diesen prägenden örtlichen Verhältnissen nicht vereinbar ist (s. aber den § 13 Rz. 9 zu einem Erotikfachgeschäft). Dies ist dann anzunehmen, wenn es sich um den einzigen Laden in einem Wohnhaus handelt, das auch zum Wohnen von Familien mit Kindern und Jugendlichen geeignet ist und wenn sich auch in der unmittelbaren Nachbarschaft keine Läden befinden (BayObLG, NJW-RR 95, 467; KG, NZM 2000, 879: Betrieb eines Erotik-Fachgeschäfts, nicht aber Sex-Shop). Die WEer brauchen nicht zu dulden, dass in einer vermieteten Wohnung der Prostitution nachgegangen wird (BayObLG, WuM 93, 557 = ZMR 93, 580). Ebenso brauchen die übrigen WEer nicht den Betrieb eines **Bordells** hinzunehmen (BayObLG, Rpfleger 81, 13; OLG Frankfurt a. M., ZMR 2002, 616; v. 7. 6. 2004 – 20 W 59/03), auch nicht in einem TE (LG Nürnberg-Fürth, NZM 2000, 54). Ebenfalls nicht, dass ein WEer einer **Prostituierten** sein WE überlässt, die ihre Dienste in Zeitungsanzeigen unter Angabe ihrer vollen Anschrift anbietet (BayObLG, NJW-RR 95, 1228); ob dann im fraglichen WE auch tatsächlich der Prostitution nachgegangen wird, ist in diesem Zusammenhang zweitrangig: Die Störung liegt hier bereits im Inverrufbringen. Belästigung eines **Mieters** durch einen WEer beeinträchtigt den anderen WEer in zulässiger Nut-

Pflichten des Wohnungseigentümers 10 § 14

zung des WEs durch Vermietung. WEer kann diese Belästigung seines Mieters in eigenem Namen geltend machen nach § 43 Abs. 1 Nr. 1 (OLG Frankfurt a. M., NJW 61, 324).

Zur Frage der **Haustierhaltung** s. § 15 Rz. 6 (vgl. BGH, NJW- **10** Spezial 2008, 2 zum Mietrecht; BayObLG, NJW 72, 880 = ZMR 72, 226 = MDR 72, 516; OLG Karlsruhe, DerWEer 88, 68). Danach ist ein Verbot der Haustierhaltung nur bei vertraglicher Unterwerfung verbindlich. Ein generelles **Verbot** von bestimmten Tierarten kann deshalb nicht durch einen Versammlungsbeschluss ausgesprochen werden (so bez. **Hunde** KG, v. 13. 1. 92 – 24 W 2671/91). Im Übrigen ist dies auch beim Vorliegen einer entspr. Hausordnung Entscheidung des Einzelfalls (s. a. § 15 Rz. 6). Auch bei ihrem Fehlen ist konkret zu ermitteln, ob und wieweit die Tierhaltung wegen unzumutbarer Belästigung oder im Interesse einer ordnungsgemäßen Hausverwaltung zu untersagen ist (OLG Karlsruhe, DerWEer 88, 68). Dem einen Hund haltenden WEer kann untersagt werden, das Tier auf den gemeinsamen Zuwegen zum Gebäude unangeleint oder unzureichend angeleint laufen zu lassen (sogen. **Leinenzwang**), wenn nach einer Störung Wiederholungsgefahr besteht (OLG Hamburg, WuM 99, 50). Unterbinden können die WEer generell eine **übermäßig** große **Anzahl** von Haustieren, abhängig von der jeweiligen Situation der Anlage, des Gebäudes und der Wohnung (OLG Frankfurt/M, NZM 2006, 265; dazu *Blank,* NJW 2007, 729). Durch **Mehrheitsbeschluss** kann die Beschränkung auf eine bestimmte **Anzahl** von **Haustieren** ausgesprochen werden (BayObLGZ 72, 90; a. A. *Schmidt*, BlGBW 80, 99, der auf eine konkrete Beeinträchtigung abstellt). Ein WEer überschreitet das Maß des ordnungsgemäßen Gebrauchs des SEs jedenfalls dann, wenn er in seiner 42 qm großen Ein-Zimmer-Wohnung mehr als vier **Katzen** hält (KG, NJW-RR 91, 1116). Dasselbe gilt für den Fall, dass im WEer mehrere **Schlangen** und dazu erforderliche Futtertiere hält (OLG Frankfurt a. M., 20 W 149/90). Auch die Haltung giftiger Schlangen und Frösche in einer EW stellt keinen ordnungsmäßigen Gebrauch des SEs dar (OLG Karlsruhe, NZM 2004, 551). Dagegen ist das Halten und Züchten nichtgiftiger Reptilien in Wohnung und Garten zulässig, wenn eine Geruchsbelästigung ausgeschlossen ist und keine sonstigen Nachteile mit ihr verbunden sind (OLG Karlsruhe, NZM 2004, 551). Das Halten von über 100 **Kleintieren** in einer Zweizimmerwohnung ist eine nicht hinzunehmende, unzumutbare und damit unbillige Belästigung, selbst wenn keine konkrete Geruchsbelästigung oder die Ausbreitung von Ungeziefer feststellbar sein sollte (OLG Köln, NJWE-MietR 96, 62 = ZMR 96, 97 = WuM 96, 109; OLG

Zweibrücken, WE 2000, 33). Das Verbot der Haltung von **Kampfhunden** durch Beschluss der WEer ist zulässig (KG, 24 W 38/03 = NZM 2004, 145; OLG Celle, NZM 2003; 242; OLG Frankfurt a. M., NJW-RR 93, 981; OLG Düsseldorf, NZM 2002, 272). Die Durchsetzbarkeit von **Hundehaltungsverbot** bzw. -einschränkungen gegenüber einem **Mieter** ist von der mietvertraglichen Situation abhängig (s. *Briesemeister*, ZWE 2010, 24).

So kann gegenüber dem Mieter nicht die Unterlassung einer nicht störenden Hundehaltung auf Grund einer Beschlussfassung durch die WEer verlangt werden (LG Nürnberg-Fürth, ZWE 2010, 26), die eine Hundehaltung generell untersagt.

Die Ausübung von Musik hat zwischen der Entfaltung der Persönlichkeit und dem Ruhebedürfnis der anderen WEer einen Ausgleich zu finden. Ein generelles **Musizierverbot** ist unzulässig (BGHZ 139, 288; OLG Hamm, NJW 81, 465 = Rpfleger 81, 149; s. § 15 Rz. 5), dort auch zur zeitlichen Beschränkung (vgl. auch BayObLG, DerWEer 85, 61). Dagegen besteht ein Anspruch auf Unterlassung störenden Musizierens (OLG Frankfurt a. M., OLGZ 84 Nr. 38; BayObLG, NJW-RR 94, 337). Auch das gänzliche Musizierverbot an **Sonn-** und **Feiertagen** erscheint rechtlich bedenklich (BayObLG, NJWE-MietR 96, 12). Dagegen stellt die zeitliche Beschränkung des Musizierens auf 3 Stunden täglich einen rechtlich vertretbaren Interessensausgleich zwischen den beteiligten WEern dar (BayObLG, NJWE-MietR 96, 12). Auch die Festlegung einer Uhrzeit, ab der nicht mehr musiziert werden darf, ist zulässig (OLG Stuttgart, WuM 98, 430). Zur Überlassung einer EW als **Wachstation** für **Polizeibeamte** s. § 13 Rz. 6 a. E.

Aus der Obhutspflicht folgt **Anzeigepflicht** von Mängeln an gemeinschaftlichem Eigentum. Zur Entbehrlichkeit der Zustimmung eines WEers s. § 22 Rz. 13, 18.

Zu Duldungspflichten s. § 14 Nr. 4.

11 Auch die Ausübung der Befugnisse des Berechtigten eines **Sondernutzungsrechts** muss sich im Rahmen der Nr. 1 halten (s. a. § 15 Rz. 9). So rechtfertigt das Recht eines WEers „zur alleinigen Nutzung als Hof- und Ziergarten" nicht die eigenmächtige Entfernung einer 18 Jahre alten und 6–7 m hohen **Bepflanzung** der Gartenfläche (OLG Düsseldorf, NJW-RR 94, 1167). Ebenso ist ein WEer, dem ein Sondernutzungsrecht an einer **Gartenfläche** zusteht, nicht berechtigt, eigenmächtig sichtbare kniehohe **Beeteinfassungsmauern** zu errichten, selbst wenn das Mauerwerk sich durch seine Gestaltung in den Gesamtcharakter der Wohnanlage einfügt (KG, NJW-RR 94, 526 = DWEer 95, 30). Dagegen hält sich die Errichtung eines zweisitzigen ca. 2 m hohen **Schaukelge-**

rüsts auf der Grünfläche im Rahmen eines SNRs, wenn dem WEer ein best. Teil des Gartens zur alleinigen Nutzung zugewiesen ist (OLG Düsseldorf, NJW-RR 89, 1167). Die Beseitigung eines Gehölzes auf einer Sondernutzungsfläche kann nicht verlangt werden, wenn durch dessen **Rückschnitt** auf ein gemeinverträgliches Maß die Beeinträchtigung entfällt (BayObLG, DWEer 95, 28 = WE 95, 345; KG, NJW-RR 96, 464 = FGPrax 96, 19 = ZMR 96, 149). Zur Auslegung einer Sondernutzungsfläche als Garten s. OLG Düsseldorf, NJW-RR 96, 1228. Bei einer größeren EWsanlage bedeutet die Errichtung von **Garagen** und **Einstellplätzen** keinen Nachteil i. S. von Nr. 1 (OLG Düsseldorf, a. a. O.).

VI. Zu Nr. 2

Es handelt sich um eine **Haftung** für Hilfspersonen unter Anwendung der zum Mietrecht entwickelten Grundsätze. Nr. 2 gibt nähere Umschreibung des Personenkreises, für den nach § 278 BGB einzustehen ist. Darunter fallen auch Mieter und Untermieter (BayObLG, MDR 70, 586 = ZMR 70, 221 = NJW 70, 1550; OLG Düsseldorf, NJW-RR 95, 1165. Aber auch für den **Käufer,** dem der Verkäufer der EW die Wohnung bereits vor Umschreibung überlässt (KG, NZM 2000, 681), hat der WEer einzustehen. Das gilt auch für die vom Käufer beauftragen Hilfspersonen (ebenda). Der **Vermieter** einer EW haftet z. B. für **Wasserschäden,** die sein Mieter an der darunter liegenden EW schuldhaft verursacht (AG Frankfurt a. M., NJW-RR 94, 1167; vgl. *Kirchhoff,* ZMR 89, 323). Jedoch kommt eine Haftung des WEers für seinen Mieter als Erfüllungsgehilfen dann nicht in Betracht, wenn dessen Verantwortlichkeit für eigenes Verschulden nach §§ 827, 828 BGB ausgeschlossen ist (OLG Düsseldorf, NJW 95, 1165). Hierdurch wird im Gegensatz zum typisiert festzustellenden Verschulden nach § 276 BGB in individuell auf den jeweiligen Schädiger anzuwendender Zurechnungsmaßstab aufgestellt *(Jauernig/Teichmann,* vor § 827 Anm. 1), der darüber entscheidet, in welchen Fällen der WEer für seinen Mieter haftet oder nicht haftet. Von der Verpflichtung nach Nr. 2 kann sich der WEer auch nicht dadurch befreien, dass er gegenüber einem Mieter Bindungen eingeht, die dem Interesse der übrigen WEer widersprechen (LG Hamburg, DerWEer 84, 28). Es kann ggfs. die **Kündigung** eines auf zweckwidriger Wohnnutzung beruhenden Mietverhältnisses verlangt werden (OLG Düsseldorf, DerWEer 89, 176; OLG Düsseldorf, DWE 2009, 23; OLG Saarbrücken, NJW 2008, 80; a. A. wohl BayObLG, ZMR 94, 25 = NJW-RR 94, 337). Danach ist der TEer einer **Gaststätte** zwar verpflichtet, eine unzumutbare Lärmbelästigung anderer WEer durch den Pächter oder Unterpächter zu unterbinden. Er kann aber nicht vorschnell verpflichtet werden, das Vertragsverhältnis zu kündigen und notfalls auf Räumung zu klagen. Es muss ihm vielmehr selbst überlassen werden, auf welche Weise er den geschuldeten Erfolg erreicht. Richtigerweise ist zu differenzieren: Eine **Kündigung** ist dann geschuldet, wenn sie das Einzige oder letzte Mittel zur Beseitigung der Beeinträchtigung darstellt. Zunächst liegt eine **Unterlassungsklage** des vermietenden WEers gegen seinen Mieter nahe (OLG Düsseldorf, DWE 2009, 23) (zum Mietrecht s. *Palandt/Heinrichs,* § 278 Rz. 118). Die WEer brauchen im Allgemeinen nicht hinzunehmen, dass in einer EW Mieter der **Prostitution** nachgehen, wenn gewerbliche Nutzung untersagt ist (OLG Frankfurt a. M. v. 7. 6. 2004 – 20 W 59/03). In Anlagen mit Einzimmerwohnungen und besonderer Nutzung und Struktur kann dagegen die Ausübung durch „Callgirls" zulässig sein (OLG Köln, DWE 2009, 49).

13   Der **Haftungsumfang** richtet sich nach allgemeinem Recht. Ein deliktischer Schadenersatz kommt höchstens für Verrichtungsgehilfen nach § 831 in Frage. § 14 Nr. 2 ist **Schutzgesetz** im Sinne § 823 Abs. 2 BGB. Ein Anspruch aus §§ 823 ff. BGB gegen den **Mieter** einer EW wegen Beschädigung des GemEs **verjährt** in 3 Jahren nach § 195 BGB, wenn er der **Gemeinschaft** zusteht (LG Stuttgart, NJW-Spezial 2008, 162).

VII. Zu Nr. 3

14   Nr. 3 enthält die Verpflichtung zur **Duldung** von Einwirkungen, die nach Nr. 1 und 2 zulässig sind, einbezogen die Rechtsausübung nach § 13. Zu dem Pflichtenkreis kommt noch § 21 Abs. 5 Nr. 6 (Herstellung von Fernsprechteilnehmereinrichtungen, Rundfunkempfangsanlagen, Umbau von Fernsehantennen zum Empfang weiterer Programme: AG Wiesbaden MDR 67, 126; Energieversorgungsanschluss, Umstellung einer Etagenheizung auf Gas: AG Hannover Rpfleger 69, 132). Nicht zu duldende Einwirkungen sind Besitz- und Eigentumsstörungen und Sonderwünsche einzelner WEer (BayObLGZ 71, 281 = MDR 72, 52; KG, WM 72, 709), z. B. durch unzulässige bauliche Veränderungen an der Fassade (s. dazu § 22 Rz. 9 ff.; zum Maß der zu duldenden Beeinträchtigung vgl. BayObLGZ 79 Nr. 46; WEM 80, 33). Wenn durch die Veränderungen im Bereich des SEs Beeinträchtigungen der WEer erfolgen, die durch eine erheblich teurere Maßnahme am GemE behebbar wären, bleibt der Anspruch auf Wiederherstellung des

veränderten Zustands bestehen (OLG Düsseldorf, NZM 2001, 958; OLG Frankfurt/M, NZM 2005, 68).

VIII. Zu Nr. 4

Hs. 1 normiert eine Gestattungspflicht hinsichtlich des Betretens 15 und der Nutzung des SEs durch Dritte (WEer/Verwalter/Handwerker). Es handelt sich um eine Ausdehnung der Verpflichtung nach Nr. 3, dem **Aufopferungsanspruch** verwandt (OLG Schleswig, NZM 2007, 46); s. im Einzelnen *v. Rechenberg,* ZWE 2005, 47). Die Gestattungspflicht besteht auch hinsichtlich eines **SNRs,** also der diesem unterliegenden Teilen des Gebäudes und der Grundstücksfläche (OLG Düsseldorf, ZMR 2006, 459). Auch ein **Nutzer** i. S. der Nr. 2 hat das Betreten unter den genannten Voraussetzungen zu gestatten. Die Vereinbarung kann die Gestattungspflichten konkretisieren und erweitern, allerdings nur im Rahmen angemessener Beschränkung (OLG Zweibrücken, NJW-RR 2001, 730) der Rechte des WEers. Anlasslose **Kontrolle** ist unzulässig (ebenda). Sie ist jedoch entsprechend zu gestatten bei der Prüfung/ Begutachtung, ob entspr. Maßnahmen angezeigt sind (OLG München, NJW-RR 2006, 1022). Eine aktive Handlungspflicht ist damit nicht verbunden (BayObLG, NJWE-MietR 96, 36).

Der Anspruch des WEers **(Hs. 2)** geht auf Ersatz des Schadens, der adäquat verursacht ist (BayObLG, DerWEer 87, 58). Bei Auslegung und Anwendung der Nr. 4 ist die Bedeutung und Tragweite von Art. 13 GG zu berücksichtigen (BayObLG, WE 97, 114). **Verschulden** ist **nicht** erforderlich (BayObLG, DerWEer 87, 58; OLG Düsseldorf, NZM 99, 507; OLG Frankfurt/M, NZM 2007, 251). Ein Schadensersatzanspruch in Geld kann auch bestehen, wenn dem WEer der **Eigengebrauch** (von Teilen) der EW (z. B. Terrasse) für nicht unerhebliche Zeit entzogen wird (BGH, NJW 87, 50; BayObLG, DerWEer 87, 58). Er umfasst **jede Art Schaden** (BGH, NJW 2003, 826: Ersatzunterkunft) in Folge von Betreten, Benutzung im Vorfeld der Instandsetzung und Abwicklung einschließlich des **Mietausfalls** (OLG Frankfurt/M, NZM 2007, 251). Dem Eigentümer eines **freiberuflich** oder gewerblich genutzten Teileigentums (hier: **zahnärztliche Praxis,** zahntechnisches **Labor**) steht kein Schadenersatz dafür zu, dass er **Terrasse** und **Garten** wegen **Bauarbeiten** längere Zeit nicht nutzen kann (BayObLG, NJW-RR 94, 1104; dort auch zur Frage einer pauschalen Entschädigung). Dies gilt auch für durch Sanierungsmaßnahmen verursachten Nutzungsausfall der Terrasse (OLG Köln NJW-RR 2006, 89; s. § 13 Rz. 38). Nach dem Schutzzweck der Nr. 4

Hs. 2 ist ein auf einem freien Willensentschluss beruhender, durch Instandsetzungs- oder Instandhaltungsarbeiten veranlasster **Verdienstausfall** des betreffenden WEers als Schaden nur dann zu erstatten, wenn der WEer nicht durch andere unentgeltliche oder kostensparende Maßnahmen ausreichend Vorsorge zur Bewachung seines Eigentums treffen kann (KG, NZM 2000, 284). Ggfs. ist ein **Mietausfall** zu ersetzen (OLG Köln, NJW-MietR 96, 274) oder die Miete einer Ersatzwohnung zu tragen (BGH, WuM 2003, 226). Nicht gemeint ist die Anbringung ständiger Einrichtungen (s. aber OLG Düsseldorf, BauR 81, 477 = DerWEer 82, 62 zur Duldung der Einsetzung neuer Fenster); keine **Duldungspflicht** besteht z. B. für Anbringung von Dachreklamen. Im Rahmen des Gemeinschaftsverhältnisses sind die WEer verpflichtet, dem Verwalter, einem Architekten und Handwerkern **Zutritt** zur Behebung von (auch nur vermuteten) Schäden zu ermöglichen, auch wenn sie die Wohnung nicht bewohnen (LG Bochum, DerWEer 88, 69). Diese Pflicht besteht auch für den Fall, wenn festgestellt werden soll, **ob** Maßnahmen der Instandhaltung oder Instandsetzung in Betracht kommen. Voraussetzung ist hierfür allerdings, dass ausreichend **Anhaltspunkte** für die Notwendigkeit solcher Maßnahmen vorliegen (BayObLG, NJWE-MietR 96, 229 = MDR 96, 1006 = WuM 96, 584). Der betr. WEer ist allerdings nicht verpflichtet, hierzu **Arbeiten** mit erheblichem Zeitaufwand auf seine Kosten vorzunehmen, z. B. Versetzen von Blumentrögen (BayObLG, NJWE-MietR 96, 36). Eine Frage des Einzelfalls ist, ob ein WEer das Betreten seiner Wohnung zur **Sanierung** des GemEs gestatten muss, um der Gemeinschaft die Kosten für die Aufstellung eines **Gerüstes** zu ersparen (BayObLG, a. a. O.).

Die Vorschrift erwähnt ausdrücklich nur GemE. Allerdings ergibt sich aus dem Nachbarschaftsverhältnis u. U. auch eine Pflicht zur Gestattung nach Hs. 1 im Interesse eines **anderen** WEers, wenn dessen SE nur dadurch repariert werden kann (s. § 13 Rz. 34 ff.). Ein Anspruch des WEers nach Nr. 4 gegen die Gemeinschaft berechtigt i. d. R. nicht zur **Aufrechnung** gegen Gemeinschaftsforderungen (OLG München, NZM 2007, 335 = NJW-RR 2007, 735). Dies gilt auch, soweit die **Gemeinschaftsforderung** ihren Rechtsgrund in einem Sonderumlagenbeschluss für diejenige Maßnahme hat, aus der der WEer seinen Schadensersatzanspruch nach Nr. 4 herleitet (OLG München a. a. O.). Die Vorschrift gilt **entsprechend** auch in dem Fall, wenn einem WEer durch Maßnahmen, die an sich ordnungsmäßiger Verwaltung entsprechen, an seinem SE ein Schaden entsteht (OLG Schleswig, NZM 2007, 46): Anspruch auf ordnungsgemäße Wiederherstellung als Modalität der

Aufopferung. Dieser Grundsatz ist auch dann anzuwenden, wenn es sich um **GemE** handelt, für das der WEer die **Instandsetzungslast** trägt (a. a. O.).

Ggfs. kommt eine Verpflichtung zur Gestattung des Betretens der Wohnung bei zulässiger **Versorgungssperre** in Betracht entspr. Nr. 4 (OLG München NZM 2005, 304).

IX. Gebäudeschadenshaftung

Die Grundsätze des § 836 BGB gelten auch für Einsturz oder Ablösung von Gebäudeteilen innerhalb des Gebäudes oder auch auf dem Grundstück usw., wenn andere WEer in Mitleidenschaft gezogen werden. Es besteht ein Anspruch dann gegen die WEer-Gemeinschaft bei Schädigung durch gemeinschaftliches Eigentum; anders bei Schaden durch Teile des SEs.

Auch eine Haftung des **Verwalters** (§ 26) als Gebäudeunterhaltungspflichtiger und nach Maßgabe des § 838 BGB kommt in Betracht (über seine Pflichten s. § 27 Abs. 1 Nr. 2). Zum Vertrag über eine Rechtsschutzversicherung für WE eines WEers **auch** zugunsten der übrigen WEer s. BGH v. 23. 3. 95 – IV ZR 207/94.

Mit dem **Übergang** der ausschließlichen **Verfügungsmacht** vom Bauträger auf die WEer ist der WEer für den bauordnungsrechtlichen Zustand der Wohnanlage verantwortlich (BayVGH, DerWEer 81, 48).

X. Sanktionen

1. Es kommen Abwehransprüche in Betracht vor dem Gericht nach § 43 in allen Fällen einer **Pflichtverletzung** nach § 14, § 15 oder 16 oder **Rechtsüberschreitung** nach § 13 (sowohl bei Pflichtverletzung gegen das gemeinschaftliche Eigentum wie gegen das SE). Antragsrecht hat **jeder** betroffene **WEer.**

2. §§ 1004, 1007 BGB (s. § 13 Rz. 38 f.). Neben Unterlassungsansprüchen kommt ggfs. auch eine **Feststellungsklage** in Betracht. U. U. auch eine **einstweilige Verfügung.** Bevor **konkrete** Zuwiderhandlungen vorliegen oder unmittelbar zu erwarten sind, kann ein WEer **nicht** verlangen, dass vom Gericht **Ordnungsmittel** für den Fall von Verstößen gegen die Hausordnung oder gegen Pflichten nach § 14 Nr. 1 angedroht werden (KG, DerWEer 85, 126/LS = 86, 89).

Dem **Verlangen,** eine bauliche Veränderung zu **beseitigen,** kann grundsätzlich nicht der **Einwand** rechtsmissbräuchlichen Verhaltens entgegengesetzt werden, weil bereits mehrere WEer das

Erscheinungsbild der Anlage durch (teils) genehmigte, teils nicht genehmigte Maßnahmen verändert haben (BayObLG, NJW-RR 93, 337). U. U. kann der **Rückbau** einer baulichen Veränderung (Vorgartensanierung durch WEer in Eigenregie) entspr. § 275 Abs. 2, 1004 BGB nicht verlangt werden, wenn ein befriedigendes optisches Bild geschaffen und der ursprüngliche Zustand nur mit unverhältnismäßigem Aufwand erreicht würde (Ausnahmefall! S. OLG Düsseldorf, NZM 2007, 446). Der **Mieter** eines WEers kann grundsätzlich auf Grund dessen Ermächtigung den Anspruch auf Beseitigung einer baulichen Veränderung im eigenen Namen geltend machen (BayObLG, NZM 2000, 678). Das Verfahren ist ebenfalls das ordentliche.

21 **3. Schadensersatz.** Haftung wie aus Vertrag (Vereinbarung oder gesetzlichem Schuldverhältnis nach §§ 10 ff.); Voraussetzungen richten sich nach §§ 276, 278, 249 ff., ggfs. 823, 831 BGB (OLG Stuttgart, WEM 80, 75; KG, DerWEer 87, 23; BayObLG, NZM 98, 1010; NZM 2002, 167; s. o. Rz. 7 f.). Die Geltendmachung erfolgt im ZPO-Verfahren vor dem Gericht nach § 43. Bei Verletzung gemeinschaftlichen Eigentums besteht ein Anspruch gem. § 420 BGB nur mit Wirkung für alle. Dies gilt auch für Schadensersatz nach Nr. 4. In diesem Falle richtet sich der Anspruch gegen die **Gemeinschaft** als solche nach § 10 Abs. 6 S. 2 (*Wenzel*, ZWE 2006, 462; *Palandt-Bassenge*, § 14 Rz. 17; a. A. die Rspr. zum WEG a. F., OLG Düsseldorf, ZMR 2006, 459; OLG Frankfurt/M, ZMR 2006, 625). Auch ein Anspruch gegen Dritte ist im ordentlichen Verfahren geltend zu machen.

22 **4. Entziehungsklage.** § 18. Daneben bleibt das Zivilverfahren vor dem Gericht nach § 43 in den Fällen der Nrn. 1 und 2 zulässig.

§ 15 Gebrauchsregelung

(1) **Die Wohnungseigentümer können den Gebrauch des Sondereigentums und des gemeinschaftlichen Eigentums durch Vereinbarung regeln.**

(2) **Soweit nicht eine Vereinbarung nach Absatz 1 entgegensteht, können die Wohnungseigentümer durch Stimmenmehrheit einen der Beschaffenheit der im Sondereigentum stehenden Gebäudeteile und des gemeinschaftlichen Eigentums entsprechenden ordnungsmäßigen Gebrauch beschließen.**

(3) **Jeder Wohnungseigentümer kann einen Gebrauch der im Sondereigentum stehenden Gebäudeteile und des ge-**

meinschaftlichen Eigentums verlangen, der dem Gesetz, den Vereinbarungen und Beschlüssen und, soweit sich die Regelung hieraus nicht ergibt, dem Interesse der Gesamtheit der Wohnungseigentümer nach billigem Ermessen entspricht.

Übersicht

	Rz.
I. Vorbemerkung	1
II. Inhalt	4
1. Verkehrspflichten	4
2. Hausordnung	5
3. Sondernutzungsrecht	9
a) Entstehung	9
b) Gegenstand	11
c) Übertragung	16
d) Ausübung	24
III. Wirkung	30
IV. Zustandekommen	31
1. Vereinbarung nach Abs. 1	31
2. Mehrheitsbeschluss nach Abs. 2	48
3. Gerichtliche Entscheidung nach Abs. 3	57

I. Vorbemerkung

„**Gebrauch**" i. S. des § 15 entspricht der „Benutzung" i. S. der 1 §§ 745 ff. BGB, also der praktischen Nutzung unter dem Gesichtspunkt des Alleingebrauchs des SEs und der gemeinschaftlichen Nutzung des GemEs im Rahmen der Einbindung in die Gemeinschaft. Eine Gebrauchsregelung setzt voraus, dass entweder eine **Zweckbestimmung** der von ihr betroffenen Teile der Anlage noch nicht vorliegt, oder dass zwar eine Zweckbestimmung schon gegeben ist, diese aber noch einer näheren Regelung bedarf (BayObLG, MDR 81, 937; OLG Stuttgart, NJW 61, 1359). Gebrauchsregelung betrifft sowohl **SE** wie **gemeinschaftliches Eigentum.** Für beides sind Vereinbarungen zulässig, auch Mehrheitsbeschluss, aber beschränkt auf Gebrauchsregelung (LG Köln, ZMR 77, 377 = WEM 78, 53; unklar BayObLG, WEM 79, 87 = Rpfleger 79, 216 bez. Mehrheitsbeschluss). Je nachdem ob es sich um SE oder GemE handelt, ist der Regelungsbereich enger oder weiter. So kann nicht durch Beschluss in das **SE** der WEer dadurch eingegriffen werden; z. B. dadurch, dass Heizkostenverteiler angebracht werden sollen oder Thermostatventile, abgesehen von gesetzlicher Verpflichtung dazu, z. B. nach der HeizkostenVO (AG Heidelberg, DerWEer 89, 72). **Nutzungsrechte** einzelner WEer können nicht gegen ihren Willen

§ 15 2–4   I. Teil. Wohnungseigentum

durch Beschluss willkürlich beeinträchtigt werden (BayObLG, NJW 62, 492).

2   Mangels Vereinbarung steht jedem Wohnungseigentümer das Recht zum **Mitgebrauch** gemeinschaftlicher Einrichtungen im **gleichen** Umfang zu (BayObLG, NJW 72, 1286 = MDR 72, 607 = Rpfleger 72, 260 = ZMR 72, 224; s. § 13 Rz. 18 f.). Damit kann eine gemeinschaftliche Einrichtung nicht ohne weiteres einzelnen WEern durch Beschluss zur teilweisen **Alleinnutzung** zugewiesen werden (BayObLG, NJW 74, 152; OLG Karlsruhe, Die Justiz 83, 459 = MDR 83, 672; OLG Zweibrücken, DerWEer 86, 27). Die Zuweisung von Gegenständen des GemEs an einzelne WEer zur alleinigen Nutzung und Kostentragung (Wasseranschlüsse über Gemeinschaftsflächen) kann nicht durch Mehrheitsbeschluss erfolgen (OLG München, NJW-RR 2007, 806). Dies gilt auch für die Einrichtung und Vermietung von Pkw-Stellflächen auf einer gemeinschaftlichen Fläche. Es bedarf einer Abwägung im Einzelfall, etwa bei **Vermietbarkeit** von Räumen in GemE, falls keine Vereinbarung entgegensteht und den WEern kein Nachteil entsteht (BGH, NJW 2000, 3211 und BayObLG, NZM 2000, 41, wonach an Stelle des sonst möglichen unmittelbaren Gebrauchs eines Kellerraums bei der Vermietung der Anteil an den Mieteinnahmen tritt: Vorlage an den BGH; vgl. auch § 22 Rz. 12). Nach der Zuerkennung der Rechtsfähigkeit ist die Gemeinschaft befugt, Mietverträge über GemE in ihrem Namen abzuschließen. Aufgabe der **WEer** ist es, über die Frage zu entscheiden, ob überhaupt und ggfs. mit welchen Modalitäten vermietet werden soll (s. *Wenzel,* NZM 2006, 321).

3   Abs. 2 ist § 745 BGB nachgebildet. Auch § 746 ist zu beachten (quasi-dingliche Wirkung). Die WEer können ggfs. die **Beseitigung** unzulässiger baulicher Veränderungen verlangen, z. B. wenn ein Deckendurchbruch zu einem **Speicherraum** und der Einbau von **Dachfenstern** im Speicherraum eine wohnungsähnliche und damit intensivere Nutzung des Raums ermöglichen (BayObLG, NJW-RR 93, 1295/LS). Der Gebrauch von SE und GemE hat sich auch im Rahmen des Bauordnungsrechts zu halten, insbesondere wenn sie dem **Nachbarschutz** dienen (OLG Hamm, DWE 2009, 66).

II. Inhalt

4   **1. Verkehrspflichten.** Typischer Inhalt von Gebrauchsregelungen sind Verkehrspflichten, die die Art und Weise der tatsächlichen Nutzung des SEs und Inanspruchnahme des GemEs zum Gegenstand haben. Nicht hierher gehören Verfügungen und Verpflichtungen zu Verfügungen. Gebrauchsregelung ist dispositiver Natur; ge-

meint ist Benutzung im Sinne der §§ 745 ff. BGB, sowohl hinsichtlich SEs wie gemeinschaftlichen Eigentums. Zur **Verwaltung** s. aber §§ 20 ff., sie erfasst nur das **gemeinschaftliche Eigentum**. Z. B. überschreitet die Nutzung einer **Grünfläche** als Zugang zwischen Haus und Straße und damit als Trampelpfad den Rahmen ordnungsgemäßen Gebrauchs (OLG Stuttgart, ZMR 95, 81 = NJW-RR 95, 527 = Justiz 95, 16 = WuM 94, 712; dort auch zum Anspruch auf Errichtung eines Zauns). Zur Erstreckung einer Benutzungsregelung auf ein nicht dem WEG unterliegendes **Nachbargrundstück** siehe OLG Frankfurt a. M., Rpfleger 75, 179. Die **Verkehrssicherungspflicht** obliegt allen WEern in Bezug auf das GemE (OLG Frankfurt a. M., NZM 2004, 144). Sie kann dem Verwalter übertragen werden (ebenda). Gültig ist ein Beschluss, nach dem sämtliche Warm- und Kaltwasserzähler anlässlich der nächsten turnusmäßigen Abrechnung **verplombt** werden (KG, NZM 2004, 624).

2. Hausordnung. Sie bezieht sich sowohl auf das GemE als auch 5 das SE (s. § 21 Abs. 5 Nr. 1). Soweit das SE betroffen ist, ist eine besonders sorgfältige Abwägung der Interessen und Rechte erforderlich. Deswegen ist ein Rauchverbot in Räumen des SEs unzulässig (a. A. *Hügel*, ZWE 2010, 18). So dient eine Hausordnung im allg. der Umschreibung der Sorgfaltspflichten der WEer: Schließen der Türen (LG Wuppertal, Rpfleger 72, 451), Regelung einer Haustür-**Schließanlage** (§ 21 Rz. 42), Verwahrung von Schlüsseln, Benutzung der **Aufzüge,** Schließen der Fenster bei Frost, Anordnung, dass auch Reparaturen und **Änderungen** innerhalb der SEs-Räume nur durch geeignete fachmännisch vorgebildete Handwerker erfolgen dürfen, **Reinigung** in bestimmter Weise und in bestimmten Abständen, Hausreinigung (LG Mannheim, MDR 76, 582), **Reinigung** des **Bürgersteigs** durch Erdgeschosseigentümer scheint nicht unbedenklich (unentschieden OLG Hamm, MittBayNot 70, 109). Nach OLG Hamm, WEM 5/81, 32 = DerWEer 81, 125, ist ein Beschluss über die **Streupflicht** als persönliche Leistungspflicht der WEer selbst im Turnus anfechtbar (OLG Düsseldorf, NZM 2004, 107; a. A. OLG Stuttgart, DerWEer 87, 99). Die Streupflicht hinsichtlich des GemEs ist Verwaltung i. S. des § 21 Abs. 1 (OLG Hamm, NJW 82, 1108; dazu auch BayObLG, WEM 82, 35). Sie kann aber dem Inhaber eines **Sondernutzungsrechts** in erster Linie obliegen (z. B. zu einem Hauszugangsweg; BayObLG, DerWEer 85, 95). Streuen des Bürgersteigs, Benutzungsordnungen für die Treppe und Aufzüge, Treppen- und Gangbeleuchtung, Benutzung der Waschküche und Trockenspeicher, Feuer- und Kälteschutz fallen darunter. Eine Gebrauchsregelung muss die Interessen der WEer angemessen berücksichtigen. Z. B. muss einem berufstätigen WEer die Möglichkeit gegeben werden, die gemeinschaftliche **Waschküche** auch am späten Nachmittag zu benutzen (KG, DerWEer 85, 61). Inwieweit die sichtbare **Wäschetrocknung** durch Aufhängen auf dem Balkon durch Beschluss geregelt werden kann, ist str. (OLG Oldenburg, ZMR 78, 245 u. OLG Düsseldorf, NJW-RR 2004, 376 andererseits). Es kommt auf die Situation an. Die Gemeinschaft kann den Gebrauch der **Waschmaschinen** für einen Zeitraum gestatten, der bequem einen kompletten Waschgang (Waschen, Schleudern, Trocknen) erlaubt (OLG Köln, NZM 2000, 191). Dies gilt auch für sonntags (ebenda). Verpflichtung eines TEers, unzulässigen **Lärm** durch den Pächter/Unterpächter zu verhindern (BayObLG, NJW-RR 94 337 = ZMR 94, 25). Unterlassung von Trampeln auf dem Boden durch **Kinder** in der darüber liegenden Wohnung (BayObLG, NJW-RR 94, 598 = ZMR 94, 167), wohl nur bei Exzess! (s. § 14 Rz. 5), jedoch nur bei Überschreiten der Grenze nach § 14 Nr. 1 (OLG Düsseldorf, NZM 2009, 748). Im Übrigen ist Kinderlärm als sozialadäquat hinzunehmen, auch in der eigenen Anlage, was auch bei Behinderung (Autismus) gilt (LG München, NJW 2009, 3730). In einem als „**Gaststätte**" bezeichneten TE kann nicht jede **musikalische Darbietung** untersagt werden, die allerdings nicht über Geräuschimmissionen hinausgehen darf, wie sie bei Verwendung einer lautstärkenbegrenzenden Anlage auftreten und nach den öffentlich-rechtlichen Auflagen zulässig ist (BayObLG, NJW-RR 94, 337 = ZMR 94, 25).

Die WEer können die Einhaltung von **Ruhestunden** regeln (auch bei **Musikübung** (s. OLG Frankfurt a. M., NZM 2004, 31; BayObLG, NZM 2002, 492 = ZWE 2002, 312; OLG Hamm, NJW 81, 465). Sie kann auf Zimmerlautstärke beschränkt werden (OLG Frankfurt a. M., a. a. O.). Je nach den konkreten Umständen kann die zulässige **Spieldauer** $1^{1}/_{2}$ Stunden und mehr betragen (OLG Frankfurt a. M., DerWEer 85, 30; vgl. auch BayObLG, WuM 96, 488). Für Beschränkung auf 3 Stunden BayObLG, DerWEer 85, 61), dabei keine Ausnahme für Berufsmusiker (ebenda). Zulässig ist eine Bestimmung, derzufolge eine Musikausübung ab 20 Uhr unzulässig ist (OLG Stuttgart, WuM 98, 430). Ein **generelles Verbot** des **Musizierens** durch Beschluss ist nichtig (BGHZ 139, 288 = NZM 98, 955 = NJW 98, 3713; OLG Hamm, DerWEer 81, 128; a. A. AG Hannover, DWE 2009, 14). Er wächst deshalb nicht in Bestandskraft (a. A. AG Hannover a. a. O.). Das gilt auch für eine mangels Objektivierbarkeit und nicht dem Bestimmt-

Gebrauchsregelung 6 § 15

heitsgrundsatz genügende Regelung der Hausordnung (OLG Düsseldorf, NZM 2009, 748: „Unnötiges und störendes Geräusch und die Ruhe beeinträchtigende Tätigkeiten").

Grundsätzliches Verbot bestimmter **Tierhaltung** ist **nicht** Sache 6 der **Hausordnung,** sondern Beschränkung des SEs (KG, NJW 56, 1679 f.; dazu BayObLG, MDR 72, 516 = Rpfleger 72, 175; OLG Stuttgart, OLGZ 82, 301 = DerWEer 83, 29 = Justiz 82, 230; vgl. a. BayObLG, DerWEer 82, 135; vgl. § 14 Rz. 10; zur Tierhaltung (Katzen) vgl. auch KG, MDR 92, 50 u. oben § 14 Rz. 10); deshalb ist (einstimmige) Vereinbarung erforderlich (BGHZ 129, 329; LG Wuppertal, Rpfleger 78, 23 = MDR 78, 318; OLG Karlsruhe, DerWEer 88, 68; OLG Düsseldorf NZM 2005, 345). Allerdings sind dahingehend gefasste vereinbarungsersetzende Beschlüsse im Einklang mit BGHZ 129, 329; BGHZ 145, 158 und BayObLG NZM 2002, 26 für bestandskräftig. Während diese Rspr. sich nur auf einzelne Tierarten (Hunde) bezieht, verstößt ein generelles **Tierhaltungsverbot** allerdings gegen § 134 BGB und ist damit **nichtig** (OLG Saarbrücken, NZM 2007, 168). Vor allem kann in der Hausordnung bestimmt werden, dass jeder WEer verpflichtet ist, Haustiere (insbes. Katzen und Hunde) so zu halten, dass sie in den Außenanlagen und im Haus nicht frei herumlaufen und die Wohnungen sowie Gartenanteile anderer WEer nicht betreten können (BayObLG, NJW-RR 94, 658). Darüber hinaus kann die Hausordnung für den Fall der Nichtbeachtung der genannten Pflicht **Sanktionen** vorsehen: So z. B., dass nach drei erfolglosen schriftlichen **Abmahnungen** vom Verwalter die Tierhaltung zu untersagen ist (BayObLG, a. a. O.). Auch kann das Halten von **Kampfhunden** in einer EW durch Mehrheitsbeschluss untersagt werden (KG, NZM 2004, 145; OLG Frankfurt a. M., NJW-RR 93, 981; KG, 24 W 38/03). Insoweit besteht eine Beschlusskompetenz der WEer nach Abs. 2 (BGHZ 145, 158 = NZM 2000, 1184 = NJW 2000, 3500). Auch das Verbot, Hunde und Katzen frei in der Wohnanlage herumlaufen zu lassen, ist in der Hausordnung zulässig (BayObLG v. 2. 6. 04, 2 Z BR 99, 04). In einer Hausordnung kann das **Spielen** von Kindern hinsichtlich Zeit, Art und Umfang eingeschränkt werden (BayObLG für Ferienwohnungsanlage. Bedenklich! DerWEer 82, 98; s. aber BayObLG, DerWEer 82, 67 zur Benutzungsregelung eines **Kinderspielplatzes;** dazu *Stollenwerk,* NZM 2004, 291). Eine Gebrauchsregelung, durch die eine im GemE stehende **Grünfläche** von Kindern zum Spielen – mit Ausnahme von Ballspielen – benützt werden darf, kann mit Mehrheit beschlossen werden (OLG Düsseldorf, NJW-RR 89, 1167; OLG Saarbrücken, NJW-RR 90, 24). Die WEer können auch durch Mehrheitsbeschluss festlegen, in welcher Weise **Pflanzenbeete** auf einer im SE stehenden **Dachterrasse** angelegt werden dürfen, wenn nur so der Gefahr von Schäden für das GemE begegnet werden kann (BayObLG, WuM 94, 152). Die Belegung einer EW, die in der Teilungserklärung als **Einfamilienhaus** ausgewiesen ist, mit mehreren **Aussiedlerfamilien** (Übergangsheim) geht über die vereinbarte Nutzung hinaus (OLG Hamm, NJW-RR 93, 786). Die WEer können durch Mehrheitsbeschluss dagegen nicht die Gebrauchsüberlassung von WE an **Asylbewerber** ohne Vorliegen konkreter Beeinträchtigungen untersagen, wenn bei einer ca. 50 m² großen Wohnung ein **Richtwert** von zwei familiär nicht miteinander verbundenen Personen oder von einer Familie mit bis zu fünf Personen eingehalten wird (OLG Frankfurt a. M., ZMR 94, 378); ähnlich das BayObLG (NJW 94, 1662), das im Falle der Belegung mit Aussiedlern einen Richtwert von zwei Personen je Zimmer und für jede mindestens sechs Jahre alte Person eine Wohnfläche von mindestens 10 m² vorsieht.

7 Nach der Überführung des WEG-Verfahrens in die ZPO ist es nicht mehr möglich, dass das Gericht bei Untätigkeit der Gemeinschaft eine **Hausordnung** erlässt. Nach § 21 Abs. 8 ist dessen Befugnis auf eine **Maßnahme** beschränkt. Wegen des Ausnahmecharakters der Vorschrift kann das Gericht lediglich Einzelmaßnahmen, die im Rahmen einer Hausordnung anfallen, treffen; etwa eine Nutzungsregelung von **Waschküche** oder Stellplätzen. Die betr. Entscheidung kann jederzeit durch eine autonome Regelung der Gemeinschaft ersetzt werden (zur früheren Rechtslage s. OLG Hamm, NJW 69, 884 = MDR 69, 484). So können die WEer zulassen, dass in einem Waschraum ein Gefrierschrank aufgestellt wird, wenn dieser Gebrauch als Stellplatz nicht stärker belastet als Waschmaschine bzw. Wäschetrockner (OLG Frankfurt/M, DWE 2009, 48).

§ 21 Abs. 5 Nr. 1 erklärt Aufstellung einer Hausordnung zum Inhalt ordnungsmäßiger Verwaltung. Die GemO kann die Art und Weise eines Gebrauchs von der Zustimmung des Verwalters abhängig machen und die Aufstellung einer **Hausordnung** durch den **Verwalter** vorsehen; dadurch wird die Zuständigkeit der Eigentümergemeinschaft – eine Hausordnung zu beschließen – nicht ausgeschlossen (KG, ZMR 92, 68; BayObLG, WE 96, 468; NJWE-MietR 97, 139; OLG Frankfurt a. M., DerWEer 98, 44). Zum Recht des Verwalters, auf **Feststellung** der Pflichten aus der Hausordnung zu klagen (OLG Hamm, OLGZ 70, 399 u. unten § 21 Rz. 42). Er hat die Verpflichtung, für ihre Durchführung zu sorgen (BayObLG, WEM 81 H.6, 32). Für eine **Hausordnung** genügt grundsätzlich **Mehrheitsbeschluss** (BayObLG, ZMR 76, 190, 310; 77, 84; OLG Karlsruhe, MDR 76, 758). Die bloße Bezugnahme in der Teilungserklärung auf eine Hausordnung, die vom Verwalter erstellt und von den WEern mehrheitlich beschlossen ist, macht deren Inhalt nicht zu einer Vereinbarung (OLG Karlsruhe, Der-WEer 88, 68). **Schranken** des Gebrauchs können sich aus der Zweckbestimmung des GemEs ergeben. So ist das **Abstellen** von **Kfz** auf einer Grünfläche grundsätzlich auch dann ausgeschlossen, wenn die GemO darüber nichts aussagt (BayObLG, WEM H. 6/81, 32). Durch Mehrheitsbeschluss kann auch das Abstellen nicht fahrtauglicher Fahrzeuge auf dem Grundstück der Wohnanlage verboten werden (KG, NJW-RR 96, 586). Dabei hat eine Zugangs- und Nutzungsregelung für die Parkflächen dem Nutzungsinteresse der Inhaber gewerblicher bzw. freiberuflich genutzter SEs-Einheiten Rechnung tragen. Damit ist es grundsätzlich unvereinbar, wenn die WEer gegen den Widerspruch der Inhaber der betreffenden Einheiten beschließen, dass die Parkpalette ganztägig zu verschließen sei (KG, ZMR 96, 216 = NJW-RR 96, 587). Damit sind die zugeordneten Parkflächen i. d. R. auch für die **Kunden**/Klienten dieser Einheiten bestimmt (KG, NJW-RR 96, 586). Das Aufstellen eines sog. **Oldtimers** auf einer Terrasse ist im allg. nicht zulässig (KG, MDR 81, 937). Sieht die Teilungserklärung für eine kleinere Wohnanlage, bei der zu jeder Wohnung eine Garage gehört und zusätzlich Kfz-Stellplätze im Freien vorhanden sind, die Nutzung eines TEs als **Sauna** vor, entspricht ein Beschluss der WEer nicht ordnungsmäßiger Verwaltung, wenn er untersagt, dass die im Hof befindlichen Stellplätze von den Saunabesuchern benutzt werden (BayObLG, NZM 99, 1145). Betrieb einer elektrischen **Sprech-** und **Öffneranlage** kann geregelt werden (s. BayObLG, Rpfleger 82, 218). In einer kleinen Wohnanlage mit nur 2–3 Wohnungen kann es ordnungsgemäßem Gebrauch entsprechen, dass jeder WEer in der gemeinschaftlichen **Eingangsdiele** einen Schirmständer mit Schirmen aufstellt (BayObLG, NJW-RR 93, 1165 = WuM 93, 560).

Zur Gebrauchsregelung für eine **Tiefgarage** s. LG München I, MittBayNot 71, 83; 242 (vgl. oben § 5 Rz. 10). Die WEer können auch, soweit keine Vereinbarung entgegensteht, ein angemessenes **Nutzungsentgelt** bezüglich der Abstellplätze auf dem GemE festsetzen (BayObLG, ZMR 79, 224 = Rpfleger 79, 265), d. h. an bestimmte WEer vermieten (BGH, NJW 2000, 3211). Auch die Zuweisung der Stellplätze an die WEer, notfalls im Beschlusswege, ist möglich (dazu auch unten Rz. 48; *Wenzel*, ZWE 2001, 226). Sind weniger **Kfz-Stellplätze** im GemE als Interessenten vorhanden, entspricht eine Vergabe der Plätze durch das **Los** für eine begrenzte Zeit eher ordnungsmäßigem Gebrauch als eine **Versteigerung** unter den Interessenten mit Vermietung auf unbegrenzte Zeit (BayObLG, NJW-RR 93, 205). U. U. ist eine **turnusmäßige** Parkplatzvergabe durch richterliche Gestaltung, etwa durch Anordnung eines jährlichen **Losverfahrens,** angezeigt (KG, NJW-RR 94, 912). Im Übrigen ist auch die Zuteilung von Stellplätzen an WEer nach einem zu kontrollierenden **Punktesystem** denkbar (KG, NJW-RR 96, 779). Das durch Ansammlung von Punkten verbriefte Anwartschaftsrecht kann wie ein SNR auf einen anderen WEer übertragen werden (KG, a. a. O.). Möglich ist eine Regelung durch Beschluss, die **jedem** WEer einen bestimmten Stellplatz zuweist (OLG Hamm, ZMR 2005, 400). Das gilt auch für einen bestimmten Teil des Gartens (a. a. O.). Zur **Änderung** einer bewährten Pkw-Stellflächenbenutzungsregelung s. § 21 Rz. 21; zur Gebrauchsregelung an Kfz-Stellplätzen allg. s. *Schuschke,* NZM 99, 1121). Gegebenenfalls kann die Befugnis, den gemeinschaftlichen **Heizungsraum** zu betreten, beschränkt oder u. U. ausgeschlossen werden (BayObLG, Rpfleger 72, 176/LS = ZMR 72, 227; NZM 2002, 256). An einem **Notkamin** darf ein Kaminofen dann nicht angeschlossen werden, wenn dadurch die anderen WEer aus technischen Gründen einen Ofen/Kamin gleicher Bauart nicht mehr anschließen können (BayObLG, WuM 96, 488).

9   3. Sondernutzungsrecht (SNR)

a) Entstehung. Es wird die Auffassung vertreten, die Begründung von SNRen falle wegen des Ausschlusses der übrigen WEer nicht unter § 15 Abs. 1 (BGH, NJW 2000, 3500), sondern sei ein Fall des § 13 Abs. 2 S. 1, da der Mitgebrauch anderer WEer ausgeschlossen werde. Dies ist nicht zwingend. Die letztgenannte Vorschrift spricht den **Grundsatz** der Berechtigung zum Mitgebrauch aus, der allerdings durch die §§ 14, 15 bestimmt sei. Deswegen ist § 15 Abs. 1 mit der gesetzlichen Ermächtigung als die spezielle Norm anzusehen, die im Vereinbarungswege den Mitgebrauch anderer, nicht notwendig der übrigen, bis auf **Null** reduzieren kann, damit auch **alle** Formen reduzierten Mitgebrauchs erfasst.

Das **SNR** ist in seiner **dinglichen** Form in § 5 Abs. 4 S. 2 vom Gesetzgeber **anerkannt** (s. dort; allg. *Bornemann,* Erwerb von SNR im WE, 2000; *OH,* Das SNR im WE, 2000; *Häublein,* SNRe und ihre Begründung im WE, 2003). Es bedarf einer **Vereinbarung.** Es beinhaltet das **ausschließliche** Gebrauchsrecht (OLG Frankfurt/M, NJW-RR 2007, 889) an einem Raum, dessen Teils oder einer Fläche, ggfs. eines Teils **(positive Komponente;** OLG Zweibrücken, RNotZ 2008, 348). Umgekehrt sind die übrigen WEer von der Nutzung/Gebrauchsrecht ausgeschlossen (**negative Komponente**). Nach h. M. soll allerdings die Zuweisung einer bestimmten Fläche hingegen einer Beschlussfassung zugänglich sein (BGH, NJW 2000, 3211). Durch Vereinbarung können also Sondernutzungsrechte, z. B. an **Abstellplätzen,** begründet werden (allg. M., vgl. BayObLG, NJW 75, 59 = Rpfleger 75, 22; DerWEer 83, 30; *Röll*, Rpfleger 78, 352; KG, NZM 2000, 511).

Ein SNR kann aber auch schon **entsprechend § 8** vom ursprünglichen **(Allein)**eigentümer begründet werden (OLG Hamm, RNotZ 2009, 391; BayObLG v. 31. 7. 96–2 Z BR 66/96, NJW 96 H. 45, VIII = MDR 97, 32 = NJWE-MietR 97, 17; NZM 2005, 344). Die Zuweisungserklärung muss zuvor die negative Komponente des SNRs durch **Bezugnahme** auf eine dem Bestimmtheitsgrundsatz entspr. Regelung der Teilungserklärung und Eintragung im GB enthalten, die damit zum Inhalt des SEs bestimmt worden ist (OLG Hamm, RNotZ 2009, 391). Soweit noch nicht geschehen, verliert der Eigentümer die Befugnis zur Begründung weiterer SNRe mit der Eintragung einer Auflassungsvormerkung zug. des ersten Erwerbers eines WEs (BayObLG, a. a. O.). SNR kann unter einer (auflösenden) **Bedingung** bestellt werden (OLG Zweibrücken, NZM 2009, 323/LS = RNotZ 2008, 348). Der Nachweis unterliegt nicht der Form des § 29 Abs. 9 S. 2 GBO (ebenda).

Auch durch einen durch **Öffnungsklausel** vorbehaltenen Beschluss, ist die Begründung eines SNRs möglich (BGH, NJW 2000, 3500). Allerdings ist dabei der Bestimmtheitsgrundsatz zu beachten. Nach dem BayObLG (NJW 2005, 444) kann die in der GemO des teilenden Eigentümers vorgenommene Ermächtigung zur Neubegründung von SNRen ohne Zustimmung der dinglich Berechtigten nicht in einer den dinglich Berechtigten bindenden Weise als Inhalt des SEs vereinbart werden. Es fehlt an der hinreichenden Bestimmtheit der sog. **negativen Komponente** des SNRs, in wieweit die übrigen WEer vom Mitgebrauch an bestimmten Flächen ausgeschlossen sind (a. a. O.). SNR auf einem **Nachbargrundstück** kann nicht im Rahmen einer Grunddienstbarkeit entstehen (OLG Düsseldorf, DWE 2009, H. 1, III/LS).

Dabei ist zwischen schuldrechtlichen und dinglichen Sondernutzungsrechten zu unterscheiden (*Bärmann/Wenzel*, § 13 Rz. 74, 78; OLG Köln, MittRhNotK 97, 132, BayObLG NJW 2005, 444; OLG Saarbrücken, NZM 2005, 343). Beide Arten bedürfen der **Zustimmung aller** (Allstimmigkeit). Das schuldrechtliche SNR bindet die dieses SNR vereinbarenden WEer, nach h. M. deren Rechtsnachfolger nur, wenn sie in die Vereinbarung eintreten (OLG

Zweibrücken a. a. O. m. w. N.). Ein bloßer Mehrheitsbeschluss kann wegen fehlender Beschlusskompetenz kein SNR begründen (BGHZ 145, 158; OLG Düsseldorf NZM 2005, 623). Das dingliche SNR bedarf der Eintragung, um Wirkung gegenüber Sonderrechtsnachfolgern zu entfalten (BayObLG NZM 2005, 344). Sind einzelne WEer durch eine im GB eingetragene Gebrauchsregelungen vom Mitgebrauch einer ganz genau bestimmten Gemeinschaftsfläche **ausgeschlossen,** so bedarf es weder ihrer Mitwirkung noch der ihrer Gläubiger bei der Begründung diesbezüglichen SNRs (BayObLG, DerWEer 85, 61; OLG Frankfurt a. M., FGPrax 97, 221; 98, 85; OLG Hamm, FGPrax 98, 49). Ein Beschluss durch die **Mehrheit** genügt nicht (BayObLG, DerWEer 82, 31 für die Zuweisung eines **Kellerraums** zur ausschließlichen Nutzung; NZM 2000, 350). Ein SNR kann nur durch Vereinbarung, nicht auch durch bestandskräftig gewordenen Mehrheitsbeschluss begründet werden. Es fehlt der WEer-Versammlung hierzu die absolute Beschlusskompetenz (BGH v. 20. 9. 2000 – V ZB 58/99). Ein SNR kann auch nicht an gemeinschaftlichen **Flächen** durch nicht angefochtenen und damit bestandskräftig gewordenen Mehrheitsbeschluss der WEer begründet werden (abw. von OLG Düsseldorf, NZM 99, 378 mit Recht KG, NZM 2000, 137). Eine solche Vereinbarung ist u. U. als schuldrechtlicher Vertrag formlos gültig und kann auch stillschweigend getroffen werden; allerdings kommt es darauf an, ob sie eine Regelung treffen wollen, die auch für die Zukunft Geltung beansprucht oder lediglich eine vorläufige oder zeitlich begrenzte (KG, NJW-RR 89, 976; OLG Köln, MittRhNotK 97, 132). Materiellrechtlich ist zur Wirksamkeit eines SNRs die **Zustimmung aller WEer** notwendig (OLG Frankfurt a. M., DerWEer 84, 30), grundbuchrechtlich (BayObLG, Rpfleger 80, 111) ist eine **Bewilligung** der WEer erforderlich. Ein dinglich wirksames SNR gehört zum **Inhalt** des SEs und bedarf der Eintragung ins GB (KG, NJW-RR 97, 205 = FGPrax 96, 178). Die WEer haben ggfs. das Recht auf Grundbuchberichtigung und Beschwerde (§ 71 GBO) im Falle der Grundbucheintragung eines nicht entstandenen Sondernutzungsrechts (BayObLG, Rpfleger 91, 308). Es reicht die Eintragung der **Nutzungsbefugnis** bei dem begünstigten WE und ihr Anschluss bei den übrigen WEsrechten aus (OLG Frankfurt/M, NZM 2008, 214). Dies gilt auch für die Übertragung des SNRs.

11 **b) Gegenstand.** Der **Gegenstand** eines SNRs ist wegen des grundbuchrechtlichen **Bestimmtheitsgrundsatzes** zweifelsfrei zu bezeichnen (s. dazu § 7 Rz. 5). Es genügt allerdings, dass z. B. eine

Gebrauchsregelung 12, 13 § 15

Fläche bestimmbar ist; zu deren Bezeichnung kann auf einen Plan Bezug genommen werden, inbes. durch Bezugnahme im Eintragungsvermerk auf die Eintragungsbewilligung und **Skizze** (OLG Frankfurt/M, DNotZ 2007, 470). Dies muss nicht der Aufteilungsplan sein (BayObLG, WuM 94, 149 = DNotZ 94, 244), kann auch der Darstellung in der Teilungserklärung entnommen werden (KG; OLGR 99, 195). Z. B. ist ein SNR an einem Kfz-Abstellplatz in seiner räumlichen Lage zu konkretisieren (OLG Hamm, RNotZ 2009, 391). Ist das SNR in dem in Bezug genommenen Aufteilungsplan nicht gekennzeichnet, entsteht das SNR nicht (BayObLG, a. a. O.; OLG Hamm, RNotZ 2009, 391). Lässt sich die in einem der Teilungserklärung beigefügten Lageplan eingezeichnete **Grenze** zwischen zwei Sondernutzungsflächen nicht mit den Größenangaben für diese in Übereinstimmung bringen, ist die Darstellung im **Lageplan** maßgebend (BayObLG, NZM 2000, 509). Es reicht aus, dass in der Eintragung auf die Bewilligung ausreichend Bezug genommen wird (KG, NJW-RR 97, 205: Keine schlagwortartige Hervorhebung im GB notwendig). Die Einräumung muss sich nicht auf bestimmte einzelne Nutzungsarten beschränken (BayObLGZ 81, 56; DNotZ 99, 672). Die Nutzungsart muss sich allerdings hinreichend bestimmen lassen, etwa durch die Beschaffenheit eines **Raums** (BayObLG, MDR 93, 1200). An einer **Dachfläche,** die nur durch ein SE erreicht werden kann und an der ausdrücklich ein Sondernutzungsrecht nicht eingeräumt worden ist, besteht im Zweifel ein solches Recht nicht (BayObLG, NZM 2000, 504). Dagegen ist u. U. ein ausschließliches Nutzungsrecht denkbar, für das eine Vermutung spricht.

§ 5 Abs. 4 Sätze 2 und 3 enthalten eine Sonderregelung zur **12** Frage der **Zustimmung** der **Realgläubiger** von WEs-Rechten bei Begründung eines SNRs zu Gunsten eines anderen WEs (WEers) bzw. wenn ein mit **dem** WE verbundenes SNR aufgehoben, geändert oder übertragen wird. Damit wird klargestellt, dass in diesen Fällen die Realgläubiger betroffen sind und zustimmen müssen. Anderes gilt (kein Zustimmungserfordernis) hingegen, wenn **gleichzeitig** das zu Gunsten des Realgläubigers belastete WE mit einem SNR verbunden wird (Näheres oben § 5 Rz. 31 ff.). Im Übrigen bedarf die Begründung eines SNRs der Zustimmung der **Realberechtigten** der **anderen** WEsrechte, **nicht** des begünstigten WEs (BayObLG NJW 2005, 444).

Trotz der Zuweisung einer Fläche bzw. eines Raums ändert sich **13** an der Qualität **GemE** nichts. Auch ein umfassendes SNR an einer Fläche enthält nicht die Berechtigung, SE zu begründen (BayObLG, NZM 2002, 70). Ihre **Grenze** findet die Zulässigkeit einer solchen

Vereinbarung dort, wo sie sich auf (einstimmig zu treffende) **bauliche Veränderungen** bezieht (BayObLG NJW-RR 88, 591; *Lechner* NZM 2005, 604; KG, DerWEer 83, 31; OLG Frankfurt a. M., DerWEer 88, 141; Rpfleger 83, 20; ZWE 2006, 243; einschränkend LG Berlin, MDR 82, 149). So gibt das einem WEer einer **Dachgeschosswohnung** eingeräumte SNR an dem darüberliegenden **Speicherraum** (Spitzboden) nicht die Befugnis, die Decke zu durchbrechen und eine **Wendeltreppe** sowie Dachflächenfenster einzubauen (BayObLG, NJW-RR 93, 1295/LS; ebenso OLG Düsseldorf, WuM 97, 517). Ein SNR am **Dachboden** beinhaltet nicht das Recht zum Ausbau als Wohnung (BayObLGR 93, 90), ebenso nicht das SNR an einem **Kellerraum**. Der **Inhalt** ist ggfs. durch **Auslegung** zu ermitteln (BayObLG, NZM 2006, 225; BayObLG, DerWEer 85, 95; MDR 93, 1200). Die von *Lechner* (NZM 2005, 610) propagierte weite Auslegung dürfte nicht häufig dem Willen der übrigen WEer entsprechen, da z. B. eine Gartennutzung stets Gemeinschaftsinteressen markant tangiert, wenn bauliche Veränderungen in Rede stehen. So braucht ein SNR am Garten nicht die Befugnis zu gewähren zur Errichtung einer kniehohen **Beeteinfassungsmauer** (KG NJW-RR 94, 526). Auch berechtigt das SNR an einer **Terrasse** und einer Terrassenüberdachung den betr. WEer nicht dazu, den Terrassenraum mit einer **Vertikalmarkise** eigenmächtig zu schließen, und zwar auch dann nicht, wenn der Gesamteindruck der Wohnanlage bereits uneinheitlich ist (KG, WuM 94, 99). Ein SNR des Inhalts, vor den Läden auf den Gehwegflächen **Verkaufseinrichtungen** aufzustellen, umfasst **nicht** das Recht, die Gäste eines **Speiserestaurants** dort an Tischen zu bewirten (BayObLG NZM 2005, 624). Ein SNR am **Garten** berechtigt auch nicht zur Schaffung einer **Terrasse** bzw. deren Verbreiterung (OLG Celle, OLGR 96, 193; BayObLG, OLGR 97, 51; OLG Karlsruhe, NZM 2001, 758; a. A. OLG Schleswig, ZWE 2001, 506). Auch die Errichtung eines **Wintergartens** auf einer im SNR stehenden Terrassenfläche ist unzulässig (BayObLG, ZWE 2004, 372). Ob damit die Errichtung eines **Gartenhauses** oder eines überdachten **Sitzplatzes** zulässig ist, ist Tatfrage (verneinend BayObLG, MDR 93, 1200; OLGR 92, 25; ZWE 2000, 356; OLG Frankfurt a. M., DerWEer 86, 60). Dies gilt auch für das **Fällen** von (größeren) Bäumen (BayObLG, NZM 2001, 672; ZMR 2001, 565). Eine **Pflasterung** dürfte im Allg. nicht zulässig sein (OLG Hamm, NZM 2000, 910), ebenfalls nicht die Errichtung eines festeingebauten Schwimmbeckens (BayObLG, ZMR 99, 580).

14 Auch der konkrete Gebrauch eines SNRs unterliegt der Regelungskompetenz durch die **Hausordnung** (KG, NJW-RR 96, 586;

Gebrauchsregelung 15 § 15

OLG Frankfurt/M, NJW-RR 2007, 889: §§ 13, 14; OLG München, DWE 2008, H. 2, III/LS). Es kann z. B. beschlossen werden, dass der durch ein SNR einem WEer zugewiesene Kfz-Einstellplatz nur von dem WEer sowie dessen **Lebensgefährten** und **Kindern** benutzt werden darf (KG, a. a. O.). Auch kann das SNR einer Gebrauchsregelung nach § 15 Abs. 1 unterliegen (OLG Frankfurt/ M, a. a. O.) bzw. einer Ausübungsregelung nach § 15 Abs. 2 (OLG München, FGPrax 2007, 112), z. B. auch mit einer Zufahrtsregelung zu Stellplätzen (ebenda; DWE 2008, H. 2, III/LS). Die Einräumung eines auf die **Entfernung** einer vorhandenen oder den **Nichteinbau** einer nach den Aufteilungsplänen und den Zeichnungen des Gebäudes vorgesehenen Decke gerichteten SNRs für die Eigentümer der **Dachgeschosswohnungen** ist nicht zulässig (OLG Düsseldorf, DNotZ 95, 82). Anderes kann für den Fall gelten, in dem das Grundstück nach dem Inhalt des SNRs mit mehreren völlig **getrennten Häusern** einschließlich baulicher Veränderungen bebaut werden kann (LG Oldenburg, Rpfleger 89, 59); etwa bei **Reihenhäusern** in WEG-Form, die im Wesentlichen eigenständig (wie Alleineigentum) bewirtschaftet werden sollen (OLG München, NJW-Spezial 2008, 259 = DWE 2008, 70). Dies kommt einer **Realteilung** gleich.

Im Rahmen des entspr. SNRs liegt auch die Errichtung eines 15 **Schaukelgerüsts** auf einer Grünfläche (OLG Düsseldorf, NJW-RR 89, 1167). Das einem WEer in der Teilungserklärung eingeräumte SNR an einer **Gartenfläche** beinhaltet mangels näherer **Regelung** die **Befugnis,** Sträucher und Bäume anpflanzen und wachsen lassen zu dürfen (BayObLG, NZM 2000, 671). Führt die Bepflanzung zu spürbaren Beeinträchtigungen eines anderen Miteigentümers, kann dieser die Beseitigung der störenden Pflanzen/ Pflanzenteile von dem Sondernutzungsberechtigten verlangen, z. B. **Rückschneiden** einer am Haus gepflanzten, hochgewachsenen Schwarzkiefer (OLG Köln, WuM 96, 640 = NJW-RR 97, 14). Er ist als Zustandsstörer zum Rückschnitt der vom Rechtsvorgänger gepflanzten Hecke, nicht nur zur Duldung der Beseitigung verpflichtet (OLG München, NZM 2009, 707 im Vorlagebeschluss an den BGH; gegen KG, NZM 2007, 845). Auch bei einer optischen Beeinträchtigung der Gartenanlage durch eine Weißdornhecke (BayObLG, NJWE-MietR 97, 60) oder **Sichtschutzwand** (BayObLG, NZM 2000, 678). Das einem WEer eingeräumte SNR an einem Teil des gemeinschaftlichen Gartens mit der Bestimmung den Garten „ortsüblich nutzen" zu dürfen, räumt ihm damit das Recht ein, auf der SNfläche bauliche Veränderungen vorzunehmen, etwa eine Pergola als offenes Rankengerüst für Schling- und Kletterpflanzen zu errichten (BayObLG, WuM 98, 563; ZWE 2001, 22) oder eine **Hangbefestigung** vorzunehmen (BayObLG, NZM 2001, 200). Im Übrigen ist von einem **Gestaltungsspielraum** auszugehen (KG, NJW-RR 96, 464; OLG Köln, NJW-RR 97, 14; OLG Hamm, NZM 2000, 910). Zur Auslegung eines SNRs hinsichtlich einer **Mobilfunksendeanlage** s. BayObLG NZM 2006, 225 im Vorlagebeschluss an den BGH gegen OLG Köln, NZM 2002, 612.

Meist werden **Instandsetzungskosten** des SNRs dem Berechtigten auferlegt (KG, NZM 2009, 867). Dies umfasst nicht ohne Weiteres auch Sanierungskosten (ebenda), sondern ist Auslegungsfrage.

16 c) **Übertragung.** SNRe können **nur** zugunsten von **WEern** eingeräumt werden. Im Übrigen können sie ohne Zustimmung der übrigen **WEer** innerhalb der Gemeinschaft ohne das WE **übertragen** werden (BGH, NJW 79, 548; *Merle,* Rpfleger 78, 86; *Weimar,* DerWEer 81, 117; LG Darmstadt, NZM 2000, 716; a. A. im Fall des SNRs an einer Gartenfläche OLG Hamm, NJWE-MietR 97, 83 = ZMR 97, 34). Dies gilt auch dann, wenn gleichzeitig die Zweckbestimmung des übertragenen Teils des SNRs eingeschränkt wird, z. B. zur Nutzung als Kfz-Abstellplatz (LG Darmstadt, NZM 2000, 716). Wird das **WE** veräußert, geht das SNR als dessen Inhalt mit über (OLG Hamm, FGPrax 98, 175).

17 Die Übertragung des dinglichen SNRs erfolgt entsprechend §§ 877, 873 durch Einigung und Eintragung. Die Übertragung des Sondernutzungsrechts **kann** jedoch von der **Zustimmung** der Gemeinschaft oder eines Dritten entsprechend § 12 abhängig gemacht werden (BGH, a. a. O. = Rpfleger 79, 57 = DNotZ 79, 168 m. Anm. *Ertl*). Zur Frage des **Zustimmungserfordernisses dinglich Berechtigter** (oben Rz. 12 und Rz. 37 f. vor § 10; § 10 Rz. 26) kommt es darauf an, ob die dingliche Rechtsstellung des Dritten berührt wird (OLG Hamm, NJWE-MietR 97, 83 = ZMR 97, 34; OLG Schleswig, ZWE 2002, 427). Dies ist bei Aufhebung oder Übertragung eines eingetragenen (dinglichen) SNRs bezüglich der am „**verlierenden**" SE berechtigten Dritten stets der Fall (ebenda; BayObLG NJW 2005, 444). Erteilt ein Grundpfandrechtsgläubiger seine Zustimmung zu einer Änderung der Teilungserklärung, durch die ein SNR begründet worden ist, so wirkt seine Erklärung auch gegenüber seinem örtlichen Sondernachfolger (OLG Hamm, DWW 95, 85). Auch die Eintragung einer **Vormerkung** zur Sicherung des Anspruchs eines WEers auf Übertragung eines Sondernutzungsrechts bedarf nicht der Zustimmung der übrigen WEer (BGH, NJW 79, 548; BayObLG, MittBayNot 79, 18 = Rpfleger 79, 219).

Gebrauchsregelung **18–22 § 15**

Dagegen wird das lediglich schuldrechtlich begründete SNR durch Abtretung nach § 398 BGB übertragen.

Gutgläubiger Erwerb sollte wie bei anderen fälschlich einge- **18** tragenen Rechten am Grundstück möglich sein (str.; OLG Hamm, RNotZ 2009, 391 m. w. N.; LG Nürnberg-Fürth, NZM 2009, 789; *Palandt/Bassenge,* § 10 Rz. 11; BayObLG, DNotZ 90, 381; NZM 2005, 344).

Wird der Inhalt des SEs **geändert,** z. B. auf einen anderen Ge- **19** genstand erstreckt (BayObLG, NZM 2001, 529) oder sonst **inhaltlich erweitert,** ist die Zustimmung aller WEer entspr. der Begründung und der Realberechtigten notwendig (OLG Hamm, ZfIR 97, 290). Bei Einschränkung bestehenden SNRs entfällt das Zustimmungserfordernis der übrigen WEer/Realgläubiger, abgesehen vom Realberechtigten des „verlierenden" WEs.

Soll ein SNR **aufgehoben** werden, ist dies durch Vereinbarung **20** und bei Ermächtigung durch Beschluss durchzuführen (BGH, NJW 2000, 3643). Sind die übrigen WEsrechte nicht nachteilig betroffen (wohl der Regelfall), genügt die Aufhebungserklärung und Löschungsbewilligung des Inhabers des SNRs (BGH, a. a. O.). Gemäß §§ 877, 876 BGB ist die Zustimmung der Realberechtigten am betr. WE notwendig. Die Aufgabeerklärung allein führt nicht zur Löschung des SNRs (zur früher str. Beurteilung s. 15. Aufl.). Der nach § 8 teilende Eigentümer kann, solange er Alleineigentümer ist, das SNR einseitig aufheben, ggfs. auch durch letztwillige Verfügung (BayObLG NZM 2005, 344).

Zur **Abgrenzung** von Gebrauchsbefugnissen des Sondernut- **21** zungsberechtigten gegenüber Verwaltungsbefugnissen der Gemeinschaft (Bestimmung der Ausgestaltung einer das Grundstück einheitlich umfriedenden **Hecke)** s. BayObLG, DerWEer 85, 61. Zu einer (möglichen) **Bepflanzungs**beschränkung zum Schutz einer Tiefgarage s. BayObLG, WuM 93, 206. Gewährt die Teilungserklärung an der **Hoffläche** einer Wohnanlage ein Sondernutzungsrecht von etwa 60 m² als Kfz-Stellplatz, so verstößt ein Eigentümerbeschluss, der das Abstellen von Wohnmobilen normaler Größe auf der Fläche verbietet, gegen Grundsätze ordnungsgemäßer Verwaltung (KG, NZM 2000, 511).

Umgekehrt trägt der Inhaber des Sondernutzungsrechts im Zwei- **22** fel die **Kosten** für Instandhaltung und Verkehrssicherung (BayObLG, DerWEer 85, 95; LG Frankfurt a. M., DerWEer 93, 32; AG Duisburg, DerWEer 96, 43), auch wenn z. B. Grundstücksflächen weiterhin zwingend GemE bleiben. Z. B. hat der Berechtigte die Kosten für die Garten**bewässerung** der Fläche des SNRs zu tragen (OLG Köln NZM 2005, 785). Auslegungsfrage ist auch, ob umfangreiche Instandsetzungsmaßnahmen Sache des SNsberechtigten oder der Gemeinschaft sind (BayObLG, DerWEer 96, 75; LG Frankfurt a. M., a. a. O.). Zu den Anforderungen an die Vollmacht bzw. die Erklärung des Veräußerers zur Nutzungsregelung am Kfz-Abstellplatz s. BayObLG, WEM 80, 171. Zur Frage des **Austausches** von Sondernutzungsrechten s. § 5 Rz. 26 und Rz. 37 vor § 10.

23 Die Grundsätze eines SNR gelten nicht, wenn Garagenanlagen im **ME** nach §§ 1008, 741 BGB stehen (BayObLG, MittBayNot 80, 209; DNotZ 85, 250). Zur Gewährung einer Gebrauchserlaubnis an Nichteigentümer vgl. BayObLG, ZMR 77, 84; zur Auslegung einer Ausübungsbefugnis aus einer **Baulast** zugunsten der WEer s. HansOLG Hamburg, Rpfleger 80, 112 = OLGZ 80, 416. Durch eine **öffentlich-rechtliche Erlaubnis** kann ein SNR nicht begründet werden (OLG Frankfurt a. M., OLGZ 80, 416 = Rpfleger 80, 391). Im Übrigen binden **nachbarschützende** Vorschriften z. B. zum **Abstand** des Landesrechts den Inhaber des SNRs (OLG Hamm, NJW-RR 2003, 230). Zur Gebrauchsregelung hinsichtlich einer **Doppelhaushälfte** s. LG Traunstein (MittBayNot 78, 218) und *Röll,* MittBayNot 79, 51).

24 d) **Ausübung.** Für die **Ausübung** des SNRs gelten die allg. Grundsätze für die Ausübung von Rechten. Sie müssen sich innerhalb der gesetzlichen Grenzen sowie des besonderen Gemeinschaftsrechts nach WEG und des Bestimmungszwecks halten (KG, OLGR 99, 246; BayObLG, FGPrax 99, 99). Andererseits stehen dem Berechtigten die Abwehrrechte entspr. § 1004 BGB und aus § 14 WEG bei Beeinträchtigungen zu. Ob es folglich eine „schuldrechtliche, das verdinglichte SNR überlagernde Gebrauchsregelung" überhaupt geben kann (so aber OLG Hamm, NJWE-MietR 97, 83 = ZMR 97, 34), ist zweifelhaft. Es kann sich allerdings aus der Natur der Sache eine Berechtigung zum Mitgebrauch anderer WEer ergeben, wenn dieser zur angemessenen Nutzung ihres SEs oder des GEmEs erforderlich ist. Dies gilt z. B. bei der Zugänglichkeit nur über den Bereich des SNRs (OLG Stuttgart, WuM 2001, 293). So kann eine im GemE stehende Fläche des SNRs durch Beschluss im Notfall als **Fluchtweg** genutzt werden (OLG Hamm, ZWE 2010, 56). Dies ergibt sich schon aus dem Treueverhältnis der WEer. Es kann sich auch ggfs. um eine jederzeit widerrufliche Gebrauchsüberlassung handeln. Ein SNR wird nicht allein dadurch **verwirkt,** dass es drei Jahre lang nicht ausgeübt und gegen die regelmäßige Nutzung (eines Stellplatzes) durch einen anderen WEer kein Widerspruch erhoben wurde (OLG Köln, NJW-RR 96, 1419/LS = NJWE-MietR 96, 203).

Gebrauchsregelung 25–27 § 15

Auch **mehrere** WEer können Berechtigte eines SNRs sein. 25
Nach wohl h. M. richtet sich das Verhältnis der Mitberechtigten
nach dem zugrundeliegenden Schuldverhältnis (BayObLG, WE 94,
17). Dies überzeugt nicht, weil die Gebundenheit des SNRs an den
Gebrauch des GemEs überwiegt. Deshalb ist das WEG anzuwenden.

Der **Nutzer** einer EW kann neben dem WEer auf Beseitigung in
Anspruch genommen werden, z. B. wenn er auf der dazugehörigen
Garten-Sondernutzungsfläche einen **Sichtschutzzaun** errichtet
(KG, NJW-RR 97, 713 = WuM 97, 241 = ZMR 97, 315; dort
auch zur Frage der Verwirkung). Der Anspruch ist im Zivilprozess
durchzusetzen (KG, ebenda).

Die **Umdeutung** einer nichtigen Zuordnung von GemE in SE 26
Teilungserklärung in ein Sondernutzungsrecht ist möglich (Bay-
ObLG, DerWEer 81, 27; DerWEer 84, 30; OLG Frankfurt a. M.,
DerWEer 88, 141; OLG Köln, RhNotK 96, 61; KG, NZM 99,
258), ggfs. unter Ausschluss von Kostentragung, Instandhaltung und
Instandsetzung durch die Gemeinschaft (OLG Karlsruhe, NZM
2002, 220). Zum Sondernutzungsrecht an einem abweichend vom
Aufteilungsplan abgegrenzten **Kellerabteil** s. BayObLG, DNotZ
82, 242 = WEM 82, 28. Wenn eine (entfallene) **Abgeschlossenheit**
wiederhergestellt werden kann, können auch entsprechende SNRe
begründet werden (OLG Köln, NJW-RR 94, 717 = ZMR 94, 230).
Ein Sondernutzungsrecht beinhaltet z. B. den **Anspruch** auf **Herausgabe** des betr. Gartenteils und auf **Unterlassung** der Beeinträchtigung der gärtnerischen Nutzung (BayObLG, DerWEer 83,
30 = Rpfleger 82, 418; Rpfleger 83, 14). Ist der Gartenanteil einer
verkauften EW deutlich kleiner als in dem der Teilungserklärung
beigefügten Sondernutzungsplan, sind die Käufer dieser EW **allein**
hinsichtlich eines insoweit bestehenden Schadensersatzanspruchs
prozessführungsbefugt (OLG München, NZM 2009, 747).

Eine getrennte **Belastung** des SNRs ist nicht möglich, auch 27
nicht im Wege einer Dienstbarkeit (OLG Zweibrücken, FGPrax 99,
44). Dagegen die Nutzung des SNRs bei entspr. Belastung des WEs
(BayObLG, OLGR 97, 81). Ob ein Sondernutzungsrecht durch
einen WEer oder der Gemeinschaft **gepfändet** werden kann, ist
wegen der Untrennbarkeit der Elemente des WEs abzulehnen (a. A.
LG Stuttgart, DerWEer 89, 72; *Palandt/Bassenge,* § 13 Rz. 13;
Schuschke, NZM 99, 830). Da es jedenfalls nicht durch **Dritte**
gepfändet werden kann (OLG Stuttgart, BWNotZ 2002, 186),
sollte dies auch für das Innenverhältnis gelten. Das Sondernutzungsrecht ist mit seinem Entstehen **Teil des Rechts** „Wohnungseigentum" und unterliegt damit der Untrennbarkeit des § 6. Auch ein

mit den SE verbundener Keller oder eine Garage in TE können nicht selbstständig zugunsten der Gemeinschaft gepfändet werden.

Die wirksam vereinbarten SNRe gehen auf den **Erwerber** des begünstigten WEs über, auch dann und insoweit, als sie **nicht** im GB **eingetragen** sind; dies gilt auch dann, wenn sie im Kaufvertrag nicht ausdrücklich abgetreten werden (OLG Schleswig, WuM 96, 169).

28 Die WEer können außerdem vereinbaren, dass künftige Erwerber von WE vom **Mitgebrauch** und von den sonstigen **Nutzungen** von im **GemE** stehenden Wohnungen ausgeschlossen sein sollen (BayObLG, NJW-RR 97, 206). Materiell handelt es sich um einen Vorbehalt ausschließlicher Nutzung zugunsten der gegenwärtigen WEer. Insofern kann man durchaus von einem (negativ abgegrenzten) SNR sprechen (zweifelnd BayObLG, a. a. O.). Diese Vereinbarung hat demgemäß so lange Wirksamkeit, als noch einer der Vereinbarenden Mitglied der Gemeinschaft ist.

29 Vom SNR zu unterscheiden ist ein ausschließliches (tatsächliches) **Nutzungsrecht** eines WEers an Teilen des GemEs. Es kann sich aus der Natur der Sache ergeben, wenn der Mitgebrauch der übrigen WEer durch die Lage und Beschaffenheit ausgeschlossen ist. Das gilt z. B. für Spitzböden, Balkone und Terrassen, die nur von **einer** Wohnung aus zugänglich sind (BayObLG, NZM 2004, 384; 1240), auch bei nachträglicher Entstehung. Ist ein WEer nach dem Gemeinschaftsverhältnis verpflichtet, den WEern Sondernutzungsflächen für öff.-rechtl. vorgeschriebene Besucherparkplätze zu überlassen, kann grds. nur eine **Gebrauchs**überlassung verlangt werden, nicht Aufgabe der SNRe (BayObLG, NZM 2004, 713).

III. Wirkung

30 § 15 Abs. 1 spricht von Vereinbarung. Nach Abs. 2 ist eine Gebrauchsregelung aber auch durch Beschluss (vgl. KG, ZMR 92, 68) und richterliche Entscheidung nach § 10 Abs. 3 möglich. Eine beschlussmäßig aufgestellte Hausordnung oder Gebrauchsregelung hat nach § 10 Abs. 3 **dinglichen Charakter** ohne Eintragung, auch wenn sie nicht einstimmig getroffen wurde (s. a. *Bärmann/Wenzel*, § 15 Rz. 17).

IV. Zustandekommen

31 Drei Wege:

1. Vereinbarung nach Abs. 1, also Zustimmung aller betroffenen WEer gemäß § 10 (BayObLG, NJW 74, 1134 = MDR 74, 847

= DNotZ 75, 31). Zur Eintragung bedarf es nach dem formellen Konsensprinzip der **Bewilligung** aller WEer in der Form des § 29 Abs. 1 Satz 1 GBO (BayObLG, ZMR 80, 122 = MittBayNot 80, 18 = Rpfleger 80, 111). Sie kann auch bei der Begründung/Teilungserklärung von WE hinzugefügt werden. Die Wirksamkeit einer Vereinbarung kann auch ein gegen Abs. 1 verstoßender Beschluss der WEer haben, wenn er nicht für unwirksam erklärt ist und nicht wegen §§ 134, 138 BGB nichtig ist (BGH, NJW 2000, 3500). Eine **Ausnahme** vom Konsensprinzip besteht z. B. für den Fall eines **teilenden Bauträgers,** wenn er in der Gemeinschaftsordnung einer Mehrhausanlage bis zur Veräußerung der letzten Eigentumswohnung befugt ist, am GemE weitere SNRe, deren Ausübungsbereich in der Gemeinschaftsordnung nicht näher beschrieben ist, zu begründen. Dadurch wird der Bauträger ermächtigt, SNRe auch noch nach einer Auflassungsvormerkung für den ersten Erwerber eines WEs allein zu begründen (OLG Frankfurt a. M., WuM 98, 303; s. auch § 8 Rz. 13). Bei entspr. Ermächtigung ist er auch befugt, **WE** in **TE** oder **umgekehrt** umzuwandeln (BGH NZM 2005, 753).

Grundsätzlich reicht für eine Vereinbarung die Bezeichnung einer **32** Fläche (z. B. als „Büro") allein in der **Bauplanung des Architekten** nicht aus (vgl. OLG Schleswig, WuM 99, 229 = FGPrax 99, 15). Diese Bezeichnung ist lediglich als **Vorschlag** der Nutzung anzusehen. Ebenfalls **keine Vereinbarungsqualität** hat mangels präziser Nutzungsvorgabe die Bezeichnung im Aufteilungsplan „allg. Kinderwagen" oder „allg. Trockenraum" (OLG Schleswig ZMR 2004, 68). Sie hat lediglich die Qualität eines Vorschlags. **Vorzugsrechte** einzelner WEer sind in der Form von Dienstbarkeiten möglich (s. § 13 Rz. 28, § 1 Rz. 23 f.). Auch die Regelung der Verwertung gemeinschaftlichen Eigentums, wie Läden, Werkstätten, Garagen u. dgl. durch Vermietung, Überlassung an Verwalter oder an Dritte kann Gegenstand der Gebrauchsregelung sein.

Bei einer **Öffnungsklausel** müssen Umfang der **Ermächtigung 33** und Eingriff in die Rechte der Wohnungseigentümer erkennbar sein, wenn sie in der Teilungserklärung vorgesehen sind (BayObLG, Rpfleger 74, 400 = DNotZ 75, 308).

Eine Gebrauchsregelung kann sich auch aus einer in der **Tei- 34 lungserklärung** enthaltenen **Zweckbestimmung** ergeben, die damit Vereinbarungscharakter hat (BayObLG, NJW-RR 98, 946; LG Lübeck, DerWEer 87, 29; OLG Stuttgart, DerWEer 88, 139; s. § 13 Rz. 6 ff.; AG Mannheim NZM 2005, 591; OLG Zweibrücken, NZM 2005, 868). Dies folgt bereits aus der Bezeichnung **Ws** – oder **TE** (BayObLG, NJW-RR 98, 946; FGPrax 2005, 11) oder

z. B. auch aus dem **Charakter** der Wohnanlage und den diesen prägenden örtlichen Verhältnissen (BayObLG, NJW-RR 95, 467 = WuM 94, 635). So kann etwa die Nutzung des S- u. GemE i. S. eines **betreuten Wohnens** beschränkt sein (BGH, NJW 2007, 213). Enthält lediglich die Aufteilungserklärung eine Zweckbestimmung, stellt sie i. d. R. eine Gebrauchsregelung, nicht nur einen Nutzungsvorschlag dar (OLG Köln, WuM 2005, 71). Anders kann **innerhalb** eines SEs (Wohnung/Laden/Büro) **nicht bindend** festgelegt werden, wie einzelne Räume zu nutzen sind (OLG Hamm, NZM 2007, 294: Bloßer Nutzungsvorschlag).

Bei einer Bezeichnung „**Teileigentum**" ist der Gebrauch zu Wohnzwecken grundsätzlich ausgeschlossen (BayObLG, ZMR 2004, 925; OLG Zweibrücken GuT 2006, 89). Eine Ausnahme von diesem Grundsatz kann nur angenommen werden, wenn die konkrete Zweckbestimmung für das TE einen (gleich störenden) Gebrauch durch die Wohnnutzung gestattet (BayObLG, FGPrax 2005, 11). Die Bezeichnung eines SEs als zum **Wohnen**/Wohnzweck bestimmt schließt auch die Befugnis ein, das SE zum Wohnen zu **vermieten** (BayObLG, DNotZ 2003, 541 = DNotZ 2003, 541). Die Bezeichnung eines TEs in der Teilungserklärung als **Kellerraum** stellt eine Zweckbestimmung mit Vereinbarungscharakter dar (BayObLG, NZM 2000, 44/LS). Nach der gebotenen **typisierenden Betrachtungsweise** stört die Nutzung eines Kellerraums als Wohnung mehr als eine zweckbestimmungsgemäße Nutzung (als Keller: BayObLG, NZM 2000, 44/LS; AG Mannheim NZM 2005, 591, OLG Hamm, NZM 2005, 870). Deswegen erfordert eine solche Nutzung nicht die Anbindung an die Heizung und Wasserversorgung der Wohnanlage (BayObLG, a. a. O.). Entscheidend ist also, ob ein andersartiger Gebrauch unter einer solchen Betrachtungsweise mit einer Beeinträchtigung verbunden ist, die stärker ist als die vorgesehene (z. B. Praxis in einer Wohnung). Auch hier sind die **örtlichen Gegebenheiten** zu gewichten (BayObLG, ZWE 2001, 27; NZM 2001, 137), Zugang, Besucherfrequenz.

Die **Vereinbarung** ist anhand der Teilungserklärung einschließlich des Aufteilungsplans **auszulegen** (OLG Stuttgart, DWE 1988, 139). Es ist allein auf Wortlaut und Sinn der Eintragung abzustellen, wie es sich für einen unbefangenen Betrachter als nächstliegende Bedeutung des Eingetragenen ergibt (BayObLG, WMR 85, 238; OLG Stuttgart, DerWEer 88, 139; OLG Zweibrücken NMZ 2005, 868). Die Zweckbestimmung des SEs als „**Wohnung**" durch die Teilungserklärung wird durch die Bezeichnung der **einzelnen Räume** in dem in Bezug genommenen Aufteilungsplan nicht auf die konkrete Nutzungsart beschränkt (OLG Hamm, NZM 2007,

294). Der WEer ist deshalb befugt, die Art der Nutzung der einzelnen Räume im Rahmen der Wohnnutzung zu verändern, z. B. durch Verlegung der Küche (a. a. O.). Mangels Eindeutigkeit zwischen Bauplan „Verkauf" und Abgeschlossenheitsbescheinigung „keine Restaurantnutzung" ist eine Nutzung als Restaurant nicht ausgeschlossen (LG Itzehoe, ZWE 2010, 57). Insoweit liegt eine GemO/Teilungserklärung mit entgegenstehender Zweckbestimmung nicht vor.

Die Bezeichnung der Nutzung als **Läden** und **Lagerräume** ohne 35 jede Genehmigung und Einschränkung schließt alle zulässigen gewerblichen Nutzungen ein (BayObLG, NJW-RR 94, 1038; NZM 2000, 871). Der Zweckbestimmung eines Raumes als **Fahrradkeller** steht dessen Nutzung zum Lagern von Kaminholz, Holzschnitt oder Briketts entgegen (OLG Karlsruhe, WuM 99, 51). Ist in der Teilungserklärung ein TE als **Restaurant** und ein anderes als Café-Konditorei bezeichnet, ist die nächstliegende Bedeutung, dass damit unmittelbar miteinander konkurrierende gastronomische Betriebe verhindert werden sollen (**Konkurrenzschutz;** BayObLG NZM 99, 866, dort auch zur Verwirkung). Eine Benutzungsregelung für die beiden Stellplätze einer **Duplex-Garage** kann auch dann, wenn es sich um ein im Miteigentum stehendes TE handelt, nach Abs. 1 getroffen und im GB eingetragen werden (BayObLG, NJW-RR 94, 1427 in Klarstellung zu BayObLGZ 74, 466). Auf einer **Hoffläche,** für die ein SNR als Kfz-Abstellplatz besteht, darf auch zum Abstellen von **Wohnmobilen** normaler Größe benutzt werden – hier ein Wohnmobil von 8,80 m Länge (KG, WuM 2000, 84). Die **Umwandlung** von WE in TE und umgekehrt bedarf der Einstimmigkeit (s. § 1 Rz. 7; 31 vor § 10).

Auch Vereinbarungen sind **nicht schrankenlos** zulässig. Übermäßige Beschränkungen sind nichtig gemäß §§ 134, 138 BGB, insbesondere wenn sie das Eigentumsrecht aushöhlen (zu weiteren Einschränkungen s. KG, OLGZ 82, 413; a. A. BayObLGZ 81, 56 = Rpfleger 81, 299 = WEM 81 H. 2, 62 = BWNotZ 81, 81 = MittBayNot 81, 135; s. a. *Bärmann/Wenzel,* § 15 Rz. 13 m. w. N.). Es ist nach dem WEG nicht zwingend, dass am GemE notwendigerweise irgendeine Form der gemeinschaftlichen Nutzung bestehen bleiben muss (BayObLG a. a. O.). Ein vollständiger **Ausschluss** von der Nutzung des GemEs eines Einzelnen oder Aller richtet sich nach § 13 Abs. 2 (BayObLG, NZM 2002, 447: Müllschlucker; OLG Saarbrücken, FGPrax 2007, 114: Stilllegung des Aufzugs). Ein **Wettbewerbsausschluss** durch Steuerung der Nutzung dürfte zulässig sein (OLG Hamm, FGPrax 97, 96; *Zimmermann,* Rpfleger 78, 124). Allerdings kann dem Anspruch eines WEers, dass ein anderer

WEer in seinen als **Wohnung** ausgewiesenen Räumen den Betrieb eines Gewerbes unterlasse, der Einwand der unzulässigen Rechtsausübung entgegenstehen, wenn der Antragsteller in seiner Wohnung das gleiche Gewerbe betreibt und es ihm nur darum geht, unerwünschten Wettbewerb auszuschalten (BayObLG, GewA 96, 349 = NJW-RR 96, 1359). Zur Abgrenzung zum Mehrheitsbeschluss s. o. § 10 Rz. 12; BayObLGZ 71, 273; OLG Stuttgart, Rpfleger 74, 361. Ob für **Beschränkungen** eines an sich nach §§ 13, 14 zulässigen Gebrauchs eine Vereinbarung stets erforderlich ist, erscheint fraglich. So wird eine **Vereinbarung** für das Musizieren lediglich in Zimmerlautstärke für erforderlich gehalten (BGH, NJW 98, 3713; BayObLG, NJW 2001, 3635). Eher wird dagegen die Bestimmung, die Benutzung der gemeinsamen Waschküche nur vormittags zuzulassen, wegen der Probleme für Berufstätige nur als Vereinbarung denkbar sein (KG, BlGBW 85, 71). Allerdings ist hier wegen des diskriminierenden Inhalts wohl eine andere Beurteilung am Platz. Eine Benutzungsbeschränkung durch Vereinbarung wird nicht schon durch eine gegenteilige **langjährige Übung** außer Kraft gesetzt (OLG Düsseldorf, NJW-RR 95, 528 = ZMR 95, 88).

37 **Beispiele einer konkreten Zweckbestimmung:** Zur Rechtssicherheit über das Maß der erlaubten Nutzung trägt es entscheidend bei, wenn die Teilungserklärung zugleich auch eine **Zweckvereinbarung** enthält, wobei entweder bestimmte Nutzungen ausgeschlossen (**negative** Zweckvereinbarung) oder aber vereinbart (**positive** Zweckvereinbarung) werden. So kann die Gemeinschaftsordnung pauschal die Nutzung des Teileigentums durch solche Branchen ausschließen, die **geeignet sind, das Ansehen der übrigen Wohnungseigentümer/Teileigentümer zu beeinträchtigen** (mit einer solchen Vereinbarung steht der Betrieb eines **Spielsalons** („Spielothek") nicht im Einklang (OLG Hamm, OLGZ 90, 34). Bei derartigen negativen Bestimmungen ist die Gefahr des Missbrauchs relativ groß, so dass letztlich durch richterliche Auslegung zu bestimmen ist, in welcher Weise das Eigentum genutzt werden darf. Deshalb wird hier eindringlich dazu geraten, die gewünschte Nutzung **positiv** – und zwar so konkret wie möglich – festzulegen. Im Einzelnen haben sich (bestätigt durch die Rechtsprechung) folgende Bestimmungszwecke herausgebildet: **gutes Wohnhaus:** Beinhaltet das Recht, die Praxis einer **Krankengymnastin** auszuüben (BayObLG, DerWEer 84, 86); **freie berufliche Tätigkeit:** vereinbar mit dieser Zweckbestimmung ist eine gewerbliche Tätigkeit als **Versicherungsvertreter** und **Wahrsager** (KG, NJW-RR 94, 206); **gewerbliche oder berufliche Zwecke:** Möglich ist in der Teilungserklärung auch die Zweckvereinbarung, wonach die Woh-

nungseigentümer berechtigt sind, ihre Wohnung zu „gewerblichen oder beruflichen Zwecken" zu nutzen, womit die Ausübung der **Prostitution** – etwa als „Callgirl" – jedenfalls dann vereinbar ist, wenn sie nicht in einer Weise außen hervortritt, dass Außenstehende daran Anstoß nehmen müssen (LG Nürnberg, NJW-RR 90, 1355; s. dazu § 14 Rz. 12). Auch die Bezeichnung eines WEs als **Verwalterwohnung** ist eine Zweckbestimmung mit Vereinbarungscharakter (BayObLG, NZM 2000, 667; OLG Schleswig NZM 2005, 669).

Die Änderung der Zweckbestimmung bedarf einer Vereinbarung. **38** Die WEer können nur eine **vorübergehende** andersartige Nutzung mehrheitlich beschließen (OLG Schleswig, a. a. O.). Offen bleibt, ob sich die Vermietung einer Wohnung an ständig wechselnde Feriengäste innerhalb der Zweckbestimmung **Wohnen** hält. Eine Einheit mit der Bezeichnung **„Wohnräume"** kann nicht für **gesellschaftlich-religiöse** Zusammenkünfte eines islamischen Vereins genutzt werden (AG Mannheim NZM 2005, 591). Ein TE, das als **Gewerberäume** bezeichnet ist, erlaubt nur den Betrieb eines ladenmäßigen Erotik-Fachgeschäfts mit Videothek, jedenfalls sofern in der Wohngegend ähnliche Geschäfte und Nachtclubs vorhanden sind, nicht jedoch die Vorführung von Sex-Filmen in Einzelkabinenbetrieb (KG, WuM 2000, 264). In einem TE „Sauna, Ruheraum, Duschraum, Tauchbecken" ist ein **Sex-Club** nicht zu dulden (BayObLG, NJW-RR 94, 1036). Rechtlich gedeckt ist dagegen der Betrieb eines **Cafés** in einem TE „Gewerbliche oder berufliche Zwecke" (OLG Zweibrücken, WE 87, 86).

Gewerbliche Nutzung: Eine **Bierschwemme** darf nicht er- **39** richtet werden (BGH, DerWEer 64, 89); ebenso wenig ein **Massagesalon** (OLG Hamburg, MDR 74, 138); **gewerbliche Einheit für Verkaufszwecke:** keine **Spielothek** (OLG Frankfurt a. M., DerWEer 1986, 64); **Geschäftsräume:** In vielen Fällen wird eine konkrete Nutzung vereinbart, so z. B. als Geschäftsräume; mit dieser Zweckbestimmung lässt sich der Betrieb eines bis in die frühen Morgenstunden geöffneten **Nachtlokals** mit Musikveranstaltungen allenfalls dann vereinbaren, wenn eine solche gewerbliche Nutzung dem Charakter der Wohnanlage entspricht (KG, NJW-RR 89, 140). Zulässig ist dagegen der Betrieb eines **Speiselokals** (BayObLGZ 82, 130). **Apotheke: Gaststätte** (OLG Stuttgart, DerWEer 87, 139). **Atelier und Wohnung:** Bier-, Kaffee- und Brotzeitstüberl (BayObLG, WuM 85, 234); **Büro-Praxis:** nicht als **Ballettstudio** (LG Bremen, WuM 91, 364 = NJW-RR 91, 1423); **Büro:** kein **Spielsalon** (AG Passau, Rpfleger 80, 23); keine **Wohnung** (LG Bielefeld, Rpfleger 81, 355); der Betrieb einer Arztpraxis ist nicht gestattet (vgl. OLG Stuttgart, NJW 87, 385; OLG Düsseldorf, NJW-RR 96, 267 = WuM 95, 727); unzulässig ist der Betrieb eines **Getränkemarktes** (vgl. OLG Schleswig, WuM 99, 229). **Garage:** Benutzung als **Diele** (BayObLG, Rpfleger 84, 409). **Gaststätte:** kein **Nachtlokal** (BayObLG, SWE 85, 126); wobei in der Teilungserklärung auch die Öffnungszeiten festgelegt werden können, die sowohl für Teileigentümer als auch dessen Mieter verbindlich sind (BayObLG, NJW-RR 87, 463). Anstelle eines **Supermarktes** kann keine **Moschee** eingerichtet werden (LG Wiesbaden, ZMR 2008, 331; s. a. zu sonstiger kirchlicher Nutzung unten Rz. 44).

40 **Hobbyraum:** Keine Benutzung als **Wohnung** (BayObLG, NZM 2000, 866) oder Ballettstudio (BayObLG, ZMR 85, 207); **Hobbyräume:** Auch Bezeichnung von Räumen eines Teileigentums in der Teilungserklärung als „Hobbyräume" stellt eine Zweckbestimmung mit Vereinbarungscharakter dar (BayObLG, NJW-RR 91, 139 = WuM 91, 302); die halbtägige Nutzung dieser Räume mit Ausnahme des Wochenendes als **Betreuungsstätte** für Kleinkinder ist zulässig, weil dadurch die übrigen Wohnungseigentümer nicht mehr gestört oder beeinträchtigt werden als bei einer Nutzung als **Hobbyräume** (BayObLG, NJW-RR 91, 140 s. auch unten **Kinderspielplatz**). Dagegen dürfte der vorübergehende Aufenthalt in **Nebenräumen** über die zeitweise Ausübung von Hobbies hinaus als Gästezimmer zulässig sein (BayObLG, FGPrax 96, 57; OLG Düsseldorf, NJW-RR 97, 907). Die Zweckentfremdung eines in der GemO als **Hobbyraum** bezeichneten Raumes, der nicht zu Wohnzwecken genutzt werden darf, beginnt bereits mit dem Anschluss von **Dusche** und **Toilette** an die gemeinschaftlichen Ver- und Entsorgungseinrichtungen: Damit beginnt nach BayObLG die unzulässige Nutzung zu Wohnzwecken (BayObLG, WuM 99, 178).

41 Bei der Nutzung von **TE** ist die konkrete Beschreibung des zulässigen Gewerbes entscheidend. Je genauer diese ist, desto geringer ist der Spielraum bei der Nutzung. Bei andersartiger gewerblicher Nutzung kommt es darauf an, ob damit größere Belastungen verbunden sind als mit dem beschriebenen Gewerbe (BayObLG, NZM 2000, 288; NJW-RR 2000, 1465). Die allg. Charakterisierung als **Geschäfts-/Gewerberaum** oder „**gewerbliche Nutzung**" lässt **alle** gesetzlich zulässigen gewerblichen oder vergleichbaren Nutzungen zu (OLG Düsseldorf, ZMR 2006, 149; GuT 2008, 219; OLG Zweibrücken, NZM 2005, 868; OLG Hamm, NZM 2005, 870). So lässt die allgemeine Beschreibung eines TEs mit „**Gewerbe**" oder „**gewerbliche Nutzung**" Spielraum z. B. auch für die Nutzung als **Tagesstätte** mit Kontakt- und Informati-

Gebrauchsregelung 42, 43 § 15

onsfunktion für Menschen mit psychischer Behinderung (OLG Zweibrücken NZM 2005, 868). Die Absicht der Gewinnerzielung ist nicht maßgeblich. Allerdings kann die örtliche Situation dem entgegenstehen (OLG Hamm NZM 2005, 870). Ebenso kann eine gewerbliche Einheit ohne jede Zweckbindung als **Begegnungsstätte** für einen deutsch-kurdischen Freundschaftsverein (OLG Hamm NZM 2005, 870) oder für Senioren mit gaststättenähnlichem Betrieb (OLG Düsseldorf, NJW 2008, 2194) genutzt werden. **Laden bestehend aus einem Ladenlokal und WC:** keine Gaststätte; **Ladenraum:** Mit der Zweckbestimmung Ladenräume (zur Auslegung s. BayObLG, NJW-RR 89, 719) ist der Betrieb einer **Spielhalle,** oder einer ähnlichen Einrichtung grundsätzlich nicht vereinbar (BayObLG, NJW-RR 90, 594); **Laden,** was eine Nutzung als **Spielsalon** nicht abdeckt (OLG Zweibrücken, NJW-RR 87, 464; ZMR 87, 187) oder als **Spielothek** (BayObLG NZM 2005, 463), ebenso wenig als **Eisdiele** (OLG Schleswig, WuM 2000, 318), auch nicht als **Sex-Shop** (BayObLG, WuM 94, 635 = NJW-RR 95, 467) oder als **Spielsalon** mit Teestube (BayObLG, Rpfleger 94, 269). Eine solche Nutzung des Teileigentums als **Spielsalon** mit Verkauf von Spielgeräten steht der Zweckvereinbarung auch dann entgegen, wenn der Spielsalon auf „besonders gehobenem Niveau" geführt wird und nur innerhalb der gesetzlichen Ladenschlusszeiten geöffnet werden soll (Ergänzung zu Senat NJW-RR 1987, 464; OLG Zweibrücken, NJW-RR 88, 141; KG, ZMR 90, 307).

In einem in der Teilungserklärung als **Laden** bezeichneten Sondereigentum darf keine **Gaststätte** (Pizzeria) betrieben werden (OLG Karlsruhe, OLGZ 85, 397; OLG München, GuT 2008, 218: Gaststättenähnlicher Betrieb), ebenso für Pizza-Imbissstube in einem SE „Ladenlokal" (OLG Karlsruhe, NJW-RR 94, 146 = MDR 94, 59); anders ist die Lage jedoch dann, wenn nach der Zweckbestimmung in der Teilungserklärung Räume „für gewerbliche Zwecke" verwendet werden dürfen; in einem solchen Fall ist damit auch der Betrieb eines **Cafés** gestattet (OLG Zweibrücken, ZMR 87, 229); **Ladenraum:** Das OLG Frankfurt a. M. hat die Zweckbestimmung für eine Teileigentumseinheit in der Teilungserklärung als „Ladenraum" mit dem Betrieb eines **Waschsalons** mit Getränkeausschank als nicht vereinbar erklärt (OLG Frankfurt a. M., OLGZ 87, 49). 42

Eine als „**Laden**" bezeichnete Fläche darf nicht der Errichtung einer **chemischen Reinigung** dienen (OLG Hamm, OLGZ 78, 10; BayObLGZ 78, 127; 80, 154), dagegen bei entspr. Bezeichnung (BayObLG, NJW-RR 94, 1038). Mit der Bestimmung „**Laden**" 43

§ 15 I. Teil. Wohnungseigentum

sind auch nicht vereinbar der Betrieb eines **Cafés** oder einer **Gaststätte** (BayObLG, DerWEer 1985, 60; BayObLG, NZM 2000, 868; NJW-RR 2000, 1465: Laden/Bistro), eines **Spielsalons** (OLG Zweibrücken, WE 1987, 87), einer **Sauna** außerhalb der Ladenschlusszeiten (BayObLG, DerWEer 1986, 29; BayObLG NZM 2000, 871: TE „Sauna" nicht als „Swinger-Club"), ebenso eines Automaten-Sonnenstudios, das unbeaufsichtigt außerhalb der gesetzlichen Ladenöffnungszeiten betrieben wird (BayObLG, WuM 96, 361) und eines **Tanzcafés** (BayObLG, ZMR 1980, 252). „Die in der Teilungserklärung enthaltene Zweckbestimmung „**Laden**" steht der Nutzung des Teileigentums als **Sportvereins-Kantine** entgegen (KG, NJW-RR 86, 1073), ebenso einer Nutzung als **Verkaufskiosk** (OLG Düsseldorf, NJW-RR 96, 132) oder der Betrieb einer **Imbissstube** als Verkaufsstelle für warme Speisen zum Mitnehmen oder zum Verzehr an Ort und Stelle (BayObLG, NZM 2000, 288). Die Zweckbestimmung „Laden, Büro, Arzt(Praxis) oder Wohnung" lässt eine Nutzung als **Billard-Café** nicht zu (OLG Zweibrücken, ZMR 87, 228). Mit der Zweckbestimmung des Teileigentums als „**Laden**" lässt sich der Betrieb eines als „Salatrestaurant ohne Alkoholausschank" geführten **gastronomischen Betriebes** nicht vereinbaren (KG, ZMR 85, 207) ebenso wenig die Nutzung als Verkaufskiosk (OLG Düsseldorf, WuM 96, 170) und die Nutzung außerhalb der gesetzlichen Öffnungszeiten (OLG Hamm, NJW 2008, 302; OLG München, NZM 2008, 652). Als **Laden** und Ladenlokal bezeichnete Räume in TE können nicht ohne Zustimmung aller SEer als **Imbissstube** genutzt werden (OLG Köln, NZM 2000, 390/LS). Sind in der Teilungserklärung im TE stehende Räume sowohl als **Laden** und **Ladenkeller** als auch als **Gewerbe-Laden** und Gewerbe bezeichnet, ist der Betrieb eines **Restaurants-Cafés** gestattet (KG, NZM 2000, 387). **Lagerraum:** Die Nutzung eines im Teilungsvertrag als Lagerraum gekennzeichneten Fläche darf nicht als Gymnastik-/Tanzstudio benutzt werden (BayObLG, WuM 94, 292 = NJW-RR 94, 527).

44 Im TE zugelassene **gewerbliche Nutzung** jeder Art lässt eine Nutzung als **kirchliche** Versammlungsstätte mit **Gottesdiensten** an Sonn- und Feiertagen nicht zu (LG Freiburg NZM 2005, 345). **Schwimmbad:** Ein in Teilungserklärung und Aufteilungsplan als Schwimmbad bezeichnetes Teileigentum darf nicht ohne Billigung der übrigen Wohnungseigentümer in ein Fitness-Center umgestaltet werden, weil damit ein vereinbarungswidriger Gebrauch verbunden ist (BayObLG, ZMR 88, 436). Solche konkreten Zweckbestimmungen können sich auf die Grundstücksfläche beziehen. So ist eine im Aufteilungsplan als **Kinderspielplatz** bezeichnete Grund-

Gebrauchsregelung   45, 46   § 15

stücksfläche grundsätzlich zur Nutzung als Spielmöglichkeit für die in der Anlage wohnenden Kinder bestimmt. Allerdings ist die Nutzung durch eine größere Anzahl von Kindern, die in einem TE gegen Entgelt betreut werden, von dieser Zweckbestimmung nicht gedeckt (BayObLG, WuM 97, 690). **Weinkeller:** Die in der Teilungserklärung vorgenommene Bezeichnung „Weinkeller, Kegelbahn, Windfang, Abstellraum, Kühlraum, WC, Vorplatz", stellt eine Zweckbestimmung dar. Mit dieser Zweckbestimmung ist der Betrieb einer Diskothek oder die Führung einer Gaststätte mit Tanzbetrieb nicht vereinbar (BayObLG, ZMR 90, 230).

Bezeichnung als **Wohnung:** Es genügt bei einem **Versagungs-** 45 **grund** für eine Tätigkeit außerhalb der Zweckbestimmung, dass er **nicht willkürlich** ist (OLG Frankfurt/M, NZM 2006, 144). **Erlaubt** ist der Betrieb einer psychologischen Einzelpraxis zu den üblichen Tageszeiten (OLG Düsseldorf, WuM 98, 112), aber: keine Arztpraxis oder Heim zur Erprobung moderner Erziehungsmethoden (OLG Frankfurt a. M., Rpfleger 81, 148). Auch keine **hotelartige** Nutzung ist erlaubt (OLG Saarbrücken, NZM 2006, 588; KG ZWE 2008, 104), wie auch keine Arbeitsvermittlung oder gewerbliche Schülernachhilfe (OLG Köln, GuT 2008, 158). Zur Frage der Nutzung als polizeiliche Wachstation s. § 13 Rz. 6 a. E. Überlässt ein WEer seine Wohnung einer **Prostituierten,** die ihre Dienste in Zeitungsanzeigen unter Angabe der vollen Anschrift anbietet, brauchen die übrigen WEer diese Nutzung nicht zu dulden (BayObLG, NJW-RR 95, 1228). Dies gilt auch in dem Fall, dass eine gewerbliche Nutzung der EWen nicht gestattet ist (OLG Frankfurt a. M. v. 7. 6. 2004, 20 W 59/03). Anders kann die Prostitution in einem TE gegenüber den anderen TEern zu beurteilen sein (an einer Wertminderung der TEseinheiten zweifelnd BayObLG v. 8. 9. 2004 2 Z BR 137/04).

Die Bezeichnung **„Teileigentum"** schließt den Gebrauch der 46 betr. Räume zu **Wohnzwecken** grundsätzlich aus (BayObLG, ZWE 2000, 122). Auch hierbei ist abzuwägen, ob die Wohnnutzung nicht stärker belastet als die zulässige gewerbliche (OLG Karlsruhe, WuM 2001, 140). Nicht zu Wohnzwecken dienendes **TE** darf der SEer nicht der Ordnungsbehörde zur Aufnahme von **Obdachlosen/Wohnungslosen** andienen bzw. überlassen (LG Bremen, WuM 95, 49; s. a. § 13 Rz. 6). Räume, die als „**Flur** und **Speicher**" im Dachgeschoss bezeichnet sind, dürfen – auch nach Unterteilung – nicht zu Wohnzwecken genutzt werden (BayObLG, NJW-RR 95, 1103). Die Bezeichnung **„Dachterrasse"** berechtigt nicht, diese als intensiv begrünten Dachgarten zu nutzen (Köln OLGR 2005, 261).

47 Da nur das Verhältnis der WEer **untereinander** durch Vereinbarung geregelt werden kann, sind Verpflichtungen gegenüber **Dritten** unzulässig (BayObLG, NJW 74, 2134 = Rpfleger 74, 360 = MittBayNot 74, 208 = MDR 74, 1020; OLG Frankfurt a. M., MDR 83, 580). In einer **Hotelanlage** kann das selbstständige Recht zur Vermietung zugunsten eines anderen ausgeschlossen sein (BayObLG, Rpfleger 82, 15).

48 2. **Mehrheitsbeschluss nach Abs. 2.** Vorbild war § 475 Abs. 1 Satz 1 BGB (dazu § 21 Abs. 5). Der Beschluss muss einen der Beschaffenheit der in SE stehenden Gebäudeteile und des gemeinschaftlichen Eigentums entsprechenden und außerdem ordnungsgemäßen Gebrauch zum Zweck haben. Er hat unter Berücksichtigung der Beschaffenheit des betr. Gegenstandes dem Gebot gegenseitiger Rücksichtnahme und billigem Ermessen zu erfolgen (OLG Köln, NZM 2000, 191; OLG München, FGPrax 2007, 112). Sonst ist das Verfahren vor dem Gericht nach § 43 Nr. 1 eröffnet.

Typischer Inhalt der Beschlüsse ist die Benutzung des GemEs i. F. des Grundstücks und gemeinschaftlicher Einrichtungen. Dazu gehören die Regelung des **Zugangs** zu Versorgungseinrichtungen (BayObLG, NZM 2002, 256) und **turnusmäßigen** Gebrauchs (KG, NJW-RR 96, 779; OLG Köln, NZM 2000, 191), wie auch der **Öffnungszeiten** gemeinschaftlicher Einrichtungen wie Schwimmbad/Sauna (OLG Düsseldorf, FGPrax 2003, 158). Auch Zugangszeiten zum **Stellplatz** können angemessen geregelt werden (OLG München, FGPrax 2007, 112) sowie deren **stundenweise** begrenzte Nutzung bei nicht ausreichender Anzahl für die WEer (OLG Frankfurt/M, NJW-RR 2008, 320). Beispiel für einen Beschluss ist etwa die Regelung der Hausreinigung (LG Mannheim, WM 76, 210 = ZMR 77, 342).

49 **Umzugsvergütungen** (Umzugskostenpauschalen) können die WEer nach § 21 Abs. 7 als eine „besondere Nutzung des gemeinschaftlichen Eigentums oder für einen besonderen Verwaltungsaufwand" mit Mehrheit beschließen (s. dazu § 21 Rz. 55). Eine solche Regelung erfasst dann auch den Auszug aus einer möblierten Wohnung (AG Cham/Kötzting, DerWEer 84, 29). Zur Erhebung eines **Nutzungsentgelts** für **Sauna** und **Tennisplatz** s. BayObLG, DerWEer 84, 30. Dagegen ist eine Vereinbarung erforderlich für die Einführung von **Vertragsstrafen** (a. A. OLG Frankfurt a. M., Rpfleger 79, 109) und Vermietungsbeschränkungen. Fühlen sich Mieter eines WEers dadurch beeinträchtigt, dass ein anderer WEer im gemeinschaftlichen Hausflur planmäßig raucht (bis zu 5 Zigaretten/Tag), so kann der Eigentümer den anderen Eigentümer auf

Gebrauchsregelung 50–52 § 15

Unterlassung des **Rauchens** in Anspruch nehmen (AG Hannover, NZM 2000, 520). Allerdings besteht kein Anspruch eines WEers, dass für das Treppenhaus oder den Aufzug ein **Rauchverbot** verhängt wird (BayObLG v. 25. 3. 99 – 2 Z BR 105/98).

Unzulässig ist etwa völliges **Verbot** des Vermietens, Ausübung 50 eines freien Berufs (vgl. hierzu oben § 13 Rz. 5), wo dies der Zweckbestimmung des Gebäudes nicht widerspricht, völliges Verbot der Veränderung der Inneneinrichtung, des Unterhaltens, Verbot der Musikausübung (*Zimmermann*, Rpfleger 78, 122; OLG Hamm, NJW 81, 465) oder Beschränkung auf bestimmte Tage (*Diester*, Rspr. zum WEG, Rz. 197; OLG Hamm, a. a. O.) und ähnliches. Z. B. besteht ohne Ermächtigung keine Befugnis, ein Vermietungsverbot der EW an Feriengäste via Hausordnung zu beschließen (OLG Celle NZM 2005, 184). **Wohlerworbene** Rechte dürfen nicht verletzt werden (vgl. auch oben Vorbem.).

Auch kann die zu einem Gebrauch erforderliche **Zustimmung** 51 von der Gestattung durch die Versammlung oder des Verwalters abhängig gemacht werden. Dabei bietet die Zweckbestimmung die maßgebliche Grundlage. Liegt der vorgesehene Gebrauch außerhalb des Bestimmungszwecks ist der **Versagungsgrund** grundsätzlich gerechtfertigt und nicht missbräuchlich (OLG Frankfurt/M, NZM 2006, 144).

Mitbestimmungsberechtigt sind nur die **Betroffenen**, also etwa beim Beschluss über Einrichtung in *einem* Haus eines **Mehrhauswohnblocks** nur die Bewohner dieses Hauses (BayObLG, NJW 62, 492; LG Wuppertal, Rpfleger 72, 451). Sind mehrere gleichartige gemeinschaftliche Anlagen dabei vorhanden, steht die Nutzung nur den betreffenden WEern zu (AG Bonn, DerWEer 84, 29), z. B. am **Flur** eines Einzelhauses einer Mehrhausanlage (OLG Düsseldorf, NJW-RR 95, 528 = ZMR 95, 88). Zum Mitgebrauchsrecht aller WEer an gemeinschaftlichen Wäschepflegeräumen vgl. BayObLG, DerWEer 83, 94.

Die Ausübung eines Gewerbes oder Berufes kann von der **Zu-** 52 **stimmung des Verwalters** abhängig gemacht werden (BayObLGZ 71, 273, 276; OLG Frankfurt a. M., DerWEer 83, 61 = Rpfleger 82, 417) oder der Versammlung (OLG Frankfurt a. M., ebenda), ebenso die Vermietung und Verpachtung (BGHZ 37, 203). Die Erlaubnis kann auch an die **Zustimmung der Versammlung** geknüpft werden (*Zimmermann*, Rpfleger 78, 121). Dies ist schon in der Teilungserklärung möglich (BayObLG, a. a. O.). Das **Grillen** mit einem Gartengrill kann nach AG Wuppertal, Rpfleger 77, 445, nicht allgemein durch Beschluss gestattet werden. Ein Beschluss, dass weder auf den Balkonen noch auf den Terrassen und auch nicht auf der Rasenfläche gegrillt werden darf, ist hingegen zulässig (OLG Zweibrücken, 3 W 50/93).

53 Ein Beschluss, mit dem der Ausbau von **Speicherräumen** „allgemein" und ohne aus der Versammlungsniederschrift zu entnehmenden Beschränkungen genehmigt wird, deckt grundsätzlich auch den **Ausbau** zu einer tatsächlich selbstständigen Wohnung mit Küche und Bad, sowie die Vermietung der ausgebauten Räume (BayObLG, NJWE-MietR 97, 13). Wenn ein Speicher, soweit gesetzliche Bestimmungen nicht entgegenstehen, als **Wohnung** ausgebaut und benutzt werden, kann die **Beseitigung** eines im Rahmen des Umbaus eingebauten **Dachflächenfensters** nicht unter dem Gesichtspunkt verlangt werden, dass der Umbau eine **intensivere** Nutzung des Speichers ermögliche (BayObLG, ZMR 97, 89 = NJWE-MietR 97, 32). Die Hausordnung ist in der Regel durch Mehrheitsbeschluss abänderbar (BayObLG, ZMR 76, 310; 77, 84; OLG Karlsruhe, MDR 76, 758). Die Anlage eines **Kinderspielplatzes** auf Grund **behördlicher Auflage** unterliegt Mehrheitsbeschluss (LG Freiburg, ZMR 79, 382). Durch Beschluss kann auch das **Spielen** auf den Grünanlagen einer Wohnanlage gestattet werden (OLG Frankfurt a. M., NJW-RR 91, 1360).

54 Ein Eigentümerbeschluss, der das **Abstellen von PKWs** im teilweise asphaltierten Hof einer Wohnanlage gestattet, entspricht ordnungsgemäßer Verwaltung, wenn er „dem Interesse der Gesamtheit der Wohnungseigentümer nach **billigem Ermessen** entspricht" (BayObLG, WuM 98, 114 unter Verweis auf BayObLG, WM 92, 206). Hierbei muss der Beschluss – sofern er eine bestehende Hausordnung abändert – die schutzwürdigen Belange der WEer beachten (a. a. O.); ebenso kann durch Mehrheitsbeschluss die **Vermietung** der im gemeinschaftlichen Eigentum stehenden **KFZ-Stellplätze** beschlossen werden (BayObLG, NJW-RR 92, 599). Dies gilt für die Vermietung an WEer oder Dritte (BGH, NJW 2000, 3211) oder die Vorhaltung einer Fläche für Belange des Hausmeisters (OLG Düsseldorf, NJW-RR 2002, 1525) oder zur Sicherung des Zugangs für die Müllabfuhr (OLG Hamm, NZM 2000, 963).

55 Das nach § 43 angerufene Gericht hat ein sachliches Nachprüfungsrecht. Bis zur rechtskräftigen Entscheidung bleibt der Beschluss wirksam. Der Weg der **Selbsthilfe** gemäß § 910 BGB wird angesichts des Gemeinschaftsverhältnisses nur in **Ausnahmefällen** gangbar sein (KG NZM 2005, 745 für den Fall des Überwuchses).

56 Eine bestehende **Vereinbarung geht** Beschlüssen nach Abs. 2 **vor** (*Zimmermann,* Rpfleger 78, 122; OLG Frankfurt a. M., Rpfleger 79, 109). Ggfs. können Beschlüsse als Regelung eines **vorüber-**

Gebrauchsregelung 57, 58 § 15

gehenden Zustands im Gegensatz zur bestehenden Vereinbarung wirksam sein (OLG Schleswig NZM 2005, 669).

3. Gerichtliche Entscheidung nach Abs. 3. Abs. 3 enthält einen Unterlassungs- bzw. Beseitigungsanspruch des WEers. Er ist **individualrechtlicher** Natur und bezieht sich auf die Einhaltung von Gebrauchsregelungen und auf Unterlassung bzw. Beseitigung eines ordnungswidrigen Gebrauchs (BayObLG, NZM 2004, 344 = ZWE 2004, 373; OLG Karlsruhe, NZM 2004, 551). Er macht damit bei Vereinbarungsqualität eine Eigentumsstörung geltend (h. M. OLG Frankfurt/M, NJW-RR 2004, 662; a. A. *Kümmel,* ZWE 2008, 273). Es bestehen zwei Möglichkeiten: Aufhebung oder Änderung einer Vereinbarung oder eines Beschlusses wegen Verletzung des Rechtes auf ordnungsmäßigen Gebrauch, wegen Täuschung des Antragstellers, Geschäftsunfähigkeit eines Beteiligten, oder aus allgemeinen Rechtsgründen wie Verstoß gegen gute Sitten, gesetzliches Verbot, unmögliche Leistung, eigentumsfremde Beschränkungen, wie etwa das völlige Verbot der Vermietung oder Musikausübung (OLG Hamm, NJW 81, 465 = MDR 81, 320 = Rpfleger 81, 149). Anfechtung wegen Irrtums oder arglistiger Täuschung ist zu berücksichtigen.

Antragsberechtigt ist jeder einzelne WEer (OLG Frankfurt/M, NJW-RR 2005, 1604; BayObLG, NJW-RR 2004, 1160). Daneben auch die **Gemeinschaft** z. B. im Falle eines Beseitigungsverlangens gemäß § 1004 BGB (OLG München NZM 2006, 106: Beseitigung einer Parabolantenne). Entscheidend ist, ob der unzulässige Gebrauch alle WEer tangiert oder nur einen. Zieht die Gemeinschaft den Beseitigungsanspruch an sich, verliert der Einzelne den Anspruch.

Das **Gericht** kann im Verfahren nach §§ 21 Abs. 8, 43 Nr. 1 nur eine solche Gebrauchsregelung treffen, die von den WEern mit **Mehrheit** beschlossen werden könnte, also keine allstimmigen Entscheidungen bzw. Vereinbarungen, die der Einstimmigkeit bedürfen (KG, NJW 72, 691 = MDR 72, 239; BayObLG, DerWEer 81, 27; NJW-RR 88, 1164; OLG Frankfurt a. M., DerWEer 84, 30). Das Gericht kann dabei den den WEern zustehenden **Beurteilungsrahmen** ausfüllen (KG, MDR 72, 239). So z. B. wäre es Aufgabe der WEer-Gemeinschaft, bei gravierendem **Parkplatzmangel** eine Zuteilungsregelung zu treffen; weigert sie sich jedoch, so tritt an die Stelle der Tätigkeit der WEer-Gemeinschaft die **gerichtliche Gestaltung.** Beim genannten Parkplatzfall könnte sie etwa durch Anordnung eines jährlichen **Losverfahrens** getroffen werden (KG, NJW-RR 94, 912). Die Beispiele für eine gerichtliche Gebrauchsregelung lassen sich beliebig vermehren (s. zur Zuweisung von **Kellerräumen** KG, NJW-RR 91, 1117).

Das Verfahren nach Abs. 3 führt nicht zu einer „Versteinerung" der gerichtlichen Gebrauchsregelung. Die WEer sind nicht daran gehindert, eine solche Gestaltung durch eine andere, den Grundsätzen ordnungsmäßiger Verwaltung entsprechende Regelung, z. B. über die Zuteilung von Kfz-Stellplätzen, zu ersetzen (KG, NJW-RR 96, 779 = FGPrax 96, 133).

59 Möglich ist auch der **Antrag**, die zur Durchführung der Vereinbarung oder des Beschlusses **erforderlichen Maßnahmen** zu ergreifen. Kein Anspruch des WEers auf Durchführung von baulichen Maßnahmen zur Gewährleistung von Tritt-, Luft- und Körper**schallschutz** bei notwendigen Eingriffen in das GemE (LG Frankfurt a. M., NJW-RR 93, 281). Es kommt hierzu auf den Einzelfall an. Fehlt eine Vereinbarung oder ein Mehrheitsbeschluss, kann jeder WEer im Weigerungsfalle **Maßnahmen** durch Anrufung des Gerichts herbeiführen. Auch hier ist maßgebend das Verfahren nach der ZPO. Es richtet sich gegen widersprechende WEer.

60 Die **Anordnung** zum Handeln kann auch in einer Anweisung an den **Verwalter** bestehen. Das Verfahren kann sich auch gegen den Verwalter selbst richten, der sich weigert, Maßnahmen durchzuführen. Nutzt ein WEer Räume des GemEs, ohne dass eine Vereinbarung oder ein gebrauchsregelnder Beschluss der WEer vorliegt, können die übrigen WEer **einzeln oder gemeinsam,** die **Räumung** und **Herausgabe** der Räume an die WEergemeinschaft verlangen (BayObLG, NZM 2004, 344 = ZWE 2004, 373). Der Anspruch auf **Wiederherstellung** des früheren Zustands kann – im Rahmen des Möglichen – auch von **einzelnen** WEern geltend gemacht werden (OLG Düsseldorf, NJW-RR 94, 1167). Die WEer können auch die **Beseitigung** einer eigenmächtig angebrachten **Antennenanlage** verlangen (s. u. § 22 Rz. 5), dies gilt auch für eine **Funkantenne** eines WEers, wenn die Gestattung widerrufen ist und der Betr. dadurch **Handlungsstörer** ist (OLG München, NJW 2005, 3006). Die **Verwirkung** eines Unterlassungsanspruchs ist ausnahmsweise möglich (OLG Köln, NJW-RR 95, 851; BayObLG, ZMR 2001, 987). Ein Zeitraum von knapp 6 Jahren reicht grunds. nicht aus (OLG Düsseldorf, NZM 2000, 866). Dazukommen muss, dass der in Anspruch Genommene sich auf die Nichtgeltendmachung des Anspruchs eingerichtet hat und einrichten durfte nach § 242 BGB (BayObLG, a. a. O.).

61 Nach VGH Mannheim (NJWE-MietR 96, 65 = VBlBW 96, 22) steht dem SEer die **öffentlich-rechtliche** Nachbarklage gegen eine Baugenehmigung (Nutzungsänderung) nicht zu, die dem **Mieter**

einer im SE eines anderen WEers stehenden Einheit erteilt worden ist (zweifelhaft!). Es ist vielmehr danach zu differenzieren, ob es sich um eine nachbarschützende Norm handelt (BayObLG, NZM 2000, 667: Klage gegen einen anderen WEer). Im Übrigen kann er **baurechtliche Nachbarrechte** wegen Beeinträchtigung des **SEs** in vollem Umfang und aus eigenem Recht geltend machen, die bezüglich des **GemEs** nur in den Grenzen der **Notgeschäftsführung** und nur in Prozessstandschaft (OVG Münster, NVwZ-RR 92, 11; VGH München, NZM 2004, 235: Widerspruch gegen **Baugenehmigung;** ebenso NZM 2006, 230).

Nach der hier vertretenen Auffassung steht den WEern bei einem 62 Verstoß gegen Gebrauchsregelungen bezüglich des GemEs ein Anspruch auf Unterlassung gegen den **Mieter** einer SEs zu (s. § 13 Rz. 10). Die höchstrichterliche Rspr. muss den Umweg über die Geltendmachung eines entspr. Anspruchs gegen den vermietenden **WEer** gehen (BGH, NJW 96, 714; s. *Armbrüster/Müller,* ZMR 2007, 321). Dabei soll der Anspruch nicht auf konkrete Maßnahmen gerichtet sein (OLG Zweibrücken, NJWE-MietR 97, 255), sondern es ergebe sich erst im Zwangsvollstreckungsverfahren, ob der WEer alles in seiner Macht Stehende (!) getan habe, um die Unterlassung durch den Mieter durchzusetzen (BGHZ 129, 329; OLG Stuttgart, OLGZ 93, 65; BayObLG, NZM 98, 773; OLG Frankfurt/M, NJW-RR 2004, 662).

Der damit verbundenen Unsicherheit (soll der Vermieter klagen, kündigen, usw.?) geht ein beachtlicher Teil der Rspr. aus dem Wege, indem er den anderen WEern einen unmittelbaren, eigenen Anspruch auf Unterlassung gegen den Mieter/Nutzer zubilligt (OLG München, NJW-RR 92, 1492; a. A. ZMR 2003, 707; OLG Stuttgart, OLGZ 93, 65; OLG Frankfurt a. M., NJW-RR 93, 981; OLG Karlsruhe, NJW-RR 94, 146; OLG Wuppertal, ZMR 2002, 231).

Der Anspruch ist auf dem ordentlichen Rechtsweg zu verfolgen. Wird dem WEer gem. Abs. 3 die Vermietung untersagt, kann er sich i. d. R. nicht deswegen durch Kündigung aus wichtigem Grund von dem Mietverhältnis lösen (BGH v. 29. 11. 95 – XII ZR 230/94).

§ 16 Nutzungen, Lasten und Kosten

(1) ¹**Jedem Wohnungseigentümer gebührt ein seinem Anteil entsprechender Bruchteil der Nutzungen des gemeinschaftlichen Eigentums.** ²**Der Anteil bestimmt sich nach dem gemäß § 47 der Grundbuchordnung im Grundbuch eingetragenen Verhältnis der Miteigentumsanteile.**

§ 16
I. Teil. Wohnungseigentum

(2) Jeder Wohnungseigentümer ist den anderen Wohnungseigentümern gegenüber verpflichtet, die Lasten des gemeinschaftlichen Eigentums sowie die Kosten der Instandhaltung, Instandsetzung, sonstigen Verwaltung und eines gemeinschaftlichen Gebrauchs des gemeinschaftlichen Eigentums nach dem Verhältnis seines Anteils (Absatz 1 Satz 2) zu tragen.

(3) Die Wohnungseigentümer können abweichend von Absatz 2 durch Stimmenmehrheit beschließen, dass die Betriebskosten des gemeinschaftlichen Eigentums oder des Sondereigentums im Sinne des § 556 Abs. 1 des Bürgerlichen Gesetzbuches, die nicht unmittelbar gegenüber Dritten abgerechnet werden, und die Kosten der Verwaltung nach Verbrauch oder Verursachung erfasst und nach diesem oder nach einem anderen Maßstab verteilt werden, soweit dies ordnungsmäßiger Verwaltung entspricht.

(4) [1]Die Wohnungseigentümer können im Einzelfall zur Instandhaltung oder Instandsetzung im Sinne des § 21 Abs. 5 Nr. 2 oder zu baulichen Veränderungen oder Aufwendungen im Sinne des § 22 Abs. 1 und 2 durch Beschluss die Kostenverteilung abweichend von Absatz 2 regeln, wenn der abweichende Maßstab dem Gebrauch oder der Möglichkeit des Gebrauchs durch die Wohnungseigentümer Rechnung trägt. [2]Der Beschluss zur Regelung der Kostenverteilung nach Satz 1 bedarf einer Mehrheit von drei Viertel aller stimmberechtigten Wohnungseigentümer im Sinne des § 25 Abs. 2 und mehr als der Hälfte aller Miteigentumsanteile.

(5) Die Befugnisse im Sinne der Absätze 3 und 4 können durch Vereinbarung der Wohnungseigentümer nicht eingeschränkt oder ausgeschlossen werden.

(6) [1]Ein Wohnungseigentümer, der einer Maßnahme nach § 22 Abs. 1 nicht zugestimmt hat, ist nicht berechtigt, einen Anteil an Nutzungen, die auf einer solchen Maßnahme beruhen, zu beanspruchen; er ist nicht verpflichtet, Kosten, die durch eine solche Maßnahme verursacht sind, zu tragen. [2]Satz 1 ist bei einer Kostenverteilung gemäß Absatz 4 nicht anzuwenden.

(7) Zu den Kosten der Verwaltung im Sinne des Absatzes 2 gehören insbesondere Kosten eines Rechtsstreits gemäß § 18 und der Ersatz des Schadens im Falle des § 14 Nr. 4.

Nutzungen, Lasten und Kosten **§ 16**

(8) **Kosten eines Rechtsstreits gemäß § 43 gehören nur dann zu den Kosten der Verwaltung im Sinne des Absatzes 2, wenn es sich um Mehrkosten gegenüber der gesetzlichen Vergütung eines Rechtsanwalts aufgrund einer Vereinbarung über die Vergütung (§ 27 Abs. 2 Nr. 4, Abs. 3 Nr. 6) handelt.**

Übersicht

	Rz.
I. Nutzungen und Früchte (Abs. 1)	1
1. Begriff	1
2. Einziehung der Früchte	2
3. Anspruch auf den Bruchteil	3
4. Rücklagenbildung	4
5. Zuteilung der Nutzungen	6
II. Lasten und Kosten (Abs. 2)	9
1. Lasten des gemeinschaftlichen Eigentums	10
2. Kosten des gemeinschaftlichen Eigentums	13
3. Rechtsstreit	20
4. Kapitalkosten	23
5. Änderungen und Erneuerungen	24
6. Ersatz von Aufwendungen	25
7. Vorleistungen	26
8. a) Einziehung	27
b) Im Fall der Rechtsnachfolge	31
9. Sicherung von Beitragsforderungen durch	
a) Vorrecht nach § 10 Abs. 1 Nr. 2 ZVG	37
b) Zahlung der Beiträge nach § 156 Abs. 1 Satz 2 ZVG	45
10. Entziehung aus Lasten- und Kostentragung	47
11. Leerstehen von WE	48
12. Sanktionen	49
13. Insolvenz eines WEers	51
14. Verjährung	52
III. Verteilungsschlüssel	53
A. Die verschiedenen Schlüssel	53
1. Miteigentumsbruchteil	54
2. Besondere Sachlagen	57
3. Revision des Verteilungsschlüssels	60
4. Versicherung	62
5. Hausmeisterkosten	63
6. Betrieb und Verbrauch gemeinschaftlicher Dienste	64
7. Maßstab	65
8. Heizkostenverordnung	66
B. Werterrechnung	73
C. Aufschlüsselungsbeispiele	74
IV. Haftung gegenüber Dritten	78

	Rz.
V. Beschlusskompetenz abweichend von Abs. 2 bei Betriebskosten (Abs. 3)	82
VI. Beschlusskompetenz im Einzelfall bei Abweichung vom Kostenverteilungsschlüssel (Abs. 4)	85
VII. Absätze 3 und 4 als zwingendes Recht (Abs. 5)	90
VIII. Sonderfälle (Abs. 6–8)	91
1. Abs. 6: Bei Nichtzustimmung nach § 22 Abs. 1	91
2. Abs. 7: a) Kosten eines Rechtsstreits nach § 18	92
b) Schadensersatz nach § 14 Nr. 4	92
IX. Nur Mehrkosten der Rechtsanwaltsvergütung als Verwaltungskosten (Abs. 8)	93
X. Mehrheitsgrundsatz/Verstoß	94

Literatur: *Fauser*, Die Haftungsverfassung der WEergemeinschaft nach dem neuen WEG, 2007.

I. Nutzungen und Früchte (Abs. 1)

1. Begriff. Nur die **Früchte** im Sinne der §§ 99, 100 BGB des **GemEs** sind gemeint, d. h. die **natürlichen** (z. B. Obst des gemeinschaftlichen Gartens) ebenso wie die **rechtlichen** (z. B. Mietertrag aus der Gemeinschaft gehörenden Pkw-Abstellplätzen) Früchte. Zu unterscheiden: Nutzungen des **SEs,** die jedem WEer für sich zustehen, des gemeinschaftlichen Eigentums, die wieder in das gemeinschaftliche Eigentum fallen, und des gemeinschaftlichen Vermögens (Fonds und Konten).

2. Einziehung der Früchte. Diese ist Angelegenheit der Verwaltung nach § 21 Abs. 1, also der WEer; des Verwalters nur bei besonderer Überlassung nach § 27. WEer sind im Verhältnis zu **Dritten** Gläubiger i. S. des § 432 BGB, d. h. der einzelne WEer kann nur Leistung an alle fordern (§ 432 Abs. 1 S. 1 BGB). Bei Verbindlichkeiten sind sie Teilschuldner nach § 10 Abs. 8 S. 1 für Verbindlichkeiten der **Gemeinschaft.** Sie können ansonsten auch Gesamtschuldner gemäß § 421 BGB sein (BGH, NJW 77, 44). Für den **Eigentumserwerb** an Früchten gelten die allgemeinen Vorschriften der §§ 953 ff. BGB. Der dem Anteil entsprechende Bruchteil der Nutzungen ist unübertragbar und nicht pfändbar, solange er nicht durch Beschluss zur Verteilung bestimmt ist. Selbst ein gemeinsamer **Gläubiger** aller WEer (z. B. i. F. Gesamthypothek) kann die Bruttomieten nicht pfänden, ohne Lasten und Kosten aus denselben zu befriedigen. Es ist also nur ein Jahresüberschuss pfändbar. Auch die Pfändungspfandgläubiger sind an Gesetz und Vereinbarung gebunden.

Nutzungen, Lasten und Kosten   3–6   § 16

3. Anspruch auf Bruchteil. § 745 Abs. 3 Satz 2 BGB ist entsprechend anzuwenden. § 16 Abs. 1 ist durch Vereinbarung oder in Verbindung mit der Teilungserklärung abdingbar, ggfs. durch eine Öffnungsklausel in der GemO (*Staudinger/Bub*, § 16 Rz. 23).   **3**

4. Rücklagenbildung. Rücklagen und **Rückstellungen** werden Eigentum der Gemeinschaft nach § 19 Abs. 7 S. 1. Sie sind z. B. für künftige Dachreparatur, Erneuerung des Hausverputzes, Reparatur der Treppen, des Aufzuges usw. zu bilden. Die **untrennbare** Verbindung des Gemeinschaftsvermögens mit der Gemeinschaft schließt ein Verlangen auf Aufhebung des Gemeinschaftsvermögens und Verteilung vor Jahresabrechnung aus, es sei denn, dass alle WEer zustimmen. Auch **Vorschüsse** fallen mit der Einziehung in das gemeinschaftliche Vermögen. Damit besteht weder ein Rückzahlungsanspruch eines ausgeschiedenen WEers noch ein Auskunftsanspruch (AG Düsseldorf v. 10. 11. 82 – 33 C 455/82). Ebenso besteht kein Anspruch auf Rückerstattung (vor einer Beschlussfassung), wenn der Verwalter einen Überschussbetrag aus einem Vorschuss einem best. Konto zuführt (BayObLG v. 23. 7. 82 – 2 Z 65/61).   **4**

Gleiches gilt auch für Instandhaltungsrücklagen nach § 21 Abs. 5 Nr. 4, die nach § 28 Abs. 1 Nr. 3 vom Verwalter in den Wirtschaftsplan aufzunehmen sind.   **5**

5. Zuteilung der Nutzungen. Auf der Grundlage der im Wohnungsgrundbuch eingetragenen **MEs-Bruchteile** gem. § 47 GBO. Dieser Modus ist nicht immer zweckentsprechend, insbesondere bei vorrangiger Nutzung einzelner WEer, z. B. der WEer in den oberen Stockwerken am Aufzug, wie auch an der Treppe usw.   **6**

Grundsätzlich wird die Größe der MEs-Anteile gesetzlich nicht vorgeschrieben (BGH, NJW 76, 1976; KG, WuM 92, 560), doch wird in der Praxis der einzelne WEs-Anteil meist nach der Größe der Wohnung festgelegt. Es kann im Einzelfall jedoch sinnvoll sein, eine Wohnung unabhängig von ihrer Größe höher zu bewerten als eine andere gleich große Wohnung, sofern sie besondere **wertbildende Faktoren** aufweist; hierbei kann es sich um folgende Merkmale handeln: Penthousewohnung mit Dachterrasse, Erdgeschosswohnung mit Terrasse und Gartennutzung, Wohnung mit Balkon/Loggia, Wohnung mit Balkonterrasse und Wendeltreppe zum Garten.

Die **Vereinbarung** kann also die Nutzungszuteilung besonders regeln, ebenso wie Lastentragung in Abweichung vom gesetzlichen Modell (vgl. BayObLG, WuM 96, 294; s. auch § 755 BGB). Werden durch Mehrheitsbeschluss Nutzungen verteilt vor Lasten- und

Kostendeckung, ist die Anrufung des Gerichts nach § 43 Nrn. 1, 4 möglich. Ebenso bei Verweigerung der Herausgabe der zur Verteilung beschlossenen Erträgnisse. **Unterschiedliche Verteilung** der Nutzungen kommt insbesondere bei besonderen Beiträgen von WEern zum Bau von Nebenräumen, Garagen, Lagerhäusern usw. in Frage, die gemeinschaftliches Eigentum geblieben sind. Wegen Vorwegbefriedigung von Lasten und Kosten siehe auch § 102 BGB.

7 Dem einzelnen WEer steht ein Anteil am **Reinertrag** der Nutzungen zu, nicht jedoch am Rohertrag (BGH, LM § 812 BGB, Nr. 15; OLG Hamm, MittRheinNotK 81, 192). Für die Befriedigung eines Gläubigers eines WEers ergibt sich hieraus: Nur den Anspruch auf anteilsmäßigen Reinertrag nach Jahresrechnung kann ein Gläubiger **pfänden.**

8 Bei **Gebrauchsvorteilen** handelt es sich nicht um Früchte; bei ersteren hat jeder MEer i. Zw. den **gleichen Anteil** (BayObLG, NJW 72, 1286; s. oben §§ 13 Rz. 15, 15 Rz. 1 f.).

II. Lasten und Kosten (Abs. 2)

9 Vorbild § 748 BGB, auch § 103 BGB ist zu beachten. Abs. 2 regelt lediglich Lasten und Kosten des GemEs. Die des **SEs** trägt grundsätzlich jeder WEer selbst.

Als **notwendige** Ausgaben (s. auch § 22 Rz. 1) für Erhaltung und Nutzung der gemeinschaftlichen Sachen werden angesehen: Aufwendungen für die gewöhnliche Unterhaltung in dem Zustand, in welchem sie den WEern denjenigen Nutzen bringen, der ihnen von Natur aus eigen ist. Nur **nützliche** Ausgaben müssen von der Mehrheit beschlossen werden; Verwalter oder einzelner WEer kann sie nicht anordnen (s. § 21 Abs. 3). **Willkürliche** Ausgaben können auch bei Mehrheitsbeschluss vom einzelnen WEer verweigert werden, falls er das Gericht der fG anruft (dazu § 22 Abs. 1 Rz. 26). Träger des Anspruchs nach Abs. 2 gegen einen WEer ist gemäß § 10 Abs. 6 die **Gemeinschaft** (wohl auch BGH NJW 2005, 2061; BayObLG, ZMR 80, 383).

Laufende Vorschüsse der WEer auf die Lasten und Kosten werden häufig in ihrer Gesamtheit als **„Wohngeld"** bezeichnet (OLG Hamm, NZM 2009, 90). Daraus entstehende Ansprüche setzen in jedem Fall einen entsprechenden Beschluss voraus. Dieser kann sich auf die **Jahresabrechnung**, den **Wirtschaftsplan** oder eine **Sonderumlage** beziehen (OLG Hamm, a. a. O.; BayObLG, ZMR 97, 42 = NJWE-MietR 97, 36; ZMR 2001, 561). Der Beschluss muss grundsätzlich das von dem **einzelnen** WEer geschuldete Wohngeld **betragsmäßig** bezeichnen; ausnahmsweise genügt es aber, dass sich der geschuldete Betrag ohne weiteres **errechnen** lässt (ebenda). Die eigenmächtige Erneuerung von Fenstern (GemE) auf eigene Kosten entbindet den betr. WEer nicht von der Verpflichtung, die Kosten für die Instandhaltung der Fenster anderer WEer anteilig zu tragen (LG Bremen, DerWEer 89, 33).

1. Lasten des gemeinschaftlichen Eigentums. Grundsätzlich sind 10 Lasten nur **schuldrechtliche** Verpflichtungen zu einer Leistung, nicht aber dingliche Belastungen, wie Nießbrauch, Vorkaufsrecht, Grunddienstbarkeiten oder auch Grundpfandrechte (*Palandt/Heinrichs,* § 103 Rz. 1). § 1047 BGB unterscheidet öffentliche und privatrechtliche Lasten. Sie folgen aus dem Eigentum am Grundstück selbst. Die WEer-Gemeinschaft hat jedoch keine Verwandtschaft mit Nießbrauch.

Unter § 16 Abs. 2 fällt auch die Verpflichtung jedes WEers 11 gegenüber den anderen WEern, die Lasten einer **Gesamthypothek,** auch in Bezug auf die Kapitalrückzahlung, nach dem Verhältnis seines Anteils zu tragen und entsprechend an die Verwaltung abzuführen; die Abführung wird gemeinschaftliches Vermögen in allgemeiner Verwaltung, ohne Zugriff der Gläubiger der einzelnen WEer. Bei Gesamtbelastung entsteht damit gegebenenfalls auch ein Ausgleichsanspruch des für einen anderen WEer leistenden WEers (BayObLG, NJW 73, 1881 = DNotZ 74, 78 m. insoweit abl. Anm. *Weitnauer* = MDR 73, 848).

Da der **Dauernutzungsberechtigte** grundsätzlich nicht aus 12 § 16 Abs. 2 verpflichtet ist, steht der Gemeinschaft insoweit auch kein Erstattungsanspruch gegen ihn wegen bezahlter Kosten des GemEs zu (BGH, Rpfleger 79, 58).

2. Kosten des gemeinschaftlichen Eigentums. Es werden 13 unterschieden **Kosten** der Instandhaltung und Instandsetzung der gemeinschaftlichen Teile, der sonstigen Verwaltung der Gemeinschaft, eines gemeinschaftlichen Gebrauchs des gemeinschaftlichen Eigentums. Dazu kommt auch **Ersatz** der **Aufwendung** nach § 21 Abs. 2. Zu den Kosten des GemEs zählen auch solche finanziellen Aufwendungen, die durch Arbeiten am SE (!) entstehen und notwendig sind, um einen Zustand zu schaffen, der es erlaubt, die erforderlichen Arbeiten am GemE vorzunehmen (OLG Düsseldorf, WuM 99, 349). Über **sonstige** Verwaltung siehe § 21 Abs. 5. Zu den einschlägigen Kosten zählen die Kosten für Versicherung, Versammlungen (BayObLG, NJW-RR 2001, 1231), Verwaltungsbeirat, Verwalter, Hilfspersonen, Hausmeister (BayObLG, DerWEer 85, 125/LS; *Drasdo,* NZM 2000, 468), Prüfung des Wirtschaftsplanes, Rechnungslegung, Kosten für Bankkonten, Kosten für laufende Unterhaltung aller Dienste im Haus, **Müllabfuhr** (BayObLGZ 72, 150), aber nur soweit sie **keine** Entgelte für die im SE getätigten und **getrennt** erfassbaren Verbräuche oder Entgelte enthalten (OLG Köln, NJW-RR 2006, 1023; BGH, NJW 2003, 3476; OLG Oldenburg, ZMR 2005, 814); Kaminreinigung, Aufzugskosten (OLG Celle, NZM 2007, 217; OLG Düsseldorf, DerWEer 86, 28); vgl. BayObLG, Rpfleger 72, 260 = NJW 72, 1376) sowie Kosten für die Reinigung des GemEs, z. B. des Treppenhauses (OLG Celle, a. a. O.). Auch die Aufwendungen für die gemeinschaftliche Versorgung mit Wasser, Wärme und Energie zählen dazu (BayObLG, WuM 94, 160; OLG Karlsruhe, WuM 2001, 458), ebenso die für gemeinsame Einrichtungen für Hörfunk, Fernsehen z. B. für **Breitbandkabelnutzung** (OLG Hamm, ZMR 2004, 774; KG, NJW-RR 2005, 813) usw. Auch die Kosten für einen Energiebedarfs- oder **Energieausweis** gehören hierher. Nach § 25 Abs. 4 SchornsteinfergerG ist die Gemeinschaft Gebührenschuldnerin für Kehr- und Überprüfungsleistungen des **Schornsteinfegers** (VG Darmstadt, NZM 2007, 417).

14 Wieweit **Kosten** gemeinsam zu tragen sind, ergeben Vereinbarungen und Beschlüsse. Die **Beitragsschuld** wird (erst) durch einen Beschluss zu Lasten der WEer und zu Gunsten der Gemeinschaft begründet und konkretisiert (OLG Oldenburg, ZMR 2005, 734). Zur Kostenverteilung bei der Instandsetzung einer gemeinschaftlichen **Brüstungsmauer** s. BayObLG, ZMR 79, 316. Kostentragung kann unabhängig von der Eigentumsfrage geregelt sein. So können Glasschäden am **Isolierglas** (d. h. auch Trüb- und Blindwerden) dem jeweiligen SEer durch die GemO auferlegt werden (BayObLG, NJW-RR 96, 140 = WuM 95, 326). Es können aber nicht **einzelne** WEer durch Mehrheitsbeschluss zur Gartenpflege oder zur Kostenübernahme hierfür verpflichtet werden (KG, NJW-RR 94, 207 = ZMR 94, 70 = WuM 94, 101 = OLGZ 94, 274; dort auch zur Frage, wie solche Naturaldienste/Dienstleistungen, wenn sie erbracht werden, anzurechnen sind). Ein mehrheitlich beschlossener **Kehr-** und wöchentlicher **Winterdienst** wird bestandskräftig, wenn er nicht angefochten wird (OLG Frankfurt a. M., NJWE-MietR 96, 251).

15 Auch **Vorschüsse** gehören dazu. Der Anspruch auf diese entfällt nicht vor Genehmigung der Jahresrechnung (BayObLGZ 77, Nr. 13 = Rpfleger 77, 286 = ZMR 77, 378; OLG Frankfurt a. M., Rpfleger 78, 383). U. U. sind die WEer verpflichtet, nach Vorliegen der Jahresabrechnung auf den Anspruch auf Nachzahlung umzustellen (OLG Frankfurt a. M., Rpfleger 78, 383). Grundsätzlich bewirkt der Eigentümerbeschluss über die Genehmigung der Jahresrechnung

Nutzungen, Lasten und Kosten 16 § 16

eine rechtsgeschäftliche **Verrechnung** der festgestellten abschließenden Zahlungspflicht mit den in der Einzelabrechnung des jeweiligen MEers gutgebrachten Wohngeldvorauszahlungen (OLG Hamm, NZM 2000, 139). Auch nach dem Beschluss über die Jahresrechnung kann der Wohngeldanspruch weiterhin auf den Wirtschaftsplan für das gleiche Jahr gestützt werden, soweit die Jahresrechnung einen gegenüber dem Jahressoll der Vorschüsse niedrigeren Schuldsaldo aufweist (BayObLG, NZM 2000, 298). Eine rückwirkende Wohngelderhöhung kann von der Versammlung der WEer beschlossen werden, ohne dass es dazu eines vollständigen **Nachtragswirtschaftsplans** bedarf (BayObLG v. 22. 12. 82–2 Z 96/81). In der **Zwangsverwaltung** eines WEs (§§ 16 Abs. 2 WEG, 155 ZVG) hat der Zwangsverwalter den vollen Nachzahlungsbetrag auf Grund einer während der Beschlagnahme von den WEern beschlossenen Jahresabrechnung auch dann vorweg zu bestreiten, wenn vor der Beschlagnahme auf Grund des Wirtschaftsplans fällig gewordene Vorschüsse nicht bezahlt wurden (BayObLG, NJW-RR 91, 723).

Zur Behebung von Liquiditätsschwierigkeiten kann eine **Son-** 16 **derumlage** beschlossen werden (BayObLG, DerWEer 82, 128 = WEM 82, 112; WuM 99, 656; NJW-RR 2001, 1020; KG v. 12. 8. 94 – 24 W 2762/94). Sie kann innerhalb des Wirtschaftsplans oder neben diesem zusätzlich zu den monatlichen Wohngeldzahlungen eine **einmalige** Zahlung vorsehen (KG, a. a. O.; BayObLG NZM 98, 337). Mit der Beschlussfassung über Grund und Aufteilung auf die WEer entsteht die Beitragsschuld. Sie ist im Zweifel sofort **fällig** (KG, NJW-RR 91, 912). Dient sie zur Deckung eines **Wohngeldausfalls,** ist auch der WEer anteilig einzubeziehen, der den Ausfall verursacht hat und über dessen Vermögen (Nachlass) Insolvenz eröffnet ist (BGH, NJW 89, 3018 = NJW-RR 90, 17). Ein Beschluss des WEs, der die Erhebung einer Sonderumlage wegen Wohngeldrückständen eines WEers anordnet, braucht die Rückstände nicht im Einzelnen zu bezeichnen. Die Umlage ist jedenfalls solange zu bezahlen, als nicht zwischen den Beteiligten unbestritten oder rechtskräftig festgestellt ist, dass die Wohngeldrückstände vollständig ausgeglichen sind (BayObLG, NZM 99, 1154). Eine Sonderumlage kann auch bei akutem **Reparaturbedarf** beschlossen werden; sie ist im Zweifel sofort fällig (KG, NJW-RR 91, 912). Eine solche Umlage muss entweder im Umlageschluss betragsmäßig **beziffert** werden oder aber sich ohne weiteres **errechnen** lassen (BayObLG, WuM 98, 306). Die Höhe der Sonderumlage hat sich am geschätzten Finanzbedarf auszurichten, wozu eine Prognose der erforderlichen Kosten notwendig ist: Dabei ist eine großzügige

315

Handhabung zulässig (BayObLG, WuM 98, 305 = NZM 98, 337). Eine vorausgehende **Auflösung** von **Rücklagen** ist im Rahmen ordnungsmäßiger Verwaltung zu prüfen (OLG Köln, NZM 98, 879; BayObLG, NZM 2004, 745). Ein Beschluss über eine Sonderumlage ist nicht deshalb für ungültig zu erklären, weil er den **Verteilungsschlüssel** und die **Belastung** des einzelnen WEers nicht angibt (BayObLG, NJW 93, 603; WuM 97, 61). Er ist auch nicht deshalb nichtig, wenn er gegen den maßgeblichen Verteilungsschlüssel verstößt (BayObLG, NJW-RR 2001, 1020). Der Gesamtbetrag ist dann noch dem **allg.** geltenden Schlüssel auf die WEer zu verteilen (BayObLG, NJW-RR 2001, 1020).

Bei einer späteren **Aufhebung** von **Umlagebeschlüssen** ist eine Beeinträchtigung schutzwürdiger Belange eines WEer dann nicht gegeben, wenn die alten Umlagebeschlüsse bereits durch folgende Abrechnungsbeschlüsse überholt sind (KG, NJW-RR 93, 528 = WuM 93, 137). Wird ein Sonderumlagebeschluss für **ungültig erklärt**, hängt die **Rückerstattung** bereits gezahlter Beträge nach zwischenzeitlichen Abrechnungsbeschlüssen davon ab, dass die WEer über die Folgenbeseitigung der misslungenen Umlage Beschlüsse fassen, notfalls gerichtlich erzwingbar ist (KG, WuM 98, 432 = NZM 98, 579). Werden **Wohngeldrückstände** aus den Abrechnungen früherer Jahre in die Abrechnung eines späteren Jahres als Ausgaben mit einbezogen und wird darüber ein bestandskräftiger Beschluss gefasst, so stellt dieser eine Grundlage für die Geltendmachung auch der Wohngeldrückstände aus früheren Jahren dar; ob eine solche Einbeziehung gewollt ist, ist durch Auslegung des Beschlusses über die Jahresrechnung zu ermitteln (BayObLG, NZM 2000, 52). Ggfs. ist die **Auslegung** eines Beschlusses erforderlich, der bestimmte Sanierungsmaßnahmen und deren Finanzierung durch Sonderumlagen festlegt sowie anordnet, dass die Mehrlasten der Instandhaltungsrücklage zu entnehmen sind (vgl. BayObLG, NZM 2000, 280).

17 Zu **Erhaltungskosten** gehören auch die Kosten, um die Sache in nutzbaren Zustand wieder zu versetzen (z. B. nach Brand, Luftunfällen, Sturm-, Wasserschäden; dabei ist § 22 Abs. 4 zu beachten, auch § 22 Abs. 1 über bauliche Veränderungen); z. B. Beseitigung von Glasschäden, wozu auch das Trüb- oder Blindwerden von **Isolierglas** zählt (BayObLG, WuM 95, 326); auch Kosten der (erstmaligen) **Fertigstellung** sind hierher zu zählen (*Röll,* NJW 78, 1507; 81, 467; BayObLG, MittBayNot 83, 68; DerWEer 83, 60; WuM 94, 36). Die Kostenregelung kann jedoch nicht mehrheitlich in **Abänderung** des in der Teilungserklärung enthaltenen Verteilerschlüssels erfolgen, selbst wenn hierdurch erbrachte Kaufpreisleistungen berücksichtigt werden sollen (OLG Frankfurt a. M., WuM 94, 36). Zu den Erhaltungskosten gehören auch die Kosten der **Instandsetzung,** worunter Maßnahmen zur **Wiederherstellung** des ordnungsgemäßen Zustandes gerechnet werden. So kann z. B. bei einer defekten Schiebetüranlage die Erneuerung dieser Schiebetür die entsprechende Wiederherstellungsmaßnahme sein (OLG Düsseldorf, WuM 96, 443). Hierher gehören auch die Kosten für die notwendige Erneuerung einer Trittschallmatte im Fußboden einer Gewerbeeinheit (OLG Düsseldorf, WuM 99, 532). Ebenso Kosten für die **Beseitigung** rechtswidriger **baulicher Veränderungen,** die ein SEer vorgenommen hat (OLG Schleswig, WuM 2000, 322). Tankhaftpflichtversicherung und **Reparaturkosten** an der Heizungsanlage sind kein Bestandteil der Heizkostenabrechnung, sondern allgemeine Kosten des GemEs nach Abs. 2 (BayObLG, NJW-RR 97, 715; *Peruzzo,* Heizkostenabrechnung nach Verbrauch, 5. A. 96, S. 59 f.). Zu den gemeinschaftlichen Kosten der **Heizungssanierung** gehören i. Zw. auch die **Folgekosten** innerhalb der Wohnungen, unabhängig davon, ob die Installationen SE oder GemE darstellen (s. u. Rz. 52). Zur Frage des Verteilungsmaßstabs bei Erwerb in der Zwangsversteigerung s. BayObLG ebenda (vgl. auch BayObLG, NJW-RR 91, 723).

Als Kosten zur Verhinderung einer Verschlechterung sind Kosten **18** für eine **Erhaltung** in brauchbarem Zustand anzusehen. Überhaupt Kosten für die Erhaltung aller gemeinschaftlichen Sachen (dazu § 5 Rz. 20 f.), z. B. Heizungskosten (AG Neuss, ZMR 77, 149, dort auch zur Beanstandungsmöglichkeit abgelesener Verbrauchswerte); OLG Stuttgart, Justiz 83, 122 = OLGZ 83, 172 = MDR 83, 581). Zu den Kosten des SEs gehören demgegenüber die individuellen Verbrauchskosten an Wasser, Strom und Wärme (KG, NZM 2003, 319).

Die Gemeinschaft hat dem WEer, der während der **Reparatur** **19** des Dachs die ihm gehörende Dachgeschosswohnung nicht vermieten kann, den **Mietausfall**schaden zu ersetzen. Der betr. WEer hat allerdings den auf ihn entfallenden Anteil nach Abs. 2 selbst zu tragen (OLG Köln, NJWE-MietR 96, 274). Ebenso sind Aufwendungen für den Ersatz von **Schäden** am SE, die zum Zwecke der Instandsetzung des **GemEs** verursacht worden sind, auf **alle** WEer umzulegen (OLG Düsseldorf, ZMR 95, 84). Schäden durch Arbeiten innerhalb eines SEs trägt der Verursacher nach allgemeinen Grundsätzen; § 836 BGB ist zu beachten. Auch reine Verwaltungskosten zählen hierher.

Wegen der starken Ortsbezogenheit eines Zahlungsanspruchs aus dem Gemeinschaftsverhältnisses ist in Abweichung von §§ 269

§ 16 20–25 I. Teil. Wohnungseigentum

Abs. 1, 270 Abs. 4 BGB der Ort der Wohnungsanlage als **Erfüllungsort** anzusehen (OLG Stuttgart NZM 2005, 430). Dies gilt auch für die Internationale Zuständigkeit deutscher Gerichte (ebenda).

20   3. **Rechtsstreit. Abs.** 6 zählt dazu insbesondere die Kosten eines Rechtsstreits gem. § 18 auf Entziehung (s. u. Rz. 61). Außerdem den Ersatz des Schadens in den Fällen des § 14 Nr. 4.

21   **Nicht** gemeint sind Verfahrenskosten nach § 43. Für solche gilt **Abs. 7**. Diese sind immer Angelegenheiten der Beteiligten. Auch **der** WEer hat die Kosten mitzutragen, der einer Maßnahme nach § 18 **nicht** zugestimmt hat.

22   Die Verpflichtung des einzelnen WEers gegenüber der Gemeinschaft nach Abs. 2 wird erst mittels einer Entscheidung durch die Gemeinschaft konstituiert (BGH, NJW 99, 3713; BayObLG, NZM 2002, 1033).

Der (regelmäßig notwendige) Beschluss ist die Grundlage für die Geltendmachung. Mit ihm ist regelmäßig die **Fälligkeit** der Forderung verbunden. Der WEer, der die Verwaltungskosten aufgebracht hat, kann von den übrigen WEer jeweils den zu tragenden Anteil unmittelbar verlangen (OLG Stuttgart, DerWEer 86, 25). **Vor** einer Kostenentscheidung verteilen sich die Kosten nach dem allg. Verteilungsschlüssel nur auf **die** WEer, die gegenüber dem Gericht bzw. Anwalt Kostenschuldner sind (KG, ZMR 2006, 224).

23   4. **Kapitalkosten.** Auch Kapitalverpflichtungen aus gesamtschuldnerischen Belastungen gehören zu den gemeinschaftlichen Lasten. Forderungen an einzelne WEer auf Einzahlung der Finanzierungsbeiträge gehören zum gemeinschaftlichen Vermögen.

24   5. **Änderungen und Erneuerungen.** Siehe § 22 Abs. 1 Rz. 2. Sie sind grundsätzlich nur **einstimmig** zu beschließen (allg. M. OLG Naumburg, NZM 2000, 194; vgl. u. Rz. 60 ff.). Eine **Ausnahme** von der Kostentragungspflicht besteht in § 22 Abs. 1 Satz 2; in diesem Fall braucht der Widersprechende die Kosten einer solchen Maßnahme nicht mitzutragen (OLG Frankfurt a. M., OLGZ 81, 313; BayObLG, NJW 81, 690 = ZMR 81, 285 = WEM 81, 62; OLG Celle, DerWEer 86, 54), z. B. wenn eine Garage errichtet wird. Entsprechend besteht auch kein Anteil des Widersprechenden an den Mieterträgen.

25   6. **Ersatz von Aufwendungen.** Aus vorbeugenden Handlungen eines WEers nach § 21 Abs. 2 oder des Verwalters nach § 27 Abs. 1 Nr. 3, Abs. 2 Nr. 2. Hat ein WEer im Rahmen eines gültigen Beschlusses oder richterlicher Entscheidung nach § 43 gehandelt, oder im Rahmen der Verpflichtung nach § 21 Abs. 4 und 5

Nr. 2, steht ihm ein Anspruch auf **Auslagenersatz** zu, als Ausgleichsanspruch entspr. § 426 BGB. **Erstattungsansprüche** aus Geschäftsführung in früheren **Wirtschaftsperioden** können nach h. M. (s. Rz. 31) gegen die später anders zusammengesetzte WEergemeinschaft nicht mehr durchgeführt werden, sondern sind ausschließlich im früheren Haftungsverband auszugleichen.

7. Vorleistungen. Beiträge fallen ins Gemeinschaftsvermögen. 26
Eine Vorleistung für einen anderen ist ggfs. nach Bereicherungsrecht zu ersetzen (s. o. Rz. 11).

8. a) Einziehung. § 27 Abs. 1 Nrn. 4 u. 5, Abs. 2 Nr. 4: **Ers-** 27
tens durch den **Verwalter** auf Grund entspr. Beschlussfassung durch die WEer. **Gläubigerin** ist die Gemeinschaft als solche (*Wenzel,* ZWE 2006, 462; BGH, NJW 2005, 2061 auch zur früheren Rechtslage). Zu den Nebenpflichten eines WEers im Rahmen des Abs. 2 gehört die Erteilung einer **Einzugsermächtigung** für Vorschüsse gemäß dem Wirtschaftsplan (BayObLG, DerWEer 83, 94; NJW-RR 2002, 1665; OLG Hamm, NZM 2000, 505; s. § 27 Rz. 23 f.). Ein **Beschluss,** durch den ein WEer deshalb zu einer zusätzlichen Vergütung an den Verwalter von monatlich 11,50 DM verpflichtet ist, weil das Wohngeld nicht mittels **Lastschriftenverfahrens** bezahlt, entspricht wohl auch nicht nach der Neuregelung des § 21 Abs. 7 ordnungsmäßiger Verwaltung (BayObLG, MDR 96, 143; vgl. auch AG Brilon, WuM 99, 589; a. A. OLG Düsseldorf, WuM 99, 477). Er ist jedoch nicht nichtig (OLG Hamm, a. a. O.; OLG Düsseldorf, WuM 99, 477). Nach h. M. kann das Lastschriftverfahren nicht für die Einziehung nach Jahresabrechnung und von Umlagen eingeführt werden (OLG Stuttgart, FGPrax 97, 217). Keine Befreiung tritt ein durch eine Leistung an eine nicht mit dem Verwalter identische Person (BayObLG, ZMR 80, 393; DerWEer 83, 95). Auch eine Überweisung auf ein **anderes Konto** des Verwalters statt auf das dem WEer bekannt gegebene Hausgeldkonto (Treuhandkonto) entfaltet **keine Tilgungswirkung** bei Zurücküberweisung (OLG Düsseldorf ZWE 2006, 50/LS). Eine gerichtliche Geltendmachung durch ihn ist erst nach Beschluss der WEer möglich, sofern nicht bereits Vollmacht erteilt ist (BayObLG, MDR 80, 57; AG Hamburg, DerWEer 89, 77). Es ist nicht rechtsmissbräuchlich, wenn der Verwalter gegen den WEer gerichtlich vorgeht, dessen gewerblicher Zwischenmieter er gleichzeitig ist (AG Hamburg, DerWEer 89, 77). Ggfs. ist der Verwalter ermächtigt, Ratenzahlung statt gerichtlicher Beitreibung zu gewähren (BayObLG, NZM 2004, 509).

§ 16 28   I. Teil. Wohnungseigentum

28   **Zweitens** durch jeden **einzelnen WEer,** jedoch im eigenen Namen nur im Falle des § 21 Abs. 2 (Notgeschäftsführung) oder wenn es ihm die übrigen WEer gestatten (OLG Köln, WE 97, 230 für MEer), oder wenn es im wohlverstandenen Interesse aller anderen WEer liegt, dass er Beiträge gerichtlich geltend macht (so BGH, NJW 89, 1091 für Forderungen gegen den Verwalter, aber wohl nicht mehr für Rückstände eines anderen WEers, wenn die Gemeinschaft beschlossen hat, die Rückstände nicht (gerichtlich) geltend zu machen). Dann muss er den Beschluss anfechten.

Im Übrigen können **Ansprüche** auf Zahlung der Lasten- und Kostenbeiträge **nicht** mehr gemäß § 432 BGB geltend gemacht werden, da nach Anerkennung der Teilrechtsfähigkeit die Gemeinschaft zuständig ist, abgesehen von der Ausnahme nach § 21 Abs. 2. Auch wenn ein Verwalter fehlt, ist die **Gemeinschaft** als solche Gläubigerin (vgl. BGH, NJW 2005, 2061 noch zur alten Rechtslage). Ein anderer WEer kann dann den Anspruch gegen einen WEer, Beiträge zu den Lasten und Kosten des GemEs nach Maßgabe des beschlossenen Wirtschaftsplans zu leisten, geltend machen, wenn er dazu durch Beschluss **ermächtigt** ist (BGHZ 111, 148; NJW 90, 2386 = JZ 91, 251 m. Anm. *Ehmann;* Ergänzung zu BGHZ 106, 122 = NJW 89, 1091). Ein vorheriger **Beschluss** der WEer-Gemeinschaft ist dann **nicht erforderlich,** wenn sämtliche WEer – mit Ausnahme des Schuldners – einen MEer auf Zahlung rückständigen Wohngeldes und seines Anteils an einer beschlossenen Sonderumlage in Anspruch nehmen (OLG Düsseldorf, WuM 98, 248). Das ist dann die **Gemeinschaft** nach § 10 Abs. 6 S. 2, 3.

Erstattungsansprüche aus Geschäftsführung in früheren Wirtschaftsperioden können jetzt gegen die später anders zusammengesetzte WEergemeinschaft durchgeführt werden, da die Gemeinschaft wegen der Teilrechtsfähigkeit unabhängig vom Wechsel der WEer besteht (s. Rz. 31). Zur Fälligkeit von **Vorschüssen,** wenn keine grundsätzliche Weigerung des WEers vorliegt und der Verwalter ohne Antwort auf eine entspr. Vorbehaltserklärung klagt s. BayObLG v. 15. 9. 83 – 2 Z 110/82. Im Verfahren über den Antrag auf Zahlung von Wohngeld können **Einwendungen** gegen das formale Zustandekommen und den sachlichen Inhalt eines zu Grunde liegenden Eigentümerbeschlusses grundsätzlich **nicht** geltend gemacht werden (BayObLG, NZM 2000, 390/LS). Der Grundsatz der **Gültigkeit** und **Durchführbarkeit** lediglich **anfechtbarer** Beschlüsse lässt es auch nicht zu, ein Verfahren, in dem strittige Forderungen nach § 16 Abs. 2 geltend gemacht werden, bis zum Abschluss des Anfechtungsverfahrens auszusetzen (BayObLG, NJWE-MietR 96, 256; LG Hamburg, DerWEer 89, 34).

Nutzungen, Lasten und Kosten 29 § 16

Sanktionen, z. B. durch Ausschluss des säumigen Beitragspflichtigen von der Mitbenutzung der gemeinschaftlichen Sachen, sind im Gesetz nicht vorgesehen, jedoch beschränkt möglich (s. u. Rz. 39). Kein **Rücktritt** vom Vertrag, nur Schadensersatzanspruch. Die **Gemeinschaft** hat auch kein **Zurückbehaltungsrecht** etwa bei Veräußerung des WEs (s. u. Rz. 39).

Ebenso steht dem einzelnen **WEer** kein **Zurückbehaltungs-** 29 **recht** gegenüber der Gemeinschaft zu, falls er aus § 16 Abs. 2 im Hinblick auf Vorschussforderungen nach dem Wirtschaftsplan oder Nachforderungen gemäß Jahresabrechnung oder Umlagen in Anspruch genommen wird (BayObLG, MDR 72, 145; DerWEer 84, 61; OLG Frankfurt a. M., OLGZ 79, 391; OLG München NZM 2005, 673). Die Anfechtung eines Eigentümerbeschlusses über die Jahresabrechnung durch einen WEer entbindet diesen, solange der Beschluss nicht rechtskräftig für ungültig erklärt worden ist, nicht von der sofortigen Zahlung des Wohngeldes; sie gebietet auch nicht ohne weiteres die Aussetzung des Verfahrens, in dem der Wohngeldanspruch geltend gemacht wird (BayObLG, NJW-RR 93, 788).

Es besteht ebenfalls keine **Aufrechnungsbefugnis,** abgesehen von Ansprüchen aus **Notgeschäftsführung** (OLG Frankfurt/M, NJW-RR 2006, 1603; BayObLG, ZMR 77, 378; ZWE 2001, 418; vgl. KG, WuM 2002, 399 im Fall der Forderung aus dem Wirtschaftsplan) und anerkannten oder **rechtskräftigen** Gegenforderungen (OLG Frankfurt/M, NZM 2007, 367; BayObLG, WEM 79, 173 = MDR 80, 57 = BlGBW 80, 74; 220; WEM 80, 129; DerWEer 83, 30; 84, 61; 62; Rpfleger 83, 14; NZM 2005, 625; OLG München NZM 2005, 673; NZM 2007, 335; OLG Stuttgart, NJW-RR 89, 841; OLG Oldenburg, NZM 99, 467), ggfs. aus Überzahlung (BayObLG, ZMR 88, 349) oder aus §§ 680, 683 BGB (BayObLG, NZM 2005, 625; OLG Frankfurt/M, NZM 2007, 367). Auch darf nicht mit Ansprüchen aufgerechnet werden, bei denen die Beteiligten darüber streiten, ob der Aufrechnungsgegner die Gegenforderung substantiiert bestritten hat (OLG Frankfurt/M, NJW-RR 2006, 1603 = NZM 2007, 367; BayObLG, NZM 99, 1058 = FGPrax 99, 176). Auch die Forderung eines WEers aus **§ 14 Nr. 4** unterfällt i. d. R. dem Verbot der Aufrechnung (OLG München, NZM 2007, 335 = NJW-RR 2007, 735), es sei denn Schadensersatzansprüche sind unstreitig (ebenda). Dies gilt auch für einen WEer, der gleichzeitig **Verwalter** ist oder war (BayObLG, WEM 80, 129). Der **ausgeschiedene** WEer kann ebenfalls nicht aufrechnen (LG Köln, NJW-RR 93, 148 = MDR 93, 144; BayObLG, NJW-RR 96, 1039; ZMR 98, 179; *Weitnauer/Gott-*

schalg, § 16 Rz. 28). Ein WEer kann auch nicht mit **abgetretenen** Forderungen des Verwalters gegen Ansprüche der Gemeinschaft aufrechnen (BayObLG, Rpfleger 76, 422; BayObLG, WEM 80, 130). Zur Frage der **Einrede** gegenüber Ansprüchen der Gemeinschaft, die vor der Änderung des Verteilungsschlüssels beschlossen wurden, s. u. Rz. 42. Ein Schaden durch nachteilige Vermögensumschichtung, den ein WEer durch **erzwungene** Zahlungen an die Gemeinschaft(skasse) auf Grund einer ungerechtfertigten **einstweiligen Verfügung** erleidet, besteht nur dann und so lange, wie der Rückzahlungsanspruch nicht durch **Verrechnung** mit fälligen Forderungen der MEer erloschen ist. Eine solche Verrechnungswirkung kann auch dadurch eintreten, dass mangels wirksamer Fälligstellung von Hausgeldpflichten durch Eigentümerbeschlüsse sich die Rechtsbeziehungen der WEer aus der laufenden Bewirtschaftung **nur** nach dem gesetzlichen **Gesamtschuldner**ausgleich gemäß § 426 Abs. 1 Satz 1 BGB richten (KG v. 15. 4. 96, 24 U 4835/96, NJW 96 H. 31, VIII).

30 Der Ausschluss von Aufrechnungen und Zurückbehaltungsrecht gilt nicht gegenüber anderen Ansprüchen der Gemeinschaft (als aus § 16 Abs. 2); die Frage ist offengelassen von BayObLG, DerWEer 84, 62. Ein WE kann auch Zurückbehaltungsrecht/Aufrechnung geltend machen, wenn ein **Dritter** bei ihm eine Forderung gegen die Gemeinschaft (z. B. durch Aufrechnung) eingezogen hat (KG, NZM 2003, 686). Die WEer können durch Vereinbarung regeln, dass **nur** anerkannte oder rechtskräftig festgestellte Gegenforderungen zur Aufrechnung oder Zurückbehaltung berechtigen, also auf diese Befugnisse beschränken (OLG Frankfurt/M, NZM 2007, 367).

Eine wirksame Aufrechnungserklärung nach der Einleitung des Verfahrens führt auch dann zur **Erledigung** der Hauptsache, wenn die Aufrechnungslage schon vorher bestanden hat (BayObLG, NZM 2001, 1043). Hat ein Gemeinschaftsmitglied Verbindlichkeiten der Gemeinschaft getilgt, so können es die auf Erstattung dieser **Aufwendungen** persönlich in Anspruch genommenen übrigen Mitglieder der Gemeinschaft auf die Befriedigung aus den gemeinschaftlichen Mitteln verweisen (OLG Köln, NZM 99, 972).

Sind Forderungen gegen einzelne WEer nicht beizutreiben (**Ausfall der Forderung**), ist der Betrag auf die übrigen WEer entsprechend dem Maßstab nach Abs. 2 oder einem vereinbarten umzulegen (BayObLG, NZM 2002, 531).

Für eine nicht veräußerte EW hat der **Bauträger** ohne Rücksicht auf tatsächliche Nutzung Lasten und Kosten anteilig zu tragen (BayObLG, DWEer 80, 27).

b) Im Fall der Rechtsnachfolge. Im Fall einer **Gesamtrechts-** 31
nachfolge (Erbfall) sind Beitragsschulden des Erblassers **Nachlass-**
verbindlichkeiten. Die **nach** dem Erbfall entstehenden sind Nachlasserbenschulden, wobei keine Möglichkeit besteht, die Haftung zu beschränken (h. M. i. d. Lit. z. B. *Bonifacio*, MDR 2006, 244; *Dötsch*, ZMR 2006, 902; a. M. BayObLG München, NZM 2000, 41). Die Frage, in welcher Form ein WEer für Verbindlichkeiten der **Gemeinschaft** im Verhältnis zu **Dritten** haftet – auch im Fall seines Ausscheidens – ist durch § 10 Abs. 8 S. 1 beantwortet (s. dort). Dagegen hat der Gesetzgeber zur Frage der Haftung für Verbindlichkeiten gegenüber der **Gemeinschaft** insoweit nicht Stellung genommen. Nach h. M. ist für die Frage, ob und in welcher Weise **Rechtsnachfolger** im WE für Verbindlichkeiten des Veräußerers haften, der Zeitpunkt des Eigentumsübergangs, also mit der Eintragung im GB entscheidend. Danach haftet der Erwerber nicht für die bei seinem Erwerb bereits **fälligen** Beitragsschulden seines Vorgängers (BGH, NJW 94, 2950; NJW-RR 2004, 445; Bespr. *Drasdo*, NJW 2004, 1990; KG NZM 2005, 22) und Wohngeldnachforderungen aus Abrechnungen für frühere Jahre (OLG Zweibrücken, NZM 2007, 416). Diese sind bis zu diesem Zeitpunkt ausschließlich Sache des Veräußerers (OLG Hamm, NJW-RR 96, 911; BGHZ 131, 228). Entscheidend ist der bis zum Rechtsverlust begründete und **fällige** Beitrag (OLG Karlsruhe, ZMR 2005, 310). Danach können ihm aber keine Beitragsschulden mehr durch die Gemeinschaft auferlegt werden (BGH, zuletzt a. a. O.). Zwar gehört nach § 10 Abs. 7 S. 1 das Verwaltungsvermögen nunmehr der Gemeinschaft, so dass sich insofern eine anteilmäßige Berechtigung nicht mehr ergibt, andererseits bleibt diese hinsichtlich aller nicht in das Verwaltungsvermögen fallenden Gegenstände wie z. B. ME am Grundstück und auszuzahlender Überschüsse relevant. Insoweit geht die anteilmäßige Berechtigung ohne Weiteres auf den Erwerber über (s. zur Rechtslage vor der Reform 2007 KG NZM 2000, 830; OLG Hamm NZM 2005, 460; MK-*Engelhardt*, § 16 Rz. 20). Dem muss auch die Übernahme der Schulden entsprechen. Unabhängig davon haftet der **werdende** WEer für das auf ihn entfallende Wohngeld zusammen mit dem noch eingetragenen WEer (BGH, NJW 2008, 2639: für den Ersterwerber einer EW; LG Dresden NZM 2005, 911; *Weitnauer/Gottschalg*, § 16 Rz. 42; *Niedenführ*, § 16 Rz. 105; OLG Köln WE 89, 30). Dies gilt auch für den Fall der **Zwangsverwaltung** des WEs (LG Dresden a. a. O.). Dabei tritt der Zwangsverwalter nicht an die Stelle des WEers, sondern neben diesen. Deshalb haftet der WEer neben dem Zwangsverwalter für Wohngeldansprüche (OLG Zweibrücken NZM 2005, 949) und

wird nur in Höhe der tatsächlich erbrachten Leistungen von seiner Zahlungspflicht frei (ebenda; *Staudinger/Bub,* § 28 Rz. 221; OLG Köln WE 89, 30). Im Übrigen haftet der Zwangsverwalter selbst, wenn er die WEergemeinschaft nicht als Beteiligte nach § 154 ZVG berücksichtigt und Wohngeld nicht entsprechend gezahlt hat (BGH, NJW-Spezial 2009, 259 = BeckRS 2009, 06136; allg. s. *Drasdo,* NJW 2009, 1648).

Nach der **hier** vertretenen Ansicht ist jedoch eine (Mit-)haftung des Erwerbers für Verbindlichkeiten des Veräußerers, die vor Eigentumsübergang begründet wurden, zu bejahen. Für rückständige Verpflichtungen folgt dies aus der untrennbaren Verbindung von ME und SE mit Mitgliedschaftsrecht und der Beteiligung am Gemeinschaftsvermögen (wie hier *Junker,* Gesellschaft nach dem WEG, S. 73 ff.; Anm. JZ 95, 102; a. A. die h. M., OLG Düsseldorf, NJWE-MietR 96, 273; OLG Hamm, NJW-RR 96, 911; BGHZ 88, 302 = BGH, NJW 89, 2697; JZ 95, 102 m. abl. Anm. *Junker*) für **vor** dem Eigentümerwechsel begründete und **fällige** Forderungen; dazu *Sauren,* Rpfleger 91, 288; OLG Karlsruhe, MDR 79, 58 = ZMR 80, 122; DerWEer 87, 131; OLG Braunschweig, MDR 77, 230, OLG Stuttgart, OLGZ 77, 125; BGH, WM 83, 1390). Danach haftet ein WEer z. B. nur für Verbindlichkeiten seines Rechtsvorgängers in dem Umfang, wie sie im Hinblick auf diesen bestanden. Ob neu eintretende WEer das **Verwalterhonorar** mit Beginn des Monats ihres Eintritts in die Gemeinschaft gesamtschuldnerisch mit den übrigen WEern schulden (KG, NJW-RR 94, 83/LS = WuM 93, 755 = OLGZ 94, 266) ist fraglich (dazu § 26 Rz. 43).

Eine vermittelnde Auffassung will auf die Dauer der Zugehörigkeit zur Gemeinschaft abstellen und damit zu einer Aufteilung der Schulden kommen (*Jenißen,* WEG, § 16 Rz. 149).

Allerdings bewegt sich die Rspr. auf die hier dargestellte Linie hin. So haftet nach OLG Stuttgart (MDR 80, 937; DerWEer 89, 32) der Erwerber für die Nachforderung aus der **Jahresabrechnung,** wenn sie erst **nach** seinem Eintritt in die Gemeinschaft erstellt bzw. genehmigt (OLG Düsseldorf, NJW-RR 97, 714) wird. Die Rspr. (BGH, MDR 88, 765; OLG Karlsruhe, DerWEer 87, 131; OLG Köln, NZM 2002, 351; LG Frankfurt a. M., NJW-RR 87, 596) stellt im Übrigen auf die **Fälligkeit** der Forderungen nach § 16 Abs. 2 ab, d. h. auf den **Zeitpunkt** der **Beschlussfassung** durch die WEer (BGH, a. a. O.; BGHZ 95, 118; KG NZM 2005, 22; OLG Karlsruhe, ZMR 2005, 310; OLG Zweibrücken, NZM 2007, 416). Ebenso haftet der ausgeschiedene WEer auch noch gemäß einer **nach** seinem Ausscheiden **beschlossenen** Jahresrech-

Nutzungen, Lasten und Kosten   31 § 16

nung den anderen WEern weiter aus dem Wirtschaftsplan für Wohngeld**vorschüsse,** die während des Zeitraums, als er WEer war, **fällig** geworden sind (BGH v. 30. 11. 95 – V ZB 16/95, NJW 96, H. 9, X). Dies gilt auch für den Fall, dass TEseinheiten (Kellerräume) während eines Wirtschaftsjahres in GemE **umgewandelt** werden (BayObLG, NZM 2000, 192). Auch haftet der Erwerber von WE zwar nicht für die vor seiner Eintragung im WsGB noch gegenüber dem Veräußerer begründeten und **fälligen** Sonderumlagen-Beträge, aber für die **nach** seiner **Eintragung** fälligen **Raten** (KG, NJW-RR 94, 83 = MDR 93, 1203; OLG Köln, NZM 2002, 351) oder die nach Erwerb durch einen Beschluss nach § 28 Abs. 5 oder über eine Umlage begründeten Verbindlichkeiten, auch wenn dabei Kosten aus der Zeit **vor** dem Erwerb einbezogen sind (BGHZ 104, 197; OLG Düsseldorf, NZM 2001, 1039). Dagegen haftet nicht der sog. **Bucheigentümer,** z. B. wer den Erwerb von WE wirksam nach § 123 BGB **angefochten** hat, entsprechend Abs. 2 für Verbindlichkeiten, die nach seiner GB-Eintragung begründet und fällig werden (BGH, NJW 94, 3352; Ergänzung zu BGHZ 107, 285 = NJW 89, 2697 = LM § 16 WEG Nr. 10; OLG Schleswig, DNotZ 94, 255). Es haftet der sachenrechtlich **wahre** Eigentümer. So haftet ein aus einer Eigentümer-GbR ausgeschiedener Gesellschafter nicht für Wohngeldschulden (OLG Stuttgart NZM 2005, 426; *Weitnauer/Gottschalg,* § 16 Rz. 32). Ggfs. ist ein Beschluss über die Einzelabrechnung **auszulegen,** ob damit eine Zahlungspflicht des Erwerbers überhaupt begründet werden soll oder ob es sich lediglich um eine Information über den Kontostand handelt (BayObLG, NZM 2000, 52). Die Verpflichtung zur Nachzahlung von Wohngeld auf Grund der Jahresabrechnung ist **Nachlassverbindlichkeit** i. S. von § 1967 I BGB, es sei denn, der Erbe entschließt sich, Eigentümer der Wohnung zu bleiben (OLG Köln, NJW-RR 92, 460). In diesem Fall tritt er in die Rechtsstellung des Erblassers ein mit der Folge der Haftung für alle Verbindlichkeiten.

Für den Ersteher von WE in der **Zwangsversteigerung** wird eine Haftung in Bezug auf Verbindlichkeiten des Rechtsvorgängers von der h. M. ebenfalls abgelehnt (BGH, Rpfleger 85, 409; Der-WEer 85, 121; MDR 88, 205 m. krit. Anm. *Pick* = NJW 87, 1638 = ZMR 89, 291 m. Anm. *Blumenthal;* BayObLG, Rpfleger 79, 352 = BlGBW 80, 71; BGH, WM 83, 1390 = Rpfleger 84, 70 m. Anm. *Schiffhauer* = BauR 84, 74 = BlGBW 84, 13 = MDR 84, 222 = MittBayNot 83, 127). Der Erwerber tritt danach mit dem Zuschlag nach § 90 ZVG ohne Weiteres in die Gemeinschaft ein, ohne insoweit Rechtsnachfolger hinsichtlich der Verbindlichkeiten zu sein (BayObLG, ZMR 2004, 524). Dies soll auch dann gelten, wenn die

Abrechnung eines vor dem Zuschlag abgelaufenen Wirtschaftsjahres erst **nach** dem Zuschlag erstellt und bekanntgemacht wird (BGH, DerWEer 85, 121; NJW 99, 3713 = NZM 99, 1101). Nach OLG Düsseldorf (NJW-RR 97, 714) haftet der Erwerber im Wege der Zwangsversteigerung aber aus einer **nach** seinem Eintritt unangefochten genehmigten Jahresabrechnung auch insoweit, als diese noch offene Ansprüche gegen den Rechtsvorgänger auf Wohngeldvorschüsse mit einbezieht. Der Erwerber von WE in der Zwangsversteigerung haftet auch für die **nach** Eigentumserwerb fälligen **Raten** einer Sonderumlage, wenn die Sonderumlage bereits **vor** dem Eigentumserwerb beschlossen worden ist. § 56 S. 2 ZVG steht dem nicht entgegen (LG Saarbrücken, NZM 2009, 590 = NJW-aktuell 2009, VIII).

32 Nach h. M. ist jedoch eine **Haftung** des Rechtsnachfolgers durch entspr. Regelung **in der GemO**, also im Wege der Vereinbarung, zulässig (BGH, MDR 88, 203 m. Anm. *Pick;* NJW 94, 2950 = MDR 94, 580 = LM H. 7/94 zu § 5 WEG Nr. 11 m. Anm. *Niedenführ;* BayObLG, Rpfleger 79, 352; Rpfleger 97, 17 = NJWE-MietR 97, 10), sogar wenn diese Bestimmung vom teilenden Eigentümer (Bauträger) stammt (OLG Frankfurt a. M., Rpfleger 80, 349; OLG Düsseldorf, WE 97, 229 = NJW-RR 97, 906). Dies gilt auch für eine fällige **Sonderumlage** (BayObLG, Rpfleger 97, 17 = NJWE-MietR 97, 10). Einer Vereinbarung steht auch ein Beschluss auf Grund einer **Öffnungsklausel** gleich (a. A. AG Berlin-Charlottenburg, NJW-Spezial 2009, 467). Nach KG (NZM 99, 1144/LS) soll der Erwerber von WE ohne individualvertragliche Übernahme nicht für die das GemE betreffenden Folgekosten des **vor** seinem Erwerb erfolgten **Ausbaus** seiner Dachgeschosswohnung in Anspruch genommen werden können, wenn die Kostenpflicht nicht in der von der Eintragungsbewilligung gedeckten GemO, sondern nur in einem Anhang der notariellen Teilungserklärung vorgesehen ist.

Dagegen hat ein **bestandskräftiger** Eigentümerbeschluss, dass der Erwerber einer EW für die Rückstände seines Rechtsvorgängers aus früher beschlossenen Jahresabrechnungen hatte, nach der Rspr. des BGH nicht mehr die gleiche Rechtswirkung wie eine entspr. Bestimmung in der GemO, sondern ist wohl nichtig (a. A. noch BayObLG, NZM 2000, 52).

Eine Regelung, nach der **der** Erwerber gesamtschuldnerisch für etwaige Rückstände haftet, ist nach BGH, DerWEer 84, 26 = Rpfleger 84, 70 dahingehend auszulegen, dass nur **rechtsgeschäftliche** Erwerber gemeint sind, nicht auch Ersteher in der **Zwangsversteigerung.** Ein entspr. **Beschluss,** der die Haftung des Erstehers für Rückstände vorsieht, ist nichtig (BayObLG v. 25. 7. 84–2 Z 108/83). Dies gilt auch für eine entsprechende **Vereinbarung** (BGH v. 22. 1. 87 – V ZB 3/86 = BGHZ 99, 358 = NJW 87, 1638 = JR 88, 205 m. Anm. *Pick* = ZMR 89, 291 m. Anm. *v. Blumenthal;* OLG Hamm, NJW-RR 96, 911). Dies wird mit einem Verstoß gegen die Bestimmung des § 56 S. 2 ZVG mit der Nichtigkeitsfolge des § 134 BGB begründet. Der Eintritt in die besondere Gemeinschaft nach WEG ist allerdings nicht mit den Sonderregelungen der §§ 419, 571, 746 usw. BGB außer Kraft zu setzen. Im Übrigen geht das WEG als die jüngere gesetzliche Regelung vor (im Ergebnis wie hier OLG Köln, DNotZ 81, 584).

Der sein WE **veräußernde WEer** bleibt, auch wenn er den **33** Besitz an der Wohnung **vor** Eintragung des Eigentumswechsels im GB überträgt, bis zur Eintragung des Erwerbers als Eigentümer zur Tragung der Bewirtschaftungskostenanteile gegenüber der Gemeinschaft verpflichtet. Der Erwerber kann sich rechtsgeschäftlich ggf. als Gesamtschuldner zur Tragung der Lasten und Kosten verpflichten. Im Innenverhältnis kann der Erwerber die Kostentragungspflicht allein übernehmen. Im Übrigen sind Nutzer der Wohnung nur gegenüber dem WEer verpflichtet, im Rahmen des Nutzungsverhältnisses Kosten zu tragen.

Der frühere Eigentümer einer EW kann durch einen später gefass- **34** ten Beschluss der Eigentümerversammlung auch dann nicht zur Begleichung von Wohngeldnachforderungen bezüglich dieser Wohnung verpflichtet werden, wenn er als Eigentümer einer **anderen EW** der Eigentümergemeinschaft weiterhin angehört (OLG Köln, NJW-RR 92, 460). Der Erwerber wird in seinem **Vertrauen** auf einen bestimmten Wohngeld(rück)-stand bei falscher Mitteilung an den Notar nicht geschützt (BayObLG, DerWEer 84, 62). Im Übrigen tritt der Erwerber in die **Rechtsstellung** seines **Vorgängers** ein, z. B. ist er an eine von diesem erteilte **Zustimmung** gebunden (OLG Hamm v. 9. 1. 96 – 15 W 340/95, NJW 96 H. 23).

Grundsätzlich sind auch die **Erben** Beitragsschuldner gemäß § 1922 BGB. Auch bei beschränkter Erbenhaftung hinsichtlich der Nachlassverbindlichkeiten haftet der Erbe für eine **nach** dem Erbfall begründete Beitragsschuld (BayObLGZ 99, 323; a. A. *Bonifacio,* MDR 2006, 244). Entscheidend ist, dass der Erbe nicht die Kompetenz hat, die Haftung für die unter seinem Regime entstandenen Schulden auszuschließen.

Mitberechtigte an WE, seien sie Bruchteils- oder Gesamt- **35** handsberechtigte, haften als **Gesamtschuldner** (AG Düsseldorf v. 26. 5. 83 – 30 II 95/82; OLG Stuttgart, OLGZ 69, 232; DerWEer 86, 25; OLG Hamm, DerWEer 89, 140). Dies gilt bis zur Berichti-

§ 16 I. Teil. Wohnungseigentum

gung des GBs, es sei denn es wird der Nachweis der Abtretung bzw. Erlaubnis bzw. Zustimmung der Mitgesellschafter (i. F. der BGB-Gesellschaft) gem. § 29 GBO erbracht (OLG Hamm, a. a. O.). Im Übrigen besteht diese Haftung sowohl gegenüber der **Gemeinschaft** als auch im Verhältnis zu **Dritten**.

Ein **Nutzer** der Wohnung ist nur im Rahmen seines Nutzungsverhältnisses dem WEer gegenüber verpflichtet, bestimmte Kosten zu tragen. So hat ein **Nießbraucher** laufende Erhaltungs- und Unterhaltungskosten zu tragen (s. §§ 1030 ff., bes. 1036 Abs. 21037, 1041, 1042–1045, 1047 BGB). Er kann sich dem nicht durch Verzicht auf die Wohnung bzw. eines Raums entziehen (LG Gießen, ZMR 96, 668 = NJW-RR 97, 82 für den Nießbraucher eines Grundstücks). Eine Kostentragungspflicht hat auch ein **DW-** oder **DN-Berechtigter** am WE nur gegenüber dem WEer (BGH, ZMR 79, 318 = DWEer 80, 41). Ebenfalls der **Mieter**. Anderes ist Sache des Mietvertrags im Verhältnis WEer–Mieter. Umgekehrt steht der Gemeinschaft gegen Nutzer kein Anspruch auf Beteiligung an Lasten und Kosten zu (BGH LM § 16 WEG Nr. 2; NJW 2002, 1647). Zur **Streupflicht** und ihre **Übertragung** auf den Mieter s. OLG Köln, NJW-RR 96, 655 = VersR 96, 246, dort auch zur Frage der Darlegungslast und Erfüllung der Verpflichtung. Öffentlich-rechtliche Vorschriften z. B. zur Anbringung eines **Geländers** an der Treppe konkretisieren ggfs. die allgemeine **Verkehrssicherungspflicht** (BayObLG, NJW-RR 96, 657).

36 Lasten nach § 16 Abs. 2 zählen auch zu den Ausgaben der Verwaltung durch den **Zwangsverwalter** nach § 155 Abs. 1 ZVG (AG Dorsten, ZMR 77, 383 = NJW 77, 1246, LG Darmstadt, Rpfleger 77, 332; LG Oldenburg, DerWEer 88, 70; LG Köln, DerWEer 88, 70; AG Hamburg, DerWEer 89, 76; s. a. AG Düsseldorf – 65 L 62/81 zur Rechtslage, wenn der Zwangsverwalter keine Nutzungen ziehen kann; BayObLG, NJW-RR 91, 723; auch zur Pflicht zur Nachzahlung rückständiger Vorschüsse). Sie entstehen aus seiner Unterhaltungspflicht und sind aus den Nutzungen des WEs **vorab** zu zahlen, soweit sie während der Zwangsverwaltung begründet und fällig werden (*Wedekind*, ZfIR 2007, 704; missverständlich OLG Hamm, NJW-Spezial 2004, 194). Dies gilt auch wenn durch entspr. Beschluss früher entstandene Verbindlichkeiten des Schuldners erfasst werden (OLG Düsseldorf, NJW-RR 91, 724), etwa auch für eine **Abrechnungsspitze** der während seiner Verwaltung beschlossenen Jahres-(einzel)abrechnung (OLG München, NZM 2007, 452). Die an den Zwangsverwalter geleisteten Vorschüsse haben nach § 10 Abs. 1 Nr. 1 ZVG nur dann **Vorrang** in der Zwangsversteigerung, wenn ihnen eine im Einzelfall festzustellende **objekterhaltende** oder **-verbessernde** Wirkung zukommt (BGH, NJW 2003, 2162). Diese Zahlungsverpflichtung gilt auch für den vorläufigen Insolvenzverwalter (OLG Karlsruhe, DerWEer 88, 67: Konkursverwalter).

Werden bei einer Zwangsverwaltung Mieten nicht erzielt, so hat der **Gläubiger** gem. § 161 Abs. 3 ZVG den für die Zahlung des Hausgeldes erforderlichen Betrag vorzuschießen (LG Oldenburg, DerWEer 88, 70). Der Zwangsverwalter kann, falls die verwaltete Masse nicht ausreicht, zur Deckung seines Anspruchs auf Vergütung und Auslagenersatz, den betreibenden Gläubiger in Anspruch nehmen (AG Kiel, NZM 2009, 671).

Neben dem Zwangsverwalter haftet der **Eigentümer** der zwangsverwalteten EW weiter (BGH, NJW-RR 2008, 679; OLG Köln, DerWEer 89, 30; OLG Zweibrücken, NJW-RR 2005, 1682).

Auch an einer sachgerecht beschlossenen Reparaturumlage hat sich der Zwangsverwalter zu beteiligen (AG Hamburg, DerWEer 89, 76). Ansonsten trifft den Zwangsverwalter keine Verpflichtung gegenüber der Gemeinschaft entspr. § 9 ZVG, wenn kein Vollstreckungsvermerk für diese im WsGrB eingetragen ist (KG, NZM 2007, 451).

9. Sicherung von Beitragsforderungen durch a) Vorrecht nach § 10 Abs. 1 Nr. 2 GVG (s. auch Anh. II 1). 37

Die Regelung sichert die Gemeinschaft vor dem Ausfall von Haus(Wohn)geldansprüchen vermögensloser oder zahlungsunwilliger WEer in der Zwangsversteigerung des betreffenden WEs durch ein begrenztes **Vorrecht** in § 10 ZVG. Durch das in § 10 **Abs. 1 Nr. 2 ZVG** normierte Vorrecht von Ansprüchen der Gemeinschaft werden nachrangige Gläubiger auf Grund der für sie nicht aus dem GB ersichtlichen Ansprüchen der Gemeinschaft zwar zurückgesetzt, jedoch nicht unbillig benachteiligt. Die geltend gemachten Ansprüche auf Zahlung rückständiger Beträge für Strom, Wasser, Gas und Beiträge zum Unterhalt des GemEs kommen **auch** der Werterhaltung des WEs zu Gute.

Nach § 10 Abs. 1 Nr. 2 **Satz 1** ZVG besteht ein Vorrecht der 38 Gemeinschaft vor den Realkreditgläubigern bei Vollstreckung in ein Wohnungseigentum für die daraus **fälligen** Ansprüche auf Zahlung der Beiträge zu den Lasten und Kosten des gemeinschaftlichen Eigentums oder des Sondereigentums, die nach den §§ 16 Abs. 2, 28 Abs. 2 und 5 des WEG geschuldet werden. Dabei sind **Vorschüsse** und **Rückstellungen** sowie **Rückgriffsansprüche** einzelner WEer **eingeschlossen.** Materiell handelt es sich um den **Anteil** des im Rückstand befindlichen WEers an den **Lasten** und

Kosten des GemEs nach § 16 Abs. 2, den entsprechenden Anteil an den durch den Wirtschaftsplan festgelegten **Vorschüssen** gemäß § 28 Abs. 2 und seinen durch die Abrechnung und Rechnungslegung ermittelten Anteil an etwaigen **Nachforderungen** oder **Rückstellungen** (Umlagen; § 28 Abs. 5). Dazu kommen noch ggfs. **Rückgriffsansprüche** einzelner WEer. Dadurch soll gewährleistet werden, dass WEer, die für den säumigen WEer hinsichtlich dessen Beiträgen in Vorlage treten (mussten), um die ordnungsmäßige Verwaltung des GemEs zu sichern, einen Ausgleich erhalten. Durch diesen Anreiz soll einem Verfall der WEsanlage vorgebeugt werden.

Das Vorrecht gilt **nur** für das betreffende WE auf das sich die Forderungen der Gemeinschaft beziehen. Gehören dem WEer in der Anlage weitere WEsrechte, bei denen keine Zahlungsrückstände bestehen, kann das Vorrecht nicht auf diese erstreckt werden. Dies ergibt sich aus dem Merkmal „**daraus** fälligen Ansprüchen". In diesem Fall muss sich die Gemeinschaft auf dem Klageweg nach § 43 WEG, ZPO einen Titel erwirken, um in diese WEsrechte oder weitere (Grundstücks)rechte vollstrecken zu können.

39 § 10 Abs. 1 Nr. 2 **Satz 2 begrenzt** das Vorrecht zunächst **zeitlich**: Es erfasst die **laufenden** und die **rückständigen** Beträge aus dem **Jahr** der **Beschlagnahme** und den **letzten zwei Jahren**. Auch ein späterer Beitritt ist möglich (BGH, NJW 2008, 1956; NZM 2009, 486).

Satz 3 dieser Vorschrift beschränkt zum anderen das Vorrecht absolut in der Höhe dadurch, dass die Beträge „in Höhe von nicht mehr als 5 vom Hundert des nach § 74 a Abs. 5 (ZVG) festgesetzten Wertes" begrenzt werden, also des **Verkehrswertes.**

40 Die **Anmeldung** der Ansprüche erfolgt nach § 10 Abs. 1 Nr. 2 **Satz 4** ZVG durch die **Gemeinschaft** der WEer. Damit wird klargestellt, dass die Gemeinschaft als Inhaberin der Beitragsansprüche dafür zuständig ist.

Dagegen sind die individuellen **Rückgriffsansprüche** einzelner WEer wegen deren Zuständigkeit auch von diesen anzumelden (§ 10 Abs. 1 Nr. 2 **Satz 5** ZVG). Das gilt auch für die **Gemeinschaft** wegen Hausgeldrückständen, wenn eine Anmeldung in Rangklasse 2 (zunächst) nicht erfolgen kann (BGH, NJW 2008, 1956; NZM 2009, 486).

41 Um eine vernünftige **Relation** zwischen Beitragsschuld und dem Betreiben der Zwangsvollstreckung zu erreichen, ist in Anlehnung an den Rechtsgedanken des § 18 Abs. 2 WEG in § 10 **Abs. 3** ZVG eine **Mindesthöhe** des Betrags festgeschrieben, der zur Betreibung der Zwangsversteigerung erforderlich ist. Nach § 10 Abs. 3

Nutzungen, Lasten und Kosten 42 § 16

Satz 1 müssen die Beträge den in § 18 Abs. 2 Nr. 2 WEG festgelegten **Verzugsbetrag** übersteigen, also 3% des Einheitswerts des WEs.

Durch das G. zur Reform des Kontopfändungsschutzes wurde ein neuer **Hs.** dem Abs. 3 S. 1 angefügt. Liegt ein **vollstreckbarer Titel** vor, haben die die Zwangsversteigerung betreibenden WEer einen Anspruch, notfalls gegen die Behörde, auf **Mitteilung** des **Einheitswerts** (Anh. II 1). Eine Parallelregelung findet sich in § 18 Abs. 2 Nr. 2 (s. § 18 Rz. 11). Auch vor der Änderung des § 10 Abs. 3 S. 1 ZVG bestand kein Auskunftsanspruch, auch nicht gegenüber dem beklagten WEer (BGH, ZWE 2010, 32; s. auch BGH, NJW-Spezial 2008, 419 = BeckRS 2008, 08459; 08460). Er ergibt sich auch nicht aus § 242 BGB (BGH, NZM 2009, 707).

Das **Vollstreckungsgericht** kann unabhängig davon schon nach Anordnung der Zwangsversteigerung einen Gebührenvorschuss anfordern und für dessen Berechnung die Finanzbehörde um **Mitteilung** des Einheitswerts ersuchen; eine entspr. Mitteilung wäre auch verwertbar (BGH, NZM 2009, 486 = NJW 2009, 2066; NZM 2009, 744).

Der **Beitritt** der Gemeinschaft in der Rangklasse setzt entweder einen Einheitswertbescheid oder die Festsetzung des Verkehrswerts voraus (BGH, NJW 2009, 1888; 2066). Der Einheitswert nach § 54 Abs. 1 S. 4 GKG ist auch für die **Anordnung** der Zwangsversteigerung verwertbar (BGH, a. a. O.). Insoweit ist das Verfahren durch den Gesetzgeber vereinfacht.

§ 10 Abs. 3 **Satz 2** ZVG stellt klar, dass als **Titel** auch eine gerichtliche Entscheidung in Form eines Urteils oder eines Vollstreckungsbescheids genügt, aus dem die Verpflichtung des Schuldners zur Zahlung ersichtlich ist. Dazu ist das **Mahnverfahren** mit der kurzfristig erreichbaren Entscheidung geeignet. Es ist damit kein Duldungstitel erforderlich.

Dem Zahlungstitel muss zu entnehmen sein, dass die Voraussetzungen der **Rangklasse 2** gegeben sind. Deshalb hat der Titel die **Art** (z. B. Haus-/Wohngeldforderung), den **Bezugszeitraum** des Anspruchs sowie seine **Fälligkeit** erkennen zu lassen. Es ist Aufgabe des Vollstreckungsgerichts, diese Voraussetzungen formal zu prüfen, ohne die materiellrechtliche Frage des Bestehens der Forderung vorzunehmen, was Aufgabe des Prozessgerichts im Erkenntnisverfahren ist. Die notwendigen Angaben sind mit Hilfe des Mahnverfahrens möglich.

Soweit die Art und der Bezugszeitraum des Anspruchs sowie 42 seine Fälligkeit **nicht** aus dem Titel erkennbar sind, sind sie in sonst geeigneter Weise **glaubhaft** zu machen **(Satz 3).** Dies ist bei bestimmten Urteilen der Fall, etwa nach § 313 a Abs. 1 und 2 ZPO, dem Urteil ohne Tatbestand und Entscheidungsgründe, und bei Versäumnis-, Anerkenntnis- und Verzichtsurteilen nach § 313 b ZPO. Die **Glaubhaftmachung** der Anspruchsmodalitäten kann z. B. durch die Klageschrift erfolgen, aber auch durch andere Urkunden, etwa durch eine Unterwerfungsurkunde des Schuldners nach § 794 Abs. 1 Nr. 5 ZPO. Nach der Begr. des Gesetzes (BT-Drs. 16/887 S. 46) reicht es auch aus, „eine Niederschrift der maßgeblichen Beschlüsse der WEer einschließlich ihrer Anlagen – etwa den Wirtschaftsplan oder die Jahresabrechnung – vorzulegen, aus der die Zahlungspflicht (§ 28 Abs. 2 und 5 WEG) hervorgeht". Auch weitere Unterlagen der Gemeinschaft können zur Glaubhaftmachung herangezogen werden (s. a. BGH, NJW 2008, 1956).

43 Gegen die **Nichtaufnahme** in das **geringste Gebot** steht kein Rechtsbehelf zur Verfügung, aber auch nicht zugunsten nachrangiger Gläubiger **gegen** die Aufnahme. Es handelt sich lediglich um unselbstständige Zwischenentscheidungen. Im weiteren Verlauf des Verfahrens kommt aber ggfs. eine Anfechtung des Zuschlags wegen unrichtiger Feststellung des geringsten Gebots in Betracht oder letztlich auch Widerspruch gegen den Teilungsplan (§ 115 ZVG) mit Hinterlegungspflicht (§ 83 Nr. 1 ZVG). U. U. kommen auch Ansprüche aus ungerechtfertigter Bereicherung nach §§ 812 ff. BGB in Frage, falls einem Anspruch zu Unrecht stattgegeben wurde.

44 Nach § 52 Abs. 2 Satz 2 Buchstabe b ZVG bleiben Grunddienstbarkeiten und beschränkte persönliche Dienstbarkeiten, die auf dem Grundstück als **Ganzem** lasten, bei der Vollstreckung in ein WE auch ohne Berücksichtigung im geringsten Gebot bestehen, wenn aus dem Vorrecht der Rangklasse 2 vollstreckt wird. Sie bleiben allerdings nur bestehen, wenn diesen Rechten kein Recht der Rangklasse 4 vorgeht, aus dem die Versteigerung betrieben werden kann. Dienstbarkeiten soll dadurch kein Vorrecht gegenüber anderen in Abt. 2 und 3 des GBs eingetragenen Rechten verschafft werden (a. a. O. S. 47).

45 **b) Zahlung der Beiträge nach § 156 Abs. 1 Satz 2 ZVG.** Die Vorschrift beinhaltet eine Weiterführung des Vorrechts nach § 10 Abs. 1 Nr. 2 ZVG auf den Fall der **Zwangsverwaltung** eines WEs. Damit wird wie bei laufenden öffentlichen Lasten die Möglichkeit der **Vorwegzahlung** eröffnet, ohne einen Teilungsplan abwarten zu müssen. Erfasst werden allerdings nur die **laufenden** Beträge der daraus fälligen Ansprüche auf Zahlung der Beiträge zu den Lasten und Kosten des gemeinschaftlichen Eigentums oder des

Sondereigentums, die nach den §§ 16 Abs. 2, 28 Abs. 2 und 5 des WEG geschuldet werden. Auch hierbei sind wie in § 10 Abs. 1 Nr. 2 Satz 1 ZVG Vorschüsse, Rückstellungen und die Rückgriffe einzelner WEer eingeschlossen. Der Zwangsverwalter schuldet der Gemeinschaft die **während** der **Beschlagnahme** fällig werdenden Beiträge zu den Lasten des GemEs sowie zu den Kosten der Instandhaltung, Instandsetzung, sonstigen Verwaltung und eines gemeinschaftlichen Gebrauchs des GemEs (BGH, NZM 2009, 243); denn das Hausgeld ist weiterhin nach der WEG-Reform den Verwaltungsausgaben nach § 155 Abs. 1 ZVG zuzuordnen (str.; BGH, NZM 2009, 909 m. w. N.; AG Kiel, NZM 2009, 671). **Nicht** als Vorwegzahlung geleistet werden dagegen rückständige Beträge der Rangklasse 2. Nur wenn alle laufenden Beträge durch entsprechende Einnahmen gesichert sind, kann das darüber hinaus zur Verfügung stehende Geld, dann allerdings erst nach der Aufstellung eines Teilungsplans, zur Erfüllung weiterer Ansprüche dienen. Werden **mehrere** Zwangsverwaltungsverfahren, die dieselbe WEsanlage betreffen, gemeinsam geführt, führt das nicht dazu, dass der Erlös aus der Verwaltung einzelner Einheiten dazu verwendet werden könnte, das auf **andere** Einheiten entfallende Hausgeld zu bezahlen (BGH, NZM 2009, 129 = NJW 2008, 1383).

Ob die Vorschrift auch Leistungen erfasst, die keine wiederkehrenden Leistungen i. S. von § 13 ZVG sind, ist unklar (dazu *Wedekind,* ZfIR 2008, 600; *Drasdo,* NJW-Spezial 2009, 1). Der Weg über eine Sonderumlage ist gangbar (*Drasdo* a. a. O.).

Nach § 156 Abs. 1 **Satz 3** entfällt die in § 10 Abs. 1 Nr. 2 Satz 3 **46** ZVG festgelegte Höchstgrenze von 5% des festgesetzten Verkehrswerts. Eine solche Begrenzung ist in der Zwangsverwaltung im Gegensatz zur Zwangsversteigerung nicht sinnvoll, da sonst die laufenden Beträge nach Erreichen dieser Grenze nicht weitergezahlt würden. Damit wäre für die nachfolgende Dauer der Zwangsverwaltung der Beitrag zur Verwaltung und Erhaltung des Werts der Anlage wieder in Frage gestellt.

Auch im Verfahren nach ZVG ist u. U. eine **Rechtsmittelbelehrung** aus verfassungsrechtlichen Gründen geboten, z. B. gegen den Zuschlagsbeschluss nach § 98 S. 2 GVG, der eine solche nicht vorsieht (BGH, NJW-Spezial 2009, 393 = Beck RS 2009, 10971).

10. Entziehung aus Lasten- und Kostentragung. Nur bei **47** Neuerungen, deren Nutzung abgetrennt für einzelne WEer oder Gruppen von solchen unter Ausschluss anderer überhaupt praktisch möglich ist, z. B. Einbau eines Fahrstuhles, Zentralheizung, Garage, Trockenplätze oder Waschküche. Sonst keine Entziehung möglich,

§ 16 48, 49 I. Teil. Wohnungseigentum

auch nicht bei **Nichtinanspruchnahme** (BGH, MDR 84, 928; OLG Düsseldorf, DerWEer 86, 28). Nutzungsberechtigte WEer haben sich ggfs. an den Kosten einer gemeinschaftlichen Warmwasserversorgungseinrichtung entspr. § 16 Abs. 2 zu beteiligen, auch wenn sie aus tatsächlichen Gründen diese nicht nutzen können (OLG München, NZM 2007, 167: Auslegung einer GemO).

Das galt auch für die Kosten eines **Aufzugs** und der Reinigung von **Treppenhäusern** in einer **Mehrhausanlage,** die auch auf **die** WEer umzulegen waren, die diese Einrichtung nicht nutzten (OLG Celle, NZM 2007, 217). Eine Freistellung kam nur mittels einer eindeutigen Vereinbarung in Betracht (a. a. O.). Jetzt können diese Kosten nach Abs. 3 durch Mehrheitsbeschluss variiert werden (s. Rz. 82 ff.). Soll anstelle des im GB eingetragenen WEers ein **Dritter** ausschließlich Schuldner der Wohngeldforderung sein, bedarf es einer **Vereinbarung** (BayObLG NZM 2005, 625). Allein die jahrelange Zahlung durch den Dritten (Mieter) reicht dazu nicht aus (ebenda).

48 **11. Leerstehen von WE.** Eigentümer leer stehender EWen sind grundsätzlich nicht befreit (BayObLGZ 78, Nr. 55 = Rpfleger 78, 437, 444; *Röll,* NJW 76, 1434). Dies gilt auch für den **Bauträger** (BayObLG a. a. O.; zu einer Regelung, die den Bauträger von den Gemeinschaftskosten befreit, s. OLG Frankfurt a. M., DerWEer 84, 62). Auch eine Befreiung von **verbrauchsabhängigen** Kosten bei Hausgeldvorschüssen kommt bei Leerstehen einer EW nicht in Betracht (AG Köln, DerWEer 89, 36). Anders, solange sich die EW noch im **Rohbauzustand** befindet, für Verbrauchskosten (AG Hildesheim ZMR 89, 195). Im Übrigen führt die eingeschränkte Nutzung oder Nutzbarkeit von SE oder GemE nur dann zur Befreiung von der Kostenbeteiligung, wenn es die GemO so vorsieht (BGHZ 92, 18). Der in der GemO festgelegte Verteilungsschlüssel kann dagegen, wenn die GemO nichts anderes vorsieht, selbst bei einer auf Dauer **nicht fertiggestellten** Wohnanlage nur durch Vereinbarung der WEer geändert werden (BGH, NJW 95, 2791). Zur Regelung von Ausnahmen durch Beschluss s. u. Abs. 3 und 4.

49 **12. Sanktionen.** Bei beharrlicher Weigerung besteht ein **Entziehungsgrund** nach § 18, jedoch kein gesetzliches Pfandrecht an den in das SE eingebrachten Sachen zugunsten der Gemeinschaft oder gesetzliche Sicherungshypothek am WE. Allerdings ist die Eintragung einer Zwangssicherungshypothek unabhängig vom Vorrecht der Gemeinschaft nach § 10 Abs. 1 Nr. 2 ZVG (s. o. Rz. 37 ff.) zulässig (LG Düsseldorf, NJW 2008, 3150: Kein fehlendes Rechtsschutzbedürfnis). Unter den entsprechenden Voraussetzungen sind gem. § 288 Abs. 2 BGB: 8 Prozentpunkte über dem Basiszinssatz an **Verzugszinsen** zu zahlen (AG Hamburg, DerWEer 89, 76), ggfs. eine sog. **Mahngebühr,** falls sie vereinbart ist und dem WEer die angemahnten Wohngeldrückstände bekannt sein müssen (BayObLG, DerWEer 85, 125/LS). Durch Vereinbarung kann an Stelle des gesetzlichen Verzugszinses auch ein bestimmter Zinssatz über dem sog. **Basiszinssatz der EZB** treten (BayObLG, NZM 2000, 298). Er wird halbjährlich zum 1. 1. und 1. 7. angepasst. Seit 1. 1. 2010 beträgt er 0,12%.

Es ist nunmehr nach § 21 Abs. 7 auch zulässig, durch **Mehrheitsbeschluss** eine **pauschalierte** Verzugszinsenregelung zu treffen. Auch sind jetzt z. B. abweichend von der Teilungserklärung durch Mehrheitsbeschluss festgelegte Verzugszinsen (in Höhe von 1,5% je angefangenen Monat) wirksam (BGH, NZM 2000, 1184; a. A. OLG Düsseldorf, WuM 99, 53 = NZM 2000, 502). Eine **Vereinbarung** ist zwar zulässig, kann aber jederzeit nach Sinn und Zweck des § 21 Abs. 7 aufgehoben oder geändert werden. Eine solche ist ebenfalls rechtswirksam, in der WEer verpflichtet werden, bei **rückständigen** Hausgeldvorauszahlungen das restliche Hausgeld gemäß Wirtschaftsplan für das betreffende Wirtschaftsjahr sofort in voller Höhe zu zahlen (**Restfälligkeit**/sog. **Verfallregelung**) (OLG Hamm v. 19. 4. 95 – 15 W 26/95). Ein Beschluss genügt hierfür.

Sofern nichts anderes vereinbart ist, richtet sich **Schadensersatz** 50 nach § 280 Abs. 1 S. 1 BGB. Falls das Gemeinschaftskonto wegen des Rückstands mit Bankzinsen (Überziehungszinsen) belastet wird, können diese als **Verzugsschaden** geltend gemacht werden (BayObLG, DerWEer 86, 23). Auch eine vereinbarte bzw. beschlossene **Sondervergütung** des Verwalters für den Fall der Rechtsverfolgung kann als Schaden geltend gemacht werden (OLG Köln, NJW 91, 1302).

Weitere Sanktionen können im **Ausschluss** von der Nutzung des GemEs und Ausübung von Rechten bestehen. Diese setzen aber voraus, dass eine entspr. Grundlage (Vereinbarung/Beschluss) besteht. Ein Ausschluss des **Stimmrechts** ist hingegen **nicht** möglich. Das gilt nicht nur für einen **Beschluss,** der säumige WEer von der **Teilnahme** oder dem **Stimmrecht** ausschließt (LG Stralsund NZM 2005, 709), sondern auch für eine entspr. Vereinbarung. Ein **Ausschluss** des WEers bei erheblichen Wohngeld**rückständen** von der Versorgung mit Wasser, Allgemeinstrom (KG, ZWE 2002, 182; NZM 2006, 23) und Heizenergie und Wasser (BayObLG, NZM 2004, 556) ist unter Wahrung des Verhältnismäßigkeitsprin-

§ 16 51 I. Teil. Wohnungseigentum

zips möglich, nach h. M. sogar das sog. **„Ausfrieren"** (BGH NJW 2005, 2622 = NZM 2005, 626; OLG Hamm, NJW-RR 94, 145/LS; BayObLG, NZM 2004, 556; a. A. OLG Köln, NZM 2000, 1026 = NJW-RR 2001, 301). Eine **Abtrennung** von Versorgungsleitungen ist durch Mehrheitsbeschluss bei einem **erheblichen Rückstand** mit den Kosten der Versorgung, i. d. R. mit mehr als sechs Monatsbeiträgen (BGH, NJW 2005, 2622). Die Durchführung der Absperrmaßnahme ist vom betr. WEer entspr. § 14 Nr. 4 zu dulden (BGH a. a. O.). Gegenüber dem **Mieter** besteht diese Sanktion nicht (KG, NJW-RR 2006, 658; a. A. *Briesemeister*, ZMR 2007, 661). Eine Stromsperre ist gegenüber Vermieter auch bei **Vermietung** zulässig (KG, ZWE 2002, 182; *Gaier*, ZWE 2004, 109). Der Beschluss soll als Ausübung des Zurückbehaltungsrechts und der Absperrmaßnahme als baulicher Veränderung zulässig sein (BGH NJW 2005, 2622; KG NZM 2006, 23; BayObLG, a. a. O.; s. dazu a. § 23 Rz. 16). Der Schuldner (WEer) kann weder das Zurückbehaltungsrecht durch **Teilzahlung** in Höhe der auf die Versorgungsleistungen entfallenden Beträge abwenden noch eine Bestimmung treffen, dass die Geldzahlung (anteilig) nur auf bestimmte Betriebskosten erfolgen soll (KG NZM 2006, 23 = ZWE 2006, 49/LS). **Suizidgefahr** des WEers führt i. d. R. nicht zu einer Einstellung der Zwangsversteigerung des WEs (BVerfG, NZM 2007, 87). Eine **Verweisung** des WEers für weiter auflaufende Wohngeldrückstände während der Zwangsverwaltung **aus seiner Wohnung** ist nicht nach § 149 Abs. 2 ZVG möglich (BGH, NJW-Spezial 2008, 225; *Drasdo*, NZM 2006, 765).

Wird ein WEer **fehlerhafterweise** mit Kosten **belastet**, z. B. für nicht in seinem SE stehende Räume, kann er den entspr. Beschluss anfechten (BayObLG, NZM 2004, 555). Der Beschluss (Jahresabrechnung/Wirtschaftsplan) ist nicht nichtig (ebenda).

In der **Zwei-Personen**-WEer-Gemeinschaft kann derjenige, der Hauslasten verauslagt, auch ohne ermächtigenden Beschluss der WEer den anderen MEer unmittelbar auf Zahlung seines Anteils in Anspruch nehmen. Die Teilungserklärung kann für diesen Fall ein ausdrückliches Aufrechnungsverbot vorsehen (OLG Köln, NZM 2000, 349/LS).

51 **13. Insolvenz.** Im Fall der **Insolvenz** eines WEers gilt das zur Zwangsverwaltung nach dem ZVG Gesagte entsprechend. Hierbei sind die **vor** Insolvenzeröffnung begründeten und fälligen Beitragsschulden einfache Insolvenzforderungen nach § 38 InsO (BGH, NJW 94, 1866). Das gilt nicht hinsichtlich eines **nach** Insolvenzeröffnung erworbenen WEs (BayObLG, FGPrax 98, 143), ebenso bezüglich eines vom Zwangsverwalter erworbenen WEs (OLG Zweibrücken, NJW-RR 2005, 1682).

Soweit sie **nach** Insolvenzeröffnung begründet und fällig werden, sind sie **Masseschulden** nach § 55 Abs. 1 Nr. 1 InsO (BGH, NJW 2002, 3709). Dies gilt auch, wenn noch durch einen entspr. Beschluss nach § 28 Abs. 5 oder Umlagebeschluss ältere Kosten enthält.

Dagegen ist in die Erhebung einer **Sonderumlage** zur Deckung eines Wohngeldausfalls auch **der** WEer anteilig einzubeziehen, der den Ausfall verursacht hat und über dessen Vermögen das Insolvenzverfahren eröffnet ist (BGHZ 108; 44; DerWEer 89, 130).

Es spielt keine Rolle, ob Rückstände nach § 28 Abs. 2 und Saldoübernahme aus der Zeit **vor** der Insolvenzeröffnung in die Jahresabrechnung danach einbezogen sind. Sie verlieren dadurch nicht den Charakter von Insolvenzforderungen (BGH, NJW 94, 1866; BayObLG, NZM 99, 74; OLG Stuttgart, ZflR 2002, 941; BGH, ZIP 2002, 802; str. a. A. BGH, NJW 98, 3018; *Drasdo, ZWE* 2006, 68). Zutreffend besteht hier keine Kompetenz der WEer, sofern man der ersten Auflassung folgt. Nach der **Freigabe** des WEs durch den Insolvenzverwalter erlischt der Insolvenzbeschlag dieses WEs (BGH, Rpfleger 2006, 253). Der (ehemalige) Gemeinschuldner haftet nunmehr unbeschränkt. Sie sind keine Masseschulden mehr (str.; wie hier *Staudinger/Bub,* § 28 Rz. 211; *Palandt/Bassenge,* § 16 Rz. 16 a; a. A. AG Mannheim, NZM 2004, 800; AG Magdeburg, ZMR 2006, 324). U. U. hat die Gemeinschaft einen Schadensersatzanspruch gegen den Insolvenzverwalter wegen unterlassener Freigabe (LG Stuttgart, NZM 2008, 532). Danach fällig werdende Beitragsschulden sind aus dem insolvenzfreien Vermögen zu erfüllen (LG Berlin, ZMR 2008, 244; str. a. A. AG Mannheim, NZM 2004, 800: Masseschuld). Die Unterbrechung eines Verfahrens durch die Insolvenz endet nach § 240 ZPO (BGH, NJW 2005, 2015). Im Falle der Insolvenzgläubiger gilt allerdings § 89 Abs. 1 InsO (LG Heilbronn, Rpfleger 2006, 430).

Zum Rang von Wohngeldverbindlichkeiten seit Eröffnung des Insolvenzverfahrens (Altmasseverbindlichkeiten) und nach der Anzeige der Masseunzulänglichkeit fälligen Wohngeldschulden (Neumasseverbindlichkeiten s. OLG Düsseldorf, NZM 2007, 47).

Die WEer können Ansprüche, die **vor** Insolvenzeröffnung entstanden sind, nicht durch Umlagebeschluss in Masseverbindlichkeiten nach § 55 Abs. 1 Nr. 1 InsO umwandeln. Die WEer bleiben Insolvenzgläubiger nach § 38 InsO (OLG Stuttgart, Rpfleger 78, 383 = WEM 79, 38; MDR 80, 142 = BlGBW 80, 74; OLG Karlsruhe, DerWEer 88, 67; OLG Düsseldorf, Beschluss v. 27. 9. 1995 – 3 Wx 197/94 = WuM 96, 173). Wird nach Insolvenzer-

§ 16 52, 53   I. Teil. Wohnungseigentum

öffnung die Jahresabrechnung durch Beschluss genehmigt, so bleiben die noch nicht gezahlten Vorschüsse Insolvenzforderungen (OLG Düsseldorf, zur KO; WuM 96, 173).

52   **14. Verjährung.** Ansprüche gegen WEer auf Zahlung von Rückständen aus Eigentümerbeschlüssen über Umlagen oder (nicht) genehmigte Jahresabrechnungen unterliegen der regelmäßigen Verjährung von **drei Jahren** nach § 195 BGB. Die Frist beginnt mit dem Schluss des Jahres, in dem der Anspruch entstanden ist und die Gläubiger (WEer) von den den Anspruch begründenden Umständen und der Person des Schuldners Kenntnis erlangt oder ohne grobe Fahrlässigkeit erlangen müssten, § 199 Abs. 1 Nrn. 1, 2 BGB (BGH, NJW 2005, 3146; OLG München, NJW-RR 2007, 1097; krit. *Jennißen,* WEG, § 28 Rz. 191 ff.). Regelmäßig wird man der Gemeinschaft ein Versäumnis vorwerfen müssen (Rechtsgedanke des Mitverschuldens gem. § 254 BGB). Dies gilt auch bei wiederkehrenden Leistungen wie Vorschüssen (s. § 28 Rz. 36). Die Kenntnis des Verwalters ist den WEern zuzurechnen, im Übrigen den WEern spätestens mit der Jahresabrechnung. Ebenso **Zinsen** auf rückständiges Wohn(Haus)geld in 3 Jahren, auch wenn der Zinssatz durch Beschluss festgelegt ist. Die Zinszahlung selbst bewirkt den Neubeginn der Verjährung des Anspruchs (§ 212 Abs. 1 Nr. 1 BGB).

III. Verteilungsschlüssel

A. Die verschiedenen Schlüssel

53   **1. a)** *Grundsätzlich ist maßgeblich der* **MEs-Bruchteil,** wenn nichts anderes als Inhalt des SEs vereinbart ist, denn die Regelung des § 16 **Abs. 2 ist dispositiv** (BayObLG, NJW 74, 1910; ZMR 77, 346; DerWEer 88, 140; DNotZ 2000, 208 = NZM 2000, 287; LG Mannheim, ZMR 76, 218; AG Sobernheim, ZMR 77, 344 m. Anm. *Weimar;* LG Flensburg, DerWEer 89, 70). Auch eine Änderung der Teilungserklärung mit der SE in GemE umgewandelt oder MEsanteile verändert wird, braucht **vor** ihrer Eintragung im GB bei der Beschlussfassung über den Wirtschaftsplan grundsätzlich nicht berücksichtigt zu werden (BayObLG, DNotZ 2000, 208 = NZM 2000, 287). Der MEs-Anteil gilt auch für **Garagenabstellplätze** (OLG Frankfurt a. M., DerWEer 83, 121) und auch für die **Vergütung** des Verwalters (KG, DerWEer 85, 126/LS). Es kann jedoch eine andere Verteilung z. B. nach Wohneinheiten vereinbart werden (KG, a. a. O.). Grundsätzlich kann der Verteilungsmaßstab durch **Vereinbarung** geregelt werden. Es gelten die zu § 10 entwickelten Grundsätze. Ist ein Schlüssel in der GemO bereits enthalten, wird er im Zweifel den Charakter einer Vereinbarung haben. Grundsätzlich müssen Abweichungen vom gesetzlichen Regelfall – vor allem schwerwiegende – in der Vereinbarung klar und deutlich zum Ausdruck kommen (OLG München, NZM 2007, 369/370). Sie ist darüber hinaus als Ausnahmeregelung eng auszulegen (KG, DWE 2009, 37). Die Teilungserklärung kann auch grundsätzlich eine Änderung des Kostenverteilungsschlüssels durch mehrheitliche Beschlussfassung zulassen (BGHZ 95, 137 = NJW 85, 2832; OLG Hamm, NZM 2000, 505: Dort auch zu den Grenzen gemäß § 242 BGB). Ob ein Schlüssel **vereinbart** ist, ist Auslegungsfrage. So kann auch die Heizkostenverteilung Vereinbarung im materiellen Sinne sein (BayObLG, WEM 79, 85 = Rpfleger 79, 216 = ZMR 79, 211). Auch kann der **Abrechnungsmaßstab** objekt- oder personenbezogen sein. Er kann sich nach der **Wohnfläche** richten (OLG Stuttgart, NZM 2004, 264), auch z. B. bei der Verteilung des Erbbauzinses auf die WsErbbauberechtigten (ebenda). Auch wenn in der GemO zur Kostenverteilung allg. auf § 16 Abs. 2 verwiesen wird (z. B. bezüglich der Aufzugskosten), ist eine nachträgliche Änderung des danach bestehenden Verteilungsschlüssels nur durch Vereinbarung zulässig, abgesehen von den Betriebskosten nach Abs. 3. Bei einer widersprüchlichen und unklaren Vereinbarung gilt Abs. 2 (OLG Köln, NZM 2002, 665). Grenzen der Gestaltungsfreiheit ergeben sich z. B. bei einem nach § 8 festgelegten Verteilungsmaßstab aus dem Willkür- oder Übermaßverbot. Im allg. sollte er sich nach Gesichtspunkten der Zweckmäßigkeit und Angemessenheit richten (*E. G. Schmidt*, WEM 80, 52; 78, 105; *Bärmann/Seuß*, Rz. B 107). Unter dem Gesichtspunkt der Abrechnungsgerechtigkeit und sparsamen Umgangs mit (Kalt)wasser ist eine Abrechnung nach **Verbrauch** durch die WEer die angemessenste Methode zur Ermittlung der Kosten für Sonder- und Gemeinschaftseigentum. Deshalb sind soweit wie möglich **Kaltwasserzähler** einzubauen (s. § 21 Rz. 21). Ist deren **Eichzeitraum** abgelaufen, dürfen sie nicht mehr verwendet werden (BayObLG NZM 2005, 509). Sie gelten als nicht geeicht. Kosten des GemEs sind auch die bei der Installation eines **Zwischenzählers** (s. § 21 Rz. 21). Der in der genehmigten Abrechnung enthaltene Verteilungsschlüssel ist trotz unterschiedlicher Belastung verbindlich, aber wohl anfechtbar (BGH, WE 95, 371; BayObLG, WE 97, 37 mit Anm. *Hauger*, ZdWBay 97, 135 = WE 97, 211). Das gilt auch für einen Verteilungsbeschluss hinsichtlich einer konkreten **Einzelmaßnahme** (KG, NZM 2001, 341), der nicht den Abs. 1 bis 3 entspricht.

§ 16 54, 55　　　　　　　　　　　I. Teil. Wohnungseigentum

54　　Die Rspr. des BGH zum Verhältnis Vereinbarung/Beschluss wirkt sich auch im Rahmen der Verteilungsregel des § 16 Abs. 2 aus. Nach der grundsätzlichen Entscheidung des BGH zur Beschlusskompetenz (NJW 2000, 3500) bedarf eine Abweichung von dem gesetzlichen Schlüssel des Abs. 2 wie auch ein Absehen von einer Vereinbarung regelmäßig einer Vereinbarung (zum früheren Meinungsstand vgl. die 16. Aufl.). Damit ist ein dagegen verstoßender Beschluss nichtig. Eine von der Regelung der **GemO** zur Verteilung der Kosten der Instandhaltung und Instandsetzung **abweichender** Beschluss, der für Terrassen künftig eine andersartige Verteilung vorsieht, ist nichtig (OLG Düsseldorf ZWE 2006, 50/LS). Er kann jedoch u. U. für die **konkrete** Abrechnung verbindlich sein, falls dieser Beschluss nicht angefochten wird. Dies ist deshalb gerechtfertigt, weil solche Einzelfallregeln insoweit nicht eine Vereinbarung ersetzen sollen und nicht den dinglichen Kernbereich des WEs berühren (BGH a. a. O.; BayObLG, NZM 2000, 280). Dies gilt auch für eine entspr. Kostenverteilung, die damit auch für den **Rechtsnachfolger** eines nach der Beschlussfassung ausgeschiedenen WEers verbindlich ist (OLG Düsseldorf, a. a. O.). Ähnlich KG (NJWE-MietR 96, 253) das allerdings lediglich von einer „Überlagerung" spricht (s. § 23 Rz. 17; s. § 21 Rz. 21 zur Kompetenz der Gemeinschaft **Kaltwasserversorgung** und **Betriebskosten** zu verteilen).

55　　Eine vom **Gericht** ausgesprochene **Änderung** des Kostenverteilungsschlüssels ist nicht möglich, soweit es sich um eine Vereinbarung handelt. Ist er zulässigerweise durch Beschluss festgelegt, ist die gerichtliche Entscheidung erst bei den **nach Rechtskraft** gefassten Beschlüssen zugrunde zu legen (KG, NJW-RR 92, 1433). Ein Anspruch auf Änderung des Kostenschlüssels kann vor rechtskräftiger Entscheidung auch nicht einredeweise gegen vorher ergangene Beschlüsse eingewendet werden (ebenda). Die **Anfechtung** eines Beschlusses über die Jahresrechnung durch einen WEer entbindet diesen, solange der Beschluss nicht **rechtskräftig** für ungültig erklärt worden ist, also nicht von der sofortigen Zahlung des Wohngeldes (BayObLG, WuM 93, 298 = NJW-RR 93, 788).

Nach BayObLG (NJW-RR 94, 1425) soll eine **rechtskräftige** Entscheidung über die Verteilung der gemeinschaftlichen Lasten ebenso wie eine Regelung hierüber in der GemO **nur** durch Vereinbarung nicht aber durch Mehrheitsbeschluss geändert werden. Etwas anderes gilt, wenn ein **Anspruch** auf **Abänderung** besteht. Problematisch erscheint, dass die gerichtliche Entscheidung in die Grundlagen der Gemeinschaft eingreifen soll.

b) In vielen Teilungserklärungen werden die dort sogen. „Be- **56** triebskosten"** der Wohnungsanlage im Verhältnis der **Wohn-/ Nutzflächen** auf die WEer umgelegt. Möglich ist auch eine Verteilung der Kosten und Lasten entsprechend den Wohnflächen (AG Oldenburg, DerWEer 83, 27; OLG Düsseldorf, NZM 2004, 467). Wenn die Verteilung nach Wohn- bzw. Nutzfläche abgerechnet werden soll, ist die in der Teilungserklärung angegebene **Flächengröße** maßgeblich (OLG Frankfurt/M, NZM 2007, 490). Dabei kann eine Berechnung nach DIN vereinbart sein (OLG Düsseldorf, NZM 2002, 262). Danach ist auch zu verfahren, wenn abweichend von der Teilungserklärung gebaut wurde. Ggfs. ist die Fläche neu zu berechnen, wenn sich erhebliche Differenzen zeigen (vgl. BayObLG, DerWEer 89, 218). Balkone, Terrassen und Loggien werden mangels Angabe der Fläche mit $1/4$ der Grundfläche herangezogen (BayObLGZ 96, 58 = NJW 96, 2106 = WuM 96, 294 = MittBayNot 96, 298). Im Falle von **TE** ist auch bei Angabe der Wohnfläche von **Nutzfläche** auszugehen (BayObLG, NJW-RR 2001, 659; OLG Frankfurt/M, NZM 2007, 490).

Auch eine Regelung, die die Kosten und Lasten **ohne** Unterschied und Differenzierung verteilt, ist vereinbar (OLG Frankfurt/M, DerWEer 83, 61). Hierbei erhebt sich die Frage, welche Kosten i. S. des § 16 Abs. 2 unter die „Betriebskosten" fallen sollen. Für Klarheit gesorgt hat das KG, wonach im Zweifel alle Kosten und Lasten nach § 16 Abs. 2 hinsichtlich Instandsetzungskosten und Instandhaltungsrücklage gemeint sind (KG, WuM 96, 171).

2. Im Allgemeinen ergibt sich die Lastenverteilung im gleichen **57** Maße wie Teilhabe an den Nutzungen; Grundlage ist der Wert des SEs. Das bedeutet, dass jeder WEer für Betriebs- und Instandhaltungskosten entsprechend auch dann aufzukommen hat, wenn er bestimmte Einrichtungen wie z. B. Treppenhaus, Aufzug Kinderspielplatz, Fahrradkeller, Waschmaschinen- oder Tischtennisraum **nicht nutzt** (BGH, DerWEer 85, 82). Ein allg. Grundsatz, wonach ein WEer Kosten für solche Einrichtungen nicht zu tragen hat, die ihm persönlich keinen Nutzen bringen, besteht nicht (BGH, a. a. O.; a. A. OLG Köln, DerWEer 78, 87 f.). **Abweichende Regelungen** sind jedoch durch die **Teilungserklärung** oder Vereinbarung möglich. Diese kann z. B. die Bestimmung enthalten, dass die Instandsetzung des GemEs Aufgabe der WEerGemeinschaft ist und dass andererseits die Instandsetzung an Fenstern, Balkonumkleidungen, Balkon- und Wohnungsabschlusstüren mit Ausnahme des Außenanstrichs der betreffende WEer – innerhalb des SE die Maßnahme durchgeführt wird – „ohne Rücksicht auf die Ursache des

Schadens" zu veranlassen und dementsprechend etwa die Kosten für die Erneuerung von eingebauten (Aluminium-)Fenstern zu tragen hat (OLG Düsseldorf, WuM 99, 350). Teilungserklärung/Vereinbarungen über eine von § 16 Abs. 2 abweichende Kostenverteilung (Tragung der Unterhaltungs- und Pflegekosten von Flächen im SNR, die gleichzeitig Dachflächen darstellen) sind wie alle sonstigen Vereinbarungen **auslegungsfähig** (KG, DWE 2009, 54).

58 Abweichende Bestimmungen sind in der GemO z. B. unter Berücksichtigung unterschiedlichen Gebrauchs an Treppen, Fahrstühlen denkbar (LG Mannheim, MDR 76, 582 = WM 76, 210 = Justiz 76, 475). Dies gilt auch bei **Mehrhausanlagen** (OLG Frankfurt a. M., DerWEer 83, 61) usw. So kann die Verpflichtung zur Kostentragung der Instandsetzung an den im GemE stehenden Bauteilen an einem **Balkon** auch den einzelnen WEer auch dann treffen, wenn seinem WE kein Balkon zugeordnet ist (OLG Düsseldorf, WuM 99, 349). Dabei ist zu beachten, dass auch bei einer Anlage mit mehreren Häusern, die über mehrere Anschlüsse mit Fernwärme versorgt wird, eine **getrennte** Abrechnung und Beschlussfassung über die Heizkosten nicht in Betracht kommt, wenn dies nicht in der GemO oder durch Teilungserklärung **angeordnet** ist (BayObLG, WuM 94, 105). Verfügt z. B. in einer Mehrhausanlage nur ein Teil der Häuser über einen Aufzug, so sind gleichwohl die Aufzugskosten auf **alle** WEer umzulegen, wenn nicht eine andere Kostenverteilung klar und eindeutig vereinbart ist (BayObLG, NZM 99, 850/LS). Besteht eine Anlage aus EWen und einem TE **Tiefgarage,** das im Bruchteilseigentum eines Teils der WEer steht, kann für die Abrechnung von Kosten des GemEs, die von den Ws- und Garageneigentümern gemeinsam im Verhältnis ihrer MEsanteile zu tragen sind, bei WEern, die zugleich MEer der Tiefgarage sind, das Bruchteilseigentum an der Tiefgarage in einen **fiktiven** MEsanteil umgerechnet werden (BayObLG, NZM 99, 859).

59 Eine mit Mehrheitsbeschluss bestimmte **Umstellung** des Kostenverteilungsschlüssels von MEsanteilen auf anteilige Wohn- und Nutzflächen ist schon deshalb unwirksam, wenn **Zweifelsfragen** (hier: Einbeziehung von Dachterrassenflächen) ausdrücklich offen bleiben und die Umstellung daher bereits rechnerisch nicht vollzogen werden kann (KG, NJW-RR 96, 844).

60 **3. Revision** des Verteilungsschlüssels ist grundsätzlich nur **einstimmig** durch Vereinbarung möglich, abgesehen von den Fällen der Abs. 3 und 4 (s. u. Rz. 82 ff.); zum Verhältnis zu § 10 Abs. 2 S. 3 s. u. Rz. 84 oder wenn nichts anders **vorbehalten** (BGH, NJW 2000, 3500; OLG Düsseldorf, NZM 2004, 467; OLG

Hamm, NZM 2004, 504; AG Kassel, DerWEer 84, 29; OLG Frankfurt a. M., OLGZ 83, 180 = DerWEer 83, 121, der in dem Hinweis auf die gesetzliche Regelung keine Vereinbarung sieht). Z. B. kann die GemO in Form einer **Öffnungsklausel** vorsehen, dass der Verteilungsschlüssel durch einfache oder (qualifizierte) **Mehrheit** geändert werden kann (BayObLG, DerWEer 88, 140; BGHZ 95, 137 = NJW 85, 2832; OLG Hamm, NZM 2000, 505; OLG München, NZM 2007, 364). Ein solcher Beschluss muss überdies ordnungsmäßiger Verwaltung entsprechen (vgl. OLG Schleswig, NJWE-MietR 97, 34 hinsichtlich Instandhaltungs- und Verwaltungskosten). D. h. es muss ein **sachlicher Grund** für die Änderung vorliegen und einzelne WEer dürfen nicht gegenüber dem bisherigen Rechtszustand benachteiligt werden (BGHZ 95, 137; OLG Hamm, NZM 2004, 504). Auf die damit beabsichtigte Änderung auf Grund der **Öffnungsklausel** muss außerdem deutlich **hingewiesen** werden (OLG Düsseldorf, NZM 2004, 467). Im Falle einer solchen Öffnungsklausel entspricht ein Beschluss nur dann ordnungsmäßiger Verwaltung, wenn er zu der betr. Kostenposition die sachlich notwendigen Erläuterungen (Einzelregelungen) umfasst und hinreichend klar gefasst ist (OLG Hamm, NJW 2004, 3126/LS = NJW-RR 2004, 805). Eine von Abs. 2 abweichende Verteilung der Kosten für die Instandhaltung und Instandsetzung des GemEs kann sich nicht weiter erstrecken als der ausschließliche Gebrauch des WEer reicht (LG Flensburg, DerWEer 89, 70). Etwas anderes wäre nur im Wege der **Vereinbarung** möglich. Auch eine **jahrelang** praktizierte Abweichung von einer Vereinbarung ist nicht als deren Änderung anzusehen (a. A. BayObLG v. 3. 2. 83 – 2 Z 21/82).

Ein **Anspruch** auf Änderung ist ggfs. bei **Wegfall der Geschäftsgrundlage** möglich, § 242 BGB (vgl. AG Oldenburg, DerWEer 83, 27), in extremen Ausnahmefällen (AG Kassel, DerWEer 84, 29; OLG Frankfurt a. M., DerWEer 83, 61; BayObLG, NJW-RR 97, 715; *Hauger,* ZdWBay 97, 135). Gewisse Unbilligkeiten sind in Kauf zu nehmen (OLG Frankfurt a. M., a. a. O.). Führt der gesetzliche (oder vereinbarte) Kostenverteilungsschlüssel bei Anlegung eines strengen Maßstabs zu grob unbilligen, mit Treu und Glauben (§ 242 BGB) nicht zu vereinbarenden Ergebnissen, so kann jeder Wohnungseigentümer eine Änderung des Kostenverteilungsschlüssels ggfs. durch gerichtliche Entscheidung verlangen (BGH NJW 2004, 3413 m. Anm. *Derleder*, S. 3754); m. a. W., wenn außergewöhnliche Umstände ein Festhalten an ihm grob unbillig erscheinen ließen und die Bindung damit gegen Treu und Glauben verstieße (KG, NJW-RR 91, 1169; NZM 99, 257; FGPrax 2004, 7 = ZfIR 2003, 867; NZM 2004, 549; OLG München NJW-RR

2006, 89 = NZM 2006, 229). Die Frage ist auf Grund einer tatrichterlichen Würdigung der Gesamtumstände des Einzelfalls und nicht allein nach dem Maß der Kostenmehrbelastung des benachteiligten WEers zu beurteilen (BGH, NJW 2004, 3413). Erweist sich der für die Verteilung der gemeinschaftlichen Lasten und Kosten maßgebende Schlüssel wegen nachträglicher **Änderung** der **Größe** einzelner Wohnungen auf Grund von Auflagen der Baubehörde nicht mehr als sachgerecht, so besteht trotz des Gesichtspunktes der groben Unbilligkeit **kein Anspruch** auf Abänderung des Kostenverteilungsschlüssels, sofern die nicht gerechtfertigte Kostenmehrbelastung (nach dem MEsanteil richtet sich weniger als die Hälfte der Gesamtkosten) nur 22% beträgt (BayObLG, NJW-RR 95, 529; dies gilt auch bei einer Änderung der Wohnflächen, die Schaffung neuer Wohnräume oder die Verglasung einer Loggia (BayObLG, NJW-RR 97, 715). Selbst bei einer Mehrbelastung von 59% gegenüber der anteiligen Wohnfläche wurde ein Änderungsanspruch von der früheren Rspr. versagt (OLG Frankfurt a. M., NZM 2001, 140). Gegen eine solche Fixierung von Prozentgrenzen bei der Mehrbelastung der übrigen WEer mit Recht das KG (NJW 2004, 2552/LS = NZM 2004, 549 im Vorlagebeschluss an den BGH). Im konkreten Fall billigt es einen **Anspruch auf Änderung** zu, wenn die Abweichung von der dem Kostenverteilungsschlüssel zugrunde liegenden Wohn-/Nutzfläche auf Grund Ausbaus oder Unterteilung des WEs mehr als 25% beträgt; zur Änderung des Kostenverteilungsschlüssels s. auch OLG Köln, NJW-RR 93, 844 und OLG Schleswig, MDR 97, 33 = NJWE-MietR 97, 32 für die **Wasserkosten**).

62   **4. Versicherung.** Siehe § 21 Abs. 5 Nr. 3. Tankhaftpflichtversicherung und Reparaturkosten einer zentralen Heizungs- und Warmwasserversorgungsanlage sind von den WEern nach § 16 Abs. 2 zu tragen (BayObLG, NJW-RR 97, 715).

63   **5. Hausmeisterkosten.** Kostenverteilung ebenfalls grundsätzlich nach dem Wert der MEs-Anteile. Wer Hausmeistereidienst nach objektiver Sachlage nicht benutzt, kann nicht ausscheiden. Ob ein WEer, der Hausmeisterdienste selbst (z. T.) leistet, von den Hausmeisterkosten entlastet werden kann, ist Tatfrage (im konkreten Fall verneinend BayObLG, DerWEer 85, 125). Es widerspricht i. d. R. ordnungsmäßiger Verwaltung, Hausmeister- und Reinigungskosten **nach Einheiten** umzulegen (LG Nürnberg-Fürth, NZM 2009, 363).

64   **6. Betrieb und Verbrauch gemeinschaftlicher Dienste.** Die Kosten sollten i. d. R. soweit wie möglich nach dem Nutzungsgrad

umgelegt werden. Zur Kostentragung einer Hebepumpenanlage beim Betrieb einer Pizzeria s. BayObLG, DerWEer 83, 55.

7. Maßstab. Es bietet sich in den meisten Fällen an, die Betriebskostenverordnung zum Vorbild bei der Aufstellung der Betriebskosten zu nehmen (im Anh. I 4 a).

8. Heizkostenverordnung. Die Verordnung über Heizkostenabrechnung **(HeizkostenV)** von 1989 wurde inzwischen mehrfach geändert (s. im Anh. I 5; dazu *Ropertz/Wüstefeld,* NJW 89, 2365 und ausführlich *Lammel,* HeizkostenVO, 3. Aufl. 2009). Sie **gilt** gemäß ihrem § 3 auch für **WE,** unabhängig, ob eine von ihr abweichende Regelung besteht (OLG Hamm, NZM 2004, 657; BayObLG NZM 2005, 106). Sie geht also vor. Bezüglich vor den 1. 7. 1981 bezugsfertig gewordener EWen, die noch keine entsprechende Ausstattung zur Erfassung des anteiligen Verbrauchs der WEer an Wärme und Warmwasser haben, galt eine Frist zur Ausstattung bis zum 30. 6. 1984. Allerdings konnten die WEer mit Mehrheit einen früheren Termin beschließen (§ 12 Abs. 1 Nr. 2; dazu *Keith/Meler,* DerWEer 81, 73; *Bielefeld,* DerWEer 81, 72).

Die Gemeinschaft hat einen Verteilungsschlüssel für die Kosten der Versorgung mit Wärme und Warmwasser gemäß §§ 6, 7, 8 im Rahmen der dort festgelegten Prozentsätze festzulegen. Sollten mehr als 70% der Kosten der Versorgung mit Wärme und Warmwasser nach dem erfassten Verbrauch abgerechnet werden, ist eine Vereinbarung der WEer erforderlich (OLG Düsseldorf, DerWEer 87, 26). Ein **Verzicht** auf die Heizkostenverbrauchserfassung ist unzulässig (OLG Düsseldorf, DerWEer 89, 29) und anfechtbar (AG Duisburg, DerWEer 89, 35). Dies gilt auch für eine **Zweiergemeinschaft** (OLG Düsseldorf, NZM 2004, 554). Außerdem trifft die Gemeinschaft die Festlegung, nach welchem Maßstab (Wohn- oder Nutzfläche bzw. umbauter Raum) die übrigen Kosten verteilt werden.

Außerdem entscheidet sie in den in den §§ 9–9 b, 11 erwähnten Fällen. Mehrheitsbeschluss reicht aus, ist aber auch erforderlich (AG Duisburg, DerWEer 89, 35). Der Richter hat im Verfahren nach § 43 eine behördliche Befreiung von den Anforderungen der VO zu beachten (OLG Hamm, DerWEer 87, 25). Zum Begriff der **Unverhältnismäßigkeit** i. S. von § 11 Abs. 1 a s. OLG Düsseldorf, DerWEer 89, 29. Unverhältnismäßig ist, wenn bezogen auf **10 Jahre** die Kosten für die Anbringung bzw. Wartung von Messgeräten und für die Messung bzw. Abrechnung höher sind als die zu erwartenden Einsparungen, die mit 15% der unter Berücksichtigung der zu erwartenden Preisentwicklung **ohne** verbrauchsabhängige Ab-

§ 16 69–71 I. Teil. Wohnungseigentum

rechnung voraussichtlich entstehenden Energiekosten anzusetzen sind (BayObLG, NZM 2005, 106; problematische Rechnung!). Zur **Schätzung** der mittleren Temperatur des Warmwassers gemäß § 9 Abs. 2 S. 2 Nr. 2 HeizkostenV s. BayObLG NZM 2005, 950. Der Anteil der zentralen Warmwasserversorgungsanlage ist an Hand maßgeblicher Schätzungsgrundlagen zu ermitteln (ebenda).

69 Sofern die WEer Vereinbarungen über die Art und Weise der Heizkostenabrechnung getroffen haben, z. B. gemäß §§ 7, 8, sollen sie offenbar weitergelten (§ 3 Satz 2; s. a. BayObLG, WEM 81, 36; MDR 83, 134 = ZMR 84, 36). Dies dürfte bei eventuell vorgesehener Einstimmigkeit zu Schwierigkeiten bei der Durchführung der HeizkostenV führen (zu den Einzelheiten vgl. den Abdruck der VO im Anh. I 5). Richtig ist es, in § 3 Abs. 1 HeizkV eine **Ermächtigung** zu sehen, einen in der GemO festgelegten Schlüssel für die Warmwasserkosten durch Mehrheitsbeschluss zu **ändern** (BayObLG, WuM 93, 753 = NJW-RR 94, 145). Deswegen kann die **erstmalige** Festlegung eines der VO entsprechenden Verteilungsschlüssels durch Mehrheitsbeschluss erfolgen (BayObLG, NZM 99, 908; OLG Hamm, NZM 2004, 657). Dagegen bedarf die darauf **folgende** Umstellung der Abrechnung auf eine andere Abrechnungsart der Vereinbarung (KG, DerWEer 89, 23). Die Versorgung einer Wohnanlage mit „Fernwärme" und „Fernwarmwasser" i. S. der §§ 7 IV, 8 IV Heizkosten kann auch dann gegeben sein, wenn sie auf dem Grundstück der Gemeinschaft durch einen **Dritten** erzeugt werden (BayObLG, NJW-RR 89, 843).

70 Ein Eigentümerbeschluss über die **Kostenverteilung** ist nicht nichtig, wenn diese der HeizkostenV nicht entspricht (BayObLG, DerWEer 85, 60/LS; 123; BayObLG NZM 2005, 106). AG Duisburg, DerWEer 89, 35). Allerdings hat ein auf Grund einer **Öffnungsklausel** gefasster Beschluss über eine verbrauchsunabhängige Abrechnung der Heiz- und Warmwasserkosten die HeizkostenV zu beachten. Er ist **anfechtbar,** wenn keine der dortigen Ausnahmen vorliegt (BayObLG a. a. O.; *Abramenko*, ZWE 2007, 61). Dies gilt auch, wenn er den WEern im Interesse einer gleichmäßigen Messung des Wärmeverbrauchs verbietet, Heizkörper zu entfernen, die zum SE gehören (BayObLG, DerWEer 85, 61). Er ist ggfs. anfechtbar. Die Höchstsatzüberschreitung gemäß § 10 HeizkostenV erfordert entweder eine Vereinbarung oder einen durch Öffnungsklausel ermöglichten Beschluss. Eine 100%ige Abrechnung der Heizkosten nach Verbrauch ist i. d. R. nicht durchführbar (OLG Hamm, ZWE 2006, 228).

71 Die **Erfassung** des **Wärmeverbrauchs** an den Heizkörpern durch Heizkostenverteiler kann nach Ablauf der Eichfrist durchgesetzt werden (BayObLG, FGPrax 98, 102). Die Erfassung nach dem Verdunstungsprinzip ist auch bei einer Einrohrheizung, die nicht über den Bereich der Nutzungseinheit hinaus verwandt wird, ein geeignetes Erfassungssystem, obgleich bei einer solchen Heizung ein großer Teil der verbrauchten Wärme nicht über die Heizkörper, sondern über die Ringleitung abgegeben wird (BayObLG, WuM 93, 298 = NJW-RR 93, 663). Allerdings ist die Anwendung **unterschiedlicher** Abrechnungsmaßstäbe innerhalb der Gemeinschaft wegen Verstoßes gegen § 6 Abs. 1, 7 Abs. 1 HeizkostenV **unzulässig** (KG, DerWEer 85, 61 = BlGBW 85, 141). Ebenso ist ein Beschluss nichtig, durch den ein früherer **Beschluss** über die Installation von Wärmemengenerfassungsgeräten und die Einführung einer verbrauchsabhängigen Heizungskostenabrechnung **aufgehoben** wird, wenn er aus Gründen erfolgt, die außerhalb der Regelungsgegenstände des § 3 Satz 2 HeizkV liegen (OLG Hamm v. 12. 12. 94 – 15 W 327/94; NJW-RR 95, 465); für den Fall der wirtschaftlichen Belastung der WEer mit der Durchführung anderer **Sanierungsmaßnahmen** (ebenda). Es besteht ein Anspruch der WEer auf Änderung bzw. Ersetzung der zur Erfassung des Verbrauchs ungeeigneter Geräte (BayObLG, NZM 98, 813). Ggfs. besteht ein Anspruch auf **Verplombung** (s. o. § 15 Rz. 4).

Unabhängig vom Verhältnis der WEer untereinander können **Mieter** entspr. der HeizkostenV vorgehen. Sie sind bei einer entspr. Formularklausel im Mietvertrag an einen best. Verteilungsschlüssel („Nebenkosten") der WEer untereinander gebunden (AG Düsseldorf, DWW 91, 373). Die HeizkostenV verbietet es einer Gemeinschaft nach WEG nicht, ein in die Wohnanlage eingebautes Heizwerk durch einen Dritten betreiben zu lassen, der nicht nach dem konkreten Aufwand, sondern nach Grund- und Arbeitspreisen abrechnet (OLG Stuttgart, ZMR 84, 99 = Justiz 84, 103). Zur **Aufteilung** der Heizkosten zwischen aus- bzw. einziehenden Mietern s. AG Charlottenburg, DerWEer 85, 62. Ein WEer, der nachweislich die Heizkörper dauernd abgesperrt hält, kann nicht verlangen, von den verbrauchsabhängigen Kosten völlig **freigestellt** zu werden (BayObLG, DerWEer 89, 26; *Abramenko*, ZWE 2007, 61). Es ist vielmehr der günstigste Verbrauch einer vergleichbaren Wohnung maßgebend (BayObLG, a. a. O.). Zu den gemeinschaftlichen Kosten der **Heizungssanierung** gehören im Zweifel auch die **Folgekosten** innerhalb der Wohnungen unabhängig davon, ob die Installationen SE oder GemE darstellen (KG v. 14. 10. 96 – 24 W 1170/96, NJW 96 H 52, III = ZMR 97, 40 = NJWE-MietR 97, 35).

B. Werterrechnung

73 Bei Neuerrichtung wird man von den für die verschiedenen Wohnungen und Stockwerke unterschiedlichen Baukosten ausgehen können. Hinsichtlich der Räume im Erdgeschoss sind u. U. Abweichungen erforderlich, insbesondere wenn diese Räume gewerblich genutzt werden. Ohne allen Einfluss sind besondere Ausstattungen auf Kosten des WEers selbst. Entscheidend kann sein Höhe des Stockwerks, Sonnenlage, nicht so sehr die innere Aufteilung, die durch den Eigentümer selbst verändert werden kann. Periodische **Revision** der Rechnungsschlüssel kann in der Vereinbarung vorgesehen werden. Feinere Unterscheidungen können gemacht werden nach besonders ausgezeichneter Lage, Straßenfront, höherem oder geringerem Wert des verwendeten Materials, Zugang zur gemeinschaftlichen Straße, besondere Höhe, besonderer Zugang von der Straße, Wertung bestimmter Stockwerke oder Wohnungstypen, spezielle Ausstattungen, Sonnenlage, Nähe und Entfernung vom Aufzug, Vorhandensein von Aufzügen usw.

C. Aufschlüsselungsbeispiele

74 Dazu wird verwiesen auf das Formularbuch (*Bärmann/Seuß*, Rz. A 213, Rz. B 107). Es ist in erster Linie Sache der WEer, durch **Vereinbarung** festzulegen, wie die Aufteilung erfolgen soll. Sie können statt des MEsanteils nach der **Wohnfläche** alle oder bestimmte Kosten und Lasten verteilen (OLG Düsseldorf, NZM 2004, 467; s. o. Rz. 42). Z. B. können sie entscheiden, ob und in welcher Höhe Hobbyräume bei der Verteilung der Bewirtschaftungskosten zu berücksichtigen sind (BayObLG, NJW-RR 96, 12). Ein allgemein gültiger Grundsatz kann insoweit nicht aufgestellt werden (ebenda). Deshalb können sie nach Verbrauch, Verursachung oder einem anderen Maßstab umgelegt werden (BGH, NJW 2007, 3492).

75 Die Praxis insbesondere hat verschiedene Schemata entwickelt (Formularbuch, Rz. A 235 ff.). Auszugehen ist vom Rauminhalt des SEs. Dieser Rauminhalt ist mit soviel Koeffizienten zu vervielfältigen, als dem festzustellenden qualitativen Merkmal der Wohnung bzw. Räume entspricht. Dabei sind für den Wertkoeffizienten zu berücksichtigen: weiträumige oder engräumige Anlage der Wohnung bzw. der Raumeinheit, Lage und Aussicht der Wohnung, Helligkeit, Höhe des Stockwerks, besondere Eignung, z. B. leichte Zugänglichkeit, Erbauungszeitpunkt, Nebenräume und Ausstattung.

76 Für Instandhaltung und Instandsetzung sowie Reinigung der Treppen, des Fahrstuhls, und sonstiger nur in unterschiedlichem

Maß von den WEern zu nutzenden Einrichtungen (Tiefgaragenplätze: OLG Frankfurt/M., DerWEer 83, 61) können **besondere Verteilungsschlüssel** aufgestellt werden (dazu *Bärmann/Seuß*, Rz. A 235). Zu dem Verteilungsmodus bei **Fahrstuhlkosten** s. *Bärmann/Seuß*, Rz. A 235 (s. a. LG Mannheim, ZMR 76, 218 = MDR 76, 582 und OLG Frankfurt a. M., DerWEer 83, 61); das Mietrecht ist nicht ohne weiteres heranzuziehen (AG Frankfurt/Oder, NJW-RR 2000, 746), abgesehen von Abs. 3. In einer **Mehrhausanlage** können die WEer die Kosten des laufenden **Aufzugs**betriebs nach Häusern und Stockwerken differenzieren (LG Nürnberg-Fürth, NZM 2009, 363). Steht keine Vereinbarung entgegen, können die WEer unabhängig von der eigentumsrechtlichen Lage beschließen, die Instandsetzungskosten für die **Hebebühnen** einer Doppelstockgarage aus der allg. Instandhaltungsrücklage zu bestreiten (OLG Celle NZM 2005, 871); zur Kostenverteilung bei einer **Doppelstockgarage** s. OLG Hamm, DerWEer 83, 62 = Rpfleger 83, 19). Angemessen erscheint, nur **die WEer** an den Aufzugskosten zu beteiligen, in deren **Haus** sich der Aufzug befindet (BayObLG, Rpfleger 79, 427 = WEM 79, 171). Eine entsprechende Auslegung ist möglich (BGHZ 92, 18/22; BayObLG, Rpfleger 79, 427; DerWEer 88, 140). Dies schließt jedoch eine andersartige Regelung in der GemO nicht aus (OLG Hamm, DerWEer 84, 29 = Rpfleger 84, 179; OLG Düsseldorf, DerWEer 86, 28; BGH, MDR 84, 928 in Abweichung von OLG Köln, DerWEer 78, 87). Ansonsten widerspricht es ordnungsmäßiger Verwaltung, einzelne WEer von der Kostentragungspflicht hinsichtlich des GemEs **freizustellen,** selbst wenn ihnen diese Aufwendungen nur beschränkt zu Gute kommen (OLG Köln NZM 2005, 20). Ist in der GemO festgelegt, dass die **Instandsetzung** von Teilen des GemEs dem einzelnen WEer obliegt, so ist die Regelung auch dahin zu verstehen, dass ihn die entspr. Kostentragungspflicht für diese Maßnahmen trifft (OLG Düsseldorf, NZM 2000, 670).

Für die **Zentralheizung** kann entscheidend sein der Rauminhalt der beheizten Räume, die Heizfläche der Heizkörper usw. (o. Rz. 49 ff.). Sieht ein Beschluss die Aufteilung der Kosten für **Kaltwasser** und **Müll** nach der Anzahl der zu einem bestimmten **Stichtag** pro Wohnung „polizeilich gemeldeten" Personen vor, kann aber die Meldebehörde keine Auskunft darüber geben, welche Personen zum Stichtag für welche Wohnung angemeldet sind, ist der Beschluss nicht durchführbar und damit unwirksam (BayObLG, NJWE-MietR 96, 252; zweifelhaft!).

Im Falle der **Vermietung** ist es eine Frage des Vertrags, ob und wie der Mieter im Verhältnis zum Vermieter zu den Kosten bei-

§ 16 78, 79 I. Teil. Wohnungseigentum

zutragen hat. Es erscheint nicht unbillig, dass die Verteilung der Nebenkosten entsprechend der Vereinbarung erfolgt, falls der Mietvertrag einen bestimmten Umlegungsschlüssel nicht vorsieht (LG Düsseldorf, DerWEer 89, 35). Der Mieter kann sich durch Einsicht in die GemO und in die der Abrechnung zugrunde liegenden Rechnungen vergewissern (LG Düsseldorf, a. a. O.). Dasselbe gilt, wenn die Umlage der Nebenkosten ausdrücklich nach dem gleichen Verteilungsschlüssel erfolgt, den die Eigentümergemeinschaft zur Ermittlung des jeweiligen Anteils an den Kosten vereinbart hatte (AG Düsseldorf, DWW 91, 373).

IV. Haftung gegenüber Dritten

78 Grundsätzlich haftet der Handelnde. Der **Verwalter** ist nur in beschränktem Umfang gesetzlicher Vertreter, daher besteht die Notwendigkeit, sich über seine Befugnisse Klarheit zu verschaffen durch Vorlage einer Vollmacht (im Übrigen s. § 27 Rz. 7 ff.). Handelt ein **WEer** nach § 21 Abs. 2, kann er als Beauftragter gelten; daraus folgt die **Haftung** der Gemeinschaft (des Verbands) als solcher nach § 10 Abs. 6 (so schon früher BGH NJW 2005, 2061; dazu Einl. Rz. 21; s. a. OLG Frankfurt a. M., OLGZ 83, 180; s. § 21 Rz. 10 ff.).

79 Für Verpflichtung aus **Bauaufträgen** wurde schon früher nach BGH, NJW 59, 2160 und Rpfleger 79, 377 = DWEer 80 H. 1 keine Solidarhaftung der WEer sondern **anteilige Haftung**, angenommen (s. § 3 Rz. 28). Das kann nunmehr **nach** Begründung der Gemeinschaft auch i. S. gesamtschuldnerischer Haftung nur durch einen besonderen Verpflichtungsgrund gegenüber dem Gläubiger geregelt werden. Allerdings steht dem **Bauhandwerker** bei Aufbauschulden ein Anspruch auf Eintragung einer **Sicherungshypothek** in Höhe der auf die einzelne EW gemachten Aufwendungen zu (*Bub/von der Osten*, S. 131; *Staudinger/Bub*, § 16 Rz. 17). Die Rspr. nimmt Gesamthypothek auf allen Wohnungseigentumsrechten an (BGH, NJW 2000, 1861; *Wenzel*, ZWE 2000, 550; LG Frankfurt a. M., MDR 74, 579; 75, 315; OLG Frankfurt a. M., NJW 75, 785 = MittBayNot 75, 161 = Rpfleger 75, 174; OLG München, NJW 75, 221 und OLG Celle, BauR 76, 365, dazu *Jagenburg*, NJW 77, 2152. Richtigerweise ist zu differenzieren. Die noch nicht zu im Vollzug gesetzten WEergemeinschaft gehörenden **werdenden** WEer haften gemäß § 10 Abs. 8 S. 1 Hs. 2 („Zugehörigkeit zur Gemeinschaft") nicht für Verbindlichkeiten, die von der in Vollzug gesetzten WEergemeinschaft begründet worden und fällig geworden sind (OLG Köln, NZM 99, 959). Mit den Voraussetzungen einer **Vormerkung** im Wege der einstweiligen Ver-

Nutzungen, Lasten und Kosten 80, 81 § 16

fügung zur Sicherung einer Bauhandwerkersicherungshypothek befasst sich OLG Celle, NJW 77, 1731. Kein Anspruch auf Eintragung einer Sicherungshypothek besteht bei reinen **Abrissarbeiten** (OLG Bremen, MDR 96, 45).

Das **Bauhandwerkersicherungsgesetz** (Anh. III, 6) hat den 80 Anspruch des Unternehmers auf Leistung von Sicherheit über § 648 BGB (Einräumung einer Sicherungshypothek) hinaus erweitert. Nach § 648 a Abs. 1 BGB besteht ein gesetzlicher unabdingbarer Anspruch des Unternehmers auf Leistung von Sicherheit durch eine Garantie oder sonstiges Zahlungsversprechen eines Kreditinstituts/Kreditversicherers gegenüber dem Besteller. Der Unternehmer ist berechtigt, Sicherheitsleistungen bis zur Höhe des voraussichtlichen Vergütungsanspruchs zu verlangen, wobei u. U. eine Schätzung in Betracht kommt (OLG Karlsruhe, BauR 96, 556 = NJW 97, 263; dazu *Leinemann,* NJW 97, 238). Die Vorschrift findet immer dann Anwendung, wenn die WEer bei Neuerrichtung oder wesentlichen Baumaßnahmen (Umbau, Erweiterung, Sanierung usw.) einen Baubetreuer einschalten (§ 648 a Abs. 6 Nr. 2 2. Hs BGB). Führen sie diese Maßnahmen in eigener Regie bzw. durch den Verwalter durch, ergibt sich aus der allgemeinen Gleichstellung der EW mit dem Einfamilienhaus (Eigenheim) nach § 62, dass ein Anspruch nach § 648 a Abs. 6 Nr. 2 Hs. 1 BGB nicht besteht. Dem Gesetzgeber kam es darauf an, private Bauherrn aus dem Anwendungsbereich herauszunehmen. Dieses Privileg gilt wegen derselben Interessenlage auch für WEer. Dementsprechend haftet auch jeder WEer wiederum nur **anteilig** entsprechend seinem MEsanteil. Ergänzt wurden die Rechte des Unternehmers durch das G. zur **Beschleunigung fälliger Zahlungen** (s. Anh. III, 7).

Die Haftung der WEsrechte für **Erschließungsbeiträge** wird in § 134 Abs. 1 BauGB **anteilmäßig** geregelt, ansonsten gilt das Landes-/Ortsrecht (s. Einl. Rz. 36).

Im Übrigen besteht allerdings neben der Haftung der Gemein- 81 schaft als solcher (des Verbands) nach der neueren Auffassung des BGH keine **gesamtschuldnerische Haftung** gegenüber Dritten, soweit der Verwalter befugt handelt, falls nicht anteilige oder gesamtschuldnerische Haftung mit dem Gläubiger (z. B. Bank) vereinbart ist (s. § 21 Rz. 10). Ob für die Verwaltervergütung weiterhin eine gesamtschuldnerische Haftung angenommen werden kann, war früher schon fraglich (s. § 26 Rz. 43; so noch BGH, NJW 80, 2466; KG, WuM 93, 755; NZM 2004, 585; OLG Köln, DerWEer 2003, 26). Sie ist nach Anerkennung der Rechtsfähigkeit der Gemeinschaft ebenfalls nur bei **besonderer** Vereinbarung mit dem

Gläubiger oder kraft öffentlich-rechtlicher Satzung anzunehmen. Im Verhältnis der WEer untereinander gilt § 16 Abs. 2. Eine Beschränkung der Haftung auf das Vermögen der Gemeinschaft besteht demnach bei Schulden der Gemeinschaft.

V. Abweichen von Abs. 2 bei Betriebskosten (Abs. 3)

82 1. Durch den Abs. 3 (neu) wird den WEern die Möglichkeit eröffnet, mit Stimmenmehrheit von der **gesetzlichen** Regel in Abs. 2 abzuweichen. Das gilt auch bei einem **vertraglich** festgelegten Kostenverteilungsschlüssel, denn Abs. 3 kann nicht auf sinnlose, unklare oder widersprüchliche Regelungen begrenzt werden (arg e Abs. 5: LG München I, NJW-Spezial 2009, 691). Ihnen wird damit die **Beschluss**kompetenz eingeräumt, Betriebs- und Verwaltungskosten entweder von vornehrein anders aufzuteilen oder den Verteilungsmaßstab wieder zu verändern. Bisher war dies bei einer entgegenstehenden Vereinbarung nicht möglich. Die bisherige Differenzierung nach Kosten des SEs bzw. GemE ist aufgegeben. Insoweit sind die Entscheidungen BGHZ 156, 192 = NJW 2003, 3476 (Kaltwasserkosten), OLG Köln, NJW-RR 2006, 1023 (Kosten der Müllentsorgung) und BGH, NJW 2007, 3497 (Kabelanschlusskosten) überholt. Allerdings bleibt bestehen, dass Abs. 2 auch für die Betriebskosten des SEs nach Abs. 3 gilt, soweit keine Sonderregelung vereinbart ist (BGH, a. zuletzt a. O.).

Die Regelung erfasst **Betriebskosten** i. S. von § 556 Abs. 1 BGB. Die Bezugnahme auf diese Vorschrift soll der Rechtsvereinheitlichung und -vereinfachung dienen (BT-Drs. 16/887 S. 22). Allerdings ist damit die Abhängigkeit von Änderungen im BGB verbunden. Nicht gemeint sind hier Kosten der Instandsetzung und -haltung nach § 1 Abs. 1 Nr. 2 BetrKV, abgesehen von laufenden **Wartungs-** und **Pflegekosten** (*Becker*, ZWE 2008, 217).

Die Regelung soll nicht nur Betriebskosten aus dem **SE,** sondern auch solche aus dem **GemE** erfassen. Bei Letzterem ist insbesondere an Wasser-, Abwasser- und Allgemeinstromkosten gedacht. In beiden Fällen soll eine einfache Mehrheit entscheiden, auch um Abgrenzungsschwierigkeiten zu vermeiden (a. a. O. S. 23). Dies gilt auch für **Aufzugskosten** und Kosten für die **Treppenhaus**reinigung (OLG Celle, NZM 2007, 217); Breitbandkabelkosten sind dem SE zuzurechnen (BHG, NJW 2007, 3492), Kosten für Energieversorgung und Müllabfuhr, soweit sie zurechenbar sind (OLG Oldenburg, ZMR 2005, 814).

83 2. Betriebskosten des GemEs sowie des SEs werden **nur** erfasst, soweit sie von der **Gemeinschaft,** nicht jedoch, sofern sie von einem **WEer** unmittelbar gegenüber Dritten z. B. Mietern abgerechnet werden (*Palandt-Bassenge,* § 16 Rz. 7 f.).

Die Betriebskosten können von den WEern nach **Verbrauch** oder Verursachung erfasst und nach **diesem** oder einem **anderen** Maßstab verteilt werden (*Becker,* ZWE 2008, 217). Diese Kompetenz umfasst alle dafür erforderlichen Maßnahmen (BT-Drs. a. a. O.) jedoch keine Eingriffe in das SE. Sie ist schließlich auch dadurch eingeschränkt, dass „die beschlossenen Maßnahmen in Übereinstimmung mit dem geltenden Recht **ordnungsmäßiger Verwaltung** entsprechen müssen" (a. a. O.).

Letztere wird u. U. durch entsprechende **landesgesetzliche** Regelungen bestimmt, soweit sie z. B. Erfassungsgeräte zur Erfassung und Abrechnung des Verbrauchs der Betriebskosten vorschreiben. Darüber hinaus haben die WEer allerdings einen **Ermessensspielraum,** wobei zu beachten ist, dass im Allg. die Erfassung und Abrechnung nach Verbrauch ordnungsmäßiger Verwaltung entspricht. Nach dem Wertungsmaßstab des § 11 Abs. 1 Nr. 1 Buchst. a, Abs. 2 HeizkostenV kann dies ausnahmsweise nicht der Fall sein, wenn sich die entspr. Investitionen in Erfassung und Abrechnung erst über 10 Jahre amortisieren würden.

3. Sowohl für die Entscheidung, ob eine Änderung gegenüber der gesetzlichen Regelung nach Abs. 2 angezeigt ist, als auch für die, in welcher Form die Kostenverteilung gestaltet werden soll, muss ein **sachlicher Grund** vorliegen (OLG Hamm, ZMR 2007, 293 zur Rückwirkung; zweifelnd LG Nürnberg-Fürth, NZM 2009, 363). Jedenfalls muss ein solcher Beschluss ordnungsmäßiger Verwaltung entsprechen, vor allem darf er nicht willkürlich sein. Er kann zwischen **Mehrhausanlagen** differenzieren (LG Nürnberg-Fürth a. a. O.). Die WEer dürfen nicht willkürlich entscheiden, sondern müssen die Interessen der Gemeinschaft mit denen der einzelnen WEer abwägen. Sofern ein im GB eingetragener Verteilungsmaßstab (durch Beschlussfassung) geändert wird, ist das GB unrichtig und kann gemäß § 12 Abs. 4 S. 5 analog berichtigt werden (*Hügel,* DNotZ 2007, 321; a. A. *Becker,* ZWE 2008, 217).

Abs. 3 ist gegenüber § 10 Abs. 2 S. 3 insoweit eine **Spezialvorschrift,** als es um die **vereinbarten** Betriebskosten geht (so wohl auch LG Nürnberg-Fürth, a. a. O.). Andere Vereinbarungen sind dagegen nur nach § 10 Abs. 2 S. 3 zu behandeln. Während es dort um den Individualanspruch **eines** WEers auf Änderung geht, regelt Abs. 3 eine Beschlusskompetenz der **Gemeinschaft** im Hinblick auf die hier beschriebenen Betriebskosten. Bei andersartigen Kosten bleibt es also bei den in § 10 Abs. 2 S. 3 bestimmten

Voraussetzungen des Anspruchs auf Änderung eines vereinbarten Schlüssels.

VI. Abweichen von den gesetzlichen Regelungen der §§ 21 Abs. 5 Nr. 2, 22 Abs. 1 und 2 (Abs. 4)

85 1. Abs. 4 will die Voraussetzungen für eine der in Satz 1 genannten Maßnahmen mit den dadurch verursachten Kosten und der damit verbundenen Kostenverteilung harmonisieren.

Satz 1 Hs. 1 formuliert die Beschlusskompetenz der WEer, soweit es sich um einen **Einzelfall** handelt, bei dem von einem vereinbarten Verteilungsmaßstab abgewichen werden soll (BGH, NJW-aktuell 2010, 1 = NZM 2009, 86). Er gilt also nicht für eine generelle Abweichung (Änderung) der Vereinbarung. Ein Beschluss, der nicht auf den Einzelfall, sondern auf eine generelle Änderung der Instandhaltungskosten zu Lasten der WEer abzielt, ist mangels Beschlusskompetenz nichtig (BGH, NZM 2009, 866). Hierbei muss gegebenenfalls auf die Neuregelung in § 10 Abs. 1 S. 3 zurückgegriffen werden. Ob damit auch eine Verteilung der Instandsetzungskosten bezüglich **eines** Dachs bei mehreren Gebäuden auf die WEer dieses Gebäudes (entgegen § 16 Abs. 2) beschlossen werden kann, erscheint fraglich (a. M. LG München I, ZWE 2010, 51 m. Anm. *Olrik*).

Problematisch im Hinblick auf den Einzelfall erscheinen auch Beschlüsse, die zwar für einen bestimmten Fall gefasst werden, aber letztlich Auswirkungen auf **Parallelfälle** und dadurch entstehende **Kettenbeschlüsse** haben (a. M. wohl AG Oldenburg, NJW-Spezial 2008, 418 m. Anm.).

Der Begriff „Einzelfall" bezieht sich einerseits auf die in Satz 1 Hs. 1 angeführten **Maßnahmen,** zum Anderen auch auf die **Kostenregelung** (a. a. O. S. 24). Diese muss also in Zusammenhang mit der Beschlussfassung über eine der dort bezeichneten Maßnahmen (§§ 22 Abs. 1 bzw. 22 Abs. 2) stehen. Die Maßnahmen zur Instandsetzung/Instandhaltung und bauliche Maßnahmen/Aufwendungen zur Modernisierung und Anpassung an den Stand der Technik sollen gleich behandelt werden (a. a. O.). Damit wird erreicht, dass die WEer von der gesetzlichen oder vereinbarten Kostenverteilung abweichen können. Dies gilt auch für die **Folgekosten** baulicher Veränderungen (*Bub*, ZWE 2008, 205).

86 Nach Satz 1 Hs. 2 muss der abweichende Maßstab dem **Gebrauch** oder der **Möglichkeit** des Gebrauchs der WEer Rechnung tragen.

Damit soll den WEern die Möglichkeit eingeräumt werden, auch pauschalisieren zu können oder neben dem „normalen" Verbrauchsmaßstab noch weitere Kriterien zur Ermittlung des Kostenverteilungsschlüssels im Rahmen einer ordnungsmäßigen Verwaltung anzuwenden (a. a. O. S. 24).

Nach **Satz 2** ist im Rahmen der durch S. 1 eingeräumten Beschlusskompetenz eine Mehrheit von **drei Vierteln** aller stimmberechtigten WEer gemäß § 25 Abs. 2 **und** gleichzeitig die **Mehrheit** aller Miteigentumsanteile zur Abweichung erforderlich. Diese doppelte Mehrheit stellt das Korrektiv dar, um Missbrauch zu verhindern, die von einer Mehrheit in Bezug auf Miteigentumsanteile einerseits oder Stimmrechte andererseits durchgesetzt werden könnte. Die Mehrheit von „drei Vierteln" der stimmberechtigten WEer wurde vom Rechtsausschuss des BTs statt „mehr als drei Vierteln" im RegE gewählt, um „bei einer (nur) aus vier Miteigentümern bestehenden Gemeinschaft mit jeweils gleichen Miteigentumsanteilen zu Mehrheitsentscheidungen (zu) kommen" (BT-Drs. 16/3843 S. 33). 87

Satz 2 ist im Gleichlauf zu § 22 Abs. 2 (neu) in Hinsicht auf die Beschlussfassung über Modernisierungs- bzw. Anpassungsmaßnahmen formuliert: Auch die Entscheidung über die Kosten entspricht mehrheitsmäßig der über die Maßnahme als solche.

Sofern die WEer im Falle von Instandhaltungen und Instandsetzungen i. S. von § 21 Abs. 5 Nr. 2 eine abweichende Regelung über die **Kosten** treffen, „erhöhen sich hierdurch die Anforderungen an die Stimmenmehrheit" (BT-Drs. 16/887 S. 25).

Auch die in § 22 Abs. 1 (neu) geregelten Maßnahmen (bauliche Veränderungen und Aufwendungen, die über die ordnungsmäßige Instandsetzung oder Instandhaltung des GemEs hinausgehen) können ggfs. mit einem abweichenden Kostenverteilungsschlüssel verbunden werden. Neben den notwendigen Zustimmungen zu der Maßnahme selbst muss auch die nach § 16 Abs. 4 S. 2 vorgeschriebene Mehrheit für die Kostenverteilung gegeben sein. „Damit erfordere die Kostenverteilung aber nicht etwa die Zustimmung aller Wohnungseigentümer, die mit den Kosten belastet werden" (a. a. O. S. 25). 88

Mit der Möglichkeit des Gebrauchs und der damit regelmäßig verbundenen Werterhöhung soll verhindert werden, dass ein WEer sich der Kostentragungspflicht entzieht, selbst die überwiegende Mehrheit diese für angemessen hält.

Wird die nach Abs. 4 S. 2 erforderliche Mehrheit nicht erreicht, soll ein trotzdem gefasster Beschluss wirksam, aber anfechtbar sein, obwohl er im Grunde gegen zwingendes Recht (Abs. 5) verstößt (Begr. a. a. O. S. 25). Dies gilt aber nur unter der Voraussetzung des § 24 Abs. 4, nicht aber wenn die Feststellung bei der Beschluss- 89 fassung erfolgt, dass die notwendige Mehrheit **nicht** erreicht wurde. Insofern ist die Begr. nicht korrekt.

VII. Absätze 3 und 4 als zwingendes Recht (Abs. 5)

90 Die Vorschrift soll sicherstellen, dass die in den Abs. 3 und 4 aufgeführten Befugnisse nicht durch Vereinbarungen eingeschränkt oder gar ausgeschlossen werden.

Die in der Begr. zu dem GesE getroffene Aussage, dass auch **geltende** abweichende Vereinbarungen erfasst werden, ist wie auch die generelle Frage der **Rückwirkung** des Gesetzes in Hinblick auf die Dinglichkeit der Vereinbarungen problematisch (s. Einl. 35).

Dagegen können abweichende Kostenverteilungsbeschlüsse auf Grund einer Öffnungsklausel mit „geringeren Anforderungen" (a. a. O. S. 25) zulässig sein, sofern sie die Befugnis der Mehrheit nicht einschränken, sondern erweitern. Als Beispiel nennt die Begr. die fehlende Korrelation zwischen Gebrauch/Gebrauchsmöglichkeit und Kostenlast oder das Genügen einer einfachen Mehrheit (a. a. O.). Damit sind Streitfragen programmiert, weil dann das Kriterium ordnungsmäßiger Verwaltung eingreift. Eine Einschränkung liegt nicht vor, wenn die Vereinbarung eine von § 25 Abs. 2 abweichende Regelung des Stimmgewichts vorsieht (arg. aus Abs. IV; str. a. A. *Becker*, ZWE 2008, 217).

VIII. Sonderfälle (Abs. 6–8)

91 **1. Abs. 6: Bei Nichtzustimmung nach § 22 Abs. 1.**

Näheres bei § 22 Abs. 1 (Rz. 17 ff.) insbesondere zur Frage, ob die Zustimmung des WEers zu einer Maßnahme nach § 22 Abs. 1 entbehrlich erscheint. Etwaige Kosten für eine Maßnahme nach Abs. 3 Hs. 2 sind von den an der Maßnahme Beteiligten zu tragen (s. a. unter § 22 Rz. 22). Dementsprechend hält es Abs. 3 Hs. 1 für angemessen, dass der nicht an den Kosten beteiligte WEer auch nicht an den entspr. Nutzen partizipiert. Dies muss ein Rechtsnachfolger gegen sich gelten lassen, ohne dass es auf eine Eintragung ankommt (BGHZ 116, 392; OLG Düsseldorf NZM 2006, 109 = ZWE 2006, 50/LS für den Fall, dass ein WEer unter **Vorbehalt** der Kosten **zustimmt**; s. § 22 Rz. 22). Der Zustimmende kann seine Zustimmung von der Voraussetzung der **Nichtbeteiligung** oder von einer **Kostenbegrenzung** abhängig machen (OLG Düsseldorf, NZM 2006, 109; BayObLG, WE 87, 12). Die Kosten für eine Maßnahme nach Abs. 3 dürfen nicht aus dem Gemeinschaftsvermögen beglichen werden (BGH, a. a. O.). Auch eine Haftung gegenüber Dritten darf in diesem Fall für die nicht Beteiligten nicht begründet werden (BGH, a. a. O.). Ob Abs. 3 auch dann gilt, wenn trotz der Nichtzustimmung eines WEers ein Mehrheitsbeschluss wirksam ist, ist str. Mit dem OLG Hamm (NJW-RR 97, 970) ist davon auszugehen, dass der Wortlaut von §§ 22 Abs. 1, 16 Abs. 3 eindeutig auf die Tatsache der **Nichtzustimmung** abstellt (wie hier jetzt OLG Düsseldorf NZM 2006, 109; *Weitnauer/Gottschalg,* § 16 Rz. 57; *Staudinger/Bub,* § 16 Rz. 256; a. A. BayObLG, NZM 2001, 1138). Damit ändert sich auch nichts nach Verwirkung eines Beseitigungsanspruchs an der Nichtbeteiligung (OLG Saarbrücken, FGPrax 97, 56). Von den Nichtzustimmenden (und ihre Rechtsnachfolger) kann **Unterlassung** der Nutzungsteilnahme verlangt werden (OLG Düsseldorf, NJW-RR 2006, 956). Ggfs. kann der Nichtzustimmende aus ungerechtfertigter Bereicherung zu einem Beitrag verpflichtet sein (OLG Hamm, NZM 2002, 874). Die u. U. komplizierte Berechnung des Vorteils sollte zugunsten einer pauschalierten Kürzung aufgegeben werden (s. OLG Hamm, a. a. O.). Abs. 6 ist ebenfalls **abdingbar** (BayObLG, DerWEer 82, 136; BGHZ 130, 304). Zum ausschließlichen Vorteil (Nutzungsmöglichkeit) aus einer baulichen Veränderung s. o. § 15 Rz. 12. Für WEer (ebenso für ihre Rechtsnachfolger), die der Maßnahme zugestimmt haben, obwohl ihre Zustimmung **nicht erforderlich** war, gilt Abs. 6 nicht (BayObLG, ZWE 2001, 424; OLG Frankfurt/M, ZWE 2006, 194, noch zu Abs. 3 a. F.). Als Zustimmung gilt auch die in der Teilungserklärung bereits erteilte Zustimmung (*Palandt-Bassenge,* § 16 Rz. 4; a. A. OLG Celle OLGR 2007, 396).

Satz 2 enthält die Klarstellung, dass für die Anwendung des § 16 Abs. 6 S. 1 kein Raum ist, wenn die WEer über die Verteilung der Kosten im Rahmen einer Maßnahme i. S. des Abs. 4 bestimmt haben. „Wer als Folge der Regelung der WEer gemäß Abs. 4 WEG ... die Kosten zu tragen hat, muss auch die Nutzungen beanspruchen können" (BT-Drs. 16/887 S. 25), unabhängig von seinem Abstimmungsverhalten.

2. Abs. 7

a) Kosten eines Rechtsstreits nach § 18. Demnach gehören zu den Kosten der Verwaltung ausdrücklich zunächst die **Kosten** eines **Rechtsstreits** nach § 18. Das bedeutet, dass sich auch der gegen die klagenden WEer obsiegende WEer an den Prozesskosten entsprechend Abs. 2 zu beteiligen hat (allg. M. OLG Düsseldorf, NZM 2007, 569; BayObLGZ 83, 109; OLG Stuttgart, DerWEer 86, 25; OLG Düsseldorf, NJW-RR 97, 13 = FGPrax 96, 175 = ZMR 96, 571 m. Anm. *Drasdo*). Die Regelung verstößt nicht gegen Art. 14 Abs. 1 GG (OLG Düsseldorf, a. a. O.). Auch die Kosten eines Beschluss**anfechtungs**verfahrens sind nach MEsanteilen zu verteilen, nicht nach Köpfen (BGHZ 171, 335 = NJW 2007, 1869). Dies gilt nach der Neufassung des § 27 Abs. 2 Nr. 2 auch für Passivverfahren, die der Verwalter für die Gemeinschaft führt (str., wie hier *Jennißen,* NJW 2008, 2008; Verwalterabrechnung, Rz. 189). Sie betrifft auch die **außergerichtlichen** Kosten der klagenden MEer und den Kostenerstattungsanspruch des obsiegenden WEers (OLG Düsseldorf, a. a. O., dort auch zur Frage der Korrektur des Abs. 4 a. F. (jetzt Abs. 7) durch § 242 BGB). Ggfs. kommt die Korrektur der anteiligen Kostenhaftung mittels § 242 BGB in Betracht, und zwar dann, wenn der betreffende WEer **keinen Anlass** zur Erhebung der Entziehungsklage gegeben hat (OLG Düsseldorf, a. a. O.). Die Vorschrift ist dahingehend zu verstehen, dass sie eine spezielle Regelung im Innenverhältnis darstellt und damit § 91 ZPO insofern vorgeht (OLG Stuttgart, a. a. O.). Dagegen trägt der WEer im Falle des Unterliegens sämtliche Prozesskosten gemäß § 91 ZPO (OLG Stuttgart, a. a. O. = NJW-RR 86, 379; *Staudinger-Bub,* § 16 Rz. 179). Zu den Kosten der Verwaltung zählen auch die durch **anwaltliche Beratung** entstandenen Kosten selbst bei Verzicht auf eine Veräußerungsklage (BayObLG, NZM 2004, 235).

b) Schadensersatz nach § 14 Nr. 4.

Zum anderen gehört nach Abs. 7 der **Schadenersatz** im Falle des § 14 Nr. 4 zu den Kosten der Verwaltung. Dies gilt auch für die daraus entstehenden Gerichtskosten.

IX. Nur Mehrkosten der Rechtsanwaltsvergütung als Verwaltungskosten (Abs. 8)

93 Abs. 8 soll klarstellen, dass die durch eine **Vergütungsvereinbarung** mit einem Rechtsanwalt entstehenden Mehrkosten für die WEer **Verwaltungskosten** darstellen (BT-Drs. 16/887 S. 77). Es geht also um die aus einer solchen Vereinbarung resultierenden **Erhöhung** gegenüber der **gesetzlichen** Vergütung (Mehrkosten). Die BReg. hat diesen Vorschlag auf der Grundlage der Einwendung des BRats entwickelt im Zusammenhang mit der von ihm empfohlenen Streitwertregelung in § 49a GKG und im Hinblick auf die gesetzliche Ermächtigung des Verwalters zur Vereinbarung einer Vergütung mit den WEern gemäß § 27 Abs. 2 Nr. 4, Abs. 3 Nr. 6 (BT-Drs. 16/887 S. 77; BT-Drs. 16/3843 S. 33). Im Übrigen sollen Kosten eines Rechtsstreits i. S. des § 43 grundsätzlich **keine** Kosten der Verwaltung sein (BT-Drs. 16/887 S. 26), also bei solchen Streitigkeiten, bei denen alle WEer oder die Gemeinschaft Parteien sind. Das gilt auch für solche der (übrigen) WEer bzw. Gemeinschaft mit

einem WEer oder Streitigkeiten mit Dritten. Hier gilt Abs. 2 (BGH, NJW 2007, 1869). Dies entspricht der früheren Rechtslage. Die Norm soll verhindern, dass Konflikte innerhalb der WEergemeinschaft (Binnenstreitigkeiten) auf Kosten aller WEer ausgetragen werden (BGH, NZM 2007, 358: Zu Abs. 5 a. F.). Unter den kostenpflichtigen WEern sind die Kosten der Rechtsverfolgung nicht nach Kopfteilen, sondern nach der Höhe der MEsanteile gemäß Abs. 2 aufzuteilen (BGH, a. a. O.). Die Vorschrift kann insoweit abbedungen werden, dass Rechtsverfolgungskosten als „Verwaltungskosten" nach Eigentumseinheiten umzulegen sind (BGH, a. a. O.).

Auch danach ist allerdings möglich, dass **einzelne** WEer im Falle ihres Unterliegens in einem Rechtsstreit der Gegenseite (den übrigen daran beteiligten WEern) die Kosten „nur nach einem beschränkten Streitwert" zu erstatten haben (BT-Drs. 16/887 S. 77). Dagegen haben die übrigen WEer die Anwaltsgebühren auf Grund der Vereinbarung nach einem höheren Streitwert zu entrichten, wenn auch nur zunächst. Im Übrigen erschien es dem Gesetzgeber sachgerecht, dass letztlich **alle** WEer die Differenz zu bezahlen haben, weil die Entscheidung gegen alle WEer wirkt.

X. Mehrheitsgrundsatz/Verstoß

Abgesehen von den Sonderbestimmungen in Abs. 3 und 4 gilt auch hier der allg. Grundsatz der Einstimmigkeit bei Änderungen. Er bezieht sich auf den **gesetzlichen** und **vereinbarten** Verteilungsschlüssel. Beschlüsse, die gegen einen vereinbarten Verteilungsschlüssel verstoßen, sind nach h. M. nichtig, nicht mehr lediglich anfechtbar (für alle BGH, NJW 2000, 3500; zur früher h. M. s. die 15. Aufl.). Ein **Mehrheitsbeschluss** über die Änderung des Kostenschlüssels ist jedoch dann grundsätzlich **zulässig**, wenn er in der Vereinbarung zugelassen ist (Öffnungsklausel). Soll jedoch ein Beschluss nicht den Verteilungsschlüssel für die Zukunft ändern, sondern nur für einen **Einzelfall** über die Fälle der Abs. 3, 4 hinaus gelten, soll er lediglich anfechtbar sein, wenn er gegen die gesetzliche Verteilungsregelung nach Abs. 1, 2, 6 verstößt (zu § 16 a. F. KG, NZM 2001, 341; BayObLG, DerWEer 86, 89; NZM 2004, 659). S. dazu unten § 23 Rz. 20.

Ob und welche Ausgaben zu machen sind, unterliegt grundsätzlich dem Mehrheitsbeschluss, sofern nicht Einstimmigkeit nach § 22 Abs. 1 vorgeschrieben ist. Das Recht des Verwalters nach § 27 Abs. 1 Nr. 2 besteht daneben.

Eine **Ergänzung** bzw. **Abweichung** von § 16 muss erkennbar in der Vereinbarung gewollt sein (BayObLG, MDR 72, 691 =

NJW 72, 1376). Nach der Rspr. (BayObLG, a. a. O., OLG Frankfurt/M., DWE 83, 121) stellt der **Hinweis** in der GemO auf die gesetzliche Regelung keine Vereinbarung dieses Inhalts dar. Andererseits ist damit die gesetzliche Regelung nicht außer Kraft gesetzt (so die h. M. in Rspr. und Literatur, s. *Bärmann/Becker,* § 16 Rz. 44 ff.).

§ 17 Anteil bei Aufhebung der Gemeinschaft

¹ Im Falle der Aufhebung der Gemeinschaft bestimmt sich der Anteil der Miteigentümer nach dem Verhältnis des Wertes ihrer Wohnungseigentumsrechte zur Zeit der Aufhebung der Gemeinschaft. ² Hat sich der Wert eines Miteigentumsanteils durch Maßnahmen verändert, deren Kosten der Wohnungseigentümer nicht getragen hat, so bleibt eine solche Veränderung bei der Berechnung des Wertes dieses Anteils außer Betracht.

Übersicht

		Rz.
I.	Voraussetzungen	1
II.	Zweck	2
III.	Wertberechnung	4
IV.	Verfahren	6
V.	Schuldenregelung	7

I. Voraussetzungen

1 Eine **Aufhebung** der Gemeinschaft erfolgt grundsätzlich nur in zwei Fällen; durch **Vereinbarung** sämtlicher WEer (BayObLG, Rpfleger 80, 110); auf einseitiges **Verlangen eines WEers** nur dann, wenn das Gebäude ganz oder teilweise zerstört ist, ein Wiederaufbau nach Maßgabe des § 22 Abs. 4 nicht beschlossen oder verlangt werden kann, eine Deckung des Schadens durch Versicherung oder in anderer Weise nicht vorliegt und die Vereinbarung eine Auflösbarkeit der Gemeinschaft in diesem Falle gem. § 11 Abs. 1 Satz 3 ausdrücklich vorsieht.

2 § 9 Abs. 1 Nr. 2 und § 4 Abs. 1 behandeln dagegen nur den Fall der Aufhebung des **SEs,** also nicht den der Aufhebung der Gemeinschaft. Folge der Aufhebung des SEs ist der Eintritt gewöhnlichen MEs. Folge der Aufhebung der **Gemeinschaft** ist unmittelbar und ohne weitere Erklärung die Anwendung der §§ 752 ff. BGB. Die Auseinandersetzung ist durchzuführen, gemäß § 753 Abs. 1 durch

Verkauf. Bis zum Zeitpunkt des Auflösungsverlangens bestehen WEs-Rechte auch ohne Substanz fiktiv weiter.

II. Zweck

Ziel ist die Bestimmung der einzelnen Auseinandersetzungsguthaben. Teilung in natura, § 752 BGB, kommt ohne Vereinbarung aller nicht in Betracht. § 17 erfasst nur den Fall der Aufhebung der Gemeinschaft im ganzen, also sowohl der SEs- wie der MEs-Rechte. Nicht hierher gehört der Fall der bloßen Aufhebung des SEs unter Weiterbestehen des MEs-Verhältnisses. Auch im letzteren Fall können Wertausgleiche notwendig erscheinen; dann kommt eine analoge Anwendung des § 17 in Betracht.

III. Wertberechnung

1. Grundlagen sind nach **Satz 1** die Werte der SEs-Rechte im Augenblick der Aufhebung, also der gegenwärtige Wert unter Berücksichtigung aller gemachten Aufwendungen in den SEs-Räumen. MEs-Bruchteilsverhältnis ist nicht ausschließlich maßgebend, sondern der Wert der SEs-Räume plus angemessenem MEs-Anteil (BGH, WuM 2004, 559).

2. Nach **Satz 2** wird eine (positive) Veränderung des Werts eines MEsanteiles bei der Wertermittlung nicht berücksichtigt, wenn der betreffende MEer bei einer Maßnahme nach § 22 Abs. 1 keine Kosten (mit)getragen hat (Grundsatz).

Der neu formulierte S. 2 geht auf den neuen § 16 Abs. 4 zurück, nach dem es den WEern möglich ist, die Kosten einer Maßnahme i. S. von § 22 Abs. 1 auch **den** WEern aufzuerlegen, die der Maßnahme **nicht** zugestimmt haben. Voraussetzung ist allerdings, dass diese WEer einen **Gebrauchsvorteil** haben. Wenn aber eine Kostenbeteiligung erfolgt ist, dann soll der betreffende WEer auch „an einer Wertsteigerung der Miteigentumsanteile partizipieren, unabhängig davon, ob er die Maßnahme selbst unterstützt hat" (BT-Drs. 16/887 S. 26).

IV. Verfahren

Liegt eine Vereinbarung vor, dann kann eine Klage auf Durchführung der Auseinandersetzung nach der ZPO erhoben werden. Aus dem vollstreckbaren Urteil auf Aufhebung der Gemeinschaft kann die Zwangsversteigerung zum Zwecke der Aufhebung gem. §§ 180 ff. ZVG betrieben werden.

§ 18　　　　　　　　　　　　　　　I. Teil. Wohnungseigentum

V. Schuldenregelung

7　Die Schuldenregulierung hat zwischen dem Außenverhältnis – der Haftung gegenüber Dritten – und dem internen Ausgleichsverhältnis zu unterscheiden. Für das **Außenverhältnis** kommt es darauf an, ob die MEer gesamtschuldnerisch oder nur anteilig haften. Im Falle des § 10 Abs. 8 S. 1 Hs. 1 tritt anteilige Haftung ein. Das **Innenverhältnis** richtet sich nach §§ 755, 756 BGB.

Gesamtschulden der WEer sind gem. § 755 BGB auf Verlangen aus dem Erlös zu befriedigen, wenn nicht eine schuldbefreiende Übernahme durch einen Erwerber eingetreten ist. Einzelverpflichtungen eines WEers gehen nur diesen an.

§ 18 Entziehung des Wohnungseigentums

(1) ¹Hat ein Wohnungseigentümer sich einer so schweren Verletzung der ihm gegenüber anderen Wohnungseigentümern obliegenden Verpflichtungen schuldig gemacht, daß diesen die Fortsetzung der Gemeinschaft mit ihm nicht mehr zugemutet werden kann, so können die anderen Wohnungseigentümer von ihm die Veräußerung seines Wohnungseigentums verlangen. ²Die Ausübung des Entziehungsrechts steht der Gemeinschaft der Wohnungseigentümer zu, soweit es sich nicht um eine Gemeinschaft handelt, die nur aus zwei Wohnungseigentümern besteht.

(2) Die Voraussetzungen des Absatzes 1 liegen insbesondere vor, wenn

1. der Wohnungseigentümer trotz Abmahnung wiederholt gröblich gegen die ihm nach § 14 obliegenden Pflichten verstößt;
2. der Wohnungseigentümer sich mit der Erfüllung seiner Verpflichtungen zur Lasten- und Kostentragung (§ 16 Abs. 2) in Höhe eines Betrages, der drei vom Hundert des Einheitswertes seines Wohnungseigentums übersteigt, länger als drei Monate in Verzug befindet; in diesem Fall steht § 30 der Abgabenordnung einer Mitteilung des Einheitswerts an die Gemeinschaft der Wohnungseigentümer oder, soweit die Gemeinschaft nur aus zwei Wohnungseigentümern besteht, an den anderen Wohnungseigentümer nicht entgegen.

(3) ¹Über das Verlangen nach Absatz 1 beschließen die Wohnungseigentümer durch Stimmenmehrheit. ²Der Be-

schluß bedarf einer Mehrheit von mehr als der Hälfte der stimmberechtigten Wohnungseigentümer. ³Die Vorschriften des § 25 Abs. 3, 4 sind in diesem Falle nicht anzuwenden.

(4) **Der in Absatz 1 bestimmte Anspruch kann durch Vereinbarung der Wohnungseigentümer nicht eingeschränkt oder ausgeschlossen werden.**

Übersicht

	Rz.
I. Grundgedanke	1
II. Voraussetzungen	
1. Generalklausel des Abs. 1 Satz 1	5
2. Recht der Gemeinschaft (Satz 2)	8
3. Art der Verletzung	9
4. Sondertatbestände des Abs. 2	10
a) Nr. 1	10
b) Nr. 2	11
5. Beschlussfassung (Abs. 3) durch Mehrheitsentscheidung	12
6. Verwirkung	14
III. Die Entziehungsklage	16
IV. Grenzen der Abdingbarkeit (Abs. 4)	20
V. Sittenwidrige Vereitelung	22
VI. Rücktrittsrecht	23
VII. Geschäftswert	24

I. Grundgedanke

Die Unauflösbarkeit der Gemeinschaft zwingt zu einem anderen 1 Mittel, sich eines ungeeigneten Mit-WEers zu entledigen. Die Geltendmachung eines Veräußerungsanspruchs ist dabei als letztes, weil gravierendstes Mittel, gegenüber dem Störer anzusehen (LG Aachen, ZMR 93, 233; LG Bonn, RhNotK 96, 271). § 18 dürfte auch entsprechend auf den werdenden Eigentümer anzuwenden sein, dessen **Anwartschaftsrecht** nicht erst zum Vollrecht erstarken darf. In früheren Stadien ist nach § 242 BGB, Rechtsmissbrauch, gegen den Vollzug eines in der Form des § 311 b BGB abgeschlossenen schuldrechtlichen Vertrags vorzugehen.

Ähnliche Bestimmungen enthalten die §§ 737 mit 723 Abs. 1, 2 § 626 BGB und §§ 140 ff. HGB. Es verstößt grundsätzlich nicht gegen Art. 14 Abs. 1 GG, wenn der Inhalt des WEs durch Abs. 1 dahin bestimmt wird, dass eine Verpflichtung zur Veräußerung möglich ist, wenn ein WEer seine Pflichten gegenüber anderen WEern schwer verletzt (BVerfG, NJW 94, 241; FGPrax 98, 90).

3 § 18 Abs. 1 enthält eigentlich eine lex specialis iS des **wichtigen Grundes:** Eine so schwere Verletzung der gegenüber anderen WEern obliegenden Verpflichtungen, dass diesen die Fortsetzung der Gemeinschaft mit dem Verletzer nicht mehr zugemutet werden kann (zum Begriff des wichtigen Grundes s. BGH, WM 66, 31; *Palandt/Putzo,* § 626 Rz. 37 ff.; *Palandt/Sprau,* § 723 Rz. 4; BGH, NJW-RR 2002, 704). Er setzt kein Verschulden voraus (vgl. LG Tübingen, ZMR 95, 179 = NJW-RR 95, 650). Die dem Gesellschaftsrecht entstammende Lehre ist entsprechend auf § 18 anwendbar (str. s. *Weitnauer/Lüke,* § 18 Rz. 5; *Bärmann/Pick,* § 18 Rz. 5 f.; s. a. Anm. *Gerauer,* Rpfleger 84, 412).

4 Die Verwirkung des Entziehungsrechts durch jahrelanges Dulden ist denkbar, wenn spätere Geltendmachung als gemeinschaftsschädlich und anstößig erscheinen muss; sonst gilt die normale Verjährungsfrist (3 Jahre), nicht die 30-jährige des § 197 oder 10-jährige des § 196 BGB.

II. Voraussetzungen

5 **1. Generalklausel des Abs. 1 Satz 1.** Fortsetzung des bestehenden Zustandes muss nach Treu und Glauben als unzumutbar erscheinen. Verschulden ist nicht entscheidend, wenngleich Gesetz von „schuldig gemacht" spricht (LG Tübingen, ZMR 95, 179 = NJW-RR 95, 650). Dabei ist die **Schwere** der Pflichtverletzung zu gewichten (BVerfG, NJW 94, 241). Da das Veräußerungsverlangen nach § 18 schwerstes und darum letztes Mittel, er gehört zu den schwersten aller möglichen Eingriffe in das Eigentum (BVerfG, NJW 94, 241), muss bei einem Streit über Rechte und Pflichten eines WEers erst eine Klärung in einem Verfahren vor dem Gericht nach § 43 Nr. 1 versucht werden (AG München, ZMR 61, 304; LG Stuttgart, NJW-RR 97, 589).

6 Nach besonderer Lage und gesamten Umständen darf ersprießliches Zusammenarbeiten nicht mehr möglich und die Fortsetzung der Gemeinschaft vernünftigerweise nicht mehr zumutbar sein (LG Passau, Rpfleger 84, 412 m. Anm. *Gerauer*). Ein Zerwürfnis zwischen **einzelnen** WEern kann genügen, wenn dadurch der gesamte Hausfriede gestört ist (*Hogenschurz,* NZM 2005, 612). Ebenso ist es ausreichend, wenn aus der Wohnung eines psychisch kranken WEers ständig andauernde, stechend-beißende Fäkalgerüche kommen und eine Änderung dieses Zustandes auch auf absehbare Zeit nicht zu erwarten ist (LG Tübingen, ZMR 95, 179 = NJW-RR 95, 650).

Entziehung des Wohnungseigentums 7–9 § 18

Bei Nichterfüllung der Lasten- und Kostentragung kann es **nicht** auf **Verschulden** ankommen. Auch dabei ist ein Verschulden i. S. einer persönlichen Vorwerfbarkeit bzw. Zurechenbarkeit nicht Voraussetzung (LG Tübingen, a. a. O.; *Hogenschurz,* NZM 2005, 612).

Die Verletzung obliegender Verpflichtungen muss eine schwere sein. Ist ein WEer zugleich **Verwalter,** kann unredliches Verhalten als solches zur Entziehung führen (a. A. LG Berlin, DerWEer 95, 968).

Dazu gehören Handlungen, die das Ansehen der Gemeinschaft 7 nach außen herabsetzen oder den Gemeinschaftsfrieden und das Vertrauensverhältnis stören, auch Schmähungen eines Gemeinschafters gegenüber Dritten, dauernde Misstrauensbezeugungen, Beleidigungen und Tätlichkeiten, dauernde Ehrverletzungen (LG Stuttgart, NJW-RR 97, 589). Auch die Störung des Gemeinschaftsfriedens durch ständige Prozesse, Anzeigen, Intrigen, Einschüchterungen, falsche Behauptungen usw. können Entziehungsgrund sein. Die Analogie zum Gesellschaftsrecht aber auch zum Mietrecht ist möglich.

Schwer pflichtwidriges Verhalten muss sich nicht gegen WEer richten. Es kann auch gegen **Dritte,** Mieter und Angehörige, gerichtet sein.

2. Recht der Gemeinschaft (Satz 2). Der neu eingefügte 8 Satz 2 dient einerseits der **Klarstellung,** dass gemäß § 10 Abs. 6 S. 3 auch das Recht nach S. 1 der **Gemeinschaft** als solcher zusteht. Zum Anderen ist im Hs. 2 eine Einschränkung der Ausübungsbefugnis im Falle von **Zweiergemeinschaften** enthalten. Da in solchen Gemeinschaften bei Geltung des gesetzlichen Kopfprinzips keine Mehrheitsbeschlüsse gefasst werden können (§ 25 Abs. 2 S. 1), ist jeder WEer zur Geltendmachung der Entziehung befugt (BT-Drs. 16/887 S. 69).

3. Art der Verletzung. Schwere Pflichtverletzung. § 543 BGB 9 für Mietverträge kann zur Auslegung herangezogen werden.

Sind **mehrere** Berechtigte an einem WE vorhanden von denen nur **einer** den TB des § 18 erfüllt, ist u. U. ein Veräußerungsverlangen gegenüber allen begründet, wenn sie nicht gegen den Störer einschreiten (LG Köln, ZMR 2002, 227). Dies gilt umso mehr im Falle gesamthänderischer Berechtigung am WE *(Palandt/Bassenge,* § 12 Rz. 1). § 18 kommt auch in Betracht, wenn der WEer die nach § 14 Nr. 2 für Angehörige des Hausstands und Betriebes obliegende Verantwortung verletzt, etwa auch für **Mieter** (LG Augsburg ZMR 2005, 230; *Hogenschurz,* NZM 2005, 612 f.; s. vergleichsweise ehem. § 49 des saarländischen Gesetzes).

§ 18 10, 11   I. Teil. Wohnungseigentum

10   **4. Sondertatbestände des Abs. 2. a) Nr. 1: Verstöße** gegen § 14, gegen jeden der dort aufgeführten Tatbestände, wiederholt gröbliche Verletzung. Die Frage der Zumutbarkeit der Störung ist streng zu prüfen. In Abs. 2 handelt es sich nicht um eine abschließende Spezialregelung (BayObLG, NJW-RR 92, 787 L.). Im allg. müssen „wiederholt" drei grobe Verstöße vorausgehen. Diese müssen nicht alle derselben Kategorie angehören. Eine **Abmahnung**, im Allgemeinen durch den Verwalter, aber auch durch die WEer, auch einen Einzelnen, muss vorausgegangen sein (BGH, NJW 2007, 1353 = NZM 2007, 290). Diese muss nach dem ersten Verstoß ausgesprochen sein. Unzulässig ist, auf einen WEer dadurch Druck auszuüben, dass ihm, um die **serienhafte Anfechtung** von Beschlüssen zu unterlassen, für den Zuwiderhandlungsfall eine **Abmahnung** mit der **Androhung** der Entziehung des WEs in Aussicht gestellt wird (OLG Köln, NZM 2004, 260). Ein Entziehungsbeschluss ohne die erforderliche **vorherige** Abmahnung kann in eine Abmahnung umgedeutet werden (BGH, NZM 2007, 290).

Erfolgt die Abmahnung durch den **Verwalter** ist ein Antrag auf Feststellung der Ungültigkeit und Rechtswidrigkeit nicht zulässig (BayObLG, NZM 2004, 383; *Hogenschurz,* NZM 2005, 613), sondern bei einem entspr. **Beschluss** der WEer (BayObLG, NJW-RR 96, 12). Haftung für Erfüllungsgehilfen (BayObLG, MDR 70, 586; s. a. o. § 14 Rz. 12 f.).

11   **b) Nr. 2: Zahlungsverzug,** der gutes Funktionieren der WEer-Gemeinschaft stört. Verschulden ist nicht vorausgesetzt, § 276 Abs. 1 S. 1 BGB. Verzugsbetrag und Verzugsdauer sind, wegen Verzugs mit Beträgen von **mehr** als **3%** des **Einheitswertes** des betr. WEs, entgegenkommend gehalten, etwa einer Vierteljahresmiete entsprechend (zu den Gründen für die Regelung s. BGH, NJW 2009, 1888; vgl. das Beispiel in AG Mülheim/Ruhr (DerWEer 86, 92). Außerdem können die Folgen des Urteils noch bis zur Erteilung des Zuschlags nach den Vorschriften des ZVG (s. § 19 Rz. 12 ff.) abgewendet werden durch Bezahlung der Rückstände. Mehrheit der WEer entscheidet immer noch darüber, ob von dem Urteil zum Zwecke der Vollstreckung durch Zwangsversteigerung Gebrauch gemacht werden soll.

Verzug muss im Zeitpunkt der Letzten mündlichen Verhandlung nach § 19 noch bestehen. Neben der Sanktion nach Abs. 2 Nr. 2 sind weitere Sanktionen möglich, z. B. **Ausschluss** von der Belieferung mit Wasser und Heizenergie, da es sich nicht um eine abschließende Regelung handelt (BayObLG, NJW-RR 92, 787/LS; s. o.

Entziehung des Wohnungseigentums 12 § 18

§ 16 Rz. 39 zu den Einschränkungen; AG Peine, WE 2000, 8). Auch fortlaufend **unpünktliche Zahlung** von Wohngeld und anderen Zahlungsansprüchen kann den übrigen WEern die Fortsetzung der Gemeinschaft mit dem säumigen WEer unzumutbar machen (BGH, NJW 2007, 1353 = NZM 2007, 290).

Bei einer Entziehung aus diesem Grund ist ebenfalls eine **Abmahnung** durch Beschluss der Gemeinschaft erforderlich. Dabei kann von einer Abmahnung nur abgesehen werden, wenn sie den anderen WEern unzumutbar ist oder keinen Erfolg verspricht (BGH a. a. O.).

In Nr. 2 wurde durch Art. 9 d. G. zur Reform des Kontopfändungsschutzes v. 7. 7. 2009 (BGBl. I S. 1707) der neue **Hs 2** angefügt. Er erleichtert die für das Entziehungsverfahren im Rahmen der Nr. 2 notwendige Information. Da die AbgabenO einer Mitteilung des Einheitswerts entgegenstand, wird durch die Ergänzung der Nr. 2 für eine sichere Berechnung des Betrages von 3% des Einheitswerts gesorgt, mit dem sich der WEer in Verzug befinden muss. In einer Zweiergemeinschaft steht das Auskunftsrecht dem anderen WEer zu.

5. Beschlussfassung (Abs. 3) durch Mehrheitsentscheidung. 12 Neben diesem Veräußerungsverlangen trifft die sachliche Entscheidung das Gericht. Mehrheit von mehr als der Hälfte der stimmberechtigten WEer (absolute Mehrheit: KG, NJW-RR 92, 1298) nach Maßgabe der ihnen zustehenden Stimmen. Abs. 3 weicht von § 25 hinsichtlich der Beschlussfähigkeit ab (OLG Rostock, NZM 2009, 489). Es ist also eine Mehrheit **nach Köpfen** erforderlich (ebenda). Der betroffene WEer stimmt nicht mit. Ist in der GemO für die Verwaltung des GemEs das Stimmrecht nach Köpfen **abbedungen** und durch das Stimmrecht nach der Größe des MEanteils ersetzt, gilt diese Regelung grundsätzlich nicht für die Beschlussfassung über die Entziehung des WEs (BayObLGZ 99, 176 = NZM 99, 868). Dazu bedürfte es einer entspr. Vereinbarung (OLG Rostock, a. a. O.; BayObLGZ 99, 176 = NJW-RR 2000, 17).

Bei einer **Mehrhausanlage** berechnet sich die Mehrheit nach der Zahl aller WEer. Bei einer **Zweiergemeinschaft** ist ein Beschluss entbehrlich, wie Abs. 1 S. 2 ausdrücklich bestätigt (so schon LG Köln, ZMR 2002, 227; *Hogenschurz*, NZM 2005, 612). Bei Mitberechtigung am WE zählen diese als **ein** WEer.

Zunächst erfolgt also Einberufung der Versammlung, dann Beschluss, dann der Antrag auf gerichtliches Urteil nach § 19. Für eine Beschlussfassung betreffend die Entziehung des WEs genügt in der

Ladung die Angabe „Abmeierungsklage" (KG, NJW-RR 96, 526; zur Androhung der Abmeierungsklage s. OLG Hamburg, ZMR 2003, 596).

13 Die Beschlussfassung kann nicht durch Verlagerung der Entscheidungsbefugnis auf eine oder mehrere bestimmte WEer oder den Verwalter oder einen Dritten (z. B. Gläubiger) ausgeschaltet werden; dies widerspräche Abs. 4. Qualifizierte Mehrheit für Beschluss oder Allstimmigkeit kann nicht vereinbart werden (a. A. *Palandt/Bassenge,* § 18 Rz. 5; *Weitnauer/Lüke,* § 18 Rz. 12 u. OLG Celle, DNotZ 55, 325).

14 Zuständig für das **Anfechtungs**verfahren ist das Prozessgericht nach § 43 Nr. 4. Beim Streit über die Wirksamkeit eines **Entziehungsbeschlusses** hat das Gericht zunächst aber **nicht** zu prüfen, ob der Entziehungsanspruch **materiell** besteht oder nicht, sondern nur, ob **formelle** Mängel vorliegen (OLG Frankfurt a. M., Der-WEer 84, 62; BayObLG, NJW-RR 96, 12; BayObLGZ 99, 66). Dies ist dann Sache des Zivilgerichts, vor dem der Anspruch **auf Entziehung** geltend zu machen ist (*Bärmann/Pick,* § 18 Rz. 46). Die Entziehungs(Veräußerungs)klage ist vor dem nach §§ 43 Nr. 1, 23 Nr. 2 c zuständigen Gericht geltend zu machen.

Es ist aber unbestritten, dass die WEer einen **weiten Beurteilungsspielraum** darüber haben, ob sie einen MEer durch Prozess zur Veräußerung seines WEs zwingen wollen (KG, WuM 96, 299 = FGPrax 96, 94). Aus diesem Grund ist die **Ablehnung** eines entsprechenden Veräußerungsverlangens seitens der WEer gerichtlich auch nur dahin überprüfbar, ob diese Verweigerung außerhalb des Beurteilungsspielraumes liegt und damit Grundsätzen ordnungsgemäßer Verwaltung widerspricht (KG, a. a. O.; OLG Hamburg, ZMR 2003, 596). Der Beschluss selbst ist kein Entziehungsurteil. Er ersetzt dieses mangels Zuständigkeit nicht (AG Duisburg, NZM 2007, 296).

15 6. **Verwirkung.** Wie bei der Geltendmachung jedes Anspruchs ist Verwirkung möglich bei Verzögerung der Geltendmachung des Rechtes auf Entziehung.

III. Die Entziehungsklage

16 Beschluss nach Abs. 3 ist Prozessvoraussetzung für das Veräußerungsverfahren (BayObLG 99, 66). Statt Zuständigkeit des Prozessgerichts ist auch ein Schiedsgericht vereinbar (BayObLGZ 73, 1). Das Prozessgericht prüft den Beschluss nur hinsichtlich des Aspektes der Nichtigkeit. Im Übrigen prüft es die materiellen Voraussetzungen nach Abs. 2. Insofern besteht ein Nachprüfungsrecht hinsicht-

Entziehung des Wohnungseigentums 17–20 § 18

lich des Inhalts des Mehrheitsbeschlusses der Entziehung (s. a. KG, BB 67, 1270 = NJW 67, 2268).

Für die Klageerhebung ist gemäß Abs. 1 S. 2 ausschließlich die 17 Gemeinschaft zuständig. Sie kann dazu **einen** WEer ermächtigen. Der Verwalter ist zwar verpflichtet, Beschlüsse durchzuführen, aber nicht zur Vertretung vor Gericht ohne besondere Vollmacht ermächtigt. Bevollmächtigung durch Beschluss oder Vereinbarung ist zulässig (OLG Zweibrücken, DerWEer 87, 137). Grundsätzlich enthält das mit absoluter Mehrheit beschlossene Veräußerungsverlangen gem. § 18 Abs. 1 und Abs. 3 WEG regelmäßig die **Ermächtigung** zur **Mandatserteilung** für die Entziehungsklage gegen den Störer (KG, NJW-RR 92, 1298). Jeder WEer hat einen Anspruch, dass übrige WEer an der Durchführung der Beschlüsse mitwirken, sonst Verfahren vor dem Gericht nach § 43 Nr. 1. Ein **einzelner** WEer kann die Klage nur erheben, wenn sie erforderlich wäre zur Abwendung eines dem gemeinschaftlichen Eigentum unmittelbar drohenden Schadens (§ 21 Abs. 2). Bei einer **Zweiergemeinschaft** ist der Einzelne klagebefugt.

Der **Antrag** auf Versteigerung nach Vorliegen des Entziehungs- 18 urteils kann von jedem WEer gestellt werden (s. aber unten § 19 Rz. 9). Tat dies der Verwalter, dann ist auch dieser antragsberechtigt.

Der Klageantrag geht auf Veräußerung des WEs schlechthin, 19 nicht an eine bestimmte Person.

Eine **Räumungsfrist** sieht § 18 WEG weder unmittelbar vor, noch wäre eine analoge Anwendung mietrechtlicher Normen mit dem Sinn und Zweck einer Entziehungsklage vereinbar (LG Tübingen, ZMR 95, 179 = NJW-RR 95, 650).

Die **Kosten** des Verfahrens sind nach §§ 91 ff. ZPO zu ermitteln. Ggfs. fallen sie der Gemeinschaft als Verwaltungskosten zur Last. Zur Frage der **anteiligen** Haftung für die Kosten nach § 16 Abs. 7 und ihrer möglichen Korrektur s. § 16 Rz. 92. Ist eine Anfechtungsklage des Betroffenen erfolgreich, weil der **Verwalter** den Beschluss ungenau abgefasst hat oder lässt er einen rechtlich nicht umsetzbaren Beschluss fassen, sind von ihm alle Kosten des Verfahrens zu tragen (AG Duisburg, NZM 2007, 296).

IV. Grenzen der Abdingbarkeit (Abs. 4)

Die Entziehung aus Gründen der Generalklausel nach **Abs. 1** ist 20 grundsätzlich **unabdingbar**. Er kann auch nicht durch Enumeration von Gründen eingeengt werden. Dagegen kann er **erweitert** werden. **Modifizierung** der Voraussetzungen ist nach **Abs. 2** möglich. Allerdings sind sie nicht einschränkbar oder gar auszuschließen. Erweiternde Vereinbarungen sind unbenommen (OLG Düsseldorf, NJW-RR 2001, 231; dazu BGH, ZfIR 2002, 275), z. B. wenn sie eine Erleichterung des Mehrheitserfordernisses vorsehen (OLG Hamm, NZM 2004, 621 = NJW-RR 2004, 1380: Mehrheit nach MEsanteilen). Einschränkungen der Entziehungsgründe auf Beeinträchtigung eines engeren Kreises der WEer ist nicht zulässig. **Abs. 3** ist unabdingbar. Auch eine qualifizierte Mehrheit kann nicht vereinbart werden (a. A. *Palandt/Bassenge,* § 18 Rz. 8; OLG Celle, DNotZ 55, 323; offengelassen für die Modifizierung des Stimmrechts in Abs. 3 von BayObLGZ 99, 176 = NZM 99, 868).

21 Die Vereinbarung von Ankaufsrechten bei Entziehung, Erstreckung eines Vorkaufsrechts oder einer Veräußerungsbeschränkung nach § 12 auf die Entziehung sind möglich. Nicht dagegen das Ruhen des Stimmrechts im Falle eines Beschlusses nach Abs. 3 für sonstige Angelegenheiten (KG, DerWEer 86, 121).

V. Sittenwidrige Vereitelung

22 Denkbar zum Beispiel durch übermäßige Belastung des WEs. Eine einstweilige Verfügung zur Sperre weiterer Belastungen kann in Frage kommen. Eine Vorbeugung gegen späteren Rückerwerb ist, abgesehen von § 12, nicht vorgesehen.

VI. Rücktrittsrecht

23 Vor dem dinglichen Erwerb des Käufers gelten die allg. Vorschriften des BGB zwischen Veräußerer und Erwerber. Damit ist an Stelle des § 18 ein Rücktrittsrecht möglich (BGH, MDR 72, 853 = DB 72, 1669 = BB 72, 1031 = NJW 72, 1667).

VII. Geschäftswert

24 Beim Streit über die Wirksamkeit eines Entziehungsbeschlusses nach Abs. 3 orientiert sich der Geschäftswert am Verkehrswert der EW (OLG Frankfurt a. M., DerWEer 84, 62; LG Hamburg, WuM 98, 374). Der Geschäftswert für die dem Entziehungsbeschluss vorausgehende **Abmahnung** ist mit einem Bruchteil des Geschäftswertes betreffend den Entziehungsbeschluss anzusetzen (hier: $1/3$ von 20% des Verkehrswertes der Wohnung; LG Bremen, Beschluss v. 29. 6. 1999 – 2 T 294/99 b = WuM 99, 598). Im Übrigen ist § 49 zu beachten (s. dort).

§ 19 Wirkung des Urteils

(1) ¹Das Urteil, durch das ein Wohnungseigentümer zur Veräußerung seines Wohnungseigentums verurteilt wird, berechtigt jeden Miteigentümer zur Zwangsvollstreckung entsprechend den Vorschriften des Ersten Abschnitts des Gesetzes über die Zwangsversteigerung und die Zwangsverwaltung. ²Die Ausübung dieses Rechts steht der Gemeinschaft der Wohnungseigentümer zu, soweit es sich nicht um eine Gemeinschaft handelt, die nur aus zwei Wohnungseigentümern besteht.

(2) Der Wohnungseigentümer kann im Falle des § 18 Abs. 2 Nr. 2 bis zur Erteilung des Zuschlags die in Absatz 1 bezeichnete Wirkung des Urteils dadurch abwenden, daß er die Verpflichtungen, wegen deren Nichterfüllung er verurteilt ist, einschließlich der Verpflichtung zum Ersatz der durch den Rechtsstreit und das Versteigerungsverfahren entstandenen Kosten sowie die fälligen weiteren Verpflichtungen zur Lasten- und Kostentragung erfüllt.

(3) Ein gerichtlicher oder vor einer Gütestelle geschlossener Vergleich, durch den sich der Wohnungseigentümer zur Veräußerung seines Wohnungseigentums verpflichtet, steht dem in Absatz 1 bezeichneten Urteil gleich.

Übersicht

	Rz.
I. Verfahrensart	1
1. Die Notwendigkeit der Erleichterung des Ausscheidens	1
2. Versteigerung	2
3. Die Zuschlagswirkung im Sinne von § 90 ZVG	3
4. Der Eigentumsübergang	3
5. Klagebefugnis (auf Räumung)	4
6. Rechtsnatur des Urteils	5
7. Zuständigkeit	5
8. Streitwert	6
II. Inhalt und Wirkung des Urteils (Abs. 1)	7
1. Das Urteil	8
2. Vormundschaftsgerichtliche Genehmigung und andere Genehmigungen	10
3. Vorbeugung gegen Vereitlung	11
III. Abwendung bei Zahlungsverzug (Abs. 2)	12
IV. Verwirkung	15
V. Vergleich (Abs. 3)	16

§ 19 1–6 I. Teil. Wohnungseigentum

I. Verfahrensart

1 1. **Wegen der Notwendigkeit der Erleichterung des Ausscheidens** besteht kein gesetzliches Vor- oder Ankaufsrecht der übrigen WEer.

2 2. **Versteigerung.** Das Entziehungsurteil, das den WEer zur Veräußerung seines WEs verurteilt, ist ein zur **Zwangsversteigerung** nach dem GVG geeigneter Titel. Nach § 23 ZVG hat die Beschlagnahme ein Veräußerungsverbot zur Folge. Eine **freiwillige** Veräußerung ist dann möglich, wenn die betreibende Gemeinschaft der Veräußerung zustimmt und das Zwangsversteigerungsverfahren aufheben lässt.

3 3. **Die Zuschlagswirkung im Sinne von § 90 ZVG.** Es gelten die Vorschriften des ZVG über die Wirkung des Zuschlags.

4. Der *Eigentumsübergang* erfolgt erst mit Eintragung.

4 5. **Klagebefugnis (auf Räumung).** Stellt der Ersteher keinen Antrag auf Vollzug, würde der alte WEer in der Gemeinschaft verbleiben (*Friese,* NJW 51, 510). Es ist daher anzunehmen, dass die anderen WEer das Recht haben, den durch die Versteigerung zustandegekommenen Erwerb durch eigenen **Antrag** zum grundbuchmäßigen Vollzug zu bringen. Der Erwerber kann aber den Vollzug durch Nichtzahlung der Grunderwerbsteuer aufhalten. Verweigert der Ersteher die Ausübung des Rechts, kann er entspr. § 18 auf Veräußerung der durch den Zuschlag erworbenen Rechtsstellung verklagt werden (str). Es besteht auch das Recht der Gemeinschaft der WEer, die Besitzaufgabe des durch die Entziehung Betroffenen zu verlangen.

5 6. **Rechtsnatur des Urteils.** Das Urteil ist Grundlage (Titel) für die Zwangsvollstreckung. Es ist keine Vollstreckungsklausel nötig, auch eine Zustellung entfällt. Der Betroffene kann durch Zahlung der Rückstände die Vollstreckung abwenden (s. Rz. 12 ff.).

7. **Zuständigkeit.** Örtlich zuständig ist das Gericht nach § 43 Nr. 2.

6 8. **Streitwert.** Nach § 12 Abs. 1 GKG i. V. m. § 3 ZPO entsprechend dem Interesse der Gemeinschaft an dem Eigentumswechsel i. d. Regel der **Verkehrswert** der zu veräußernden Wohnung (LG München I, Rpfleger 70, 93; LG Stuttgart, AnwBl. 72, 232; OLG Karlsruhe, Rpfleger 80, 308: Belastungen bleiben außer Betracht) bzw. Teileigentums (BGH, NZM 2006, 873).

II. Inhalt und Wirkung des Urteils (Abs. 1)

1. Die Vollstreckung erfolgt nach **Satz 1** gemäß den Vorschriften des Ersten Abschnitts des GVG. Das **Entziehungsurteil** wird im Allg. aus Rangklasse 5 vollstreckt (§ 10 Abs. 1 Nr. 5 ZVG). Beruht der Entziehungsanspruch auf rückständigen Zahlungen gemäß § 18 Abs. 2 Nr. 2, können die WEer aus der Rangklasse 2 vorgehen.

2. Das Urteil eröffnet das Zwangsversteigerungsverfahren nach den allg. Vorschriften. Z.B. können weitere Gläubiger wegen Geldforderungen dem Verfahren nach § 27 ZVG beitreten. Es gelten auch die Vorschriften zum Verhältnis von Mietern/Pächtern und dem Ersteher nach §§ 57 ff. ZVG. Sein Sonderkündigungsrecht ist nicht ausgeschlossen entspr. § 183 ZVG.

Die Vollstreckung auf Räumung und Herausgabe erfolgt nur **zugunsten** des Erstehers.

3. Satz 2 enthält ähnlich wie in § 18 Abs. 1 S. 2 eine Klarstellung, dass die Zwangsvollstreckung aus einem Urteil nach § 19 Abs. 1 von der **Gemeinschaft** ausgeübt wird und nicht von der Gesamtheit der Wohnungseigentümer (BT-Drs. 16/3843 S. 49).

Bei **Zweiergemeinschaften** ist hingegen jeder WEer zur Zwangsvollstreckung berechtigt, d.h. der klagende WEer.

Der unglücklich formulierte Satz 2 soll das **Vorrecht** der Gemeinschaft vor dem subsidiären Recht des einzelnen WEers offensichtlich festhalten. Danach kann die Gemeinschaft jederzeit die Befugnis zur Zwangsvollstreckung an sich ziehen und dadurch dem WEer die Befugnis entziehen.

Eine Räumungsvollstreckung findet statt auf Grund Urteilsausfertigung nach Nachweis der Umschreibung im Grundbuch.

2. Vormundschaftsgerichtliche Genehmigung und andere Genehmigungen wie bei Kaufvertrag. Sie werden durch das Urteil **nicht** ersetzt. Genehmigung nach § 12 ist im allg. nicht in dem Beschluss der Entziehung enthalten. Der Ersteher muss die Zustimmung der Gemeinschaft einholen.

3. Vorbeugung gegen Vereitlung (s. § 18 Rz. 21). Erwirkung einer einstweiligen Verfügung während des Entziehungsverfahrens. Im Übrigen hat die Beschlagnahme auch im Entziehungsverfahren die Wirkung eines Veräußerungsverbots (§ 23 ZVG).

III. Abwendung bei Zahlungsverzug (Abs. 2)

Durch Zahlung bis zum Zuschlag. Zahlt der betr. WEer vor der Letzten mündlichen Verhandlung, ist die Klage als unbegründet abzuweisen. Bei Zahlung vor Rechtshängigkeit ist Erledigung in der Hauptsache die Folge. Bei neuen Gründen ist ein neues Urteil notwendig, wie auch ein neuer Beschluss. Sonst ist keine Abwendung möglich.

13 Die Einstellung des Versteigerungsverfahrens kann auch nach § 769 Abs. 2 ZPO unter Fristsetzung erfolgen.

Der Betroffene hat das Recht aus § 767 ZPO (Vollstreckungsgegenklage), wenn er **nach** der Letzten mündlichen Verhandlung, aber vor dem Zuschlag gezahlt hat; auch § 771 ZPO ist anwendbar.

14 Die Möglichkeit, wegen Zahlungsrückständen die Zwangsversteigerung bis zum Zuschlag abzuwenden, besteht im Falle des Beitritts weiterer Gläubiger nach § 27 ZVG zum Verfahren nur, soweit er alle Gläubiger befriedigt.

Mit dem Zuschlag in der Versteigerung verliert der WEer sein WE. Bis dahin ist er Eigentümer und hat Kostenbeiträge nach § 16 zu leisten. Sein Stimmrecht ruht, wenn er nach § 18 rechtskräftig verurteilt ist (§ 25 Abs. 5; zur früheren Rechtslage s. KG, FGPrax 2004, 91).

IV. Verwirkung

15 Verwirkung wegen unzulässiger Rechtsausübung:
Sittenwidrigkeit einer formalberechtigten Vollstreckung aus §§ 242, 226, 826 BGB.

V. Vergleich (Abs. 3)

16 Gerichtliche oder Gütestellenvergleiche ersetzen ein Urteil (§ 19 Abs. 3). Hier ist auf ehem. § 47 saarländisches WEG hinzuweisen.

Ein Ersteher, der sich weigert, aus dem Zuschlag zu vollstrecken, kann seinerseits der Entziehung unterstellt werden. Ggfs. ist ein Vorkaufsrecht ausübbar; § 12 betrifft auch die Versteigerung gemäß § 18 (*Bärmann/Pick,* § 18 Rz. 52).

3. Abschnitt. Verwaltung

Vorbemerkung zu § 20

Übersicht

	Rz.
I. Allgemeines	1
II. Einzelheiten	2
1. Begriff der Verwaltung	5

Vorbemerkung zu § 20 1–5 **Vor § 20**

	Rz.
2. Befugnisse der Vorsammlung	8
3. Mehrheitsprinzip	8
4. Bindung der Minderheiten durch den Mehrheitsbeschluss	9
5. Verwalter als Beauftragter	10
6. Richterliche Nachprüfung	11

I. Allgemeines

Eine vernünftige, sachlich und gewandt geführte Verwaltung 1
bestimmt das Schicksal einer WEer-Gemeinschaft. Die Ausgestaltung der Verwaltung durch die Vereinbarung ist daher sehr wesentlich.

§§ 20 ff. regeln die Verwaltung des „gemeinschaftlichen Eigen- 2
tums"; aber nicht außer Zusammenhang mit den Gegenständen des SEs. Darauf ist das Augenmerk zu richten bei der GemO. Auch die Gläubiger (Kreditinstitute) haben Interesse an ordnungsmäßiger Verwaltung und Erhaltung der SEs-Räume, also an der Ausgestaltung der Verwaltung. Ungewöhnliche Einschränkung der SEs-Rechte (Beschränkungen der Vermietung und Verpachtung sowie der Veräußerung) sind nach Möglichkeit zu vermeiden.

Hauptorgan der Verwaltung ist die WEer-**Versammlung**. Da- 3
neben der **Verwalter**, der nach § 20 Abs. 2 nicht ausgeschlossen werden kann; Mindestaufgaben und -befugnisse sind bestimmt in § 27. Ein **Verwaltungsbeirat** zur Unterstützung des Verwalters nach § 29 ist fakultativ.

Die Anlehnung der §§ 20 ff. an §§ 744 ff. BGB ist evident. Rechte Dritter werden durch die §§ 20–29 nicht begründet (BayObLG, DerWEer 90, 74).

Es besteht **Dispositionsfreiheit** hinsichtlich der Ausgestaltung 4
der Verwaltung, abgesehen von den oben Rz. 7 vor § 10 genannten Fällen. **Kerngeschäfte** der Verwaltung des GemE müssen in der Kompetenz der WEer verbleiben (OLG München, DWE 2009, 29). Der Vertrag mit dem Verwalter darf nicht zu einer Aushöhlung der Verantwortung der Gemeinschaft führen (a. a. O.; OLG Düsseldorf, ZWE 2001, 219; NZM 2006, 936). Die Einschaltung des Verwaltungsbeirats genügt dabei nicht (OLG München, a. a. O.).

II. Einzelheiten

1. **Begriff der Verwaltung.** Sie umfasst die Geschäftsführung 5
im Interesse aller, zum allgemeinen gemeinschaftlichen Besten, sowohl in kaufmännischer, rechtlicher und tatsächlicher Hinsicht

(OLG Köln, Rpfleger 69, 54). Sie ist sowohl auf die Erhaltung des GemEs in seiner umfassenden Funktion gerichtet (OLG Hamm, OLGZ 91, 303) als auch damit zusammenhängende Änderungen (BGHZ 121, 27). Verwaltung steht damit im Gegensatz zum Gebrauch; sie geht über Erhaltung hinaus.

6 **Grenzen** der Verwaltung sind rechtlich: die über die Ordnungsmäßigkeit hinausgehende Verfügung (OLG Braunschweig, OLGZ 66, 571); wirtschaftlich: die wesentliche Veränderung (OLG Braunschweig, a. a. O.).

7 Eine gesetzliche Inhaltsbestimmung fehlt; aus §§ 2038, 2040 BGB ist nichts Maßgebliches zu gewinnen. Mehrheit hat nach § 20 kein Verfügungsrecht über gemeinschaftliche Gegenstände abgesehen von § 22 Abs. 1 Satz 2, § 21 Abs. 2 und 3. Der Verwaltungsbegriff in § 2038 ist dagegen weiter. Er umfasst aus Verfügungsgeschäfte und ggfs. Maßnahmen im Außenverhältnis.

2. Befugnisse der Versammlung. Siehe §§ 23, 25 und § 21 Abs. 4.

8 **3. Mehrheitsprinzip.** Nach § 25 Abs. 2 Satz 1 hat **jeder** WEer **eine** Stimme; Grundsatz des Gesetzes ist also nicht Stimmrecht entspr. Größe des Anteils, wie nach § 745 Abs. 1 Satz 2 BGB. Allerdings ist eine Vereinbarung des Stimmrechts nach **Größe** der **Anteile**, und zwar der MEs-Anteile möglich und ggfs. zweckmäßig (vgl. *Bärmann/Seuß*, S. 205 ff.). Zur Auslegung von Vereinbarungen über die Gewährung von Stimmrechten vgl. BayObLG MDR 65, 334 m. zust. Anm. v. *Diester*. Auch für **Minderheiten** besteht ein Recht auf **Gehör** und zwar in der Versammlung.

9 **4. Bindung der Minderheiten durch den Mehrheitsbeschluss.** Zum Zweck der Bindung ist grundsätzlich eine Versammlung abzuhalten. Ein Quorum kann vereinbart werden. Zum Minderheitenrecht s. §§ 10 Abs. 5, § 24 Abs. 2; unten § 23 Rz. 13 f., § 22 Rz. 13 f.

10 **5. Verwalter als Vertreter/bzw. Organ.** Siehe § 27. Seine Auswahl geschieht ebenfalls durch Mehrheitsbeschluss, sofern er nicht in der Vereinbarung bindend auf Zeit (höchstens 5 Jahre, bei Erstbestellung 3 Jahre) festgelegt ist. Er hat eine treuhänderische Stellung inne (s. § 27 Rz. 16).

11 **6. Richterliche Nachprüfung.** Siehe § 43. Eine Gerichtsentscheidung ersetzt angefochtenen Beschluss. Nach § 21 Abs. 4 kann das Gericht gem. § 43 auch zur Gestaltung angerufen werden.

§ 20 Gliederung der Verwaltung

(1) **Die Verwaltung des gemeinschaftlichen Eigentums obliegt den Wohnungseigentümern nach Maßgabe der §§ 21 bis 25 und dem Verwalter nach Maßgabe der §§ 26 bis 28, im Falle der Bestellung eines Verwaltungsbeirats auch diesem nach Maßgabe des § 29.**

(2) **Die Bestellung eines Verwalters kann nicht ausgeschlossen werden.**

Übersicht

	Rz.
1. Übersicht über die Gliederung der Verwaltung (Abs. 1)	1
2. Keine Juristische Person	3
3. Gleiches Recht aller WEer	4
4. Verwaltung	6
5. Verwalter kann nicht ausgeschlossen werden (Abs. 2)	9

1. Übersicht über die Gliederung der Verwaltung (Abs. 1): 1 Die Vorschrift nennt WEer und Verwalter. WEer (§§ 21–25) und Verwalter (§§ 26–28). Dazu kommt eventuell Verwaltungsbeirat (§ 29). Verwaltung ist Pflicht der WEer (Abs. 1). § 21 Abs. 1 entspricht § 744 Abs. 1 BGB; § 21 Abs. 2 dem § 744 Abs. 2 BGB; § 21 Abs. 3 dem § 745 Abs. 1 Satz 1 BGB. Anders als dessen Satz 2 bestimmt § 25 Abs. 1: Je Kopf eine Stimme. § 21 Abs. 4 entspricht § 745 Abs. 2.

Sonstige Hilfspersonen wie Hausmeister oder Pförtner (ggfs. vom 2 Verwalter nach § 27 Abs. 1 Nr. 2 bestellt), sind nicht Organe der Gemeinschaft; sie sind lediglich Arbeitnehmer der teilrechtsfähigen Gemeinschaft, so verstanden der „Verwaltung". Sie sind nach Maßgabe des Arbeits- und Sozialversicherungsrechts zu behandeln.

2. Die Verwaltung als solche ist keine juristische Person, auch 3 kein Organ im rechtstechnischen Sinne, etwa nach § 31 BGB (zur Frage der Rechtspersönlichkeit der Gemeinschaft s. Rz. 5 vor 10).

3. Gleiches Recht aller WEer. Alle WEer haben das Recht auf 4 eigene Mitwirkung und auf Mitwirkung der anderen (bei Verlangen) zur ordnungsgemäßen Verwaltung (§ 21 Abs. 4 und § 43 Nr. 1).

Für die Teilnahme an der Verwaltung sind zu unterscheiden: 5
– Vornahme von Verwaltungshandlungen durch einen einzelnen, vor allem zur Abwendung eines dem gemeinschaftlichen Eigentum unmittelbar drohenden Schadens (§ 21 Abs. 2).

§ 20 6–9   I. Teil. Wohnungseigentum

– Im Übrigen durch Teilnahme an der Beschlussfassung in der Versammlung (§ 21 Abs. 3). Nur diese Handlungen sind unter gemeinschaftlicher Verwaltung zu verstehen.
– Art und Umfang des Gebäudes sowie Kopfzahl der Gemeinschafter sind ohne Bedeutung für die Verwaltung; die Verpflichtung zur Bestellung eines Verwalters ist immer gegeben (§ 26 Rz. 1).

6   **4. Verwaltung.** Nicht Geschäftsbesorgung, sondern unmittelbares Recht aus der Mitgliedschaft.

Zu verwalten ist das gemeinschaftliche Eigentum: Die **gemeinschaftlichen** Teile; die für den gemeinschaftlichen Gebrauch bestimmten Sachen und Dienste; die gemeinschaftlichen Interessen schlechthin, also die Gesamtheit des Eigentums, seiner Nutzung und des gemeinschaftlichen Vermögens. Auch wesentliche Bestandteile auf Grund einer Dienstbarkeit am Nachbargrundstück gehören hierher (OLG Stuttgart, NJW-RR 90, 659).

7   Verwaltung **umfasst:** Gewöhnliche Erhaltungshandlungen (auch Zahlung von Steuern usw.: s. § 21 Abs. 5), aber auch Ersatzbeschaffungen, Anschaffungen und Veräußerungen im Rahmen des § 21 Abs. 3; juristische Erhaltungshandlungen (Unterbrechung der Verjährung, Registrierung und Eintragung, Klagen gegen verbotene Eigenmacht § 21 Abs. 2), auch gerichtl. Geltendmachung von Mängeln des Gemeinschaftseigentums (a. A. OLG Köln NJW 68, 2063; s. vor allem § 13 Rz. 42 ff., § 27 Rz. 36 ff.); dringende Erhaltungsakte, zu denen auch ein einzelner WEer befugt ist (§ 21 Abs. 2) und normale Erhaltungsakte (Sache des Verwalters).

8   Wird ein Erhaltungsakt von der Mehrheit abgelehnt, ist trotzdem die Anrufung des zuständigen Gerichts nach § 43 Nr. 1 und 4 möglich. Zur Verwaltung zählen Bestellung, Abberufung des Verwalters, Vertragsabschluss, Kündigung usw. (BGH v. 12. 7. 82 – II ZR 130/81). Auch die Einholung von Auskünften und Informationsrechte gehören dazu. Deshalb kann ein WEer z. B. eine **Liste** der WEer verlangen (BayObLG, MDR 84, 850).

Durch Abs. 1 nicht erfasst ist die Verwaltung des **SEs.** Diese steht ausschließlich dem WEer zu (BGH, NJW 2003, 1393). Diese kann nicht durch Beschluss eingeschränkt werden (OLG Düsseldorf, NZM 2001, 238).

9   **5. Verwalter kann nicht ausgeschlossen werden (Abs. 2):** Die Verwalterbestellung kann aber de facto unterbleiben, wenn kein Eigentümer den Antrag auf Bestellung eines Verwalters stellt und nach dessen Ablehnung das Gericht nach § 43 Nr. 1, 4 anruft. Die Verwaltung nach Abs. 2 kann nur einer einzelnen **Person** übertra-

gen werden, bei der es sich um eine juristische Person oder um eine Personengesellschaft des Handelsrechts (OHG, KG), **nicht** aber um eine in anderer Weise insbes. in der Rechtsform der Gesellschaft bürgerlichen Rechts, verbundenen **Mehrheit** von Personen handeln kann (str., wie hier BGH, NJW 2006, 2189; KG, DerWEer 94, 157 = NJW 95, 62 = MDR 94, 1007; LG Darmstadt, Rpfleger 2003, 178; a. A. unter dem Eindruck der Rspr. des BGH zur Rechtsfähigkeit der BGB-Gesellschaft, BGH, NJW 2001, 1056; *Bub,* WE von A–Z, S. 954 f.; *Lautner,* MittBayNot 2001, 425; *Schäfer,* NJW 2006, 2160); auf keinen Fall **mehrere** Personen nebeneinander.

Eine Vereinbarung, durch die das **Verwalterhonorar** der Höhe nach für die Zukunft unabdingbar festgelegt wird, verstößt gegen die unabdingbare Vorschrift des Abs. 2 und soll daher rechtsunwirksam sein (BGH, NJW 2005, 3146; KG, NJW-RR 94, 402 = DerWEer 94, 32 = WuM 94, 36).

Aus der Unterlassung der Verwalterbestellung folgt noch keine Schadensersatzpflicht. Eine Bestellung von Amts wegen durch das Gericht ist nicht möglich. Im Falle des Fehlens eines Verwalters sind alle WEer gemeinsam zum Handeln berechtigt und verpflichtet. Dabei können einzelne bevollmächtigt werden, Maßnahmen für die Gemeinschaft im Rahmen der Verwaltung mit Wirkung für und gegen die Gemeinschaft, ggfs. für alle WEer, zu treffen (BGH, NJW 2005, 3146; KG, NJW-RR 93, 470). 10

Eine langfristige Bindung durch Aufnahme eines bestimmten Verwalters (höchstens auf drei Jahre) ist bereits in der Vereinbarung möglich, auch gegenüber Gläubigern. Wichtiger Grund berechtigt aber immer zur Abberufung (s. § 26 Rz. 8 f.). 11

§ 21 Verwaltung durch die Wohnungseigentümer

(1) **Soweit nicht in diesem Gesetz oder durch Vereinbarung der Wohnungseigentümer etwas anderes bestimmt ist, steht die Verwaltung des gemeinschaftlichen Eigentums den Wohnungseigentümern gemeinschaftlich zu.**

(2) **Jeder Wohnungseigentümer ist berechtigt, ohne Zustimmung der anderen Wohnungseigentümer die Maßnahmen zu treffen, die zur Abwendung eines dem gemeinschaftlichen Eigentum unmittelbar drohenden Schadens notwendig sind.**

(3) **Soweit die Verwaltung des gemeinschaftlichen Eigentums nicht durch Vereinbarung der Wohnungseigentümer**

§ 21 I. Teil. Wohnungseigentum

geregelt ist, können die Wohnungseigentümer eine der Beschaffenheit des gemeinschaftlichen Eigentums entsprechende ordnungsmäßige Verwaltung durch Stimmenmehrheit beschließen.

(4) Jeder Wohnungseigentümer kann eine Verwaltung verlangen, die den Vereinbarungen und Beschlüssen und, soweit solche nicht bestehen, dem Interesse der Gesamtheit der Wohnungseigentümer nach billigem Ermessen entspricht.

(5) Zu einer ordnungsmäßigen, dem Interesse der Gesamtheit der Wohnungseigentümer entsprechenden Verwaltung gehört insbesondere:
1. die Aufstellung einer Hausordnung;
2. die ordnungsmäßige Instandhaltung und Instandsetzung des gemeinschaftlichen Eigentums;
3. die Feuerversicherung des gemeinschaftlichen Eigentums zum Neuwert sowie die angemessene Versicherung der Wohnungseigentümer gegen Haus- und Grundbesitzerhaftpflicht;
4. die Ansammlung einer angemessenen Instandhaltungsrückstellung;
5. die Aufstellung eines Wirtschaftsplans (§ 28);
6. die Duldung aller Maßnahmen, die zur Herstellung einer Fernsprechteilnehmereinrichtung, einer Rundfunkempfangsanlage oder eines Energieversorgungsanschlusses zugunsten eines Wohnungseigentümers erforderlich sind.

(6) Der Wohnungseigentümer, zu dessen Gunsten eine Maßnahme der in Absatz 5 Nr. 6 bezeichneten Art getroffen wird, ist zum Ersatz des hierdurch entstehenden Schadens verpflichtet.

(7) Die Wohnungseigentümer können die Regelung der Art und Weise von Zahlungen, der Fälligkeit und der Folgen des Verzugs sowie der Kosten für eine besondere Nutzung des gemeinschaftlichen Eigentums oder für einen besonderen Verwaltungsaufwand mit Stimmenmehrheit beschließen.

(8) Treffen die Wohnungseigentümer eine nach dem Gesetz erforderliche Maßnahme nicht, so kann an ihrer Stelle das Gericht in einem Rechtsstreit gemäß § 43 nach billigem Ermessen entscheiden, soweit sich die Maßnahme nicht aus dem Gesetz, einer Vereinbarung oder einem Beschluss der Wohnungseigentümer ergibt.

Verwaltung durch die Wohnungseigentümer   1   § 21

Übersicht

Rz.

I. Grundsatz des gemeinschaftlichen Verwaltens (Abs. 1) 1
   1. Begriff und Inhalt der Verwaltung 1
   2. Verhältnis zu §§ 744, 745 BGB 6
   3. Verwaltung ist gemeinschaftlich 7
   4. Abweichungen 9
   5. Haftung für Verwaltungsschulden 10
II. Ausnahmen vom Grundsatz des Abs. 1 12
   1. Recht auf selbstständiges Handeln des Einzelnen (Abs. 2) 12
   2. Mehrheitsbeschluss (Abs. 3) 16
III. Anspruch auf ordnungsmäßige Verwaltung (Abs. 4) 33
IV. Beispiele ordnungsmäßiger Verwaltung (Abs. 5) ... 40
   1. Grundsätzlich 40
   2. Die einzelnen Beispiele 41
      a) Nr. 1 Hausordnung 41
      b) Nr. 2 Instandhaltung und Instandsetzung.... 44
      c) Nr. 3 Versicherung 46
      d) Nr. 4 Rückstellungen für Instandhaltung.... 49
      e) Nr. 5 Wirtschaftsplan 51
      f) Nr. 6 Duldungspflicht 52
      g) Geltendmachung von Mängeln 53
      h) Gemeinschaftliche Geltendmachung von Schadensersatzansprüchen 53
V. Schadensersatzanspruch (Abs. 6) 54
VI. Beschlusskompetenz in besonderen Fällen (Abs. 7) 55
VII. Ermessensentscheidung des Gerichts (Abs. 8) 56

I. Grundsatz der gemeinsamen Verwaltung (Abs. 1)

1. Begriff und Inhalt der Verwaltung. Siehe § 20 Anm. 4. **1** **Verwaltung** umfasst alle Maßnahmen, die im Interesse einer ordnungsmäßigen Verwaltung des WEs notwendig sind und wirtschaftlich nicht wesentliche Änderungen sind. Dazu gehören auch Verfügungen über Gegenstände des GemEs (OLG Hamm, NJW-RR 91, 338) und tatsächliche Handlungen (BGH, NJW 99, 2108). Diese **Verwaltungskompetenz** ist im Kern nicht entziehbar (OLG München, NJW 2008, 3574). Dem Grundsatz der **Autonomie** der WEer entspricht auch, dass sie grundsätzlich jederzeit entweder eine Vereinbarung, oder wenn zugelassen, den Gegenstand der Beschlussfassung (neu) bestimmen können. Dies gilt auch für eine **bereits geregelte Angelegenheit** (BayObLG, DerWEer 85, 60; BGHZ 113, 197 = NJW 91, 979). Wenn auch die WEer grundsätzlich berechtigt sind, über eine schon geregelte Angelegenheit erneut zu beschließen, ist die **grundlose** inhaltsgleiche **Wiederholung** früherer Eigentümerbeschlüsse mit den Grundsätzen ordnungsmäßiger Verwaltung nicht vereinbar (KG, ZMR 95, 44). Ein solcher **Zweitbeschluss** entspricht insbesondere dann ordnungsmäßiger Verwaltung, wenn er dazu dient, einen früheren Beschluss aufzuheben, der im Widerspruch zur Teilungserklärung (Vereinbarung) steht (OLG Frankfurt/M, NZM 2007, 50). Auch ein allstimmig gefasster Eigentümerbeschluss kann durch einen bloßen Mehrheitsbeschluss abgeändert oder aufgehoben werden, wenn er die Verwaltung des gemeinschaftlichen Eigentums betrifft (BayObLG, NJW-RR 92, 403). Ein Beschluss erfordert lediglich eine Mehrheit, wobei Stimmen darüber hinaus daran nichts qualitativ ändern. Es ist eine Auslegungsfrage, ob Vereinbarung oder Beschluss gewollt war. Stellt sich z. B. nach bestandskräftig beschlossener Jahresabrechnung heraus, dass den Heizkosten eine fehlerhafte Erfassung zu Grunde lag, ist die Gemeinschaft nicht gehindert, die Jahresabrechnung im Wege des **Zweitbeschlusses** zu korrigieren (OLG Düsseldorf, NZM 2000, 875). Dies gilt z. B. auch bei **Zweifeln** über die **Bestandskraft** von Beschlüssen über **Sonderumlagen** (KG, NZM 2004, 263). Eine auswahlweise Aufzählung der nötigen Verwaltungshandlungen findet sich in § 21 Abs. 5, allerdings nicht erschöpfend.

2 Fonds der Gemeinschaft, Rücklagen, Rückstellungen, Konten der Gemeinschaft, Einnahmen aus dem gemeinschaftlichen Eigentum werden **Gemeinschaftsvermögen** (§ 10 Abs. 7 S. 1) und untrennbar bis zur Ausschüttung nach Rechnungslegung durch Versammlung. Dies gilt auch für Finanzierungsbeiträge der WEer. Zieht der Verwalter kraft Auftrags und Vollmacht vom Gesamtgläubiger Annuitäten ein, fallen diese bereits mit der Einziehung in das Vermögen des Gläubigers.

3 Die Saldotheorie ist anzuwenden: Erst der Überschuss auf Grund Rechnungslegung und Beschlussfassung zur Verteilung nach § 28 ist frei und pfändbar.

Das **Gebrauchmachen** als solches nach § 15 ist keine Verwaltung (BGH, NJW 2000, 3211).

4 Dagegen gehört die Entscheidung für oder gegen eine **Gebrauchsregelung** im Sinn des § 15 zum Gegenstand der Verwaltung, und zwar sowohl ihre Aufstellung (§ 15 Abs. 1) als auch ihre Überwachung (wohl zu eng BayObLG, Rpfleger 79, 216 = ZMR 79, 211 = BlGBW 80, 74).

5 **Einziehung** und Verwaltung der Früchte (Nutzungen des gemeinschaftlichen Eigentums) sind Aufgabe der allgemeinen Verwaltung durch die WEer; sie muss dem Verwalter besonders übertragen

Verwaltung durch die Wohnungseigentümer 6–8 § 21

werden, i. d. R. nach § 27 Abs. 1 Nr. 1. Daraus folgt aber keine gesonderte Verwaltungsführung i. S. eines eigenen und übertragenen Wirkungskreises des Verwalters. **Vermietung** von GemE an Dritte ist Verwaltung, auch wenn ein Treuhänder z. B. ein Verein, dazwischengeschaltet ist (BayObLG, DerWEer 85, 126/LS); so auch grundsätzlich BGH-ZB 46/99 für den Fall gemeinschaftlicher Kellerräume. Ersatz für die Entziehung von Räumen besteht im Anteil an den Mieteinnahmen. Die **Kündigung** eines gemeinschaftlichen Fahrradabstellraums durch den Verwalter ist ordnungsmäßige Verwaltung, wenn WEer den Raum bestimmungsgemäß nutzen wollen (OLG Frankfurt a. M., DerWEer 87, 28). Die Geltendmachung von Ansprüchen durch die WEer hinsichtlich des Wohngeldanspruchs nach § 16 Abs. 2 (BayObLG, ZMR 80, 383) oder Begründung von **Schadensersatzansprüchen** wegen Verletzung des GemEs (BayObLG, NJW-RR 2003, 587).

2. Verhältnis zu §§ 744, 745 BGB. Vorbild für § 21 Abs. 1 **6** und 2. Dazu Besonderheiten des Abs. 4 und Aufzählung in Abs. 5. Die Regeln der §§ 20 ff. können nicht ohne Weiteres auf einen **Mietpool** angewandt werden (BGH, NZM 2009, 745).

3. Verwaltung ist gemeinschaftlich. Aber **Mehrheitsverwal-** **7** **tung** nach Abs. 3 und 5; s. auch §§ 26, 28, 29. Nach Abs. 4 kann jeder WEer eine Verwaltung verlangen, die den Vereinbarungen und Beschlüssen, und soweit solche nicht bestehen, dem Interesse der Gesamtheit der WEer nach billigem Ermessen entspricht. Gegebenenfalls ist die Anrufung des örtlich zuständigen Gerichts nach § 43 Nr. 1 am Platz. Darüber hinaus gilt der Grundsatz der Einstimmigkeit. Ein genereller **Ausschluss** eines WEers von der Verwaltung ist nicht zulässig, auch nicht im Wege der Vereinbarung (LG München I, Rpfleger 78, 381). Allerdings ist **Verzicht** auf Mitwirkung, auch durch tatsächliches Verhalten, denkbar. Daneben kommt die **Übertragung** einzelner Befugnisse auf Verwalter durch einzelne WEer bezüglich ihres SEs in Betracht. Zum **Auskunftsanspruch** eines WEers gegen einen anderen WEer auf Erteilung der Auskunft über Einnahmen und Ausgaben s. KG, NJW-RR 93, 470 = WuM 93, 142 u. WE 2000, 108. Soweit eine Übertragbarkeit der Befugnisse an einen WEer durch **konkludentes Verhalten** hinsichtlich der Befugnisse zur Mitwirkung bei der gemeinschaftlichen Verwaltung des GemEs zugelassen wird, ist dies bedenklich (KG, WE 2000, 108).

Grundsätzlich ist die **Mitwirkung Dritter** bei der Verwaltung **8** ausgeschlossen, sofern nichts anderes vereinbart ist: Mitbestimmungsrecht bei der Wahl des Verwalters seitens eines Hypothekengläubigers ist nicht möglich (§ 26 Abs. 1). Eine Regelung in der GemO, durch die der Verwalter zur Übertragung der Verwaltung ohne Mitspracherecht der WEer ermächtigt wird, ist nichtig (BayObLG, Wohnung und Haus 80, 101). Zur Herbeiziehung eines **Anwalts** in der Versammlung s. u. Rz. 40.

9 **4. Abweichungen.** § 15 Abs. 2, § 21 Abs. 3, Abs. 5 Nr. 1–6, §§ 26–29. Betonung der Einstimmigkeit i. S. von Allstimmigkeit in § 22 für bauliche Veränderung und Aufwendungen usw. (Grundsatz).

10 **5. Haftung für Verwaltungsschulden.** Für die im Namen der Gemeinschaft durch Verwalter oder andere dazu ermächtigte WEer begründeten Verbindlichkeiten (Verwaltungsschulden) haftet nach § 10 Abs. 6 S. 2 und der neuen Rspr. des BGH nur die Gemeinschaft (der Verband) als solche (NJW 2005, 2061). Die einzelnen WEer haften nur anteilig gemäß § 10 Abs. 8 S. 1 Hs. 1 oder, wenn ein besonderer Verpflichtungsgrund besteht (BGH a. a. O.; s. Einl. Rz. 21). Die früher angenommene gesamtschuldnerische oder anteilige Haftung ist damit nicht die Regel (dazu die 16. Aufl.). Allerdings beziehen sich die Teilrechtsfähigkeit der Gemeinschaft und die damit verknüpfte anteilige Haftung der WEer auf die „gesamte Verwaltung". Dazu gehören wohl nicht z. B. Baumaßnahmen wie die Errichtung eines zweiten Gebäudes in Ws- oder TE (Garage), die im Aufteilungsplan bisher nicht vorgesehen waren. Auch die Rspr. des BGH war bisher nicht einheitlich. Typischer Fall ist die Vergabe von Werkverträgen durch den Verwalter einer Gemeinschaft (BGH v. 8. 4. 2004 – VII ZR 12/03 für die Verpflichtung eines Grundstückseigentümers). Es besteht faktisch eine Beschränkung auf Gemeinschaftsvermögen. Auch eine Minderheit oder Abwesende haften wie die Mehrheit. Auch die **Ausgeschiedene** haftet für die während seiner Zugehörigkeit zur Gemeinschaft begründeten und fälligen Verwaltungsschulden gemäß § 10 Abs. 8 S. 1 Hs. 1 als **Teilschuldner** (nach früherer Ansicht gesamtschuldnerisch: BGH, NJW 81, 282 = Rpfleger 81, 97). Der Verwalter ist grundsätzlich Organ/gesetzlicher Vertreter der Gemeinschaft nach § 27 Abs. 2 und 3, kann aber zusätzlich Beauftragter sein. Macht er Ansprüche der WEer im eigenen Namen gegen einen früheren Verwalter geltend, so haften für die dem Verwalter in diesem Verfahren entstandenen Kosten die WEer nicht nach § 16 Abs. 2 (so noch OLG Hamm, OLGZ 89, 47), sondern nur die **Gemeinschaft.** Da Gemeinschaftsvermögen vorhanden ist, kann aus einem Titel gegen die **Gemeinschaft** auch nur in dieses Gemeinschaftsvermögen vollstreckt werden, analog Gesellschaftsvermögen (§ 736

BGB; *Palandt/Sprau*, § 718 Rz. 6 f.); **nicht** dagegen in das Vermögen der **einzelnen** WEer. Zur Haftung für Herstellungskosten s. § 3 Rz. 28. Verwaltungsschuld ist auch der **Vergütungsanspruch** des Verwalters (BGH, NJW 1980, 2466).

Ist ein **WEer** Gläubiger einer Forderung gegen die Gemeinschaft, **11** kann er aus einem entspr. Titel gegen die Gemeinschaft in das Verwaltungsvermögen vollstrecken.

II. Ausnahmen vom Grundsatz des Abs. 1

1. Recht auf selbstständiges Handeln des einzelnen.

Nach **12** **Abs. 2** ist es noch gegenüber § 744 Abs. 2 BGB eingeschränkt. Soweit die Regelung mit dem Rechtsinstitut des Nachbarrechts in Verbindung wird, welches aus dem gemeinschaftlichen Eigentum (Grundlage § 1 WEG) fließe und dieses könne nur unter den Voraussetzungen des § 21 II WEG vom einzelnen SEer geltend gemacht werden, ist dies zu eng (OVG Münster, NVwZ-RR 92, 11). Wenn nach Abs. 2 ein einzelner WEer nur die zur Abwendung unmittelbar drohender Schäden für das gemeinschaftliche Eigentum notwendigen Maßnahmen ergreifen kann, ist die Frage vom Standpunkt eines verständigen Eigentümers zu beurteilen, auch danach, ob Verwalter und/oder übrige WEer hinzugezogen werden können (BayObLG, ZWE 2002, 129; OLG Oldenburg, DerWEer 88, 64). Eine Maßnahme im Sinne von Abs. 2 liegt z. B. dann vor, wenn ein WEer den über seinem SE gelegenen Teil des Daches reparieren lässt (BGH, NJW 99, 2108 = NZM 99, 562). Eine Maßnahme muss sich im Rahmen ordnungsmäßiger Verwaltung halten und darf keine bauliche Veränderung i. S. des § 22 Abs. 1 darstellen (OLG Oldenburg, a. a. O.). Dann sind selbst **Verfügungshandlungen,** auch Prozessführung zulässig (z. B. ein **Beweissicherungsverfahren** wegen Mängel am GemE) BGH, Rpfleger 80, 14). Dagegen kann ein WEer die Kosten eines selbstständigen **Beweisverfahrens** zur Feststellung von Mängeln am GemE von den WEern **nicht** nach Abs. 2 erstattet verlangen, weil das selbstständige Beweisverfahren nicht der Abwendung eines unmittelbar drohenden Schadens dient (BayObLG, NJWE-MietR 96, 36). Abs. 2 deckt nicht Maßnahmen, die eine dauernde Behebung der Schadensursache zum Gegenstand haben (BayObLG, ZWE 2002, 129). Dagegen liegt im Rahmen des Abs. 2 die Einholung eines **Gutachtens** zur Schadensermittlung (OLG Frankfurt a. M., DerWEer 85, 61/LS = 85, 121).

Am **Ausnahmecharakter** des Abs. 2 von der grundsätzlichen Zuständigkeit der Gemeinschaft zur Geltendmachung gemeinschaftsbezogener Ansprüche ist festzuhalten (BGHZ 121, 22). Dazu bedarf es der Ermächtigung durch die Gemeinschaft (BGH, ZflR 97, 284 für Ansprüche im Rahmen der Verwaltung des GemEs. Dies gilt sowohl für die Geltendmachung von solchen Ansprüchen gegen **Dritte** (BGHZ 121, 22; NJW 93, 727; OLG Düsseldorf, NJW-RR 93, 89) als auch gegen andere **WEer** (OLG Hamm, NZM 98, 921; a. A. BayObLG, NZM 99, 1147). Demnach kann der **einzelne WEer** z. B. Ansprüche auf Zahlung der Lasten- und Kostenbeiträge an die Gemeinschaft nicht uneingeschränkt entspr. § 432 BGB gerichtlich geltend machen (BGHZ 106, 222 = NJW 89, 1091 = WE 89, 94; BGHZ 111, 148; 121, 22; a. A. BayObLGZ 79, 56 = NJW 79, 2214 = Rpfleger 79, 217; DerWEer 83, 30; OLG Karlsruhe WEM 77, 118), da die Gemeinschaft Träger dieser Ansprüche ist, nicht mehr **die** WEer (zur früheren Rechtslage s. BayObLG, ZMR 80, 383; s. im Einzelnen *Merle* in *Bärmann/Pick/Merle*, § 21 Rz. 22; so a. KG, ZMR 84, 100 = DerWEer 84, 29, wenn ein Beschluss nach § 28 Abs. 5 nicht zustande gekommen ist). Dies gilt auch für die Geltendmachung von Schadensersatzansprüchen gegen den **Verwalter** (OLG Celle MDR 70, 679; OLG Celle, DerWEer 88, 102; BGH NJW 89, 1092; a. A. OLG Hamm, DerWEer 88, 100; BayObLG, DerWEer 84, 30 = ZMR 84, 288). **Beseitigt** z. B. ein WEer **Schäden** am **GemE** auf seine Kosten, kann er nicht ohne Ermächtigung durch die WEer einen entspr. Schadensersatzanspruch gegen den Verwalter geltend machen (OLG Köln NZM 2005, 307).

§ 744 Abs. 2 Halbsatz 2 BGB ist nicht in das WEG übernommen. Insofern ist auch ein Anspruch auf Zahlung **voraussichtlicher Kosten** für eine **künftige** Ersatzvornahme einer Reparatur am GemE nicht gegeben (OLG München ZWE 2006, 49).

13 Die Regelung des Abs. 2 schließt Ansprüche eines WEers gegen die übrigen WEer aus **Geschäftsführung ohne Auftrag** oder aus ungerechtfertigter **Bereicherung** nicht aus (OLG Karlsruhe, ZMR 2007, 138; OLG Hamburg, ZMR 2007, 107; OLG Düsseldorf, DWE 2009, 26; BayObLG, NZM 2000, 299; NZM 2002, 1033; OLG Celle, ZWE 2002, 369; OLG Hamburg, ZMR 2004, 137; OLG Schleswig, SchlHA 2004, 214). So kommt eine Anwendung der Vorschriften über **Geschäftsführung ohne Auftrag** z. B. für Maßnahmen in Betracht, die über § 21 Abs. 2 hinausgehen, etwa wenn die Erfüllung im öffentlichen Interesse liegt oder eine gesetzliche Unterhaltungspflicht erfüllt wird (z. B. Wegeverbesserung, Verkehrssicherung). Zahlt ein WEer gemeinschaftliche Schulden, kann er Ausgleich nicht mehr unmittelbar nach § 426 BGB verlangen da sich sein Anspruch gegen die Gemeinschaft richtet (s. § 10 Abs. 7). **Neben** § 21 Abs. 2 sind auch §§ 680 ff. BGB anwendbar, insbesondere auch § 683 (BayObLG, DerWEer 83, 30; OLG Frankfurt a. M., OLGZ 84, 148; OLG Hamm, OLGZ 94, 23). Da eine Vermutung dafür spricht, dass die WEer in einem Fall, der nicht von der Notgeschäftsführung gedeckt ist, **selbst** von ihrem Recht zur Entscheidung Gebrauch machen wollen, entspricht die von einem einzelnen WEer eigenmächtig getroffene **Instandsetzungsmaßnahme,** wenn sie nicht als einzige in Betracht kommt, i. Zw. nicht dem mutmaßlichen Willen der WEer gem. § 677 BGB (BayObLG, NZM 2000, 299).

Wer im Rahmen des § 21 Abs. 2 zulässigerweise handelt, kann **Aufwendungen** als Kosten der Instandhaltung gem. § 16 Abs. 2 verlangen. Er kann damit auch **aufrechnen** (s. o. § 16 Rz. 29). Allerdings ist nur derjenige, der auch die Notgeschäftsführung vorgenommen hat, berechtigt, nicht ein anderer WEer (KG, NJW 95, 719).

Der Anspruch auf Ersatz der vom betr. WEer verauslagten Beträge richtete sich **vor** der WEG-Reform **anteilig** gegen die übrigen WEer (BGH, ZMR 2003, 951; OLG Hamm, OLGZ 94, 23; 134). Nunmehr richtet er sich primär gegen die **Gemeinschaft** (OLG München, NJW-Spezial 2008, 161 = NZM 2008, 215). Er ist dadurch nicht gehindert, später gleichwohl Ersatz der Kosten. Der Anspruch richtet sich in diesem Fall nur auf Einwilligung zur Zahlung des Gesamtbetrags durch den Verwalter aus den Mitteln der **Gemeinschaft** (OLG Hamm, NZM 2004, 952). Dies ist jetzt die Regel.

Ob eine Pflicht zum Handeln im Sinne des § 21 Abs. 2 oder gar des § 679 BGB bestand, ist eine Billigkeitsfrage.

Ein WEer, der eine Maßnahme i. S. Abs. 2 ergreift, läuft u. U. Gefahr **schadensersatzpflichtig** zu werden, z. B. in dem Fall, in dem ein WEer den Teil des Daches hat reparieren lassen, der über seinem SE liegt und dadurch am SE eines anderen WE ein Schaden entstanden ist (BGH, NJW 99, 2108 = NZM 99, 562).

Für Ansprüche des handelnden WEers auf Ersatz seiner Aufwendungen gilt die dreijährige **Verjährungsfrist** des § 195 BGB (OLG Düsseldorf, DWE 2009, 26). Die Einrede der Verjährung unterliegt Treu und Glauben. Der **Verzicht** auf die Einrede kann deshalb ordnungsmäßiger Verwaltung entsprechen (OLG Düsseldorf, a. a. O. = NZM 2009, 362: Erstattung der Kosten der Fenster- und Balkonsanierung in „Eigenregie").

2. Mehrheitsbeschluss. a) Mehrheit nach Abs. 3. Einzelheiten bei § 25 Anm. Rz. 32 f. Die Vorschrift ist nach h. M. **abdingbar** (zweifelnd BayObLG, DerWEer 89, 27). Über die Einschränkung der Anwendung des Mehrheitsbeschlusses s. oben Anm. 12 f. Mehrheitsbeschluss ist **Rechtsgeschäft** (h. M.: *Palandt/Sprau*, Rz. 11 vor § 709), aber Rechtsgeschäft besonderer Art, da Einzelrechtsgeschäfte (Stimmabgaben) zu einem einheitlichen Akt zusammengefasst sind. Keine stillschweigende Stimmabgabe (§ 23 Abs. 3). Beschlüsse sind aus sich heraus – normativ – **auszulegen** (h. M. OLG München, NZM 2009, 548 = DWE 2009, H. 1, III; OLG Hamm, NJW-RR 2008, 1545). Dabei sind auch die beiderseitigen Interessen zu berücksichtigen (BGH, NZM 2009, 547). Umstände außerhalb der Beschlussfassung im Protokoll sind nur ausnahmsweise heranzuziehen (OLG Hamm, NJW-RR 2008, 1545; OLG Frankfurt a. M., NZM 2004, 31; BGHZ 139, 288; BayObLG, NZM 2002, 492; NZM 2004, 261; NZM 2005, 107). Ein Beschluss über eine **konkrete** Maßnahme (z. B. Dachsanierung) enthält keine Beschlussfassung über die **Finanzierung** durch eine Sonderumlage (OLG Hamm, NJW-RR 2008, 1545). Umgekehrt beinhaltet ein Beschluss zu einer Sonderumlage keine Billigung einer bestimmten Maßnahme (ebenda). Er muss ansonsten inhaltlich **klar** und **bestimmt** sein (BayObLG NZM 2005, 107; OLG Düsseldorf, DWE 2009, H. 1 III). Bei Mehrdeutigkeit sind sie anfechtbar (OLG Düsseldorf, a. a. O.). Ein Mehrheitsbeschluss gestaltet nur im **Innenverhältnis**. Der Verwalter kann auch auf Grund Ermächtigung tätig werden, ist nicht nur gesetzlicher Vertreter. Nach § 27 Abs. 1 Nr. 1 ist er zur **Durchführung** von Beschlüssen als berechtigt und verpflichtet anzusehen. Seine Vertretungsbefugnis Dritten gegenüber folgt aus § 27 Abs. 2 Nr. 2 in dringenden Fällen oder auf Grund Ermächtigung nach § 27 Abs. 3 Nr. 7. Ihnen steht Richtlinienkompetenz im Einzelfall z. B. bei der Entscheidung über Vermögensanlage, zu (OLG Celle, NZM 2004, 426). Sie können auch **Verwaltungsrichtlinien** für den Verwalter erlassen (LG Hamburg, MDR 70, 762). Er kann z. B. zum Erwerb von Ws/TE in der eigenen Anlage für die Gemeinschaft ermächtigt werden (OLG Hamm, NZM 2009, 914 = ZWE 2010, 56) oder er kann (auch schon im Verwaltervertrag) ermächtigt werden, selbstständig Reparaturaufträge bis zu einer bestimmten Obergrenze zu vergeben (AG Recklinghausen, NZM 2009, 521). Dies ist insbes. in größeren Gemeinschaften sinnvoll.

17 Grenzen der Wirksamkeit von Beschlüssen ergeben sich aus Gesetz und Vereinbarung. Die **Nichtigkeit** eines Beschlusses folgt bei: Unsittlichkeit (OLG Hamm, NJW 81, 465), Verstoß gegen gesetzliches Verbot (zum ev. Verstoß gegen eine Baumschutzsatzung vgl. BayObLG, DerWEer 85, 61). Auch die Überschreitung der **Zuständigkeit** des Mehrheitsgrundsatzes hat Unwirksamkeit zur Folge, z. B. wenn er über die Verwaltung des GemEs hinaus das SE des einzelnen einbezieht (*Palandt/Bassenge,* § 31 Rz. 4; a. A. die früher h. M. BayObLG, BlGBW 80, 220, s. § 23 Rz. 17).

Der Anspruch nach Abs. 3 ist auf **ordnungsmäßige Verwaltung** entsprechend der Beschaffenheit des GemEs gerichtet. Dies besagt zum einen, dass die Maßnahme aus der Sicht eines vernünftig und wirtschaftlich denkenden Beurteilers dem Interesse **aller** WEer zu folgen hat. Zum anderen ist den WEern ein **Beurteilungsspielraum** zuzubilligen (BayObLG, NJW-RR 2003, 663; NJW-RR 2004, 1455; OLG Hamm NZM 2005, 185), den das Gericht nur hinsichtlich eines Überschreitens zu beanstanden hat. Dabei ist der unbestimmte Rechtsbegriff ordnungsmäßige Verwaltung auszulegen (OLG Hamburg, ZMR 2003, 449).

Im Einzelfall ist unter Abwägung der für und gegen eine Maßnahme sprechenden Umständen gemäß dem Interesse aller WEer zu entscheiden (BayObLG, NZM 2004, 399). So kann sich der Anspruch auf den Einbau von **Rauchwarnmeldern** aus der baulichen Situation ergeben, wobei eine Beschlusskompetenz der WEer besteht, solche zu erweitern bzw. einzubauen (OLG Frankfurt/M, DWE 2009, 63; s. § 22 Rz. 14). Die Frage ist im WEsrecht ggfs. **anders** zu beurteilen als im **öffentlichen Recht** (BrandschutzO), das den Einbau noch nicht vorschreibt (s. VG München, DWE 2009, 21).

Ein **Mehrheitseigentümer** darf sein Stimmrecht grundsätzlich nicht missbrauchen; ein solcher Missbrauch liegt jedoch z. B. dann nicht vor, wenn er sein Stimmenübergewicht einsetzt, um seine Ehefrau zur Verwalterin zu wählen (OLG Saarbrücken, ZMR 98, 50 = WE 98, 69 = WuM 98, 243). Es entspricht i. d. R. ebenfalls nicht ordnungsmäßiger Verwaltung, wenn der Geschäftsführer und die Alleingesellschafterin einer GmbH, die über die Mehrheit der Stimmen verfügen, mit ihrer Stimmenmehrheit gegen den Willen der übrigen WEer die GmbH zur Verwalterin bestellen (BayObLG, WE 97, 115).

Bei Nichtanhörung der **Minderheit** und Mehrheitsbeschluss statt obligatorischer Einstimmigkeit ist der Beschluss ungültig. Das Stimmrecht selbst ist Recht zur Mitwirkung an der Verwaltung.

Eine Mehrheitsbildung ist grundsätzlich nur in der Versammlung möglich, außer wenn das Zirkularbeschlussverfahren in der Vereinbarung vorgesehen ist.

Wird der Antrag nach § 23 Abs. 4 Satz 2 nicht fristgerecht gestellt, gilt der Beschluss weiter, „es sei denn, dass er gegen eine Rechtsvorschrift verstößt, auf deren Einhaltung rechtswirksam nicht verzichtet werden kann" (Näheres bei § 23 Rz. 16).

§ 21 I. Teil. Wohnungseigentum

21 b) Zuständigkeit. Sie ist eingeschränkt auf ordnungsmäßige Verwaltung. Sie schließt also nicht außergewöhnliche Verwaltung, z. B. bauliche Veränderung, ein (zur Abgrenzung s. § 22 Rz. 1 f.). Inwieweit Beschlüsse anspruchbegründend sein können, ist str. (bejahend OLG Köln, NZM 2003, 806; 812/LS = ZMR 2004, 215; OLG Hamburg, ZMR 2003, 447; BayObLG, NZM 2003, 239; verneinend *Wenzel*, NZM 2004, 542). Die Auferlegung von Leistungspflichten besteht (nur) im Rahmen der Verwaltung des GemEs, die durch einen entsprechenden Beschluss konstituiert werden (OLG Köln, NZM 2006, 662). Beschluss als ordnungsmäßige Verwaltung i. S. des Abs. 3 ist das Instrument, der formale **Rahmen** für Gemeinschaftsangelegenheiten. Grundlage für Ansprüche ist das sachenrechtliche Gemeinschaftsverhältnis i. F. von festgelegten Leistungsansprüchen primärer oder sekundärer (z. B. Schadensersatz) Natur. Ob ein Anspruch begründet ist entscheidet in jedem Fall erst das etwaige Verfahren. Der Beschluss, z. B. eine Forderung geltend zu machen, beschränkt sich auf die Verfolgung, ggfs. bis zur Vollstreckung. Ist er bestandskräftig nach § 23 Abs. 4, besagt dies nur etwas über die Rechtsverfolgung, nichts zur Begründetheit. Ein Wohnungseigentümerbeschluss, der innerhalb des Wirtschaftsplanes oder neben diesem zusätzlich zu den **monatlichen** Wohngeldzahlungen eine **einmalige Zahlung** zur Vermeidung von Liquiditätsengpässen vorsieht, verstößt nicht gegen Grundsätze ordnungsmäßiger Verwaltung (KG, NJW-RR 95, 397). Ein Beschluss, der den WEern aufgibt, für jedes WE Einzelzahlungen vorzunehmen, ist wirksam (OLG Düsseldorf, NZM 2001, 540). Ein Beschluss des Inhalts, dass diejenigen WEer eine zusätzliche monatliche Vergütung zahlen müssen, die nicht am **Lastschriftverfahren** teilnehmen, entspricht nicht ordnungsmäßiger Verwaltung. Er ist jedoch nicht nichtig, sondern nur anfechtbar (s. o. § 16 Rz. 27; BayObLG; hier: monatlich 11,50 DM; MDR 96, 143; ebenso AG Brilon, WuM 99, 589). Anderes gilt jetzt nach § 21 Abs. 7 für Zahlungsmodalitäten. Ob dazu auch ein zusätzliches **Verwaltungsgeld** neben dem Beschluss über die Teilnahme an einem Einzugsverfahren gehört, erscheint fraglich. Der WEer kann durch Beschluss dazu angehalten werden, im Weigerungsfall mittels Klage (a. A. OLG Düsseldorf, WuM 99, 477 schon zur früheren Rechtslage). Lediglich durch den Verwaltervertrag kann, wenn diesem nur eine ausdrückliche, inhaltlich übereinstimmende Beschlussfassung der WEer zu Grunde liegt, eine solche Gebühr nicht begründet werden (OLG Hamm, NZM 2000, 505). Ob eine **Darlehensaufnahme** für Maßnahmen der Gemeinschaft zulässig ist, wird zu differenzieren sein. Regelmäßig kann sie nur dann beschlossen werden, wenn sie ordnungsmäßiger Verwaltung entspricht (dazu *Elzer*, NZM 2009, 57; für Einstimmigkeit zur alten Rechtslage *Feuerborn*, ZIP 88, 146). Ein Mehrheitsbeschluss ist nur anfechtbar, nicht nichtig (für Anfechtbarkeit, *Feuerborn*, a. a. O.). Ein Beschluss entspricht den Anforderungen an eine ordnungsmäßige Verwaltung z. B. für die Kreditaufnahme bei kurzfristigem **Finanzbedarf** (KG, NJW-RR 94, 1105) oder für einen **Überziehungskredit,** wenn weder die Ausgaben vermeidbar noch liquide Mittel zur Vermeidung verfügbar waren (KG, DerWEer 85, 126/ LS). Der Zeitraum soll drei Monate nicht überschreiten (BayObLG, NJW-RR 2004, 1602) und der Mittelzufluss darf nicht für Instandsetzungen verwendet werden (BayObLG, NZM 2006, 62). Es empfiehlt sich jedoch, anstelle des Überziehungskredites besser eine einmalige Zahlung der WEer zur Behebung eines Liquiditätsengpasses zu beschließen (vgl. Rz. 49; KG v. 12. 8. 94, a. a. O.). Zur Kreditaufnahme durch den Verwalter zwecks Überbrückung ausgebliebener Wohngeldzahlungen s. KG, NJW-RR 94, 1105; OLG Hamm, NJW-RR 92, 403/LS. Die Stellung von **Sicherheiten** richtet sich nach Art und Umfang eines Kredits im Rahmen ordnungsmäßiger Verwaltung (dazu *Derleder*, ZWE 2010, 10). Auch die Entscheidung über die **Anlage** von Geldern obliegt der Gemeinschaft (OLG Celle, NZM 2004, 426). Die Anlage auf Festgeldkonten, Sparbüchern oder in festverzinslichen Wertpapieren entspricht ordnungsmäßiger Verwaltung, dagegen nicht spekulative Formen (ebenda). Durch Vereinbarung kann der Rahmen der Mehrheitsentscheidung erweitert oder eingeschränkt werden (so auch OLG Braunschweig, OLGZ 66, 571, 573).

Die Gemeinschaft kann nicht im Beschlussweg einer Haus- und Grundeigentümervereinigung beitreten, da die **Mitgliedschaft** nicht zur ordnungsmäßigen Verwaltung gehört (AG Hannover, NZM 2007, 222).

Eine Erstreckung auf **Verfügungshandlung** über das Grundstück und über ein **Nachbargrundstück** (BayObLG, DerWEer 84, 30) liegt außerhalb ordnungsmäßiger Verwaltung. Ebenso ist die **Zustimmung** zur **Bebauung** eines **Nachbargrundstücks** kein Geschäft der laufenden Verwaltung, sondern wegen ihrer weitreichenden Bedeutung eine Angelegenheit, die des einstimmigen Beschlusses bedarf (OLG Köln, FGPrax 95, 191). Dagegen kann der **Erwerb** von **SE** am eigenen Grundstück oder eines anderen **Grundstücks** oder Rechts eine Maßnahme ordnungsmäßiger Verwaltung sein (OLG Celle, DWE 2008, 50). Man wird dabei einen strengen Maßstab anlegen müssen. Denkbar sind der **Erwerb** einer Hausmeisterwohnung oder eines WEs in der Zwangsversteigerung, um Nachteile zu vermeiden (s. OLG Hamm, ZWE 2010, 56 =

NZM 2009, 914; zur Frage des **Bauwichs** und seiner Einhaltung durch den Nachbarn s. § 22 Rz. 8). Kein Mehrheitsbeschluss ist zulässig, der die WEer zur **Kostentragung** hinsichtlich **GemEs** (hier Fenster) bei Instandsetzung und Ersatzbeschaffung verpflichtet (LG Bremen, DerWEer 89, 33; *Wenzel,* ZWE 2001, 226; *Merle,* ZWE 2001, 342). Eine Beschlussfassung über das **SE** ist ohne Zustimmung des Betroffenen (KG, OLGZ 76, 56; *Merle,* a. a. O.) unwirksam. Nach Auffassung des BGH unterliegt der Einbau von **Kaltwasserzählern** im SE und ein Wechsel zur **verbrauchsabhängigen** Erfassung und Abrechnung der **Wasserkosten** mit daran anschließenden Kosten für Abwasser der Verwaltung nach Abs. 3 (NJW 2003, 3476). Dem kann eine Vereinbarung entgegenstehen (*Derleder,* NJW 2004, 3757).

Auch der Einbau eines **Zwischenzählers** zur getrennten Erfassung von Bewässerungskosten ist gemeinschaftliche Angelegenheit mit Kostenverteilung nach § 16 (OLG Köln NZM 2005, 785). Grundsätzlich kann nicht abweichend von der GemO beschlossen werden, dass die **Heizkostenverteilung** neu geregelt und Heizkostenverteiler an den Heizkörpern der WEer angebracht werden sollen (BayObLG, WEM 79, 85 = Rpfleger 79, 216 = ZMR 79, 221), abgesehen der Beschluss dient der Abrechnung nach **Verbrauch** oder **Verursachung** gemäß § 16 Abs. 2. Auch kann über die **Nachtabsenkung** der **Heizung** mehrheitlich beschlossen werden (BayObLG, DerWEer 85, 56), die Änderung der **Abrechnungszeiten** für die Heizung (OLG Düsseldorf, WE 88, 172) oder sonstige Regelung der Beheizung (BayObLG, WuM 93, 291). Ebenso können die WEer nach Abschluss eines gemeinschaftlichen **Kabelvertrags** den internen **Umlegungsschlüssel** nach sachlichen Gesichtspunkten beschließen (KG NZM 2005, 425: Z. B. nach der Anzahl der Anschlüsse für nutzungswillige WEer). Bis dahin gilt der gesetzliche bzw. der vereinbarte Verteilungsschlüssel für Betriebskosten des GemEs (KG a. a. O.; a. A. OLG Hamm NZM 2004, 915/ LS: Verteilung auf angeschlossene Teilnehmer). Bezüglich der Jahresabrechnung gilt der vereinbarte oder der gesetzliche, ggfs. auch ein jahrelang praktizierter anderer **Abrechnungszeitraum** (OLG München, NJW-Spezial 2009, 290 = NZM 2009, 921; 922).

Kein Beschluss ist über **persönliche Leistungen** möglich (KG, OLGZ 78, 156 = Rpfleger 78, 146; WEM 78, 54), etwa **tätige Mithilfe** bei der Instandhaltung des GemEs (OLG Hamm, OLGZ 80, 261) oder Verpflichtung zum Winterdienst (OLG Düsseldorf, NZM 2004, 107; NZM 2009, 162; *Wenzel,* NZM 2004, 544; OLG Düsseldorf, NZM 2004, 554; OLG Hamm, MDR 82, 150; OLG Düsseldorf, WuM 2008, 570 = NZM 2009, 162:

Verwaltung durch die Wohnungseigentümer 22, 23 § 21

Schnee- und Laubpflegeplan; a. A. OLG Stuttgart, DerWEer 87, 99: für Verpflichtung im Wechsel). Ein entspr. Beschluss kann schon wegen mangelnder Bestimmtheit („einfache Pflegearbeiten wir Kehren, Unkrautjäten, Gießen etc.") anfechtbar sein (OLG Köln NJW 2005, 1812/LS = NJW-RR 2005, 529). Eine undifferenzierte oder aufwändige Verpflichtung zur Pflege der Außenanlage ist jedenfalls anfechtbar (OLG Düsseldorf, a. a. O.). Konkrete Arbeiten wie **Reinigen** des Treppenhauses und anderer Teile des GemEs dürften im Rahmen der Hausordnung zulässig sein. Maßgeblich sind Aufwand, Schwierigkeit und Zeit (*Palandt/Bassenge*, § 21 Rz. 14; BayObLGZ 91, 422; WuM 94, 403; OLG Düsseldorf, NZM 2004, 554; a. A. *Wenzel*, NZM 2004, 542; *Fritsch*, ZWE 2005, 384), aber auch gleichmäßige Verteilung. Auch die **Gestaltung** des Treppenhauses auf einzelnen Etagen kann nicht durch Beschluss bestimmten WEers auferlegt werden (OLG Düsseldorf, NZM 2004, 107). Die Anpachtung eines Grundstücks zur Errichtung von Kfz-Stellplätzen statt eines ursprünglich geplanten Kaufs ist eine Maßnahme ordnungsgemäßer Verwaltung (BayObLG, ZMR 98, 363 = WuM 98, 566 = BayObLGR 98, 50). Ebenso die Markierung von Kfz-Abstellplätzen (OLG Köln, OLGZ 87, 287) und Vermietung von diesen. Die **Einrichtung** und **Vermietung** von Pkw-Stellflächen auf einer im GemE stehenden Fläche ist dagegen keine Maßnahme der ordnungsmäßigen Verwaltung (OLG Zweibrücken, DerWEer 86, 26). Ebenso nicht eine willkürliche, durch keinen sachlichen Grund gerechtfertigte Änderung einer seit längerer Zeit praktizierten Benutzungsregelung der Kfz-Stellflächen (OLG Düsseldorf, NJWE-MietR 97, 85 = WuM 97, 62 = ZMR 97, 91).

Im Rahmen der Verwaltung ist die **HeizkostenV** zu beachten 22 (zur Rechtslage nach der HeizkostenV s. den Abdruck im Anh. I 5 sowie § 16 Rz. 66 f., § 22 Rz. 38 ff.).

Hat sich ein WEer (nach der Teilungserklärung) verpflichtet, im Fall des **Ausbaus** seines WEs zunächst 50% und nach Fertigstellung 100% zu den Bewirtschaftungskosten beizutragen, entspricht ein Beschluss der WEer im Einklang mit den Anknüpfungspunkten ordnungsmäßiger Verwaltung (KG NJW-RR 2005, 1385 = NJW 2005, 3583).

Die **Mehrheit** ist insbesondere **zuständig** für:

Maßnahmen der ordnungsmäßigen **Instandhaltung** und **In- 23 standsetzung** des gemeinschaftlichen Eigentums, Art und Weise der Nutzung desselben. Dazu gehört ggfs. der Beschluss über eine **Sonderumlage** (KG, NZM 2004, 263; s. o. § 16 Rz. 16), die die Festlegung insgesamt als auch der auf den einzelnen WEer entfallenden Anteil zu enthalten hat (BayObLG, NJW-RR 2004, 1378).

Es entspricht jedoch nicht den Grundsätzen einer ordnungsmäßigen Verwaltung, eine Sonderumlage für die Bezahlung von **Kostenvorschüssen** für den **Rechtsanwalt** der Antragsgegner eines Beschlussanfechtungsverfahrens zu erheben (BayObLG NZM 2005, 68). Ein Beschluss zur Begleichung von offenen Rechtsanwaltskosten als Sonderumlage entspricht vielmehr nur dann ordnungsmäßiger Verwaltung, wenn diese Kosten von der **Gemeinschaft** als Verband geschuldet werden (OLG München, NZM 2007, 251). Dasselbe gilt für die Durchführung von **Sanierungsmaßnahmen** zu beschließen, wenn eine **Bestandsaufnahme** über den Umfang der Schäden und deren mögliche Verursacher unterblieben ist (LG Düsseldorf, NZM 99, 871). Hat die Gemeinschaft im Rahmen eines Sanierungskonzepts ihren Mitgliedern ermöglicht, einzelne Maßnahmen über einen bestimmten Zeitraum abweichend von diesem Konzept vorzufinanzieren und die Rückzahlung aus dem Gemeinschaftsvermögen zeitlich festgelegt, so kann dieser Beschluss nicht ohne die Zustimmung der betreffenden WEer zu deren Nachteil geändert werden (LG Düsseldorf, NZM 99, 871). Wenn die WEer bestandskräftig die Sanierung von **Fassade** und **Balkonen** nach den näheren Vorgaben eines **Gutachters** beschlossen haben, kann die Anfechtung des späteren Eigentümerbeschlusses über die **Vergabe** der Arbeiten nicht darauf gestützt werden, die vom Sachverständigen für notwendig oder empfehlenswert gehaltenen Sanierungsmaßnahmen seien in Wirklichkeit nicht erforderlich (BayObLG, NZM 99, 910). Zur Abhängigkeit des späteren Vergabebeschlusses von dem Beschluss zur Sanierung gemäß Gutachten s. ebenda. Ein **Sanierungsbeschluss** (z. B. über eine Dachsanierung) enthält i. d. R. noch keine Bestimmung über Art und Weise der **Finanzierung** (s. o. Rz. 16). Die WEer können im Rahmen einer Erneuerung der gemeinschaftlichen Heizungsanlage auch den **Austausch** defekter Heizkörper in den einzelnen Wohnungen beschließen, ohne dass es darauf ankommt, ob diese im S- oder GemE stehen (OLG München, NZM 2009, 548).

Zur **gärtnerischen** Gestaltung des Grundstücks und zur Gewährung einer Gebrauchserlaubnis an Dritte s. BayObLG, ZMR 76, 310. Die Pflege und Instandhaltung des Gartens einschließlich der Pflege des vorhandenen Baumbestandes (Auslichten, ev. sogar Entfernen einzelner Bäume) gehören zur ordnungsmäßigen Verwaltung (AG Hamburg-Blankenese, DerWEer 85, 95). Dies gilt auch für das Schneiden eines Durchgangs in eine Hecke, um das ungehinderte Betreten des GemEs zu ermöglichen (BayObLG, ZMR 89, 192). S. a. § 22 Rz. 3. Zur unbilligen Benachteiligung eines WEers durch die vorgesehene gärtnerische Gestaltung s. o. Rz. 17.

Veränderungen im Sinne des § 22 Abs. 1, wenn die Voraussetzungen des Satzes 2 von Abs. 1 des § 22 gegeben sind. Holt der **Verwalter** über die Frage, ob ein wichtiger Grund zur Versagung der Zustimmung zu einer baulichen Veränderung vorliegt, eine **Weisung** der WEer ein, hat er, wenn er gewerblich tätig wird, die Eigentümer über die aufgetretenen tatsächlichen und rechtlichen Zweifelsfragen umfassend **aufzuklären** (BGH, NJW 96, 1216).

Zustimmungserklärung zu Handlungen eines WEers innerhalb seines SEs, die über § 13 Abs. 1 hinausgehen und die Zustimmung nach § 12 (KG, NJW-RR 97, 1231) gehören zur ordnungsmäßigen Verwaltung. Ebenso Bestellung, Abberufung, Besoldung des **Verwalters,** auch angemessene **Sondervergütung** für zusätzliche Leistungen (OLG Hamm, NZM 2001, 49; OLG Frankfurt/M., NJW-RR 91, 659; BayObLG, ZWE 2004, 376 = NZM 2004, 587); wenn er die Bescheinigung nach § 35a EStG (haushaltsnahe Dienst- und Handwerkerleistungen) für die WEer ausstellt (KG 24 W 93/08) und Bestimmung des Inhalts eines Vertrages mit ihm. Genehmigung des Wirtschaftsplanes, Beschluss ggfs. über seine Fortgeltung (KG, ZWE 2004, 378/LS). Verlangen auf Rechnungslegung und Genehmigung der Abrechnung des Verwalters, ggfs. Verträge mit Hilfspersonen, Hausmeister usw., Verwendung von Überschüssen aus der Jahresabrechnung (KG, NJW-RR 95, 975).

Außerordentliche, wenn auch ordnungsgemäße Instandsetzungsarbeiten, wenn die Voraussetzungen des § 22 Abs. 1 Satz 1 noch nicht gegeben sind, Bildung eines Sonderfonds, gerichtliche **Geltendmachung** von **Mängeln** des Gemeinschaftseigentums (BayObLG, NJW 73, 1086; BGH, DNotZ 80, 602 = ZMR 80, 54 = NJW 79, 2207 = NJW 80, 400m. Anm. *Weitnauer* = BlGBW 80, 70 = BauR 80, 119; 267m. Anm. *Rosenberger*); Rpfleger 80, 14 = MDR 80, 222 = BauR 80, 69; für Minderungsansprüche: MDR 83, 391 = ZfBR 83, 163 = NJW 83, 453 = DNotZ 84, 99 = MittBayNot 83, 116). Ein Wohnungseigentümer kann den aus dem Erwerbsvertrag herrührenden Nachbesserungsanspruch wegen Mängeln am Gemeinschaftseigentum auch schon vor der Eintragung im Grundbuch geltend machen (OLG Frankfurt a.M., NJW-RR 93, 339; zu den Einzelheiten s.o. § 13 Rz. 42ff.).

Kontrolle des Verwalters, Präzisierung eines mehrdeutigen Begriffs in der GemO (LG Mannheim, ZMR 79, 319), wogegen eine mehrdeutige oder unklare Beschlussfassung nicht ordnungsmäßig ist (BayObLG, NZM 2002, 171). Auch der Anspruch **gegen** den **Verwalter** auf Rückzahlung ggfs. unberechtigter **Abhebungen** vom Gemeinschaftskonto an die WEer steht der Gemeinschaft zu, die aber einen WEer ermächtigen kann, ihn geltend zu machen (AG Dortmund, NZM 2009, 324).

Versicherung des Gebäudes, Abschluss einer Haftpflichtversicherung für den **Beirat** (KG, NZM 2004, 743); Schadensersatzansprüche gegen den Verwalter (BayObLG, ZMR 84, 288; OLG Celle, DerWEer 88, 102), Vollmacht für den Verwalter.

Stilllegung eines **Aufzugs**, falls kein Aufzugswärter bestellt ist, im Rahmen ordnungsgemäßer Verwaltung (OLG Hamm, DerWEer 85, 127/LS = 86, 61). Zu den Verwaltungsaufgaben gehört die Regelung zur Erfüllung der **Verkehrssicherungspflicht** (OLG Stuttgart, DerWEer 87, 99), mit der die **WEer** belastet sind (BGH, DerWEer 89, 170). Beispiele: Räum- und Streupflicht (OLG Frankfurt a/M., NZM 2004, 144); Schaden durch herabfallenden Ast (OLG München NZM 2006, 110 = ZWE 2006, 41 m. Anm. *Demharter*).

Auch die **Umstellung** von einer gemeinschaftlichen Parabolantenne durch eine der neueren Technik entspr. Parabolantenne bzw. einen den digitalen Empfang ermöglichenden Anschluss der Wohnanlage an das digitalisierte Breitbandkabelnetz ist Angelegenheit der Gemeinschaft (OLG Köln, NJW 2004, 3496).

Eine unbeschränkte **Videoüberwachung** von Haus/Grundstück ist einer Regelung durch Beschluss nicht zugänglich (KG, NJW 2002, 2798; OLG Karlsruhe, NJW 2002, 2799; BayObLG NJW-RR 2005, 384; OLG München, NZM 2005, 668; OLG Köln, NZM 2005, 758), von **Teilen** des GemEs (OLG Düsseldorf, NJW 2007, 780), es sei denn, er wäre qua Öffnungsklausel zulässig. Im Übrigen entspricht eine Regelung (Vereinbarung oder Beschluss) nur dann ordnungsmäßiger Verwaltung, wenn eine sorgfältige Abwägung zwischen Sicherheitsbedürfnis der WEer/Mieter und dem Persönlichkeitsrecht vorgenommen wurde. Das Problem ist nicht auf das Thema „bauliche Veränderung" zu verengen (s. *Huff*, NZM 2004, 535; *Drasdo* NJW-Spezial 2006, 49). Deshalb ist eine **intensive** Videoüberwachung einer gemeinschaftlichen Grundstücksfläche durch die Möglichkeit dauernder Beobachtung und Weiterverwendung der gespeicherten Bilder selbst bei etwaigen Sachbeschädigungen am Kfz eine unverhältnismäßige Beeinträchtigung der anderen WEer (OLG Düsseldorf, NZM 2007, 166).

Die Installation eines Videoüberwachungssystems, durch das Besucher **nur** von **den** Wohnungen aus identifiziert werden können, die dem System **angeschlossen** sind, erscheint zulässig (BayObLG NZM 2005, 107), ohne eine solche technische Beschränkung hingegen nicht (ebenda).

Die Gemeinschaft kann einem WEer durch Beschluss die dauernde unkontrollierte Videoüberwachung (von Flächen) des GemEs untersagen (OLG München NZM 2005, 668). Er kann hingegen sein SE bzw. das seinem SNR unterliegende GemE unter den Voraussetzungen des § 14 überwachen (OLG München a. a. O.: Gleichstellung Kamera-**Attrappe**).

Zuständig ist die Gemeinschaft auch zur **Schlichtung** von Streitigkeiten unter **WEern** oder mit dem Verwalter, ebenso zur Aushändigung einer **Liste** der WEer auf Verlangen eines WEers. Sie bzw. der Verwalter kann sich nicht auf Datenschutz berufen (LG Stuttgart, NZM 2009, 165).

Geltendmachung von **Ansprüchen** gegen **WEer.** Dazu gehören auch die Forderungen nach § 16, regelmäßig bis zur gerichtlichen Geltendmachung und Vollstreckung. Deswegen ist ein (bestandskräftiger) Beschluss, Dritte, alle oder **einzelne Mitglieder** allgemein zur Geltendmachung von Forderungen der Gemeinschaft zu ermächtigen, wirksam (BGH NJW 2005, 2622; 3146); dies gilt auch für den Fall der Verfahrensstandschaft (BGH NJW 2005, 3146 = NZM 2005, 747). Wird über die Kostentragung eines WEers im Rahmen der Jahresabrechnung im Beschlussweg entschieden, muss der Erstattungs(anspruch) in nachprüfbarer und nachvollziehbarer Weise dargelegt werden (OLG Hamm, ZWE 2010, 55). Im Einzelfall kann es ordnungsmäßiger Verwaltung entsprechen, dem säumigen WEer **Ratenzahlung** einzuräumen (BayObLG, NZM 2004, 509).

Durch bestandskräftigen Eigentümerbeschluss kann die WEergemeinschaft ermächtigt werden, **Schadensersatzansprüche** gegen den ehemaligen **Verwalter** in gewillkürter Verfahrensstandschaft auch insoweit gerichtlich geltend zu machen, als Individualansprüche von SEern betroffen sind. An einen gerichtlichen Vergleich, der Ansprüche aus dem GemE und aus dem SE erfasst, ist auch der SEer gebunden (OLG Düsseldorf, NZM 99, 1148/LS). Ein Beschluss der WEer, auf die gerichtliche Geltendmachung von – offensichtlich schlüssig dargelegten – Schadensersatzansprüchen gegen frühere Verwalter zu **verzichten,** widerspricht ordnungsgemäßer Verwaltung (OLG Düsseldorf, NZM 2000, 347 = NJW-RR 2000, 381; OLG Hamm, NZM 2004, 504 = NJW 2004, 3126/LS = NJW-RR 2004, 805, ggfs. auch seine **Wiederwahl,** wenn beachtliche Gründe ihr entgegenstehen (s. § 26 Rz. 36).

Dasselbe gilt für die Zuerkennung unangemessen hoher **Verwaltungsvergütung** für normale Tätigkeit (OLG Hamm, NZM 2001, 49; BayObLG, ZWE 2004, 376 = NZM 2004, 587) und eine Beschränkung der **Verwalterhaftung** (OLG Hamm, a. a. O.); letztere auch nicht nachträglich (BayObLG, NJW-RR 2003, 663).

Beschlussfassung über **Prozessführung,** z. B. die Ermächtigung des Verwalters zur gerichtlichen Klärung einer zwischen den WEern strittigen Frage (BayObLG, DerWEer 83, 94). Die Geltendmachung eines nicht offensichtlich unbegründeten Anspruchs durch einen **Rechtsanwalt** entspricht ordnungsmäßiger Verwaltung (OLG Oldenburg, ZMR 2006, 72). Machen die WEer Ansprüche gegen einen MEer unter Fristsetzung und Klageandrohung geltend, ist ein entspr. Beschluss regelmäßig **nicht** als **konstitutive** Festlegung der MEerpflichten, sondern nur als **Vorbereitung** eines Gerichtsverfahrens auszulegen (KG, WE 97, 227; OLG Düsseldorf, DWE 2009, 23). Die sachliche Berechtigung des Anspruchs ist dann nicht in dem Beschlussanfechtungsverfahren, sondern erst in dem ggfs. sich anschließenden Gerichtsverfahren zu prüfen (ebenda). Das gilt z. B. für eine Aufforderung eines WEers, gegen seinen Mieter vorzugehen (OLG Düsseldorf, a. a. O.; s. § 23 Rz. 16), als Vorbereitung einer Klage auf Unterlassung.

28 Beschlussfassung über Art und Weise des **Wiederaufbaus,** nicht des Wiederaufbaus selbst (dazu § 22 Rz. 38 ff.). Allgemein dürfte bei Zerstörung oder Verfall ein Wiederaufbau (unabhängig vom Grad der Zerstörung) nicht dem Mehrheitsbeschluss unterliegen.

29 c) **Antragsrecht** hat jeder WEer. Ein Anspruch auf Befassung besteht aber nur bei Beachtung der Formvorschriften des § 24 Abs. 2. Nicht einer Beschlussfassung zugänglich ist die Regelung der **Form** von Beschlussanträgen (KG, NJW-RR 2002, 1592). Die WEer sind nicht verpflichtet, den Verwalter anzuweisen, Wohngeld gerichtlich nicht mehr gegen den WEer, sondern wegen nichtiger Freigabe der Wohnung gegen den **Insolvenzverwalter** zu führen (KG, NZM 2004, 383).

30 d) **Richterliche Nachprüfung.** Im Verfahren vor dem Gericht nach § 43 Nr. 4 ist nicht nur das formgerechte Zustandekommen zu prüfen, sondern auch, ob die Zuständigkeit des Mehrheitsbeschlusses noch gegeben ist (materielle Prüfung, OLG Oldenburg, MDR 70, 761 = NdsRpfl. 71, 205; OLG Hamburg, ZMR 2003, 449). Die Anrufung muss in der Monatsfrist des § 46 Abs. 1 Satz 2 erfolgen.

31 Absolute Nichtigkeitsgründe wie Verstoß gegen ein gesetzliches Verbot, gute Sitten (Kompetenz) unterliegen keiner Frist. Eine richterliche Nachprüfung geht auch dahin, ob der Inhalt eines Beschlusses nicht die Zuständigkeiten für Mehrheitsbeschlüsse (Kompetenz) überhaupt übersteigt; die Nachprüfung ist also auch materiell, soweit dies im Vereinsrecht für die Nachprüfung von Vereinsbeschlüssen, insbesondere Vereinsstrafen, die auf die Vereinssatzung gestützt werden, gilt. Ein Abänderungsrecht des Gerichts besteht nur im Rahmen des § 21 Abs. 8, wenn die WEer eine nach

dem Gesetz erforderliche Maßnahme nicht treffen (s. zur früheren Rechtslage OLG Hamm, MDR 71, 662 = MittBayNot 71, 167 = ZMR 71, 381/LS). Hat die WEergemeinschaft bestandskräftig eine Sanierungsmaßnahme beschlossen und führt sie dann eine von der baulichen Maßnahme leicht abweichende, die Eigentümer weniger belastende Variante aus, so handelt ein WEer rechtsmissbräuchlich, der das Unterlassen der Sanierungsmaßnahme unter Berufung auf diese Abweichung vom Gemeinschaftsbeschluss begehrt, obwohl er sich nur durch einen solchen Teil der Baumaßnahme gestört sieht, der bereits in der beschlossenen Variante unverändert vorgesehen war (OLG Köln, NZM 99, 973).

e) Die dingliche Wirkung der Beschlüsse besteht auch ohne Eintragung im Grundbuch (§ 10 Abs. 4), ebenso wie die der Urteile nach § 43. 32

III. Anspruch auf ordnungsmäßige Verwaltung nach Abs. 4

1. Individueller Rechtsanspruch jedes WEers **(Abs. 4)** richtet sich gegen die anderen **WEer,** aber auch gegen den **Verwalter** im Rahmen seiner Aufgaben und Befugnisse nach § 27 (OLG München, DWE 2009, 34; OLG Frankfurt a.M., DerWEer 83, 58; ZMR 2004, 290). Er ist im Verfahren nach § 43 Nr. 1 durchzusetzen. Ob er sich nur gegen andere **WEer** oder auch die **Gemeinschaft** richtet, kann auch nach Anerkennung der Teilrechtsfähigkeit nicht zweifelhaft sein. Allerdings korrespondiert er mit der individuellen **Pflicht** jedes WEers, an der Verwaltung des GemEs mitzuwirken (OLG München, DWE 2009, 34 = NZM 2009, 130). 33

Er kann auch den Anspruch beinhalten, einen bestimmten Punkt auf die **Tagesordnung** der (nächsten) Versammlung zu setzen (BayObLG, NZM 2004, 108). Der Verwalter, der im **Vollzug** eines Eigentümerbeschlusses eine **Kinderschaukel** aufstellen lässt, kann grundsätzlich nicht auf **Beseitigung** der von ihr ausgehenden Beeinträchtigungen in Anspruch genommen werden (BayObLG, FGPrax 95, 231). Etwas anderes kann gelten, wenn die Aufstellung der Schaukel in dem Beschluss offensichtlich keine Grundlage hat (FGPrax 95, 231).

2. Individuelle Pflicht eines jeden WEers (§ 14), bei der ordnungsmäßigen Verwaltung mitzuwirken. Sie wurzelt im Gemeinschaftsverhältnis. Auch kann schon ein Verstoß vorliegen, wenn durch ständiges Nichterscheinen die Beschlussfähigkeit nach der Vereinbarung verhindert wird. 34

Es besteht keine Pflicht, sich ständig über den Zustand des gemeinschaftlichen Eigentums zu orientieren und selbst Nachforschungen 35 anzustellen. Auch eine Unterlassung der Anzeige von Mängeln ist nur bei grober Fahrlässigkeit vorwerfbar. Es besteht aber eine **Beteiligungspflicht** an Umrüstung der Gemeinschaftsantenne (AG Starnberg, MDR 70, 679). Wesentliche Bestandteile **(Lift)** können nicht durch Mehrheitsbeschluss stillgelegt werden (AG München, WM 75, 216 = ZMR 76, 312), allerdings auf Zeit bei Reparatur oder Wartung. Das gilt auch für die Entfernung oder Stilllegung einer gemeinschaftlichen Gasleitung (BayObLG, Rpfleger 76, 291). Eine gesteigerte Verantwortung der WEer ergibt sich, wenn ein Verwalter nicht bestellt wurde oder sonst nicht zur Verfügung steht. Die Gemeinschaft muss dann dessen Aufgaben übernehmen. Dazu gehört u. a. beim **Fehlen** eines Verwalters die Übertragung der Kontoführung auf Dritte oder einzelne WEer unter Gewährleistung der entspr. Kontrolle (AG Wedding, DWE 2009, 74).

3. Gegenstand des Anspruchs. Abs. 4 enthält **Generalklausel:** Eine dem Interesse der Gesamtheit der WEer nach billigem Ermessen entsprechende Verwaltung. Es handelt sich um einen Individualanspruch jedes einzelnen WEers gegenüber den **anderen** WEern (OLG Frankfurt/M, ZMR 2004, 290), nicht gegenüber der Gemeinschaft (OLG München, NJW-RR 2008, 461). Weicht z. B. die tatsächliche Bauausführung vom Aufteilungsplan in der Abgrenzung zwischen zwei SEseinheiten ab, so kann der beeinträchtigte WEer von dem anderen WEer die **Mitwirkung** bei der Herstellung des erstmaligen ordnungsgemäßen Zustands nach dem Aufteilungsplan und den Bauplänen verlangen (OLG Düsseldorf NZM 2005, 184). Dieser Anspruch kann jedoch nach Treu und Glauben ausgeschlossen sein (BayObLG, NJWE-MietR 96, 248; NZM 2000, 515). Auch die erstmalige Herstellung des **GemEs** in den planmäßigen Zustand ist eine Maßnahme ordnungsgemäßer Verwaltung. Diese kann gegenüber einem Dritten nicht der einzelne WEer, sondern nur die Gemeinschaft verlangen (OLG Celle, NZM 2000, 911/LS). Zu den Bauplänen in diesem Sinn gehört auch der **Entwässerungsplan** (zur Grenze gemäß § 242 vgl. BayObLG, NZM 2000, 515). Abs. 4 beinhaltet auch den Anspruch gegen die WEer, **erkannte Mängel** rechtzeitig zu beseitigen und die erforderlichen Mittel bereitzustellen (OLG München, DWE 2009, 34; 47).

Im Fall der **Gesamtrechtsnachfolge** haftet der Rechtsnachfolger für einen gegen den Rechtsvorgänger als **Handlungsstörer** gerichteten Wiederherstellungsanspruch (NJWE-MietR 96, 248). Anders im Fall der **Sonderrechtsnachfolge.** Hier ist der Rechtsnachfolger weder als Handlungs-, noch als Zustandsstörer verantwortlich (OLG Köln, NZM 2004, 389; s. § 22 Rz. 29).

Verwaltung durch die Wohnungseigentümer 37, 38 § 21

4. Ist ein Mehrheitsbeschluss nicht zu erreichen: Prozess- 37
voraussetzung, Rechtsschutzinteresse, erst gegeben, wenn die Versammlung dem Begehren nicht nachgekommen ist (BayObLG, NJW-RR 97, 1443; NZM 2004, 110; OLG Hamm NZM 2005, 185; BGH NJW 2003, 3476). Anrufung ist entbehrlich, wenn die Versammlung eine Befassung ablehnt (KG, NZM 2000, 286) oder klar ist, dass der Antrag dort keine Mehrheit finden wird (OLG Düsseldorf, NJW-RR 99, 163; OLG Hamm NZM 2005, 185) oder wenn eine Antragstellung und damit Befassung für den Antragsteller unzumutbar ist (BayObLG, NJW-RR 2004, 89). In **dringenden Fällen** ist der Erlass einer einstweiligen Verfügung nach §§ 935 ff. ZPO möglich. Sie kann auch in einer Anweisung an den Verwalter bestehen.

Der Anspruch nach Abs. 4 umfasst auch **Schadensersatzansprüche** bei schuldhafter Verletzung (OLG München, DWE 2009, 34 = NZM 2009, 130; BayObLG, NZM 99, 857; 2002, 705), etwa wenn eine Maßnahme ordnungsgemäßer Verwaltung **abgelehnt** wurde (OLG München, a. a. O.). Die **Bestandskraft** eines solchen Beschlusses schließt einen Anspruch auf Schadensersatz wegen verzögerter oder unterlassener Instandsetzung nicht aus (a. a. O.). Wird ein Antrag, die WEer zu einer best. Maßnahme (Instandsetzung) zu verpflichten, auch **nach** einem ablehnenden Beschluss aufrechterhalten, bedingt dies keine unzulässige Antragsänderung (OLG München, a. a. O. und DWE 2009, H. 1, III/LS). In besonderen Ausnahmefällen kann das Gericht sogar die **Abberufung** des Verwalters anordnen, auf Antrag auch nur **eines** WEers, wenn eine solche Maßnahme ordnungsmäßiger Verwaltung entspricht (BGH, NZM 2003, 764 = NJW 2003, 3124 = ZMR 2003, 750; OLG Rostock, ZWE 2010, 51; KG, DerWEer 89, 18; OLG Stuttgart, OLGZ 77, 433; BayObLG, NJW-RR 86, 455; MK-*Engelhardt*, § 26 Rz. 44; *Weitnauer/Lüke*, § 21 Rz. 23; a. A. RGRK-*Augustin*, § 26 Rz. 16; *Soergel/Stürner*, § 26 Rz. 12). Der Anspruch nach Abs. 4 gilt selbst in Fällen, in denen **Einstimmigkeit** oder **qualifizierte Mehrheit** vorgesehen ist, vor allem gegenüber einer terroristierenden Minderheit, auch zur Ersetzung der Zustimmung eines einzelnen WEers, wenn Einstimmigkeit verlangt ist (so auch OLG Hamm, MDR 71, 662). Grundsätzlich besteht kein Anspruch auf Zustimmung zum **Erwerb** eines weiteren Grundstücks; Einstimmigkeit ist erforderlich (BayObLG, NJW 73, 1378); Grenze: § 242 BGB.

5. Richterliche Entscheidung. Siehe § 43 (Streitverfahren). 38
Ein konkretisierter Antrag ist zwar nicht notwendig, muss aber doch das Ziel bzw. Rahmen des Rechtsschutzes erkennen lassen (OLG

Hamm, OLGZ 69, 278; OLG Hamm, DWE 2007, 27). Anträge sind auszulegen, wobei im Zweifel das gewollt ist, was unter rechtlichen Gesichtspunkten vernünftig und interessengemäß ist (BGH, NZM 2003, 372). Sie sind gerichtet gegen diejenigen WEer, die der im Rahmen des Abs. 4 verlangten Verwaltung nicht zustimmen, wenn es also in erster Linie um individualisierbares Verhalten geht, oder gegen die Gemeinschaft als solche, wenn es um deren Zuständigkeit geht. Eine gerichtliche Entscheidung (Beseitigung einer eigenmächtig angelegten Terrasse) **hindert** eine **Beschlussfassung** über die nachfolgende Gestaltung **nicht** (BayObLG, MDR 80, 142). Bei rechtswidrigem Verhalten kann sich ein WEer nicht auf den Gleichbehandlungsgrundsatz berufen (OLG Frankfurt/M., DWE 89, 70; s. o. § 14 Rz. 20).

39 **6. Unabdingbarkeit des Verwaltungsanspruchs.** Der Anspruch auf ordnungsmäßige Verwaltung im Sinne des Abs. 4 und des Abs. 5 kann nicht als solcher ausgeschlossen werden. Anderslautende Vereinbarungen sind dagegen in einzelnen Beziehungen möglich. Vereinbarungen sind allerdings durch Mehrheitsbeschluss nur abänderbar, wenn dies vorgesehen ist.

IV. Die Beispiele des Abs. 5

40 **1. Grundsätzlich.** Es handelt sich nicht um eine erschöpfende Aufzählung, sondern nur um einige Beispiele für den Inhalt einer ordnungsgemäßen Verwaltung. Z. B. gehört zur ordnungsmäßigen Verwaltung die (angemessene) **Archivierung** von Unterlagen der WEergemeinschaft in deren Räumlichkeiten (LG Saarbrücken, NZM 99, 870; AG Königstein, NZM 2000, 876: 10 Jahre, sofern nicht unbeschränkt). Auch die Führung einer **Beschluss-Sammlung** nach § 24 Abs. 7, 8 gehört dazu (s. dort). Deswegen gehört auch die Erstellung ausreichender, z. B. hinlänglich bestimmter **Beschlussvorlagen** zur ordnungsmäßigen Verwaltung, zumal wenn diese professionell tätig ist (OLG Oldenburg NZM 2006, 27 = NJW-Spezial 2005, 534 m. Anm. *Drasdo*). Art und Umfang richten sich nach der Bedeutung des Beschlussgegenstands. Auch die Entscheidung über **Energielieferungen,** z. B. **Fernwärme** für die WEer, gehört zur ordnungsmäßigen Verwaltung (vgl. BGH, NZM 2004, 425: Zustandekommen eines Vertrags). Entsprechen sich die Beschlüsse der WEergemeinschaft und deren Durchführung durch den Verwalter, ist den Grundsätzen von Abs. IV Genüge getan. Eine andere Verwaltung können einzelne WEer nicht verlangen (AG Ratingen, NZM 99, 1106). Ebenso gehört zu einer ordnungsmäßigen, dem Interesse der Gemeinschaft entsprechenden Verwaltung die Wahrung der **Verkehrssicherungspflicht** (BayObLG, NZM 2000, 676/LS; OLG Hamburg, OLGZ 93, 310). Sie ist Angelegenheit der WEer (OLG Frankfurt a. M., NZM 2004, 144; OLG München NZM 2006, 110 = ZWE 2006, 41 m. Anm. *Demharter*). Sie können sie auf den Verwalter delegieren (OLG Frankfurt a. M., a. a. O.). Dann beschränkt sich ihre Aufgabe auf eine **Kontroll–** und **Überwachungspflicht** (ebenda). Dies gilt i. d. R. auch dann, wenn den WEern an einer Privatstraße ein Geh- und Fahrtrecht eingeräumt ist (BayObLG, a. a. O.). Nur ausnahmsweise entspricht die dauernde Anwesenheit eines **Anwalts** in der Versammlung selbst bei **zerstrittener** Gemeinschaft ordnungsmäßiger Verwaltung (OLG Hamm NZM 2005, 185).

Ob hingegen die Aushändigung eines **Generalschlüssels** durch Beschluss dem Verwalter mit der Befugnis, ihn an weitere Funktionsträger zu übergeben, ordnungsmäßiger Verwaltung entspricht (so OLG Hamm NZM 2005, 185), ist zweifelhaft. Angesichts der grundgesetzlich geschützten Sphäre der Wohnung erscheint dies nur unter besonderen Umständen und Sicherheitsgarantien möglich. Zur ordnungsmäßigen Verwaltung gehört auch die Herausgabe einer aktuellen **Liste** der WEer. Dieser Anspruch richtet sich nicht nur gegen den Verwalter sondern auch gegen die übrigen WEer (s. § 27 Rz. 7), z. B. wenn dieser fehlt.

2. Die einzelnen Beispiele. a) Nr. 1: Hausordnung (s. § 15 Rz. 5). Sie gehört vor allem zur ordnungsmäßigen Verwaltung (OLG Frankfurt/M., NZM 2004, 31). Die **Abgrenzung** zur GemO ist nicht immer leicht, aber wichtig wegen Einstimmigkeit oder Mehrheitsprinzip. Nur **ausnahmsweise** ist die Hausordnung Bestandteil der GemO (BayObLG, Rpfleger 75, 367 = ZMR 77, 84; ZMR 98, 356). In diesem Fall gelten die Grundsätze für Änderung/Aufhebung nach § 10 (BayObLG, NZM 2002, 171). Die **GemO** kann aber vorsehen, dass der Verwalter eine Hausordnung aufstellt; dies steht jedoch unter dem **Vorbehalt** einer **Abänderung** durch Mehrheitsbeschluss der WEer oder gerichtlicher Entscheidung (BayObLG, NJW-RR 92, 343; KG, DerWEer 92, 33; s. a. allgemein zum Inhalt der Hausordnung *Schmid,* BlGBW 80, 96). Eine von einem Dritten aufgestellte Hausordnung kann nicht anderen Kriterien unterliegen als die von den WEern aufgestellte (ähnlich BayObLG, NJW 2001, 3635).

Überspannte Anforderungen können nicht in der GemO beschlossen werden, z. B. Verbot des Wäschetrocknens im Freien (OLG Düsseldorf, NZM 2004, 107). Das gilt erst recht für die im Beschlussweg entstehende und disponible Hausordnung. Nach der

§ 21 42–44　　　　　　　　　　　I. Teil. Wohnungseigentum

Entscheidung des BVerfG zum Hausverbot (§ 14 Rz. 7) ist die grundrechtlich geschützte Position des Eigentümers besonders zu gewichten auf der Grundlage der Artikel 13 Abs. 1, 14 Abs. 1 S. 1 GG (NZM 2010, 44). Damit ist ein über das GemE hinaus auf das SE erweiterte **Rauchverbot** unzulässig (a. A. *Hügel*, ZWE 2010, 18). Es ist nichtig (widersprüchlich *Hügel*, a. a. O. S. 22 f.).

42　Der **Inhalt** der Hausordnung umfasst im Allgemeinen: Häusliche Ruhe, **Sperrfristen** für Lärm und Geräusch, **Sorgfaltspflichten** der Hausbewohner, wie Öffnen und Schließen der Haus- und Hoftüren, kurzfristiges Außer-Betrieb-Setzen des Schließmechanismus (KG, DerWEer 85, 126/LS = 86, 89). Die WEer können eine Haustür-Schließregelung beschließen, die die Besonderheiten der Anlage berücksichtigt und dem maßgeblichen Nutzungsinteresse der WEer entspricht (OLG Frankfurt/M, DWE 2009, 64). Die Hausordnung kann weiter regeln: Handhabung der Kellerfenster (OLG Karlsruhe, MDR 76, 758) usw., **Reinhaltungs-** und **Reinigungspflichten** (LG Mannheim, MDR 76, 582); Reinigung des Treppenhauses (BayObLG 92, 373); Festlegung von **Ruhezeiten** (OLG Frankfurt a. M., NZM 2004, 31); Abstellen von **Kinderwagen** (OLG Hamburg, WuM 93, 78 = ZMR 93, 126); **Waschordnung,** Feuer- und Kälteschutz, Behandlung von **Pkws:** z. B. ist der Verwalter verpflichtet, bei verbotswidrigem Parken in der Anlage Verbotsschilder aufzustellen (BayObLG, DerWEer 82, 64). Der Verwalter kann **Feststellung** der Pflichten aus der Hausordnung beantragen (OLG Hamm, MittBayNot 70, 108, s. § 15 Rz. 7). Nur zu befürchtende Zuwiderhandlungen gegen die Hausordnung rechtfertigen im allg. noch keine Androhung von Ordnungsmitteln durch das Gericht (s. o. § 14 Rz. 20).

43　Die Hausordnung zeitigt Wirkung für und gegen **Sonderrechtsnachfolger** gem. § 10 Abs. 2 bzw. 3.

Die Hausordnung kann auch im Verfahren nach § 43 vom **fG-Gericht** erlassen werden (OLG Hamm, NJW 69, 884).

44　**b) Nr. 2: Instandhaltung und Instandsetzung.** Unter Instandhaltung ist die Bewahrung des ordnungsmäßigen Zustands durch die erforderlichen Maßnahmen (Pflege, Vorsorge, Erhaltung) zu verstehen (KG, FGPrax 99, 16). Dazu gehört auch die Einhaltung von Verkehrssicherungspflichten gegenüber Dritten (BayObLG, ZWE 2000, 580) und gegenüber den anderen WEern (OLG Frankfurt a. M., DerWEer 93, 76). In erster Linie ist die **Gemeinschaft** zuständig (mehrheitlich: OLG Hamm, DerWEer 87, 54. Zusammenwirkungspflicht der Gemeinschaft: BGH v. 22. 4. 1999 – V ZB 28/98 = WuM 99, 542), dann der **Verwalter** nach

§ 27 Abs. 1 Nr. 2 (BGH NJW 77, 44 = Rpfleger 77, 97). Primär ist es Sache der WEer für die Beseitigung von Mängeln am GemE zu sorgen. Der Verwalter hat die Aufgabe diese zu ermitteln und eine Entscheidung der WEer herbeizuführen (BayObLG, NZM 99, 840; NZM 2001, 535; NZM 2004, 390). Deswegen ist es nicht möglich, durch Beschluss die WEer zur tätigen **Mithilfe** bei der Instandsetzung des GemEs zu verpflichten (OLG Hamm, OLGZ 80, 261; KG, OLGZ 78, 146 = Rpfleger 78, 146; s. o. Rz. 21).

Statt der **Gemeinschaft** können bei einer aus mehreren Einheiten bestehenden Wohnanlage **(Mehrhausanlage)** z. B. (nur) die TEer einer **Tiefgarage** bei einer entsprechenden Regelung in der GemO über die Art der geltend zu machenden Gewährleistungsansprüche wegen Baumängeln an der Tiefgarage gegen den Bauträger allein entscheiden (BayObLG, NJW-RR 96, 1101). Die Angelegenheit muss **ausschließlich** ein bestimmtes Gebäude betreffen (OLG Frankfurt/M, DWE 2009, 64). Durch Vereinbarung können die Voraussetzungen einer Beschlussfassung der WEer einer **Mehrhausanlage** in getrennten Versammlungen der einzelnen Häuser geregelt werden (BayObLG, NZM 2000, 554). Die Beschlussfähigkeit einer solchen Versammlung richtet sich nach den MEsanteilen, die den WEern des betroffenen Hauses zustehen (BayObLG, a. a. O.). Ob dies für die betreffenden WEer in einer Mehrhausanlage bzw. einem in sich abgeschlossenen Hausteil gilt, ergibt sich nicht automatisch, sondern nur bei entspr. Befugnis in der Vereinbarung (a. A. OLG München, NJW-RR 2008, 1332); nicht nur im Fall der **Betroffenheit** der anderen WEer (OLG München, FGPrax 2007, 74; OLG Zweibrücken, FGPrax 2004, 273). Gemäß § 10 in seiner Neufassung ist ausschließlich die (Gesamt)Gemeinschaft Trägerin des Vermögens und rechtsfähig. Die andere Meinung führt zu Kompetenzwirrwarr.

Grundsätzlich hat der Verwalter vor einer Instandhaltung oder Instandsetzung die Pflicht, ggf. bereits **vorhandene Schäden** zu ermitteln; andernfalls haftet er wg. eines Unterlassungsverschuldens (vgl. OLG Düsseldorf, WuM 98, 683 = WE 99, 23). Der darauf folgende Eigentümerbeschluss, mit dem ohne vorherige Einholung von **Vergleichsangeboten** über die Durchführung einer größeren Baumaßnahme entschieden wird, entspricht i. d. R. nicht den Grundsätzen ordnungsgemäßer Verwaltung (BayObLG, WE 2000, 813 = NZM 2000, 512). Dies bedeutet nicht unbedingt, dass das billigste Angebot zu nehmen ist; ähnlich dem Vergaberecht ist das insgesamt wirtschaftlichste, das bei objektiv vernünftiger Betrachtung und im konkreten Fall nützliche, zu wählen (BayObLG, NZM 2002, 564; NZM 2004, 746). Dabei haben die WEer einen **Beur-**

teilungsspielraum (BayObLG, ZMR 2003, 951; NZM 2004, 746). Bei Auftragsvergabe an einen Architekten/Bauingenieur verstößt die Unterlassung der Einholung von Vergleichsangeboten jedenfalls dann nicht gegen den Grundsatz ordnungsmäßiger Verwaltung, wenn sich das Angebot bei überschläglicher Berechnung im Bereich des **Mindesthonorars** nach der **HOAI** bewegt (OLG München, NZM 2009, 821). Die Einholung von Vergleichsangeboten gehört auch bei der **Verwalterbestellung** zur ordnungsgemäßen Vorbereitung der Wahl (OLG Hamm, ZWE 2008, 60). Es muss zwar auch nicht die Maßnahme gewählt werden, die den Mindestanforderungen entspricht (OLG Düsseldorf, FGPrax 99, 94), doch sind die Maßnahmen, die zwingend notwendig sind, nicht nach der Leistungsfähigkeit der WEer zu bemessen (BayObLG, NZM 2002, 531). Bei größeren Gemeinschaften kann sich die Frage eines (Mini-)**Blockheizkraftwerks** stellen als Alternative für die Erzeugung von Strom und Wärme. Dem folgt dann eine **Unternehmerstellung** der Gemeinschaft (vgl. schon zum Einfamilienhaus BFH, BeckRS 2008, 24003610). Der Anspruch des WEers auf ordnungsmäßige Verwaltung kann dahin gehen, dass von den WEern zu dem an der **Grundstücksgrenze** auf dem Nachbargrundstück verlaufenden Bach ein Zaun errichtet wird, der kleine Kinder daran hindert, ohne weiteres darunter durchzukriechen oder darüber zu steigen (BayObLG, NZM 2000, 513).

Unter den **Begriff** ordnungsgemäßer **Instandhaltung** können auch Maßnahmen fallen, die die **Erneuerung** von Bauteilen betreffen, bevor konkrete Schäden daran erkennbar geworden sind, wenn Anhaltspunkte für eine **Schadanfälligkeit** vorliegen (BayObLG, NJW-RR 91, 976) oder erkannte Mängel nicht oder nicht rechtzeitig beseitigt bzw. Mittel dazu bereitgestellt werden (OLG München, DWE 2009, 34, 47). Als Maßnahme zur **Instandhaltung** des gemeinschaftlichen Eigentums können die Wohnungseigentümer die **Entfernung** der auf einem **Tiefgaragendach** stehenden **Bäume** mit Stimmenmehrheit beschließen, wenn Anhaltspunkte dafür bestehen, dass die **Baumwurzeln** in die schon beschädigte **Dichtungsschicht** eindringen und weitere Schäden verursachen. Dies gilt auch dann, wenn die Bäume das Erscheinungsbild der Wohnanlage prägen und Straßenlärm abschwächen (BayObLG, ZMR 96, 447 = NJW-RR 96, 1166 = WuM 96, 493).

Ordnungsmäßige Instandsetzung ist nicht nur die Wiederherstellung des ursprünglichen Zustands (OLG Düsseldorf, NJWE-MietR 97, 78 = ZMR 97, 38), sondern auch die auf Grund **Baurechts** erforderliche **Anpassung** des vorhandenen Zustands (BGH, NJW 2002, 3629; BBodSchG: OLG München, DWE 2006,

68; Energieeinsparung: OLG München, NJW-RR 2008, 1182; so für den Einbau einer Fahrkorbtür am Aufzug, VGH Mannheim, NJW 74, 74) oder die Ersetzung nicht mehr reparaturfähiger oder verbrauchter Einzelteile (BayObLG, ZMR 2004, 765). Auch die Beseitigung ursprünglicher **Baumängel** sowie die erstmalige **Herstellung** eines einwandfreien Zustands (BayObLG, NJW 89 H. 43, VIII = NJW-RR 89, 1293: fehlende **Wärmedämmung**) fällt darunter; etwa durch Anbringung einer zeitgemäßen **Isolierung** der Außenhaut im Bereich der Kellerwände (OLG Düsseldorf NZM 2005, 184). Auch die im Aufteilungsplan vorgesehene Einrichtung (Zaun) gehört dazu (OLG Hamm, ZWE 2007, 491). Der Anspruch geht auch auf Beseitigung einer **möglichen** Gefahrenlage (OLG München, NJW-RR 2008, 1183). Mit dem Austausch einer **Heizungsanlage** kann schon dann begonnen werden, wenn ihr Zustand derart ist, dass wesentliche Teile unbrauchbar werden können (OLG München, ZWE 2009, 29). Hinzu kommen auch die notwendigen **Vorbereitungsmaßnahmen,** selbst wenn sie bereits mit Kosten verbunden sind. Hierzu zählen folgende Maßnahmen: Beseitigung von **Trittschallübertragungen** im Treppenhaus (BayObLG, WuM 99, 351: Allerdings kann dies nicht mehr verlangt werden, wenn die WEer bestandskräftig entschieden haben, von einer Beseitigung dieser Mängel abzusehen a. a. O.). Bei öffentlich-rechtlicher Vorgabe ist das Kosten-Nutzungsverhältnis nicht maßgeblich (OLG München, ZMR 2006, 311).

Ob Maßnahmen, die ein WEer zur erstmaligen Herstellung des GemEs im Bereich seines SEs ergreift, Verwaltungsmaßnahmen darstellen und damit der Beschlussfassung nach Abs. 1 unterliegen, entscheidet sich danach, welcher (Gewährleistungs)anspruch der WEer gegen den Werkunternehmer geltend macht und ob der isolierten Geltendmachung dieses Anspruchs durch einen WEer die Gemeinschaftsbezogenheit des Rechts entgegensteht (OLG Naumburg, NZM 2000, 194). Auch wenn eine Abweichung der Ausführung zum Plan auf dem Wunsch **eines** WEers beruht, ist der Anspruch auf Herstellung/Beseitigung gemeinschaftsbezogen, unabhängig von der Kostenbeteiligung des WEers (OLG Frankfurt/M, NJW-RR 2008, 395).

Modernisierende Instandsetzung im Rahmen des Abs. 5 Nr. 2 sind alle Maßnahmen, die anerkannte Verbesserungen bedeuten, die unter dem Gesichtspunkt einer vernünftigen Kosten- und Nutzenrelation sinnvoller Verwaltung entsprechen, also der Werterhaltung, Versorgungssicherheit oder umweltbewusstem Umgang mit Energie(einsparung) dienen (vgl. BayObLG, DWE 2004, 89). Sie sind damit mit **Mehrheit** durchsetzbar.

§ 21 44 I. Teil. Wohnungseigentum

Der Grundsatz der anteiligen Kostenverteilung bei (modernisierender) Instandsetzung oder Instandhaltung wird nur durch § 16 Abs. 4 S. 1 insofern durchbrochen, als die WEer im **Einzelfall** die Kostenverteilung nicht nach § 16 Abs. 2, sondern nach dem Maßstab des Gebrauchs oder der Gebrauchsmöglichkeit durch die WEer regeln können (s. die Mehrheiten nach § 26 Abs. 4 S. 2).

Ein gegen die WEer gerichteter Anspruch auf **(modernisierende) Instandsetzung** scheidet aus, wenn die Wärmedämmung einer Giebelwand zwar nicht den heutigen, jedoch den im Zeitpunkt der Errichtung des Gebäudes maßgeblichen baulichen Standard entspricht (OLG Hamburg, WuM 99, 55; BayObLG, NJW-RR 90, 82: für **Beseitigung** eines durch faktische Nutzung entstandenen Fußwegs; AG Bergisch Gladbach, DerWEer 83, 62; OLG Hamm, DerWEer 87, 54), auch wenn sie mit Eingriffen in die Substanz des GemEs verbunden ist (OLG Hamm, ebenda). Ggfs. kann bei einer defekten **Schiebetüranlage** die Erneuerung der Schiebetür sinnvoll sein (OLG Düsseldorf, NJWE-MietR 97, 78 = ZMR 97, 38). Die WEer haben unabhängig von dem Verlangen eines einzelnen WEers alle erforderlichen Maßnahmen zur ordnungsgemäßen Instandsetzung des GemEs zu veranlassen. Dabei dürfen sie sich auf die Empfehlung eines **Fachunternehmens** verlassen, bei Feuchtigkeitsschäden zur Eingrenzung der Schadensursache **schrittweise** vorzugehen (BayObLG, ZMR 94, 431). Zum Anspruch, dem Einbau einer im Aufteilungsplan eingezeichneten **Wohnungsabschlusstür** zuzustimmen s. BayObLG, DerWEer 84, 30. Zum Anspruch gegen die übrigen WEer auf **Verkleidung** einer Außenwand zur Beseitigung von Feuchtigkeitsschäden (Thermohaut) s. BayObLG, DerWEer 84, 59 oder auf **Wärmedämmung** s. OLGZ 84, 129 u. BayObLG, NJW-RR 89, 1293. Auch die **Anschaffung** und **Montage** eines **Fahrradständers** auf dem Hof, wenn bisher noch kein Fahrradständer vorhanden war, die Räder vielmehr einzeln im Hof abgestellt wurden, ist eine Maßnahme zulässiger Instandsetzung und ordnungsgemäßer Verwaltung (OLG Köln, ZMR 97, 44 = NJWE-MietR 96, 275). Das Gleiche gilt für die **Ersatzbeschaffung** von Gerätschaften (BayObLG, NJW 75, 2296 = ZMR 76, 87; dazu Anm. *Amann,* NJW 76, 1321; Wohnung u. Haus 80, 102) oder nachträgliche **Ausstattung** aller Wohnungen mit **Thermostatventilen** (OLG München, ZWE 2009, 29; AG Heidelberg, DerWEer 89, 72); das gilt auch für deren Austausch (OLG München, a. a. O.). Auch die Anmietung einer **Satellitenanlage** entspricht ordnungsgemäßer Verwaltung (OLG Köln, WuM 99, 295; selbst wenn diese im 10 Jahresvergleich teurer als der Kauf der Anlage ist, unter der Voraussetzung, dass für die Anmietung sonstige wirtschaftliche Gründe sprechen). Zum **Einbau von **Warmwasserzählern** s. a. § 22 Rz. 31. Warmwasserzähler können im Rahmen der ordnungsgemäßen Verwaltung gekauft, gemietet oder **geleast** werden (OLG Düsseldorf, DWE 2009, 14). Auch die **Ersetzung** einer nur mit unverhältnismäßigem Kostenaufwand reparaturfähigen zentralen Heizungsanlage **(Wärmepumpenanlage)** durch eine **kostengünstigere** Gas-Heizungsanlage kann sich im Rahmen ordnungsgemäßer Instandsetzung halten, wenn diese Maßnahme technisch geboten ist und nach Durchführung einer **Kosten-Nutzen-Analyse** wirtschaftlich sinnvoll erscheint (KG, NJW-RR 94, 1358). Dies gilt auch für die **Modernisierung** der Heizung durch den Bezug von **Fernwärme** gegenüber der Erneuerung der vorhandenen **Ölheizung** (OLG Hamburg NZM 2006, 27 = ZdW Bay 2006, 94) oder für den **Austausch** einer Gasheizung durch eine Heizungsanlage mit **moderner** Brennwerttechnik (AG Ludwigsburg, DWE 2009, 48). Haben die WEer eine **bauliche Veränderung** durch Mehrheitsbeschluss **genehmigt,** so können sie deren **Beseitigung** durch späteren Eigentümerbeschluss nur verlangen, wenn ein sachlicher Grund vorliegt und der betroffene WEer gegenüber dem bisherigen Zustand nicht unbillig benachteiligt wird (BayObLG, NJW-RR 95, 395).

Auch **Sanierungsmaßnahmen** fallen darunter (offengelassen **45** von OLG Frankfurt a. M., OLGZ 79, 144 = Rpfleger 79, 217). Kosten hierfür sind solche im Sinne des § 16 Abs. 2. Die Sanierung eines im Zeitpunkt der Bildung des WEs vorhandenen **Flachdachs** durch Wiederherstellung der ursprünglichen **Walmdach**konstruktion kann sich im Rahmen ordnungsmäßiger Instandsetzung halten, wenn die Maßnahme zur **dauerhaften** Schadensbeseitigung technisch geboten ist und nach Durchführung einer **Kosten-Nutzen-Analyse** wirtschaftlich sinnvoll erscheint (im Anschluss an BayObLGZ 90, 28; KG, NJW-RR 94, 528). Das BayObLG (Rpfleger 77, 439; Wohnung u. Haus 80, 102) bejaht die Verwendung der **Instandhaltungsrückstellung** zur Beseitigung von Anfang an vorhandener Mängel, wenn diese vom Verwalter nicht ohne besondere Schwierigkeiten zu erreichen ist. Zur ordnungsmäßigen Verwaltung gehört u. U. auch ein Anspruch gegenüber der Gemeinschaft und dem Verwalter auf **sachverständige** Feststellung eines Baumangels (BayObLG, MDR 82, 757). In wichtigeren Baumaßnahmen kann die Einschaltung eines **Architekten** geboten sein (*Armbrüster,* ZflR 99, 793). Zur grundlegenden **Altbausanierung** s. LG Freiburg v. 25. 9. 84 – 1 O 199/84 (keine gesamtschuldnerische Haftung der WEer). Zur ordnungsgemäßen Verwaltung gehört ein Beschluss z. B. über Sanierungsmaßnahmen der **Dachgauben, Terrassen** und **Dachrinnen** (OLG Düsseldorf, WuM 99, 352).

Die WErGemeinschaft hat hinsichtlich dieser Maßnahmen einen **Ermessensspielraum** hat. Dieser ist nicht überschritten, wenn mehrheitlich über die Mindestsanierung hinaus Arbeiten vergeben werden, deren Ausführung derzeit nicht zwingend notwendig, jedoch nicht unvertretbar sind (OLG Düsseldorf, a. a. O.). Auch im Rahmen der Instandsetzung entspricht es ordnungsmäßiger Verwaltung, vor der Vergabe größerer Instandsetzungsarbeiten **Alternativ-** oder **Konkurrenzangebote** einzuholen (BayObLG, NJW 89 H.43, VIII = NJW-RR 89, 1293; BayObLG, WuM 96, 651). Hierbei hat nicht grundsätzlich das billigste Angebot Vorrang (BayObLG, ebenda; NZM 2004, 746), sondern das nach Abwägung Günstigste. Die Einholung von **Vergleichsangeboten** ist insbesondere dann geboten, wenn die **Medienversorgung** umgestellt werden soll und verschiedene Systeme (Antenne, Kabel, Satellitenschüssel) zur Debatte stehen (BayObLG, NZM 2004, 385). Werden erforderliche Instandsetzungsarbeiten am gemeinschaftlichen Eigentum von den Wohnungseigentümern nicht oder verspätet ausgeführt, kann dies **Schadensersatzansprüche** eines WEers wegen dadurch verursachter Schäden an seinem SE begründen; Voraussetzung ist aber ein **Verschulden** der WEer (BayObLG, NJW-RR 92, 1102; OLG Düsseldorf, FGPrax 99, 96; OLG München, NZM 2009, 130; *Drasdo*, NJW-Spezial 2009, 257). Ein beauftragter Dritter ist ihr Erfüllungsgehilfe (BGH, NJW 99, 2108; OLG Hamburg, WuM 2005, 355). Ggfs. ist ein Mitverschulden des Geschädigten zu berücksichtigen (BayObLG, ZWE 2001, 159). Wird in der GemO die Instandsetzungs- und Instandhaltungspflicht hinsichtlich eines Teils des GemEs (**Balkongeländer**) dem **einzelnen** WEer auferlegt, umfasst dies nicht die Verpflichtung, **erstmalig** einen ordnungsgemäßen Zustand (z. B. Möglichkeit der Befestigung des Geländers an der Bodenplatte aus Beton) herzustellen (BayObLG, ZMR 96, 574 = NJWE-MietR 96, 231). Über einen Anstrich der Balkongeländer entscheiden auch in diesem Fall i. Zw. die WEer durch Beschluss (BayObLG, WE 97, 156).

Ein durch äußere **Baumängel** bedingtes Durchfaulen der **Türholme** einer Balkontür ist auch dann auf Gemeinschaftskosten zu beseitigen, wenn der Fäulnisprozess auch die Türinnenseite und damit den Verantwortungsbereich des WEers erreicht hat (NJWE-MietR 96, 36). WEer dürfen durch eine vorgesehene Instandsetzungsmaßnahme (gärtnerische Gestaltung) **nicht** unbillig **benachteiligt** werden; ansonsten ist der entsprechende Eigentümerbeschluss für ungültig zu erklären (BayObLG, NJW-RR 91, 1362). Dasselbe gilt für Maßnahmen, die **über** eine Mängelbeseitigung **hinaus** einen **neuartigen** Zustand schaffen, denn damit wird der für eine gemeinschaftliche Verwaltung durch Mehrheitsbeschlüsse eröffnete Bereich **überschritten** (OLG Düsseldorf, FGPrax 95, 102). Unabhängig von der Rechtslage nach dem WEG kann ein **Mieter** gegenüber dem betr. WEer einen Anspruch auf Beseitigung von Mängeln geltend machen. Der Hinweis auf die Zuständigkeit der Gemeinschaft gem. § 22 für eine **Sanierung** entlastet den WEer nicht (KG v. 25. 6. 90 – 8 RE Miet 2643/90).

Zu einer ordnungsmäßigen Verwaltung gehört auch die Erstellung eines **Ausweises** über die Gesamtenergieeffizienz (**"Energiepass"**). Aus der gesetzlichen Intention (§ 5a Abs. 3 EnEG; im Anh. I, 6) ergibt sich, dass der Ausweis/Pass zwar lediglich der Information (von Bauinteressierten, Erwerbern, Veräußerern und Mietern) der Interessenten dienen sollen, doch haben WEer schon wegen der entspr. Nachfrage an der Ermittlung der Gesamtenergieeffizienz ein gesteigertes Interesse. Unabhängig davon kann ein solcher Energiepass Empfehlungen und Hinweise geben, die bei der ordnungsmäßigen Verwaltung zu berücksichtigen sind. Man wird daher je nach dem energetischen Stand in der WEsanlage die Erforderlichkeit einzuleitender Maßnahmen zu beurteilen haben. Dabei sind im Rahmen einer Kosten/Nutzen-Analyse die zu erwartenden Einsparpotenziale an Energie und Kosten zu gewichten (s. dazu *Vogler*, ZWE 2006, 26 u. Anh. I, 6, 6a: §§ 16–19). 45a

c) Nr. 3: Versicherung. Die beiden genannten Versicherungen sind nicht i. S. einer abschließenden Regelung zu verstehen. Den WEern ist unbenommen, weitere Risiken hinsichtlich des GemEs zu versichern. Es ist keine öffentliche Versicherungspflicht gemeint. Sie bezieht sich nur auf **gemeinschaftliches Eigentum.** Damit sind Abschluss und ggfs. Abwicklung von Schäden Sache der Gemeinschaft (Verwaltung des Vermögens). Bei Überlagerung von Schäden an GemE und SE dürfte die Gemeinschaft das Zugriffsrecht haben (dazu OLG Hamm, ZWE 2008, 133). Bis dahin ist der SEer zur Geltendmachung befugt. Zieht die Gemeinschaft die Geltendmachung des Entschädigungsanspruchs an sich, hat sie treuhänderisch die den einzelnen SEern zustehenden Beträge zu beachten und für die Zahlung Sorge zu tragen (OLG Hamm, DWE 2008, 66). Für Pflichtverletzung des Verwalters haftet die Gemeinschaft nach § 278 BGB (ebenda). Ein einzelner WEer kann Herbeiführung eines Beschlusses über die Feuerversicherung zum Neuwert verlangen und auch das Gericht nach § 43 Nr. 1 anrufen; dagegen nicht eine Versicherungsanstalt oder interessierter Dritter (z. B. Gläubiger). Dieses Recht des WEers ist auch nicht für sich pfändbar. Auch der Abschluss einer Vermögensschaden-Haftpflichtversiche- 46 rung für den **Verwaltungsbeirat** entspricht ordnungsmäßiger Verwaltung (KG, NZM 2004, 743). Dies gilt nicht für den Verwalter.

47 Die Versicherungspflicht fällt nicht unter die gesetzlichen Aufgaben und Befugnisse des Verwalters nach § 27. Hat der Verwalter im Auftrag der WEer und für deren Rechnung eine **Leitungswasserversicherung** abgeschlossen, die auch Schäden am SE umfasst, hat bei Eintritt eines Schadens am SE eines WEers allein **dieser** für die Behebung und Begrenzung des Schadens zu sorgen (BayObLGZ 96, 84 = NJW-RR 96, 1298). Der **Verwalter** ist gegenüber dem betreffenden WEer nur verpflichtet, Notmaßnahmen zu ergreifen und den Versicherer zu unterrichten (ebenda).

48 Nicht einbezogen ist eine Versicherung des Wertes der **SEs-Räume.** Zweckmäßigerweise ist sie aber in der Vereinbarung vorzusehen, schon wegen der schwierigen Trennung von SE und gemeinschaftlichen Sachen. Erstreckt sich die **Gebäudefeuerversicherung** auf das „SE und das gemeinschaftliche Eigentum als ganzes" fällt sie in die gemeinschaftliche Verwaltung (KG, MDR 84, 584). Auch über die zu beauftragende Gesellschaft ist zu beschließen, eventuell ist der Richter anzurufen. Zur Pflicht zum Abschluss einer **Gewässerschädenhaftpflichtversicherung** bei Lagerung eines Öltanks im zum SE gehörenden Keller s. OLG Braunschweig, OLGZ 66, 571.

49 **d) Nr. 4: Rückstellungen für Instandhaltung.** Sie gehören zum Standard einer ordnungsmäßigen Verwaltung und sind Bestandteil des Verwaltungsvermögens (dazu *Drasdo,* NJW-Spezial 2008, 705). Eine hiergegen verstoßende Vereinbarung oder Beschluss ist Verletzung ordnungsmäßiger Verwaltung; durch das Gericht ist er nach § 43 aufzuheben. Rückstellungen dienen der Vorsorge für Großreparaturen. Die Rücklage kann grundsätzlich auch für **Instandsetzung** in Anspruch genommen werden. Solange die Instandhaltungsrückstellung noch nicht die der Gemeinschaft und der Wohnanlage angemessene Höhe erreicht hat, können die WEer beschließen, **Reparaturen** nicht aus der Instandhaltungsrückstellung zu finanzieren, sondern auf die WEer **umzulegen** (BayObLG, Rpfleger 81, 284 = WEM 81, 31; NZM 2005, 747). **Unzulässig** ist die – wenn auch nur teilweise – **Anlage** der Instandhaltungsrücklage in Form eines **Bausparvertrages;** es handelt sich hierbei grundsätzlich nicht um eine Maßnahme ordnungsgemäßer Verwaltung, die mehrheitlich beschlossen werden könnte (OLG Düsseldorf, FGPrax 96, 51 = WuM 96, 112). Ist eine ausreichende Rückstellung vorhanden, kann es ordnungsmäßiger Verwaltung widersprechen, Instandhaltungsmaßnahmen durch **Umlagen statt** aus der **Rückstellung** zu finanzieren (OLG Hamm, OLGZ 71, 96; BayObLG, DerWEer 85, 57; ZMR 2003, 694). Grundsätzlich liegt diese Frage aber im **Ermessen** der WEer (BayObLG, NZM 2004, 745; NZM 2005, 747). Es besteht kein Anspruch, immer zunächst die Rücklage auszuschöpfen (ebenda). Dabei spielt die Prognose über künftig entstehenden Sanierungsbedarf sowie die Beurteilung vertretbarer Alternativen eine Rolle (BayObLG NZM 2005, 747). Entscheidend ist jedenfalls, dass bei Maßnahmen außerhalb Instandhaltung/-setzung eine **angemessene Höhe** gewährleistet bleibt (OLG Saarbrücken, NZM 2000, 198). Im Übrigen verstößt ein Beschluss, der innerhalb des Wirtschaftsplans oder neben diesem zusätzlich zu den monatlichen Zahlungen des Wohngelds eine **einmalige** Zahlung zur Vermeidung von **Liquidationsengpässen** vorsieht, nicht gegen die Grundsätze ordnungsgemäßer Verwaltung (KG, NJW-RR 95, 397 = ZMR 94, 517; BayObLG, NZM 2004, 509). Dies gilt auch für eine Entnahme, um **Beitragsrückstände** auszugleichen (OLG München, NJW 2008, 1679).

Entnahmen zu anderen Zwecken sind erst zulässig, wenn ein der Anlage (Grundstück/Gebäude) angemessener Bestand überschritten ist (OLG Saarbrücken, NZM 2000, 198). Zur Überbrückung von Liquiditätsengpässen darf **zuletzt** auf die Instandhaltungsrücklage zurückgegriffen werden, wenn hierdurch die **eigene Reserve** nicht angegriffen wird (LG Saarbrücken, NZM 99, 870). Die GemO kann die **Pflicht** zur **Entnahme** aus der Rücklage vorsehen (OLG Hamm, BayObLG a. a. O.). Die **Gemeinschaft** ist Eigentümerin bzw. Inhaberin entspr. Konten gemäß § 10 Abs. 7 S. 1.

Bruchteilsberechtigte an **WE** haften für Rückstände von Lastenbeiträgen als Gesamtschuldner (LG Stuttgart, Justiz 68, 127 und OLG Stuttgart, NJW 69, 1176 = OLGZ 69, 232). Dies gilt auch für Gesellschafter einer BGB-Gesellschaft (OLG Hamm, DerWEer 89, 49). Es ist kein Rechtsmissbrauch, dabei einen weniger finanziell leistungsfähigen Mitberechtigten in Anspruch zu nehmen (im Fall von Mutter und Tochter BayObLG, WuM 93, 561 = NJW-RR 93, 1361).

Sind nach der GemO z. B. bei einer **Mehrhausanlage** oder für einzelne Gebäudeteile (z. B. Tiefgarage) unterschiedliche Kostenbeiträge vereinbart, sind entspr. **getrennte** Rücklagen zu bilden (BayObLG, ZMR 2003, 213). § 10 Abs. 7 zur Zuständigkeit der **Gemeinschaft** bleibt unberührt.

Nach OLG Frankfurt a. M., MDR 74, 848, können **Rechtsanwalts-** und **Sachverständigenhonorare** im Zusammenhang mit der Bereinigung von Sachmängeln gegen den Willen einzelner Wohnungseigentümer nicht der Rückstellung für Instandhaltung entnommen werden (fraglich, s. oben Rz. 45). Zur Behandlung in der Insolvenz s. § 16 Rz. 40. Zur Instandhaltungsrücklage allg. s. Einl. Rz. 17; *Röll,* NJW 76, 937 und *Palandt/Bassenge,* § 21 Rz. 12 f.

51 **e) Nr. 5: Wirtschaftsplan.** S. § 28; er ist durch Mehrheitsbeschluss aufzustellen. Nach Absatz 4 ist er erzwingbar. Auch die Feststellung der **Jahresrechnung** und die Einteilung der sich hieraus ergebenden **Beiträge** gehören zur ordnungsmäßigen Verwaltung. Hierauf hat jeder WEer einen gerichtlich durchsetzbaren Anspruch (BGH, DerWEer 85, 26). Setzt sich ein WEer gegen einen Wirtschaftsplan zur Wehr, dem in Folge einer langjährigen Abweichung **nicht** das **Kalenderjahr** zu Grunde liegt, handelt er treuwidrig, wenn er den Übergang zu dem vom Gesetz oder der GemO vorgesehenen Zeitraum nicht **vor** der Erstellung der Abrechnung einfordert und mit der Auswahl des Abrechnungszeitraums keine materiellen Nachteile verbunden sind (OLG München, NZM 2009, 821; 822; s. § 28 Rz. 12).

52 **f) Nr. 6: Duldungspflicht.** Es besteht aus dem Gemeinschaftsverhältnis für die genannten Anlagen wie Fernsprechteilnehmereinrichtung (Telefon), Rundfunkempfangsanlage oder Energieversorgungsanschluss eine Duldungspflicht, nach Sinn und Zweck auch für **Fernsehempfangsanlage** und **Breitbandkabel** (dazu *Bielefeld,* DerWEer 83, 117; siehe hierzu auch BayObLG, NJW-RR 92, 664), auch **Telefax** und **Internetanschluss.** Aus der Formulierung „alle Maßnahmen" ergibt sich, dass die Duldung sowohl ganz neue Einrichtungen umfasst als auch den Anschluss an eine bestehende Hauptleitung (OLG Frankfurt a. M., NJW 93, 2817; BayObLG, DerWEer 93, 123). Ermöglicht die vorhandene **Gemeinschaftsantenne** auf Grund des ungünstigen Standorts der Eigentumswohnanlage nur einen erheblich gestörten Fernsehempfang, so stellt der mehrheitlich beschlossene Anschluss an das **Breitbandkabelnetz** der Bundespost eine Maßnahme ordnungsmäßiger Instandsetzung i. S. von § 21 Abs. 5 Nr. 2 WEG dar (OLG Hamburg, NJW-RR 91, 1119). Z. B. liegt **keine Beeinträchtigung** i. S. des § 14 Nr. 1 vor, wenn bei zulässiger Verkabelung auch **Installationsarbeiten** in einer EW durchgeführt werden müssen, dessen Eigentümer selbst keinen Anschluss wünscht (AG Charlottenburg, DerWEer 85, 62). In diesem Fall haben die anschlusswilligen WEer die **Kosten** für Anschluss und Umrüstung für die widersprechenden mitzuübernehmen (OLG Celle, DerWEer 86, 54). Eine **Parabolantenne** darf ein WEer auch bei Berücksichtigung des Grundrechts der Informationsfreiheit auf dem Dach einer EWsanlage grundsätzlich nur anbringen, wenn alle WEer damit einverstanden sind (Bay-

Verwaltung durch die Wohnungseigentümer 53 § 21

ObLG, NJW-RR 92, 16; v. 8. 4. 2004, 2 Z BR 51/04; wobei allerdings stets im Einzelfall abzuwägen ist; BVerfG, NJW 95, 1665; BGHZ 152, 46; zu den Einzelheiten s. § 22 Rz. 5; LG Stuttgart, WuM 99, 591). Das besondere Informationsinteresse eines ausländischen WEers kann dazu führen, dass die WEer den optischen Nachteil hinnehmen müssen, der mit einer auf dem Balkon einer EW aufgestellten Parabolantenne verbunden ist (BGH, NJW 2004, 937 = NZM 2004, 227). Zur Frage der Installation von Fernseh- und Radioempfangseinrichtungen (Gemeinschaftsantenne, Kabelanschluss, Parabolantenne) vgl. u. § 13 Rz. 23; für das Mietrecht BVerfG, NJW 93, 1252.

Zur Duldung einer durch gemeinschaftliches Eigentum führenden **elektrischen Leitung** zwecks Anschluss der Räume des SEs an den Hausanschluss des Stromversorgungsunternehmens s. OLG Hamburg, OLGZ 92, 186. Zum Fall der Umstellung einer **Etagenheizung** auf Gas s. AG Hannover Rpfleger 69, 132. Werden durch solche Maßnahmen SEs-Räume berührt, ist die Zustimmung des betroffenen WEers erforderlich; sie ist nur aus wichtigem Grund zu versagen. Hat ein WEer innerhalb seines SEs in die im gemeinschaftl. Eigentum stehende **Wasserleitung** eingegriffen, und ist es im Zusammenhang damit zu einem **Wasserschaden** gekommen, entspricht ein Beschluss der WEer, dass der Zugang zu dem SE gerichtlich zu erzwingen ist, auch dann ordnungsgemäßer Verwaltung, wenn der Wasserschaden inzwischen behoben ist (BayObLG, WuM 95, 677 = NJWE-MietR 96, 38). Parallel dazu betrifft § 27 Abs. 1 Nr. 8 die Befugnisse des **Verwalters.**

g) Geltendmachung von Mängeln. Bezüglich des Gemein- 53 schaftseigentums beim Erwerb der WEsrechte im Fall der Ersterstellung s. § 13 Rz. 42 f. Die gemeinschaftsbezogenen Rechte auf **Minderung** und auf **kleinen** Schadensersatz stehen von vornherein der Gemeinschaft allein zu (BGH, NZM 2006, 542; 2007, 403). Die Gemeinschaft kann grundsätzlich im Rahmen ordnungsgemäßer Verwaltung des GemEs die auf die ordnungsgemäße Herstellung des GemEs gerichteten Rechte der einzelnen Erwerber aus den Verträgen mit dem Veräußerer durch Mehrheitsbeschluss **an sich ziehen** (BGH, NZM 2007, 403; NJW 2007, 1952 st. Rspr.). Dies gilt für das Recht, Vorschuss zu fordern, aber auch für Erfüllungs- und Nacherfüllungsansprüche (BGH a. a. O.; allg. *Wenzel,* NJW 2007, 1905) sowie den Anspruch auf Aufwendungsersatz (zur Konkurrenz Vorschuss – großer Schadensersatz s. OLG Hamm, NZM 2007, 413). Bis zu einer entspr. Beschlussfassung ist auch der einzelne WEer dazu berechtigt (s. zur Konkurrenz sonstiger Individualansprüche, z. B. auf Beseitigung von Pkw-Stellplätzen gegenüber dem Veräußerer § 13 Rz. 28). Zu den Voraussetzungen, unter denen die WEer wirksam beschließen können, das zur Abgeltung etwaiger Mängelbeseitigungs- und Gewährleistungsansprüche wegen Mängel am GemE ein **Vergleich** mit dem Bauträger geschlossen wird, s. BayObLG, NJW-RR 2000, 379. Für Werkverträge **nach** der Ersterstellung der Anlage gilt, dass **Abnahme** und die Geltendmachung von **Gewährleistungsrechten** der gemeinschaftlichen Verwaltung unterliegen. Sie können durch die GemO dem Verwalter oder WEern (Beirat) übertragen werden. Möglicherweise konkludent durch Aufnahme in den Wirtschaftsplan bei weniger bedeutsamen Maßnahmen, nicht im Sanierungsfall größeren Ausmaßes. Im Zusammenhang mit Gewährleistungsrechten unterbricht ein **Mahnbescheid** die **Verjährung** des Anspruchs auf Vorschuss auf die Mängelbeseitigungskosten auch dann, wenn – von der Sachbefugnis abgesehen – noch nicht **sämtliche** Anspruchsvoraussetzungen vorliegen (BGHZ 104, 268; NZM 2007, 403). Bei Geltendmachung eines solchen Anspruchs für die Beseitigung **mehrerer** Mängel hat ein Mahnbescheid nur dann verjährungsunterbrechende Wirkung, wenn für den Antragsgegner **erkennbar** ist, wegen welcher einzelnen Mängel und in welcher Höhe Ansprüche gegen ihn erhoben werden (BGH, NZM 2007, 403). Die Gemeinschaft kann die (individuellen) Ansprüche der Erwerber von WE aus Bürgschaften nach § 7 MaBV (nur) in gewillkürter Prozessstandschaft geltend machen (BGH, NZM 2007, 407; s. § 13 Rz. 44; Anh. III 5). Die Bürgschaft sichert das Vorauszahlungsrisiko des Erwerbers auch insoweit, als es um Mängel am GemE geht. Obwohl ein einzelner Erwerber die Erstattung von Mängelbeseitigungskosten lediglich an die **Gemeinschaft** verlangen kann (BGH a. a. O.).

h) Gemeinschaftliche Geltendmachung von Schadensersatzansprüchen. Wenn auch nicht im Gesetz aufgeführt, so ist die Geltendmachung von Schadensersatzansprüchen, die den WEern zustehen, doch ein wesentliches Merkmal ordnungsgemäßer Verwaltung. Deshalb sind ggfs. auch Schadensersatzansprüche gegen den **Verwalter** im Rahmen ordnungsgemäßer Verwaltung geltend zu machen. Das gilt etwa für den Fall, dass er die WEer bei der **Umstellung** der Heizungsanlage auf Gas nicht auf bestehende Förderungsmöglichkeiten hinweist (LG Mönchengladbach, NZM 2007, 416, dort auch zum Mitverschulden der Gemeinschaft). Ein Beschluss der WEer, auf die gerichtliche Geltendmachung von – offensichtlich schlüssig dargelegten – Schadensersatzansprüchen gegen (frühere) Verwalter zu verzichten, widerspricht dem Grundsatz ordnungsmäßiger Verwaltung (OLG Düsseldorf, WuM 2000, 334; OLG Hamm, NZM 2004, 504 = NJW 2004, 3126 = NJW-RR 2004, 805). Eine **Entlastung** wenn Ansprüche erkennbar in Betracht kommen, widerspricht ordnungsmäßiger Verwaltung (BayObLG, FGPrax 2004, 14; NZM 2004, 509). Zur ordnungsmäßigen Verwaltung gehört auch die Geltendmachung von Mängeln gegenüber (Erst-)ersteller und später eingeschalteten Unternehmen (s. im Einzelnen § 13 Rz. 42 ff.). Auch Schadensersatzansprüche wegen Verletzung des GemEs sind Sache der Gemeinschaft, z. B. gegen den Mieter eines WEers wegen Beschädigung des Tiefgaragentors (LG Stuttgart, NZM 2009, 36). Deliktische Ansprüche unterliegen nicht der Verjährung nach § 558 BGB, sondern der allg. nach § 195 BGB (ebenda).

V. Schadensersatzanspruch (Abs. 6)

Parallel zum Duldungsanspruch nach Abs. 5 Nr. 6 besteht ein 54 Schadensersatzanspruch der Duldungspflichtigen für die nach **Abs. 6** zu duldenden Maßnahmen entsprechend ihrer Aufopferungspflicht. § 22 Abs. 1 Satz 2 ist zu beachten. Im Übrigen gilt allg. Schadensersatzrecht bei Verschulden (s. § 13 Rz. 38). Entstehen z. B. am SE eines WEers Schäden auf Grund einer nicht fachgerechten **Instandsetzung** des gemeinschaftlichen Eigentums durch das von den WEern beauftragte Sanierungsunternehmen, so haften die übrigen WEer für das Verschulden dieses Unternehmens als ihres Erfüllungsgehilfen nach § 278 BGB (BayObLG, NJW-RR 92, 1102).

Neben dem speziell normierten Anspruch aus Abs. 6 können Ansprüche auf Schadensersatz aus der Verletzung der Grundsätze ordnungsmäßiger Verwaltung durch die Mehrheit zu Lasten eines WEers entstehen. Z. B. hat ein durch die nicht ordnungsgemäßer Verwaltung entspr. **Heizkostenabrechnung** benachteiligter WEer einen Anspruch auf Schadensersatz gegen die übrigen WEer, wenn diese schuldhaft die Durchführung der unter dem Gesichtspunkt einer ordnungsgemäßen Verwaltung gebotenen und zumutbaren Maßnahmen zur Sicherstellung einer ordnungsmäßigen **Wärmeerfassung** unterlassen haben (BayObLG, NZM 99, 857).

VI. Beschlusskompetenz in besonderen Fällen (Abs. 7)

Dem Gesetzgeber erschien es sinnvoll, zur Erleichterung der Ver- 55 waltung für die in **Abs. 7** genannten Fälle der Gemeinschaft die Befugnis einzuräumen, durch **Beschluss** zu entscheiden. Die Befugnis ist auf die genannten Tatbestände beschränkt. Damit können alle Entscheidungen gefällt werden, die im Rahmen ordnungsmäßiger

§ 21 56   I. Teil. Wohnungseigentum

Verwaltung Art und Weise von Zahlungen (Vorausleistung, ratenweise Zahlung von Umlagen, Überweisung, Lastschrift usw.), Fälligkeit von Forderungen sowie Verzugsfolgen betreffen. Unter „Folgen des Verzugs" ist neben Sanktionen bei Geldforderungen (z. B. übergesetzliche Verzugszinsen) auch z. b. die Einführung einer Vertragsstrafe „bei einem Verstoß gegen Vermietungsbeschränkungen" zu verstehen (BT-Drs. 16/887 S. 27; dazu *Gottschalg,* NZM 2007, 194).

Unter der Formulierung „Kosten für eine besondere Nutzung des gemeinschaftlichen Eigentums" bzw. „für einen besonderen Verwaltungsaufwand" ist z. b. die Festsetzung einer Umzugspauschale zu verstehen (a. a. O.). Das gilt auch für die Belastung eines säumigen WEers mit den von ihm verursachten Kosten (*Gottschalg,* NZM 2007, 194).

Obwohl das Gesetz nicht ausdrücklich die Frage beantwortet, ob die WEer von Abs. 7 durch Vereinbarung abweichen können, ergibt sich aus der Systematik, dass im Gegensatz zu Abs. 3 kein Vereinbarungsvorbehalt begründet werden sollte. Damit können die WEer nicht von der **zwingenden** Regelung des Abs. 7 abweichen. Eine entgegenstehende Vereinbarung ist unwirksam (s. Begr. a. a. O.; ebenso *Merle,* ZWE 2007, 321; *Palandt-Bassenge,* § 21 Rz. 18; a. A. *Hügel/Elzer,* § 8 Rz. 22). Die Neuregelung gilt auch hinsichtlich der **vor** dem 1. 7. 2007 bestehenden Vereinbarungen. Ggfs. ist das GB zu berichtigen (dazu *Merle,* ZWE 2007, 321).

VII. Ermessensentscheidung des Gerichts (Abs. 8)

56 **Abs. 8** enthält nach dem Vorbild des § 315 Abs. 3 S. 2 BGB eine **Sondervorschrift** zu § 253 Abs. 2 Nr. 2 ZPO. Sie soll dem Gericht die Möglichkeit eröffnen, in Fällen eine Ermessensentscheidung zu treffen, in denen „in einer Streitigkeit über eine nach dem Gesetz **erforderliche**, aber bisher von den Wohnungseigentümern unterlassene Maßnahme bindende Vorgaben für die Entscheidung fehlen" (Begr. a. a. O. S. 28); d. h. wenn das Gesetz schweigt, eine betr. Vereinbarung oder ein einschlägiger Beschluss fehlt. Nur dann ist Raum für eine Ermessensentscheidung, weil das Gesetz und Regelungen durch die Gemeinschaft Vorrang genießen (s. Begr. a. a. O.).

Ohne eine solche Regelung müsste ein WEer im Rahmen seines Anspruchs auf ordnungsmäßige Verwaltung stets mit seinem Klageantrag eine klar umrissene bestimmte Maßnahme benennen, etwa einen ausgearbeiteten Wirtschaftsplan. Dies würde ihn aber überfordern und das Gericht u. U. im Rahmen seiner Hinweispflicht veranlassen, ihn zu einer Klageänderung anzuregen. Die Entscheidung des Gerichts steht einem Beschluss der WEer gleich, wenn er darauf gerichtet ist. Gleichzeitig erzeugt er rechtsgestaltende Wirkung (OLG Düsseldorf, NZM 2008, 452; dazu *Merle,* ZWE 2008, 9).

§ 22 Besondere Aufwendungen, Wiederaufbau

(1) ¹Bauliche Veränderungen und Aufwendungen, die über die ordnungsmäßige Instandhaltung oder Instandsetzung des gemeinschaftlichen Eigentums hinausgehen, können beschlossen oder verlangt werden, wenn jeder Wohnungseigentümer zustimmt, dessen Rechte durch die Maßnahmen über das in § 14 Nr. 1 bestimmte Maß hinaus beeinträchtigt werden. ²Die Zustimmung ist nicht erforderlich, soweit die Rechte eines Wohnungseigentümers nicht in der in Satz 1 bezeichneten Weise beeinträchtigt werden.

(2) ¹Maßnahmen gemäß Absatz 1 Satz 1, die der Modernisierung entsprechend § 559 Abs. 1 des Bürgerlichen Gesetzbuches oder der Anpassung des gemeinschaftlichen Eigentums an den Stand der Technik dienen, die Eigenart der Wohnanlage nicht ändern und keinen Wohnungseigentümer gegenüber anderen unbillig beeinträchtigen, können abweichend von Absatz 1 durch eine Mehrheit von drei Viertel aller stimmberechtigten Wohnungseigentümer im Sinne des § 25 Abs. 2 und mehr als der Hälfte aller Miteigentumsanteile beschlossen werden. ²Die Befugnis im Sinne des Satzes 1 kann durch Vereinbarung der Wohnungseigentümer nicht eingeschränkt oder ausgeschlossen werden.

(3) Für Maßnahmen der modernisierenden Instandsetzung im Sinne des § 21 Abs. 5 Nr. 2 verbleibt es bei den Vorschriften des § 21 Abs. 3 und 4.

(4) Ist das Gebäude zu mehr als der Hälfte seines Wertes zerstört und ist der Schaden nicht durch eine Versicherung oder in anderer Weise gedeckt, so kann der Wiederaufbau nicht gemäß § 21 Abs. 3 beschlossen oder gemäß § 21 Abs. 4 verlangt werden.

Übersicht

	Rz.
A. Zu Abs. 1	1
I. Allgemeines	1
II. Zuständigkeitsverteilung	9
1. Einstimmigkeit (Abs. 1 S. 1)	9
2. Mehrheitsentscheidung	13

	Rz.
3. Einzelner WEer	15
4. Duldungspflicht (Abs. 1 S. 2)	18
5. Minderheitenrechte	21
6. Ausscheiden d. Nichtinteressierten	22
7. Späterer Beitritt	24
8. Eigentum	25
9. Anrufung des Richters	26
B. Zu Abs. 2	30
I. Modernisierung (Satz 1)	30
II. Keine Einschränkung der Befugnis (Satz 2)	33
C. Zu Abs. 3	34
I. Allgemeines	34
II. Einzelne Maßnahmen modernisierender Instandsetzung	35
D. Zu Abs. 4	41
I. Zerstörung	41
II. Wiederaufbau	44
III. Folgen fehlender Wiederaufbaupflicht	47
IV. Gerichtliche Beteiligung	50
V. Bauruine	51

A. Zu Abs. 1

I. Allgemeines

1 1. **§ 22 Abs. 1.** Anders als die frühere Fassung formuliert Abs. 1 nicht negativ, dass bauliche Veränderungen und Aufwendungen, die **über** die ordnungsmäßige Instandhaltung und Instandsetzung hinausgehen nicht verlangt oder beschlossen werden können (§ 21 Abs. 3, 4), sondern definiert einerseits eine positive **Beschlusskompetenz** und parallel dazu einen **individuellen Anspruch** auf Durchführung solcher Maßnahmen. Gleichzeitig hebt die Vorschrift die Zustimmung **der** WEer als erforderlich hervor, die von einer solchen Maßnahme über das in § 14 Nr. 1 bestimmte Maß hinaus beeinträchtigt werden. Gar **nicht** wird die Zustimmung **derer** als relevant erachtet, die nicht beeinträchtigt werden. Der letzte Satz galt ebenso schon, wenn auch nicht wortgleich, vor der Reform 2007. Materiell hat sich das früher ausdrücklich ergebende Einstimmigkeitsprinzip in den meisten Fällen nicht geändert, da in aller Regel bauliche Veränderungen von Relevanz **alle** WEer betreffen und Aufwendungen, die über die ordnungsmäßige Instandhaltung bzw. Instandsetzung des GemEs hinausgehen, fast immer auch alle WEer zumindest kostenmäßig betreffen. Damit hat Abs. 1 eher eine psychologische Funktion, die Sperre gegenüber diesen Maßnahmen zu lockern und die Initiative dazu zu erleichtern, wenn einzelne WEer entsprechende Neuerungen initiieren. Der Anspruch des Einzelnen richtet sich primär gegen die Gemeinschafter auf Fassung eines Beschlusses, durch den die beabsichtigte bauliche Maßnahme gestattet wird (*Palandt-Bassenge,* § 22 Rz. 6; *Bärmann-Merle,* § 22 Rz. 153). U. U. besteht im äußersten Fall sogar der Anspruch eines **Einzelnen** oder einer Minderheit auf Durchführung einer baulichen Veränderung. Die Vorschrift ist nach allg. M. **abdingbar** (OLG Zweibrücken, DerWEer 88, 26; BayObLG, FGPrax 96, 221: zu Abs. 1 a. F.). Abs. 1 S. 1 ist nach h. M. Zuständigkeitsregelung, die nur durch **Vereinbarung** abbedungen werden kann (BGHZ 145, 158: zu Abs. 1 a. F.), auch in Form einer **Öffnungsklausel** (OLG Köln NZM 2005, 911). Der Abs. 1 gilt schon mit dem Entstehen einer **werdenden/faktischen** Eigentümergemeinschaft; dann kann z. B. der Bauträger das Bauwerk nicht mehr einseitig ändern (OLG Frankfurt a. M., ZMR 93, 125; ebenso BayObLG, NJW-RR 95, 653; ZfIR 2003, 641). Zur planabweichenden Errichtung der Wohnanlage durch den teilenden Eigentümer s. BayObLG, NJW-RR 86, 954). Auch dies stellt eine bauliche Veränderung dar (allg. zu § 22 Abs. 1 s. *Gottschalg,* ZdW 97, 137). Abs. 1 geht von limitierter Einstimmigkeit aus, unter Modifizierung des § 745 Abs. 3 BGB. Gleichzeitig enthält er eine Abkehr von der Einstimmigkeit in Satz 2, soweit durch eine Veränderung die Rechte eines WEers, der nicht zustimmt, nicht über § 14 hinaus beeinträchtigt werden.

2. Abgrenzung gegen bauliche Veränderungen. Instandhaltung und **Instandsetzung** bedeuten grundsätzlich Erhaltung und ggf. Wiederherstellung (siehe § 21 Rz. 44) des ursprünglichen ordnungsmäßigen Zustandes (so auch BayObLGZ 71, 280; BayObLG, ZMR 72, 219, ebenso BayObLG, WuM 99, 656, siehe § 21 Rz. 44). Dazu gehört aber auch die Anpassung des vorhandenen Zustands an durch **zwingendes Recht** wirksam begründete neue baurechtliche Anforderungen (OLG München, DWE 2009, 29; BayObLG, WM 80, 60; ZMR 81, 251 = Rpfleger 81, 284; OLG Frankfurt a. M., OLGZ 83, 29 = DerWEer 83, 58). Z. B. nach dem BundesbodenschutzG (OLG München, DWE 2006, 68). Vgl. a. u. Rz. 14.

Auch die erstmalige Herstellung der Anlage ist ordnungsmäßige Instandhaltung bzw. -setzung. Dazu gehören die **erstmalige** Vervollständigung der Garagenanlage und die **erstmalige Herstellung** eines einwandfreien Zustands (OLG Frankfurt a. M., a. a. O. und OLGZ 84, 129; OLG Hamm, DerWEer 88, 27; BayObLG, WuM

93, 295; ZMR 95, 87). Dieser richtet sich nach dem **Aufteilungsplan** oder den für die Ersterstellung maßgeblichen **Bauplänen** (BayObLG, NZM 99, 1060/LS). Dies gilt ebenso für die **Pflasterung** einer gemeinschaftlich genutzten **Hoffläche,** wenn dadurch erstmals ein mangelfreier und ordnungsgemäßer Zustand hergestellt wird (OLG Düsseldorf, WuM 2000, 321 = NZM 2000, 390 = FGPrax 2000, 7). Dazu zählen die Errichtung eines vorgesehenen **Zauns** (KG, OLGZ 82, 131), eine **Parkplatzabsperrung** (BayObLG, NZM 99, 29), **Kfz-Stellplätze** an der vorgesehenen Stelle (BayObLG, NZM 2002, 875), Einbau einer geplanten **Treppe** (BayObLG, ZflR 2000, 461) oder die Errichtung des Gebäudes selbst an der durch den Bauplan bestimmten Lage auf dem Grundstück (BayObLG, ZflR 2002, 466).

Herstellung des einwandfreien Zustands ist bei Ersterstellung auch die Beseitigung **ursprünglicher Mängel.** Dazu gehören z. B. die Anbringung eines ausreichenden **Wärmeschutzes** (LG Aachen, WuM 2003, 474), das Nutzbarmachen durch Anlage eines befestigten **Zuwegs** (OLG Düsseldorf, NZM 2000, 390), der Einbau von vorgesehenen **Fahrradständern** (OLG Köln, NJWE-MietR 96, 275). Heute zählt auch der Einbau von **Verbrauchszählern** zur Erfassung des Verbrauchs an GemE und SE (*Schuschke,* NZM 2001, 497) und Einbau/Austausch von **Heizungsanlagen** (OLG München, DWE 2009, 29). Im Übrigen muss die Herstellung den bestehenden Vorschriften entsprechen und i. ü. sachgerecht sein (BayObLG, ZMR 95, 97). Dagegen ist die erstmalige Herstellung des GemEs durch den Bauträger-Eigentümer abweichend von den ursprünglichen Plänen und der Baubeschreibung keine bauliche Veränderung (OLG Celle, NZM 2000, 911/LS).

Eine nicht fest und dauerhaft installierte **Wäschespinne,** die nur bei Bedarf in ein im Boden eingelassenes Führungsrohr geschoben wird, ist keine bauliche Veränderung (OLG Zweibrücken, NZM 2000, 293).

2 Demgegenüber bedeutet **bauliche Veränderung** jede darüber hinausgehende **Umgestaltung** des GemEs in seiner bestehenden Form (OLG Frankfurt a. M., Rpfleger 80, 112) oder seinem Erscheinungsbild, die **auf Dauer angelegt** ist (OLG Zweibrücken, DerWEer 88, 26). Dabei ist von der (ggfs. faktischen) **Zweckbestimmung** des GemEs auszugehen (AG Siegburg, DerWEer 88, 70). Die Schwelle kann recht niedrig sein. So stellt die Veränderung der **farblichen Gestaltung** bereits eine bauliche Veränderung dar (BayObLG, ZWE 2001, 609; NZM 2002, 869; differenzierend LG Bonn, NJW-RR 2002, 442), ebenso die Beseitigung des **Fassadengrüns** verbunden mit Unterbindung für die Zukunft (OLG Düssel-

dorf NZM 2005, 149; s. a. BGH NZM 2004, 312 zum Beseitigungs- u. Unterlassungsanspr.). Die Anbringung einer beleuchteten **Reklametafel** an der Außenfassade stellt ebenfalls eine bauliche Veränderung dar (OLG Köln, NZM 2007, 92). Auch die Errichtung eines **Maschendrahtzaunes** zwischen den beiden Stellflächen einer Doppelgarage stellt eine bauliche Veränderung dar, selbst wenn der WEer den Maschendrahtzaun ausschließlich auf seiner Sondereigentumsfläche errichtet hat (BayObLG, NJW-RR 91, 722).

Maßgeblich für den Vergleich zwischen früherem Zustand und dem durch die bauliche Veränderung hervorgerufenen ist der rechtmäßig bisher erreichte tatsächliche Zustand. Dieser kann seinerseits durch zulässige bauliche Veränderung geprägt sein (BayObLG NJW-RR 2002, 445) oder war zu dulden (OLG Saarbrücken, FGPrax 97, 56). Die **Auswechselung** eines schadhaften Asphaltbodens durch Plattenbelag kann ordnungsmäßige Instandhaltung bedeuten (OLG Schleswig, SchlHA 68, 70), nach KG (DerWEer 85, 95) auch der Einbau von **Betonschwellen** in das vorhandene Verbundsteinpflaster. Letzteres erscheint zweifelhaft, auch wenn die Maßnahme fachgerecht durchgeführt wird und der Verkehrsberuhigung dient. Keine ordnungsgemäße Instandsetzung und Instandhaltung ist die Beseitigung eines **Kiesbelages** auf einer **Dachterrasse** bis auf die auf der Betondecke aufliegende Abdichtungsfolie und Aufbringen von Erde und einer Bepflanzung, sondern bauliche Veränderung (BayObLG, WuM 96, 495 = NJW-RR 96, 1165). Die Beeinträchtigung liegt bereits in der erschwerten Möglichkeit festzustellen und zuzuordnen, wie sich Schäden am GemE ggf. entwickeln (ebenda).

Außerhalb der ordnungsmäßigen Verwaltung liegen: Vorzeitige Instandhaltung und Instandsetzung vor Eintritt des Bedürfnisses; über die notwendige Erhaltung hinausgehende Maßnahmen (KG, WM 72, 709); **Umbaumaßnahmen,** die eine Veränderung der Statik, erhöhte Wartungsanfälligkeit für das Dach als Ganzes und eine Veränderung des **optischen Gesamteindrucks** zur Folge haben (KG, OLGZ 92, 426). Die Veränderung muss dabei nicht von allen Standorten als optische Beeinträchtigung wahrgenommen werden, etwa bei der Errichtung eines Gartenhauses (LG München, DWE 2009, 47). Dabei stellen spürbare Eingriffe in den optischen Gesamteindruck der Fassade auch dann eine bauliche Veränderung dar, wenn sie nicht unmittelbar die Bausubstanz berühren (OLG Köln, NZM 99, 911/LS); etwa das Anbringen einer **mobilen Balkontreppe** (OLG Karlsruhe, NZM 99, 36); ebenso bei Veränderung des **architektonischen Gesamteindrucks** (BayObLG,

NJW-RR 13, 337), selbst wenn es sich nur um die zu einem Fluss gelegene Dachseite handelt, die durch den Einbau von Fenstern beeinträchtigt wird (LG Hamburg, WE 2000, 6); Umbau der Fernsehantenne für Erweiterung des Empfangsbereichs (AG Wiesbaden MDR 67, 126, heute zweifelhaft); a. A. AG Starnberg MDR 70, 679, wenn eine Pflicht z. Teilnahme besteht. Als bauliche Veränderung gilt auch die Neuerrichtung einer **Gasleitung,** die aus dem Kellerraum eines WEers durch eine tragende Wand in den Kellerraum eines anderen WEers führen soll (BayObLG, WuM 99, 656).

3   Bauliche Veränderungen i. S. des Abs. 1 Satz 1 sind z. B. Veränderungen an **unbebauten Grundstücksteilen,** z. B. durch **Bebauung** (auch schon Umwandlung der Grünfläche in Abstellplätze, so OLG Stuttgart, NJW 61, 1359, dazu Bespr. in BlGBW 62, 144; Rpfleger 74, 361; BayObLG, MDR 75, 844 = Rpfleger 75, 310; OLG Frankfurt a. M., DerWEer 83, 58; differenzierend OLG Düsseldorf, MDR 83, 320 = ZMR 84, 70; anders jedoch, wenn auf einem bestehenden Parkplatz anstatt bisher 10 nun 14 Parkplätze ausgewiesen werden, OLG Köln, OLGZ 78, 287). Bauliche Veränderung ist die Umgestaltung einer Grünfläche in eine **befestigte** umfriedete Fläche zum Aufstellen von Müllbehältern (OLG Zweibrücken, DerWEer 88, 26). Das **Fällen von Bäumen** stellt eine bauliche Veränderung dar, wenn die Bäume für den Gesamteindruck der Anlage mitbestimmend sind (OLG Köln, WuM 99, 645 = NZM 99, 623); ebenso das ersatzlose Fällen (LG Frankfurt a. M., NJW-RR 90, 24; *Schmid,* DerWEer 87, 76) oder ein dauerhafter **Rückschnitt** einer **Hecke** bei Sichtschutzfunktion (BayObLG, NJW-RR 2004, 1378). Dasselbe gilt für einen **Radikal**rückschnitt, der zur Schädigung bzw. langdauernden Kahlstellen führt (OLG München NJW-RR 2006, 88 = ZWE 2006, 49/LS). Das **Fällen** ist jedoch dann als bloße in den Rahmen ordnungsgemäßer Verwaltung fallende Instandsetzungsmaßnahme zu werten, wenn es erforderlich ist, weil die Bäume nicht mehr standsicher sind (OLG Köln, a. a. O.). Auch das Anbringen einer grünen **Sichtschutzmatte** aus Kunststoff hinter einem Maschendrahtzaun, der zwei Sondernutzungsflächen im Garten voneinander trennt, stellt grundsätzlich eine bauliche Veränderung dar, die für den am angrenzenden Gartenbereich Berechtigten mit einer optischen Beeinträchtigung verbunden ist (BayObLG, NZM 2000, 678), ebenso die grundlegende Umgestaltung einer Sondernutzungsfläche (OLG Hamm, NZM 2000, 910). **Keine** bauliche Veränderung ist das Pflanzen einer **Hecke** auf dem gemeinschaftlichen Grundstück (BayObLG, NJW-RR 91, 1362), die Aufstellung eines Fahrradständers an Stelle ungeordneten Abstellens der **Fahrräder** (OLG Köln, WE 97, 199)

oder die Errichtung eines kleinen Kaninchengeheges auf einer Gartenfläche im Rahmen eines SNRs (OLG NZM 2005, 785). Dagegen die Errichtung einer **Betonplatte** angrenzend an SE (OLG Hamburg, OLGZ 89, 309) oder die Anlage einer **Terrasse** auf einer Grünfläche (KG, WM 72, 708 = OLGZ 71, 492), die Errichtung einer Terrasse samt darunter liegendem Keller zum alleinigen Gebrauch (BayObLG NJW-RR 93, 85). Das gilt auch für den **Anbau** eines **Balkons** (BayObLG, NZM 2004, 384 = NJW-RR 2004, 1240) oder die Errichtung eines **Wintergartens** auf einer Terrassenfläche (BayObLG, ZWE 2004, 376; OLG München ZWE 2006, 48). Ein gleichwohl gefasster und unangefochten gebliebener Mehrheitsbeschluss ist wirksam (BayObLG a. a. O., unter Abweichung von OLG Karlsruhe, WuM 91, 54 und OLG Köln, DerWEer 91, 155; s. u. Rz. 12). Auch das **Betonieren** der Zufahrt für Garagen (OLG Celle, Grundeigentum 68, 115 = MDR 68, 48) und die Errichtung eines in üblicher Weise zu erstellenden **Sandkastens** im Garten der WEer stellt eine bauliche Maßnahme dar (LG Paderborn, WuM 94, 104). Ebenso das Verlegen einer auf dem GemE errichteten **Wäschespinne,** es sei denn, der Standplatz war von vornherein falsch gewählt (BayObLG, WuM 93, 295). Nicht darunter fällt dagegen das Aufstellen einer mobilen Wäschespinne (OLG Zweibrücken, NZM 2000, 293) oder die vorübergehende Möblierung einer Freifläche (BayObLG, NJW-RR 2002, 949).

Zur baulichen Veränderung zählt ebenfalls jede **grundsätzliche Neuerung** (BayObLG, Wohnung u. Haus 80, 102), aber auch jede **Veränderung** der **SEs**-Gegenstände, die in das **gemeinschaftliche Eigentum** eingreift: **Durchbrüche** durch Stützmauern (Brandmauer: BayObLGZ 71, 281 = MDR 72, 52/LS; = ZMR 72, 219; OLG Köln, DerWEer 88, 29; BayObLG, NJW-RR 91, 1490), **Wanddurchbrüche** durch eine tragende Wand, um zwei EWen zu verbinden (BGH NJW 2001, 1212: Ausnahme nur, wenn kein wesentlicher Eingriff in die Substanz des GemEs erfolgt; BayObLG, NJW-RR 95, 649). Beim Durchbruch durch eine **nicht tragende** Wand ist zu differenzieren. Allein der Verlust der Abgeschlossenheit (§ 3 Abs. 2) führt nicht zu einem Nachteil der WEer i. S. von § 14 Nr. 1. Es müssen weitere Beeinträchtigungen hinzukommen (BGH NJW 2001, 1212; dazu a. BayObLG, Az. 2 Z BR 58/96. Der Durchbruch von der Wohnung in einen Hobby-/Bastlerraum, der eine Nutzung für Wohnzwecke ermöglicht, erfordert die Zustimmung aller (OLG Köln NZM 2005, 785). Der Einstimmigkeit bedürfen auch Durchbrüche der Geschoss**decken** (AG Hamburg-Altona, DerWEer 85, 128/LS; BayObLG, NJW-RR 92, 272; KG, NJW-RR 93, 909 = WuM 93, 292; NJW-RR 90, 334) oder eines

Flachdaches eines Hochhauses zum Anschluss eines Kaminschornsteins (OLG Hamburg, DerWEer 87, 98), die **Umgestaltung** eines Wohnungsfensters in eine auf einen gemeinsamen Innenhof führende Türe (BayObLG, DerWEer 83, 30 = Wohnung u. Haus 82, 207), **Zumauern** eines Fensters (OLG Düsseldorf, DerWEer 89, 176), Aufstellung von **Fertiggaragen** (KG BB 67, 1270 = NJW 68, 160, BayObLG, ZMR 74, 55) sowie **Anbau** einer Terrasse (BayObLG, DerWEer 84, 27) oder **Dachausbauten** (OLG Stuttgart NJW 70, 102, 103 = OLGZ 70, 74; BayObLG, DerWEer 83, 31; vgl. BayObLG, NJW-RR 94, 1169), der Einbau einer **Küchenzeile** in ein „Speicherabteil" der Eigentumswohnung (BayObLG, NJW-RR 91, 140), das Ersetzen von **Fenstern** durch Fenster-/**Türelemente** und Schaffung eines weiteren Zugangs (BayObLG, NZM 99, 1154/LS). Die Änderung von **Struktur** und **Linienführung** bei Veränderung von **Fenstern** (OLG Köln NZM 2005, 790), wie auch die **Neugestaltung** maßgeblicher Teile der **Außenanlage** einer Wohnanlage bedeutet i. d. R. eine bauliche Veränderung (OLG München NZM 2005, 825); ebenso die Installation einer **Entlüftungsanlage** am **Küchenfenster** (OLG Köln, NZM 2000, 297/LS); der **Einbau** eines **Dachfensters** sowie Vergrößerung und Umgestaltung von Giebelfenstern (BayObLG, a. a. O.), die Öffnung eines **Giebels** (AG Hamburg, DerWEer 89, 78; s. auch BGH, NJW 92, 979 = LM H. 6/1992 § 16 WEG m. Anm. *Reithmann*), der Anbau eines **Balkons** (BayObLG, DerWEer 84, 27), die Umstellung der Wärmeversorgung einer Wohnanlage von Nachtspeicherstrom auf Gas (OLG Hamm, NJW-RR 95, 909), der erstmalige Einbau einer **Wasserenthärtungsanlage** (BayObLG, DerWEer 84, 62 = MDR 84, 406), einer **Gegensprechanlage** (AG Bremen, DerWEer 85, 128/LS) oder Errichtung von **Garagen** auf Abstellplätzen (KG, OLGZ 70, 58) bzw. Anbringung von **Schaukästen** an den Außenwänden eines Ladengeschäfts (OLG Stuttgart, WEM 80, 38). Auch das Anbringen eines **Rolltores** zum Abschließen eines im SE stehenden Stellplatzes in einer zu einer WEsanlage gehörenden Tiefgarage ist eine bauliche Veränderung, die der Zustimmung aller WEer bedarf (OLG Köln, NZM 99, 865).

4 Bauliche Veränderungen sind auch die **Errichtung** einer zusätzlichen **Wohnung** oder **Aufstockung** (KG, OLGZ 76, 56; BayObLG, MDR 83, 134), Ausbau des **Dachgeschosses** (BayObLG, NJW-RR 93, 336 = WuM 93, 88), der Umbau eines im Aufteilungsplan als **Waschküche** bezeichneten Raums in einen **Versammlungsraum** (BayObLG, MittBayNot 97, 172), die Errichtung eines **Kinderspielplatzes** (LG Mannheim, ZMR 76, 51; OLG Frankfurt a. M., DerWEer 83, 58), die Errichtung eines **Ge-**

Besondere Aufwendungen, Wiederaufbau   **4   § 22**

rätehauses auf einer Grünfläche (KG, Rpfleger 77, 314), einer **Gartenhütte** (OLG Frankfurt a. M., DerWEer 86, 60; BayObLG, NJW-RR 92, 975; LG München, DWE 2009, 47), das Verlegen eines **Wäschetrockenplatzes** (BayObLG, DerWEer 87, 56), die Schaffung von **Abstellplätzen** durch Versetzung eines **Containers** und Entfernung der **Müllbox** (OLG Frankfurt a. M., Rpfleger 80, 112), die **Versetzung** einer Böschungsstützmauer (OLG Karlsruhe, OLGZ 78, 172), das Anbringen einer **Leuchtreklame** (OLG Hamm, OLGZ 80, 274) unter Berücksichtigung der Ortsüblichkeit, die Verlegung von Bodenplattenreihen im Garten vor der **Loggia** einer EW (OLG Stuttgart, WEM 80, 75), Einbau einer **Terrassentüre** an Stelle eines Fensters (BayObLG, DerWEer 84, 27), Errichtung einer **Pergola** (BayObLG, Rpfleger 81, 244; OLG Frankfurt a. M., DerWEer 89, 70); die Anbringung ca. 15 cm nach außen vorstehender **Rollladenkästen** an der zur Straße gelegenen Seite eines Hauses (OLG Düsseldorf, NJW 95, 1418); die Errichtung einer **Markise** (OLG Frankfurt a. M., DerWEer 86, 59; anders, wenn sie sich in die Umgebung unauffällig einpasst (OLG Düsseldorf, DerWEer 89, 176; OLG Zweibrücken, NZM 2004, 428). Die eigenmächtige Anbringung einer **Ladenmarkise,** zumal wenn durch den Geschäftsbetrieb auf der Straße die Sicht auf das Praxisschild eines WEers verschlechtert wird ist unzulässig (KG, DerWEer 95, 33 = NJW-RR 95, 587 = ZMR 95, 169). Die Würdigung, ob eine **Markise** zu einer nachteiligen Veränderung des optischen Gesamteindrucks einer EWsanlage führt, liegt weitgehend auf tatrichterlichem Gebiet (BayObLG, WuM 95, 449 = NJW-RR 96, 266; OLG Zweibrücken, NZM 2004, 428); ebenso für die Frage, ob eine **Balkonverglasung** ausnahmsweise nicht zu einer nachteiligen optischen Veränderung führt (BayObLG, WuM 95, 59). Sind nach der Teilungserklärung die jeweiligen WEer berechtigt, auf den ihrem Sondernutzungsrecht unterliegenden **Balkonen** jeweils im Rahmen der Bauvorschriften nach freiem Ermessen einen – nicht näher beschriebenen – **Wintergarten** zu errichten, ist dies dahin auszulegen, dass der Balkon rundum **verglast** und als Innenwohnbereich genutzt werden darf, also das Wohnen in diesem Bereich gestattet ist (OLG Düsseldorf, NZM 2000, 344/LS). Weitere bauliche Veränderungen stellen dar: **Vollverglasung** eines Balkons (OLG Stuttgart, Justiz 80, 474 = WEM 80, 36; BayObLG, NJW-RR 93, 337; BGH, NZM 2007, 130: Bildung eines Wintergartens) ebenso ein **Balkonanbau** mit einer Stahlstützenkonstruktion, die im Garten verankert ist (OLG Düsseldorf, NZM 99, 1145/LS; s. BGH a. a. O.) und die **Rundumverglasung** eines Balkons, selbst wenn er in der Teilungserklärung dem **SE** zugewiesen ist

(OLG Düsseldorf, FGPrax 95, 102). **Verglasung** einer **Loggia** (BayObLG, DerWEer 83, 123; OLG Düsseldorf: Hier allerdings erlaubt, da in der TE vorgesehen, WuM 2000, 334) bzw. **Balkons** (BayObLG, NJW-RR 93, 337; OLG Frankfurt a. M., ZMR 94, 381), auch wenn lediglich auf den seitlichen **Balkonbrüstungen** Glasscheiben angebracht werden (BayObLG, WuM 96, 487); das **Unterfangen** eines bisher nur auf Stützen ruhenden **Balkons** durch einen geschlossenen **Anbau** (OLG Köln, NZM 2000, 296); die Anbringung eines **Plattenbelags** über die Balkontiefe hinaus (BayObLG, ZMR 76, 84). Der Einbau einer Betontreppe in die Böschung einer Terrasse stellt eine bauliche Veränderung dar, die den Eigentümer der darüberliegenden Wohnung dadurch beeinträchtigt, dass ein zusätzlicher Zugang zu der Terrasse und damit der Wohnung geschaffen wird (BayObLG, ZMR 91, 444). Die Erweiterung einer **Terrassenüberdachung** und die Rundumverglasung eines **Freisitzes** sind ebenfalls nur einstimmig durchführbar (OLG Saarbrücken, OLGZ 89, 181). Dies gilt auch für die Anlegung eines **Dachgartens** auf der im SE stehenden Dachterrasse rund um eine **Penthousewohnung** (OLG Köln, NZM 99, 1103). Auch die Neuerrichtung einer **Solaranlage** stellt i. d. R. eine bauliche Veränderung dar (OLG München NZM 2005, 825).

Bauliche Veränderung ist auch der Einbau von **Schränken** im Bereich der Wohnungstür auf dem **Treppenpodest** des gemeinschaftlichen **Treppenhauses;** ebenso das Aufstellen von **Schränken** (OLG Köln, NZM 99, 911) sowie von Garderobeneinrichtungsgegenständen (KG, NJW-RR 93, 403 = WuM 93, 83) oder die Ersetzung der vorhandenen Raufasertapete durch eine Glasfasertapete bei der Renovierung des Treppenhauses (OLG Düsseldorf, NJW-RR 94, 1169).

5 Die Installation von Rundfunk-, Fernsehempfangsanlagen fällt grundsätzlich auch unter dem Gesichtspunkt baulicher Veränderung in die Zuständigkeit der Gemeinschaft (allg. M. OLG Köln NJW 2004, 3496). Ein weiterer Aspekt ist der aus dem Grundrecht auf Informationsfreiheit erwachsende Anspruch auf Gestattung entsprechender Gemeinschafts- oder Individualinstallationen (s. § 13 Rz. 42 ff.). Beide Gesichtspunkte sind häufig nicht von einander zu trennen, so dass im Einzelfall der eine oder der andere überwiegen kann. Überwiegt der Anspruch auf Informationsfreiheit, wird es sich z. B. beim Anschluss an das Breitbandkabelnetz der Telekom oder eines anderen Anbieters um eine Maßnahme ordnungsmäßiger Instandsetzung handeln (OLG Hamburg, NJW-RR 91, 1119; BayObLG, NZM 2000, 679; a. A. die früher h. M.). So bedarf auch der Anschluss an das **Breitbandkabelnetz** grundsätzlich der Zustimmung aller WEer zumindest dann, wenn eine funktionsfähige und gleich leistungsfähige **Antennenanlage** bzw. Einzelantennen vorhanden sind (OLG Celle, DerWEer 86, 54; AG Charlottenburg, DerWEer 85, 62). Das gilt auch für die Errichtung einer Parabolantenne durch einen WEer, wenn eine gemeinschaftliche Satellitenantenne bereits besteht (BGH, ZWE 2010, 29; OLG Köln, NJW 2004, 3496). Die Gemeinschaft muss darüber hinaus die Befugnis haben, sich künftig für (gemeinschaftlichen) digitalen Empfang zu entscheiden (a. a. O.). Die Durchsetzung des Anspruchs auf **Entfernung** der eigenmächtig angebrachten Parabolantenne ist nicht missbräuchlich, auch wenn der Betr. WEer die Nutzung unentgeltlich anbietet (a. a. O.). Ein **Mehrheitsbeschluss** ist nicht nur dann zulässig, wenn **bisher** keine Gemeinschaftsantenne vorhanden war und die nichtzustimmenden WEer nicht zu den Anschlusskosten beitragen müssen (AG Charlottenburg, a. a. O.), sondern auch dann, wenn einzelne WEer unabhängig von der Gemeinschaftsantenne Kabelanschlüsse wünschen (OLG Celle, a. a. O.). Sie haben dann nicht nur die Installations- und Anschlusskosten der Nichtinteressierten mitzutragen, sondern auch die Kosten der Gemeinschaftsantenne (OLG Celle, a. a. O.). Ist die Reparatur der alten Gemeinschaftsantenne unwirtschaftlich, kann die Umstellung auf Kabelfernsehen ordnungsmäßiger Verwaltung entsprechen (AG Hamburg-Altona, DerWEer 88, 30). Dies kann auch dann der Fall sein, wenn die Reparaturkosten für eine defekte Gemeinschaftsantenne den Kosten für den Kabelanschluss annähernd entsprechen (OLG Celle, DerWEer 88, 66). Zu den Einzelheiten s. a. *Deckert,* PIG VII, 1981; *Röll,* NJW 84, 106 und OLG Stuttgart, DerWEer 80, 62. Ggfs. können die WEer den **Ersatz** eines Anschlusses an das Breitbandkabel durch eine Gemeinschafts-Satellitenempfangsanlage mit Stimmenmehrheit beschließen (BayObLG, NZM 2000, 679). Auch der Einbau einer **Parabolempfangsanlage** zum Fernsehempfang stellt eine bauliche Veränderung dar, weshalb im Einzelfall stets abzuwägen ist, ob ein **ausländischer** WEer zur Installation einer solchen **Antenne** berechtigt ist (LG Stuttgart, WuM 99, 591). Ficht dieser den Beschluss zur Entfernung nicht an, können die WEer die **Beseitigung** durchsetzen (OLG Köln NZM 2005, 108). Gewährleistet das vorhandene Breitbandkabel den Empfang mehrerer heimatlicher Sender (gegen eine geringe Gebühr), können die WEer eine eigenmächtig angebrachte Parabolantenne verbieten (LG München I 1 T 17467/04). Von einer baulichen Veränderung ist auch dann auszugehen, wenn die **Antenne** nicht mit dem Gebäude fest verbunden ist, sondern **lose** (mobil) auf einem auf dem Balkon befindlichen Schränkchen **aufgestellt** wurde (OLG Stuttgart, WuM 96, 177; dazu *Schuschke,* ZWE 2000, 146) oder im räumlichen Bereich einer **Loggia** angebracht wird (OLG Düsseldorf, NJW 94, 1163). Das Grundrecht auf Informationsfreiheit nach Art. 5 Abs. 1, S. 1 GG gibt einem WEer jedoch grundsätzlich einen Anspruch gegen die anderen WEer auf Zustimmung zum Einbau (LG Heilbronn, Beschluss vom 3. 3. 1993 – 16 T 169/92 Ha; NJW-RR 93, 588; OLG Celle, NJW-RR 94, 977), sofern keine Gemeinschaftsanlage vorhanden ist. Das Recht der Gemeinschaft, bauliche Veränderung nur allstimmig zu beschließen, **reduziert** sich damit auf den Anspruch z. B. auf die fachgerechte Anbringung auf dem Dach an unauffälliger Stelle (BGH, ZWE 2010, 29; BGH, NJW 2004, 937: Ausländische Wohnungsnutzer; OLG Zweibrücken, NJW-RR 2007, 300: Deutsche; OLG Düsseldorf, NJW 93, 1274); einschränkend aber BGH, ZWE 2010, 29: Duldungsanspruch ist nicht von der Staatsbürgerschaft des WEers abhängig. Sofern ein **Anschluss** an eine vorhandene Kabelanlage **besteht,** besteht i. d. R. kein Anspruch auf Gestattung einer Parabolantenne (BGHZ 152, 46 = NJW 2002, 370). Dabei ist jedoch eine Interessenabwägung vorzunehmen (BGH a. a. O.; OLG Köln NZM 2006, 113). Das WEsrecht hat bei der Frage der auf Mehrheitsbeschluss beruhenden Installation einer Parabolantenne im Grundsatz denjenigen Wertungen zu folgen, die das BVerfG in Bezug auf das Grundrecht der Informationsfreiheit für das Mietrecht des BGB entwickelt hat (BVerfG, NJW 95, 1665). Die Ausnahmemodalitäten – etwa bezogen auf Schäden an der Bausubstanz oder Kostenrisiken – zu entwickeln, z. B. durch einen Einstimmigkeitsvorbehalt, ist Sache der Fachgerichte (ebenda); ebenso BGH, NJW 2004, 937 = NZM 2004, 227; OLG Karlsruhe, NJW 93, 2815, OLG Celle, NJW-RR 94, 977. Dabei kann dem Grundrecht aus Art. 5 GG unter entspr. Abwägung der Interessen die Abwehrrechte aus § 1004 BGB und der Schutz des GemEs entgegenzuhalten sein (OLG Düsseldorf, NJW 94, 1163 in Abgr. zu NJW 93, 1274). Keinesfalls kann ein generelles **Verbot** von Parabolantennen durch Mehrheitsbeschluss angeordnet werden. Er ist allerdings nicht nichtig, sondern nur anfechtbar (unklar BGH, NJW 2004, 937 = NZM 2004, 227; BayObLG v. 15. 4. 2004, 2 ZBR 71/04; OLG Köln, NZM 2005, 108). Grundsätzlich hat demnach die Eigentümergemeinschaft hinsichtlich der Art und Weise der Installation einer solchen Antenne ein gewisses **Direktionsrecht** und ein Beurteilungsermessen (BGH, NJW 2004, 937; ZWE 2010, 29; OLG Düsseldorf, FGPrax 95, 228 = NJW-RR 96, 141 = ZMR 95, 554 = WuM 96, 110, dort Näheres zur Frage der Führung des Zuleitungskabels). Standort, Ausgestaltung im Einzelnen und Durchführung der Installation unterliegen der Beschlussfassung der WEer (BGH, a. a. O.; OLG Saarbrücken, NJW-RR 2007, 300; OLG München, NJW 2008, 235). Hat die Gemeinschaft bestandskräftig über die **Ortsbestimmung** von Parabolantennen beschlossen, ist es einem ausländischen WEer verwehrt, eine davon abweichende Installation beizubehalten (OLG Frankfurt a. M., NZM 2005, 427). Es ist der wirkungsvollste und gleichzeitig bei Auswahl unter mehreren der am wenigsten störende Standort zu wählen (BayObLG v. 8. 4. 2004, 2 Z BR 51/04).

Falls die **Kostentragung** der Umbauarbeiten oder Installation nicht durch Vereinbarung hinsichtlich des **SEs** geregelt sind, können diese Kosten im Beschlussweg aufgeteilt werden (*Hogenschurz,* ZMR 2004, 901; *Derleder,* NJW 2004, 3757), ggfs. nach der Zahl der WEseinheiten.

3. Begriff der besonderen Aufwendungen. Es sind nicht nur 6 bauliche Veränderungen, sondern auch Aufwendungen, die über ordnungsmäßige Instandhaltung und Instandsetzung hinausgehen (OLG Schleswig, DerWEer 2002, 25; s. o. Rz. 2). Dazu gehört z. B. eine unnötig teuere Ersatzbeschaffung oder Instandsetzung zur Unzeit. Daher ist in diesem Fall Einstimmigkeit (Allstimmigkeit) erforderlich, ebenso, wenn einem WEer grundlos Zuwendungen zugebilligt werden sollen.

4. Abdingbarkeit. Das Abweichen von § 22 durch Vereinbarung 7 ist zulässig (BGH, MDR 70, 753; KG NJW 69, 2205; OLG Stuttgart, WEM 80, 38; OLG Frankfurt a. M., DerWEer 84, 30; BayObLG NZM 2005, 622 h. M.). Dies gilt auch nach der Reform 2007, abgesehen vom Fall des Abs. 2 S. 2. Auch ein **Mehrheitsbeschluss** kann in der GemO vereinbart werden, z. B. Dreiviertelmehrheit (OLG Stuttgart, WEM 80, 75), einfache Mehrheit oder Zustimmung des **Verwalters** (OLG Frankfurt a. M., DerWEer 84, 30 = OLGZ 84, 60). Dies ist Frage der Zweckmäßigkeit. Z. B. die Anlage eines Spielplatzes durch den Veräußerer ohne Verstoß gegen Teilungserklärung oder Vereinbarung vor Abschluss der gärtnerischen Gestaltung des Gesamtgrundstücks (OLG Düsseldorf, DerWEer 83, 31). Andererseits kann auch ein völliges **Änderungsverbot** oder **Einstimmigkeit** vereinbart werden (BayObLG NZM 2005, 622). Auch wenn Abs. 1 Satz 1 durch Vereinbarung **abbedungen** ist, dürfen im Rahmen des öff.-rechtl. Zulässigen bauliche Veränderungen durchgeführt werden (BayObLG, ZMR 89, 347; FGPrax 96, 221).

Die übrigen WEer können die Einhaltung **drittschützender Normen** verlangen. Im FGG-Verfahren kann die materielle **Bau-**

rechtswidrigkeit eines genehmigten Bauvorhabens geltend gemacht werden (BayObLG, FGPrax 96, 221). Die formale Baurechtswidrigkeit allein genügt noch nicht (BayObLG, NZM 2003, 114).

8 5. Aufstockungsrecht und Ausbaurecht. Im deutschen Gesetz ist es nicht vorgesehen. Es ist möglich aber in der Form, dass ein Interessent in die Gemeinschaft der WEer mit einem MEs-Bruchteil aufgenommen wird unter Veränderung der Bruchteilsverhältnisse und dass ihm zugleich das SE an den Räumen der Aufstockung bestellt wird. Es steht nicht dem Eigentümer des obersten Stockwerkes automatisch oder ausschließlich zu. Es kann von den WEern **einstimmig** beschlossen werden (KG, OLGZ 76, 56); dabei ist die Zustimmung widersprechender WEer unbeachtlich, wenn durch die Aufstockung deren Rechte nicht über das in § 14 bestimmte Maß hinaus beeinträchtigt werden. Dabei ist eine erhebliche Vergrößerung der nutzbaren Fläche einer Wohnung und damit eine wesentlich intensivere Nutzung nicht hinzunehmen (BGH, NZM 2010, 46). Die Befugnis zur Aufstockung kann schon in der Teilungserklärung vorbehalten werden (vgl. OLG Zweibrücken v. 2. 6. 92 – 3 W 16/92). Rechtsstreit gemäß § 43. Bestand und Sicherheit des Gebäudes, Erhaltung des Bestimmungszwecks, Nichtbeeinträchtigung der Rechte der anderen WEer sind zu garantieren. Für eine Schmälerung der MEs-Anteile ist zu entschädigen, wobei allerdings eine nachteilige Änderung gegen den Willen eines WEers nicht durchsetzbar sein dürfte. Entsprechend ist auch die durch Einbau eines WC im **Dachraum** ermöglichte Benutzung als selbstständige Wohnung als **Nachteil** i. S. von Abs. 1 Satz 2 anzusehen (BayObLG v. 4. 7. 85, DerWEer 85, 125/LS; s. o. OLG Zweibrücken, a. a. O.). Auch das einer WEer in einer Dachgeschosswohnung **eingeräumte SNR** an dem darüberliegenden Speicherraum (Spitzboden) gibt ihm nicht die Befugnis, die Decke zu durchbrechen und eine Wendeltreppe sowie Dachflächenfenster einzubauen (BayObLG, NJW-RR 93, 1295/LS). So stellt auch der Ausbau eines **Speicherraums** durch Einbau einer Treppe zur darunter liegenden Wohnung, Abmauerung eines Teils des Treppenhauses und Vergrößerung der vorhandenen Fenster mit dem Ziel den Speicherraum zu **Wohnzwecken** zu nutzen, eine bauliche Veränderung dar, mit der Folge, dass die Zustimmung aller MEer erforderlich ist (BayObLG, NJW-RR 94, 82). Zur Frage, ob die Unterschrift der übrigen WEer auf einer Eingabeplanung auch eine bürgerlich-rechtliche Willenserklärung enthält s. BayObLG, a. a. O. Dagegen **dürfen** Eigentümer von Dachgeschosswohnungen, denen ein SNR an dem darüberliegenden Spitzboden zusteht, eine **Verbindungstreppe**

von der Wohnung zum Spitzboden einbauen, wenn dadurch weder Nachteile in statischer, schalltechnischer oder brandtechnischer Hinsicht entstehen noch eine wohnungsähnliche Nutzung des Spitzbodens in Frage kommt (BayObLG, NJW-RR 94, 1169 = DerWEer 94, 113).

6. Die **Zusammenfassung** von drei **Kellerräumen,** die zu zwei verschiedenen Wohnungen gehören, und ihre Ausstattung mit Sauna, Dusche und WC ermöglicht eine intensivere Nutzung der Kellerräume, auch als eigene Wohnung; sie darf daher nur mit Zustimmung aller anderen WEer vorgenommen werden (BayObLG, NJW-RR 92, 272). Der **Durchbruch** durch eine Wand zur Verbindung zweier EWen ist zwar eine bauliche Veränderung, ist aber unproblematisch, wenn es sich um eine nichttragende Wand handelt (a. A. die früher h. M.). Handelt es sich um eine tragende Wand können die WEer zumindest den Nachweis über statische und feuerpolizeiliche Unbedenklichkeit verlangen (s. u. Rz. 19). Die damit verbundene Aufhebung der Abgeschlossenheit ist jedenfalls nicht relevant (BGH, NJW 2001, 1212).

7. Abs. 1 S. 1 ist **entsprechend** auf eine Zustimmung zur Unterschreitung des (öffentlich-rechtlichen) **Bauwichs** durch einen Nachbarn der WEergemeinschaft anzuwenden, da die Nichteinhaltung einer baulichen Veränderung entspricht (BGH, NZM 2010, 46).

II. Zuständigkeitsverteilung

1. In Satz 1 Hs. 1 wird gesetzlich festgehalten, dass den WEern (vgl. BGH, NJW 2000, 3500 zu § 22 a. F.) die Beschlusskompetenz zu baulichen Veränderungen und Aufwendungen zusteht, die über die ordnungsmäßige Instandhaltung und Instandsetzung hinausgehen (BT-Drs. 16/887 S. 28).

Satz 1 Hs. 2 enthält allerdings die Einschränkung, dass die angesprochene Maßnahme und Aufwendungen der Zustimmung aller WEer bedürfen, falls deren Rechte über das in § 14 Nr. 1 bestimmte Maß hinaus beeinträchtigt werden, sie also **nicht unerheblich** beeinträchtigt sind (Drucks. 16/887 S. 28). Die Regelung bedeutet praktisch, dass i. d. R. solche Maßnahmen wie bisher grundsätzlich nur **einstimmig** beschlossen werden können, denn sie beeinträchtigen fast ausnahmsweise **alle** WEer (a. a. O.). Aus dem Erfordernis der Zustimmung folgt die **erforderliche** Stimmenzahl für die Beschlussfassung. Diese ist allerdings wie bisher nicht kompetenzbegründend. Die WEer können demnach Beschlüsse fassen, ohne Rücksicht darauf, ob die gemäß § 14 Nr. 1 Betroffenen zustimmen oder nicht. Die Zustimmung kann in der beschließenden Versammlung, aber auch außerhalb erklärt werden. Unabhängig von der Frage der Zustimmung ist die Frage der Beschlussfähigkeit nach Gesetz bzw. Vereinbarung zu entscheiden. Ergibt sich in dieser keine Beschlussfähigkeit, ist sie nachzuholen (kritisch *Bielefeld,* DWE 2009, 37). Sie dürfen allerdings keine Beschlüsse fassen, denen diese nicht zugestimmt haben. Beschlüsse, die entgegen der erforderlichen Zustimmung gefasst werden, sind lediglich **anfechtbar,** nicht unwirksam (*Bielefeld* a. a. O. S. 29).

Satz 2 enthält einerseits die Klarstellung, dass entsprechend der bisherigen Rechtslage die Einstimmigkeit der gemeinschaftlichen Verwaltung aus § 21 Abs. 1 insofern durchbrochen ist, dass lediglich **die** WEer zustimmen müssen, die durch eine Maßnahme gemäß S. 1 betroffen sind.

Zum Anderen ergibt sich bereits aus Satz 1 ein **Anspruch** gegen die übrigen **WEer,** nicht nur auf Befassung mit einer Maßnahme nach Abs. 1, sondern auch auf **Durchführung** bei Zustimmung der WEer, die in ihren Rechten über das in § 14 Nr. 1 bestimmte Maß hinaus beeinträchtigt werden. Er richtet sich **nicht** gegen die Gemeinschaft (*Kümmel,* ZMR 2007, 932; a. A. *Merle,* ZWE 2007, 374). Insoweit nicht Betroffene können der Durchführung einer solchen Maßnahme nicht verhindern. Theoretisch kann ein einzelner WEer also sie durchsetzen.

Die **Durchführung** der Maßnahme obliegt nicht der Gemeinschaft, sondern den die Maßnahme Fordernden. Die Vorschrift entspricht § 15 Abs. 3 und weist mit dem Begriff der „Beeinträchtigung" auf diese Auslegung hin.

Einstimmigkeit i. S. von Allstimmigkeit ist notwendig bei Neuerungen sowie Veränderungen, wenn diese Stabilität, Solidität und Sicherheit des Gebäudes beeinträchtigen, architektonisches Aussehen verändern, vermehrte **Geräuschbelästigung** eines MEers zur Folge haben (BayObLG, DerWEer 83, 31), Beschränkung des **Lichteinfalls** (BayObLG, DerWEer 84, 27), den **optischen Gesamteindruck** der Fassade nicht unerheblich beeinträchtigen (BayObLG, WEM 80, 31; DerWEer 83, 123; OLG Frankfurt a. M., DerWEer 83, 59; 61; 86, 59; Rpfleger 83, 64) z. B. **durch Vollverglasung** des Balkons (OLG Stuttgart, WEM 80, 36) und Umwandlung in einen **Wintergarten** (OLG Köln, Az. 16 Wx 205/96), generell Errichtung eines Wintergartens (OLG München ZWE 2006, 48) oder der WEsanlage überhaupt (OLG Frankfurt a. M., DerWEer 89, 70: Errichtung einer **Pergola**).

Anders jedoch, wenn nach der GemO bauliche Veränderungen mit anderer, z. B. qualifizierter **Mehrheit,** also im Rahmen einer **Öffnungsklausel** beschlossen werden können (OLG Frankfurt

a. M., OLGZ 81, 313). Im Falle einer entspr. Vereinbarung kommt ein Beschluss nur zu Stande, wenn die (qualifizierte) Mehrheit erreicht ist (*Häublein,* NJW 2005, 1468, OLG Köln NZM 2005, 911). Allerdings hat der Berechtigte die schonendste Lösung zu wählen (OLG Köln a. a. O. für Ausbau). **Geringfügige** optische Beeinträchtigungen sind ohnehin hinzunehmen (OLG Köln, NJW 81, 585; BayObLG, ZMR 80, 381 m. w. N.; OLG Frankfurt a. M., DerWEer 83, 59).

Auch Maßnahmen, die die gemeinschaftliche Sache für Gebrauch 11 oder Nutzung auch nur eines einzigen WEers ganz oder teilweise **unbrauchbar** machen (BayObLG, MDR 75, 844 = Rpfleger 75, 310), Verbesserung nur zugunsten einzelner WEer, **Änderung** des **Bestimmungszweckes** oder Beseitigung einer gemeinschaftlichen Einrichtung, Beeinträchtigung der Nutzungen und Dienste an gemeinschaftlichen Einrichtungen, mit der Folge eines Schadens für einen WEer, ebenso die Änderung des Bestimmungszwecks einer Wohnung sind grundsätzlich nur **einstimmig** zulässig.

Auch einzelne Teile einer gemeinschaftlichen Anlage können 12 bestimmten WEern im allg. nicht durch Mehrheitsbeschluss zur **Alleinnutzung** zugewiesen werden (s. o. § 15 Rz. 1).

Beschlüsse im Rahmen des § 22 sind in der Versammlung oder per Umlauf zu fassen. Außerhalb einer Versammlung können keine Beschlüsse gefasst werden. Weder ein einstimmiger noch ein mehrheitlicher Beschluss bedarf darüber hinaus einer **Form** (BayObLG, NZM 99, 1009; zur Abmauerung im Dachgeschoss). Die **Zustimmung** eines Betroffenen muss nicht in Form eines Beschlusses erteilt werden (BayObLG, NJW-RR 2003, 952; *Häublein,* NZM 2007, 374; *Armbrüster,* ZWE 2008, 61). Sie kann auch außerhalb der Abstimmung erfolgen (*Merle,* ZWE 2007, 374). Sie ist vor oder nach der Maßnahme möglich. Zu den Anforderungen einer **konkludente** Zustimmung (hier: Gartenhäuschen s. OLG Zweibrücken, NZM 2000, 293). Sie wird i. d. R. nicht in einer bloßen **Duldung** gesehen werden können (BayObLG, a. a. O.). Rechtsnachfolger sind an die Zustimmung, auch durch schlüssiges Verhalten des Rechtsvorgängers gebunden. Im Einzelfall können sich Aufklärungspflichten über die möglichen **Auswirkungen** der baulichen Veränderung ergeben (BayObLG, NJW 2002, 71). Hat die WEerversammlung bestandskräftig einer baulichen Veränderung, die dann auch durchgeführt wurde, zugestimmt, so stellt sich die spätere **Beseitigung** dieser Maßnahme zur Herstellung des ursprünglichen Zustands ebenfalls als eine bauliche Veränderung dar, die der Zustimmung aller betroffenen WEer bedarf (OLG Köln, NZM 2000, 305/LS).

§ 22 13   I. Teil. Wohnungseigentum

Haben die WEer ein **Verbot** von Änderungen vereinbart, spielt es keine Rolle, ob eine Beeinträchtigung gegeben ist (BayObLG, ZMR 2001, 640), Das Verbot ist durch **allstimmige** Zustimmung revidierbar.

Beschlüsse, die dem **Gebot** der **Einstimmigkeit** widersprechen, sind anfechtbar. Auch solche, bei denen die Zustimmung der beeinträchtigten WEer nicht gegeben war. Sie werden bei **Nichtanfechtung wirksam** (BGH, NJW 2000, 3500; BayObLG NZM 2001, 133; NZM 2005, 109; NZM 2004, 384: Gestattung des Anbaus eines Balkons). Dies gilt nach der Rspr. nur für eine **konkrete** Baumaßnahme (BGHZ 145, 158 = NJW 2000, 3500), jedoch nicht für einen Beschluss, der die Zulässigkeit baulicher Veränderungen **abweichend** von § 22 Abs. 1 **generell** und mit **Dauerwirkung** regelt (BayObLG NZM 2005, 109; s. *Wenzel,* NZM 2004, 543). Die **Ablehnung** eines Antrags auf Beseitigung steht der Nichtanfechtung allerdings nicht gleich (BGH, NJW 2001, 1212).

13   **2. Mehrheitsentscheidung.** Sie gilt grundsätzlich bei Maßnahmen innerhalb **ordnungsmäßiger Verwaltung**, z. B. dann, wenn bauliche Veränderungen auf Grund **behördlicher** Anordnung oder auf Grund baurechtlicher Vorschriften (Kinderspielplatz: LG Freiburg, ZMR 79, 382; BayObLG, ZMR 80, 382; OLG Frankfurt a. M., OLGZ 83, 29 = DerWEer 83, 58; 61) vorgenommen werden müssen (BGH, NJW 2002, 3629; s. o. Rz. 1, 2 und § 21 Rz. 44). Generell gehört auch die Vermeidung/Beseitigung von Gefahrensituationen in diesen Rahmen, etwa Installation von **Fahrbahnschwellen** zur Verminderung der Geschwindigkeit auf dem Grundstück (KG, OLGZ 85, 263) und die Entfernung **asbesthaltiger** Gegenstände (BayObLG, WE 94, 26: eines **Pflanztrogs**) oder eines asbestverseuchten **Lüftungsschachts** (OLG Köln NJW-RR 2006, 89). Im Einzelfall kann das Aufstellen eines **Zauns** zum Schutz spielender Kinder geboten sein (BayObLG, NZM 2000, 513), Maßnahmen zur Sicherung des Geländes vor Abrutsch (BayObLG, ZMR 2001, 468), desgl. die Anbringung einer **Blitzschutzanlage** (OLG Düsseldorf, NZM 2001, 146). Auch wenn eine ordnungsmäßige Instandsetzung des GemEs eine bauliche Veränderung (zwangsläufig) mit sich bringt (BayObLG, DerWEer 88, 101). Dasselbe gilt, wenn die Durchführung einer Maßnahme wirksam beschlossen ist, für die Festlegung der näheren **Einzelheiten** (BayObLG, DerWEer 88, 101), also den Folge- und Ausführungsbeschluss. § 22 **Abs. 1 Satz 2** spricht nicht von Mehrheitsentscheidung, sondern nur von der **Entbehrlichkeit** der Zustimmung einzelner WEer (BGH, NJW 79, 817 = WEM 79, 83 = ZMR 79,

146 = ZMR 80, 160 = ZMR 81, 123; 287 = BlGBW 80, 72 = BauR 80, 118; a. A. KG, NJW 68, 160; RGRK/*Augustin,* Rz. 10 ff. u. *Soergel/Stürner,* Rz. 3 je zu § 22 WEG).

Haben die WEer mit **Stimmenmehrheit** eine bauliche Veränderung beschlossen oder genehmigt, die über die ordnungsmäßige Instandhaltung oder Instandsetzung des GemEs hinausgeht, ist der Beschluss nicht für ungültig zu erklären, wenn feststeht, dass kein WEer durch die bauliche Veränderung über das in § 14 Nr. 1 bestimmte Maß in seinen Rechten beeinträchtigt wird (BayObLG, NJW-RR 93, 206; BayObLG v. 24. 8. 2000 – 2 Z BR 160, 99; BGH v. 20. 9. 2000 – V ZB 58/99: nach der Rspr. des BGH zur Kompetenz der Gemeinschaft zwar jetzt ggfs. fragwürdig, jedoch Förmelei). Dagegen kann die **Legitimation** bereits erkennbar begonnener bzw. ausgeführter baulicher Veränderungen durch bestandskräftigen Mehrheitsbeschluss erfolgen (OLG Düsseldorf NZM 2005, 791). Haben die WEer eine bauliche Veränderung mit Mehrheit beschlossen und ist dieser Beschluss unangefochten geblieben, so genügt für eine spätere **Konkretisierung** der beschlossenen Maßnahme ebenfalls ein Mehrheitsbeschluss (OLG Düsseldorf, NZM 2000, 390 = FGPrax 2000, 7).

Öffentlich-rechtliche Vorschriften, auch wenn sie dem **Schutz** **14** des **Nachbarn** dienen, finden im Verhältnis der WEer untereinander keine Anwendung, sofern nicht § 22 Abs. 1 abbedungen ist (BVerfG NJW 2005, 2844). So greift eine **baubehördliche Genehmigung** hinsichtlich baulicher Veränderungen grundsätzlich **nicht** in das **privatrechtliche** Verhältnis zwischen den WEern ein (BayObLG, Der-WEer 83, 31); DerWEer 85, 61; KG, DerWEer 87, 97; OLG Hamburg, DerWEer 87, 98; BVerwG, DerWEer 88, 107). Sie ersetzt nicht die Zustimmung nach § 22. Auch die Zustimmung im Baugenehmigungsverfahren umfasst nicht ohne Weiteres die nach WEG (OLG Karlsruhe, NZM 98, 526; KG, NZM 98, 771: Auslegungsfrage). So wird eine nur nach Zustimmung aller WEer zulässige bauliche Veränderung eines unter Denkmalschutz stehenden Gebäudes durch die Genehmigung der **Denkmalbehörde** nicht zu einer den WEern gegenüber wirksamen (OLG Köln, NZM 2000, 296). Ein Nachteil ist dann zu bejahen, wenn eine bauliche Veränderung gegen **öffentlich-rechtliche Vorschriften** verstößt (BayObLG, NZM 99, 1060/LS). Ein öffentlich-rechtlicher **Folgenbeseitigungsanspruch** ist von der **Gemeinschaft** geltend zu machen, nicht von einem einzelnen WEer (VGH München, NJW 2004, 1818/LS). Bestehen öff.-rechtl. Vorschriften, wird bei notwendigen Erneuerungsmaßnahmen eine Berücksichtigung mehrheitlich zu beschließen sein (z. B. Einbau von **Rauchwarnmeldern**). Die Anbringung von **Rauchwarnmeldern** in der Anlage dürfte im Allg. auch heute schon ordnungsmäßiger Verwaltung entsprechen, auch wenn die Anbringung in bestehenden Gebäuden gesetzlich nicht vorgeschrieben ist (zur Pflicht des Gesetzgebers s. verneinend RhPfVerfGH NZM 2005, 695 = NJW 2006, 285/LS; zur Beschlusskompetenz s. § 21 Rz. 17 u. OLG Frankfurt/M, DWE 2009, 63; allg. zur Frage *Bielefeld*, DWE 2009, 11).

15 3. **Einzelner WEer.** Er ist immer **zuständig** bei Veränderungen innerhalb des SEs (s. aber § 13 Rz. 4 ff.). Stabilität und Sicherheit, architektonisch-ästhetisches Aussehen des Gebäudes dürfen aber auch dadurch nicht verändert werden.

16 Unabhängig davon ist auch eine **Ermächtigung** des einzelnen WEers bezüglich der Vornahme baulicher Veränderungen am **GemE** durch Vereinbarung oder Beschluss denkbar. Z. B. enthält eine Regelung in der GemO neben der Überdachung der **Terrasse** die Befugnis, „auch sonstige bauliche Veränderungen im Bereich der Terrasse, soweit baurechtlich zulässig", vorzunehmen so ist damit auch die Errichtung eines **Wintergartens** gemeint (OLG Zweibrücken NZM 2005, 510). Auch deckt ein Beschluss, mit dem der **Ausbau** von Speicherräumen „**allgemein**" und ohne aus der Versammlungsniederschrift zu entnehmenden Beschränkungen genehmigt wird, grundsätzlich den Ausbau zu einer **Wohnung** (BayObLG, NJWE-MietR 97, 13, s. o. § 15 Rz. 20). Sogar schon vor der rechtlichen Invollzugsetzung der Gemeinschaft und vor dem Entstehen einer faktischen Gemeinschaft, aber auf der Grundlage von Teilungserklärung/Gemeinschaftsordnung können die künftigen WEer einer baulichen Veränderung durch einen künftigen WEer zustimmen und sind daran als WEer gebunden (BayObLG, NJW-RR 95, 653). Die Zustimmung des/der nachteilig betroffenen WEer zu einer baulichen Veränderung setzt keinen **förmlichen** Eigentümerbeschluss voraus (BayObLG, NJW-RR 95, 653).

Der **Verwalter** kann im Rahmen seiner gesetzlichen oder vertraglichen Befugnisse auch in Angelegenheiten des § 22 Abs. 1 tätig werden (s. § 27 Rz. 9 f.). Sieht die GemO vor, dass bauliche Veränderungen der schriftlichen **Einwilligung** des **Verwalters** bedürfen, so ist dies in der Regel nur als zusätzliches Erfordernis (**Vorschalterfordernis**) anzusehen, das neben die Zustimmung der durch die Veränderungen beeinträchtigten WEer tritt (BayObLG, NZM 2000, 686/LS = ZWE 2000, 217; OLG Köln, ZMR 2004, 146). Die Zustimmung der Gemeinschaft macht die Anrufung des Verwalters überflüssig. § 22 bleibt unberührt (OLG Düsseldorf, NJW-RR 97, 1103).

Das Recht, eine Mitwirkung zu verlangen im Sinne des § 21 **17**
Abs. 2 entfällt, soweit eine Maßnahme unter § 22 Abs. 1 zu rechnen wäre. So besteht kein Anspruch, die (verbotswidrige) **Beseitigung** gemeinschaftlicher Wohnungstrennwände zu genehmigen (BayObLG, Rpfleger 83, 14). Widerspricht die äußere Gestaltung der Wohnanlage (z. B. die Gartengestaltung der Gemeinschaftsfläche) der Teilungserklärung, wirkt sie für den **Neuerwerber** wie eine Erstherstellung, deren Änderung er nicht verlangen kann (KG, DerWEer 89, 138; OLG Hamburg, NJW-RR 91, 910). Dasselbe gilt für den Fall der Duldung einer baulichen Veränderung durch einen seiner Rechtsvorgänger (KG, WuM 94, 38). Dies schließt eine Neuregelung durch die Gemeinschaft nicht aus (KG, a. a. O.). Der **Rechtsnachfolger** eines WEers, der rechtswidrig bauliche Veränderungen vorgenommen hat, haftet nur auf Duldung ihrer Beseitigung. Die Kosten der Beseitigung trägt in diesem Fall die Gemeinschaft (OLG Schleswig, NZM 2000, 674). Fehlt einer entsprechend dem Aufteilungsplan erstellten EW tatsächlich die Abgeschlossenheit, kann zur nachträglichen **Herstellung** grundsätzlich nicht eine bauliche Veränderung fremder SEs verlangt werden (OLG Düsseldorf, NJWE-MietR 97, 81). So kann die Beseitigung einer von einem WEer vorgenommenen baulichen Veränderung (**Ausbau** eines Trockenbodens zu Wohnzwecken) von einem nachteilig betroffenen WEer nicht verlangt werden, wenn dessen Rechtsvorgänger der Veränderung formlos zugestimmt hatte (OLG Hamm, 9. 1. 96 – 15 W 340/95, NJW-RR 96, 971; s. o. § 16 Rz. 34). Erst recht im Falle der Zustimmung aller WEer (BayObLG, NJW-RR 93, 1165 = WuM 93, 560).

4. Duldungspflicht durch Übergehen der Zustimmung ei- **18**
nes WEers nach Abs. 1 S. 2. Die Vorschrift ist **abdingbar** (OLG Frankfurt a. M., NZM 2005, 947), z. B. dahingehend, dass bauliche Veränderungen auch ohne Beeinträchtigung eines oder mehrerer WEer stets der allseitigen Zustimmung bedürfen unter Absehen von § 14 Nr. 1 (ebenda). Aus dem angezogenen § 14 kommen Nr. 1, 3 u. 4 in Betracht (zur Entbehrlichkeit der Zustimmung s. o. Rz. 13). Das BVerfG verlangt dabei eine sorgfältige Abwägung in der Frage des Eigentumsschutzes (NJW 2005, 2844: Bau eines **Wintergartens**). D. h. es dürfen keine **schutzwürdigen Rechte** des widersprechenden WEers beeinträchtigt sein (OLG Hamburg, MDR 77, 230; BGH, ZMR 79, 146 = ZMR 80, 125 = ZMR 81, 123; 287 = BlGBW 80, 72 = BauR 80, 118). Jede nicht ganz unerhebliche Beeinträchtigung ist **Nachteil** i. S. des § 14 Nr. 1 (BayObLG, NJW 81, 690; vgl. auch OLG Hamburg, OLGZ 89, 309 zur Geringfügig-

keit einer baulichen Veränderung). Der über § 14 Nr. 1 hinausgehende Nachteil ergibt sich nicht allein aus materieller oder formeller **Baurechtswidrigkeit** (BayObLG, NZM 2003, 115; NZM 2005, 10, 109; OLG München, NJW-RR 2005, 1324). Nachteil ist z. B. eine beeinträchtigende **intensivere Nutzbarkeit** des SEs oder GemEs oder Gegenstands des SNRs (BayObLG, NZM 2004, 836; OLG Frankfurt/M, NJW-RR 2008, 395), auch eine erhöhte **Wartungs-** und **Reparaturanfälligkeit** (OLG Hamm, NJW-RR 2004, 105). Nicht nur unerheblicher Nachteil ist auch die mit der Maßnahme nicht ausschließbare Gefahr häufiger Schäden (OLG München, NZM 2008, 321) oder die damit verbundene **Erschwerung** der Feststellung von **Schäden** sowie deren **Zuordnung** und **Behebung** (OLG Frankfurt/M, ZWE 2006, 243). Nachteile sind insofern Immissionen in Form von Geräuschen und Gerüchen (BayObLG, NZM 2001, 895). Solange mögliche Gesundheitsgefährdungen durch **Mobilfunkanlagen** nicht ausgeschlossen werden können **(Elektrosmog),** muss der WEer erst recht zustimmen (OLG Hamm, WuM 2007, 34; OLG Hamm, NJW 2002, 1730; BayObLG, NZM 2002, 441; zum MietR s. aber BGH v. 13. 2. 2004, V ZR 217 u. 218/03). Das soll bei einem erheblichen Unterschreiten der Grenzwerte nach der BImschVO nicht der Fall sein (BayObLG, ZfIR 2004, 159). Nachteile über § 14 Nr. 1 hinaus sind Beeinträchtigungen von Stabilität und konstruktiver Sicherheit (BGH, NJW 2001, 1212). Z. B. auch, wenn das äußere **Erscheinungsbild** einer Wohnanlage nachteilig verändert wird. Dass die Veränderung deutlich sichtbar ist, reicht allein nicht aus (BayObLG, NJWE-MietR 97, 112 = ZMR 97, 152). Hierbei ist im Einzelfall abzuwägen (vgl. OLG Köln, NZM 2000, 765; z. T. weitergehend OLG Schleswig, WuM 2002, 686; OLG Zweibrücken, FGPrax 2003, 60; BayObLG NJW-RR 2003, 952, z. B. auf ästhetisches Kriterium abstellend, z. T. auch auf Sichtbarkeit: BayObLG NJW-RR 2002, 445; OLG Saarbrücken, a. a. O.). Entscheidend ist insgesamt eine Änderung, die Sichtbarkeit für andere WEer oder Dritte zulässt (BGH, NJW 2004, 937). Über **Neueinrichtungen** wie Zentralheizung, Kühlanlagen, Fahrstuhl usw. genügen in der Regel nur einstimmige Beschlüsse, da sie eine Beeinträchtigung des WEers über das in § 14 bestimmte Maß hinaus beinhalten. Die Duldungspflicht besteht nicht nur für solche baulichen Veränderungen am gemeinschaftlichen Eigentum, die für das geordnete Zusammenleben der WEer zwingend erforderlich sind (BayObLGZ 71, 273 = MDR 72, 52; ähnlich KG, WM 72, 709). Es besteht allerdings kein Vorrang des Nutzens der Gemeinschaft gegenüber der Belastung des Einzelnen (KG, Rpfleger 77, 314). Es kommt auf eine tatsächliche Beeinträchtigung, nicht eine subjektiv als solche empfundene an (BayObLG, MDR 75, 844 = Rpfleger 75, 310). Die Gefahr künftiger Schäden ist dagegen beachtlich (BayObLG, ZWE 2002, 315), die Beeinträchtigung des Mitgebrauchs (BayObLG, NZM 98, 336; ZMR 2001, 640) und Gefahr zusätzlicher Kostenbelastung.

Bei Behinderung eines WEers sind bauliche Maßnahmen ggfs. erforderlich, um die Nutzung des SEs und GemEs zu ermöglichen. Dabei ist auch bei Eingriffen in das GemE eine Interessenabwägung vorzunehmen (OLG München, DWE 2009, 15). Dabei sind die Interessen der WEer am Gebrauch des GemEs mit denen des betr. WEers (u. a. Grad der Behinderung) zu gewichten (a. a. O.). Der Besitzer einer EW im Parterre kann von den übrigen WEern die Zustimmung zur Anlegung eines **behindertengerechten** Weges verlangen, wenn er auf einen Rollstuhl angewiesen ist, auch wenn dafür Gemeinflächen benötigt werden (AG Dortmund, Az. 139 II 84/93). Auch sonst sind bei notwendigen Veränderungen aus Gesundheitsgründen eines WEers Beeinträchtigungen in geringem Umfang zu tolerieren (LG Hamburg, NZM 2001, 767). Der Einbau eines **Treppenlifts** ist i. d. R. nicht zustimmungsbedürftig i. S. des Abs. 1 S. 2, insbesondere dann, wenn der WEer gravierend behindert und Haftung und Kosten für die Installation im GemE (Treppenhaus) übernimmt (AG Krefeld, WuM 99, 590). Der Einbau eines **Treppensitzlifts** kann deshalb unter Abwägung der einschlägigen Grundrechte der WEer eine nach § 14 Nr. 1 hinzunehmende Beeinträchtigung darstellen (OLG München NZM 2005, 707), auch wenn best. öff.-rechtl. Vorschriften (Mindestbreite einer Treppe) dadurch nicht eingehalten werden können. Die Anlage eines **Rollstuhlweges** ist ebenfalls hinzunehmen, wenn sonst die Erreichbarkeit von S- und GemE unbillig erschwert ist (AG Düsseldorf, MDR 96, 468). Das gilt auch für entspr. **Rampen**, die **Verbreiterung** von Türen usw., was der **Barrierefreiheit** dient.

Auch kann bei feststellbarer erhöhter **Einbruchsgefahr** ein einzelner WEer gegen die Gemeinschaft einen Anspruch auf Gestattung haben, dass er auf eigene Kosten und bis zur Schaffung gemeinschaftlicher Sicherungsmaßnahmen bisher nicht vorhandene Einbruchssicherungen **(Gitter)** vor den Fenstern seiner Wohnung anbringt (KG, NJW-RR 94, 401; NZM 2001, 341; OLG Düsseldorf NZM 2005, 264). Eine allg. Einbruchsgefahr reicht für einen Anspruch nicht aus (OLG Köln, NZM 2004, 385). Die Einzelheiten der Gestattung kann die Gemeinschaft durch Mehrheitsbeschluss regeln (ebenda) oder ggfs. mit weniger einschneidenden Abwehrmöglichkeiten (**Sicherheitsglas** usw.) erledigen (OLG

§ 22 19, 20　　　　　　　　　　　　I. Teil. Wohnungseigentum

Düsseldorf v. 25. 6. 2004, Az. I-3 Wx 148/04), ggfs. auch durch „Pilzköpfe", Verstärkungen usw. (OLG Düsseldorf NZM 2005, 264). Leichterer Zugang von Fremden ist nicht hinzunehmen (BayObLG, WE 98, 402). Ggfs. ist der Einbau einer zusätzlichen **Stahlgittertür** nach einem Einbruch von den anderen WEern hinzunehmen, wenn sie von den unteren Stockwerken aus nicht einsehbar ist. Sie sind in einem solchen Fall nicht i. S. von § 14 beeinträchtigt (OLG Köln NZM 2005, 463).

19　　Bauliche Veränderungen, durch die nicht die Rechte aller WEer beeinträchtigt werden, bedürfen nach Abs. 1 S. 1 der Zustimmung nur derjenigen WEer, die von der beabsichtigten Maßnahme in ihren **Rechten betroffen** werden (BGH, NJW 79, 817 = WEM 79, 83 = Rpfleger 79, 130; OLG Frankfurt/M., Rpfleger 80, 112; OLG Stuttgart, WEM 79, 178; 80, 75; vgl. OLG Hamburg, MDR 77, 230 u. OLG Karlsruhe, OLGZ 78, 172 zur Entbehrlichkeit der Zustimmung eines WEers). Ob dies selbst für den **Durchbruch** einer **Tragmauer** gilt, bei dem nur die betroffenen Nachbarn zustimmen müssten, erscheint nur ausnahmsweise zulässig; s. o. Rz. 3). Ein **Grenzfall** ist auch die Entscheidung des OLG Karlsruhe (DerWEer 85, 127/LS = ZMR 85, 209), nach der ein **Dachdurchbruch** und der Einbau eines **Fensters** im konkreten Fall keine wesentliche architektonisch-ästhetische Beeinträchtigung darstellt. Die Befürchtung, bauliche Veränderungen könnten andere WEer zur Nachahmung veranlassen, ist an sich kein Grund, einen Nachteil anzunehmen (OLG Karlsruhe, a. a. O.). Dies gilt auch für die bloße Befürchtung eines Nachteils (ebenda; a. A. bei abweichendem Sachverhalt OLG Hamburg, DerWEer 87, 98). Die Grenze der **Geringfügigkeit** i. S. von §§ 22 Abs. 1 Satz 2, 14 WEG wird nicht ohne weiteres überschritten, wenn ein Teileigentümer – dessen SE aus **Kellerräumen** besteht – unter teilweiser Verwendung eines vorhandenen Fensters in die Außenwand zwischen einem seiner Kellerräume und dem seinem Sondernutzungsrecht unterliegenden **Lichthof** eine Tür einbaut (OLG Hamburg, ZMR 92, 118). Ebenso bei einer Vergrößerung des **Kellerfensters** (OLG Düsseldorf, NJW-RR 94, 277).

Keineswegs brauchen eine Beeinträchtigung des Empfangs durch **Kabelanschluss** und Kostentragungspflicht hingenommen zu werden (AG Hamburg-Altona, DerWEer 88, 30). Ein Nachteil i. S. des Abs. 1 S. 2 kann in der **Gefährdung** von **Kindern** durch rangierenden **Autoverkehr** auf einer Kfz-Stellfläche liegen (AG Siegburg, DerWEer 88, 70).

20　　Der **Ersatz** schadhafter Holzzäune durch eine Hecke bzw. schmiedeeisernen Zaun ist bauliche Veränderung (BayObLG, MDR

82, 852), eine Zustimmung widersprechender WEer kann jedoch entbehrlich sein (ebenda). Grundsätzlich ist eine Bepflanzung, die durch Art/Höhe die Gestaltung des Grundstücks prägt, bauliche Veränderung (BayObLG, NJW-RR 2004, 1378; OLG Schleswig, WuM 2007, 587). Dagegen ist das Pflanzen einer **Hecke** – ohne dass Vorhandenes ersetzt wird – keine bauliche Veränderung, BayObLG, NJW-RR 91, 1362). Eine ganz **geringfügige** Beeinträchtigung ist kein Nachteil i. S. des § 14 Nr. 1 (BayObLG, ZMR 80, 381; Der WEer 84, 27; OLG Köln, NJW 81, 585; OLG Hamburg, Der WEer 87, 98), z. B. wenn die Änderung der Fassade optisch nicht stört (OLG Düsseldorf, DerWEer 89, 176). So kann ein Nachteil zu verneinen sein, wenn der optische Gesamteindruck durch eine Baumaßnahme zwar verändert wurde, aber auf Grund einer dichten **Bepflanzung** nicht sichtbar ist (BayObLG, NZM 99, 1060/LS). Andererseits kann die Möglichkeit, eine vergrößerte **Terrasse** intensiver zu nutzen, einen Nachteil i. S. von § 14 Nr. 1 darstellen (BayObLG, NZM 99, 1009); das gilt auch für die Umgestaltung einer Terrasse zu einem **Dachgarten** (s. o. Rz. 4 und § 14 Rz. 7); auch die Anbringung von **Stufen** vom GemE zu einer Terrasse (BayObLG, NZM 2004, 747; 2003, 242). Ebenso der **Einbau** von Vortüren und damit der Schaffung eines Zwischenraums (OLG Stuttgart, WEM 80, 75) oder Errichtung einer Terrasse, Ersetzung eines Gartenfensters durch eine Türe und Anbau eines Balkons (BayObLG, DerWEer 84, 27). Das Anbringen eines Werbeschildes an der Außenwand einer Wohnungsanlage kann – wenn es ortsüblich und angemessen ist – zu dulden sein (BayObLG, DerWEer 87, 56). Gestattet die GemO die Anlegung eines **Teichs** von bis zu 10 m², soll dies keine absolute Festschreibung bedeuten (BayObLG NZM 2005, 744, fraglich!). Der Austausch der **Elektroheizung** gegen eine **Gasetagenheizung,** die ein Eigentümer in seiner Wohnung ohne Zustimmung der anderen vornimmt, ist zwar bauliche Veränderung, muss jedoch von den übrigen WEern geduldet werden, weil sich diese dadurch nach der Verkehrsanschauung nicht beeinträchtigt fühlen können (OLG Frankfurt a. M., NJW-RR 92, 1494).

5. Minderheitenrechte. Auch ein **einzelner** WEer könnte theoretisch eine Maßnahme im Sinne des § 22 Abs. 1 Satz 2 herbeiführen; die Zustimmung der übrigen könnte unbeachtlich sein (OLG Köln, DerWEer 88, 24; BGH, NJW 79, 817; *Weitnauer/ Lüke,* § 22 Rz. 13; a. A. *Diester,* § 22 Rz. 5 a; KG, NJW 68, 160). So stellt das Anbringen eines **Sperrbügels** auf einer Sondernutzungsstellfläche zwar eine bauliche Veränderung dar, doch beeinträchtigt sie die Rechte anderer WEer jedenfalls dann nicht, wenn der Sperrbügel sich ohne weiteres in die Prägung des Erscheinungsbilds der Wohnanlage einfügt, die Benutzung anderer Stellplätze nicht behindert sowie die Sicherheit des Fußgängerverkehrs nicht erkennbar gefährdet (OLG Schleswig, NJWE-MietR 97, 29). Haben die WEer allerdings in der GemO bauliche Veränderungen an die **Zustimmung aller** (einstimmiger Beschluss der WEer) geknüpft, kommt es nicht auf eine Beeinträchtigung der übrigen WEer über das in § 14 bestimmte Maß an (BayObLG WuM 2004, 495; NZM 2005, 622). Ein Korrektiv besteht nur über § 242 BGB (Treu und Glauben).

22 **6. Ausscheiden des Nichtinteressierten:**
– Von der Lasten- und Kostentragungspflicht: § 16 Abs. 6 Halbs. 2. D. h. keine Beteiligung weder an den Herstellungskosten noch an den späteren Folgekosten wie Reparaturen (OLG Karlsruhe, DerWEer 85, 127/LS; OLG Hamm, Az. 15 W 300/2001; OLG Celle für den Anschluss an das Kabelfernsehen). Dies trifft auch zu bei Führung eines Prozesses. Kosten für Maßnahmen, denen ein WEer nicht nach § 22 Abs. 1 zugestimmt hat, dürfen nicht aus der Instandhaltungsrücklage gedeckt werden, da dies sonst Beteiligung an der Kostentragung i. S. des § 16 Abs. 3 HS 2 darstellen würde (AG Wiesbaden, MDR 67, 126). Ein entgegenstehender Beschluss, der die Nichtzustimmenden einbezieht ist nichtig (*Merle*, ZWE 2001, 342). Eine Beteiligung an den **(Folge)kosten** muss allerdings auch dann ausschließen, wenn ein WEer unter Verwahrung gegen eine Kostenbeteiligung der baulichen Veränderung zugunsten eines WEers zugestimmt hat (OLG Düsseldorf NZM 2006, 109 = ZWE 2006, 50/LS).

23 – Von den **Nutzungen:** § 16 Abs. 3 Halbs. 1, sofern eine solche Abscheidung aus den Nutzungen überhaupt praktisch durchführbar ist; wenn nicht, dann bleibt auch die Beitragsverpflichtung bestehen, jedenfalls für die laufenden Instandsetzungs- und Instandhaltungskosten.
– Vom **Wertzuwachs:** s. § 17 Rz. 4 f.
– Auswirkung auf die Bewertung.

24 **7. Späterer Beitritt zur Neuerung.** Er ist zulässig, sofern alle Beteiligten zustimmen, da eine Änderung der (dinglich wirkenden) Nutzung vorliegt. Ein Anspruch darauf besteht nicht. Über Veränderungen der Verwaltung ist gem. § 21 Abs. 3 durch Mehrheit zu beschließen.

25 **8. Eigentum an der Neuerung.** In der Regel entsteht GemE, soweit dieses betroffen ist, für alle WEer. So etwa bei Errichtung und Beseitigung einer von einem WEer auf seinem Balkon angebrachten Trennmauer (BayObLG, DerWEer 84, 62) oder an dem auf einer Terrasse aufgebauten **Wintergarten** (OLG Düsseldorf NZM 2006, 109 = ZWE 2006, 50/LS). An Neuerungen, die den Charakter eines selbstständigen Rechtsobjekts haben, ist auch abgesondertes ME denkbar (s. § 5 Rz. 25).

9. Anrufung des Gerichts gemäß § 43 Nr. 1 ist dahingehend 26 möglich, ob Mehrheitsentscheidung oder Einstimmigkeit erforderlich ist, oder über die Entbehrlichkeit einer Zustimmung nach § 22 Abs. 1 Satz 2, schon vor Beschlussfassung (KG, BB 67, 1270 = NJW 68, 160), über die Lasten und Kostentragungspflicht, über Duldungspflichten, nicht aber für Fragen der Wertzurechnung (§ 17). Zur **Vorbereitung** eines Beseitigungsanspruchs wegen unzulässiger in das GemE eingreifender Umbaumaßnahmen kann dem einzelnen WEer ein **Auskunftsanspruch** gegen den MEer zustehen, der die baulichen Veränderungen vorgenommen hat (OLG Düsseldorf, ZMR 97, 149; s. a. *Klaßen,* NZM 99, 1130). Die Feststellung, ob eine bauliche Veränderung vorliegt, die eine nachteilige Veränderung des optischen Gesamteindrucks einer Wohnanlage darstellt, obliegt dem **Tatrichter** (BayObLG, NZM 2004, 747). Dies gilt z. B. auch für die Frage, ob die bauliche Veränderung von außerhalb der Wohnung des betr. WEers überhaupt sichtbar ist (BayObLG, NZM 2000, 392).

Neben dem rechtswidrig handelnden WEer **(Störer)** richtet sich ein Anspruch auf Duldung der Beseitigung der Störung u. U. auch gegen den **Mieter** der betr. Wohnung, z. B. wenn der WEer den Balkon der Wohnung unzulässig zu einem Wintergarten umgebaut und Fenster durch einen Balkon ersetzt hat, gemäß §§ 22 Abs. 1, 1004 Abs. 1 S. 1 BGB (BGH, NZM 2007, 130).

Bei missbräuchlicher Änderung können **Wiederherstellung/** 27 **Beseitigung** verlangt werden und **Schadensersatz.** Rechtsgrundlagen sind das Gemeinschaftsverhältnis und § 1004 Abs. 1 S. 1 BGB (BayObLG, WEM 80, 31). Sofern er **bestandskräftig** ist, stellt er eine selbstständige Beseitigungsgrundlage mit der daraus folgenden **Verpflichtung** dar (h. M. OLG Köln, ZMR 2004, 940 m. w. Nachw.; a. A. OLG Zweibrücken, NJW 2007, 2417 m. w. N.). Ob in der **Ablehnung** eines Genehmigungsantrags eine selbstständige Verpflichtung zur Beseitigung zu sehen ist, ist str. (dafür AG Schorndorf, NZM 2008, 411; a. A. *Schmidt,* NZM 2008, 395). Die Ablehnung eines Beseitigungsantrags hindert nicht die Stellung eines neuen (BayObLG, FGPrax 2004, 60). Der Anspruch beinhaltet die Wiederherstellung des früheren Zustands durch mangelfreie Aufhebung (Beseitigung) der zu unrecht vorgenommenen Veränderung. Zuständig ist zunächst die **Gemeinschaft.** Hierzu kann die WEer-Versammlung durch Mehrheitsbeschluss eine Konzeption zur Wiederherstellung des äußeren Erscheinungsbilds des GemEs festlegen, wenn gegen früher erfolgte eigenmächtige bauliche Maßnahmen einzelner keine Beseitigungsansprüche mehr erhoben werden können (KG, NJW-RR 91, 1299). Ggfs. besteht ein Anspruch auf Beseitigung einer von einem WEer auf seinem Balkon angebrachten **Trennmauer** (BayObLG, DerWEer 84, 62) oder bei einer ohne Zustimmung der übrigen WEer angebrachten **Markise** (BayObLG, DerWEer 85, 126/LS).

Grundsätzlich kann im Falle einer unrechtmäßigen baulichen Veränderung der **Beseitigungsanspruch** auch von **jedem** WEer **allein gerichtlich** geltend gemacht werden (BGH, NJW 92, 978; OLG Hamm, ZWE 2010, 44; OLG Köln, NJW-Spezial 2008, 2006; OLG Düsseldorf, NJWE-MietR 97, 12 = ZMR 96, 396 = WuM 96, 444). Die Abwehr von Störungen innerhalb der Gemeinschaft betrifft nicht den Rechtsverkehr des Verbands. Sie bleibt daher Angelegenheit der einzelnen WEer (OLG München NJW 2005, 3006, in Abgrenzung zu BGH NJW 2005, 2061). Ist der WEer nicht bereit (oder in der Lage) die Veränderung zu beseitigen, richtet sich der Anspruch auf **Duldung** der Beseitigung (KG, NJW-RR 2006, 1239; a. A. insoweit OLG München, NZM 2003, 445). Ausschließlich dieser Anspruch richtet sich gegen einen Sondernachfolger (LG München I, ZWE 2010, 46). Dasselbe soll gelten, wenn der Erwerber das WE mit einer (auch von ihm veranlassten!) Veränderung erwarb. Er soll nur zur Duldung der Beseitigung unter Kostenbeteiligung, aber nicht auf eigene (Gesamt-)Kosten verpflichtet sein (fraglich; OLG Hamburg, ZMR 2006, 377; OLG Düsseldorf, ZWE 2008, 290). Im Übrigen haftet der Sondernachfolger, der nicht selbst die Veränderung herbeiführte, als Zustandsstörer, im Fall der Selbstvornahme als Handlungsstörer (LG München I, ZWE 2010, 46). Daneben bleibt der Handlungsstörer auch nach Veräußerung des WEs zur Beseitigung einer baulichen Veränderung verpflichtet. Diese Verpflichtung geht nach § 1967 BGB auf den Erben über (LG München I, a. a. O. m. Anm. *Drabek*). Dasselbe gilt für einen Nutzer (BGH, NJW 2007, 432). Der Zustandsstörer ist lediglich zur Duldung der Beseitigung verpflichtet (BGH, a. a. O.).

Neben den einzelnen WEern kann auch die **Gemeinschaft** der WEer als solche nach Anerkennung der **(Teil)rechtsfähigkeit** gemäß § 10 Abs. 6 S. 1 i. V. m. S. 6 Abwehransprüche und ggfs. Beseitigungsansprüche hinsichtlich der Verwaltung des GemEs geltend machen, indem sie deren Durchsetzung an sich zieht (OLG Hamm, ZWE 2010, 44; OLG Köln, NJW-Spezial 2008, 706; OLG München NZM 2006, 106; a.M. OLG München, NZM 2008, 76; OLG Hamburg, ZMR 2009, 306). Hieran hat sich durch die Anerkennung der Rechtsfähigkeit des WEerverbands nichts geändert (OLG Hamm, ZWE 2010, 44; zu den Prozessfolgen s. Rz. 18 vor § 43). Zur Fassung der **Entscheidungsformel,** wenn ein WEer zur Beseitigung einer baulichen Veränderung und zur Wiederherstellung des früheren Zustands verpflichtet wird, vgl. BayObLG, NZM 2000, 47). Zum Anspruch auf Beseitigung einer **Kinderschaukel** gegen den Verwalter s. § 21 Rz. 33.

Sofern die bauliche Veränderung zu einem Verlust am GemE führt, besteht ein Anspruch auf **Herausgabe** (OLG München, NJW-RR 2008, 247).

Zum **Beseitigungs-** und **Unterlassungsanspruch** hinsichtlich eines eigenmächtigen **Kellervorbaus** unter dem Garten und einer Terrasse s. BayObLG, DerWEer 84, 30. Bei unzulässiger baulicher Veränderung besteht auch grundsätzlich kein Anspruch des WEers, der unbefugt bauliche Veränderungen vorgenommen hat, auf nachträgliche (teilweise) **Genehmigung** (BayObLG, DerWEer 83, 30; OLG Düsseldorf NZM 2005, 426). Ein WEer, der auf einer ihm zur Sondernutzung als Fahrzeugabstellplatz zugewiesene Hoffläche ohne Zustimmung der übrigen WEer einen **Carport** errichtet hat, kann sich gegenüber dem Beseitigungsverlangen anderer WEer grundsätzlich nicht auf eine Beeinträchtigung seiner Stellplatznutzung durch vom Nachbargrundstück ausgehende Immissionen berufen (BayObLG, NZM 99, 855). Die Gemeinschaft kann von einem WEer Beseitigung verlangen, wenn er statt beschlossener **Kunststofffenster** eigenmächtig **Holzfenster** einsetzen lässt (OLG Düsseldorf NZM 2005, 426). Dasselbe gilt für die Entfernung einer beschlusswidrig angebrachten **Parabolantenne** (BGH, ZWE 2010, 29; OLG Frankfurt/M, NZM 2005, 427), vor allem, wenn sie einem Standorts- oder Gestaltungsbeschluss widerspricht (BGH a. a. O.; OLG Frankfurt/M., NJW-RR 2005, 1034). Das gilt nicht, wenn die Installation eigenmächtig ist, aber diesen Anforderungen entspricht. Haben die WEer die Errichtung einer **Rollstuhlrampe** durch bestandskräftigen Beschluss genehmigt, kann dessen Abänderung wegen grober Unbilligkeit grundsätzlich nur verlangt werden, wenn sich die Treuwidrigkeit aus neu hinzukommenden Umständen ergibt (BayObLG, NZM 2000, 672 f.; s. a. OLG Schleswig, NZM 2000, 674 zur Unzumutbarkeit von Rückbaumaßnahmen).

Allerdings steht auch § 1004 BGB unter dem Vorbehalt von **Treu und Glauben** (BayObLG, NJW 96 H. 45, VIII; OLG Hamm,

RNotZ 2008, 154; AG Mannheim, DerWEer 84, 29 zur **Verwirkung**). Ein **Rechtsnachfolger** muss sich das Verhalten seines - vorgängers zurechnen lassen (BayObLG, NZM 2004, 747). Auch der Rechtsnachfolger eines Zustimmenden ist z. B. an dessen Zustimmung gebunden (KG, ZMR 2005, 75), wenn er danach erwarb. Auch eine eingetretene Verwirkung wirkt für und gegen ihn (BayObLG, NZM 2004, 747; OLG Düsseldorf, ZMR 2004, 610). Der Anspruch auf Beseitigung der baulichen Veränderung, die ohne Beteiligung der anderen WEer vorgenommen wurde, konnte z. B. verwirkt sein, wenn der geschaffene **Zustand** ca. 10 Jahre lang **hingenommen** wurde (OLG Karlsruhe vom 18. 11. 1998 – 4 W 158/97 = WuM 99, 594). Rechtsmissbrauch ist auch dann gegeben, wenn zwar keine Genehmigung vorliegt, aber ein Anspruch auf Zustimmung/Gestattung besteht (*Armbrüster,* ZWE 2008, 61). Der Einwand der Verwirkung ist aber (auch gegenüber einem Sonderrechtsnachfolger) unbeachtlich, wenn die Verwirkung von Beseitigungs- bzw. Unterlassungsansprüchen der positiven Begründung eines **SNRs** gleichkäme (OLG Hamm, RNotZ 2008, 154). Im Regelfall spricht es gegen einen Rechtsmissbrauch, wenn der in Anspruch genommene WEer sich des Risikos der von ihm ohne die erforderliche Zustimmung vorgenommenen baulichen Veränderungen bewusst war (BayObLG, NZM 99, 1150). Anderes kann gelten, wenn die Baumaßnahme nicht zum Vorteil **einzelner** WEer vorgenommen wurde, sondern durch die Mehrheit in Verfolgung eines gemeinschaftlichen Zwecks (BayObLG, NZM 99, 1150). In Anbetracht der Neuregelung des Verjährungsrechts kommt bei gemeinschaftsbezogenen schuldrechtlichen Ansprüchen die 3-jährige Verjährung nach §§ 195, 199 Abs. 1 Nr. 1 BGB in Betracht.

Der Tatbestand der Verwirkung wird dadurch selten gegeben sein. Haben die WEer eine bauliche Veränderung durch Mehrheitsbeschluss **genehmigt,** so können sie deren Beseitigung durch späteren Beschluss **nur** verlangen, wenn ein **sachlicher Grund** vorliegt und der betroffene WEer gegenüber dem bisherigen Zustand nicht unbillig benachteiligt wird (BayObLG, NJW-RR 95, 395). Der Beseitigungsanspruch ist nur an den Maßstab **unzulässiger Rechtsausübung** gebunden (OLG Düsseldorf, ZMR 96, 396 = NJWE-MietR 97, 12 = WuM 96, 444). Einem Anspruch auf Wiederherstellung/Rückbau eines in „Eigenregie" durch WEer vorgenommene bauliche Veränderung (Vorgartensanierung) kann (ausnahmsweise) der Einwand der **Unverhältnismäßigkeit** des **Aufwands** zum Beseitigungsinteresse entgegengehalten werden (OLG Düsseldorf, NZM 2007, 466). Dies ist jedoch ein Grenzfall, denn eigenmächtiges Vorgehen einer Minderheit widerspricht dem

Beteiligungsrecht der WEer (s. § 14 Rz. 20). Jedoch ist auch ein Beseitigungsbeschluss verbindlich, der eine eigentlich **zustimmungsfreie** Maßnahme verbot (BayObLG, NJWE-MietR 97, 11). In diesem Fall ist neben dem Gesichtspunkt von Treu und Glauben zu prüfen, ob der Beschluss nicht das Ziel hatte, nur die Durchsetzung eines anderweitigen Anspruchs zu begründen (Auslegung; OLG Hamm, ZWE 2006, 228). Die Beseitigung einer baulichen Veränderung, die den Gesamteindruck einer Wohnanlage optisch nachteilig verändert (Gartenhaus auf einer Sondernutzungsfläche), kann nicht verlangt werden, wenn sie mit Zustimmung der beeinträchtigten WEer vorgenommen worden ist (BayObLG, NZM 99, 809). Das Beseitigungsverlangen kann allerdings rechtsmissbräuchlich sein, wenn ihm der in Anspruch genommene nur unter unverhältnismäßigen, billigerweise nicht zumutbaren Aufwendungen entsprechen könnte (BayObLG, NZM 99, 1150). Dabei sind alle Umstände des Einzelfalls zu berücksichtigen (ebenda). Das Verlangen der übrigen SEer, eine eigenmächtige bauliche Veränderung rückgängig zu machen, verstößt allerdings nicht deshalb gegen Treu und Glauben, weil für den Umbau durch den **Mieter** der Räumlichkeiten erhebliche Investitionen getätigt wurden und weil der Mieter als Störer nunmehr mit hohen Schadensersatzansprüchen droht (OLG Köln, NZM 2000, 390/LS).

Wird ein Beseitigungsbeschluss nicht angefochten, ist das Beseitigungsverlangen grundsätzlich gerechtfertigt (BayObLG, DerWEer 84, 62), auch dann, wenn es sich nicht um eine zustimmungsbedürftige bauliche Veränderung gehandelt hat (BayObLG NJW 96 H. 45, VIII = NJWE-MietR 97, 11 = FGPrax 96, 220). Dies gilt grundsätzlich auch im Fall einer ungenehmigten **Parabolantenne.** Es spielt dabei keine Rolle, ob der vermietende WEer seinem (ausländischen) Mieter gegenüber dazu verpflichtet ist (OLG Köln NZM 2005, 223). M. E. kann die Entscheidung nicht dazu führen, die Informationsrechte des Mieters auf Dauer zu blockieren (s. dazu o. Rz. 5).

Zum Beseitigungs- und Wiederherstellungseinspruch hinsichtlich den **Gesamteindruck** einer Wohnanlage beeinträchtigender Fenster-Tür-Kombinationen vgl. BayObLG, WEM 82, 109 (dort auch zur Beseitigung des eingetretenen optischen Nachteils durch gerichtliche Verpflichtung). Zur Beseitigung eines den optischen Gesamteindruck einer Wohnanlage störenden **Gerätehäuschens** s. BayObLG, DerWEer 85, 95 (o. § 15 Rz. 9) und OLG Frankfurt a. M., DerWEer 86, 60. Zur Beseitigung einer eigenmächtig errichteten **Terrasse** s. BayObLG NZM 2005, 109. Eine bauliche Veränderung liegt nicht vor, wenn ein WE vom **Bauträger,** wenn auch auf Verlangen des künftigen WEers, **abweichend** von den **Plänen** erstellt wird. In einem solchen Fall besteht kein Beseitigungsanspruch gegen den WEer, sondern allenfalls ein gegen die **Gesamtheit** der WEer gerichteter Anspruch auf Herstellung eines den Plänen entspr. Zustands (BayObLG, WuM 93, 759 = NJW-RR 94, 276). Ein Beseitigungsanspruch gegen den betr. WEer kommt nicht in Betracht, wenn die Änderung vorgenommen wurde, bevor eine **werdende** Gemeinschaft entstanden oder die Gemeinschaft rechtlich in Vollzug gesetzt worden ist (ebenda).

Die Gefahr, dass die **Duldung** der von einem WEer vorgenommenen baulichen Veränderung des GemEs zu **weiteren,** das Erscheinungsbild der Wohnanlage stärker umgestaltenden Maßnahmen **anderer** WEer führen könnte, kann zwar für sich allein die Feststellung nicht ersetzen, dass eine bauliche Veränderung zu einer nicht ganz unerheblichen nachteiligen Veränderung des optischen Erscheinungsbilds der Wohnanlage geführt hat (OLG Zweibrücken, NZM 98, 376; BayObLG, NZM 99, 1146: **Nachahmungseffekt**), ist aber zu gewichten (Gesamtwürdigung). Dasselbe gilt auch für den Fall, dass bereits **vorher** Einzelne bauliche Veränderungen ohne Beseitigungsverlangen der Gemeinschaft vorgenommen haben, jetzt „das Maß aber als voll" anzusehen ist (OLG Köln NZM 2005, 790; BayObLG, ZWE 2001, 65; WuM 2002, 164).

Bei Entziehung des SEs mittels baulicher Veränderungen durch den Rechtsvorgänger eines WEers kann der beeinträchtigte WEer nur **Herausgabe** des SEs, nicht Wiederherstellung verlangen (OLG Köln, NZM 2004, 389). Der Rechtsnachfolger ist kein Handlungsstörer (ebenda: dort auch zur Herausgabe/Wiederherstellung von GemE gegen die Gemeinschaft).

Der Anspruch auf Beseitigung unzulässiger baulicher Veränderungen an SE bzw. GemE **verjährt** nach § 195 BGB in drei Jahren (OLG Hamm, NZM 2009, 625; dazu *Schmid*, NZM 2009, 605).

In bestimmten Fällen, z. B. Beseitigung einer Garderobe im Treppenhaus, kann die Gemeinschaft ersatzweise eine **Nutzungsregelung** (Hausordnung) erlassen, die das Abstellen von Möbeln dort generell untersagt (OLG Hamm a. a. O.).

B. Zu Abs. 2

I. Modernisierung

Abs. 2 Satz 1 enthält eine Erweiterung der Beschlusskompetenz zugunsten der WEer. Diese haben die Möglichkeit, „mit qualifizierter Mehrheit auch Maßnahmen zur Modernisierung und Anpassung des GemEs an den Stand der Technik ohne Zusammenhang mit einer

Reparatur beschließen zu können" (BT-Drs. 16/887 S. 29). Unabhängig davon besteht die Kompetenz, mit **einfacher Mehrheit** Maßnahmen der modernisierenden Instandsetzung zu beschließen.

Nach Abs. 2 **Satz 1** haben die WEer die Befugnis, mit einer Mehrheit von drei Vierteln auch die Maßnahmen, wie vorstehend beschrieben, zu beschließen und zu realisieren.

Der Begriff **„Modernisierung"** ist § 559 Abs. 1 BGB entnommen und versteht sich als „nachhaltige Erhöhung des Gebrauchswerts", um der dauerhaften Verbesserung der Wohnverhältnisse oder der Einsparung von Energie oder Wasser zu dienen (a. a. O. S. 30). Zwar dient insoweit das Mietrecht als Ausgangspunkt, doch in spezifischer Transformation im WEsrecht: Dort kommen den WEern alle Änderungen zugute, „die im Mietrecht nur den Vermieter, nicht aber immer den Mieter treffen" (a. a. O. S. 30).

Unter **„Stand der Technik"** ist „das Niveau einer anerkannten und in der Praxis bewährten, fortschrittlichen technischen Entwicklung" zu verstehen, „die das Erreichen des gesetzlich vorgegebenen Ziels gesichert erscheinen lässt" (a. a. O.). Anders als der z. B. in § 641 a Abs. 3 S. 4 BGB verwendete Begriff der „anerkannten Regeln der Technik" soll das erhöhte Anforderungsniveau dazu dienen, „Streit über den mit einer bestimmten Maßnahme erreichbaren **Grad** der Modernisierung zu vermeiden" (a. a. O.). So können technische Weiterentwicklungen und technologische Fortschritte z. B. hinsichtlich Antennen und Hörfunk-/Fernsehempfang angewandt werden. Nach Abs. 2 S. 2 sind entgegenstehende Vereinbarungen unwirksam (OLG Zweibrücken, FGPrax 2007, 78 nur für Inhaltskontrolle nach § 242 BGB). Maßnahmen, die dem „Stand von Wissenschaft und Technik" entsprechen, sind **nicht** gemeint; sie könnten die WEer überfordern. Dabei sind wirtschaftliche Gesichtspunkte immanent zu berücksichtigen.

Das Merkmal **„dienen"** soll gewährleisten, dass „die Anforderungen an einen Modernisierungsbeschluss **nicht höher** als an einen Beschluss zur modernisierenden Instandsetzung sind" (a. a. O.). Es kommt auf die Zweckmäßigkeit der Maßnahme an. Dabei ist auf die Beurteilung aus der Sicht eines vernünftigen, wirtschaftlich denkenden und sinnvollen Neuerungen gegenüber aufgeschlossenen WEer abzustellen.

Nicht erfasst von der eingeräumten Befugnis sind **Umgestaltungen** der Wohnanlage als solcher, die das bestehende Erscheinungsbild **(Eigenart)** verändern. Dazu gehören ein **Anbau,** z. B. in Form eines Wintergartens, eine Aufstockung oder Entfernung von Gebäudeteilen. In vielen Fällen würde es sich zudem um eine Änderung der Zweckbestimmung handeln, die nur einstimmig beschlossen werden kann (Vereinbarung). Auch gilt in entsprechenden Fällen die Regel des Satz 1, dass alle durch die Maßnahme Beeinträchtigten zustimmen müssen.

Zusätzlich darf **kein WEer** gegenüber anderen **unbillig** beeinträchtigt sein. Die Formulierung hat zum Ziel, alle **Umstände des Einzelfalls** bei der Entscheidung einzubeziehen. Andererseits soll ein WEer nicht einer Maßnahme mit Erfolg widersprechen können, wenn sie **sinnvoll** ist und er im Verhältnis zu anderen nicht unbillig benachteiligt wird (die Formulierung beruht auf dem Vorschlag des Verf. in der Anhörung des Rechtsausschusses vom 18. 9. 2006, Prot. Nr. 23 S. 161/162). Auch die **Folgen** der **Maßnahme** sind einzubeziehen (s. *Demharter,* NZM 2006, 489). Das gilt auch für die wirtschaftlichen Folgen, die zumindest in ihrer Wirkung auf den einzelnen WEer zu gewichten sind. Allerdings wird meist eine lediglich finanzielle (Mehr-)Belastung nicht ausreichen (BT-Drs. 17/887 S. 31; a. A. wohl *Demharter,* ZWE 2008, 205).

Der Beschluss der WEer für Maßnahmen i. S. von Abs. 2 S. 1 bedarf einer **doppelten Mehrheit.** Einerseits einer qualifizierten Mehrheit von drei Vierteln aller WEer gemäß § 25 Abs. 2 und **gleichzeitig** von mehr als der Hälfte aller MEanteile. Die Vorschrift entspricht insofern der Regelung in § 16 Abs. 4 S. 2.

32 Im Unterschied zu Maßnahmen der Instandhaltung bzw. Instandsetzung gemäß § 21 Abs. 4 hat ein einzelner WEer **keinen Anspruch** auf Modernisierungsmaßnahmen. In Abs. 2 ist nur von „**beschließen**", nicht aber auf „verlangen" die Rede. Das ergibt sich aus dem Sinn der (Neu)regelung, die das Prinzip der Einstimmigkeit einschränkt. Deshalb hat der Einzelne einen Anspruch auf einen zustimmenden Beschluss nur, wenn **die** WEer zustimmen, denen die Maßnahme einen Nachteil zufügt, der über das bei einem geordneten Zusammenleben unvermeidliche Maß nach § 14 Nr. 1 hinausgeht (BT-Drs. 17/887 S. 31).

Beispiele für einen solchen Anspruch sind z. B. im Rahmen des Rechts der **Barrierefreiheit** gegeben etwa i. F. einer Rollstuhlrampe, eines Schräglifts, Treppenlifts (OLG München, NJW-RR 2008, 1332) oder eines Aufzugs. Der Behinderte kann solche Maßnahmen auf Grund seines (Mit/Eigentums) durchführen. Damit sind i. d. R. nur unwesentliche Beeinträchtigungen verbunden. Ist die Beeinträchtigung unwesentlich, bedarf es der Zustimmung der WEer überhaupt nicht und das wird in Abs. 1 S. 2 überdies klargestellt.

Der Anspruch auf einen barrierefreien Zugang zur Wohnung besteht auch im Fall der **Vermietung** durch den WEer (s. § 13 Rz. 10).

Den entsprechend den Voraussetzungen von Abs. 1 S. 2 i. V. mit § 14 Nr. 1 geschaffenen zulässigen **Gebrauch** des GemEs haben die übrigen WEer gemäß § 14 Nr. 3 zu **dulden.**

II. Keine Einschränkung der Befugnis

Abs. 2 Satz 2 gewährleistet – ebenso wie die Parallelvorschriften 33 des § 12 Abs. 4 S. 3 und § 16 Abs. 5 – dass von der Befugnis in Abs. 2 S. 1 nicht abgewichen werden kann, weder durch eine Vereinbarung noch gar durch einen Beschluss, auch nicht durch einen solchen auf Grund Öffnungsklausel. Wegen des **zwingenden** Charakters der Vorschrift wären beide Gesamtakte **unwirksam.** Das gilt auch für vor dem 1. 7. 2007 getroffene Regelungen. Dagegen sind **erweiternde** Bestimmungen, etwa ein Verzicht auf die qualifizierende Mehrheit, zulässig (LG Dessau-Rosslau, ZMR 2008, 324).

C. Zu Abs. 3

I. Allgemeines

Abs. 3 hat klarstellenden Charakter. Danach können die WEer 34 Maßnahmen der **modernisierenden Instandsetzung** (wie bisher) mit **einfacher Mehrheit** beschlossen werden. Es bleibt bei den Voraussetzungen nach § 21 Abs. 3 und 4.

Im Hinblick auf die **Abgrenzung** kommt es darauf an, „ob die Neuerung einen Bezug zur Instandhaltung oder Instandsetzung hat, ob also vorhandene Einrichtungen wegen bereits notwendiger oder absehbarer Reparaturen technisch auf einen aktuellen Stand gebracht **oder** durch eine wirtschaftlich sinnvollere Lösung ersetzt werden" (BT-Drucks. 16/887 S. 32). In diesem Fall handelt es sich um eine modernisierende Instandsetzung. Sie kann auch anlässlich einer sonst notwendigen Instandsetzung angemessen sein (OLG Schleswig, NZM 2007, 650; krit. insoweit *Bub,* ZWE 2008, 205).

Im **Unterschied** dazu sind bauliche Maßnahmen, die sich im Rahmen des § 559 Abs. 1 BGB bewegen, aber auch **keinen Bezug** mehr zur Instandhaltung bzw. Instandsetzung haben, Modernisierungen, die der qualifizierten Mehrheit bedürfen.

Wenn sich eine Maßnahme allerdings **nicht** im Rahmen des § 559 Abs. 1 BGB hält und auch nicht die Anpassung des GemEs an den Stand der Technik zum Inhalt hat, ist entspr. § 22 Abs. 1 S. 1 i. V. mit § 14 Nr. 1 die Zustimmung aller nicht unerheblich beeinträchtigten WEer erforderlich (a. a. O.). In den meisten Fällen müssen dann alle WEer zustimmen.

II. Einzelne Maßnahmen modernisierender Instandsetzung

35 Auch hierbei bedarf es, insbes. wenn es sich um damit verbundene bauliche Veränderungen handelt, einer sorgfältigen **Abwägung der Interessen** im Einzelfall (OLG Köln NJW 80 H. 47, VI = 81, 585). Geringfügige optische Beeinträchtigungen der Fassade durch nachträglichen Einbau von **Thermoppane-Fenstern** an Stelle von Einfachverglasung sind hinzunehmen (OLG Köln a. a. O.; ZMR 98, 49), nicht jedoch eine erhebliche sichtbare Umgestaltung.

36 Ob der **einzelne WEer** solche Maßnahmen verlangen oder die **Mehrheit** sie durchsetzen kann, hängt nicht zuletzt von einer vernünftigen **Kosten-Nutzen-Analyse** ab, also dem Verhältnis von Aufwand und Ersparnis (BayObLG, ZMR 89, 317 und OLG Frankfurt a. M., OLGZ 84, 129 zur nachträglichen **Wärmedämmung** einer Außenwand). Kriterien sind zudem vernünftige Werterhaltung, Versorgungssicherheit und Umweltverträglichkeit (BayObLG, DWE 2004, 89). Dazu gehört auch die Frage, inwieweit sich eine Technik bereits in der Praxis bewährt oder durchgesetzt hat (LG Dresden, ZMR 2007, 491: „Tiptal" im Rahmen der Sanierung von Wasserleitungen). Für die Anbringung einer wärmedämmenden Vorhangfassade bei einer ohnehin notwendigen Fassadenerneuerung s. AG Bergisch Gladbach, DerWEer 83, 62. Es kann auch sinnvoll erscheinen, auf eine nur mit einem Naturputz versehene **Fassade** nachträglich einen **Farbanstrich** aufzutragen (KG, NJW-RR 93, 1104 = WuM 93, 429); Verwendung haltbarerer Materialien (OLG Köln, ZMR 98, 49: Kunststoff- statt Holzfenster). Auch Umstellung von der manuellen Regelung der Heizung auf Automatik (OLG Hamm, OLGZ 82, 260), von Öl auf Gas (BayObLG, ZWE 2002, 315) oder die Ersetzung der eigenen Zentralheizung durch Fremdbezug aus einer Fernheizung (OLG Hamburg, NZM 2006, 27). Der Einbau einer **Rauchgasklappe** ist keine bauliche Veränderung, die über die ordnungsmäßige Instandhaltung hinausgeht, wenn sie ohne besonderen technischen Aufwand möglich ist und eine erhebliche Einsparung an Energiekosten mit sich bringt (LG Passau, Beschl. v. 12. 11. 79–2 T 48/797; BayObLG, NJW 81, 690, ohne die Frage der Abgrenzung zu entscheiden). An diesem entspr. Maßstab sind alle Maßnahmen der Modernisierung zu messen. Dies gilt auch für Ersatzbeschaffungen (BayObLG, Wohnung u. Haus 80, 102). Die Umrüstung der **Ölzentralheizung** auf **Erdgasbefeuerung** kann als Maßnahme einer **modernisierenden Instandsetzung** mehrheitlich beschlossen werden, falls der Ausfall der veralteten Ölheizungsanlage absehbar ist (OLG Celle, WuM 93, 89; BayObLG, ZWE 2002, 315). Zur Verplombung von Zählern

s. o. § 15 Rz. 4, § 16 Rz. 51. So widerspricht auch nicht ein Beschluss ordnungsmäßiger Verwaltung, die Anbringung von **Warmwasserzählern** zu unterlassen, wenn die Kosten für Anbringung und laufenden Unterhalt höher sind als die zu erwartenden Einsparungen (ZMR 89, 317). Auch der Bau einer **Hebeanlage** dürfte im allg. einem Mehrheitsbeschluss zugänglich sein (*Gerauer,* DerWEer 87, 42).

Dasselbe gilt für eine modernisierende Instandsetzung einer Heizungsanlage einschließlich erforderlicher Umbaumaßnahmen (KG, WuM 93, 427; WE 95, 58). Entscheidend ist eine vernünftige Kosten-Nutzen-Betrachtung unter Berücksichtigung der Erhaltung des Substanzwerts (OLG Hamm, DerWEer 92, 126) und Gewichtung ggfs. weiterer Faktoren wie **Energieeinsparung** und voraussichtlicher **Kostenentwicklung** der Energieträger (OLG Hamburg NZM 2006, 27 = ZdW Bay 2006, 94). Tritt z. B. die **Amortisation** einer umweltschonenden Dämmung erst nach zwanzig Jahren ein, kann diese modernisierende Instandsetzung nicht mehrheitlich, sondern nur einstimmig beschlossen werden (KG v. 2. 2. 96 – 24 W 7880/95, KG, FGPrax 96, 95: über 10 Jahre). Darauf kommt es allerdings nicht an, wenn öff.-rechtl. Vorschriften sie bei Reparaturen sowieso vorschreiben (BayObLG, NZM 2002, 75).

Der Austausch einer **Elektroheizung** durch eine **Gasetagenheizung** ist nach OLG Frankfurt a. M. (NJW-RR 92, 144) auch durch **einen** WEer zulässig (wohl nicht in jedem Fall!). Dagegen bedarf die **Umstellung** der Wärmeversorgung einer Wohnanlage von **Nachtspeicherstrom** auf **Gas** der Zustimmung sämtlicher WEer (OLG Hamm, NJW-RR 95, 909), ebenso die Umstellung von Fern- auf Etagenheizung (OLG Frankfurt a. M., DerWEer 87, 51; OLG Düsseldorf, FGPrax 98, 49). Auch das Aufstellen von breitflächigen **Sonnenkollektoren** mit einem Neigungswinkel von 45 Grad auf dem Flachdach eines Hauses stellt eine bauliche Veränderung dar (BayObLG, NZM 2000, 674). Zum Anspruch auf Beseitigung s. BayObLG a. a. O.: Er entfällt nicht schon deshalb, weil es sich um eine umweltfreundliche Maßnahme handelt. Installationen ohne merklichen Einspareffekt oder Funktionsverbesserung unterfallen ebenso grundsätzlich der Einstimmigkeit (Einbau einer **Solaranlage** zur Warmwasserbereitung (BayObLG, FGPrax 2005, 108) oder einer zweifelhaften Einrichtung zur Sanierung von Wasserleitungen (AG Dresden, ZMR 2006, 79).

Die HeizkostenV (vgl. Anh. I 4) sieht nach ihren §§ 3–5 auch hinsichtlich von WE die Ausstattung zur Erfassung des Verbrauchs an Wärme und Warmwasser in Form von Wärmezählern bzw. Heizkostenverteilern vor (zu den Einzelheiten s. o. § 16 Rz. 49 ff.). Die

HeizkostenV ist zwingend, soweit es um das „ob" solcher Maßnahmen geht (so wohl auch AG Berlin-Charlottenburg, DerWEer 83, 125). Deswegen ist ein Ausschluss der gesetzlich vorgeschriebenen Ausstattung nicht möglich. Nach Ablauf der Übergangsfrist (30. 6. 84) ist sie durchsetzbar.

39 Grundsätzlich haben die WEer mit Mehrheit über die Frage des „wie" zu entscheiden, wobei sie im Rahmen ordnungsmäßiger Verwaltung einen Spielraum haben. Bestehen entgegenstehende Vereinbarungen i. S. von § 10 WEG, die die Heizkostenverteilung z. B. detailliert anders regeln, besteht zumindest ein Anspruch jedes einzelnen WEers auf erneute Beschlussfassung, wobei das Ermessen im Rahmen des „ob" eingeschränkt sein dürfte. Denn sonst könnte dem Sinn und Zweck der VO nicht Rechnung getragen werden. Im Übrigen wäre nicht einzusehen, dass erst über das Verlangen eines Mieters Druck auf die WEer ausgeübt werden müsste, um die Ausstattung mit Messeinrichtungen herbeizuführen.

40 Aus §§ 7, 8 HeizkostenV ergibt sich keine Ermächtigung der WEer, einen in einer GemO festgelegten Heizkostenverteilerschlüssel durch Mehrheitsbeschluss zu ändern, wobei sich erster innerhalb des Rahmens dieser Vorschriften hält (BayObLG, DerWEer 83, 30).

Im Rahmen ordnungsmäßiger Verwaltung ist auch die **EnEV** zu beachten. Danach haben die WEer spätestens bis zum 31. 12. 2008 einen **Heizkessel** auszutauschen, wenn er vor dem 1. 10. 1978 eingebaut wurde. Dies gilt auch dann, wenn aus technischer Sicht eine Erneuerung nicht notwendig wäre (LG Krefeld NZM 2005, 430). Die Durchführung der Erneuerung kann bei entspr. Kosteneinsparung bereits vorher beschlossen werden (a. a. O.).

D. Zu Abs. 4

I. Zerstörung

41 **1. Allgemeines.** Der Grund der Zerstörung ist gleichgültig. Er kann z. B. von **Feuchtigkeit** herrühren (BayObLG, ZWE 2001, 366). Wiederaufbaupflicht kann sich schon aus einem Versicherungsvertrag ergeben. Sonst ist aber eine Vereinbarung im Einzelnen darüber zweckmäßig. Der Gesetzgeber musste zwischen Kollektivinteresse und Einzelinteresse der durch die Zerstörung Betroffenen entscheiden. Die WEer-Gemeinschaft bleibt jedenfalls bis zur einstimmigen Auflösung erhalten (s. § 11 Rz. 6 ff.; allgemein zu den Rechtsverhältnissen beim zerstörten WE s. *Alsdorf*, BlGBW 77, 88). Abs. 4 ist durch Vereinbarung **abdingbar** (*Bärmann/Merle*, § 22 Rz. 371; *Weitnauer/Lüke*, § 22 Rz. 2; BayObLG, WE 96, 468).

Besondere Aufwendungen, Wiederaufbau 42–44 § 22

2. Wertgrad der Zerstörung. Mehr als die Hälfte des Wertes 42
des **Gebäudes.** Wert des Grund und Bodens scheidet dabei aus.
Wert der SEs-Räume ist einzurechnen, abgesehen von besonderen
Ausstattungen (*Alsdorf,* a. a. O.). Jedoch ist § 17 nicht analog anzuwenden,
da dort der Erlös für ein Gebäude unter Berücksichtigung
gerade der Sonderausstattungen zur Aufteilung gelangen soll. Unter
Zerstörung ist normalerweise nicht eine unterlassene Instandsetzung
zu verstehen (KG, NJWE-MietR 97, 205).

3. Wertermittlung. Eine Mehrheit kann nicht über den Zer- 43
störungsgrad entscheiden. Mangels Einstimmigkeit bedarf es der
Anrufung des Gerichts nach § 43 Nr. 1, unter Anwendung von
§ 315 Abs. 3 BGB.

II. Wiederaufbau

Eine Pflicht dazu besteht grundsätzlich nur, wenn sie durch 44
Vereinbarung festgelegt ist; wenn nicht, ist Einstimmigkeit notwendig,
sofern mehr als die Hälfte des Gebäudes dem Wert nach
zerstört, Schaden nicht durch Versicherung oder in anderer Weise
gedeckt ist. Ein **Mehrheitsbeschluss** genügt also nur: wenn **nicht
mehr** als die **Hälfte** des Wertes zerstört ist, oder trotz Zerstörung
von mehr als der Hälfte, wenn der Schaden durch **Versicherung**
oder in **anderer Weise** gedeckt ist. Letzteres bedeutet: Bildung
von Rücklagen und Reservefonds, Schadensersatzansprüche gegen
Dritte. Auch Wiederaufbauhilfen bzw. Zuschüsse der öffentlichen
Hand, von Banken, den WEern selbst, Mietern usw. gehören
hierher. Gerade bei einer Zerstörung durch höhere Gewalt ist der
Kreis derer, die Aufbauhilfen gewähren, kaum einzugrenzen. Die
Ermittlung des Gebäudewerts erfolgt durch den Vergleich mit dem
Verkehrswert des Gebäudes (GemE und SE) zum Zeitpunkt des
Schadensereignisses mit dem Wert danach. Die Deckung muss ausreichend
sein. Andererseits kann bei Zerstörung von weniger als
der Hälfte des Wertes mit Stimmenmehrheit nicht beschlossen
werden, dass der Wiederaufbau nur dann verlangt oder beschlossen
werden kann, wenn der Schaden durch eine Versicherung oder in
sonstiger Weise gedeckt ist (BayObLG, WuM 96, 495). Zur **Klarstellung:**
Eine gem. § 21 Abs. 4 WEG durchsetzbare Wiederaufbaupflicht
besteht unabhängig vom Umfang der Zerstörung **immer**
dann, wenn der Schaden durch Versicherungsleistungen oder
in sonstiger Weise **gedeckt** ist, ferner bei einer Zerstörung von
weniger als der Hälfte des Wertes auch **ohne Deckung** des
Schadens durch eine Versicherung.

§ 22 Abs. 2 ist auf das Gesamtgebäude anzuwenden, wobei Wohn- und etwaige Nebengebäude in die Bewertung einzubeziehen sind (OLG Schleswig, FGPrax 97, 219) nicht etwa analog lediglich auf ein Teilgebäude. Gebäude in einer **Mehrhausanlage** sind selbstständig zu bewerten.

45 Versicherungssummen usw. unterstehen der Verwaltung der WEer-Gemeinschaft; die Leistung kann nur an die Gemeinschaft erfolgen, nicht an einzelnen WEer, im Zweifel gem. § 27 Abs. 1 Nr. 4 an den Verwalter.

Vertragsfreiheit besteht auch hier (s. Rz. 7 vor § 10). § 11 Abs. 2 begründet hier sogar Ausnahmen von der Unauflösbarkeit (s. § 11 Rz. 6).

46 Hinsichtlich der Zustimmung dinglich Berechtigter zum Beschluss, nicht wieder aufzubauen, gilt das oben § 1 Rz. 21 allgemein Gesagte. Die überstimmte Minderheit ist durch ordnungsmäßigen Mehrheitsbeschluss gebunden. Der Nichtgewillte kann nur sein WE veräußern. Bei Nichtleistung von Beiträgen besteht evtl. Entziehungsgrund.

Der alte Zustand ist im Zweifel wiederherzustellen, wenn nicht Abweichungen einstimmig vereinbart werden.

Die Durchführung der Beschlüsse für den Wiederaufbau obliegt dem Verwalter (§ 27 Abs. 1 Nr. 1), auch die Beitreibung der Beiträge, evtl. gerichtliche Geltendmachung bei Ermächtigung (§ 27 Abs. 2 Nr. 5).

Eine Veränderung in Form der Aufstockung bedarf im Allgemeinen einstimmigen Abkommens (s. aber wegen § 22 Abs. 1 Satz 2 oben Rz. 8).

III. Folgen fehlender Wiederaufbaupflicht

47 Zur Vereinbarung über Auflösung bzw. Übertragung der Anteile s. § 4, § 10, § 22 Abs. 4, §§ 873, 925 und 311b BGB. Besteht keine Wiederaufbaupflicht, wird dadurch weder WE als solches noch die Gemeinschaft aufgehoben. Auch eine automatische Verwandlung in eine gewöhnliche Gemeinschaft nach §§ 741 ff. BGB findet nicht statt. Besteht keine Wiederaufbaupflicht, wäre Einstimmigkeit für die Aufhebung der Gemeinschaft eine Härte. Daher, auch mit Begründung aus § 21 Abs. 4, ist die Entbehrlichkeit der Zustimmung Widersprechender anzunehmen.

48 Kann ein Wiederaufbau nicht beschlossen oder wegen mangelnder Vereinbarung nicht verlangt werden, muss eine Auflösung der Gemeinschaft auch zulässig sein, wenn eine dahingehende Vereinbarung ursprünglich nicht vorgesehen war. Bei Auflösung sind die

Werte des unzerstörten SEs entsprechend als Erlös zu berücksichtigen und nach § 17 zu verfahren.

Hinzuweisen ist auf § 11 Abs. 1 Satz 3, wonach die Auflösung **49** der Gemeinschaft verlangt werden kann, wenn die Verpflichtung zum Wiederaufbau nicht besteht und gem. § 22 Abs. 4 mit Mehrheit nicht beschlossen werden kann.

Eine Anwachsung der Rechte des zerstörten WEs zugunsten der anderen WEer kommt nicht in Betracht.

Ein gutgläubiger Erwerb des Wiederaufbauanspruchs seitens des Erwerbers des zerstörten WEs ist durch § 22 Abs. 4, § 11 Abs. 1 Satz 3 bzw. durch den nach § 10 Abs. 3 verdinglichten Inhalt der Vereinbarung ausgeschlossen.

IV. Gerichtliche Beteiligung

Die Anrufung des Gerichts ist allgemein nach § 43 Nr. 1, 2 u. 4 **50** gegeben (weiteres unten bei § 43). Für die Prüfung der Frage der Aufhebung des WEs (SEs) als Voraussetzung für Auflösung der Gemeinschaft ist ebenfalls das ordentliche Gericht zuständig.

V. Bauruine

Ob § 22 Abs. 4 auf den Fall der **Nichtfertigstellung** durch den **51** Bauträger entsprechend angewendet werden kann, ist umstritten. Die h. M. (OLG Karlsruhe, Justiz 79, 336 = NJW 81, 466 m. zust. Anm. *Röll; Weitnauer,* DNotZ 77 [Sonderheft], 45 f.; *Röll,* NJW 78, 1507 sowie BayObLG, MittBayNot 83, 68; DerWEer 83, 60; *Weitnauer/Lüke,* § 22 Rz. 6 a) im Fall der Nichtfertigstellung durch den Bauträger (Erstellung zu weniger als der Hälfte des Wertes) § 22 Abs. 4 analog anwenden. Die Interessenlage ist jedoch anders gelagert als im Fall der Zerstörung (s. *Merle* in *Bärmann/Merle,* § 22 Rz. 354 ff.). Deswegen ist grundsätzlich von einer Mitwirkungspflicht der WEer zur Errichtung auszugehen, auch wenn das Gebäude erst zu weniger als der Hälfte erstellt ist (arg. aus § 11). Zur Fortführung eines steckengebliebenen Bauvorhabens s. a. *Reithmann,* NJW 97, 1816.

Auch der **Zwangsverwalter** ist gemäß § 52 ZVG grundsätzlich **52** verpflichtet, im Bau befindliche, für Wohnzwecke vorgesehene Gebäude zu vollenden, um alsbald hieraus Mieteinnahmen zu erzielen (OLG Schleswig v. 9. 8. 83 – 1 W 196/83). Zur **Beratungspflicht** eines Notars gegenüber Käufern eines Grundstücks mit steckengebliebenem Bau s. OLG Düsseldorf, VersR 80, 1049.

§ 23 Wohnungseigentümerversammlung

(1) **Angelegenheiten, über die nach diesem Gesetz oder nach einer Vereinbarung der Wohnungseigentümer die Wohnungseigentümer durch Beschluß entscheiden können, werden durch Beschlußfassung in einer Versammlung der Wohnungseigentümer geordnet.**

(2) **Zur Gültigkeit eines Beschlusses ist erforderlich, daß der Gegenstand bei der Einberufung bezeichnet ist.**

(3) **Auch ohne Versammlung ist ein Beschluß gültig, wenn alle Wohnungseigentümer ihre Zustimmung zu diesem Beschluß schriftlich erklären.**

(4) [1]**Ein Beschluss, der gegen eine Rechtsvorschrift verstößt, auf deren Einhaltung rechtswirksam nicht verzichtet werden kann, ist nichtig.** [2]**Im Übrigen ist ein Beschluss gültig, solange er nicht durch rechtskräftiges Urteil für ungültig erklärt ist.**

Übersicht

	Rz.
I. Allgemeines	1
II. Beschlussfassung	4
1. In Versammlung als Grundsatz (Abs. 1)	4
2. Gültigkeitsvoraussetzung (Abs. 2)	5
3. Schriftlicher Universalabschluss in der Form der Vereinbarung (Abs. 3)	10
4. Nicht schriftliche Vereinbarung	12
5. Verbindlichkeit des Beschlusses	13
III. Allgemeines; Nichtigkeit und Anfechtbarkeit der Beschlüsse (Abs. 4)	15
1. Beschluss als Rechtsgeschäft	15
2. Absolute Nichtigkeit	16
3. Anfechtbarkeit	19
a) Voraussetzungen	21
b) Anfechtungsbefugte	25
c) Anfechtungsfrist	26
d) Anfechtungsklage	30
e) Wirkung	31
f) Beklagte	32
g) Anfechtung nach BGB	33
h) Teilnichtigkeit	34
i) Ersetzung	35

I. Allgemeines

§§ 23 bis 25 enthalten formelles Organisationsrecht für die WEer-Versammlung. §§ 26–28 für den Verwalter, § 29 für Verwaltungsbeirat. Die Ausgestaltung ist dem Vereinsrecht und Genossenschaftsrecht entnommen. Es kann daraus allerdings nicht auf eine juristische Person der Gemeinschaft geschlossen werden. 1

Da § 23 „Spielregeln" im Interesse eines transparenten Verfahrens und Rechtssicherheit für die Beteiligten aufstellt, sind die Grundsätze **unabdingbar** (BayObLG, NZM 99, 282 für Abs. 1). Ansonsten besteht **Vertragsfreiheit** der WEer nur innerhalb des gesetzlich zugelassenen Spielraums. 2

Die Notwendigkeit solcher das Gesetz ergänzender oder davon abweichender Vereinbarungen hängt z. B. von Umfang, Größe und Bedeutung einer Gemeinschaft ab. Beschlüsse – auch einstimmige Beschlüsse – können **nicht** in eine Vereinbarung **umgedeutet** werden, da Beschlüsse auf gleichgerichteten Willenserklärungen beruhen, während **Vereinbarungen gegenseitige,** also korrespondierende Verpflichtungen zum Gegenstand haben (OLG Köln, NJW-RR 92, 598). Zur vorgesehenen Änderung des Abs. 4 s. Anh. I, 3.

Oft ist eine neutrale **Schiedsinstanz** zu empfehlen, da das Verfahren nach § 43 langwierig sein kann (s. Rz. 2 Vor § 43). 3

II. Beschlussfassung

1. In Versammlung als Grundsatz. Abs. 1: Abgesehen von Abs. 3 (bei schriftlicher Einstimmigkeit) ist immer eine **nicht öffentliche** (OLG Frankfurt a. M., WuM 96, 177) **Versammlung** notwendig. **Außerhalb** der Versammlung kann keine Beschlussfassung erfolgen (BayObLG, NZM 99, 282; AG Königstein, NZM 2008, 171: Telefonkonferenz), auch nicht mittels mündlich oder konkludent erteilter Zustimmung (BayObLG, ebenda). Dies gilt auch und gerade dann, wenn mehr als die Hälfte aller EWen in einer Hand vereinigt ist (OLG Zweibrücken, OLGZ 83, 339). Eine **Minderheit** muss sich äußern können. Es besteht auch keine (Voll)versammlung, wenn sich die versammelten WEer nicht als Beschlussorgan verstehen (BayObLG, WuM 2003, 162), etwa i. S. einer Information. 4

Das Stimmrecht der WEer in einer **Mehrhausanlage** kann dagegen in Angelegenheit, die nur **ein** Gebäude betreffen, durch Vereinbarung auf die betreffenden WEer beschränkt sein (OLG Stuttgart, FGPrax 97, 17; BayObLG, NZM 2004, 386; s. § 25

Rz. 14). Ein Stimmrecht aller WEer besteht dann nur in Angelegenheiten, die alle betreffen. D. h. aber auch, dass in **Teilversammlungen** nicht über solche (gemeinschaftlichen) Angelegenheiten und Ansprüche beschlossen werden kann (BayObLG, DerWEer 84, 61; vgl. NZM 2004, 375). Solche über die **Kompetenz** der Teilversammlung hinausgehenden Beschlüsse, z. B. ein die Gesamtanlage betreffender Kostenverteilungsschüssel, sind nichtig (OLG Köln, NZM 2005, 550). So können über eine bauliche Veränderung an der „**Verwaltungseinheit**" einer Mehrhausanlage die Eigentümer dieser Verwaltungseinheit ohne Ermächtigung in der Teilungserklärung nicht mit bindender Wirkung für die Miteigentümer anderer Verwaltungseinheiten beschließen. Ein solcher Beschluss ist gegenüber diesen MEern nichtig (OLG Schleswig, NZM 2000, 385). Dasselbe gilt für die Errichtung eines Zauns auf dem Nachbargrundstück (BayObLG, NZM 2004, 386), es sei denn, dass die Zaunanlage nur bestimmte WEer berührt, die Interessen der übrigen WEer demnach in keiner Weise betroffen sind (BayObLG, a. a. O.). Über die Jahresabrechnung und die Entlastung von Verwalter/Verwaltungsbeirat haben alle WEer zu entscheiden (OLG Zweibrücken, ZWE 2004, 378/LS).

Eine Beschlussfassung setzt mindestens **zwei** (vertretene) **WEer** voraus (LG Frankfurt a. M., ZMR 89, 351). Nach BayObLG (ZMR 96, 151 = NJW 96, 524) kann ein Beschluss gefasst werden kann, auch wenn nur **ein** WEer, der zugleich Versammlungsleiter ist, in der „Versammlung" anwesend ist. In diesem Fall ist die Stimmabgabe keine empfangsbedürftige Willenserklärung. Unverzichtbar ist aber die **Kundgabe** der Stimmabgabe in der Versammlung (BayObLG, a. a. O.; OLG München, NZM 2008, 577; NJW-Spezial 2008, 66; s. §§ 24 Rz. 13 u. 25 Rz. 32). In der Versammlung kann nur über gestellte **Anträge** entschieden werden (OLG München, NZM 2009, 33).

5   2. **Gültigkeitsvoraussetzung. Abs. 2: Einberufung** unter Angabe des Gegenstandes (**Tagesordnung**). Die Vorschrift ist nach h. M. **abdingbar** (BayObLG NJW 70, 1136; DerWEer 83, 126; AG Mannheim, DerWEer 84, 29; OLG Hamm, Rpfleger 79, 342 = WEM 79, 175 = OLGZ 79, 296 = BlGBW 80, 73). Sie ist jedoch von Amts wegen zu berücksichtigen, wenn keine Anhaltspunkte dafür vorliegen, dass die WEer insoweit eine von den gesetzlichen Gültigkeitsvoraussetzungen abweichende Vereinbarung getroffen haben (OLG Hamm, a. a. O.). Verantwortlich für die Aufstellung der Tagesordnung ist der Verwalter. Die GemO kann Anderes vorsehen. Der **einzelne WEer** hat ebenfalls einen Anspruch

Wohnungseigentümerversammlung 6–8 § 23

auf Aufnahme eines von ihm gewünschten Gegenstandes. Der Anspruch kann sich von der GemO oder § 21 Abs. 4 ergeben (BayObLG, NZM 2004, 108).

Nicht genannt sind in Abs. 2 die Einhaltung der **Einberufungsfrist** und ordnungsmäßige **Bekanntmachung** (§ 24 Abs. 3). Im Übrigen siehe § 32 Abs. 1 BGB. Zur Anfechtungsbefugnis nach Abs. 4 s. a. vergleichsweise das Aktienrecht (§§ 243 ff. AktG: Ungültigkeitserklärung). Die WEer können einen Beschluss unter einer (aufschiebenden) **Bedingung** gem. § 158 BGB fassen (OLG Köln NZM 2005, 23). Nach Auffassung des OLG Düsseldorf (NZM 2005, 24) ist ein Beschluss, dessen Wirksamkeit in der GemO von der **Eintragung** in ein **Beschlussbuch** abhängig ist, im Fall der Nichteintragung möglicherweise (nur) anfechtbar (offengelassen vom OLG). Es kommt allerdings auch Nichtigkeit in Betracht, wenn dies dem Willen der WEer entspricht (zur **Verpflichtung,** eine Beschluss-Sammlung zu führen, s. § 24 Abs. 7, 8).

Die Bedeutung eines zweiten Beschlusses in gleicher Sache ist 6 nach § 133 BGB auszulegen (BayObLG, ZMR 77, 85). Grundsätzlich sind die WEer berechtigt, über eine schon geregelte gemeinschaftliche Angelegenheit **erneut** zu beschließen (BayObLG, NJW 96 H. 26, IV). Hierbei besteht ein angemessener Beurteilungsspielraum. Zur Wirkung eines sog. **Zweitbeschlusses** s. u. Rz. 31 f.

Beschlüsse der WEer haben keine Wirkung auf ein **Mietverhältnis** zwischen WEer und Mieter (LG Darmstadt, WM 76, 156 = ZMR 77, 87). Dies kann aber vereinbart werden. Eine Ausnahme gilt, wenn sich der Beschluss auf das GemE bezieht, z. B. wenn sich der Mieter nicht im Rahmen seines Gebrauchsrechts hält (s. § 13 Rz. 10).

Einhaltung von **Form-** und **Fristvorschriften** für die Einberu- 7 fung ist nicht absolute Gültigkeitsvoraussetzung (s. § 24 Rz. 10). Ohne gerichtliche Ermächtigung gegen den Willen des Verwalters einberufene Versammlung kann aber keine Beschlüsse fassen (BayObLG, MDR 70, 507 = ZMR 70, 274 = NJW 70, 1136), es sei denn, alle WEer sind anwesend.

Auch eine Mitwirkung **Geschäftsunfähiger** oder -beschränkter 8 macht die Beschlussfassung, schon nach BGB, nicht ohne weiteres unwirksam. Ein Anfechtungsrecht besteht nur für eigene Erklärungen und sofern Beschluss im Ergebnis davon beeinflusst ist. Grundsätzlich können sich die WEer in der WEer-Versammlung **vertreten** lassen, jedoch kann dies durch die Teilungserklärung/GemO in zulässiger Weise auf einen bestimmten Personenkreis **beschränkt** werden (OLG Düsseldorf, NJW-RR 95, 1294). Ob ein WEer in einer Versammlung, in der er selbst anwesend ist, einen **Berater** hinzuziehen darf, ist für jede Versammlung gesondert zu prüfen (OLG Düsseldorf, a. a. O.). Zum **Ausschluss** des **Vertreters** eines WEers von der Teilnahme an der Eigentümerversammlung und der Abstimmung s. BayObLG, NJW-RR 91, 531. Geht die Tätigkeit eines durch die GemO von der Vertretung ausgeschlossenen Dritten in einer Versammlung über die Beratung eines anwesenden WEers hinaus, und stellt sie sich im Ergebnis als **Vertretung** des **abwesenden** WEers dar, so darf die Versammlung mit Stimmenmehrheit beschließen, dem betreffenden Dritten die weitere Teilnahme an der Versammlung zu verbieten (OLG Düsseldorf, a. a. O.).

9 Die **Tagesordnung** muss die Möglichkeit der **Vorbereitung** geben (RGRK/*Augustin*, § 23 Rz. 6; OLG Frankfurt a. M., OLGZ 83, 29 = DerWEer 83, 58) und den Einberufenen vor Überraschungen schützen (OLG Frankfurt a. M., a. a. O.; BayObLG, NZM 2004, 386; 388; LG Flensburg, DerWEer 89, 70). Beschlüsse zur **Ergänzung/Erweiterung** der **Tagesordnung** sind auch bei einstimmiger Zustimmung der Anwesenden problematisch, weil sie die Abwesenden benachteiligen, die nicht mit einer veränderten Tagesordnung rechnen mussten. Trotzdem können Beschlüsse zur Erweiterung der Tagesordnung als solche im Allg. mangels Rechtsschutzbedürfnisses nicht angefochten werden (OLG München NZM 2005, 825). Andererseits können die WEer die (materiellen) Beschlüsse zur ergänzten Tagesordnung nach den allg. Grundsätzen anfechten (OLG München a. a. O.).

Darüber hinaus hat **Abs. 2** eine **Ordnungsfunktion** (OLG Düsseldorf, DerWEer 86, 23). Erforderlich, aber auch genügend ist jede Angabe, die erkennen lässt, worüber **verhandelt** und **Beschluss** gefasst werden soll (BayObLG, NJW 62, 492; 73, 1086 = ZMR 74, 59; OLG Stuttgart, Rpfleger 74, 361 = NJW 74, 2137 = DNotZ 75, 311 unter Aufgabe von OLG Stuttgart, NJW 61, 1359). Für eine Beschlussfassung betreffend die **Entziehung** des WEs genügt z. B. in der Ladung die Angabe „**Abmeierungsklage**" (KG, NJW-RR 96, 526). Maßgeblich ist das berechtigte **Informationsbedürfnis** (BayObLG, Rpfleger 78, 445). Der Hinweis „**Wohngelderhöhung**" genügt z. B. nicht (BayObLG a. a. O.), ebenso wenig die Ankündigung „**Reparatur-** und **Erneuerungs**maßnahmen 1987" (LG Wuppertal v. 16. 3. 88, 6 T 168/88) oder „**Änderung der Hausordnung**" (OLG Köln, DerWEer 88, 24). Die Bezeichnung eines Gegenstandes im Einladungsschreiben als Beschlussfassung über die Haftung eines WEers für Kosten und Schäden einer baulichen Veränderung des GemEs und über die Erstattung zu Unrecht in Anspruch genommener Gelder der WEer deckt auch eine Beschlussfassung über die Ermächtigung des Verwalters zur gerichtlichen Geltendmachung dieser Ansprüche (BayObLG, NJWE-MietR 97, 61). Bezeichnung „Zaunanlage L 20 a" genügt (BayObLG, ZWE 2004, 375), um Beschlussgegenstand zu bezeichnen. In der Einladung zu einer WEer-Versammlung ist eine **stichwortartige Bezeichnung** des Beschlussgegenstandes vor allem dann ausreichend, wenn schon eine frühere Eigentümerversammlung sich mit dem Gegenstand befasst hatte (BayObLG, NJW-RR 92, 403; NZM 2004, 386). Neben dem bezeichneten Gegenstand kann zugleich auch über mit diesem **zusammenhängende** Fragen durch Beschluss entschieden werden (BayObLG, NZM 2004, 386). Unter „Verwalterbestellung" ist auch der Abschluss des Vertrags begriffen (BayObLG, NZM 2003, 154). „Verwalter-Neuwahl" meint auch die Wiederwahl des Verwalters (OLG München, NJW-RR 2008, 1182). „Neuwahl der Hausverwaltung" deckt die Wiederwahl des bisherigen Verwalters und den Vertragsabschluss ab (OLG München, DWE 2009, 29).

Unter dem Tagesordnungspunkt **„Verschiedenes"** können keine Beschlüsse gefasst werden (AG Hamburg, DerWEer 89, 78), es sei denn es handelt sich um Angelegenheiten von untergeordneter Bedeutung (OLG Düsseldorf, WuM 97, 62 = ZMR 97, 91 = NJWE-MietR 97, 85; BayObLG, WuM 99, 231). Ist unter dem Tagesordnungspunkt (TOP) „Verschiedenes" für eine WEer-Versammlung ein Beschlussgegenstand angegeben und wird ein entsprechender Beschluss gefasst, so ist dieser im Falle der Anfechtung jedenfalls nicht für unwirksam zu erklären, sofern ein Beschlussgegenstand hinreichend bestimmt bezeichnet war. Sind allerdings unter dem TOP „Verschiedenes" keine (gesonderten) Beschlussgegenstände angegeben und wird unter „Verschiedenes" ein Beschluss in der Eigentümerversammlung gefasst, der erst in der Versammlung selbst formuliert worden ist, so ist dieser für unwirksam zu erklären. Ein solcher Beschluss behält nur dann Gültigkeit, wenn dem WE-Verwalter damit aufgegeben wird, gegenüber einzelnen WEern das durchzusetzen, wozu sie ohnehin verpflichtet sind (OLG Köln, WE 98, 192 = ZMR 98, 240 = WuM 98, 240). Ebenso wie beim Tagungsordnungspunkt **„Sonstiges"** wird man davon auszugehen haben, dass darunter nur über Angelegenheiten von untergeordneter Bedeutung beschlossen werden kann (OLG Hamm, NJW 93 H. 14, S. VIII = NJW-RR 93, 468). Das gilt z. B. für den unter „Sonstiges" gefassten Beschluss, eine weitere Satellitenempfangsanlage abzulehnen (BayObLG NZM 2005, 462).

Ein **Verzicht** auf die Bezeichnung des Gegenstandes der Beschlussfassung in der Einladung bedarf der Zustimmung aller WEer (OLG Hamm a. a. O.). Rechtsmissbräuchliche Berufung auf den

Einberufungsmangel ist ggfs. beachtlich (ebenda). Erfährt der WEer außerhalb der Einladung, worüber abgestimmt werden soll, heilt dies den Verstoß gegen das Gebot der Bezeichnung des Gegenstandes in der Tagesordnung nicht (OLG Hamm a. a. O.). Problematisch ist die Auffassung des OLG Düsseldorf (WuM 97, 62 = ZMR 97, 91 = NJWE-MietR 97, 85), ein Einberufungsmangel führe nur dann zur Ungültigkeit des Beschlusses, wenn er für die erfolgte Beschlussfassung **ursächlich** gewesen sei. Diese Betrachtung führt zu einer weitgehenden Rechtsunsicherheit.

Auf einer **Spontan**versammlung (ohne Einberufung) gefasste „Beschlüsse" sind rechtlich bedeutungslos, wenn nur ein Teil der WEer anwesend ist (OLG Hamm, WE 93, 24). Auf einem „zwanglosen Treffen" kann z. B. kein Verwalter bestellt werden (BayObLG, NZM 2003, 199; NZM 2004, 623). Das gilt auch für Entscheidungen, die nach formeller Beendigung der Versammlung getroffen wurden (BayObLG, NZM 98, 1010).

Treten dagegen **alle** WEer zusammen, ohne dass eine Einberufung stattgefunden hat, können sie autonom entscheiden, ob auf Regularien der Einladung verzichtet wird. Dies ist durch Auslegung der Erklärungen zu ermitteln (KG, OLGZ 90, 421; BayObLG, ZMR 97, 93; OLG Celle NZM 2005, 308). Wenn auch nur ein einzelner nicht einverstanden ist, kommen keine Beschlüsse zustande. Im Fall allseitiger Zustimmung sind die Mängel der Einberufung geheilt (BayObLG, ZWE 2001, 550; OLG Celle, NZM 2005, 308). Dies wäre sonst Förmelei. Gehen die WEer von vornherein davon aus, dass sie keine Versammlung darstellen (wollen), können keine WEG-relevante Beschlüsse gefasst werden (BayObLG, WuM 2003, 162).

10 3. Schriftlicher Universalbeschluss in der Form der Vereinbarung. Abs. 3. Er entspricht § 32 Abs. 2 BGB aus dem Vereinsrecht.

Schriftliche Zustimmung ist nicht nur zum **Modus** der schriftlichen Abstimmung notwendig, sondern auch zum materiellen **Inhalt** eines vorgeschlagenen Beschlusses, also **einstimmiger Beschluss** i. S. von **Allstimmigkeit,** auch wenn sonst Mehrheit genügen würde (so auch HansOLG Hamburg, MDR 71, 1012 = ZMR 72, 87/ LS). Es gilt keine Vertragsfreiheit, soweit Einstimmigkeit in Frage steht (*Groß,* ZMR 79, 36; OLG Köln, WEM 77, 52 und OLG Hamm, Rpfleger 78, 319 = MDR 78, 759; BayObLG, MittBayNot 81, 27 = MDR 81, 320 = Rpfleger 81, 13 = OLGZ 81, 384. Es ist auch kein Mehrheitsbeschluss vereinbar (BayObLGZ 80, 331; a. A. *Bärmann/Merle,* § 23 Rz. 109). Auch die **Bestellung des Ver-**

walters dürfte im Wege des schriftlichen Verfahrens zulässig sein. Allerdings müssen in diesem Fall die Abstimmungsmodalitäten (Zugang und Kontrolle) unzweifelhaft sein.

Die **Anregung** zum Zirkularbeschluss kann durch jeden WEer 11 erfolgen. § 24 Abs. 2 gilt dabei nicht. Ungenügender Versammlungsbeschluss kann auf diese Weise ergänzt werden. Dann müssen allerdings alle zustimmen oder es muss eine neue Versammlung stattfinden. Der Beschluss **kommt** erst **zustande,** wenn dem Verwalter die letzte Einverständniserklärung zugeht (BayObLG, MDR 72, 145). Bei einer erfolgten schriftlichen Abstimmung hat der Verwalter die WEer über das **Ergebnis** rechtzeitig vor Anfechtungsfristablauf zu **informieren** (für das Vereinsrecht OLG Köln, NJW-RR 94, 1547). Ein Beschluss der WEer kann auch in der Weise zustandekommen, dass ein Teil der WEer in der Versammlung, der restliche Teil nachträglich schriftlich zustimmt (KG, OLGZ 89, 43 = DerWEer 89, 69), sog. **Sukzessivbeschluss.**

4. Nicht schriftliche Vereinbarung. Sie ist damit nicht ausgeschlossen (mündlich, konkludentes Handeln, Dulden; s. § 10 Rz. 14). Doch kann dabei nicht die dingliche Wirkung nach § 10 Abs. 4 eintreten; auch nicht die Wirkung nach § 746 BGB. 12

5. Verbindlichkeit des Beschlusses. Grundsätzlich berechtigt 13 und verpflichtet ein **bestandskräftiger** Mehrheitsbeschluss der WEer alle WEer (vgl. BayObLG, NJW-RR 91, 976). Dies gilt auch dann, wenn er eine Angelegenheit zum Gegenstand hat, die einem Mehrheitsbeschluss nicht zugänglich ist, jedoch nicht nichtig ist. In Bestandskraft erwächst ein (anfechtbarer) Beschluss mit Ablauf der Anfechtungsfrist gemäß § 46 Abs. 1 Satz 2 (ein Monat), ohne dass eine Anfechtung erfolgt ist. Verbindlichkeit hat der Beschluss auch gegenüber der Minderheit und den Abwesenden. Die Wirksamkeit ist auch ohne Eintragung gegeben (§ 10 Abs. 3). Dies gilt auch für Nichteingeladene oder sonst (rechtswidrig) Ausgeschlossene (BayObLG, DerWEer 85, 126/LS). Nicht gebunden ist der **vor** Beschlussfassung ausgeschiedene WEer (BGH, DerWEer 89, 58). Dagegen wirkt ein bestandskräftiger Beschluss auch für und gegen einen späteren WEer, **Sondernachfolger** (LG München I, NJW-RR 96, 333; KG, WuM 99, 643).

Die Minderheit wird auch nach außen kraft gesetzmäßig gefassten Beschlusses durch die Mehrheit oder deren Bevollmächtigten mit vertreten (RGRK/*Augustin,* § 25 Rz. 1). Bestandskräftige Beschlüsse können nicht Grundlage von Schadensersatzansprüchen gegen die beschließenden WEer oder den Verwalter sein (BayObLG,

WE 97, 397). Es besteht ihm gegenüber kein Recht sich auf Treu und Glauben zu berufen (BayObLG, NZM 2001, 433).

Es ist Pflicht des Verwalters, nicht erschienene WEer vom Inhalt und den Ergebnissen gefasster Beschlüsse unverzüglich zu unterrichten.

14 Ggfs. ist auch eine Beschlussfassung nach Gruppen oder **Teilversammlung** bei entspr. Vereinbarung zulässig (vgl. OLG Stuttgart, DerWEer 80, 62; BGH, WEM 79, 83; OLG Stuttgart, WEM 80, 75 und u. § 25 Rz. 14 sowie oben Rz. 4).

III. Allgemeines; Nichtigkeit und Anfechtbarkeit der Beschlüsse (Abs. 4)

15 1. **Beschluss ist Rechtsgeschäft eigener Art, Gesamtakt** (BayObLGZ 77 Nr. 44 = NJW 78, 1387 = ZMR 79, 21; OLG Stuttgart, DerWEer 86, 60). Die Stimmabgabe ist empfangsbedürftige **Willenserklärung** (BGH, NJW 2002, 3629); *Palandt/Heinrichs,* § 32 Rz. 8; zum „Einmann"-Beschluss s. o. Rz. 4). Wirksam wird sie mit der Wahrnehmung durch den Versammlungsleiter. Die Ungültigkeit eines Beschlusses setzt dessen **Ungültigkeitserklärung** voraus (Abs. 4). Bis zu seiner rechtskräftigen gerichtlichen Ungültigkeitserklärung ist der Beschluss als **wirksam** zu behandeln und für sämtliche WEer, deren Sondernachfolger und den Verwalter verbindlich (BayObLG WuM 2000, 153). Beschlüsse unterliegen der **Auslegung.** Sie sind aus sich heraus, objektiv und normativ unter Zugrundelegung der nächstliegenden Bedeutung, anzulegen (BGHZ 139, 288 = NZM 98, 955 = NJW 98, 3713; BayObLG, NZM 2004, 261; 659; 746; OLG Düsseldorf NZM 2005, 305). Eine **Ablehnung** eines Antrags bezieht sich nur auf **diesen** Antrag, nicht auf denkbare Varianten. Dann hätten auch diese zur Abstimmung gestellt werden müssen (OLG München, NZM 2009, 33). Die Auslegung ist zunächst Sache des **Tatrichters** (OLG Düsseldorf a. a. O.). Die Auslegung unterliegt der Überprüfung durch das Rechtsbeschwerdegericht (BayObLG, NJWE-MietR 97, 13; NZM 2004, 261; OLG Düsseldorf, NZM 2004, 467). Dabei ist nicht danach zu differenzieren, ob es sich um eine Dauerregelung oder um die eines Einzelfalls handelt (so wohl auch BGHZ 139, 288 u. BayObLG NZM 2000, 305; einschränkend auf Dauerregelung OLG Düsseldorf NZM 2005, 305). Wortlaut des Beschlusses und die Umstände außerhalb der Protokollierung sind maßgebend, wenn sie nach den besonderen Verhältnissen für jedermann ohne Weiteres erkennbar sind (OLG Düsseldorf, a. a. O.). Beschlüsse sind einer **ergänzenden** (Vertrags)auslegung zugänglich, wenn sie eine **Regelungslücke** aufweisen (OLG Düsseldorf, a. a. O.). Die Mitwirkung Geschäftsunfähiger oder -beschränkter macht die Beschlussfassung nicht ohne weiteres unwirksam (OLG Stuttgart, DerWEer 85, 95; 86, 60). Anfechtbar ist z. B. ein Beschluss, der entgegen den Bestimmungen der Teilungserklärung entweder nicht protokolliert oder/und nicht von zwei in der Eigentümerversammlung bestimmten WEern unterzeichnet wurde (BGHZ 136, 187 = NJW 97, 2956 = WuM 97, 571). Die Mitwirkung Geschäftsunfähiger oder -beschränkter macht die Beschlussfassung nicht ohne weiteres unwirksam (OLG Stuttgart, DerWEer 85, 95; 86, 60). Die Anfechtbarkeit wegen Irrtums oder arglistiger Täuschung ist nur relevant, wenn dadurch das Ergebnis **beeinflusst** wird (OLG Stuttgart, OLGZ 76, 8; NJW-RR 86, 243; OLG Frankfurt a. M., OLGZ 79, 144 = Rpfleger 79, 217) oder wenn bei **Geschäftsunfähigkeit** eines WEers der Beschluss auf der ungültigen Stimmabgabe beruht (OLG Stuttgart, DerWEer 86, 60). Der (nichtige) Beschluss über eine nachträgliche Umwandlung von GemE in SE kann nicht i. S. geltungserhaltender Reduktion in die Begründung eines **SNRs** gemäß § 140 BGB **umgedeutet** werden (OLG Düsseldorf, NJW-RR 96, 210 = FGPrax 95, 192). In einer „**Einergemeinschaft**" sollen nach h. M. keine Beschlüsse gefasst werden können, weil es sich nicht um eine Personenmehrheit handele (BGHZ 151, 164 = NZM 2002, 788; BayObLG NZM 2003, 318; *Weitnauer/Lüke,* § 23 Rz. 12). Dem ist entgegenzuhalten, dass es eine Möglichkeit der Beschlussfassung i. S. einer Entscheidung z. B. über Bestellung und Abberufung des Verwalters geben muss. Es wäre Förmelei, dies nicht bei erklärtem Willen zuzulassen (ggfs. im Wege der **Umdeutung**).

2. Absolute Nichtigkeit. Nach **Satz 1** ist (nur) ein Beschluss 16 nichtig, der gegen eine Rechtsvorschrift verstößt, auf deren Einhaltung rechtswirksam **nicht verzichtet** werden kann. Damit wird klargestellt, dass ein Verstoß gegen **unverzichtbare** Vorschriften die Nichtigkeit des Beschlusses nach sich zieht (BT-Drs. 16/887 S. 50). Vom WEG ist die Frage nicht im Einzelnen, sondern generalklauselartig formuliert. Die Unmöglichkeit eines solchen Verzichts ist zunächst zu bejahen bei **Verstoß** gegen ein gesetzliches **Verbot, gute Sitten** und **Unmöglichkeit** (RGRK/*Augustin,* § 23 Rz. 12). Sie ergibt sich also aus einem Verstoß gegen die allgemein anerkannten Regeln, die wie in §§ 134, 138 ausdrücklich die **gesetzliche** Sanktion der Nichtigkeit vorsehen. Auch das WEG hat als Teil der bürgerlich-rechtlichen Ordnung insoweit keine Sonderstellung. Inwieweit sich aus dem WEG selbst gesetzliche Verbote herleiten lassen, ist nach den allg. anerkannten Auslegungsmethoden zu entwickeln. Dabei sind vor allem Sinn und Zweck der Norm entscheidend. So ist ein Beschluss nichtig, der auf einer bewussten **Umgehung** von Mitwirkungsrechten eines WEers (z. B. durch den Verwalter) beruht, z. B. wenn dessen Teilnahme und Abstimmung in der Versammlung **hintertrieben** wird (OLG Köln NZM 2004, 793 m. Anm. *Drasdo;* NJW 2005, 908; BayObLG, NZM 2005, 630).

Das ist auch der Fall, wenn einem WEer der Tagungsort (oder seine Verlegung) bewusst (vorsätzlich) nicht mitgeteilt wird (BayObLG NZM 2005, 630). Ein Beschluss kann mangels Klarheit und wegen **Unbestimmtheit** oder Unverständlichkeit nichtig sein (HansOLG Hamburg, ZWE 2008, H. 2, III/LS; BayObLG NZM 2005, 107; 788; ZMR 2005, 639; OLG Hamm, ZMR 2005, 306: Widersprüchlichkeit oder Nichterkennbarkeit eines ausführbaren Inhalts). Das gilt auch für einen **rechtlich nicht umsetzbaren** Beschluss (AG Duisburg, NZM 2007, 296). Nur anfechtbar ist ein Beschluss, wenn er eine durchführbare Regelung **noch** erkennen lässt (Hans OLG Hamburg, a. a. O.).

Verfahrensvorschriften sind fast ausschließlich solche von der Parteiautonomie nicht abdingbare oder modifizierbare Normen. Also Vorschriften der ZPO, des GVG, ZVG. Z. B. ist ein Beschluss wegen Verstoßes gegen die **InsO** unwirksam, nach dem Insolvenzforderungen gegen einen WEer vom Insolvenzverwalter als Masseverbindlichkeiten befriedigt werden müssen (OLG Stuttgart, OLGZ 78, 183 = Rpfleger 78, 383 = OLGZ 80, 70 = BlGBW 80, 74 = MDR 80, 142). Dies gilt allerdings nicht für **nach** Insolvenzeröffnung entstehende Kosten des WEs; dabei handelt es sich um Masseverbindlichkeiten (so zu § 58 Nr. 2 KO BGH, NJW 86, 3206; OLG Karlsruhe WEZ 88, 134; BGH, DerWEer 89, 130). Der Beschluss, das Abstellen eines **Rollstuhls** im Treppenhaus zu verbieten, kann gegen die guten Sitten (§ 138 BGB) verstoßen (OLG Düsseldorf, ZMR 84, 161). Nichtigkeit ist auch dann gegeben, wenn der sie begründende **Verfahrensmangel nicht ursächlich** für den Beschluss war (BGH, DNotZ 2006, 705).

Als zwingende gesetzliche Verbote gelten auch die **unabdingbaren Vorschriften** des WEG (s. Rz. 8 vor § 10). Nach der h. M. ist nichtig auch ein Beschluss bei absoluter **Unzuständigkeit** der WEerversammlung (BGH NJW 2000, 3500; BayObLG, WEM 80, 78; DerWEer 83, 30). Dies gilt z. B. beim **Eingriff** eines Beschlusses in **SEs-**Rechte und Eingriff eines Beschlusses in ein **Sondernutzungsrecht** (unklar BayObLG, DerWEer 89, 133 = NJW-RR 89, 720). Z. B. ist ein Beschluss über eine nachträgliche **Umwandlung** von GemE in SE nichtig (OLG Düsseldorf, NJW-RR 96, 210 = FGPrax 95, 192), weil sie in das WE in enteignungsähnlicher Form eingreifen. Auch aus der Unzuständigkeit einer sog. **Verwaltungseinheit** innerhalb einer WEergemeinschaft folgt die Nichtigkeit eines Beschlusses (s. o. Rz. 4). Auch können sich die WEer nicht ihrer Rechte und Pflichten dadurch begeben, dass sie ihre Verwaltungsbefugnisse auf den **Verwaltungsbeirat** übertragen. Es widerspricht auch einer Aufgabentrennung **mehrere** Gemeinschaften zu **einer** zusammenzufassen (OLG Düsseldorf, GuT, 2003, 196). Ein im GB eingetragener WEer kann auch dann, wenn über seinen Eigentumserwerb noch ein bei Gericht anhängiger Rechtsstreit schwebt, nicht durch Mehrheitsbeschluss für die Dauer eines Rechtsstreits das **Stimmrecht** in der WEerversammlung entzogen werden (OLG Köln, NZM 99, 846). Ein derartiger Beschluss ist auch dann, wenn er nicht fristgerecht angefochten wurde, nichtig (ebenda). Die WEer können auch nicht durch Beschluss sich einen vom **Gesetz** nicht gegebenen Anspruch gegen einen einzelnen WEer verschaffen; es fehlt dazu die Beschlusskompetenz (OLG Düsseldorf, DWE 2009, 23). Sie können lediglich einen **vorbereitenden** Beschluss zur gerichtlichen Verfolgung eines Anspruchs (z. B. Unterlassung) fassen (OLG Düsseldorf, a. a. O.).

Nach h. M. ist ein Beschluss, der einen WEer wegen Wohngeldrückständen von **Versorgungsleitungen isoliert**, nicht nichtig (BGH NJW 2005, 2622 = NZM 2005, 628; *Gaier,* ZWE 2004, 109; KG NZM 2006, 23 = ZWE 2006, 49/LS; BayObLG, NJW-RR 2004, 1382; dagegen mit beachtlichen Gründen OLG Köln, NJW-RR 2001, 301). M. E. ist zu differenzieren je nach Eingriffsintensität (ähnlich KG a. a. O., das jedenfalls einen Verzug in erheblichem Umfang voraussetzt). Die Gemeinschaft hat unabhängig von § 273 BGB jedenfalls die geringstadäquate Form des Eingriffs zu wählen. Die vom BVerfG angemahnte sorgfältige Abwägung der Interessen (BVerfG 2005, 2844) muss hier erst Recht gelten. Die Maßnahme muss verhältnismäßig sein (OLG München NZM 2005, 304). Der WEer muss das Betreten der EW entspr. § 244 unter dieser Voraussetzung gestatten (ebenda). Ein „Ausfrieren" ist jedenfalls unzulässig.

Nichtig ist auch ein Beschluss unter Verstoß gegen zwingende Vorschriften des öffentlichen Rechts, neben den schon genannten Verfahrensordnungen, z. B. die unmittelbar oder über die Generalklauseln wirkenden Wertentscheidungen der Verfassung (GG und Länderverfassungen) sowie des Baurechts, des EnEV und der HeizkostenV, soweit sie zwingenden Charakter haben. Nichtig ist auch ein Beschluss mit dem Inhalt **gerichtliche** Entscheidungen abzuändern oder aufzuheben (BayObLG NZM 2006, 21). Dies folgt nicht aus mangelnder Beschlusskompetenz, sondern aus dem **Gerichtsmonopol** des Staats (Art. 92 GG).

17 Nach allg. bürgerlichem Recht sind Beschlüsse, die gegen Denkgesetze verstoßen, wegen Unklarheit oder Undurchführbarkeit nicht vollzogen werden können, nichtig (vgl. BGH, NJW 98, 3713; BayObLG, NZM 2000, 673).

Wenn ein **Mehrheitsbeschluss** gefasst wird, wo **Einstimmigkeit** vorgeschrieben oder vereinbart ist, folgt nicht ipso iure Nichtigkeit. Es ist im Einzelfall zu entscheiden, ob auf die Einhaltung der Vorschrift rechtswirksam nicht verzichtet werden kann. Das Kriterium der Kompetenzverteilung führt dabei nicht immer weiter (s. dazu die einzelnen Vorschriften). Bei sog. kombinierten Beschlüssen, z. B. bei der Verbindung eines Beschlusses über bauliche Veränderungen und der damit verbundenen Kostenfolge kann es zu Kollisionen zwischen dem Beschluss nach § 22 Abs. 1 und dem Maßstab der Kostenverteilung nach § 15 Abs. 3 kommen (str., s. *Häublein*, NJW 2005, 1467). Nach zutr. Ansicht ist ein solcher Beschluss wirksam, wenn er i. ü. ordnungsmäßiger Verwaltung entspricht (*Häublein*, a. a. O.). Auch das Recht auf Vertrags- und Gestaltungsfreiheit sowie die autonome Entscheidung auf Verzicht schützender Normen sind zu gewichten.

Nach der vom BGH vertretenen Ansicht sind **Beschlüsse**, mit denen eine **Vereinbarung** abgeändert oder aufgehoben werden soll, **nichtig** (BGHZ 145, 1158 = NJW 2000, 3500; BGH, NJW 2004, 937 = NZM 2004, 227; OLG Schleswig NZM 2005, 669).

Dasselbe gilt für vereinbarungswidrige oder gegen die gesetzliche Zuständigkeitsverteilung verstoßende Beschlüsse. Dies wird mit der fehlenden Beschlusskompetenz begründet. Typischer Fall sind Mehrheitsbeschlüsse, die gegen die Regelung der Allstimmigkeit des § 22 Abs. 1 S. 1 bei baulichen Veränderungen verstoßen **und** generell davon abweichen wollen (s. § 22 Rz. 12). Danach kann z. B. nicht mehrheitlich die Durchführung einer Instandhaltungsmaßnahme durch die Gemeinschaft beschlossen werden, wenn die GemO diese Aufgabe dem nutzenden WEer übertragen hat (BayObLG, NZM 2004, 659). Davon abweichend können die WEer aber eine **vorübergehende** Regelung beschließen, sofern diese ordnungsmäßiger Verwaltung entspricht (OLG Schleswig a. a. O.). Ein Beschluss im Widerspruch zur Teilungserklärung (Vereinbarung) liegt z. B. dann vor, wenn diese eine Regelung enthält, wonach die Sondereigentümer die Kosten für den Ersatz und die Beschädigung von **Fenstern** in ihren SEs-Räumen zu tragen haben, jedoch beschlossen wurde, den SEern Ersatz aus der Instandhaltungsrücklage zu leisten (OLG Frankfurt/M, NZM 2007, 50). Ein wegen Verstoßes gegen die Vereinbarung **nichtiger** Beschluss, kann gemäß § 140 BGB in einen wirksamen **umgedeutet** werden (ebenda).

Nach der Neuformulierung des Abs. 4 wird die bisherige Rspr. **18** zu überprüfen sein. Nimmt man die Begründung zur Neufassung ernst, wird deutlich, dass der Gesetzgeber nur **ausnahmsweise** von Nichtigkeit eines Beschlusses ausgeht. Dies folgt aus der (erneuten) Betonung im Hinblick auf Vorschriften, „auf deren Einhaltung rechtswirksam nicht verzichtet werden kann". Die Sanktion der Nichtigkeit trifft demnach nur Beschlüsse, die sich der Vertragsfreiheit und Dispositionsbefugnis der WEer entziehen, weil sie für den Schutz des Einzelnen bzw. der Gemeinschaft unabdingbar sind. Dies sind m. E. aber nicht solche Beschlüsse, die lediglich gegen Kompetenzvorschriften verstoßen **ohne** dass das Gesetz ihnen ausdrücklich oder nach Sinn und Zweck zwingenden Charakter zuerkennt. Die erste Alternative ist z. B. ausdrücklich in den Vorschriften der §§ 16 Abs. 5 und 21 Abs. 2 S. 2 geregelt.

Grundsätzlich ist von einem Verbot der Stimmabgabe eines wegen **19** **Interessenkollision** Ausgeschlossenen auszugehen (§ 25 Abs. 5), a. A. LG Hamburg NJW 62, 1867 (s. u. § 25 Rz. 36 ff.). Doch folgt auch hier die Ungültigkeit eines Beschlusses nur bei **Kausalität** der **Stimme** für das Zustandekommen (LG Wuppertal, Rpfleger 72, 451 m. Anm. *Diester*). Die Geltendmachung der absoluten Nichtigkeit ist nicht befristet (BayObLG, ZMR 79, 213 = WEM 79, 135). Trotzdem sollte das Verfahren nach § 43 Abs. 1 Nr. 4 aus Zweckmäßigkeitsgründen folgen (Feststellungsklage). Unabhängig davon ist die Nichtigkeit in einem gerichtlichen Verfahren **von Amts wegen** zu berücksichtigen (BGH, NJW 89, 2059 = JZ 89, 798 m. Anm. *Weitnauer* = DerWEer 89, 130).

Ein Beschluss erfordert **Stimmenmehrheit.** Stimmengleichheit bedeutet Ablehnung eines Beschlusses; er kommt nicht zustande. Ein sog. **Nichtbeschluss** liegt vor, wenn wesentliche formelle Bedingungen bei einer „Beschlussfassung" nicht vorliegen; z. B. wenn keine Mehrheitsentscheidung in Form einfacher Mehrheit vorliegt oder wenn die WEer unter der Voraussetzung abgestimmt haben, dass eine **bestimmte** Mehrheit erforderlich ist und diese **Mehrheit** ohne Zweifel **nicht erreicht** wurde (BayObLG, DerWEer 85, 56; NJWE-MietR 97, 37 = WuM 97, 57). Andere Fälle: Allstimmigkeit kommt nicht zustande, nicht einberufene Versammlung beschließt (abgesehen von Vollversammlung) oder sonstige **Scheinbeschlüsse.** In diesem Fall bedarf es keiner Anfechtung, da der Nichtbeschluss keinerlei Wirkung erzeugt (BayObLG, NJWE-MietR 97, 37 = WuM 97, 57; MittBayNot 97, 172; AG Ratingen, NZM 99, 1011). Wegen des Rechtsscheins eines wirksamen Beschlusses ist trotzdem Anfechtung mit dem Ziel der Ungültigkeitserklärung zulässig (BayObLG, ZWE 2001, 590).

Beschlüsse über Verfahrensfragen (**Geschäftsordnungsbeschlüsse**) sind nicht selbstständig anfechtbar (AG Ratingen a. a. O.). Anders, wenn solche Mängel **ursächlich** für Beschlüsse mit sachlichem Gehalt wurden (OLG Hamm, NJWE-MietR 97, 62; BayObLG, ZWE 2001, 490; BayObLG, ZMR 2004, 766; a. A. OLG Hamburg). Darüber, ob ein Beschluss oder Nichtbeschluss vorliegt, hat weder der Verwalter allein noch die Niederschrift ausschlaggebende Bedeutung (BayObLG, DerWEer 85, 56; s. § 25 Rz. 7, 32).

Findet ein Antrag in der Eigentümerversammlung nicht die erforderliche Mehrheit und wird er deshalb abgelehnt (das gilt auch im Fall der **Stimmengleichheit**), so wird dieser „**Negativ-Beschluss**" bestandskräftig, wenn nicht innerhalb der Monatsfrist des § 46 Abs. 1 S. 2 WEG seine Ungültigerklärung sowie die Verpflichtung der Eigentümergemeinschaft beantragt wird (BGHZ 148, 335 = NZM 2001, 961 = NJW 2001, 3339; OLG Hamm, NZM 2004, 504 = NJW 2004, 3126/LS = NJW-RR 2004, 805; AG Kerpen, NJW-RR 91, 1236). Auch ein negatives Abstimmungsergebnis hat Beschlussqualität (BGH, a. a. O.); BayObLG NZM 2005, 21). Es ist das Ergebnis einer verbindlichen Willensbildung der Gemeinschaft (OLG Hamm, a. a. O.; OLG München, NZM 2007, 448). Deshalb unterliegt z. B. ein Beschluss, durch den die **Abberufung** des **Verwalters** aus wichtigem Grund abgelehnt wird, sowohl hinsichtlich der Feststellung eines wichtigen Grundes als auch einer daran anknüpfenden Ermessensentscheidung, ob von dem Abberufungsrecht Gebrauch gemacht werden soll, der gerichtlichen Nachprüfung (OLG Hamm, a. a. O.). Ein Antrag auf gerichtliche Abberufung der Mitglieder des Verwaltungsbeirats soll ohne vorherige Anrufung der WEerversammlung zulässig sein, wenn feststeht, dass dort ein entspr. Antrag abgelehnt werden würde (OLG München, NZM 2007, 132). Die Entscheidung ist ausgesprochen problematisch, weil sie der Versammlungsautonomie vorgreift und eine ablehnende Willensbildung nur prognostiziert! Ein Beschluss, mit dem ein WEer zur Instandsetzung von GemE **aufgefordert** und ihm eine Vorschussklage angedroht wird, **ermöglicht** lediglich die Rechtsverfolgung gegen ihn, **begründet** aber **nicht** selbstständig eine **Pflicht** des WEers zur Instandsetzung des GemEs, selbst wenn der Beschluss bestandskräftig geworden ist (KG, FGPrax 96, 136 = NJW-RR 96, 1102).

20 **3. Anfechtbarkeit. Abs. 4 Satz 2** verlangt **Ungültigkeitserklärung** durch das Gericht im Verfahren nach § 43 i. V. m. § 46 Abs. 1 S. 2 (anders im Vereinsrecht). Bezüglich der **Monatsfrist** des

§ 46 Abs. 1 S. 2 herrscht **keine Vertragsfreiheit,** da es sich um eine prozessuale Bestimmung handelt, die nicht der Disposition der Parteien unterliegt (OLG Hamm, DWE 2009, 67 noch zur Parallelregelung des § 23 Abs. 4 S. 1 a. F. = § 46 S. 2 n. F.). Für formell korrekt gefasste Beschlüsse gilt nach Satz 2 zunächst die Vermutung der Gültigkeit (arg. e contrario). Nur die Erklärung der Ungültigkeit macht ihn ungültig. Welche materiellen oder formellen Fehler zur Ungültigkeit führen können, sagt das Gesetz nicht. Einigkeit besteht darin, dass ein solcher Mangel im Zeitpunkt der Beschlussfassung bestanden haben muss (BayObLG, NZM 2001, 104). Notwendig ist ein (bestimmter) **Antrag.** Er ist **auslegungsfähig** (BayObLG, WuM 93, 85; NZM 2000, 515; OLG Hamm, NZM 2004, 504 = NJW 2004, 3126/LS = NJW-RR 2004, 805). So kann ein **Leistungsantrag,** der inhaltlich dem abgelehnten Beschlussantrag entspricht, so ausgelegt werden, dass er **auch** den erforderlichen Beschluss**anfechtungsantrag** enthält (BGH, NJW 2001, 3339; OLG Hamm, a. a. O.). Der WEer kann die Beschlussanfechtung auf einzelne Positionen (z. B. einer durch Beschluss gebilligten Jahresabrechnung) **beschränken.** In diesem Fall sind nur diese **Einzelpositionen** Gegenstand des Verfahrens, so dass ggfs. der Beschluss auch nur insoweit für ungültig zu erklären ist (BayObLG, NJW-RR 93, 1039).

Der **Inhalt** des (anzufechtenden) Beschlusses wird durch die **Verkündung** durch die Versammlungsleitung bestimmt. Danach wird festgestellt, ob der Antrag angenommen oder abgelehnt ist. Das gilt auch für die Verkündung eines **eindeutigen** Beschlussergebnisses (BayObLG, ZMR 2004, 446). Der Feststellung und Bekanntgabe durch den Vorsitzenden kommt demnach grundsätzlich **konstitutive** Wirkung zu (BGHZ 148, 335 = NJW 2001, 3339, st. Rspr.; OLG München, NZM 2007, 365). Der Verwalter als der regelmäßige Versammlungsleiter hat m. E. nur dann auf **Bedenken** über die **Rechtmäßigkeit** eines Beschlusses hinzuweisen, wenn sie **offensichtlich** sind. Bei lediglich zweifelhaften Beschlüssen obliegt es seinem Ermessen, ob er auf unterschiedliche Rechtsauffassungen hinweist. Dies auch vor dem Hintergrund der autonomen Beschlussfassung der WEer, der er grundsätzlich zu entsprechen hat sowie der daraus für sie folgenden **„Anfechtungskompetenz"** (s. *Deckert,* Der ImmobVerw. 2010, 8). Ist im Protokoll entgegen der Wirklichkeit ein Antrag als **angenommen** erklärt, ist Ungültigkeitserklärung erforderlich, da die Verkündung zunächst eine Bestandswirkung erzeugt (BGH, NJW 2001, 3339).

Ist dagegen ein Beschluss ordnungsgemäß verkündet, jedoch im **Protokoll** dem entgegen falsch protokolliert, kann die Feststellung, dass der Antrag in Wahrheit abgelehnt war, zu jeder Zeit getroffen werden (OLG Düsseldorf, FGPrax 2000, 140). Die Aufnahme im Protokoll entfaltet keine konstitutive Wirkung. Die Anträge können kombiniert werden.

Im Rahmen eines solchen Verfahrens der Feststellung der Ablehnung des Antrags oder der Beschlussfassung mit einem anderen Inhalt ist Verfahrensgegenstand **nur diese** Frage (BayObLG, NZM 2003, 444). Nicht zu prüfen sind dagegen **andere** Mängel der Beschlussfassung, seien es materielle oder formelle (BayObLG, a. a. O.). Solche können **nach** Rechtskraft der Entscheidung in der Frist des § 46 Abs. 1 S. 2 (s. dort) geltend gemacht werden.

Auch für die **Ablehnung** eines Antrags ist die Verkündung entscheidend. Widerspricht ihr das Protokoll, ist sie ebenfalls jederzeit geltend zu machen. Als Ablehnung gilt auch ein wirksam angefochtener Beschluss (BGH, NJW 2001, 3339; NZM 2002, 995). Eine Ausnahme besteht im Fall des § 28 Abs. 5 (BayObLG, NJW-RR 90, 83). Wird der Antrag eines WEers durch die Mehrheit abgelehnt, besteht kein Rechtsschutzbedürfnis für eine entspr. Klage auf positive Beschlussfassung, es sei denn, die Klage wird mit einem Antrag z. B. hinsichtlich einer Gebrauchsregelung nach § 15 Abs. 3, § 21 Abs. 4 verbunden (*Palandt/Bassenge,* § 23 Rz. 11).

Entsprechend dem zur fehlerhaften Verkündung der Annahme eines Beschlusses Ausgeführten ist auch bei der fälschlich verkündeten **Ablehnung** eines Antrags eine Anfechtung erforderlich (BGH, NJW 2002, 3704). Bezieht sich die Anfechtung auf die Ablehnung/Annahme **eines** Antrags, sind weitere formelle oder materielle Mängel des Beschlusses nicht Gegenstand eines (Feststellungs)verfahrens (*Schmidt,* ZWE 2006, 164; a. A. *Becker,* ZWE 2006, 157). Für diese gilt das Beschlussanfechtungsverfahren.

21   **a) Voraussetzungen.** Fehler in der **Einberufung** (z. B. durch nicht oder nicht rechtswirksam gewählten Verwalter, LG Hannover, MDR 83, 1027; BayObLG, NJW-RR 92, 910; Einberufung durch einen WEer, dessen Bestellungszeit als Verwalter abgelaufen ist (OLG Hamm, NJW-RR 92, 722 LS), unterlassene **Einladung** (BGH, NJW 99, 3713 = NZM 99, 1101) bzw. Nichtzulassung (BayObLG, DerWEer 85, 126/LS; LG Hamburg, DerWEer 89, 34; OLG Düsseldorf, NJW-RR 95, 464). Ausnahmsweise kann eine Nichtigkeit des Beschlusses bei vorsätzlicher Verhinderung der Teilnahme eines WErs gegeben sein (s. o. Rz. 16). Auch die mangelnde Anzeige der **Tagesordnung** (stichwortartige Angaben können u. U. ausreichen; vgl. BayObLG, NZM 2004, 386; NJW-RR 92, 403) kann zur Anfechtung führen (zu einer Ladung betreffend die Entziehung des WEs mit der Tagesordnung „Abmeierungsklage" s. § 18 Rz. 11).

Auch ein sachlicher Inhalt, der **Gesetz** und **Vereinbarung** widerspricht (vgl. hierzu BayObLG, NJW-RR 93, 206), z. B. fehlerhafter **Abrechnungsbeschluss** (OLG Karlsruhe, WEM 80, 80) ist Anfechtungsgrund. Nach dem BayObLG soll beim Fehlen wesentlicher Bestandteile einer **Jahresabrechnung** der Eigentümerbeschluss hierüber nicht für ungültig erklärt werden können. Vielmehr bestehe nur ein Anspruch auf Ergänzung der Jahresabrechnung (BayObLG, NJW-RR 92, 1169). Demgegenüber ist mit OLG Köln (B. v. 29. 3. 95 – 16 Wx 36/95, NJW 95 H. 32, VIII) die Vollständigkeit der Abrechnungsunterlagen und Vorlage vor der Versammlung zu verlangen. **Verstoß** gegen **Treu und Glauben** (BayObLG, BlGBW 80, 220), z. B. mangelnde **inhaltliche Bestimmtheit** (KG, MDR 81, 500 = OLGZ 81, 307; s. a. BayObLG, WEM 81, 35, DerWEer 82, 137; DerWEer 85, 56; BayObLG NZM 2005, 107), mangelnde **Beschlussfähigkeit** (OLG Düsseldorf, NJW-RR 95, 464). Ein Beschluss, der **nichts regelt,** sondern eine in der Teilungserklärung enthaltene Regelung lediglich **wiederholt,** widerspricht ordnungsgemäßer Verwaltung und ist anfechtbar (KG, NJW-RR 93, 1104 = WuM 93, 429). Kein Anfechtungsgrund liegt bei **Vertretungsbeschränkungen** in der Teilungserklärung vor, wenn die Stimmabgabe des Vertreters in der Eigentümerversammlung weder von den Miteigentümern noch vom Versammlungsleiter beanstandet wurde (KG, NJW-RR 95, 147). Im Übrigen berechtigt die Frage, ob im Falle der **Vertretung** eine ordnungsgemäße **Bevollmächtigung** vorlag, nur zur Anfechtung des betr. Beschlusses (OLG Düsseldorf, NJW-RR 95, 464). Auch ein Beschluss, einen WEer unter Hinweis auf § 18 **abzumahnen,** unterliegt der Anfechtung/Überprüfung, ob **formelle** Mängel vorliegen, nicht jedoch darauf, ob er materiell berechtigt war (BayObLG, NJW-RR 96, 12 unter Aufgabe von BayObLGZ 85, 171).

Hat der Verwalter einem WEer **Auslagen** für eine Maßnahme **vorbehaltlich** der Zustimmung der WEer zulasten deren Konto bezahlt, muss der WEer – will er den Betrag behalten – den Beschluss **anfechten,** mit dem die WEer-Gemeinschaft den Verwalter auffordert, den Betrag – notfalls auch gerichtlich – zurückzufordern (OLG Karlsruhe, ZMR 96, 284 = NJW-RR 96, 1103). Hat der Verwalter auf Grund eines Ermächtigungsbeschlusses der WEer und nach Empfehlung eines Sachverständigen **Instandsetzungsarbeiten** am GemE veranlasst und aus der Instandhaltungsrückstellung bezahlt, kann der Beschluss über seine **Entlastung** nicht mit Erfolg deshalb angefochten werden, weil Regressansprüche gegen einen WEer in Betracht kommen (OLG Düsseldorf, ZMR 97, 45 = NJWE-MietR 97, 31).

Bei Anfechtung der **Stimmabgabe** auf Grund fehlender Vertretungsmacht ist der Beschluss nur anfechtbar, wenn die fehlende Stimme das Ergebnis beeinflusst hätte (s. o. Rz. 15, 18).

22 Verstoß gegen **Einberufungsvorschriften** (OLG Hamm, OLGZ 81, 24 = MDR 80, 1022), Missachtung der **Nichtöffentlichkeit** der Versammlung (OLG Frankfurt a. M., NJW 95, 3395), fehlerhafte Protokollierung oder Stimmrechtszählung (LG Lübeck, DerWEer 85, 128/LS = 86, 63; OLG Braunschweig, OLGZ 89, 186), Unregelmäßigkeit bei der Stimmabgabe, Mangel einer schriftlichen Abstimmung nach § 23 Abs. 3 führen zur Anfechtbarkeit. Mängel führen nur dann zur Aufhebung des Sachbeschlusses, wenn sie für die Entscheidung ursächlich waren (OLG München, NZM 2005, 825). Für die **Ursächlichkeit** des Verfahrensmangels spricht zunächst eine tatsächliche Vermutung (OLG Köln, NZM 98, 920; OLG Celle, NZM 2005, 308). Damit trägt derjenige die Feststellungslast, der sich auf die **Nicht**ursächlichkeit beruft (OLG Celle a. a. O.). Diese kann u. U. entkräftet werden, wenn unter Berücksichtigung der Umstände kein anderer Beschluss gefasst worden wäre (vgl. OLG Hamm, NZM 98, 875; KG, NZM 99, 850; BayObLG, NZM 99, 672). Es besteht im allg. keine **Informationspflicht** des WEers, der an der Versammlung nicht teilgenommen hat, beim Verwalter dahingehend, ob in der Versammlung Beschlüsse gefasst worden, die nicht in der Einladung bezeichnet waren (BayObLG, NJW-RR 89, 656). Aus einem **Eigentümerwechsel** zwischen Einladung und Eigentümerversammlung kann der Erwerber einen Ladungsmangel hinsichtlich der Beschlussfassung nicht herleiten (KG, WE 97, 227). Der Einwand des **Rechtsmissbrauchs** beim Zustandekommen von Beschlüssen ist im Wege der **Anfechtung** des betr. Beschlusses geltend zu machen (OLG Düsseldorf, NJW-RR 95, 464). Die Nichtigkeit eines Beschlusses kann mit diesem Einwand nicht begründet werden (ebenda).

23 Die Anfechtung nach **Abs. 4 S. 1** ist auch anwendbar bei **absoluter Nichtigkeit** wegen Verstoß gegen gute Sitten oder gesetzliches Verbot usw. (s. oben Rz. 18). Das Gericht hat ggfs. auf eine Änderung des Antrags hinzuwirken, z. B. **Feststellung** der Nichtigkeit. Das Rechtsschutzinteresse liegt darin begründet, dass auch ein **formeller** Beschluss ohne Berücksichtigung des Inhalts, da der Beschluss einen **Rechtsschein** entstehen lässt. Die Nichtigkeit kann jederzeit und in jeder Verfahrensart geltend gemacht werden (BGH, NJW 2000, 3500). Wegen der Rechtsscheinwirkung ist auch ein Nichtbeschluss im Falle seiner Verkündung anfechtbar (BayObLG, ZWE 2001, 590).

Die Mitwirkung trotz **Kenntnis** des Mangels (z. B. der Tagesordnung) kann Verzicht auf den Einwand bedeuten (Einwand der **Arglist,** wenn er sich ausdrücklich mit der Beschlussfassung einverstanden erklärt hatte: OLG Hamm, NJW-RR 93, 448). Im Übrigen kann auch der **zustimmende** WEer einen (nachträglich als fehlerhaft erkannten) Beschluss anfechten (BayObLG, DerWEer 89, 27; OLG Düsseldorf, DerWEer 89, 28). **Grenzen** der Anfechtung ergeben sich aus § 242 BGB, z. B. im Fall der **Treuwidrigkeit** (OLG Düsseldorf, a. a. O.), z. B. bei jahrelangem Nichtbetreiben eines Verfahrens (OLG Braunschweig, OLGZ 89, 186) oder des **Rechtsmissbrauchs,** wenn der Anfechtende z. B. das Erfordernis der Einstimmigkeit kannte, aber dennoch jahrelang einen Mehrheitsbeschluss unbeanstandet hinnahm (BayObLG, ZMR 94, 69 = NJW-RR 94, 338). Ein Beschluss der eine **bauliche Veränderung** des GemEs durch einen WEer genehmigt, ist nicht für ungültig zu erklären, wenn die bauliche Maßnahme die übrigen WEer in ihren Rechten nicht beeinträchtigt (BayObLGZ 92, 288 = NJW-RR 93, 206; NJW-RR 94, 1169).

Wird ein Beschluss über die Erneuerung einer **Heizungsanlage** angefochten, so **entfällt** das **Rechtsschutzbedürfnis** des Anfechtenden **nicht,** wenn er nach der Durchführung der Sanierung erklärt, es gehe ihm in erster Linie nicht um die **Entfernung** der neu eingebauten Heizungsanlage, sondern um seine **Kostenbeteiligung** (BayObLG, ZMR 94, 279). Beschließen die WEer, dass ein WEer wegen einer eigenmächtigen baulichen Veränderung des GemEs für Schäden und Kosten hafte und aus dem Gemeinschaftskonto dafür bestrittene Beträge zu erstatten habe, handelt es sich um eine verbindliche Regelung. Wird der Beschluss angefochten, hat das Gericht die sachliche Begründetheit des in Anspruch genommenen Rechts zu prüfen (BayObLG, NJWE-MietR 97, 61).

b) Anfechtungsbefugte. Sowohl die WEer als auch Verwalter (nicht Verwaltungsbeirat), auch der werdende (nach Auflassungsvormerkung) WEer vor Eintragung (BayObLGZ 81, 50 = Rpfleger 81, 285 = ZMR 81, 249 = MDR 81, 675); nach dem **Rücktritt** vom Kaufvertrag entfällt das Anfechtungsrecht des werdenden Eigentümers trotz der Eintragung einer Vormerkung im GB (BayObLG, NJW-RR 96, 334 = MDR 96, 95 = FGPrax 95, 232). Anfechtungsberechtigt ist bei **Mitberechtigten** an einem WE **jeder** einzelne (LG Bremen, DerWEer 89, 33; KG, WuM 93, 427). Zum Anfechtungsrecht des Verwalters von Bestellungs- bzw. Abberufungsbeschluss s. § 26 Rz. 17. **Jeder** WEer muss aber auch den Antrag selbst fristgerecht stellen, denn mit dem Eintritt in ein anhängiges Verfahren, kann der Mangel fristgerechter Anfechtung nicht geheilt werden (OLG Frankfurt a. M., DerWEer 89, 70). Jeder einzelne WEer kann zwar gerichtlich anfechten, doch bilden mehrere zur gleichen Zeit in derselben Instanz anhängige Anfechtungsanträge ein **einziges** gerichtliches Verfahren (KG, WuM 93, 93). Sie sind gemäß § 47 miteinander zu verbinden. Nach Eröffnung eines Insolvenzverfahrens **verliert** der betr. **WEer** die **Berechtigung** zur Anfechtung von Beschlüssen (OLG Hamm, NZM 2004, 586). Dasselbe gilt regelmäßig für Beschlüsse, die **nach** seinem Ausscheiden aus der Gemeinschaft gefasst wurden (OLG Zweibrücken, NZM 2007, 416).

26 c) **Anfechtungsfrist. Ein Monat,** vom Tag der Beschlussfassung an ohne Rücksicht auf die Kenntnis. Der Antrag muss beim zuständigen AG nach § 46 Abs. 1 S. 2 i. V. m. § 43 Nr. 4 gestellt werden. Die Antragsfrist wird auch bei Anruf eines **unzuständigen** Gerichts gewahrt (BGH, NJW 98, 3648; BayObLGZ 98, 94 = NJW 98, 2384 = ZMR 98, 448 = WuM 98, 373); sofern alsbald **Abgabeantrag** erfolgt (BayObLG NJW 69, 191 = ZMR 68, 334; a. A. OLG Braunschweig, OLGZ 89, 186). Der Antrag ist zu unterschreiben. U. U. kann auch ein (versehentlich) nicht unterschriebener Antrag genügen (KG, DerWEer 86, 121). Der Antrag muss innerhalb der Antragsfrist konkret bezeichnet werden (BayObLG, NZM 99, 862). Möglich ist **Wiedereinsetzung** in den vorigen Stand entspr. § 46 Abs. 1 S. 3, der die Vorschriften der ZPO zur Wiedereinsetzung in den vorigen Stand zur Anwendung bringt. Sie kommt in Betracht, wenn z. B. ein WEer keine Einladung zur Versammlung der WEer erhalten hat (OLG Hamm, DWE 2009, 67: Bei Beschlussanfechtung). Das gilt sowohl für die **Klagefrist** als auch die **Begründungsfrist.** Der Antragsteller muss unverschuldet verhindert sein, die Frist einzuhalten (BayObLG, ZMR 2003, 435), z. B. dann, wenn ein WEer von dem betreffenden Beschluss zu spät Kenntnis erlangt hat (BayObLG, NJW-RR 89, 656), weil das Protokoll zu spät fertiggestellt und dadurch eine rechtzeitige Kenntnisnahme verhindert wurde (BayObLG, ZMR 2003, 435), der Verwalter pflichtwidrig das Protokoll zu spät versendet (OLG Hamm, DerWEer 95, 159; OLG Karlsruhe, WuM 99, 545: trotz Aufforderung). Anders wenn er entweder durch die Ankündigung in der Einladung oder durch die rechtzeitige Übersendung des Versammlungsprotokolls spätestens eine Woche vor Ablauf der Anfechtungsfrist unterrichtet wurde (KG, NJW-RR 97, 776; OLG Hamm, NZM 98, 971). Ggfs. kann eine falsche Auskunft des Verwalters über die Rechtslage wiederum eine Wiedereinsetzung begründen

(BayObLG, NZM 2001, 133). Bei einer **Verfahrensstandschaft** wird die Frist nur gewahrt, wenn der Verfahrensstandschafter innerhalb der Frist hinreichend deutlich macht, dass er nicht aus eigenem Recht, sondern für den Veräußerer das gerichtliche Verfahren durchführt (KG, NJW-RR 95, 147 = ZMR 94, 524; OLG Celle, ZWE 2001, 34). Eine **Begründung innerhalb** der Klagefrist ist nicht vorgeschrieben (BayObLG, NZM 2001, 143). Die Frist zur **Begründung** beträgt zwei Monate nach Beschlussfassung (§ 46 Abs. 1 S. 2).

Während eine **Klageänderung** nach Eintritt der Rechtshängigkeit nur mit Zustimmung des Beklagten oder Zulassung durch das Gericht möglich ist, gilt diese Einschränkung nicht für **Präzisierung** und sonst klarere Fassung (*Thomas/Putzo/Reichold*, § 263 Rz. 4).

Auch in der **Berufungsinstanz** ist eine Anfechtung gem. Abs. 4 noch möglich. Die dem Wiedereinsetzungsantrag stattgebende Entscheidung ist durch das Revisionsgericht nachprüfbar. Beim Streit über den **Inhalt** eines Beschlusses der WEer gilt ebenfalls die Frist, selbst wenn es sich bei dem Beschluss nur um eine Vorfrage handelt (OLG Köln, WEM 79, 132; ebenso OLG Hamm, DerWEer 85, 127/LS). Angesichts der Spezialität der Vorschrift des Abs. 4 erscheint diese Auffassung bedenklich.

Die Frist nach Abs. 4 S. 2 i. V. m. § 46 Abs. 1 S. 2 ist eine Frist des **Verfahrensrechts**. Ein verspäteter Antrag ist als unzulässig abzuweisen. **Nichtbekanntgabe** des Beschlusses durch den Verwalter oder Unterlassung ordnungsgemäßer Ladung verlängern die Frist nicht (OLG Frankfurt a. M., WuM 90, 461). Fristwahrung setzt die rechtzeitige Erhebung der **Klage,** also Eingang der Anfechtungsklage innerhalb der Monatsfrist des § 46 Abs. 1 S. 2 bei Gericht voraus. Sie erfolgt durch Klage gegen die **übrigen** WEer bei dem Gericht nach § 43 Nr. 4. Auch der Zugang des **Versammlungsprotokolls** ist ohne Einfluss auf die Anfechtungsfrist (BayObLG, Wohnung u. Haus 80, 102; WEM 80, 78; ZMR 2003, 435). Dies gilt auch im Falle einer Bevollmächtigung eines anderen WEers (LG Köln, DerWEer 85, 128/LS). Deswegen liegt ein wirksamer Antrag auf Ungültigkeitserklärung von Beschlüssen auch dann vor, wenn zunächst **sämtliche** Beschlüsse einer WEerversammlung angefochten werden, weil der Verwalter das **Protokoll** über die Versammlung nicht innerhalb der Anfechtungsfrist verschickt hat und der Antrag auf Ungültigkeitserklärung nach Ablauf der Anfechtungsfrist auf **bestimmte** Tagesordnungspunkte beschränkt wird (BayObLG, NJW-RR 95, 1166; LG Mainz, NZM 2000, 519).

Andererseits kann die Frist zur Anfechtung nicht dadurch gewahrt werden, dass innerhalb der Frist **vorsorglich** die in der

Versammlung gefassten Beschlüsse vorbehaltlich einer Benennung der konkret anzufechtenden Tagesordnungspunkte **angefochten** werden und **nach** Ablauf der Frist dann die **Konkretisierung** erfolgt (OLG Köln, ZMR 96, 577 = NJW-RR 96, 1481), sog. **Vorratsanfechtung.** Werden Anfechtungsgründe vom Antragsteller bewusst nicht geltend gemacht, hat das Gericht sie nicht zu berücksichtigen (BayObLG, NJW-RR 89, 1163).

Die Anfechtung eines Eigentümerbeschlusses kann auf einen abtrennbaren Teil des Beschlusses beschränkt werden **(Teilanfechtung).** Erfüllt die Beschränkung diese Voraussetzungen nicht, so ist der Antrag grundsätzlich als Anfechtung des ganzen Beschlusses auszulegen (BayObLG, NZM 2000, 679).

29 §§ 203 ff. BGB sind nicht anwendbar. Die Frist kann **nicht** durch Vereinbarung **verlängert** oder **verkürzt** werden. Einer Verlängerung steht der Zweck der Vorschrift des § 46 Abs. 1 S. 2 entgegen, alsbald Klarheit über die Rechtslage zwischen den WEern zu schaffen (BayObLGZ 81, 21 = Rpfleger 81, 285 = MDR 81, 499; OLG Schleswig, DerWEer 87, 133; OLG Frankfurt a. M., DerWEer 89, 70). Unabhängig von der Frist des § 46 Abs. 1 S. 2 ist eine **Anfechtung** der Stimmabgabe wegen **Irrtums** oder arglistiger **Täuschung** auch nach dem Ablauf der Monatsfrist möglich (BayObLG NZM 2005, 624, problematisch!).

Wie jedes Recht steht auch das Anfechtungsrecht unter Treu und Glauben (zur Verwirkung s. *Gottschalg,* NZM 2000, 273). Der Antrag ist nicht schon dadurch verwirkt, dass der Kläger dem Beschluss zugestimmt hatte (OLG Karlsruhe, ZMR 2003, 290). Anders, wenn der Klageantrag auf einen bei der Zustimmung bekannten Verfahrensmangel gegründet wird (ebenda).

30 d) Anfechtungs-(Ungültigkeits-)**Klage** nach §§ 43 Nr. 4, 46 Abs. 1 S. 2. Auch hierbei ist ein **Rechtsschutzbedürfnis** erforderlich. Es fehlt aber nicht, wenn bereits ein anderer WEer den Antrag gestellt hat (BayObLGZ 77, 26) oder dieser zugestimmt hat (BayObLG, WE 93, 344). Anderes gilt, wenn der Beschluss ausgeführt und nicht mehr rückgängig gemacht werden kann (BayObLG, NZM 2002, 360; 623). Das Gericht kann nicht neu gestalten; dies nur bei Antrag nach § 43 Nr. 1 (i. V. m. § 21 Abs. 8 so wohl auch OLG Hamm, MDR 71, 662 = MittBayNot 71, 168). Es besteht aber materielles **Prüfungsrecht** des Gerichts (OLG Oldenburg, NdsRpfl. 71, 205; vgl. OLG Stuttgart, NJW-RR 91, 913). Es ist aber nicht verpflichtet, **Ermittlungen** über Gründe anzustellen, für die nach Beteiligtenvortrag und Aktenlage kein Anlass besteht (BayObLG, NZM 2002, 616). Bei Beschlüssen, die einen abgeschlossenen **Einzelfall** regeln, ist die **Auslegung** Sache des Tatrichters; sie ist vom Revisionsgericht nur auf Rechtsfehler hin zu überprüfen (BayObLG, NJW-RR 94, 1104). Auch ein Eigentümerbeschluss, der nur die **Grundzüge** einer beabsichtigten Regelung festlegt, kann aus verfahrensökonomischen Gründen im Beschlussanfechtungsverfahren auf seine Ordnungsmäßigkeit zu prüfen sein (KG, NJW-RR 91, 1117). Auch die Verbindung mit **Feststellungsantrag** ist u. U. zulässig (OLG Hamm, Rpfleger 79, 342 = WEM 79, 175). Falls ein **falsches Beschlussergebnis** protokolliert wurde, kann bei Aufklärbarkeit ein abweichendes Ergebnis durch das Gericht festgestellt werden (KG, Rpfleger 79, 65; OLG Hamm, Rpfleger 79, 342 = WEM 79, 175; OLG Frankfurt a. M., NJW-RR 93, 86). Eine einstweilige Verfügung kann es nicht treffen. Eine Ungültigkeitserklärung findet (trotz festgestellter) Mängel bei der Beschlussfassung nicht statt, wenn es keine Alternative i. S. ordnungsmäßiger Verwaltung gibt (OLG Köln, NZM 2001, 1141).

e) Wirkung. Die **Anfechtung** hat **keine** aufschiebende Wirkung (KG, Rpfleger 78, 257; BayObLGZ 77 Nr. 44 = Rpfleger 77, 446). Deswegen sind Beschlüsse durchführbar (LG Hamburg, DerWEer 89, 34). Doch kann aufschiebende Wirkung angeordnet werden (BayObLG, WuM 90, 324). Ein Verfahren, in dem Forderungen nach § 16 Abs. 2 geltend gemacht werden, kann nicht bis zum Abschluss eines Verfahrens, das die Anfechtung des betr. Beschlusses beinhaltet, ausgesetzt werden (LG Hamburg, a. a. O.). Durch **nachfolgenden** Beschluss können formelle Fehler des ersten nicht geheilt werden, denn die Beteiligten haben ein Recht darauf, dass Beschlüsse in einem ordnungsgemäßen Verfahren gefasst werden (BGH, NJW 89, 1088 = DerWEer 89, 63 auf Vorlage des KG, DerWEer 88, 136; BGH, NJW 94, 1605; a. A.: analog §§ 144 BGB, 244 AktG BayObLG, Rpfleger 77, 446). Soweit der erste Beschluss bestandskräftig geworden ist, entfällt das Rechtsschutzinteresse für die Anfechtung eines bestätigenden oder ersetzenden **Zweitbeschlusses** (BGH, ZIP 94, 1605 = NJW 94, 3230) wenn ein Anspruch auf Änderung des Erstbeschlusses nicht erhoben wird (ebenda).

Das Rechtsschutzinteresse zur Anfechtung des **Erstbeschlusses** fehlt bzw. entfällt, wenn der Zweitbeschluss bestandskräftig wird (BGH, NJW 2002, 3704). Der BGH sieht auch keinen Eingriff in die Rechte der Grundpfandgläubiger.

Mit der Rechtskraft der Ungültigkeitserklärung durch das Gericht folgt eine **Rückwirkung** der Ungültigkeit des Beschlusses **ex tunc** (BGHZ 106, 13; NJW 89, 1088; BayObLG, Rpfleger 76, 364 = ZMR 77, 345; KG, Rpfleger 78, 257).

Ist der Beschluss bereits **vollzogen,** hat der erfolgreiche WEer einen Anspruch auf **Folgenbeseitigung** (BayObLG, WuM 90, 366). Dieser richtet sich nicht gegen den Verwalter (ebenda), sondern gegen die **übrigen** WEer.

32 **f) Beklagte.** Die Anfechtungsklage eines WEers ist gemäß § 46 Abs. 1 S. 1 gegen die **übrigen** WEer zu richten. Falls der **Verwalter** einen Beschluss anficht, ist seine Klage gegen **die** WEer zu richten.

33 **g)** Eine **Anfechtung** nach BGB bleibt unberührt. Ein lediglich anfechtbarer Beschluss wird nach Ablauf der Anfechtungsfrist wirksam und kann die Grundlage von **Beseitigungs-** und **Unterlassungsansprüchen** sein (BayObLG, WEM 80, 174; BGH, WM 83, 1412). Im **Leistungsverfahren** kann der Einwand rechtswidriger Rückstandshaftung nicht berücksichtigt werden (OLG Düsseldorf, NJW-RR 97, 714 = ZMR 97, 250).

Ist der Antrag rechtskräftig abgewiesen, kann auch eine Berufung auf die Nichtigkeit des Beschlusses nicht mehr geltend gemacht werden (BayObLG, ZfIR 2002, 51).

34 **h)** § 139 BGB **(Teilnichtigkeit)** ist auf Beschlüsse der WEer anwendbar (BGH, NJW 98, 3713; BayObLG, DerWEer 83, 30; OLG Celle, DerWEer 88, 66; *Palandt/Bassenge,* § 23 Rz. 22). Das gilt auch für § 140 BGB (OLG Schleswig, NZM 2005, 669). Die Anfechtung kann auf nach Themen abgegrenzte **einzelne Beschlüsse** (z. B. einzelne Punkte der Tagesordnung) **begrenzt** werden (KG, DerWEer 86, 93; s. o. Rz. 19). Die nicht angefochtenen Beschlüsse derselben Versammlung bleiben unberührt (KG, a. a. O.).

35 **i) Ersetzung.** Ein zunächst anfechtbarer Beschluss kann durch nachfolgende Beschlussfassung **ersetzt,** nicht geheilt werden (s. o. Rz. 31). Zur überlagernden Wirkung von Beschlüssen s. BayObLG, DerWEer 84, 62.

§ 24 Einberufung, Vorsitz, Niederschrift

(1) **Die Versammlung der Wohnungseigentümer wird von dem Verwalter mindestens einmal im Jahre einberufen.**

(2) **Die Versammlung der Wohnungseigentümer muß von dem Verwalter in den durch Vereinbarung der Wohnungseigentümer bestimmten Fällen, im übrigen dann einberufen werden, wenn dies schriftlich unter Angabe des Zweckes und der Gründe von mehr als einem Viertel der Wohnungseigentümer verlangt wird.**

Einberufung, Vorsitz, Niederschrift § 24

(3) Fehlt ein Verwalter oder weigert er sich pflichtwidrig, die Versammlung der Wohnungseigentümer einzuberufen, so kann die Versammlung auch, falls ein Verwaltungsbeirat bestellt ist, von dessen Vorsitzenden oder seinem Vertreter einberufen werden.

(4) ¹Die Einberufung erfolgt in Textform. ²Die Frist der Einberufung soll, sofern nicht ein Fall besonderer Dringlichkeit vorliegt, mindestens zwei Wochen betragen.

(5) Den Vorsitz in der Wohnungseigentümerversammlung führt, sofern diese nichts anderes beschließt, der Verwalter.

(6) ¹Über die in der Versammlung gefaßten Beschlüsse ist eine Niederschrift aufzunehmen. ²Die Niederschrift ist von dem Vorsitzenden und einem Wohnungseigentümer und, falls ein Verwaltungsbeirat bestellt ist, auch von dessen Vorsitzenden oder seinem Vertreter zu unterschreiben. ³Jeder Wohnungseigentümer ist berechtigt, die Niederschriften einzusehen.

(7) ¹Es ist eine Beschluss-Sammlung zu führen. ²Die Beschluss-Sammlung enthält nur den Wortlaut
1. der in der Versammlung der Wohnungseigentümer verkündeten Beschlüsse mit Angabe von Ort und Datum der Versammlung,
2. der schriftlichen Beschlüsse mit Angabe von Ort und Datum der Verkündung und
3. der Urteilsformeln der gerichtlichen Entscheidungen in einem Rechtsstreit gemäß § 43 mit Angabe ihres Datums, des Gerichts und der Parteien,

soweit diese Beschlüsse und gerichtlichen Entscheidungen nach dem 1. Juli 2007 ergangen sind. ³Die Beschlüsse und gerichtlichen Entscheidungen sind fortlaufend einzutragen und zu nummerieren. ⁴Sind sie angefochten oder aufgehoben worden, so ist dies anzumerken. ⁵Im Falle einer Aufhebung kann von einer Anmerkung abgesehen und die Eintragung gelöscht werden. ⁶Eine Eintragung kann auch gelöscht werden, wenn sie aus einem anderen Grund für die Wohnungseigentümer keine Bedeutung mehr hat. ⁷Die Eintragungen, Vermerke und Löschungen gemäß den Sätzen 3 bis 6 sind unverzüglich zu erledigen und mit Datum zu versehen. ⁸Einem Wohnungseigentümer oder einem Dritten, den ein Wohnungseigentümer ermächtigt hat, ist auf sein Verlangen Einsicht in die Beschluss-Sammlung zu geben.

(8) ¹Die Beschluss-Sammlung ist von dem Verwalter zu führen. ²Fehlt ein Verwalter, so ist der Vorsitzende der Wohnungseigentümerversammlung verpflichtet, die Beschluss-Sammlung zu führen, sofern die Wohnungseigentümer durch Stimmenmehrheit keinen anderen für diese Aufgabe bestellt haben.

Übersicht

	Rz.
I. Vorbild	1
II. Keine Vertragsfreiheit in Abs. 1	2
III. Einberufung	3
1. Gründe	3
2. Verpflichtete und Berechtigte	4
3. Pflicht des Verwalters (Abs. 2)	7
4. Ersatzeinberufungsrecht (Abs. 3)	8
5. Form der Einberufung (Abs. 4 S. 1)	9
6. Frist der Einberufung (Abs. 4 S. 2)	10
7. Absage einer einberufenen Versammlung	11
8. Nichtöffentlichkeit	12
IV. Vorsitz	13
V. Niederschrift	
1. Form und Inhalt (Abs. 6)	14
2. Die Gültigkeit des Beschlusses	17
3. Wirkung ggü. Rechtsnachfolgern, Minderheit und Dritten	19
VI. Einsichtsrecht	20
VII. Beschluss-Sammlung (Abs. 7)	24
1. Satz 1 (Grundsatz)	24
2. Satz 2 (Zeitpunkt)	25
3. Satz 3 (chronologische Folge)	26
4. Satz 4 (Hinweis auf Anfechtung)	27
5. Satz 5 (Löschung)	28
6. Satz 6 (Wegfall der Bedeutung)	29
7. Satz 7 (unverzügliche Erledigung)	30
8. Satz 8 (Einsichtsrecht)	31
VIII. Die zur Führung der Beschluss-Sammlung Verpflichteten	32
1. Satz 1 (Verwalter)	32
2. Satz 2 (Versammlungsleiter)	33

I. Vorbild

1 Vorbild sind die §§ 36, 37 BGB, allerdings den Erfordernissen der WEer-Gemeinschaft angepasst. Siehe auch §§ 121 ff. AktG, § 49

Einberufung, Vorsitz, Niederschrift 2–5 § 24

GmbHG. Die Änderung der Frist nach Abs. 4 S. 2 erfolgte durch die Reform 2007.

II. Keine Vertragsfreiheit in Abs. 1

Die Vorschrift des **Abs. 1** dient dem Schutz der WEer, insbesondere einer Minderheit; daher ist sie nicht von vornherein in der GemO abdingbar (AG München, Rpfleger, 75, 254 m. w. N.; a. A. *Palandt/Bassenge,* § 24 Rz. 2). Es können allerdings mehr als eine Versammlung vereinbart werden. Abs. 1 ist das nicht disponible Minimum. Nachträglich kann einstimmig auf die Form des Abs. 4 verzichtet werden (s. unten Rz. 11). **2**

III. Einberufung

1. Gründe. Regelmäßig mindestens **einmal** im Jahr, ferner in den durch die Vereinbarung bestimmten Fällen, außerdem wenn mehr als ein Viertel der WEer (nach **Kopfzahl,** wenn nicht anders vereinbart) es verlangt, schriftlich unter Angabe des Zwecks und der Gründe. Ansonsten so oft dies eine ordnungsmäßige Verwaltung erfordert (*Bärmann/Merle,* § 24 Rz. 16; OLG Frankfurt a. M., OLGZ 83, 29 = DerWEer 83, 58). Die Kopfzahl bestimmt sich zurzeit des Verlangens (*Gottschalg,* NZM 2005, 406). Das Antragsrecht steht auch dem WEer zu, der sich dabei nicht beteiligt hatte (a. a. O.). Der Verwalter hat jedoch kein Ermessen bei seiner Entscheidung. Auch eine bereits vorhandene Einigkeit der Mehrheit entbindet nicht von der Einberufung (OLG Zweibrücken, OLGZ 83, 339). **3**

2. Verpflichtete und Berechtigte. Verpflichtet zur Einberufung ist der **Verwalter.** Er hat jederzeit das Recht zur Einberufung, ggf. durch **bevollmächtigten** Vertreter (OLG Köln, ZMR 2003, 380). WEer können gegen ihn auf Einberufung klagen (*Palandt/Bassenge,* § 24 Rz. 2). Das Gericht prüft rechtfertigende Gründe inhaltlich nicht; es kann den Verwalter zur Einberufung anhalten (§ 43 Nr. 3) oder auch die Antragsteller zur Einberufung ermächtigen (BayObLG, MDR 70, 507 = ZMR 70, 274, 275; DerWEer 84, 59). Eine § 37 Abs. 2 BGB entsprechende Bestimmung fehlt zwar, doch ist eine analoge Anwendung notwendig (BayObLG, ZWE 2001, 590; OLG Köln, a. a. O.). **4**

Es besteht ohne weiteres **kein Einberufungsrecht** einzelner WEer (BayObLG a. a. O. = NJW 70, 1136 = OLGZ 70, 399) oder auch einer Mehrheit (OLG Düsseldorf, DerWEer 85, 127/LS = 86, 23). Dagegen entspricht die von sämtlichen WEern vorgenommene **5**

Einladung natürlich den Anforderungen (OLG Köln, ZMR 2003, 380). Es wäre Formalismus, in einem solchen Fall auf der Form zu beharren. Ansonsten ist die Einberufungsbefugnis nicht nur eine **Ordnungsvorschrift,** sondern eine strikte **Zuständigkeitsnorm.** Deshalb sind Beschlüsse, die auf einer solchen „Versammlung" gefasst werden jedenfalls dann nichtig, wenn nicht alle WEer anwesend sind! Dies erfordert die Rechtsklarheit. Die Rspr. bevorzugt allerdings an Stelle der Nichtigkeit lediglich die Anfechtbarkeit so gefasster Beschlüsse (OLG Köln, NZM 2004, 305; BayObLG NZM 2005, 307; *Wangemann/Drasdo,* Rdnr. 63). So seien z. B. auf einer Versammlung gefasste Beschlüsse dann auf Anfechtung hin für ungültig zu erklären, wenn der **Verwalter** nach Ablauf seiner Bestellungszeit eine Versammlung einberuft (BayObLG, WuM 94, 229) oder ein sonstiger Nichtberechtigter (BayObLG, NZM 2002, 346). Diese Entscheidung widerspricht Abs. 3. Die **fehlende Einladung** eines WEers zur Eigentümerversammlung macht die gefassten Beschlüsse nicht nichtig, sondern **allenfalls anfechtbar** (BGH, WuM 2000, 28; allg. zu Mängeln bei der Einberufung *Gottschalg,* NZM 99, 825 und *Fischer,* ZfIR 2000, 325; s. § 23 Rz. 20). **Nichtig** sind aber Beschlüsse bei vorsätzlicher **Verhinderung** der Teilnahme eines WEers (s. § 23 Rz. 16, 21).

Würde ein WEer die Versammlung einberufen, so wäre dieser nach h. M. zwar eine hierfür **unzuständige** Person, allerdings mit der Rechtsfolge, dass alle in dieser Versammlung gefassten Beschlüsse anfechtbar wären (OLG Köln, WuM 96, 246). Nach h. A. bleibt jedoch eine Anfechtung selbst dann erfolglos, wenn der Beschluss auch ohne Einberufungsmangel ebenso zustandegekommen wäre (BayObLG, NZM 2002, 346; OLG Celle NZM 2005, 308).

6 Die WEer können den Verwalter abberufen, wenn er nicht einberuft. Eine Abberufung durch das Gericht ist nicht vorgesehen. Vorsorgende Regelung in der Vereinbarung erscheint zweckmäßig.

7 **3. Pflicht des Verwalters (Abs. 2). HS. 1** legt dem Verwalter die Verpflichtung auf, die Versammlung in den durch die **GemO** bestimmten Fällen einzuberufen. Diesen Anspruch kann jeder **einzelne** WEer insofern geltend machen (OLG Hamm, OLGZ 73, 423), dass er die **Aufnahme** bestimmter Punkte in die **Tagesordnung** verlangen kann, wenn die Behandlung des Punktes ordnungsmäßiger Verwaltung entspricht (OLG Frankfurt/M, DWE 2009, 15 = NZM 2009, 34). Zum anderen besteht ein Minderheitenanspruch auf Einberufung bei Einhaltung der Formalien des **HS. 2** (dazu *Gottschalg* NZM 2005, 406). Er ist **unabdingbar,** soweit das Recht der Minorität gewahrt sein muss (BayObLG, NJW 73, 151 =

Rpfleger 72, 453 = MDR 73, 49). Eine Erhöhung der gesetzlichen Quote (mehr als ein Viertel) auf ein Drittel oder 50% ist unzulässig. Insbesondere bei größeren Gemeinschaften wäre dies eine erhebliche Einschränkung des Minoritätsrechts. Auf die Höhe der Miteigentumsanteile kommt es dabei nicht an (OLG Hamm, MDR 74, 138), sondern auf die **Kopfzahl** (BayObLG, DerWEer 84, 59; OLG Hamm a. a. O.). Die gleiche Minderheit, nicht aber ein einzelner, kann verlangen, dass bestimmte Punkte auf die Tagesordnung der normalen WEer-Versammlung gesetzt werden (LG Hamburg, NJW 62, 1867 und BayObLG, MDR 70, 507). Der Verwalter hat hinsichtlich der Terminierung einen Ermessensspielraum, darf jedoch die Einberufung nicht sachwidrig verzögern (BayObLG, WE 92, 51; NZM 2003, 317). Eine Orientierung ist die Einmonatsfrist (ebenda). Es besteht keine Verpflichtung der WEer, sich im **Vorhinein** über ihre **Teilnahme** oder ihr **Stimmverhalten** zu äußern (OLG München, NJW-RR 2005, 2932).

4. Ersatzeinberufungsrecht (Abs. 3). Hiernach hat der **Vorsitzende** des Verwaltungsbeirats oder sein Vertreter in Fällen, in denen ein Verwalter überhaupt fehlt oder dieser sich pflichtwidrig weigert, eine Versammlung einzuberufen, ein Einberufungs**recht** Ggfs. hat ein **einzelnes** Mitglied des Verwaltungsbeirats ebenfalls das Recht zur Einberufung (OLG München, NZM 2007, 750: Nur ein Mitglied; s. § 29 Rz. 14). Die Einberufung durch den Verwaltungsbeirat ist unschädlich, wenn auch der Verwalter verpflichtet gewesen wäre. Der Verwalter **fehlt,** wenn er auf Dauer verhindert ist oder er **pflichtwidrig** nicht oder nicht in angemessener Frist einberuft (OLG Düsseldorf, NZM 2004, 110: unverzüglich). Auch entspricht die von **sämtlichen** Mitgliedern des Verwaltungsbeirats unterzeichnete Einberufung einer Versammlung den Anforderungen des Abs. 3 (OLG Zweibrücken, NZM 99, 858; OLG Köln, NZM 2000, 675; OLG Düsseldorf, NZM 2004, 110). Bei vorgesehener Abwahl des Verwalters genügt ein **geringeres Quorum**, das dem Vorsitzenden des Verwaltungsbeirats erlaubt, die Versammlung einzuberufen (OLG Köln, NZM 2004, 305). In der Verlegung einer WEerversammlung liegt i. d. R. keine Weigerung des Verwalters i. S. des Abs. 3 (OLG Hamm, MDR 80, 1022 = OLGZ 81, 24).

Die Vorschrift ist nach h. M. abdingbar (BayObLG, WE 91, 297). Es muss dann eine gerichtliche Ermächtigung erreicht werden. Diese Möglichkeit ist unabdingbar.

Durch Abs. 3 kann das langwierige Verfahren nach § 24 Abs. 2 bzw. die Ermächtigung durch den FG-Richter vermieden werden.

Voraussetzung ist aber, dass ein Verwaltungsbeirat vorhanden ist (OLG Düsseldorf, DerWEer 85, 127/LS = 86, 23).

In **analoger** Anwendung des Abs. 3 hat der **Vorsitzende** des Verwaltungsbeirats das Recht, die **Tagesordnung** zu gestalten, wenn sich der Verwalter pflichtwidrig weigert, einen Tagesordnungspunkt aufzunehmen oder das Minderheitenquorum des Abs. 2 missachtet (OLG Frankfurt/M, DWE 2009, 15 = NZM 2009, 34).

9 **5. Form der Einberufung.** Nach Abs. 4 **Satz 1** ist **Textform** vorgeschrieben. Nach der durch G vom 13. 7. 2001 eingeführten Erleichterung in der Form der Einladung gegenüber der früheren Schriftform genügt eine Erklärung in einer zur dauerhaften Wiedergabe in Schriftzeichen geeigneten Weise. Es genügen Verkörperungen auf Papier, Diskette, CD-Rom, E-Mail oder Computerfax (LG Kleve, NJW-RR 2003, 196). Es muss außerdem die **Person** des Erklärenden genannt und der **Abschluss** der Erklärung in geeigneter Weise, regelmäßig Unterschrift, erkennbar sein (s. die Vorschrift im Anh. III, 3).

Satz 1 ist zugunsten verschärfter Formvorschrift, z. B. Schriftlichkeit nach § 126 BGB, abdingbar. Durch Vereinbarung kann statt des **Zugangs** der Einladung bestimmt werden, dass für die Ordnungsmäßigkeit der Einladung der **Nachweis** der rechtzeitigen **Absendung** ausreicht (OLG Hamm, NJW-RR 2008, 1545). Verletzung des **Abs. 4** führt aber nicht zur Ungültigkeit, sondern ggfs. zur Anfechtbarkeit, wenn nicht ausgeschlossen werden kann, dass das Beschlussergebnis auf dem Mangel beruht (OLG München NZM 2005, 588). Dass die Einberufung die Tagesordnung zu enthalten hat, ist indessen Gültigkeitsvoraussetzung (§ 23 Abs. 2).

Es liegt im nachprüfbaren Ermessen des Verwalters, zu welcher **Tageszeit** er eine Versammlung einberuft. Der Einberufende hat Größe und Struktur der Gemeinschaft angemessen zu berücksichtigen. Bei einer großen Gemeinschaft und entspr. Streuung der Wohnsitze der WEer kann eine Einberufung um 15 Uhr ordnungsmäßiger Verwaltung entsprechen (OLG Köln NZM 2005, 20).

Bei **kleineren** Gemeinschaften hat der Einladende bei der Festsetzung des **Termins** darauf zu achten, möglichst jedem WEer die Teilnahme zu ermöglichen (LG München I NZM 2005, 591; AG Köln, ZMR 2004, 546). Bei deren Berufstätigkeit kann eine Ladung für den Nachmittag unangemessen sein (ebenda). Bei **größeren** Gemeinschaften üblicherweise werktags ab 15 Uhr (OLG Köln, NZM 2005, 20 = ZMR 2005, 77). Der **Zeitpunkt** muss verkehrsüblich und zumutbar sein (BayObLG, NJW-RR 87, 1362; OLG

Frankfurt/M, DerWEer 83, 61 = NJW 83, 398 für eine Wiederholungsversammlung an einem Werktagvormittag; dazu allg. *Häublein,* ZMR 2004, 723). Er hat ggfs. auch die Termine der Ferienzeiten zu beachten (*Gottschalg,* NZM 2009, 529). Auch der **Versammlungsraum** muss verkehrsüblich und zumutbar sein (BGH, NJW 2002, 1647) und im Umkreis der Wohnanlage gelegen sein (OLG Köln, NZM 2006, 227). Ein Versammlungsort am Sitz des Verwalters kann u. U. angemessen sein, wenn er den Bedürfnissen der WEer entspricht (OLG Hamm, RNotZ 2007, 32).

6. Frist der Einberufung. Die Frist nach **Abs. 4 Satz 2** beträgt **zwei Wochen.** Sie ist reine Sollvorschrift. Bei Verletzung folgt keine Nichtigkeit der Beschlüsse (BayObLG, ZMR 2004, 766); bei Ursächlichkeit, bzw. wenn Nichtursächlichkeit der Beschlussfassung nicht auszuschließen ist, Anfechtbarkeit (a. A. OLG Hamburg, ZMR 2006, 704). Unbenommen bleibt eine persönliche Schadensersatzverpflichtung des Verwalters. Geht das Einberufungsschreiben zu einer Versammlung einem WEer nicht zu, so rechtfertigt dies eine Anfechtung nicht, wenn feststeht, dass im Fall der Mitwirkung dieses WEers die Beschlüsse ebenso gefasst worden wären (BayObLG, NZM 99, 858/LS u. 865/LS).

7. Absage einer einberufenen Versammlung. Sie hat grundsätzlich durch den Einberufungsberechtigten zu erfolgen. Auch die unberechtigte Absage ist im Interesse der Rechtssicherheit als wirksam anzusehen (*Merle,* GemWoW 80, 438; OLG Hamm, MDR 80, 1022). Die neue Versammlung ist unter Einhaltung der Frist nach Abs. 4 Satz 2 einzuberufen (BGH, NJW 87, 2580).

8. Kreis der Einzuladenden. Die Einladung ist an **alle** WEer zu richten, ggfs. an Vertreter, die im Zeitpunkt der Absendung als solche feststehen (KG, FPrax, 97, 92). Dazu gehören auch die, die vom Stimmrecht nach § 25 Abs. 5 ausgeschlossen sind (LG Stralsund NZM 2005, 709), nicht z. B. bei Teilversammlungen Ausgeschlossene (BayObLGZ 99, 40) oder der abberufene Verwalter (OLG Hamm, NZM 99, 229).

Bei **Nichteinladung** einzelner Berechtigter ist der Beschluss nicht nichtig (BGH, NJW 99, 3713). Ggfs. ist er anfechtbar, wenn die Nichteinladung für das Ergebnis hätte ursächlich sein können (OLG Celle, NZM 2002, 458; OLG München NZM 2005, 588). Wird ein WEer **bewusst** von der Einladung **ausgeschlossen,** führt der Verstoß gegen das Teilnehmerrecht zur **Nichtigkeit** der entspr. Beschlüsse (OLG Celle, a. a. O.; OLG Zweibrücken, FGPrax 2003, 60; OLG Köln NZM 2004, 793; BayObLG NZM 2005, 630; s. § 23 Rz. 16). Ein Ausschluss des WEers von der Versammlung ist nur bei gravierenden Verstößen gegen die Ordnung möglich. Unberechtigter **Ausschluss** oder durch den unsachlichen Ablauf provoziertes Verlassen kann zur Anfechtung der Ergebnisse führen (OLG Köln, NZM 2000, 1017: wie Nichteinladung).

9. Nichtöffentlichkeit. Die Versammlung der WEer hat nicht öffentlich stattzufinden (BGH, NJW 93, 1329; KG, NJW-RR 97, 1171 = ZMR 97, 487 = WuM 97, 456 = WE 98, 31). Eine Verletzung dieses Grundsatzes liegt beispielsweise dann vor, wenn die Eigentümerversammlung im offenen Gastraum einer Gaststätte – in dem sich noch weitere Gäste aufhielten – stattgefunden hat. Der Beschluss **selbst,** Mieter in der Versammlung zuzulassen, ist anfechtbar (AG Bochum, DWE 2009, 49). Diese Öffentlichkeit ist ein Anfechtungsgrund nach § 23 Abs. 4 S. 2 WEG für die **öffentlich gefassten** Beschlüsse (vgl. BGH, NJW 93, 1329; siehe vor allem OLG Frankfurt a. M., NJW 95, 3395). Nach OLG Hamm (ZMR 96, 677; differenzierend KG, NJW-RR 97, 1171). Danach sind die gefassten Beschlüsse jedenfalls **nur** dann anfechtbar, wenn die WEer durch Mehrheitsbeschluss die Teilnahme von **Gästen** an der Versammlung zugelassen haben und durch ihre Anwesenheit der Inhalt der Beschlüsse **beeinflusst** worden ist (zweifelhaft, weil Letzteres kaum nachweisbar ist!). Richtigerweise ist ein Beschluss für ungültig zu erklären, wenn sich die Ursächlichkeit des Verstoßes nicht ausschließen lässt (BayObLG, NZM 2004, 388; OLG München NZM 2005, 588). In der Teilnahme eines Nichtbefugten, die nicht beanstandet wurde, kann ein **Verzicht** auf die Nichtöffentlichkeit liegen (OLG Hamm, ZMR 2007, 550). Die Anwesenheit dabei von **Nichteigentümern,** die zur Teilnahme befugt sind, ist kein Verstoß gegen die Nichtöffentlichkeit (OLG München, NJW-RR 2005, 964). Ob ein WEer in einer Versammlung, in der **er** selbst **anwesend** ist, einen **Berater** hinzuziehen darf, ist nach der Rspr. für jede Versammlung gesondert zu prüfen (BGHZ 121, 236; OLG Düsseldorf, NJW-RR 95, 1294). Es kommt auf das objektive Beratungsbedürfnis an (BGH, a. a. O.; BayObLG, NZM 2002, 616).

Der Verwalter kann im Interesse der Gesamtheit der WEer zu bestimmten Tagesordnungspunkten einen Rechtsanwalt als Berater zur Information und Meinungsbildung heranziehen. Es darf aber kein konkreter Interessengegensatz zwischen einem WEer und der Gemeinschaft hervorgetreten sein und kein WEer widersprechen (OLG Köln, NZM 2009, 787).

Durch Vereinbarung kann das Recht auf Begleitung ausgeschlossen werden. Einen Ausschluss der **Vertretung** umfasst diese nicht (BGHZ 121, 236), auch nicht **gesetzliche** Vertreter. Der Verwalter kann, auch ohne Ankündigung, sachverständige Berater im allg. Interesse zur Versammlung hinzuziehen (BayObLG, NZM 2004, 388), jedoch nur bei bedeutsamen Themen.

IV. Vorsitz

Abs. 5: Die Vorschrift ist abdingbar. Den Vorsitz führt der Verwalter, wenn die Versammlung selbst nichts anderes beschließt (**Mehrheitsbeschluss** genügt). Die Leitung der Versammlung kann nicht durch Mehrheitsbeschluss einem außenstehenden **Anwalt** übertragen werden, sofern die GemO dies nicht vorsieht (*Staudinger/Bub,* § 25 Rz. 87 a; offengelassen, aber auch kritisch OLG München NZM 2005, 588). Abs. 5 ist zwar mehr als eine reine Ordnungsvorschrift, die Beschlüsse unter nichtbefugter Leitung sind jedoch nicht nichtig, sondern nur anfechtbar (ebenda). Die Vereinbarung kann von vornherein anderes vorsehen. Der Vorsitz kann vom Verwalter aber auf einen **Gehilfen** übertragen werden (BayObLG, ZWE 2001, 490; OLG München, NJW-RR 2005, 964). Der Versammlungsleiter hat im Anschluss an die Beschlussfassung der WEer den Inhalt des Beschlusses, die erforderliche Mehrheit und damit das reguläre Zustandekommen **festzustellen** und zu **verkünden** (BGHZ 148, 335 = NJW 2001, 3339; OLG München, NJW-Spezial 2008, 66). Der Beschluss hat grundsätzlich konstitutive Bedeutung (BayObLG NZM 2005, 631). Eine **konkludente** Feststellung und Verkündung genügt. Sie müssen nicht in das Protokoll aufgenommen worden sein (ebenda). Der Vorsitzende hat damit auch – vorbehaltlich der gerichtlichen Nachprüfung – über die Annahme bzw. Ablehnung eines Antrags zu entscheiden und sie zu verkünden (OLG Hamm, Rpfleger 79, 342 = WEM 79, 175 = OLGZ 79, 296 = BlGBW 80, 73). Auch bei einer „**Einmann**-Eigentümerversammlung" ist eine förmliche **Feststellung** der Beschlussergebnisse aus Gründen der Rechtssicherheit unverzichtbar (OLG München, NJW-Spezial 2008, 66). Die Zulässigkeit eines Mehrheitsbeschlusses, der den Vorsitz bei künftigen Versammlungen regeln will, ist zweifelhaft, da damit eine Änderung des § 24 Abs. 5 verbunden wäre. Dem Vorsitzenden obliegt die Befugnis über das Abstimmungsverfahren zu entscheiden. Eine entspr. Vereinbarung oder ein Beschluss geht vor (BGH, NJW 2002, 3629). Dies gilt z. B. für offene oder geheime Abstimmung, Reihenfolge der Wortmeldungen usw. In der Versammlung sind die einzelnen Tagesordnungspunkte grundsätzlich in der in der Einladung abgegebenen **Reihenfolge** zu behandeln; der **Versammlungsleiter** darf einen neuen Punkt erst aufrufen, wenn die vorhergehenden Punkte

§ 24 14 I. Teil. Wohnungseigentum

(i. d. R. durch Abstimmung) erledigt sind. Davon kann auf Grund eines Geschäftsordnungsbeschlusses, u. U. auch auf Grund unwidersprochen gebliebener Anordnung des Versammlungsleiters, abgewichen werden (BayObLG, NZM 99, 672).

Der Vorsitzende hat das Ende der Versammlung festzustellen. Beendet er sie **vor** Erschöpfung der Tagesordnung, kann der Vorsitzende des Verwaltungsbeirats bzw. ein gewählter Vorsitzender entspr. Abs. 3 weiterführen (OLG Celle, ZWE 2002, 276).

V. Niederschrift

14 **1. Form und Inhalt (Abs. 6).** Niederschrift ist nach **Satz 1** Pflicht, sie ist damit jedoch keine öffentliche Urkunde, sondern **Privaturkunde** (BayObLG, DerWEer 84, 62 = MDR 84, 495; Der WEer 87, 56; ZWE 2002, 469; KG, DerWEer 89, 136). Abs. 6 kann durch Vereinbarung abbedungen/modifiziert werden (BayObLG, NJW-RR 89, 1168).

Gemäß **Satz 2** ist sie vom Vorsitzenden und einem WEer und, falls ein Verwaltungsbeirat bestellt ist, zusätzlich von dessen Vorsitzendem oder Vertreter zu unterschreiben.

Enthält die Teilungserklärung die Bestimmung, dass zur Gültigkeit eines Beschlusses der WEer-Versammlung das Protokoll von zwei von der WEer-Versammlung bestimmten WEern zu **unterzeichnen** ist, so macht ein Verstoß hiergegen den Beschluss anfechtbar (BGH, NJW 97, 2956 = MDR 97, 919 = DNotZ 97, 955 = BB 97, 2133). Ansonsten mindert ein Verstoß gegen die Unterschriftspflicht lediglich die Beweiskraft (BGH, a. a. O.). Auch die Abberufung des **Verwalters** scheitert nicht am Fehlen seiner oder anderer Unterschriften (OLG Hamm, NZM 2002, 295). Wegen der dinglichen Wirkung nach § 10 Abs. 4 besteht die Verpflichtung der Verwaltung, Beschlüsse **aufzubewahren.** Sie können in Form eines „(Beschluss-)Buchs" festgehalten werden (OLG Düsseldorf, NJW-RR 2005, 165; OLG Köln, NZM 2007, 133, dort auch zur Frage der Wirksamkeit von Beschlüssen, die den Vorgaben nicht entsprechen). Niederschriften sind innerhalb eines Monats anzufertigen (LG Freiburg NJW 68, 1973 = ZMR 68, 337). Allerdings so **rechtzeitig,** dass Kontrolle und ggfs. Wahrung der **Anfechtungsfrist** möglich sind. Am besten erscheint die Führung eines Protokollbuchs und Sicherung des Einsichtsrechts durch Vereinbarung (zu den Anforderungen an die Niederschrift s. *Fischer,* ZfIR 2000, 325). **Verspätet** ist jedenfalls die **Versendung** der Niederschrift, wenn sie vier Monate nach der Versammlung erfolgt (BayObLG, Wohnung u. Haus 80, 102; vgl. zur Erstellung und Versendung auch BayObLG, DerWEer 82, 137). Versendung der Niederschrift und Beschluss-Sammlung haben unterschiedliche Ziele (s. u. Rz. 18).

Die Einreichung von Beschlüssen zu den Grundakten des Grundbuchamts ist nach h. M. ausgeschlossen. Notarielle Beurkundungen sind zulässig (zur Verkündung der Beschlussergebnisse s. § 23 Rz. 20; vgl. *Merle,* ZGemWoW i. B. 80, 29). Zur Feststellung des Ergebnisses in der Niederschrift und Divergenzen von Verkündung und Protokoll s. § 23 Rz. 20.

Die inhaltliche Gestaltung eines **Ablaufprotokolls,** das über den gesetzlichen Mindestinhalt der Niederschrift nach Abs. 6 S. 1 hinausgeht, unterliegt dem grundsätzlich freien **Ermessen** des Verwalters (OLG Hamm, OLGZ 89, 314). Mit den Niederschriften sind das Verzeichnis der Teilnehmer und Belege bei Einberufung zu sammeln (a. A. für die Aufführung der Teilnehmer im Protokoll AG Ratingen, NZM 99, 1011).

2. Die Gültigkeit des Beschlusses wird durch Fehlen einer Niederschrift oder Mängel derselben nicht berührt (BGHZ 136, 187 = NJW 97, 2956; OLG München, NJW 2008, 156; BayObLG, NZM 2004, 623; NZM 2005, 631; OLG Hamm, DNotZ 67, 38 = ZMR 67, 22; NJW-RR 2008, 1545; AG Ratingen, NZM 99, 1011). Mögliche Anfechtungsgründe bestehen nach §§ 23 Abs. 4, 43 Nr. 4, 46 Abs. 1 S. 2.

Das gilt auch, wenn die Vereinbarung, Protokollierung oder die Eintragung in einem **Beschluss-Buch** zur **Wirksamkeitsvoraussetzung** macht (OLG Düsseldorf, NJW-RR 2005, 165; OLG Köln, ZMR 2006, 711 = NZM 2007, 133).

Ist in der Vereinbarung bestimmt, dass zur Gültigkeit eines Beschlusses dessen Protokollierung erforderlich und das **Protokoll** vom Verwalter **und** zwei von der Versammlung bestimmten **WEern** zu unterzeichnen ist, hat die Bestimmung der beiden WEer zu **Beginn** der Versammlung durch Mehrheitsbeschluss zu erfolgen (OLG Schleswig, NZM 2007, 132). Auch dieser Beschluss (der Bestimmung) bedarf zu seiner Gültigkeit der Protokollierung in der vorgeschriebenen Form. Fehlt die Protokollierung, sind die Beschlüsse i. d. R. anfechtbar. Die Protokollierung des Beschlusses mit der Bestimmung der WEer zu Protokollanten ist nicht nachholbar (OLG a. a. O.). Im Rahmen einer solchen „qualifizierten" Protokollierungsklausel kann die Auslegung ergeben, dass im Fall der zulässigen Vertretung **aller** WEer durch Dritte der einzig anwesende WEer neben dem Verwalter das Protokoll unterzeichnen kann (OLG Hamm, NJW-RR 2008, 154).

Grundsätzlich kann eine **Korrektur** inhaltlicher Fehler im Protokoll verlangt werden, aber im Interesse des Rechtsfriedens nicht wegen jeder Bagatelle (BayObLGZ 82, 445). D. h. nur dann, wenn ein WEer durch den Inhalt eines Protokolls rechtswidrig **beeinträchtigt** wird oder falls eine rechtsgeschäftlich erhebliche Willenserklärung falsch protokolliert worden ist (KG, DerWEer 89, 136 = MDR 89, 742; BayObLG, WuM 90, 173) oder bei einem eindeutigen Ermessensfehlgebrauch (OLG Hamm, OLGZ 89, 314). Die „**Genehmigung**" der Niederschrift in einer folgenden Versammlung ist kein (anfechtbarer) Beschluss im materiellen Sinne, weil er keine Bindungswirkung zu erreichen vermag (BayObLG, DerWEer 87, 56; NJW-RR 2002, 1667: fehlende Beschlusskompetenz). Zum Rechtsschutzbedürfnis eines Antrags auf Feststellung des Protokolls s. § 43 Rz. 20.

Die **Unterzeichnung** des Protokolls durch den Verwalter ist obligatorisch. Fehlt sie, weil der Verwalter in derselben Versammlung abberufen wurde und ein Neuer noch nicht zugegen ist, ist dieser Mangel unschädlich (OLG Hamm, NZM 2002, 295; OLG Celle, NZM 2005, 308).

Die Unterzeichnung der Niederschrift kann auch nachgeholt werden.

18 Die **Unterlassung** der Niederschrift kann Schadensersatzansprüche zur Folge haben (§ 675 BGB), und zwar gegen die Niederschriftsverpflichteten. Sie hat jedoch keinen Einfluss auf die Anfechtungsfrist (s. § 23 Rz. 28). Zur **Beweiskraft** des Protokolls s. o. Rz. 14. Die Niederschrift begründet nicht den Beweis der Richtigkeit ihres Inhalts (BayObLG, DerWEer 84, 62 = MDR 84, 495; 87, 56; KG, DerWEer 89, 136). Sie ist lediglich eine **Privaturkunde** i. S. von § 416 ZPO (BGHZ 136, 187; BayObLG, DerWEer 85, 57; 87, 56).

Bei Unterlassung der **Versendung** des Protokolls war bisher eine vorsorgliche Beschlussanfechtung möglich mit der Folge, dass dem Verwalter die Kosten des Verfahrens auferlegt wurden. Ob die Pflicht, ein Beschlussbuch zu führen, ihn dieser Pflicht enthebt, ist zweifelhaft. Beide Pflichten haben unterschiedliche Zwecke. Neben dem Beschluss kann nämlich die ausführlichere Niederschrift weitere Aspekte der Anfechtung bieten (a. A. LG München I, NJW-Spezial 2008, 289).

19 **3. Wirkung gegenüber Rechtsnachfolgern, Minderheit und Dritten.** Nicht nichtige Beschlüsse berechtigen und verpflichten die WEer, Rechtsnachfolger und die in der Beschlussfassung unterlegenen WEer (s. § 23 Rz. 13). Diese Wirkung ergibt sich aus

Einberufung, Vorsitz, Niederschrift 20–24 **§ 24**

§ 10 Abs. 3, unabhängig von der Protokollierung (s. § 10 Rz. 5 ff., 33 ff.). Bindung Dritter an die Beschlüsse (z. B. Hypothekengläubiger, Bauunternehmer) ist nur im Rahmen des allgemeinen Vertragsrechts möglich.

VI. Einsichtsrecht

Abs. 6 Satz 3: Jeder WEer. Die Vereinbarung kann anderes vorsehen. Ein WEer kann Dritten ermächtigen, es besteht aber kein originäres Recht Dritter auf Einsicht, auch der Hypothekengläubiger nicht, wenn es nicht vorbehalten ist. Für sie sind aber doch die Grundsätze des § 12 GBO zu beachten. Sind sie durch einen Beschluss (möglicherweise) betroffen, steht ihnen ein Auskunftsrecht zu, um ihre Interessen zu wahren. Auch eine Anfertigung von Abschriften ist möglich. Zur Fertigung von Abschriften oder gar Aushändigung des Protokolls ist der Verwalter nicht verpflichtet (OLG Karlsruhe, MDR 76, 758; BayObLGZ 72, 246). Die Entscheidung über ein (verweigertes) Einsichtsrecht erfolgt im Verfahren nach § 43 Nr. 1 oder 3. Das Verlangen eines Dritten ist ebenfalls durch ein ordentliches Streitgericht zu entscheiden (§ 259 BGB oder Vertrag). 20

Das Einsichtsrecht gilt auch für Zirkularbeschlüsse nach § 23 Abs. 3 und für gerichtliche Entscheidungen. 21

Es besteht die Pflicht des Verwalters zur **unverzüglichen Mitteilung** der Beschlüsse. Dies ist mit der Pflicht, eine Beschluss-Sammlung zu führen, nicht identisch (s. Rz. 24 ff.). Dieser hat innerhalb eines Monats **Einsicht** zu gewähren (LG Freiburg NJW 68, 1973 = ZMR 68, 337), spätestens eine Woche vor Ablauf der Antragsfrist (BayObLG, NZM 2001, 754). 22

Gleiche Grundsätze gelten hinsichtlich gerichtlicher Entscheidungen nach § 43, gleich, wen sie betreffen. Den Verwalter trifft nach § 27 Abs. 1 Nr. 7 eine Pflicht zur **Unterrichtung** (s. dort). Die dingliche Wirkung besteht nicht nur gegenüber Sonderrechtsnachfolgern, sondern auch unter den WEern selbst. Hieraus folgt das Recht auf Unterrichtung. 23

VII. Beschluss-Sammlung (Abs. 7)

Abs. 7 **Satz 1** begründet die Verpflichtung, eine Beschluss-Sammlung zu führen. Unter „führen" sind alle mit der Anlegung, der Sammlung, den Eintragungen, der Aktualisierung, der Löschung und der Einsichtnahme verbundenen Maßnahmen zu verstehen (BT-Drs. 16/887 S. 33). Die Vorschrift macht keine Vorgaben zum äußeren Erscheinungsbild und zur Form der Sammlung. Es bleibt 24 den WEern überlassen bzw. dem Verwalter, wie sie die Einzelheiten gestalten. Es kommt darauf an, den Einsichtberechtigten (Verwalter, WEer oder Erwerber) in übersichtlicher und leicht zugänglicher Weise Informationen über den Inhalt zu ermöglichen. Dies kann in schriftlicher oder elektronischer oder sonst geordneter Form geschehen. Formulare sind nicht vorgeschrieben. Ob Absätze 7 und 8 abdingbar sind, ist str. (dafür *Merle,* ZWE 2007, 272; a. A. *Hügel-Elzer,* § 8 Rz. 21). Angesichts der Konsequenz des § 26 Abs. 1 S. 4 (Abberufungsgrund) ist von Unabdingbarkeit auszugehen.

25 Satz 2 fixiert zunächst den **Zeitpunkt,** ab dem die Führung einer Beschluss-Sammlung verpflichtend ist: nämlich der **1. 7. 2007.** Die WEer sind allerdings nicht gehindert, bestehende Sammlungen weiterzuführen (sofern schon gesetzeskonform) oder mit einer neuen Sammlung zu beginnen. Im Übrigen ist den WEern unbenommen, eine **Bereinigung** der Rechts- und Beschlusslage vorzunehmen, um für eine sinnvolle Praxis des Einsichtsrechts zu sorgen. Dies erfordert ggfs. entspr. Beschlüsse.

Nach **Satz 2** ist der **Inhalt** der Beschluss-Sammlung bestimmt.

Im Interesse der Übersichtlichkeit sind nur der **Wortlaut** der in der Versammlung der WEer verkündeten **Beschlüsse** mit Angabe von Ort und Datum der Versammlung (Nr. 1), der **schriftlichen** Beschlüsse mit Angabe von Ort und Datum der Verkündung (Nr. 2) und der **Urteilsformeln** der gerichtlichen Entscheidungen in einem Rechtsstreit gemäß § 43 mit Angabe ihres Datums, des Gerichts und der Parteien (Nr. 3) in die Beschluss-Sammlung aufzunehmen.

Nach der Begr. des Gesetzes sind dagegen Niederschriften i. S. des Abs. 6 wegen ihres Umfangs und der damit verbundenen Überfrachtung der Beschluss-Sammlung **nicht** aufzunehmen. Es bewendet bei der Regelung in Abs. 6 (BT-Drs. 16/887 S. 33).

Ort und Datum sind in den Fällen der Nrn. 1 und 2 deshalb von Bedeutung, um eine Ordnung und ggfs. Fristwahrung zu gewährleisten. Im Hinblick auf schriftliche Universalbeschlüsse dient die **Verkündung** (etwa durch Mitteilung oder Aushang) zudem ihrer Wirksamkeit. Allein die Angabe des Tagesordnungspunkts ohne den Wortlaut des Beschlusses reicht nicht aus (AG München, DWE 2009, 14). Auch der Tagungsort gehört dazu.

26 Satz 3 enthält die Verpflichtung, Beschlüsse und gerichtliche Entscheidungen in **chronologischer** Folge einzutragen und zu nummerieren. Die Vorschrift ist eher **weiter** auszulegen, um vollständige und verständliche Aussagen zu ermöglichen.

Sie sind unverzüglich – ohne schuldhaftes Zögern – einzuordnen. Ggfs. können sie auch nach Sachgebieten, dann aber auch entspr. S. 3, verzeichnet werden.

Satz 4 verlangt einen **Hinweis,** wenn ein Beschluss oder gerichtliche Entscheidung angefochten ist. Er ist an diesen „anzumerken", d. h. dort anzubringen, um die Aktualität der Sammlung zu gewährleisten. Der Vermerk kann lauten: „Der Beschluss ist angefochten durch ... mit Klage von ..."

Nach **Satz 5 kann** ein aufgehobener Beschluss gelöscht werden unter Beibehaltung der bisherigen Ordnungsnummer. Zulässig ist auch, der aufgehobenen Beschlussfassung einen Vermerk nach Satz 3 beizufügen, z. B. die Anmerkung „Beschluss ist aufgehoben durch..." anzubringen.

Satz 6 stellt ebenso wie S. 5 eine Kannvorschrift dar. Eine Eintragung kann gelöscht werden, wenn sie aus einem anderen Grund (als der Aufhebung) **keine Bedeutung** mehr hat. Gründe dafür können allgemein Zeitablauf oder anderweitige Erledigung des Gegenstands des Beschlusses sein. Es ist nicht immer eindeutig, ob dies der Fall ist. Deshalb gewährt das Gesetz dem die Sammlung Führenden ein **Ermessen,** ob die Bedeutung für die Gemeinschaft entfallen ist. Bei Zweifeln wird der Verantwortliche die Beibehaltung des Beschlusses wählen und seine Auffassung zur Bedeutung des Inhalts hinzufügen.

Satz 7 soll sicherstellen, dass Eintragungen, Vermerke und Löschungen unverzüglich erfolgen und datiert werden. Dies verlangt eine prompte Erledigung, die sich nur wenige Tage hinziehen darf (nach LG München, NJW 2008, 1823: 4–5 Tage).

Satz 8 regelt, wer zur **Einsicht** in die Beschluss-Sammlung berechtigt ist. Dies sind die WEer oder ein Dritter, den ein WEer dazu ermächtigt hat. Das kann z. B. ein Kaufinteressent sein. Die Modalitäten der Einsichtnahme richten sich wie im Fall der Einsichtnahme in Versammlungsniederschriften (s. oben Rz. 20 ff.) nach den üblichen oder auch beschlossenen Voraussetzungen, die allerdings keine unbilligen Erschwerungen enthalten dürfen. Über die Kostenpflichtigkeit von Kopien kann im Verwaltervertrag oder durch Beschluss nach § 21 Abs. 7 entschieden werden.

VIII. Die zur Führung der Beschluss-Sammlung Verpflichteten (Abs. 8)

Satz 1 bestimmt in erster Linie den Verwalter zur Erledigung dieser Aufgabe. Damit gehört sie zum Kreis seiner **Pflichten** im Rahmen des Verwaltervertrags. Er hat sie nach der Sorgfalt eines ordentlichen Verwalters wie seine übrigen Aufgaben zu erledigen. Er haftet für Pflichtverletzungen nach den allgemeinen Vorschriften. Darüber hinaus sieht das Gesetz bei Pflichtverletzungen im Rahmen

§ 25 I. Teil. Wohnungseigentum

des Abs. 7 eine besondere **Sanktion** vor, nämlich regelmäßig einen Grund zur **Abberufung** aus wichtigem Grund (s. § 26 Abs. 1 S. 4). Eine Haftung gegenüber Dritten besteht nicht.

33 Nach **Satz 2** hat, wenn ein Verwalter fehlt, der **Versammlungsleiter** die Beschluss-Sammlung zu führen. Dies ist nicht immer eindeutig, z. B. wenn in kleinen Gemeinschaften darüber formell nicht beschlossen ist. Aus dem Gesamtzusammenhang der Abs. 7 und 8 ergibt sich allerdings, dass die **Gemeinschaft** auch in einem solchen Fall, wenn ein Verwalter fehlt, verpflichtet ist, eine Beschluss-Sammlung zu organisieren. Deshalb ist von dem **zwingenden** Charakter der Pflicht auszugehen, auch wenn das Gesetz dies ausdrücklich nicht sagt. Den WEern bleibt unbenommen, z. B. eine abwechselnde oder einem bestimmten WEer obliegende Pflicht zu beschließen. Es muss nur die ordnungsmäßige Führung der Beschluss-Sammlung gewährleistet sein.

§ 25 Mehrheitsbeschluß

(1) **Für die Beschlußfassung in Angelegenheiten, über die die Wohnungseigentümer durch Stimmenmehrheit beschließen, gelten die Vorschriften der Absätze 2 bis 5.**

(2) **¹Jeder Wohnungseigentümer hat eine Stimme. ²Steht ein Wohnungseigentum mehreren gemeinschaftlich zu, so können sie das Stimmrecht nur einheitlich ausüben.**

(3) **Die Versammlung ist nur beschlußfähig, wenn die erschienenen stimmberechtigten Wohnungseigentümer mehr als die Hälfte der Miteigentumsanteile, berechnet nach der im Grundbuch eingetragenen Größe dieser Anteile, vertreten.**

(4) **¹Ist eine Versammlung nicht gemäß Absatz 3 beschlußfähig, so beruft der Verwalter eine neue Versammlung mit dem gleichen Gegenstand ein. ²Diese Versammlung ist ohne Rücksicht auf die Höhe der vertretenen Anteile beschlußfähig; hierauf ist bei der Einberufung hinzuweisen.**

(5) **Ein Wohnungseigentümer ist nicht stimmberechtigt, wenn die Beschlußfassung die Vornahme eines auf die Verwaltung des gemeinschaftlichen Eigentums bezüglichen Rechtsgeschäfts mit ihm oder die Einleitung oder Erledigung eines Rechtsstreits der anderen Wohnungseigentümer gegen ihn betrifft oder wenn er nach § 18 rechtskräftig verurteilt ist.**

Übersicht

	Rz.
I. Grundsätzliches (Abs. 1)	1
II. Anwendungsfälle	2
III. Stimmrecht (Abs. 2)	8
1. Kopf- oder Wertprinzip (Abs. 2 Satz 1)	8
2. Ausübung des Stimmrechts	16
3. Übertragbarkeit des Stimmrechts (Vollmacht)	17
4. Nießbraucher	22
5. Einheitliche Ausübung durch mehrere Berechtigte (Abs. 2 Satz 2)	24
6. Verzicht	25
7. Ruhen	26
IV. Beschlussfähigkeit	27
1. Nach Abs. 3	27
2. Nach Abs. 4	30
V. Stimmenmehrheit	32
VI. Interessenkollision (Abs. 5)	36
VII. Teilnahmerecht	45

I. Grundsätzliches (Abs. 1)

Siehe Vorbem. vor § 20 und Einl. Die Vorschrift ist ein Ausgleich **1** für die Unauflösbarkeit der Gemeinschaft, indem sie dem in der Versammlung gefassten Beschluss eine hohe Legitimation und Bestandskraft verleiht: Er ist die eigentliche demokratisch zustande gekommene Entscheidung, nämlich durch die Mehrheit. Eine besondere Bedeutung hat die Versammlung wegen dinglicher Wirkung der Mehrheitsbeschlüsse nach § 10 Abs. 4. Demgemäß sind sie vom Vorsitzenden formgerecht bekannt zu geben, zu verkünden (s. o. § 23 Rz. 19). Grundsätzlich sind Beschlüsse auch bei Form- und Inhaltsmängeln gültig (KG Berlin, NJW-RR 97, 1171 = ZMR 97, 487 = WuM 97, 456) bis zur Ungültigkeitserklärung auf Grund Anfechtung innerhalb eines Monats (§§ 23 Abs. 4 S. 2, 46 Abs. 1 S. 2).

II. Anwendungsfälle

§ 25 ist **abdingbar** durch einstimmige Vereinbarung (BayObLG, **2** ZMR 79, 213 = WEM 79, 135; BayObLGZ 81, 50 = Rpfleger 81, 285 = ZMR 81, 249 = MDR 81, 675), **außer Abs. 5** und wohl auch **Abs. 4** (a. A. OLG Frankfurt a. M., OLGZ 83, 29 = DerWEer 83, 58 m. w. N. und DerWEer 83, 61). Grenzen hierfür sind Verbotsgesetze, Sittenwidrigkeit und Interessenkollision. Das Recht zur Teilnahme an der WEerversammlung und das damit verbundene

Rede- und Abstimmungsrecht gehören als wesentliche Mitwirkungsrechte zum **Kernbereich** des WEs (OLG Köln NJW 2005, 908). Sie sind grundsätzlich unentziehbar. Eine Änderung der Vereinbarung hat immer einstimmig zu erfolgen. Das Recht der Satzungsänderung nach § 33 BGB ist nicht anwendbar (OLG Frankfurt a. M., OLGZ 81, 154).

3   Mehrheitsbeschlüsse sind in allen Angelegenheiten der Gemeinschaft zulässig, wenn es sich um Verwaltung und Gebrauch handelt, insbesondere also nach §§ 13 ff., 15, 20 ff., 21 Abs. 3, 26 Abs. 4, 5, § 29 Abs. 1, soweit nicht Einstimmigkeit unabdingbar ist. Grundsätzlich ist die Beschlussfassung beschränkt auf das gemeinschaftliche Eigentum und die gemeinschaftliche Nutzung, umfasst aber auch Angelegenheiten des SEs, die gemeinschaftliches Eigentum und gemeinschaftliche Nutzung berühren.

4   § 25 ist **Ergänzung** der §§ 23, 24 mit Sonderbestimmungen über das Stimmrecht **(Abs. 2),** Beschlussfähigkeit (**Abs. 3** und **4)** und Ausschluss des Stimmrechts **(Abs. 5).**

5   Es ist immer richterliche Kontrolle nach § 43 mit inhaltlicher Nachprüfung zulässig. Von jedem WEer kann nach § 21 Abs. 4 ggfs. eine entspr. Beschlussfassung verlangt werden.

6   Die Beschlussfähigkeit kann abhängig gemacht werden von der Anwesenheit einer gewissen **Kopfzahl,** wie auch von einer gewissen **Anteilshöhe.**

7   Die **Mehrheit** kann qualifiziert werden (BayObLGZ 97, 139). Auch das Gesetz sieht gelegentlich qualifizierte, auch doppelte Mehrheiten vor (z. B. in § 16 Abs. 4 S. 2). Eine **qualifizierte** Stimmenmehrheit ist nur dann erreicht, wenn eine entsprechende Anzahl von Ja-Stimmen abgegeben wurde (OLG Celle, NJW-RR 92, 86, im Anschluss an BGH, NJW 89, 1090). Es ist auch eine Vereinbarung möglich, nach der in bestimmten Angelegenheiten Einstimmigkeit erforderlich ist. Ein Fall der qualifizierten Mehrheit ist § 18 Abs. 3 Satz 2: Mehrheit von mehr als der Hälfte der Stimmberechtigten (nicht nur der Erschienenen oder vertretenen WEer). Nach dieser Bestimmung scheiden anderweitige Beschlussfähigkeitsvorschriften aus, z. B. dass mehr als die Hälfte der MEsanteile vertreten sein müssen (OLG Düsseldorf, MDR 92, 374) aus.

Wird die **Mehrheit nicht erreicht,** ist kein Beschluss zustandegekommen (**Nicht-** oder **Scheinbeschluss**). Er kann auch nicht durch die entspr. Verlautbarung des Versammlungsergebnisses zum (anfechtbaren) Beschluss werden (s. o. § 23 Rz. 19). Wegen des gesetzten Rechtsscheins ist trotzdem Anfechtung möglich (*Palandt/Bassenge,* § 23 Rz. 26; s. o. § 23 Rz. 23; OLG Schleswig, DerWEer 87, 133). Anderes gilt ev. für Wahlen (s. § 26 Rz. 18) bei mehreren Kandidaten (zu den Voraussetzungen eines sog. Nichtbeschlusses s. OLG Frankfurt a. M., NJW-RR 93, 86).

III. Stimmrecht (Abs. 2)

1. Kopf- oder Wertprinzip (Abs. 2 Satz 1). Anders als § 745 **8** Abs. 1 Satz 2 BGB, § 12 AktG und § 47 GmbHG räumt § 25 **Abs. 2 Satz 1** ein Stimmrecht nach Köpfen ein, sofern nichts anderes vereinbart ist. Objektstimmrecht bedeutet, dass **jedes** WE **eine** Stimme (ggfs. auch mehrere Stimmrechte) verleiht, die aber stets gleich sind. Das Kopfstimmrecht oder auch Objektstimmrecht gilt auch dann, wenn die als Inhalt des SEs im GB eingetragene GemO bestimmt, dass „jeder Eigentümer einer SEseinheit in der Eigentümerversammlung **eine** Stimme" hat (BayObLG, WuM 98, 748; vgl. OLG Düsseldorf, NZM 2004, 234). Der Grund der gesetzlichen Regelung ist, Majorisierung zu vermeiden. Diese ist aber unabhängig davon richterlich nachprüfbar (KG, Rpfleger 79, 65: Mehrstimmrecht kann nicht als einfaches Stimmrecht fingiert werden). Um einer Majorisierung entgegenzutreten, wird im Einzelfall die **Beschränkung** eines WEers auf 25% der **Gesamtzahl** der Stimmen für angemessen gehalten (OLG Hamm, OLGZ 78, 185 = Rpfleger 78, 182). Eine andere Auffassung sieht dagegen eine Beschränkung des Mehrheitseigentümers auf 25% **seiner** Stimmen für sachgerecht, ohne dass für die Annahme eines **Rechtsmissbrauches** weitere Umstände hinzukommen müssen (LG Berlin, DerWEer 86, 62). Mit dem KG (NJW-RR 86, 643 = ZMR 86, 174; DerWEer 87, 24; 89, 24; 89, 139) ist festzuhalten, dass allein die Nutzung eines Stimmenübergewichts nicht unzulässig ist. Es kommt damit auf die Überprüfung im **Einzelfall** an, ob mit dem Stimmengewicht in missbräuchlicher Weise umgegangen wurde (BGH, NJW 2002, 3704; OLG Zweibrücken, Rpfleger 89, 453). Eine Beschränkung des Stimmrechts auf einen Prozentsatz ist dem Gesetzgeber vorbehalten (a. A. OLG Düsseldorf, OLGZ 84, 289).

Vom gesetzlichen Modell kann in der Weise abgewichen werden, dass das Stimmrecht nach dem Wert des/r MEsanteile/s abhängig gemacht wird. Es bedarf dazu einer Vereinbarung. Auch bei wirtschaftlichem **Ungleichgewicht** der Stimmrechte und Gefahr der Majorisierung besteht kein Anspruch einzelner WEer auf Änderung des in der Teilungserklärung festgelegten **Objektstimmrechts** (KG, NJW-RR 94, 525 = ZMR 94, 168). Zur unzulässigen Rechtsausübung durch eine majorisierende Stellung eines WEers s. a. KG, Rpfleger 78, 25. Dies ist jedoch nur ausnahmsweise anzunehmen (BayObLG v. 15. 12. 82–2 Z 18/82).

§ 25 9–11 I. Teil. Wohnungseigentum

9   Die Abweichung vom **Kopfprinzip** durch das **Wertprinzip** ist grundsätzlich **zulässig** (OLG Hamm, Rpfleger 75, 401 = ZMR 76, 310; BayObLG, MDR 80, 142; OLG Frankfurt a. M., OLGZ 83, 29 = DerWEer 83, 58; OLG Zweibrücken, Rpfleger 89, 453). Z. B. kann jedes Ws/TE **eine** Stimme geben, einem WEer mit **mehreren** Rechten ebenso viele. Auch bei einer **Zweiergemeinschaft** ist Abdingbarkeit gegeben (BayObLGZ 86, 10). Dies gilt auch für die **Berechnung** des Stimmrechts nach **Wohn**- bzw. **Raumeinheiten** (LG Berlin, DerWEer 86, 62). Auch eine **Splitting** des Stimmrechts nach **MEs-anteilen** ist zulässig (allg. M). Die GemO kann für den Fall der Aufteilung eines MEsanteils eine Erhöhung der Zahl der Stimmen entsprechend der Anzahl der neu gebildeten MEsanteile vorsehen (BayObLG, NJW-RR 91, 910). Auch für die Wahl und Abberufung des **Verwalters** ist es zulässig, das Stimmrecht abweichend von Abs. 2 S. 1 dergestalt zu regeln, dass den einzelnen WEern für jede ihnen gehörende Wohnungseinheit eine Stimme zusteht (KG, Rpfleger 78, 24 m. zust. Anm. *Merle*, 79, 65; OLG Hamm, Rpfleger 78, 182; OLG Karlsruhe, Justiz 83, 412; a. A. *Groß*, ZMR 78, 250 und *Pfennig/Duske*, ZMR 76, 289; *Schoene*, NJW 81, 435).

10 Ggfs. bedürfen Stimmrechtsregelungen in der GemO der **Auslegung**. Sind sie unklar oder widersprüchlich, verbleibt es bei der gesetzlichen Bestimmung in Abs. 2 Satz 1. Die Bestimmung „jedes WE gewährt dem jeweiligen WEer ein Stimmrecht", bedeutet i. d. R. Stimmrecht nach Objekten (LG Flensburg, ZMR 77, 343). Eine Bestimmung, die Änderungen der GemO von der „Mehrheit von $^3/_4$ aller Stimmberechtigten" abhängig macht, führt nicht automatisch zur Pro-Kopf-Abstimmung (BayObLG v. 15. 12. 82 – 2 Z 18/82). Im Fall der **Unterteilung** von WE bleibt es mangels anderweitiger Regelung bei den bisherigen Stimmrechtsverhältnissen (Näheres s. § 8 Rz. 16).

11 Nur eine **einzige** Stimme steht nach dem Gesetz auch dem WEer zu, der **mehrere WEsrechte** innehat (so auch LG Hamburg, NJW 74, 1911 u. h. M.) oder MEer verschiedener EWen ist (a. A. *Schoene*, NJW 81, 435, dem entgegenzuhalten ist, dass seiner Ansicht der Wortlaut des Gesetzes sowie die ratio legis widersprechen). Bei unterschiedlicher Rechtsträgerschaft, z. B. wenn ein WEer gleichzeitig Alleineigentümer einer EW und Miteigentümer einer weiteren EW ist, haben die Miteigentümer eine (gemeinsame) Stimme (KG, DerWEer 89, 23). Denn sonst würde das Stimmrecht der Rechtsgemeinschaft ersatzlos wegfallen (grundsätzlich zum Stimmrecht *Ziege*, NJW 73, 1285). Veräußert ein WEer, dem mehrere Wohnungen gehören, einzelne davon, kommt es bei Geltung

des gesetzlichen Kopfprinzips zu einer **Vermehrung** der Stimmrechte (OLG München, NZM 2007, 45; BayObLG, ZMR 2002, 527).
Gehören **mehrere** WEs-Rechte Miteigentümern oder einer Ges. bürgerl. Rechts haben sie nur **eine** Stimme (AG Hamburg, ZMR 2006, 81). Zwei Stimmen sollen bestehen, wenn zwei WEs-Rechte Gesellschaften nach BGB in unterschiedlicher Zusammensetzung gehören (OLG Dresden, ZMR 2005, 894). Ein weiteres Stimmrecht soll auch entstehen, wenn aus einer Realteilung eines WEs, das zwei Personen gehört, ein weiteres WE entsteht (OLG Düsseldorf, NJW-RR 2004, 589: zum **Kopfstimmrecht**).

Bei **Objektstimmrecht** haben im Fall der Realteilung Veräußerer und Erwerber zusammen eine Stimme, unterteilt nach der Zahl der WEs-Rechte bei zwei EWen je $1/2$ (BGH, NJW 2004, 3413).

Neben dem **Rechtsmissbrauch** durch Stimmenmehrheit eines WEers (s. Rz. 8; dazu OLG Karlsruhe, OLGZ 76, 145 = ZMR 77, 343, OLG Hamm und KG a. a. O.) steht auch sonst das Stimmrecht wie die Willenserklärungen unter dem Gebot von Treu und Glauben (OLG Zweibrücken NZM 2005, 429). Ein offensichtlicher Verstoß gegen Treu und Glauben ist gegeben, wenn auf Grund einer Bestimmung in der GemO der **Umfang** des Stimmrechts eines WEers erst **nach** erfolgter Abstimmung endgültig feststeht (LG Regensburg, NJW-RR 91, 1169). Ein WEer missbraucht sein Stimmrecht als Mehrheitseigentümer nicht schon dadurch, dass er es ausübt (BGH, NJW 2002, 3704); das gilt auch, wenn er sein Stimmenübergewicht einsetzt, um seine Ehefrau zur Verwalterin zu wählen (OLG Saarbrücken, ZMR 98, 50 = WE 98, 69 = WuM 98, 243). Es kann allerdings ordnungsmäßiger Verwaltung widersprechen, wenn er sich gegen die Stimmen aller übrigen WEer zum Verwalter bestellt (OLG Düsseldorf, NZM 99, 844/LS = FGPrax 99, 139). Ein Stimmrechtsausschluss kann nicht allein aus dem Umstand abgeleitet werden, dass WE auf nahe Angehörige mit dem Ziel übertragen wird, sich weitere Stimmrechte in der WEerversammlung zu sichern (OLG München, NZM 2007, 45). Entscheidend ist, ob in der Ausnutzung der Stimmenmehrheit ein Rechtsmissbrauch zu sehen ist (OLG München, NZM 2007, 45): **Bauträgerlastigkeit.** Ein WEer ist nicht verpflichtet, andere WEer im **Vorfeld** einer Versammlung über seine **Teilnahme** bzw. sein **Abstimmungsverhalten** zu unterrichten (OLG München, NJW 2005, 2932 = NZM 2005, 585).

Die Vereinbarung muss einen **Ausgleich** zwischen der Gefahr der Majorisierung und dem stärkeren Interesse aus größerem Anteil versuchen. Vereinbarungen gehen grundsätzlich vom Wertverhältnis aus, meist der Einfachheit halber vom Miteigentumsanteil. Dies ist grundsätzlich zulässig (OLG Hamm, Rpfleger 75, 401). Auch eine unterschiedliche Bewertung für einzelne Angelegenheiten ist möglich.

14 In einer **Mehrhausanlage** sind die SEer des betreffenden Gebäudes nur dann ausschließlich in Angelegenheiten stimmberechtigt, wenn die Vereinbarung dies vorsieht (s. § 23 Rz. 4). Sie können in Angelegenheiten stimmberechtigt sein, von denen nur **sie** berührt werden und die über den Bereich dieses Hauses auch nicht hinauswirken (BayObLG, NJW 62, 492; MDR 75, 844 = Rpfleger 75, 310; ZMR 76, 84; ZWE 2000, 268; OLG Stuttgart, WEM 80, 75). Über den Bereich dieses Hauses hinaus wirkt z. B. die geplante Änderung der Dachkonstruktion eines Hauses, weil dadurch auch das äußere Erscheinungsbild der Gesamtanlage erkennbar betroffen wird (OLG Köln, WuM 98, 178 = WE 98, 191). Bei einer Beschlussfassung über die Verteilung der **gemeinschaftlichen** Kosten sind **alle** WEer stimmberechtigt, z. B. bei der Beteiligung der Garageneigentümer an Gemeinschaftskosten (BayObLG v. 27. 2. 81, DerWEer 82, 131) oder Veränderung, auch optischer der Gesamtanlage (BayObLG, NZM 2002, 869). Bei baulichen Veränderungen wird allerdings häufig § 22 Abs. 1 Satz 2 eingreifen, so dass die WEer der Nachbargebäude nicht entgegenstehen können.

15 Das Stimmrecht steht auch dem zu, dessen WE noch nicht errichtet ist (BayObLG, MDR 80, 142).

16 **2. Ausübung des Stimmrechts.** Sie ist einseitige **Willenserklärung,** empfangsbedürftig, ausdrücklich oder stillschweigend (BayObLGZ 81, 161 = Rpfleger 81, 285) und anfechtbar nach allgemeinem Recht z. B. wegen Irrtums oder arglistiger Täuschung (BayObLG NZM 2005, 624). So kann eine ungültige **Stimmabgabe** in einer WEerversammlung nach § 119 Abs. 1 Fall 2 BGB mit dem Ziel angefochten werden, sie durch eine gültige zu ersetzen (BayObLG, NZM 2000, 499). Bei Abstimmung mittels schriftlicher **Stimmzettel,** die nicht geheim, sondern vor den Augen aller Versammlungsteilnehmer stattfindet, kann die Stimmabgabe im Falle ungültiger Stimmabgabe jedenfalls bis zum Abschluss der Auszählung der Stimmzettel durch den Versammlungsleiter wiederholt werden (BayObLG a. a. O.). **Stimmrechts(ver)bindungen** usw. sind zulässig, für das Beschlussergebnis sind sie unbeachtlich. Sie sind kein Grund zu Ungültigkeitserklärung, auch nicht in dem Fall, dass sie nicht eingehalten werden (OLG Frankfurt/M OLGR 2005, 423). Eine mögliche Schadensersatzverpflichtung daraus richtet sich nach allgemeinen Grundsätzen. Für Geschäftsunfähige oder Geschäftsbeschränkte gelten die allgem. Grundsätze.

Auch der **Erwerber** wird im allg. bereits vor dem Rechtsübergang, nach Eintragung einer Auflassungsvormerkung, als zur Ausübung des Stimmrechts **ermächtigt** anzusehen sein (KG, Rpfleger 79, 316). Benennt ein WEer in der Versammlung, die zur Verwalterwahl einberufen wurde, und der ein ordnungsgemäß und umfänglich begründeter Wahlvorschlag vorliegt, eine weitere als Verwalter in Betracht kommende Firma, ohne sonstige Einzelheiten namhaft zu machen, liegt in dieser Benennung kein **Antrag,** über den förmlich abgestimmt werden müsste (OLG Köln, NZM 2000, 675).

3. Übertragbarkeit des Stimmrechts. Als Teil des Mitgliedschaftsrechts ist es unübertragbar (BGH, NJW 87, 650); wohl aber ist **Vertretung zulässig,** sowohl im Willen als auch in der Erklärung, wenn die Vereinbarung nichts anderes bestimmt (BGH, DerWEer 87, 23; BayObLG, DerWEer 88, 140). Bei einem Beschluss über die Entlastung des Verwalters ist ein Verwalter, der zugleich WEer ist, auch dann nicht stimmberechtigt, wenn er von den Beschränkungen des § 181 BGB befreit ist; eine Ausübung des Stimmrechts durch einen vom Verwalter bevollmächtigten WEer ist ebenfalls ausgeschlossen (AG Frankfurt a. M., NJW-RR 92, 86). Die Bestimmung in der GemO zur Vertretung durch schriftlich Bevollmächtigte unterliegt der Auslegung (BayObLGZ 84, 15 = Der WEer 84, 62 = MDR 84, 495). Handelt der Vertreter entgegen der Weisungen zur Ausübung des Stimmrechts, hat dies keine Auswirkung, wenn das Abstimmungsverhalten durch eine Urkunde gedeckt ist.

Bei **Mitberechtigung** am WE von Ehegatten genügt die Bevollmächtigung eines Dritten durch **einen** der Ehegatten bei Zustimmung des anderen (OLG Düsseldorf NZM 2005, 459). Sieht eine GemO vor, dass die wirksame Bevollmächtigung einer ausdrücklichen Vollmachtserteilung verbunden mit einer **schriftlichen** Vollmacht bedarf, genügt es nicht, dass von zwei Ehegatten als MEer nur von **einem** Ehegatten eine solche Vollmacht vorgelegt werden kann (OLG Köln, NZM 2007, 219). Eine nachträgliche Genehmigung ist auch in diesem Fall möglich (a. a. O.).

Eine **Beschränkung** der **Vertretung** auf bestimmte Personen (Ehegatten, WEer) oder auf einen bestimmten Personenkreis ist grundsätzlich durch Teilungserklärung/GemO **zulässig** (BGH, DerWEer 87, 23; Beschl. v. 29. 1. 93 – V ZB 24/92, NJW 93, 1329); OLG Düsseldorf, NJW-RR 95, 1294; BayObLG, DerWEer 88, 140; KG, NJW-Spezial 2004, 245; NZM 2004, H. 20; NJW-RR 97, 463 = FGPrax 97, 60 = WuM 97, 122: Dabei ist

Ehegatte nach bisher h. M. nicht mit dem Partner einer nichtehelichen Lebensgemeinschaft gleichzusetzen; OLG Karlsruhe, OLGZ 76, 273 = MDR 76, 758, OLG Frankfurt a. M., OLGZ 79, 134 = Rpfleger 79, 218; AG Baden-Baden, MDR 84, 941; a. A. zutr. OLG Köln, NZM 2004, 656). Leben Personen in einer **Lebenspartnerschaft**, gelten sie als Familienangehörige. Bei einer entspr. Bestimmung in der GemO sind sie vertretungsberechtigt (s. Anh. III, 4; weitergehend OLG Köln, NZM 2004, 656: auch bei gefestigtem Verhältnis; s. *Wenzel*, NZM 2005, 402, was kaum zu verifizieren ist). Eine Beschränkung der Vertretung ist weder durch **Vertrag** der Gemeinschaft mit dem Verwalter (AG Düsseldorf, DerWEer 87, 102) noch im **Beschlusswege** wirksam (LG Hamburg, Rpfleger 79, 65; BayObLG, DerWEer 88, 140; a. A. für den Ausschluss der Vertretung durch einen Anwalt LG Hamburg, Rpfleger 79, 65 und KG, DerWEer 86, 58 für die Beschränkung der Vertretung auf Ehegatten, Ws-/TEer oder Verwalter), sondern **nur** durch **Vereinbarung** (allg. M.; *Wenzel* NZM 2005, 402; a. A. nur *Weitnauer/Lüke*, § 25 Rz. 16). Die Beschränkung der Vertretung auf einen bestimmten Personenkreis betrifft nicht nur die Stimmabgabe, sondern jede aktive **Beteiligung**. So ist es auch einem Beistand nicht erlaubt, in der Versammlung Erklärungen abzugeben und Anträge zu stellen (BGH, NJW 93, 1329). **Grenzen** der Beschränkung ergeben sich gemäß §§ 134, 198, 242 BGB (BGH, a. a. O.; BayObLGZ 81, 161 = Rpfleger 81, 285). Deswegen sind Vertretungsbeschränkungen in Teilungserklärungen dann ohne Bedeutung, wenn die Stimmabgabe eines Vertreters in der Versammlung weder von den WEern noch vom Versammlungsleiter **beanstandet** wird (KG, NJW-RR 95, 147 = ZMR 94, 524). Es kann z. B. bei eigener Verhinderung das Festhalten an einer Beschränkung unzumutbar sein (OLG Hamburg, ZMR 2007, 477). Das gilt etwa, wenn der Kreis der zugelassenen Bevollmächtigten erschöpft ist (Tod, Streit usw.). Umgekehrt besteht keine **Hinweispflicht** auf Vertretungsbeschränkungen bei der Einladung (KG, NJW-Spezial 2004, 245 = NZM 2004, H. 20). Die GemO kann allerdings die Anwesenheit **fremder** Personen (Berater, Zuhörer) generell ausschließen (KG, DerWEer 86, 59). Deshalb ist in diesem Fall ein **Rechtsanwalt** i. d. R. **nicht** teilnahmeberechtigt (auch wenn die GemO schweigt), nur ausnahmsweise bei einem berechtigten Interesse des betr. WEers (s. § 24 Rz. 12; BGH v. 29. 1. 93 – V ZB 24/92, NJW 93, 1329, auf Vorlage des KG, NJW-RR 93, 25 LS; OLG Karlsruhe, WuM 97, 242 = ZMR 97, 195; OLG Köln, NZM 2009, 787; a. A. BayObLGZ 81, 161 = Rpfleger 82, 285 u. OLG Karlsruhe, WuM 86, 229). Rechtliche Gründe oder der Schwierigkeitsgrad der Angelegenheit können ein berechtigtes Interesse begründen (BGH a. a. O.). Bei **langjähriger** gegenteiliger **Übung** gegenüber einer Vertretungsbeschränkung in der GemO muss der Verwalter rechtzeitig auf die Änderung der bisherigen Praxis hinweisen, wenn er von ihr abweichen will (OLG Köln NJW 2005, 908 = NZM 2005, 149). Das Teilnahmerecht beinhaltet nicht automatisch ein Rede- oder Vertretungsrecht. Ob eine **Vertretung** generell durch Vereinbarung ausgeschlossen werden kann, ist zweifelhaft (a. A. offenbar AG Düsseldorf, DerWEer 87, 102), durch Beschluss jedenfalls nicht. Nach den Umständen des Einzelfalls kann es einem WEer nach Treu und Glauben unzumutbar sein, an der in der GemO enthaltenen Vertretungsregelung festgehalten zu werden (BayObLGZ 96, 297 = NJW-RR 97, 463 = WuM 97, 122 = MDR 97, 343 = FGPrax 97, 60; OLG Hamm, NJW-RR 97, 846; OLG Düsseldorf, NZM 99, 271: Bei ungeeignetem Vertreter).

Zulässig ist auch die **Überlassung** der Berechtigung zur Ausübung des **Stimmrechts**, z. B. an Verwalter, Mieter, Pächter oder Nießbraucher, allerdings nur, wenn dies in der GemO vorgesehen ist und für bestimmte Angelegenheiten. Vertritt ein **WEer** andere, muss die ihm erteilte Vollmacht regelmäßig dahingehend ausgelegt werden, dass sie sich nur auf die Abstimmung zu den in dem Einladungsschreiben vorgesehenen Tagesordnungspunkten erstreckt (OLG Hamm, NJW-RR 93, 468).

Im Rahmen des **Erwerbsvorgangs** eines WEs ergibt sich bezüglich des Stimmrechts des künftigen **Erwerbers** eine differenzierte Betrachtungsweise, die an die Rechtsstellung eines **werdenden** Eigentümers anschließt.

Bis zu einer gefestigten Rechtsposition des Anwartschaftsrechts nach Eintragung einer Auflassungsvormerkung steht dem Erwerbsinteressenten **kein** eigenständiges Stimmrecht zu. Er kann allerdings vom Eigentümer/Veräußerer ermächtigt werden, das Stimmrecht im eigenen Namen auszuüben (KG, NZM 2004, 511). Erst recht kann der **werdende** Eigentümer in dieser Weise zur Ausübung des Stimmrechts aus dem WE ermächtigt werden. Nach Auffassung des BGH steht dem **werdenden** bzw. faktischen **WEer** (noch) kein eigenständiges **Stimmrecht** neben bzw. anstelle des noch eingetragenen Veräußerers zu (NJW 89, 1087 = DerWEer 89, 63; a. Vorlage des KG, DerWEer 86, 122; 86, 136). Begründet wird dies mit Erfordernissen der Rechtsklarheit auf Grund des GBstands. Diese Auffassung entspricht auch der Auffassung des BGH zum Parallelproblem der Haftung des Veräußerers gegenüber der Gemeinschaft vor GB-Umschreibung (s. § 16 Rz. 33). Dies kann wegen des formalen Kriteriums zu unbefriedigenden Ergebnissen führen, z. B.

wenn der Nocheigentümer sein Stimmrecht nicht (mehr) ausüben will. Es bleibt nur Bevollmächtigung bzw. Ermächtigung, im eigenen Namen (BGH, a. a. O.). Zutreffend ist allerdings, bereits vor Umschreibung des WEs den in GB abgesicherten **Erwerber** regelmäßig als **ermächtigt** anzusehen, das Objekt- oder Anteilstimmrecht des Veräußerers auszuüben und in **Verfahrensstandschaft** das gerichtliche Beschlussanfechtungsverfahren für diesen zu betreiben (KG, NJW-RR 95, 147 = ZMR 94, 524 = DerWEer 95, 31; NZM 2004, 511). Ein **eigenständiges** Stimm- und Antragsrecht steht den Erwerbern zu, die **bis** zum **Vollzug** einer WEergemeinschaft bereits werdende WEer waren (BayObLG, NJW 90, 3216 = NJW-RR 91, 216/LS; KG NZM 2004, 511). Sie behalten dies, auch wenn einzelne WEer eingetragen sind. Das gilt nicht für neu hinzukommende WEer (KG, a. a. O.). Eine sog. **verdrängenden Vollmacht** für den Vertreter einer Gruppe ist nicht zulässig (siehe *Tasche,* DNotZ 74, 586 und *Schmid,* DNotZ 75, 138). Zur Vertretungsregelung, wenn es sich bei dem WEer um eine Kommanditgesellschaft handelt, s. OLG Frankfurt a. M., OLGZ 79, 134 = Rpfleger 79, 218. Der **Erbe** ist als Gesamtrechtsnachfolger stimmberechtigt. Auch der **Testamentsvollstrecker** eines verstorbenen WEers ist zur Teilnahme an der Versammlung und zur Ausübung des Stimmrechts des Erben berechtigt (BayObLGZ 98, 288; AG Essen, NJW-RR 96, 79).

20   **Pfändung** oder **Verpfändung** des WEs begründen kein Recht auf Stimmrechtsausübung. Während der **Zwangsverwaltung** eines WEs hat der Zwangsverwalter auch das Stimmrecht in der Versammlung auszuüben (OLG Hamm, DerWEer 87, 54). Ist der **Zwangsverwalter** bei Geltung des **Kopfprinzips** für mehrere Einheiten und WEer bestellt, hat er entspr. mehrere Stimmen (KG NZM 2004, 878; *Drasdo,* NJW 2005, 1551). Dies gilt ebenso für einen Insolvenzverwalter (ebenda). Hat ein WEer für mehrere EWen nur eine Stimme und ist nicht für alle seine EWen ein Zwangsverwalter eingesetzt, kann die Stimme nicht gezählt werden, wenn sich WEer und Zwangsverwalter über die Stimmabgabe **nicht einig** sind (KG, NJW-RR 89, 1162 *Drasdo,* a. a. O.). Ansonsten hat der Zwangsverwalter die Rechtsstellung des WEers (ebenda; dazu auch *Drasdo,* ZWE 2006, 68, für Beschränkung auf § 152 ZVG).

21   Die **Bevollmächtigung** zur Stimmrechtsausübung ist keine Verfügung über das Stimmrecht. Eine Schriftform ist hierfür nicht vorgeschrieben, jedoch durch Vereinbarung zulässig (BayObLGZ 84, 15 = DerWEer 84, 62 = MDR 85, 495). Ein Vertreter kann zurückgewiesen werden, wenn dem Vorsitzenden der Versammlung ein schriftlicher **Nachweis** der Vertretungsmacht nicht vorliegt

(BayObLG, a. a. O.). Der Nachweis kann von jedem WEer verlangt werden (OLG München, ZMR 2008, 657). Auch muss auf Verlangen die Originalvollmacht vorgelegt werden (OLG München, a. a. O. = NJW-Spezial 2008, 66). Wird der Nachweis durch Telefaxkopie geführt, ist bei Nichtbeanstandung durch die Anwesenden der Nachweis erbracht (OLG Hamm, RNotZ 2007, 32). Bei Zurückweisung ist die trotzdem erfolgte **Stimmabgabe** wegen § 174 S. 1 BGB unheilbar nichtig. Diese Vorschrift ist auch anzuwenden, wenn schriftliche Erteilung der Vollmacht oder eine Übergabe an den Versammlungsleiter vereinbart ist (OLG Düsseldorf, WuM 2005, 414; OLG München, NJW 2006, 730). Ist die Zurückweisung unbegründet, findet Anfechtung nur bei Kausalität für die Beschlussfassung statt (BayObLG, NJW-RR 2004, 1602). Der Nachweis einer Dauervollmacht muss in jeder Versammlung erneut vorgelegt werden (BayObLG, a. a. O. für eine Prokura). Eine Abstimmung ist aber nicht deswegen unwirksam, weil kein schriftlicher Nachweis der Vertretungsvollmacht vorlag (BayObLG, a. a. O.; OLG Hamm, WE 90, 104), wenn die Vollmacht ansonsten wirksam ist (OLG Düsseldorf NZM 2005, 459). Die **Unwirksamkeit** der **Vertretung** kann das Abstimmungsergebnis und die Beschlussfähigkeit (negativ) tangieren (OLG Düsseldorf, ZMR 2004, 53). Die Abstimmung ist auch nicht deshalb fehlerhaft, weil der Vertreter in der Versammlung von der Stimmrechtsvollmacht **keinen Gebrauch** gemacht hat (KG, NJW-RR 97, 776; NJW-RR 98, 1385). Ob eine **Untervollmacht** zulässig ist, ist durch Auslegung zu ermitteln (BayObLG, FGPrax 2003, 67). Sie geht nicht über die Hauptvollmacht hinaus.

4. Nießbraucher. (s. § 1 Rz. 23, § 13 Rz. 20; *Palandt/Bassenge,* § 1030 Rz. 4). Der Nießbraucher ist nicht ohne weiteres zur **Stimmrechtsausübung** befugt (BGH, NJW 2002, 1647; OLG Düsseldorf NZM 2005, 380; NZM 2005, 911). Dies gilt auch in Angelegenheiten nach §§ 15, 16 und 21. Das Stimmrecht steht dem Nießbraucher nur bei entspr. und zulässiger Bevollmächtigung zu (h. M., OLG Düsseldorf im Vorlagebeschluss an den BGH, NZM 2005, 380 in Abw. von KG NJW-RR 87, 973, ebenso in NZM 2005, 911). Das Stimmrecht kann entspr. eingeschränkt werden, z. B. bei Verfügungshandlungen, ebenfalls bei Ausübung des Entziehungsrechts und bei besonderen Aufwendungen samt Wiederaufbau (s. a. KG, Rpfleger 79, 316 = OLGZ 79, 290 = BlGBW 80, 73; DerWEer 87, 134; LG München II, NJW-RR 94, 1497: bei Bestellung des Verwalters nach § 26; a. A. zu § 15 Abs. 2 noch BGH, Rpfleger 77, 55 = DNotZ 78, 157).

23 Bei Meinungsverschiedenheiten zwischen bevollmächtigtem Nießbraucher und Eigentümer über die Stimmrechtsausübung ruht das Stimmrecht bis zur Einigung (a. A. LG München II, NJW-RR 94, 1497: das Stimmrecht steht dem Nießbraucher, nicht dem WEer zu). Fungiert der Nießbraucher als **Verwalter,** ist er bei der Abstimmung über die Verwalterentlastung von der Ausübung des Stimmrechts nach § 25 Abs. 5 ausgeschlossen (KG, DerWEer 87, 134). In diesem Fall hat der WEer ein subsidiäres Stimmrecht (KG, a. a. O.). Er ist deshalb zu Versammlungen zu laden (ebenda).

Dem Inhaber eines **Wohnungsrechts** nach § 1093 BGB steht ebenfalls kein gesetzliches Stimmrecht zu (OLG Hamburg, ZMR 2003, 701). Es kann ihm unter den zum Nießbrauch genannten Voraussetzungen übertragen werden. Auch ihm hat der BGH ein Stimmrecht im Rahmen des § 15 Abs. 2 zugesprochen (BGH, ZMR 97, 182 = Rpfleger 77, 55).

24 **5. Einheitliche Ausübung durch mehrere Berechtigte (Abs. 2 Satz 2).** Satz 2 schreibt eine einheitliche Ausübung im Interesse eines geordneten Ablaufs insbes. der Versammlung vor (dazu *Ziege,* NJW 73, 2185). Z. B. können mehrere MEer einer EW ihr Stimmrecht bezüglich dieser Wohnung nur einheitlich ausüben (OLG Köln, NZM 99, 1105).

Für die interne Willensbildung ist das Recht der jeweiligen Gemeinschaft maßgebend (BayObLG, WuM 90, 322). Für eine analoge Anwendung des Abs. 2 Satz 2 auf den Fall der **Unterteilung** sprach sich die h. M. aus. Die Rspr. spaltet das zuvor auf das ungeteilte WE entfallende Stimmecht entsprechend der Zahl der neu entstandenen Einheiten nach **Bruchteilen** auf und weist es ihnen zu (BGH NJW 2004, 3413; s. o. § 8 Rz. 16). Auch bei Geltung des **Kopfprinzips** nach Abs. 2 S. 1 kann die Unterteilung nicht zu einer Vermehrung der bisherigen Stimmrechte führen (OLG Stuttgart NZM 2005, 312; *Palandt/Bassenge,* § 25 Rz. 6; a. A. KG, NZM 2000, 734). Werden von ursprünglich 16 Wohneinheiten vier Einheiten so unterteilt, dass insgesamt 20 Einheiten entstehen, so haben – bei Vereinbarung des Objektprinzips – die Eigentümer der unterteilten Einheiten je eine halbe Stimme, die sie jeweils selbstständig abgeben können (OLG Düsseldorf, NJW-RR 90, 521, KG, NZM 99, 850 = FGPrax 99, 90; dazu auch *Wedemeyer,* NZM 2000, 638).

Kommt keine Einigung unter den Mitberechtigten zustande, **ruht** das Stimmrecht. Divergenz wirkt wie eine **Enthaltung** (OLG Köln, NJW-RR 86, 698). Für einen entspr. Rechtsstreit unter den Mitberechtigten ist das ordentliche Gericht zuständig (AG München, BlGBW 84, 94 m. zust. Anm. *Schmid*). Die Bestellung eines gemeinschaftlichen Vertreters zur einheitlichen Stimmrechtsausübung für ein im **Bruchteilseigentum** stehendes TE ist durch Mehrheitsbeschluss der Teilhaber jedenfalls soweit möglich, als es um die im üblichen Rahmen liegenden Verwaltungsmaßnahmen geht (BayObLG, NZM 99, 859). Nach h. M. ist eine Bruchteilsstimme entspr. der Berechtigung nach Abs. 2 S. 2 nicht zulässig (OLG Köln, NZM 99, 1105). Durch Vereinbarung ist eine solche Regelung jedoch möglich. Der **Verwalter** oder ein anderer Vorsitzender der WEerversammlung ist i. d. R. **nicht gehalten,** bei Abgabe der Stimme durch einen **Mitberechtigten** dessen Ermächtigung durch die übrigen zu **überprüfen** (BayObLGZ 94, 98 = MDR 94, 581 = ZMR 94, 338).

6. Verzicht. Ein allgemeiner Verzicht ist nicht möglich, da es sich um eine wesentliche Berechtigung aus dem WE handelt, genauso wenig wie sein Entzug oder Ausschluss als Kernbereich des WEs (s. o. Rz. 2). Wohl aber faktisch ein Verzicht durch Nichtausübung des Stimmrechts im Einzelfall.

7. Ruhen. Eine entspr. Bestimmung in der GemO für bes. Fälle – z. B. Nichterfüllung von Verpflichtungen – ist möglich, aber eng auszulegen (BayObLG, NJW 65, 821; KG, DerWEer 86, 121; dazu *Diester,* Rspr. S. 114 ff.). Die Bestimmung, dass ein WEer bei Verzug von der Teilnahme **und** der Abstimmung ausgeschlossen werden kann, erscheint bedenklich (vgl. *Bärmann/Merle,* § 25 Rz. 175 f.; a. A. LG München I, Rpfleger 78, 381 = MittBayNot 78, 158 = DNotZ 78, 630). Der **Ausschluss** des Stimmrechts im Falle Beitragsverzugs bei entspr. **Vereinbarung** ist zulässig (LG München I, ZGemWoW i. B. 80, 135. Doch kann eine Bestimmung in der GemO, wonach ein WEer, der mit der Zahlung von Wohngeld mehr als einen Monat im Verzug ist, von der Teilnahme an der Versammlung ausgeschlossen werden kann, offensichtlich gegen § 242 BGB verstoßen (LG Regensburg, NJW-RR 91, 1169). Durch Vereinbarung (GemO) kann nicht bestimmt werden, dass das Stimmrecht des WEers ruht, gegen den ein Beschluss nach § 18 Abs. 3 **gefasst** worden ist (KG, DerWEer 86, 121).

IV. Beschlussfähigkeit

1. Nach Abs. 3. Sie ergibt sich aus einem Vergleich zwischen der Gesamtzahl und der Größe der MEs-Anteile der erschienenen oder vertretenen stimmberechtigten WEer, nicht nach Köpfen. Die Versammlung der WEer ist (nur) beschlussfähig, wenn die erschienenen stimmberechtigten WEer mehr als die Hälfte der Miteigentumsanteile, berechnet nach der im Grundbuch eingetragenen Größe dieser Anteile, vertreten (KG, OLGZ 74, 419). Die Anteile von WEern, die zwar erschienen, aber **nicht stimmberechtigt** sind, werden **nicht** mitgezählt (OLG Düsseldorf, MDR 92, 374; *Palandt/ Bassenge,* § 25 Rz. 17).

Sind aber wegen § 25 Abs. 5 **mehr** als die **Hälfte** der WEer vom Stimmrecht **ausgeschlossen,** dann ist § 25 Abs. 3 nicht anwendbar: Die Versammlung ist auch beschlussfähig, wenn die Voraussetzungen nach Abs. 3 nicht erfüllt sind (BayObLG, NJW-RR 93, 206; KG, NJW-RR 94, 659 = MDR 94, 274; OLG Düsseldorf, NZM 99, 269; a. M. *Häublein,* NZM 2004, 534). Maßgebend ist die Beschlussfähigkeit im Augenblick des Beschlusses, im Augenblick der Abstimmung (OLG Köln, DerWEer 88, 24). Von der Gesamtzahl der Anteile ist bei Feststellung der Beschlussfähigkeit auch beim Ausschluss einzelner Wohnungseigentümer auszugehen (so KG, Rpfleger 74, 438 = MDR 75, 144). Bei entsprechenden Anhaltspunkten kann jederzeit die **Feststellung** der Beschlussfähigkeit verlangt werden (OLG Köln, DerWEer 88, 24). Die Feststellung der Beschlussunfähigkeit tritt Wirkung ex nunc ein (OLG Köln, ZMR 2003, 607). Beschlussfähigkeit kann vor Beendigung der Versammlung wieder eintreten. Die Grenzen eines solchen Verlangens liegen im Missbrauch. Zur Auslegung einer Bestimmung in der GemO, wonach die Versammlung ohne Rücksicht auf die Zahl der erschienenen WEer beschlussfähig ist, s. OLG Hamburg, OLGZ 89, 318.

28 Das **Wertprinzip** der Beschlussfähigkeit schafft einen gewissen Ausgleich gegenüber dem Kopfprinzip der Abstimmung.

29 Ein trotz Beschlussunfähigkeit erfolgter Beschluss ist, wenn die GemO keine Abweichung von Abs. 3 enthält, nach neuerer Auffassung auch dann nichtig, wenn er als Beschluss verkündet wird (BGHZ 145, 158; LG Köln v. 16. 6. 2004, NZM 2005, 200). In **anderen** Fällen, wenn es z. B. um die Stimmberechtigung Einzelner geht oder um die partielle Abwesenheit, ist der Mangel der Beschlussfähigkeit nur ein Grund zur **Ungültigkeitserklärung** nach § 23 Abs. 4 (BGH, NJW 2009, 2132; OLG Karlsruhe, WE 96, 460; LG Hamburg, NJW 62, 1867; BayObLGZ 81, 50 = Rpfleger 81, 285 = ZMR 81, 249 = MDR 81, 675; WE 91, 285; WE 94, 184). Maßgeblich ist, dass die Nichtursächlichkeit nicht ausgeschlossen werden kann (OLG Frankfurt/M, NZM 2007, 806). Dagegen liegt gar kein Beschluss vor, wenn sich **einige** WEer versammeln und Entscheidungen treffen (OLG Celle, DerWEer 83, 62), wenn dies weder in der GemO vorgesehen noch ein nur diese Gruppe betreffender Gegenstand behandelt wird.

Es handelt sich in Abs. 3 um eine **abdingbare** Vorschrift (BayObLGZ 77 Nr. 44 = NJW 78, 1387 = ZMR 79, 21; BayObLGZ 92, 79; OLG Hamburg, OLGZ 89, 318; KG, NJW-RR 94, 659 = MDR 94, 274; OLG München, NJW 2006, 730). Dazu ist eine Vereinbarung erforderlich (OLG Frankfurt/M, NZM 2007, 806). Auch eine **Öffnungsklausel** für ein Abweichen ist zulässig (LG Köln NZM 2005, 200). Eine Regelung in der GemO, die Abs. 3 dahingehend abdingt, dass die Versammlung beschlussfähig ist wirksam, wenn – ohne Rücksicht auf das Stimmrecht des einzelnen WEers – die WEer von mehr als der Hälfte aller **Eigentumswohnungen** vertreten sind, ist wirksam (KG, a. a. O.). Durch Beschluss ist Abs. 3 nicht abdingbar (Unwirksamkeit). Der auf einem solchen Beschluss beruhende Folgebeschluss ist nichtig (a. A. *Palandt/Bassenge,* § 25 Rz. 9).

2. Nach Abs. 4. Die zweite Versammlung ist nach Abs. 4 ohne 30 Rücksicht auf Zahl der Anwesenden beschlussfähig. Eine **gleichzeitige** Einberufung der zweiten mit der ersten Versammlung **(Eventualeinberufung)** ist **unwirksam** wegen Verstoßes gegen Sinn und Zweck des § 23 Abs. 2, denn die Einberufung muss Gelegenheit zur Vorbereitung bieten (wie hier *Stöber,* Rpfleger 78, 10; OLG Celle, NdsRpfl. 78, 149; OLG Bremen, Rpfleger 80, 295; OLG Köln, DerWEer 82, 130; NJW-RR 90, 26; *Drasdo/Geloudemans,* BlGBW 84, 129; a. A. LG Wuppertal, Rpfleger 78, 23 = MDR 78, 318; *Deckert,* NJW 79, 2291 und *Seuß,* GemWoW i. B. 80, 434. Dazu *Tasche,* DNotZ 74, 581). Die zweite Versammlung ist **nach** der Ersten unter denselben Voraussetzungen einzuberufen (OLG Köln, MDR 99, 799). Allerdings kann die GemO die Eventualeinberufung zulassen (BayObLG, NZM 99, 865/LS). Dann ist der Übergang in die zweite Versammlung, die ohne Einschränkung beschlussfähig ist, förmlich zuzustellen (BayObLG, NZM 99, 865/LS). Durch Beschluss kann nicht von Abs. 4 abgewichen werden (*Wenzel,* ZWE 2001, 226; a. A. KG, NZM 2001, 105). Ein darauf beruhender Beschluss ist (nur) anfechtbar. Heilung kann durch einen in der nächsten Versammlung bestätigenden Beschluss bewirkt werden (OLG Frankfurt a. M., OLGZ 83, 29).

Auch die Zweitversammlung darf nicht zu einem Termin angesetzt werden, zu dem nur wenige Gelegenheit zur Teilnahme haben, also zur **Unzeit.** Insoweit gelten die gleichen Voraussetzungen wie zur Erstversammlung (s. dazu § 24 Rz. 9).

Erreicht die zweite Versammlung, die unter Verstoß gegen die 31 Hinweispflicht des Abs. 4 Satz 2 einberufen worden ist, trotzdem Beschlussfähigkeit, ist eine Beschlussfassung anfechtbar (*Palandt/Bas-*

senge, § 25 Rz. 13; AG Hamburg, DerWEer 89, 78; a. A.: Heilung OLG Frankfurt a. M., OLGZ 83, 29 = DerWEer 83, 58; 61). Eine **Wiederholungsversammlung** kann gleichzeitig eine Erstversammlung sein, z. B. wenn ein zusätzlicher neuer Tagesordnungspunkt angekündigt wird (OLG Frankfurt a. M., a. a. O.).

V. Stimmenmehrheit

32 Die Stimmenmehrheit bemisst sich nach **Köpfen** der Erschienenen (a. A. *Schmid,* BlGBW 80, 26), anders in § 18 Abs. 3. Die Vereinbarung ist in jeder Hinsicht frei. Erst mit der Mehrheitsentscheidung ist die Voraussetzung für einen Beschluss der WEer vorhanden (BayObLG, MDR 80, 142; a. A. OLG Schleswig, DerWEer 87, 133). Dies bedeutet **einfache** Mehrheit der vertretenen Stimmen (BayObLG, NZM 2003, 444). Bei **Stimmengleichheit** kommt kein Beschluss zustande. Danach ist ggfs. gemäß § 21 Abs. 4 S. 2 Anrufung des Gerichts nach §§ 43 Nr. 1, 4, 46 Abs. 1 S. 2 zur Entscheidung geboten. **Blockabstimmung** in der Form der Zusammenfassung der Abstimmung über **mehrere Beschlussgegenstände** ist zulässig, sofern keiner der Anwesenden getrennte Abstimmung verlangt (KG ZMR 2004, 775; OLG Hamburg ZMR 2005, 395; a. A. OLG Düsseldorf NZM 2004, 468). Problematisch ist vor allem die **Zweiergemeinschaft,** wenn beide WEer gleiches Stimmrecht haben (dazu OLG Köln, Rpfleger 80, 349). Ohne besondere Regelung in der Vereinbarung gilt Stimmengleichheit bei divergierender Abstimmung. Die GemO kann auch in diesem Fall das Stimmrecht unterschiedlich gewichten (OLG Oldenburg, NJW-RR 97, 775) oder einem die Zustimmung vorbehalten. Bei rechnerischer Stimmengleichheit kann **ein** WE den Ausschlag geben (ebenda). Ist nur **ein** WEer anwesend, entscheidet er allein (ebenda). Die Versammlungsleitung, regelmäßig der Verwalter, hat das **Abstimmungsergebnis** festzustellen und sodann das **Beschlussergebnis** festzustellen und zu **verkünden** (BGHZ 152, 63 = NZM 2002, 992; BayObLG NZM 2005, 262). Regelmäßig hat er Zustimmung, Ablehnung und Enthaltung festzustellen. Es genügt, nach Ermittlung des Ergebnisses der beiden ersten Fragen die Zahl der noch nicht abgegebenen Stimmen als Ergebnis der dritten Abstimmungsfrage zu werten, sog. **Substraktionsmethode** (BayObLG a. a. O.). Bei eindeutigen Verhältnissen und klaren Mehrheiten bedarf es nicht der Feststellung der genauen Zahl der anwesenden/vertretenen WEer (BayObLG a. a. O.). Eine Verkündung ist auch dann erforderlich, wenn an der Abstimmung **nur** der **Verwalter** als Stimmrechtsbevollmächtigter teilnimmt

(OLG München, NZM 2008, 577). Feststellung und Verkündung des Ergebnisses können auch **konkludent** erfolgen (BGHZ 148, 335; NJW 2001, 3339; OLG Celle NZM 2005, 308; OLG München, NZM 2007, 364). Voraussetzung ist jedoch, dass das Gericht in der Lage ist, das Ergebnis des Beschlusses **zweifelsfrei** festzustellen (ebenda). Für die Auslegung sind nur solche Umstände heranzuziehen – vor allem, wenn der Beschluss auch für Rechtsnachfolger nach § 10 Abs. 3 gilt –, die für jedermann ohne Weiteres erkennbar sind (ebenda). Dies erfolgt regelmäßig durch die Wiedergabe des für sich genommen eindeutigen Beschlussergebnisses im Protokoll (BGH NJW 2001, 3339; OLG München, NZM 2007, 365). Unklare Feststellung der anwesenden bzw. vertretenen WEer und damit der Ja-Stimmen führt zur Anfechtbarkeit (OLG Düsseldorf NZM 2005, 708). Dafür ist der Versammlungsleiter verantwortlich, nicht der nichtleitende Verwalter. Die **Feststellung** des Beschlussergebnisses durch den Vorsitzenden hat konstitutive Bedeutung (st. Rspr. OLG München, NZM 2007, 365; s. o. § 23 Rz. 20); in eindeutigen Fällen enthält es auch das Ergebnis in der Sache (OLG Celle, NZM 2005, 308). Dagegen hat die Protokollierung eines Beschlusses auf Grund falscher **Stimmenzählung** keine konstitutive Wirkung (KG, NJW-RR 89, 1162). Die einfache Mehrheit ist abdingbar (s. o. Rz. 7). **Unterbleibt** die **Verkündung**, ist die Feststellung des Beschlusses unbefristet im Verfahren nach § 43 Nr. 4 möglich (BGH NJW 2001, 3339).

Nachträglich festgestellte ungültige Stimmen berechtigen nur zur 33 Ungültigkeitserklärung nach § 23 Abs. 4, wenn die fehlerhafte Stimmenmehrheit dadurch beeinflusst war (LG Wuppertal, Rpfleger 72, 451). **Art** und **Weise** der Abstimmung sind im Gesetz nicht geregelt (s. o. § 24 Rz. 13). Jeder Stimmberechtigte muss das Stimmrecht wahrnehmen können. Die **Ursächlichkeit** eines **formalen Mangels** bei der Abstimmung ist auszuschließen, wenn es keinen Anhaltspunkt für die Annahme gibt, dass einer der Stimmberechtigten bei ordnungsgemäßem Verfahren anders abgestimmt hätte (OLG Düsseldorf, ZMR 95, 84). Es besteht ein **Recht** auf **Teilnahme** an der Abstimmung und an der Versammlung überhaupt. Sowohl der **Ausschluss** von der **Teilnahme** als auch der Ausschluss von der **Stimmabgabe** im Beschlusswege ist trotz Wohngeldrückstands nichtig (LG Stralsund NZM 2005, 709).

Stimmenthaltungen zählen nach der Rspr. des BGH bei der 34 Berechnung der Stimmenmehrheit **nicht** mit (BGHZ 106, 179 = ZIP 89, 572 = JR 89, 327 m. Anm. *Merle* = NJW 89, 1090 = DerWEer 89, 68; OLG Celle, DerWEer 83, 59 = Rpfleger 83, 271; KG, BlGBW 84, 2000 = Der WEer 85, 28; BayObLG, NJW-RR

2002, 158 = ZWE 2001, 599; *Bärmann-Merle,* § 25 Rz. 109; die früher streitige Frage ist entschieden; s. 18. Aufl.). Die Gleichbehandlung mit dem Vereinsrecht ist in der Tat weder dogmatisch zwingend noch soziologisch angemessen. Die Auffassung gilt wohl auch bei der vereinbarten oder gesetzlichen qualifizierten Mehrheit (a. A. OLG Celle, OLGZ 91, 431).

35 Für das **Vereinsrecht** hat der BGH (NJW 82, 1585 = BGHZ 83, 35) ebenfalls entschieden, dass nur die abgegebenen Ja- und Neinstimmen zu berechnen sind (dazu *Trouet,* NJW 83, 2865; kritisch *Weitnauer,* DerWEer 82, 108). Allerdings kann die Vereinssatzung anderes vorsehen (BGH, NJW 87, 2430). So können die WEer rechtswirksam **vereinbaren,** dass Stimmenthaltungen als Gegenstimmen gelten (BayObLG, NJW-RR 92, 83 = WuM 91, 365).

VI. Interessenkollision (Abs. 5)

36 **1. Abs. 5** entspricht § 34 BGB, § 136 Abs. 1 AktG, § 47 GmbHG, § 47 GenG. Hauptfall ist der Abschluss eines **Rechtsgeschäfts** mit der Gemeinschaft, mit Bezug auf die Verwaltung des gemeinschaftlichen Eigentums, z. B. einseitiges Rechtsgeschäft oder Vertrag beim Abschluss eines Vergleichs mit einem WEer als Bauträger (BayObLG, DerWEer 83, 30; s. a. WEM 82, 109/111) oder ein Vertrag mit Verwalter oder Beirat (BGH, NJW 2002, 3704). Die Vorschrift findet Anwendung auch auf **geschäftsähnliche Handlungen** oder **Rechtshandlungen,** nicht auf Tathandlungen (Realakte wie Verbindung, Verarbeitung, Vermischung, Fruchttrennung, Besitzerwerb oder Besitzaufgabe, Finden, Entdecken). Auch starke **wirtschaftliche Verflechtung** zwischen WEer (z. B. GmbH) und Verwalter (z. B. KG) führt zum Ausschluss vom Stimmrecht (OLG Frankfurt a. M., DerWEer 83, 61; OLG Zweibrücken, DerWEer 83, 95; BayObLG, DerWEer 89, 134). Z. B. ist ein WEer auch dann nicht stimmberechtigt, wenn die Beschlussfassung die Vornahme eines Rechtsgeschäfts mit jemandem betrifft, mit dem zusammen er wirtschaftliche Einheit bildet, z. B. eine **BGB-Gesellschaft,** und wenn das Rechtsgeschäft in Beziehung zu dem Zweck der Gesellschaft steht (BayObLGZ 94, 339 = NJW-RR 95, 395). Auch als Mehrheitsgesellschafter ist er in solchen Fällen ausgeschlossen (OLG Oldenburg, NZM 98, 39). Dies gilt, soweit es die Genehmigung der Jahresrechnung betrifft, nicht dagegen bei der Beschlussfassung über den Wirtschaftsplan (OLG Zweibrücken, a. a. O.). Bei der Abstimmung über den Abschluss eines Pachtvertrags mit ihrer persönlich haftenden Gesellschafterin (GmbH) ist die KG auf der Seite der WEer ausgeschlossen (BayObLG, Der-

WEer 89, 134). Nach allg. M. reicht **allein** eine enge persönliche Verbundenheit, Ehe oder Lebenspartnerschaft, nicht aus; dies wäre diskriminierend (OLG Saarbrücken, FGPrax 98, 18).

Bloße **Vorteilhaftigkeit** für einen einzelnen WEer genügt nicht; 37 es muss ein Rechtsgeschäft abgeschlossen werden oder ein **enger Zusammenhang** mit dem Rechtsgeschäft bestehen. Beschließen der WEer, gegen einen WEer in seiner Eigenschaft als Bauträger wegen der Mängel am GemE gerichtlich vorzugehen und wegen der Kosten eine **Sonderumlage** zu erheben, ist der betr. WEer nicht stimmberechtigt. Dies gilt erst recht, wenn die Beschlussfassung dazu führen würde, dass die WEer die Herstellungsverpflichtung des (insolventen) Bauträgers allein aufbringen müssten (OLG Zweibrücken NZM 2005, 429). An der Sonderumlage hat er sich gleichwohl anteilmäßig zu beteiligen (BayObLG, NJW 93, 603). Dies gilt auch für **Prozesskosten** im Zusammenhang mit dem Rechtsgeschäft (BayObLG, NZM 98, 161) und mit einem mitverklagten **Dritten** (BayObLG, WE 98, 353).

Das Prinzip muss auch gelten für eine **Entlastung** als Verwalter 38 oder Verwaltungsbeirat (BayObLG, WEM 79, 38 = Rpfleger 79, 66; DerWEer 83, 30; OLG Frankfurt a. M., OLGZ 83, 175 = MDR 83, 672; KG, DerWEer 87, 24; OLG Zweibrücken, NJW-RR 2002, 735) oder **Befreiung** von Verbindlichkeiten eines WEers. Es muss sich dabei immer um ein auf gemeinschaftliches Eigentum bezügliches Rechtsgeschäft handeln.

Der Ausschluss ergreift zugleich auch eine Abstimmung als 39 rechtsgeschäftlicher oder gesetzlicher **Vertreter** eines anderen WEers (BayObLG, DerWEer 83, 30; OLG Zweibrücken, DerWEer 83, 95; NZM 2002, 345; LG Frankfurt a. M., NJW-RR 88, 596; LG Lübeck, DerWEer 85, 62; 93; OLG Köln, NZM 2007, 334; a. M. OLG Hamburg, ZMR 2001, 997 = WuM 2002, 109; OLG Hamm RNotZ 2007, 32). M. E. enthält Abs. 5 die gesetzliche Wertung, mögliche Interessenskollisionen auszuschalten. Der Vollmachtgeber kann zu ihrer Vermeidung einer anderen Person das Stimmrecht übertragen. Im Fall von Mitberechtigung am WE wirkt der Ausschluss **eines** MEers vom Stimmrecht auch gegenüber den anderen Berechtigten (BayObLG, NJW-RR 93, 206; str.). Dies gilt auch für den Fall, dass die Jahresabrechnung **zugleich** die Entlastung enthält (LG Lübeck, a. a. O.).

Sind z. B. Ehegatten Miteigentümer eines WEs nach Bruchteilen oder in Gütergemeinschaft und ist einer von ihnen gem. § 25 Abs. 5 nicht stimmberechtigt, so wirkt der Ausschluss auch gegen den anderen Ehegatten (BayObLG, a. a. O.). Zum Fall, dass mehr als die Hälfte der WEer wegen Abs. 5 vom Stimmrecht ausgeschlossen sind, s. o. Rz. 27. Zur Frage der Entlastung des Nießbraucher/Verwalters s. o. Rz. 22 f. Der Stimmrechtsausschluss gilt auch für den Fall, dass die Gemeinschaft zugunsten eines WEers ein **Schuldanerkenntnis** abgibt, in dem ein Schadensersatzanspruch des WEers wegen Wasserschadens anerkannt wird (KG NZM 2005, 429).

40 **Abs. 5 gilt** nach h. M. **nicht** in Angelegenheiten, die seine **mitgliedschaftlichen** Befugnisse und Rechte betreffen. So hat er bei einer Gebrauchsregelung auch dann Stimmrecht, wenn er betroffen ist (BayObLG, NJWE-MietR 97, 206). Er kann auch bei seiner Bestellung und Abberufung als Verwalter oder Beirat mitstimmen (BGH, NJW 2002, 3704; BayObLG, ZMR 2001, 996). In diesem Fall kann er auch als **Vertreter** anderer WEer fungieren (OLG Köln, NZM 2007, 334). Er soll, auch wenn er **nicht** zugleich **WEer** ist, weder durch Abs. 5 noch durch § 181 BGB gehindert sein, als Stellvertreter einzelner WEer an der Beschlussfassung über seine erneute Bestellung mitzuwirken (OLG Hamm, NZM 2007, 253). Die Entscheidung erscheint bedenklich, weil diese Art „Selbstwahl" erstens gegen den Wortlaut des Abs. 5 verstößt, zum Anderen auch mit Sinn und Zweck, Interessenkonflikte nicht aufkommen zu lassen, nicht übereinstimmt. Dies gilt insbesondere dann, wenn der Verwalter weisungsfrei entscheiden kann. Im Einzelfall kommt es bei einem Zusammentreffen von Mitgliedschaft und Rechtsgeschäft darauf an, wo der Schwerpunkt liegt (BGH, a. a. O.). Eine **Untervollmacht** des von der Vertretung ausgeschlossenen (Verwalters) soll im Fall von Weisungsfreiheit zulässig sein (OLG Zweibrücken, NZM 98, 671). Dagegen kann der Verwalter, der nicht selbst WEer ist, nicht in Vollmacht eines anderen WEers über seine Entlastung mitstimmen (OLG Zweibrücken, WE 91, 357) oder über seine Vertragsangelegenheiten (BayObLG, ZfIR 98, 357).

41 **2.** Der Ausschluss des Stimmrechts besteht auch bei Einleitung oder Erledigung eines **Rechtsstreits** der anderen WEer gegen den betr. WEer. Gemeint sind **alle** Verfahren. Auch solche nach § 43 (BGHZ 106, 222). Dies gilt auch für den Fall, dass der betroffene WEer in seiner Eigenschaft **als Verwalter** in Anspruch genommen werden soll (BGH, NJW 89, 1093 = DerWEer 89, 66) oder als Verwaltungsbeirat (BGH, a. a. O). Dagegen ist ein WEer, dem durch einen Beschluss der WEer eine **Klagebefugnis** erteilt werden soll, von der Abstimmung darüber **nicht** ausgeschlossen (KG, NJW-RR 94, 855).

3. Nach Abs. 3 ist bereits der WEer, gegen den ein Entziehungsverfahren eingeleitet werden oder dem gegenüber eine Abmahnung ausgesprochen werden soll, schon nach der 2. Alt. („Einleitung" eines Rechtsstreits) ausgeschlossen. Ausdrücklich ist er nach rechtskräftiger Verurteilung zur Aufgabe des WEs vom Stimmrecht ausgeschlossen (Abs. 5, letzte Alt).

4. Die Mitwirkung eines WEers bei Wahrung von Interessen, die seine Person betreffen, ist dagegen grundsätzlich zulässig. **42**

5. Das Verbot der Stimmrechtsausübung wegen Interessenkollision ist **unabdingbar.** Dies ist aus § 40 mit § 34 BGB zu schließen (a. A. BayObLGZ 65, 34; LG Hamburg, NJW 62, 1867; offengelassen von OLG Zweibrücken, DerWEer 83, 95; LG München I, DNotZ 78, 630). Ein Beschluss ist jedenfalls nichtig (OLG Köln, NZM 98, 846), nach h. M. nicht der darauf beruhende Folgebeschluss. Soll einem MEer eine Funktion entzogen werden, so darf er mitstimmen, wenn nicht gleichzeitig sein Anstellungsvertrag damit aufgehoben werden soll (KG, OLGZ 79, 28; LG Düsseldorf, MittRhNotK 73, 442; LG Dortmund, Rpfleger 66, 335 = MDR 66, 843; *Weitnauer/Lüke,* § 25 Rz. 21; *Palandt/Bassenge,* § 25 Rz. 10; *Soergel/Stürner,* § 25 Rz. 10; allg. *Bärmann/Merle,* § 25 Rz. 115 f.). Zulässig ist auch die Mitwirkung des WEers bei **Wahlen,** die seine Person betreffen (h. M. *Weitnauer/Lüke,* § 25 Rz. 21; OLG Karlsruhe, Justiz 83, 412; OLG Düsseldorf, NZM 99, 844/LS = FGPrax 99, 139; a. A. *Schmid,* BlGBW 79, 41). **43**

§ 181 BGB ist im Rahmen des § 25 Abs. 5 nicht anwendbar, da dieser eine abschließende Regelung darstellt (OLG Karlsruhe, OLGZ 76, 145 = ZMR 77, 343; LG Lübeck, DerWEer 85, 62/LS; 93; s. a. BayObLG, DerWEer 83, 126). Eine in diesem Zusammenhang dem Verwalter erteilte Befreiung von § 181 BGB gilt daher nur mit Wirkung nach außen (LG Lübeck, a. a. O.). **44**

Nimmt ein mit seinem Stimmrecht ausgeschlossener Miteigentümer an der Abstimmung teil, so führt dies nicht zur Nichtigkeit, sondern lediglich zur Anfechtbarkeit des Beschlusses bei nicht ausgeschlossener Ursächlichkeit der Stimme (OLG Düsseldorf, OLGR 98, 109 = WE 98, 146 = WuM 98, 437). Wirkt sich die **abgegebene Stimme** eines vom Stimmrecht **ausgeschlossenen WEers** nicht auf das Beschlussergebnis aus, ist der Beschluss wirksam (OLG München, NZM 2005, 668). **44a**

VII. Teilnahmerecht

Es folgt aus Mitgliedschaft und Recht auf Teilnahme an der Verwaltung und beinhaltet auch das Äußerungsrecht in der Versammlung (BayObLG, NJW-RR 93, 603). Ein Ausschluss ist nur bei Vorliegen eines Entziehungsgrundes möglich (s. o. Rz. 26), dann **45** durch Beschluss im Sinne des § 18. Denkbar ist im Extremfall, z. B. im Fall des Missbrauchs, dass ein zur Teilnahme ungeeigneter WEer durch Beschluss gezwungen werden kann, einen geeigneten Vertreter zu schicken; gerichtliche Anordnung nach §§ 43, 935 ff. ZPO ist möglich (s. o. Rz. 26).

§ 26 Bestellung und Abberufung des Verwalters

(1) ¹Über die Bestellung und Abberufung des Verwalters beschließen die Wohnungseigentümer mit Stimmenmehrheit. ²Die Bestellung darf auf höchstens fünf Jahre vorgenommen werden, im Falle der ersten Bestellung nach der Begründung von Wohnungseigentum aber auf höchstens drei Jahre. ³Die Abberufung des Verwalters kann auf das Vorliegen eines wichtigen Grundes beschränkt werden. ⁴Ein wichtiger Grund liegt regelmäßig vor, wenn der Verwalter die Beschluss-Sammlung nicht ordnungsmäßig führt. ⁵Andere Beschränkungen der Bestellung oder Abberufung des Verwalters sind nicht zulässig.

(2) Die wiederholte Bestellung ist zulässig; sie bedarf eines erneuten Beschlusses der Wohnungseigentümer, der frühestens ein Jahr vor Ablauf der Bestellungszeit gefaßt werden kann.

(3) Soweit die Verwaltereigenschaft durch eine öffentlich beglaubigte Urkunde nachgewiesen werden muß, genügt die Vorlage einer Niederschrift über den Bestellungsbeschluß, bei der die Unterschriften der in § 24 Abs. 6 bezeichneten Personen öffentlich beglaubigt sind.

Übersicht

	Rz.
I. Der Verwalter	1
1. Grundsätze der Verwalterstellung	1
2. Befugnis zur Tätigkeit als Verwalter	3
3. Beschränkung der Abberufung auf wichtigen Grund (Abs. 1 Satz 3)	5
4. Wichtiger Grund (Abs. 1 Satz 4)	6
5. Ausschluss weiterer Beschränkungen (Abs. 1 Satz 5)	7
6. Unabdingbarkeit	14
7. Rechtsstellung	15
II. Bestellung	16
1. Bestellung und Vertrag (Abs. 1 Satz 1)	16
2. Anfechtung der Bestellung	20

	Rz.
3. Mehrheitsbeschluss	21
4. Zeitliche Begrenzung (Abs. 1 Satz 2, 1. Hs.)	24
5. Erste Bestellung nach der Begründung von Wohnungseigentum (Abs. 1 Satz 2, 2. Hs.)	25
6. Wiederholte Bestellung (Abs. 2)	26
7. Gerichtliche Bestellung	27
8. Nachweis der Verwaltereigenschaft (Abs. 3)	28
III. Anstellungsverhältnis	30
1. Vertrag	30
2. Vergütung	32
IV. Abberufung (Abs. 1 Sätze 1, 2)	34
V. Ermächtigung	40
VI. Haftung der Gemeinschaft	43
VII. Rechtsgeschäfte zwischen Gemeinschaft und Verwalter	45
VIII. Überleitung	47

I. Der Verwalter

1. Grundsätze der Verwalterstellung. Er ist nächst der Ver- 1
sammlung **wichtigstes Organ,** nach Anerkennung der Teilrechtsfähigkeit auch **rechtlich** in den Grenzen seiner Befugnisse (Vertretungsmacht). § 26 **Abs. 1** enthält **unabdingbare** Vorschriften für die Bestellung und Abberufung des Verwalters (LG Lübeck, DerWEer 85, 128/LS = 86, 64) sogar ein **Verbot** jedweder Einschränkung des Rechts auf Bestellung bzw. Abberufung durch die WEer, abgesehen von den ausdrücklich genannten Tatbeständen. Z. B. ist nach **Abs. 1 S. 5** eine Vereinbarung der WEer **nichtig,** dass zum Verwalter **nur** WEer bestellt werden dürfen (BayObLG, NJW-RR 95, 271 = MDR 95, 144) oder dass die Neubestellung des Verwalters mit einer qualifizierten Mehrheit, z. B. ¾-Mehrheit oder einstimmig zu erfolgen habe (BayObLG, WuM 94, 230; MDR 94, 798). Auch die Bestellung überhaupt kann nicht ausgeschlossen werden (§ 20 Abs. 2). In § 27 sind unabdingbare **Mindestaufgaben** und **Befugnisse** enthalten (dazu eingehend *Merle,* Bestellung u. Abberufung des Verwalters nach § 26 WEG, 1977).

Nicht möglich ist Vorbehalt der Zustimmung eines Gläubigers 2
zur Bestellung oder Abberufung des Verwalters (Abs. 1 S. 4), Bestellung durch einen bestimmten WEer (BayObLG, MDR 94, 798) oder einen Dritten (LG Lübeck, Rpfleger 85, 232) bzw. durch den Verwaltungsbeirat. Das gilt auch für die Neubestellung nach Abberufung des bisherigen Verwalters aus wichtigem Grund (LG Freiburg NJW 68, 1973, zur ehemaligen Rechtslage bedenklich!).

3 **2. Befugnis zur Tätigkeit als Verwalter.** Obwohl die Tätigkeit des Verwalters hohe Anforderungen an wirtschaftlicher und rechtlicher Sachkunde an ihn stellt, verlangt das Gesetz weder einen Befähigungsnachweis noch andere Qualifikationen. Das immer wieder geforderte (gesetzliche) Berufsbild des Verwalters ist aktueller denn je. EDV, Energieberatung, Betriebswirtschaft und Steuerrecht verlangen neben der Kenntnis des WEG ständige Fort- und Weiterbildung. Insbesondere bei einem **gewerblichen Verwalter** werden hohe Anforderungen an seine **Befähigung** und Sachkunde gestellt (OLG Frankfurt a. M., NZM 2005, 951). Ihm werden Kenntnis seiner vertraglichen und gesetzlichen Verpflichtungen unterstellt (ebenda). Bei seiner Berufung auf Rechtsirrtum sind demnach strenge Anforderungen zu stellen (ebenda).

Demnach kann jede **natürliche** oder **juristische Person,** auch **Personalgesellschaften** wie OHG und KG, Partnerschaft, EWIV, GmbH, auch aus der Mitte der WEer als Verwalter, bestellt werden. Ein Beschluss, durch den eine **Mehrzahl** von Personen zum Verwalter bestellt wird, ist nichtig (OLG München, NZM 2007, 45). Ob dagegen auch eine **BGB-Gesellschaft** zum Verwalter bestellt werden kann, ist str. (verneinend mit Recht die h. M. BGH, NZM 2009, 547 = NJW-aktuell 2009, H. 31, VIII; BGHZ 107, 268; BGH, NJW-aktuell 2006, H. 13, VIII/LS = NZM aktuell 2006, H. 6, V = NJW 2006, 2189 = NZM 2006, 263; OLG München, NZM 2007, 45; LG Darmstadt, Rpfleger 2003, 178; NJW 89, 2059 = DerWEer 89, 130; BayObLG NJW 89, 1112 LS; OLG Frankfurt a. M., NJW-RR 88, 139). Mit der neueren Auffassung von der „Rechtsfähigkeit" der Gesellschaft bürgerlichen Rechts, wenn sie als Außengesellschaft tätig wird, mehrten sich Stimmen, dass sie auch Verwalterin sein kann (OLG Frankfurt a. M., NZM 2001, 1152; *Niedenführ/Schulze,* § 26 Rz. 9; *Weitnauer/Lüke,* § 26 Rz. 6; OLG Frankfurt a. M., NZM 2005, 866 im Vorlagebeschluss an den BGH; *Staudinger/Bub,* § 26 Rz. 91; *Schäfer,* NJW 2006, 2160). Da die BGB-Gesellschaft nach der Auffassung des BGH keine juristische Person ist (NJW 2002, 368), ist wegen der besonderen personalen Verantwortung des Verwalters und im Hinblick auf die nicht immer klare Zusammensetzung einer BGB-Gesellschaft der bisher h. M. zu folgen. Ein entspr. Beschluss ist **nichtig** (BGH u. BayObLG a. a. O.). Allerdings kann der vermeintlich bestellte Verwalter (BGB-Gesellschaft) als durch den entspr. auszulegenden Beschluss ermächtigt gelten, Gewährleistungsansprüche geltend zu machen (BGH, NZM 2009, 547 = NJW-aktuell 2009, H. 31, XIII). Die Verwalterstellung folgt auch nicht bei der Übertragung der Geschäftsanteile einer Verwaltungs-GmbH auf eine andere GmbH (OLG Köln, NZM

Bestellung und Abberufung des Verwalters 4–6 § 26

2006, 591) oder einer Ausgliederung durch Umwandlung in eine GmbH (BayObLG, NJW-RR 2002, 732). Anderes gilt für die **Anwaltssozietät,** soweit dort Verantwortlichkeit, Haftung und Vertretung zweifelsfrei feststehen (OLG Frankfurt/M., DerWEer 89, 70; offengelassen von BGH, DWE 89, 130). Wegen der **Personengebundenheit** der Verwalterstellung endet diese mit dem Tod der natürlichen Person (BayObLG 90, 173; OLG München, NJW-RR 2008, 1397). Es ist **nicht** mehr möglich, die **Auswahl** einem Verbande oder einem sonstigen Dritten zu überlassen (LG Lübeck, DWE 85, 128/LS = 86, 67), auch nicht dem **Verwaltungsbeirat.** Zur Frage der Verwertung einer Vorstrafe, die bereits getilgt ist, s. KG, DerWEer 89, 139. Im Übrigen berechtigt die Vertrauensstellung des Verwalters u. U. zur fristlosen Kündigung (s. Rz. 8).

Das G v. 30. 7. 1974 (BGBl. I S. 910) brachte als einschneidendste 4 Neuerung die Veränderung der Verwalterstellung in § 26 n. F. Die **Reform** des WEG **2007** sorgte durch die Einführung der Teilrechtsfähigkeit der Gemeinschaft und der damit verbundenen Organstellung des Verwalters für eine **erweiterte Befugnis** und damit auch erhöhte **personale Verantwortung.** Dieser Umstand spricht für eine **restriktive** Beurteilung, ob Gemeinschaften, bzw. Gesellschaften als solche künftig Verwalter sein können. Das gilt vor allem für die Bedenken gegenüber OHG, KG und BGB-Gesellschaft.

3. Beschränkung der Abberufung aus wichtigem Grund. 5 **Satz 3** eröffnet die Möglichkeit, durch Vereinbarung oder Beschluss (BayObLG, NJW-RR 97, 1443) die Abberufung des Verwalters auf das Vorliegen eines **wichtigen Grundes** zu beschränken. Im letzten Fall gilt nach h. M. die Beschränkung nur für den betr. Verwalter. Andererseits können die WEer auch von der durch die Vereinbarung eingeräumten Möglichkeit der Kündigungsbeschränkung Gebrauch machen oder nicht. Der Verwalter kann aus der Vereinbarung keine Rechte herleiten. Auch wenn die GemO die Abberufung des Verwalters auf den wichtigen Grund beschränkt, ist eine einvernehmliche **Aufhebung** der Verwalterbestellung jederzeit möglich (BayObLG, DerWEer 85, 60). Nimmt die GemO auf den als Anlage beigefügten **Verwaltervertrag** Bezug, der die Kündigung nur aus wichtigem Grund erlaubt, bedarf auch die **Abberufung** eines wichtigen Grundes (OLG Düsseldorf, NZM 2005, 828).

4. Wichtiger Grund. Satz 4 greift als „wichtigen Grund", der 6 regelmäßig die Abberufung des Verwalters aus wichtigem Grund begründet, **beispielhaft** den Fall heraus, dass der Verwalter die Beschluss-Sammlung nicht ordnungsmäßig führt. Das Gesetz unterstellt dabei eine „schwere Pflichtwidrigkeit", ein Hinweis darauf, für wie wichtig es diese Aufgabe bewertet (§ 24 Abs. 8 S. 1). Die Anforderungen nach § 24 Abs. 7 begründen i. d. R. einen schweren Vorwurf „schon bei einer einmaligen Verletzung" (BT-Drs. 16/887 S. 35), denn die ordnungsmäßig geführte Beschluss-Sammlung hat nicht nur für Verwalter und WEer, sondern auch für Erwerber eine besondere Bedeutung (a. a. O.).

7 **5. Ausschluss weiterer Beschränkungen.** Nach **Satz 5** sind weitere **Beschränkungen** der Bestellung oder Abberufung des Verwalters sind ausdrücklich **ausgeschlossen**. Dies gilt namentlich für qualifizierte Mehrheiten/Einstimmigkeit oder Zustimmung Dritter (LG Lübeck, Rpfleger 85, 232; AG Köln, ZMR 77, 345 = MDR 77, 53), die Übertragung der Auswahl an einen WEer (BayObLG, MDR 94, 798) oder eine Minderheit (AG Niebill, DerWEer 88, 31) oder den Verwaltungsbeirat. Sonstige Auswahlbeschränkungen, z. B. nur aus den WEern (HansOLG Bremen, Rpfleger 80, 68 = DNotZ 80, 489 = BlGWB 80, 75; BayObLG, NJW-RR 95, 270) sind ebenfalls unzulässig. Die Bestellung unter aufschiebender **Bedingung** ist zulässig (BGH, DNotZ 2006, 214 gegen KG, OLGZ 76, 266).

8 So z. B. die Bestimmung, dass eine Abberufung erst mit Rechtskraft eines etwaigen Verfahrens gültig sein soll, ist nicht zulässig (KG, Rpfleger 78, 257). Ebenso die Klausel, dass der Beschluss erst nach Ablauf der Anfechtungsfrist wirksam sei (KG, a. a. O.). Das gilt auch für eine generelle Festlegung der Bestellungszeit künftiger Verwalter (OLG Düsseldorf, ZWE 2008, 52).

Keine Beschränkung bei der Wahl des Verwalters stellt **Abweichung** von § 25 Abs. 1, 2 mittels des **Wertprinzips** dar (BGH, NJW 2002, 3704). Ob auch die **Übertragung** zusätzlicher **Aufgaben** auf den Verwalter eine Beschränkung der Auswahl darstellt ist str. (so aber *Bub*, NZM 2001, 503).

Da die WEer jederzeit **nach** der Bestellung weitere Aufgaben übertragen können, wäre ein Verbot der Erweiterung formalistisch (im Ergebnis auch *Palandt/Bassenge*, § 26 Rz. 1). I. ü. könnte er auch wieder davon entbunden werden (s. § 25 Rz. 9).

9 Immer muss eine **Abberufung** wegen **wichtigen Grundes** möglich sein (LG Göttingen Rpfleger 68, 359 = Spark. 69, 197 m. Anm. *Herbst*). Näheres bei *Bärmann* (Besprechung NJW 59, 1277 zu BayObLG, NJW 58, 1824; vgl. auch OLG Schleswig, NJW 61, 1870 mit zust. Anm. Karstädt). Ob eine Bestimmung in der Teilungserklärung, die die Verwalterbestellung befristet, als Beschränkung der Abberufung auf den Fall des wichtigen Grundes anzusehen ist, ist str. (s. AG Aachen, DerWEer 88, 71 m. w. N.). Dies wird

Bestellung und Abberufung des Verwalters   10–14   § 26

man nicht ohne weiteres annehmen können; denn es ist i. d. R. nicht zu unterstellen, dass die WEer mit der Befristung gleichzeitig ihre Befugnis zur jederzeitigen Abberufung aufgeben wollen, insbes. bei Bestellung auf längere Zeit.

Beim **wichtigen Grund** handelt sich um einen Umstand, bei 10 dessen Vorliegen die Beibehaltung des Verwalters den WEern unzumutbar ist: objektiv hindernde Situation und Unzumutbarkeit (s. auch unten Rz. 34 ff.). Täuscht der Verwalter z. B. über bestehende **Vorstrafen**, ist i. d. R. eine fristlose Kündigung gerechtfertigt (KG, NJW-RR 94, 402/LS = WuM 93, 761). Auch Angriffe gegen den **Verwaltungsbeirat** können eine nachhaltige Störung des Vertrauensverhältnisses zu den WEern bedeuten und eine außerordentliche Abberufung des Verwalters rechtfertigen (OLG Köln, DWE 2008, H. 2, III/LS).

Nicht als wichtiger Grund sind anzusehen: Baumängel, die der 11 Bauträger zu vertreten hat; Nachlässigkeiten des Hausmeisters; Verzögerung bei Durchführung von Reparaturen außer bei grober Fahrlässigkeit; Verzögerung in der Beantwortung von Briefen; leichte und selbst gelegentlich größere Unhöflichkeiten des Verwalters und seiner Angehörigen; persönliche Vorurteile; gelegentliche Rechen- oder Schreibfehler; Sinnesänderung hinsichtlich der Notwendigkeit eines Verwalters (s. § 20 Abs. 2).

Durch den Vertrag mit den WEern und dem Verwalter wird das Rechtsverhältnis der WEer untereinander nicht berührt (OLG Hamm, NZM 2000, 505). Allerdings können sie durch Beschluss im Zusammenhang mit der Bestellung/Vertragsabschluss Verpflichtungen z. B. über die Anforderung von Vorschüssen begründen (KG, FGPrax, 2000, 221).

Für das **Dienstverhältnis** des Verwalters gelten §§ 675, 613, 664 12 BGB (OLG Köln, WEM 80, 82; BayObLG, DerWEer 89, 24; BayObLG, WuM 96, 650; s. u. Rz. 30 f.). Ein Widerruf der Bestellung kann nur durch die Gemeinschaft mit Hilfe Mehrheitsbeschlusses oder durch Vereinbarung geschehen.

Ausgeschlossen ist, dass sämtliche WEer einer kleineren Gemein- 13 schaft ständig zusammen als Verwalter fungieren. Dagegen kann ein turnusmäßiger **Wechsel** des Verwalters unter den WEern festgelegt werden (LG München II, MittBayNot 78, 59; i. A. LG Freiburg WuM 94, 406). S. 5 verbietet dagegen nicht ein **Sonderkündigungsrecht** der Gemeinschaft, da es zugunsten der WEer wirkt (BayObLG, NZM 2004, 390: Bei Sachbearbeiterwechsel).

6. Unabdingbarkeit. Die Bestellung eines Verwalters ist unab- 14 dingbar (Abs. 1 S. 4). Bei Unterlassung der Bestellung besteht das

Recht jedes WEers im Rahmen der ordnungsmäßigen Verwaltung, die Bestellung zu verlangen (§ 21 Abs. 4). Wollen die WEer keinen Verwalter bestellen, müssen sie dessen Aufgaben im Rahmen ordnungsmäßiger Verwaltung organisieren.

15 **7. Rechtsstellung.** Siehe § 27. Der Verwalter ist kein universeller Vertreter kraft Amts, aber Organ. Ggfs. ist er Bevollmächtigter. Vertretungsmacht hat er nur im Rahmen des § 27, sofern nichts anderes bestimmt ist.

II. Bestellung

16 **1. Bestellung und Vertrag.** Die Bestellung erfolgt durch **Mehrheitsbeschluss (Abs. 1 Satz 1)** i. S. d. § 25 (BayObLG, WuM 96, 497) oder durch **Vereinbarung** (BGH, NJW 2002, 3240; BayObLG, Rpfleger 74, 360 = MDR 74, 1020 = DNotZ 75, 97 = NJW 74, 2134: ob es sich um eine Vereinbarung handelt, ist Auslegungsfrage), auch durch den teilenden Eigentümer nach §§ 8, 10 (KG, DerWEer 87, 97; BayObLG, NJW-RR 94, 784; zur Bestellung in der GemO s. *Drasdo,* RNotZ 2008, 87, ablehnend). Bei der Bestellung im Rahmen des Begründungsakts wird die Verwalterstellung wirksam mit der Entstehung der Gemeinschaft (KG, DerWEer 87, 97; LG Bremen, Rpfleger 87, 199). Bestellung und Abschluss des Vertrages sind ansonsten Sache der WEer, die in einer Versammlung beschlossen werden muss. Bestellung erfolgt ggfs. durch das Gericht in dringenden Fällen bis zur Behebung des Mangels. Jeder WEer kann nach § 21 Abs. 4 Bestellung oder Abberufung als Maßnahme ordnungsmäßiger Verwaltung verlangen und das Gericht nach § 43 Nr. 1 anrufen.

17 **Bestellung** und **Abschluss** des Verwaltervertrags sind zwei rechtlich **verschiedene Vorgänge** (OLG Düsseldorf, DWE 2008, H. 2, III/LS; BayObLG, WuM 96, 650; NZM 2004, 261), demzufolge auch Abberufung und Beendigung des Verwaltervertrags (allg. M., OLG Köln, DerWEer 89, 30): Bestellung bedeutet Ermächtigung zum Abschluss des erforderlichen Anstellungsvertrages. Die Mehrheit vertritt die ablehnende Minderheit (BayObLG, NJW 74, 1136 = BB 74, 1227 = Rpfleger 74, 401; DerWEer 86, 127). Bestellung und Vertrag kommen durch die erforderliche Mehrheit bzw. die entspr. Bevollmächtigten zwischen der Gemeinschaft und dem Verwalter zustande (dazu *Hügel,* ZMR 2008, 1). Dennoch ist die Bestellung ein konstitutiver Akt; Aufgaben und Befugnisse nach § 27 wachsen an, wenn Besteller angenommen hat. Dies kann auch durch die Annahme des in der Verwalterbestellung liegenden **Angebots** durch den Verwalter (BayObLG, Der-

WEer 89, 24; *Wenzel,* ZWE 2001, 510). Es gelten die allg. (Auslegungs)regeln über die Willenserklärungen (BayObLG, a. a. O.). Die bloße **Duldung** einer Verwaltertätigkeit in der irrigen Annahme der Wirksamkeit reicht i. allg. nicht zur Bestellung aus (BayObLGZ 87, 54); dies gilt auch für die widerspruchslose Hinnahme der Ausübung (KG, NZM 99, 255; OLG Düsseldorf, ZfIR 2002, 471). Die gegenteilige Ansicht (OLG Hamm, FGPrax 96, 218) ist abzulehnen, da Abs. 1 S. 1 einen förmlichen Beschluss verlangt.

Bestellungen des Verwalters, die gegen das Beschränkungsverbot des Abs. 1 S. 4 verstoßen, sind **nichtig.** Jedoch ist eine Bestellung **unter** aufschiebender **Bedingung** (Verkauf von mindestens 40% der Wohnungen) **wirksam** (a. A. KG, OLGZ 76, 266 = ZMR 77, 347). Nach dem BGH bestehen allerdings keine Bedenken aus Gründen der Rechtssicherheit gegen eine unter einer Bedingung erfolgte Bestellung (DNotZ 2006, 214). Dagegen kann der Verwaltervertrag unter der auflösenden Bedingung (ggfs. stillschweigend) geschlossen sein, dass keine Ungültigkeitserklärung der Bestellung erfolgt (KG NZM 2005, 21). Wird in einem Beschluss der WEer ein Verwalter für eine bestimmte zeitliche Dauer bestellt, so kommt, wenn ein ausdrücklicher Verwalter**vertrag** nicht geschlossen wird, ein befristeter Geschäftsbesorgungsvertrag mit dem Verwalter zustande (OLG Hamm, NJWE-MietR 97, 65 = ZMR 97, 94). Eine ordentliche Kündigung des Vertrags ist ohne besondere Anhaltspunkte nicht vorbehalten (ebenda). 18

Weitere Aufgaben sind im Beschluss zu präzisieren. Erst nach dem Abschluss des Vertrags in die Gemeinschaft eintretende WEer sind an den Vertrag gebunden (im Ergebnis ebenso BayObLG, DerWEer 86, 127: nach § 10 Abs. 5 analog). Die Bindung an den Vertrag mit dem Verwalter ergibt sich **nun** auch aus dem mit der **Gemeinschaft** wirksamen Vertragsverhältnis (s. § 10 Abs. 6 S. 1, 2). Für früher entstandene Verbindlichkeiten gegenüber dem Verwalter haften sie nicht mehr unmittelbar. 19

Während des Baues kann ein vorläufiger Verwalter zweckmäßig sein. Die in der Teilungserklärung dem Grundstückseigentümer ohne weitere Einschränkung eingeräumte Befugnis zur Bestellung des ersten Verwalters endet grundsätzlich mit dem Entstehen einer faktischen WEer-Gemeinschaft (BayObLG, NJW-RR 94, 784).

2. Anfechtung der Bestellung. Auf den Verwalter finden die §§ 20 ff. u. U. auch schon **vor** Eintragung aller WEs-Rechte Anwendung. Die **Anfechtung** eines Bestellungsbeschlusses vernichtet die Bestellung rückwirkend (BayObLG, Rpfleger 76, 364 = MDR 76, 1023 = ZMR 77, 345; KG NZM 2005, 21; OLG Frank- 20 furt/M, NJOZ 2008, 2138). Dagegen endet der Verwalter**vertrag** mit Wirksamwerden der Ungültigkeitserklärung ex nunc (BGH, NJW 97, 2106). Deswegen ist es str., ob der **abberufene Verwalter** die Ungültigerklärung eines Beschlusses über **seine** Abberufung betreiben kann (bejahend die h. M., BGH, NJW 2002, 3240; NJW 89, 1089; KG, DerWEer 89, 136; *Merle,* Festgabe f. H. Weitnauer, S. 195 m. w. N.; BayObLG, Wohnung u. Haus 80, 102; AG Aachen, DerWEer 88, 71; OLG Hamm, NJW-RR 97, 523 = ZMR 97, 49; verneinend AG Köln, MDR 77, 53 u. KG, DerWEer 88, 136 im Vorlagebeschluss an den BGH; OLG Hamm, NJW-RR 97, 523). Nach allg. M. ist sein Antragsrecht nicht ausgeschlossen, wenn er WEer ist. Der Verwalter, der sein Amt (Bestellung) **angenommen** hat, hat gegen die Ungültigkeitserklärung der Bestellung ein Beschwerderecht (BGH, NJW 2007, 2776; a. A. OLG Köln, NZM 2006, 25; wie hier *Briesemeister,* NZM 2006, 568). Dagegen kann der **abberufene** Verwalter **nicht** die Bestellung eines **neuen** Verwalters anfechten (KG, Rpfleger 78, 256; AG Aachen, DerWEer 88, 71; OLG Hamm, NJW-RR 97, 523 = ZMR 97, 49). Das Anfechtungsverfahren ist in der Hauptsache **erledigt,** wenn die Bestellungszeit abgelaufen ist (BayObLG, ZWE 2001, 590; a. A. OLG Hamm, NZM 2003, 486). Anders, wenn das Verfahren, in dem der Verwalter den Antrag auf Ungültigkeitserklärung des Abberufungsbeschlusses gestellt hat, noch Bedeutung für die **Verwaltervergütung** haben kann (OLG München, ZMR 2006, 472).

Auch das Verfahren auf Ungültigkeitserklärung eines Beschlusses der WEer, in dem die **Abberufung abgelehnt** wird, erledigt sich mit Ablauf der Bestellungszeit (OLG Düsseldorf, ZWE 2006, 246). Bei der **Kündigung** der Verwaltervertrages besteht hingegen **kein** Rechtsschutzinteresse für einen Antrag des Verwalters auf Ungültigkeitserklärung nach § 43 Nr. 4; ggfs. Feststellung der Unwirksamkeit der Kündigung nach § 43 Nr. 3 (BGH, NJW 2002, 3240). Einwendungen gegen die Kündigung werden durch die Bestandskraft des Abberufungsbeschlusses nicht ausgeschlossen (OLG Köln, NJWRR 2001, 159).

21 3. **Mehrheitsbeschluss.** Einfache Mehrheit; eine Zustimmung Dritter ist nicht zulässig. Vereinbarung kann keine andere Mehrheit vorsehen (OLG Karlsruhe, Justiz 83, 412), auch **nicht** die Ermächtigung des Verwalters zur **Übertragung** der Verwaltung ohne Mitspracherecht der Wohnungseigentümer auf einen Dritten (BayObLG, Rpfleger 75, 426 = BayObLGZ 75, Nr. 55 = ZMR 76, 315; OLG Schleswig, WE 97, 388; a. A. OLG Frankfurt a. M., wenn der Verwalter vor Aufnahme der Verwaltungsaufgaben von der Ermächtigung Gebrauch macht und kein WEer widerspricht, Rpfleger, 76, 253 = ZMR 77, 346; s. Rz. 41). Das **Stimmrecht** kann in der Vereinbarung von § 25 Abs. 2 S. 1 abweichen (BGH, NJW 2002, 3704; s. o. Rz. 8), also nach dem Wertprinzip gestaltet sein. Ein WEer, der nach der von § 25 Abs. 2 abweichenden Regelung in der Teilungserklärung über die **Stimmenmehrheit** verfügt, ist nicht gehindert, an seiner Wahl zum Verwalter **mitzuwirken** (OLG Düsseldorf v. 16. 4. 1999 – 3 Wx 77/99 = WuM 99, 648). Es entspricht i. d. R. nicht ordnungsgemäßer Verwaltung, wenn der Geschäftsführer und die Alleingesellschafterin einer GmbH, die über die **Mehrheit** der **Stimmen** verfügen, mit ihrer Stimmenmehrheit gegen den Willen der übrigen WEer die GmbH zur Verwalterin bestellen (BayObLG, WE 97, 115 = NJWE-MietR 97, 16; NZM 2001, 672). Das gilt auch wenn infolge erkennbarer **Interessengegensätze** zu den anderen WEern ein Vertrauensverhältnis (objektiv) nicht zu erwarten ist (OLG Düsseldorf, ZflR 99, 538). Stehen mehrere Kandidaten zur Wahl und erreicht keiner die absolute Mehrheit, ist keiner gewählt (LG Lübeck, DerWEer 85, 128/LS = 86, 63; OLG Schleswig, DerWEer 87, 133). Stellt der Versammlungsleiter die Wahl des Kandidaten mit den meisten Stimmen fest, ist der Mangel innerhalb der Frist der §§ 23 Abs. 4 S. 2, 46 Abs. 1 S. 2 geltend zu machen (LG Lübeck, a. a. O.; OLG Schleswig, a. a. O.). Zur Frage, ob der Verwalter auch mittels eines **Zirkularbeschlusses** bestimmt werden kann, s. § 23 Rz. 10.

Die Beschlussfassung über die Anstellung muss sich an den Kriterien ordnungsgemäßer Verwaltung orientieren. Dieser entspricht es nicht, eine Firma zur Verwalterin zu bestellen, die auch als Immobilienmaklerin tätig ist und in der Wohnanlage dafür geworben hat, sie bei etwaigen Verkäufen mit der Vermittlertätigkeit zu beauftragen, wenn in der Wohnanlage der Verwalter gleichzeitig Veräußerungen nach § 12 zustimmen muss (LG München I, NJW-RR 97, 335). Der **Bestellungsbeschluss** ist, wenn er nicht ordnungsmäßiger Verwaltung entspricht, **anfechtbar.** Grundsätzlich sind bei Neubestellung **mehrere Angebote** einzuholen (OLG Hamm, NJW-RR 2008, 60: Anfechtungsgrund). Keine Anfechtungsgründe sind dagegen **fehlende** Alternativen bei Wiederbestellung (OLG Schleswig, NJW-RR 2006, 1525) oder die Nichtanhörung eines (Mit-)Bewerbers (OLG München, NJW-RR 2008, 26). Bei Einholung mehrerer **Konkurrenzangebote** sind diese vor der Versammlung den WEern zugänglich zu machen (OLG Köln NZM 2005, 428: offen bleibt, ob eine Verpflichtung zur Einholung besteht).

23 Ein Anfechtungsgrund liegt allg. vor, wenn Gründe vorliegen, die eine Abberufung aus wichtigem Grund rechtfertigen würden (OLG Köln, NZM 99, 128). Dazu zählen jedenfalls **strafbare Vermögensverfehlungen** (OLG Schleswig, NJW-RR 2003, 877) oder bewusst **falsche Protokollierung** (BayObLG, NZM 2004, 108). Das **Rechtsschutzbedürfnis** endet mit dem Ende der Verwalterbestellung, auch wenn die Anfechtung des Bestellungsbeschlusses **rückwirkend** beendet wurde (OLG Frankfurt/M, NJOZ 2008, 2138).

24 **4. Zeitliche Begrenzung (Abs. 1 Satz 2, 1. Hs.).** Bedeutsam ist in Abs. 1 Satz 2 die zeitliche Begrenzung der Verwalterbestellung auf höchstens **fünf Jahre**. Sinn und Zweck der Regelung ist, die Bindung an einen Verwalter, der oft in der Teilungserklärung/GemO als Erstverwalter bestellt wird, zu begrenzen. Die Vorschrift ist deshalb nicht abdingbar. Es liegt keine unzulässige Beschränkung vor, wenn bei turnusmäßigem Wechsel des Verwalters die Gesamtbestellungszeit aller Verwalter 5 Jahre überschreitet (LG München II, MittBayNot 78, 59).

Die Frist des Abs. 1 Satz 2 beginnt mit dem Zeitpunkt der **Bestellung** (KG, DerWEer 87, 97; *Merle,* Bestellung und Abberufung des Verwalters, S. 67), nicht schon mit der Beurkundung der Teilungserklärung (KG, a.a.O.). Sie hat keine Rückwirkung (OLG Hamm, WE 96, 33). Mit Ablauf der Bestellungszeit endet die Verwalterstellung (OLG Köln, NZM 2004, 625). Ist der Verwalter in der Vereinbarung auf **unbestimmte Zeit** bestellt, gilt der fünfjährige Zeitraum (OLG München, NJW-RR 2007, 1245). Ist ein Verwalter auf bestimmte Zeit bestellt worden mit stillschweigender Verlängerung, falls er nicht rechtzeitig abberufen wird, so ist eine Bestellung bis zum Ablauf von fünf Jahren als erfolgt anzusehen (LG Frankfurt a. M., Rpfleger 84, 14). Eine Verlängerungsklausel (innerhalb der Frist des Abs. 1 Satz 2) ist zulässig (BayObLG, DerWEer 84, 61). Bei Bestellung **über** 3 bzw. 5 Jahre endet die Bestellungszeit automatisch (OLG München, a.a.O.). Sind gleichzeitig mehrere Verwalter nacheinander bestellt, gilt jeweils eine 3jährige Amtszeit (*Merle,* ZWE 2007, 233) im Höchstfall.

25 **5. Erste Bestellung** nach der Begründung von Wohnungseigentum **(Abs. 1 Satz 2 2. Hs.).** Die Bestellungsdauer für den zeitlich **ersten** Verwalter ist nun auf höchstens drei Jahre begrenzt. Die Vorschrift ist in erster Linie mit Blick auf den vielfach durch den Bauträger schon zu Beginn der Gemeinschaft bestellten Verwalter eingefügt worden. Wegen der Übereinstimmung der fünfjährigen Bestellzeit mit der Verjährungsfrist von Mängelansprüchen bei neuerrichteten EWen kann es jedoch zu Interessenkonflikten auf Seiten des Verwalters kommen. Dem soll die Vorschrift entgegenwirken. Sie ist **unabdingbar;** entgegenstehende Vereinbarungen/Beschlüsse sind, wenn sie ab dem Inkrafttreten des Gesetzes zum 1. 7. 2007 geschlossen werden, unwirksam. Ob dem Gesetz widersprechende bisher getroffene **Regelungen** für die Dauer von 3 Jahren aufrecht erhalten werden können, richtet sich nach § 140 BGB (Umdeutung).

Unberührt sind die noch **vor** dem 1. 7. 2007 vorgenommenen Bestellungen. Die auch vom Verf. vorgeschlagene Regelung wurde erst nach der Anhörung des Rechtsausschusses von der Reg.-Koalition vereinbart.

6. Wiederholte Bestellung (Abs. 2). Die wiederholte Bestellung ist nach **Abs. 2** zulässig, doch kann ein entsprechender Beschluss der Wohnungseigentümer **frühestens** 1 Jahr vor Ablauf der Bestellungszeit gefasst werden. Damit soll eine Umgehung der Höchstdauer der Bestellung nach Abs. 1 Satz 2 mittels frühzeitiger Verlängerung verhindert werden (s. dazu BGH, NJW-RR 95, 780/ 8). Ein Beschluss vor der Frist mit Wirkung danach ist **nichtig** (KG, FGPrax 97, 218; OLG Zweibrücken NZM 2005, 751; MK-*Engelhardt*, § 28 Rz. 6; *Staudinger/Bub,* § 26 Rz. 44). Der Beschluss, durch den die WEer den Verwalter nach Ablauf seiner Amtszeit **erneut bestellen,** hat hinsichtlich der abgelaufenen Amtszeit **nicht** die Wirkung eines **Entlastungsbeschlusses** (OLG Düsseldorf, WuM 97, 67 = ZMR 97, 96 = NJWE-MietR 97, 64). Dabei kann ein Angebot auf **Verlängerung** des Dienstvertrags auch **konkludent** durch den Wiederbestellungsakt erfolgen wie auch die Annahme bei Weiterführung der Tätigkeit durch den Verwalter (OLG München NZM 2005, 673).

7. Gerichtliche Bestellung eines Verwalters (Notbestellung) auf Initiative durch einen **Dritten** ist nicht (mehr) gegeben, auch nicht entspr. § 29 BGB. Für die **WEer** besteht die Möglichkeit, im Rahmen einer Streitigkeit nach § 43 Nr. 1 die Bestellung eines Verwalters zu erzwingen (LG Frankfurt/M, ZWE 2009, 71). Die Zulässigkeit der Klage – gegen die anderen WEer – wird nicht dadurch ausgeschlossen, dass keine bestimmte Person vorgeschlagen wird (ebenda). Darüber hinaus kann in Fällen besonderer Eilbedürftigkeit mittels einer **einstweiligen Verfügung** nach §§ 935 ff. ZPO dieses Ziel ebenfalls erreicht werden, allerdings mit vorläufigem Charakter (LG Stuttgart, ZWE 2008, 357; s. dazu allg. *Briesemeister,* NZM 2009, 64: Regelungsverfügung). In diesem Verfahren ist vom Kläger ein Verwalter zu benennen (*Briesemeister,* a. a. O.).

Das Gericht kann Entgelt und Dauer i. d. R. auf Vorschlag des Klägers bestimmen (*Briesemeister*, a. a. O.).

28   8. **Nachweis der Verwaltereigenschaft (Abs. 3).** Es erfolgt **keine Eintragung** der Verwalterbestellung oder Abberufung in öffentliches Register, auch nicht ins Grundbuch. Der Nachweis der Verwalterbestellung ist erleichtert (Abs. 3). Es genügt zum Nachweis der Verwalterbestellung in Fällen, in denen der Nachweis in öffentlich beglaubigter Urkunde erforderlich ist, eine **Niederschrift** des betr. Beschlusses der WEerversammlung, bei der die Unterschriften des Vorsitzenden, eines WEers und gegebenenfalls des Vorsitzenden des Verwaltungsbeirats öffentlich beglaubigt sind. Nachweis ist im GB-Verfahren z. B. bei Zustimmung nach § 12 erforderlich. Der **Geschäftswert** richtet sich nach § 30 Abs. 2 KostO (BGH, DWE 2009, 16 = NZM 2009, 86). Er soll der **Wirtschaftskraft** der Gemeinschaft Rechnung tragen, das bedeutet, dass dem Geschäftswert 300 bis 500 € pro Wohneinheit regelmäßig zu Grunde zu legen sind (a. a. O.).

29   Abs. 3 kann **nicht analog** auf die Fälle angewendet werden, in denen der Nachweis der Eintragungsbewilligung der WEer oder der Bevollmächtigung zu führen ist (BayObLG, Rpfleger 79, 108 = DNotZ 79, 174). Es handelt sich insofern um eine Sondervorschrift. Ist der Verwalter bereits in dem GemO **(Teilungserklärung)** bestellt, wird man Abs. 3 jedoch entsprechend anwenden können, so dass kein neuer Nachweis erforderlich ist (OLG Oldenburg, DNotZ 79, 33 = Rpfleger 79, 266). Das GBA kann erst dann für die zum Nachweis der Verwaltereigenschaft vorgelegte Niederschrift die Unterschrift des Beiratsvorsitzenden verlangen, wenn ein Anhalt für die Annahme besteht, dass die WEer den Verwaltungsbeirat auch tatsächlich gebildet haben. Zum Nachweis nach einer Bestellung durch fehlerhaften Beschluss, der nicht angefochten wurde, s. OLG Bremen, Rpfleger 80, 295.

Nach § 27 Abs. 6 kann der Verwalter eine **Vollmachtsurkunde** verlangen. Zur Entgegennahme ist das Grundbuchamt außerhalb des Eintragungsverfahrens zwar berechtigt, aber nicht verpflichtet (BayObLG, Rpfleger 75, 360). Es besteht auch keine **Mitteilungspflicht** über die Bestellung an das GBA (Gefahr der Zustellung an Nichtverwalter!). Der **Fortbestand** der Bestellung ist nur bei begründeten Zweifeln an ihm erneut nachzuweisen (OLG Köln, Rpfleger 86, 298; BayObLG, NJW-RR 91, 978). Zu den **Gebühren** für die Beglaubigung der Verwalterbestellung s. *Bielefeld*, DerWEer 82, 112. Der Wert von Unterschriftsbeglaubigungen auf der Niederschrift ist regelmäßig mit 5000,– DM gemäß § 30 Abs. 2 KostO anzunehmen (KG, DerWEer 88, 104).

III. Anstellungsverhältnis

1. Vertrag. Es kann Dienstvertrag, Auftrag bzw. **Geschäfts-** 30 **besorgungsvertrag** nach § 675 BGB sein (allg. M., s. BGH, NJW-RR 93, 1227; BayObLG, DerWEer 89, 24; OLG Hamm, NJWE-MietR 97, 65 = ZMR 97, 94; zur Rechtsstellung des Verwalters allg. s. *Merle,* Bestellung und Abberufung des Verwalters; *Pfeuffer,* NJW 70, 2236; *Kürzel,* BlGBW 72, 25; *Clasen,* BlGBW, 72, 110). Regelmäßig wird der entgeltliche Vertrag mit dem Verwalter ein auf Geschäftsbesorgung gerichteter Dienstvertrag sein (so für den **Hausverwaltervertrag** OLG Köln, WE 97, 232 = NJWE-MietR 97, 63). In diesem Rahmen treffen den Verwalter z. B. auch Auskunfts- und Herausgabepflichten nach §§ 666, 667, 675, 260 Abs. 2, 444 BGB (BGH, NJW 81, 283; OLG Köln, WEM 80, 82), auch sonstige **Nebenpflichten** in Form von **Hinweis-** und Organisationspflichten (OLG Schleswig, GWW 80, 199 = Wohnung u. Haus 80, 101). So hat er nach Bestellung eine Erstbegehung des Verwaltungsobjekts durchzuführen (OLG Köln, DerWEer 88, 106) und das Anwesen regelmäßig auf Mängel zu **überprüfen** sowie ggfs. auf die Einschaltung eines **Sachverständigen** hinweisen (BayObLG v. 22. 4. 04, 2Z BR 38/04), auf Verlangen den WEern (auch dem einzelnen) eine **Liste** der WEer für Verfahrenszwecke zur Verfügung zu stellen (AG Hamburg, DerWEer 85, 62). Zur **Informationspflicht** des Verwalters über ein **Verfahren** s. OLG Koblenz NJW 2005, 3789 = NZM 2006, 25 (dort auch zur Informationspflicht eines **Anwalts** gegenüber einer großen Gemeinschaft; s. jetzt § 27 Abs. 1 Nr. 7). Das Maß der Pflicht des Verwalters richtet sich nach der Bedeutung der Sache (Kopiekosten in hohem Umfang). Holt der Verwalter über die Frage, ob ein wichtiger Grund zur **Versagung** der Zustimmung zu einer baulichen Veränderung vorliegt, eine **Weisung** der WEer ein, hat er, wenn er gewerblich tätig wird, die Eigentümer über die aufgetretenen tatsächlichen und rechtlichen Zweifelsfragen umfassend **aufzuklären** (BGH, NJW 96, 1216).

Umgekehrt können auch die **WEer Nebenpflichten** aus dem 31 Verwaltervertrag treffen (BayObLG, DerWEer 83, 26), z. B. Mitteilungspflichten (OLG Köln, DerWEer 88, 106).

Der Vertrag ist annahmebedürftig. Jeder WEer kann die Annahme herbeiführen. Der Verwalter kann das Angebot ausdrücklich oder stillschweigend durch die Aufnahme der Tätigkeit annehmen (OLG Hamburg, ZWE 2002, 133). Auch das Entgelt des Verwalters wird durch Mehrheitsbeschluss oder richterliche Entscheidung bestimmt (KG, MDR 75, 230 = Rpfleger 75, 28 = MittBayNot 75,

100 = NJW 75, 318 = DNotZ 75, 102), sofern keine Vereinbarung vorliegt. Übernimmt ein WEer in einer kleinen Gemeinschaft die Verwaltung, ist eine Vergütung i. d. R. nicht stillschweigend vereinbart (BayObLG, ZMR 2000, 850).

32 2. **Vergütung.** Der Anspruch des Verwalters auf das **Entgelt** ergibt sich nicht aus der Bestellung zum Verwalter, sondern allein aus dem **Verwaltervertrag** (BayObLG, WuM 96, 650; allg. dazu *Gottschalg,* NZM 2009, 217). Es unterliegt der freien Vereinbarung. Ist die Vergütung nicht geregelt, richtet sie sich nach den Kosten des allg. Geschäftsbetriebs einer üblichen Verwaltung (vgl. BayObLG, NJW-RR 2001, 1231). Soll die Vergütung **erhöht** werden, bedarf es neben eines Mehrheitsbeschlusses eines Änderungsvertrags zur Ausführung des Beschlusses (OLG Düsseldorf NZM 2005, 628). Der Verwalter, dem die Ausübung der Tätigkeit durch einstweilige Anordnung untersagt ist, hat keinen Anspruch auf Vergütung (KG, WuM 91, 57). Durch stillschweigendes Einstellen einer höheren Gebühr in den **Wirtschaftsplan** wird ein **höheres Entgelt** nicht genehmigt (OLG Düsseldorf, NZM 2005, 628; LG Mainz, NZM 2004, 712). Bei der Bemessung des **Entgeltes** des Verwalters ist zu beachten, dass die WEer-Versammlung keine **Gleitklausel** beschließen kann, wonach sich die Vergütung für den Verwalter „linear den Lohn/Gehalt für Arbeitnehmer im öffentlichen Dienst erhöht": Eine solche Klausel konnte auch früher nach § 3 Satz 2 WährG durch die Landeszentralbank nicht genehmigt werden und war daher verboten (OLG Köln, NJW-RR 95, 146). Nach § 2 des PaPkG bedürfen sie der Genehmigung durch das Bundesministerium für Wirtschaft, das die Genehmigung dem Bundesamt für Wirtschaft übertragen hat. Da die Genehmigung nur bei langfristigen Verträgen (länger als 10 Jahre) erteilt wird, kommt sie wegen Abs. 1 S. 2 für den Verwaltervertrag nicht in Betracht. Sie kann auch § 307 BGB als **AGB** widersprechen (OLG Düsseldorf, NZM 2005, 628). Dagegen bedürfen andere Klauseltypen (Leistungsvorbehalt, Spannungsklauseln) keiner Genehmigung. Vgl. auch die auf Grund des G. erlassene PreisklauselVO (s. allg. zur Verwaltergebühr *Gottschalg,* NZM 2000, 473). Gibt der Verwalter das Ende seiner Tätigkeit gegenüber den WEern bekannt, endet sein Anspruch auf Vergütung (OLG Düsseldorf, DWE 2008, H. 2/III). Für die Folgezeit abgebuchtes Honorar hat er zu erstatten (ebenda).

Die Verwaltervergütung wird grundsätzlich von **allen WEern** nach der Reform 2007 anteilig gegenüber der **Gemeinschaft** nach § 10 Abs. 6 S. 1 geschuldet. Im **Streitfall** über seine Vergütung würde der Verwalter aber in eigener Sache tätig werden, wenn er trotzdem diese einziehen würde im Namen der Gemeinschaft (Interessenkollision). Beim Abschluss eines Vertrags mit dem Verwalter und der Gemeinschaft einen Vertrag zugunsten Dritter anzunehmen (*Abramenko*, ZMR 2006, 6) erscheint nicht angemessen. Dann würde sich die Verpflichtung der WEer auf die anteilige Zahlung des Entgelts reduzieren. Es können sich aber Pflichten und ihre Verletzung auf Seiten des Verwalters und der WEer ergeben! Besser erscheint, sie in den **Schutzbereich** des **Vertrags** einzubeziehen. Eine zusätzliche Verwaltervergütung kann nur dann auf einzelne WEer abgewälzt werden, wenn diese den zusätzlichen Verwaltungsaufwand verursacht haben **und** in Verzug waren oder eine sonstige schuldhafte Pflichtverletzung begangen haben (BayObLG, WuM 99, 179). Für das **Entgelt** haften die WEer nach der Reform 2007 anteilig nach § 10 Abs. 8 S. 1 Hs. 1 entspr. § 16 Abs. 1 S. 2 gegenüber dem Verwalter im Verhältnis ihres MEsanteils (zur früheren Rechtslage s. BGH, NJW 80, 2466; NZM 2004, 831; OLG Köln NZM 2005, 586; KG, NJW-RR 90, 153; NZM 2004, 585 im Vorlagebeschluss an BGH; a. A. BayObLG, WuM 93, 762 s. u. Rz. 43). Im Verhältnis der WEer untereinander gilt § 16 Abs. 2 (KG, a. a. O). Ein **Ausgleichsanspruch** richtet sich ggfs. nach § 426 BGB (OLG Köln NZM 2005, 586). Dem Verwalter kann dabei von einem WEer aus eigenem Recht nicht entgegengehalten werden, dass der Verwalter versäumt hätte, Wohngeldrückstände beizutreiben, aus denen das Verwalterhonorar hätte beglichen werden können (OLG Köln NZM 2005, 586). Dazu hätte es einer Ermächtigung des WEers zur Geltendmachung eines Schadensersatzanspruchs durch die Gemeinschaft bedurft (ebenda). Die im Verwaltervertrag vereinbarte Vergütung **pro Wohneinheit** kann davon abweichen (BayObLG, NZM 2004, 623). Im Fall der **Zusammenlegung** zweier EWen kann er diese nur für **eine** Wohnung verlangen (AG Aachen, DWE 2009, 47). Die **Fälligkeit** des Verwalterentgelts regelt sich nach § 614 BGB, sofern nichts anderes vertraglich vereinbart wurde (OLG Hamm, NJW-RR 93, 845 = OLGZ 94, 32). Die Vergütung ist daher erst **nach** Erbringung der Dienstleistung, insbes. Vorlage der Jahresabrechnung, zu erbringen (OLG Hamm, a. a. O.). Ansprüche auf Auslagenersatz eines gewerbsmäßigen Verwalters **verjähren** in drei Jahren (§ 195 BGB). Es besteht kein Anspruch auf Mehrwertsteuer zur Verwaltergebühr, wenn sie nicht vereinbart ist (AG Bad Vilbel, BLGBW 73, 238).

Ob **Sondervergütungen** zu zahlen sind, unterliegt der Vereinbarung mit dem Verwalter. Dies ist oft Auslegungssache, denn entspr. Leistungen können durch die normale Vergütung abgegolten sein (BayObLG, DerWEer 85, 95/LS = 85, 124; s. § 28 Rz. 12).

Dem Verwalter kann gestattet sein, eine Sondervergütung nach Stundensätzen oder BRAGO/jetzt RVG abzurechnen (BayObLG, NZM 2004, 587). Die Angemessenheit ist nachprüfbar (a. a. O.). Sondervergütungen unterliegen der AGB-Kontrolle (*Pießkalla/Reichart*, NZM 2009, 728), sofern sie vorformuliert sind. Es widerspricht ordnungsmäßiger Verwaltung, einem aus wichtigem Grund abberufenen Verwalter für die Zeit, in der er die Verwaltung nicht geführt hat, ungeachtet der gerichtlichen Überprüfung der Abwahlgründe durch Mehrheitsbeschluss das volle Verwalterhonorar zuzubilligen (KG, DerWEer 87, 135). Auch darf der Verwalter sein **Honorar** nicht aus der **Instandhaltungsrückstellung** entnehmen (OLG Düsseldorf NZM 2005, 628).

Ggf. ist ein Beschluss, der dem Verwalter bei der Beitreibung des Wohngelds eine **Aufwandspauschale** zubilligt, auszulegen (OLG Frankfurt a. M., DerWEer 88, 141). Eine Spezifizierung der Erhöhung der Vergütung bei der Bestellung ist zulässig (BayObLG, DerWEer 82, 137; 84, 30).

33 Dem nur noch ausnahmsweise **gerichtlich** bestellten Verwalter können Vergütungsansprüche für die Zeit **vor** Rechtskraft der Entscheidung nach §§ 677 ff. BGB zustehen (OLG Hamm, MDR 74, 229; BGH, NJW 80, 2466). Der gerichtlich bestellte **Notverwalter** kann auch dann eine Vergütung erhalten, wenn die Teilungserklärung bestimmt, dass der Verwalter keine Vergütung erhalten soll (AG Frankfurt a. M., NJW-RR 93, 845). Durch die gerichtliche Aufhebung des Bestellungsbeschlusses entfällt auch die Vertretungsmacht (BayObLGZ 76, 211 = ZMR 77, 345).

IV. Abberufung (Abs. 1 Sätze 1, 2)

34 Sie erfolgt gleichfalls durch **Stimmenmehrheit** jederzeit und ohne Angabe von Gründen (OLG Düsseldorf NZM 2002, 527; *Staudinger/Bub*, § 26 Rz. 409; s. u. Rz. 36). Sie ist vor allem aber dann möglich (**Satz 2**), wenn ein **wichtiger Grund** vorliegt (LG Dortmund ZMR 67, 22; AG Lörrach, Beschl. v. 23. 11. 1965 bei *Diester* Rspr. S. 142 f.; BayObLG, NZM 2000, 341).

Dieser ist dann gegeben, wenn die künftige Zusammenarbeit den **WEern** oder dem **Verwaltungsbeirat** gegenüber unter Berücksichtigung aller Umstände **nicht mehr zumutbar** ist (BGH, NJW 2002, 3240; BayObLG, NZM 2000, 510; AG Wedding, DWE 2009, 74), das **Vertrauensverhältnis** zerstört ist (OLG Rostock, ZWE 2010, 51; OLG Düsseldorf, NZM 2004, 110; NZM 2005, 828; OLG Hamm, NZM 2004, 504; 744; AG Wedding, a. a. O.) oder von vorneherein nicht zu erwarten ist (OLG Rostock a. a. O.).

Es können auch Umstände gewichtet werden, die aus der Zeit **vor** Eintritt eines WEers in die Gemeinschaft herrühren, wenn sie geeignet sind, sich auf die Zeit nach dem Eintritt auszuwirken (OLG Rostock a. a. O.).
Das Gesetz verwendet die Generalklausel, nennt beispielhaft nun in S. 4 die nicht ordnungsgemäße Führung der **Beschluss-Sammlung**. Weitere **Fälle** sind: schwere **Pflichtwidrigkeit**, z. B. allgemein bei **Straftaten** zulasten der Gemeinschaft etwa im Fall der Untreue durch Eigenverbrauch der Mieterkaution (BGH v. 23. 8. 95 − 5 StR 371/95, NJW 95 H. 47, VI), auch bei Vermögensstraftaten gegen Dritte (OLG Köln, ZMR 2002, 152), **eigener** Vermögenslosigkeit (AG Wedding, DWE 2009, 74) oder Missachtung des **Willens** der WEer allgemein (OLG Düsseldorf, ZMR 2006, 293) z. B. auch bei grober **Missachtung** der WEer (BayObLG, DerWEer 85, 126/LS), indem er die Beschlussfähigkeit der Versammlung herbeiführt (LG Freiburg NJW 68, 1973). Auch die **Nichteinberufung** einer Versammlung der WEer über eineinhalb Jahre (BayObLG, NZM 99, 844; OLG Rostock, ZWE 2010, 51); oder mehr als vier Monate nach Antrag (OLG Düsseldorf, NZM 2004, 110) und Nichteinberufung entgegen Minderheitsrecht (OLG Hamm, WuM 2001, 461; OLG Düsseldorf, a. a. O.). Auch **Missachtung** der **Wünsche** einer Vielzahl von WEern auf Aufnahme eines Punktes in die Tagesordnung und **Angriffe** gegen den **Verwaltungsbeirat** (OLG Frankfurt a. M., DerWEer 88, 105 = MDR 88, 780) sind wichtige Gründe. Ein solcher liegt auch vor, wenn er die dem obliegenden **Aufgaben nicht** oder nur **unzulänglich** erfüllt (BayObLG, DerWEer 85, 126/LS). Dies kann für den Fall gelten, dass er über Monate versäumt hat, für eine ausreichende **Gebäudeversicherung** zu sorgen (OLG Düsseldorf NZM 2005, 828). Zu den wesentlichen Aufgaben des Verwalters gehört es, für **geordnete finanzielle Verhältnisse** zu sorgen, insbesondere **Liquiditätsproblemen** entgegenzusteuern. Lässt der Verwalter erhebliche **Schulden** der Gemeinschaft geg. Dritten auflaufen, ohne für eine rechtzeitige Tilgung dieser Verbindlichkeit und eine geordnete Bereitstellung der dafür erforderlichen Mittel zu sorgen, so rechtfertigt ein solches Verhalten die fristlose Kündigung des Verwaltervertrags und die vorzeitige Abberufung des Verwalters (OLG Karlsruhe, NZM 98, 768; OLG Köln, NZM 99, 846/LS). Auch die **eigenen** Vermögensverhältnisse des Verwalters müssen geordnet sein. Vermögensverfall kann Grund zur Abberufung aus wichtigem Grund sein (OLG Stuttgart, OLGZ 77, 433). Auch die zeitgerechte Aufstellung einer **Jahresabrechnung** gehört zu seinen wichtigsten Aufgaben. Die wiederholte, **nicht rechtzeitige Auf-**

stellung der **Jahresabrechnung** kann einen wichtigen Grund für die Abberufung des Verwalters abgeben (BayObLG, NJW-RR 2000, 462 = NZM 2000, 343 = ZWE 2000, 38; OLG Karlsruhe, NZM 98, 768). Verstöße des Verwalters gegen die Pflicht zur rechtzeitigen Vorlage von Jahresabrechnung und **Wirtschaftsplan** gemäß der GemO können zur Rechtswidrigkeit der Beschlüsse über die Wiederwahl und die Entlastung des Verwalters führen (LG Dortmund, NZM 2000, 684). Ein wichtiger Grund für eine vorzeitige Abberufung des Verwalters kann auch darin liegen, dass er grobe Fehler bei der Abrechnung begeht (BayObLG, NZM 2001, 754); ebenso bei **Alleinverfügung** über Gelder der WEer trotz entgegenstehenden Beschlusses (LG Freiburg a. a. O.). Auch die bestimmungswidrige Verwendung der Gelder (OLG Düsseldorf, ZfIR 97, 554). Dasselbe gilt in Fällen wirtschaftlicher Interessenkollision mit eigenen Geschäften des Verwalters (BayObLG, FGPrax 97, 176; OLG Düsseldorf, NZM 98, 487). Z. B. die Tätigkeit als **Makler** gegen Entgelt wider den Willen der Mehrheit, wenn ihm die **Genehmigung** zur **Veräußerung** von WE und dessen gewerblicher Nutzung übertragen wurde (BayObLG, NJW 72, 1284 = MDR 72, 608 = ZMR 72, 218 = Rpfleger 72, 229). Bei unrichtiger Abfassung einer Versammlungs-Niederschrift wohl nur im Zusammenhang mit Versuch der Täuschung (BayObLG, WEM 80, 125), z. B. bei bewusst **falscher Protokollierung** (BayObLG, NZM 2004, 108). Es stellt einen wichtigen Grund für die Abberufung einer GmbH als Verwalterin dar, wenn sie mit einer anderen GmbH „gemeinsame Verwaltung" der Wohnanlage vereinbart, ihr einen wesentlichen Teil der Verwalteraufgaben überträgt und zwei Drittel der Verwaltervergütung überlässt (BayObLG, NJW-RR 97, 1443 = ZMR 98, 174 = WE 98, 114). Auch die konkretisierte Gefahr der **Interessenkollision** des bauträgeridentischen Verwalters mit Ansprüchen aus Gewährleistung kann ein wichtiger Grund sein (OLG Hamm, NZM 2004, 744 = NJW-RR 2004, 1382), etwa die begründete Besorgnis, dass der Verwalter wegen **wirtschaftlicher** Verflechtung mit anderen Personen (WEern) in seiner Stellung als uneigennütziger Sachwalter beeinträchtigt sein könnte (AG Wedding, DWE 2009, 74).

Beim **wichtigen Grund** kommt es grundsätzlich **nicht** auf ein **Verschulden** des Verwalters an. Wird das Zerwürfnis von den WEern/Beirat selbst herbeigeführt, kann Kündigung aus § 242 BGB missbräuchlich sein (BayObLG, NZM 2000, 510). Ein Antrag auf Abberufung eines **wiederbestellten** Verwalters kann nicht allein auf sein Verhalten und seine Tätigkeit **vor** seiner Wiederbestellung gestützt werden (OLG Düsseldorf, NJWE-MietR 97, 64 =

ZMR 97, 96 = WuM 97, 67). Ein Verwalter, der sich von Aversionen gegen (einzelne) WEer leiten lässt und eine Mitwirkung an Beschlussfassungen hintertreibt, ist ungeeignet (OLG Köln NJW 2005, 908). Entspr. wäre eine Wiederwahl als Verstoß gegen ordnungsm. Verwaltung anfechtbar (ebenda). Dasselbe gilt, wenn der Verwalter wiedergewählt wird, ohne dass er gravierende Defizite der Jahresabrechnung in der nachfolgenden Abrechnungsperiode nicht ausräumt und zudem die Gemeinschaft ohne besondere Begründung mit den Kosten der erfolglosen Klage ihres Beiratsvorsitzenden gegen einen WEer belastet (OLG Düsseldorf ZWE 2006, 50/LS).

Das Kündigungsrecht aus wichtigem Grund ist **unverzichtbar** 35 (BayObLG a. a. O. u. h. M.; s. a. BayObLG, NJW 58, 1824 m. Anm. v. *Bärmann,* NJW 59, 1277 = DB 58, 1389, OLG Schleswig, NJW 61, 1870; s. allg. zur Kündigung aus wichtigem Grund BayObLG, NJW 65, 821; NJW 72, 1284 sowie OLG Oldenburg, NdsRpfl. 71, 205). Es kann deshalb nicht auf den Beirat übertragen werden, dagegen kann dieser zur **Ausführung** des betr. Beschlusses ermächtigt werden. Die Abberufung selbst erfolgt niemals durch das Gericht im Wege einstweiliger Verfügung nach §§ 935 ff. ZPO. Sie ist im ordentlichen Streitverfahren wegen gemeinschaftswidrigen Verhaltens oder Rechtsmissbrauchs möglich. Rechtsweg ist das Verfahren vor dem zuständigen Gericht nach § 43 Nr. 3. In besonderen Ausnahmefällen kann **jeder** WEer die Abberufung des Verwalters durch das Gericht beantragen, wenn eine solche Maßnahme ordnungsmäßiger Verwaltung entspricht und ein entspr. Abwahlantrag keine Mehrheit gefunden hat (KG, DerWEer 89, 18; s. o. § 21 Rz. 37).

Die Abberufung ist, sofern sie nicht auf den wichtigen Grund 36 beschränkt ist, **jederzeit** möglich (AG Aachen, DerWEer 88, 71). Grundsätzlich ist der Antrag eines einzelnen WEers nur gegen einen **ablehnenden** Beschluss möglich. Nur wenn sie dem WEer nicht zumutbar ist, ist eine vorherige Befassung der Versammlung entbehrlich (BayObLG, NZM 2004, 110). Kündigungs**gründe** sind analog § 626 Abs. 2 S. 1 BGB in **angemessen** kurzer **Frist** geltend zu machen (OLG Frankfurt a. M., NJW 75, 545 = ZMR 76, 88; MDR 88, 780 = DerWEer 88, 105; BayObLG, WEM 80, 125; Wohnung u. Haus 80, 102: ohne Analogie zu § 626 Abs. 2 S. 1 BGB; NZM 99, 844; NZM 2000, 341 = NJW-RR 2000, 676; OLG Köln, NZM 2004, 305). Die Abberufung des Verwalters kann nicht auf Gründe gestützt werden, die der WEergemeinschaft im Zeitpunkt seiner **Wiederwahl** bekannt waren (BayObLG, NZM 2004, 659/LS) und ohne Anfechtung der Bestellung hingenommen wurden

(AG Wedding, DWE 2009,74). Bei erheblichen Pflichtverletzungen des Verwalters vor der Wiederwahl sind allerdings die Anforderungen an einen wichtigen Grund bei erneuten Pflichtverletzungen nach der Wiederwahl geringer (OLG Celle, NZM 99, 841).

37 Die **Abberufung** braucht noch nicht Beendigung des **Dienstvertrages** zu bedeuten. Sie enthält aber regelmäßig auch die **Kündigung** (BayObLG, MDR 74, 1020 = NJW 74, 1134; NZM 99, 844; ZMR 2004, 923). Die Abberufung ist auch nicht Voraussetzung der Kündigung (OLG Düsseldorf, NJOZ 2008, 455). Ob diese begründet und damit wirksam ist, ist unabhängig von der Abberufung zu überprüfen (OLG Hamm, NJW-RR 97, 523 = ZMR 97, 49). Regelmäßig wird allerdings auch von der gleichzeitigen Beendigung des Vertragsverhältnisses auszugehen sein (*Wenzel,* ZWE 2002, 510). Die Kündigung wird i. d. R. auch die Abberufung umfassen. Davon ist u. a. der Anspruch auf Vergütung abhängig (OLG Hamm, a. a. O.). Ein Eigentümerbeschluss über die frühere **Kündigung** des Verwaltervertrags wird aber regelmäßig dahin auszulegen sein, dass damit der Verwalter auch **abberufen** ist (BayObLG, NZM 99, 844; offengelassen von OLG Düsseldorf, DWE 2008, H. 2, III). Die vom Verwalter mit Erfolg angefochtene Abberufung aus wichtigem Grund ist in eine ordentliche Kündigung zum nächstmöglichen Zeitpunkt umzudeuten (KG, ZMR 87, 392; DerWEer 89, 136). Ob sie gerechtfertigt ist, ist im Verfahren nach § 43 Nr. 3 zu klären (BayObLG a. a. O. = DNotZ 75, 97).

Ein formularmäßig abgeschlossener Verwaltervertrag unterliegt der Kontrolle nach AGB-Recht gemäß §§ 305 ff. BGB (OLG Frankfurt/M, DWE 2009, III/LS; wohl auch BGHZ 151, 164 = NZM 2002, 788 = NJW 2002, 324; *Fürmans,* NZM 2004, 202). Er gilt nach § 309 Nr. 9 a BGB jedenfalls dann für die Dauer von nur zwei Jahren, wenn die GemO keine anderweitige Regelung enthält (KG, Grundeigentum 86, 93; DerWEer 89, 136: Zu § 11 Nr. 12 a AGBG). Die Laufzeit ist jedenfalls nicht nach §§ 307 Abs. 1, 2, 309 Nr. 9 a BGB unwirksam (BGH, NJW 2002, 3240).

Misstrauen allein rechtfertigt noch nicht die Kündigung eines Verwaltervertrags (BGH v. 12. 7. 82 – II ZR 130/81). Der Abberufungsbeschluss hat jedoch zunächst die **Beendigung** der Verwalterbestellung zur Folge bis zu einer etwaigen gerichtlichen Aufhebung (BGH, NJW 2002, 3240; KG, Rpfleger 78, 257) ohne Rücksicht auf die Rechtskraft. Dies ergibt sich aus Gründen der Rechtssicherheit, aber auch aus dem sachlichen Zusammenhang der gegenseitigen Abhängigkeit (OLG Köln, DerWEer 89, 30). Das gilt auch dann, wenn im Verwaltervertrag eine abweichende Regelung getroffen ist. Deshalb hat der Verwalter nicht nur bei einer Kündigung aus wichtigem Grund (OLG Celle NZM 2005, 748) sämtliche Unterlagen herauszugeben (s. Rz. 39). Die Entscheidung des Gerichts über einen Antrag nach § 23 Abs. 4 (Anspruch auf ordnungsmäßige Verwaltung) beendet im Erfolgsfall die Verwalterstellung mit deren Rechtskraft (BayObLG, NJW-RR 97, 1443). Ist die Abberufung auf den Fall des wichtigen Grundes beschränkt, hat ihn das Gericht festzustellen.

Zur Anfechtungsbefugnis des abberufenen Verwalters s. o. Rz. 17.

Auch ein **gerichtlich** bestellter Verwalter kann durch Mehrheitsbeschluss abberufen werden. **Ein** WEer kann von der Gemeinschaft die Abberufung des Verwalters nicht schon dann verlangen, wenn dafür ein wichtiger Grund i. S. des Abs. 1 vorliegt, sondern erst, wenn dieser Grund so schwerwiegt, dass unter Berücksichtigung eines **Beurteilungsspielraums** der WEergemeinschaft die Nichtabberufung nicht mehr vertretbar erscheint (OLG Celle, NZM 99, 841). Der Antrag auf Abberufung kann nicht auf Sachverhalte gegründet werden, die von einer Entlastung mitumfasst waren oder die bei der Anfechtung hätten geltend gemacht werden können (OLG Celle, a. a. O.; OLG Düsseldorf, NZM 2000, 1019; OLG Köln, ZMR 2003, 703). WEer, die die Abberufung des Verwalters und die Kündigung des Verwaltervertrags aus wichtigem Grund erreichen wollen, müssen die Einberufung einer WEerversammlung zur Beschlussfassung darüber zwar nicht innerhalb von zwei Wochen nach Kenntnis von dem für die Abberufung und Kündigung maßgeblichen Tatsachen, aber doch innerhalb **angemessener Frist** verlangen (BayObLG, NZM 2000, 341). Ausnahmsweise kann Kündigung Verwirkung entgegenstehen (BayObLG a. a. O.).

Eine **Beendigung** der Verwaltertätigkeit kann auch auf Grund **Gesetzes** erfolgen. Sie endet mit dem Tod einer natürlichen und dem Erlöschen einer juristischen Person (OLG München, NZM 2009, 34; BayObLGZ 90, 173), da das Verwalteramt höchstpersönlich ist. Die Verwalterstellung endet auch mit der Übertragung des einzelkaufmännischen oder handelsgesellschaftlichen Unternehmens auf ein anderes oder bei Einbringung in ein anderes (BayObLGZ 90, 28; ZWE 2001, 492). Dies gilt auch im Fall einer Umwandlung (BayObLG, NJW-RR 2002, 732).

Nach **Beendigung** der Verwaltertätigkeit hat der Verwalter gemäß §§ 675, 667 BGB die Unterlagen **herauszugeben** (OLG Hamm, DWE 2008, 58; HansOLG Hamburg, DWE 2008, H. 2, III/ LS; AG Hamburg-Blankenese, DerWEer 89, 73; BayObLG, WuM 94, 44; WuM 96, 661; *Köhler,* ZWE 2002, 255), und zwar die **Originale** (BayObLG, a. a. O.; HansOLG Hamburg, a. a. O.). Er hat nicht verbrauchte **Wohngelder** zurückzuzahlen (BGH, NJW 97,

2106) und den gesamten **Gegenwert** des **Kontos,** das er zur Abwicklung des Zahlungsverkehrs der Gemeinschaft auf seinen Namen angelegt hat, **auszuzahlen** (BayObLG, WuM 99, 657 = NZM 99, 1148; NZM 2001, 1142; OLG Celle NZM 2005, 748). Es spielt keine Rolle, dass es sich um ein **Fremdgeldkonto** handelt mit Geldbewegungen Dritter (OLG Hamm, DWE 2008, 58) oder ob die WEer die Unterlagen zur Durchsetzung von Ansprüchen gegen den Verwalter benötigen (ebenda). Ggfs. kommt eine **Stufenklage** über Auskunft zur Präzisierung der Anspruchshöhe in Betracht (ebenda). Er hat nach §§ 675, 666 BGB, § 28 Abs. 4 WEG **Rechnung zu legen** (OLG Hamm, ZWE 2008, 58; BayObLG, ZWE 2000, 187; 262), i. S. der geordneten Aufstellung der tatsächlichen Einnahmen und Ausgaben (AG Hamburg-Blankenese, DerWEer 89, 73). Dies gilt analog diesen Vorschriften auch für die Herausgabe von Bauunterlagen, falls der Verwalter der frühere Veräußerer war (BayObLG, NJW-RR 2001, 1667; OLG Köln, WEM 80, 82). Ggfs. treffen ihn auch **Auskunftspflichten** (ebenda). Ist der Geschäftsbesorgungsvertrag unwirksam, treffen ihn (Rückforderungs)pflichten aus **Geschäftsführung ohne Auftrag,** u. U. auch aus unerlaubter Handlung (OLG Köln NJW-RR 2005, 1096 = NJW 2005, 3295). Ein Anspruch der WEer gegen den früheren Verwalter nach § 667 BGB kann **nicht** auf Zahlungsvorgänge und Handlungen in solchen Jahren gestützt werden, für die dem Verwalter bestandskräftige **Entlastung** erteilt worden ist. Ein solcher Anspruch kann nicht derart berechnet werden, dass Zahlungsvorgänge und Forderungen miteinander saldiert werden (BayObLG, WuM 94, 43). Der Verwalter hat den WEern nach seiner Abberufung den **Hausschlüssel** herauszugeben (BayObLG, DerWEer 85, 125/LS). Ggfs. trifft ihn auch eine Verpflichtung zur Aufgabe und **Löschung** einer zu seinen Gunsten bestellten, der Sicherung von Gemeinschafts- und Verwalterforderungen dienenden **Grundschuld** an einer EW, wenn Verwalterforderungen nicht mehr bestehen und auch nicht mehr entstehen können (BayObLG, DerWEer 83, 30). Dem Verwalter steht kein **Zurückbehaltungsrecht** von Unterlagen und Eigentum der Gemeinschaft wegen streitiger Vergütung zu (OLG Frankfurt/M, OLGZ 94, 538; OLG Hamm, ZM 2007, 982). Unter bestimmten Voraussetzungen kann einem **einzelnen** WEer gegen den Verwalter ein Individualanspruch auf **Auskunftserteilung** und **Rechnungslegung** zustehen (BGH, NJW 96, 656). Zuständig ist das Gericht nach § 43 Nr. 3 auch im Verfahren **nach** Ausscheiden des Verwalters. Dies soll auch dann gelten, wenn der Verwalter nicht wirksam bestellt war − **faktischer Verwalter** (OLG Köln, NJW-RR 2005, 1096 = NJW 2005, 3295/LS).

Die Ansprüche gegen den Verwalter nach seinem Ausscheiden stehen der **Gemeinschaft** zu. Das gilt auch für die gerichtliche Geltendmachung (HansOLG Hamburg, DWE 2008, H. 2, III/LS). Dabei müssen die Unterlagen nicht zwingend im Einzelnen bezeichnet werden (ebenda; dort auch zur Konkretisierung des Klageantrags).

Andererseits kann der Verwalter Ersatz von Anforderungen oder Befreiung von Verbindlichkeiten verlangen, die er im Interesse der WEer eingegangen ist (BayObLG, NZM 2000, 964). Bei unberechtigter Kündigung kann Verwalter Schadensersatz geltend machen, auch wenn die Abberufung wirksam ist. Er kann einen Vergütungsanspruch gegen Forderung der Gemeinschaft **aufrechnen** (BayObLGZ 76, 165; OLG Stuttgart, ZMR 83, 422), nach Bejahung der Teilrechtsfähigkeit können Vergütungsanspruch und Schadensersatzansprüche von **WEern** nicht mehr mangels Gegenseitigkeit gegeneinander aufgerechnet werden (OLG Hamm, FGPrax 2006, 153). Dies ist nur bei Ansprüchen der **Gemeinschaft** gegenüber dem Verwalter der Fall (§§ 273, 387 BGB). Auch auf Seiten des Verwalters sind **Kündigung** und/oder **Amtniederlegung** möglich. Beides kann zusammenfallen (OLG Köln, NZM 98, 920; LG Münster, NZM 2002, 459; BayObLGZ 99, 280). Beiderseitig sind Schadensersatzansprüche nach §§ 627, 628 denkbar (BayObLGZ 99, 280). Der Verwalter hat keinen Anspruch auf **Entlastung** nach Beendigung seiner Tätigkeit (BayObLG, NJW 2003, 1328), es sei denn, sie ist Vertragsinhalt. Eine Entlastung widerspricht dann ordnungsmäßiger Verwaltung, wenn Schadensersatzansprüche nicht auszuschließen sind und kein Grund für einen Forderungsverzicht bestehen (BGH, NJW 2003, 3124). Die Billigung der Jahresabrechnung entlastet Verwalter, es sei denn, sie ist hinsichtlich best. Posten vorbehalten (vgl. OLG Düsseldorf, ZWE 2001, 270). Die Entlastung stellt den Verwalter von allen den WEern bekannten oder bei sorgfältiger Prüfung erkennbaren Ansprüchen frei (BayObLG, NJW-RR 2001, 731). Sie hat die Bedeutung eines **negativen** Schuldanerkenntnisses (BGH, NJW 97, 2106; BayObLG, NZM 2001, 537). Kenntnis oder fahrlässige Unkenntnis des **Verwaltungsbeirats** soll genügen (OLG Düsseldorf, NZM 2002, 264).

Ein abberufener Verwalter kann wiederbestellt werden.

V. Ermächtigung

Sie richtet sich nach § 27 oder besonderer Vereinbarung. Zur Vertretung über den gesetzlich übertragenen Wirkungskreis hinaus bedarf er einer Vollmacht (OLG Hamm, NZM 2001, 49). Die Befugnisse nach § 27 Abs. 1 bis 3 sind **unabdingbar** (§ 27 Abs. 4). Für Legitimation nach § 27 Abs. 6 ist Grundlage die entspr. Ermächtigung durch Beschluss. Er kann zur Erfüllung seiner Aufgaben die Ausstellung einer Vollmachtsurkunde verlangen (s. o. Rz. 28).

41 Verwalter kann die Ermächtigung nicht ohne Erlaubnis auf eine andere Person übertragen; eine entgegenstehende Vereinbarung ist nichtig (OLG Schleswig, Wohnung und Haus 80, 101); doch kann er sich Erfüllungsgehilfe bedienen. Erst recht kann der Verwalter **nicht** die gesamte **tatsächliche** Ausübung seiner Verwaltertätigkeit ohne Einwilligung der WEergemeinschaft auf einen Dritten **übertragen** (OLG Hamm, ZMR 96, 678 = FGPrax 96, 218 = NJW-RR 97, 143). Zur **Haftung** des Verwalters bei zulässiger Übertragung auf einen anderen für unrechtmäßige Überweisungen vom Hausgeldkonto s. OLG Frankfurt a. M., NZM 2005, 951). **Einzelne** Aufgaben kann er auf Dritte übertragen (*Bielefeld*, NZM 99, 836).

42 Der Verwalter ist nach der Reform 2007 ein **Organ** der Gemeinschaft; §§ 31, 89 BGB sind entspr. anwendbar.

Durch die gerichtliche Aufhebung des Bestellungsbeschlusses entfällt die Vertretungsmacht (s. o. Rz. 32).

VI. Haftung der Gemeinschaft

43 Verwalter gilt als **Erfüllungsgehilfe** der WEer (§ 278 BGB), ebenso als **Verrichtungsgehilfe** nach § 831 BGB (*Wenzel*, ZWE 2006, 1 ff.). Die Gemeinschaft haftet bei seinem Verschulden solidarisch (§ 421 BGB; s. § 21 Rz. 10). Auch der Überstimmte haftet nach § 10 Abs. 8 S. 1 Hs. 1 mit. Die **teil**schuldnerische Haftung der WEer gilt auch hinsichtlich der **Verwaltervergütung** (anders noch BGH, NJW 80, 2466) und ggfs. auch für Verletzung von Nebenpflichten (s. oben Rz. 31). Nach der Reform 2007 und der zuvor schon einschlägigen Rspr. des BGH zur **Teilrechtsfähigkeit** tritt die teilschuldnerische Haftung der WEer **neben** die der Gemeinschaft.

44 Die Gemeinschaft haftet für ein Verschulden bei Auswahl des Verwalters (s. § 831 BGB). Denkbar ist ein **Ausgleichsanspruch** der Minderheit gegen die Mehrheit (zur Haftung v. Verwalter und WEer s. *Weimar*, JR 73, 8).

VII. Rechtsgeschäfte zwischen Gemeinschaft und Verwalter

45 Wegen **Interessenkollision** ist der Verwalter von Rechtsgeschäften außerhalb des Verwaltervertrags mit der Gemeinschaft davon ausgeschlossen (§ 181 BGB; siehe auch unter § 27 Rz. 32). Dies gilt vor allem für die Vermittlung einer **Mietwohnung**. Der Konflikt besteht zwischen dem Provisionsinteresse und einer sorgfältigen Prüfung des Mieters. Mit der Formulierung des § 2 Abs. 2 Nr. 2 i. d. F. des G. vom 13. 9. 2001 ist klargestellt, dass dem Vermittler kein Anspruch auf Entgelt zusteht, wenn der **Mietvertrag** über Wohnräume abgeschlossen wird, deren Eigentümer, Verwalter, Mieter oder Vermieter der Vermittler ist. Dem Verwalter einer Eigentumswohnanlage steht auch kein Anspruch auf **Maklerprovision** bei Vermittlung einer betreffenden **EWohnung** zu (*v. Hoyningen-Huene*, BB 74, 1006; LG Aurich, NJW 75, 544; LG Aachen, NJW-RR 92, 341; a. A. LG München, NJW 74, 2287 m. abl. Anm. *v. Hoyningen-Huene*, AG München, MDR 75, 145, OLG München, MDR 75, 931, LG Hamburg, 780562/89, NJW 97, 2827 = NJWE-MietR 97, 251/LS und LG Heidelberg, NJW-RR 97, 775). Dies gilt auch dann, wenn er **nicht** Verwalter hinsichtlich des SEs der vermittelten Wohnung ist (LG Bonn v. 7. 12. 96–8 S 122/95, NJW 96 H. 25, VIII). Das LG München beschränkt die Anwendung des § 2 Abs. 2 Nr. 2 WoVermG auf den Fall, dass er der Verwalter des betr. Wohnungseigentums, des Sondereigentums, ist (ebenda). Ein Provisionsanspruch ist dann nicht ausgeschlossen, wenn der Verwalter lediglich die Vermietbarkeit der Wohnung durch gelegentliche und untergeordnete Nebentätigkeit ermöglicht (LG Düsseldorf NZM 2006, 28 = NJW-RR 2006, 235). Ein Vermittlungsanspruch steht dem Verwalter auch nicht zu, wenn er in mehreren Fällen der Wohnungsvermittlung gleichzeitig als Stellvertreter der WEer/Vermieter den Mietvertrag abgeschlossen hat (LG Düsseldorf, NJW-RR 93, 401), desgl. wenn nicht unerhebliche Zweifel an seiner Eigenschaft als neutraler Vermittler begründet sind (LG Nürnberg-Fürth, NJW-RR 92, 1148). Wenn ein Mann im Namen seiner Frau eine Wohnung, die ihm zur Hälfte gehört, „vermittelt", darf er ebenfalls keine Maklergebühr verlangen (AG Recklinghausen, Az. 12C 43/96). Dies gilt nicht für einen **Hausmeister** (AG Neuss, NJW-RR 91, 909). Zu einem ähnlichen Fall wirtschaftlicher Verflechtung OLG Köln, BB 74, 905.

Anders soll es sein, wenn der Verwalter eine **EW** vermittelt (OLG Hamburg, NJW 97, H. 29, VIII). Rspr. und h. M. lehnen eine entsprechende Anwendung auf die Vermittlung einer EW durch den Verwalter der Anlage ab (BGH NZM 2005, 633).

Lediglich im Fall „unechter Verflechtung" auf Grund eines institutionellen Interessenkonflikts kann beim (Käufer)makler, der zugleich Haus- bzw. Wohnungsverwalter des Grundstücks- (Woh-

§ 27 I. Teil. Wohnungseigentum

nungs)verkäufers ist, eine beachtliche Interessenkollision bestehen, jedoch nicht ohne weitere Anhaltspunkte (ebenda). Hat der Verwalter die Zustimmung zur Veräußerung einer EW zu erteilen nach (§ 12) und fungiert gleichzeitig als Makler, kann ein institutioneller Konflikt mit den Interessen des Käufers festzustellen sein (BGH NJW 2003, 1393 = NZM 2003, 358: Allerdings keine Verflechtung des „gewöhnlichen" WEsverwalters und dem WEer). Dasselbe muss gelten, wenn die Vermietung einer EW an seine Zustimmung geknüpft ist. Danach ist der Käufer einer EW zur Zahlung eines Maklerhonorars an den den Kauf vermittelnden Verwalter der Wohnung verpflichtet, wenn die Zahlungsverpflichtung in dem Kaufvertrag vereinbart ist. § 181 (**Insichgeschäft**) soll nicht Anwendung finden, wenn der Verwalter als **Erwerber** einer EW gleichzeitig sich selbst die Zustimmung nach § 12 erteilt (KG, NZM 2004, 588; fraglich!).

46 Der **Verwalter** kann mit Forderungen aus dem Verwaltervertrag gegen ebensolche der Gemeinschaft nach § 387 BGB **aufrechnen** (BayObLGZ 76, 165 = Rpfleger 76, 360 = MDR 76, 930 = ZMR 77, 85 = BB 77, 317; OLG Stuttgart, Justiz 83, 341). Dagegen steht ihm kein Zurückbehaltungsrecht an Verwaltungsunterlagen zu gegenüber Forderungen an die Gemeinschaft (AG Hamburg-Blankenese, DerWEer 89, 73). Auch kann ein **WEer** nicht mit einer ihm abgetretenen Forderung des Verwalters gegen Beitragsforderungen der Gemeinschaft aufrechnen (BayObLG, Rpfleger 76, 422). Ebenso nicht ein WEer gegenüber Ansprüchen der WEer gegen ihn mit Forderungen gegen den Verwalter (BayObLG, WEM 79, 173 = MDR 80, 57).

VIII. Überleitung

47 Zur Überleitung bestehender Verwalterverträge bestimmte Art. 3 § 2 G. v. 30. 7. 1973, dass diese spätestens 5 Jahre nach dem Inkrafttreten der Änderungen wirkungslos wurden (BayObLG, Rpfleger 80, 391: Unmöglichkeit trat ein). D. h., da das Gesetz zum 1. Oktober 1973 in Kraft getreten ist, endeten die Verträge spätestens mit dem 1. Okt. 1978. Die Vorschrift ist damit **gegenstandslos.**

§ 27 Aufgaben und Befugnisse des Verwalters

(1) **Der Verwalter ist gegenüber den Wohnungseigentümern und gegenüber der Gemeinschaft der Wohnungseigentümer berechtigt und verpflichtet,**

1. Beschlüsse der Wohnungseigentümer durchzuführen und für die Durchführung der Hausordnung zu sorgen;
2. die für die ordnungsmäßige Instandhaltung und Instandsetzung des gemeinschaftlichen Eigentums erforderlichen Maßnahmen zu treffen;
3. in dringenden Fällen sonstige zur Erhaltung des gemeinschaftlichen Eigentums erforderliche Maßnahmen zu treffen;
4. Lasten- und Kostenbeiträge, Tilgungsbeträge und Hypothekenzinsen anzufordern, in Empfang zu nehmen und abzuführen, soweit es sich um gemeinschaftliche Angelegenheiten der Wohnungseigentümer handelt;
5. alle Zahlungen und Leistungen zu bewirken und entgegenzunehmen, die mit der laufenden Verwaltung des gemeinschaftlichen Eigentums zusammenhängen;
6. eingenommene Gelder zu verwalten;
7. die Wohnungseigentümer unverzüglich darüber zu unterrichten, dass ein Rechtsstreit gemäß § 43 anhängig ist;
8. die Erklärungen abzugeben, die zur Vornahme der in § 21 Abs. 5 Nr. 6 bezeichneten Maßnahmen erforderlich sind.

(2) Der Verwalter ist berechtigt, im Namen aller Wohnungseigentümer und mit Wirkung für und gegen sie

1. Willenserklärungen und Zustellungen entgegenzunehmen, soweit sie an alle Wohnungseigentümer in dieser Eigenschaft gerichtet sind;
2. Maßnahmen zu treffen, die zur Wahrung einer Frist oder zur Abwendung eines sonstigen Rechtsnachteils erforderlich sind, insbesondere einen gegen die Wohnungseigentümer gerichteten Rechtsstreit gemäß § 43 Nr. 1, Nr. 4 oder Nr. 5 im Erkenntnis- und Vollstreckungsverfahren zu führen;
3. Ansprüche gerichtlich und außergerichtlich geltend zu machen, sofern er hierzu durch Vereinbarung oder Beschluss mit Stimmenmehrheit der Wohnungseigentümer ermächtigt ist;
4. mit einem Rechtsanwalt wegen eines Rechtsstreits gemäß § 43 Nr. 1, Nr. 4 oder Nr. 5 zu vereinbaren, dass sich die Gebühren nach einem höheren als dem gesetzlichen Streitwert, höchstens nach einem gemäß § 49a Abs. 1 Satz 1 des Gerichtskostengesetzes bestimmten Streitwert bemessen.

§ 27 I. Teil. Wohnungseigentum

(3) ¹Der Verwalter ist berechtigt, im Namen der Gemeinschaft der Wohnungseigentümer und mit Wirkung für und gegen sie
1. Willenserklärungen und Zustellungen entgegenzunehmen;
2. Maßnahmen zu treffen, die zur Wahrung einer Frist oder zur Abwendung eines sonstigen Rechtsnachteils erforderlich sind, insbesondere einen gegen die Gemeinschaft gerichteten Rechtsstreit gemäß § 43 Nr. 2 oder Nr. 5 im Erkenntnis- und Vollstreckungsverfahren zu führen;
3. die laufenden Maßnahmen der erforderlichen ordnungsmäßigen Instandhaltung und Instandsetzung gemäß Absatz 1 Nr. 2 zu treffen;
4. die Maßnahmen gemäß Absatz 1 Nr. 3 bis 5 und 8 zu treffen;
5. im Rahmen der Verwaltung der eingenommenen Gelder gemäß Absatz 1 Nr. 6 Konten zu führen;
6. mit einem Rechtsanwalt wegen eines Rechtsstreits gemäß § 43 Nr. 2 oder Nr. 5 eine Vergütung gemäß Absatz 2 Nr. 4 zu vereinbaren;
7. sonstige Rechtsgeschäfte und Rechtshandlungen vorzunehmen, soweit er hierzu durch Vereinbarung oder Beschluss der Wohnungseigentümer mit Stimmenmehrheit ermächtigt ist.

²Fehlt ein Verwalter oder ist er er zur Vertretung nicht berechtigt, so vertreten alle Wohnungseigentümer die Gemeinschaft. ³Die Wohnungseigentümer können durch Beschluss mit Stimmenmehrheit einen oder mehrere Wohnungseigentümer zur Vertretung ermächtigen.

(4) Die dem Verwalter nach den Absätzen 1 bis 3 zustehenden Aufgaben und Befugnisse können durch Vereinbarung der Wohnungseigentümer nicht eingeschränkt oder ausgeschlossen werden.

(5) ¹Der Verwalter ist verpflichtet, eingenommene Gelder von seinem Vermögen gesondert zu halten. ²Die Verfügung über solche Gelder kann durch Vereinbarung oder Beschluss der Wohnungseigentümer mit Stimmenmehrheit von der Zustimmung eines Wohnungseigentümers oder eines Dritten abhängig gemacht werden.

(6) Der Verwalter kann von den Wohnungseigentümern die Ausstellung einer Vollmachts- und Ermächtigungsurkunde verlangen, aus der der Umfang seiner Vertretungsmacht ersichtlich ist.

Übersicht

	Rz.
I. Überblick	1
II. Geschäftsführung (Abs. 1)	7
1. Allgemeines	7
a) Nr. 1 Beschlüsse, Hausordnung	8
b) Nr. 2 Instandhaltung, Instandsetzung	9
c) Nr. 3 Dringende Fälle	12
d) Nr. 4 Einziehung	13
e) Nr. 5 Zahlungen, Leistungen	15
f) Nr. 6 Verwaltung von Geldern	16
g) Nr. 7 Unterrichtung über Prozesse	18
h) Nr. 8 Eigentümererklärungen	19
i) Ergänzung	20
III. Vertretungsmacht für die WEer (Abs. 2)	26
1. Allgemeines	26
2. Inhalt	27
a) Nr. 1	27
b) Nr. 2	32
c) Nr. 3	34
d) Nr. 4	44
e) Weitere Befugnisse	45
IV. Vertretungsmacht für die Gemeinschaft (Abs. 3)	46
1. Allgemeines	46
2. Satz 1	47
a) Nr. 1	48
b) Nr. 2	49
c) Nr. 3	50
d) Nr. 4	51
e) Nr. 5	52
f) Nr. 6	53
g) Nr. 7	54
3. Satz 2	55
4. Satz 3	56
V. Unabdingbarkeit (Abs. 4)	57
VI. Vermögensverwaltung der Gemeinschaft (Abs. 5)	58
VII. Vollmachtausweis (Abs. 6)	62
VIII. Kontrolle der Geschäftsführung	65
IX. Haftung des Verwalters	66

I. Überblick

1. Allgemeines. § 27 enthält als zentrale Vorschrift die Aufgaben und Befugnisse des Verwalters, insbesondere auch eine Umschreibung seiner Vertretungsmacht. Der Verwalter hat eine **Doppelfunktion** inne, indem er „sowohl als Vertreter der WEer in deren Eigenschaft als **Mitberechtigte** am gemeinschaftlichen

Grundstück als **auch** als Vertreter der rechtsfähigen **Gemeinschaft der WEer**" auftritt (BT-Drs. 16/887 S. 69; 3843 S. 52). **Abs. 1** regelt das **Innenverhältnis** einerseits gegenüber den WEern, andererseits gegenüber der teilrechtsfähigen **Gemeinschaft**. **Abs. 2** regelt die **Vertretungsmacht** des Verwalters für die **WEer**, während **Abs. 3** sie für die **Gemeinschaft** behandelt. **Abs. 4** bestimmt die **Unabdingbarkeit** der Aufgaben und Befugnisse des Verwalters. **Abs. 5** handelt von der **Verwaltung** der eingenommenen **Gelder** der WEer. **Abs. 6** betrifft den Anspruch des Verwalters auf Aushändigung einer **Vollmachtsurkunde**.

2 **2. Geschäftsführung (Abs. 1).** **Befugnis** und **Verpflichtung** dazu beruhen bereits auf dem Gesetz als Mindestinhalt der Bestellung des Verwalters. Es ist ein schuldrechtliches Verhältnis mit dem Inhalt eines Auftrags oder der Geschäftsbesorgung nach § 675 BGB, die modifiziert werden kann (BGH, NJW-RR 93, 1227; OLG Frankfurt a. M., NJW-RR 88, 1169). Die Kompetenzen des Verwalters können durch die WEer insofern **ergänzt** und durch entsprechende Beschlüsse **bestimmt** werden (OLG München NZM 2005, 673; *Staudinger/Bub*, § 27 Rz. 6). Dazu kommen § 28 über Rechnungslegung und § 27 Abs. 5 über Geldverwaltung.

3 **3. Verwalterstellung** ist rechtlich gestärkt durch Mindestaufgaben und -befugnisse. Nach der Anerkennung der (Teil)rechtsfähigkeit durch den Gesetzgeber ist von einer **Organstellung** des Verwalters auszugehen. Ausdrücklich spricht er zwar lediglich von **gesetzlicher Vertretungsmacht** (BT-Drs. 16/887 S. 70). Gleichwohl wird man nach der Entscheidung die Notwendigkeit einer organschaftlichen Handlungsfähigkeit zu bejahen haben. Da insbesondere die Vertretungsmacht beschränkt ist, können Außenstehende nur bei Vorlage einer erweiterten Vollmacht (s. Abs. 6) von zusätzlichen Befugnissen ausgehen.

4 **4. Rechtsweg.** § 43 Nr. 3 begründet die örtliche Zuständigkeit des Gerichts. Die Feststellungsklage des Verwalters über Pflichten der WEer aus der Hausordnung richtet sich ebenfalls nach dieser Vorschrift (richtig OLG Hamm Rpfleger 70, 135 = MittBayNot 70, 109). **Nach Abberufung** sind Ansprüche gegen den Verwalter auf Rechnungslegung und Herausgabe ebenfalls nach § 43 Nr. 3 geltend zu machen; dasselbe gilt für Vergütungsansprüche (s. § 43 Rz. 8). Zur Beteiligung des Verwalters am Verfahren s. BayObLG, NJW 72, 880. **Rechtsweg** ist grundsätzlich das ZPO-Verfahren nach § 43, auch bei Schadensersatzansprüchen gegen Verwalter (s. § 43 Rz. 8).

Aufgaben und Befugnisse des Verwalters 5–8 § 27

5. Vertretungsmacht. Sie ergibt sich für den Verwalter aus Abs. 2 und Abs. 3 S. 1 für den **Verwalter,** aus Abs. 3 S. 2 subsidiär für die **WEer.**

6. Die Mindestaufgaben und Befugnisse nach **Abs. 1 bis 3** sind **unabdingbar** (*Staudinger/Bub,* § 27 Rz. 5). Eine **Einschränkung** durch Vereinbarung oder Mehrheitsbeschluss ist **unwirksam** (BGH, NJW 96, 1216). Sie können allerdings erweitert werden (s. Rz. 17). Z. B. durch Übertragung der **Verwaltung** ihres **SEs** durch einzelne Wohnungseigentümer. Dazu bedarf es eines Vertrags zwischen WEer und Verwalter. In diesem Fall besteht diese beim Erwerb der Wohnung durch Zuschlag in der **Zwangsversteigerung** nicht fort, sondern muss vom Verwalter notfalls (erneut) gerichtlich gegen den Rechtsnachfolger durchgesetzt werden (BayObLG, NJW-RR 96, 1037 = DNotZ 96, 37). Die **Zwangsverwaltung** eines WEs berührt die Stellung des Verwalters nicht. Stehen alle Einheiten unter Zwangsverwaltung, entscheidet der Zwangsverwalter über den bisherigen Verwalter wie eine Mehrheit, ggfs. über einen neuen (AG Strausberg Rpfleger 2004, 115; *Drasdo,* NJW 2005, 1552).

II. Geschäftsführung (Abs. 1)

1. Allgemeines. Geschäftsführungsbefugnis bedeutet zugleich **Geschäftsführungspflicht** (OLG Schleswig, Wohnung und Haus 80, 101). Ob aus Abs. 1 eine gesetzliche Vertretung folgt, war streitig (s. 17. Aufl.). Die Neufassung des § 27 stellt mit der Formulierung im Satz 1 „gegenüber den Wohnungseigentümern und gegenüber der Gemeinschaft", klar, dass sich aus Abs. 1 **keine** Vertretungsmacht ergibt. Vielmehr handelt es sich nur um die Aufzählung von Rechten und Pflichten im **Innenverhältnis** (BT-Drs. 16/887 S. 70). Der Katalog der Befugnisse/Verpflichtungen des Abs. 1 Nr. 1–8 ist nicht abschließend. Zu den Aufgaben des Verwalters gehört auch die Herausgabe einer aktuellen **Liste** der WEer an den einladenden Verwaltungsbeiratsvorsitzenden, aber auch an die einzelnen WEer zu einer Verwaltungsinitiative oder zur Vorbereitung einer Klage nach § 44 Abs. 1, 2 (*Drasdo,* NZM 2009, 724). Nach allg. Regeln kann dem Verwalter aber jederzeit durch Beschluss ausdrücklich oder konkludent Vollmacht und Vertretungsmacht erteilt werden (OLG Hamm, ZflR 97, 347).

Die Befugnisse folgen entsprechend dem Katalog in Abs. 1:

a) Nr. 1. Durchführung der **Beschlüsse** (auch anfechtbarer: BayObLG, MDR 74, 491). Die WEer können die Durchführung nicht angefochtener Beschlüsse nicht beanstanden (BayObLG,

WuM 90, 366; FGPrax 95, 231). Dies gilt nicht für nichtige Beschlüsse (BayObLG, a. a. O.). Darauf beruhende Anweisungen sind ebenfalls nicht zu befolgen (AG Neukölln, ZMR 2002, 474). Durchsetzung der **Hausordnung.** Auch der Verwalter kann nach § 43 Nr. 4 das Gericht anrufen zur Prüfung der Gültigkeit von Beschlüssen. Dies gilt vor allem dann, wenn sie seine Rechtsstellung betreffen, also auch, wenn er sie auszuführen hat. Er kann auch bei **Unfallgefahr** Arbeiten am GemE an Mitglieder der Gemeinschaft mit deren Einverständnis vergeben (KG, NJW-RR 96, 526).

9 **b) Nr. 2.** Instandhaltung, Instandsetzung des GemEs. Hierbei handelt es sich um ein eigenes, selbstständiges Recht des Verwalters (BGH, NJW 77, 46; s. § 21 Abs. 5 Nr. 2 Rz. 44). Diese Verpflichtung nimmt der Verwalter damit **nicht** als **Erfüllungsgehilfe** wahr (OLG Düsseldorf, ZMR 95, 177 = NJW-RR 95, 587 zur Gebäudesicherungspflicht), sondern als **eigene.** Da der Begriff der Instandhaltung auch die Beseitigung einer Störung der öffentlichen Sicherheit oder Ordnung umfasst, kann der Verwalter mittels einer Ordnungsverfügung (z. B. zur Freihaltung des Treppenhauses) dazu angehalten werden (OVG Münster, NJW 2009, 3528 = NZM 2009, 912: **Brandschutz).** Der Verwalter ist grundsätzlich verpflichtet, das GemE regelmäßig daraufhin zu **überprüfen,** ob Maßnahmen der Instandsetzung und Instandhaltung notwendig sind. Ist dies der Fall, hat er die WEer auf die Erforderlichkeit einer Maßnahme hinzuweisen und eine Beschlussfassung einzuleiten (BayObLG, NJW-RR 2001, 1020). Dabei ist der Verwalter grundsätzlich nicht verpflichtet, die erforderlichen **Kontrollen** in eigener Person durchzuführen. Der Bauträger-Verwalter hat die Pflicht, bei erkannten Mängeln der Erstellung an einem Bauteil (Balkon) baugleiche Teile auf das Vorhandensein von Mängeln zu überprüfen (OLG München, NZM 2008, 895). Ob mit der Überprüfung im Rahmen eines Wartungsvertrags ein Fachunternehmen beauftragt werden soll, haben die WEer zu entscheiden (BayObLG, NZM 99, 840). Beauftragte Handwerker oder Fachunternehmen sind keine Erfüllungsgehilfen des Verwalters (BayObLG, NZM 2002, 564; BayObLGZ 92, 146). Der Verwalter ist nicht berechtigt, einen außergewöhnlichen, nicht dringenden **Instandsetzungsauftrag** größeren Umfangs ohne vorherigen Beschluss der WEer in deren Namen zu vergeben (BGHZ 67, 232; NJW 77, 44). Dasselbe gilt auch für langfristige **Wartungsverträge** (OLG Koblenz, WuM 99, 429; OLG Köln NZM 2005, 345; OLG Zweibrücken, OLGZ 83, 339: 20-jähriger Fahrstuhlwartungsvertrag). Der Verwalter ist ebenfalls nicht berechtigt, einen langfristigen Vertrag mit einem **Haus-**

meister (5 Jahre) abzuschließen (OLG Köln NZM 2005, 345). Durch Vereinbarung, aber auch durch Beschluss im Einzelfall kann er ermächtigt werden, einen Hausmeister anzustellen (LAG Düsseldorf, NJW-Spezial 2008, 739: jedenfalls durch die GemO). In diesem Fall kann er auch **kündigen** (LAG, a. a. O.). Der Verwalter handelt bei der Erteilung von Aufträgen für **Reparaturarbeiten** am GemE typischerweise nicht in eigenem Namen, sondern als Vertreter der Gemeinschaft, auch wenn deren Namen nicht genannt wird; das gilt jedenfalls, soweit er im Rahmen seiner Befugnisse handelt. Allerdings kann ihm die Befugnis im Verwaltervertrag oder durch Beschluss erteilt werden, Reparaturaufträge bis zu einer gewissen Obergrenze selbstständig zu vergeben (AG Recklinghausen, NZM 2009, 521). Darüber hinaus handelt er als Vertreter ohne Vertretungsmacht.

Es besteht kein Anspruch der Gemeinschaft aus ungerechtfertigter **10** Bereicherung (§ 812 BGB), wenn der Verwalter ohne Ermächtigung zugunsten eines WEers eine (gemeinschaftliche) schallschützende Wohnungseingangstür einbauen lässt (BayObLGZ 78, Nr. 25 = Rpfleger 78, 299). Aufwendungen kann der Verwalter der Rücklage entnehmen, soweit sie im Rahmen der Nr. 2 entstanden sind (BGH, NJW 77, 44); damit ist auch ggfs. ein Anspruch auf Befreiung von einer Verbindlichkeit verbunden (BayObLG, ZMR 98, 103). Auch im Falle unberechtigter Geschäftsführung kann der Verwalter **Ersatz** von **Verwendungen** verlangen, wenn diese zwar nicht werterhöhend waren, der Gemeinschaft aber später unausweichliche Aufwendungen erspart haben (OLG Düsseldorf, NJW-RR 96, 913).

Zum **Ersatz** eines durchgehenden Eingangshallenfensters durch **11** ein zweigeteiltes ohne Störung der optischen Harmonie der Wohnanlage ist der Verwalter befugt (BayObLG, DerWEer 83, 30). Eine solche bauliche Veränderung muss demnach geringfügig sein, darf keinen Nachteil für die WEer darstellen und muss im Übrigen auch dem Interesse der Gesamtheit entsprechen (BayObLG, a. a. O.). Zur Kreditaufnahme ist er nicht berechtigt (BGH, NJW-RR 93, 1227; s. u. Rz. 29).

c) Nr. 3. Diese Maßnahmen in dringenden Fällen stellen eine **12** Parallele zu § 21 Abs. 2 dar (s. § 21 Rz. 12 ff.). Hier aber schon in dringenden Fällen schlechthin. Das bedeutet, dass die Maßnahmen ordnungsmäßiger Verwaltung entsprechen und die Entscheidung der WEer nicht abgewartet werden kann (BayObLG, NJWE-MietR 97, 163). **Dringend** sind Fälle, die eine vorherige Einberufung der **WEer**versammlung nicht zulassen und ein Schaden des

GemEs nicht ausgeschlossen werden kann (BayObLG, NZM 2004, 390). Dabei sind auch Struktur und Größe der Gemeinschaft zu berücksichtigen. Dies gilt auch dann, wenn erforderliche Instandsetzungsarbeiten durch Baumängel verursacht sein können und Gewährleistungsansprüche gegen den Verwalter in seiner Funktion als Architekt, Bauträger oder bauausführender Unternehmer in Betracht kommen (OLG Hamm, DerWEer 89, 141; *Weitnauer/Hauger*, § 27 Rz. 7). Der Verwalter kann insoweit entsprechende Aufträge vergeben. Eine somit denkbare Interessenkollision ist hier ausnahmsweise unbeachtlich. Er macht sich also gegenüber den WEern schadensersatzpflichtig, wenn er seine Pflicht verletzt, **Baumängel** festzustellen, die WEer darüber und über den drohenden **Ablauf** von Gewährleistungsfristen zu **unterrichten** sowie eine **Entscheidung** der WEerversammlung herbeizuführen (OLG Hamm, ZMR 96, 678 = FGPrax 96, 218 = NJW-RR 97, 143). Die früher angenommene gesetzliche **Vertretungsmacht** des Verwalters, soweit er den Rahmen der Nr. 3 einhält (*Gruber*, NZM 2000, 263; OLG Hamm, ZfIR 97, 347), folgt aus Abs. 3 Nr. 4.

13   d) **Nr. 4.** Einziehung von Lasten, Kosten, Tilgungen: (s. § 16 Rz. 10 ff.). Auch Tilgungsbeträge fallen hierunter (Interesse der Kreditgeber).

Zweifelhaft ist, ob eine Einziehungsbefugnis auch bei Verteilung einer ursprünglichen Gesamtlast in Einzelhypotheken besteht. Dies wird zu bejahen sein, kann zumindest vereinbart werden (OLG Schleswig, NJW 62, 1870 mit krit. Anm. v. *Karstädt*). Eine **Erweiterung** der Befugnisse des Verwalters ist zulässig (RGRK-*Augustin* § 27 Rz. 1). Dagegen sind ursprüngliche Einzelhypotheken an Wohnungseigentumsrechten der Einziehung durch den Verwalter entzogen, falls keine entsprechende Vereinbarung besteht (KG, NJW 75, 318 = MittBayNot 75, 100 = DNotZ 75, 102 = MDR 75, 230 = Rpfleger 75, 28). Es ist also keine Ermächtigung im Beschlussweg möglich (KG a. a. O.: BayObLG, Rpfleger 78, 256).

Dagegen ist eine Regelung in der GemO, wonach der WEer verpflichtet ist, dem Verwalter eine Einzugsermächtigung zu erteilen, wirksam (BayObLG, WuM 98, 749; LG Frankfurt a. M., DerWEer 83, 121). Ein statt dessen erteilter **Dauerauftrag** genügt nicht (ebenda). Nr. 4 enthält **keine Befugnis** des Verwalters, im Namen der WEer Ansprüche **anzuerkennen** (BayObLG, DerWEer 84, 61).

Eingezogene Tilgungsbeträge und Zinsen werden bis zur Auszahlung Gemeinschaftsvermögen, erst mit Eingang Vermögen des Gläubigers. Durch eine unmittelbare Zahlung an Gläubiger wird

der WEer gegenüber der Gemeinschaft nicht befreit (BayObLG, NJW 59, 1277).
Grundsteuern werden von jedem WEer gesondert erhoben. Das WsE ist selbstständiges Steuerobjekt. Der Verwalter ist nicht zur Einziehung berechtigt.

Wohngeldansprüche gegen einen WEer setzen einen Eigentümerbeschluss über die Jahresabrechnung, den Wirtschaftsplan oder eine Sonderumlage voraus. Der Beschluss muss grundsätzlich das von dem einzelnen WEer geschuldete Wohngeld **betragsmäßig** bezeichnen, wobei es ausnahmsweise genügt, dass sich der geschuldete Betrag ohne weiteres errechnen lässt (BayObLG v. 10. 10. 96 – 2 Z BR 76/96 – WuM 1997, 8 = ZMR 1997, 42). Der Verwalter kann auch beim Erwerber eines WEs laufende Beiträge anfordern, rückständige des Vorgängers nur ausnahmsweise (h. M., s. § 16 Rz. 31 ff.).

14

Die Vereinbarung **kann Vertragsstrafen** bei Säumigkeit anordnen, die in das gemeinschaftliche Vermögen fallen. Allerdings soll eine solche Bestimmung nach der Ansicht des AG Stuttgart-Bad Cannstatt ein **unzulässiger Vertrag zu Lasten Dritter** sein (WuM 96, 721). Es ist allerdings zu beachten, dass auch diese Rechtsauffassung sich auf eine entsprechende Bestimmung im **Verwaltervertrag** bezieht; es bleibt dagegen offen, ob diese Klausel auf Grund einer entsprechenden Vereinbarung der WEer in den Vertrag aufgenommen wurde oder nicht. Zutreffendenfalls wäre sie zulässig. Zur gerichtlichen Geltendmachung von Kosten- und Lastenbeiträgen der WEer ist der Verwalter nicht ohne weiteres befugt, auch nicht zur Einschaltung eines Rechtsanwalts zur gerichtlichen oder außergerichtlichen Geltendmachung (zu letzterer OLG Düsseldorf, NZM 2001, 290).

e) Nr. 5. Er hat **alle Zahlungen** und **Leistungen** der laufenden Verwaltung zu bewirken und entgegenzunehmen. Darunter sind Erfüllungshandlungen zu verstehen (BGH, NJW 77, 44). Dazu gehören entspr. dem Wirtschaftsplan (BayObLG, WEM 79, 173) Zahlungen für Versicherungsbeiträge, **Entgelt** für Hausmeister, Reinigungsunternehmen, Beleuchtungskosten, Wassergeld, Müllabfuhr, Kaminkehrerlöhne, beschlossene Instandhaltungs- und Instandsetzungskosten usw., **Heizungs**material für Zentralheizung und Reparaturarbeiten. Dementsprechend können die WEer den Verwalter mit Mehrheit ermächtigen, zum **Einkauf** von Heizöl einen begrenzten **Kredit** aufzunehmen (KG, NJW-RR 94, 1105 = WuM 94, 400). Ein solcher Beschluss setzt voraus, dass eine andere zumutbare und Erfolg versprechende Möglichkeit, die erforderliche

15

Beheizung des Hauses sicherzustellen (etwa durch Erhebung einer Sonderumlage) nicht besteht (KG, a. a. O.). Grundsätzlich ist sie auf das erforderliche Maß und einen begrenzten Zeitraum (etwa bei einem Liquiditätsengpass) zu beschränken (OLG München NZM 2006, 62). Ohne Bevollmächtigung ist der Verwalter **nicht befugt,** zur **Bezahlung** notwendiger **Instandsetzungsarbeiten** Kredite namens der WEer aufzunehmen (OLG Hamm, ZflR 97, 347; OLG München NZM 2006, 62). Die Finanzierung ist grundsätzlich Sache des einzelnen WEers, der über die Art selbst zu entscheiden hat (OLG München a. a. O.). Auch die Ausübung eines **Zurückbehaltungsrechts** geht über die Ermächtigung der Nr. 5 hinaus und bedarf eines Beschlusses der WEer (BGH NZM 2005, 626 = NJW 2005, 2622). **Verweigert** die Gemeinschaft die Genehmigung, hat der Verwalter gegen sie aber einen **Befreiungs-,** bzw. nach eigener Rückzahlung der Kredite, einen Erstattungsanspruch gemäß § 670 BGB (BGH, NJW-RR 93, 1227). Zur ordnungsmäßigen Führung der Konten gehören die notwendigen Abhebungen und Überweisungen (zur Frage, wer einen Rückzahlungs-/Wiederauffüllungsanspruch gegen den Verwalter u. U. geltend machen kann s. § 21 Rz. 26). Wird der Verwalter in Erfüllung seiner Aufgaben nach Nr. 5 für die unberechtigte **Überziehung** des Kontos der WEer-Gemeinschaft von der Bank auf Zahlung in Anspruch genommen und kommt er diesem Verlangen nach, so hat er gegen die Gemeinschaft (früher die einzelnen WEer) einen Anspruch auf **Ersatz** seiner Aufwendungen (OLG Hamm, OLGR Hamm 97, 141 = ZMR 97, 377 = WE 97, 314). **Nicht befugt** ist der Verwalter, einen **Forderungsverzicht** zu erklären (BayObLGZ 98, 284) oder eine Gegenforderung **anzuerkennen** (BayObLG, ZWE 2001, 593). Er ist auch nicht befugt, ohne Beschluss der WEer, einem WEer **Aufschub** oder **Teilzahlungen** in Bezug auf Gemeinschaftsforderungen einzuräumen. Leistet der Verwalter Zahlung **zugunsten** eines WEers, kommt es auf seinen Willen an, ob eine befreiende Leistung (eines Dritten gem. § 267 BGB) vorliegt (OLG Köln NZM 2005, 263). Zur **Entgegennahme** gehören auch Realakte und dabei abzugebende Willenserklärungen, etwa im Rahmen der Vergabe von Werkverträgen (Gewährleistung z. B.). Vieles wird unter Maßnahmen nach Nr. 2 fallen (s. Rz. 35).

16 **f) Nr. 6.** Verwaltung der **eingenommenen** Gelder. Die Formulierung dient der Klarstellung, dass es sich um die Gelder der **Gemeinschaft** i. S. von § 10 Abs. 7 S. 3 handelt. Diese müssen zum Zweck der Verwaltung in seinen Verfügungsbereich gelangt sein. Verwaltung bedeutet u. a. die Aufgabe, die Gelder der Gemeinschaft sinnvoll anzulegen ggfs. auch in unterschiedlichen Formen der Anlage nach Verzinsung und Dauer im Rahmen einer ordnungsmäßigen Verwaltung. Auch die Erledigung des Zahlungsverkehrs gehört hierher. Ergänzend zu Nr. 6 kommt Abs. 5 S. 1 über die Pflicht zur Getrennthaltung der Gelder von seinem Vermögen. Der Verwalter hat dabei als uneigennütziger **Treuhänder** zu agieren (OLG Köln, DWE 2008, H. 2, III/LS).

Die Verteilung des Überschusses ist Sache des Beschlusses der 17 WEer. Der Verwalter ist zur **Herausgabe** von **Wohngeldern** auch dann gemäß §§ 675, 670 BGB verpflichtet, wenn seine Verwaltertätigkeit durch Ungültigerklärung der Wahl beendet wird (BGH, NJW 97, 2106 = MDR 97, 537 = WuM 97, 294 = ZMR 97, 308). Hat der Verwalter zur Abwicklung des **Zahlungsverkehrs** der Gemeinschaft ein Konto auf seinen Namen angelegt, so ist er nach Beendigung seiner Tätigkeit verpflichtet, den Gegenwert des auf dem Konto ausgewiesenen Guthabens an die WEer herauszugeben (auszuzahlen). Zur Abtretung der Guthabenforderung ist er nicht verpflichtet (BayObLG, NZM 99, 1148). Mit der Rechtsfähigkeit der Gemeinschaft ist diese Form der Anlage i. d. R. nicht mehr zulässig (s. Rz. 60). Dafür, dass vom Verwalter vorgenommene **Abhebungen** im Rahmen der Verwaltung des GemEs erforderlich oder gerechtfertigt waren, obliegt im Zweifel ihm die **Darlegungspflicht** (ebenda). Wenn die Verwendung der abgehobenen Gelder ungeklärt bleibt, ist der Verwalter auch insoweit zu Herausgabe verpflichtet (ebenda). Zur Verteilung der materiellen Darlegungs- und Beweislast dabei vgl. a. BayObLG, NZM 2000, 245 und *Niedenführ,* NZM 2000, 270. Zur Überziehung eines Kontos oder Kreditaufnahme ist er im Allg. nicht befugt (s. Rz. 15 ff.).

g) Nr. 7. Die Vorschrift verpflichtet den Verwalter, die WEer 18 über **alle** und nicht nur die gegen **ihn** anhängigen Rechtsstreitigkeiten i. S. von § 43 unverzüglich zu unterrichten. Im Rahmen seines pflichtgemäßen Ermessens hat er u. U. eine Informationspflicht bereits **vor** Rechtshängigkeit. Insoweit beinhaltet Nr. 7 eine Mindestaufgabe, die von der Gemeinschaft erweitert bzw. präzisiert werden kann (vgl. Abs. 4). Die Vorschrift hat den Zweck, eine umfangreiche und vollständige Information der WEer zu gewährleisten. Sie gilt für **alle** Arten von Verfahren. Sie ist unabhängig von der Frage, ob und wie im Bereich der Gemeinschaft die **Kostenerstattung** zu erfolge hat.

Die Gemeinschaft kann im Falle eines Verbandsprozesses – wenn sie im Rahmen ihrer Rechtsfähigkeit beteiligt ist – keine Erstattung der Kosten verlangen, die durch die **interne Kommunikation** entstanden sind (BGH, NJW 2009, 2135). Dies gilt auch bei einer Beschlussanfechtung, wenn sich die WEer vom Verwalter bzw. durch einen von diesem beauftragten Prozessbevollmächtigten vertreten lassen, also „ähnlich einem Verband", als **„Quasiverband"** auftreten (a. a. O. S. 2136). Dies ist sachgerecht, weil es auch im Interesse der übrigen WEer ist. In einem Prozess, der die Anfechtung eines Beschlusses zur Rechtsstellung des **Verwalters** betrifft, soll dagegen eine Kostenerstattung insoweit möglich sein (ebenda).

19 h) **Nr. 8.** Hierbei ist die Abgabe der sog. **Eigentümererklärungen** nach § 21 Abs. 5 Nr. 6 bezüglich Telefon, Rundfunk/TV und Energieversorgung (s. § 21 Rz. 52) gemeint. Wegen der Gemeinschaftsbezogenheit sind die Erklärungen Sache der teilrechtsfähigen **Gemeinschaft.** Abs. 3 Nr. 4 ergänzt die Verpflichtung durch die Einräumung der entspr. Vertretungsmacht des Verwalters für die Gemeinschaft (BT-Drs. 16/3843 S. 52).

20 i) **Ergänzung:** Es **fehlen** in Abs. 1 die Aufgabe und Befugnis des Verwalters zur Regelung des Gebrauchs der gemeinschaftlichen Dienste usw. (§ 15) und zur Wahrung der Rechte nach § 13. Die Einhaltung der Pflicht nach § 14 wird zu Abs. 1 Nr. 1 gezählt. Aber die Verteilung der Nutzungen der gemeinschaftlichen Sachen und Rechte steht dem Verwalter nicht zu. Zur Vornahme **baulicher Veränderungen** ist der Verwalter nur bei Ermächtigung durch die Gemeinschaft befugt (LG Mannheim, ZMR 76, 51 = ZMR 77, 85).

21 Zu den **Aufgaben** des Verwalters gehört auch noch: **Einberufung** der Versammlung, **Mitteilung** der Beschlüsse an die Abwesenden, Anfertigung und Verwahrung der **Niederschriften** (§ 24 Abs. 6), **Widerspruch** gegen Maßnahmen, die ein einzelner gegen die Interessen der Gemeinschaft vornimmt, **Anstellung** eines Hausmeisters und sonstigen Personals; **Entgegennahme** von Beschwerden, **Vermittlung** in Streitigkeiten, Sorge für **Vermietung** gemeinschaftlichen Eigentums, Betrieb und Instandhaltung der gemeinschaftlichen **Dienste,** Instandsetzung des **GemEs** (OLG Schleswig, Wohnung und Haus 80, 101). Damit gehört auch dessen **Verkehrssicherungspflicht** zu seinen Aufgaben, sofern sie ihm übertragen ist, was typischerweise anzunehmen ist (OLG Frankfurt a. M., NZM 2004, 144; DerWEer 83, 58; 61: bezüglich eines **Kinderspielplatzes;** DerWEer 84, 29). Das BayObLG (NZM 2005, 24) hat die Frage offengelassen, ob die Verkehrssicherungspflicht dem Verwalter kraft Gesetzes obliegt oder nur wenn sie ihm vertraglich übertragen ist. Er haftet nicht, wenn er sie auf eine zuverlässige Hauswartfirma überträgt, z. B. im Fall der Überwachung eines

(Tief)garagen**rolltors** (BayObLG a. a. O.) oder einem zuverlässigen Hauswart (OLG München NZM 2006, 110 = ZWE 2006, 41 m. Anm. *Demharter*). Er haftet aber, wenn er seiner Verpflichtung nicht nachkommt, ein fehlendes **Geländer** am Treppenaufgang anbringen zu lassen (BayObLG, NJW-RR 96, 657).

Der Verwalter kann sich Gehilfen bedienen, sofern dies nicht im Vertrag ausgeschlossen ist (OLG Hamm; NZM 2001, 49). Dazu gehört auch die Anfertigung des **Dienstplans**, des **Wirtschaftsplans;** Beitreibung der Erträgnisse der gemeinschaftlichen Sachen (§ 27 Abs. 2 Nr. 1, auch die Pflicht, Entscheidungen i. S. der HeizkostenV herbeizuführen (vgl. o. § 16 Rz. 49 ff. und § 22 Rz. 30 ff.). 22

Durch Vereinbarung/Teilungserklärung können die **Befugnisse erweitert** werden (BGH, NZM 2004, 466). Mit der Übertragung zusätzlicher Aufgaben kann eine entspr. Vertretungsmacht einhergehen. Ist diese mit einem Vorbehalt versehen, z. B. der Zustimmung des Verwaltungsbeirats oder einzelner WEer, wird eine Erklärung erst mit der Zustimmung im Außenverhältnis wirksam (zur Auslegung eines „Einvernehmens" s. LAG Düsseldorf, ZMR 2002, 303). Die **Genehmigung** zur Ausübung eines Berufs oder Gewerbes durch WEer kann dem Verwalter bereits in der GemO vorbehalten werden (BayObLGZ 71, 273/276). Dies gilt auch für die Genehmigung nach § 12 von **Veräußerungen** von WE (dazu § 12 Rz. 8) und ihm vorbehaltene Zustimmung bei **Vermietung,** Verpachtung oder sonstiger Nutzung. Der Genehmigungsvorbehalt gilt auch für Verfügungen der WEer untereinander (s. o. § 12 Rz. 22). Ihm kann auch die Zustimmung zu **baulichen Veränderungen** eines WEers vorbehalten sein (OLG Frankfurt a. M., DerWEer 84, 30). In diesem Fall liegt es in seinem Ermessen, ob er selbst entscheidet oder sie von einer Mehrheitsentscheidung abhängig macht (OLG Frankfurt a. M., a. a. O.). Bestehen ernsthafte **Zweifel**, ob ein **wichtiger** Grund zur Versagung der beantragten **Zustimmung** zur baulichen Veränderung des WEs vorliegt, ist der Verwalter, auch wenn er gewerblich tätig ist, befugt, die WEer um eine **Weisung** anzugehen (BGHZ 131, 346; NJW 96, 1216). 23

Die Haftung des Verwalters richtet sich nach seinem Vertrag. Pflichtverletzungen können auch Grund zur Entlassung sein. Zum Ersatzanspruch des **WEers,** der in seiner Eigenschaft als Verwalter Kosten der Verwaltung des GemEs aus dem eigenen Vermögen vorgeschossen hat (§ 670 BGB, s. BayObLG, NZM 99, 208). 24

Versicherungssummen im Falle der Zerstörung kann er nicht einziehen. Der Verwalter ist verpflichtet, einem WEer das **Verzeichnis** der WEer auszuhändigen (BayObLG, MDR 84, 850 und AG Hamburg, DerWEer 85, 62). 25

III. Vertretungsmacht für die Wohnungseigentümer (Abs. 2)

26 **1. Allgemeines.** Aus der Vorschrift des Abs. 2 wurde bereits vor der Novellierung 2007 eine gesetzliche Vertretungsmacht des Verwalters hergeleitet (BGH, NJW 81, 282 = Rpfleger 81, 97; KG, OLGZ 76, 266; OLG Stuttgart, OLGZ 76, 8; BayObLGZ 76, 211 und die 17. Aufl.). Dies ergibt sich aus der Formulierung „im Namen aller WEer und mit Wirkung für und gegen sie".

Abs. 2 spricht zwar nur von der **Berechtigung** die in Nr. 1 bis 4 aufgeführten Maßnahmen durchzuführen, doch ergibt sich im Rahmen seiner Vertretungsmacht auch eine **Verpflichtung,** soweit es zur ordnungsmäßigen Erfüllung seiner Aufgaben erforderlich ist (BT-Drs. 16/3843 S. 52). Sie ergibt sich bereits aus Vertrag, Beschlüssen oder Vereinbarung (OLG Hamburg, OLGZ 93, 431 zu Abs. 2 Nr. 5 a. F.).

Die **Wirkungen** der Stellvertretung treten allerdings nur ein, wenn der Verwalter nach außen hin **offenlegt,** dass er Vertreter einer (der) Gemeinschaft ist, z. B. bei Abschluss eines Versorgungsvertrags (OLG Saarbrücken, NZM 2007, 249).

27 **2. Inhalt. a) Nr. 1.** Er ist berechtigt, **Willenserklärungen, Zustellungen** entgegenzunehmen, soweit sie an **alle** WEer in dieser Eigenschaft gerichtet sind. Die Vorschrift ist entsprechend auf den Fall anzuwenden, in denen einzelne WEer als Antragsteller auftreten und deswegen die Zustellung nur an die **übrigen** WEer vorzunehmen ist (BGH, NZM 2003, 952 = NJW 2003, 3476; BayObLG, NZM 2004, 386). Die Befugnis bewirkt eine Erleichterung der Zustellung und des Zugangs. Die **Zustellungsvollmacht** bewirkt, dass ein Schriftstück sämtlichen WEern gegenüber wirksam schon dann zugestellt ist, wenn dem Verwalter eine **Ausfertigung** zugestellt wird (BGH, NJW 81, 282 m. krit. Anm. *Kellmann,* OLG Köln, ZMR 80, 190 m. krit. Anm. *Guthardt-Schulz;* BayObLG, DerWEer 83, 27). Ebenso im Ergebnis (allerdings über Anscheins- bzw. Duldungsvollmacht) für die Übersendung eines **Gebühren**bescheids BVerwG, MDR 94, 1114 = NJW-RR 95, 73). Die Entgegennahme von gerichtlichen Zustellungen umfasst sowohl das Zivil- als auch das Verwaltungsverfahren (BVerwG, NJW-RR 94, 972). Im Verfahren der Zwangsversteigerung genügt deshalb die Zustellung des Versteigerungstermins an den Verwalter (OLG Stuttgart, NJW 66, 1036; LG Göttingen, NZM 2001, 1141). Es muss jedoch deutlich gemacht werden, dass es sich um eine **Zustellung** gem. § 27 Abs. 2 Nr. 1 handelt (BayObLGZ 83, 14). Er kann löschungsfähige Quittung erteilen, wenn die der betr.

Aufgaben und Befugnisse des Verwalters 28, 29 § 27

Zwangssicherungshypothek zugrunde liegende Wohngeldforderung erfüllt ist (AG München v. 28. 8. 89, VR II 1311/88 WEG; BayObLGZ 95, 103).

Die Befugnis nach dieser Vorschrift beinhaltet gleichzeitig eine **Verpflichtung** des Verwalters zur Entgegennahme (BayObLG, DerWEer 83, 27; BGHZ 78, 166/173). Sie besteht auch ohne besondere vertragliche Regelung, da er Schaden und (Rechts-) Nachteile von der Gemeinschaft abzuwenden hat und ihm durch Abs. 4 ein „Monopol" eingeräumt ist. Dazu gehören **Mahnungen, Kündigungen** von Gesamthypotheken, Kündigung von Räumen des gemeinschaftlichen Eigentums (KG, NZM 2001, 105; LG Bamberg, NJW 72, 1376: nur, wenn Ermächtigung vorliegt) sowie Anträge und Zustellungen im Verfahren nach § 43 Nr. 1 im Rahmen der §§ 14, 21 Abs. 4 u. a. (BGH, WM 84, 1254). Insoweit ist der Verwalter nicht nur **Zustellungsbevollmächtigter** im Sinne der §§ 174 f. ZPO, sondern **Zustellungsvertreter** (OLG Hamm, DerWEer 89, 69) bzw. Prozessbevollmächtigter (BGH, NJW 81, 282: „teilweise, inhaltlich beschränkte Verfahrensvollmacht"; BayObLG, DerWEer 83, 27; a. A. z. T. die Literatur). 28

Macht der entspr. ermächtigte Verwalter Ansprüche der WEer ohne Beiziehung eines Rechtsanwalts geltend, handelt es sich nicht um eine unerlaubte Besorgung fremder Rechtsangelegenheiten i. S. von Art. 1 § 5 **RBerG** (BGHZ 122, 327; BayObLG, NJW-RR 92, 81). Zu Verfahrenshandlungen ist er nicht berechtigt (BayObLG, NJW-RR 97, 396). Das gilt auch für die Beauftragung eines Rechtsanwalts (BayObLG, a. a. O.), abgesehen von Fällen der Nr. 2 (s. Rz. 32).

Die gesetzliche Zustellungsvollmacht entfällt bei Gefahr der **Interessenkollision** (KG, ZMR 97, 541; BayObLGZ 89, 342; NZM 2004, 386; 73, 145 = MDR 73, 850, dort auch zur Frage der Bestellung eines gemeinsamen Zustellungsbevollmächtigten durch das Gericht; OLG Stuttgart, OLGZ 76, 8; BayObLG, Rpfleger 78, 320). Z. B. dann, wenn der Beschluss über die Verwalterbestellung **angefochten** ist (LG Lübeck, DerWEer 85, 128/LS = 86, 63) oder wenn er in einem Verfahren selbst **Verfahrensgegner** der WEer ist (OLG Hamm, DerWEer 86, 125; 89, 69; KG, FGPrax 97, 182; OLG Frankfurt a. M., DerWEer 89, 178; BayObLGZ 90, 173: Als Antragsteller nach § 43 Nr. 3). Es genügt **mittelbare Betroffenheit** (vgl. OLG Hamm, DerWEer 89, 69; OLG Frankfurt a. M., OLGZ 89, 433). Allgemein gilt, dass er nicht Zustellungsvertreter der WEer sein kann, wenn entweder ein dem § 185 ZPO vergleichbarer Fall oder sonst ein in der Sache begründeter Interessenkonflikt vorliegt, der befürchten lässt, der Verwalter werde die 29

WEer nicht sachgerecht informieren (BayObLG, NJW-RR 89, 1168). Ist die Unterrichtung nicht zweifelhaft, genügt die Zustellung an ihn (BayObLG, WE 98, 118; NJW-RR 2002, 732). Ist der Verwalter persönlich oder als Eigentümer an einem WEsverfahren beteiligt, so ist eine Zustellung, die über ihn als Zustellungsvertreter an die WEer bewirkt werden soll, nur dann wirksam, wenn sich aus der Adressierung oder aus der zugestellten Ausfertigung ergibt, dass an ihn (auch) als **Zustellungsvertreter** der WEer zugestellt wird (BayObLG, NZM 99, 850/LS).

30 Die Zustellung an den Verwalter führt zu einer **Unterrichtungspflicht** entspr. Abs. 1 Nr. 7 bzw. schon auf Grund seines Vertrags gemäß §§ 675, 666 BGB gegenüber den WEern, die auch gegenüber ausgeschiedenen WEern besteht, sofern es sich um Verpflichtungen der WEer gegenüber Dritten aus der Zeit ihrer Zugehörigkeit handelt (BGH, NJW 81, 282 = Rpfleger 81, 97). Für die Wirksamkeit der Zustellung ist die (unterlassene) Information ohne Belang. Die entspr. verursachten Kosten hat die Gemeinschaft zu tragen (BGHZ 78, 166).

31 Es besteht kein Recht des Verwalters zum Ausschluss eines WEers von der Benutzung gemeinschaftlicher Dienste bei Säumnis, außer wenn solches in der Vereinbarung vorgesehen oder ihm durch Beschluss übertragen ist.

32 **b) Nr. 2.** Verpflichtung zur **Fristwahrung** und **Abwendung** sonstiger **Rechtsnachteile**. Gemeint sind juristische Erhaltungsakte bei Verjährungsfristen (BGHZ 78, 166); Rechtsmittelfristen (BGHZ 78, 166; OLG Saarbrücken, ZMR 98, 310); Mängelrügen, Anfechtungsfristen. Im Fall der Nr. 2 ist er **gesetzlicher Vertreter** der WEer-Gemeinschaft. Deshalb ist er zur fristwahrenden Inanspruchnahme eines **Gewährleistungsbürgen** berechtigt (OLG Düsseldorf, NJW-RR 93, 470; vgl. auch BGH, NJW 89, 1606). Hierzu bedarf der Verwalter **nicht** eines Gemeinschaftsbeschlusses (a. a. O.).

33 Als Abwendung **sonstiger Rechtsnachteile** sind anzusehen: Beweissicherungsverfahren (so auch BGH, NJW 81, 282; BayObLG, Rpfleger 76, 364 = MDR 76, 1023 = ZMR 77, 345), Verfahren in **Eilfällen** einschließlich Beauftragung eines **Rechtsanwalts** (KG, ZWE 2010, 54; BayObLG, NJW-RR 97, 396; dazu *Merle*, ZWE 2008, 109 einschränkend), **Anträge** im Zwangsversteigerungs-, Zwangsverwaltungs- oder Vollstreckungsschutzverfahren, Anrufung richterlicher Vertragshilfe und Geltendmachung von GB-Berichtigungsansprüchen (OLG Karlsruhe, Justiz 83, 307). Nr. 2 ist Sondervorschrift gegenüber § 79 Abs. 2 ZPO (*Elzer*, ZMR 2008, 772). Auch die **Eintreibung** von Mietzinsen für die

Nutzung des GemEs gehört zu seinen Aufgaben (OLG Köln, DerWEer 88, 106). Zahlt ein WEer über längere Zeit das Hausgeld für eine vermietete EW nicht, so kann der Verwalter verpflichtet sein, zur **Sicherung** des künftigen **Hausgeldeingangs** aus einem über einen Hausgeldrückstand erwirkten Vollstreckungsbescheid die **Zwangsverwaltung** zu betreiben (OLG Hamburg, OLGZ 93, 431 = WuM 93, 300 = ZMR 93, 342). Nach Nr. 2 ist der Verwalter auch berechtigt, den Rechtsstreit eines oder mehrerer WEer gegen die übrigen WEer wegen Anfechtung eines Beschlusses zu führen (§ 46 Abs. 1 S. 1). Dies folgt aus Sinn und Zweck der Regelung. Die Vertretungsmacht des Verwalters gilt auch bei Klagen Dritter. In deren Interesse umfasst die Prozessführungsbefugnis Klagen Dritter sowohl gegen die **WEer** (in dieser Eigenschaft) als auch gegen die teilrechtsfähige **Gemeinschaft** (BT-Drs. 16/3843 S. 53). Insofern greift Nr. 2 Hs. 2 die Berechtigung heraus, einen gegen die WEer gerichteten Rechtsstreit gemäß § 43 Nr. 1, Nr. 4 oder Nr. 5 im Erkenntnis- und Vollstreckungsverfahren zu führen. Ein drohender Rechtsnachteil ist nicht (mehr) bei diesen Passivverfahren erforderlich. Darüber hinaus bleibt es bei der Voraussetzung der Nr. 2. Aus der Vorschrift ergibt sich, dass sie nicht über den bisher schon für die gesetzliche Vertretungsmacht des Verwalters gezogenen Grenzen hinausgeht. In den darüber hinausgehenden Fällen von Klagen Dritter z. B. gegen einzelne WEer kommt sie nicht in Betracht (die Bedenken *Briesemeisters,* NZM 2007, 345, sind insoweit unbegründet).

c) Nr. 3. 1. Die Ermächtigung betrifft sowohl die **außergerichtliche Geltendmachung** von Ansprüchen der **Wohnungseigentümer** (*Staudinger/Bub*, § 27 Rz. 287) als auch die **Prozessführungsbefugnis** (OLG Hamm, NZM 2009, 90). Erstere kann z. B. Aufrechnung mit Forderungen der Gemeinschaft gegen Ansprüche Dritter sein (BayObLG, WE 86, 14). Zu Verzichtserklärung, Aufgabe eines Rechts, ist er nicht befugt (BayObLGZ 98, 284).

Die Prozessführungsbefugnis besteht im **Aktivprozess** auf Grund Vereinbarung oder **Ermächtigung** durch **Mehrheitsbeschluss** (Nr. 5 Hs. 2). In einer **„Einergemeinschaft"** soll eine entspr. Entscheidung nicht möglich sein (s. § 23 Rz. 15). In diesem Fall ist er **Prozessbevollmächtigter** und tritt im Namen der WEer auf (zur Prozessstandschaft s. Rz. 36). Die Ermächtigung muss nicht im Einzelfall, sondern kann auch generell in einer Vereinbarung (GemO) oder im Verwaltervertrag erteilt sein (OLG Zweibrücken, DerWEer 87, 137 m. w. N.). Ist dem Verwalter Verfahrensvertretung übertragen, kann er regelmäßig einen **Rechtsanwalt** beauftragen (BGH, NJW 93, 1924). Der Verwalter kann unter Befreiung von **§ 181 BGB** ermächtigt werden, die WEer gerichtlich und außergerichtlich zu vertreten sowie einen Rechtsanwalt damit zu beauftragen. In diesem Fall kann er auch sich selbst das Mandat in seiner Eigenschaft als Rechtsanwalt erteilen (BayObLG NJW 2005, 1387). Er kann auch für sich ein **Sonderhonorar** vereinbaren (OLG München NZM 2006, 106). Hingegen ist er ohne besondere Ermächtigung, abgesehen vom Eilfall des Abs. 2 Nr. 2, nicht ermächtigt, die WEer in gerichtlichen Verfahren zu vertreten und einen Rechtsanwalt mit ihrer Vertretung zu beauftragen (BayObLG, NJW-RR 97, 396). Wird der Verwalter von den WEern zur Prozessvertretung im Verfahren auf **Wohngeldzahlung** ermächtigt, sind die WEer außer dem Verfahrensgegner Anspruchsgläubiger (BGH, NJW 99, 3713; BayObLG, ZWE 2000, 348; KG NJW-RR 96, 526). Wird er – abgesehen in Fällen der Nr. 2 (s. o. Rz. 32) – als vollmachtloser Vertreter tätig, hat er die Verfahrenskosten zu tragen (KG, ZWE 2010, 54; s. § 49 Rz. 3).

35 Er ist nicht befugt, gegen WEer geltend gemachte Forderungen **anzuerkennen** (BayObLG, NJWE-MietR 97, 163 = ZMR 97, 325; NZM 2004, 556; *Bärmann/Merle*, § 27 Rz. 198). Er ist auch nicht befugt, zug. eines WEers eine **Abschlagszahlung** auf ein zu erwartendes, aber noch nicht beschlossenes Abrechnungsguthaben aus dem vergangenen Wirtschaftsjahr auszuzahlen (OLG Köln NJW-RR 2005, 1096 = NJW 2005, 3295). Ein Beschluss, durch den die WEer den **derzeitigen** Verwalter zur gerichtlichen Geltendmachung von Wohngeldansprüchen ermächtigen, ist i. d. R. dahin auszulegen, dass sich die Ermächtigung bei einem **Verwalterwechsel** auch auf den **neuen** Verwalter erstreckt und der Verwalter die Ansprüche sowohl im Namen der WEer als auch im eigenen Namen, also in Verfahrensstandschaft geltend machen darf (BayObLG, ZMR 97, 42 = NJWE-MietR 97, 36). Die Ermächtigung kann auch durch Vereinbarung oder im Beschlussweg auf **Passivprozesse** erstreckt werden (OLG Zweibrücken, a. a. O.). Die Ermächtigung muss vor Verfahrensbeginn vorhanden sein (BayObLG v. 15. 9. 83 – 2 Z 112/82).

Es entspricht i. d. R. ordnungsgemäßer Verwaltung, dass die WEer den Verwalter ermächtigen, gegen den **früheren Verwalter** einen **Schadensersatzanspruch** gerichtlich geltend zu machen, wenn der Anspruch nicht offensichtlich unbegründet ist (BayObLG, ZMR 94, 428).

36 2. Auch eine **Verfahrensstandschaft** (Prozessstandschaft) ist möglich, erforderlich sind dabei Ermächtigung und schutzwürdiges

Interesse (BayObLG, ZMR 71, 160 = MDR 71, 300; OLG Stuttgart, Justiz 77, 378). Sie kann nur in Form der aktiven Verfahrensstandschaft erteilt werden (BGHZ 78, 166). Sofern er ermächtigt ist, im eigenen Namen für die Gemeinschaft „gerichtlich tätig zu werden", liegt ein Fall gewillkürter Prozessstandschaft vor (OLG Hamm, NZM 2009, 90); z. B. zur Geltendmachung von Zahlungen aus beschlossener Sonderumlage (a. a. O.). Zur Erteilung genügt **Mehrheitsbeschluss** (BGH, NJW 89, 2534; offengelassen von BGH, NJW 79, 2391; WEM 81, 64; LG Düsseldorf, DerWEer 83, 95). Entscheidend ist, dass die Verwaltung des GemEs den WEern gemeinschaftlich zusteht (BGH, NJW 89, 2534). Die Ermächtigung kann dem Verwalter auch im **Verwaltervertrag** erteilt werden, den ein von der Versammlung der WEer dazu ermächtigter Eigentümer mit ihm abschließt (BayObLG, DerWEer 85, 95; BGH, MDR 88, 765 = DerWEer 88, 135). Das eigene **schutzwürdige Interesse** folgt aus der Pflicht des Verwalters, die ihm obliegenden Aufgaben ordnungsmäßig zu erfüllen (BGH, a. a. O.; BayObLG, NJW-R 98, 519). Die Fortführung eines Verfahrens durch den Verwalter in Verfahrensstandschaft **nach** Beendigung des Verwalterverhältnisses endet (BayObLG, DerWEer 83, 31; s. u. Rz. 39). Die WEer können ihn weiter bevollmächtigen.

3. Die **Umdeutung** einer Prozessvollmacht in eine Ermächtigung zur Rechtsverteidigung ist unzulässig (BayObLG, Rpfleger 75, 311 = MDR 75, 934 = ZMR 76, 314). Zur **Auslegung** einer mit Beschluss der WEer dem Verwalter erteilten „Prozessvollmacht" als Ermächtigung zur Führung eines WEs-Verfahrens im eigenen Namen s. BayObLG, DerWEer 83, 60, zur Auslegung einer vom Verwalter erteilten **„Verfahrensvollmacht"** vgl. BayObLG, DerWEer 83, 31. Die dem Verwalter eingeräumte Befugnis, „die Eigentümer gerichtlich und außergerichtlich in allen Angelegenheiten der Verwaltung zu vertreten", umfasst z. B. nicht das Recht, den Anspruch auf **Unterlassung** der vereinbarungswidrigen Nutzung von SE (gegen den betr. WEer) geltend zu machen (BayObLG, NJW-RR 94, 527). Allerdings kann die vollmachtlose Vertretung durch den Verwalter und den durch diesen bestimmten Rechtsanwalt entsprechend § 89 ZPO nachträglich **genehmigt** werden (ebenda). Ein Verwalter, der zur gerichtlichen Geltendmachung von Ansprüchen der WEer ermächtigt ist, kann bei einer Maßnahme eines WEers, die eine **bauliche Veränderung** darstellt oder den Mitgebrauch der übrigen WEer ausschließt, namens aller WEer einen Beseitigungsanspruch nur dann gerichtlich geltend machen, wenn ein **Beschluss** der WEer vorliegt, der die Beseitigung verlangt (BayObLG, NZM 2000, 513). Er wird damit in seiner

Organstellung durch die Gemeinschaft als Verband ermächtigt, einen **Beseitigungsanspruch** geltend zu machen (OLG München NZM 2006, 106). Er kann ermächtigt werden, die Beseitigung unzulässiger baulicher Veränderungen (Wintergarten) ggfs. mit anwaltlicher oder gerichtlicher Hilfe durchzusetzen (BayObLG, NZM 2004, 388). Die dem Verwalter eingeräumte Befugnis, die WEer gerichtlich und außergerichtlich in allen Angelegenheiten der **Verwaltung** zu vertreten, umfasst **nicht** die **individuellen** Ansprüche der **einzelnen** WEer auf Beseitigung einer baulichen Veränderung (BayObLG, FGPrax 96, 142 = NJWE-MietR 96, 273). Etwas anderes gilt bei einer **besonderen** Ermächtigung durch einen Eigentümerbeschluss, der alle (betroffenen) WEer bindet (ebenda).

38 Eine **Ermächtigung** des Verwalters zur Geltendmachung von **Mängeln** der **Gemeinschaftseigentums** gegen Verkäufer durch Mehrheitsbeschluss ist nach h. M. möglich (a. M. OLG Köln NJW 68, 2063 = ZMR 69, 132; dazu §§ 13 Rz. 42 ff., 14 Rz. 5 ff. und *Stoll*, SchlHA 77, 17). Sie kann auch auf der GemO/Vereinbarung beruhen. Eine entspr. Vereinbarung ist weit auszulegen. Entsprechend dieser besteht entweder die Ermächtigung, auf Zahlung an die Gemeinschaft oder auf Zahlung an sich für Rechnung der Gemeinschaft zu klagen (Hans. OLG Hamburg, MDR 66, 146).

39 Die Ermächtigung des Verwalters, Ansprüche namens der WEer bzw. der Gemeinschaft geltend zu machen, gilt – wenn nichts anderes bestimmt ist – für **alle Instanzen** (BayObLGZ 78, Nr. 55 = Rpfleger 78, 299). Sie kann auch erst im Beschwerdeverfahren erteilt werden (BayObLG, NJW-RR 95, 652). Sie enthält im allg. auch die Befugnis, einen **Rechtsanwalt** mit der Durchführung gerichtlicher Streitigkeiten zu beauftragen (BGH, NJW 93, 1924; BayObLG, NJW-RR 2002, 158 = NZM 2001, 959; NZM 2004, 261; OLG Zweibrücken, DerWEer 87, 137). Sie gilt bei **Wechsel** des Verwalters, zumindest bei der Geltendmachung von **Wohngeldansprüchen**, auch für den **neuen** Verwalter (KG, NJW-RR 89, 657; BayObLG, Beschl. v. 10. 10. 96–2 Z BR 76/96, NJW 96 H. 52 III). Das gilt nicht, wenn die Ermächtigung lediglich im **Verwaltervertrag** erteilt wurde (KG FGPrax 2001, 227). Auch kann der neue Verwalter auch im **Berufungsverfahren** ohne Einwilligung des Antragsgegners anstelle des bisherigen Verwalters, der Wohngeldansprüche in Verfahrensstandschaft geltend macht, in das Verfahren eintreten, wenn ihm die erforderliche Ermächtigung erteilt ist (BayObLG, NZM 2000, 298). So erlischt auch nicht durch seine Abberufung die einem **Rechtsanwalt** vom Verwalter erteilte **Verfahrensvollmacht** (BayObLG, NZM 2000, 291). Umgekehrt ist der Verwalter auch **nach** seinem **Ausscheiden** als Verwalter bei entsprechender Ermächtigung befugt, ein **anhängiges** Verfahren bis zum Abschluss fortzuführen, sofern die WEer die Ermächtigung nicht ausdrücklich widerrufen (BayObLG, NJW-RR 93, 1488; NZM 99, 129; OLG Düsseldorf, NZM 2000, 502; KG, NJW-RR 89, 657; 91, 1363; OLG Köln NZM 2005, 460). Der **neubestellte** Verwalter kann allerdings von der Befugnis § 263 ZPO Gebrauch machen, das Verfahren an Stelle des bisherigen Verwalters weiterzubetreiben (OLG Köln a. a. O.). Der Auftrag zur Rechtsverfolgung wird nicht dadurch in Frage gestellt, dass die **Verwalterbestellung** möglicherweise für **ungültig** erklärt wird (BayObLG, NZM 2004, 261).

4. Die Ermächtigung, Ansprüche gerichtlich und außergerichtlich geltend zu machen, kann bereits in der **Vereinbarung** oder von Fall zu Fall durch **Beschluss** erfolgen. Nach der Änderung der Nr. 3 durch das WEG-ÄndG dürfte ihm die durch Vereinbarung eingeräumte allg. Befugnis nicht mehr durch gegenteiligen Beschluss entzogen werden können. Es bedarf hier einer Aufhebung der Vereinbarung bzw. eines Verzichts des Verwalters. Damit ist die früher für möglich gehaltene Einschränkbarkeit wegen Abs. 4 ausgeschlossen (zur früheren h. M. s. die 17. Aufl. § 27 Rz. 40).

Nach der Rspr. kann die in der GemO enthaltene allg. Ermächtigung durch Beschluss **eingeschränkt** (BayObLG, Rpfleger 80, 23; OLG Zweibrücken, DerWEer 87, 137) oder **aufgehoben** werden. Die Begründung ist darin zu sehen, dass eine solche Bestimmung keinen Vereinbarungscharakter hat. Die allg. Ermächtigung ersetzt damit nicht den notwendigen Beschluss der WEer zur Geltendmachung des Anspruchs (BayObLG, NZM 2000, 513). Die WEer sind deshalb auch nicht gehindert, einen Dritten (ggfs. WEer) entsprechend zu ermächtigen (BGH, NJW 2005, 3146). Die von den WEern beschlossene Ermächtigung des Verwalters zur gerichtlichen Geltendmachung von Gemeinschaftsansprüchen ermöglicht es, regelmäßig an Stelle der **Verfahrensvertretung** auch aus Gründen der Prozessökonomie die **Verfahrensstandschaft** zu übernehmen (OLG Koblenz, NZM 2000, 518). Im Zweifel beinhaltet eine solche Ermächtigung beides (BayObLG, NZM 2001, 148).

Einer Ermächtigung durch Beschluss bedarf es nicht, wenn **die den** Anspruch verfolgenden **WEer** dem Verwalter **Verfahrensvollmacht** erteilt haben (BayObLG, MDR 80, 57 = BLGBW 80, 74 = WEM 79, 173). Schwierigkeiten bestehen für den Nachweis, da die Niederschrift über den entspr. Beschluss vom Verwalter selbst redigiert und unterzeichnet ist. Im Zweifel stellt die Mehrheit die Vollmacht aus. Offengelassen hat das BayObLG (NZM 2000, 307) die

Frage, ob der Vollstreckungstitel bei Ausscheiden des Verwalters, der einen Anspruch der WEer in Verfahrensstandschaft geltend machte und einen **Vollstreckungstitel** erwirkt hat, auf den neuen Verwalter umgeschrieben werden kann. Der Schuldner kann jedenfalls im Vollstreckungsabwehrverfahren dem neuen Verwalter deswegen keine Einwendungen gemäß § 767 ZPO entgegenhalten (ebenda). Die Frage ist aber zu bejahen (KG, NJW-RR 89, 657).

42 Dem Verwalter kann auch eine Vollmacht zur Geltendmachung der Ansprüche nach **§ 18** ad hoc erteilt werden. Es genügt dazu Stimmenmehrheit. Eine **fehlende** Ermächtigung zur Geltendmachung von Ansprüchen in Verfahrensstandschaft wird durch nachträgliche Beauftragung **geheilt** (BayObLG, NZM 2004, 658).

43 Eine Verwaltervollmacht unter Befreiung von den Beschränkungen des § 181 BGB bleibt auch bei Interessenkollision wirksam (BayObLG, DerWEer 83, 126). Das Gericht kann keine Auslagen für Zustellungen an die WEer erheben, wenn die Antragsschrift dem **Verwalter** auf Grund entsprechender Ermächtigung hätte zugehen müssen (OLG Hamm, DerWEer 86, 125). Die WEer **haften anteilig** gegenüber dem Verwalter für Verfahrenskosten (s. § 21 Rz. 10).

44 d) Nr. 4. Vereinbarung mit einem Rechtsanwalt. Nr. 4 enthält eine gesetzliche Ermächtigung zur Vereinbarung einer Vergütung mit einem Rechtsanwalt in den unter Nr. 2 genannten Verfahren nach § 43 Nr. 1, Nr. 4 oder Nr. 5. Es handelt sich also um Streitigkeiten über die sich aus der Gemeinschaf der WEer und aus der Verwaltung des gemeinschaftlichen Eigentums ergebenden **Rechte** und **Pflichten** der WEer **untereinander (§ 43 Nr. 1)**, Streitigkeiten über die Gültigkeit von **Beschlüssen** der WEer **(§ 43 Nr. 4)** sowie Klagen **Dritter,** die sich gegen die **Gemeinschaft** der WEer oder gegen **WEer** richten und sich auf das gemeinschaftliche Eigentum, seine Verwaltung oder das SE beziehen **(§ 43 Nr. 5).**

Sinn und Zweck der Regelung ist, über die in § 49 a GKG eröffnete Möglichkeit (fünffaches Interesse) von einem erhöhten Streitwert auszugehen, der dem Einzelfall und einer bes. Schwierigkeit Rechnung trägt (BT-Drs. 16/887 S. 77). Begrenzt wird der Streitwert durch den regelmäßig festzusetzenden Streitwert in Höhe von **50%** des Wertes des **Interesses** aller Beteiligten.

45 e) Weitere Befugnisse. § 28 (Wirtschaftsplan, Rechnungslegung), § 24 Abs. 1 und 2, § 25 Abs. 4, § 43 Nr. 2 bis 4. Die §§ 24 Abs. 1 und 2, § 43 Nrn. 2, 3 wie auch §§ 11, 12 Abs. 2 Satz 1, § 18 Abs. 4 und § 20, § 10 Abs. 1 Satz 2 sind unabdingbar.

Aufgaben und Befugnisse des Verwalters   46–52   § 27

IV. Vertretungsmacht für die Gemeinschaft (Abs. 3)

1. Allgemeines. Die Vorschrift regelt, inwieweit der Verwalter 46
Vertretungsmacht innehat, im Namen der **Gemeinschaft** der WEer
Willenserklärungen abzugeben und Rechtshandlungen vorzunehmen (BT-Drs. 16/887 S. 70). Dabei steht die Entscheidungsbefugnis
über die Reichweite der Vertretungsmacht grundsätzlich den
WEern zu. Der Verwalter ist entspr. dem Katalog der Nrn. 1 bis 7
nur in **bestimmten Angelegenheiten** zur Vertretung ermächtigt.
Die in Nrn. 1 bis 7 eingeräumte gesetzliche Befugnis soll die **Handlungsfähigkeit** der Gemeinschaft sichern. Sie erlaubt dem Verwalter, die laufende Verwaltung und dringliche Geschäfte für die Gemeinschaft zu erfüllen. Insofern ist sie eine gebundene Vertretungsmacht, die den Verwalter nicht befugt, z. B. SE an der WEsanlage
für die Gemeinschaft zu erwerben (OLG Hamm, ZWE 2010, 56).

2. Satz 1 lehnt sich in seiner Struktur an Abs. 2 an. Die in Satz 1 47
normierte umfassende **Vertretungsmacht** besteht unabhängig von
(erweiternden) Vereinbarungen und Beschlüssen der Gemeinschaft.

a) Nr. 1. Entsprechend Abs. 2 Nr. 1 (für die WEer) ist damit der 48
Verwalter befugt, auch für die **Gemeinschaft** Willenserklärungen
und Zustellungen entgegenzunehmen (Empfangsvertretung).

b) Nr. 2. Damit wird klargestellt, dass (entsprechend Abs. 2 49
Nr. 2) der Verwalter in einem Passivprozess entspr. § 43 Nr. 2 und
Nr. 5 zur Vertretung der Gemeinschaft im **Erkenntnis-** und **Vollstreckungsverfahren** ermächtigt ist. Damit ist ebenfalls zweifelsfrei, dass die Gemeinschaft **prozessfähig** in beiden Verfahren ist. Er
kann demnach im Vollstreckungsverfahren z. B. die **eidesstattliche
Versicherung** entspr. den §§ 807, 899 ZPO abgeben.

c) Nr. 3. Danach besitzt der Verwalter Vertretungsmacht, für die 50
Gemeinschaft, wie schon für das Innenverhältnis in Abs. 1 Nr. 2
ausgesprochen, die **laufenden Maßnahmen** zur erforderlichen Instandhaltung und Instandsetzung des GemEs zu treffen (dazu *Merle*,
ZWE 2010, 2).

d) Nr. 4. Die Vorschrift räumt dem Verwalter Vertretungsmacht 51
für die in Abs. 1 Nr. 3 bis 5 und Nr. 8 bezeichneten Maßnahmen
ein (s. o. Rz. 12 f., 19). Er ist nicht berechtigt, zur Erfüllung seiner
Aufgaben am automatisierten GB-Abrufverfahren teilzunehmen
(OLG Hamm, NJW-Spezial 2008, 289 = DWE 2008, 68).

e) Nr. 5. Mit Nr. 5 ist die Klarstellung verbunden, dass der Ver- 52
walter im Rahmen der Verwaltung eingenommener Gelder **Konten**
zu führen hat (s. entspr. Abs. 1 Nr. 6). Im Rahmen der Kontenfüh-

rungspflicht gehört dazu das Recht, Konten zu eröffnen und zu schließen („führen"). M. E. heißt das auch, bei verschiedenen Gemeinschaften, für die der Verwalter tätig ist, die Konten getrennt zu führen. Dies dient dazu, Gläubigern **einer** Gemeinschaft den Zugriff auf Guthaben anderer Gemeinschaften zu unterbinden. Eine Absprache mit den WEern, dass der Verwalter auf ein Konto der WEer, das er selbst eingerichtet hat, keinen Zugriff hat, ist wegen Verstoßes gegen Abs. 4 nichtig (AG Wedding, ZWE 2009, 74).

53 **f) Nr. 6.** Auch diese Regelung entspricht im Wesentlichen Abs. 2 Nr. 4, aber mit dem Unterschied, dass hier nur die in Abs. 3 Nr. 2 (o. Rz. 49) genannten Streitigkeiten in Betracht kommen. Vergütungsvereinbarungen sind möglich 1. in Streitigkeiten über die Rechte und Pflichten **zwischen** der Gemeinschaft der WEer und WEern (§ 43 Nr. 2) und 2. bei Klagen **Dritter** die sich gegen die Gemeinschaft oder (einzelne WEer) in dieser Eigenschaft richten (§ 43 Nr. 5; s. § 43 Rz. 15).

54 **g) Nr. 7.** Gemäß dieser Vorschrift haben die WEer die Beschlusskompetenz, dem Verwalter noch eine weitergehende Vertretungsmacht einzuräumen. Dies kann im Wege einer Vereinbarung, aber auch durch Beschluss mit Stimmenmehrheit erfolgen. Die Vertretungsmacht bezieht sich auf **Rechtsgeschäfte** und **Rechtshandlungen.** Sie kann damit weitergehen als die die in Abs. 2 eingeräumte Kompetenz, die sich dort nur auf die Geltendmachung von Forderungen bezieht. Im Rahmen der Nr. 7 kann sich die Vertretungsmacht auf **alle** im Zusammenhang mit der ordnungsmäßigen Verwaltung des gemeinschaftlichen Eigentums stehenden Geschäfte (BT-Drs. 16/887; 16/3843 S. 53) erstrecken. Z. B. kann die ordnungsgemäße Vertretung der Gemeinschaft zu einer Auflassungserklärung durch einen Eigentümerbeschluss nachgewiesen werden, durch den der Verwalter zu einem **Eigentumserwerb** für die Gemeinschaft ermächtigt wird (OLG Hamm, NZM 2009, 914).

55 **3. Satz 2** bestimmt alle **WEer** zu Vertretern der Gemeinschaft, falls ein Verwalter fehlt oder aus bestimmten Gründen nicht zur Vertretung berechtigt ist. Letzter Fall liegt bei einer Interessenkollision vor. Die Tatsache dass in einem solchen Fall alle WEer das vertretungsberechtigte Organ bilden, stellt die Vertretung und Prozessfähigkeit der Gemeinschaft sicher, was vor allem auch im Interesse der Gläubiger ist.

Satz 2 bildet den Fall einer **gesetzlichen** Gesamtvertretung, wie aus dem Wort „alle" zu entnehmen ist. Zustimmung **aller** bedeutet, dass entweder alle schon **vor** der Vornahme des Rechtsgeschäfts oder -handlung zu stimmen oder **nach** der Vornahme durch einen oder mehrere. Nach dem allg. Vertretungsrecht der §§ 164 ff. BGB, kann die Genehmigung entweder gegenüber dem Handelnden oder dem Geschäftsgegner erklärt werden. Zur **Entgegennahme** von Willenserklärungen (Passivvertretung) ist jeder WEer als gesetzlicher Vertreter allein berechtigt. Die übrigen Verwaltungsaufgaben sind in ordnungsmäßiger Verwaltung zu regeln (s. § 21 Rz. 35).

Prozessual handelt es sich ebenso um eine **Gesamtvertretung**, bei der mehrere Personen nur **gemeinschaftlich** zur Vertretung berechtigt sind. Dies bedeutet, dass die WEer zur **Vornahme** von Prozesshandlungen gemeinschaftlich zusammenwirken müssen, während es umgekehrt genügt, wenn **einem** WEer gegenüber durch die Gegenseite eine Prozesshandlung vorgenommen wird (*Thomas/Putzo/Hüßtege,* ZPO, § 51 Rz. 11).

4. Satz 3. Um die Probleme (auch organisatorischer Art) dabei auszuschließen, können die WEer durch **Beschluss** mit Stimmenmehrheit **einen** oder **mehrere** WEer zur Vertretung ermächtigen. Satz 3 enthebt die Beteiligten der Notwendigkeit, einen Notverwalter bestimmen zu lassen. Vor allem in größeren Gemeinschaften wächst dadurch der Druck, einen Verwalter zu bestellen, dem sie insoweit diese Verantwortung übertragen können.

V. Unabdingbarkeit (Abs. 4)

Die in den Absätzen 1 bis 3 bestimmten Aufgaben und Befugnisse des Verwalters sind als Mindestausstattung seiner Funktion anzusehen und werden vom Gesetz ausdrücklich als nicht einschränkbar erklärt. Wenn dies schon nicht im Wege der Vereinbarung zulässig ist, gilt es umso mehr für einschränkende Beschlüsse. Im Gegensatz dazu können dem Verwalter durch Vereinbarung oder Beschluss **weitere** Befugnisse eingeräumt werden. Ihre Grenzen ergeben sich aus den unabdingbaren Wertentscheidungen zugunsten der WEer im Gesetz (s. o. Rz. 6). Damit können auch zusätzliche **Pflichten** verbunden sein. So kann er aus dem Verwaltervertrag verpflichtet sein, bei Zustimmungsberechtigung nach § 12 sachdienliche **Auskunft** über den Erwerber (Interessenten) zu geben (OLG Hamburg, ZMR 2004, 850). Er hat in diesem Zusammenhang seine Berechtigung ohne Verzögerung und formgerecht auszuüben (OLG Düsseldorf, WuM 2003, 644; NJW-RR 2005, 1254). Abs. 4 steht im Übrigen einer **Weisung** der Gemeinschaft an den Verwalter betreffend die konkrete Art und Weise der Verfolgung von **Wohngeldansprüchen** nicht entgegen (KG, NZM 2004, 383), aber der Entzug der Verfügungsbefugnis über ein Konto der WEer (s. o. Rz. 52).

VI. Vermögensverwaltung der Gemeinschaft (Abs. 5)

58 **1. Vermögen der Gemeinschaft** (s. § 1 Rz. 10, § 11 Rz. 3, § 16 Rz. 4 f.). Nach der Bestimmung des § 10 Abs. 6 S. 1 ist die Gemeinschaft als solche Trägerin von Rechten und Pflichten. Dazu gehören alle vermögenswerten Rechte, die im Zusammenhang mit der Verwaltung des GemEs stehen. Dabei ist ohne Belang, ob sie sich als Forderungen der Gemeinschaft oder als vorhandene Werte darstellen. Das Gemeinschaftsvermögen ist zweckgebunden, was sich aus der jeweiligen Zweckbestimmung, etwa der Einzahlung der Kosten- und Lastenbeiträge oder der Leistung von Vorschüssen usw., ergibt.

Nach der früher zu Abs. 4 S. 1 (a. F.) vertretenen wohl h. M. war diese Vorschrift abdingbar. Nach der hier vertretenen Auffassung war sie nach Sinn und Zweck **unabdingbar** (vgl. die 17. Aufl). Dafür spricht die jetzt dem Verwalter zugesprochene Organstellung umso mehr, denn sie vollzieht sich weitgehend ohne laufende Kontrolle der WEer. Sie sind insoweit schutzbedürftig; die Pflicht zur Getrennthaltung eingenommener Gelder das sicherungspolitische Minimum.

59 Ein **Erwerber** tritt grundsätzlich in die Rechtsverhältnisse, also auch in die Verpflichtungen aus dem **Gemeinschaftsverhältnis** ein. Im **Außenverhältnis** zu Dritten regelt § 10 Abs. 8 S. 1 Hs. 1 eine teilschuldnerische Haftung für Verbindlichkeiten der Gemeinschaft (Näheres s. dort).

60 Satz 1 ist die Konsequenz aus der Verpflichtung zur Verwaltung der eingenommenen Gelder der **Gemeinschaft** nach Abs. 1 Nr. 6. Er bestimmt die Getrennthaltung der Gemeinschaftsgelder (Anderkonten). Auch getrennte Anlage überhaupt genügt z. B. in der Form von Fremdkonten (OLG München, NJW = RR 2000, 1682), unter Nachweis der Verfügungsbefugnis des Verwalters (BayObLG, Rpfleger 79, 266; dazu *Bärmann/Seuß,* Rz. A 99). Auch ein sog. offenes **Treuhandkonto** war von der Rspr. zugelassen (BGH, NJW 96, 65; KG, NJW-RR 87, 1160; zu den Nachteilen s. *Staudinger/ Bub,* § 27 Rz. 189). Jetzt kann die **Gemeinschaft** selbst Inhaberin von Konten sein. Damit ist die Getrennthaltung gewährleistet. Ein offenes Treuhandkonto ist, wenn nicht aus anderen Gründen zweckmäßig, nicht notwendig (dazu *Hügel,* DNotZ 2005, 753). Ansonsten entspricht es nicht mehr ordnungsmäßiger Verwaltung des Vermögens. Immerhin waren dabei die WEer vor dem Zugriff von Gläubigern des Verwalters doch geschützt (OLG Hamm, NZM 99, 1152). Getrennte Kontenführung etwa für laufende Einnahmen und Ausgaben und Rücklagen kann rechtmäßig sein, ist aber nicht Verpflichtung. Bei offensichtlich treuwidriger Verfügung des Verwalters über Gelder der Gemeinschaft ist die dadurch begünstigte Bank verpflichtet, das Erlangte zurückzuerstatten (OLG Koblenz, NZM 2004, H. 19, V). Die Vermögenstrennung gilt auch bei **unterschiedlichen** Gemeinschaften **desselben** Verwalters. Die Nichteinhaltung der Getrennthaltung ist wichtiger Grund zur Abberufung (wohl auch OLG Rostock, ZWE 2010, 51).

Im Fall der **Insolvenz** des Verwalters sind die WEer unter den genannten Voraussetzungen geschützt. Anders ist es wenn ein WEer den Verwalter zur Verwaltung und Mieteinziehung seines SEs ermächtigt hat und dieser die Mietzahlungen zusammen mit anderen auf demselben Konto eingezogen hat (BHG, NJW 2004, 954/LS). Es ist auch keine WEG-Angelegenheit. Der Verwalter handelt im Interesse der Gemeinschaft, wenn er aufgelaufene Wohngeldvorauszahlungen vom Girokonto weg auf ein **Festgeld-Konto** überweist, sobald die Habenzinsen auf diesem die Debetzinsen auf dem Girokonto übersteigen (BayObLG v. 30. 6. 83 – 2 Z 76/82). Im Übrigen trifft ihn (ohne entsprechende vertragliche Grundlage) keine allgemeine Verpflichtung zu zinsbringender Anlage von Geldern der Gemeinschaft (LG Bremen, DerWEer 85, 127/LS; AG Hamburg, DerWEer 89, 76). Durch Mehrheitsbeschluss kann er allerdings dazu angehalten werden (offengelassen von AG Hamburg, a. a. O.). Die Art und Weise der **Anlage** ist Sache der WEer, die den Verwalter durch Weisung im Rahmen ihrer **Richtlinienkompetenz** binden können (OLG Celle, NZM 2004, 426). **Spekulative** Anlagen entsprechen nicht ordnungsmäßiger Verwaltung. Den Verwalter trifft Prüfungs- und Hinweispflicht (ebenda). Er hat Geldbeträge, die **nicht** in naher Zukunft **benötigt** werden, insbesondere die für die Instandhaltung bestimmten Gelder, **verzinslich** anzulegen. Bei schuldhafter Verletzung dieser Pflicht ist er schadensersatzpflichtig (BayObLG, NJW-RR 95, 530).

Aus dem Zusammenhang der Neufassung des Abs. 3 als Ausdruck der Vertretungsmacht des Verwalters für die **Gemeinschaft** ist nun auch hinsichtlich des Abs. 5 S. 1 von einer entspr. Vertretungsmacht auszugehen (s. 17. Aufl.).

2. Satz 2 von Abs. 5 meint im Rahmen des Zustimmungserfordernisses (WEer oder Dritter) keinen selbstständigen Verwaltungsvertrag, er ist vielmehr Bedingung der Verfügungsbefugnis des Verwalters. Bis zur Erteilung der Zustimmung ist die Verfügung schwebend unwirksam (§ 185 BGB) (zum Verhältnis dieses Satzes zu Abs. 3 (alt) s. *Diester*, NJW 61, 1330 ff.). Ob die Beschränkung durch Vereinbarung oder Beschluss begründet werden kann, war str. Da es sich hierbei nicht um ein eigenständiges Recht des Verwalters, sondern um eine Befugnis der WEer, muss ein entspr. Beschluss genügen.

Diese Auffassung wird nun durch die Neufassung bestätigt, wonach die Verfügungsbeschränkung durch Vereinbarung oder Mehrheitsbeschluss getroffen werden kann. Sie war auch wegen der Neufassung des Abs. 3 S. 1 Nr. 9 angezeigt.

VII. Vollmachtsausweis (Abs. 6)

62 a) **Ausstellung:** Diese erfolgt auf Grund eines Anspruchs des Verwalters gemäß **Abs. 6.** Der Anspruch umfasst mit Rücksicht auf die in Abs. 3 umschriebene Ermächtigung die Ausstellung einer **Vollmachts-** und **Ermächtigungsurkunde.** Sie hat sinnvollerweise in **einer** Urkunde zu erfolgen. Der Hinweis auf eine Urkunde gemäß Abs. 6 unter Aufnahme ggfs. zusätzlicher Befugnisse stellt die notwendige Klarheit her. Zuständig ist dafür die Gemeinschaft, nicht der einzelne WEer. Materiell gründet sich die Vollmacht auf die zustimmende Mehrheit. Es erfolgt keine Registrierung und damit ist auch kein Registerzeugnis möglich. Da eine Automatik mit der Verwalterstellung zur Vertretungsberechtigung nicht verbunden ist, hat der Verwalter in **offener Stellvertretung** für die Gemeinschaft zu handeln (OLG Saarbrücken, MZM 2007, 249). Es genügt i. d. R. nicht, wenn der Verwalter ohne entspr. Hinweis ein Vertragsformular (Antrag auf Versorgungsvertrag) ausfüllt (a. a. O.).

63 b) **Für Beginn und Erlöschen** gelten §§ 172 u. 173 BGB. Gegebenenfalls entsteht ein **Rechtsschein** aus der Vollmachtsurkunde nach Widerruf der Ermächtigung. Auch eine öffentliche Bekanntmachung ist denkbar. Das Erlöschen der Vertretungsbefugnis tritt nach § 172 Abs. 2 BGB erst mit Rückgabe der Vollmachtsurkunde oder Kraftloserklärung ein. Der **Widerruf** der Vollmacht wirkt nicht zurück (BayObLG, DerWEer 83, 94).

64 c) **Rückgabe und Kraftloserklärung:** Dafür gelten die §§ 175, 176 BGB.

VIII. Kontrolle der Geschäftsführung

65 Sie geschieht durch Einberufung einer Versammlung im Rahmen des § 24 Abs. 2 und Beschluss derselben. Daneben ist eine Anrufung des Gerichts im Verfahren nach § 43 Nr. 3 durch jeden WEer möglich. Dagegen besteht kein **individuelles** Kontrollrecht des einzelnen WEers (s. dazu o. § 26 Rz. 39). Durch die Meinungsfreiheit gedeckt sind **Kritik** und wertende Aussagen eines WEers, auch in Form meinungsbezogener Tatsachenbehauptungen (BayObLG NZM 2005, 675/LS: „Sie handeln im eigenen Interesse und gegen die Interessen der WEer").

IX. Haftung des Verwalters

Der Verwalter haftet nach § 276 BGB für jedes **Verschulden** bei Verletzung seiner Pflichten (BGH, NJW 96, 1216). Die Rechtsfolgen **pflichtwidrigen Verhaltens** können weitreichend sein. Verletzt der Verwalter etwa schuldhaft seine Verpflichtung der ordnungsgemäßen **Instandhaltung** und **Instandsetzung** des gemeinschaftlichen Eigentums, so haftet er den WEern für den dadurch entstandenen Schaden aus den Grundsätzen der **positiven Vertragsverletzung** des Verwaltervertrages (BayObLG, WuM 96, 654 = NJWE-MietR 96, 38 = FGPrax 96, 20; BayObLG v. 22. 4. 04, 2 Z BR 38/04). Außerdem kann aus dem Gesichtspunkt der **unerlaubten Handlung** ein Schadensersatzanspruch bestehen (BayObLG, a. a. O.). Er ist verpflichtet, die WEer bei der Umstellung der Heizungsanlage auf Gas auf bestehende Förderungsmöglichkeiten hinzuweisen (LG Mönchengladbach, NZM 2007, 416). Bei Unterlassung macht er sich schadensersatzpflichtig (ebenda). Er ist nicht befugt, sein **Honorar** der Instandhaltungsrücklage zu entnehmen (OLG Düsseldorf NZM 2005, 628). Führt die Pflichtverletzung zu einer Gesundheitsbeschädigung, so hat dies auch noch einen **Schmerzensgeldanspruch** für den Geschädigten zur Folge (BayObLG, a. a. O.). Ggfs. haftet er den einzelnen WEern für die ihnen durch schuldhafte Verzögerung von Sanierungsmaßnahmen am SE entstehenden Schäden, z. B. in Form eines **Mietausfalls** (OLG Köln, WE 97, 198). Er haftet auch z. B. bei Unterlassung des Hinweises auf **Baumängel,** deren Beseitigung und Fristwahrung (OLG Schleswig, Wohnung und Haus 89, 101) oder Verletzung der **Verkehrssicherungspflicht** (OLG Frankfurt a. M., DerWEer 83, 58; 61; BGH, DerWEer 89, 170). Wird eine **Kontamination** des Gebäudes festgestellt, hat der Verwalter unverzüglich die notwendigen Maßnahmen für die Beseitigung (z. B. bei Asbest) zu veranlassen (OLG Köln NJW-RR 2006, 89). Je nach Situation hat er eine WEerversammlung einzuberufen (ebenda). Kommt er diesen Verpflichtungen nicht nach, kann er sich schadensersatzpflichtig machen. Ggfs. kann die Gemeinschaft Schadensersatz wegen **fehlerhafter Jahresabrechnung** verlangen (BayObLG, ZWE 2004, 372). Im Einzelfall kommt eine Berücksichtigung des **Mitverschuldens,** auch eines Kindes und seines gesetzlichen Vertreters im Rahmen eines Schmerzensgeldanspruchs, in Betracht (OLG Frankfurt a. M., DerWEer 84, 29). Die **Verkehrssicherungspflicht** (z. B. Wegereinigung) kann Dritten übertragen werden. Im Verletzungsfall kann eine deliktsrechtliche Haftung gegenüber den WEern begründet sein (BGH, NJW-RR 89, 394 = NJW 89, 1094/LS). Es kann auch die Verkehrssicherungspflicht des Verwalters und der WEer untereinander von Bedeutung sein (OLG Frankfurt a. M., OLGZ 93, 188). Der Verwalter haftet auch für schuldhaft unterlassene **Mieteintreibung** bei vermietetem GemE (OLG Köln, DerWEer 88, 106).

67 Einen ihm **allein** zustehenden Schadensersatzanspruch gegen den Verwalter kann ein WEer allein geltend machen (BayObLG, NJW-RR 93, 280; OLG Köln, WE 97, 198). Zwar stehen Schadensersatzansprüche aus schuldhafter Verletzung des Verwaltervertrags grundsätzlich der **Gemeinschaft** als Vertragspartnerin zu, doch kann auch ein **einzelner** WEer wegen einer Beschädigung seiner Sachen einen Schadensersatzanspruch aus Schlechterfüllung des Verwaltervertrags geltend machen. Der Vertrag erzeugt insoweit **Schutzwirkungen** für **Dritte,** den WEer (OLG Düsseldorf, NZM 2007, 137). Bei Mängeln am GemE ist der Verwalter verpflichtet, eine sachgerechte Entscheidung der WEer zur Mängelbeseitigung vorzubereiten und anzuregen (OLG a. a. O.). Es besteht eine Schadensersatzpflicht des Verwalters, der es unterlässt, Eigentümerbeschlüsse betreffend die Feststellung und Beseitigung von Feuchtigkeitsschäden am GemE auszuführen, für den Schaden eines WEers, der seine von Schimmel befallene Wohnung vermietet hat (s. BayObLG, NZM 2000, 501). Die **Ablehnung** von berechtigten Ansprüchen gegen einen (früheren) Verwalter widerspricht ordnungsmäßiger Verwaltung (s. § 21 Rz. 26, 53).

Hat der Verwalter bei Eintritt eines Schadensereignisses im SE eines WEers **Notmaßnahmen** ergriffen, haftet er nicht wegen eines weiteren Schadens am SE, der sich daraus ergibt, dass von ihm nicht Sofortmaßnahmen zur Verhinderung weiteren Schadens ergriffen wurden (BayObLG, NZM 2000, 555). Von den getroffenen Maßnahmen muss er den WEer nicht unterrichten, wenn der **Mieter** Kenntnis von dem Schadensfall hat (ebenda). Auch **haftet** er **nicht** auf Schadensersatz aus einem **anfechtbaren** (aber wirksamen) Mehrheitsbeschluss (BayObLG, NJW 74, 491). Diesen hat er auszuführen.

Die **Verjährung** von Schadensersatzansprüchen gegen den Verwalter kann durch AGB verkürzt werden (OLG München, NZM 2007, 92 noch zur früheren 30-jähr. Verjährung), allerdings nicht für vorsätzlich verursachte Schäden (a. a. O.). Leitbild sind die §§ 202, 307 Abs. 2 Nr. 1 BGB.

Wirtschaftsplan, Rechnungslegung § 28

Bei schuldhafter Pflichtverletzung gegenüber einem WEer hat er die daraus folgenden **Verfahrenskosten** zu tragen (OLG Köln, NJW 2005, 908). Dem entspricht jetzt auch § 49 Abs. 2 (s. dort). Er hat auch den Anfall der gerichtlichen Kosten zu vertreten, wenn er als (professioneller) Verwalter nicht sichergestellt hat, der Eigentümerversammlung hinreichend bestimmte **Beschlussvorlagen** zu unterbreiten (OLG Oldenburg NZM 2006, 27/LS = NJW-Spezial 2005, 534 m. Anm. *Drasdo*). Unabhängig von der Frage der Tragung von Verfahrenskosten (s. § 49 Abs. 2) kann sich ein Schadensersatzanspruch der Gemeinschaft auf Grund eines mutwilligen oder sonst überflüssig eingeleiteten Verfahrens ergeben.

§ 28 Wirtschaftsplan, Rechnungslegung

(1) ¹**Der Verwalter hat jeweils für ein Kalenderjahr einen Wirtschaftsplan aufzustellen.** ²**Der Wirtschaftsplan enthält:**
1. **die voraussichtlichen Einnahmen und Ausgaben bei der Verwaltung des gemeinschaftlichen Eigentums;**
2. **die anteilmäßige Verpflichtung der Wohnungseigentümer zur Lasten- und Kostentragung;**
3. **die Beitragsleistung der Wohnungseigentümer zu der in § 21 Abs. 5 Nr. 4 vorgesehenen Instandhaltungsrückstellung.**

(2) **Die Wohnungseigentümer sind verpflichtet, nach Abruf durch den Verwalter dem beschlossenen Wirtschaftsplan entsprechende Vorschüsse zu leisten.**

(3) **Der Verwalter hat nach Ablauf des Kalenderjahres eine Abrechnung aufzustellen.**

(4) **Die Wohnungseigentümer können durch Mehrheitsbeschluß jederzeit von dem Verwalter Rechnungslegung verlangen.**

(5) **Über den Wirtschaftsplan, die Abrechnung und die Rechnungslegung des Verwalters beschließen die Wohnungseigentümer durch Stimmenmehrheit.**

Übersicht

	Rz.
I. Wirtschaftsführung	1
II. Vertragsfreiheit	2
III. Wirtschaftsplan (Abs. 1)	3
1. Satz 1	3
2. Satz 2	4
3. Instandhaltungsrückstellung	8

	Rz.
IV. Vorschüsse (Abs. 2)	9
V. Abrechnung (Abs. 3)	12
1. Jahresrechnung	12
2. Inhalt	13
3. Buchführung und Kontenplan	25
4. Wirtschaftsplan	26
VI. Rechnungslegung (Abs. 4)	27
VII. Kontrolle	28
1. Antragsrecht	28
2. Auskunftsverlangen	29
3. Vollstreckung	35
VIII. Beschlussfassung (Abs. 5)	36
1. Allgemeines	36
2. Wirkungen der Beschlussfassung	37
3. Entlastung des Verwalters	39
4. Einzelheiten, Einwendungen	41
5. Verzug, Anfechtung	47
6. Verjährung	50

I. Wirtschaftsführung

1 Zur Haftung s. § 27 Rz. 66 f. Auch für Aufwendungsersatz und Schadensersatz gilt allgemeines Recht. Zur Entlastung s. Abs. 5 (Stimmenmehrheit).

II. Vertragsfreiheit

2 Sie gilt grundsätzlich für § 28. Wirtschaftsplan, Rechnungslegung können auch ganz **ausgeschlossen** werden (BayObLG, WE 90, 111; v. 9. 9. 80 – 2 Z 67/79: für Abs. 5; OLG München NZM 2006, 62; *Staudinger/Bub,* § 28 Rz. 27). Jedoch ist **restriktive Auslegung** einer entspr. Vereinbarung geboten. Str. ist, ob eine Vereinbarung zulässig ist, nach der die vom Verwalter abgesandte Jahresabrechnung „als genehmigt gilt", wenn der WEer nicht innerhalb von zwei Wochen nach Absendung begründeten Widerspruch eingelegt hat (offengelassen noch vom BayObLG, DerWEer 89, 27; bejahend BayObLG, NZM 2001, 754; a. A. aber BayObLG, NZM 2001, 754 und KG, OLGZ 90, 437). Sie ist als zulässig anzusehen. Beim Wirtschaftsplan haben die WEer weiten Spielraum. Grenzen: ganz besonders ungewöhnliche Ausgaben (OLG Hamm, Rpfleger 70, 402). Demzufolge können sie einen Wirtschaftsplan auch in **vereinfachter Form** beschließen, wenn es die Vereinbarung zulässt (BayObLG, NZM 99, 1058). Auch kann die Pflicht zur **Einzelabrechnung** durch Vereinbarung ausgeschlossen werden, wenn eine Gesamtabrechnung vorliegt (BayObLG, ZMR 2005, 384). Die WEer können die Jahresabrechnung **vorbehaltlich** einer Prüfung durch den **Verwaltungsbeirat** genehmigen. In diesem Fall steht der Eigentümerbeschluss unter der aufschiebenden **Bedingung** einer Billigung durch den Verwaltungsbeirat und wird mit deren Versagung endgültig wirkungslos (BayObLG, ZMR 96, 680 = NJWE-MietR 97, 15; OLG Naumburg, OLGR 2000, 329). Weder durch Vereinbarung noch durch Beschluss kann die generelle Überprüfbarkeit durch die WEer abbedungen werden, also ausschließlich dem Verwaltungsbeirat vorbehalten werden.

Beschlüsse über Wirtschaftsplan und Abrechnung sind grundsätzlich von einander **unterschieden.** So enthält der Beschluss über den Plan keineswegs den Beschluss über die (nachfolgende) Abrechnung (BayObLG, NJW 74, 1910 = MDR 74, 460 = Rpfleger 74, 268 = DNotZ 75, 100). Er begründet Vorschusspflichten nur für den betreffenden Zeitraum (KG, OLGZ 89, 58). Der Verwalter/ WEer ist bei der Beschlussfassung über den Wirtschaftsplan nicht ausgeschlossen (OLG Zweibrücken, DerWEer 83, 95). Wirtschaftsplan bzw. Jahresabrechnung brauchen nicht im Protokoll als solche bezeichnet sein. Es genügt, wenn sich der Wille der WEer aus den Umständen ergibt (BayObLG, NZM 2000, 683).

III. Wirtschaftsplan (Abs. 1)

1. Nach Abs. 1 **Satz 1** ist es Aufgabe des Verwalters, jeweils für 3 ein Kalenderjahr einen Wirtschaftsplan aufzustellen. Über den **Inhalt** entscheidet ein **Mehrheitsbeschluss,** nicht aber über die Pflicht zur Aufstellung überhaupt. Letzteres könnte nur durch eine Vereinbarung ausgeschlossen werden (LG Wuppertal v. 16. 3. 88, 6 T 168/88). Eine Ausnahme dürfte nur bestehen bei einer kleinen Gemeinschaft und im Wesentlichen unveränderlichen Kosten (a. a. O.). Ein Beschluss reicht zur Änderung einer Vereinbarung nicht aus. Er ist nach h. M. nichtig.

2. Satz 2: Der **Wirtschaftsplan ist** der **Haushaltsplan der** 4 **Gemeinschaft.** Er hat **drei** grundsätzliche **Bestandteile:** Nach **Nr. 1** die **Vorausplanung** über Einnahmen und Ausgaben der Verwaltung, **Nr. 2** die **Umlegung** der Lasten und Kosten (siehe hierzu auch § 16 Rz. 42 a. E.) entsprechend dem jeweils zutreffenden Verteilungsschlüssel (KG, DerWEer 85, 126/LS = 86, 27), und nach **Nr. 3** die veranschlagten **Leistungen** auf die nach § 21 Abs. 5 Nr. 4 etwa zu bildende Instandhaltungsrücklage.

Die **Aufteilung** auf die einzelnen WEer ist **Voraussetzung** einer Zahlungspflicht nach Abs. 1 **Nr. 2** (BayObLG, DerWEer 89, 135).

§ 28 5 I. Teil. Wohnungseigentum

Ohne Angabe des Verteilungsschlüssels sind die Grundsätze ordnungsgemäßer Verwaltung nicht beachtet (BayObLG, NJW-RR 91, 1360, in Abgrenzung zu BayObLGZ 89, 310 = NJW-RR 89, 1163). Diese Vorauszahlungen werden oft zusammenfassend „**Wohngeld**" (zutreffender wäre „Hausgeld") genannt. Der sich für jeden einzelnen WEer aus der Planung ergebende betragsmäßig fest zustehende **Saldo** ist die Grundlage für eine einheitliche Forderung. Dabei sind die anteilmäßigen Einnahmen und Ausgaben lediglich unselbstständige Rechnungsposten (KG, NZM 2006, 23). Daneben kommen ggfs. noch Leistungen auf Zinsen und Tilgungen der gesamtschuldnerischen Belastungen in Betracht. Diese Belastungen fallen allerdings gleich in das Vermögen der Gläubiger.

5 Der Wirtschaftsplan hat nach **Nr. 1** eine geordnete Zusammenstellung der einzelnen Posten zu enthalten. Sie muss so gestaltet sein, dass sie verständlich und nachprüfbar ist, auch ohne besondere Sachkunde des WEers. Er entspricht **noch** dem Gesetz, wenn die Gesamteinnahmen und die individuelle Belastung der WEer feststehen oder sich **leicht errechnen** lassen (BayObLG, DerWEer 84, 61; NJW-RR 90, 720; FGPrax 97, 19; NZM 99, 853), z. B. auf der Grundlage eines MEsanteil oder der Wohnfläche. Auch darf er geschätzte Kosten enthalten (BayObLG, a. a. O.). Ansonsten sind zu erwartende **Ausgaben** nach Möglichkeit vollständig zu enthalten. Ein Wirtschaftsplan, der diese außer Betracht lässt, widerspricht wegen der Gefahr von Nachzahlungen den Grundsätzen ordnungsmäßiger Verwaltung (BayObLGZ 86, 269). Rechtlich oder tatsächlich nicht sichere Einnahmen bzw. nur unter besonderen Umständen zu erwartende Ausgaben darf er nicht enthalten (BayObLGZ 99, 176). Er entspricht auch nicht ordnungmäßiger Verwaltung, wenn er von vornherein zu überhöhten Vorschüssen bzw. zu erheblichen Deckungslücken führt. Dabei hat die WEer jedoch einen Beurteilungsspielraum nach oben (BayObLG, a. a. O.). Ist ein WEs**verfahren** anhängig oder ist mit einem solchen zu rechnen, so entspricht es ordnungsmäßiger Verwaltung, wenn der Verwalter zugleich mit dem Wirtschaftsplan eine **Sonderumlage** zur Bestreitung von **Verfahrenskosten** zur Abstimmung stellt (BayObLG, WuM 94, 295). Der Wirtschaftsplan hat auch die voraussichtlichen **Einnahmen** zu enthalten. Auch **streitige Forderungen** sowohl zugunsten der Gemeinschaft als auch gegen sie sind aufzunehmen, sofern ernsthaft mit Inanspruchnahme bzw. Erfüllung zu rechnen ist (BGH, NJW 2005, 2061). Durch Beschluss kann nicht generell auf die Auflistung der Einnahmen für künftige Wirtschaftspläne verzichtet werden (KG, DerWEer 87, 134). Doch können durch Vereinbarung oder nicht angefochtenen Beschluss die **Mindestanfor-**

derungen an den Inhalt eines Wirtschaftsplans so herabgesetzt werden, dass er **nur** den von den einzelnen WEern monatlich zu entrichtenden **Wohngeldvorschuss nennt** (BayObLG, NZM 99, 1058 = FGPrax 99, 176). In den Wirtschaftsplan ist eine Forderung nur aufzunehmen, wenn mit ihrer Erfüllung während des Wirtschaftsjahres gerechnet werden kann (BayObLGZ 99, 176 = NZM 99, 868). Die Position **„Zuführung zur Instandhaltungsrücklage"** kann im Allg. unter der Rubrik „Ausgaben" statt gesondert ausgewiesen werden (OLG München NZM 2005, 7449).

Die **Aufstellung** des Wirtschaftsplanes kann auch **von jedem** 6 einzelnen **WEer** gem. § 21 Abs. 5 Nr. 5 mit Abs. 4 **verlangt** und über § 43 Nr. 2, 3 erzwungen werden (BayObLG, NJW-RR 90, 659; BGH, NJW 85, 912; LG Wuppertal v. 16. 3. 88, 6 T 168/88). Nach der Reform 2007 ist auch die Gemeinschaft dazu berechtigt (§ 10 Abs. 6 S. 3). Die Aufstellung ist nach § 887 ZPO vollstreckbar (BayObLG WE 89, 220; *Palandt/Bassenge,* § 28 Rz. 1). Aus der **Autonomie** der Gemeinschaft folgt, dass sie auch **selbst** befugt ist, auf Vorschlag eines Einzelnen oder mehrerer WEer einen Wirtschaftsplan zu beschließen (OLG Celle NZM 2005, 308). Die Aufstellungspflicht **endet** mit dem Ablauf des betr. Wirtschaftsjahres. Ein danach erfolgter Abschluss ist gegenstandslos (OLG Schleswig, ZWE 2002, 141: nichtig).

Der Haushaltsplan wird wirksam mit **Genehmigung** durch ei- 7 nen Mehrheitsbeschluss (s. BayObLG, DerWEer 89, 135). Er wird nach Ablauf des Wirtschaftsjahres nicht ohne weiteres gegenstandslos (OLG Düsseldorf, WuM 2003, 167; BayObLG, NZM 2004, 509; wie hier auch BayObLG, DerWEer 84, 61). Er begründet allerdings, sofern er für eine Wirtschaftsperiode beschlossen ist, mangels anderweitiger Bestimmung Vorschusspflichten nur für den betreffenden Zeitraum, nicht aber darüber hinaus (BayObLG v. 29. 12. 87 – 2 Z 93/87; KG, DerWEer 89, 18 = OLGZ 89, 58). Die WEer können allerdings eine **Fortdauer** für das neue Haushaltsjahr (BayObLG, WuM 99, 312; NZM 2004, 711; KG, ZWE 2004, 378/LS) oder bis zur Erstellung eines neuen Wirtschaftsplans oder für künftige Wirtschaftsjahre beschließen. Ein Beschluss, der dies auf **Dauer** festschreiben wollte ist nichtig (BayObLG, ZMR 2003, 279; BayObLG NZM 2005, 786). Das gilt auch für einen Beschluss, der die **Fälligkeit** für alle künftigen Wirtschaftspläne in Bezug auf die Wohngeldforderungen regeln soll (BayObLG zuletzt a. a. O.). Eine längere **Übung,** keinen neuen Wirtschaftsplan zu erstellen, reicht zu einer Vereinbarung nicht aus (BGH, NJW 2002, 3240). Das gilt auch für eine jahrelang abweichende Praxis, Wirtschaftspläne ohne Einzelabrechnung aufzustellen (OLG München

NZM 2006, 62). Leistet ein WEer Vorschüsse ohne wirksamen Wirtschaftsplan, steht ihm kein Bereicherungsanspruch gegen die übrigen WEer zu, sondern nur i. F. des Innenausgleichs mittels der Jahresrechnung (OLG Hamm NZM 2005, 460). Führen Fehler im Wirtschaftsplan dazu, dass nur verhältnismäßig **geringfügige** laufende Mehrbelastungen auf die einzelnen WEer zukommen, führen diese Fehler **nicht** schon zu einer **Anfechtbarkeit** des **Wirtschaftsplans,** da der Ausgleich durch die Jahresabrechnung erfolgt (OLG München, NZM 2009, 821).

Ausnahmsweise kann der Verwalter oder die Gemeinschaft einen **„Notwirtschaftsplan"** aufstellen, falls die notwendigen Unterlagen (vom Verwalter) nicht zu beschaffen sind (OLG Hamm, DWE 2008, 60). In diesem Fall hat die Aufrechterhaltung der Existenz und Zahlungsfähigkeit Vorrang vor endgültiger Verteilung der Kosten bei vorläufiger Anwendung des gesetzlichen Schlüssels nach § 16 Abs. 2 (ebenda).

8   **3. Zur Instandhaltungsrückstellung:** s. § 21 Abs. 5 Nr. 4. Zur Erhebung einer **Sonderumlage** besteht Anlass bei entspr. Bedarf (BayObLG, NJW-RR 2001, 1020; s. § 16 Rz. 16).

IV. Vorschüsse (Abs. 2)

9   Der Wirtschaftsplan ist die Grundlage der Vorschusspflicht. Diese wird durch die Beschlussfassung über den Wirtschaftsplan begründet (BGH NJW 96, 725/LS; NJW 99, 3713; OLG Hamm NZM 2005, 460). Ggfs. kann sich diese auch aus dem mit dem Verwalter abgeschlossenen Vertrag oder der GemO ergeben (KG, NZM 2001, 238). Eine **allgemeine** Regelung der Vorschusspflicht ist durch Vereinbarung, jedoch nicht durch Beschluss möglich. Ein solcher Beschluss ist nichtig (BGH, NJW 2003, 3550). Aus Zweckmäßigkeitsgründen sind die Beiträge nicht auf einmal zu zahlen. Die WEer können, sofern die GemO nicht entgegensteht beschließen, dass im Fall des Verzugs mit einzelnen Raten der volle Jahresbetrag fällig wird (KG, NZM 2003, 557; a. A. OLG Zweibrücken, NZM 2002, 876). Der Vorauszahlungsanspruch der Gemeinschaft entfällt erst, wenn die WEer über die Jahresabrechnung gemäß Abs. 5 beschlossen haben (OLG Frankfurt a. M., Rpfleger 78, 383) und nur insoweit, als der sich aus ihr ergebende Deckungsbeitrag die Vorschusssumme unterschreitet (BayObLG, NJW-RR 2001, 659). Überschreitet der Deckungsbeitrag der Vorschusssumme, wird nur für die **Abrechungsspitze,** den Mehrbedarf, eine Schuld begründet (BGH, NJW 94, 1866; OLG Zweibrücken ZMR 99, 358). Soweit der Deckungsbeitrag der Vorschusssumme entspricht, besteht

die Vorschusspflicht bei Nichtzahlung fort, wobei bei Zahlung Verrechnung eintritt (OLG Hamm, NZM 2000, 139). Zum Vollstreckungstitel vgl. OLG Köln, WE 93, 54. Die Vorschusspflicht bleibt selbst dann wirksam, wenn der Verwalter seiner Pflicht zur jährlichen Aufstellung des von den WEern zu beschließenden Wirtschaftsplans jahrelang nicht nachkommt (OLG Hamm, NJW-RR 89, 1161).

Die WEer können im Jahreswirtschaftsplan beschließen, dass die darin vorgesehenen monatlichen Wohngeldvorschüsse über das Jahr hinaus bis zum Inkrafttreten eines neuen Jahresplans weiterzuzahlen sind (OLG Hamm, a. a. O.). Die WEer haben nach den Grundsätzen ordnungsmäßiger Verwaltung darüber zu befinden, ob **Guthaben** aus mehrheitlich beschlossenen Jahresabrechnungen ausgezahlt, mit laufenden **Vorschüssen** verrechnet werden können (OLG München, NZM 2006, 62) oder wie **Sonderumlagen** zunächst bei dem Verwaltungsvermögen verbleiben, bis sie etwa nach Aufbringung der erforderlichen Mittel ausgezahlt werden können (KG, NJW-RR 95, 975). Ist bestandskräftig ein Guthaben in der Einzelrechnung ausgewiesen, kann der betr. WEer nicht mit der einfachen Behauptung, die Zahlung sei nicht erbracht worden, auf Zahlung in Anspruch genommen werden (KG NZM 2005, 22). Bei einer Leistung von Vorschüssen **ohne** dass ein **Wirtschaftsplan** vorliegt, ist die Rückzahlung ausgeschlossen; sie kann erst in der Jahresabrechnung ausgeglichen werden (OLG Hamm, NJW-RR 2005, 238).

Verantwortung für Aufstellung und Einhaltung des Wirtschaftsplanes trägt der Verwalter. Zum Falle des Verzugs fallen die gesetzlichen oder in der GemO vorgesehenen Zinsen an (BayObLGZ 86, 128). Durch die im Wirtschaftsplan vorgesehenen Ausgaben und Anschaffungen erhält der Verwalter entspr. **Vertretungsmacht** (OLG Hamm, ZfIR 97, 347).

Rechnungsführung. Sie ist eine besondere Aufgabe des Verwalters. Zu den Einzelheiten einer ordnungsmäßigen Bilanzierung und Kontenführung s. *Bärmann/Seuß,* Rz. B 436 ff.

V. Abrechnung (Abs. 3)

1. Nach **Abs. 3** ist die Abrechnung jährlich **(Jahresabrechnung)** nach Ablauf des Geschäftsjahres automatisch vom Verwalter aufzustellen. Dazu bedarf es weder einer Aufforderung noch einer besonderen Vereinbarung mit ihm. Diese Abrechnung kann auch von dem **einzelnen** WEer verlangt werden (OLG Hamm, FGPrax 98, 213; OLG Karlsruhe NJW 69, 1968 m. Anm. *Diester*). Sie ist nach §§ 887/888 ZPO vollstreckbar (vgl. BayObLG, NZM 2002,

489, dazu BGH, NJW 2006, 2710 einerseits und OLG Köln, WuM 98 andererseits). **Abrechnungszeitraum** ist das Kalenderjahr (OLG München, NZM 2009, 821; 822 = NJW-Spezial 2009, 290). Davon kann durch Vereinbarung oder jahrelang geübte Praxis abgewichen werden. Die Vorschrift ist abdingbar (OLG München a. a. O.). Grundsätzlich richtet sich der Anspruch gegen den **Verwalter**. Ein WEer hat keinen Anspruch gegenüber den übrigen **WEern,** dass diese eine sachlich richtige Jahresabrechnung vorlegen (OLG München, NZM 2007, 292). Ob sich ein solcher Anspruch gegen die teilrechtsfähige **Gemeinschaft** ergibt, ist nach Auffassung des OLG eher fraglich, ggfs. aber als letztes Mittel zu bejahen. Zur Erstellung der Jahresabrechnung ist grundsätzlich derjenige verpflichtet, der bei **Fälligkeit** der Abrechnung Verwalter ist; scheidet ein Verwalter während oder zum Ende eines Wirtschaftsjahres aus, so hat daher grundsätzlich der **neue Verwalter** die Abrechnung für dieses Wirtschaftsjahr zu erstellen (BayObLG WE 95, 341; OLG Hamm, NZM 2004, 504). Etwas anderes gilt nur dann, wenn dies in der Teilungserklärung, im Verwaltervertrag oder in einem bestandskräftigen Eigentümerbeschluss vorgesehen ist oder wenn der ausgeschiedene Verwalter die Erstellung der Jahresabrechnung den Wohnungseigentümern gegenüber nachträglich schuldrechtlich übernommen hat (OLG Stuttgart, Justiz 80, 278; OLG Hamm, NJW-RR 93, 847; BayObLG, NJW-RR 95, 530). Der **abberufene** Verwalter hat jedoch nach Abs. 4 Rechnung zu legen (BayObLG, WuM 94, 44). Bezüglich einer Abrechnungsverpflichtung, die bereits **vor** Amtsantritt des Verwalters zu erfüllen war, ist es vom im Einzelfall erforderlichen Arbeitsaufwand abhängig, ob der Verwalter verpflichtet ist, ohne oder nur gegen eine **Sondervergütung** diese Verpflichtung zu erfüllen (KG, NJW-RR 93, 529 = WuM 93, 142).

2. Zu einer ordnungsgemäßen Abrechnung zählt nicht nur eine geordnete Zusammenstellung aller Einnahmen und Ausgaben (BayObLG, NJW-RR 2006, 20 = NZM 2006, 62), sondern auch die **Aufteilung** des Gesamtergebnisses auf die einzelnen Eigentümer (OLG München, DWE 2009, 29). Die Abrechnung ist weder Gewinn- und Verlustrechnung noch Bilanz (OLG Hamm, ZWE 2001, 446). Sie stellt auch keine periodenmäßige Abgrenzung dar (BayObLG, NZM 2000, 873). Die gesamte Abrechnung muss den Eigentümern **vor** der Versammlung, die diese Abrechnung billigen soll, ausgehändigt werden. Es **genügt** dabei **nicht,** wenn Teile dieser Abrechnung lediglich im Verwalterbüro zur **Einsichtnahme** ausgelegt werden. Ein Mehrheitsbeschluss der Eigentümerversammlung, der ein solches Verfahren aus Gründen der Kostenersparnis vorsieht, ist anfechtbar (OLG Köln v. 29. 3. 1995 – 16 Wx 36/95 = NJW-RR 95, 1295; WuM 98, 50). Das gilt nicht für einzelne Belege. Die Unterlagen müssen allerdings vollständig auch während der Versammlung bereitgehalten werden (OLG Frankfurt a. M., OLGZ 84, 333).

Die **Abrechnung** muss **verständlich** und nachprüfbar sein. **Bu-** **14** **chungsvorgänge** müssen diesen Voraussetzungen entsprechen (BayObLG NZM 2005, 750). Dies gilt auch für die **Einzelabrechnung** (OLG Hamm, ZWE 2001, 446; BayObLG, WEM 79, 38 = Rpfleger 79, 66; NZM 2005, 750), die regelmäßig zur **Jahresabrechnung** gehört (BayObLG, BlGBW 80, 220 = ZMR 80, 186, DerWEer 83, 30; OLG München NZM 2006, 62) und die **Aufteilung** des **Gesamtergebnisses** auf die WEer enthält (BayObLG, DerWEer 85, 58; NJW-RR 89, 1163; OLG Köln, NJW-RR 95, 1295). Damit sind die Einnahmen und Ausgaben aus der Gesamtabrechnung gemeint (OLG Hamm, DWE 97, 36). Ausgaben die nur **ein** einziges WE betreffen, sind auch in die Einzelabrechnung nur dieses WE aufzunehmen (KG, ZfIR 2006, 212), z. B. Ausgaben/Aufwendungen, die der Gemeinschaft als Schadensersatzanspruch zu erstatten sind oder wenn es sich um Instandhaltungskosten handelt, die nur dieses SE betreffen (OLG Düsseldorf, ZMR 2006, 217). Der Ausweis einer **Sonderbelastung** im Einzelwirtschaftsplan eines WEers muss nachprüfbar und nachvollziehbar sein (OLG Hamm, ZWE 2010, 55). Die Abrechnung hat auch eine vollständige Entwicklung der **Bankkonten** zu enthalten (OLG Hamm, ZMR 2001, 1001 = ZWE 2001, 446) sowie **Wohngeldvorschüsse** und **Fehlbeträge** (aus den Vorjahren) einzubeziehen (BayObLG, ZWE 2004, 372). Haben die WEer die Auflistung offener Verbindlichkeiten zur Grundlage einer **Sonderumlage** zur Wiederherstellung der **Liquidität** gemacht, sind die Sonderzahlungen in die allgemeine **Jahresrechnung** einzustellen und nicht als Zahlungen auf bestimmte Verbindlichkeiten abzurechnen (KG, NZM 2005, 344). Eine Aufteilung entsprechend BetriebskostenVO ist nicht vorgeschrieben (BayObLG, NZM 2000, 507). Im Rahmen der Jahresabrechnung können auch **Einzelbelastungen** ausgewiesen werden (KG, NZM 2006, 108 = NJW-RR 2006, 383; OLG Hamm, ZWE 2010, 55).

Wechselt ein WEer im Abrechnungszeitraum, sind die auf **15** jeden der WEer entfallenden Posten getrennt auszuweisen (ebenda). Zu besonderen Problemen bei **Eigentümerwechsel** vgl. KG, NJW-RR 92, 84 und BayObLG, NJW-RR 92, 14. Der Verwalter ist allerdings nicht verpflichtet, beim Ausscheiden eines WEers eine **Zwischenabrechnung** zu erstellen (KG, NZM 2000, 830 =

ZWE 2000, 224). Nach h. M. widerspricht eine **Einzelabrechnung,** in die ein noch gegenüber dem **Veräußerer** von WE **fällig** gestellter anteiliger Sonderumlagenbetrag als ein vom **Erwerber** auszugleichender **Rückstand** eingestellt wird, den Grundsätzen ordnungsmäßiger Verwaltung (OLG Düsseldorf, WuM 91, 623; KG, NJW-RR 94, 83 = MDR 93, 1203). Das gilt auch für **Wohngeldvorschüsse,** für die der ausgeschiedene WEer haftet, sofern sie **während** des Zeitraums, als er WEer war, fällig geworden sind (BGH, NJW 96, 725).

16   Die Jahresabrechnung hat eine geordnete **Gegenüberstellung** der Einnahmen und Ausgaben, nämlich die **tatsächlich** getätigten **Einnahmen** und **Ausgaben** (BayObLG, WE 93, 114; KG, NJW-RR 92, 845; WuM 93, 429 = NJW-RR 93, 1104; BayObLG, WuM 94, 230; ZWE 2004, 372; OLG Köln, NJW-RR 95, 1295) unter Beifügung der **Belege** zu enthalten (BayObLG, ZMR 77, 381; WuM 93, 485 = NJW-RR 93, 1166). D. h. eine ordnungsgemäße **Buchführung** (BayObLG, DerWEer 85, 60; NJW-RR 88, 81; AG Hamburg, DerWEer 89, 77; kritisch *Kellmann,* ZMR 89, 401). Dies ist **unabhängig** davon, ob die Ausgaben und Einnahmen **zu Recht** getätigt wurden (KG NZM 2006, 108 = NJW-RR 2006, 383 = ZWE 2006, 49/LS). Die Jahresabrechnung hat sich grundsätzlich auf die Vorgänge im **Abrechnungsjahr** zu beschränken (BayObLG, WuM 94, 230), nicht etwa Forderungen und Verbindlichkeiten aus anderen Jahren (OLG Hamm, ZWE 2001, 446). In sie sind alle tatsächlichen Einnahmen und Ausgaben einzustellen, **ohne Rücksicht** darauf, **ob** sie **zu Recht** getätigt worden sind oder **nicht** (BGH, ZfIR 97, 284; BayObLG, NJW-RR 2001, 1231; WuM 93, 485 = NJW-RR 93, 1166; NZM 2002, 531; 2004, 385).

17   **Ausnahmen** von der Ist-Abrechnung können durch übliche **periodische Abrechnungen** geboten sein. Dies gilt etwa für die Abrechnung von Heiz- und Warmwasserkosten (OLG Hamm, ZWE 2001, 446) oder lieferbedingte Wasser- und Abwasserkosten (BayObLG, WuM 2002, 333). Verbrauchskosten und Zahlungen brauchen in diesem Fall nicht übereinzustimmen (OLG Hamm, a. a. O.). Auch können **mehrjährige** Bauarbeiten am Schluss erstmalig jahresübergreifend abgerechnet werden (KG, NZM 2004, 263). Jedoch können als **Ausgaben** auch solche Beträge aufgenommen werden, die von der Mehrheit der WEer mit der Genehmigung der Abrechnung als **Auslagen** eines **WEers** für das GemE anerkannt und mit dem von ihm geschuldeten Wohngeld **verrechnet** werden oder für die dem WEer eine **Gutschrift** erteilt wird (WuM 93, 429 = NJW-RR 93, 1104). Dies gilt auch ausnahms-

weise, wenn die WEer auch solche **offenen Verbindlichkeiten** auf der Ausgabenseite der betreffenden Wirtschaftsperiode einsetzen, die lediglich wegen Nichtzahlung fälliger Vorschusspflichten einzelner WEer unbeglichen geblieben sind (KG, WuM 94, 400 = NJW-RR 94, 1105; a. A. BayObLG, WuM 94, 498). In einem solchen Fall kann ein während der gesamten Abrechnungsperiode der Gemeinschaft angehörender WEer den Genehmigungsbeschluss der Versammlung nicht mit der Begründung anfechten, die Zusammensetzung der WEergemeinschaft habe sich in der Zwischenzeit geändert (KG, WuM 94, 400 = NJW-RR 94, 1105).

Die Abrechnung hat auch Angaben über **Kontostände, Rücklagen** und **Zinsen** zu enthalten, also die Entwicklung der Konten (KG, ZWE 2010, 553; OLG Hamm, ZMR 2001, 1001 = ZWE 2001, 446; KG, DerWEer 85, 126/LS = 86, 27; BayObLG, NJW-RR 89, 1163) sowie über **Verteilerschlüssel** und **Aufteilung** des Ergebnisses auf die WEer (KG, a. a. O.), ebenfalls über die Entwicklung der **Instandhaltungsrücklage** (OLG München NZM 2006, 62; OLG Saarbrücken, NZM 2006, 228 = NJW-RR 2006, 731: Ist- und Sollrücklage). Sie ist wie eine Kostenposition darzustellen, auch wenn sie nicht verbraucht ist (OLG München, NZM 2007, 734). Bei Verwendung einer **Sonderumlage** für Instandsetzungskosten ist dies entspr. zu vermerken (ebenda). Auch die tatsächlich zugeflossenen **Wohngeldvorschüsse** gehören zu den Einnahmen (BayObLG, NJW-RR 89, 840). Wird eine Jahreseinzelabrechnung, die Zahlungen eines WEers im entspr. Zeitraum nicht aufführt, bestandskräftig, kann der betr. WEer eine Tilgung der Wohngeldschuld durch Zahlung im Abrechnungszeitraum nicht einwenden (BayObLG, NZM 2004, 711). Aus dem **Saldo** der Abrechnung ergibt sich für jedes WE entweder eine Nachzahlungsverpflichtung oder ein Guthaben (Überzahlung). Enthält der **Nachzahlungsbetrag** neben der **Abrechnungsspitze** auch **rückständige** Vorschüsse, kann der **Nachzahlungsanspruch** entweder auf die Jahresabrechnung (OLG Hamm, NJW-RR 2004, 13; BayObLG, NZM 2004, 711) oder teilweise auf den Wirtschaftsplan bzw. auf die Jahresabrechnung gestützt werden. Eine **Verjährung** der Vorschussansprüche ist dabei unschädlich (OLG Dresden, ZMR 2006, 543). Die Einzelabrechnung kann auch den **Nachzahlungsbetrag** allein oder neben der Abrechnungsspitze begründen (BayObLG, NZM 2004, 711) bzw. den Anspruch auf Auszahlung eines **Guthabens** (OLG München NZM 2006, 62). **Durchlaufende** Posten sind aufzuführen (BayObLG, NJW-RR 93, 1166; für besondere Abrechnung über die verwendeten Mittel OLG Schleswig, ZWE 2008, 42 m. Anm. *Demharter*).

19 Eine Jahresrechnung in der Form einer **Bilanz** mit Gewinn- und Verlustrechnung **genügt** den Anforderungen **nicht** (BayObLG, WuM 93, 485 = NJW-RR 93, 1166; s. o. Rz. 12). Die **Fortschreibung** eines alten **Kontostands** in der Einzelabrechnung eines WEers nimmt an der Festlegung der Beitragsschuld durch die Jahresabrechnung nicht teil, zumal er in der Gesamtabrechnung auch nicht auftaucht (KG, WuM 93, 302). Allerdings muss die Jahresabrechnung hinsichtlich des Einnahme- und Ausgabenüberschusses mit der Differenz der Anfangs- und Endbestände übereinstimmen, somit widerspricht sie ordnungsmäßiger Verwaltung (OLG Hamm, ZWE 2001, 446). **Quartalsabrechnungen** entsprechen nicht ordnungsmäßiger Verwaltung, wenn sie an Stelle einer Jahresabrechnung vorgelegt werden (OLG Düsseldorf, NZM 2007, 165 = NJW-RR 2007, 594). Dies gilt auch, wenn es sich um **vier** Quartalsabrechnungen handelt (a. a. O.).

20 Selbst bei einer Wohnanlage mit **mehreren Häusern** haben grundsätzlich **alle** WEer über die Jahresrechnung und Entlastung des Verwalters zu entscheiden (OLG Zweibrücken NZM 2005, 751). Dies gilt auch, wenn sie durch mehrere Anschlüsse mit **Fernwärme** versorgt wird, kommt eine getrennte Abrechnung und Beschlussfassung über die Heizkosten nicht in Betracht, wenn dies nicht in der GemO oder durch bestandskräftigen Beschluss der WEer angeordnet ist (BayObLG, WuM 94, 105).

Sofern gezahlte Vorschüsse und Ausgaben lediglich **ein** WE betreffen, sind sie auch nur in die Einzelabrechnung des betr. WEs aufzunehmen (*Palandt/Bassenge,* § 28 Rz. 12). **Rückstände** aus vergangenen und beschlossenen Abrechnungsperioden sind nicht aufzunehmen (BayObLG, NJW-RR 92, 1169). Sind sie trotzdem in den Beschluss aufgenommen, ist bei dessen Bestandskraft zu prüfen, ob damit eine neue Zahlungspflicht begründet oder nur eine Information über den Kontostand erteilt werden sollte (vgl. OLG Köln, NZM 2000, 909 einerseits und BayObLGZ 99, 176; ZMR 2004, 355; OLG Düsseldorf, FGPrax 2004, 224). Vom Verwalter zu Lasten des Gemeinschaftskontos getätigte Ausgaben, die nicht die Verwaltung des gemeinschaftlichen Eigentums, sondern **Sondereigentum** betreffen, gehören zwar in die Jahresabrechnung, sind aber in den Einzelabrechnungen nur auf diejenigen Wohnungseigentümer umzulegen, deren Sondereigentum betroffen ist, und zwar im Zweifel nach dem Schlüssel des § 16 Abs. 2. Eine Entlastung ist in diesem Fall dem Verwalter nicht zu erteilen (KG, NJW-RR 92, 845).

21 Auch Ausgaben des Verwalters zu Lasten des Gemeinschaftskontos zur Deckung der Kosten eines gerichtlichen **Verfahrens** gehören als tatsächlich getätigte Ausgaben in die Jahresabrechnung, sind allerdings in den Einzelabrechnungen bei schon ergangener gerichtlicher Kostenentscheidung nur auf die betroffenen WEer umzulegen (KG, NJW-RR 92, 845; BayObLG, NJW-RR 92, 1431; RR 91, 1360).

Zum offenen Ausweis von **Umsatzsteueranteilen** an den Abrechnungspositionen der Einzelabrechnung eines Ws- oder TEers vgl. OLG Hamm, NJW-RR 92, 1232). Der Verwalter ist nur dann den einzelnen WEern/TEern zur gesonderten Ausweisung der Umsatzsteuer in den Einzelabrechnungen verpflichtet, wenn die WEer auf die Steuerbefreiung ihrer Leistungen an die Ws- und TEer insgesamt oder an einen einzelnen Ws- oder TEer verzichtet haben (BayObLG, ZMR 96, 575 = NJW-RR 97, 79). Die Jahresabrechnung umfasst nicht den Ausweis und die differenzierte Darstellung begünstigter haushaltsnaher Beschäftigungsverhältnisse und Dienstleistungen i. S. des ESt-Rechts (LG Bremen, NZM 2009, 750).

Die Genehmigung der Jahresabrechnung hat in einer Versammlung durch **Beschluss** zu erfolgen. Dies ist originäre Zuständigkeit der WEer. Sie kann nicht auf den Verwaltungsbeirat übertragen oder durch Verwaltervertrag eingeschränkt werden (OLG München, NJW 2008, 3574). Insbesondere Klauseln, die eine **Genehmigungsfiktion** beinhalten, „wenn die WEer nicht innerhalb von vier Wochen nach Vorlage Einwendungen erheben", sind nach AGB-Recht unwirksam (OLG München, a. a. O.). Die gesamte Abrechnung muss den WEern **vor** der Versammlung, die diese Abrechnung billigen soll, **ausgehändigt** werden (OLG Köln, NJW-RR 95, 1295; s. o. Rz. 12). Dabei ist die Versammlung nicht gehindert, auch eine vom Verwalter **nicht** unterschriebene Jahresabrechnung ihrer Beschlussfassung zugrunde zu legen (KG, NJW-RR 96, 526). Zum **Rechtsschutzbedürfnis** einer Klage s. § 43 Rz. 12. Eine grobe **Missachtung** der WEer liegt vor, wenn auf Verlangen kein Bericht erstattet und die Belege nicht vorgewiesen werden (LG Freiburg NJW 68, 1973), Abberufungsgrund! Die Beschlüsse, mit denen entgegen den Regelungen der GemO die später als drei Monate nach Ablauf des Rechnungsjahres erstellte Jahresabrechnung und der nach Ablauf des (alten) Rechnungsjahres vorgelegte (neue) Wirtschaftsplan beschlossen werden, sind wegen der **Verspätung** rechtswidrig (LG Dortmund, NZM 2000, 684 m. Anm. *Drasdo*, NZM 2000, 643). Solange die WEer über eine **vorliegende** Jahresabrechnung noch **nicht** entschieden haben, kann die Erstellung einer **neuen** Abrechnung **nicht** verlangt werden (OLG München, NZM 2007, 292).

§ 28 23–26 I. Teil. Wohnungseigentum

23 **Erfüllungsort** i. S. des § 269 BGB ist der Ort der Wohnanlage (LG Karlsruhe DWW 69, 265 = ZMR 70, 57 u. 276; OLG Karlsruhe NJW 69, 1968 mit Anm. *Diester;* OLG Stuttgart NZM 2005, 430 u. § 16 Rz. 19). Ein **Fehlbetrag** aus einem **Vorjahr** kann wirksam in die Beschlussfassung über die Abrechnung des folgenden Jahres einbezogen werden (OLG Köln, NZM 2000, 909).

Die Bestimmung in der GemO, „**kalenderjährlich**" abzurechnen, ist als Abrechnungsregelung durch Beschlussverfahren ohne Versammlung anzusehen (BGHZ 113, 197; a. A. OLG Hamm OLGZ 82, 20; offengelassen von OLG München NZM 2006, 62).

Bei **Unklarheit** der Abrechnung hat der Verwalter die Kosten eines erforderlichen Gutachtens zu tragen (BayObLG, Rpfleger 75, 426, 436 = ZMR 76, 319 = MDR 76, 225; ZMR 77, 381). Geringere Fehler können im Beschluss korrigiert werden (KG, NJW-RR 87, 1160). Eine Anfechtung der Jahresabrechnung kann im Einzelfall bei jahrelanger Hinnahme eines falschen Kostenverteilungsschlüssels **verwirkt** sein (LG Köln, NJW-Spezial 2008, 707).

24 Der Mehrheitsbeschluss über die **Entlastung** des Verwalters befreit diesen von der Pflicht zu weiteren Erklärungen über Vorgänge, die z. Z. der Beschlussfassung bekannt waren (BGH, NZM 2003, 764 = NJW 2003, 3124 = ZMR 2003, 750; BayObLG, ZMR 76, 88; a. A. AG Kerpen, NZM 2004, 112). Wird die Jahresabrechnung für ungültig erklärt, entfallen auch die Voraussetzungen für die Entlastung des Verwalters (BayObLG, NJW-RR 89, 840). Die WEer können von dem ausgeschiedenen Verwalter auch dann Einsicht in die für die WEer-Gemeinschaft geführten Unterlagen verlangen, wenn sie ihm vorher durch bestandskräftige Eigentümerbeschlüsse Entlastung erteilt haben (BayObLG, WuM 96, 661). S. auch o. § 26 Rz. 39.

25 **3. Buchführung und Kontenplan des Verwalters.** Der Verwalter hat die rechnerische Richtigkeit der Abrechnung nachzuweisen. Hierzu hat er die Kontenstände zu Beginn und Ende des Wirtschaftsjahres und den Posten aufzuführen (KG, ZWE 2010, 53; OLG Hamm, ZWE 2001, 446; Näheres *Bärmann/Seuß*, Rz. B 436 ff.). Diese Art der Genehmigung der Jahresabrechnung entspricht ordnungsmäßiger Verwaltung, wenn die entspr. Beträge zu den maßgeblichen Zeitpunkten tatsächlich auf dem Konto vorhanden waren (KG, ZWE 2010, 53). Ihn trifft auch eine Aufbewahrungspflicht.

26 **4. Der Wirtschaftsplan.** Hierfür gilt das oben Rz. 3 ff. Gesagte.

VI. Rechnungslegung (Abs. 4)

Rechnungslegung (Abs. 4) ist durch Mehrheitsbeschluss jederzeit anforderbar. Die Pflicht des Verwalters zur Rechnungslegung besteht grundsätzlich nur auf Grund eines Eigentümer**beschlusses** gegenüber den WEern in ihrer **Gesamtheit,** nicht gegenüber einem **einzelnen** WEer (BayObLG, NZM 2000, 280). Die außerordentliche Rechnungslegung enthält in der Regel **keine Einzelabrechnung** (BayObLGZ 79, 30; OLG Frankfurt a. M., ZMR 99, 61; zu ihrem Umfang s. KG, DerWEer 82, 127). Der Anspruch ist trotz des Wortes jederzeit durch § 242 BGB begrenzt. Erst wenn die Gemeinschaft vom Recht auf Rechnungslegung keinen Gebrauch macht, kann der **einzelne WEer** einen entspr. Anspruch geltend machen (vgl. BGH, NJW 96, 656; BayObLG, WE 91, 253; OLG Hamm, OLGZ 88, 37). Es genügt statt eines Beschlusses das Verlangen von **sämtlichen** WEern (BayObLG, NZM 2004, 621). Zur **Vollstreckung** vgl. o. Rz. 12. 27

VII. Kontrolle

1. Die prozessuale Überprüfung von Wirtschaftsplan und Abrechnung erfolgt durch Anrufung des Gerichts im Verfahren nach § 43 Nr. 3. Es besteht ein **Antragsrecht** des einzelnen WEers (OLG Karlsruhe NJW 69, 1968 m. Anm. *Diester*). Auch nach Ausscheiden des Verwalters ist das Verfahren nach § 43 Abs. 1 Nr. 2 möglich (s. § 43 Rz. 1). Der Richter hat sachliches Nachprüfungsrecht hinsichtlich des Beschlusses. Die **Anfechtung** des Beschlusses über die Jahresrechnung kann auf einzelne **Rechnungsposten** beschränkt werden (BayObLG, DerWEer 86, 57). Fehlt einer der notwendigen Bestandteile der Jahresabrechnung im entspr. Beschluss, ist dieser im Übrigen nicht für ungültig zu erklären. Jeder WEer kann jedoch eine entspr. Ergänzung verlangen (BayObLG, NJW-RR 89, 1163). Primär entscheidet der Mehrheitsbeschluss, ob vom Verwalter Rechnungslegung zu verlangen ist während des Geschäftsjahres. Zum Rechtsschutzbedürfnis an der Ungültigerklärung des Wirtschaftsplans s. OLG Hamm, ZWE 2007, 34: Bei vollständiger Erfüllung der Vorschüsse durch den Anfechtenden entfällt es. 28

2. Auskunftsverlangen. Gegenüber dem Verwalter gelten neben Abrechnung und Rechnungslegung auch die §§ 666, 675 BGB. D. h. **jeder** einzelne WEer kann **Einsicht** in die Abrechnungsunterlagen und Belege verlangen (OLG Köln, ZMR 99, 282; BayObLG, NZM 2004, 509; OLG Frankfurt a. M., NJW 72, 1376, OLG 29

Karlsruhe, MDR 76, 758; OLG Hamm, DerWEer 85, 127/25 = 86, 23; *Staudinger/Bub*, § 28 Rz. 609). Dies gilt grundsätzlich auch **nach** Beschlussfassung über die Jahresabrechnung (BayObLG, ZWE 2002, 577; Rpfleger 78, 437 = BayObLGZ 78 Nr. 48 = ZMR 78, 383; Rpfleger 79, 266; OLG Hamm, DerWEer 85, 127/25 = 86, 23). Das Einsichtsrecht bedarf keines besonderen rechtlichen Interesses und Gestattung (Ermächtigung) durch die Mehrheit (BayObLG, ZWE 2002, 577). Es kann nicht durch Beschluss ausgeschlossen werden (OLG Hamm, OLGZ 88, 37).

30 Den WEern ist **vor** der Beschlussfassung über die Jahresabrechnung hinreichend Gelegenheit zu geben, sämtliche Abrechnungsunterlagen sowie die Einzelabrechnungen einzusehen (OLG Köln, NZM 2007, 366; a. A. LG Itzehoe, DWE 2009, 15: Es reicht aus, die Gesamtrechnung und die jeweiligen Einzel- bzw. -wirtschaftspläne zuzusenden). Dazu muss der Verwalter eine ausdrückliche Einsichtsmöglichkeit **vor** Beschlussfassung einräumen (OLG Köln, a. a. O.). Soweit die GemO keine anderslautende Regelung enthält, müssen sämtliche die WEer betreffenden **Einzelabrechnungen** dann nicht jedem WEer vor der Beschlussfassung über die Jahresabrechnung übersendet werden, wenn **vor** und während der Versammlung für jeden WEer ausreichende und nicht durch zeitliche oder ähnliche Erschwernisse eingeengte **Möglichkeit** der **Einsichtnahme** in die Einzelabrechnungen sämtlicher WEer eingeräumt wurde (OLG Köln, ZMR 99, 282; WE 97, 232; Klarstellung zu ZMR 95, 324; OLG Köln NZM 2006, 66). Es genügt nicht, dass der Verwalter die entsprechenden Unterlagen lediglich mitführt, ohne die WEer auf deren Vorhandensein und Möglichkeit der Einsichtnahme hinzuweisen (OLG Köln, NZM 2007, 366). Entscheidend ist das jeweilige **Informationsbedürfnis** (BayObLG, ZMR 78, 383; Rpfleger 79, 266). Es erstreckt sich auch auf Unterlagen und Belege, die **Zahlungen anderer** WEer betreffen (OLG Hamm, a. a. O.; OLG Köln, ZMR 99, 282). Es ist auch **unabhängig** von der **Genehmigung** (Entlastung) der Abrechnung (OLG Hamm, a. a. O.; BayObLG, NJWE-MietR 97, 14; ZWE 2002, 577) oder der Bestandskraft des Entlastungsbeschlusses (BayObLG, NJWE-MietR 97, 14). Das Einsichtsrecht kann auch nicht auf die letzten zehn Jahre der Verwaltung beschränkt werden (BayObLG, a. a. O.). Einsicht ist am **Ort** der Verwaltungsführung zu geben (BayObLG, WuM 89, 419; NZM 2004, 509; OLG München, NZM 2006, 512; OLG Köln, NZM 2006, 702). Wird die Einsichtnahme nicht gewährt, d. h. rechtzeitig vor der entspr. Beschlussfassung, ist diese **anfechtbar** (BayObLG, NZM 2003, 905; OLG Köln, NJW-RR 2006, 19).

Der **Anspruch** auf Einsichtnahme richtet sich einheitlich sowohl gegen den Verwalter als auch gegen die Gemeinschaft (KG, FGPrax 2000, 95). Nach a. A. ist er nicht gegen die WEergemeinschaft, sondern gegen den **Verwalter** zu richten (BayObLG, NJW-RR 2000, 463). Der Verwalter kann sich nicht auf tatsächliche Schwierigkeiten berufen, der WEer hat auch Anspruch auf Fotokopien (BayObLG, NZM 2000, 873). Der Anspruch auf Einsichtnahme steht auch dem **ausgeschiedenen** WEer zu und schließt auch das Recht auf Duldung des **Kopierens** ein (KG, ZWE 2000, 224 = FGPrax 2000, 95). Der Verwalter kann Fotokopien angemessen berechnen (AG Köln, DerWEer 89, 72; BayObLG, NZM 2000, 873), falls er die Kopien anfertigt. Dann Zug um Zug gegen Kostenerstattung (BayObLG, NZM 2004, 509). War der Anspruch auf Einsicht gegen den Verwalter bereits anhängig, bevor der WEer aus der Gemeinschaft ausgeschieden ist, besteht die Zuständigkeit des Gerichts fort, auch wenn nach dem Ausscheiden der Anspruch gegen die Gemeinschaft gerichtet wird (KG, FGPrax 2000, 95). 31

Nach OLG Celle (OLGZ 83, 177) besteht ein **Auskunftsanspruch** des einzelnen WEer nur insoweit als die Gemeinschaft von ihrem Recht keinen Gebrauch gemacht oder ihn ermächtigt hat (*Staudinger/Bub,* § 28 Rz. 585). Er kann sich aber gemäß §§ 21 Abs. 4, 242 BGB ergeben (*Staudinger/Bub,* § 28 Rz. 587). Eine Entlastung, die sich nur auf die Kostenabrechnung erstreckt, steht jedoch einem Auskunftsanspruch über das Gemeinschaftskonto und dessen Bestand und Bewegung nicht entgegen (OLG Celle, a. a. O.). Zu den Befugnissen des WEers gehört allerdings, zu einzelnen Kontobewegungen Auskünfte zu erlangen, auch wenn diese nicht Gegenstand der Beschlussfassung werden (BayObLG NZM 2000, 280). Der einzelne WEer hat keinen Anspruch auf **Ergänzung** der Jahresabrechnung um eine Aufstellung über Forderungen und Verbindlichkeiten der Gemeinschaft; denn eine solche Aufstellung **(Vermögensstatus)** gehört nicht zu den wesentlichen Bestandteilen der Jahresabrechnung (BayObLG, NZM 2000, 280). 32

Zur Rechnungslegung und Belegeinsicht vgl. *Moritz,* WEM 83, 53. Eine generelle **Beschränkung** des Auskunfts- und Informationsrechts auf den Verwaltungsbeirat erscheint unzulässig (ebenso wohl *Schulz,* BlGBW 80, 201; a. A. AG Frankfurt a. M. Höchst, ebenda). Wie alle Rechte finden auch Informationsrechte ihre Schranken durch das Missbrauchs- und Schikaneverbot (OLG Hamm, DerWEer 85, 127/25 = 86, 23). Das Auskunftsrecht reicht ggfs. zur **eidesstattlichen Versicherung** gemäß § 260 Abs. 2 BGB (OLG Köln, WEM 80, 82). Bei positiver Vertragsverletzung ist eine 33

Nachfristsetzung erforderlich, wenn die Leistung des Verwalters noch nachvollziehbar ist (BayObLG, DerWEer 85, 60).

34 Zur Beitreibung der Beiträge und Vorschüsse ist das Verfahren des § 43 Nr. 2 eröffnet (vgl. § 16 Rz. 27 ff.).

35 **3. Vollstreckung.** Der Anspruch auf Auskunftserteilung und Rechnungslegung ist nach § 888 ZPO zu vollstrecken (KG, NJW 72, 2093; OLG Stuttgart, Rpfleger 73, 311; OLG Köln, WuM 98, 375; BGH, NJW 2006, 2710). Ein Antrag gegen den Verwalter auf **Einblick**gewährung in bestimmte Unterlagen kann mit einem Antrag auf **Ungültigkeits**erklärung des Abrechnungsbeschlusses **verbunden** werden (OLG München, DWE 2009, 29). Gegen den Verwalter kann ein **Zwangsgeld** zur Erzwingung der Einzelabrechnung festgesetzt werden (BayObLG, DerWEer 85, 58). Der **abberufene** Verwalter hat nach §§ 675, 670 BGB alle Verwaltungsunterlagen **herauszugeben** (BayObLG, WuM 94, 44; vgl. dazu § 26 Rz. 39).

VIII. Beschlussfassung (Abs. 5)

1. Allgemeines

36 Sie ist nach **Abs. 5** für den **Wirtschaftsplan** vor bzw. am Beginn des Wirtschaftsjahres, für die **Jahresabrechnung** und evtl. **Rechnungslegung** während des Rechnungsjahres erforderlich. Es genügt einfache Stimmenmehrheit, wenn nichts anderes vorgesehen. Gegen die Beschlüsse findet auch die Anrufung des Gerichts im Verfahren vor dem Gericht nach § 43 Nr. 4 statt. Die Entscheidung über die Billigung der Jahresabrechnung kann nicht in Beschlussweg auf den **Verwaltungsbeirat** übertragen werden (BayObLG, DerWEer 89, 27; offen gelassen von BGH, NJW 91, 979). Dies gilt auch für die Entlastung (BayObLG, a. a. O.). Der einzelne WEer hat einen Anspruch auf Beschlussfassung. Dazu bedarf es keiner Ermächtigung (BGH, NJE 85, 912). Im Weigerungsfall durch die Mehrheit kann er durch das Gericht u. U. ersetzt werden (KG, NZM 2000, 286). Der Beschluss über die Jahresrechnung kann unter der aufschiebenden **Bedingung** gefasst werden, dass die Prüfung durch den Verwaltungsbeirat keine Beanstandung ergibt oder dass an der Beschlussfassung nicht beteiligte WEer (innerhalb einer Frist) genehmigen (OLG Köln NZM 2005, 23; BayObLG WE 97, 153). Tritt die Bedingung ein, wird die Jahresrechnung wirksam.

2. Wirkungen der Beschlussfassung

37 Der **Mehrheitsbeschluss** über den **Wirtschaftsplan stellt** diesen fest und verpflichtet den Verwalter zu seiner Einhaltung. Er ist auch für die **WEer** verbindlich (OLG Hamburg, ZWE 2002, 424; BayObLG, ZMR 77, 346 = BayObLGZ 77, Nr. 17 = Rpfleger 77, 286; WEM 79, 173 = MDR 80, 57; DerWEer 83, 31; OLG Hamm NZM 2005, 460; BGH NJW 99, 3713), denn dem Beschluss über die Jahresabrechnung kommt **anspruchsbegründende** Wirkung zu (OLG Hamm, NZM 2009, 820). Dies gilt insbes. in dem Fall, wenn zwischen den Beschlüssen über den Wirtschaftsplan und Jahresabrechnung kein Eigentümerwechsel stattfand bzw. kein wirksamer Wirtschaftsplan bestand (ebenda). Die Wirkung betrifft auch mögliche Vorschussrückstände (OLG Hamm, NZM 2003, 978; NZM 2009, 820). Unschädlich ist, wenn statt des aktuellen WEers noch der **Vorgänger** genannt wird (BGH, NJW 99, 3713). Über **Abweichungen** entscheidet wieder ein Mehrheitsbeschluss, außer bei Geringfügigkeit. Der Wirtschaftsplan ist für **ungültig** zu erklären, wenn er **lediglich die Gesamtbeträge** der zu erwartenden Einnahmen und Ausgaben enthält, ohne den Aufteilungsschlüssel und die auf jeden einzelnen WEer entfallenden Wohngeldbeträge anzugeben; er entspricht nicht ordnungsgemäßer Verwaltung (BayObLG, NJW-RR 91, 1360, in Abgrenzung zu BayObLGZ 89, 310 = NJW-RR 89, 1163). Umgekehrt wird ein Beschluss über **Einzelabrechnungen** nicht bestandskräftig, wenn die **Gesamtabrechnung nicht** vorliegt (OLG Düsseldorf, NJW-RR 2008, 171 = NZM 2007, 811). Nach AG Wuppertal v. 1. 12. 89 (52 UR II 61/87) soll es genügen, dass erst in der Versammlung genaue Zahlen vorliegen (zweifelhaft!). Gegenstand der Beschlussfassung ist **nicht** eine Kontostandsmitteilung, aus der sich für den einzelnen WEer der Gesamtbetrag ergibt, den er nach Berechnung des Verwalters zur Zahlung schuldet (BayObLG, NZM 99, 868 = BayObLGZ 99, 176).

Der **Beschluss** über die **Jahresabrechnung** erfasst auch **Genehmigung** und **Verwendung** etwaiger Erträgnisse und Überschüsse. Er enthält üblicherweise auch die **Entlastung** des Verwalters (BGH, NZM 2003, 764; krit. dazu *Drasdo,* NZM 2004, 526; BayObLG, WEM 79, 38 = Rpfleger 79, 66; 266; OLG Karlsruhe, WEM 80, 80); in Form eines **negativen Schuldanerkenntnisses:** OLG Celle, OLGZ 83, 177; OLG Hamm, DerWEer 89, 69; BayObLG, ZMR 84 o. S.; NZM 99, 1153/LS; OLG Frankfurt a. M., OLGZ 89, 60 = DerWEer 88, 141). Beide Beschlüsse sind folglich unterschiedlicher Natur, auch wenn sie verbunden sind (BayObLG, ZWE 2004, 376/LS). Der Beschluss, mit dem Entlastung erteilt wird, entspricht grundsätzlich ordnungsmäßiger Verwaltung (BGH, ZMR 2003, 570; NZM 2003, 952 = NJW 2003, 3476). Ihr kommt auch die Bedeutung zu, dass die Gemeinschaft auf mögliche –

bekannte oder erkennbare – Ansprüche aus der Geschäftsbesorgung der Verwaltung (OLG Frankfurt a. M., a. a. O.) verzichtet und Schadensersatzansprüche und konkurrierende Ansprüche wegen solcher Vorgänge ausgeschlossen sind, die bei der Beschlussfassung den WEern bekannt oder für sie bei Anwendung zumutbarer Sorgfalt erkennbar waren (BayObLG, NZM 99, 1153/LS; OLG Karlsruhe, NZM 2000, 298). Ist aber über die Abrechnungen **früherer Jahre** in der Versammlung nicht gesprochen worden und haben diese Abrechnungen noch nicht vorgelegen, dann kommt dem Entlastungsbeschluss insoweit keine Genehmigungswirkung zu (OLG Düsseldorf, NZM 2000, 46/LS = ZfIR 2000, 212 = FGPrax, 175).

3. Entlastung des Verwalters

39 Ein Beschluss der WEer über die **Entlastung** des Verwalters enthält andererseits zugleich die **Billigung** der Jahresabrechnung, wenn diese Abrechnung in der Versammlung zuvor erörtert worden ist (OLG Düsseldorf, a. a. O.). Es kann auch eine unterschiedliche Beschlussfassung, nämlich Genehmigung der Jahresrechnung und Entlastung, vorgenommen werden (BayObLG, NZM 2004, 385). Andererseits widerspricht eine **Entlastung** des Verwalters für **Teilbereiche** regelmäßig den Grundsätzen ordnungsmäßiger Verwaltung, solange eine **vollständige** Jahresabrechnung nicht vorliegt (OLG München NZM 2005, 825). Nach der Entlastung **entfällt** die **Rechnungslegungspflicht** für den entspr. Zeitraum (BayObLGZ 94, 98; KG, NJW-RR 87, 462). Die **gesonderte** Entlastung betrifft i. d. R. die gesamte Tätigkeit des Verwalters (BayObLG, NZM 2000, 911/LS). Ggfs. besteht ein Grund zur Anfechtung des Entlastungsbeschlusses, weil Regressansprüche gegen den Verwalter in Betracht kommen (BayObLG, NZM 2004, 509; s. § 23 Rz. 20). Bleibt offen, ob die der Entlastung zu Grunde liegende Jahresabrechnung ordnungsgemäß – insbesondere mit den dazugehörigen Belegen **versehen** – war und ob die WEer die Voraussetzungen für Schadensersatzansprüche erkennen konnten, tragen die WEer die Feststellungslast für die Frage der pflichtwidrigen Mittelverwendung (OLG Karlsruhe, NZM 2000, 298).

40 Wegen der Betroffenheit nach § 25 Abs. 5 ist der WEer/Verwalter **nicht stimmberechtigt,** auch nicht ein mit dem Verwalter wirtschaftlich stark verbundener WEer (OLG Frankfurt a. M., DerWEer 83, 61; OLG Zweibrücken, DerWEer 83, 15). Die Entlastung kann als Verstoß gegen ordnungsmäßige Verwaltung bei bestehenden **Ansprüchen** gegen den Verwalter anfechtbar sein (BayObLG, DerWEer 84, 61). Der Verwalter hat **keinen Rechtsanspruch** auf Entlastung, soweit nicht entsprechende vertragliche

Vereinbarungen bestehen (OLG Düsseldorf, FGPrax 96, 219; FGPrax 97, 219 = NJW-RR 97, 525; BayObLG, FGPrax 2000, 61). Er kann jedoch nach § 256 ZPO gerichtliche **Feststellung** beantragen, wenn sich die WEer konkreter Ansprüche gegen den Verwalter berühmen (OLG Düsseldorf, a. zuletzt a. a. O.).

4. Einzelheiten, Einwendungen

Im Falle von **Mehrhausanlagen** ist vor allem dann ein **gemein-** 41 **samer** (einheitlicher) Wirtschaftsplan für die gesamte Anlage aufzustellen, wenn auch nur ein Teil der Kosten des GemEs von **allen** WEern zu tragen sind (BayObLG, ZMR 2001, 209). Die Kompetenz der Gemeinschaft für die Jahresabrechnung erstreckt sich auch auf einen „**Teilhaushalt**", z. B. einer Schwimmbad-Sondernutzergemeinschaft, die (noch) nicht alle WEer umfasst (KG, NJW-RR 97, 652 = WuM 97, 237 = ZMR 97, 247). Die Abrechnung darüber ist integraler Bestandteil der Gesamtjahresabrechnung und kann nur mit dieser **zusammen** angefochten werden (KG, a. a. O.). **Einwendungen** gegen die **Einzelabrechnung** sind trotz Verbindlichkeit der Jahresgesamtabrechnung möglich, wenn und soweit über die Einzelabrechnung nicht Beschluss gefasst worden ist (BayObLG, DerWEer 83, 31). Im allg. ist davon auszugehen, dass Gesamtwirtschaftplan/abrechnung auch Einzelwirtschaftsplan und -abrechnung enthalten und durch Beschluss genehmigt werden (OLG Stuttgart, FGPrax 98, 96). Bei **falscher Kostenverteilung** im Einzelfall sind sie vom betroffenen WEer anfechtbar, aber nicht nichtig (BayObLG, NZM 2004, 555). Dabei ist vom Gericht zu prüfen, ob in den **Einzelabrechnungen** die Sonderbelastung eines WEers materiell-rechtlich zutrifft oder Kosten anders zu verteilen sind (KG ZWE 2006, 49/LS = NZM 2006, 108 = NJW-RR 2006, 383: teilw. Aufgabe von KG NJW-RR 92, 845). In beiden Fällen sind auf begründete Anfechtung hin **alle** betroffenen Einzelabrechnungen für ungültig zu erklären (KG a. a. O.). Die Gesamtabrechnung bleibt hingegen unberührt (KG a. a. O.).

Die **Verbindlichkeit** des Abrechnungsbeschlusses erfasst auch die 42 in ihm festgesetzten **Zahlungspflichten** des einzelnen WEers (vgl. OLG Hamm, FGPrax 98, 173; BayObLG, BlGBW 80, 220; Der-WEer 84, 30; 62; OLG Karlsruhe, WEM 80, 80). Er **befreit** den Verwalter von der Pflicht zu weiteren **Erklärungen** über Vorgänge, die beim Beschluss bekannt waren (BayObLG, NJW 75, 2073; Rpfleger 79, 266) oder bei zumutbarer Sorgfalt erkennbar waren (BayObLG, Rpfleger 79, 266; OLG Zweibrücken, ZMR 84, 166). Der **Entlastungsbeschluss** stellt den Verwalter allerdings **nur von solchen Ansprüchen frei,** die die Wohnungseigentümergemein-

§ 28

schaft bei sorgfältiger Prüfung aller ihr erstatteten Vorlagen und Berichte **erkennen konnte;** es kann nicht erwartet werden, dass die Wohnungseigentümer sich die erforderliche Kenntnis durch eigene Untersuchungen selbst verschaffen (KG, NJW-RR 93, 404).

Der Beschluss über die Abrechnung **befreit** von den **Vorauszahlungsansprüchen** (s. o. Rz. 9). Z. B. wird die Heizkostenabrechnung bei Genehmigung durch Eigentümerbeschluss verbindlich (BayObLG, DerWEer 85, 125/25). Zur Entlastung, wenn der Verwalter über viele Jahre hinweg die GrundSt des **Bauträgers** unter „GrundSt" bezahlt hat, s. BayObLG, FG Prax 2000, 61.

43   Vor einer **Beschlussfassung** oder einer sie ersetzenden gerichtlichen Entscheidung entsteht weder eine **Nachzahlungspflicht** noch ein **Erstattungsanspruch** von WEern (BayObLG, DerWEer 83, 30). Erst **mit** der Beschlussfassung werden die Abrechnungsgrundlagen für alle WEer verbindlich (BGH, DerWEer 85, 26; 123; OLG München NZM 2006, 62). Dies gilt auch für **Vorschüsse** (ebenda). Restforderungen können **nach** Beschlussfassung auch dann nicht mehr geltend gemacht werden, wenn die Einzelabrechnungen falsch sind (AG Hamburg, DerWEer 89, 77). Ein WEer kann sein **Guthaben** aus einer Jahresabrechnung nicht gegen einzelne andere WEer zur persönlichen Zahlung, sondern nur gegen die Gemeinschaft, vertreten durch den Verwalter, gerichtlich geltend machen. Der Anspruch richtet sich auf Mitwirkung an der Realisierung des beschlossenen Abrechnungsguthabens (KG, WuM 93, 91 = NJW-RR 93, 338). Eine **Verrechnung** mit fälligen Forderungen von MEern kann dadurch eintreten, dass mangels wirksamer Fälligstellung von Hausgeldverpflichtungen durch Eigentümerbeschluss sich die Rechtsbeziehungen der WEer aus der laufenden Bewirtschaftung **nur** nach dem **gesetzlichen** Gesamtschuldnerausgleich gemäß § 426 Abs. 1 Satz 1 BGB richten (KG, NJWE-MietR 96, 231). Zahlt ein WEer Wohngeld auf Grund einer **einstweiligen Verfügung** und wird diese im Rechtsmittelverfahren aufgehoben, kann der WEer die Zahlung gleichwohl nicht zurückfordern, solange nicht auf Grund der Abrechnung über die Wirtschaftsperiode festgestellt ist, dass er zu viel gezahlt hat (KG, MDR 89, 742: zur Anordnung a. F.).

In der GemO kann vereinbart sein, dass **Zurückhaltungs-** und **Aufrechnungsrechte** gegenüber Hausgeld(Wohngeld)forderungen nicht zulässig sind, außer es handelt sich um anerkannte oder rechtskräftig festgestellte Gegenforderungen (OLG Frankfurt/M, NZM 2007, 367; vgl. auch § 16 Rz. 30). Damit sind andere als unbestrittene bzw. anerkannte Gegenansprüche von der Aufrechnung ausgeschlossen (ebenda). Dies gilt dann auch für Ansprüche aus Notgeschäftsführung oder vergleichbare.

Auch ein **anfechtbarer Beschluss** über die Jahresrechnung er- 44
wächst in **Bestandskraft,** falls er nicht angefochten wird (OLG
Karlsruhe, WEM 80, 80; BayObLG v. 6. 10. 83 – 2 Z 100/82;
BGH, NJW 94, 1865 = ZIP 94, 720; NJW 2000, 3500; BayObLG
NZM 2005, 624; s. o. § 23 Rz. 31 f.; zur Anfechtung s. a. *Niedenführ,* NZM 99, 640). Damit werden auch die darin festgesetzten
Zahlungsverpflichtungen des einzelnen WEers verbindlich (BayObLG, ebenda; BGH, DerWEer 85, 26; 88, 135), auch die Nachzahlungspflicht (BayObLG, DerWEer 85, 60/25 = 85, 123). Es
kommt dann nicht darauf an, ob die einzelnen Beiträge richtig
berechnet worden sind (BayObLG, DerWEer 85, 124; BayObLG
NZM 2005, 625). Auch rechnerische Unrichtigkeit z. B. Anwendung eines (nichtigen) Schlüssels oder Nichtberücksichtigung von
Zahlungen usw. macht den Beschluss nicht unwirksam (BayObLG,
ZMR 2003, 587); z. B. auch nicht, wenn in einer Einzelabrechnung
eine **Schadensersatzforderung** gegen einen WEer eingestellt ist,
die in der Gesamtabrechnung nicht erwähnt und **unrichtig** ist
(BayObLG NZM 2005, 624: Keine Beschlussunzuständigkeit). Dies
gilt auch für den Fall, dass erbrachte Forderungen nicht berücksichtigt sind (BayObLG, ZMR 2005, 65; a. A. LG Hamburg, ZMR
2006, 77) oder dass **nicht** erbrachte Leistungen trotzdem berücksichtigt sind (KG, NZM 2005, 22).

Erst mit der erfolgreichen Anfechtung werden die Berechnungen 45
hinfällig (BGH, NJW 2000, 3500; BayObLG, NZM 2002, 743).
Bis dahin ist der Beschluss über die Jahresrechnung als **wirksam** zu
behandeln und für sämtliche WEer sowie den Verwalter verbindlich
(KG NZM 2006, 108 = ZWE 2006, 49/LS = NJW-RR 2006,
383; BayObLG WuM 2000, 153) und bildet die Grundlage für die
Zahlung etwaiger Fehlbeträge (KG a. a. O.). Solange die vom Verwalter vorgelegte, den formellen Anforderungen im Wesentlichen
genügende Jahresabrechnung von den WEern **nicht abgelehnt**
oder ein die Abrechnung bestätigenden Beschluss der WEer nicht
rechtskräftig für ungültig erklärt ist, kann ein WEer vom Verwalter
keine neue Abrechnung verlangen (OLG München, NZM 2007,
292). Sind in der **Einzelabrechnung** die Wohngeldzahlungen ordnungsmäßig nach **Ist-Beträgen** aufgeführt, so ist die Einzelabrechnung auf Anfechtung nicht für ungültig zu erklären, wenn die
Jahresgesamtabrechnung die Wohngeldzahlungen nach **Soll-Beträgen ausweist** (BayObLG, NZM 99, 865/LS). Eine Jahresabrechnung, die **abweichend** von dem in der Vereinbarung festgelegten
Schlüssel erstellt wird, ist nach h. M. insoweit nichtig (s. o. § 16
Rz. 42). Sie kann u. U. lediglich anfechtbar anzusehen sein, jedoch
nur für das betreffende Jahr bindend (BayObLG, DerWEer 86, 89).

§ 28 46–48 I. Teil. Wohnungseigentum

46 Dies gilt auch für einen Beschluss, der **Wohngeldvorschüsse** nach einem anderen Maßstab als dem im GB eingetragenen Verhältnis der MEsanteile verteilt (BGH, NJW 94, 1865 = ZIP 94, 720; OLG Karlsruhe, NZM 2000, 909). Die Abrechnung der Heiz- und Warmwasserkosten darf nur dann für **mehrere Jahre** zusammengefasst werden, wenn die GemO dies zulässt oder wenn wegen Fehlens von Zählerablesungen und Verbrauchsmessungen eine jahrweise Abrechnung unmöglich ist (BayObLG, NJW-RR 92, 1431). Ein Beschluss, dass in der Jahresabrechnung bei „wichtigen" Ausgabeposten **Rechnungsabgrenzungen** vorgenommen werden dürfen, ist anfechtbar (BayObLG, NZM 2000, 873). Eine Abrechnung bzw. Wirtschaftsplan ist nicht deshalb anfechtbar, weil der **Verwaltungsbeirat,** dem die Prüfung der Belege oblag, dieser nicht nachkam (BayObLG, NZM 2004, 623).

5. Verzug, Anfechtung

47 Bei **Verzug** des Verwalters mit der Abrechnung ist evtl. Abberufung möglich. Durch das Gericht im Verfahren nach § 43 Nr. 3 kann aber höchstens die **Suspendierung** des Verwalters, nicht die Abberufung erreicht werden. Wendet ein WEer sich in einem Beschlussanfechtungsverfahren unter Berufung auf einen unzutreffenden **Kostenverteilungs**schlüssel gegen seine **Einzelabrechnung,** so ist Verfahrensgegenstand das **gesamte** Jahresabrechnungswerk, weil die Einschränkung auf seine Einzelabrechnung verfahrensrechtlich sinnlos wäre (KG, NJW-RR 96, 844). Allerdings ist eine **Beschränkung** der Anfechtung auf einzelne Punkte zulässig (BayObLG, WuM 2003, 413). **Teilweise Nichtigkeit** liegt z. B. dann vor, wenn sich die Anfechtung erfolgreich auf die Verteilung von Kosten auf **einzelne** WEsrechte bezieht, während die anderen nicht davon berührt sind (KG, NJW-RR 2006, 383). Im Übrigen wird der Beschluss bestandskräftig, es sei denn, es entfällt eine wesentliche Grundlage oder der bestehen bleibende Teil ist nicht mehr aussagekräftig (OLG Frankfurt/M, ZWE 2006, 194). Kleine Rechenfehler sind ohne Belang, sie können berichtigt werden (BayObLG, NJW-RR 97, 715; KG, NJWE-MietR 86, 87). Für eine Klage entfällt das Rechtsschutzbedürfnis.

48 Dagegen kann ein Anspruch auf **Ergänzung** der Beschlussfassung bestehen, wenn **Lücken** im Hinblick auf Kontostände (OLG Frankfurt/M, ZMR 2003, 594) oder Einzelabrechnung (BayObLG, NJW-RR 89, 1163) bzw. bestimmter Einzelposten festzustellen sind (OLG Hamm, NZM 98, 923). **Fehlt** ein **Einzelwirtschaftsplan** überhaupt, ist der Beschluss anfechtbar (OLG Hamm, WE 96, 33; BayObLG, NJW-RR 91, 1360; BGH, NJW 2005). Der Verwalter

ist nach Genehmigung der Jahresabrechnung durch Beschluss der WEer nicht berechtigt, im Hinblick auf einen während der Abrechnungsperiode **ausgeschiedenen WEer** eine anderweitige Abrechnung mit dem Ziel vorzunehmen, die Verrechnungswirkung des Eigentümerbeschlusses zu Lasten des **Rechtsnachfolgers** zu beseitigen (OLG Hamm, NZM 2000, 139).

Der zum Jahresende **ausgeschiedene Verwalter** hat nicht die 49 Verpflichtung, die Jahresabrechnung (noch) fertig zu stellen (OLG Stuttgart, Justiz 80, 278; *Palandt/Bassenge,* § 28 Rz. 1). Er hat allerdings auf Aufforderung **Rechnung** zu **legen** (BayObLG, NZM 2004, 621). Es widerspricht ordnungsmäßiger Verwaltung vor Eingang der Unterlagen eines (inzwischen abberufenen) Verwalters zur Überprüfung die (kostenträchtige) **Einsetzung** eines **Wirtschaftsprüfers** sowie eines **Rechtsanwalts** zu beschließen (KG, Der-WEer 87, 135).

6. Verjährung

Ansprüche gegen WEer auf Zahlung von Rückständen aus ge- 50 nehmigten Jahresabrechnungen oder Eigentümerbeschlüssen über Umlagen **verjähren** nach **3** Jahren (vgl. zur Verjährung auch § 16 Rz. 4). Dies gilt auch für den Anspruch auf Leistung der **Vorschüsse** nach Abs. 2, die **wiederkehrende Leistungen** i. S. von § 197 BGB a. F. darstellen (BGH NJW 2005, 3146 = NZM 2005, 747 = ZWE 2006, 33). Für den durch den Beschluss über die Jahresabrechnung begründeten Zahlungsanspruch läuft jeweils eine **neue** Verjährungsfrist (OLG Dresden, ZMR 2006, 543; OLG Hamm, NZM 2009, 820). Für solche Forderungen, die nach dem 1. 1. 2002 entstanden sind, gilt die regelmäßige Verjährungsfrist von 3 Jahren in Bezug auf den jeweiligen Leistungsanspruch nach §§ 195, 199 BGB (*Gaier,* NZM 2003, 90; *Staudinger/Bub,* § 28 Rz. 426).

Im Falle der Insolvenz (siehe § 16 Rz. 40) gilt folgendes: Die bei 51 Eröffnung der Insolvenz über das Vermögen eines WEers von diesem geschuldete Wohngeldvorschüsse werden **Insolvenzforderungen** (OLG Düsseldorf, Beschluss v. 27. 9. 1995 – 3 Wx 197/94 noch zur KonkursO). Wurde nach Insolvenzeröffnung die Jahresabrechnung durch Beschluss genehmigt, so bleiben die noch nicht gezahlten Vorschüsse Insolvenzforderungen (a. a. O.).

Der Anspruch auf Abrechnung eingezahlter Beitragsvorschüsse und Auszahlung von Guthaben geht mit dem **Ausscheiden** des WEers auf dessen **Nachfolger** über und kann somit von dem früheren Eigentümer nicht mehr gerichtlich geltend gemacht werden (KG, FGPrax 2000, 94). Außerhalb der jährlichen Gesamtabrechnung der Gemeinschaft im Innenverhältnis kann es keine weitere nachträgliche Abrechnungspflicht gegenüber einem oder mehreren ausgeschiedenen WEern geben, weder für die Gemeinschaft noch für den Verwalter (KG, a. a. O.).

§ 29 Verwaltungsbeirat

(1) ¹**Die Wohnungseigentümer können durch Stimmenmehrheit die Bestellung eines Verwaltungsbeirats beschließen.** ²**Der Verwaltungsbeirat besteht aus einem Wohnungseigentümer als Vorsitzenden und zwei weiteren Wohnungseigentümern als Beisitzern.**

(2) **Der Verwaltungsbeirat unterstützt den Verwalter bei der Durchführung seiner Aufgaben.**

(3) **Der Wirtschaftsplan, die Abrechnung über den Wirtschaftsplan, Rechnungslegungen und Kostenanschläge sollen, bevor über sie die Wohnungseigentümerversammlung beschließt, vom Verwaltungsbeirat geprüft und mit dessen Stellungnahme versehen werden.**

(4) **Der Verwaltungsbeirat wird von dem Vorsitzenden nach Bedarf einberufen.**

Übersicht

	Rz.
I. Wesen	1
II. Bestellung, Abberufung, Entlastung (Abs. 1)	2
III. Zusammensetzung	3
IV. Aufgaben und Befugnisse (Abs. 2, 3)	6
V. Einberufung (Abs. 4)	14
VI. Verantwortlichkeit	15
VII. Streitwert	16

I. Wesen

Der Verwaltungsbeirat ist kein Organ im Sinne des § 31 BGB. Er ist **nicht zwingend** vorgeschrieben. § 29 ist abdingbar (BayObLG, NJW-RR 92, 210). Es kann für die Bestellung auch an Stelle Mehrheitsbeschlusses qualifizierte Mehrheit oder Allstimmigkeit vorgesehen werden (BayObLG, NJW-RR 2005, 165). Das Recht der Bestellung muss ausdrücklich ausgeschlossen sein, damit ein Verzicht wirksam ist (OLG Köln, Rpfleger 72, 261; BayObLG, ZMR 94, 69 = NJW-RR 94, 338). Ein Verwaltungsbeirat kann auch vorgeschrieben sein in der GemO (OLG Düsseldorf, OLGZ 91, 37;

Verwaltungsbeirat 2 § 29

Bub, ZWE 2002, 7). Nur in diesem Fall besteht ein durchsetzbarer Anspruch (ebenda). Nur bei größeren Gemeinschaften erscheint ein Verwaltungsbeirat zweckmäßig. Auch wenn nach der Teilungserklärung bzw. GemO die Bestellung eines Verwaltungsbeirats ausgeschlossen ist, können trotzdem **ein** oder **mehrere** WEer (durch Mehrheitsbeschluss) mit der wichtigsten Aufgabe eines Verwaltungsbeirats, nämlich der **Überprüfung** von Wirtschaftsplan und Jahresabrechnung des **Verwalters** betraut werden (BayObLG, a. a. O.; dazu allg. *Gerauer,* ZMR 95, 293). Auch bei **Mehrhausanlagen** kann es nur **einen** Verwaltungsbeirat i. S. des § 29 wegen seiner Aufgaben und Funktionen geben. Beratende, von Teilversammlungen im Rahmen ihrer Befugnisse bestimmte Gremien, sind denkbar.

II. Bestellung, Abberufung, Entlastung (Abs. 1)

Die Bestellung erfolgt durch Mehrheitsbeschluss, wenn die Vereinbarung nichts anderes vorsieht. Z. B. ist qualifizierte Mehrheit oder Einstimmigkeit der Bestellung möglich (BayObLG, NJW-RR 94, 338 = ZMR 94, 69). Eine Wahl setzt keinen Beschluss voraus, einen Verwaltungsbeirat einzurichten (BayObLG, WuM 2000, 148). Wahl eines Verwaltungsbeirats bedeutet gleichzeitig dessen Bestellung (BayObLG, NZM 99, 857/LS). Durch die jahrelange Übung, einen Verwaltungsbeirat durch ungangefochten gebliebenen Mehrheitsbeschluss zu bestellen, wird eine **Vereinbarung**, nach der hierfür die Zustimmung **aller** WEer erforderlich ist, nur dann abgeändert, wenn angenommen werden kann, dass alle WEer damit auch künftig einen Mehrheitsbeschluss ausreichen lassen wollen (BayObLG, a. a. O.; ZWE 2004, 376/LS; zur Änderung der GemO s. o. Rz. 27 vor § 10 und § 23 Rz. 17). Die abweichende Regelung in der GemO muss dabei bekannt sein (zuletzt a. a. O.). **Befristung** der Amtszeit ist möglich. Das Gesetz sieht für die Bestellung eines Verwaltungsbeirats bzw. für dessen jeweilige Neueinrichtung keine **Höchstdauer** vor (OLG München, DWE 2008, H. 2, III/LS). Die GemO ist insoweit in ihren Regelungen frei (OLG Köln, NZM 2000, 193). Mit dem Ablauf der Bestellungszeit endet die Bestellung von selbst. Eine **Blockwahl** des Verwaltungsbeirats widerspricht demokratischen Grundprinzipien (LG Düsseldorf, NZM 2004, H. 11, S. V/LS; 468). Nach Auffassung des KG (ZMR 2004, 775; NZM 2005, 107 so auch OLG Hamburg, ZMR 2005, 395) soll eine solche Wahl dann gültig sein, wenn kein (anwesender) WE **Einzelwahl** verlangt. Das kann höchstens für allstimmigen Beschluss gelten, wenn alle auf das Prinzip der Einzelwahl verzichten.

Ansonsten kann er jederzeit ganz oder zum Teil mehrheitlich **abberufen** werden (OLG Zweibrücken, DerWEer 87, 137). Grundsätzlich muss ein Antrag auf Abberufung **vor** dem Beschreiten des Rechtswegs in einer Versammlung gestellt werden (BayObLG, NZM 2007, 132; zu der vor dem Gericht angenommenen Ausnahme s. § 23 Rz. 19). Unter „Neuwahl des Verwaltungsbeirats" der Tagesordnung kann bei unbefristeter Bestellung des Verwaltungsbeirats zunächst darüber beschlossen werden, ob überhaupt der Verwaltungsbeirat neu zu bestellen ist, und eine Abstimmung über die Neuwahl überflüssig machen (OLG München, DWE 2008, H. 2, III/LS).

Die GemO kann eine **Entlastung** des Verwaltungsbeirats vorsehen. Damit ist ein Verzicht auf erkennbare Schadensersatzansprüche verbunden. Der Eigentümerbeschluss über die Entlastung der Mitglieder des Verwaltungsbeirats entspricht dann nicht ordnungsgemäßer Verwaltung, wenn ein Ersatzanspruch gegen die Mitglieder des Verwaltungsbeirats im Zusammenhang mit der Prüfung von Jahresabrechnung und Wirtschaftsplan möglich erscheint (BayObLG, NJW-RR 91, 1360).

III. Zusammensetzung

3 Er umfasst mindestens drei Personen, nur WEer, wenn nichts anderes vereinbart ist (so auch BayObLG, NJW 72, 1377 = MDR 72, 691). Die Wahl eines **Außenstehenden** bedarf der Einstimmigkeit, wenn die GemO schweigt. Denn damit wird von der gesetzlichen Regelung abgewichen, auch wenn sie abdingbar ist (so a. BayObLG, NZM 98, 961; *Zapp*, Wohnungseigentum 71, 19 u. *Weimar*, ZMR 81, 97). Im Übrigen kann derjenige, der nicht WEer ist, nur dann durch Mehrheitsbeschluss zum Verwaltungsbeirat gewählt werden, wenn dies die GemO vorsieht (BayObLG, NJW-RR 92, 210; NZM 98, 969, unter Aufgabe von BayObLGZ 1972, 161). Weicht die Bestellung von **Zahl** und Mitgliedern vom gesetzlichen Leitbild oder der GemO ab, ist die Bestellung nicht nichtig (BayObLG, NZM 2002, 529), sondern nur anfechtbar (AG Hannover, DWE 2009, H. 1, III).

Mit dem **Ausscheiden** aus der Gemeinschaft scheidet ein gewählter WEer grundsätzlich auch aus dem Verwaltungsbeirat aus (BayObLG, ZMR 93, 128; NZM 2001, 990), ansonsten durch Abberufung (OLG Hamm, NZM 99, 227). Er tritt auch nicht automatisch wieder in den Verwaltungsbeirat ein, wenn er wieder WEer wird (BayObLG, a. a. O.). Die Bestellung endet auch durch (jederzeit mögliche) **Niederlegung** des Amts (KG, FGPrax 97,

173) oder nach erfolgreicher Anfechtung der Bestellung (OLG Frankfurt a. M., NJW-RR 2001, 1669; BayObLG, WuM 2003, 233). Der Verwaltungsbeirat besteht mit den verbleibenden Mitgliedern weiter (BayObLGZ 88, 212). Ein Vorsitzender kann vom Verwaltungsbeirat selbst bestimmt werden, wenn die Vereinbarung dies nicht ausschließt, sonst durch die Versammlung (OLG Köln, NZM 2000, 675).

Der Verwalter kann **nicht** Mitglied sein. Eine **Wahl** des Verwal- 4 ters in den Verwaltungsbeirat ist vielmehr **nichtig** (OLG Zweibrücken, OLGZ 83, 438). Dies gilt auch für den Alleingeschäftsführer einer mit der Verwaltung beauftragten GmbH (OLG Zweibrücken, a. a. O.).

Über die innere Ordnung wird in § 29 nichts gesagt, z. B. ist eine 5 Niederschrift über Beschlüsse nicht vorgesehen. Sonderausschüsse sind möglich. Ein Recht auf Teilnahme besteht für Verwalter und andere WEer nicht. Es ist höchstpersönliches Amt; zur Einberufung kann § 24 entsprechend herangezogen werden.

IV. Aufgaben und Befugnisse (Abs. 2, 3)

Abs. 2: Auch hier besteht **Vertragsfreiheit** (KG, FGPrax 2003, 6 260; zur Generalklausel des Abs. 2 s. *Staudinger/Bub*, § 29 Rz. 116; *Kahlen*, BlGBW 84, 88). **Grenzen** sind aber dadurch gesetzt, dass dem Verwaltungsbeirat keine Befugnisse übertragen werden können, die den **Kern** der Aufgaben der Gemeinschaft tangieren (OLG Düsseldorf, NJW-RR 98, 13: Zu § 307 BGB). Ihm können z. B. auch Aufgaben in Bezug auf Dritte, z. B. Gläubiger übertragen werden. Dazu bedarf es einer Vereinbarung, die die Kompetenzverlagerung hinreichend umreißt (OLG München, DWE 2009, 29). Er ist keineswegs Repräsentant der WEer bzw. Gemeinschaft (*Schmid*, ZWE 2010, 8).

Seine **Aufgaben** bestehen in der Prüfung und Stellungnahme zu Wirtschaftsplan, Rechnungslegung und Kostenanschlägen, Unterstützung des Verwalters samt Überwachung. Dieser hat jederzeit Aufschluss und Auskunft oder Bericht zu geben. Dazu gehört die **Einsicht** in seine Bücher und Prüfung derselben. Der Verwaltungsbeirat ist selbstständiges Gremium und deswegen nicht dem Verwalter unterstellt. Ein ausschließliches Recht des Verwaltungsbeirats auf Einsichtnahme und Prüfung der Abrechnung würde in den Kernbereich des Mitverwaltungsrechts der WEer eingreifen (s. § 28 Rz. 33).

Der **Abs. 3** verpflichtet den Verwaltungsbeirat allerdings zur Stellungnahme hinsichtlich der Jahresabrechnung und den dort genannten Aufgaben. Dies hat mittels stichprobenhafter Prüfung der entspr. Unterlagen zu erfolgen (OLG Düsseldorf, NZM 98, 36). Jahresabrechnung oder Wirtschaftsplan sind **nicht** deshalb für **ungültig** zu erklären, weil die **Bestellung** des Verwaltungsbeirats, dem die **Prüfung** der Pläne oblag, **nichtig** ist (BayObLG, NZM 2004, 261) oder der Verwaltungsbeirat nicht prüfte bzw. nicht prüfen konnte (BayObLG, NZM 2004, 623). Er kann – sofern in der GemO nichts anderes bestimmt ist – seine Stellungnahme zum Entwurf des Wirtschaftsplans auch noch **in** der Versammlung (mündlich oder schriftlich) abgeben (BayObLG, DerWEer 84, 30).

7 Die **Abrechnung** des **Bauträgers** gehört nicht zu den gesetzl. Obliegenheiten des Verwaltungsbeirats (BGH, WM 70, 789), sie ist aber übertragbar. Ohne Ermächtigung durch die GemO ist der Verwaltungsbeirat nicht befugt, eine **Versammlung** der WEer **einzuberufen** (a. A. für das Fehlen eines Verwalters die Rspr.; s. BayObLG NZM 2005, 307 u. o. § 24 Rz. 5).

8 Für die **Bestellung** und **Abberufung** des **Verwalters** kann die Zustimmung durch den Verwaltungsbeirat nicht vorbehalten werden (§ 26 Abs. 1 Satz 4; LG Lübeck, DerWEer 85, 128/LS). Auch nach der früheren Rechtslage war eine Abberufung durch den Verwaltungsbeirat unter Zustimmung der WEer unwirksam (BayObLG NJW 65, 821 und OLG Frankfurt a. M., NJW 75, 545). Ob die WEer im **Einzelfall** den Verwaltungsbeirat zum Abschluss des Vertrags beauftragt und bevollmächtigt werden können, dürfte zu bejahen sein (offengelassen von OLG Frankfurt/M, DWE 2009, III). Jedenfalls muss der Vertrag ordnungsmäßiger Verwaltung entsprechen (a. a. O.). Ebenso kann der Verwaltungsbeirat nicht ohne Ermächtigung eine Sondervergütung vereinbaren (BayObLG, NZM 2004, 658).

9 Es besteht auch **keine Pflicht** zur Überwachung der **laufenden** Verwaltungstätigkeit (BayObLG, Rpfleger 72, 262 = NJW 72, 1378 = MDR 72, 691). Sie kann auch nicht erzwungen werden (KG, FGPrax 97, 173), außer wenn besonderer Verpflichtungsgrund vorliegt (BayObLGZ 72, 161). Eine Auskunftspflicht des Verwaltungsbeirats besteht gegenüber den WEern nur in der Versammlung (BayObLG a. a. O.), nicht außerhalb. Er kann nur durch die WEer, von einem einzelnen auf Grund Ermächtigung geltend gemacht werden (BayObLG, ZMR 94, 575).

10 Handelt der Verwaltungsbeirat entgegen Gesetz, Beschluss oder Vereinbarung **an Stelle** der Gemeinschaft, ist ein solches Handeln, auch in Form eines Beschlusses, **nichtig** (OLG Hamm, ZMR 2008, 63). Der Verwaltungsbeirat kann auch nicht **korrigierend** in einen Beschluss der WEer eingreifen, der z. B. die Prozessführungsbefugnis des Verwalters regelt (BayObLG, Rpfleger 80, 23; OLG Zweibrücken, DerWEer 87, 137). Allerdings kann die Ermächtigung zur Prozessführungsbefugnis von der Zustimmung des Verwaltungsbeirats abhängig gemacht werden (OLG Zweibrücken, DerWEer 87, 137).

Auch kann dem Verwaltungsbeirat die Befugnis zur **Geltendma-** 11 **chung** von **Mängeln** am Gemeinschaftseigentum übertragen werden (BGH, NZM 2004, 464; OLG Frankfurt a. M., NJW 75, 2297 = MDR 76, 224). Es bedarf dazu allerdings entspr. Beschlusses. Dasselbe gilt für eine Prozessvollmacht. Mit der Ermächtigung **des** Verwaltungsbeirats, Mängelgewährleistungsansprüche im eigenen Namen geltend zu machen, sind die jeweils **amtierenden** Mitglieder des Verwaltungsbeirats sachbefugt (BGH, a. a. O.). Der Verwaltungsbeirat ist auch Vermittlungsorgan (*Kahlen,* BlGBW 84, 88). Führt der Vorsitzende des Verwaltungsbeirats ohne die erforderliche Genehmigung (Ermächtigung) durch die WEer ein gerichtliches Verfahren im Namen der Gemeinschaft, kann die Gemeinschaft den Mangel durch **Genehmigung** heilen (BGHZ 92, 137; zur Rechtslage vor der Reform 2007 s. OLG Düsseldorf, NZM 2007, 253 mit Hinweis auf § 89 Abs. 2 ZPO).

Verwaltungsaufgaben selbst (§§ 27, 28) kann der Verwaltungsbei- 12 rat mindestens insoweit nicht ausführen, als diese gem. § 27 Abs. 4 unabdingbar sind (OLG Zweibrücken, DerWEer 87, 137). Er kann den Verwalter auch nicht durch **Weisungen** gegenüber Ansprüchen der Gemeinschaft schadlos stellen (*Staudinger/Bub,* § 29 Rz. 97; *Drasdo,* ZWE 2001, 522). Er kann ohne entsprechende Vollmacht auch keine Verträge schließen (vgl. BayObLG, Rpfleger 80, 23). Er vertritt die WEer nur dann gegenüber dem Verwalter, wenn dies in der GemO vorgesehen ist (OLG Koblenz, WuM 99, 429). Die Entscheidung über die Billigung der **Jahresabrechnung** und über die **Entlastung** des Verwalters kann ihm nicht durch Beschluss übertragen werden (BayObLG, DerWEer 89, 27), allerdings durch Vereinbarung. Ebenfalls kann die GemO einen Beschluss der WEer über die Jahresabrechnung **vorbehaltlich** einer **Prüfung** durch den Verwaltungsbeirat vorsehen (s. § 28 Rz. 2). Die **Unterlassung** einer Prüfung stellt allerdings alleine keinen Grund für eine Ungültigkeitserklärung der Beschlussfassung dar (KG, NJW-RR 2003, 1596; BayObLG, ZMR 2004, 358).

Aufwendungen für den Verwaltungsbeirat einer großen WEer- 13 Gemeinschaft (Kursgebühren, Getränke, Gebäck) können ordnungsmäßiger Verwaltung entsprechen (BayObLG, DerWEer 83, 123). So können die WEer dem Vorsitzenden des Verwaltungsbeirats mit Stimmenmehrheit eine angemessene **Auslagenpauschale** zubilligen (BayObLG, NZM 99, 862). Eine **Jahresvergütung** von

500 Euro für den Verwaltungsbeiratsvorsitzenden widerspricht i. d. R. ordnungsmäßiger Verwaltung (KG, NZM 2005, 106).

In einer großen Gemeinschaft kann eine pauschale **Aufwandsentschädigung** auch an **Mitglieder** des Verwaltungsbeirats oder anderer Gremien wie Bauausschuss oder Rechnungsprüfer angemessen sein (OLG Schleswig, NZM 2005, 588). Sie muss sich im Rahmen ordnungsmäßiger Verwaltung bewegen (BayObLG, NZM 99, 862). Eine darüber hinausgehende Höhe bedarf einer Vereinbarung (*Bub,* ZWE 2002, 7).

V. Einberufung (Abs. 4)

14   Wie diese Vorschrift besagt, tagt der Verwaltungsbeirat nicht regelmäßig, sondern nach Erfordernis. Dies schließt nicht aus, dass die GemO eine regelmäßige, turnusmäßige Einberufung vorsieht. Ein Anspruch eines WEers auf Einberufung durch den **Vorsitzenden** besteht nicht, auch nicht eines Mitglieds des Verwaltungsbeirats. Die GemO kann anderes vorsehen.

Eine besondere Aufgabe hat der Vorsitzende bzw. sein Vertreter nach § 24 Abs. 3 in Form eines subsidiären **Einberufungsrechts** der WEer-Versammlung. Das nach Rücktritt der übrigen Mitglieder des Verwaltungsbeirats **einzig** verbleibende **Mitglied** kann sich selbst zum Vorsitzenden des Verwaltungsbeirats machen und eine Versammlung einberufen (OLG München NZM 2005, 750 = ZWE 2006, 29 m. Anm. *Schmidt,* 31). Die Unterzeichnung der Niederschrift bei einer Verwalterbestellung richtet sich nach § 24 Abs. 6 S. 2.

VI. Verantwortlichkeit

15   Der Beirat hat die Sorgfalt eines ordentlichen und gewissenhaften Kaufmannes (Sachwalters) anzuwenden (OLG Zweibrücken, DerWEer 87, 137; zur Haftung s. *Kahlen,* BlGBW 84, 165 und *Sauren,* ZMR 84, 326). Die einzelnen Mitglieder des Verwaltungsbeirates haften für die pflichtgemäße Erfüllung ihrer Beiratsaufgaben nach den Grundsätzen des Auftragsrechts (§§ 662 ff. BGB), u. U. auch nach §§ 823 ff. BGB, ggfs. auch als Gesamtschuldner (OLG Düsseldorf, MDR 98, 35 = ZMR 98, 104 = WM 98, 663 = WuM 98, 50; OLG Schleswig NZM 2005, 588). Die Haftung kann durch die **GemO** beschränkt werden, eine entspr. Beschlussfassung ist dagegen anfechtbar (*Wenzel,* ZWE 2001, 226; *Häublein,* ZfIR 2001, 939).

Der Verwaltungsbeirat handelt z. B. grob fahrlässig, wenn er dem Verwalter entgegen der ausdrücklichen Weisung der Eigentümerversammlung die uneingeschränkte Verfügungsmacht über ein der Eigentümergemeinschaft zustehendes Rücklagenkonto von erheblicher Höhe einräumt. Eine ebenfalls grob fahrlässige Pflichtverletzung liegt vor, wenn der Verwaltungsbeirat bei der Prüfung der Jahresabrechnung auf die Kontrolle der Kostenbelege verzichtet (OLG Düsseldorf a. a. O.). Im Übrigen können an die **Eignung** eines WEers, das Amt eines Mitglieds des Verwaltungsbeirats zu übernehmen, nicht die gleichen strengen Anforderungen gestellt werden, wie an die Eignung für das Amt des Verwalters. Streit des Kandidaten mit einem anderen WEer nimmt ihm von vorneherein nicht die Eignung (OLG Köln, NZM 99, 1155). Zur Abdeckung von Vermögensschäden kann eine **Haftpflichtversicherung** beschlossen werden (KG, NZM 2004, 743; *Armbrüster*, ZMR 2003, 1).

Die Gemeinschaft haftet für Pflichtverletzungen der Mitglieder des Verwaltungsbeirats gegenüber Dritten nach den allg. Einstandsregeln der §§ 278, 831 BGB. Mangels Organstellung (s. o. Rz. 1) kommt eine Haftung nach § 31 BGB nicht in Betracht. Ggfs. kommt, wenn sie in der GemO vorgesehen ist, eine **Entlastung** zur Anwendung (BayObLG, NJW-RR 2001, 1231; NZM 2004, 509). Dann besteht ein **Anspruch** auf Entlastung bei Pflichterfüllung. Im negativen Fall ist die Entlastung dann auch zu versagen (KG, NZM 2001, 241). Es gelten die Grundsätze für die Entlastung des Verwalters ansonsten entsprechend (BayObLG, NZM 2004, 509).

VII. Streitwert

Bei Streit über die Befugnis, ob ein Verwaltungsbeirat gewählt werden kann, ist die Wertfestsetzung gemäß § 3 ZPO Sache des Gerichts nach freiem Ermessen (zum Geschäftswert s. a. OLG Köln, Rpfleger 72, 262, allerdings zur früheren Rechtslage). 16

4. Abschnitt. Wohnungserbbaurecht

§ 30

(1) **Steht ein Erbbaurecht mehreren gemeinschaftlich nach Bruchteilen zu, so können die Anteile in der Weise beschränkt werden, daß jedem der Mitberechtigten das Sondereigentum an einer bestimmten Wohnung oder an nicht zu Wohnzwecken dienenden bestimmten Räumen in einem auf Grund des Erbbaurechts errichteten oder zu errichtenden Gebäude eingeräumt wird (Wohnungserbbaurecht, Teilerbbaurecht).**

§ 30 1, 2   I. Teil. Wohnungseigentum

(2) **Ein Erbbauberechtigter kann das Erbbaurecht in entsprechender Anwendung des § 8 teilen.**

(3) ¹**Für jeden Anteil wird von Amts wegen ein besonderes Erbbaugrundbuchblatt angelegt (Wohnungserbbaugrundbuch, Teilerbbaugrundbuch).** ²**Im übrigen gelten für das Wohnungserbbaurecht (Teilerbbaurecht) die Vorschriften über das Wohnungseigentum (Teileigentum) entsprechend.**

Übersicht

	Rz.
I. Zweckmäßigkeit der Vorschrift	1
II. Zum Erbbaurecht im Allgemeinen	
1. Gesetzliche Ordnung	2
2. ErbbR und Bestandslehre der §§ 93, 94 BGB	3
3. Begründung, Inhalt und Erlöschen	4
III. Wohnungs- und Teilerbbaurecht	
1. Begründung	5
2. Inhalt, Belastungen	6
3. Grundbuchrecht	9
4. Analoge Anwendung der §§ 1–29	10
5. Erlöschen und Heimfall	14
6. Erneuerung	18
7. TeilerbbR	19
8. Heimstätteneigenschaft	20
9. UntererbbR	21
10. Realteilung des Erbrechts und Teilung des Grundstücks	22
11. Heimfallbedingungen	23
12. Vorkaufsrecht	24
13. Bauhandwerkerhypothek	25

I. Zweckmäßigkeit der Vorschrift

1   Sie ergab sich daraus, dass sich das ErbbR selbst in jüngster Zeit immer weiter verbreitet, und nicht nur im Siedlungsverfahren. Grundlage ist das ErbbauRG v. 23. 11. 2007 (BGBl. I S. 2614).

II. Zum Erbbaurecht im Allgemeinen

2   **1. Gesetzliche Ordnung.** Ursprünglich §§ 1012 bis 1017 BGB (superfiziarisches Eigentum), ersetzt dann durch die VO vom 15. 1. 1919; jetzt i. F. eines eigenständigen G. Zu den Einzelheiten vgl. die Kommentare zur ErbbRVO bzw. ErbbauRG (z. B. *Palandt/Bassenge* und *Ingenstau/Hustedt,* Kommentar z. ErbbR. 8. Aufl. 2001; *v. Oefele/Winkler,* Handbuch des ErbbRs, 4. Aufl. 2008; *Ranft,* Die „Ver-

Wohnungserbbaurecht 3–6 § 30

dinglichung" des ErbbRsinhalts, 1993; *Rethmeier*, Rechtsfragen des WsErbbRs, RhNotK 93, 145).

WsErbbRe können auch an einem GesamtErbbR bestellt werden (BayObLG, Rpfleger, 89, 503).

2. Durch das ErbbR wird die *Bestandslehre der §§ 93, 94 BGB* 3 *außer Kraft gesetzt.* Weitere Einzelheiten in den Kommentaren zum ErbbR.

3. Begründung, Inhalt und Erlöschen. Nicht mehr Form der 4 Auflassung (str.), jedoch Einigung in der Form des § 29 GBO (§ 873 BGB). § 20 GBO ist weiterhin anzuwenden (materielles Konsensprinzip). Form des § 311 b Abs. 1 S. 1 BGB für schuldrechtlichen Vertrag nach § 11 ErbbRG Abs. 2. Vorschriften über Grundstücke finden unverändert Anwendung (abgesehen von §§ 925, 927 und 928 BGB).

III. Wohnungs- und Teilerbbaurecht

1. Begründung. Sie findet Anwendung sowohl bei altem wie 5 neuem ErbbR. Für Begründung gilt alles, was zu §§ 3 und 8 zur Begründung des WEs gesagt ist. Bei Vorratsteilung nach § 8 **(Abs. 2)** bedarf der Berechtigte ebenso wenig der Zustimmung des Eigentümers bzw. Erbbauzinsgläubigers (BayObLG, Rpfleger 78, 375 = 436 = DNotZ 78, 626; ZMR 80, 125; OLG Celle, Rpfleger 81, 22 = MittBayNot 81, 131; *Palandt/Bassenge*, § 30 Rz. 1; *Weitnauer/Mansel*, § 30 Rz. 7; a. A. nur *Ingenstau*, § 1 Rz. 31) wie bei Begründung nach **Abs. 1** (LG Augsburg, MittBayNot 79, 68; a.M. *Mansel*, a. a. O.). §§ 1–29 anwendbar, auch ohne ausdrückliche Bezugnahme. Zweifel hinsichtlich § 4 (Formvorschrift). § 11 ErbbRG hat die Auflassungsform ausgeschlossen. Doch sollten daneben die Gründe des § 4 stärker sein. Als dinglicher Inhalt des ErbbRs kann von vornherein eine **Wohnnutzung** des zu errichtenden Gebäudes vereinbart werden (OLG Hamm, NJWE-MietR 96, 58). Zur Gefährdung dieses Zwecks s. OLG Hamm, a. a. O.

2. Inhalt, Belastungen. Insbesondere sind § 5 und §§ 10 ff. zu 6 beachten (siehe die Ausführungen dazu). Auch beim ErbbR kann entgegen dem Wortlaut des § 5 Abs. 2 SE am ganzen Gebäude bestellt werden, wenn auf demselben Grundstück mehrere Gebäude stehen (OLG Frankfurt a. M., NJW 63, 814 m. abl. Anm. v. *Diester*, s. ferner § 5 Rz. 15). Unabhängig neben den Verfügungsbeschränkungen nach §§ 5–8 ErbbRG sind Veräußerungsbeschränkungen nach § 12 WEG möglich. Erstere bestimmen Verfügbarkeit über WsErbbR im ganzen Gebäude gegenüber dem Grundstückseigentümer. Eine Veräußerungsbeschränkung nach § 12 kann aber auch zugunsten anderer WEer oder Dritter getroffen werden (s. o. § 12).

7 Die Versagung der Zustimmung ist in §§ 5 ff. ErbbRG anders als nach § 12 geregelt. Wird die Zustimmung des Grundstückseigentümers zur Veräußerung des WsErbbRs ohne ausreichenden Grund verweigert, kann sie auf Antrag des WsErbbauberechtigten durch das AG entspr. § 7 Abs. 3 ErbbRG ersetzt werden (OLG Frankfurt a. M., Rpfleger 79, 24 = ZMR 80, 154). Zur Bauhandwerkersicherungshypothek s. u. Rz. 25. Eine dem § 15 ErbbRG entsprechende Bestimmung fehlt.

8 Dinglicher Inhalt des ErbbR i. S. des § 2 ErbbRG wird zugleich dinglicher Inhalt des WsErbbRs i. S. der §§ 15, 10 (BayObLG, Rpfleger 89, 503; OLG Schleswig, SchlHA 2001, 23). Zur vertraglichen Bestimmung des Inhalts des ErbbRs s. *Ranft,* Die „Verdinglichung" des ErbbRsinhalts, 1992. Ein Mehrheitsbeschluss kann den nach Erbbauvertrag bestimmten Nutzungscharakter, bestimmte Instandhaltungspflichten usw. nicht beseitigen oder einschränken.

9 **3. Grundbuchrecht.** §§ 7 und 9 gelten entsprechend. Siehe auch § 8 der WGV vom 1. 8. 1951 hinsichtlich entsprechender Anwendung der §§ 2–7 auf WsErbbR (Anh. I 2 a).

10 **4. Analoge Anwendung** der §§ 1–29 folgt aus § 30 Abs. 3 Satz 2. Dies betrifft insbesondere Vereinbarungen nach §§ 10 ff., Verwaltungsvorschriften nach §§ 20 ff. Sie sind genauso anwendbar und zu beachten wie beim WE; Qualifikationen durch das ErbbR sind zu bedenken (§§ 5–8 ErbbRG), ebenso Erschwerungen bei der Beleihung (§ 21 ErbbRVO).

11 Der **Erbbauzins** ist als Reallast am WsErbbR einzutragen. Er ist dingliche Belastung des WsErbbRs (BGH NJW-RR 87, 74). Grundstückseigentümer und Erbberechtigter können schuldrechtlich die Verpflichtung zur Neufestsetzung des Erbzinses bei Eintritt best. Umstände begründen. Dieser schuldrechtliche Anspruch kann nicht durch eine Vormerkung gesichert werden, wohl aber der nach Durchführung der Anpassung sich ergebende Anspruch auf Inhaltsänderung der Reallast (OLG Celle, Rpfleger 81, 398), bzw. auf Bestellung einer solchen Reallast (BayObLGE 77, 93).

12 Der Inhaber eines nach §§ 30, 8 in Teil- bzw. WsErbbRechte aufgeteilten ErbbR kann bei Veräußerung der Teil- bzw. WsErbbRechte nicht einen dinglichen Erbbauzins i. S. des § 9 ErbbauRG zu Lasten der veräußerten Anteile und zugunsten des jeweiligen Inhabers des in der Hand des Veräußerers verbliebenen Anteils bestellen (OLG Düsseldorf, DNotZ 77, 305). Zur **Änderung** des Erbbauzinses s. § 9a ErbbRG und die entspr. Kommentare. Zur

Genehmigung von **Wertsicherungsklauseln** s. § 2 Preisangaben- u. PreisklauselG. Die Genehmigungspflicht betrifft nur **Gleitklauseln**. Genehmigungsbehörde ist das BA für Wirtschaft. Zur Auslegung des § 9a Abs. 1 Satz 2 s. BGHZ 75, 279; 77, 188; Rpfleger 83, 194 = NJW 83, 2252; DNotZ 83, 559, des Abs. 1 Satz 5 s. BGH DNotZ 83, 557; NJW 83, 986; zur Frage einer Erhöhung **ohne Anpassungsklausel** vgl. BGHZ 96, 371 u. 111, 214; zur 3-Jahresfrist der Erbbauzinserhöhung nach § 9a Abs. 1 S. 5 s. BGH, Rpfleger 82, 417. Der Anspruch auf Erhöhung ist **zwingend** aufschiebend befristet (BGH, NJW-RR 89, 138). Durch das SachenRÄndG wurde § 9 ErbbRVO (jetzt -G) geändert (BGBl. I 1994 S. 2489). Danach **konnte** der Erbbauzins nach Höhe und Zeit für die gesamte Erbbauzeit im Voraus bestimmt werden. Nach Abs. 2 n. F. ErbbRG (neu) kann der Anpassungsanspruch nicht mehr zum Inhalt der Reallast gemacht werden (dazu *Hustedt,* RNotZ 2002, 277). Für vor dem 9. 6. 1998 begründete dingliche Vereinbarung bleibt es bei der alten Rechtslage (*Palandt/Bassenge,* § 9 ErbbRG Rz. 9). Die Eintragung der Erhöhung des Erbbzinses im GB kann auf Grund einer Bewilligung in der Form des § 29 GBO erfolgen (LG Köln, MittRhNotK 80, 8). Ansprüche auf Erbbauzinsen begründen für die Zeit nach Eröffnung des **Insolvenzverfahrens** keine Masseverbindlichkeiten i. S. von § 108 InsO (BGH NJW 2006 H. 1/2 S. X).

Eine Gebrauchsabrede nach § 15 Abs. 2 (§ 10 Abs. 2 WEG) **13** kann gem. § 1 Abs. 2 ErbbRG auch auf das zum ErbbR als wesentlicher Bestandteil gehörende Gelände erstreckt werden.

5. Erlöschen und Heimfall. Erlöschen des ErbbRs hat Erlö- **14** schen des WsErbbRs zur Folge (BayObLGE 99, 63). Anders, wenn ein Gebäude als solches untergeht (s. § 13 ErbbRG). WsErbbR bleibt an einer Ruine bestehen.

Bei Erlöschen nach §§ 27 ff. ErbbRG hat die Schließung der **15** Wohnungserbbaugrundbücher von Amts wegen zu erfolgen (§ 9 Abs. 1 Nr. 1). Entschädigungspflicht bei Erlöschen bzw. Heimfall nach § 27 ErbbRG bleibt bestehen.

Beim Heimfall bleibt WohnungserbbR bestehen. Heimfall kann **16** an verschiedenen WohnungserbbREn des gleichen Gebäudes unter verschiedenen Bedingungen eintreten und zu verschiedener Zeit (zum Rang des Heimfallrechts s. *Behmer,* Rpfleger 83, 477).

Bei **Vereinigung** aller WohnungserbbRe in der Hand des **17** Grundstückseigentümers ist § 9 Abs. 1 Nr. 3 zu beachten (OLG Celle, Rpfleger 81, 22). Erwirbt er nur einzelne Rechte, kann er nicht § 26 ErbbRG geltend machen.

18 **6. Erneuerung.** § 31 ErbbRG kann analog auf Erneuerung des WsErbbRs angewandt werden.

19 **7. TeilerbbR.** Es ist wie WohnungserbbR zu behandeln.

20 **8. Heimstätteneigenschaft.** Siehe § 1 Rz. 30. Über das ErbbR als Heimstätte s. Reichsheimstättengesetz vom 10. 5. 1920 (aufgehoben, gilt jedoch für die alten Rechtsverhältnisse).

21 **9. UntererbbR.** ErbbR an einem ErbbR wurde überwiegend abgelehnt (*Ingenstau/Schnitzler*, S. 111, *Erman*, AcP 26, 214; anders LG Bamberg, DNotZ 55, 324). Die Frage ist von BGHZ 62, 179, MittBayNot 74, 149 im bejahenden Sinn entschieden. Ebenso kann sich der Eigentümer ein ErbbR bestellen (BGH, MittBayNot 82, 127 = NJW 82, 2381).

22 **10. Realteilung des Erbrechts und Teilung des Grundstücks.** Sie kann durch WohnungserbbRe umgangen werden.

23 **11. Heimfallbedingungen.** Ein Gesamtheimfall aus Verfehlung eines einzelnen Wohnungserbbauberechtigten erscheint unzulässig (s. Ausführungen bei *Bärmann/Pick*, § 30 Rz. 66 ff.). Nicht ausgeschlossen ist, einen Gesamtheimfall für den Fall zu vereinbaren, dass die Verwaltung nicht ordnungsgemäß geführt wird, insbesondere, sofern Mehrheitsbeschlüsse gegen eine solche gefasst werden und die einzelnen Wohnungserbbauberechtigten nicht die ihnen zustehenden Maßnahmen mit Erfolg dagegen ergreifen (s. § 21 Abs. 3).

24 **12. Vorkaufsrecht.** Dem Grundstückseigentümer kann ein dingliches Vorkaufsrecht hinsichtlich des ErbbRs eingeräumt werden. Es erstreckt sich i. Zw. auf alle WsErbbRe, die durch Unterteilung entstehen (zum Vorkaufsrecht eines MEers am ErbbGrundstück s. BGH v. 12. 1. 96 – V ZR 269/94, NJW 96 H. 13, VIII).

25 **13. Bauhandwerkerhypothek.** Zur Verwirklichung des durch Vormerkung gesicherten Anspruchs auf Bestellung einer Bauunternehmersicherungshypothek am ErbbR nach Rückübertragung dieses Rechts auf den Eigentümer vgl. BayObLGZ 97, 301 = NJW-RR 97, 591 = FGPrax 97, 51. Danach ist der Bauunternehmer, der die Belastung eines ErbbRs mit einer Bauhandwerkersicherungshypothek anstrebt berechtigt, die gerichtliche Ersetzung der Zustimmung zu beantragen (s. o. Rz. 7).

II. Teil. Dauerwohnrecht

Vorbemerkung zu § 31

Literatur: *Bärmann/Seuß*, Rz. F 1 ff.; *Wolf*, Modernisierung mit DWR, BlGBW 77, 124; *Demmert*, WoR u. DWR, 1970.

Übersicht

	Rz.
I. Veranlassung	1
II. Vorbild und Herkommen	2
III. Hauptsächliche Verwertung	5
IV. Wesen und juristische Natur	8
V. Gestaltungsmöglichkeiten	13

I. Veranlassung

Anlass der Regelung war der Missbrauch der verlorenen Baukostenzuschüsse und Aufbauverträge. Es lag auch nahe, das Wohnrecht des § 1093 BGB vererblich und veräußerlich zu gestalten als neues beschränkt dingliches Recht. **1**

II. Vorbild und Herkommen

Offenbar diente das ErbbR zum Vorbild. Die Ausgestaltung entwickelte sich aber zu einem beschränkt dinglichen Recht. Zwang durch Raumnot und zur Förderung des Wohnungsbaus und des Wiederaufbaus. Verdinglichte Miete sollte auch Baukostenzuschüsse dinglich sichern können und Benachteiligung des Mieters in der Insolvenz des Eigentümers ausschalten, Wohnrecht zu Substanz- und Verkehrswert geben. **2**

Daher § 31 (selbstständiges dingliches Recht, auch mit Ausschluss des Eigentümers); Bestandsschutz nach § 33 Abs. 1 Satz 2. Nachbarrechtliche Beschränkungen und Verpflichtungen nach § 33 Abs. 2 mit § 14 und § 33 Abs. 3; disponibler Inhalt in Grenzen (§ 33 Abs. 4); Bedingungsfeindlichkeit, aber befristbar (§§ 41 Abs. 1, 33 Abs. 1 Satz 2); Verkehrsfähigkeit: Veräußerlichkeit und Vererblichkeit (§ 33 Abs. 1 Satz 1); Veräußerungsbeschränkungen (§ 35); Heimfallrecht (§§ 36, 41); Bestehen bleiben in der Zwangsversteigerung (§ 39); Entgelthaftung und Wirkung von Vorausverfügungen (§ 40). **3**

Auch die schwedische Regelung war zwar Vorbild, wurde aber in der Organisation nicht nachgeahmt (genossenschaftliche Organisa- **4** tion das ganze Land erfassend). Aber auch bei uns findet das Institut Verwertung durch Baugenossenschaften.

III. Hauptsächliche Verwertung

5 Die Erfahrung zeigt, dass das DWR hinter dem WE stark zurückgetreten ist. Dabei wird es häufiger für gewerbliche Räume verwendet, weniger für Wohnungen. Der Grund liegt vor allem im Rangverhältnis des DWRs.

6 Wird das DWR als langfristiges, eigentumsähnliches Recht ausgestaltet, wirkt sich das etwaige Rangverhältnis besonders nachteilig aus, insbesondere hat der Eigentümer Schwierigkeiten in der Beleihung seines Grundstücks. Ausgestaltung des DWRs auch so möglich, dass kein gleichmäßiges Entgelt gezahlt wird, sondern ein Anteil an Amortisation, Verzinsung und allgemeinen Unkosten. Im ganzen streben auch die früher als gemeinnützig bezeichnete Wohnungsbauunternehmen mehr zum WE als zum DWR. Dagegen ist die Sicherung von Baukostenzuschüssen durch ein DWR zweckmäßig, in Verbindung mit der Vereinbarung des Bestehen bleibens nach § 39; besonders dort, wo die Lasten des Eigentums vermieden werden sollen. Auch Teilung einer Erbengemeinschaft, Zuwendung unter Verwandten, kann Grund für DWR sein. Schließlich kann DWR als Übergangslösung zum WE wirken, z. B. wenn Geldgeber keine Einzelbelastung gewähren wollen; dann DWR im Rang zunächst nach den eingetragenen Finanzierungslasten, dann allmähliches Vorrücken des DWRs und bei Wegfall aller Belastungen Anreiz zur Umwandlung in WE. Zweckmäßig ist, Mitspracherecht bei der Verwaltung des Eigentums für DWR zu sichern.

7 Vom eigentumsähnlichen DWR sprach z. B. § 20 Abs. 4 des ersten WoBauG. Der insgesamt zu beobachtenden Ignorierung des DWRs folgend erwähnt das WoFG v. 13. 9. 2001 das DWR nicht mehr im Kreis des förderungswürdigen Wohnraums. Das Institut verliert dadurch weiter an Attraktivität. Immer bleibt DWR aber **beschränkt dingliches Recht.** Bereitschaft zur Einzelbelastung seitens der Kreditinstitute wird auch die eigentumsähnliche Form des DWRs zurückdrängen. Hauptanwendungsgebiet werden gewerbliche Räume mit Baukostenzuschuss und Teilung unter Verwandten oder Miterben sein.

IV. Wesen und juristische Natur

8 Die Regelung ist nicht gleich vollständig wie im WE. Gesetzlich **unabdingbar** sind: § 31 (Begriff), § 33 (Inhalt, Beschränkung, bes. nach Abs. 4); § 41 (langfristiges DWR, Entschädigungsansprüche bei Heimfall); aber auch § 38 (verdinglichter Eintritt in das Rechtsverhältnis) nicht disponibel.

DWR ist **Belastung** eines Grundstücks; unterliegt Vorschriften 9 über Rechte an Grundstücken (§§ 873 ff. BGB, GBO, ZVG); dazu § 39 über Bestehen bleiben, abweichend von § 54 ZVG, und § 40 Wirkung einer Vorausverfügung. Kein grundstücksgleiches Recht; veräußerliches und vererbliches beschränkt dingliches Recht auf Nutzung und Gebrauch am fremden Grundstück. Dem Wesen nach Dienstbarkeit, aber nicht subjektiv dinglich und nicht höchstpersönlich. Dennoch hat sich das Gesetz an das ErbbR angelehnt. Es ist als Recht an eigener Sache bestellbar, was für das ErbbR bestritten ist, aber von der h. M. bejaht wird (*Palandt/Bassenge*, Rz. 2 vor § 1012 BGB, § 31 Rz. 5; BayObLGE 97, 163).

Nießbrauchsvorschriften des BGB sind auf DWR entsprechend 10 anwendbar, wenngleich Nießbrauch sich auf einzelne Raumeinheiten nicht beschränkt.

Was DWR an Wohnungen, das ist DNR an nicht zu Wohnzwecken dienenden Räumen.

DWR an noch zu errichtenden Gebäuden ist Vollrecht, nicht nur Anwartschaft.

DWR (als dingliches Recht) und Mietvertrag schließen einander 11 grundsätzlich aus; keine rechtliche Verwandtschaft, trotz der gleichen wirtschaftlichen Ziele. Sicherung eines Mietvertrags durch DWR nicht möglich. Wohl aber Annäherung der vertraglichen Ausgestaltung an Mietrecht. Ein DWR ist nicht eintragungsfähig, wenn ein Mietvertrag für gleiches Rechtsverhältnis besteht. Grundbuch wird unrichtig, es sei denn, dass es sich nur um das schuldrechtliche Grundgeschäft (die schuldrechtliche Vereinbarung) für das DWR handelt. Grundgeschäft meist Kaufvertrag (Rechtskauf). Mietverhältnis am gleichen Objekt ruht während DWR; lebt wieder auf bei Wegfall des DWRs. Dann Eintritt eines Erstehers in den Mietvertrag wie nach § 57 a, c ZVG. Zum Unterschied zwischen DWR u. Mietrecht s. OLG Nürnberg, ZMR 61, 196.

Bestellung des DWRs ist formlos möglich. Allerdings bedarf die 12 Bewilligung der Form nach § 29 GBO. Mit der Eintragung in Abt. II des GBs entsteht Recht auf Gewährung der Bewohnung und sonstigen Benutzung.

V. Gestaltungsmöglichkeiten

Weitgehend frei; wenige gesetzliche Beschränkungen (§ 33 13 Abs. 1 und 4, § 38, § 41 Abs. 2).

§ 31 Begriffsbestimmungen

(1) ¹Ein Grundstück kann in der Weise belastet werden, daß derjenige, zu dessen Gunsten die Belastung erfolgt, berechtigt ist, unter Ausschluß des Eigentümers eine bestimmte Wohnung in einem auf dem Grundstück errichteten oder zu errichtenden Gebäude zu bewohnen oder in anderer Weise zu nutzen (Dauerwohnrecht). ²Das Dauerwohnrecht kann auf einen außerhalb des Gebäudes liegenden Teil des Grundstücks erstreckt werden, sofern die Wohnung wirtschaftlich die Hauptsache bleibt.

(2) Ein Grundstück kann in der Weise belastet werden, daß derjenige, zu dessen Gunsten die Belastung erfolgt, berechtigt ist, unter Ausschluß des Eigentümers nicht zu Wohnzwecken dienende bestimmte Räume in einem auf dem Grundstück errichteten oder zu errichtenden Gebäude zu nutzen (Dauernutzungsrecht).

(3) Für das Dauernutzungsrecht gelten die Vorschriften über das Dauerwohnrecht entsprechend.

Übersicht

		Rz.
I.	Begriff	
	1. Aus § 1093 BGB	1
	2. Nutzungsrecht, nicht Verwertungsrecht	2
	3. Grundstücksbelastung	3
II.	Gegenstand	6
III.	Entstehung	
	1. Durch rechtsgeschäftliche Bestellung	13
	2. Außervertragliche Entstehung	19
IV.	Das Grundgeschäft	20
V.	Beendigung und Erneuerung	28
VI.	DWR in Zwangsvollstreckung und Insolvenz	33
VII.	Schutz des DWBer.	36
VIII.	Nutzungsrecht	37
IX.	Zuständigkeit	38
X.	Streitwert	39

I. Begriff

1 **1. Aus § 1093 BGB.** Davon unterschieden durch
- Veräußerlichkeit und Vererblichkeit, die unabdingbar,
- Einräumung jeder Art von Nutzung, nicht nur Bewohnung, insbesondere auch Recht auf Vermietung und Verpachtung, also Recht auf Fruchtziehung im weitesten Sinne,

Begriffsbestimmungen 2–8 § 31

- Erstreckung auf außerhalb des Gebäudes liegende Teile mit Sachfruchtziehung,
- Bestellung auch an erst zu errichtenden Gebäuden.

Wie in § 1093 BGB Ausschluss des Eigentümers von der weiteren Benutzung.

2. Nutzungsrecht, nicht Verwertungsrecht. Fruchtziehung 2 nach § 100 BGB, dinglich mit Aneignungsbefugnis nach § 954 BGB.

Wohnung bzw. andere Räume müssen Hauptsache des Rechtes sein.

Erlischt das DWR in der Zwangsversteigerung, dann tritt an dessen Stelle ein Ersatzanspruch nach § 92 ZVG.

Streng zu scheiden von WE, da **kein Eigentum.** Auch § 95 Abs. 1 Satz 2 BGB nicht anwendbar, wohl aber § 95 Abs. 2 BGB.

Ausgleichspflicht des Eigentümers nach §§ 946, 951 BGB.

Mitbenutzungsrecht des Eigentümers kann nicht dinglicher Inhalt des Rechts sein.

Art und Umfang des Nutzungsrechts: § 33 Abs. 4 Nr. 1. DWR gibt Sachteilbesitz nach § 865 BGB.

3. Grundstücksbelastung. Es gelten die allgemeinen Vorschrif- 3 ten des BGB über Rechte an Grundstücken: §§ 873 bis 888; §§ 891, 892; §§ 894 bis 899; § 900 Abs. 2; §§ 901, 902 BGB. Desgl. die Rangvorschriften des BGB und der GBO. Auch an ErbbR möglich (§ 42).

Die Teilung des Grundstücks ist trotz Belastung mit einem DWR 4 möglich. Bei gleichrangigem DWR können sich Schwierigkeiten aus Vereinbarung nach § 39 ergeben.

Eine Löschungsvormerkung nach § 1179 BGB ist zugunsten des 5 DW-Berechtigten möglich. Ein Wechsel des Eigentümers beeinträchtigt das DWR nicht.

II. Gegenstand

Bestimmte Wohnung oder nicht zu Wohnzwecken bestimmte 6 Räume. Wohnung: s. beim WE: § 3 Rz. 3 ff.; Abgeschlossenheit s. § 3 Rz. 18 ff. und § 32 Rz. 2. Nur **Sollvorschrift.** Gilt auch für nicht zu Wohnzwecken bestimmte Räume (§ 31 Abs. 3).

Ein DWR ist auch am ganzen Gebäude möglich. Aber nicht 7 mehrere DWRe am ganzen Gebäude (wie beim Nießbrauch). Desgleichen nicht an derselben Wohnung und demselben Raum.

Das DWR erstreckt sich auch auf Zubehör, ebenso auf wesentli- 8 che und unwesentliche Bestandteile der Wohnung oder Räume, auch Mitbenutzungsrecht nach § 33 Abs. 3.

§ 31 9–13 II. Teil. Dauerwohnrecht

Wohnung bzw. Räume müssen **bestimmt** sein (§ 32 Abs. 2 Nr. 1).
Anwendung des § 1023 BGB aus Zweckmäßigkeitsgründen zu bejahen; nicht aber auf Verlangen des DW-Berechtigten (s. *Staudinger* zu § 1023 Anm. 7). Auch § 1026 BGB ist auf das DWR entsprechend anwendbar (BayObLG, NJW-RR 96, 397; dort auch zu den Voraussetzungen, unter denen ein DWR nach Teilung des belasteten Grundstücks ohne Bewilligung des Berechtigten gelöscht werden kann).

9 Wohnung oder sonstige Räume müssen immer wirtschaftlich die Hauptsache darstellen (ähnlich § 1 Abs. 2 ErbbRVO). Niemals an landwirtschaftlichem Grundstück, verbunden mit Recht an einer Wohnung, wenn landwirtschaftliche Nutzung Hauptgegenstand. GB-Amt kann im Zweifel Nachforschungen anstellen, auch Eintragungen von Amts wegen löschen (§ 53 Abs. 1 Satz 2 GBO).

10 DWR bzw. DNR sind auch an WE oder TE möglich (auch für Teilwohnungen, wenn diese abgeschlossen), anders ehem. § 25 Abs. 3 saarländisches WEG (siehe auch BayObLG vom 15. 3. 1957, BayObLGZ 57, 110 = NJW 57, 1840 und h. M.: *Palandt-Bassenge*, § 31 Rz. 4); nicht an ME-Anteil, aber an Ws- oder TErbbR (*Weitnauer*, DNotZ 53, 124; *Palandt/Bassenge*, a. a. O.).

11 Das an einem Grundstück bestehende DWR behindert nicht Bildung von ME und WE. DWR besteht dann nur an den ME-Anteil fort, mit dem das SE verbunden ist, an dem das DWR ausgeübt werden soll; alle anderen MEs-Anteile werden frei.

Das DWR ist auch in der Form der Gesamtberechtigung an mehreren Belastungsgegenständen möglich (LG Hildesheim, NJW 60, 49; *Bötticher*, MittBayNot 93, 129). Folglich können z. B. auch Räume mit verschiedenen Stockwerken Gegenstand sein, wenn Abgeschlossenheit beachtet ist.

12 Auch Verbindung von DWR und DNR möglich, dann muss Eintragung im Grundbuch lauten: „DWR und DNR" (BayObLG, NJW 60, 2100).

III. Entstehung

13 **1. Durch rechtsgeschäftliche Bestellung.** Einigung und Eintragung (§ 873 Abs. 1 BGB), nicht § 925 BGB, auch nicht § 311 b Abs. 1 BGB (LG München, WM 60, 954). Eintragungsbewilligung nach § 29 GBO. Eintragung als Belastung in Abt. II des Grundbuchs. Da Einigung nicht nachgewiesen zu werden braucht, kann Rechtsinhalt des DWRs in Eintragungsbewilligung des bestellenden Eigentümers enthalten sein, einschließlich der Verpflichtungen des

Begriffsbestimmungen 14–17 § 31

DW-Berechtigten (z. B. Übernahme der öffentlichen oder privaten Lasten des Grundstücks, Instandsetzungsverpflichtungen, Versicherungspflichten, Sicherheitsleistung, Umfangsbeschränkungen, s. § 33 Abs. 4), aber keine gesetzl. Pflicht zu Beiträgen nach § 16 (BGH, ZMR 1979, 318 = DerWEer 80, 41).

Aus Gründen der Rechtssicherheit wäre hier Einführung des 14 Urkundenzwangs zweckmäßig. Siehe aber § 32 Rz. 8 ff.

Recht zur Bestellung hat der Eigentümer. §§ 892/93 BGB anwendbar, auch auf vereinbarten und eingetragenen dinglichen Inhalt des dinglichen Rechts. Auch WEer kann bestellen. Berechtigt kann jede natürliche und juristische Person sein; Geschäftsfähigkeit des Erwerbers ist unbeachtlich. Es ist auch für den Eigentümer selbst bestellbar wie auch sonst Rechte an Grundstücken gemäß § 889 BGB (*Palandt/Bassenge*, § 31 Rz. 5; wie hier *Weitnauer/Mansel*, Rz. 3 vor § 31, h. M.), bleibt aber zweifelhaft.

Bestellung sowohl für Gesamtheit wie nach Bruchteilen ist mög- 15 lich (BGHZ 130, 150; auch als Gesamtberechtigte nach § 428 BGB, a. A. *Palandt/Bassenge*, § 31 Rz. 5). Realteilung nur möglich bei Wahrung der Abgeschlossenheit, Vorlage der Baupläne, Bescheinigung der Baubehörde. Zustimmung Drittberechtigter nach §§ 877, 876 BGB erscheint allgemein nicht erforderlich. Urteil nach § 1568 a BGB kann nur Mietrecht einräumen. Nach § 1568 a BGB ist daran auch der Grundstückseigentümer beteiligt.

Mehrere DWRe an der gleichen Wohnung sind begrifflich aus- 16 geschlossen, wohl aber sind mehrere Berechtigte an gleichem DWR möglich (h. M.; BGH, NJW 95, 2637 = ZIP 95, 1359), s. *Weitnauer/Mansel*, § 31 Rz. 7; *Palandt/Bassenge*, § 31 Rz. 4). Auch Wohnungsrecht nach § 1093 BGB und DWR können nicht nebeneinander bestehen, wohl aber das DWR neben Nießbrauch.

Das mehreren Bewohnern nach Bruchteilen zustehende Dauer- 17 wohnrecht ist seit einiger Zeit eine beliebte Konstruktion der sogen. **Time-Sharings.** Solche Modelle haben erstmals im Jahre 1994 den BGH beschäftigt (BGHZ 125, 218 = NJW 94, 1344; siehe auch *Reithmann*, LM H. 7/1994 § 182 BGB Nr. 14 und *Fritsche*, WiB 94, 321). Die an sich von der Rspr. nicht beanstandete Form des Time-Sharing-Modells unter § 31 WEG wird jedoch dann problematisch, wenn im Grundbuch ein Dritter als Treuhänder eingetragen werden soll (sogen. Time-Sharing-Treuhand-Modell). Dies kann für den Käufer eines anteiligen Dauerwohnrechts deshalb eine überraschende Klausel im Sinne von §§ 3, 6 Abs. 1 AGBG (jetzt §§ 305 c Abs. 1, 306 BGB) darstellen, weil er mit seiner eigenen Eintragung ins Grundbuch rechnen durfte (BGH, ZIP 95, 1359 = NJW 95, 2637). Eine solche Formularklausel ist als überraschende Klausel im Sinne der genannten Normen unwirksam. Dies lässt aber die Wirksamkeit des Kaufvertrages im Übrigen unberührt. Ebenso BGH (v. 10. 5. 96 – V ZR 154/95, NJW 96, H. 29, VI) für den Fall, dass statt des Erwerbers der im GB bereits eingetragene Treuhänder eingetragen bleiben und dem Erwerber diese Rechtsposition lediglich vermitteln soll (s. dazu auch Einl. Rz. 23). Es gilt bei Streitigkeiten die **deutsche** Gerichtsbarkeit und nicht die am Belegenheitsort (BGH v. 25. 6. 2008, VIII ZR 103/07 = NJW-Spezial 2008, 546).

Unabhängig davon erscheint die Begründung solcher zeitlich begrenzter periodischer DWRe zwar zulässig (LG Hamburg, NJW-RR 91, 823; *Tonner/Tonner*, WM 98, 313); abl. OLG Stuttgart, NJW 87, 2023), allerdings schon aus den in Einl. Rz. 3 genannten Gründen nicht empfehlenswert. Bei Auslandsobjekten können sich erhebliche Probleme bez. des Gerichtsstands ergeben (zum „Clubmodell" s. EuGH NJW 2006, 39/LS = NZM 2005, 912).

Beim sog. **Genossenschaftsmodell** verpflichtet sich die Genossenschaft, dem Mitglied ein jährlich während eines best. Zeitraums auszuübendes Ferienwohnrecht gegen Entgelt einzuräumen (BGH, NJW 97, 1069). Zur Frage, wann erfüllt ist i. S. von § 2 Abs. 1 Satz 4 HWiG s. OLG Celle, NJW-RR 97, 504 = ZIP 96, 1874.

18 Ein DWR an mehreren Grundstücken ist nicht ausgeschlossen nach dem Wortlaut, aber zweifelhaft (zulässig nach LG Hildesheim, NJW 60, 49 u. LG München, DNotZ 73, 417, wenn die betreff. Räume sich zwar auf mehreren Grundstücken befinden, aber eine Einheit bilden). Dagegen ist die Entstehung eines Gesamt-DWRs bei späterer Teilung nicht auszuschließen.

19 An ideellem MEs-Bruchteil ist ein DWR ausgeschlossen (BayObLGZ 57, 110; *Palandt/Bassenge*, § 31 Rz. 3).

Es kann auch nicht an einem **SNR** bestellt werden (OLG Hamburg, ZMR 2004, 616).

2. Außervertragliche Entstehung:
– Buchersitzung nach § 900 Abs. 2 BGB;
– Hoheitsakt, z. B. volle Enteignung nach BauGB (s. *Palandt/Bassenge*, Rz. 18 f. vor § 854).

IV. Das Grundgeschäft

20 Dabei handelt es sich um einen auf Veräußerung gerichteten Vertrag, der normalerweise nach **Kaufrecht** zu beurteilen ist (für Wohnrecht nach § 1093 s. RG 54, 233 ff.), auch bei Jahreszins, Rente. Es ist aber zu unterscheiden: ob ein wirklicher Kaufpreis geleistet wird, auch in Form verlorenen Baukostenzuschusses, dann

Kaufrecht; ob wiederkehrendes Entgelt geleistet wird, dann kaufähnlicher Vertrag i. S. des (weggefallenen) § 445 BGB, entsprechende Anwendung der §§ 433 ff. BGB. Auch Mischung beider Formen möglich. Ebenso Tausch, Schenkung, Vermächtnis, Einbringung in eine Gesellschaft. Zum Anspruch auf Einräumung eines DWRs s. OLG Nürnberg, ZMR 61, 196. Das Grundgeschäft unterliegt **nicht** der **Form** des § 311 b BGB (BGH, WM 84, 142).

Auf kaufähnliches Grundgeschäft sind insbesondere von den §§ 433 ff. BGB anwendbar: § 433 Abs. 1 BGB; dazu § 38 über den Eintritt des Erwerbers in die Verpflichtungen zu beachten; § 433, soweit dingliche Rechte Dritter überhaupt möglich sind; § 435 Satz 2 i. V. mit §§ 452, 453 Abs. 1, nicht aber § 436; dagegen wieder § 442, dann § 444; § 446 Abs. 1; Abs. 1 Satz 2 auch bei Bestellung gegen wiederkehrende Leistung, nicht aber Abs. 1 Satz 1; dafür § 326; § 447 nicht anwendbar, ebenso § 448 Abs. 1; anders § 448 Abs. 2, auch bei Bestellung gegen wiederkehrende Gegenleistung. Aus § 453 ergibt sich entsprechende Anwendung von §§ 446–452 bei echtem Kaufvertrag, sonst §§ 450–451 anwendbar.

Gewährleistungsvorschriften (§§ 434 ff.) sind anwendbar (bei Kauf gegen wiederkehrende Gegenleistungen). Irrtumsanfechtung ist ausgeschlossen. Mietvertrag, §§ 536–536 d BGB nicht anwendbar. Das Gleiche gilt für die Anwendung des Ersten Bundesmietengesetzes (BGH ZMR 70, 25 es galt nur noch in Berlin bis zum 31. 12. 1987, s. unten Rz. 36). Auch die Formvorschriften des Mietrechts sind auf ein dinglich gesichertes DN-Verhältnis nicht anwendbar (LG Frankfurt a. M., NZM 2000, 877). Nach § 437 BGB kann der Käufer unabhängig vom Verschulden des Verkäufers bei einem **Mangel** Nacherfüllung (§ 439 BGB) oder ggfs. vom Vertrag zurücktreten (§§ 440, 323, 326 Abs. 5 BGB) oder mindern. Bei einem verschuldeten Mangel kann er auch Schuldenersatz nach den §§ 280, 281, 283, 284, 311 e BGB verlangen.

Nach § 453 Abs. 3 BGB ist beim Kauf eines DWRs der Verkäufer zur Übergabe der Wohnräume verpflichtet. Für den Verjährungsbeginn gilt § 438 Abs. 2 (Übergabe). Die Verjährung der Mängelansprüche kann je nach der Art des Mangels 2 bis 30 Jahre betragen. Inhalt des Rechtes nach § 33 Abs. 1 und 2 und § 14 zu beachten.

Entsprechende Anwendung des § 536 BGB hinsichtlich wiederkehrender Gegenleistung bei Pflichtverletzung des Eigentümers. Gegenleistung bei Erlöschen des DWRs oder weggefallener oder beschränkter Nutzungsmöglichkeit:

Bei einmaliger Kaufpreiszahlung: Anspruch besteht fort, wenn das Recht bestellt und die Räume übergeben wurden sowie die Gefahr übergegangen ist. Nur Schadensersatzansprüche.

26 Bei wiederkehrender Gegenleistung: Es gilt der allgemeine Rechtsgedanke der §§ 326, 283, 325 BGB. Auch bei Zerstörung. Anders wenn DWBer. selbst Erlöschen oder Unbenutzbarkeit zu verantworten hat.

27 Folgen der Schlechterfüllung einer wiederkehrenden Gegenleistung: §§ 281, 323 BGB insbesondere Rücktritt oder Schadensersatzfolgen. Hierfür ist die Vereinbarung eines Heimfallanspruchs (§ 36) empfehlenswert.

V. Beendigung und Erneuerung

28 Durch Zeitablauf bei **Befristung** (§§ 163, 158 Abs. 2 BGB), Löschung auf bloßen Antrag hin gem. § 22 GBO. Aufnahme entsprechender Klausel in das Grundbuch empfehlenswert. Sonst §§ 23, 24 GBO.

Nach Beendigung sind Räume zurückzugeben; sonst § 571 Absatz 1 BGB.

Durch Nichtausübung erlischt DWR nicht.

29 Zerstörung des Gebäudes beendet DWR gleichfalls nicht, ebenso wenig wie bei ErbbR (§ 13 ErbbRVO). Inhaltslos wird Recht nur, wenn keine Wiederaufbaupflicht.

30 In **Zwangsversteigerung** erlischt DWR, wenn nicht ins geringste Gebot aufgenommen (§ 91 ZVG); Bestehen bleiben kann aber sowohl im Voraus nach § 39, wie auch noch mit dem Ersteher nach § 91 Abs. 2 ZVG vereinbart werden. Verwandlung in Anspruch auf Geldsumme (§ 92 ZVG).

31 **Aufgabe** des Rechtes nach § 875 BGB und Löschung. Fehlt Heimfallanspruch, keine Zustimmung des Eigentümers, also kein Eigentümerrecht. Für Aufgabe des Rechts ist ein Heimfallanspruch empfehlenswert. Erlöschen durch Verjährung gem. § 901 BGB oder bei Enteignung des DW-Ber. wie des Grundstückseigentümers. Zur Frage der Aufgabe eines DNRs (Betrieb einer Tankstelle) trotz Einstellung des Betriebs vgl. LG Frankfurt a. M., NZM 2000, 877.

Selbstverständlich ist auch eine einverständliche **Aufhebung** möglich.

Ist Heimfall nach § 36 vereinbart, kein Erlöschen des Rechts.

DWR an ErbbR (§ 42) ist vom Bestand des ErbbRs abhängig.

32 Keine Erlöschensgründe sind: Vereinigung mit Eigentum, Veränderung der Benutzung durch behördliche Maßnahmen usw. Kündigung (BGHZ 27, 158; LG Frankfurt a. M., NZM 2000, 877) und auflösende Bedingungen sind unzulässig.

Mieter- und Vollstreckungsschutz erst nach Erlöschen des DWRs (BGHZ 27, 161; s. a. *Pick* in *Bärmann*, § 37 Rz. 47).

Begriffsbestimmungen 33–37 § 31

Verlängerung des DWRs möglich, solange nicht erloschen; ist Inhaltsänderung. Zustimmung nach §§ 877/876 BGB für Gläubiger an DWR, nicht für Gläubiger am Grundstück.

VI. DWR in Zwangsvollstreckung und Insolvenz

§ 857 ZPO anwendbar. Die Pfändung ist in das Grundbuch einzutragen. Erwerber tritt nach § 38 in Verpflichtungen ein. Für Vermieter gilt § 37 Abs. 3 Satz 2. Zwangsverwaltung ausgeschlossen. Bei Veräußerungsbeschränkung nach § 35 ist § 857 Abs. 3 und 4 ZPO zu beachten; s. auch § 12 letzter Satz. 33

Insolvenz des Eigentümers: Beeinträchtigt DWR nicht. Anspruch auf Errichtung (in nichtfertigem Gebäude) auch gegenüber Insolvenzverwalter und späterem Erwerber. Aussonderungsrecht nach § 47 InsO nur, wenn vor Insolvenzeintragung bereits bewirkt. Bei nur schuldrechtlichem Anspruch auf Bestellung Insolvenzforderung (§ 45 InsO: Umrechnung in Geldforderung); es erfolgt keine Überleitung auf den Erwerber (BGH, Rpfleger 76, 207 = KTS 76, 297). Forderung auf Entgelt fällt in Konkursmasse des Eigentümers. 34

Insolvenz des DW-Ber.: Recht gehört zur Insolvenzmasse. Nach Eintragung § 103 InsO ist Wahlrecht des Insolvenzverwalters nicht mehr anwendbar. Anspruch auf Bestellung ist Bestandteil der Insolvenzmasse. 35

Aussonderungsrecht nur für den wirklich dinglichen Teil des Rechtsinhalts.

Inhaltsverpflichtungen des DW-Ber. Insolvenzforderung, wenn vor Insolvenzeröffnung entstanden, sonst Masseschulden oder -kosten.

VII. Schutz des DWBer.

Nach **Beendigung** des DWRs sind die Räume dem Eigentümer herauszugeben. Der ehemalige DWBer. kann sich nicht auf Mieterschutz berufen. Ggfs. wirkt § 242 BGB gegen den Herausgabeanspruch. 36

Zum Heimfall s. § 36.

VIII. Nutzungsrecht

Hierzu gilt gleiches wie für das DWR. 37
Zum Umfang des Nutzungsrechts des DW-Berechtigten s. OLG Frankfurt/M., ZMR 70, 276 = BB 70, 731 (Außenfläche für Reklamezwecke).

IX. Zuständigkeit

38 Amtsgericht des belegenen Grundstücks gemäß § 24 ZPO als ausschließlicher Gerichtsstand. Er deckt sich mit dem des § 43.

X. Streitwert

39 Die Festsetzung des Streitwerts der Klage auf Löschung eines DWR errechnet sich nach § 3, nicht § 6 ZPO (OLG Frankfurt a. M., Rpfleger 58, 19).

§ 32 Voraussetzungen der Eintragung

(1) **Das Dauerwohnrecht soll nur bestellt werden, wenn die Wohnung in sich abgeschlossen ist.**

(2) [1]**Zur näheren Bezeichnung des Gegenstandes und des Inhalts des Dauerwohnrechts kann auf die Eintragungsbewilligung Bezug genommen werden.** [2]**Der Eintragungsbewilligung sind als Anlagen beizufügen:**
1. **eine von der Baubehörde mit Unterschrift und Siegel oder Stempel versehene Bauzeichnung, aus der die Aufteilung des Gebäudes sowie die Lage und Größe der dem Dauerwohnrecht unterliegenden Gebäude- und Grundstücksteile ersichtlich ist (Aufteilungsplan); alle zu demselben Dauerwohnrecht gehörenden Einzelräume sind mit der jeweils gleichen Nummer zu kennzeichnen;**
2. **eine Bescheinigung der Baubehörde, daß die Voraussetzungen des Absatzes 1 vorliegen.**

[3]**Wenn in der Eintragungsbewilligung für die einzelnen Dauerwohnrechte Nummern angegeben werden, sollen sie mit denen des Aufteilungsplans übereinstimmen.** [4]**Die Landesregierungen können durch Rechtsverordnung bestimmen, dass und in welchen Fällen der Aufteilungsplan (Satz 2 Nr. 1) und die Abgeschlossenheit (Satz 2 Nr. 2) von einem öffentlich bestellten oder anerkannten Sachverständigen für das Bauwesen statt von der Baubehörde ausgefertigt und bescheinigt werden.** [5]**Werden diese Aufgaben von dem Sachverständigen wahrgenommen, so gelten die Bestimmungen der Allgemeinen Verwaltungsvorschrift für die Ausstellung von Bescheinigungen gemäß § 7 Abs. 4 Nr. 2 und § 32 Abs. 2 Nr. 2 des Wohnungseigentumsgesetzes vom 19. März 1974 (BAnz. Nr. 58 vom 23. März 1974) entsprechend.** [6]**In**

diesem Fall bedürfen die Anlagen nicht der Form des § 29 der Grundbuchordnung. [7] Die Landesregierungen können die Ermächtigung durch Rechtsverordnung auf die Landesbauverwaltungen übertragen.

(3) **Das Grundbuchamt soll die Eintragung des Dauerwohnrechts ablehnen, wenn über die in § 33 Abs. 4 Nr. 1 bis 4 bezeichneten Angelegenheiten, über die Voraussetzungen des Heimfallanspruchs (§ 36 Abs. 1) und über die Entschädigung beim Heimfall (§ 36 Abs. 4) keine Vereinbarungen getroffen sind.**

Übersicht

	Rz.
I. Allgemeines	1
II. Abgeschlossenheit (Abs. 1)	2
III. Eintragungsbewilligung (Abs. 2)	3
1. Bezugnahme auf Eintragungsbewilligung (Satz 1)	4
2. Anlagen (Satz 2)	6
3. Nummerierung	7
4. Öffnungsklausel (Sätze 4–7)	8
IV. Prüfung des Inhalts der Eintragungsbewilligungsanlagen	9
V. Kosten	14

I. Allgemeines

Abs. 2 und 3 sind grundbuchrechtlicher Natur, Abs. 1 materiellrechtlicher. Zu Abs. 1 und 2 s. § 3 Abs. 2, § 7 Abs. 3, 4, worauf ausdrücklich verwiesen wird. Das DWR ist auch nur an einer einzigen Wohnung in größerem Gebäude, aber auch an einem ganzen Gebäude möglich.

II. Abgeschlossenheit (Abs. 1)

Abs. 1: Materiellrechtliche Sollvorschrift. Zur Sicherung dieser Sollvorschrift hat Abs. 2 die öffentlich-rechtlichen Anlagen zur Eintragungsbewilligung geschaffen. Dies gilt entsprechend auch für das DNR. Einzelheiten bei § 7 Rz. 30 ff., § 3 Rz. 18 und § 1 Rz. 12 (vgl. die Allg. Verwaltungsvorschrift im Anhang I 1). Es erfolgt keine Abgrenzung von gemeinschaftlichen Teilen wie in § 5. Abs. 1 sieht keine Erleichterung der Abgeschlossenheit gegenüber §§ 3, 7 vor. Das gilt auch für den Zugang zu den Räumen des DWRs (*Palandt/ Bassenge,* § 32 Rz. 1; a. A. *Lotter,* MittBayNot 99, 354). Erstreckung des DWRs mit Räumen auf das Nachbarschaftsgrundstück steht

Abgeschlossenheit nicht entgegen, wenn die übrigen Voraussetzungen gegeben sind (s. o. § 31 Rz. 18). Zur Frage, ob dem GBA ein Prüfungsrecht hinsichtlich der Abgeschlossenheitsbescheinigung nach § 7 Abs. 4 Nr. 2 zusteht, s. oben § 7 Rz. 39.

Abs. 1 Satz 2 war eingefügt durch das G. zur Beseitigung von Hemmnissen bei der Privatisierung von Unternehmen und zur Förderung von Investitionen vom 22. 3. 1991 (BGBl. I S. 766). Abs. 1 Satz 2 trat mit Ablauf des 31. 12. 1996 außer Kraft und wurde aufgehoben durch das WEG-ReformG 2007.

III. Eintragungsbewilligung (Abs. 2)

3 Sie bedarf der Form des § 29 GBO und ist vom Eigentümer des Grundstücks (§ 19 GBO) zu erteilen. Eine Abweichung der Eintragungsbewilligung von der materiellrechtlichen Einigung nach § 873 BGB ist für Entstehung und Bestand des Rechts unbeachtlich. Das Grundbuch ist nicht unrichtig.

4 **1. Bezugnahme auf Eintragungsbewilligung (Satz 1). Abs. 2 S. 1:** Auch hinsichtlich Gegenstand des Rechts zulässig. § 874 BGB grundsätzlich gültig. Befristung einzutragen, ebenso Veräußerungsbeschränkung (§ 35) und Vereinbarung über Bestehen bleiben (§ 39).

Eintragungsbewilligungsanlagen ergeben dinglich wirksamen Inhalt des Rechts, soweit nicht das Gesetz gilt.

5 **2. Anlagen (Satz 2). Abs. 2 S. 2:** Siehe dazu oben § 7 Rz. 30 ff. Die Bauzeichnung (Aufteilungsplan) darf sich nicht auf die Räume des DWRs beschränken; aber nur diese sind genau zu bezeichnen. Sie sind nach Lage und Größe zu bezeichnen (BayObLGE 97, 163). Bei DWR am ganzen Gebäude ist keine Bescheinigung über die Abgeschlossenheit nötig (LG Münster, DNotZ 53, 148 ff., MDR 53, 175; BBauBl. 54, 225); es ist aber ein Aufteilungsplan des Gesamtgebäudes notwendig.

Die Änderung der Anlagen bedarf neuer Eintragung.

6 Abs. 2 erhält für das Dauerwohnrecht die entsprechende Neufassung wie § 7 Abs. 4 Nr. 1 (siehe oben § 7 Rz. 20 ff.). Auch die Überleitungsregelung nach Art. 3 § 3 des G. v. 30. 7. 1973 gilt analog (s. § 7 Rz. 36).

7 **3. Nummerierung Abs. 2 Satz 3:** Enthält eine Sollvorschrift. Danach sollen, wenn in der Eintragungsbewilligung für die einzelnen DWRe Nummern angegeben werden, sie mit denen des Aufteilungsplans **übereinstimmen.**

Voraussetzungen der Eintragung 8–10 § 32

4. Öffnungsklausel (Sätze 4–7). Hierzu gilt entsprechend das 8
zu § 7 Rz. 41 ff. Gesagte.

Nach **Satz 4** können die Länder auch hinsichtlich des DWRs durch RVO bestimmen, dass und in welchen Fällen der **Aufteilungsplan** und die **Abgeschlossenheit** von einem öffentlich bestellten oder anerkannten **Sachverständigen** für das Bauwesen an die Stelle der Baubehörde ausgefertigt und bescheinigt werden.

Satz 5 bestimmt, dass in diesem Fall die Bestimmungen der Allgemeinen Verwaltungsvorschrift entsprechend gelten (s. Anh. I, 1).

Satz 6 sieht in diesem Fall die Form des § 29 GBO als entbehrlich an. Es bedarf also weder des Nachweises durch öffentliche noch durch öffentlich beglaubigte Urkunden.

Nach **Satz 7** werden die Landesregierungen ermächtigt, die Befugnis nach Satz 3 durch RVO auf nachgeordnete Behörden, die Bauverwaltungen, zu übertragen.

IV. Prüfung des Inhalts der Eintragungsbewilligungsanlagen (Abs. 3)

Abs. 3: Nur Sollvorschrift. Eintragung dennoch gültig. Nur 9
schuldrechtliche Ansprüche. Allerdings Eintrittswirkung des § 38.

Die in § 32 Abs. 3 genannten Bestimmungen (§§ 33 Abs. 4 Nr. 1–4, 36 Abs. 1 und 4) sprechen nur von Vereinbaren**können**, **nicht** von Vereinbaren**müssen**. Ausdrückliche Erklärung, auch im ablehnenden Sinne kann nicht verlangt werden. Wille der Beteiligten muss mit genügender Sicherheit aus Zusammenhang erkennbar sein (BayObLG, NJW 54, 959 = DNotZ 54, 391).

§ 32 Abs. 3 gibt aber GB-Amt ein materielles **Prüfungsrecht** 10
(und Prüfungspflicht), obgleich Form für Vereinbarung fehlt. Einigung müsste also dem GBA nachgewiesen werden in Form des § 29 GBO, d. h. beide Parteien müssten Abschluss durch öffentliche Beglaubigung ihrer Unterschriften nachweisen. Prüfung kann sich nicht lediglich auf Eintragungsbewilligung beschränken, sondern erfasst Einigung (Wortlaut des Abs. 3: ablehnen, wenn keine **Vereinbarungen** getroffen). Es soll also die materielle Vereinbarung der Prüfung unterstellt werden. (so auch *Soergel/Baur,* § 32 Rz. 3, OLG Düsseldorf, Rpfleger 77, 446 = ZMR 79, 24; a. A. *Palandt/Bassenge,* § 32 Rz. 2; *Weitnauer/Mansel,* § 32 Rz. 7). Im Zuge der Beglaubigung sodann auch rechtsvorsorglich begrüßenswerte Prüfung durch Beglaubigungsstelle und entsprechende Belehrung. Daher kann GB-Amt auch den Nachweis der Vereinbarungen über die Gegenstände der §§ 33, Abs. 4, 36 Abs. 1 und 4 in grundbuchmäßiger Form (§ 29 GBO) verlangen. GB-Amt prüft nur Bestehen

und Rechtsgültigkeit, nicht Zweckmäßigkeit. Das gilt auch für die Frage der Angemessenheit der Entschädigung nach § 36 Abs. 4 S. 2 (BGHZ 27, 158).

11 Fehlt eine schuldrechtliche Abrede über die genannten Punkte, so ist zweifelhaft was rechtens. Dann sind die Umstände maßgeblich. Analoge Anwendung des Mietrechts ist angebracht.

12 Sind materielle Vereinbarungen nicht mit der Eintragsbewilligung vorgelegt, werden sie nicht dinglicher Inhalt; Eintritt nach § 38 erstreckt sich grundsätzlich nicht hierauf (s. dort Rz. 6 ff.).

Ablehnung der Eintragung berührt schuldrechtliche Vereinbarungen nicht.

13 Das Grundbuchamt prüft grundsätzlich Übereinstimmung von Plan und Wirklichkeit nicht nach. Kann aber Zwischenverfügung nach § 18 GBO erlassen und auch abweisen. Grundbuch kann durch Eintragung mit anderem Inhalt unrichtig werden. Berichtigungsanspruch nach § 894 BGB, aber keine Amtslösung und kein Widerspruch nach § 53 Abs. 1 GBO. Löschungsverfahren nach § 84 ff. GBO (§ 84 Abs. 2 a) möglich.

V. Kosten

14 Siehe dazu die KostenO.

§ 33 Inhalt des Dauerwohnrechts

(1) ¹**Das Dauerwohnrecht ist veräußerlich und vererblich.** ²**Es kann nicht unter einer Bedingung bestellt werden.**

(2) **Auf das Dauerwohnrecht sind, soweit nicht etwas anderes vereinbart ist, die Vorschriften des § 14 entsprechend anzuwenden.**

(3) **Der Berechtigte kann die zum gemeinschaftlichen Gebrauch bestimmten Teile, Anlagen und Einrichtungen des Gebäudes und Grundstücks mitbenutzen, soweit nichts anderes vereinbart ist.**

(4) **Als Inhalt des Dauerwohnrechts können Vereinbarungen getroffen werden über:**
1. **Art und Umfang der Nutzungen;**
2. **Instandhaltung und Instandsetzung der dem Dauerwohnrecht unterliegenden Gebäudeteile;**
3. **die Pflicht des Berechtigten zur Tragung öffentlicher oder privatrechtlicher Lasten des Grundstücks;**

4. die Versicherung des Gebäudes und seinen Wiederaufbau im Falle der Zerstörung;

5. das Recht des Eigentümers, bei Vorliegen bestimmter Voraussetzungen Sicherheitsleistung zu verlangen.

Übersicht

	Rz.
I. Begriff	1
II. Gesetzlicher (unabdingbarer) Inhalt	8
III. Pflichten der DW-Berechtigten (Abs. 2)	
1. Allgemeines	18
2. Einzelne Pflichten	21
3. Vertragsfreiheit	22
4. Zuständigkeit	23
IV. Rechte der DW-Berechtigten	24
V. Vertraglicher Inhalt	
1. Grundsatz	28
2. Die einzelnen Nrn.	31
3. Nicht zulässiger dinglicher Inhalt	36
VI. Haftung des Eigentümers	37
VII. Zuständigkeit	38

I. Begriff

Inhalt des Rechts ist Gesamtheit der (vom Gesetz zugelassenen) **1** dinglichen Befugnisse und Verpflichtungen, soweit sie durch Eintragung bzw. Bezugnahme auf Eintragungsbewilligung Inhalt des Grundbuchs geworden sind. Dinglichkeit bedeutet Wirkung auch bei Sonderrechtsnachfolge. Soweit vereinbart, ist Einigung und Eintragung erforderlich. Soweit dinglicher Inhalt nicht disponibel, hat jede Vereinbarung nur schuldrechtlichen Charakter.

Beispiele rechtsgeschäftlicher Inhaltsbestimmungen dinglicher **2** Rechte: §§ 882, 1021 Abs. 1 Satz 1, 1022, 1010, 1047 BGB, § 2 ErbbRG.

Abs. 1 gesetzlich unabdingbarer Inhalt; **Abs. 2** und 3 lassen **3** abweichende Vereinbarung zu; **Abs. 4** ermöglicht Vereinbarungen ohne solche vorzuschreiben; jedoch auch hier Prüfungsrecht des Grundbuchamts, nach § 32 Abs. 3. Dingliche Vertragsfreiheit insofern eingeschränkt, als Abs. 4 dingliche Inhaltsvereinbarungen nur für die dort genannten Angelegenheiten zulässt. Insbesondere Entgelt kein dinglicher Inhalt des Rechts (s. aber § 38). Auch Ausweg über Reallast (wie nach § 9 ErbbRG) verschlossen, da DWR selbst nur beschränkt dingliches Recht.

Dreifache Ausgestaltung des Rechtsinhalts.

4 **1.** Gesetzlich **unabdingbarer** Inhalt (§§ 31 Abs. 1 Satz 1, Abs. 2, 3; 33 Abs. 1; 41 Abs. 3; 36 Abs. 2, 3).

5 **2. Legalobligation** zwischen DW-Ber. und Eigentümer, wie bei Nießbrauch (§§ 33 Abs. 2, 3; Abs. 1; 41 Abs. 2), worüber andere Vereinbarungen getroffen werden können. § 36 Abs. 2 nur einseitig zugunsten des DW-Ber. abänderbar.

6 **3. Vertragliche Begründung** dinglichen Inhalts im Rahmen des Gesetzes (§§ 31 Abs. 1 Satz 2; 33 Abs. 4; 32; 36 Abs. 1 und 4).

Dazu die Eintrittswirkung nach § 38. Der dingliche Inhalt kann nicht auf Eintrittswirkung beschränkt werden.

Aus dinglichem Inhalt ergeben sich dingliche Ansprüche unter den Beteiligten.

7 Soweit Inhalt vereinbart, ist er eintragungspflichtig, um dinglich zu werden; gilt auch für Änderungen. §§ 19 und 29 GBO zu beachten, ebenso § 876 Satz 1 BGB. Vorgehende Rechte brauchen nicht zuzustimmen (s. aber § 876 Satz 2). Sonst nur gleich- oder nachstehende Rechtsinhaber zur Änderung des dinglichen Inhalts zustimmungspflichtig. Öffentlicher Glaube erstreckt sich auf dinglichen Inhalt. Aber § 38 ist zu beachten.

Schuldrechtliche Vereinbarungen sind nur inter partes wirksam.

II. Gesetzlicher (unabdingbarer) Inhalt

8 Verkehrsfähigkeit (Veräußerlichkeit, Vererblichkeit) und Bestandsschutz (Bedingungsfeindlichkeit).

1. Verkehrsfähigkeit. Pseudodingliche Wirkung schon beim Mietrecht durch Eintrittswirkung nach § 566 BGB, Kündigungserschwerung nach § 57c und d ZVG und Rechtsprechung für Verkauf bei vertragsmäßigen Mietvorauszahlungen. Siehe dagegen § 109 Abs. 1 InsO.

9 Für Veräußerung §§ 873 ff. BGB; WEG: §§ 37 Abs. 3, 38, 35 (Zustimmungsvorbehalt für Eigentümer), § 38 (Heimfall bei Veräußerung nach Vereinbarung). Für Verpfändung §§ 1274 mit 873 ff. BGB. Für Pfändung § 857 ZPO. Nießbrauch an DWR möglich, ebenso Vormerkung nach § 883 BGB und Vorkaufsrecht. Gesetzliches Vorkaufsrecht des Eigentümers besteht nicht. Veräußerungsbeschränkungen nur im Rahmen der §§ 35, 36.

Form für **Veräußerung** nicht vorgeschrieben. § 20 GBO gilt nicht.

10 Wirkung der Veräußerung mit Eintragung. Diese auf Grund Eintragungsbewilligung des Veräußerers. Nachweis der Einigung nicht erforderlich. Übertragung aufschiebend und auflösend bedingt möglich. Grundgeschäft bedarf keiner Form, auch nicht des § 311 b BGB. Bei Verkauf §§ 433 ff. BGB.

Für **Verpfändung** keine Form: Verpfändungserklärung oder Eintragungsbewilligung in Abt. II. Auch Nutzungspfandrecht nach § 1273 mit 1213 Abs. 1 BGB zulässig. DWR fällt in Insolvenzmasse (s. § 35 Rz. 4). **11**

Vererblichkeit ist nicht ausschliessbar. Heimfallrecht für den Fall des Eintritts einer Erbfolge bestenfalls für Erbfolge bestimmter Erbenkategorien, auch hierfür wichtiger Grund. § 35 hier nicht anwendbar. **12**

Bestimmung, dass DWR mit Tod des Berechtigten erlöschen soll, kommt nach typischem Gehalt dem Ausschluss der Vererblichkeit nahe. Die früher h. M. (s. auch h. M. zur Parallelvorschrift des § 1 ErbbRVO/-G) hielt sie daher für unzulässig (OLG Neustadt NJW 61, 1947; *Soergel/Stürner,* § 33 Rz. 5; *Böttcher,* RhNotK 87, 219). Den Gegenstimmen (*Weitnauer/Mansel,* § 33 Rz. 3; *RGRK-Augustin,* § 33 Rz. 2, 8; *Marshall,* DNotZ 62, 381; *Diester,* NJW 63, 183; OLG Celle, Rpfleger 64, 213; *Palandt/Bassenge,* § 33 Rz. 2) ist beizutreten. Aus § 33 Abs. 1 Satz 2 folgt, dass zwar keine Bedingungen, wohl aber **Befristungen** zulässig sind, zu denen auch ein „dies certus an incertus quando" gehört. **13**

Bestimmung, dass mit Versterben des Inhabers der andere Ehegatte berechtigt sein soll, muss aber weiterhin als unwirksam angesehen werden (LG München, MittBayNot 54, 54 ff.), denn sie wäre eine auflösend bedingte Bestellung für den ersten Inhaber. **14**

2. Bestandsschutz. Jede Art von Bedingung ist unzulässig, aufschiebende wie auflösende, ausgenommen unschädliche Rechtsbedingungen, wie Genehmigungsvorbehalte. Eintragung ist nichtig und von Amts wegen zu löschen (§ 53 Abs. 1 Satz 2 GBO), außer wenn Bedingung nicht aus Eintragungsbewilligung ersichtlich. Dann nur Grundbuch unrichtig. Auch Bestellung unter Bedingung der Leistung eines gewissen Entgelts als aufschiebende oder auflösende Bedingung ist unmöglich. Wohl aber als Heimfallrecht (§ 36). **15**

Dagegen Befristung mit Anfangs- wie Endtermin zulässig (*Weitnauer/Mansel,* § 33 Rz. 3; s. auch § 41 Abs. 1); ist einzutragen. Verlängerung ist Inhaltsänderung nach § 877 BGB. Gleich- oder nachrangige Rechte müssen zustimmen, nicht aber Pfandgläubiger und Nießbraucher. DWR auch zeitlich unbegrenzt möglich. Dann Heimfallrecht zweckmäßig von Bestand des schuldrechtlichen Grundgeschäfts unabhängig. **16**

Bedingungen auch bei Übertragung sind ausgeschlossen, desgleichen bei Beifügung derselben im schuldrechtlichen Grundgeschäft, **17** wenn sie nach Vorstellung der Parteien nach der Bestellung des DWRs eintreten und dann den Bestand des DWRs bedrohen.

III. Pflichten der DW-Berechtigten (Abs. 2)

18 1. **Allgemeines.** S. § 14. Die Vorschriften des Nießbrauchs, z. B. §§ 1020–1024, 1026, 1029 BGB sind nicht kraft Gesetzes dinglicher Inhalt, nur soweit auf sie verwiesen ist (h. M.). Keine Anwendung des Mietrechts (BGH, NJW 69, 1850; LG Frankfurt a. M., NZM 2000, 877). Stärkere Ähnlichkeit zur Stellung des Mieters. Dazu *Friese,* MDR 56, 1 ff.: Grundsätzlich keine Gemeinschaften im Sinne des § 741 ff. BGB; Besitzgemeinschaft an gemeinschaftlich genutzten Teilen; Mitbesitz am Fahrstuhl; Besitzschutz bei Belästigungen und Besitzstörungen.

19 Verpflichtungen aus § 14 für jeden DW-Ber. gegenüber anderen DW-Ber., nicht nur dem Eigentümer gegenüber (anders *Palandt/ Bassenge,* § 33 Rz. 4).

Rang der einzelnen DWRe hat darauf keinen Einfluss.

§ 14 hat aber auch Pflichten jedes DW-Ber. gegenüber Eigentümer zur Folge. Diese können durch Vereinbarung bestimmt werden.

20 § 14 bedeutet hier **Legalschuldverhältnis** zu Lasten sowohl des DW-Ber. wie des Eigentümers. Eigentümer darf Gebäude nicht verfallen lassen. Außergewöhnliche Ausbesserungen und Erneuerungen sind nicht Sache des DW-Ber. Bei Verletzung: Haftung für Vorsatz und Fahrlässigkeit (§ 276 BGB). Zur Minderung des Entgelts § 31 Rz. 21 ff.; zu den Ersatzansprüchen des Eigentümers s. § 34 Rz. 1; zum Verwendungsersatz § 34 Rz. 2.

21 2. **Einzelne Pflichten.** (S. § 14 Rz. 5 ff.) Dabei ist statt SE der Rechtsbereich des DWRs gemeint, statt gemeinschaftlicher Sache das Eigentum am Gebäude. Eine Verpflichtung zur Instandhaltung bzw. Instandsetzung des GemEs besteht nur bei ausdrücklicher Übernahme durch den Dauerwohnberechtigten (BGH, Rpfleger 79, 58; s. § 16 Rz. 12).

22 3. **Vertragsfreiheit.** Nach § 33 Abs. 2. Deshalb können dem DW-Berechtigten die Kosten für die Heizung und Müllabfuhr übertragen werden (so für den Fall des Wohnungsrechts BayObLG, Jur. Büro 80, 1568).

23 4. **Zuständigkeit.** § 52.

IV. Rechte der DW-Berechtigten

24 1. Mitbenutzungsrecht, kein Recht auf Änderungen und Verbesserungen, in Grenzen abdingbar. Nur Nebenrecht, kein Rangverhältnis zu anderen DWRen. § 5 gilt hier nicht. Benutzung der Außenwände nur nach Verkehrsauffassung. Kein Durchbruch oder Veränderungen an Tragmauern.

2. Weitere Rechte. Instandsetzungspflicht des Eigentümers aus § 33 Abs. 3: Gebrauchsgewährung und damit Instandhaltungspflicht. 25

3. Vertragsfreiheit: Auch Mitbenutzungsrecht in Grenzen abdingbar. 26

4. Zuständigkeitsvorschrift § 24 ZPO gilt auch hier. 27

V. Vertraglicher Inhalt

1. Grundsatz. Katalog von fünf Vereinbarungen in Abs. 4 des § 33; dazu §§ 35, 36, 39 und 40. Abs. 4 Sollvorschrift. Vereinbarung nach Ziff. 5 nur Kannvorschrift; auch von Grundbuchamt nicht zu beachten. Auch Prüfungsrecht nach § 32 Abs. 3 lässt keine Mussvorschrift entstehen. 28

Vereinbarungen zu Nrn. 1–4 müssen zwar nicht getroffen werden, aber mittelb. Zwang wegen § 32 Abs. 3 (*Palandt/Bassenge,* § 33 Rz. 4). Ergänzung der Vereinbarung im Rahmen der §§ 242, 133, 157 BGB. Ausschluss einer Entschädigung beim Heimfall nach § 41 Abs. 3, auch unangemessene Entschädigung, unzulässig. 29

Keine anderen dinglichen Vereinbarungen, z. B. auch kein Entgelt, keine Vertragsstrafe, kein Erneuerungsrecht auf das DWR, auch keine Verkaufsverpflichtung, auch nicht Vorkaufsrecht; dergleichen Vereinbarungen wirken nur schuldrechtlich (Sicherung durch Vormerkung). Zur Eintrittswirkung s. § 38. Jeweiliger Erwerber aber auch hieraus aktiv legitimiert. Vorkaufsrecht des DW-Ber. am Grundstück (nicht umgekehrt) als dingliches Vorkaufsrecht möglich, aber nicht zugunsten des jeweiligen DW-Ber., anders die Vormerkung. 30

2. Die einzelnen Nrn. Nr. 1: Art und Umfang der Nutzungen; im Zweifel § 14. Das Grundbuchamt kann nicht einzelne Vereinbarungen erzwingen, wohl aber eine Erklärung, dass nichts vereinbart werden soll. 31

Vermietung und Untermietung ist allgemein zulässig. Möglich ist aber eine Vereinbarung, dass Vermietung der Zustimmung des Eigentümers bedürfe (BayObLGZ 60, 239, DNotZ 60, 596, s. auch § 10 Rz. 20). Bei wichtigem Grund Beschränkung auf bestimmte Familienangehörige. Bei Verletzung Unterlassungsanspruch und Schadensersatz.

Verbot der Vermietung oder Untervermietung nicht dinglich gegenüber Mietern und Untermietern wirksam, wohl aber für und gegen Erwerber oder Eigentümer.

32 **Nr. 2:** Zum Begriff s. o. bei § 14 Rz. 5 ff. Nicht unterschieden zwischen gewöhnlicher Instandhaltung und Instandsetzung einerseits und Vornahme außergewöhnlicher Ausbesserungen und Erneuerungen andererseits. Wichtig ist Klarheit für die Vereinbarungen. Eine Schiedsgutachterklausel ist zulässig mit dinglicher Wirkung.

33 **Nr. 3:** s. § 1047 BGB; ausdrücklich zu vereinbaren. § 16 ist nicht analog anwendbar (BGH, Rpfleger 79, 58). Zum Begriff Lasten s. aber § 16 Rz. 9 ff., wenn darüber etwas vereinbart ist. Öffentliche Lasten sind z. B. Müllabfuhrgebühren (BayObLG, JurBüro 80, 1568).

Privatrechtliche Lasten können zu Bruchteilen oder ganz oder auf Höchstbetrag oder auf Zeit übernommen werden, mit dinglicher Wirkung. Vereinbarung eines Entgelts jedoch nur mit Eintrittswirkung nach § 38.

Regelung nach Nr. 3 gilt nur im Innenverhältnis; Gläubiger erlangt keinen direkten Anspruch; er besteht also nur als Eintrittswirkung.

34 **Nr. 4:** s. § 2 Ziff. 2 ErbbRG; § 1045 BGB (Versicherungspflicht). Für Wiederaufbau nach Zerstörung verschiedene Möglichkeiten für Vereinbarung. Zur Weiterzahlung eines Entgelts nach Zerstörung s. § 31 Rz. 24. Heimfallanspruch ist zweckmäßig. Aus der Versicherungsverpflichtung ist ggfs. Anspruch auf Wiederaufbau herleitbar (*Palandt/Bassenge*, § 33 Rz. 6), sonst nur aus § 242 BGB.

35 **Nr. 5:** § 1051 BGB ist mangels Vereinbarung nicht entspr. anwendbar (*Palandt/Bassenge*, § 33 Rz. 6; *Weitnauer/Mansel*, § 33 Rz. 16; *Diester*, § 33 Rz. 17). Gehört nicht zu den nach § 32 Abs. 3 vom Grundbuchamt zu prüfenden Vereinbarungen.

Weitere dingliche Vereinbarungen: § 36 Abs. 1 und 4.

36 **3. Nicht zulässiger dinglicher Inhalt.** Siehe oben Rz. 4.

VI. Haftung des Eigentümers

37 Nicht auf Grundstück beschränkt; allgemeines Schuldrecht anwendbar; Haftung des DW-Ber. nicht auf sein DWR beschränkt.

VII. Zuständigkeit

38 § 52 gilt uneingeschränkt.

§ 34 Ansprüche des Eigentümers und der Dauerwohnberechtigten

(1) **Auf die Ersatzansprüche des Eigentümers wegen Veränderungen oder Verschlechterungen sowie auf die Ansprüche der Dauerwohnberechtigten auf Ersatz von Verwendungen oder auf Gestattung der Wegnahme einer Einrichtung sind die §§ 1049, 1057 des Bürgerlichen Gesetzbuches entsprechend anzuwenden.**

(2) **Wird das Dauerwohnrecht beeinträchtigt, so sind auf die Ansprüche des Berechtigten die für die Ansprüche aus dem Eigentum geltenden Vorschriften entsprechend anzuwenden.**

Übersicht

	Rz.
I. Entsprechend Nießbrauch	1
II. Ersatz von Verwendungen	2
III. Wegnahmerecht	3
IV. Verjährung	4
V. Abs. 2	5
VI. Dingliche Ansprüche des Eigentümers	6

I. Entsprechend Nießbrauch

§ 1049, 1057, 1065 BGB. § 22 WEG hier nicht anwendbar. **1**
Ersatzansprüche (Abs. 1):
Wegen Veränderung oder Verschlechterungen: maßgeblich schuldrechtliche Vereinbarungen im Rahmen des DWRs-Bestellungsvertrages (Eintrittswirkung nach § 38, sofern nicht dinglicher Inhalt des § 33 Abs. 4 Ziff. 1 und 2 geworden); auch unerlaubte Handlungen möglich (*Palandt/Bassenge*, § 34 Rz. 1; *Soergel/Stürner*, § 34 Rz. 2). Zur Enthaltungspflicht vgl. auch §§ 1041, 535 Abs. 1 S. 2 BGB). Die in § 1093 Abs. 1 BGB genannten Bestimmungen sind noch auf das DWR anzuwenden. §§ 1036 (Pflicht zur Bewirtschaftung), 1037 Abs. 1, 1031, 1034 BGB. Vertragliche Gestaltung möglich. Für Vermietung und Verpachtung siehe § 37.

II. Ersatz von Verwendungen

§ 1049 Abs. 1 BGB ist anwendbar, nicht §§ 536a Abs. 2, 994. **2**
Für Klage auf Ersatzansprüche § 1001 (§ 994) BGB. Zurückbehaltungsrecht für Verwendungsersatzanspruch: § 273 Abs. 1 BGB.

III. Wegnahmerecht

3 § 1049 Abs. 2 mit § 258 BGB (*Palandt/Bassenge,* § 34 Rz. 2).

IV. Verjährung

4 Die in Abs. 1 bis Abs. 3 genannten Ansprüche verjähren in sechs Monaten (§ 1057) auch deliktische (*Palandt/Bassenge,* § 34 Rz. 1; *Soergel/Stürner,* § 34 Rz. 1). Nach § 548 Abs. 2 BGB: dort zitiert, gilt die Beendigung des DWRs für Beginn der Verjährung.

V. Abs. 2

5 Beeinträchtigung des DWRs: § 1065, §§ 985 ff., 1004–1006 BGB entsprechend.
Schutzansprüche aus §§ 861, 862, 1007 BGB. Nicht gegenüber Mitbesitzern entsprechend § 866 BGB.

VI. Dingliche Ansprüche des Eigentümers

6 § 985 BGB. Mit Beendigung des DWRs entfällt das Benutzungsrecht (§ 986); gilt auch für Geltendmachung eines Herausgabeanspruchs nach erfolgtem Heimfall, nicht schon für Geltendmachung des Heimfallanspruchs selbst nach § 36 Abs. 1 (kein Mieter- und Vollstreckungsschutz für DW-Berechtigte). §§ 987 ff. BGB grundsätzlich anwendbar.

§ 35 Veräußerungsbeschränkung

¹ Als Inhalt des Dauerwohnrechts kann vereinbart werden, daß der Berechtigte zur Veräußerung des Dauerwohnrechts der Zustimmung des Eigentümers oder eines Dritten bedarf. ² Die Vorschriften des § 12 gelten in diesem Falle entsprechend.

1 Siehe § 12. Ebenfalls §§ 5 ff. ErbbRVO (jetzt -G) nachgebildet.

Übersicht

	Rz.
I. Inhalt	2
II. Heimfall	3
III. Zwangsvollstreckung und Insolvenz	4
IV. Verfahren	5

Heimfallanspruch § 36

I. Inhalt

Nicht zwingendes Recht. Eintragung ist erforderlich (auch Einigung nach § 873 BGB). Bestritten, ob Bezugnahme auf Eintragungsbewilligung genügt; § 3 Abs. 2 WGV besagt, dass Eintragung ins GB selbst erforderlich sei; dies wird von h. M. für § 35 abgelehnt (*Palandt/Bassenge*, § 35 Rz. 1). Auch die Zustimmung eines Dritten ist vereinbar. Ein Veräußerungsverbot ist ausgeschlossen. Vererblichkeit und Belastbarkeit sind von § 35 nicht betroffen (Verpfändung, Pfändung oder Eintragung eines Nießbrauchs). Auch ist eine Veräußerungsbeschränkung nach § 75 BVersorgungsG zulässig und eintragungsfähig (BayObLGE 56, 278). 2

Wirkung auch bei Vorkaufsrecht ohne Rücksicht auf Priorität. Solches ist nur durch Vormerkung zu sichern.

II. Heimfall

Verstärkung der Zustimmungsvereinbarung. 3

III. Zwangsvollstreckung und Insolvenz

Siehe oben § 12 Rz. 20 f. 4

IV. Verfahren

Die Bezugnahme auf § 12 bezieht nach dem WEG-ReformG auch die Verfahrensvorschriften der §§ 43 ff. ein (*Palandt/Bassenge*, § 35 Rz. 1; *Riecke/Schmid*, § 35 Rz. 4). 5

§ 36 Heimfallanspruch

(1) **¹Als Inhalt des Dauerwohnrechts kann vereinbart werden, daß der Berechtigte verpflichtet ist, das Dauerwohnrecht beim Eintritt bestimmter Voraussetzungen auf den Grundstückseigentümer oder einen von diesem zu bezeichnenden Dritten zu übertragen (Heimfallanspruch). ²Der Heimfallanspruch kann nicht von dem Eigentum an dem Grundstück getrennt werden.**

(2) **Bezieht sich das Dauerwohnrecht auf Räume, die dem Mieterschutz unterliegen, so kann der Eigentümer von dem Heimfallanspruch nur Gebrauch machen, wenn ein Grund vorliegt, aus dem ein Vermieter die Aufhebung des Mietverhältnisses verlangen oder kündigen kann.**

(3) **Der Heimfallanspruch verjährt in sechs Monaten von dem Zeitpunkt an, in dem der Eigentümer von dem Eintritt der Voraussetzungen Kenntnis erlangt, ohne Rücksicht auf diese Kenntnis in zwei Jahren von dem Eintritt der Voraussetzungen an.**

(4) [1]**Als Inhalt des Dauerwohnrechts kann vereinbart werden, daß der Eigentümer dem Berechtigten eine Entschädigung zu gewähren hat, wenn er von dem Heimfallanspruch Gebrauch macht.** [2]**Als Inhalt des Dauerwohnrechts können Vereinbarungen über die Berechnung oder Höhe der Entschädigung oder die Art ihrer Zahlung getroffen werden.**

Übersicht

	Rz.
I. Vorbemerkung	
1. Zweck	1
2. Rechtliche Natur	3
3. Die Unselbstständigkeit des Heimfallanspruchs	5
4. Prüfung des Grundbuchamtes	6
5. Wirkung des Heimfallanspruchs	7
II. Voraussetzungen	
1. Grundsätzlich Vereinbarungen	10
2. Einschränkungen der Vertragsfreiheit	11
3. Unzulässige Vereinbarungen	12
4. Außervertraglicher Heimfallanspruch	13
5. Über Musterfassungen	14
III. Verjährung	15
IV. Entschädigung	16
V. Zuständigkeit	19

I. Vorbemerkung

1 **1. Zweck.** Bestellung von DWR schmackhaft machen; Erleichterung des Rückfalls des Rechtes an den Eigentümer bei vertrags- oder gemeinschaftswidrigem Verhalten, vor allem weil kein Kündigungsrecht besteht und keine Bedingungen möglich sind. Weitestgehend Vertragsfreiheit (siehe unten Rz. 10 f.).

2 Das **Prüfungsrecht** des Grundbuchamts nach § 32 erfasst nur die formell zustande gekommene Einigung und die Gesetzmäßigkeit des Inhalts, nicht die wirtschaftliche Vertretbarkeit oder Zweckmäßigkeit (vgl. zum Heimfallrecht *Staak,* SchlHA 59, 140). Zur Prüfungspflicht des GBA (BayObLG, NJW 54, 959, *Palandt/Bassenge,* § 36 Rz. 1).

3 **2. Rechtliche Natur. Abs. 1.** Entsteht nur auf Grund **Vereinbarung,** nicht gesetzlich. Vereinbartes Heimfallrecht wird dinglicher Inhalt durch Eintragung. Aber nicht Heimfall auf Grund

Gesetz, sondern nur auf Grund Geltendmachung; dingliche Pflicht zur Übertragung, also zur Einigung und Eintragung.

Rechtsnatur des Heimfallanspruchs bestritten. Siehe dazu die Auffassungen zum Heimfallanspruch des ErbbRs: nur schuldrechtliche Wirkung oder eindeutig subjektiv-dinglicher Natur mit Wirkung auch in der Insolvenz des Berechtigten und gegen jeden Rechtsnachfolger, was auch hier vertreten wird. Ob dem Heimfallanspruch vormerkungsähnliche (dingliche) Wirkung zuzumessen ist, ist str. (ablehnend *Palandt/Bassenge,* § 36 Rz. 3; wie hier *Staack,* SchlHA 59, 141). Jede Änderung der Heimfallvereinbarung ist Inhaltsänderung (Einigung und Eintragung). 4

3. Die Unselbstständigkeit des Heimfallanspruchs aus Untrennbarkeit vom Eigentum am Grundstück; ist Bestandteil i. S. des § 96 BGB. 5

4. Prüfung des Grundbuchamtes. Siehe § 32 Rz. 10 und bes. BayObLG NJW 54, 959. Heimfallanspruch wird in das Belieben des Eigentümers gestellt. 6

5. Wirkung des Heimfallanspruchs. Klage auf Verurteilung zur Übertragung auf Eigentümer oder zu bezeichnenden Dritten. Damit verbunden ist die Klage auf Herausgabe der Räume. Vormerkungswirkung des Heimfallanspruches auch gegenüber Pfändung oder Verpfändung oder Nießbrauch. 7

Erteilt ein Eigentümer die Zustimmung zu Pfändung oder Verpfändung des DWR im Rahmen des § 35 mit § 12 Abs. 3 Satz 2 und tritt nach Eintragung des Pfandrechts Voraussetzung des Heimfallanspruchs ein, so beeinträchtigt letzterer Pfandrecht nicht mehr. Auch Pfandrecht des Eigentümers ist am DWR möglich. 8

Ist die Veräußerungsbestimmung des § 35 nicht vereinbart, wird sog. Vormerkungswirkung des Heimfallanspruchs erst mit seiner Geltendmachung ausgelöst; gilt auch gegenüber Pfändungsrecht, Arrestvollziehung und Verwaltung durch den Insolvenzverwalter. Wirkung nur im Rahmen der §§ 883 ff. BGB. Gleiches bei Nießbrauch und belastungsähnlicher Verfügung. Schutz des öffentlichen Glaubens auch gegenüber Heimfallanspruch. 9

Wird vereinbarungsgemäß Übertragung auf Dritten verlangt, wird dieser unmittelbar Rechtsnachfolger des bisherigen DW-Ber.

II. Voraussetzungen

1. Grundsätzlich Vereinbarungen. Nicht in einseitiges Belieben des Eigentümers zu stellen. Voraussetzungen z. B. Unterbrechung der Ausübung, grobe Misswirtschaft, Verzug mit der Leistung 10 des Entgelts, Vermieten oder Verpachten ohne Zustimmung, Eröffnung des Insolvenzverfahrens oder der Zwangsvollstreckung in das DWR, Verletzungen anderer inhaltlicher Pflichten, Entziehungsgründe wie beim WE nach § 18, Gründe, die nach dem MSchG zur Klage auf Aufhebung berechtigen, auch Ablauf einer gewissen Frist. Verschulden nicht Voraussetzung. Einzige Schranke für Vereinbarung das allgemeine Recht (§§ 134, 138 BGB). Auch Eigenbedarf des Eigentümers als Grund.

11 **2. Einschränkungen dieser Vertragsfreiheit. Abs. 2.** Die früheren Beschränkungen des MSchG nach §§ 2, 3 und 34 MSchG gelten hier nicht mehr (siehe 1. WoBauG i. d. F. vom 25. 8. 1953). Liegt dem DWR auch ein Mietverhältnis zu Grunde, kann der Heimfallanspruch nur geltend gemacht werden, wenn Kündigungs- oder Aufhebungsgründe nach §§ 574, 574 a, 574 b, 574 c, 573, 573 a, 575, 575 a, 576, 576 a, 576 b (*Weitnauer/Mansel,* § 36 Rz. 6; *Palandt/Bassenge,* § 36 Rz. 4) nicht bestehen. Es sind nunmehr § 573 Abs. 2, 577 a BGB zu beachten, die dem Mieter bei Veräußerung des WEs einen absoluten Kündigungsschutz von 3 bis 10 Jahren zubilligen (s. Anh. III, 1) (s. a. AG Wuppertal, MDR 72, 425; *Weitnauer/Mansel,* § 36 Rz. 6).

Einschränkung der Vertragsfreiheit auch aus wichtigem Grund: aus § 12 Abs. 2 Satz 1 zu übernehmen.

12 **3. Unzulässige Vereinbarungen.** § 33 Abs. 1 darf nicht verletzt werden.

Ob Heimfallvereinbarung für den Fall des Todes des DW-Ber. wirklich mit Grundsatz der Vererblichkeit kollidiert, ist jetzt zumindest zweifelhaft. Es muss wohl gleiches gelten wie bei Erlöschensvereinbarung für Todesfall (s. § 33 Rz. 13). Heimfallvereinbarung für jeden Veräußerungsfall schlechthin verstößt gegen § 33 Abs. 1 (*Palandt/Bassenge,* § 36 Rz. 2; *Weitnauer/Mansel,* § 36 Rz. 8: Rechtsmissbrauch; a. A. *Diester,* § 36 Rz. 4). Zulässig hingegen ist eine Vereinbarung für den besonderen Fall, dass ein wichtiger Grund zur Verweigerung der Zustimmung nach § 35 mit § 12 vorliegt oder dass DWR an andere als bestimmte Gruppen veräußert wird. Unzulässige Vereinbarung für jeden Fall der Pfändung des DWR oder der Insolvenz des DW-Ber., möglich aber für besonderen Fall der Insolvenzeinstellung mangels Masse nach § 207 Abs. 1 InsO. Unzulässig für jeden Fall der Zwangsversteigerung des belasteten Grundstücks.

13 **4. Außervertraglicher Heimfallanspruch.** Im Gesetz nicht vorgesehen. Es gilt allgemeines Recht (*Palandt/Bassenge,* Rz. 4 vor § 854 BGB), eventuell auf Grund § 242 BGB.

5. Über Musterfassungen für Vereinbarungen siehe *Bärmann/ Seuß,* Teil G, Nr. 130 ff.

III. Verjährung

Abs. 3. Siehe § 4 ErbbRVO (Ausnahme von § 902 BGB). Vertragliche Abkürzung: Erleichterung der Verjährung entspr. der Vertragsfreiheit in den Grenzen der §§ 307, 309 BGB auch hier möglich. auch Ausschlussfristen als Inhalt des Rechts.

IV. Entschädigung

Abs. 4: Nur für langfristiges DWR nach § 41 Abs. 3 unabdingbar; sonst Vertragsfreiheit. Scheidet im Allgemeinen aus bei mietpreisähnlicher Gegenleistung. Prüfung des Grundbuchamtes erstreckt sich nur auf materielle wie formelle Gültigkeit, nicht auf wirtschaftliche Rechtfertigung der Höhe usw. (*Palandt/Bassenge,* § 36 Rz. 5). Absatz 4 steht im Widerspruch zur Pflicht nach § 32 der ErbbRVO und § 15 Reichsheimstättengesetz (aufgehoben, noch wirksam für Altfälle). Diese gehen z. B. im Rahmen des § 42 der Vertragsfreiheit vor.

Entschädigungsanspruch ist dann zwar dinglicher Inhalt des Rechts, aber kein Recht auf Befriedigung aus dem Grundstück. Schuldner ist der Eigentümer. Entschädigungsanspruch ist abtretbar, verpfändbar und pfändbar. Aber erst nach Übertragung des DWRs auf Eigentümer fällig (BGHZ 111, 154). Zur Vorausverfügung, die zulässig ist, s. BGH, NJW 76, 895.

Kein Entschädigungsanspruch bei Beendigung des Rechts durch Fristablauf.

Auf Entschädigung findet § 273 BGB (Zurückbehaltungsrecht) Anwendung.

Zur Angemessenheit der Entschädigung siehe § 41 Rz. 8. Doch nicht einfach auf § 32 ErbbRVO zurückzugreifen.

Eine Vereinbarung i. S. des Abs. 4 Satz 2 liegt auch vor, wenn vereinbart wird, dass DW-Ber. mit Rücksicht auf Heimfallrecht und -entschädigung einen Aufwand über bauliche Änderung der Räume genau zu ermitteln und dem Grundstückseigentümer offen zulegen hat, BayObLG, DNotZ 60, 596.

V. Zuständigkeit

Ordentliches Streitverfahren mit Klage nach § 894 ZPO, aber Zuständigkeitsvorschrift des § 24 ZPO, auch für Geltendmachung des Herausgabeanspruches. Schiedsgerichtsvereinbarung ist zulässig.

Räumungsklage kann mit Klage aus dem Heimfallanspruch verbunden werden. Die §§ 43 ff. i. V. mit § 23 Nr. 2 c, 72 Abs. 2 GVG sind nicht anzuwenden.
Zum Streitwert siehe § 11 GKG und §§ 3, 6 ZPO.

§ 37 Vermietung

(1) **Hat der Dauerwohnberechtigte die dem Dauerwohnrecht unterliegenden Gebäude- oder Grundstücksteile vermietet oder verpachtet, so erlischt das Miet- oder Pachtverhältnis, wenn das Dauerwohnrecht erlischt.**

(2) **Macht der Eigentümer von seinem Heimfallanspruch Gebrauch, so tritt er oder derjenige, auf den das Dauerwohnrecht zu übertragen ist, in das Miet- oder Pachtverhältnis ein; die Vorschriften der §§ 566 bis 566 e des Bürgerlichen Gesetzbuches gelten entsprechend.**

(3) ¹Absatz 2 gilt entsprechend, wenn das Dauerwohnrecht veräußert wird. ²Wird das Dauerwohnrecht im Wege der Zwangsvollstreckung veräußert, so steht dem Erwerber ein Kündigungsrecht in entsprechender Anwendung des § 57 a des Gesetzes über die Zwangsversteigerung und Zwangsverwaltung zu.

I. Notwendigkeit der Regelung

1 Sie ist notwendig, um eine analoge Anwendung des § 1056 Abs. 1 BGB, § 30 Abs. 1 ErbbRG (siehe auch § 30 Abs. 2 und 3 ErbbRG und § 1056 Abs. 2 und 3) auszuschließen. § 37 Abs. 1 ordnet ein automatisches Erlöschen an. Dies gilt auch bei Teilvermietung oder Teilverpachtung. Nicht erwähnt ist Rechtsverpachtung. Werden dabei Räume ganz oder teilweise überlassen, ist § 37 Abs. 1 analog anwendbar, aber auch wenn Rechtspacht sich nur auf Fruchtziehung beschränkt.

2 § 37 ist nicht anwendbar, wenn DW-Räume schon vom Eigentümer vermietet waren. Dann gelten §§ 566, 581 Abs. 2 für Eintritt des DW-Ber. in das Miet-/Pachtverhältnis.

II. Erlöschen des DWRs

3 **Abs. 1:** dazu § 31 Rz. 28 ff. Eigentümer kann trotz Mietverhältnisses die Herausgabe der Räume auch vom Mieter verlangen (§§ 985 ff. BGB). Kein Anspruch aus § 546 Abs. 2 BGB (*Palandt/Bassenge* § 37 Rz. 2; *Weitnauer/Mansel,* § 37 Rz. 2). Mieter hat auch

Eintritt in das Rechtsverhältnis § 38

keine Schadensersatzansprüche (anders als bei Untermietverhältnissen). Rechtspolitisch bedenklich.

Abs. 2: Bei Heimfalleintritt in bestehende Miet- und Pachtverhältnisse, endgültig mit Übertragung des DWRs §§ 566–566e BGB hier entsprechend anwendbar, aber auch §§ 567a, b, 578 BGB. §§ 567, 578 gelten auch, wenn an DWR Nießbrauch bestellt. Es spielt keine Rolle, ob Vermietung gestattet war oder nicht. 4

III. Erlöschen des Mietverhältnisses

Siehe o. Rz. 3 Erwerber des DWRs ist an Mietverhältnis gebunden (§§ 566 ff.). 5

Bei Erwerb in der Zwangsvollstreckung außerordentliches Kündigungsrecht des § 57a ZVG. Aber auch §§ 57c und d ZVG müssen anwendbar sein. Mietverhältnis bleibt auch nach Löschung des auf den Eigentümer übertragenen DWRs bestehen (Schutzzweck des Abs. 2, *Palandt/Bassenge* § 37 Rz. 3; *Soergel/Stürner,* § 37 Rz. 3; a. M. *Weitnauer/Mansel,* § 37 Rz. 4).

Für Anwendung des § 566e BGB ist jetzt die h. M. zur Vorausverfügung im Einklang mit dem Mietvertrag zu beachten. §§ 567a, b, 578 BGB sind hier nicht anwendbar. 6

Auch bei Veräußerung durch den Insolvenzverwalter sind §§ 57, 57a ZVG anwendbar.

§ 38 Eintritt in das Rechtsverhältnis

(1) **Wird das Dauerwohnrecht veräußert, so tritt der Erwerber an Stelle des Veräußerers in die sich während der Dauer seiner Berechtigung aus dem Rechtsverhältnis zu dem Eigentümer ergebenden Verpflichtungen ein.**

(2) ¹**Wird das Grundstück veräußert, so tritt der Erwerber an Stelle des Veräußerers in die sich während der Dauer seines Eigentums aus dem Rechtsverhältnis zu dem Dauerwohnberechtigten ergebenden Rechte ein.** ²**Das gleiche gilt für den Erwerb auf Grund Zuschlages in der Zwangsversteigerung, wenn das Dauerwohnrecht durch den Zuschlag nicht erlischt.**

Übersicht

	Rz.
I. Rechtlicher Grund	1
II. Eintritt	5
III. Umfang der Eintrittswirkung	6

I. Rechtlicher Grund

1 Es gibt bestimmte Gründe, Entgelts- oder Gegenleistungsverpflichtungen nicht zum dinglichen Inhalt kraft Gesetzes oder kraft Vereinbarung zu machen. Unmittelbar dinglicher Zugriff auf DWR für den Grundstückseigentümer würde Bestandsschutz des DWRs gefährden und Verkehrsfähigkeit beeinträchtigen. Gleiche Gründe schon maßgebend beim ErbbR. Da dies ein grundstücksgleiches Recht ist, war Reallast möglich, was bei DWR ausgeschlossen ist. Aber ausschließlich schuldrechtliche Wirkung auch ungenügend.

2 Abs. 1 spricht vom Eintritt in die Verpflichtungen des DWBer. Abs. 2 dagegen vom Eintritt in die Rechte des Grundstückseigentümers. Diese Unterscheidung ist wohl mit Rücksicht auf den zulässigen dinglichen Inhalt des Rechts im Sinne des § 33 gemacht. Daher Eintrittswirkung beschränkt auf Gegenstände, die nicht gesetzliche Dinglichkeitswirkung haben oder eine solche durch Vereinbarung haben können. So scheidet Eintrittswirkung z. B. schon aus für Veräußerungsbeschränkung nach § 35, Heimfallanspruch nach § 36, Vereinbarungen nach §§ 39 und 40 Abs. 2, da sie bereits Inhalt des dinglichen Rechtes werden. Das gilt logischerweise auch für alles, was nach § 33 Abs. 4 als Inhalt des Rechts vereinbart werden kann.

3 Fraglich, ob Eintrittswirkung jeder schuldrechtlichen Vereinbarung zugute kommt. Soweit sie dinglich begründet werden kann, tritt Eintrittswirkung sowieso ein (*Palandt/Bassenge*, § 38 Rz. 1; *Weitnauer/Mansel*, § 38 Rz. 5; a. A. *Diester*, § 38 Rz. 9, 10; vgl. *Pick* in *Bärmann*, § 38 Rz. 13 ff.). Der Wortlaut spricht dagegen nicht für Eintrittswirkung in lediglich obligatorische Rechte und Pflichten aus dem Grundgeschäft (a. A. *Palandt/Bassenge*, § 38 Rz. 1). Dies gilt auch für Vereinbarungen, die obwohl zum dinglichen Inhalt hätten gemacht worden können, aber lediglich schuldrechtlich vereinbart wurden (*Palandt/Bassenge*, § 38 Rz. 1; *Weitnauer/Mansel*, § 38 Rz. 5; a. A. *Soergel/Stürner*, § 38 Rz. 4).

4 Eintrittswirkung des § 38, ähnlich § 566 BGB, enthält im Übrigen keine den §§ 566b, 566c BGB entsprechende Bestimmung über teilweise Unwirksamkeit von Vorausverfügungen usw. Ausnahme nur in § 40 Abs. 1 Satz 1 zugunsten der Gläubiger von Grundpfandrechten, Reallasten und wiederkehrenden öffentlichen Lasten, die dem DWR im Rang vorgehen oder gleichstehen. Vorausverfügungen über das wiederkehrende Entgelt wie auch eine einmalige Zahlung, z. B. als Baukostenzuschuss, sind auch im Rahmen der Eintrittswirkung gültig: gegenüber rechtsgeschäftlichem Erwerber, Ersteher in der Zwangsversteigerung, Insolvenzverwalter, Zwangs-

Eintritt in das Rechtsverhältnis   5–8   § 38

verwalter und Gläubigern aus Grundpfandrechten, Reallasten und wiederkehrenden öffentlichen Lasten, die dem DWR im Rang nachgehen.

II. Eintritt

Eintritt kraft G. des Sonderrechtsnachfolgers in die bezeichneten 5 Rechte und Verpflichtungen. Anordnung der Eintrittswirkung insoweit erforderlich, als nicht schon dingliche Wirkung besteht.

Guter Glaube des Erwerbers des DWRs über Inhalt der schuldrechtlichen Vereinbarungen wird durch Eintrittswirkung nicht geschützt, anders für den dinglichen Inhalt des Rechts.

Erstreckung nur auf Vereinbarungen, die das DWR unmittelbar betreffen (s. Rechtspr. zu § 566 BGB). Rechtlicher oder wirtschaftlicher Zusammenhang mit dem DWR erforderlich.

Man kann von einer Zustandsobligation, d. h. einer an das Eigentum des Grundstücks bzw. an das dingliche Recht des DWRs geknüpften Obligation sprechen.

Keine Anwendung der Grundsätze zur Übertragung einer Forderung. Ausnahme nur für Rechtsgedanken des § 407 BGB und § 836 Abs. 2 ZPO.

III. Umfang der Eintrittswirkung

1. Schuldrechtliche Vereinbarungen, soweit sie die Verpflich- 6 tungen des DW-Ber. oder die Rechte des Eigentümers betreffen, nicht aber umgekehrt (s. I). Nicht erfasst werden auch diejenigen Verpflichtungen des DW-Ber. und die Rechte des Eigentümers, die nach Gesetz oder zulässiger Vereinbarung zum dinglichen Inhalt des Rechts hätten erklärt werden können (§ 33 Abs. 4, §§ 35, 36, 39 und 40 Abs. 2). Ist dies nicht geschehen, so gelten Vereinbarungen hierüber als gewöhnliche, rein schuldrechtliche, auf die sich auch die Eintrittswirkung nicht erstreckt (s. oben schon unter Rz. 3). Der Wortlaut des Gesetzes lässt andere Deutung nicht zu.

2. a) Veräußerung des DWRs. Abs. 1: Eintritt in laufende 7 Verpflichtungen; nicht in bestehende Rückstände aus fälligem Entgelt, auch nicht für vor Veräußerung fällig gewordener einmaliger Leistungen, sofern nicht anders vereinbart (*Palandt/Bassenge,* § 38 Rz. 2). Empfehlenswert sind Veräußerungsbeschränkung und Zustimmungsbedürftigkeit nach § 35.

Haftung des Erwerbers mit seinem ganzen Vermögen.

b) Veräußerung des Grundstücks. Abs. 2 S. 1: Mit der Über- 8 tragung gehen Rechte und Pflichten auf den Erwerber über, der ehemalige Eigentümer tritt aus. Auch Übergang des vereinbarten Entgelts auf den Grundstückserwerber für die Dauer seines Eigentums.

9 **c) Bei Veräußerung des Grundstücks im Wege der Zwangsversteigerung. Abs. 2 S. 2:** S. Rz. 8, vorausgesetzt, dass DWR wegen seines Ranges oder wegen einer Vereinbarung nach § 39 Abs. 1 oder einer Abmachung nach §§ 44, 59, 91 ZVG überhaupt bestehen bleibt. Eintrittswirkung gilt dann auch für Ersteher (§ 38 Abs. 2). Auch keine außergewöhnliche Kündigung des DWRs nach § 57 a ZVG. Kein Heimfall für Fälle der Veräußerung im Wege der Zwangsversteigerung (§ 36 Rz. 12), wohl Veräußerungsbeschränkung nach § 35. Vorausverfügungen über das Entgelt gelten gegenüber dem Erwerber (§§ 566 b, 566 e, 578 Abs. 1 BGB).

10 **3. Sicherheit.** Besteht nicht weiter, wenn DWR weiterveräußert wird und der neue DW-Ber. für Schulden aus seiner Vertragszeit haftet. § 418 BGB ist im bereits eingetretenen Sicherungsfall nicht anzuwenden, gilt nur für künftige Forderungen. Sicherheit für den jeweiligen Eigentümer des Grundstücks für alle Forderungen aus dem Rechtsverhältnis gegen den jeweiligen DW-Ber. ist grundsätzlich zulässig. Unmöglich ist Pfandrecht am DWR zugunsten des jeweiligen Grundstückseigentümers.

11 **4. Gegenleistung.** § 38 anwendbar. Keine Haftung des späteren Inhabers für frühere Schulden und umgekehrt.

Für Vorausverfügungen des Eigentümers über das Entgelt für das DWR fehlt eine dem § 566 b BGB entsprechende Bestimmung. Nach § 40 Abs. 1 Satz 2 sind §§ 566 ff. BGB nicht entsprechend anzuwenden.

Fälschliche Zahlung an alten Grundstückseigentümer: Siehe § 1058 mit 407 BGB.

Gegenleistung ist abtretbar, verpfändbar und pfändbar. Keine Unterwerfung gegen den jeweiligen DW-Ber. analog § 800 ZPO.

12 **5. Eintrittswirkung und Schutz des öffentlichen Glaubens**
– Verfügung über das DWR: § 892 BGB. Von der Eintrittswirkung trennen. Auch § 893 BGB ist entsprechend anzuwenden.
– Verfügung des Grundstückseigentümers: §§ 892 ff. BGB gelten ganz allgemein.

Die Kenntnis des Erwerbers des Grundstücks ist nicht entscheidend, soweit es sich um die Eintrittswirkung des § 38 handelt (*Palandt/Bassenge,* § 38 Rz. 3 a. E.).

§ 39 Zwangsversteigerung

(1) Als Inhalt des Dauerwohnrechts kann vereinbart werden, daß das Dauerwohnrecht im Falle der Zwangsversteigerung des Grundstücks abweichend von § 44 des Gesetzes über die Zwangsversteigerung und Zwangsverwaltung auch dann bestehen bleiben soll, wenn der Gläubiger einer dem Dauerwohnrecht im Range vorgehenden oder gleichstehenden Hypothek, Grundschuld, Rentenschuld oder Reallast die Zwangsversteigerung in das Grundstück betreibt.

(2) Eine Vereinbarung gemäß Absatz 1 bedarf zu ihrer Wirksamkeit der Zustimmung derjenigen, denen eine dem Dauerwohnrecht im Range vorgehende oder gleichstehende Hypothek, Grundschuld, Rentenschuld oder Reallast zusteht.

(3) Eine Vereinbarung gemäß Absatz 1 ist nur wirksam für den Fall, daß der Dauerwohnberechtigte im Zeitpunkt der Feststellung der Versteigerungsbedingungen seine fälligen Zahlungsverpflichtungen gegenüber dem Eigentümer erfüllt hat; in Ergänzung einer Vereinbarung nach Absatz 1 kann vereinbart werden, daß das Fortbestehen des Dauerwohnrechts vom Vorliegen weiterer Voraussetzungen abhängig ist.

Übersicht

	Rz.
I. DWR ohne Vereinbarung nach § 39	1
II. Zweck und Anlass	5
III. Vorbild	7
IV. Voraussetzungen	8
V. Bedingungen für Geltendmachung	11
VI. Behandlung in der Zwangsversteigerung	13

I. DWR ohne Vereinbarung nach § 39

1. Das im geringsten Gebot berücksichtigte DWR. Keine Besonderheit: § 52 ZVG.

2. Das nicht bei Feststellung des geringsten Gebotes berücksichtigte DWR. a) Erlöschen des DWRs, wenn es betreibendem Gläubiger nicht vorgeht mit Zuschlag (§§ 52 Abs. 1 Satz 2, 91 ZVG). Verwandlung in Wertersatzanspruch gem. § 92 Abs. 1 ZVG. Wenn es versehentlich nicht in geringstes Gebot aufgenommen ist, erlischt es doch durch Zuschlag. Eine Vereinbarung des Bestehen bleibens ist schon nach § 91 Abs. 2 ZVG möglich. Wird nur ein

§ 39 3–9 II. Teil. Dauerwohnrecht

MEs-Anteil versteigert und fällt DWR nicht in geringstes Gebot, ist kein Gebrauchsrecht wie das DWR an einem ideellen Anteil möglich, daher Erlöschen.

3 b) Recht am Versteigerungserlös: § 92 Abs. 1 ZVG. Feststellung des Wertes nach § 882 Satz 1, 2 BGB.

4 c) Bestehen bleiben des DWRs durch abweichende Feststellung des geringsten Gebotes: nach § 59 ZVG möglich.

II. Zweck und Anlass

5 1. **Grundsätzlich.** Das DWR erhält seinen Rang nach § 879 BGB. Da es untergehen kann, ist es inhaltlich schwächer als Mietpfandrecht (besonders nach § 57 c ZVG für den Aufbaumieter). Deshalb § 39: relativer Vorrang vor anderen.

6 2. **Wirtschaftliche Vor- und Nachteile.** Der ungünstige Rang des DWRs kann dasselbe wirtschaftlich wertlos machen; es besteht nicht einmal Mieterschutz. Die Nachteile eines Gläubigers, der die Zustimmung nach § 39 erteilt, sind dagegen geringer, insbesondere, wenn wiederkehrendes Entgelt vereinbart ist; zumal § 39 Abs. 3 die Erfüllung der Verpflichtungen voraussetzt.

III. Vorbild

7 § 59 ZVG, für die Zeit vor der Einleitung des Zwangsversteigerungsverfahrens. Dient dem Grundsatz des Bestandsschutzes im Rahmen der Zwangsversteigerung.

IV. Voraussetzungen (Abs. 1, 2)

8 1. **Vereinbarung mit dinglicher Wirkung zufolge Einigung und Eintragung. Abs. 1:** Dingliches Recht und Eintrittswirkung, auch im Falle der §§ 118, 128 ZVG. Bestehen bleiben nicht für Betreibende aus den Klassen des § 10 Ziff. 1 bis 3 ZVG. DWR rückt im Rang entsprechend auf.

9 2. **Zustimmung. Abs. 2:** Zu geben von Gläubigern von Grundpfandrechten und Reallasten, die dem eingetragenen DWR im Rang vorgehen oder gleichstehen. Zustimmung ist notwendig für Wirksamkeit, nicht für die Eintragung, da Mangel der Zustimmung nur relative Unwirksamkeit gegenüber Zustimmungsberechtigten zur Folge hat (SchlHOLG, SchlHA 62, 146). Für die Zustimmung von Pfandgläubigern oder Nießbrauchern an den durch das Bestehen bleiben betroffenen Rechten gelten §§ 1071, 1276 mit

Haftung des Entgelts § 40

880 Abs. 3, 876 BGB. Sonstiger Zustimmungen, auch der Berechtigten nach Abt. II Grundbuch, bedarf es nicht.

3. Eintragung. Dingliche Wirkung als Inhalt des Rechts durch Eintragung beim DWR, schon vor Erteilung und Eintragung der Zustimmungen. Ausdrückliche Eintragung zwar nicht vorgeschrieben, aber bei der Ungewissheit der Rechtslage empfehlenswert. Nach Zustimmung Eintragung bei den in Abs. 2 genannten Rechten (§ 18 GBV: Rangvermerk). Zur Frage, in welcher Abt. die Vereinbarung nach § 39 Abs. 1 einzutragen ist, vgl. LG Hildesheim, Rpfleger 66, 116 m. Anm. v. *Riedel* (dazu *Palandt/Bassenge*, § 39 Rz. 2; *Weitnauer/Mansel*, § 39 Rz. 13). **10**

V. Bedingungen für Geltendmachung (Abs. 3)

1. Gesetzliche, auflösende Bedingungen. Hs. 1: Erfüllung der Verpflichtungen ist Wirksamkeitsbedingung. **11**

2. Vereinbarte Bedingungen. Hs. 2: Z. B. auch, dass nicht nur DW-Ber., sondern auch Eigentümer seine Verpflichtungen z. B. aus Grundpfandrechten) erfüllt habe oder dass öffentliche Lasten erfüllt sind. Auch Änderungen des wiederkehrenden Entgelts als Bedingungen. Die Vereinbarung weiterer Voraussetzungen ist allerdings zweischneidig, weil sie zu Problemen bei der Versteigerung führen können (Nachweis!). **12**

VI. Behandlung in der Zwangsversteigerung

Ist nicht geklärt, ob die Bedingung für das Bestehen bleiben erfüllt ist, dann erfolgt die Aufnahme des DWRs als bedingtes Recht in das geringste Gebot (§§ 50, 51 ZVG). Stellt sich die Bedingung als nicht erfüllt heraus, dann gilt § 92 ZVG (Ersatzbetrag). **13**

Bestehen bleiben durch Aufnahme ins geringste Gebot nur dann zulässig, wenn alle vorhergehenden oder gleichstehenden Gläubiger zugestimmt haben; anders nur, wenn Zwangsversteigerung von einem im Rang hinter dem Gläubiger, der nicht zugestimmt hat, stehenden Gläubiger betrieben wird, also wenn das Recht des nicht zustimmenden Gläubigers selbst gem. § 44 ZVG bestehen bleibt (*Palandt/Bassenge*, § 39 Rz. 3).

§ 40 Haftung des Entgelts

(1) ¹**Hypotheken, Grundschulden, Rentenschulden und Reallasten, die dem Dauerwohnrecht im Range vorgehen oder gleichstehen, sowie öffentliche Lasten, die in wiederkeh-**

§ 40 1, 2 II. Teil. Dauerwohnrecht

renden Leistungen bestehen, erstrecken sich auf den Anspruch auf das Entgelt für das Dauerwohnrecht in gleicher Weise wie auf eine Mietforderung, soweit nicht in Absatz 2 etwas Abweichendes bestimmt ist. ²Im übrigen sind die für Mietforderungen geltenden Vorschriften nicht entsprechend anzuwenden.

(2) ¹Als Inhalt des Dauerwohnrechts kann vereinbart werden, daß Verfügungen über den Anspruch auf das Entgelt, wenn es in wiederkehrenden Leistungen ausbedungen ist, gegenüber dem Gläubiger einer dem Dauerwohnrecht im Range vorgehenden oder gleichstehenden Hypothek, Grundschuld, Rentenschuld oder Reallast wirksam sind. ²Für eine solche Vereinbarung gilt § 39 Abs. 2 entsprechend.

Übersicht

	Rz.
I. Grund der Vorschrift	1
II. Begriff des Entgelts	2
III. Wirksamkeit von Vorausverfügungen nach allgemeinem Recht	3
IV. Beschränkte Wirksamkeit von Vorausverfügungen	4
V. Volle Wirksamkeit	5
VI. Vereinbarung der Wirksamkeit	7
VII. Eintragung einer Vereinbarung nach Abs. 2	9

I. Grund der Vorschrift

1 § 1123 BGB, der die Hypothek auf Miet- bzw. Pachtforderungen erstreckt, gilt hier nicht. Auch nicht ein dinglicher Anspruch nach § 1126 BGB an wiederkehrenden Leistungen. Daher ist eine Sonderregelung für die Haftung des Entgelts für Grundpfandrechte notwendig.

II. Begriff des Entgelts

2 Nach Abs. 1 sowohl wiederkehrende wie einmalige Gegenleistungen, nach Abs. 2 nur wiederkehrende Leistungen; immer aber auch übernommene öffentliche oder private Lasten, gleich, ob Beitragsregelungen als dinglicher Inhalt des Rechts gem. § 33 Abs. 4 vereinbart oder nur der Eintrittswirkung des § 38 unterliegen. Auch Naturalleistungen.

Haftung des Entgelts 3–6 § 40

III. Wirksamkeit von Vorausverfügungen nach allgemeinem Recht

Kann sich gegen 5 verschiedene Personengruppen richten: Gläubiger von Grundpfandrechten (§ 1124 BGB), Gläubiger von öffentlichen Lasten, rechtsgeschäftliche Erwerber des Grundstücks (§§ 566 c, d BGB), Ersteher in der Zwangsversteigerung (§ 57 a ZVG), andere Gläubiger als aus Grundpfandrechten, insbesondere Wirkung in Insolvenz und Zwangsvollstreckung. 3

IV. Beschränkte Wirksamkeit von Vorausverfügungen

Abgestellt auf allgemeines Recht für Miet- und Pachtforderungen (§§ 1123, 1124 BGB). Diese dingliche Wirkung samt Beschränkung der Vorausverfügung erstreckt sich auf den Anspruch auf Entgelt für DWR, und zwar zugunsten von im Rang vorgehenden oder gleichstehenden Grundpfandrechten und Reallasten, öffentlichen Lasten, die in wiederkehrenden Leistungen bestehen ohne Rücksicht auf Rang (s. aber § 10 Ziff. 1 ZVG). 4

Auch bei Zwangsverwaltung hat bevorrechtigter Gläubiger nach § 40 direkten Zugriff auf das wiederkehrende Entgelt.

Pfändet ein nicht privilegierter Gläubiger aus dinglichem Titel, Erinnerung des Schuldners nach § 766 ZPO.

Grundsätzlich §§ 1123–1125 BGB entsprechend anwendbar.

V. Volle Wirksamkeit (Abs. 1)

Vorausverfügungen nach Abs. 1 Satz 2 sind grundsätzlich unbeschränkt wirksam. Gilt gegenüber den oben in Rz. 3 genannten Personengruppen, außerdem gegenüber Gläubigern aus Grundpfandrechten und Reallasten mit Rang nach dem DWR. 5

Man kann umgekehrt sagen, dass gem. Abs. 1 Satz 2 grundsätzlich alle Vorausverfügungen über DWRs-Entgelt wirksam sind gegenüber Rechtsnachfolgern und Gläubigern, mit der einzigen Ausnahme des Abs. 1 Satz 1.

Bleibt das DWR auf Grund Vereinbarung nach § 39 oder nach § 59 ZVG bestehen, sind Vorausverfügungen ebenfalls grundsätzlich wirksam gegenüber Ersteher. Gläubiger kann sich auf § 40 Abs. 1 Satz 1 berufen. Auch §§ 57 a, b ZVG sind nicht anwendbar. Der Ersteher des Grundstückes ist nicht gesichert gegenüber langjährig vereinbarten Vorauszahlungen, wohl aber umgekehrt der DW-Ber., auch der Erwerber des DWRs. 6

VI. Vereinbarung der Wirksamkeit (Abs. 2)

7 Die Wirksamkeit von Vorausverfügungen nach Abs. 2 kann als Ausnahme zu dem einzigen Fall der Beschränkung entsprechend § 1124 BGB vereinbart werden. Eine Form ist nicht vorgeschrieben. Für Wirksamkeit ist Zustimmung der betroffenen Gläubiger nach § 39 Abs. 2 zur Vereinbarung des dinglichen Inhalts des Rechts und Eintragung.

Zustimmung aller erscheint erforderlich, zumal Vereinbarung über die Inhaltsänderung in der Zwangsversteigerung dem Ersteher gegenüber nur einheitlich wirksam oder unwirksam sein kann.

8 Materiellrechtlich formlose Abgabe der Zustimmungserklärung an Grundstückseigentümer oder DW-Ber., nach § 876 Satz 3 BGB auch privatschriftlich an Grundbuchamt; i. Ü. Form des § 29 GBO.

VII. Eintragung einer Vereinbarung nach Abs. 2

9 Siehe § 39 Rz. 10. Empfehlenswert ist ausdrückliche Eintragung. Eintragung aber auch ohne Zustimmung gültig.

§ 41 Besondere Vorschriften für langfristige Dauerwohnrechte

(1) **Für Dauerwohnrechte, die zeitlich unbegrenzt oder für einen Zeitraum von mehr als zehn Jahren eingeräumt sind, gelten die besonderen Vorschriften der Absätze 2 und 3.**

(2) **Der Eigentümer ist, sofern nicht etwas anderes vereinbart ist, dem Dauerwohnberechtigten gegenüber verpflichtet, eine dem Dauerwohnrecht im Range vorgehende oder gleichstehende Hypothek löschen zu lassen für den Fall, daß sie sich mit dem Eigentum in einer Person vereinigt, und die Eintragung einer entsprechenden Löschungsvormerkung in das Grundbuch zu bewilligen.**

(3) **Der Eigentümer ist verpflichtet, dem Dauerwohnberechtigten eine angemessene Entschädigung zu gewähren, wenn er von dem Heimfallanspruch Gebrauch macht.**

Übersicht

	Rz.
I. Langfrist	1
II. Löschungsanspruch	5
III. Löschungsvormerkung	6
IV. Entschädigungspflicht	8

Bes. Vorschr. für langfristige Dauerwohnrechte 1–5 § 41

	Rz.
V. Zuständigkeit	9
VI. Prüfung durch das Grundbuchamt	10

I. Langfrist (Abs. 1)

Siehe Rz. 5 vor § 31. Verlängertes DWR wird langfristig, wenn **1** vom Zeitpunkt der Verlängerung an die vereinbarte Lauffrist noch **mehr als zehn Jahre** beträgt. Vereinbarung der Verlängerung bzw. Erneuerung ist nicht als dinglicher Inhalt des Rechts zugelassen; jedoch ist die Sicherung des Anspruchs darauf durch Vormerkung nach § 883 BGB zulässig.

§ 41 ist anwendbar auf DWRe über 10 Jahre, auch wenn sie **2** zeitlich unbegrenzt sind. Dass vorher Heimfallanspruch entstehen kann, ist belanglos.

Minister für Arbeit, Soziales und Wiederaufbau von Nordrhein- **3** Westfalen nannte (im MinBl. 1954, Sp. 683) als Voraussetzungen des eigentumsähnlichen DWRs: Entgelt muss tatsächlichen Aufwendungen entsprechen; DW-Ber. muss anteilig die gesamten Lasten sowie das volle Bewirtschaftungsrisiko tragen. Tilgungen müssen ihm zugute kommen. Laufzeit mindestens 75 Jahre, ausnahmsweise 50 Jahre. Vereinbarung über Bestehen bleiben des DWRs.

Dazu Bundesministerium für Verkehr, Bau- und Wohnungswesen **4** (früher: Wohnungsbau): Muster mit Mindestanforderungen für eine wirtschaftliche Gleichstellung des DWRs mit dem WE; ebenso Mustervertrag des Gesamtverbandes gemeinnütziger Wohnungsunternehmen und Mustervertrag des Ministeriums für Landesentwicklung, Wohnen, Landwirtschaft, Forsten und Naturschutz in Hessen vom 6. 12. 1993 (*Bärmann/Seuß*, Teil G Nr. 131).

II. Löschungsanspruch (Abs. 2)

Der gesetzliche Löschungsanspruch des § 41 Abs. 2 ist seinerseits **5** in gewisser Weise Vorbild gewesen für die Neufassung des § 1179 a BGB. Der Löschungsanspruch ist gesetzlicher und damit dinglicher Inhalt des Rechts, aber abdingbar, im Gegensatz zur Entschädigungspflicht nach § 41 Abs. 3. Eine abweichende Vereinbarung muss aber grundbuchkundig werden wegen dinglicher Wirkung. Nur dann wirkt sie gegenüber Rechtsnachfolgern (*Palandt/Bassenge*, § 41 Rz. 2, *Niedenführ/Vandenhouten*, § 41 Rz. 11). Versehentlich wird im Gesetzestext nur von Hypothek anstatt von allen Grundpfandrechten geredet (*Palandt/Bassenge*, § 41 Rz. 2). Zur Auslegung sind die Kommentare zu § 1179 BGB heranzuziehen.

III. Löschungsvormerkung

6 Siehe das oben zu II Gesagte: Zunächst nur Anspruch auf Löschung, wenn sich die in Abs. 2 genannten Rechte mit dem Eigentum in einer Person vereinigen. Nur bei eingetragener Vormerkung (hier liegt der Unterschied zu § 1179a BGB) ist der DWBer. geschützt gegen wirksame Forderungsauswechselung, Umwandlung und nach h. M. auch gegen Verfügungen der nach der Entstehung der Eigentümergrundschuld im Grundbuch eingetragenen gebliebenen Hypothekengläubiger (gemäß §§ 883 und 888 BGB); so *Palandt/Bassenge,* § 41 Rz. 2 u. *Weitnauer/Mansel,* § 41 Rz. 2.

7 § 41 Abs. 2 gibt nur Vormerkungswirkung gegenüber Eigentümergrundschuld, nicht Anspruch auf Verpfändung und Überweisung der künftigen Eigentümergrundschuld.

Über Wirkung der Vormerkung in der Zwangsversteigerung s. *Palandt/Bassenge,* § 883 Rz. 26; *Staudinger,* § 883 Rz. 21; *Jäckel/Güthe,* ZVG, zu § 48.

IV. Entschädigungspflicht (Abs. 3)

8 Siehe § 36 Rz. 16 ff. Unabdingbar, aber modifizierbar (BGHZ 27, 158; *Palandt/Bassenge,* § 41 Rz. 3, h. M.; a. A. OLG Celle, NJW 60, 2293). Dinglicher Inhalt des Rechts. Vorbild § 32 Abs. 1 ErbbRVO.

Art und Befristung der Zahlung müssen angemessen sein, nicht nur die Höhe.

V. Zuständigkeit

9 Ordentliches Gericht, zuständig nach § 24 ZPO; das gilt auch für Streit, ob langfristiges DWR vorliegt.

VI. Prüfung durch das Grundbuchamt

10 Gem. § 32 Abs. 3 mit § 36 Abs. 4 und § 41 Abs. 3. Grundbuchamt hat auch zu prüfen, ob DWR langfristig ist; nicht aber, ob die Entschädigung angemessen, nur offensichtliche Unangemessenheit kann es nach § 32 Abs. 3 beanstanden.

Im Übrigen s. § 32 Rz. 10.

§ 42 Belastung eines Erbbaurechts

(1) Die Vorschriften der §§ 31 bis 41 gelten für die Belastung eines Erbbaurechts mit einem Dauerwohnrecht entsprechend.

Belastung eines Erbbaurechts 1–3 § 42

(2) **Beim Heimfall des Erbbaurechts bleibt das Dauerwohnrecht bestehen.**

Übersicht

	Rz.
I. Gleiche Vorschriften für DWR am ErbbR wie für DWR an Eigentum	1
II. Wirkung des Heimfalls des ErbbRs	2
III. Erlöschen des ErbbRs	3
IV. Aufgabe des ErbbRs	4
V. Wohnbesitz	5

I. Abs. 1:

Die Vorschrift soll sicherstellen, dass für DWR am ErbbR gleiche 1
Vorschriften gelten wie für DWR an Eigentum. Einzige Besonderheit besteht nach Abs. 2 für Heimfall des ErbbRs, der mit dem des DWRs zeitlich nicht zusammenfallen muss. DWR bzw. DNR auch an WohnungserbbR und TeilerbbR.
Zum ErbbR selbst s. schon § 30 oben.

II. Abs. 2:

Heimfall des ErbbRs. bringt DWR nicht zum Erlöschen; es 2
steht dem Eigentümer zu. Zu § 33 ErbbRG fügt § 42 Abs. 2 das DWR als bestehen bleibendes Recht hinzu. Zufolge § 876 BGB kann ErbbR, solange DWR darauf ruht, nicht durch Vereinbarung aufgehoben werden, ohne Zustimmung des DW-Ber. Gilt auch für Übertragung des DWRs auf das Grundstück. § 42 Abs. 2 kann abbedungen werden. Auch Heimfall des DWRs kann für den Heimfall des ErbbRs vereinbart werden. Kein Recht zur Wegnahme eines Bauwerks oder von Bestandteilen (§ 34 ErbbRG). Vereinbarung eines Zustimmungsvorbehalts im ErbbRsvertrag ist möglich (RGRK-*Augustin,* § 42 Rz. 2). Er kann nicht davon abhängig gemacht werden, ob eine Entschädigungsvereinbarung getroffen ist (vgl. OLG Stuttgart, NJW 52, 979; *Weitnauer/Mansel,* § 42 Rz. 4).

III. Erlöschen des ErbbRs

Auch das DWR erlischt. § 30 ErbbRG ist nicht anwendbar. 3
§ 29 ErbbRG, hier Teilnahme am Entschädigungsanspruch, scheidet aus.

IV. Aufgabe des ErbbRs

4 Hierzu ist die Zustimmung des Grundstückseigentümers (§ 26 S. 1 ErbbRG) und der Rechtsinhaber am ErbbR (§§ 877/876 BGB) erforderlich. Dies gilt auch bei Übernahme des DWRs als Belastung des Eigentums.

V. Wohnbesitz

5 G. v. 1. 3. 1976, als langfristige Nutzungsberechtigung. Dazu §§ 12 a, b, 62 a–g II. WoBG. Kein Eigentumsrecht, nur obligatorisches Dauernutzungsrecht verbunden mit einem Anteil an zweckgebundenem Vermögen. Weitgehender Schutz vor Eingriffen Dritter und Unauflösbarkeit; dingl. Charakter (dazu *Pick,* NJW 76, 1049; *Brambring,* NJW 76, 1439; *Oswald,* BlGBW 76, 170; *ders.,* WM 76, 806; *Schopp,* Rpfleger 76, 380; *Hans,* Wohnbesitzförderungs-Gesetz, 1976). Es ist inzwischen aufgehoben (s. Einl. Rz. 20).

III. Teil. Verfahrensvorschriften

Einführung zum III. Teil

Übersicht

	Rz.
I. Vorbemerkung vor § 43	1
II. Allgemeines	5
1. Vorverfahren	5
2. Analoge Anwendung	6
III. Streitverfahren i. S. der ZPO	9
1. Antragsverfahren	9
2. Zuständigkeit	13
3. Prozessleitung	15
4. Anwendung der ZPO	16
5. Richterhaftung	21
6. Gerichtsverfassung	22
7. Entscheidungen	23
8. Einstweilige Verfügung	24
9. Zwangsvollstreckung	25
10. Aussetzung, Berichtigung	26
IV. Dauerwohnrecht	28

I. Vorbemerkung vor § 43

Durch das WEG-ÄndG v. 26. 3. 2007 wurde das bisherige Verfahren in WEsachen, ein Verfahren nach den Grundsätzen der freiw. Gerichtsbarkeit (fG), abgelöst durch die ZPO. Der Gesetzgeber nahm damit einen Teil der geplanten Reform der fG vorweg. Gründe für die Abkehr von dieser waren zum Einen „die aufwändige Amtsermittlung" nach dem FGG, zum anderen die Tatsache, dass auch unter diesem Regime direkt oder entspr. zahlreiche Grundsätze der ZPO im Rahmen des WEG-Verfahrens anzuwenden waren (BT-Drs. 16/887 S. 12). **1**

Diese fiel auch deshalb leicht, weil schon bisher das WEG-Verfahren als **„echtes Streitverfahren"** seiner Struktur nach eher der ZPO zugerechnet werden konnte. Die Änderungen „vollziehen daher konsequent den seit langem praktizierten Paradigmenwechsel vom FGG-Verfahren mit Amtsermittlung zum Zivilprozess mit Parteiverantwortung" (a. a. O.). In der Tat hatte sich die Gerichtspraxis durch die Anerkennung von Mitwirkungspflichten der Beteiligten und Beweislastregeln dem Verfahren nach der ZPO stark angenähert. **2**

3 Andererseits bot die **Reform** der **ZPO** zum 1. 1. 2002 mit ihren erhöhten Anforderungen an die Prozessleitung durch das Gericht sowie den intensivierten Mitwirkungs- und Beteiligungsrechten eine verbesserte Plattform, um auf die spezifischen Interessen und Bedürfnisse der Parteien einzugehen. Die primäre **Bedeutung** der §§ 43 ff. (neu) liegt in der Regelung der örtlichen **Zuständigkeit** des Prozessgerichts nach § 43 und in **Sondervorschriften** gegenüber der ZPO, die auf die Besonderheiten der WEer(gemeinschaft) Rücksicht nehmen (§§ 44 bis 50), da diese von der ZPO nur unzureichend berücksichtigt werden könnten.

4 Mit der Zuweisung des Verfahrens zur ZPO ist eine Änderung des Instanzenzugs verbunden. An die Stelle der LGe treten die **OLGe** als **zweite Instanz,** während nun der **BGH** in **dritter** und letzter **Instanz** zuständig ist. Allerdings ist die Nichtzulassungsbeschwerde für fünf Jahre ausgeschlossen (s. § 62 Abs. 2). Die Revision kann aber vom OLG zugelassen werden (s. § 62 Rz. 5).

II. Allgemeines

Literatur: S. die Kommentare zur ZPO; z. B. *Baumbach/Lauterbach/Albers/ Hartmann,* ZPO, 67. Aufl. 2009; Münchner Kommentar zur ZPO, 3. Aufl. 2007; *Thomas/Putzo,* ZPO, 29. Aufl. 2008.

WEG: Zur Übersicht über die Verfahren nach § 43 s. *Bärmann/Wenzel,* § 43 Rz. 29 ff.; *Bergerhoff,* Die wohnungseigentumsrechtliche Anfechtungsklage im ZPO-Verfahren, NZM 2007, 425; *Elzer,* Die WEG-Novelle 2007, WuM 2007, 295 (301 f.); *Lüke,* Streitigkeiten in WEsachen nach WEG-Reform, ZfIR 2007, 657; *Schultz,* Verfahrensrecht im Wohnungseigentumsverfahren, DWE 2007, 43.

5 **1. Vorverfahren.** Die WEer können durch Vereinbarung bestimmen, dass vor der Antragstellung beim Gericht die WEer-**Versammlung** anzurufen ist **(Vorschaltverfahren).** Dies kann ausnahmsweise dann unterbleiben, wenn die Wohnungseigentümer bereits aus anderem Anlass wiederholt mit der Sache befasst waren (BayObLG, NJW-RR 91, 849) oder wenn die Durchführung des Vorschaltsverfahrens unzumutbar ist, z. B. wenn die Frist des § 23 Abs. 4 versäumt ist oder der Rechtsstreit erkennbar aussichtslos ist (BayObLG, NJW-RR 96, 910). Auch ein **Schiedsverfahren** kann vereinbart werden (BayObLGE 73, 1). Ein solches Vorschaltverfahren kann auch darin bestehen, dass Streitigkeiten zwischen den WEern vor der Einleitung eines gerichtlichen Verfahrens dem **Verwaltungsbeirat** vorzutragen sind und dieser verpflichtet ist, auf eine gütliche Einigung hinzuwirken (BayObLG, NJW-RR 96, 910; OLG Frankfurt/M, NZM 2008, 290). Auch eine **Versammlung** der WEer kann als Schlichtungsinstanz vorgesehen sein. Ein ohne

Einhaltung solcher Verfahren eingeleitetes Verfahren ist unzulässig (BayObLG, NJW-RR 96, 910; OLG Frankfurt/M, a. a. O.).

Sofern das **Landesrecht** ein obligatorisches **Schlichtungsverfahren** nach § 15 a EGZPO vorsieht, gilt es auch in vermögensrechtlichen Streitigkeiten der WEer bis zu einem Gegenstandswert von 750 Euro. Allerdings sind Ausnahmen (§ 46) gemäß § 15 a Abs. 2 EGZPO zu beachten (zur Liste s. Schönfelder, Ergänzungsbd. Nr. 104 ff.).

2. Analoge Anwendung. Die früher lebhaft diskutierte Frage der entspr. Anwendung der §§ 43 ff. stellt sich nach der Einführung des Verfahrens der ZPO nicht mehr im gleichen Maße, allerdings wiederum **neu**.

Ob die §§ 43 ff. n. F. auch schon **vor** der Begründung der Gemeinschaft auf die entstehende Gemeinschaft anzuwenden sind, ist unter Berücksichtigung der Interessenlage und der Entstehungszeit vor Eintritt der Rechtsfähigkeit zu beantworten (bejahend BGH, NJW 2008, 2639). Dabei dürfte die Situation mit der **vor** Entstehung der Gemeinschaft nach altem Recht vergleichbar sein. Insoweit ist eine analoge Anwendung auf die Rechtsbeziehungen **vor** Eintragung der WEer geboten, da sich im Zwischenstadium die Probleme qualitativ gleichwertig stellen und strukturell das Anwartschaftsrecht dem Vollrecht entspricht (BGH, NJW 2008, 2639). Voraussetzung ist aber, dass schon eine rechtlich verfestigte **Anwartschaft** besteht. Nach h. A. kann nur im Falle der Begründung von WE nach § 8 eine werdende (faktische) Gemeinschaft in Frage kommen (OLG Zweibrücken, FGPrax 99, 50; OLG Hamm, FGPrax 2000, 11; zweifelnd OLG Saarbrücken, NZM 2002, 610). Es ist unverzichtbare Voraussetzung für die Annahme einer **werdenden WEergemeinschaft,** dass auf die WEsanwärter der **Besitz** an der EW übergegangen ist und ihr Anspruch auf Erlangung des Eigentums an der Wohnung und nicht nur an einen schlichten Miteigentumsanteil durch eine im Grundbuch eingetragene **Auflassungsvormerkung** gesichert ist (BayObLG, NJW-RR 91, 977; NJW-RR 2003, 876; OLG Hamm, FGPrax 2003, 111). Es genügt, dass diese Voraussetzungen in der Person **eines** Berechtigten (Erwerbers) erfüllt sind. Der Vormerkung gleich stehen eine bindende Auflassung und Eintragungsantrag des Erwerbers (AG Greifswald, NZM 2001, 344). Ist ein werdender WEer nach dem **Rücktritt** vom Kaufvertrag noch im GB als Berechtigter einer Vormerkung eingetragen, vermag diese Eintragung seine fehlende Rechtsstellung als werdender Eigentümer nicht zu ersetzen (BayObLG, FGPrax 95, 232). Dagegen ist im Beschlussanfechtungsverfahren nach § 43 Nr. 4 zu entscheiden, wenn aus rechtlichen Gründen zwar zweifelhaft ist, ob SE insgesamt wirksam begründet wurde, eine WEergemeinschaft durch **Anlegung** von Wsgrundbüchern und **Eintragung** von WEern aber rechtlich in Vollzug gesetzt ist und als solche Beschlüsse gefasst hat (KG, NJW-RR 94, 208). Im Falle von Kauf und Vormerkung kann der **Erwerber** einer EW als **werdender Eigentümer** bezeichnet werden. Allerdings stehen ihm **neben** dem Noch-Eigentümer (noch) keine Rechte und Pflichten zu (BGH, NJW 2008, 2639).

7 Bei einer Veräußerung im Wege der Begründung gemäß § 3 nach **Plan** entsteht die Gemeinschaft nach Anlegung der Wohnungsgrundbücher und mindestens einer Veräußerung (BayObLG, DNotZ 75, 97); so ist etwa § 43 Nr. 2 a. F. (jetzt Nr. 3) auf Streit über Rechnungslegung des vor Eintragung von WEern bestellten Verwalters anzuwenden (OLG Hamburg, NJW 63, 818 gegen OLG Hamburg, NJW 60, 296 und 61, 1168; s. auch LG Berlin, JR 62, 220, *Diester,* NJW 61, 1332). Die werdende Gemeinschaft entsteht nicht schon dadurch, dass der teilende Eigentümer **alle** WEsrechte einem Dritten überträgt (*Palandt-Bassenge,* Einl. Rz. 7 vor § 1; a. A. AG Schönhausen, ZMR 2007, 153).

Im Erbfall entsteht mindestens mit dem Auseinandersetzungsvertrag der Erben die Gemeinschaft des WEer (a. A. OLG Hamm, MDR 68, 413). Die werdende (faktische) Gemeinschaft wird durch die Eintragung eines Mitglieds in das GB zu einer echten Gemeinschaft nach WEG (BayObLGZ 90, 101; a. A. OLG Saarbrücken, NZM 2002, 610).

8 Für die Zeit vor Eintragung können im Falle der faktischen Gemeinschaft damit u. U. auch schon die **materiellrechtlichen Bestimmungen** des WEG entsprechend anwendbar sein (zu § 16 vgl. OLG Stuttgart, WEM 79, 42; zur Anwendung der §§ 14 Nr. 1, 15 Abs. 3, 22 Abs. 1 WEG und § 1004 BGB bejahend BayObLG, DerWEer 85, 126/LS; zur Anwendung der §§ 20 bis 29 a. F. s. LG Ellwangen, NJW-RR 96, 973). Das gilt auch für § 18 (*Palandt-Bassenge,* Einl. Rz. 10 vor § 1). Dies ist jeweils nach Sinn und Zweck der einzelnen Vorschrift zu entscheiden. Vgl. allgemein *Kapellmann,* MDR 69, 620. Wird WE in der Form des § 3 begründet, kommt ggfs. eine konkludente Anwendung der vorgesehenen GemO in Betracht (BayObLG, NJW-RR 2002, 1022). Ob die werdende Gemeinschaft **teilrechtsfähig** ist, ist vom Gesetzgeber nicht entschieden, aber fraglich (bejahend *Hügel/Elzer,* § 3 Rz. 93). Jedenfalls wird die werdende Gemeinschaft oder werdender Eigentümer nicht Inhaber/in eines eingetragenen Rechts i. S. von § 147 ZVG, das der Zwangsverwaltung unterliegt (BGH, NJW-Spezial 2009, 754 = NZM 2009, 912).

Vorbemerkung zu § 43   9 **Vor § 43**

III. Streitverfahren i. S. der ZPO

Die folgenden Entscheidungen ergingen z. T. noch auf der Grundlage der alten Rechtslage, bezogen sich aber schon auf das ZPO-Verfahren.

1. Antragsverfahren. Das ZPO-Verfahren ist Antragsverfahren. Das **Rechtsschutzbedürfnis** ist vom Antragsteller nachzuweisen, ist allerdings im allg. zu unterstellen. Es ist auch gegeben, wenn der Beschluss bereits durchgeführt ist (BayObLG, Rpfleger 75, 367 = ZMR 76, 310; BayObLG, NJW-RR 92, 1367). Es fehlt nicht schon dann, wenn eine Klage mit umgekehrter Tendenz schon anhängig ist (OLG Hamm MDR 74, 138). Es fehlt aber z. B. für einen **Feststellungsantrag,** wenn ein Leistungsantrag gestellt werden kann (BayObLG, DerWEer 85, 126/LS) oder wenn noch keine konkreten Zuwiderhandlungen vorliegen oder unmittelbar zu erwarten sind (KG, DerWEer 85, 126/LS). § 139 ZPO ist anzuwenden. Mehrere WEs-Sachen können unter den Voraussetzungen des § 47 (Prozessverbindung; s. dort) miteinander **verbunden** werden. Die Kläger sind dann **Streitgenossen.** Anträge sind auslegungsfähig (BayObLG, NJW 74, 1910: DerWEer 83, 30). Zur **Aufklärungspflicht** OLG Frankfurt a. M., OLGZ 80, 76. Die Parteien haben die Pflicht, den Prozess zu fördern, an der Aufklärung des Sachverhalts mitzuwirken. Im Verfahren der Beschlussanfechtung ist das Gericht gemäß § 308 ZPO an den erklärten Inhalt des Sachantrags gebunden (BayObLG, NJW 74, 1910 = MDR 74, 760 = Rpfleger 74, 268 = DNotZ 75, 100), auch bei einem Zahlungsanspruch. Die Anfechtung eines Beschlusses kann auf einzelne Teile beschränkt werden, z. B. auf einzelne Rechnungsposten der Jahresabrechnung (BayObLG, DerWEer 86, 57). **Antragsänderungen** und -erweiterung sind möglich, falls während des Verfahrens bis zur Entscheidung über die Erstbeschwerde ein Beschluss der Wohnungseigentümer erfolgt (BayObLG, Rpfleger 75, 245 = BayObLGZ 75 Nr. 53; unabhängig von Rechtsbeeinträchtigungen: OLG Frankfurt/M., OLGZ 80, 78; KG, OLGZ 76, 58). Ein WEer, der einen Beschluss der WEer nicht selbst angefochten hat, kann das Verfahren nicht gegen den Willen desjenigen WEer fortführen, der den einleitenden Antrag gestellt hat (**Dispositionsmaxime:** OLG Zweibrücken, NJW-RR 89, 657). Einlassungs- und Ladungsfrist richten sich nach §§ 274 Abs. 3, 217 ZPO und den Spezialvorschriften.

Die **Prozessverbindung** regelt § 47, die **Beiladung** § 48.

10 Bei **Mehrhausanlage** s. § 43 Rz. 31. Für die **Klageänderung** gilt § 263 ZPO. Notwendige **Streitgenossenschaft** i. S. § 62 ZPO. Zum speziellen Fall bei Prozessverbindung s. § 47 S. 2.

11 **Prozessvertretung** ist zulässig. Ob eine wirksame Vollmacht vorliegt, ist von Amts wegen nur dann zu berücksichtigen, wenn **nicht** als Bevollmächtigter ein Anwalt auftritt (§ 88 Abs. 2 ZPO). Dagegen ist ein Mangel im **Parteiprozess** von Amts wegen zu beachten. Für den Nachweis der Prozessvollmacht gilt § 80 Abs. 1 ZPO (schriftliche Form).

Die Prüfung und Entscheidung darüber, welches **Rechtsmittel** im konkreten Fall statthaft ist, hat der **Anwalt selbst** zu treffen und darf sie nicht seinem Personal überlassen (OLG München, NZM 2007, 254). Dem **Anwalt** steht eine Erhöhung der Prozessgebühr auch dann zu, wenn die WEer durch einen Verwalter vertreten werden (BGH, DerWEer 87, 131; NZM 2007, 333); soweit die Gemeinschaft rechtsfähig ist, jetzt zweifelhaft; s. § 27 Abs. 2 Nr. 4).

12 **Verfahrensstandschaft** ist möglich in der Person eines Dritten, der zur Geltendmachung eines Rechts durch **Abtretung, Verpfändung** oder **Pfändung** ermächtigt ist (BGH, NJW 2002, 3709). Dies gilt auch für einen gesetzlichen Verfahrensstandschafter wie Testamentsvollstrecker, Insolvenz- und Zwangsverwalter (BGH, a. a. O.). Im Übrigen ist gewillkürte Verfahrensstandschaft unter den allg. Voraussetzungen wie Ermächtigung durch den Rechtsinhaber und eigenes schutzwürdiges Interesse des Ermächtigten zulässig. Nach Anerkennung der Teilrechtsfähigkeit der Gemeinschaft tritt die Gemeinschaft im Rahmen ihrer Befugnisse unter eigenem Namen auf (s. § 10 Abs. 6). Sie kann aber auch die gemeinschaftsbezogenen Rechte etwa im Baumängelverfahren an sich ziehen und tritt im Prozess dann in gewillkürter Prozessstandschaft auf (BGH, NZM 2007, 403). Als Inhaberin der Rechte kann sie wie andere Rechtssubjekte Dritte (WEer, Verwalter usw.) ermächtigen, im Gerichtsverfahren im eigenen Namen (ebenfalls in gewillkürter Prozessstandschaft) für sie aufzutreten. Umgekehrt kann sie auch von den WEern in deren Zuständigkeitsbereich entsprechend ermächtigt werden. Voraussetzung ist jedoch ein eigenes schutzwürdiges Interesse, das i. d. R. gegeben sein wird, insbesondere wenn ein „enger wirtschaftlicher Zusammenhang mit der Verwaltung des GemEs" besteht (BGH, NZM 2007, 403). Auch sind WE-Anwärter berechtigt, gegenseitige Rechte schon vor Übertragung im eigenen Namen geltend zu machen (BayObLG, NJW 65, 1484; jedoch nur auf der **Aktivseite** des Verfahrens). Z. B. kann der im GB abgesicherte **Erwerber** regelmäßig in Verfahrensstandschaft für den **Veräußerer** das gerichtliche Beschlussanfechtungsverfahren betreiben im Fall der Ermächtigung (KG, NJW-RR 95, 147 = ZMR 94, 524, zu § 43 a. F.). Bei zulässiger Verfahrensstandschaft wird die Frist zur Anfechtung eines Beschlusses der WEer nur dann gewahrt, wenn sich der Antragsteller innerhalb der Anfechtungsfrist auf seine Rechtsstellung als Verfahrensstandschaftler im Verfahren beruft (BayObLG, Rpfleger 83, 14).

2. Zuständigkeit. § 43 regelt lediglich die ausschließliche örtliche Zuständigkeit des Prozessgerichts in Verfahren nach § 43 Nr. 1–6 WEG. Für Klagen Dritter ist damit ausschließlicher Gerichtsstand ebenfalls der des Gerichts am Ort der Anlage (§§ 43 Nr. 5). Bei Klagen zwischen Verwalter und Wohnungseigentümern gilt § 43 Nr. 3. Bei Verfahren nach § 1568 a BGB über die Zuweisung der Ehewohnung (früher nach der aufgehobenen HausratsVO; s. § 60) besteht grundsätzlich kein Zusammenhang mit WEG, außer wenn etwa Zustimmung des Verwalters oder der Gemeinschaft vorgesehen ist für Änderung der Nutzung. Dabei hat das Gericht Veräußerungsbeschränkungen analog § 12 WEG zu beachten. Dann kommt evtl. Abgabe an das nach § 43 WEG zuständige Gericht wegen Zusammenhangs in Betracht. Allgemeine örtliche Zuständigkeitsvereinbarung der WEer ist unzulässig. Örtlich unzuständiges Gericht kann die Sache auf Antrag an das zust. Gericht verweisen (BayObLG, NJW 69, 191).

Sachlich zuständig: Das Amtsgericht ist **erstinstanzlich** zuständig, wenn es sich um Streitigkeiten handelt nach § 43 Nr. 1–4 und 6 (§ 23 Nr. 2 c GVG) ohne Rücksicht auf den Gegenstandswert, im Fall der Nr. 5 bei Streitwerten, deren **Gegenstand** an Geld oder Geldeswert die Summe von 5000 Euro nicht übersteigt (§§ 23 Nr. 1, 71 Abs. 1 GVG). Darüber hinaus ist das LG in 1. Instanz sachlich zuständig (§§ 23 Nr. 1, 71 Abs. 1 GVG). Bei **Berufungen** und **Beschwerden** ist das LG zuständig für die sog. Binnenstreitigkeiten nach § 43 Nr. **1–4, 6.** In anderen Streitigkeiten nach Nr. 5 richtet sich die Zuständigkeit der Rechtsmittelinstanz nach §§ 72 Abs. 1, 119 Abs. 1 Nr. 2, Nr. 1 b und c. Auch die sachliche Zuständigkeit ist ausschließlich.

In Streitigkeiten nach Nr. 1–4, 6 ist das für den **Sitz** des **OLGs** zuständige LG **gemeinsames** Berufungs- und Beschwerdegericht für den Bezirk des OLGs, in dem das **AG** seinen Sitz hat. Die Länder werden ermächtigt, durch RVO an Stelle dieses LG ein anderes im Bezirk des OLG zu bestimmen (§ 72 Abs. 2 GVG i. d. F. des WEsÄndG u. des G zur Vereinfachung des Insolvenzverfahrens; Übersicht in NJW 2008, 1790; s. Anh. II 2 a). Allerdings kann

Vor § 43 15   III. Teil. Verfahrensvorschriften

Berufung fristwahrend nur bei dem Gericht des § 72 Abs. 2 S. 1 GVG eingelegt werden; eine **Verweisung** in entspr. Anwendung von § 281 ZPO scheidet hier aus (BGH, NJW-aktuell 2010, H. 5, 8: Dort zur Ausnahme bei Interesse an höchstrichterlicher Klärung einer Rechtsfrage). § 72 Abs. 2 S. 1 GVG gilt auch für eine Berufung gegen eine Vollstreckungsgegenklage (BGH, NJW-Spezial 2009, 322). Die Zuständigkeit des LGs in WEssachen mit Auslandsberührung regelt § 72 Abs. 2 S. 2 GVG in Abweichung von § 119 Abs. 1 Nr. 1 Buchst. b und c GVG als ausschließliche. Gericht der Rechtsbeschwerde ist der BGH (§ 133 GVG). Sie richtet sich gegen Entscheidungen des Beschwerdegerichts gemäß §§ 574 ff. ZPO.

Im Falle des § 43 **Nr. 5** gilt § 119 Abs. 1 Nr. 2 i. V. m. § 72 Abs. 1 GVG: Die Rechtsmittelzuständigkeit ist abhängig vom Beschwerdewert.

Revisionsinstanz ist der BGH nach § 133 GVG. Sie ist gegen Endurteile des Berufungsgerichts gegeben. Sprungrevision richtet sich nach § 566 ZPO.

Zum Ausschluss der Nichtzulassungsbeschwerde in Wohnungseigentumssachen nach § 43 Nr. 1–4 s. § 62 Abs. 2. Auslegung des § 1048 ZPO lässt auch zulässig erscheinen, keine besondere Urkunde für Schiedsvertrag zu verlangen (§ 1027 ZPO; *Bärmann/Wenzel*, § 43 Rz. 202). Nach BGH, GWW 1978, 127 braucht der Schiedsvertrag nicht in besonderer Urkunde aufgenommen zu werden, kann Bestandteil einer Vereinbarung nach § 10 Abs. 2 sein und durch Eintragung dinglich werden (kritisch BayObLGZ 73, 1; *Weimar*, ZMR 79, 296). Allerdings kann eine bei Begründung nach § 8 WEG mit dem nachfolgenden Eintritt in die vom **Bauträger** verfasste Vereinbarung, nach § 1025 Abs. 2 ZPO, 138 BGB rechtsunwirksam sein, wenn der Bauträger als Normgeber beherrschenden Einfluss auf außergerichtliches Verfahren sich gesichert hat (BayObLGZ 73, 1 = Rpfleger 73, 139 = ZMR 73, 205). Zur Zulässigkeit von Vereinbarungen OLG München, ZMR 72, 210; BayObLGZ 73, 1 = BayJMBl. 73, 62 = Rpfleger 73, 139 = ZMR 73, 205; *Weitnauer/Lüke*, § 10 Rz. 25 ff.).

15   3. **Prozessleitung** durch das Gericht. In diesem Rahmen kann z. B. das persönliche Erscheinen der Parteien nach § 273 Abs. 2 Nr. 3 ZPO durch das Gericht angeordnet werden. Dem kann im Nichterscheinungsfall mit einem **Ordnungsgeld** Nachdruck verliehen werden (§ 141 Abs. 3 S. 1 ZPO).

Die materielle **Prozessleitung** obliegt dem Gericht gemäß § 139 ZPO (im Einzelnen s. die Kommentare zur ZPO, z. B. *Thomas/Putzo/Reichold*, § 139 Rz. 1 ff.). Dazu gehören Hinweis-

und Aufklärungspflichten, Aufklärung der Parteien durch Erörterung, Fragen und Hinweise. Nach § 278 Abs. 1 ZPO soll das Gericht in jeder Lage des Verfahrens auf eine **gütliche Beilegung** des Rechtsstreits oder einzelner Streitpunkte bedacht sein. Die Parteien haben eine Mitwirkungs- und Verfahrensförderungspflicht.

Klagerücknahme beendet das Verfahren ohne Einwilligung der beklagten Partei nur bis zum Beginn der mündlichen Verhandlung (§ 269 Abs. 1 ZPO). Zur Kostenfolge s. § 269 Abs. 3 S. 2, 3 ZPO.

4. Anwendung der ZPO. Zur **Bezeichnung** der WEer in der Klageschrift s. § 44.

Nach § 10 Abs. 6 S. 1 ist die Gemeinschaft **rechtsfähig**. Da die Rechtsfähigkeit der Gemeinschaft Rechtsgeschäfte und Rechtshandlungen „im Rahmen der gesamten Verwaltung" erfasst, ist sie insoweit auch **parteifähig** i. S. der §§ 50, 51, 56 ZPO. Die **Widerklage** in Form eines Gegenantrags ist entsprechend § 33 ZPO zulässig (OLG Zweibrücken, Rpfleger 77, 141; BayObLG, Rpfleger 79, 267 = BayObLGZ 79, 117; OLG Frankfurt a. M., Der WEer 84, 29), dabei müssen die Verfahrensbeteiligten identisch sein und zwischen Antrag und Gegenantrag ein rechtlicher Zusammenhang bestehen (OLG Frankfurt/M., a. a. O.). Dies gilt nicht mehr, falls die Hauptsache für **erledigt** erklärt wurde (BayObLGZ 79, 117; BayObLG, NJWE-MietR 96, 39). In diesem Fall können keine neuen Sachanträge gestellt werden (BayObLG, NJWE-MietR 96, 39). Die Feststellung, dass sich die **Hauptsache** erledigt hat, setzt ein **nach** Anhängigkeit des Verfahrens eingetretenes **Ereignis** voraus, das die Hauptsacheerledigung bewirkt (BayObLG, ZMR 96, 680 = NJWE-MietR 97, 15), d. h. wenn sich die Sach- oder Rechtslage durch ein Ereignis derart verändert hat, dass der Verfahrensgegenstand fortgefallen ist und die Fortführung des Verfahrens keinen Sinn mehr hätte (BayObLGZ 95, 118 = WuM 95, 504; NJW-RR 97, 715). Es kommt nicht darauf an, ob der Antrag ursprünglich zulässig bzw. begründet war (BayObLG; NZM 98, 488). Voraussetzung ist die übereinstimmende Erklärung der Verfahrensbeteiligten, an die das Gericht gebunden ist (BayObLG, NJWE-MietR 96, 39). Im Beschlussverfahren erledigt sich die Hauptsache, wenn die WEer einen **neuen Beschluss** fassen, der den angefochtenen Beschluss ersetzt. Die Erledigung tritt nicht bereits mit der ersetzenden Beschlussfassung ein, sondern erst in dem Zeitpunkt, in welchem der neue Beschluss **unanfechtbar** ist (OLG Düsseldorf v. 17. 3. 1999 – 3 WX 26/99 = WuM 99, 482; zur Erledigung der Hauptsache durch bestandskräftigen Mehrheitsbeschluss s. auch BayObLG, NJW-RR 93). Wird **Wohngeld** gestützt auf den Wirtschaftsplan gerichtlich geltend gemacht, erledigt sich die Hauptsache durch den Beschluss über die **Jahresabrechnung** insoweit, als diese eine geringere Wohngeldschuld als der Wirtschaftsplan ergibt. Die verbleibende Wohngeldschuld kann sowohl auf den Beschluss über den Wirtschaftsplan als auch auf den Abrechnungsbeschluss gestützt werden (BayObLG, NZM 99, 853). Das Verfahren über die Ungültigerklärung eines Beschlusses über eine **Verwalterbestellung** erledigt sich in der Hauptsache, wenn die Frist für die Bestellung abgelaufen ist (BayObLG, NJW-RR 97, 715; anders noch BayObLG, NJW-RR 88, 270; WuM 89, 536) bzw. der Zeitraum seiner Wahl abgelaufen ist (OLG Köln, NZM 2004, 625). Dies gilt auch für den Fall, wenn er inzwischen für einen späteren Zeitraum wiedergewählt wurde (ebenda). Das Verfahren betreffend die Ungültigkeitserklärung eines Beschlusses über den **Wirtschaftsplan** erledigt sich in der Hauptsache durch den Beschluss über die Jahresabrechnung für den gleichen Zeitraum BayObLG, NJW-RR 97, 715 = ZMR 97, 256 = WuM 97, 234). Nach Erledigung erfolgt nur noch die Entscheidung über die Kosten.

17 Der Tod eines Beteiligten führt entsprechend den §§ 238 ff. ZPO zur **Unterbrechung** des Verfahrens, wenn Verfahrensgegenstand ein Individualanspruch oder eine -verbindlichkeit des Verstorbenen ist (BayObLG, WE 91, 226). Nicht bei Beschlussanfechtung (BayObLG, NJW 74, 706 = MDR 74, 238 = Rpfleger 74, 71). Von einer übereinstimmenden **Erledigterklärung** ist i. d. R. schon dann auszugehen, wenn der Antragsgegner der Erklärung des Antragstellers nicht widersprochen hat (BayObLG, NZM 99, 858/LS).

18 Auch **nach** Anerkennung der (Teil)rechtsfähigkeit der WEer-Gemeinschaft durch den BGH können in einem **Titel namentlich aufgeführte WEer** als Gläubiger in das GB eingetragen werden (AG Neuss, NZM 2006, 227). Eine **Änderung** des **Antrags** ist nur entsprechend §§ 263, 264, 533 ZPO zulässig (BayObLG, ZMR 95, 495; a.A. OLG Frankfurt a.M., OLGZ 90, 419). Antragserweiterung ist in erster Instanz jederzeit möglich, in der Berufungsinstanz entsprechend §§ 263, 264, 533 ZPO (BayObLG, a.a.O.; noch zum Verfahren a. F.). Wird die gegen eine Gemeinschaft erhobene Klage in eine Klage gegen die übrigen WEer geändert, kann dies einen Parteiwechsel bedeuten, der unter den Voraussetzungen des § 44 nachgeholt werden kann (BGH, NZM 2010, 46) bzw. eine **Rücknahme** der Klage gegen die Gemeinschaft nach § 269 ZPO (OLG Koblenz, NJW 2009, 1978: Einwilligung der Gegenpartei erforderlich). Wird die Klage zunächst gegen die namentlich nicht benannten Mitglieder einer WEergemeinschaft erhoben und dann gegen die WEergemeinschaft, vertreten durch den Verwalter gerichtet, liegt ein Parteiwechsel vor, wenn die Auslegung ergibt, dass die Klage gegen die einzelnen Mitglieder der WEergemeinschaft und nicht gegen die Gemeinschaft als solche gerichtet war (OLG Düsseldorf, NZW 2009, 665). Beurteilt das Gericht die **Klageänderung** als zulässig, sind die übrigen WEer Partei und rechtsmittelbefugt (OLG Koblenz a. a. O.). Zur Kostenentscheidung, noch zu § 47 a. F. s. OLG Düsseldorf, DWE 2009, 37 (Antragsrücknahme).

§ 42 Abs. 2 ZPO ist bei **Befangenheit** anwendbar (BayObLG, GZ 75, 365 = ZMR 76, 348). Zu Voraussetzungen der Befangenheit des Richters s. BayObLG, MDR 80, 945; DerWEer 83, 60, 61; DerWEer 84, 30; OLG Frankfurt a. M., WEM 80, 65; *Linke,* WEM 80, 65). Unrichtige Entscheidungen ergeben keinen Ablehnungsgrund, wenn keine unsachliche Einstellung des Richters erkennbar ist. Ebenfalls kein Ablehnungsgrund wegen Besorgnis der Befangenheit liegt vor, wenn der von der WEerGemeinschaft beauftragte Verwalter von einem Richter telefonisch dessen vorläufige Rechtsmeinung mitgeteilt bekommen hat: in einem später anhängigen Verfahren kann eine Ablehnung dieses Richters mit Erfolg nicht gestützt werden (BayObLG WuM 2000, 31 = NZM 2000, 295). Auch die Äußerung einer Rechtsansicht, die einem Verfahrensbeteiligten ungünstig ist, in Fachzeitschriften oder der Tagespresse begründet nicht die Besorgnis der Befangenheit (OLG Köln, NJW-RR 2000, 455). Zu den Voraussetzungen in einem Rechtsmittelverfahren s. BayObLG, FGPrax 2002, 119. Zum Ausschluss von Ablehnungsgründen auch BayObLG, DerWEer 85, 60. § 43 ZPO (**Verlust** des Ablehnungsrechts) ist entsprechend anwendbar (BayObLG, WuM 94, 298; WE 98, 153).

Im Verfahren nach der ZPO sind auch Ansprüche gegen **ausgeschiedene WEer** und **Verwalter** geltend zu machen. Dies gilt auch im umgekehrten Fall, wenn Ansprüche von diesen gegen die WEer geltend gemacht werden. Bei **Eigentümerwechsel** nach Rechtshängigkeit eines Verfahrens gelten §§ 261 Abs. 3 Nr. 2, 265, 325, 727 ZPO. Danach hat er auf die formelle Beteiligung keinen Einfluss (OLG Hamm, NJW-RR 2008, 1545 und BayObLG, MDR 80, 142; OLG Oldenburg, ZMR 80, 63, diese schon zur ehem. Rechtslage). Hat ein WEer seinen Individualanspruch **vor** einem Beschluss der WEer, den gemeinschaftsbezogenen Anspruch an sich zu ziehen, bereits rechtshängig gemacht, kann er das Verfahren entspr. §§ 265, 325 ZPO fortsetzen (OLG Hamm, ZWE 2010, 44). Beim **Wechsel** des **Verwalters** während des Verfahrens gilt eine Ermächtigung zur Geltendmachung der Wohngeldansprüche auch für den neuen Verwalter. Damit ist der Wechsel ohne Einfluss auf das Verfahren (KG, NJW-RR 89, 657).

19 **Prozesskostenhilfe** richtet sich nach §§ 114 ff. ZPO, was die Statthaftigkeit betrifft (BayObLG, NJW 2002, 2573). Nach Beendigung der Instanz kann die **Prozesskostenhilfe** grundsätzlich nicht mehr gewährt werden (OLG Frankfurt/M, OLGZ 80, 77). Prozesskostenhilfe wird nicht bei Mutwilligkeit der Klageerhebung gewährt (OLG Braunschweig, ZWE 2010, 52). Nicht nur Kostengesichtspunkte, sondern auch der Gesichtspunkt der Beschleunigung und Vereinfachung sind für die Frage relevant, ob die einzelnen WEer in **getrennten** Prozessen in Anspruch genommen werden können (OLG Braunschweig a. a. O.). Sofern die Gemeinschaft Partei ist, sind die WEer wirtschaftlich **Beteiligte** gemäß § 116 S. 1 Nr. 2 ZPO (LG Berlin, NZM 2007, 493). Auch **Streitverkündung** und **Beitritt** gehen entsprechend ZPO (BayObLG, NJW 70, 1550; Der WEer 83, 60; NJW-RR 87, 1423), ebenso **Parteierweiterung** gemäß §§ 59, 60 ZPO (BayObLG, DerWEer 87, 58). Verbindung nach § 47 führt zur Streitgenossenschaft (s. § 47 Rz. 3). Die **Aussetzung** des Verfahrens ist gemäß §§ 148, 149 ZPO statthaft. Für die übrigen Voraussetzungen sowie die Rechtsmittel gilt das Recht der fG.

20 Die Beteiligten können einen **Vergleich** abschließen (zu den Anforderungen nach § 160 Abs. 3 Nr. 1 ZPO s. BayObLG, Der WEer 89, 183/LS; s. § 44 Rz. 3). Anwendbar auch die Vorschriften über die **Wiederaufnahme** nach §§ 578 ff. ZPO (BayObLGZ 74, 9 = Rpfleger 74, 229). **§ 319 ZPO** ist ebenfalls anwendbar (BayObLG, DerWEer 83, 31), dies gilt sowohl für Abs. 1 als auch Abs. 3 (BGH, DerWEer 89, 170). Auch **§ 320 ZPO (Tatbestandsberichtigung)** ist anwendbar (OLG Köln, NZM 2004, 305), desgleichen **§§ 301, 303 ZPO** (BayObLG, DerWEer 83, 126; 84, 61); BayObLG, WuM 94, 152 und OLG Zweibrücken, NZM 99, 858 zur **Teilentscheidung** und **§ 148 – Aussetzung** – (BayObLG, DerWEer 84, 30). Auch die Regelungen der §§ 303, 304 ZPO sind anwendbar. Die **Verbindung** von Verfahren richtet sich nach der Sondervorschrift des § 47, im Übrigen nach **§ 147 ZPO** (BayObLGZ 77, 226 zur ehem. Rechtslage). Eine negative **Zwischenentscheidung** über die vom Antragsgegner geltend gemachte **Aufrechnung** ist nicht zulässig, solange nicht über die Forderung selbst entschieden ist (OLG Köln, NZM 99, 858).

Die Vorschriften der §§ 348, 524 ZPO über den **Einzelrichter** sind **anwendbar.** Auch die strengen Protokollvorschriften der §§ 159 ff. ZPO gelten. Dasselbe gilt für Entscheidungen über Anerkenntnis, Verzicht und Säumnis.

5. Richterhaftung. § 839 Abs. 2 BGB ist anwendbar (s. *Palandt/Sprau,* § 839 Rz. 66 ff.). 21

6. Gerichtsverfassung. Zur Frage der Gerichtsöffentlichkeit (s. 22
§§ 169–175 GVG).

7. Entscheidungen. Wirksam mit Bekanntmachung d. h. 23
durch **Zustellung** an die Parteien nach §§ 164 ff. ZPO. **Materielle Rechtskraft** nach §§ 322 ff. ZPO.

Wegen der materiellen Rechtskraft kann die **Klage** ohne Einwilligung des Beklagten nur bis zum **Beginn** der mündlichen Verhandlung des Beklagten zur Hauptsache zurückgenommen werden (§ 269 Abs. 1 ZPO). Die **Wiederaufnahme** ist entsprechend §§ 578 ff. ZPO statthaft (BayObLG, MDR 74, 410 = Rpfleger 74, 229). Dort auch zur Beschwer des Antragstellers. Entscheidung ist mit **Gründen** zu versehen (§ 313 Abs. 1 Nr. 6); Rechtskraft wäre nach § 706 ZPO zu bescheinigen. Leistungs-, Gestaltungs- und, soweit rechtliches Interesse, Feststellungsentscheidungen können ergehen (BayObLGZ 65, 283; KG, NJW 68, 160; OLGZ 76, 268); auch Teilentscheidungen (OLG Düsseldorf, NJW 70, 1137). Zum Umfang der Rechtskraft bei Ungültigerklärung eines Eigentümerbeschlusses s. BayObLG, DerWEer 83, 30.

Formelle Rechtskraft tritt bei Entscheidungen ein, die einem befristeten Rechtsmittel oder dem Einspruch nach § 338 ZPO unterliegen. **Wiederaufnahme** eines rechtskräftig abgeschlossenen Verfahrens richtet sich nach §§ 578 ff. ZPO. Entscheidungen sind allen Beteiligten **bekanntzumachen** (BayObLGZ 73, 145 = Rpfleger 73, 310; OLG Stuttgart, BWNotZ 76, 18.

8. Nach dem Wegfall einstweiliger Anordnungen nach § 44 24
Abs. 4 a. F. gelten für die Sicherung eines Rechts durch die Erhaltung des **bestehenden** Zustands die Vorschriften über den **Arrest** (§§ 916 ff. ZPO) und die **einstweilige Verfügung** nach §§ 935 ff. ZPO. Das gilt auch für ein **Beweissicherungsverfahren** (s. § 43 Rz. 16).

9. Im **Zwangsvollstreckungsverfahren** gelten die Vorschriften 25
der §§ 704 ff. ZPO. **Parteien** der Zwangsvollstreckung sind Gläubiger und Schuldner. Da die Gemeinschaft im Bereich des § 10 Abs. 6 rechtsfähig ist, ist sie insoweit auch parteifähig in der Zwangsvollstreckung. Es gelten damit auch ihre allg. Voraussetzungen: Titel, Klausel und Zustellung. Die **Rechtsbehelfe** richten sich ebenfalls nach der ZPO. Die Vollstreckung aus einem Urteil, die einen Ws-/TEer zur **Beseitigung** einer baulichen Anlage verpflichtet, richtet sich nach § 887 ZPO, Vollstreckung einer vertretbaren Handlung (BGH, NZM 2009, 202). Im Fall der Vermietung kann der Gläubi-

§ 43 III. Teil. Verfahrensvorschriften

ger nicht die Namen und Adressen der Meter verlangen, die nicht am Verfahren beteiligt sind (ebenda). Der Gläubiger (WEer) hat nur die Möglichkeit, ggfs. über §§ 887, 888 Abs. 1 ZPO den Schuldner des Abrisses zur Ausschöpfung aller Möglichkeiten zu zwingen (ebenda).

26 10. Die **Aussetzung** des Verfahrens richtet sich nach §§ 148 ff. ZPO.

27 Tatbestandsberichtigung entspr. § 320 ZPO, auch Anwendung von § 319 ZPO zur **Berichtigung** von Schreibfehlern, Rechenfehlern u. ä. (DerWEer 83, 31). Mit der Bekanntmachung beginnt eine **neue Rechtsmittelfrist** nur, wenn die Berichtigung die Beschwer oder die Statthaftigkeit eines Rechtsmittels erst erkennen lässt (BayObLG, NZM 2002, 319).

IV. Dauerwohnrecht

28 Für das **DWR** gilt (wie vor dem Inkrafttreten des WEG-ÄndG) uneingeschränkt die ZPO, vor allem also die Vorschriften über die örtliche (§ 24 ZPO) und sachliche Zuständigkeit des Gerichts; die §§ 43 ff. sind nicht entsprechend anwendbar.

§ 43 Zuständigkeit

Das Gericht, in dessen Bezirk das Grundstück liegt, ist ausschließlich zuständig für
1. **Streitigkeiten über die sich aus der Gemeinschaft der Wohnungseigentümer und aus der Verwaltung des gemeinschaftlichen Eigentums ergebenden Rechte und Pflichten der Wohnungseigentümer untereinander;**
2. **Streitigkeiten über die Rechte und Pflichten zwischen der Gemeinschaft der Wohnungseigentümer und Wohnungseigentümern;**
3. **Streitigkeiten über die Rechte und Pflichten des Verwalters bei der Verwaltung des gemeinschaftlichen Eigentums;**
4. **Streitigkeiten über die Gültigkeit von Beschlüssen der Wohnungseigentümer;**
5. **Klagen Dritter, die sich gegen die Gemeinschaft der Wohnungseigentümer oder gegen Wohnungseigentümer richten und sich auf das gemeinschaftliche Eigentum, seine Verwaltung oder das Sondereigentum beziehen;**

6. Mahnverfahren, wenn die Gemeinschaft der Wohnungseigentümer Antragstellerin ist. Insoweit ist § 689 Abs. 2 der Zivilprozessordnung nicht anzuwenden.

Übersicht

	Rz.
I. Allgemeines	1
1. Zu Nr. 1	3
2. Zu Nr. 2	6
3. Zu Nr. 3	7
4. Zu Nr. 4	11
5. Zu Nr. 5	15
6. Zu Nr. 6	16
II. Anfechtungsklage	17
III. Klageantragsrecht	19
IV. Parteien	28
V. Schiedsvereinbarung	32
VI. Prozesskosten	33
1. §§ 91 ff. ZPO	33
2. Streitwert	34
3. Selbstständiges Beweisverfahren (Kostenverteilung)	37

I. Allgemeines

Aus der früheren allg. Zuweisungsvorschrift ins Verfahren der freiw. Gerichtsbarkeit ist jetzt eine Regelung der **örtlichen Zuständigkeit** des **Prozessgerichts** geworden. Diese Zuständigkeit ist **ausschließlich** entspr. dem Eingangssatz des § 43.

Daraus folgt, dass die Parteien **kein anderes Gericht** im Wege einer Gerichtsstandvereinbarung wählen können.

Andere Zuständigkeiten, die sich aus anderen Vorschriften oder Vereinbarungen ergeben könnten – z. B. aus einer Widerklage –, kommen deshalb nicht in Betracht.

Die örtliche Zuständigkeit des Gerichts knüpft an die **Lage** des Grundstücks an, an dem die WEsrechte bestehen. Örtlich zuständig können demnach **Amtsgericht** oder **Landgericht** sein. In den meisten Fällen ist ohne Rücksicht auf den Gegenstandswert das Amtsgericht in den Nrn. 1 bis 4 und 6 **sachlich** zuständig. Im Fall der Nr. 5 hängt die sachliche Zuständigkeit vom Streitwert ab, ob AG oder LG zuständig sind (s. § 23 Nr. 2c einerseits und §§ 23 Nr. 1, 71 Abs. 1 GVG andererseits; dazu Rz. 13 vor § 43). Im Streit um die sachliche Zuständigkeit zwischen AG und LG entscheidet das OLG nach § 36 Abs. 1 Nr. 6 ZPO (OLG München, NJW-RR

§ 43 **1** III. Teil. Verfahrensvorschriften

2008, 1545). Das nach § 72 Abs. 2 ZVG bestimmte LG ist auch für Zwangsvollstreckungsverfahren in WEssachen zuständig (Konzentrationszuständigkeit: OLG Oldenburg, NZM 2009, 89; BGH, NJW 2009, 322; s. u. Rz. 5). Dagegen gilt keine Konzentrationszuständigkeit für die **Kostenvollstreckung** am Wohnsitz-AG, sondern das AG, bei dem der **Schuldner** seinen allg. Gerichtsstand nach § 828 Abs. 2 ZPO hat (Vollstreckungsgericht als Vollstreckungsorgan: OLG Karlsruhe, NZM 2009, 246).

Ausschlaggebend für diese Entscheidung des Gesetzgebers waren die „räumliche Nähe des Gerichts" sowie die Erwägung, dass **kein Anwaltszwang** besteht (BT-Drs. 16/887 S. 35; 16/3843 S. 59 f.).

Für die **nicht** unter den Nrn. 1–6 genannten Streitigkeiten gelten die allg. Vorschriften der ZPO und des GVG (örtliche und sachliche Zuständigkeit).

Wegen der ausschließlichen Zuständigkeit nach Nrn. 1 bis 6 kann insoweit von **„WEsgericht"** gesprochen werden. Da das WEGÄndG den Regelungsgehalt der Nr. 1 a. F. übernahm, kann insoweit die Rspr. dazu im Grundsatz übernommen werden. Der Katalog ist nicht rein kasuistisch, aber auch keine Generalklausel. Sofern die Streitigkeiten die dort genannten Verfahrensgegenstände betreffen, ist **im Zweifel** die Zuständigkeit des WEsgerichts zu vermuten (so zur a. F. des § 43 BGH, NJW 2002, 3709; BayObLG, NJW 64, 47; Rpfleger 78, 257; OLG Frankfurt a. M., ZMR 66, 332; OLG Hamm, ZMR 68, 271, auch vor Errichtung des Gebäudes; BayObLG, NJW 57, 753, *Weitnauer/Mansel,* § 43 Rz. 38, a. A. OLG Hamburg, NJW 61, 1168; RGRK-*Augustin* § 43 Anm. I; zu § 43 a. F.). Die **Vorschrift** ist (auch jetzt) **weit auszulegen** (BGH, NZM 2009, 322 = NJW-Spezial 2009, 322). Dies galt auch zur alten Rechtslage (s. OLG Hamm, ZMR 68, 271; OLG Stuttgart, NJW 70, 102; KG, NZM 2006, 61; OLG München, NZM 2006, 61; ZWE 2006, 39). In **allen** Streitigkeiten, die sich aus dem WE im Rahmen des Gesetzes und der Vereinbarungen, Beschlüsse und richterlichen Entscheidungen unter den WEern und mit dem Verwalter – auch dem ausgeschiedenen ergeben (LG München I, Rpfleger 70, 64 u. BayObLG, Rpfleger 70, 65 = ZMR 70, 276 = BayObLGZ 69, 209 = OLGZ 70, 198; a. A. BayObLG, Rpfleger 75, 245), ist das WEsgericht zuständig. Die Zuständigkeit des WEsgerichts ist insbesondere bei Streitigkeiten aus der **GemO**/Vereinbarung gegeben, z. B. wenn über einen Anspruch auf Änderung einer **Vereinbarung** zu entscheiden ist (OLG München, ZWE 2006, 39 m. Anm. *Drabek*). Die Zuständigkeit nach Nrn. 1–4, 6 betrifft nicht nur das **Erkenntnisverfahren,** sondern auch das **Vollstreckungsverfahren,** sofern zuständiges **Vollstreckungsorgan**

das für die Entscheidung von WEssachen berufene AG als Prozessgericht des ersten Rechtszugs ist (OLG Karlsruhe, NZM 2009, 246).
Gleichzeitige sonstige zivilrechtliche Ansprüche, z. B. aus 2 §§ 823, 906, 1004 BGB, beseitigen die Zuständigkeit nicht (OLG München, NJW 68, 994; OLG Hamm, OLGZ 76, 62; OLG Düsseldorf, DerWEer 83, 31 = MDR 83, 320). So ist die Zuständigkeit nach § 43 auch dann gegeben, wenn die WEer gegen einen **mietenden** WEer bei vertragswidrigem Gebrauch der Mietsache vorgehen (KG NZM 2005, 382). Das AG ist bei identischem Streitgegenstand z. B. bei Unterlassungsklage gegen WEer und dessen Mieter statt des (i. F. des Mieters) zuständigen LGs als **gemeinsam zuständiges Gericht** bestimmbar (OLG München, NJW-RR 2008, 1544). So kann ein WEer von den übrigen WEern grundsätzlich eine so weitgehende **Mitwirkung** an der Auflösung eines **Mietverhältnisses** verlangen, dass die **Kündigung** beim Streitgericht nicht schon aus formellen Gründen scheitern kann, so auch durch Erteilung einer **Vollmacht** zur Kündigung (OLG Hamburg, NJWE-MietR 96, 254). Dies gilt z. B. in dem Fall, dass mit der Bildung von WE ein von dem früheren Eigentümer des Grundstücks eingegangenes Mietverhältnis über eine Wohnung auf die WEer übergegangen ist (OLG Hamburg, a.a.O. für die Zustimmung zu einer von dem WEer ausgesprochenen bzw. auszusprechenden Kündigung des Mietverhältnisses).

Keine WEssachen sind dagegen Ansprüche aus dem Erwerbsvertrag gegen den Veräußerer (OLG Düsseldorf, a.a.O.). Nicht nach Nr. 1 sind Streitigkeiten zwischen WEer als Vermieter mit seinem Mieter zu entscheiden. Dies gilt auch für Verträge zwischen WEern über Gegenstände des SEs (BayObLG, WuM 91, 300). Auch Ansprüche zwischen dem Mieter eines WEers und anderen WEern gehören nicht in das Verfahren nach § 43 (OLG Karlsruhe, NJW-RR 94, 146) ebenso zwischen Mitberechtigten am WE oder DWR (BGH, NJW-RR 95, 588). Eine Frage ist, ob der **ausgeschiedene WEer** seinerseits die Möglichkeit hat, die Gültigkeit eines Beschlusses nach Nr. 4 überprüfen zu lassen: Sie ist zu bejahen (BGH, NJW 2002, 3709; noch offengelassen von BGH, DerWEer 89, 58). Das **Ausscheiden** von WEern **nach** Rechtshängigkeit berührt die Zuständigkeit des WEsgerichts ebenfalls nicht, denn sie verlieren weder die aktive noch passive Verfahrensführungsbefugnis (allg. M.: BGH, NJW 2001, 3339; BayObLG, ZWE 2001, 544; KG, FGPrax 2000, 95 = NZM 2000, 828). Geht der Streit um die Verwaltung des **SEs** eines WEers durch den Verwalter ist ebenfalls die Zuständigkeit des WEsgerichts **nicht** gegeben (BayObLG, NJW-RR 96, 1037 = DNotZ 96, 37; dort auch zur Frage der materiellen Beteiligung).

§ 43 3   III. Teil. Verfahrensvorschriften

3   **1. Zu Nr. 1.** Alle Streitigkeiten aus dem 2. und dem 3. Abschnitt des I. Teils (§§ 10–29), soweit sie nicht speziell in den Nrn. 2–4 geregelt sind. Der Intention des Gesetzgebers entspricht es; möglichst **viele** die Gemeinschaft betreffende Angelegenheiten zu erfassen. Maßgeblich ist nicht die formale Rechtsgrundlage, etwa aus dem WEG, sondern ob die in Streit stehenden Rechte und Pflichten nach den vorgetragenen Tatsachen in einem **inneren Zusammenhang** mit einer Gemeinschaftsangelegenheit stehen (BGH, NJW 95, 2851; BayObLG, NZM 2002, 460; OLG Karlsruhe, NZM 2005, 305). Auch erfasst die Nr. 1 den Fall, dass ein WEer die **Bestellung** eines **Verwalters** betreibt (zu § 26 Abs. 3 a. F. u. § 43 Nr. 3 a. F.: LG Frankfurt/M, DWE 2009, 71).

Unter Nr. 1 fallen auch Unterlassungsansprüche wegen **ehrkränkender** Äußerungen, die in einem Zusammenhang mit dem Zusammenleben in einer WEsanlage stehen (OLG Frankfurt/M, NZM 2007, 134; dort auch zum Interesse an prozessualem Rechtsschutz).

Dagegen fallen unter Nr. 1 grundsätzlich **nicht** Streitigkeiten aus dem 1. Abschnitt des I. Teils, z. B. über Gegenstand, dingliche Zuordnung (OLG Köln, WuM 98, 47), Inhalt und Umfang des **MEs** oder **SEs** nach § 5 (OLG Karlsruhe, NJW 75, 1976; Justiz 77, 310; OLG Bremen, DerWEer 87, 59; LG Düsseldorf, Rpfleger 72, 450; BGH, NJW 95, 2851). Anders ist es bei bloßer **Vorfrage** (OLG Frankfurt a. M., OLGZ 84, 148). Allerdings unterfallen auch solche Streitigkeiten der Nr. 1, die die **Grundlagen** von SE und GemE oder ME betreffen, wenn **Rechte** und **Pflichten** aus dem Gemeinschaftsverhältnis in Frage stehen, also in einem inneren Zusammenhang mit einer gemeinschaftlichen Angelegenheit stehen (BGH, NJW 95, 2851; 2002, 3709; BayObLG, NZM 99, 272; a. A., KG, NZM 98, 581). Auch Fragen der Zulässigkeit der Verfügung über unselbstständige Elemente der dreigliedrigen Einheit des WEs usw. gehören hierher.

Also fallen **nicht** unter § 43 alle Streitigkeiten über Begründung, Übertragung, Aufhebung, Belastung des WEs (BGHZ 62, 388 = LM 14, 2 zu § 21 WEG m. Anm. *Rothe*) oder die Begründung, Änderung des SEs zwischen einzelnen WEern (BayObLG, NZM 99, 272), auch nicht aus schuldrechtlichem Vertrag über WE (BGH, WM 74, 780; BayObLG, NZM 2002, 460; BayObLG, NJW 65, 1484). Dies gilt auch für Klagen aus der Begründung nach § 8 mit den am Gründungsvorgang Beteiligten (BayObLG, ZWE 2001, 74) oder aus dem Verhältnis zum **Bauträger** (OLG Karlsruhe, ZMR 2000, 56). Vor allem Klagen aus dem **Erwerbsvertrag** (Kauf- oder Werkvertrag usw.) sind nach den **allg.** Vorschriften über die örtliche

Zuständigkeit 4 § 43

und sachliche Zuständigkeit der **ZPO** zu klären (BGH NZM 2005, 18; s. aber auch Rz. 7). Auch Streitigkeiten über die Frage, ob eine Wohnung zum SE oder zum GemE gehört, sind vor dem allg. Gericht auszutragen (BayObLG, NJW-RR 96, 912). Dagegen sind **Ausgleichsansprüche** aus Gesamtbelastung gemäß § 426 BGB WEssachen nach § **43 Nr. 1** (OLG München, MDR 72, 239). Zweifelhaft hinsichtlich der Rechtsgültigkeit der Vereinbarung, außer wenn sie in Verfahren nach § 43 als Vorfrage zu klären ist; Anspruch einer Nutzungsbeteiligung fällt nicht unter § 43.

WEssachen i. S. der Nr. 1 sind vor allem: Streitigkeiten über **Instandsetzung** und **Instandhaltung**, Zulässigkeit von **baulichen Änderungen** und Beseitigung dieser (OLG Stuttgart NJW 70, 102 = OLGZ 70, 74; OLG Hamm, OLGZ 76, 61), auch gegen den Veräußerer, wenn er gleichzeitig WEer ist (OLG Düsseldorf, Der-WEer 83, 31); hier kann auch der einzelne WEer den Anspruch auf **Beseitigung** der Beeinträchtigung des gemeinschaftlichen Eigentums gegen einen MEer ohne Ermächtigung durch die Wohnungseigentümergemeinschaft geltend machen (BGH, NJW 92, 978; Anm. *Reithmann*, LM H. 6/1992 § 16 WEG Nr. 13 Entscheidungssammlung); **Gebrauch** des gemeinschaftlichen Eigentums, wobei sich eine Gebrauchsregelung z. B. aus einer Vereinbarung ergeben kann, die sowohl positiv den Gebrauch regeln als auch negativ beschränken kann. In diesem Zusammenhang hat das OLG Düsseldorf festgestellt, dass eine solche Regelung unbedingt bindend ist und keinesfalls durch eine gegenteilige langjährige Übung außer Kraft gesetzt werden kann (OLG Düsseldorf, NJW-RR 95, 528) vgl. auch BayObLG, NJW-RR 94, 338); dabei geht es nicht nur um das Gebrauchsrecht als solches, sondern auch über Art und Weise der Benutzung, z. B. Leuchtreklame an Hauswand, BayObLG, NJW 64, 47. Auch Streitigkeiten über die Art und Weise der **Nutzung** des **SEs** gehören hierher, z. B. um die Frage der Nutzung einer EW als Tierarztpraxis (OLG München ZWE 2006, 48/LS). Streit über die **Nutzungsbedingungen** eines fremden SEs, hier: hinsichtlich eines in einem **fremden SE** installierten Heilöltanks, der einem anderen SEer gehört und dessen Heizungsanlage speist (OLG Köln, WuM 98, 47). Unter Nr. 1 fällt Streit um den Umfang eines **Sondernutzungsrechts** (BGH, NJW 90, 1112; OLG Köln, NJW-RR 89, 1040); dies gilt auch für die Frage des Bestehens überhaupt oder der Rechtsinhaberschaft (*Merle* in *Bärmann/Pick/Merle*, § 43 Rz. 17; a. A. OLG Saarbrücken, NJW-RR 98, 1165). Schließlich gilt Nr. 1 auch in Streitigkeiten um Beeinträchtigungen des SNRs durch Mitglieder der Gemeinschaft (OLG Köln, NJW-RR 89, 1040). **Unterlassungsanspruch** wegen störenden Musizierens (OLG Frankfurt a. M., OLGZ 84, Nr. 38). Statt des früher möglichen Erlasses einer kompletten **Hausordnung** durch das Gericht dürften nur noch **einzelne Regeln** möglich sein (zur früheren Rechtslage s. OLG Hamm NJW 69, 884), Gebrauch des SEs, **Lasten-** und **Kostentragung** und -verteilung (OLG Koblenz, ZMR 77, 87; KG, OLGZ 77, 1; OLG München, MDR 72, 239; BayObLGZ 73, 142 = DNotZ 74, 78). **Beitreibung** derselben auch durch einen einzelnen WEer nur unter der Voraussetzung des § 21 Abs. 2 oder mit Ermächtigung durch die Gemeinschaft und mit Leistung an diese (vgl. BGH, NJW 2005, 2061), also mit Leistung an den Verband (s. Einl. Rz. 30). Sie kann auch einem Verwalter übertragen sein. Allerdings wird ein **außerhalb** des Gemeinschaftsverhältnisses begründeter Anspruch auch dann nicht zu einem gemeinschaftlichen, wenn er an sie **abgetreten** und von ihr geltend gemacht wird (OLG München NZM 2006, 61 für einen an die Gemeinschaft abgetretenen kaufvertraglichen Freistellungsanspruch hinsichtlich Wohngeldzahlungen). Auch Streitigkeiten im Zusammenhang mit Bestehen und Ausübung eines **SNRs** fallen unter Nr. 1. Auch die Verfolgung von Ansprüchen von/gegen ausgeschiedene(n) WEer(n) richtet sich nach dieser. Das WEsgericht ist zuständig im Fall der **Bestellung** des Verwalters nach § 21 Abs. 4 (*Merle*, Bestellung ... d. Verwalters, 1977, 88 ff.; *Weitnauer/Lüke*, § 26 Rz. 22; zur Abberufung OLG Stuttgart, OLGZ 77, 43), Art und Weise der **Verwaltung,** Ausführung von Beschlüssen und Entscheidungen, auch etwaige **Schadensersatzansprüche.** Die Zuständigkeit des WEsgerichts ist nach § 43 auch für solche Fälle gegeben, in denen ein WEer von einem anderen aus unerlaubter Handlung **Schadensersatz** verlangt (OLG Köln, NJW-RR 95, 910), sofern das von ihm in Anspruch genommene Recht in einem inneren **Zusammenhang** mit einer Angelegenheit steht, die aus dem Gemeinschaftsverhältnis der WEer erwachsen ist (BGH, NJW-RR 91, 907); z. B. wenn ein WEer gegen einen anderen WEer Schadensersatz geltend macht, der im Zusammenhang mit der **Auswechselung** tragender Deckenbalken steht (OLG Köln, a. a. O.). Zuständigkeit ist nach § 43 auch dann gegeben, wenn um eine Gebäudefeuerversicherung gestritten wird (KG, MDR 84, 584) oder wenn sich Ansprüche gegenüber MEern nach Bürgerlichem Recht richten, soweit es materiell um den Umfang der **Nutzungsbefugnis** geht, BayObLG, MDR 84, 942 (für § 1104 BGB: OLG Frankfurt a. M., NJW 65, 2205 und OLG Düsseldorf, DerWEer 83, 31, für §§ 823, 906 BGB: OLG München, NJW 68, 994, für Mitbesitz: BayObLG, MDR 71, 301; s. § 13 Rz. 39 f., für §§ 666, 675, 823 BGB: BGH, NJW 72, 1318 = WM 72, 828, für §§ 667,

675 BGB: BayObLGZ 69, 209; für § 683 BGB: OLG Frankfurt a. M., OLGZ 84, 148). Zu Ansprüchen Dritter s. Nr. 5. Zum Gebrauch d. gemeinschaftl. Eigentums noch BayObLG, NJW 62, 492; OLG München, NJW 68, 907, BayObLG, MDR 72, 516 = ZMR 72, 226 (Fahrradkeller), BayObLG, NJW 71, 436 (Haustierhaltung). Zu Schadensersatzansprüchen s. o. Der Anspruch auf **Zustimmung** zur Veräußerung nach § 12 Abs. 2 richtet sich nach Nr. 2 (vgl. BayObLGZ 77, 40, noch zu § 43 a. F.).

Auch der **Beschluss** der Gemeinschaft, ein gerichtliches Verfahren gegen einen WEer einzuleiten, ist bereits im Rahmen des § 43 Nr. 1 nachprüfbar (BayObLG, MDR 75, 934 = Rpfleger 75, 311 = ZMR 76, 313). Dies gilt auch bei einem Streit über den **Inhalt** eines Beschlusses der WEer (OLG Köln, OLGZ 79, 282 = WEM 79, 132).

Nicht mehr ausgenommen aus dem Anwendungsbereich der Nr. 1 sind: Ansprüche nach § 17 im Falle der Aufhebung der Gemeinschaft, nicht nur nach der Aufhebung, sondern auch **auf** Aufhebung und das Verfahren auf Entziehung nach § 18.

Auch die **Vollstreckungsabwehrklage** nach § 767 ZPO i. V. m. §§ 794 Abs. 1 Nr. 2, 795 ZPO, nach denen der Schuldner Einwendungen gegen die Vollstreckbarkeit eines Kostenfeststellungsbeschlusses erheben muss, unterliegt denselben verfahrensrechtlichen Regeln wie **das Verfahren**, in dem der Vollstreckungstitel ergangen ist (BGH, NZM 2009, 322). Es gilt § 72 Abs. 2 S. 1 GVG als besondere Zuständigkeitsregelung – sog. Konzentrationszuständigkeit (BGH, a. a. O.).

2. Zu Nr. 2. Die Vorschrift ist die Konsequenz aus der Regelung des § 10 Abs. 6 S. 5. Da die Gemeinschaft im Bereich ihrer Teilrechtsfähigkeit gemäß § 50 Abs. 1 ZPO auch parteifähig ist, kann sie entspr. auch Klägerin und Beklagte sein. Dies gilt auch bei Streitigkeiten über die Rechte und Pflichten der WEer gegenüber der **Gemeinschaft** als solcher und umgekehrt. Insofern ist die Nr. 2 eine Ergänzung zu Nr. 1. WEer kann der Einzelne oder eine Mehrzahl von WEern sein.

Nach Nr. 2 besteht die örtliche Zuständigkeit des Gerichts für **alle** Streitigkeiten zwischen der Gemeinschaft als solcher und ihren Mitgliedern.

3. Zu Nr. 3. Rechte und Pflichten des Verwalters. § 43 Nr. 2 gilt nicht im Verfahren gegen einen Baubetreuer über die Verwendung gemeinschaftlicher Gelder (BGHZ 65, 264 = ZMR 76, 191 = Rpfleger 76, 354), selbst wenn er später Verwalter wird; ebenso wenn es um individuelle Zahlungsansprüche wegen Energieverbrauchs aus

Vertrag mit dem Verwalter geht (OLG Hamm, Rpfleger 79, 318). Die Zuständigkeit ist ebenfalls nicht aus Nr. 3 gegeben, wenn ein WEer dem Verwalter die Verwaltung oder Vermietung seiner EW übertragen hat (OLG Braunschweig, MDR 76, 669; BayObLG, DWE 95, 118), selbst wenn der Mietzins nach der GemO an den Verwalter gezahlt wird (BayObLG, NJW-RR 89, 1167), oder wenn Verwaltung noch nicht übertragen (BGH, NJW 76, 239); wann dies eingetreten ist, s. BayObLG, MDR 72, 516. Das gilt auch in einem Rechtsstreit zwischen einem WEer und dem Versicherer des Verwalters (BayObLG, NJW-RR 87, 1099), ebenso im Falle einer Klage auf Widerruf oder Unterlassung ehrverletzender Behauptungen (BayObLGZ 89, 67; OLG Düsseldorf, ZWE 2001, 164). Zu solchen Fällen steht die Individualbeziehung der Parteien im Vordergrund. Die Erstreckung der Zuständigkeit auf **Geschäftsführer** einer **Verwalter-Gesellschaft** ist str. (bejahend KG NZM 2006, 61 = ZWE 2006, 49/LS) im Fall der Klage eines Käufers gegen die vom Bauträger eingesetzte Verwaltungs-GmbH und deren Geschäftsführer wegen unzutreffender Abnahme des GemEs; verneinend AG Kassel ZMR 2003, 458; LG Mainz ZMR 2000, 405). **Klageberechtigt** ist auch der Verwalter bezüglich der Pflichten der WEer auf Grund der **Hausordnung** (OLG Hamm Rpfleger 70, 135).

Nach § 43 sind Streitigkeiten aus dem **Anstellungsvertrag** zu erledigen, etwa wegen Schadensersatzansprüche gegen den Verwalter (BayObLG, NJW-RR 87, 1368) oder bezüglich des Vergütungsanspruchs (OLG Hamm, MDR 74, 229); dies gilt z. B. dann, wenn **Schadensersatzansprüche** mit der Begründung erhoben werden, er habe seine Pflichten bei der Verwaltung des gemeinschaftlichen Eigentums verletzt (BGH, NJW 72, 1318 = WM 72, 827 = MDR 72, 772 = JR 73, 16 m. Anm. *Gitter* = BB 72, 900); OLG Köln, OLGZ 76, 143; s. a. BayObLGZ 70, 1 = MDR 70, 507 (Einberufung); OLG Karlsruhe, NJW 69, 1968; OLG Hamm; OLGZ 75, 157 = Rpfleger 75, 255 (Fristenversäumnis), BayObLGZ 72, 246 (Einsichtsverweigerung), BayObLGZ 74, 269 = Rpfleger 74, 316 (baul. Veränderung), BayObLGZ 73, 1 (Gewerbeausübung), BayObLGZ 72, 90 (Haustierhaltung), BayObLGZ 72, 348 (Veräußerungs-Zustimmung). Macht ein WEer einen Schadensersatzanspruch wegen Beschädigung seines **SEs** gegen den Verwalter geltend, den er auf die Verletzung der Pflicht des Verwalters zur Durchführung eines Eigentümerbeschlusses stützt, sind die übrigen WEer grundsätzlich nicht materiell am Verfahren beteiligt (BayObLG, NZM 2000, 501).

8 Auch ist noch **nach** Ausscheiden des Verwalters die Zuständigkeit nach § 43 Nr. 3 über seine Tätigkeit und Pflicht zur **Rechnungs-**

legung gegeben (BayObLG, NJW-RR 94, 856; LG München I Rpfleger 70, 64 und BayObLG, Rpfleger 70, 65; dazu *Diester,* Rpfleger 70, 55) sowie über seinen **Vergütungsanspruch** (BGH, NJW 80, 2466; DerWEer 89, 58; OLG Frankfurt a. M., DerWEer 83, 61; OLG Hamm, DerWEer 88, 100) oder Ansprüche des Verwalters auf Ersatz seiner **Aufwendungen** (BayObLG, DerWEer 89, 184; NJWE-MietR 96, 276; ZWE 2001, 431). Der Anspruch hat nicht einen Eigentümerbeschluss über die Jahresabrechnung zur Voraussetzung (BayObLG, NJWE-MietR 96, 276). Nr. 3 gilt für Ansprüche des Verwalters auch dann, wenn der Verwalter **vor** Rechtshängigkeit ausgeschieden ist (BGH, NJW 80, 2466; NJW 2002, 3709). Auch für Ansprüche der WEer **gegen** den ausgeschiedenen Verwalter ist das WEs-Gericht zuständig (BGH, NJW 2002, 3709; BayObLG, DerWEer 89, 184). Dies soll auch im Fall des **faktischen Verwalters** gelten (s. o. § 26 Rz. 39 ff.). Nr. 3 gilt dagegen **nicht** für Streitigkeiten zwischen ehemaligem und aktuellem Verwalter (OLG München NZM 2006, 25: Allg. **Streitgericht**). Sind beide Parteien (WEer und Verwalter) aus der Gemeinschaft bzw. Rechtsverhältnis zu ihr ausgeschieden, bleibt es ebenfalls bei der Zuständigkeit des WEs-Gerichts, wenn es sich um Rechte und Pflichten aus der ehemaligen Beziehung nach WEG handelt (BayObLG, NJW-RR 94, 856; NJWE-MietR 96, 276; ZWE 2001, 431).

Auch für die Beitreibung der **Lasten-** und **Kostenbeiträge** kann Nr. 3 gelten, soweit es um **seine** Rechte und Pflichten geht; das gilt ebenfalls für die Anforderung und den Empfang von **Zins-** und **Tilgungsbeträgen,** soweit es sich um gemeinschaftliche Angelegenheiten der WEer handelt (BayObLG, Rpfleger 78, 257). Das Gericht kann ggfs. eine einstweilige Verfügung nach §§ 935 ff. ZPO erlassen (s. Rz. 24 vor § 43), auch hinsichtlich Tilgungsbeiträgen zur Gesamtbelastung. Nach § 43 Nr. 3 ist auch über den **Feststellungsantrag** zu entscheiden, ob eine wirksame Verwalterbestellung vorliegt (KG, OLGZ 76, 266 = ZMR 77, 347). Grundsätzlich sind Ansprüche auch **gegen** den **abberufenen Verwalter,** nach Nr. 3, aus dessen früherer Verwaltertätigkeit, z. B. Auskunftserteilung, Rechnungslegung und Herausgabe von Unterlagen geltend zu machen (LG München I, Rpfleger 70, 64; BayObLG, Rpfleger 70, 65; ZMR 76, 89 = BayObLGZ 75, 161; DerWEer 82, 136; OLG Hamburg, NJW 63, 818; OLG Hamm, Rpfleger 70, 400; OLGZ 75, 157; *Diester,* Rpfleger 70, 55 ff.; BayObLGZ 75, 40). Dies gilt auch für Schadensersatzansprüche (BGH, NJW 72, 1318). Auch kann ein **abberufener Verwalter** die Ungültigkeit des Abberufungsbeschlusses geltend machen (BayObLG, WEM 80, 125). Das

§ 43 10, 11   III. Teil. Verfahrensvorschriften

gilt auch für das Auskunftsverlangen und Herausgabe von Bauunterlagen des früheren Verwalters und Grundstücksvoreigentümers (OLG Köln, WEM 80, 82). Der Vergütungsanspruch des Verwalters ist ebenfalls nach Nr. 3 geltend zu machen, auch wenn der Verwalter abberufen worden ist (BGH, NJW 80, 2466 zu BGHZ 59, 58 = NJW 72, 1318; BayObLG, ZWE 2001, 431).

10   **Klageberechtigt** ist jeder Wohnungseigentümer (OLG Karlsruhe, NJW 69, 1968; vgl. KG, MDR 92, 51) und der Verwalter (OLG Hamm, Rpfleger 70, 135). Das **Rechtsschutzbedürfnis** entfällt, wenn der Verwalter dem Begehren nachkommt (BayObLG, Rpfleger 77, 126; s. a. BayObLG, Rpfleger 72, 411 = BayObLGZ 72, 246 = ZMR 73, 213). Lässt der Verwalter elektrische Zuleitungen zu einzelnen Kellerabteilen unterbrechen, die nach seiner Auffassung unberechtigt angebracht wurden, kann ein **Wiederherstellungsanspruch** nur von der Gemeinschaft insgesamt oder mit deren Ermächtigung von einem einzelnen WEer gegen den Verwalter geltend gemacht werden (KG, NZM 2000, 677). Nach allg. M. besteht die Befugnis des Verwalters, seinen Abberufungsbeschluss nach Abs. 1 Nr. 3 anzufechten (dazu § 26 Rz. 20; KG, OLGZ 76, 266; BayObLG, WEM 80, 125).

11   **4. Zu Nr. 4.** Streitigkeiten über die Gültigkeit von **Beschlüssen** der WEer. Hierbei geht es i. d. R. um die Ungültigkeitserklärung eines Beschlusses durch rechtskräftiges Urteil nach § 23 Abs. 4 S. 2 i. V. m. § 46 Abs. 1 S. 1 (s. jeweils dort). Eine solche Ungültigkeitserklärung findet auch statt, wenn der Vorsitzende der Versammlung einen (wirksamen) Beschluss mit falschem Inhalt verkündet (BGH, NJW 2002, 3704). Ein entsprechender **Antrag** muss grundsätzlich hinreichend **bestimmt** sein: So ist ein auf die Ungültigkeitserklärung „von Beschlüssen" (so die globale Formulierung des Antrages) einer Eigentümerversammlung gerichteter Antrag mangels hinreichender Bestimmtheit des Anfechtungsgegenstandes unzulässig (OLG Zweibrücken, NJW-RR 95, 397). Ändernde Eingriffe des Gerichts sind im Verfahren nach Nr. 4 unzulässig, doch können sie in **demselben** Verfahren nach Nr. 1 verfolgt werden. Im Ergebnis so auch KG (ZMR 96, 216 = FGPrax 96, 55 = NJW-RR 96, 587), nach dem zum **Gegenstand** des gerichtl. Verfahrens auch das Begehren auf eine ersetzende anderweitige Regelung gehört. Der Eigentümerbeschluss, einen WEer unter Hinweis auf § 18 WEG – Entziehung des WEs – **abzumahnen,** ist im Verfahren nur auf die Ordnungsmäßigkeit der Beschlussfassung, nicht hingegen auf die Berechtigung der Abmahnung hin zu überprüfen (LG Düsseldorf, ZMR 91, 314). Nr. 4 deckt auch die Entscheidung über den Antrag

Zuständigkeit 12 § 43

auf **Feststellung,** dass **ein gültiger** Beschluss der WEer (OLG Celle, NJW 58, 307) oder mit einem **bestimmten** Inhalt zustande gekommen ist (BGH, NJW 2002, 3704: Bei Verkündung mit unklarem Inhalt; BayObLG, DerWEer 89, 184/LS) bzw. **nicht** zustande gekommen ist (BayObLG, ZMR 96, 151 = NJW-RR 96, 524). Ist die Verkündung durch den Versammlungsleiter unterblieben, gilt ebenfalls Nr. 4, wenn der Inhalt des Beschlusses festgestellt werden soll (BGH, NJW 2001, 3339). Im Rahmen der Nr. 4 ist auch über die **Feststellung** zu entscheiden, ob ein Beschluss nach § 23 Abs. 4 S. 1 **nichtig** ist (BayObLG, NJW-RR 2003, 950) oder nicht zustande gekommen ist. Z. B. besteht ein Feststellungsinteresse an der Nichtigkeit der **Bestellung** eines **Verwalters,** auch wenn eine Verwaltertätigkeit nicht mehr ausgeübt wird (BayObLG, NZM 2004, 623). Wegen **Prozessstandschaft** des Verwalters s. oben § 27 Rz. 36. Zum Interessenkonflikt zwischen Verwalter und den vertretenen WEern s. BayObLG, Rpfleger 78, 320.

Lehnt die Versammlung mehrheitlich ab, über einen Antrag eines WEers zu beschließen (sog. Negativbeschluss i. e. F. der Ablehnung einer Sachentscheidung) besteht **Rechtsschutzbedürfnis** zur Ungültigkeitserklärung dieses Beschlusses nur, wenn Anspruch auf Beschlussfassung bestand (BayObLG, NJW 72, 1376; DerWEer 83, 126). I. d. R. handelt es sich um einen **Nichtbeschluss,** der nicht aufhebbar ist (BayObLG, NJW-RR 94, 658 = WuM 94, 165). Ist ausnahmsweise etwas anderes gewollt, muss dies eindeutig zum Ausdruck gebracht werden (ebenda). Nach zutreffender Auffassung ist allerdings das Rechtsschutzinteresse schon dann gegeben, wenn es um die Nachprüfung von geltend gemachten Sachgründen geht (zum Fall einer abgelehnten Abberufung des Verwalters s. § 23 Rz. 18). Insofern hat ein ablehnender Beschluss auch Beschlussqualität (BGHZ 148, 335; BayObLG, NZM 2005, 21). Rechtsschutzbedürfnis besteht auch bei der Überprüfung eines sog. Scheinbeschlusses (s. § 23 Rz. 19), um den Rechtsschein eines beständigen Beschlusses zu beseitigen. Das Rechtsschutzbedürfnis entfällt nicht schon, wenn ein anderer WEer einen identischen Antrag eingereicht hat (BayObLGZ 77, Nr. 44 = Rpfleger 77, 446). Der Antrag nach § 43 Nr. 4 bedarf nicht des Nachweises eines **besonderen** Rechtsschutzbedürfnisses (KG, ZMR 77, 343 = OLGZ 76, 56). Kein Rechtsschutzbedürfnis besteht wenn sich der anfechtende WEer in Kenntnis des Einberufungsmangels ausdrücklich mit der Beschlussfassung **einverstanden** erklärt hatte (OLG Hamm, NJW-RR 93, 468). Ein Beschluss kann auch angefochten werden, wenn er bereits vollzogen ist **(Folgenbeseitigungsanspruch!),** BayObLG, ZMR 76, 310; BayObLG, NJW-RR 92, 1367. Zur Befugnis des Verwalters, gegen ihn betreffende Beschlüsse vorzugehen, s. § 26 Rz. 17.

13 Jeder einzelne WEer kann anfechten (OLG Schleswig, NZM 2005, 588). Doch sind **mehrere** zur gleichen Zeit in derselben Instanz anhängige **Anfechtungsanträge** zu einem einzigen Verfahren zu verbinden (§ 47 S. 1). Grundsätzlich kann über die Anträge nur **einheitlich** entschieden werden. Es ist zulässig, mit der Beschlussanfechtung nach Nr. 4 einen Antrag auf **Feststellung** eines wirklich gefassten Beschlusses zu verbinden (Näheres OLG Hamm, Rpfleger 79, 342 = WEM 79, 175). Eine Beschlussanfechtung mit dem Ziel der Berichtigung des Protokolls findet nicht statt (BayObLG, Wohnung u. Haus 80, 102). Feststellung der Nichtigkeit möglich (LG Mannheim, ZMR 79, 317), auch Verbindung mit Beschlussanfechtung (OLG Hamm, Rpfleger 79, 342). Zum Feststellungsinteresse s. unten Rz. 20 ff. Ungewöhnlich bei BayObLGZ 1980 Nr. 8: Wird Ungültigkeitsanfechtung rechtskräftig abgewiesen, ist Beschluss rechtswirksam auch im Bezug auf Nichtigkeitsgründe.

Der durch Beschluss der WEer abberufene **Verwalter** kann den Beschluss über seine Abberufung, nicht jedoch den Beschluss über die Wahl des neuen Verwalters anfechten (OLG Hamm, ZMR 97, 49 = NJW-RR 97, 523). Mangels Beeinträchtigung eigener subjektiver Rechte kann ein **neu bestellter Verwalter** auch eine Entscheidung, mit der einer Anfechtung gegen den Beschluss über **seine** Bestellung stattgegeben wurde, nicht angreifen (OLG Köln, NZM 2006, 25).

14 Der Anfechtungswille kann sich aus den Umständen ergeben (KG, WM 72, 710). Anfechtung auch nach Durchführung des Beschlusses (BayObLGZ 75, 201 = ZMW 76, 311 = Rpfleger 75, 367; ZMR 76, 87), außer wenn Beschluss durch WEer bestätigt (BayObLG, Rpfleger 77, 446 = BayObLGZ 77, 226; OLG Hamm, Rpfleger 78, 320), nicht aber bei bloßer Inaussichtstellung erneuter Beschlussfassung (OLG Frankfurt a. M., OLGZ 1980, 78).

15 **5. Zu Nr. 5.** Die Vorschrift verfolgt den Zweck, neben den Binnenstreitigkeiten der Nrn. 1–4 auch für Klagen **Dritter** mit Bezug auf eine WEergemeinschaft eine **ausschließliche** örtliche Zuständigkeit zu begründen. Das Gericht, in dessen Bezirk das Grundstück liegt, ist auch für Klagen **Dritter** ausschließlich zuständig. Nr. 5 ist Ausfluss der Teilrechtsfähigkeit der Gemeinschaft nach § 10 Abs. 6 S. 5. Andererseits erfasst die Vorschrift auch Klagen Dritter die gegen **einzelne** WEer oder **alle** WEer erhoben werden.

In der Begr. zu Nr. 5 (BT-Drs. 16/3843, S. 55) wird ausdrücklich festgehalten, dass die Neuregelung auch für den Fall gelten soll, dass es sich um **ausgeschiedene Mitglieder** einer WEergemeinschaft handelt. Es muss sich allerdings wie bisher um eine Klage mit wohnungseigentumsrechtlichem Hintergrund handeln. Selbstverständlich ist, dass dies erst recht für Klagen gilt, die schon beim Ausscheiden eines WEers rechtshängig waren. Die Vorschrift gilt auch dann, wenn der **Dritte** seine Forderung an einen WEer **abgetreten** hat (LG Nürnberg-Fürth, NZM 2008, 494).

An der weiten Auslegung in Bezug auf die örtliche Zuständigkeit wird ausdrücklich festgehalten (a. a. O.), d. h. es genügt, ist aber auch erforderlich, dass im Verfahren ein **Bezug** zur Verwaltung von GemE hergestellt wird. Auch die Verbindung zum SE und seiner Verwaltung gehört hierher (dazu *Briesemeister,* NZM 2007, 345: Einbau im SE).

6. Zu Nr. 6. Mit der Nr. 6 wird der frühere § 46 a Abs. 1 S. 2 **16** ersetzt und modifiziert.

Satz 1: Die örtliche Zuständigkeit wird beschränkt auf **Mahnverfahren,** bei denen die **Gemeinschaft** der WEer Antragstellerin ist. Typisch für solche Verfahren sind solche, in denen die übrigen WEer gegen **einen** WEer Wohngeld (Hausgeld)ansprüche geltend machen oder wenn alle WEer gegen den Verwalter eine Geldforderung geltend machen. Dann ist die rechtsfähige Gemeinschaft Antragstellerin. Das Verfahren kann sich auch gegen **Dritte** richten, wenn die Gemeinschaft Antragstellerin ist. In anderen Mahnverfahren gilt die ausschließliche Zuständigkeit des AG nach § 689 Abs. 2 ZPO.

Satz 2: Die Vorschrift stellt eine Ausnahme gegenüber § 689 Abs. 2 ZPO dar, da die Wohnungseigentümergemeinschaft keinen „Sitz" im Sinne des § 17 Abs. 1 S. 2 ZPO hat und insoweit an den Sitz der Verwaltung angeknüpft würde, die nicht notwendig am Ort des Grundstücks der WEsanlage tätig ist. Damit ist eine Vereinfachung für die Gemeinschaft verbunden, da stets das Gericht am Belegenheitsort anzurufen hat.

Für die übrigen Binnenstreitigkeiten gilt Satz 2 nicht. Z. B. nicht für einen Mahnantrag eines WEers gegen einen anderen oder den Verwalter. Hier bleibt es bei der Regelung des § 689 Abs. 2 S. 3 ZPO. Dies bedeutet u. U. eine gewisse Belastung, weil der ausschließliche Gerichtsstand **erst** dann zur Geltung kommt, wenn die Sache auf Grund eines Widerspruchs oder Einspruchs dann an das Gericht der Belegenheit **abgegeben** wird (a. a. O. S. 56).

Wird der Verwalter oder ein Dritter im Wege der gewillkürten **Prozessstandschaft** im eigenen Namen für die Gemeinschaft ermächtigt, dürfte nach Sinn und Zweck der Vorschrift **Satz 1 entsprechend** anzuwenden sein.

Die in § 44 gewährte Privilegierung dürfte auch im **Eilverfahren** zur Anwendung kommen (s. §§ 916 ff., 935 ff. ZPO). Das gilt auch für Eilverfahren nach §§ 485 ff. ZPO (selbstständiges Beweisverfahren). Eilverfahren nach § 935 (zur Erlangung einer einstweiligen Verfügung) sind unter den dort genannten Voraussetzungen zulässig. Da das WEG keine Sonderregelung (im Gegensatz zur früheren einstweiligen Anordnung) enthält, gilt das allg. Verfahrensrecht.

Mittels einstweiliger Verfügung kann z. B. die Wahl eines Verwalters oder die Inkraftsetzung eines Beschlusses verhindert werden. Die **Aussetzung** eines Beschlusses ist nur im Einzelfall möglich, wenn die Interessen anfechtender WEer überwiegen (LG München, DWE 2009, 73 = NJW-Spezial 2009, 2). Im Verfahren auf Erlass einer einstweiligen Verfügung ist keine dritte Instanz (einer Rechtsbeschwerde) für WEer eröffnet (BGH, DWE 2009, 54).

Bei Erledigung des einstweiligen Verfügungsverfahrens entspricht es billigem Ermessen, bei mangelnder Erfolgsaussicht die Kosten dem Antragsteller gemäß § 91a ZPO aufzuerlegen (AG Hamburg-St.-Georg, DWE 2009, 78). Eine **Eigentümerliste** kann im Wege einstweiliger Verfügung nicht verlangt werden (LG Stuttgart, NJW-Spezial 2009, 34).

II. Anfechtungsklage

17 Nach Wegfall der Monatsfrist für die Beschlussanfechtung (§ 23 Abs. 4 S. 2 a. F.) unterliegt nun die **(Anfechtungs-)Klage** derselben zeitlichen Befristung nach Beschlussfassung (§ 46 I S. 2). Ein lediglich anfechtbarer Beschluss ist nach § 23 Abs. 4 S. 2 (neu) gültig, solange er nicht durch rechtskräftiges **Urteil** für ungültig erklärt ist. Damit erübrigt sich die Frage, ob ein über längere Zeit praktizierter Beschluss insbes. bei anerkannter Anfechtbarkeit stillschweigend bestätigt ist. Ggfs. kann auch der Grundsatz des „venire contra factum proprium" als Form des Rechtsmissbrauches zur Anwendung kommen (Einzelheiten s. § 46 Rz. 1 ff.). Zur Klageerhebung mittels einer Klageschrift s. § 253 ZPO. Der **Gerichtskostenvorschuss** ist nach Erhebung der Anfechtungsklage nach Aufforderung des Gerichts so zu zahlen, dass eine alsbaldige **Zustellung** innerhalb 14 Tagen erfolgen kann gemäß § 167 ZPO (LG Nürnberg-Fürth, NJW-Spezial 2009, 34 = NZM 2008, 897).

18 Schließen sich **mehrere** WEergemeinschaften zu einer **Wirtschaftsgemeinschaft** zusammen, um gemeinsam einen Ferienwohnpark zu betreiben, findet auf diese Wirtschaftsgemeinschaft **nicht** das Recht des WEG, sondern der BGB-Gesellschaft Anwendung. Streitigkeiten über **Beschlüsse** der Wirtschaftsgemeinschaft sind vor den ordentlichen Gerichten und nicht im WEG-Verfahren auszutragen (OLG Köln, NZM 99, 1105).

III. Klageantragsrecht

Nach der Neufassung des § 43 ist das Recht, einen **Klageantrag** 19 zu verfolgen, also der Klageerhebung nach § 253 ZPO, in den Nrn. 1 bis 6 unterschiedlich geregelt.

Nach Nr. 1 steht das Recht **allen** WEern zu, die in eine der dort aufgeführten Streitigkeiten verwickelt sind (betroffen sind).

Im Rahmen der Nr. 2 sind die Gemeinschaft auf der einen Seite, einzelne WEer auf der anderen Antragsberechtigte und Parteien.

Im Fall der Nr. 3 können sich der Verwalter auf der einen Seite und die Gemeinschaft als Rechtsperson **oder** einzelne WEer auf der anderen Seite gegenüberstehen.

Nach Nr. 4 sind **alle** WEer sowie der **Verwalter** berechtigt, einen Klageantrag zu stellen.

Nr. 5 bezieht sich hingegen auf außenstehende **Dritte,** für die die jeweiligen prozessualen Rechte maßgebend sind.

Gemäß Nr. 6 kann nur die **Gemeinschaft** als solche Antragstellerin im Rahmen eines Mahnverfahrens sein.

Wirkung der Entscheidung inter partes. Anspruch auf rechtliches 20 Gehör besteht im Rahmen der mündlichen Verhandlung (Grundsatz nach § 128 ZPO) immer nur für die unmittelbar zum Verfahren Zugezogenen oder Beigetretenen. Ein WEer ist auch dann zur Anfechtung von Beschlüssen der WEerversammlung berechtigt, wenn er erst nach dem Zeitpunkt der Beschlussfassung in das WohnungsGB eingetragen worden ist (OLG Frankfurt a. M., NJW-RR 92, 1170). Der **Verwalter** ist nur in Verfahren nach Nrn. 3 und 4 antragsberechtigt (BGH, NJW 2002, 3240). Auch ein wirksamer Ausschluss vom Stimmrecht beeinträchtigt Antragsrecht nicht. Im Fall von Bruchteilsberechtigung oder Gesamthänderischer Beteiligung am **WE** hat jeder Einzelne Berechtigte Antragsbefugnis (BayObLGZ 98, 127; NZM 99, 767).

Anträge in WEsachen müssen wie bei anderen Streitgegenständen nach § 253 Abs. 2 Nr. 2 ZPO **bestimmt** sein. Sie sind allerdings in einem bestimmten Umfang **auslegungsfähig.** Verfahrensanträge sind so auszulegen, dass i. Zw. dasjenige gewollt ist, was nach den Maßstäben der Rechtsordnung vernünftig und der recht verstandenen Interessenlage entspricht (BGH NZM 2003, 372). Wie jedes Recht kann auch das prozessuale Antragsrecht **verwirkt** sein. Dann müssen jedoch die den Verwirkungstatbestand begründenden

Tatbestandsmerkmale wie Nichtausübung, Erwecken des Eindrucks der Nichtgeltendmachung gegeben sein (OLG Düsseldorf, ZWE 2001, 163; OLG Köln, NZM 2002, 267, auch für den Fall der Passivität nach Antragstellung). **Rechtsschutzbedürfnis** muss wie bei jedem Verfahrensantrag bestehen (BayObLG, Rpfleger 72, 260). Es ist grundsätzlich zu unterstellen (BayObLG, WE 93, 344). Es fehlt z. B. dann bei einer Anfechtungsklage, wenn der WEer selbst für den betreffenden Beschluss gestimmt hat (*Gerauer,* ZMR 89, 41). Das Rechtsschutzinteresse wird grundsätzlich auch nicht nach Verlust des WEs beseitigt. Es kann jedoch entfallen (BayObLG, NZM 2000, 350). Anders bei Nichtigkeit. Das Rechtsschutzbedürfnis fehlt für eine auf den Einberufungsmangel gestützte Anfechtung eines Eigentümerbeschlusses, wenn der Verwalter zu Beginn einer von ihm nach Ablauf seiner Bestellungszeit einberufenen Versammlung die ordnungsgemäße Einberufung feststellt und ein WEer, der mit der Einberufung der Versammlung durch den bisherigen Verwalter ausdrücklich einverstanden war, hiergegen keine Einwände erhebt (BayObLG, NJW-RR 92, 910). Zum fehlenden Rechtsschutzbedürfnis für Sachanträge s. BayObLG v. 3. 11. 83–2 Z 40/83; zur Frage des Rechtsschutzbedürfnisses beim **Feststellungsantrag** gegen den Verwalter, der sich eines über die ordnungsmäßige Verwaltung hinausgehenden Rechts nicht berühmt hat, vgl. BayObLG v. 3. 2. 83–2 Z 57/82, bei Berichtigung einer Versammlungsniederschrift s. BayObLGZ 82, Nr. 66. Sieht die GemO vor, dass das **Protokoll** einer Versammlung von der nächsten zu bestätigen ist, so fehlt vor einer solchen Bestätigung für einen Antrag auf gerichtliche Feststellung, welche Protokollfassung maßgeblich ist, das Rechtsschutzbedürfnis (BayObLG, NJW-RR 89, 1168). Das Feststellungsinteresse fehlt, wenn die begehrte Feststellung (z. B. der Verpflichtung zur Duldung eines bestimmten Zustands schon **inzident** in einer den entspr. Beseitigungsanspruch abweisenden Entscheidung getroffen wurde (OLG Köln, NZM 2000, 305/LS).

Zum Rechtsschutzbedürfnis bei einem **Zweitbeschluss** vgl. BayObLG, ZMR 77, 85; Rpfleger 77, 349, 446 = BayObLGZ 77, Nr. 44. Das Rechtsschutzbedürfnis entfällt nicht schon mit einem bestätigenden Zweitbeschluss, sondern erst, wenn der folgende den ersten rückwirkend ersetzen soll (OLG Hamm, Rpfleger 78, 319 = MDR 78, 759; BayObLG, WEM 78, 23) oder bestätigt (OLG Frankfurt a. M., DerWEer 89, 178) und bestandskräftig geworden ist. Es besteht auch dann, wenn der Verwalter einen Beschluss für unverbindlich hält und eine erneute Beschlussfassung in Aussicht stellt (OLG Frankfurt a. M., Rpfleger 80, 112; OLGZ 1980, 78). Für die Feststellung einer bestimmten **Auslegung** einer GemO fehlt ein Rechtsschutzbedürfnis (LG Mannheim, ZMR 79, 319), dagegen nicht für die Feststellung, dass ein Beschluss gültig ist, sofern seine Wirksamkeit bestritten wird (LG Mannheim, a. a. O.). Es besteht ein selbstständiges Recht eines WEers, das Zustandekommen eines Beschlusses der WEer feststellen zu lassen (BayObLG, WEM 83, 71).

Das Feststellungsinteresse fällt durch die **Veräußerung** einer EW 23 nicht weg, die entspr. Entscheidung bindet auch den **Rechtsnachfolger** (BayObLG, WEM 83, 88 = DerWEer 83, 30). Zum Rechtsschutzbedürfnis für einen Antrag gegen einen früheren WEer bei Eigentümerwechsel während des Verfahrens, wenn der Antrag zum selben Verfahrensgegenstand auf den Rechtsnachfolger erstreckt worden ist, s. BayObLGZ 83 Nr. 16. Ein Rechtsschutzbedürfnis für die Klage auf Einsicht in die Unterlagen der Jahresrechnung entfällt, wenn sich der Verwalter zur Gewährung der Einsichtnahme ernstlich bereit erklärt hat (BayObLG, Rpfleger 77, 126). Das Rechtsschutzinteresse besteht nach § 43 Nr. 4 WEG schon unabhängig von einer Rechtsbeeinträchtigung (KG, OLGZ 1976, 58). Durch die Eröffnung des **Insolvenzverfahrens** über das Vermögen des anfechtenden WEers wird das Beschlussanfechtungsverfahren **nicht unterbrochen** (KG NJW-RR 2005, 1385 = NJW 2005, 3583/LS: Offengelassen i. F. d. Passivprozesses).

Auch andere Verfahrensvoraussetzungen wie ein **Vorschaltver-** 24 **fahren** (Anrufung der Versammlung **vor** Anrufung des Gerichts) sind zu beachten, wenn sie zulässigerweise in der GemO vorgeschrieben sind (BayObLG, DerWEer 83, 30 = Rpfleger 83, 14; s. a. Rz. 5 Vor § 43). Wurde im Rahmen des § 10 eine Vereinbarung derart getroffen, dass Streitigkeiten zwischen den WEern, die das WE betreffen, vor der Einleitung eines gerichtlichen Verfahrens dem **Verwaltungsbeirat** vorzutragen sind und dieser die Verpflichtung hat, auf eine gütliche Einigung hinzuwirken, so schafft eine solche **Regelung** eine **Verfahrensvoraussetzung** und macht einen Antrag nach § 43 Abs. 1 **unzulässig,** solange das Vorschaltverfahren nicht durchgeführt worden ist (BayObLG, WuM 96, 724). Auch gegen die Verweigerung der Verwalterzustimmung ist ein Vorschaltverfahren in Form der Anrufung der Versammlung zulässig, ebenso gegen die Nichterteilung der Zustimmung innerhalb angemessener Frist im Falle des § 12 (BayObLG, DerWEer 82, 137).

Der Richter ist an **Gesetz, wirksame Vereinbarungen** und 25 **Beschlüsse** gebunden (BGH, NJW 93, 1924), hat das Recht auf Vertragsfreiheit zu respektieren (OLG Karlsruhe, OLGZ 78, 175). Vorrang vor der Ausübung richterlichen Ermessens hat das Selbstorganisationsrecht der WEer (*Gaier,* NZM 2004, 527). An bestandskräftige Beschlüsse ist er grundsätzlich gebunden, auch wenn sie anfechtbar waren. Auch eine Änderung der **Vereinbarung** ist nur **ausnahmsweise** unter den Voraussetzungen der §§ 242, 315 BGB gestattet (LG Hamburg, NJW 74, 1911). Nicht gebunden ist er an Beschluss gegen gesetzliches Verbot oder gute Sitten oder Ungültigkeit nach § 43 Abs. 1 Nr. 4, wenn festgestellt (OLG Hamm, JMBlNRW 66, 233 = DNotZ 67, 38; BGH, NJW 70, 1316; OLG Hamm, OLGZ 71, 461 = MDR 71, 662). Unzweckmäßigkeit genügt nicht (BGH, NJW 93, 1924; BayObLG, NZM 99, 504; OLG Düsseldorf, FGPrax 99, 94). Er ist nicht befugt, gem. Abs. 1 Nr. 4 gestaltend oder ändernd in Beschlüsse einzugreifen (OLG Hamm, OLGZ 71, 96 = Rpfleger 70, 402). Nicht nur die **Ungültigkeit** eines Beschlusses ist festzustellen, z. B. auch die Nichtigkeit (BayObLG, NJW-RR 2003, 950), sondern auch die Gültigkeit (*Palandt/Bassenge,* § 43 Rz. 7; OLG Celle, NJW 58, 307; *Soergel/ Stürner,* § 43 Rz. 12; str.). Auch kann abweichendes Beschlussergebnis festgestellt werden, wenn Bekanntgemachtes zufolge Stimmrechtsausschlusses usw. falsch ist und richtiges Ergebnis zu ermitteln ist (KG, OLGZ 79, 28 = Rpfleger 79, 65; OLG Hamm, Rpfleger 79, 342; a. A. LG Berlin; *Gross,* ZMR 78, 252; s. a. KG, OLGZ 79, 28 = Rpfleger 79, 65); ein Verf. nach Nr. 4 kommt auch in Betracht. Das Gericht ist befugt zu selbstständiger **Auslegung** der eingetragenen Gemeinschaftsordnung (BayObLG, WEM 80, 31).

26 Grundsätzlich ist nach § 128 Abs. 1 ZPO eine **mündliche Verhandlung** durchzuführen. Sie hat in **öffentlicher** Sitzung stattzufinden (BayObLG, NJW-RR 93, 85). **Teilentscheidung** ist nach § 304 ZPO statthaft (OLG Düsseldorf, NJW 70, 1137). Auch **Feststellungsklage** zulässig über Pflichten aus der Hausordnung (OLG Hamm, MittBayNot 70, 109 = Rpfleger 70, 135). Zur Möglichkeit, einen Gegenantrag zu stellen, s. BayObLG, MDR 72, 145. Wie in jedem Verfahren ist **Rechtsschutzbedürfnis** stets zu prüfen (BayObLG, MDR 72, 950; NJW 72, 1376; OLG Hamm, OLGZ 71, 96; NJW 73, 2300). Der Tod des Antragstellers unterbricht das Verfahren entsprechend § 239 ZPO, wenn der Streitgegenstand allein ein subjektiver, der Verfügung des Antragstellers unterstehender Anspruch ist (BayObLG, Rpfleger 74, 71). Eine **Rechtsmittelbelehrung** durch das Gericht ist in der ZPO nicht vorgesehen.

27 Verwalter ist Zustellungsbevollmächtigter (§ 27 Abs. 2 Nr. 1) für die Gemeinschaft, ist jedoch bei Interessenkollision auch hier an Vertretung verhindert (BayObLGZ 73, 145 betr. § 43 Abs. 1 Nr. 2, OLG Stuttgart, OLGZ 76, 8 betr. § 43 Abs. 1 Nr. 4 a. F., s. o. § 27 Rz. 32).

IV. Parteien

Nach Anerkennung der **Teilrechtsfähigkeit** ist in den Fällen der **28**
Nrn. 2 bis 5 **auch** der **Verband** (Gemeinschaft der WEer) rechts- und
parteifähig nach § 10 Abs. 6 S. 5 (vgl. insoweit BGH, NZM 2005,
543 = ZMR 2005, 547; OLG München, NZM 2006, 106; 110). Eine
Parteistellung ist nicht gegeben, wenn der Verfahrensgegenstand **nur**
die **Antragsteller** betrifft; dann sind die anderen nicht Partei. Macht
ein WEer z. B. einen ihm allein zustehenden **Schadensersatzanspruch** gegen den Verwalter geltend, sind die anderen WEer nicht
Betroffene (BGH, NJW 92, 182; BayObLG, NZM 2000, 501; Anm.
Stürner in LM H. 3/92 zu § 43 WEG Nr. 16). Dies gilt auch dann,
wenn ein WEer einen Individualanspruch gegen den Verwalter auf
Einsicht in die Verwaltungsunterlagen geltend macht (BayObLG,
NZM 2003, 246) oder ein WEer einen solchen gegen einen anderen
WEer verfolgt (OLG Hamburg, ZWE 2002, 189). Verlangt ein WEer
von einem anderen oder einigen anderen **Unterlassung** der Nutzung
von Kellerräumen zu Wohnzwecken und Übernahme eines höheren
Anteils an den gemeinschaftlichen Kosten und Lasten, sind diese
WEer betroffen (s. schon BayObLG, ZMR 89, 103 zur a. F.). Dies gilt
auch für das Verlangen, bauliche Veränderungen zu beseitigen (Bay-
ObLG, a. a. O.) oder Räume des GemEs zu räumen und herauszugeben (BayObLG, NZM 2004, 344).

Im Falle einer **BGB-Gesellschaft** als Eigentümerin des WEs ist **29**
zunächst die Gesellschaft als solche aktiv und passiv **parteifähig**.
Die einzelnen Gesellschafter können als deren **Streitgenossen** verklagt werden. Aus einem Titel gegen die BGB-Gesellschaft kann
die **Zwangsvollstreckung** nur in das Vermögen der Gesellschaft
erfolgen (*Thomas/Putzo/Hüßtege,* § 50 Rz. 4).

Zur Beteiligung Dritter, also auch der Gemeinschaft oder einzelner
WEer, gelten die Vorschriften über die **Haupt-** und **Nebeninterven-
tion** (§§ 64 ff. ZPO) und die über die **Streitverkündung** (§§ 72 ff.
ZPO). Der Mieter ist beteiligt, wenn der Vermieter ihm den Streit
verkündet hat (BayObLGZ 70, 65 = NJW 70, 1150), u. U. auch der
Verwaltungsbeirat, selbst wenn er nicht WEer ist (BayObLGZ 72,
161 = NJW 72, 1377). In dem **Beitragsverfahren** ist der säumige
WEer nur Antragsgegner und nicht zugleich auch Antragsteller
(BGH, NZM 99, 1101 = NJW 99, 3713). Ein **ausgeschiedener**
Wohnungseigentümer kann beteiligt werden, wenn er von dem Ver-
fahrensgegenstand betroffen ist. Verfahrensstellung endet nicht wenn
ein Beteiligter erst im Lauf des Verfahrens ausscheidet, entsprechend
§ 261 Abs. 3 Nr. 2 ZPO, 90 Abs. 3 VwGO, § 66 Abs. 3 FGO; BGH,
NJW 2001, 3339; *Merle/Trautmann,* NJW 73, 118; *Trautmann,* a. a. O.

171 f.), es sei denn, dass das **Rechtsschutzinteresse** weggefallen ist (KG, NJW 70, 330, s. a. *Rietschel,* LM Nr. 1 zu § 43 WEG mit Verweis auf § 265 ZPO; OLG Hamm, OLGZ 75, 157; BayObLGZ 75, 55 mit Verweis auf § 261 Abs. 3 Nr. 2 ZPO). Mit der **Veräußerung** eines WEs kann das Rechtsschutzinteresse an der Anfechtung eines WEerbeschlusses entfallen, wenn die Ungültigerklärung des Beschlusses für den Antragsteller keinerlei Rechtsfolgen mehr auslöst und sein Rechtsnachfolger erklärt, dass er an der Fortführung des Verfahrens kein Interesse hat (BayObLG, NZM 2000, 350).

30 Der **Nießbraucher** (und frühere WEer) kann keine Verfahrensrechte an Stelle des neuen WEers ausüben (OLG Düsseldorf NZM 2005, 380 im Vorlagebeschluss an den BGH, der indessen keine Divergenz zu KG, OLGZ 87, 417 sah, ebenso in NZM 2005, 911). Das WEs-Verfahren über Pflichten des Verwalters bei Abwicklung der Verwaltung gilt auch nach Ausscheiden (s. o. Rz. 20 vor 43). Er kann am Verfahren teilnehmen, wenn die Entscheidung noch Rechtswirkungen für ihn entfalten kann (BayObLG, ZWE 2002, 32). Zum sog. **Insichprozess** der WEergemeinschaft und Konfusion s. BGH, NZM 98, 667 = ZMR 98, 789 = NJW 98, 3279; ZMR 99, 834 = NJW 99, 3713; dazu *Bub/Petersen,* NZM 99, 646 und *Vollkommer,* ZMR 2000, 7). Er ist unzulässig (s. § 47 Rz. 3).

31 Bei **Mehrhausanlagen** ist nur die **gesamte** Wohnungseigentümergemeinschaft **als solche** (teil)rechtsfähig, damit partei- und prozessfähig (BGH NJW 2005, 2061; s. Einl. Rz. 26; *Hügel,* NZM 2010, 8; *Demharter,* NZM 2006, 81; *Briesemeister,* ZWE 2006, 15 f.; *Wenzel* ZWE 2006, 9 f.; zur früheren Auffassung s. 16. Aufl.). Die WEer eines Hauses können jedoch eine **Untergemeinschaft** bilden, wenn es die GemO vorsieht. Einzelne, nur das **betreffende Haus** angehende Verwaltungsangelegenheiten, können **diesen** WEern übertragen werden. Die Vertretung der Gemeinschaft nach außen obliegt dem Verwalter, insbes. auch die Prozessführungsbefugnis nach § 27 Abs. 3 Nr. 2 i. V. mit § 43 Nr. 2 und 5 bei Klagen **gegen** die Gemeinschaft.

V. Schiedsvereinbarung

32 Nach § 1029 ZPO können Parteien eine Vereinbarung über die Entscheidung von Streitigkeiten zwischen ihnen durch ein **Schiedsgericht** unter Ausschluss eines staatlichen Gerichts treffen. Dabei ist zwischen einer selbstständigen Vereinbarung **(Schiedsabrede)** oder einer Klausel in einem Vertrag **(Schiedsklausel)** zu unterscheiden.

In einem Schieds**gutachtenvertrag** vereinbaren die Parteien, dass ein Schiedsgutachter Tatsachen festzustellen hat.

Zuständigkeit 33, 34 § 43

An eine Schiedsvereinbarung sind nicht nur die Parteien, sondern i. d. R. auch die Rechtsnachfolger gebunden. Dies betrifft also auch Erwerber oder sonstige Rechtsnachfolger in WE. Sieht also die GemO ein Schiedsgericht vor, muss dieser eine solche Vereinbarung gegen sich gelten lassen (s. schon Rz. 5 vor § 43 zum Schiedsvertrag). Auch eine Schiedsgutachterabrede ist zulässig (zur Abgrenzung s. BGH, JZ 52, 594).

VI. Prozesskosten

1. Grundsätzlich gilt nun für die Gerichtskosten das GKG. In 33 Verbindung mit § 29 Nr. 1 GKG bilden die §§ 91 ff. ZPO die Grundlage für die Entscheidung, wer die Kosten des **Rechtsstreits** zu tragen hat. Nach § 91 Abs. 1 ZPO hat die unterliegende Partei die Verfahrenskosten sowie die der obsiegenden Partei erwachsenen Kosten zu erstatten (Gerichtskosten und außergerichtliche Kosten).

Für Ermessensentscheidungen hinsichtlich der Kostenerstattung ist nur noch Raum nach § 91 a ZPO (bei Erledigung in der Hauptsache) und § 49 Abs. 1 (in Entscheidungen nach § 21 Abs. 8). Auch § 49 Abs. 2 enthält eine weitere Sonderregelung (dem Verwalter auferlegende Prozesskosten).

2. Für den **Streitwert** in WEsachen gilt die Sondervorschrift des 34 § 49 a GKG. Die Vorschrift ordnet die Streitwertregelung hinsichtlich des WEsverfahrens in das zuständige Kostengesetz ein. *Briesemeister* will § 49 a GKG zutreffend nur auf Binnenstreitigkeiten der WEer angewendet wissen (NZM 2007, 345/7). M. E. ergibt sich aus der Entstehungsgeschichte (s. BT-Drs. 16/3843 zu Art. 3 Nr. 2, 2 i. V. mit Drs. 16/888 S. 53 ff., 76 f.), dass das **Streitwertprivileg** Ausnahmecharakter hat und lediglich die „Wohnungseigentumssachen" als solche gemäß § 43 Nr. 1–4 meinen kann. Die WEer sollen nur bei Streitigkeiten im Innenbereich davon profitieren (s. dazu im Wortlaut im Anh. II, 3 und § 43 Rz. 33 ff.). Es bedarf somit keiner Klarstellung in der Überschrift.

Abs. 1 Satz 1. Danach beträgt der Streitwert **50 Prozent** des Interesses der Parteien und aller Beigeladenen an der Entscheidung.

Abs. 1 Satz 2: Der Streitwert ist einerseits nach unten dadurch begrenzt, dass er das Interesse des Klägers und der auf seiner Seite Beigetretenen an der Entscheidung **nicht unterschreiten** darf; wichtiger im Interesse eines auch praktischen Zugangs zum Gericht ohne die Hürde eines hohen Streitwerts ist die Obergrenze des **Fünffachen** des Streitwerts, die nicht überschritten werden darf. Der höchstens 5-fache Wert gilt auch bei der **Anfechtungsklage,** die auf die Anfechtung **einzelner** Positionen der Jahresabrechnung

(z. B. Kaltwasserverbrauch) beschränkt ist (OLG Saarbrücken, ZWE 2010, 40).

Abs. 1 Satz 3 zieht eine weitere Begrenzung des Streitwerts dadurch ein, dass er in keinem Fall den **Verkehrswert** des WEs des Klägers und ggfs. der auf seiner Seite Beigetretenen übersteigen darf.

35 **Abs. 2 Satz 1:** Aus den gleichen Erwägungen wie zu Abs. 1 wird der Streitwert nach oben auch für den Fall begrenzt, dass sich eine Klage **gegen** einen einzelnen oder einzelne WEer richtet. Auch hier darf der Streitwert das **Fünffache** des Wertes ihres Interesses und ggfs. der auf ihrer Seite Beigetretenen nicht übersteigen.

Abs. 2 Satz 2: Durch die entsprechende Anwendung des Abs. 1 S. 3 ist gewährleistet, dass **niemals** das Interesse den Verkehrswert überschreiten darf, selbst im Fall der Rechtsverfolgung gegen einen oder einzelne WEer.

Damit steht für den praktisch wichtigen Fall der **Einklagung** von **Geldforderungen** z. B. aus Wohngeldverbindlichkeiten fest, dass eine bezifferte Forderung nach § 48 Abs. 1 GKG i. V. m. § 3 ZPO die untere Grenze des Streitwertes darstellt.

Abs. 3 betrifft eine Folgeänderung, die das RVG insoweit umnummeriert, da es keine eigenständiges WEsverfahren i. S. der Freiw. Gerichtsbarkeit mehr gibt.

36 **Abs. 4** enthält eine Regelung, die im Falle eines **WsErbb-Rechts** relevant werden kann. Da nach dem neu eingeführten Vorrecht gemäß § 10 Abs. 1 Nr. 2 ZVG wegen rückständiger Wohngeldansprüche eine Zwangsversteigerung des WsErbbRs nicht ausgeschlossen werden kann, soll auch in diesem Fall eine **Vereinbarung** zwischen Grundstückseigentümer und den Beteiligten möglich sein, dass die Erbbauzinsreallast bei einer Zwangsversteigerung auf Betreiben des Grundstückseigentümers oder des Inhabers eines vorrangigen oder gleichrangigen Rechts bestehen bleibt (zum Vorrecht der Gemeinschaft nach § 10 Abs. 1 Nr. 2 ZVG s. § 16 Rz. 37).

37 **3. Selbstständiges Beweisverfahren (Kostenverteilung).** Haben mehrere WEer wegen Mängeln am SE ihrer EWen gemeinschaftlich ein selbstständiges Beweisverfahren durchgeführt und macht dann der jeweilige WEer wegen der sein SE betreffenden Mängel **separate** Hauptsacheverfahren anhängig, sind die im bez. Beweisverfahren angefallenen Kosten im Hauptsacheverfahren als Kosten des Rechtsstreits nach folgendem Maßstab zu verteilen: Es sind die tatsächlichen im selbstständigen Beweisverfahren angefallenen Kosten einschließlich der Ergänzungsgutachten zu errechnen;

dann sind diese Kosten im Verhältnis der vom Gericht der Hauptsache und vom Gericht des selbstständigen Beweisverfahrens festgesetzten Streitwerte aufzuteilen (LG München I, NZM 2009, 667: §§ 92 ZPO, GKG 63, 68).

§ 44 Bezeichnung der Wohnungseigentümer in der Klageschrift

(1) ¹**Wird die Klage durch oder gegen alle Wohnungseigentümer mit Ausnahme des Gegners erhoben, so genügt für ihre nähere Bezeichnung in der Klageschrift die bestimmte Angabe des gemeinschaftlichen Grundstücks; wenn die Wohnungseigentümer Beklagte sind, sind in der Klageschrift außerdem der Verwalter und der gemäß § 45 Abs. 2 Satz 1 bestellte Ersatzzustellungsvertreter zu bezeichnen.** ²**Die namentliche Bezeichnung der Wohnungseigentümer hat spätestens bis zum Schluss der mündlichen Verhandlung zu erfolgen.**

(2) ¹**Sind an dem Rechtsstreit nicht alle Wohnungseigentümer als Partei beteiligt, so sind die übrigen Wohnungseigentümer entsprechend Absatz 1 von dem Kläger zu bezeichnen.** ²**Der namentlichen Bezeichnung der übrigen Wohnungseigentümer bedarf es nicht, wenn das Gericht von ihrer Beiladung gemäß § 48 Abs. 1 Satz 1 absieht.**

Übersicht

	Rz.
I. Allgemeines	1
II. Abs. 1 (Alle WEer als Partei)	2
1. Satz 1	2
2. Satz 2	3
III. Abs. 2 (Nicht alle WEer als Partei)	4
1. Satz 1	4
2. Satz 2	5

I. Allgemeines

Die Vorschrift übernimmt die bisherige Praxis in fG-Verfahren und Verfahren nach der ZPO, soweit **die** WEer als solche in Aktiv- wie Passivprozessen betroffen waren. 1

II. Abs. 1 (Alle WEer als Partei)

1. Satz 1 gestattet eine Kurzbezeichnung (Sammelbezeichnung) der WEer in der Klageschrift. Es genügt, dass sich aus der Kla- 2 geschrift ergibt, dass die Klage durch die WEer einer bestimmten Anlage mit Ausnahme des Beklagten erhoben wird (**Aktivprozess**) oder dass sich die Klage gegen alle WEer – ausgenommen der Kläger – richtet (Passivprozess).

Unter „bestimmte Angabe des gemeinschaftlichen Grundstücks" (**Satz 1 Hs. 1**) kann sowohl die **postalische Anschrift** als auch die **grundstücksrechtliche** Bezeichnung gewählt werden, wenn es um die **Zustellung** geht.

Nach **Hs. 2** sind im Falle eines **Passivprozesses** außerdem der Verwalter als Zustellungsvertreter der WEer (§ 45 Abs. 1) sowie der gemäß § 45 Abs. 2 S. 1 zu bestellende Ersatzzustellungsvertreter mit Namen und Anschriften zu bezeichnen. **Beide Angaben** sind **stets** mitzuteilen, da die Auswahl dem Gericht obliegt (s. § 45 Rz. 4).

Eine entspr. Regelung für **Aktivprozesse** der Gemeinschaft erübrigt sich, da die Klageerhebung durch einen Prozessbevollmächtigten zu erfolgen hat, an den die Zustellung nach § 172 Abs. 1 S. 1 ZPO zu erfolgen hat. Die Vorschrift gilt auch in den entspr. **Eilverfahren** (s. § 43 Rz. 16).

3 2. **Satz 2** verlangt, dass eine namentliche Bezeichnung der WEer spätestens bis zum **Schluss** der mündlichen Verhandlung zu erfolgen hat. Dies kann in Form der aktuellen **Liste** bis dahin geschehen. Auf Aushändigung der Liste besteht ein Anspruch des anfechtenden WEers (LG Stuttgart, NZM 2009, 165; *Drasdo,* NZM 2009, 724). Die Regelung des S. 2 gilt für beide Alternativen des Satzes 1, nämlich **Aktiv-** als auch **Passivprozesse** der WEer. Damit soll auch die Durchführung einer Zwangsvollstreckung gewährleistet sein. Ebenfalls um Gelegenheit zu geben, die nach § 253 Abs. 2 Nr. 1 ZPO erforderliche Parteibezeichnung vollständig zu machen bzw. auf der Gegenseite zu rügen. Wird die namentliche Bezeichnung der WEer nicht rechtzeitig, bis zum Schluss der mündlichen Verhandlung, vorgenommen, ist die Klage wegen eines Mangels der Klageschrift als **unzulässig** abzuweisen. Bei **Erhebung** der Klage braucht die Liste (noch) nicht vorgelegt zu werden (LG Stuttgart, a. a. O.). Die Klagefrist kann auch durch eine Klage gegen die WEergemeinschaft (Verband) gewahrt werden, wenn innerhalb der Klagefrist der Verwalter angegeben und die **namentliche** Bezeichnung der (richtigerweise zu verklagenden) übrigen Mitglieder der Gemeinschaft **bis zum Schluss** der mündlichen Verhandlung nachgeholt wird (BGH, NZM 2010, 46).

III. Abs. 2 (Nicht alle WEer als Partei)

4 1. **Satz 1** steht in Zusammenhang mit der Regelung des § 48 Abs. 1 S. 1. Sind an dem Rechtsstreit **nicht** alle WEer als **Partei**

Zustellung § 45

beteiligt, sind die **übrigen** WEer entspr. Abs. 1 vom Kläger zu **bezeichnen**. Nach § 48 Abs. 1 S. 1 sind diese nämlich **beizuladen**, d. h. ihnen ist nach § 48 Abs. 1 S. 3 die Klageschrift mit den Verfügungen des Gerichts **zuzustellen**. Damit die Zustellung nach § 45 gewährleistet werden kann, sind auch in diesen Fällen mit der Klageschrift die **übrigen** WEer und **Verwalter** sowie **Ersatzzustellungsvertreter** zu bezeichnen. Für die Bezeichnung der **übrigen** WEer in der Klageschrift reicht ebenfalls die **Kurzbezeichnung** nach dem gemeinschaftlichen Grundstück aus.

2. Satz 2: Danach bedarf es der namentlichen Bezeichnung der 5 übrigen WEer nicht, wenn das Gericht von ihrer **Beiladung** (ausnahmsweise) **absieht**. Doch hat die Bezeichnung im Fall der Beiladung ebenfalls bis zum Schluss der mündlichen Verhandlung zu erfolgen.

§ 44 behandelt **nicht** den Fall, in dem die **Gemeinschaft** als Partei eines Rechtsstreits auftritt. Dabei bleibt es bei den allg. Bestimmungen der ZPO. Zur Bestimmung der Gemeinschaft und Bezeichnung s. § 10 Abs. 6 S. 4, zur Angabe des gesetzlichen Vertreters (i. d. R. der Verwalter) vgl. §§ 253 Abs. 4, 130 Nr. 1 ZPO. Hat ein Dritter Forderungen gegen mehrere WEer, kann er sie grundsätzlich in **getrennten** Prozessen, ggfs. auch gegen die Gemeinschaft geltend machen (OLG Braunschweig, ZWE 2010, 52; für den Fall der Prozesskostenhilfe s. Rz. 19 vor § 43).

§ 45 Zustellung

(1) **Der Verwalter ist Zustellungsvertreter der Wohnungseigentümer, wenn diese Beklagte oder gemäß § 48 Abs. 1 Satz 1 beizuladen sind, es sei denn, dass er als Gegner der Wohnungseigentümer an dem Verfahren beteiligt ist oder aufgrund des Streitgegenstandes die Gefahr besteht, der Verwalter werde die Wohnungseigentümer nicht sachgerecht unterrichten.**

(2) [1] **Die Wohnungseigentümer haben für den Fall, dass der Verwalter als Zustellungsvertreter ausgeschlossen ist, durch Beschluss mit Stimmenmehrheit einen Ersatzzustellungsvertreter sowie dessen Vertreter zu bestellen, auch wenn ein Rechtsstreit noch nicht anhängig ist.** [2] **Der Ersatzzustellungsvertreter tritt in die dem Verwalter als Zustellungsvertreter der Wohnungseigentümer zustehenden Aufgaben und Befugnisse ein, sofern das Gericht die Zustellung an ihn anordnet; Absatz 1 gilt entsprechend.**

§ 45 1–3   III. Teil. Verfahrensvorschriften

(3) **Haben die Wohnungseigentümer entgegen Absatz 2 Satz 1 keinen Ersatzzustellungsvertreter bestellt oder ist die Zustellung nach den Absätzen 1 und 2 aus sonstigen Gründen nicht ausführbar, kann das Gericht einen Ersatzzustellungsvertreter bestellen.**

Übersicht

	Rz.
I. Allgemeines	1
II. Abs. 1 (Verwalter als Zustellungsvertreter)	2
III. Abs. 2 (Ersatzzustellungsvertreter)	4
IV. Abs. 3 (Bestellung durch das Gericht)	5

I. Allgemeines

1 Die Vorschrift regelt im Anschluss an die gesetzliche Zuständigkeit des Verwalters zur Entgegennahme von Zustellungen nach § 27 Abs. 2 Nr. 1 und Abs. 3 Nr. 1 die prozessuale Seite der Zustellungen.

II. Abs. 1 (Verwalter als Zustellungsvertreter)

2 Abs. 1 enthält die Klarstellung, dass der **Verwalter** selbst in Fällen, in denen die WEer **untereinander** streiten, grundsätzlich **Zustellungsvertreter** ist. Dabei ist insbes. an die Fälle zu denken, in denen **ein** oder einzelne WEer gegen die übrigen WEer vorgehen (BT-Drs. 16/887 S. 37).

Dies gilt ebenfalls, wenn an dem Rechtsstreit nicht alle WEer beteiligt sind, in Bezug auf die gemäß § 48 Abs. 1 S. 1 beizuladenden übrigen WEer (a. a. O.). Trotz der Formulierung „der Verwalter **ist** Zustellungsvertreter" soll nach der Begr. **keine Verpflichtung** des **Gerichts** begründet sein, die Zustellung an den Verwalter anzuordnen. Dies wird jedoch i. d. R. sachgerecht sein (a. a. O.). Ausnahme sind kleine Gemeinschaften.

Unberührt davon ist § 172 Abs. 1 S. 1 ZPO, wenn der Verwalter nach § 27 Abs. 2 Nr. 5 schon allgemein oder im Einzelfall zur Prozessführung für die WEer ermächtigt ist.

3 Abs. 1 erfasst zwar keine Aktivprozesse der WEer, kann jedoch in Passivprozessen der WEer Platz greifen.

Nach Hs. 2 kommt der Verwalter als Zustellungsvertreter nicht in Betracht, wenn er als **Gegner** der WEer an dem Verfahren beteiligt ist. Hierbei ist insbes. an die Fälle des § 43 Nr. 2 zu denken. Weitere Fälle der Interessenkollision sind in diesem Zusammenhang die Anfechtung eines Beschlusses **durch** den Verwalter oder der Beitritt als Nebenintervenient nach § 66 ZPO (Begr., a. a. O. S. 37). Darüber hinaus sind die genannten Fälle Ausdruck des allg. Prinzips, dass der Verwalter bei Interessenkollisionen die WEer nicht vertreten kann; dies trifft auch zu, wenn die Gefahr besteht, der Verwalter werde die WEer auf Grund des Streitgegenstands nicht sachgerecht unterrichten.

III. Abs. 2 (Ersatzzustellungsvertreter)

Satz 1 verpflichtet die WEer, für den Fall, dass der Verwalter als 4 Zustellungsvertreter ausgeschlossen ist, einen **Ersatzzustellungsvertreter** und **zusätzlich** dessen Vertreter zu bestellen. Der Verwalter ist z. B. dann ausgeschlossen, wenn er in einem Verfahren der Beschlussanfechtung um seine Wiederbestellung betroffen ist (AG Dortmund, DWE 2009, 49).

Die Bestellung hat durch Beschluss zu erfolgen. Es bedarf dazu keiner Aufforderung des Gerichts und auch nicht erst der Rechtshängigkeit eines Prozesses. Die Regelung verpflichtet dazu jederzeit. Mit „Ersatzzustellungsvertreter" wird verdeutlicht, dass auch dieser „Vertreter" ist, so dass die Übergabe nur **einer** Ausfertigung oder Abschrift des Schriftstücks an ihn genügt (a. a. O. S. 37).

Ein solcher Ersatzzustellungsvertreter kann zwar jede natürliche Person sein, doch wird er zweckmäßigerweise aus den Reihen **der WEer** zu bestimmen sein. Dazu ist das Einverständnis des Betroffenen erforderlich. Dieser kann die Aufgabe jederzeit niederlegen. In großen Gemeinschaften mit aufwändiger Verwaltung kann die Bestellung eines Rechtsanwalts durch das Gericht in Betracht kommen (AG Dortmund, DWE 2009, 49). Das Übrige ist i. S. ordnungsmäßiger Verwaltung durch die WEer zu regeln, etwa Fragen der Erreichbarkeit oder Aufwendungsersatz.

Satz 2 bestimmt, dass der Ersatzzustellungsvertreter in die dem Verwalter als Zustellungsvertreter (originär) zustehende Funktion eintritt, sofern das Gericht die Zustellung an ihn anordnet. Die Vertretung ist insoweit auf die Zustellung beschränkt.

Hs. 2 verweist auf Abs. 1 insoweit, als das Gericht zu prüfen hat, ob die bezeichnete Peson wegen ihrer Rolle als Partei oder aus anderen Gründen der Interessenkollision von der Entgegennahme von Zustellungen ausgeschlossen ist.

IV. Abs. 3 (Bestellung durch das Gericht)

Ausnahmsweise **kann** das Gericht eine **Ersatzzustellungsver-** 5 **treter** bestellen, wenn die WEer keinen Ersatzzustellungsvertreter bestellt haben oder die Zustellung nach den Abs. 1 und 2 aus sonstigen Gründen nicht ausführbar ist. Die Bestellung erfolgt dabei von Amts wegen. Sie ersetzt die entspr, Erklärung der WEer (*Bärmann/ Wenzel,* § 45 Rz. 40). Da die WEer keinen Zustellungsvertreter bestellt haben, haften sie persönlich für die Kosten des gerichtlich bestellten (str.; wie hier AG Dortmund, NJW-Spezial 2009, 35). Die Bestellung ist nicht mittels sofortiger Beschwerde durch den Bestellten anfechtbar (so LG Berlin, NZM 2008, 896 = NJW-Spezial 2009, 3; LG Nürnberg-Fürth, NZM 2009, 365 = NJW 2009, 1890). Der bestellte Zustellungsvertreter kann die Bestellung nämlich ablehnen (ebenda). Dann ist er **kein** Ersatzzustellungsvertreter (*Bärmann/Wenzel,* § 45 Rz. 40). Zustellungen an ihn sind **nicht** wirksam (LG Nürnberg-Fürth a. a. O.). Im Übrigen können **die WEer** – wenn das Gericht ihn nicht für eine bestimmte Zeit bestellt hat – **jederzeit** einen Ersatzzustellungsvertreter bestellen.

§ 46 Anfechtungsklage

(1) ¹Die Klage eines oder mehrerer Wohnungseigentümer auf Erklärung der Ungültigkeit eines Beschlusses der Wohnungseigentümer ist gegen die übrigen Wohnungseigentümer und die Klage des Verwalters ist gegen die Wohnungseigentümer zu richten. ²Sie muss innerhalb eines Monats nach der Beschlussfassung erhoben und innerhalb zweier Monate nach der Beschlussfassung begründet werden. ³Die §§ 233 bis 238 der Zivilprozessordnung gelten entsprechend.

(2) Hat der Kläger erkennbar eine Tatsache übersehen, aus der sich ergibt, dass der Beschluss nichtig ist, so hat das Gericht darauf hinzuweisen.

Übersicht

	Rz.
I. Allgemeines	1
II. Abs. 1 (Klage gegen die übrigen WEer)	2
III. Abs. 2 (Hinweispflicht des Gerichts)	5
IV. Kosten	7

I. Allgemeines

1 Die Vorschrift sieht für Verfahren in WEssachen eine besondere verfahrensrechtliche Regelung für die **Anfechtung** von Beschlüssen vor (s. § 23 Abs. 4 a. F.). Das Verfahren wird ausdrücklich **Anfechtungsklage** genannt.

II. Abs. 1 (Klage gegen die übrigen WEer)

Satz 1 Alt. 1 bestimmt, dass die Klage **eines** oder mehrerer WEer auf Erklärung der **Ungültigkeit** eines Beschlusses der WEer gegen die **übrigen** WEer zu richten ist. Nach der Alt. 2 ist die Anfechtungsklage des **Verwalters** gegen die WEer zu richten. Es handelt sich in beiden Fällen um eine notwendige Streitgenossenschaft nach § 62 ZPO. Die Bezeichnung der Gemeinschaft nach § 10 Abs. 6 S. 4 ist dahin **auslegungsfähig,** dass die anderen WEer abgesehen vom klagenden WEer gemeint sind (BGH, NZM 2010, 46 = ZWE 2010, 33; OLG Karlsruhe, NJW 2008, 2857; LG Düsseldorf, NJW-Spezial 2008, 706; LG Nürnberg-Fürth, NZM 2009, 520; a. A. LG Darmstadt, ZMR 2008, 736; LG Itzehoe, NZM 2009, 750). Klagt der Verwalter, muss er alle WEer verklagen. Eine den genannten Anforderungen nicht entsprechende Klage ist **unzulässig** (AG Wiesbaden, ZMR 2008, 340).

Satz 2: Danach kann die Klage nur innerhalb eines Monats nach der Beschlussfassung erhoben werden. Dadurch dass die **Erhebung der Klage** maßgeblich ist, wird verdeutlicht, dass für die Wahrung der Frist die **Rechtshängigkeit** entscheidend ist (*Dötzsch,* NZM 2008, 309: Antrag auf Prozesskostenhilfe reicht nicht aus). Es gelten mithin die Vorschriften der §§ 253, 261 Abs. 1 und nach 167 ZPO (Begr. BT-Drs. 116/887 S. 37). Die Klage wird nach § 253 Abs. 1 mit der **Zustellung** erhoben. Es reicht aus, wenn die zur Fristwahrung erhobene Klage rechtzeitig bei Gericht eingeht und „demnächst" (ggfs. mehr als zwei Wochen) zugestellt wird (LG München I, NJW-Spezial, 2009, 66 = BeckRS 2009, 04166). Die Klagefrist kann auch durch eine Klage gegen die WEer**gemeinschaft** gewahrt werden, wenn innerhalb der Klagefrist der Verwalter angegeben und die **namentliche** Bezeichnung (der richtigerweise) zu verklagenden übrigen Mitglieder der Gemeinschaft bis zum Schluss der mündlichen Verhandlung nachgeholt wird (BGH, NZM 2010, 46 = ZWE 2010, 33).

Die Anfechtungsfrist ist eine materiellrechtliche **Ausschlussfrist** und keine Zulässigkeitsvoraussetzung für die Anfechtungsklage (BGH, NMZ 2009, 199 = ZMR 2009, 296). Deswegen ist eine Klage nach Versäumnis der Frist unbegründet (BGH, DWE 2009, 51). Sie kann nicht, auch nicht durch Vereinbarung, verlängert werden (BGH, ZWE 2010, 53 = NZM 2009, 864 = NJW-Spezial 2010, 35; LG Dessau-Rosslau, ZMR 2008, 324). Anders ist wegen § 48 Abs. 4 im Fall der Nichtigkeit eines Beschlusses zu entscheiden (BGH a. a. O.). Auch Verkürzung kommt nicht in Betracht. Der Antrag auf Ungültigkeitserklärung ist auslegungsfähig.

Hs. 2 enthält die Pflicht zur **Begründung** der Klage innerhalb **zweier Monate** nach der Beschlussfassung. Damit werden etwaige Verzögerungen bei Erstellung und Versendung des Protokolls der Versammlung aufgefangen. Die Nichteinhaltung der Frist führt zur Abweisung der Klage (BGH, NJW-Spezial 2009, 392). Nach Ablauf der Frist können keine neuen Anfechtungsgründe geltend gemacht werden (BGH, DWE 2009, 51; NJW 93, 400 zum AktienG; str. a. A. *Bonifacio,* ZMR 2007, 592).

Unterbleibt die Begründung, ist die Klage ebenfalls als unbegründet zurückzuweisen (BGH, a. a. O.). Zu Prozesskostenvorschuss s. § 167 ZPO (AG Wiesbaden, ZMR 2008, 581). Das Gericht kann in einer Anfechtungsklage ohne Erfolg **nicht** offen lassen, ob die Klage als unzulässig oder unbegründet abgewiesen wird (BGH, NMZ 2009, 199 = DWE 2009, 51 = ZMR 2009, 296). Die Frist wird auch bei Verfahrensverbindung nach § 47 S. 1 **nicht** durch das Vorbringen **anderer** Kläger gewahrt (BGH, NJW 2009, 2132).

4 **Satz 3** enthält die Klarstellung, dass die §§ 233–238 ZPO entsprechend gelten. Damit wird die Möglichkeit eröffnet, bei unverschuldeter Fristversäumung **Wiedereinsetzung** in den vorigen Stand zu gewähren (a. a. O. S. 38). Die Bestimmung gilt für **beide** Fristen entsprechend, obgleich die Begr. (a. a. O.) mit den Worten „**die** Ausschlussfrist" wohl nur die Frist für die Klageerhebung zu meinen scheint. Doch ergibt sich aus dem Bezug auf § 233 ZPO, dass beide Fristen in Betracht kommen. Beispiel ist die Nichteinladung zu einer WEerversammlung und das nachfolgende Anfechtungsverfahren (OLG Hamm, DWE 2009, 67 noch zu § 23 Abs. 4 S. 2 a. F.).

Anfechtungsbefugt sind nur **WEer** wie schon nach der bisherigen Rechtslage. **Nach** seinem Ausscheiden aus der Gemeinschaft gefasste Beschlüsse kann der frühere WEer nicht mehr anfechten (OLG Zweibrücken, NZM 2007, 416 zu § 23 a. F.; s. o. § 23 Rz. 20 ff., 25).

III. Abs. 2 (Hinweispflicht des Gerichts)

5 Die Vorschrift erlegt dem Gericht eine gegenüber der allgemeinen Vorschrift des § 139 ZPO gesteigerte **Hinweispflicht** bei Anfechtungsklagen nach §§ 43 Nr. 4, 46 Abs. 1 auf.

Damit wird dem Gericht die Möglichkeit eröffnet, in solchen Verfahren von sich aus auf Tatsachen hinzuweisen, aus denen sich ergibt, dass der Beschluss nichtig ist. Dies wird mit der umfassenden Rechtskraftwirkung begründet; gleichzeitig ist dafür auch die Nähe von Anfechtbarkeit und Nichtigkeit maßgeblich, die für die Parteien nicht immer einsichtig ist. Die Hinweispflicht des Gerichts berührt allerdings die Verantwortlichkeit der klagenden Partei für die Aufklärung des Sachverhalts (**Dispositionsmaxime**) nicht. Es darf demnach nicht „von sich aus Tatsachen berücksichtigen, die vom Kläger – wenn auch nur versehentlich – nicht vorgetragen wurden" (a. a. O. S. 38).

Auch die **beklagten** WEer können den Hinweis des Gerichts zu prozessualen oder materiellrechtlichen Reaktionen nutzen. 6

„Sie können ein Anerkenntnis- oder Versäumnisurteil gegen sich gelten lassen ... oder den nichtigen Beschluss in einer Versammlung der Wohnungseigentümer aufheben ... Zudem hat jeder beklagte Wohnungseigentümer und der Verwalter die Möglichkeit, nunmehr selbst Nichtigkeitsklage zu erheben, die gemäß § 47 ... mit der bereits erhobenen Anfechtungsklage zu verbinden wäre" (a. a. O. S. 73).

IV. Kosten des Verfahrens

Die **Kosten** des Anfechtungsverfahrens hat die unterlegene Partei 7 nach § 91 Abs. 1 ZPO zu tragen. Ist die Anfechtung erfolgreich, gilt § 100 Abs. 1 ZPO: Aufteilung der Kosten nach Kopfteilen (*Bärmann/Wenzel*, § 46 Rz. 87; *Schmid*, NZM 2008, 385; a. A. AG Dortmund, NZM 2008, 172). Da die Gemeinschaft als solche nicht beteiligt ist, kommt die **Verteilung** der **Kosten** nach **Köpfen** in Betracht (a. A. AG Dortmund, NJW-Spezial 2008, 163: Gesamtschuldnerische Tragung der Verfahrenskosten).

Bei der Anfechtung der Bestellung/Abberufung des **Verwalters** bemisst sich das **Interesse** der Verfahrensbeteiligten nach der Höhe der Vergütung für die Restlaufzeit des Vertrags (LG Köln, NZM 2009, 364 (OLG München, NZM 2009, 788; a. A. LG München I, NZM 2009, 625 : 50% gem. § 49a GKG). Das **Einzelinteresse** eines WEers bemisst sich bei der Streitwertfestsetzung in Streitigkeiten über die Beendigung des Verwaltervertrags und Abberufung i. d. R. nach der Höhe seiner MEquote gemessen am Gesamtinteresse aller Beteiligten (OLG München, NZM 2009, 788).

Zur „internen" Kostenerstattung: In einem „Quasi-Verbandsprozess" kann die Gemeinschaft keine Kostenerstattung wegen der Aufwendungen für die Unterrichtung der WEer verlangen (BGH, NJW 2009, 2135; s. § 27 Rz. 18). Der Streitwert bei einer Anfechtungsklage richtet sich nach § 49a GKG (s. § 43 Rz. 34).

§ 47 Prozessverbindung

[1]**Mehrere Prozesse, in denen Klagen auf Erklärung oder Feststellung der Ungültigkeit desselben Beschlusses der Wohnungseigentümer erhoben werden, sind zur gleichzeitigen**

Verhandlung und Entscheidung zu verbinden. ²Die Verbindung bewirkt, dass die Kläger der vorher selbständigen Prozesse als Streitgenossen anzusehen sind.

Übersicht

	Rz.
I. Allgemeines	1
II. Satz 1 (Anfechtung durch mehrere WEer)	2
III. Satz 2 (Streitgenossenschaft)	3

I. Allgemeines

1 Die Vorschrift regelt die obligatorische Verbindung von Anfechtungs- und Feststellungsklagen verschiedener WEer, sofern sie sich gegen denselben Beschluss richten. Dabei soll erreicht werden, dass die Entscheidung in allen Anfechtungsklagen einheitlich ergeht. Die Rechtskraftwirkung erstreckt sich nach § 325 ZPO und § 48 Abs. 3 WEG für und gegen **alle** WEer sowie den Verwalter. Es handelt sich letztlich um denselben Streitgegenstand, so dass die Verbindung prozessökonomisch ist. Sie führt zur Streitgenossenschaft nach §§ 59 ff. ZPO.

II. Satz 1 (Anfechtung durch mehrere WEer

2 Danach sind mehrere Prozesse, in denen Klagen auf **Erklärung** oder **Feststellung** der Ungültigkeit desselben Beschlusses der WEer erhoben werden, zur gleichzeitigen Verhandlung und Entscheidung zu **verbinden**. Es kommt demnach nicht darauf an, ob es sich um Anfechtungs- oder Feststellungsklagen handelt und ob durch die Klage mit der **Anfechtung** des Beschlusses ein **Gestaltungs-** oder mit dem **Nichtigkeitsverfahren** ein **Feststellungsurteil** begehrt wird (zur Wahrung der Begründungsfrist durch jeden Kläger s. § 46 Rz. 3).

III. Satz 2 (Streitgenossenschaft)

3 Die Verbindung der Verfahren bewirkt, dass die Kläger der vorher selbstständigen Prozesse als **Streitgenossen** anzusehen sind.

Mit den vorher eigenständigen Verfahren waren unterschiedliche Parteirollen verbunden. Einmal als Kläger aus dem Aktivprozess, zum anderen jeweils als Beklagter im Passivprozess zusammen mit den übrigen WEeren. Jeder Kläger, der sich gegen einen Beschluss wendet, wäre mit einem anderen Kläger in einer Doppelrolle, obwohl es sich um den gleichen Streitgegenstand handelt. Würde

Satz 2 diese Fallgestaltung nicht besonders regeln, würde die später anhängige Klage nach der Verbindung zu einer Widerklage. Diese entspricht nicht der gemeinsamen Interessenlage der WEer angesichts des identischen Streitgegenstandes. Im Übrigen richtet sich die Streitgenossenschaft nach den allg. Vorschriften dazu in den §§ 59 ff. ZPO. Fechten suksessiv **sämtliche** (in diesem Fall die beiden einzigen WEer) einen Beschluss an, sind die Verfahren zu verbinden mit der Folge, dass das dann geführte Verfahren in der Hauptsache wegen des Verbots des **Insichprozesses** unter Aufhebung der Kosten von selbst endet (AG Bingen, NZM 2009, 167).

§ 48 Beiladung, Wirkung des Urteils

(1) ¹**Richtet sich die Klage eines Wohnungseigentümers, der in einem Rechtsstreit gemäß § 43 Nr. 1 oder Nr. 3 einen ihm allein zustehenden Anspruch geltend macht, nur gegen einen oder einzelne Wohnungseigentümer oder nur gegen den Verwalter, so sind die übrigen Wohnungseigentümer beizuladen, es sei denn, dass ihre rechtlichen Interessen erkennbar nicht betroffen sind.** ²**Soweit in einem Rechtsstreit gemäß § 43 Nr. 3 oder Nr. 4 der Verwalter nicht Partei ist, ist er ebenfalls beizuladen.**

(2) ¹**Die Beiladung erfolgt durch Zustellung der Klageschrift, der die Verfügungen des Vorsitzenden beizufügen sind.** ²**Die Beigeladenen können der einen oder anderen Partei zu deren Unterstützung beitreten.** ³**Veräußert ein beigeladener Wohnungseigentümer während des Prozesses sein Wohnungseigentum, ist § 265 Abs. 2 der Zivilprozessordnung entsprechend anzuwenden.**

(3) **Über die in § 325 der Zivilprozessordnung angeordneten Wirkungen hinaus wirkt das rechtskräftige Urteil auch für und gegen alle beigeladenen Wohnungseigentümer und ihre Rechtsnachfolger sowie den beigeladenen Verwalter.**

(4) **Wird durch das Urteil eine Anfechtungsklage als unbegründet abgewiesen, so kann auch nicht mehr geltend gemacht werden, der Beschluss sei nichtig.**

Übersicht

	Rz.
I. Allgemeines	1
II. Abs. 1 (Beiladung von WEern und Verwalter)	2
1. Satz 1 (WEer)	3
2. Satz 2 (Verwalter)	4

	Rz.
III. Abs. 2 (Zustellung, Beitritt, Veräußerung)	5
1. Satz 1	5
2. Satz 2	6
3. Satz 3	7
IV. Abs. 3 (Wirkungen des Urteils)	8
V. Abs. 4 (Wirkung bei unbegründeter Anfechtungsklage	10

I. Allgemeines

1 Die Vorschrift transportiert die ehemalige Beteiligung der WEer im fG-Verfahren systematisch in die Form der **Beiladung** nach der ZPO. Dabei ist grundsätzlich von der Beteiligung **aller** WEer auszugehen. Ohne eine spezielle Regelung wären nicht die Fälle erfasst, in denen nicht alle WEer als Partei an Verfahren beteiligt sind. Zu denken wäre etwa an „die Klage eines WEers gegen den Verwalter auf ordnungsmäßige Verwaltung zum Beispiel auf Vorlage der Jahresrechnung (§ 21 Abs. 4, § 28 Abs. 3 WEG), oder gegen einen anderen WEer auf Beseitigung einer baulichen Veränderung (§ 1004 Abs. 1 BGB, § 22 Abs. 1 WEG)" (BT-Drs. 16/887 S. 39). Im Grund betreffen Entscheidungen in solchen Verfahren **alle** WEer.

II. Abs. 1 (Beiladung von WEern und Verwalter)

2 **1.** Satz 1 geht von dem Grundsatz aus, dass die **übrigen** WEer beizuladen sind wenn sich die Klage **eines** WEers, der in einem Rechtsstreit gemäß § 43 Nr. 1 oder Nr. 3 einen ihm **allein** zustehenden Anspruch geltend macht, nur **gegen einzelne** WEer oder nur gegen den **Verwalter** richtet. Es handelt sich um Verfahren nach § 43 Nr. 1 der WEer untereinander bzw. nach Nr. 3 gegenüber dem Verwalter.

3 Nach Hs. 2 ist von einer Beiladung abzusehen, wenn ihre rechtlichen Interessen erkennbar nicht betroffen sind. Diese Ausnahme wird in dem Fall gegeben sein, dass zwischen den WEern um den Umfang der Nutzung einer nur von deren SE aus zugänglichen Terrasse gestritten wird oder dass in einer **Mehrhausanlage** nur die in diesem Gebäude mit SE vertretenen WEer über den Umfang der Nutzung des dortigen GemEs streiten. Auch können in einem Verfahren eines einzelnen WEers gegen den Verwalter die übrigen WEer nicht betroffen sein.

4 **2.** Nach Satz 2 ist der **Verwalter** beizuladen, wenn er in einem Rechtsstreit gemäß § 43 Nr. 3 oder Nr. 4 nicht schon selbst

Partei ist. Dies wird im Rahmen der Nr. 3 selten der Fall sein, es sei denn, unter den WEern ist Streit über die Befugnisse des Verwalters. Deshalb bedarf es in einem Verfahren, in dem er als WEer selbst Partei ist, keiner Beiladung (LG Frankfurt/M, NZM 2009, 166) und keiner gesonderten Zustellung im Fall des § 49 Abs. 2.

III. Abs. 2 (Zustellung, Beitritt, Veräußerung)

1. Nach Satz 1 hat die Beiladung durch Zustellung der Klageschrift, der die Verfügungen des Vorsitzenden beizufügen sind, zu erfolgen.

Die Zustellung kann nach § 45 Abs. 1 an den Verwalter bzw. Ersatzzustellungsvertreter nach § 45 Abs. 2 S. 1 – z. B. im Falle einer Interessenkollision – erfolgen.

2. Satz 2 ermöglicht den Beigeladenen, der einen oder anderen Partei zu deren Unterstützung **beizutreten**. Damit ist ein Fall der **Nebenintervention** gegeben. Die Form des Beitritts regelt § 70 ZPO. Der Beitritt zu einem selbstständigen **Beweisverfahren** ist bedingungsfeindlich. WEer können dem von der WEergemeinschaft betriebenen Verfahren auch noch hilfsweise für den Fall beitreten, dass die Gemeinschaft nicht befugt sein sollte, Mängel am SE geltend zu machen (OLG Karlsruhe, ZWE 2010, 43 = NJW 2010, H. 6, 6).

3. Satz 3 betrifft den Fall, dass ein beigeladener WEer **während** des Prozesses sein WE veräußert. Mit dem Verweis auf § 265 Abs. 2 ZPO – der sich auf Parteien bezieht – wird klargestellt, dass bei Veräußerungen während der Anhängigkeit des Verfahrens **Erwerber** von WE nicht erneut beigeladen werden. Nach § 265 Abs. 2 S. 1 hat nämlich eine Veräußerung keinen Einfluss auf das Verfahren. Insofern wird der bisherige Beigeladene zum gesetzlichen Prozessstandschafter seines Rechtsnachfolgers (BT-Drs. 16/887 S. 40).

IV. Abs. 3 (Wirkungen des Urteils)

Nach dieser Bestimmung wirkt das **rechtskräftige Urteil** über die in § 325 ZPO angeordneten Wirkungen hinaus auch für und gegen alle **beigeladenen WEer** und ihre **Rechtsnachfolger** sowie den beigeladenen **Verwalter.**

Die Rechtskrafterstreckung auf Rechtsnachfolger schließt auch die Rechtsnachfolge **nach** einem rechtskräftig abgeschlossenen Verfahren. Damit besteht Wertungskongruenz mit § 10 Abs. 3 (Wir-

§ 49 III. Teil. Verfahrensvorschriften

kung von Vereinbarungen gegenüber dem Sondernachfolger bei Eintragung in GB).

9   Diese Wirkung trifft auch den beigeladenen Verwalter in einem Rechtsstreit nach § 43 Nr. 3 oder Nr. 4 (s. o. Abs. 1 S. 2). Dagegen ist er in den Fällen des § 43 Nr. 1 nicht an die Entscheidung des Gerichts gebunden. Diese hat nur im Verhältnis der WEer **untereinander** Wirkungen. Die Bindung des Verwalters im Übrigen (§ 43 Nr. 3, 4) ist daraus begründet, dass er „weisungsgebundener Sachwalter des Gemeinschaftsvermögens und Vollzugsorgan der Gemeinschaft hinsichtlich der von dieser beschlossenen Maßnahmen ist" (BT-Drs. 16/887 S. 40). Darüber hinaus ersetzt ein die WEer bindendes Urteil im Rahmen seines Inhalts entspr. Beschlüsse der Gemeinschaft, die auch Weisungen und sonstige Maßnahmen enthalten können. Für die Festsetzung des **Streitwerts** in einem WEs-verfahren, das die (Teil-) Anfechtung eines Beschlusses betrifft, ist bei der Ermittlung des maßgeblichen Interesses nach § 49 a GKG nicht allein auf den Wortlaut des Klageantrags abzustellen, sondern durch **Auslegung** der wirkliche Wille zu ermitteln (LG Saarbrücken, NZM 2009, 323).

V. Abs. 4 (Wirkung bei unbegründeter Anfechtungsklage)

10   Die Vorschrift stellt in der Sache eine **Rechtskrafterstreckung** dar. Wird durch ein Urteil eine **Anfechtungsklage** als unbegründet abgewiesen, kann auch nicht mehr geltend gemacht werden, dass der Beschluss **nichtig** ist. Würde die Rechtskraft nicht auch auf die Frage der Nichtigkeit erstreckt, könnten auch später noch Nichtigkeitsgründe geltend gemacht werden, die in dem früheren Verfahren nicht angesprochen wurden. Die Regelung dient auch im Blick auf die Hinweispflicht des Gerichts nach § 46 Abs. 2 und in Anbetracht der zwingenden Prozessverbindung nach § 47 der endgültigen Rechtssicherheit in der Gemeinschaft.

§ 49 Kostenentscheidung

(1) **Wird gemäß § 21 Abs. 8 nach billigem Ermessen entschieden, so können auch die Prozesskosten nach billigem Ermessen verteilt werden.**

(2) **Dem Verwalter können Prozesskosten auferlegt werden, soweit die Tätigkeit des Gerichts durch ihn veranlasst wurde und ihn ein grobes Verschulden trifft, auch wenn er nicht Partei des Rechtsstreits ist.**

Kostenentscheidung 1–3 § 49

Übersicht

	Rz.
I. Allgemeines	1
II. Abs. 1 (Kosten nach billigem Ermessen)	2
III. Abs. 2 (Kosten zu Lasten der Verwalters)	3

I. Allgemeines

Mit der Überführung der WEsachen verfahrensmäßig in den Bereich der ZPO gelten die allg. Vorschriften der §§ 91 ff. ZPO. Danach hat die unterliegende Partei entspr. § 91 Abs. 1 S. 1 nicht nur die **Gerichtskosten,** sondern auch die dem **Gegner** erwachsenen **Kosten** zu erstatten, soweit sie zur zweckentsprechenden Rechtsverfolgung oder Rechtsverteidigung notwendig waren. Dazu gehören auch **Rechtsanwaltskosten**. 1

II. Abs. 1 (Kosten nach billigem Ermessen)

Abs. 1 macht von dem o. beschriebenen Grundsatz eine Ausnahme, die sich aus der Regelung in § 21 Abs. 8 ergibt. Wird entspr. dieser Vorschrift „nach billigem Ermessen" entschieden, können auch die **Prozesskosten** nach billigem Ermessen verteilt werden. Es kommt also darauf an, ob das Gericht bei seiner Entscheidung in der Hauptsache einen Ermessensspielraum hat. Das ist nur ausnahmsweise der Fall; dieser rechtfertigt aber die Abweichung vom Grundsatz des § 91 ZPO, weil die WEer eine Maßnahme nicht selbst getroffen haben und sich das Versäumnis nicht ziffernmäßig einer Seite zuordnen lässt. Aus der zwingenden Vorschrift des § 47 a. F. wurde eine Vorschrift, die hinsichtlich der Prozesskosten eine Entscheidung des Gerichts nach billigem Ermessen zulässt. Sie regelt allerdings grundsätzlich nur die Erstattungspflicht im **Prozessrechtsverhältnis** der beteiligten Parteien, **nicht** die Kostenverteilung im **Innenverhältnis** der Gemeinschaft (BGH, NZM 2007, 359 zu § 47 a. F.). Die Kosten eines Verfahrens nach § 43 dürfen allerdings (nach § 16 Abs. 2) nur auf diejenigen WEer umgelegt werden, die sie gemäß (jetzt § 49 Abs. 1) zu tragen haben (BGH a. a. O.; s. o. § 16 Rz. 93). 2

III. Abs. 2 (Kosten zu Lasten des Verwalters)

Eine weitere Abweichung vom § 91 ZPO wird in Abs. 2 geregelt. Danach können dem **Verwalter** Prozesskosten auferlegt werden, soweit die Tätigkeit des Gerichts durch **ihn** veranlasst wurde und ihn ein **grobes Verschulden** trifft, auch wenn er nicht Partei 3 des Rechtsstreits ist (dazu *Drasdo,* NZM 2009, 257; *Deckert,* NZM 2009, 272). Dies betrifft die Fälle, in denen er überhaupt nicht (als Partei) oder lediglich als Nebenintervenient beteiligt ist. Grund für die Regelung ist der Gesichtspunkt der Prozessökonomie, denn sonst wären die WEer gezwungen in einem **gesonderten** Verfahren z. B. einen Schadensersatzanspruch gegen den Verwalter zu verfolgen. Ihn trifft z. B. dann die Verfahrenskostenlast, wenn er eine **fehlerhafte Beschlussfassung** grob fahrlässig herbeigeführt hat (AG Neuss, NJW-Spezial 2008, 225); ähnlich AG Hannover, NJW-Spezial 2008, 643 für Vollmachtprobleme dabei (s. a. LG Lüneburg, NZM 2009, 285). Dies gilt auch, wenn der Verwalter grob schuldhaft einen Rechtsstreit veranlasst hat, z. B. durch Verhinderung der Abstimmung der WEer (LG Lüneburg, a. a. O.). Auch darf er keinen offensichtlich rechtswidrigen Beschluss zulassen, ohne eindringlich auf die **Folgen** (Kosten, Verzögerung usw.) hinzuweisen (LG Köln, NZM 2009, 285). Ihm sind auch als Prozessbevollmächtigten einer WEergemeinschaft **ohne** wirksame **Vertretungsmacht** die Kosten des Verfahrens als **Veranlasser** aufzuerlegen (KG, ZWE 2010, 54). Dies gilt auch bei fehlender Neubestellung, wenn weder der neue Verwalter noch die Gemeinschaft das vollmachtlose Handeln genehmigen (LG Hamburg, NZM 2009, 708). Die Vollmacht reicht i. Zw. nicht über das Ende der Bestellungszeit hinaus (ebenda).

4 Die Vorschrift entspricht in der Sache der früheren Möglichkeit, den Verwalter mit Verfahrenskosten zu belasten. Dabei sind jetzt zwei Hürden aufgebaut. Zum einen muss ein **ursächlicher Zusammenhang** zwischen dem Verhalten des Verwalters und der Einschaltung des Gerichts bestehen; zum anderen muss ihm ein „grobes Verschulden" zum Vorwurf gemacht werden können. Der Verschuldensmaßstab bezieht sich auf das ihm zur Last gelegte Verhalten im Rahmen seiner Rechte und Pflichten als Verwalter. Er muss demnach seine Pflichten in ungewöhnlich leichtfertiger Weise verletzt haben. Ihm ist vor der Entscheidung über die ihn belastenden Kosten **rechtliches Gehör** zu gewähren (LG Frankfurt/M, NZM 2009, 166). Ihm steht die sofortige Beschwerde nach §§ 91 a Abs. 2 S. 1, 99 Abs. 2 S. 1 ZPO analog zu (LG Frankfurt/M, a. a. O.). Ob dies auch im Falle des Unterliegens der Partei gilt, ist offen (ebenda).

Die Maßstäbe des Abs. 2 sollen nicht für den sog. „Laienverwalter" gelten, der im Allg. nicht über besondere rechtliche Kenntnisse verfügen müsse, was grobe Fahrlässigkeit ausschließen könne (LG Berlin, NZM 2009, 551).

5 Als Beispiel zur früheren Rechtslage wären heranzuziehen:

Kostenerstattung § 50

Bei der Kostenentscheidung ist z. B. zu berücksichtigen, dass der Antragsteller ein Anfechtungsverfahren nur deshalb eingeleitet hat, weil der Verwalter wenn er das Verfahren durch **nachlässige** Protokollierung der Versammlungsergebnisse provoziert hat (LG Leipzig NZM 2005, 464) oder das **Protokoll** über die WEerversammlung **nicht rechtzeitig** verschickt hat (BayObLG, WuM 94, 160). Er ist auch kostenpflichtig, wenn er die bereits erfolgte **Zahlung** des in Anspruch genommenen WEers dem Gericht nicht rechtzeitig mitgeteilt und das Verfahren nicht für erledigt erklärt hat (KG NZM 2005, 462).

Ihm können auch Verfahrenskosten auferlegt werden, wenn er 6 im eigenen Interesse oder schuldhaft gehandelt hat (BayObLGZ, ZMR 80, 381; DerWEer 82, 137; WuM 88, 408; OLG Düsseldorf, WE 90, 74), z. B. dann, wenn er vorsätzlich missliebige WEer an der Teilnahme an einer Versammlung gehindert hat (OLG Köln, NJW 2005, 908). Dasselbe gilt, wenn er noch nicht fällige **Wohngeldforderungen** geltend macht (BayObLG, NZM 2005, 786; a. A. für den Fall der Einleitung eines (überflüssigen) Wohngeldverfahrens KG, NZM aktuell 2006, H. 6, V/LS unter Aufgabe von KG, NZM 2005, 462). Dagegen trifft ihn keine Kostenlast, wenn er eine **jahrelang** unbeanstandet hingenommene **fehlerhafte Praxis** hinsichtlich der Jahresabrechnung weitergeführt hat (OLG Köln, NZM 2006, 66). Ihm sind auch alle Kosten aufzuerlegen, wenn er einen Beschluss ungenau abfasst oder er einen von ihm rechtlich nicht umsetzbaren Beschluss fassen lässt (AG Duisburg, NZM 2007, 296).

Das gilt auch in dem Fall, wenn der (frühere) Verwalter einen WEer trotz fehlender Bevollmächtigung und Kenntnis davon mit einem Verfahren überzogen hat (OLG Düsseldorf, NZM 2007, 46).

§ 50 Kostenerstattung

Den Wohnungseigentümern sind als zur zweckentsprechenden Rechtsverfolgung oder Rechtsverteidigung notwendige Kosten nur die Kosten eines bevollmächtigten Rechtsanwalts zu erstatten, wenn nicht aus Gründen, die mit dem Gegenstand des Rechtsstreits zusammenhängen, eine Vertretung durch mehrere bevollmächtigte Rechtsanwälte geboten war.

Übersicht

	Rz.
I. Allgemeines	1
II. Inhalt	2
1. Grundsatz	2
2. Ausnahme	3
III. Streitwert	4
IV. Prozesskostenhilfe	5
V. Rechtsanwaltsgebühren	6
VI. Gerichtskostengesetz	7

I. Allgemeines

1 Die Regelung über die Kostenerstattung dient der Begrenzung des Kostenrisikos eines oder einzelner WEer in Verfahren, die sich gegen die übrigen WEer richten, dadurch dass diesen nur die Kosten **eines** Anwalts zu erstatten sind.

II. Inhalt

2 1. Grundsätzlich sind den WEern als zur zweckentsprechenden Rechtsverfolgung oder Rechtsverteidigung notwendige Kosten nur die Kosten **eines** bevollmächtigten Rechtsanwalts zu erstatten. Dies gilt für alle Rechtsstreitigkeiten, an denen die WEer als **Streitgenossen** beteiligt sind; ist die **Gemeinschaft** hingegen beteiligt, kommt die Vorschrift nicht zur Anwendung.

Die Vorschrift will gewährleisten, dass insbesondere in den praktisch wichtigen Fällen von Beschlussanfechtungen, wenn die beklagten WEer obsiegen, der Anspruch auf Kostenerstattung „im Regelfall nur die Kosten **eines** gemeinsam bevollmächtigten Rechtsanwalts" umfasst (BT-Drs. 16/3843 S. 58). Daraus ergibt sich, dass die Kostenerstattung für den von der **Gemeinschaft** beauftragten Rechtsanwalt der Einzelbeauftragung durch einen WEer vorgehen (BGH, NJW-Spezial 2009, 690). Dieser hat i. d. R. die Kosten selbst zu tragen (ebenda). Für einen Verkehrsanwalt richtet sich die Erstattungsfähigkeit seiner Kosten nach der RVG-VV 3400 (*Drasdo*, ZMR 2008, 266).

3 2. Ausnahmsweise kann die Kostenerstattung die Tätigkeit **mehrerer Rechtsanwälte** umfassen, wenn aus Gründen, die mit dem Gegenstand des Rechtsstreits zusammenhängen, eine Vertretung durch mehrere bevollmächtigte Rechtsanwälte geboten war. Nach Sinn und Zweck der Bestimmung kann die Ausnahme nur in Verfahren mit einem tatsächlich und rechtlich **besonders schwie-**

rigem Gegenstand in Betracht kommen. Allein die Tatsache, dass WEssachen als kompliziert gelten, kann eine Mehrfachbevollmächtigung insofern (gegenüber dem WEer) nicht begründen.

III. Streitwert

Die bes. Regelung des Streitwerts in WEssachen findet sich in § 49a GKG. Auch diese Regelung verfolgt den Zweck, den Streitwert nach oben wie nach unten zu begrenzen (s. im Einzelnen § 43 Rz. 33 ff.). **4**

IV. Prozesskostenhilfe

Die Voraussetzungen für die Bewilligung der PKH richten sich nach §§ 114 ff. **ZPO** (Antrag, Einkommen und Vermögen, Prüfung usw.). Zuständig ist das Gericht des ersten Rechtszugs. Über die Beschwerde gegen den Beschluss des AGs entscheidet das LG, gegen den Beschluss des LG das OLG. **5**

Ggfs. ist Rechtsbeschwerde in PKH-Sachen entsprechend § 574 ZPO gegeben. Die sofortige Beschwerde ist innerhalb einer Notfrist von einem Monat einzulegen. Siehe auch Gesetz über Rechtsberatung und Vertretung für Bürger mit geringem Einkommen **(Beratungshilfegesetz)** v. 18. 6. 1980. Für die Beratungshilfe sind Beratungsstellen eingerichtet, die sich auch der Anwälte bedienen können. Zuständig für die Entscheidung über den Antrag und Gewährung von Beratungshilfe ist der Rechtspfleger nach § 24a RpflG.

V. Rechtsanwaltsgebühren

Die Gebühren bei Inanspruchnahme eines Anwalts bzw. einer Anwältin richten sich nach dem **RVG**. Bei einer Mehrheit von Auftraggebern tritt unabhängig von der Ausgangsgebühr eine Erhöhung von 0,3 pro Auftraggeber ein (VV RVG Nr. 1008 III: LG Frankfurt/M, NJW 2004, 3642)). Auch kann die Notwendigkeit der für die Tätigkeit ihres Rechtsanwalts im Vollstreckungsverfahren entstehenden **Mehrvertretungsgebühr** nicht mit der Begründung verneint werden, die Gebühr wäre nicht angefallen, wenn die WEergemeinschaft als teilrechtsfähiger Verband den Vollstreckungsauftrag erteilt hätte (BGH, NZM 2007, 411). Es bestünde im Übrigen keine Identität zwischen Vollstreckungs- und Titelgläubiger (BGH a.a.O). Man wird nun hinsichtlich der Frage **mehrerer** Auftraggeber oder nur **eines** danach zu differenzieren haben, ob die **6**

Gemeinschaft oder mehrere WEer bzw. nur **ein** WEer Partei(en) eines Verfahrens nach § 43 sind.

VI. Gerichtskostengesetz

7 Der Text des § 49a GKG ist im Anhang abgedruckt (II, 3). Im Einzelnen s. schon o. unter § 43 Rz. 33 ff.

Führt eine Geschäftswertfestsetzung (nach bisherigem Recht) in einem Binnenstreit der WEer einer **Großwohnanlage** zu einem außergewöhnlich hohen Geschäftswert, der in keinem Verhältnis mehr zum **Verkehrswert** der betreffenden **Wohnung** des Antragstellers steht, kann dieser Wert reduziert werden. Der Geschäftswert ist entspr. § 49a GKG auf den gerundeten Wert des Fünffachen der angefochtenen Zahlungsverpflichtung des Antragstellers entspr. der beschlossenen Jahres-/Einzelabrechnung und des Wirtschaftsplans festzusetzen (OLG Köln, NZM 2007, 216). Die Festsetzung des Geschäftswerts darf wegen ihrer Höhe nicht de facto zu einer Verhinderung des Zugangs zu den Gerichten führen (a. a. O.). Zu Einzelfragen des § 49a GKG s. *Drasdo*, NJW-Spezial 2009, 753 (Die Streitwerthöhe in WEG-Sachen).

§§ 51–58 *(aufgehoben)*

Die §§ 51 bis 58 wurden durch das WEG-ÄndG v. 26. 3. 2007 mit Wirkung zum 1. 7. 2007 aufgehoben.

IV. Teil. Ergänzende Bestimmungen

§ 59 *(aufgehoben)*

Bemerkung: Aufgehoben durch das WEG-ReformG v. 26. 3. 2007. Der Gesetzgeber begründete die Aufhebung mit verfassungsrechtlichen Erwägungen auf Grund der Entscheidung des BVerfG v. 2. 3. 1999 (BVerfGE 100, 249). Der 2. Senat hat für den Bereich der **Bundesauftragsverwaltung** entschieden, „dass allg. Verwaltungsvorschriften für den Vollzug der Bundesgesetze durch die Länder im Auftrag des Bundes nach Art. 85 Abs. 2 S. 1 GG ausschließlich von der Bundesregierung als **Kollegium** mit Zustimmung des Bundesrates erlassen werden können. Da dies nach allg. M. auch für den Erlass allg. Verwaltungsvorschriften nach Art. 84 Abs. 2 GG, also für den hier einschlägigen Bereich des landeseigenen Gesetzesvollzugs, gilt, ist § 59 WEG aus Gründen der **Rechtsklarheit** aufzuheben.

Auf die Tätigkeit der Baubehörden und eine Aufgabenübertragung auf einen Sachverständigen gemäß § 7 Abs. 4 und § 32 Abs. 2 WEG hat die Aufhebung des § 59 WEG keinen Einfluss" (BT-Drs. 16/887 S. 43).

Die Allg. Verwaltungsvorschrift für die Ausstellung der Abgeschlossenheitsbescheinigung (s. Anh. I 1) ist wirksam.

§ 60 *Ehewohnung (aufgehoben)*

Die Vorschrift ist aufgehoben durch Art. 8 des G. zur Änderung des Zugewinnausgleichs- und Vormundschaftsrechts vom 6. Juli 2009 (BGBl. I S. 1696).

Zweifel über die Anwendung der HausratsVO auf WE und DWR waren damit behoben. Die Zuweisung der Ehewohnung ohne Rücksicht auf Eigentumsverhältnisse erfolgt nun nach § 1568 a BGB. Die HausratsVO wurde durch Art. 2 des o. bezeichneten G. aufgehoben. Eigentum kann dadurch nicht verändert werden.

§ 61 [Veräußerung ohne Zustimmung]

[1] Fehlt eine nach § 12 erforderliche Zustimmung, so sind die Veräußerung und das zugrundeliegende Verpflichtungs-

geschäft unbeschadet der sonstigen Voraussetzungen wirksam, wenn die Eintragung der Veräußerung oder einer Auflassungsvormerkung in das Grundbuch vor dem 15. Januar 1994 erfolgt ist und es sich um die erstmalige Veräußerung dieses Wohnungseigentums nach seiner Begründung handelt, es sei denn, daß eine rechtskräftige gerichtliche Entscheidung entgegensteht. ²Das Fehlen der Zustimmung steht in diesen Fällen dem Eintritt der Rechtsfolgen des § 878 des Bürgerlichen Gesetzbuchs nicht entgegen. ³Die Sätze 1 und 2 gelten entsprechend in den Fällen der §§ 30 und 35 des Wohnungseigentumsgesetzes.

Literatur: *Pause,* Das Gesetz zur Heilung des Erwerbs von Wohnungseigentum, NJW 94, 501.

Übersicht

	Rz.
I. Geschichte der Vorschrift	1
II. Zweck der Regelung	2
III. Zu den Einzelheiten	3
IV. Inkrafttreten	7

I. Geschichte der Vorschrift

1   Ursprünglich enthielt die Vorschrift mit dem Titel „Einheitsbewertung" Bestimmungen, die klarstellten, dass jedes WE eine wirtschaftliche Einheit i. S. des Bewertungsrechts und einen selbstständigen Steuergegenstand i. S. des GrundsteuerG bilde. Wie auch der folgende § 62 wurde § 61 durch das SteuerbereinigungsG 1985 aufgehoben, weil er überflüssig wurde.

Mit dem G. zur Heilung des Erwerbs von Wohnungseigentum vom 3. 1. 1994 wurde § 61 wieder reaktiviert. Sie hat ihre praktische Bedeutung verloren.

II. Zweck der Regelung

2   Durch die Änderung der höchstrichterlichen Rechtsprechung sah sich der Gesetzgeber veranlasst, die im Rahmen des § 12 aufgetretene Problematik, ob ein in der GemO enthaltener Vorbehalt der Zustimmung zur Veräußerung eines WEs/TEs auch die sog. **Erstveräußerung** betreffe, rückwirkend zu regeln (s. § 12 Rz 9). Dazu gehört insbesondere die Zweifelsfrage, ob durch die Entscheidung des BGH (NJW 91, 1613) ungeklärte Eigentumsverhältnisse ent-

Veräußerung ohne Zustimmung 3, 4 § 61

standen sind, einerseits beim Ersterwerb, andererseits bei anschließenden Erwerbsvorgängen einschließlich der Frage eines gutgläubigen Erwerbs.

III. Zu den Einzelheiten

a) Satz 1 soll die durch die Entscheidung des BGH (o. Rz 2) **3** entstandene Rechtsunsicherheit beseitigen, ob der Erwerber einer EW mangels einer erforderlichen Zustimmung zur Veräußerung nach § 12 im Falle der Erstveräußerung durch den ursprünglichen Eigentümer (§ 8) wirksam Eigentum erworben hat. Von der Regelung betroffen sind danach **nur** die zweifelhaften Fälle der **Erstveräußerung,** nach seiner Begründung im Wege der **Teilung** gemäß § 8 (KG, NJW 95, 62 = MDR 94, 1007 = DerWEer 94, 157 = WuM 94, 499), unabhängig davon, wie lange sie zurückliegen, bei denen im Einklang mit der h. M. eine Zustimmung der Gemeinschaft, des Verwalters oder eines sonstigen Dritten trotz eines allgemeinen Zustimmungsvorbehalts für entbehrlich gehalten worden war.

Aus den Worten **„unbeschadet der sonstigen Voraussetzungen"** ergibt sich, dass andere im Zusammenhang mit § 12 aufgetretene bzw. auftretende Zweifel z. B. beim Anschlusserwerb dadurch nicht berührt sind. Sie bleiben der Lösung durch Literatur und Rechtsprechung vorbehalten.

Die Begründung zum Gesetz sagt nur allgemein, dass eine „Vielzahl von Personen" auf Grund der früher h. M. kein wirksames Eigentum erworben hätte (BT-Drucks. 12/3961 S. 4). Genauere Zahlen waren allerdings weder von der Bundesregierung noch den Ländern zu erfahren. So scheint die Vorschrift auch den Zweck zu haben, denkbare Haftungsansprüche gegenüber Notaren und Grundbuchämtern entgegenzutreten. Angesichts anderweitiger Möglichkeiten der Bereinigung durch nachträgliche Genehmigung und des Schutzes der Erwerber in Form von regelmäßig bewilligten Vormerkungen sollte die Wirkung dieser Art Reparatur nicht überbewertet werden.

Halbsatz 2 des **Satzes 1** stellt klar, dass sich die Rückwirkung **4** der Vorschrift nicht auf rechtskräftige Entscheidungen bezieht, die bis zum Inkrafttreten der Bestimmung ergangen sind.

Diese dient schließlich der Behebung der durch die Rechtsprechung des BGH aufgetretenen Rechtsunsicherheit auf vor Inkrafttreten des Gesetzes **abgeschlossene** und **bereits im Grundbuch eingetragene Veräußerungsgeschäfte** (BT-Drucks. 12/3961 S. 4). Dem ist der Fall gleichgestellt, dass für den Erwerber zur

§ 62 IV. Teil. Ergänzende Bestimmungen

Sicherung seines Auflassungsanspruchs eine **Vormerkung** eingetragen ist.

5 b) **Satz 2** soll den Erwerber von WE vor den Auswirkungen von Verfügungsbeschränkungen des Veräußerers schützen, die sich **nach** Stellung des Antrags auf Eintragung des Eigentumswechsels im Grundbuch während des Eintragungsverfahrens ergeben haben können (BT-Drucks. 12/3961 S. 5). Ohne die Heranziehung des § 878 BGB würden dessen Rechtsfolgen in der Vergangenheit nicht eingetreten sein, da der Erwerber **nur** vor **nachträglichen Verfügungsbeschränkungen,** nicht aber gegen zum Zeitpunkt der Stellung des Antrags auf Eintragung des Eigentumswechsels im Grundbuch **fehlende Genehmigungen** durch Dritte geschützt würde (BT-Drucks. 12/3961 S. 5).

6 c) **Satz 3** erstreckt die Geltung der Heilungsvorschriften der Sätze 1 und 2 auf Grund der gleichgelagerten Interessenlage auch auf die Fälle des Dauerwohnrechts (§§ 30, 35).

IV. Inkrafttreten

7 Art. 2 des G. zur Heilung des Erwerbs von Wohnungseigentum legte fest, dass der neue § 61 am Tage nach seiner Verkündung in Kraft trat (15. 1. 1994). Dieses Datum war wegen der Rückwirkung der Sätze 1 und 2 von entscheidender Bedeutung für den Anwendungsbereich.

§ 62 Übergangsvorschrift

(1) **Für die am 1. Juli 2007 bei Gericht anhängigen Verfahren in Wohnungseigentums- oder in Zwangsversteigerungssachen oder für die bei einem Notar beantragten freiwilligen Versteigerungen sind die durch die Artikel 1 und 2 des Gesetzes vom 26. März 2007 (BGBl. I S. 370) geänderten Vorschriften des III. Teils dieses Gesetzes sowie die des Gesetzes über die Zwangsversteigerung und die Zwangsverwaltung in ihrer bis dahin geltenden Fassung weiter anzuwenden.**

(2) **In Wohnungseigentumssachen nach § 43 Nr. 1 bis 4 finden die Bestimmungen über die Nichtzulassungsbeschwerde (§ 543 Abs. 1 Nr. 2, § 544 der Zivilprozessordnung) keine Anwendung, soweit die anzufechtende Entscheidung vor dem 1. Juli 2012 verkündet worden ist.**

Übergangsvorschrift 1, 2 § 62

Übersicht

	Rz.
I. Übergangsregelung	1
A. Abs. 1 (am 1. 7. 2007 anhängige Verfahren)....	1
B. Abs. 2 (keine Nichtzulassungsbeschwerde bis 1. 7. 2012)	4

I. Übergangsregelung

A. Abs. 1 (am 1. 7. 2007 anhängige Verfahren)

Wegen der Erstreckung des ZPO-Verfahrens auf die WEssachen, 1
der Aufhebung der speziellen Vorschriften zur Versteigerung im
WEG und der Einführung des begrenzten Vorrangs für Wohngeldforderungen i. S. des WEG ergaben sich erhebliche Einschnitte
gegenüber der bisherigen Rechtslage. Aufgrund des Vertrauensschutzes in die frühere Rechtslage, aber auch aus Gründen der
Prozessökonomie, sollen bereits **anhängige** Verfahren nicht berührt
werden, sondern unter den bisherigen rechtlichen Bedingungen
fort- und zu Ende geführt werden.

Dies gilt sowohl für die **WEs-Sachen,** für **Zwangsversteigerungssachen** als auch für die ggfs. bei einem Notar beantragten
freiwilligen Versteigerungen. In diesen Fällen sind die Vorschriften des III. Teils des WEG, soweit sie **geändert** wurden, also die
verfahrensrechtlichen Regelungen der §§ 43 bis 58 a. F. (in ihrer
bis dahin geltenden Fassung) weiter anzuwenden. Z. B. gilt in diesen
Fällen noch nicht die **Konzentration** der Beschwerdeverfahren
(OLG München, NZM 2009, 246; OLG Frankfurt/M, NZM
2008, 168; a. M. LG Leipzig, NJW-Spezial 2008, 2). In **Zwangsversteigerungssachen** gilt, sofern sie am 30. 6. 2007 anhängig
waren, das ZVG in der an diesem Tag geltenden Fassung (BGH,
NJW 2008, 1383 = NZM 2009, 129: Anordnung vor dem 1. 7.
2007). Ggfs. müssen Anträge/Gegenanträge in zum 1. 7. 2007 anhängige Verfahren angepasst werden (dazu Bergerhoff, NZM
2007, 553; ob eine Abtrenn- und Abgabepflicht des AG besteht, ist
offengelassen von OLG München, NZM 2009, 246).

Stichtag ist der 1. Juli 2007, und zwar der Beginn dieses Tags. Alle 2
spätestens am 30. Juni anhängigen oben genannten Verfahren unterliegen dem bisherigen Verfahrensrecht. Das Gesetz schweigt hinsichtlich des **materiellen Rechts,** also insbesondere in Bezug auf
die geänderten Teile I und II des WEG.

Diese treten nach Art. 4 des WEG-ÄndG zum 1. 7. 2007 in
Kraft. M. a. W. galt insoweit das bisherige Recht zwar bis zum 30. 6.
2007, dann aber trat das geänderte Recht der Teile I und II in Kraft

§ 62 3   IV. Teil. Ergänzende Bestimmungen

(OLG Hamm, GuT 2007, 452: Ausnahme (Un-) Wirksamkeit eines Beschlusses). Sind also WEG-Sachen bis zu diesem Zeitpunkt **beendet,** gilt ohne weiteres noch das alte Recht. Sind sie aber über den 30. 6. 2007 hinaus noch anhängig, unterliegen sie grundsätzlich dem neuen materiellen Recht, das das alte zum 1. Juli 2007 ablöste (str.; s. KG IBR 2008, m. zust. Anm. *Wenzel;* a. A. *Bub/von der Osten,* FD-MietR 2008, 259884). Damit wurde ein gewisser Druck auf die von solchen Verfahren Betroffenen ausgeübt, die anhängigen Verfahren bis zum 30. 6. 2007 zu beenden.

Eigentlich hätte die Übergangsregelung statt „Für die am 1. Juli 2007 bei Gericht anhängigen Verfahren" heißen müssen „Für die **vor** dem 1. Juli 2007 bei Gericht anhängigen Verfahren". Denn das neue (Verfahrens-)Recht trat mit Beginn des 1. 7. um 0 Uhr in Kraft. Absicht des Gesetzgebers war es, nur für die bis dahin anhängigen Verfahren (30. 6., 24 Uhr) die Weitergeltung des bisherigen Verfahrensrechts zu bestimmen. Die gedankliche Lücke wirkte sich deswegen nicht sonderlich aus, weil der 1. Juli 2007 auf einen Sonntag fiel (obwohl Gerichtspost grundsätzlich auch sonntags eingehen kann). Hätte sich die Verkündung über den 31. 3. 2007 hinaus durch die Unwägbarkeiten, die im Gesetzgebungsverfahren immer wieder vorkommen (Mitwirkung des Bundeskanzlers und des Bundespräsidenten) verzögert, wäre der 1. August, ein Mittwoch, Termin des Inkrafttretens gewesen mit der dann nahe liegenden Anhängigkeit von Verfahren durch Einreichung am 1. August!

Auch aus der Begründung (BT-Drs. 16/887 S. 43) ist zu entnehmen, dass entgegen der Formulierung im Gesetz („die **im Zeitpunkt** des Inkrafttretens anhängigen Verfahren") Folgendes gemeint ist: **bis zum Inkrafttreten,** d. h. vor dem 1. Juli 2007.

3   Auch wenn der Gesetzgeber nicht ausdrücklich geregelt hat, ob das alte oder das neue Recht der Teile I und II auf laufende, aber schon vor dem 1. Juli 2007 begonnene Verfahren anzuwenden ist – Altfälle – (für § 10 Abs. 2 S. 3: OLG München, DWE 2008, 72/LS, gegen § 10 Abs. 8: OLG Karlsruhe, NZM 2009, 247), wird man auf Grund des **Vertrauensschutzes** der Beteiligten davon ausgehen müssen, dass auch das **materielle** Recht des WEG alter Fassung auf die **vor** dem 1. 7. 2007 anhängigen Rechtsstreitigkeiten ausnahmsweise dann auf solche Regelungen der WEer anzuwenden ist, durch die einzelnen WEern **dingliche** Rechtspositionen eingeräumt sind (vgl. *Grzeszick* in *Maunz/Dürig/Herzog/Scholz,* GG, Rz. 92 ff. zu Art. 20 VII). Das gilt auch für **abgeschlossene** Sachverhalte (OLG Karlsruhe, NZM 2009, 247). Rein organisatorische Vereinbarungen der WEer fallen nicht darunter. Entscheidend ist, ob ein nicht unerheblicher Nachteil entsteht (a. a. O. Rz. 87). Das ZVG findet auf zum 30. 6.

2007 anhängige Verfahren in der **an diesem Tag** geltenden Fassung Anwendung (BGH, NJW-Spezial 2008, 290 = DWE 2009, 20). Abs. 1 findet auf die Wahrung der Begründungsfrist nach § 46 Abs. 1 S. 2 keine (entsprechende) Anwendung (BGH, NJW 2009, 2132).

B. Abs. 2 (keine Nichtzulassungsbeschwerde bis zum 1. 7. 2012)

Um einer Überlastung des BGH entgegenzuwirken, werden für 4 eine Übergangszeit von fünf Jahren nach Verkündung, also bis zum 1. 7. 2012, in WEssachen nach § 43 Nr. 1 bis 4 die **Nichtzulassungsbeschwerden** nach § 544 ZPO **ausgeschlossen**.

Nicht betroffen von dem Ausschluss sind Verfahren nach § 43 5 Nr. 5, also Klagen **Dritter** gegen die Gemeinschaft oder gegen WEer mit Bezug auf das GemE, seine Verwaltung oder SE. Hier bleibt es bei der Möglichkeit der Nichtzulassungsbeschwerde nach § 544 ZPO. Der Beschwerdewert muss allerdings gemäß § 26 Nr. 8 EGZPO 20 Tsd. Euro übersteigen.

Zulässig ist ohne Einschränkung die **Revision** zum BGH **nach Zulassung** durch das OLG auch für Verfahren nach § 43 Nr. 1–4.

§ 63 Überleitung bestehender Rechtsverhältnisse

(1) **Werden Rechtsverhältnisse, mit denen ein Rechtserfolg bezweckt wird, der den durch dieses Gesetz geschaffenen Rechtsformen entspricht, in solche Rechtsformen umgewandelt, so ist als Geschäftswert für die Berechnung der hierdurch veranlaßten Gebühren der Gerichte und Notare im Falle des Wohnungseigentums ein Fünfundzwanzigstel des Einheitswertes des Grundstückes, im Falle des Dauerwohnrechtes ein Fünfundzwanzigstel des Wertes des Rechtes anzunehmen.**

(2) *gegenstandslose Übergangsvorschrift*

(3) **Durch Landesgesetz können Vorschriften zur Überleitung bestehender, auf Landesrecht beruhender Rechtsverhältnisse in die durch dieses Gesetz geschaffenen Rechtsformen getroffen werden.**

Gebührenrechtlicher Anreiz zur Überleitung, sowohl für Um- 1 wandlung in WE wie in DWR. OLG Hamburg (MDR 55, 42) nimmt gleiches auch für obligatorische Mietverträge an. BGH v. 23. 4. 1958 NJW 58, 1289: wenn auch WEG sachlich-rechtliche Überleitungsvorschriften nicht erhält, so können doch im einzelnen

§ 64 1–4 IV. Teil. Ergänzende Bestimmungen

Fall ein vor Inkrafttreten des Gesetzes vereinbartes veräußerliches, vererbliches und zur Eintragung im Grundbuch bestimmtes Wohn- und Nutzungsrecht an einem Siedlungshaus als DWR u. die Bestimmungen über die Ankündigung des Vertrages durch den Eigentümer und die Rückzahlung von Einzahlungen als Vereinbarung über den Heimfall und die daraus entstehende Entschädigungspflicht des Eigentümers anzusehen sein.

2 Für Hessen jetzt Hess. Gesetz zur Überleitung des Stockwerkseigentums v. 6. 2. 1962 (HessGVBl. 62, 17); für Baden-Wü.AG zum BGB v. 26. 11. 1974 (Ges.Bl. S. 498), *Thümmel,* JZ 80, 125; für Bayern lag ein Entwurf eines AGBGB v. 15. 12. 1981 Bayer. Landtag, 9. Wahlperiode, Drucks. 9/10458 vor. Er bestätigt in Art. 62 das alte Stockwerkseigentum (zu den Einzelheiten ebenda). Im Übrigen fehlt eine gesetzliche Überleitung der nach Art. 182 EGBGB in Kraft gebliebenen Stockwerkseigentumsrechte.

§ 64 Inkrafttreten

Dieses Gesetz tritt am Tage nach seiner Verkündung in Kraft.

1 **1. WEG v. 19. 3. 1951.** Das Gesetz wurde im Bundesgesetzblatt vom 19. 3. 1951 verkündet, ist also am 20. 3. 1951 in Kraft getreten. Gilt auch in West-Berlin (Gesetz v. 2. 8. 1952, BGBl. I S. 401).

2 Für das Saarland siehe § 3 Abschnitt II des Ges. v. 30. 6. 1959 (BGBl. I S. 313). Mit Abschluss der Übergangszeit gilt auch dort das WEG, das Landes-Gesetz nur noch für vorher begründete Rechte.

3 **2. WEG-ÄndG v. 26. 3. 2007.** Gemäß Art. 4 des WEsÄndG trat das G am 1. Tag des vierten auf die Verkündung folgenden Kalendermonats in Kraft. Auf Grund der Verkündung am 30. 3. 2007 (BGBl. I S. 370) traten die Vorschriften des **WEG** zum **1. 7. 2007 in Kraft.** Dasselbe gilt für die übrigen Vorschriften, abgesehen von den in Art. 3 Abs. 4 Nr. 2 und Nr. 5 genannten Vorschriften der ErbbRVO und des G über Rechte an Luftfahrzeugen, die am Tag nach der Verkündung zum 31. 3. 2007 in Kraft traten.

4 Die relativ lange Vorlaufzeit zwischen Verkündung und Inkrafttreten sollte allen Betroffenen Gelegenheit geben, sich auf die Neuregelungen einzustellen. Das gilt für die WEer als primär Betroffene, die WEG-Verwalter und die Justiz. Da die Änderungen des WEG auch Eingriffe in dingliche und vertragliche Rechtspositionen enthalten, versuchte der Gesetzgeber, die verfassungsrechtliche Problematik durch ein längeres Hinauszögern des Inkrafttretens zu entschärfen.

Anhang

I. Ergänzende Vorschriften

Übersicht

	Seite
1. Allgemeine Verwaltungsvorschrift für die Ausstellung von Bescheinigungen gemäß § 7 Abs. 4 Nr. 2 und § 32 Abs. 2 Nr. 2 des Wohnungseigentumsgesetzes	726
2. Verordnung über die Anlegung und Führung der Wohnungs- und Teileigentumsgrundbücher (Wohnungsgrundbuchverfügung – WGV)	729
2 a. Sondervorschriften für das Gebiet der ehemaligen DDR im Rahmen der Verfügung über die grundbuchmäßige Behandlung der Wohnungseigentumssachen. Einigungsvertrag – Auszug –	745
2 b. Einführungsgesetz zur Insolvenzordnung (EGInsO) – Auszug –	745
3. Entwurf eines Gesetzes zur Änderung des Wohnungseigentumsgesetzes und anderer Gesetze (Hinweis)	746
3 a. Verordnung zur Berechnung der Wohnfläche (Wohnflächenverordnung – WoFlV)	746
4. Verordnung über wohnungswirtschaftliche Berechnungen (Zweite Berechnungsverordnung – II. BV) – Auszug –	749
4 a. Verordnung über die Aufstellung von Betriebskosten (Betriebskostenverordnung – BetrKV)	760
5. Verordnung über die verbrauchsabhängige Abrechnung der Heiz- und Warmwasserkosten (Verordnung über Heizkostenabrechnung – HeizkostenV)	764
6. Gesetz zur Einsparung von Energie in Gebäuden (Energieeinsparungsgesetz – EnEG)	771
6 a. Verordnung über energiesparenden Wärmeschutz und energiesparende Anlagentechnik bei Gebäuden (Energieeinsparverordnung – EnEV)	777
7. Baugesetzbuch (BauGB) – Auszug –	802

Anh. I   Ergänzende Vorschriften

1. Allgemeine Verwaltungsvorschrift für die Ausstellung von Bescheinigungen gemäß § 7 Abs. 4 Nr. 2 und § 32 Abs. 2 Nr. 2 des Wohnungseigentumsgesetzes

Vom 19. März 1974

(BAnz. Nr. 58 vom 23. 3. 1974)

Auf Grund des Artikels 84 Abs. 2 des Grundgesetzes werden mit Zustimmung des Bundesrates folgende Richtlinien für die Baubehörden über die Bescheinigung gemäß § 7 Abs. 4 Nr. 2 bzw. § 32 Abs. 2 Nr. 2 des Wohnungseigentumsgesetzes vom 15. März 1951 (Bundesgesetzbl. I S. 175, 209), zuletzt geändert durch das Gesetz zur Änderung des Wohnungseigentumsgesetzes und der Verordnung über das Erbbaurecht vom 30. Juli 1973 (Bundesgesetzbl. I S. 910), erlassen:

1. Die Bescheinigung darüber, dass eine Wohnung oder nicht zu Wohnzwecken dienende Räume in sich abgeschlossen im Sinne des § 3 Abs. 2 bzw. des § 32 Abs. 1 des Wohnungseigentumsgesetzes sind, wird auf Antrag des Grundstückseigentümers oder Erbbauberechtigten durch die Bauaufsichtsbehörde erteilt, die für die bauaufsichtliche Erlaubnis (Baugenehmigung) und die bauaufsichtlichen Abnahmen zuständig ist, soweit die zuständige oberste Landesbehörde nicht etwas anderes bestimmt.

2. Der Antrag ist eine Bauzeichnung in zweifacher Ausfertigung im Maßstabe mindestens 1 : 100 beizufügen; sie muss bei bestehenden Gebäuden eine Baubestandszeichnung sein und bei zu errichtenden Gebäuden den bauaufsichtlichen (baupolizeilichen) Vorschriften entsprechen.

3. Aus der Bauzeichnung müssen die Wohnungen, auf die sich das Wohnungseigentum, Wohnungserbbaurecht oder Dauerwohnrecht beziehen soll, oder die nicht zu Wohnzwecken dienenden Räume, auf die sich das Teileigentum, Teilerbbaurecht oder Dauernutzungsrecht beziehen soll, ersichtlich sein. Dabei sind alle zu demselben Wohnungseigentum, Teileigentum, Wohnungserbbaurecht, Teilerbbaurecht, Dauerwohnrecht oder Dauernutzungsrecht gehörenden Einzelräume in der Bauzeichnung mit der jeweils gleichen Nummer zu kennzeichnen.

4. Eine Wohnung ist die Summe der Räume, welche die Führung eines Haushaltes ermöglichen; dazu gehören stets eine Küche oder ein Raum mit Kochgelegenheit sowie Wasserversorgung, Ausguss und WC. Die Eigenschaft als Wohnung geht nicht dadurch verloren, dass einzelne Räume vorübergehend oder dauernd zu beruflichen oder gewerblichen Zwecken benutzt werden.

Räume, die zwar zu Wohnzwecken bestimmt sind, aber die genannten Voraussetzungen nicht erfüllen, können nicht als Wohnung im Sinne der oben angeführten Vorschriften angesehen werden.

1. Allg. VwV f. d. Ausstellung von Bescheinigungen **Anh. I**

Der Unterschied zwischen „Wohnungen" und „nicht zu Wohnzwecken dienenden Räumen" ergibt sich aus der Zweckbestimmung der Räume. Nicht zu Wohnzwecken dienende Räume sind z. B. Läden, Werkstatträume, sonstige gewerbliche Räume, Praxisräume, Garagen und dergleichen.

5. Aus der Bauzeichnung muss weiter ersichtlich sein, dass die „Wohnungen" oder „die nicht zu Wohnzwecken dienenden Räume" in sich abgeschlossen sind.

a) Abgeschlossene Wohnungen sind solche Wohnungen, die baulich vollkommen von fremden Wohnungen und Räumen abgeschlossen sind, z. B. durch Wände und Decken, die den Anforderungen der Bauaufsichtsbehörden (Baupolizei) an Wohnungstrennwände und Wohnungstrenndecken entsprechen und einen eigenen abschließbaren Zugang unmittelbar vom Freien, von einem Treppenhaus oder einem Vorraum haben. Zu abgeschlossenen Wohnungen können zusätzliche Räume außerhalb des Wohnungsabschlusses gehören. Wasserversorgung, Ausguss und WC müssen innerhalb der Wohnung liegen.

Zusätzliche Räume, die außerhalb des Wohnungsabschlusses liegen, müssen verschließbar sein.

b) Bei „nicht zu Wohnzwecken dienenden Räumen" gelten diese Erfordernisse sinngemäß.

6. Bei Garagenstellplätzen muss sich im Falle des § 3 Abs. 2 Satz 2 des Wohnungseigentumsgesetzes aus der Bauzeichnung, gegebenenfalls durch zusätzliche Beschriftung ergänzt, ergeben, wie die Flächen der Garagenstellplätze durch dauerhafte Markierungen ersichtlich sind. Als dauerhafte Markierungen kommen in Betracht

a) Wände aus Stein oder Metall,
b) festverankerte Geländer oder Begrenzungseinrichtungen aus Stein oder Metall,
c) festverankerte Begrenzungsschwellen aus Stein oder Metall,
d) in den Fußboden eingelassene Markierungssteine,
e) andere Maßnahmen, die den Maßnahmen nach den Buchstaben a bis d zumindest gleichzusetzen sind.

7. Bei Vorliegen der Voraussetzungen der Nummern 1 bis 6 ist die Bescheinigung nach dem Muster der Anlage zu erteilen. Die Bescheinigung ist mit Unterschrift sowie Siegel oder Stempel zu versehen. Mit der Bescheinigung ist eine als Aufteilungsplan bezeichnete und mit Unterschrift sowie mit Siegel oder Stempel versehene Ausfertigung der Bauzeichnung zu erteilen. Die Zusammengehörigkeit von Bescheinigung und Aufteilungsplan ist durch Verbindung beider mittels Schnur und Siegel oder durch übereinstimmende Aktenbezeichnung ersichtlich zu machen.

8. Die Bescheinigung gemäß Nummer 7 ist bei zu errichtenden Gebäuden nicht zu erteilen, wenn die Voraussetzungen für eine bauaufsichtliche Genehmigung des Bauvorhabens nach Maßgabe der eingereichten Bauzeichnungen nicht gegeben sind.

Die Richtlinien treten am 1. Tage des auf die Veröffentlichung folgenden Monats in Kraft. Die Richtlinien des Bundesministers für Wohnungsbau vom

Anh. I

Ergänzende Vorschriften

3. August 1951 für die Ausstellung von Bescheinigungen gemäß § 7 Abs. 4 Nr. 2 und § 32 Abs. 2 Nr. 2 des Wohnungseigentumsgesetzes (Bundesanzeiger Nr. 152 vom 9. August 1951) treten gleichzeitig außer Kraft.

Bonn, den 19. März 1974

Der Bundeskanzler
Brandt
Der Bundesminister
für Raumordnung, Bauwesen und
Städtebau
Dr. Vogel
Der Bundesminister der Justiz
Gerhard Jahn

Anlage

Bescheinigung

auf Grund des § 7 Abs. 4 Nr. 2/§ 32 Abs. 2 Nr. 2 des Wohnungseigentumsgesetzes

Die in dem beiliegenden Aufteilungsplan

mit Nummer .... bis .... bezeichneten Wohnungen*⁾

mit Nummer .... bis .... bezeichneten nicht zu Wohnzwecken dienenden Räume*⁾
in dem bestehenden/zu errichtenden*⁾ Gebäude auf dem Grundstück in

....
(Ort)   (Straße, Nr.)

(katastermäßige Bezeichnung) ....

Grundbuch von..

Band: .... Blatt: ....
sind/gelten als*⁾ in sich abgeschlossen.

Sie entsprechen daher dem Erfordernis des § 3 Abs. 2/§ 32 Abs. 1*⁾ des Wohnungseigentumsgesetzes.

..............., den ....
(Ort)

....
(Unterschrift der Behörde)

(Siegel oder Stempel)

---

*⁾ **Amtl. Anm.:** Nichtzutreffendes streichen.

2. Wohnungsgrundbuchverfügung (WGV) **Anh. I**

2. Verordnung über die Anlegung und Führung der Wohnungs- und Teileigentumsgrundbücher (Wohnungsgrundbuchverfügung – WGV)

in der Fassung der Bekanntmachung vom 24. Januar 1995
(BGBl. I S. 134)[1]

FNA 315-11-9

§ 1

Für die gemäß § 7 Abs. 1, § 8 Abs. 2 des Wohnungseigentumsgesetzes vom 15. März 1951 (Bundesgesetzbl. I S. 175) für jeden Miteigentumsanteil anzulegenden besonderen Grundbuchblätter (Wohnungs- und Teileigentumsgrundbücher) sowie für die gemäß § 30 Abs. 3 des Wohnungseigentumsgesetzes anzulegenden Wohnungs- und Teilerbbaugrundbücher gelten die Vorschriften der Grundbuchverfügung entsprechend, soweit sich nicht aus den §§ 2 bis 5, 8 und 9 etwas anderes ergibt.

§ 2

In der Aufschrift ist unter der Blattnummer in Klammern das Wort „Wohnungsgrundbuch" oder „Teileigentumsgrundbuch" zu setzen, je nachdem, ob sich das Sondereigentum auf eine Wohnung oder auf nicht zu Wohnzwecken dienende Räume bezieht. Ist mit dem Miteigentumsanteil Sondereigentum sowohl an einer Wohnung als auch an nicht zu Wohnzwecken dienenden Räumen verbunden und überwiegt nicht einer dieser Zwecke offensichtlich, so ist das Grundbuchblatt als „Wohnungs- und Teileigentumsgrundbuch" zu bezeichnen.

§ 3

(1) Im Bestandsverzeichnis sind in dem durch die Spalte 3 gebildeten Raum einzutragen:
a) der in einem zahlenmäßigen Bruchteil ausgedrückte Miteigentumsanteil an dem Grundstück;
b) die Bezeichnung des Grundstücks nach den allgemeinen Vorschriften; besteht das Grundstück aus mehreren Teilen, die in dem maßgebenden amtlichen Verzeichnis (§ 2 Abs. 2 der Grundbuchordnung) als selbständige Teile eingetragen sind, so ist bei der Bezeichnung des Grundstücks in geeigneter Weise zum Ausdruck zu bringen, dass die Teile ein Grundstück bilden;
c) das mit dem Miteigentumsanteil verbundene Sondereigentum an bestimmten Räumen und die Beschränkung des Miteigentums durch die Einräumung der zu den anderen Miteigentumsanteilen gehörenden Sondereigentumsrechte; dabei sind die Grundbuchblätter der übrigen Miteigentumsanteile anzugeben.

---

[1] Neubekanntmachung der WGV vom 1. 8. 1951 (BAnz. Nr. 152 vom 9. August 1951) in der seit 10. 12. 1994 gültigen Fassung.

Anh. I
Ergänzende Vorschriften

(2) Wegen des Gegenstandes und des Inhalts des Sondereigentums kann auf die Eintragungsbewilligung Bezug genommen werden (§ 7 Abs. 3 des Wohnungseigentumsgesetzes; vereinbarte Veräußerungsbeschränkungen (§ 12 des Wohnungseigentumsgesetzes); sind jedoch ausdrücklich einzutragen.

(3) In Spalte 1 ist die laufende Nummer der Eintragung einzutragen. In Spalte 2 ist die bisherige laufende Nummer des Miteigentumsanteils anzugeben, aus dem der Miteigentumsanteil durch Vereinigung oder Teilung entstanden ist.

(4) In Spalte 4 ist die Größe des im Miteigentum stehenden Grundstücks nach den allgemeinen Vorschriften einzutragen.

(5) In den Spalten 6 und 8 sind die Übertragung des Miteigentumsanteils auf das Blatt sowie die Veränderungen, die sich auf den Bestand des Grundstücks, die Größe des Miteigentumsanteils oder den Gegenstand oder den Inhalt des Sondereigentums beziehen, einzutragen. Der Vermerk über die Übertragung des Miteigentumsanteils auf das Blatt kann jedoch statt in Spalte 6 auch in die Eintragung in Spalte 3 aufgenommen werden.

(6) Verliert durch die Eintragung einer Veränderung nach ihrem aus dem Grundbuch ersichtlichen Inhalt eine frühere Eintragung ganz oder teilweise ihre Bedeutung, so ist sie insoweit rot zu unterstreichen.

(7) Vermerke über Rechte, die dem jeweiligen Eigentümer des Grundstücks zustehen, sind in den Spalten 1, 3 und 4 des Bestandsverzeichnisses sämtlicher für Miteigentumsanteile an dem herrschenden Grundstück angelegten Wohnungs- und Teileigentumsgrundbücher einzutragen. Hierauf ist in dem in Spalte 6 einzutragenden Vermerk hinzuweisen.

§ 4

(1) Rechte, die ihrer Natur nach nicht an dem Wohnungseigentum als solchem bestehen können (wie z. B. Wegerechte), sind in Spalte 3 der zweiten Abteilung in der Weise einzutragen, dass die Belastung des ganzen Grundstücks erkennbar ist. Die Belastung ist in sämtlichen für Miteigentumsanteile an dem belasteten Grundstück angelegten Wohnungs- und Teileigentumsgrundbüchern einzutragen, wobei jeweils auf die übrigen Eintragungen zu verweisen ist.

(2) Abs. 1 gilt entsprechend für Verfügungsbeschränkungen, die sich auf das Grundstück als Ganzes beziehen.

§ 5

Bei der Bildung von Hypotheken-, Grundschuld- und Rentenschuldbriefen ist kenntlich zu machen, dass der belastete Gegenstand ein Wohnungseigentum (Teileigentum) ist.

§ 6

Sind gemäß § 7 Abs. 1 oder § 8 Abs. 2 des Wohnungseigentumsgesetzes für die Miteigentumsanteile besondere Grundbuchblätter anzulegen, so werden die Miteigentumsanteile in den Spalten 7 und 8 des Bestandsverzeichnisses des Grundbuchblatts des Grundstücks abgeschrieben. Die Schließung

2. Wohnungsgrundbuchverfügung (WGV) Anh. I

des Grundbuchblatts gemäß § 7 Abs. 1 Satz 3 des Wohnungseigentumsgesetzes unterbleibt, wenn auf dem Grundbuchblatt von der Abschreibung nicht betroffene Grundstücke eingetragen sind.

§ 7

Wird von der Anlegung besonderer Grundbuchblätter gemäß § 7 Abs. 2 des Wohnungseigentumsgesetzes abgesehen, so sind in der Aufschrift unter die Blattnummer in Klammern die Worte „Gemeinschaftliches Wohnungsgrundbuch" oder „Gemeinschaftliches Teileigentumsgrundbuch" (im Falle des § 2 Satz 2 dieser Verfügung „Gemeinschaftliches Wohnungs- und Teileigentumsgrundbuch") zu setzen; die Angaben über die Einräumung von Sondereigentum sowie über den Gegenstand und Inhalt des Sondereigentums sind als Bezeichnung des Gemeinschaftsverhältnisses im Sinne des § 47 Grundbuchordnung gemäß § 9 Buchstabe b der Grundbuchverfügung in den Spalten 2 und 4 der ersten Abteilung einzutragen.

§ 8

Die Vorschriften der §§ 2 bis 7 gelten für Wohnungs- und Teilerbbaugrundbücher entsprechend.

§ 9

Die nähere Einrichtung der Wohnungs- und Teileigentumsgrundbücher sowie der Wohnungs- und Teilerbbaugrundbücher ergibt sich aus den als Anlagen 1 bis 3 beigefügten Mustern. Für den Inhalt eines Hypothekenbriefs bei der Aufteilung des Eigentums am belasteten Grundstück in Wohnungseigentumsrechte nach § 8 des Wohnungseigentumsgesetzes dient die Anlage 4 als Muster. Die in den Anlagen befindlichen Probeeintragungen sind als Beispiele nicht Teil dieser Verfügung.

§ 10

(1) Die Befugnis der zuständigen Landesbehörden, zur Anpassung an landesrechtliche Besonderheiten ergänzende Vorschriften zu treffen, wird durch diese Verfügung nicht berührt.

(2) Soweit auf die Vorschriften der Grundbuchverfügung verwiesen wird und deren Bestimmungen nach den für die Überleitung der Grundbuchverfügung bestimmten Maßgaben nicht anzuwenden sind, treten an die Stelle der in Bezug genommenen Vorschriften der Grundbuchverfügung die entsprechenden anzuwendenden Regelungen über die Einrichtung und Führung der Grundbücher. Die in § 3 vorgesehenen Angaben sind in diesem Falle in die entsprechenden Spalten für den Bestand einzutragen.

(3) Ist eine Aufschrift mit Blattnummer nicht vorhanden, ist die in § 2 erwähnte Bezeichnung an vergleichbarer Stelle im Kopf der ersten Seite des Grundbuchblatts anzubringen.

§ 11

(Inkrafttreten)

Anh. I
Ergänzende Vorschriften

Anlagen 1 bis 4 zur Verordnung über die Anlegung und Führung der Wohnungs- und Teileigentumsgrundbücher (Wohnungsgrundbuchverfügung – WGV)

2. Wohnungsgrundbuchverfügung (WGV) **Anh. I**

Anlage 1
(zu § 9)

Muster
(Wohnungs- und Teileigentumsgrundbuch)

Amtsgericht

Schönberg

Grundbuch
von
Waslingen

Blatt 171

(Wohnungs- und Teileigentumsgrundbuch)

(Wohnungsgrundbuch)

Anh. I

Ergänzende Vorschriften

Amtsgericht Schönberg
Grundbuch von Waslingen **Blatt** 171 **Bestandsverzeichnis**
Einlegebogen 1

Lfd. Nr. der Grundstücke	Bisherige lfd. Nr. der Grundstücke	Bezeichnung der Grundstücke und der mit dem Eigentum verbundenen Rechte		Größe
		Gemarkung Flur Flurstück	Wirtschaftsart und Lage	m^2
		a/b/c	d	
1	2	3		4
1	–	42/100 (zweiundvierzig Hundertstel) Miteigentumsanteil an dem Grundstück		
		Waslingen 3 112	Gebäude- und Freifläche, Mühlenstr.10	468
		verbunden mit dem Sondereigentum an dem Ladenlokal im Erdgeschoß und an der Wohnung im ersten Stockwerk links, im Aufteilungsplan bezeichnet mit Nr. 1.		
		Das Miteigentum ist durch die Einräumung der zu den anderen Miteigentumsanteilen gehörenden Sondereigentumsrechte (eingetragen in den Blättern 171 bis 176, ausgenommen dieses Blatt) beschränkt.		
		Veräußerungsbeschränkung: Zustimmung durch die Mehrheit der übrigen Wohnungs- und Teileigentümer.		
		Im übrigen wird wegen des Gegenstands und des Inhalts des Sondereigentums auf die Bewilligung vom 6. Mai 1981 Bezug genommen.		
		Eingetragen am 15. Mai 1981.		
			Neu Meier	
2	Rest von 1	14/100 (vierzehn Hundertstel) Miteigentumsanteil an dem Grundstück		
		Waslingen 3 112	Gebäude- und Freifläche, Mühlenstr. 10	468
		verbunden mit dem Sondereigentum an der Wohnung im ersten Stockwerk links, im Aufteilungsplan bezeichnet mit Nr. 1.		
		Das Miteigentum ist durch die Einräumung der zu den anderen Miteigentumsanteilen gehörenden Sondereigentumsrechte (eingetragen in den Blättern 171 bis 176, 227, ausgenommen dieses Blatt) beschränkt.		
3 zu 2		Licht- und Fensterrecht an dem Grundstück Waslingen Flur 3 Flurstück 119, eingetragen im Grundbuch von Waslingen Blatt 21 Abt. II Nr. 2, zugunsten des jeweiligen Eigentümers des Grundstücks Waslingen Flur 3 Flurstück 112.		

2. Wohnungsgrundbuchverfügung (WGV) — Anh. I

Amtsgericht Schönberg
Grundbuch von Waslingen   **Blatt** 171   **Bestandsverzeichnis** 1 R
Einlegebogen

Bestand und Zuschreibungen		Abschreibungen	
Zur lfd. Nr. der Grundstücke		Zur lfd. Nr. der Grundstücke	
5	6	7	8
1	Der Miteigentumsanteil ist bei Anlegung dieses Blattes von Blatt 47 hierher übertragen am 15. Mai 1981. Neu Meier	1, 2	Von Nr. 1 sind 28/100 Miteigentumsanteil, verbunden mit Sondereigentum an dem Laden im Erdgeschoß, übertragen nach Blatt 227 am 18. Juli 1985. Rest: Nr. 2. Neu Meier
3 zu 2	Hier sowie auf den für die übrigen Miteigentumsanteile angelegten Grundbuchblättern (Blätter 172 bis 176, Blatt 227) vermerkt am 26. April 1986. Schmidt Lehmann		
2	Der Inhalt des Sondereigentums ist dahin geändert, daß a) die Zustimmung zur Veräußerung nicht erforderlich ist im Falle der Versteigerung nach § 19 des Wohnungseigentumsgesetzes sowie bei Veräußerung im Wege der Zwangsvollstreckung oder durch den Konkursverwalter; b) über den Gebrauch des Hofraums eine Vereinbarung getroffen ist. Eingetragen unter Bezugnahme auf die Bewilligung vom 18. August 1988 am 2. September 1988. Schmidt Lehmann		
2	Der Gegenstand des Sondereigentums ist bezüglich eines Raumes geändert. Unter Bezugnahme auf die Bewilligung vom 28. Februar 1989 eingetragen am 21. März 1989. Schmidt Lehmann		

Fortsetzung auf Einlegebogen

Anh. I
Ergänzende Vorschriften

Amtsgericht Schönberg **Einlegebogen**
Grundbuch von Waslingen   **Blatt** 171   **Erste Abteilung** 1

Lfd. Nr. der Eintragungen	Eigentümer	Lfd. Nr. der Grundstücke im Bestandsverzeichnis	Grundlage der Eintragung
1	2	3	4
1a b	Müller, Johann, geb. am 21. Februar 1938, Waslingen Müller, Johanna, geb. Schmitz, geb. am 27. Juli 1940, Waslingen - je zu 1/2 -	1 3 zu 2	Der Miteigentumsanteil ist aufgelassen am 6. Mai 1981; eingetragen am 15. Mai 1981. Neu Meier In Blatt 21 eingetragen am 26. April 1986; hier vermerkt am 26. April 1986. Schmidt Lehmann

2. Wohnungsgrundbuchverfügung (WGV) — Anh. I

Amtsgericht Schönberg		**Einlegebogen**
Grundbuch von Waslingen	**Blatt** 171	**Zweite Abteilung** 1

Lfd. Nr. der Eintragungen	Lfd. Nr. der betroffenen Grundstücke im Bestandsverzeichnis	Lasten und Beschränkungen
1	2	3
1	1	Geh- und Fahrtrecht an dem Grundstück Flur 3 Flurstück Nr. 112 für den jeweiligen Eigentümer des Grundstücks Blatt 4 Nr. 2 des Bestandsverzeichnisses (Flur 3 Flurstück 115); eingetragen in Blatt 47 am 4. April 1943 und hierher sowie auf die für die anderen Miteigentumsanteile angelegten Grundbuchblätter (Blätter 172 bis 176) übertragen am 15. Mai 1981. Neu Meier
2	2	Wohnungsrecht für Müller, Emilie, geb. Schulze, geb. am 13. März 1912, Waslingen. Eingetragen unter Bezugnahme auf die Bewilligung vom 20. September 1986 am 11. Oktober 1986. Schmidt Lehmann

Anh. I — Ergänzende Vorschriften

Amtsgericht Schönberg
Grundbuch von Waslingen   **Blatt** 171   **Dritte Abteilung**   Einlegebogen 1

Lfd. Nr. der Eintragungen	Lfd. Nr. der belasteten Grundstücke im Bestandsverzeichnis	Betrag	Hypotheken, Grundschulden, Rentenschulden
1	2	3	4
1	1	10 000 DM	Zehntausend Deutsche Mark Darlehen, mit sechs vom Hundert jährlich verzinslich, für die Stadtsparkasse Waslingen. Die Erteilung eines Briefes ist ausgeschlossen. Unter Bezugnahme auf die Bewilligung vom 8. Mai 1981 als Gesamtbelastung in den Blättern 171 bis 176 eingetragen am 17. Mai 1981. Neu Meier
2	2	3 000 DM	Dreitausend Deutsche Mark Grundschuld mit sechs vom Hundert jährlich verzinslich für Ernst Nuter, geb. am 23. April 1940, Neudorf. Unter Bezugnahme auf die Bewilligung vom 17. Januar 1986 eingetragen am 2. Februar 1986. Schmidt Lehmann

2. Wohnungsgrundbuchverfügung (WGV) Anh. I

Amtsgericht Schönberg					Einlegebogen
Grundbuch von Waslingen		Blatt 171		Dritte Abteilung	1 R
Veränderungen			Löschungen		
Lfd. Nr. der Spalte 1	Betrag		Lfd. Nr. der Spalte 1	Betrag	
5	6	7	8	9	10
1	10 000 DM	Weitere Mithaft besteht in Blatt 227; eingetragen am 18. Juli 1985. Neu Meier			

Fortsetzung auf Einlegebogen

Anh. I

Ergänzende Vorschriften

Anlage 2
(zu § 9)

Muster

(Erste Abteilung
eines gemeinschaftlichen Wohnungsgrundbuchs)

Amtsgericht Schönberg			**Einlegebogen**
Grundbuch von Waslingen		**Blatt** 159	**Erste Abteilung** 1

Lfd. Nr. der Eintragungen	Eigentümer	Lfd. Nr. der Grundstücke im Bestandsverzeichnis	Grundlage der Eintragung
1	2	3	4
1a b c d	Amberg, Johann, geb. am 7. Oktober 1933, Waslingen Beier, Friedrich, geb. am 23. Dezember 1931, Waslingen Christ, Karl, geb. am 10. August 1931, Waslingen Damm, Georg, geb. am 12. Dezember 1903, Waslingen – je zu 1/4 – Jeder Miteigentumsanteil ist verbunden mit Sondereigentum an einer Wohnung des Hauses. Das Miteigentum ist durch die Einräumung der Sondereigentumsrechte beschränkt.	1	Das Grundstück ist an die Miteigentümer aufgelassen am 10. Mai 1981. Wegen des Gegenstandes und des Inhalts des Sondereigentums wird auf die Bewilligung vom 10. Mai 1981 Bezug genommen. Jeder Wohnungseigentümer bedarf zur Veräußerung des Wohnungseigentums der Zustimmung der anderen Wohnungseigentümer. Eingetragen am 28. Mai 1981. Neu Meier

2. Wohnungsgrundbuchverfügung (WGV) — Anh. I

Anlage 3
(zu § 9)

Muster
(Aufschrift und Bestandsverzeichnis
eines Wohnungserbbaugrundbuchs)

Amtsgericht

Schönberg

Grundbuch
von
Waslingen

Blatt 148

(Wohnungserbbaugrundbuch)

Anh. I

Ergänzende Vorschriften

Amtsgericht Schönberg				Einlegebogen
Grundbuch von Waslingen		**Blatt** 148	**Bestandsverzeichnis**	1

Lfd. Nr. der Grundstücke	Bisherige lfd. Nr. der Grundstücke	Bezeichnung der Grundstücke und der mit dem Eigentum verbundenen Rechte		Größe
		Gemarkung Flur Flurstück	Wirtschaftsart und Lage	m²
		a/b/c	d	
1	2	3		4
1	–	1/12 (ein Zwölftel) Anteil an dem Erbbaurecht, das im Grundbuch von Waslingen Blatt 23 als Belastung des im Bestandsverzeichnis unter Nr. 2 verzeichneten Grundstücks		
		Waslingen 5 102 ‾ 66	Garten an der Wublitz	2 515
		in Abteilung II Nr. 1 für die Dauer von 99 Jahren seit dem Tag der Eintragung, dem 1. Juni 1981, eingetragen ist.		
		Grundstückseigentümer: Walter Breithaupt, geb. am 1. März 1947, Waslingen.		
		Unter Bezugnahme auf die Bewilligung vom 26. April 1981 bei Anlegung dieses Wohnungserbbaugrundbuchs hier vermerkt am 1. Juni 1981.		
		Mit dem Anteil an dem Erbbaurecht ist das Sondereigentum an der Wohnung im ersten Stockwerk links, im Aufteilungsplan bezeichnet mit Nr. 12, des auf Grund des Erbbaurechts zu errichtenden Gebäudes verbunden. Der Anteil ist durch die Einräumung der zu den anderen Anteilen gehörenden Sondereigentumsrechte (eingetragen in den Blättern 137 bis 148, ausgenommen dieses Blatt) beschränkt.		
		Der Wohnungserbbauberechtigte bedarf zur Veräußerung des Wohnungserbbaurechts der Zustimmung der Mehrheit der übrigen Wohnungserbbauberechtigten.		
		Im übrigen wird wegen des Gegenstands und des Inhalts des Sondereigentums auf die Bewilligung vom 15. Mai 1981 Bezug genommen. Eingetragen am 1. Juni 1981.		
		Fuchs Körner		
		Der Inhalt des Erbbaurechts ist bezüglich der Heimfallgründe geändert. Unter Bezugnahme auf die Bewilligung vom 11. September 1985 eingetragen am 3. Oktober 1985.		
		Fuchs Körner		

2. Wohnungsgrundbuchverfügung (WGV)   **Anh. I**

Amtsgericht Schönberg			**Einlegebogen**
Grundbuch von Waslingen	**Blatt** 148	**Bestandsverzeichnis**	1 R

Bestand und Zuschreibungen		Abschreibungen	
Zur lfd. Nr. der Grundstücke		Zur lfd. Nr. der Grundstücke	
5	6	7	8
1	Der Inhalt des Sondereigentums ist hinsichtlich der Gebrauchsregelung geändert. Unter Bezugnahme auf die Bewilligung vom 20. Februar 1986 eingetragen am 3. März 1986. 　　　Fuchs　　　Körner		
		Fortsetzung auf Einlegebogen	

Anlage 4
(zu § 9)

Muster

(Probeeintragungen
in einen Hypothekenbrief
bei Aufteilung des Eigentums am belasteten Grundstück
in Wohnungseigentumsrechte nach § 8 des Wohnungseigentumsgesetzes)

**Deutscher
Hypothekenbrief**

über

100 000 Deutsche Mark

eingetragen im Grundbuch von

Waslingen (Amtsgericht Schönberg)

Blatt 88 Abteilung III Nr. 3 (drei)

Inhalt der Eintragung:

Nr. 3: 100 000 (einhunderttausend) Deutsche Mark Darlehen für die Darlehensbank Aktiengesellschaft in Waslingen mit sechseinhalb vom Hundert jährlichen Zinsen. Unter Bezugnahme auf die Eintragungsbewilligung vom 28. September 1979 eingetragen am 18. Oktober 1979.

Belastetes Grundstück:

Das im Bestandsverzeichnis des Grundbuchs unter Nr. 1 verzeichnete Grundstück.

Schönberg, den 18. Oktober 1979

(Siegel oder Stempel)

Amtsgericht

(Unterschriften)

Das Eigentum an dem belasteten Grundstück ist in Wohnungseigentum aufgeteilt worden. Für die einzelnen Wohnungseigentumsrechte ist am 26. September 1980 jeweils ein Wohnungsgrundbuch angelegt worden. Diese Wohnungsgrundbücher haben folgende Bezeichnungen:

Wohnungsgrundbuch von Waslingen

Blatt

97

98

99

100

In den vorgenannten Wohnungsgrundbüchern ist das Wohnungseigentum jeweils unter Nr. 1 im Bestandsverzeichnis eingetragen worden. Die Hypothek ist jeweils in die dritte Abteilung dieser Wohnungsgrundbücher unter Nr. 1 (eins) übertragen worden. Das Grundbuch von Waslingen Band 3 Blatt 88 ist geschlossen worden.*)

Schönberg, den 29. September 1980

(Siegel oder Stempel)

Amtsgericht

(Unterschriften)

---

*) Dieser Satz entfällt im Falle des § 6 Satz 2 der Wohnungsgrundbuchverfügung.

2a. Sondervorschriften für das Gebiet der ehemaligen DDR im Rahmen der Verfügung über die grundbuchmäßige Behandlung der Wohnungseigentumssachen – Einigungsvertrag –

(BGBl. 1990 II S. 885)

– Auszug –

Anlage I Kap. III, Sachgebiet B Abschnitt III Nr. 5 Bundesrecht tritt in dem in Artikel 3 des Vertrags genannten Gebiet mit folgenden Maßgaben in Kraft:

5. Verfügung über die grundbuchmäßige Behandlung der Wohnungseigentumssachen vom 1. August 1951 (BAnz. Nr. 152 vom 9. August 1951), zuletzt geändert durch Artikel 2 der Verordnung vom 23. Juli 1984 (BGBl. I S. 1025),
   mit folgenden Maßgaben:
   a) Soweit auf die Vorschriften der Grundbuchverfügung verwiesen wird und deren Bestimmungen nach den für die Überleitung der Grundbuchverfügung bestimmten Maßgaben nicht anzuwenden sind, treten an die Stelle der in Bezug genommenen Vorschriften der Grundbuchverfügung die entsprechenden anzuwendenden Regelungen über die Einrichtung und Führung der Grundbücher. Die in § 3 vorgesehenen Angaben sind in diesem Falle in die entsprechenden Spalten für den Bestand einzutragen.
   b) Ist eine Aufschrift mit Blattnummer nicht vorhanden, ist die in § 2 erwähnte Bezeichnung an vergleichbarer Stelle im Kopf der ersten Seite des Grundbuchblatts anzubringen.

2b. Einführungsgesetz zur Insolvenzordnung (EGInsO)

Vom 5. Oktober 1994 (BGBl. I S. 2911)[1)]
Zuletzt geändert durch Gesetz vom 13. April 2007 (BGBl. I S. 509)
FNA 311–14–1

– Auszug –

Artikel 35. Änderung des Wohnungseigentumsgesetzes

Das Wohnungseigentumsgesetz in der im Bundesgesetzblatt Teil III, Gliederungsnummer 403–1, veröffentlichten bereinigten Fassung, zuletzt geändert durch Artikel 8 Abs. 11 des Gesetzes vom 24. Juni 1994 (BGBl. I S. 1325), wird wie folgt geändert:

[1)] Die Insolvenzordnung ist am 1. 1. 1999 in Kraft getreten.

Anh. I Ergänzende Vorschriften

1. § 11 Abs. 2 wird wie folgt gefasst:
   „(2) Das Recht eines Pfändungsgläubigers (§ 751 des Bürgerlichen Gesetzbuchs) sowie das im Insolvenzverfahren bestehende Recht (§ 84 Abs. 2 der Insolvenzordnung), die Aufhebung der Gemeinschaft zu verlangen, ist ausgeschlossen."
2. In § 12 Abs. 3 Satz 2 wird das Wort „Konkursverwalter" durch das Wort „Insolvenzverwalter" ersetzt.

3. Entwurf eines Gesetzes zur Änderung des Wohnungseigentumsgesetzes und anderer Gesetze

Vom 8. März 2006 (BT-Drucks. 16/887)

Der Gesetzentwurf der Bundesregierung (BT-Drucksache 16/887) wurde wegen seiner Bedeutung für die Weiterentwicklung des Instituts Wohnungseigentum der 18. Aufl. des Kommentars 2007 in einem Ergänzungsband vollständig beigefügt. Mit dem Abdruck von Gesetzentwurf, Stellungnahme des Bundesrats, der Gegenäußerung der Bundesregierung und den dazu gehörenden Begründungen in der Form wie sie dem Bundesrat zugeleitet wurden, ist die Informationsmöglichkeit aller am Wohnungseigentum Interessierten umfassend gewährleistet. Verlag und Autor erhoffen sich mit diesem Service eine breite Diskussion im Interesse der Beteiligten, in erster Linie der betroffenen Wohnungseigentümer, aber auch der Praxis und Wissenschaft.

Damit konnte an dieser Stelle vom Abdruck abgesehen werden.

3 a. Verordnung zur Berechnung der Wohnfläche (Wohnflächenverordnung – WoFlV)

Vom 25. November 2003

(BGBl. I S. 2346)

FNA 2330-32-1

§ 1 Anwendungsbereich, Berechnung der Wohnfläche

(1) Wird nach dem Wohnraumförderungsgesetz die Wohnfläche berechnet, sind die Vorschriften dieser Verordnung anzuwenden.

(2) Zur Berechnung der Wohnfläche sind die nach § 2 zur Wohnfläche gehörenden Grundflächen nach § 3 zu ermitteln und nach § 4 auf die Wohnfläche anzurechnen.

§ 2 Zur Wohnfläche gehörende Grundflächen

(1) Die Wohnfläche einer Wohnung umfasst die Grundflächen der Räume, die ausschließlich zu dieser Wohnung gehören. Die Wohnfläche eines Wohnheims umfasst die Grundflächen der Räume, die zur alleinigen und gemeinschaftlichen Nutzung durch die Bewohner bestimmt sind.

3 a. Verordnung zur Berechnung der Wohnfläche **Anh. I**

(2) Zur Wohnfläche gehören auch die Grundflächen von
1. Wintergärten, Schwimmbädern und ähnlichen nach allen Seiten geschlossenen Räumen sowie
2. Balkonen, Loggien, Dachgärten und Terrassen,
wenn sie ausschließlich zu der Wohnung oder dem Wohnheim gehören.

(3) Zur Wohnfläche gehören nicht die Grundflächen folgender Räume:
1. Zubehörräume, insbesondere:
   a) Kellerräume,
   b) Abstellräume und Kellerersatzräume außerhalb der Wohnung,
   c) Waschküchen,
   d) Bodenräume,
   e) Trockenräume,
   f) Heizungsräume und
   g) Garagen,
2. Räume, die nicht den an ihre Nutzung zu stellenden Anforderungen des Bauordnungsrechts der Länder genügen, sowie
3. Geschäftsräume.

§ 3 Ermittlung der Grundfläche

(1) Die Grundfläche ist nach den lichten Maßen zwischen den Bauteilen zu ermitteln; dabei ist von der Vorderkante der Bekleidung der Bauteile auszugehen. Bei fehlenden begrenzenden Bauteilen ist der bauliche Abschluss zu Grunde zu legen.

(2) Bei der Ermittlung der Grundfläche sind namentlich einzubeziehen die Grundflächen von
1. Tür- und Fensterbekleidungen sowie Tür- und Fensterumrahmungen,
2. Fuß-, Sockel und Schrammleisten,
3. fest eingebauten Gegenständen, wie z. B. Öfen, Heiz- und Klimageräten, Herden, Bade- oder Duschwannen,
4. freiliegenden Installationen,
5. Einbaumöbeln und
6. nicht ortsgebundenen, versetzbaren Raumteilern.

(3) Bei der Ermittlung der Grundflächen bleiben außer Betracht die Grundflächen von
1. Schornsteinen, Vormauerungen, Bekleidungen, freistehenden Pfeilern und Säulen, wenn sie eine Höhe von mehr als 1,50 Meter aufweisen und ihre Grundfläche mehr als 0,1 Quadratmeter beträgt,
2. Treppen mit über drei Steigungen und deren Treppenabsätze,
3. Türnischen und
4. Fenster- und offenen Wandnischen, die nicht bis zum Fußboden herunterreichen oder bis zum Fußboden herunterreichen und 0,13 Meter oder weniger tief sind.

(4) Die Grundfläche, ist durch Ausmessung im fertig gestellten Wohnraum oder auf Grund einer Bauzeichnung zu ermitteln. Wird die Grundfläche auf Grund einer Bauzeichnung ermittelt, muss diese

Anh. I Ergänzende Vorschriften

1. für ein Genehmigungs-, Anzeige-, Genehmigungsfreistellungs- oder ähnliches Verfahren nach dem Bauordnungsrecht der Länder gefertigt oder, wenn ein bauordnungsrechtliches Verfahren nicht erforderlich ist, für ein solches geeignet sein und
2. die Ermittlung der lichten Maße zwischen den Bauteilen im Sinne des Absatzes 1 ermöglichen.

Ist die Grundfläche nach einer Bauzeichnung ermittelt worden und ist abweichend von dieser Bauzeichnung gebaut worden, ist die Grundfläche durch Ausmessung im fertig gestellten Wohnraum oder auf Grund einer berichtigten Bauzeichnung neu zu ermitteln.

§ 4 Anrechnung der Grundflächen

Die Grundflächen

1. von Räumen und Raumteilen mit einer lichten Höhe von mindestens zwei Metern sind vollständig,
2. von Räumen und Raumteilen mit einer lichten Höhe von mindestens einem Meter und weniger als zwei Metern sind zur Hälfte,
3. von unbeheizbaren Wintergärten, Schwimmbädern und ähnlichen nach allen Seiten geschlossenen Räumen sind zur Hälfte,
4. von Balkonen, Loggien, Dachgärten und Terrassen sind in der Regel zu einem Viertel, höchstens jedoch zu Hälfte

anzurechnen.

§ 5 Überleitungsvorschrift

Ist die Wohnfläche bis zum 31. Dezember 2003 nach der Zweiten Berechnungsverordnung in der Fassung der Bekanntmachung vom 12. Oktober 1990 (BGBl. I S. 2178), zuletzt geändert durch Artikel 3 der Verordnung vom 25. November 2003 (BGBl. I S. 2346), in der jeweils geltenden Fassung berechnet worden, bleibt es bei dieser Berechnung. Soweit in den in Satz 1 genannten Fällen nach dem 31. Dezember 2003 bauliche Änderungen an dem Wohnraum vorgenommen werden, die eine Neuberechnung der Wohnfläche erforderlich machen, sind die Vorschriften dieser Verordnung anzuwenden.

4. Verordnung über wohnungswirtschaftliche Berechnungen (Zweite Berechnungsverordnung – II. BV)[1) · 2)]

in der Fassung der Bekanntmachung vom 12. Oktober 1990
(BGBl. I S. 2178)
Zuletzt geändert durch Verordnung vom 25. November 2003 (BGBl. I S. 2346)
FNA 2330-02-2

– Auszug –

Teil I. Allgemeine Vorschriften

§ 1 Anwendungsbereich der Verordnung

(1) Diese Verordnung ist anzuwenden, wenn

1. die Wirtschaftlichkeit, Belastung, Wohnfläche oder der angemessene Kaufpreis für öffentlich geförderten Wohnraum
   bei Anwendung des Zweiten Wohnungsbaugesetzes oder des Wohnungsbindungsgesetzes,
2. die Wirtschaftlichkeit, Belastung oder Wohnfläche für steuerbegünstigten oder freifinanzierten Wohnraum
   bei Anwendung **des Zweiten Wohnungsbaugesetzes,**
3. die Wirtschaftlichkeit, Wohnfläche oder der angemessene Kaufpreis bei Anwendung der Verordnung zur Durchführung des **Wohnungsgemeinnützigkeitsgesetzes**

zu berechnen ist.

(2) Diese Verordnung ist ferner anzuwenden, wenn in anderen Rechtsvorschriften die Anwendung vorgeschrieben oder vorausgesetzt ist. Das gleiche gilt, wenn in anderen Rechtsvorschriften die Anwendung der Ersten Berechnungsverordnung vorgeschrieben oder vorausgesetzt ist.

Teil II. Wirtschaftlichkeitsberechnung

Erster Abschnitt. Gegenstand, Gliederung und Aufstellung der Berechnung

§ 2 Gegenstand der Berechnung

(1) Die Wirtschaftlichkeit von Wohnraum wird durch eine Berechnung (Wirtschaftlichkeitsberechnung) ermittelt. In ihr sind die laufenden Aufwendungen zu ermitteln und den Erträgen gegenüberzustellen.

[1)] Zur Anwendbarkeit der II. BV siehe Fn. 1 zu Anh. I 3. Vgl. auch § 556 BGB (Anh. III 1).
[2)] Die VO gilt gemäß § 49 nicht im Saarland.

Anh. I Ergänzende Vorschriften

(2) Die Wirtschaftlichkeitsberechnung ist für das Gebäude, das den Wohnraum enthält, aufzustellen. Sie ist für eine Mehrheit solcher Gebäude aufzustellen, wenn sie ein Wirtschaftseinheit bilden. Eine Wirtschaftseinheit ist eine Mehrheit von Gebäuden, die demselben Eigentümer gehören, in örtlichem Zusammenhang stehen und deren Errichtung ein einheitlicher Finanzierungsplan zugrunde gelegt worden ist oder zugrunde gelegt werden soll. Ob der Errichtung einer Mehrheit von Gebäuden ein einheitlicher Finanzierungsplan zugrunde gelegt werden soll, bestimmt der Bauherr. Im öffentlich geförderten sozialen Wohnungsbau kann die Bewilligungsstelle die Bewilligung öffentlicher Mittel davon abhängig machen, dass der Bauherr eine andere Bestimmung über den Gegenstand der Berechnung trifft. Wird eine Wirtschaftseinheit in der Weise aufgeteilt, dass eine Mehrheit von Gebäuden bleibt, die demselben Eigentümer gehören und in örtlichem Zusammenhang stehen, so entsteht insoweit eine neue Wirtschaftseinheit.

(3) In die Wirtschaftlichkeitsberechnung sind außer dem Gebäude oder der Wirtschaftseinheit auch zugehörige Nebengebäude, Anlagen und Einrichtungen sowie das Baugrundstück einzubeziehen. Das Baugrundstück besteht aus dem überbauten und den dazugehörigen Flächen, soweit sie einen angemessenen Umfang nicht überschreiten; bei einer Kleinsiedlung gehört auch die Landzulage dazu.

(4) Enthält das Gebäude oder die Wirtschaftseinheit neben dem Wohnraum, für den die Wirtschaftlichkeitsberechnung aufzustellen ist, noch anderen Raum, so ist die Wirtschaftlichkeitsberechnung unter den Voraussetzungen und nach Maßgabe des Fünften Abschnittes als Teilwirtschaftlichkeitsberechnung oder als Gesamtwirtschaftlichkeitsberechnung oder mit Teilberechnungen der laufenden Aufwendungen aufzustellen.

(5) Ist die Wirtschaftseinheit aufgeteilt worden, so sind Wirtschaftlichkeitsberechnungen, die nach der Aufteilung aufzustellen sind, für die einzelnen Gebäude oder, wenn neue Wirtschaftseinheiten entstanden sind, für die neuen Wirtschaftseinheiten aufzustellen; Entsprechendes gilt, wenn die Wirtschaftseinheit aufgeteilt werden soll und im Hinblick hierauf Wirtschaftlichkeitsberechnungen aufgestellt werden. Auf die Aufstellung der Wirtschaftlichkeitsberechnungen sind die Vorschriften über die Teilwirtschaftlichkeitsberechnung sinngemäß anzuwenden, soweit nicht eine andere Aufteilung aus besonderen Gründen angemessen ist; im öffentlich geförderten sozialen Wohnungsbau bedarf die Wahl einer anderen Aufteilung der Zustimmung der Bewilligungsstelle. Ist Wohnungseigentum an den Wohnungen einer Wirtschaftseinheit oder eines Gebäudes begründet, ist die Wirtschaftlichkeitsberechnung entsprechend Satz 2 für die einzelnen Wohnungen aufzustellen.

(6) Im öffentlich geförderten sozialen Wohnungsbau dürfen mehrere Gebäude, mehrere Wirtschaftseinheiten oder mehrere Gebäude und Wirtschaftseinheiten nachträglich zu einer Wirtschaftseinheit zusammengefasst werden, sofern sie demselben Eigentümer gehören, in örtlichem Zusammenhang stehen und die Wohnungen keine wesentlichen Unterschiede in ihrem Wohnwert aufweisen. Die Zusammenfassung bedarf der Zustimmung der Bewilligungsstelle. Sie darf nur erteilt werden, wenn öffentlich geförderte

4. Zweite Berechnungsverordnung

Wohnungen in sämtlichen Gebäuden vorhanden sind. In die Wirtschaftlichkeitsberechnungen, die nach der Zusammenfassung aufgestellt werden, sind die bisherigen Gesamtkosten, Finanzierungsmittel und laufenden Aufwendungen zu übernehmen. Die öffentlichen Mittel gelten als für sämtliche öffentlich geförderten Wohnungen der zusammengefassten Wirtschaftseinheit bewilligt.

(7) Absatz 6 gilt entsprechend im steuerbegünstigten oder freifinanzierten Wohnungsbau, der mit Wohnungsfürsorgemitteln gefördert worden ist. Anstelle der Zustimmung der Bewilligungsstelle ist die Zustimmung des Darlehens- oder Zuschussgebers erforderlich.

(8) Gelten nach § 15 Abs. 2 Satz 2 oder § 16 Abs. 2 oder 7 des Wohnungsbindungsgesetzes eine oder mehrere Wohnungen eines Gebäudes oder einer Wirtschaftseinheit nicht mehr als öffentlich gefördert, so bleibt für die übrigen Wohnungen die bisherige Wirtschaftlichkeitsberechnung mit den zulässigen Ansätzen für Gesamtkosten, Finanzierungsmittel und laufende Aufwendungen in der Weise maßgebend, wie sie für alle bisherigen öffentlich geförderten Wohnungen des Gebäudes oder der Wirtschaftseinheit maßgebend gewesen wäre.

Teil III. Lastenberechnung

§ 40 Lastenberechnung

(1) Die Belastung des Eigentümers eines Eigenheims, einer Kleinsiedlung oder einer eigengenutzten Eigentumswohnung oder des Inhabers eines eigengenutzten eigentumsähnlichen Dauerwohnrechts wird durch eine Berechnung (Lastenberechnung) ermittelt. Das gleiche gilt für die Belastung des Bewerbers um ein Kaufeigenheim, eine Trägerkleinsiedlung, eine Kaufeigentumswohnung oder eine Wohnung in der Rechtsform des eigentumsähnlichen Dauerwohnrechts.

(2) Wird durch Ausbau oder Erweiterung neuer, fremden Wohnzwecken dienender Wohnraum unter Einsatz öffentlicher Mittel geschaffen, ist hierfür eine Teilwirtschaftlichkeitsberechnung aufzustellen. Die Regelungen des § 32 Abs. 4 a und des § 34 Abs. 4 sind entsprechend anzuwenden.

§ 40 a Aufstellung der Lastenberechnung durch den Bauherrn

(1) Ist der Eigentümer der Bauherr, so kann er die Lastenberechnung auf Grund einer Wirtschaftlichkeitsberechnung aufstellen. In diesem Fall beschränkt sich die Lastenberechnung auf die Ermittlung der Belastung nach den §§ 40 c bis 41.

(2) Wird die Lastenberechnung vom Bauherrn nicht auf Grund einer Wirtschaftlichkeitsberechnung aufgestellt, so muss sie enthalten

1. die Grundstücks- und Gebäudebeschreibung,
2. die Berechnung der Gesamtkosten,
3. den Finanzierungsplan,
4. die Ermittlung der Belastung nach den §§ 40 c bis 41.

(3) Die Lastenberechnung ist aufzustellen
1. bei einem Eigenheim, einer Kleinsiedlung oder einem Kaufeigenheim für das Gebäude,
2. bei einer eigengenutzten Eigentumswohnung oder einer Kaufeigentumswohnung
    a) für die im Sondereigentum stehende Wohnung und den damit verbundenen Miteigentumsanteil an dem gemeinschaftlichen Eigentum oder
    b) in der Weise, dass die Berechnung für die Eigentumswohnungen oder Kaufeigentumswohnungen des Gebäudes oder der Wirtschaftseinheit (§ 2 Abs. 2) zusammengefasst und die Gesamtkosten nach dem Verhältnis der Miteigentumsanteile aufgeteilt werden,
3. bei einer Wohnung in der Rechtsform des eigentumsähnlichen Dauerwohnrechts für die Wohnung und den Teil des Grundstücks, auf den sich das Dauerwohnrecht erstreckt.

(4) Für die Aufstellung der Lastenberechnung gelten im Übrigen § 2 Abs. 3 und 5, § 4 Abs. 1 bis 3, § 4a Abs. 1 bis 3, 5 sowie die §§ 5 bis 15 entsprechend. § 12 Abs. 4 Satz 2 gilt dabei mit der Maßgabe, dass anstelle der Erhöhung der Kapitalkosten die Erhöhung der Kapitalkosten und Tilgungen zu berücksichtigen ist.

§ 40 b Aufstellung der Lastenberechnung durch den Erwerber

(1) Hat der Eigentümer das Gebäude oder die Wohnung auf Grund eines Veräußerungsvertrages gegen Entgelt erworben, so ist die Lastenberechnung nach § 40a Abs. 2 und 3 mit folgenden Maßgaben aufzustellen:
1. An die Stelle der Gesamtkosten treten der angemessene Erwerbspreis, die auf ihn fallenden Erwerbskosten und die nach dem Erwerb entstandenen Kosten nach § 11;
2. im Finanzierungsplan sind die Mittel auszuweisen, die zur Deckung des Erwerbspreises und der in Nummer 1 bezeichneten Kosten dienen.

(2) Für die Aufstellung der Lastenberechnung gelten im übrigen § 2 Abs. 3 und 5 und die §§ 12 bis 15 entsprechend. § 12 Abs. 4 Satz 2 gilt dabei mit der Maßgabe, dass an Stelle der Erhöhung der Kapitalkosten die Erhöhung der Kapitalkosten und Tilgungen zu berücksichtigen ist.

(3) Die Absätze 1 und 2 gelten entsprechend für die Aufstellung der Lastenberechnung durch einen Bewerber nach § 40 Satz 2.

§ 40 c Ermittlung der Belastung

(1) Die Belastung wird ermittelt
1. aus der Belastung aus dem Kapitaldienst und
2. aus der Belastung aus der Bewirtschaftung.

(2) Hat derjenige, dessen Belastung zu ermitteln ist, einem Dritten ein Nutzungsentgelt oder einen ähnlichen Beitrag zum Kapitaldienst oder zur Bewirtschaftung zu leisten, so ist dieses Entgelt in die Lastenberechnung an Stelle der sonst ansetzbaren Beträge aufzunehmen, soweit es zur Deckung der Belastung bestimmt ist.

4. Zweite Berechnungsverordnung

(3) Bei einer Kleinsiedlung vermehrt sich die Belastung um die Pacht einer gepachteten Landzulage.

(4) Werden von einem Dritten Aufwendungsbeihilfen, Zinszuschüsse oder Annuitätsdarlehen gewährt, so vermindert sich die Belastung entsprechend.

(5) Erträge aus einem Miet- oder Pachtvertrag, die für den Gegenstand der Berechnung (§ 40a Abs. 3) erzielt werden, vermindern die Belastung. Dies gilt nicht für Ertragsteile, die zur Deckung von Betriebskosten dienen, die bei der Berechnung der Belastung aus der Bewirtschaftung nicht angesetzt werden dürfen. Als Ertrag gilt auch der Miet- oder Nutzungswert der Räume, die von demjenigen, dessen Belastung zu ermitteln ist ausschließlich zu anderen als Wohnzwecken oder als Garagen benutzt werden, sowie der von ihm gewerblich benutzten Flächen.

§ 40d Belastung aus dem Kapitaldienst

(1) Zu der Belastung aus dem Kapitaldienst gehören
1. die Fremdkapitalkosten,
2. die Tilgungen für Fremdmittel.

(2) Die Fremdkapitalkosten sind entsprechend den §§ 19, 21 und 23a zu berechnen. Die Tilgungen für Fremdmittel sind aus dem im Finanzierungsplan ausgewiesenen Fremdmitteln mit dem maßgebenden Tilgungssatz zu berechnen. Maßgebend ist der vereinbarte Tilgungssatz oder, wenn die Tilgungen tatsächlich nach einem niedrigeren Tilgungssatz zu entrichten sind, dieser.

(3) Ist im Falle des § 40b im Finanzierungsplan eine Verbindlichkeit ausgewiesen, die ohne Änderung der Vereinbarung über die Verzinsung und Tilgung vom Erwerber übernommen worden ist, so gilt Absatz 2 mit der Maßgabe, dass die Zinsen und Tilgungen aus dem Ursprungsbetrag der Verbindlichkeit mit dem maßgebenden Zins- und Tilgungssatz zu berechnen sind.

(4) Hat sich der Zins- oder Tilgungssatz für ein Fremdmittel geändert, so sind die Zinsen und Tilgungen anzusetzen, die sich auf Grund der Änderung bei entsprechender Anwendung der Absätze 2 und 3 ergeben; dies gilt bei einer Erhöhung des Zins- oder Tilgungssatzes nur, wenn sie auf Umständen beruht, die derjenige, dessen Belastung zu ermitteln ist, nicht zu vertreten hat, und für die Zinsen nur insoweit, als sie im Rahmen der Absätze 2 und 3 den Betrag nicht übersteigen, der sich aus der Verzinsung zu dem bei der Erhöhung marktüblichen Zinssatz für erste Hypotheken ergibt.

(5) Bei einer Änderung der in § 21 Abs. 4 bezeichneten Fremdkapitalkosten gilt Absatz 4 entsprechend.

(6) Werden an der Stelle der bisherigen Finanzierungsmittel nach § 12 Abs. 4 andere Mittel ausgewiesen, so treten die Kapitalkosten und Tilgungen der neuen Mittel an die Stelle der Kapitalkosten und Tilgungen der bisherigen Finanzierungsmittel; dies gilt für die Kapitalkosten nur insoweit, als sie im Rahmen der Absätze 2 und 3 den Betrag nicht übersteigen, der sich aus der Verzinsung zu dem bei der Ersetzung marktüblichen Zinssatz für erste Hy-

Anh. I

Ergänzende Vorschriften

potheken ergibt. Sind Finanzierungsmittel durch eigene Mittel ersetzt worden, so dürfen Zinsen oder Tilgungen nicht angesetzt werden.

(7) Werden nach § 11 Abs. 4 bis 6 den Gesamtkosten die Kosten von baulichen Änderungen hinzugerechnet, so dürfen für die Fremdmittel, die zur Deckung dieser Kosten dienen, bei Anwendung des Absatzes 2 Kapitalkosten insoweit angesetzt werden, als sie den Betrag nicht überschreiten, der sich aus der Verzinsung zu dem bei Fertigstellung der baulichen Änderungen marktüblichen Zinssatz für erste Hypotheken ergibt.

(8) Soweit für Fremdmittel, die ganz oder teilweise im Finanzierungsplan ausgewiesen sind, Kapitalkosten oder Tilgungen nicht mehr zu entrichten sind, dürfen diese nicht angesetzt werden.

§ 41 Belastung aus der Bewirtschaftung

(1) Zu der Belastung aus der Bewirtschaftung gehören
1. die Ausgaben für die Verwaltung, die an einen Dritten laufend zu entrichten sind,
2. die Betriebskosten,
3. die Ausgaben für die Instandhaltung.

Die Vorschriften der §§ 24, 28 und 30 sind entsprechend anzuwenden.

(2) § 26 ist entsprechend anzuwenden mit der Maßgabe, dass bei Eigentumswohnungen, Kaufeigentumswohnungen oder Wohnungen in der Rechtsform des eigentumsähnlichen Dauerwohnrechts als Ausgaben für die Verwaltung höchstens 275 Euro angesetzt werden dürfen.

(3) § 27 ist entsprechend anzuwenden mit der Maßgabe, dass als Betriebskosten angesetzt werden dürfen
1. laufende öffentliche Lasten des Grundstücks, namentlich die Grundsteuer,
2. Kosten der Wasserversorgung,
3. Kosten der Straßenreinigung und Müllbeseitigung,
4. Kosten der Entwässerung,
5. Kosten der Schornsteinreinigung,
6. Kosten der Sach- und Haftpflichtversicherung.

Bei einer Eigentumswohnung, einer Kaufeigentumswohnung und einer Wohnung in der Rechtsform des eigentumsähnlichen Dauerwohnrechts dürfen als Betriebskosten außerdem angesetzt werden
1. Kosten des Betriebes des Fahrstuhls,
2. Kosten der Gebäudereinigung und Ungezieferbekämpfung,
3. Kosten für den Hauswart.

Teil IV. Wohnflächenberechnung

§ 42 Wohnfläche

Ist die Wohnfläche bis zum 31. Dezember 2003 nach dieser Verordnung berechnet worden, bleibt es bei dieser Berechnung. Soweit in den in Satz 1

4. Zweite Berechnungsverordnung **Anh. I**

genannten Fällen nach dem 31. Dezember 2003 bauliche Änderungen an dem Wohnraum vorgenommen werden, die eine Neuberechnung der Wohnfläche erforderlich machen, sind die Vorschriften der Wohnflächenverordnung vom 25. November 2003 (BGBl. I S. 2346) anzuwenden.

§ 43 (weggefallen)

§ 44 (weggefallen)

Anlage 1
(zu § 5 Abs. 5)

Aufstellung der Gesamtkosten

Die Gesamtkosten bestehen aus:

I. Kosten des Baugrundstücks

Zu den Kosten des Baugrundstücks gehören:
1. *Der Wert des Baugrundstücks*
2. Die Erwerbskosten
   Hierzu gehören alle durch den Erwerb des Baugrundstücks verursachten Nebenkosten, z. B. Gerichts- und Notarkosten, Maklerprovisionen, Grunderwerbsteuern, Vermessungskosten, Gebühren für Wertberechnungen und amtliche Genehmigungen, Kosten der Bodenuntersuchung zur Beurteilung des Grundstückswertes.
   Zu den Erwerbskosten gehören auch Kosten, die im Zusammenhang mit einer das Baugrundstück betreffenden freiwilligen oder gesetzlich geregelten Umlegung, Zusammenlegung oder Grenzregelung (Bodenordnung) entstehen, außer den Kosten der dem Bauherrn dabei obliegenden Verwaltungsleistungen.
3. *Die Erschließungskosten*
   Hierzu gehören:
   a) Abfindungen und Entschädigungen an Mieter, Pächter und sonstige Dritte zur Erlangung der freien Verfügung über das Baugrundstück,
   b) Kosten für das Herrichten des Baugrundstücks, z. B. Abräumen, Abholzen, Roden, Bodenbewegung, Enttrümmern, Gesamtabbruch,
   c) Kosten der öffentlichen Entwässerungs- und Versorgungsanlagen, die nicht Kosten der Gebäude oder der Außenanlagen sind, und Kosten öffentlicher Flächen für Straßen, Freiflächen und dgl., soweit diese Kosten vom Grundstückseigentümer auf Grund gesetzlicher Bestimmungen (z. B. Anliegerleistungen) oder vertraglicher Vereinbarungen (z. B. Unternehmerstraßen) zu tragen und vom Bauherrn zu übernehmen sind,

Anh. I

Ergänzende Vorschriften

d) Kosten der nichtöffentlichen Entwässerungs- und Versorgungsanlagen, die nicht Kosten der Gebäude oder der Außenanlagen sind, und Kosten nichtöffentlicher Flächen für Straßen, Freiflächen und dgl., wie Privatstraßen, Abstellflächen für Kraftfahrzeuge, wenn es sich um Daueranlagen handelt, d. h. um Anlagen, die auch nach etwaigem Abgang der Bauten im Rahmen der allgemeinen Ortsplanung bestehen bleiben müssen,
e) andere einmalige Abgaben, die vom Bauherrn nach gesetzlichen Bestimmungen verlangt werden (z. B. Bauabgaben, Ansiedlungsleistungen, Ausgleichsbeträge).

II. Baukosten

Zu den Baukosten gehören:

1. *Die Kosten der Gebäude*
   Das sind die Kosten (getrennt nach der Art der Gebäude oder Gebäudeteile) sämtlicher Bauleistungen, die für die Errichtung der Gebäude erforderlich sind.
   Zu den Kosten der Gebäude gehören auch
   die Kosten aller eingebauten oder mit den Gebäuden fest verbundenen Sachen, z. B. Anlagen zur Beleuchtung, Erwärmung, Kühlung und Lüftung von Räumen und zur Versorgung mit Elektrizität, Gas, Kalt- und Warmwasser (bauliche Betriebseinrichtungen), bis zum Hausanschluss an die Außenanlagen, Öfen, Koch- und Waschherde, Bade- und Wascheinrichtungen, eingebaute Rundfunkanlagen, Gemeinschaftsantennen, Blitzschutzanlagen, Luftschutzanlagen, Luftschutzvorsorgeanlagen, bildnerischer und malerischer Schmuck an und in Gebäuden, eingebaute Möbel, die Kosten aller vom Bauherrn erstmalig zu beschaffenden, nicht eingebauten oder nicht fest verbundenen Sachen an und in den Gebäuden, die zur Benutzung und zum Betrieb der baulichen Anlagen erforderlich sind oder zum Schutz der Gebäude dienen, z. B. Öfen, Koch- und Waschherde, Bade- und Wascheinrichtungen, soweit sie nicht unter den vorstehenden Absatz fallen, Aufsteckschlüssel für innere Leitungshähne und -ventile, Bedienungseinrichtungen für Sammelheizkessel (Schaufeln, Schürstangen usw.), Dachausstiege- und Schornsteinleitern, Feuerlöschanlagen (Schläuche, Stand- und Strahlrohre für eingebaute Feuerlöschanlagen), Schlüssel für Fenster- und Türverschlüsse usw.
   Zu den Kosten der Gebäude gehören auch die Kosten von Teilabbrüchen innerhalb der Gebäude sowie der etwa angesetzte Wert verwendeter Gebäudeteile.

2. *Die Kosten der Außenanlagen*
   Das sind die Kosten sämtlicher Bauleistungen, die für die Herstellung der Außenanlagen erforderlich sind.
   Hierzu gehören
   a) die Kosten der Entwässerungs- und Versorgungsanlagen vom Hausanschluss ab bis an das öffentliche Netz oder an nichtöffentliche

4. Zweite Berechnungsverordnung **Anh. I**

Anlagen, die Daueranlagen sind (I 3 d), außerdem alle anderen Entwässerungs- und Versorgungsanlagen außerhalb der Gebäude, Kleinkläranlagen, Sammelgruben, Brunnen, Zapfstellen usw.,
b) die Kosten für das Anlegen von Höfen, Wegen und Einfriedungen, nichtöffentlichen Spielplätzen usw.,
c) die Kosten der Gartenanlagen und Pflanzungen, die nicht zu den besonderen Betriebseinrichtungen gehören, der nicht mit einem Gebäude verbundenen Freitreppen, Stützmauern, fest eingebauten Flaggenmasten, Teppichklopfstangen, Wäschepfähle usw.,
d) die Kosten sonstiger Außenanlagen, z. B. Luftschutzaußenanlagen, Kosten für Teilabbrüche außerhalb der Gebäude, soweit sie nicht zu den Kosten für das Herrichten des Baugrundstücks gehören.

Zu den Kosten der Außenanlagen gehören auch

die Kosten aller eingebauten oder mit den Außenanlagen fest verbundenen Sachen,

die Kosten aller vom Bauherrn erstmalig zu beschaffenden, nicht eingebauten oder nicht fest verbundenen Sachen an und in den Außenanlagen, z. B. Aufsteckschlüssel für äußere Leitungshähne und -ventile, Feuerlöschanlagen (Schläuche, Stand- und Strahlrohre für äußere Feuerlöschanlagen).

3. Die Baunebenkosten

Das sind
a) Kosten der Architekten- und Ingenieurleistungen; diese Leistungen umfassen namentlich Planungen, Ausschreibungen, Bauleitung, Bauführung und Bauabrechnung,
b) Kosten der dem Bauherrn obliegenden Verwaltungsleistungen bei Vorbereitung und Durchführung des Bauvorhabens,
c) Kosten der Behördenleistungen; hierzu gehören die Kosten der Prüfungen und Genehmigungen der Behörden oder Beauftragten der Behörden,
d) folgende Kosten:
   aa) Kosten der Beschaffung der Finanzierungsmittel, z. B. Maklerprovisionen, Gerichts- und Notarkosten, einmalige Geldbeschaffungskosten (Hypothekendisagio, Kreditprovisionen und Spesen, Wertberechnungs- und Bearbeitungsgebühren, Bereitstellungskosten usw.),
   bb) Kapitalkosten und Erbbauzinsen, die auf die Bauzeit entfallen,
   cc) Kosten der Beschaffung und Verzinsung der Zwischenfinanzierungsmittel einschließlich der gestundeten Geldbeschaffungskosten (Disagiodarlehen),
   dd) Steuerbelastungen des Baugrundstücks, die auf die Bauzeit entfallen,
   ee) Kosten der Beschaffung von Darlehen und Zuschüssen zur Deckung von laufenden Aufwendungen, Fremdkapitalkosten, Annuitäten und Bewirtschaftungskosten,
e) sonstige Nebenkosten, z. B. die Kosten der Bauversicherungen während der Bauzeit, der Bauwache, der Baustoffprüfungen des Bauherrn, der Grundsteinlegungs- und Richtfeier.

Anh. I Ergänzende Vorschriften

4. *Die Kosten der besonderen Betriebseinrichtungen*
   Das sind z. B. die Kosten für Personen- und Lastenaufzüge, Müllbeseitigungsanlagen, Hausfernsprecher, Uhrenanlagen, gemeinschaftliche Wasch- und Badeeinrichtungen usw.
5. *Die Kosten des Gerätes und sonstiger Wirtschaftsausstattungen*
   Das sind
   die Kosten für alle vom Bauherrn erstmalig zu beschaffenden beweglichen Sachen, die nicht unter die Kosten der Gebäude oder der Außenanlagen fallen, z. B. Asche- und Müllkästen, abnehmbare Fahnen, Fenster- und Türbehänge, Feuerlösch- und Luftschutzgerät, Haus- und Stallgerät usw.,
   die Kosten für Wirtschaftsausstattungen bei Kleinsiedlungen usw., z. B. Ackergerät, Dünger, Kleinvieh, Obstbäume, Saatgut.

Anlage 2
(zu den §§ 11 a und 34 Abs. 1)

Berechnung des umbauten Raumes

Der umbaute Raum ist in m^3 anzugeben.

1.1 Voll anzurechnen ist der umbaute Raum eines Gebäudes, der umschlossen wird:
1.11 seitlich von den Außenflächen der Umfassungen,
1.12 unten
1.121 bei unterkellerten Gebäuden von den Oberflächen der untersten Geschossfußböden,
1.122 bei nichtunterkellerten Gebäuden von der Oberfläche des Geländes. Liegt der Fußboden des untersten Geschosses tiefer als das Gelände, gilt Abschnitt 1.121,
1.3 oben
1.131 bei nichtausgebautem Dachgeschoss von den Oberflächen der Fußböden über den obersten Vollgeschossen,
1.132 bei ausgebautem Dachgeschoss, bei Treppenhausköpfen und Fahrstuhlschächten von den Außenflächen der umschließenden Wände und Decken. (Bei Ausbau mit Leichtbauplatten sind die begrenzenden Außenflächen durch die Außen- oder Oberkante der Teile zu legen, welche diese Platten unmittelbar tragen),
1.133 bei Dachdecken, die gleichzeitig die Decke des obersten Vollgeschosses bilden, von den Oberflächen der Tragdecke oder Balkenlage,
1.134 bei Gebäuden oder Bauteilen ohne Geschossdecken von den Außenflächen des Daches, vgl. Abschnitt 1.35.
1.2 Mit einem Drittel anzurechnen ist der umbaute Raum des nichtausgebauten Dachraumes, der umschlossen wird von den Flächen nach Abschnitt 1.131 oder 1.132 und den Außenflächen des Daches.
1.3 bei den Berechnungen nach Abschnitt 1.1 und 1.2 ist:
1.31 die Gebäudegrundfläche nach den Rohbaumaßnahmen des Erdgeschosses zu berechnen,
1.32 bei wesentlich verschiedenen Geschossgrundflächen der umbaute Raum geschossweise zu berechnen,

4. Zweite Berechnungsverordnung   Anh. I

1.33 nicht abzuziehen der umbaute Raum, der gebildet wird von:
1.331 äußeren Leibungen von Fenstern und Türen und äußeren Nischen in den Umfassungen,
1.332 Hauslauben (Loggien), d. h. an höchstens zwei Seitenflächen offenen, im Übrigen umbauten Räumen,
1.34 nicht hinzuzurechnen der umbaute Raum, den folgende Bauteile bilden:
1.341 stehende Dachfenster und Dachaufbauten mit einer vorderen Ansichtsfläche bis zu je 2 m^2 (Dachaufbauten mit größerer Ansichtsfläche siehe Abschnitt 1.42),
1.342 Balkonplatten und Vordächer bis zu 0,5 m Ausladung (weiter ausladende Balkonplatten und Vordächer siehe Abschnitt 1.44),
1.343 Dachüberstände, Gesimse, ein bis drei nichtunterkellerte, vorgelagerte Stufen, Wandpfeiler, Halbsäulen und Pilaster,
1.344 Gründungen gewöhnlicher Art, deren Unterfläche bei unterkellerten Bauten nicht tiefer als 0,5 m unter der Oberfläche des Kellergeschossfußbodens, bei nichtunterkellerten Bauten nicht tiefer als 1 m unter der Oberfläche des umgebenden Geländes liegt (Gründungen außergewöhnlicher Art und Tiefe siehe Abschnitt 1.48),
1.345 Kellerlichtschächte und Lichtgräben,
1.35 für Teile eines Baues, deren Innenraum ohne Zwischendecken bis zur Dachfläche durchgeht, der umbaute Raum getrennt zu berechnen, vgl. Abschnitt 1.134,
1.36 für zusammenhängende Teile eines Baues, die sich nach dem Zweck und deshalb in der Art des Ausbaues wesentlich von den übrigen Teilen unterscheiden, der umbaute Raum getrennt zu berechnen.
1.4 Von der Berechnung des umbauten Raumes nicht erfasst werden folgende (besonders zu veranschlagende) Bauausführungen und Bauteile:
1.41 geschlossene Anbauten in leichter Bauart und mit geringwertigem Ausbau und offene Anbauten, wie Hallen, Überdachungen (mit oder ohne Stützen) von Lichthöfen, Unterfahrten auf Stützen, Veranden,
1.42 Dachaufbauten mit vorderen Ansichtsflächen von mehr als 2 m^2 und Dachreiter,
1.43 Brüstungen von Balkonen und begehbaren Dachflächen,
1.44 Balkonplatten und Vordächer mit mehr als 0,5 m Ausladung,
1.45 Freitreppen mit mehr als 3 Stufen und Terrassen (und ihre Brüstungen),
1.46 Füchse, Gründungen für Kessel und Maschinen,
1.47 freistehende Schornsteine und der Teil von Hausschornsteinen, der mehr als 1 m über den Dachfirst hinausragt,
1.48 Gründungen außergewöhnlicher Art, wie Pfahlgründungen und Gründungen außergewöhnlicher Tiefe, deren Unterfläche tiefer liegt als im Abschnitt 1.344 angegeben,
1.49 wasserdruckhaltende Dichtungen.

4 a. Verordnung über die Aufstellung von Betriebskosten (Betriebskostenverordnung – BetrKV)

Vom 25. November 2003
(BGBl. I S. 2346)[1]
FNA 2330-32-2

§ 1 Betriebskosten

(1) Betriebskosten sind die Kosten, die dem Eigentümer oder Erbbauberechtigten durch das Eigentum oder Erbbaurecht am Grundstück oder durch den bestimmungsmäßigen Gebrauch des Gebäudes, der Nebengebäude, Anlagen, Einrichtungen und des Grundstücks laufend entstehen. Sach- und Arbeitsleistungen des Eigentümers oder Erbbauberechtigten dürfen mit dem Betrag angesetzt werden, der für eine gleichwertige Leistung eines Dritten, insbesondere eines Unternehmers, angesetzt werden könnte; die Umsatzsteuer des Dritten darf nicht angesetzt werden.

(2) Zu den Betriebskosten gehören nicht:
1. die Kosten der zur Verwaltung des Gebäudes erforderlichen Arbeitskräfte und Einrichtungen, die Kosten der Aufsicht, der Wert der vom Vermieter persönlich geleisteten Verwaltungsarbeit, die Kosten für die gesetzlichen oder freiwilligen Prüfungen des Jahresabschlusses und die Kosten für die Geschäftsführung (Verwaltungskosten),
2. die Kosten, die während der Nutzungsdauer zur Erhaltung des bestimmungsmäßigen Gebrauchs aufgewendet werden müssen, um die durch Abnutzung, Alterung und Witterungseinwirkung entstehenden baulichen oder sonstigen Mängel ordnungsgemäß zu beseitigen (Instandhaltungs- und Instandsetzungskosten).

§ 2 Aufstellung der Betriebskosten

Betriebskosten im Sinne von § 1 sind:
1. die laufenden öffentlichen Lasten des Grundstücks,
   hierzu gehört namentlich die Grundsteuer;
2. die Kosten der Wasserversorgung,
   hierzu gehören die Kosten des Wasserverbrauchs, die Grundgebühren, die Kosten der Anmietung oder anderer Arten der Gebrauchsüberlassung von Wasserzählern sowie die Kosten ihrer Verwendung einschließlich der Kosten der Eichung sowie der Kosten der Berechnung und Aufteilung, die Kosten der Wartung von Wassermengenreglern, die Kosten des Betriebs einer hauseigenen Wasserversorgungsanlage und einer Wasseraufbereitungsanlage einschließlich der Aufbereitungsstoffe;

---

[1] In Kraft getreten zum 1. 1. 2004.

4 a. Verordnung über die Aufstellung v. Betriebskosten **Anh. I**

3. die Kosten der Entwässerung,
   hierzu gehören die Gebühren für die Haus- und Grundstücksentwässerung, die Kosten des Betriebs einer entsprechenden nicht öffentlichen Anlage und die Kosten des Betriebs einer Entwässerungspumpe;
4. die Kosten
   a) des Betriebs der zentralen Heizungsanlage einschließlich der Abgasanlage,
   hierzu gehören die Kosten der verbrauchten Brennstoffe und ihrer Lieferung, die Kosten des Betriebsstroms, die Kosten der Bedienung, Überwachung und Pflege der Anlage, der regelmäßigen Prüfung ihrer Betriebsbereitschaft und Betriebssicherheit einschließlich der Einstellung durch eine Fachkraft, der Reinigung der Anlage und des Betriebsraums, die Kosten der Messungen nach dem Bundes-Immissionsschutzgesetz, die Kosten der Anmietung oder anderer Arten der Gebrauchsüberlassung einer Ausstattung zur Verbrauchserfassung sowie die Kosten der Verwendung einer Ausstattung zur Verbrauchserfassung einschließlich der Kosten der Eichung sowie der Kosten der Berechnung und Aufteilung
   oder
   b) des Betriebs der zentralen Brennstoffversorgungsanlage,
   hierzu gehören die Kosten der verbrauchten Brennstoffe und ihrer Lieferung, die Kosten des Betriebsstroms und die Kosten der Überwachung sowie die Kosten der Reinigung der Anlage und des Betriebsraums
   oder
   c) der eigenständig gewerblichen Lieferung von Wärme, auch aus Anlagen im Sinne des Buchstabens a,
   hierzu gehören das Entgelt für die Wärmelieferung und die Kosten des Betriebs der zugehörigen Hausanlagen entsprechend Buchstabe a
   oder
   d) der Reinigung und Wartung von Etagenheizungen und Gaseinzelfeuerstätten,
   hierzu gehören die Kosten der Beseitigung von Wasserablagerungen und Verbrennungsrückständen in der Anlage, die Kosten der regelmäßigen Prüfung der Betriebsbereitschaft und Betriebssicherheit und der damit zusammenhängenden Einstellung durch eine Fachkraft sowie die Kosten der Messungen nach dem Bundes-Immissionsschutzgesetz;
5. die Kosten
   a) des Betriebs der zentralen Warmwasserversorgungsanlage,
   hierzu gehören die Kosten der Wasserversorgung entsprechend Nummer 2, soweit sie nicht dort bereits berücksichtigt sind, und die Kosten der Wassererwärmung entsprechend Nummer 4 Buchstabe a
   oder
   b) der eigenständig gewerblichen Lieferung von Warmwasser, auch aus Anlagen im Sinne des Buchstabens a,

hierzu gehören das Entgelt für die Lieferung des Warmwassers und die Kosten des Betriebs der zugehörigen Hausanlagen entsprechend Nummer 4 Buchstabe a

oder

    c) der Reinigung und Wartung von Warmwassergeräten,
hierzu gehören die Kosten der Beseitigung von Wasserablagerungen und Verbrennungsrückständen im Innern der Geräte sowie die Kosten der regelmäßigen Prüfung der Betriebsbereitschaft und Betriebssicherheit und der damit zusammenhängenden Einstellung durch eine Fachkraft;

6. die Kosten verbundener Heizungs- und Warmwasserversorgungsanlagen
    a) bei zentralen Heizungsanlagen entsprechend Nummer 4 Buchstabe a und entsprechend Nummer 2, soweit sie nicht dort bereits berücksichtigt sind,

    oder

    b) bei der eigenständig gewerblichen Lieferung von Wärme entsprechend Nummer 4 Buchstabe c und entsprechend Nummer 2, soweit sie nicht dort bereits berücksichtigt sind,

    oder

    c) bei verbundenen Etagenheizungen und Warmwasserversorgungsanlagen entsprechend Nummer 4 Buchstabe d und entsprechend Nummer 2, soweit sie nicht dort bereits berücksichtigt sind;

7. die Kosten des Betriebs des Personen- oder Lastenaufzugs,
hierzu gehören die Kosten des Betriebsstroms, die Kosten der Beaufsichtigung, der Bedienung, Überwachung und Pflege der Anlage, der regelmäßigen Prüfung ihrer Betriebsbereitschaft und Betriebssicherheit einschließlich der Einstellung durch eine Fachkraft sowie die Kosten der Reinigung der Anlage;

8. die Kosten der Straßenreinigung und Müllbeseitigung,
zu den Kosten der Straßenreinigung gehören die für die öffentliche Straßenreinigung zu entrichtenden Gebühren und die Kosten entsprechender nicht öffentlicher Maßnahmen; zu den Kosten der Müllbeseitigung gehören namentlich die für die Müllabfuhr zu entrichtenden Gebühren, die Kosten entsprechender nicht öffentlicher Maßnahmen, die Kosten des Betriebs von Müllkompressoren, Müllschluckern, Müllabsauganlagen sowie des Betriebs von Müllmengenerfassungsanlagen einschließlich der Kosten der Berechnung und Aufteilung;

9. die Kosten der Gebäudereinigung und Ungezieferbekämpfung,
zu den Kosten der Gebäudereinigung gehören die Kosten für die Säuberung der von den Bewohnern gemeinsam genutzten Gebäudeteile, wie Zugänge, Flure, Treppen, Keller, Bodenräume, Waschküchen, Fahrkorb des Aufzugs;

10. die Kosten der Gartenpflege,
hierzu gehören die Kosten der Pflege gärtnerisch angelegter Flächen einschließlich der Erneuerung von Pflanzen und Gehölzen, der Pflege von Spielplätzen einschließlich der Erneuerung von Sand und der Pflege von Plätzen, Zugängen und Zufahrten, die dem nicht öffentlichen Verkehr dienen;

4 a. Verordnung über die Aufstellung v. Betriebskosten **Anh. I**

11. die Kosten der Beleuchtung,
hierzu gehören die Kosten des Stroms für die Außenbeleuchtung und die Beleuchtung der von den Bewohnern gemeinsam genutzten Gebäudeteile, wie Zugänge, Flure, Treppen, Keller, Bodenräume, Waschküchen;
12. die Kosten der Schornsteinreinigung,
hierzu gehören die Kehrgebühren nach der maßgebenden Gebührenordnung, soweit sie nicht bereits als Kosten nach Nummer 4 Buchstabe a berücksichtigt sind;
13. die Kosten der Sach- und Haftpflichtversicherung,
hierzu gehören namentlich die Kosten der Versicherung des Gebäudes gegen Feuer-, Sturm-, Wasser- sowie sonstige Elementarschäden, der Glasversicherung, der Haftpflichtversicherung für das Gebäude, den Öltank und den Aufzug;
14. die Kosten für den Hauswart,
hierzu gehören die Vergütung, die Sozialbeiträge und alle geldwerten Leistungen, die der Eigentümer oder Erbbauberechtigte dem Hauswart für seine Arbeit gewährt, soweit diese nicht die Instandhaltung, Instandsetzung, Erneuerung, Schönheitsreparaturen oder die Hausverwaltung betrifft; soweit Arbeiten vom Hauswart ausgeführt werden, dürfen Kosten für Arbeitsleistungen nach den Nummern 2 bis 10 und 16 nicht angesetzt werden;
15. die Kosten
    a) des Betriebs der Gemeinschafts-Antennenanlage,
    hierzu gehören die Kosten des Betriebsstroms und die Kosten der regelmäßigen Prüfung ihrer Betriebsbereitschaft einschließlich der Einstellung durch eine Fachkraft oder das Nutzungsentgelt für eine nicht zu dem Gebäude gehörende Antennenanlage sowie die Gebühren, die nach dem Urheberrechtsgesetz für die Kabelweitersendung entstehen,
    oder
    b) des Betriebs der mit einem Breitbandkabelnetz verbundenen privaten Verteilanlage,
    hierzu gehören die Kosten entsprechend Buchstabe a, ferner die laufenden monatlichen Grundgebühren für Breitbandkabelanschlüsse;
16. die Kosten des Betriebs der Einrichtungen für die Wäschepflege,
hierzu gehören die Kosten des Betriebsstroms, die Kosten der Überwachung, Pflege und Reinigung der Einrichtungen, der regelmäßigen Prüfung ihrer Betriebsbereitschaft und Betriebssicherheit sowie die Kosten der Wasserversorgung entsprechend Nummer 2, soweit sie nicht dort bereits berücksichtigt sind;
17. sonstige Betriebskosten,
hierzu gehören Betriebskosten im Sinne des § 1, die von den Nummern 1 bis 16 nicht erfasst sind.

5. Verordnung über die verbrauchsabhängige Abrechnung der Heiz- und Warmwasserkosten (Verordnung über Heizkostenabrechnung – HeizkostenV)[*)]

in der Fassung der Bekanntmachung vom 5. Oktober 2009
(BGBl. I S. 3251)

§ 1 Anwendungsbereich

(1) Diese Verordnung gilt für die Verteilung der Kosten

1. des Betriebs zentraler Heizungsanlagen und zentraler Warmwasserversorgungsanlagen,
2. der eigenständig gewerblichen Lieferung von Wärme und Warmwasser, auch aus Anlagen nach Nummer 1, (Wärmelieferung, Warmwasserlieferung)

durch den Gebäudeeigentümer auf die Nutzer der mit Wärme oder Warmwasser versorgten Räume.

(2) Dem Gebäudeeigentümer stehen gleich

1. der zur Nutzungsüberlassung in eigenem Namen und für eigene Rechnung Berechtigte,
2. derjenige, dem der Betrieb von Anlagen im Sinne des § 1 Absatz 1 Nummer 1 in der Weise übertragen worden ist, dass er dafür ein Entgelt vom Nutzer zu fordern berechtigt ist,
3. beim Wohnungseigentum die Gemeinschaft der Wohnungseigentümer im Verhältnis zum Wohnungseigentümer, bei Vermietung einer oder mehrerer Eigentumswohnungen der Wohnungseigentümer im Verhältnis zum Mieter.

(3) Diese Verordnung gilt auch für die Verteilung der Kosten der Wärmelieferung und Warmwasserlieferung auf die Nutzer der mit Wärme oder Warmwasser versorgten Räume, soweit der Lieferer unmittelbar mit den Nutzern abrechnet und dabei nicht den für den einzelnen Nutzer gemessenen Verbrauch, sondern die Anteile der Nutzer am Gesamtverbrauch zu Grunde legt; in diesen Fällen gelten die Rechte und Pflichten des Gebäudeeigentümers aus dieser Verordnung für den Lieferer.

(4) Diese Verordnung gilt auch für Mietverhältnisse über preisgebundenen Wohnraum, soweit für diesen nichts anderes bestimmt ist.

[*)] **Amtl. Anm.:** Diese Verordnung dient der Umsetzung der Richtlinie 2006/32/EG des Europäischen Parlaments und des Rates vom 5. April 2006 über Endenergieeffizienz und Energiedienstleistungen und zur Aufhebung der Richtlinie 93/76/EWG des Rates (ABl. L 114 vom 27. 4. 1996, S. 64).

5. Heizkostenverordnung **Anh. I**

§ 2 Vorrang vor rechtsgeschäftlichen Bestimmungen

Außer bei Gebäuden mit nicht mehr als zwei Wohnungen, von denen eine der Vermieter selbst bewohnt, gehen die Vorschriften dieser Verordnung rechtsgeschäftlichen Bestimmungen vor.

§ 3 Anwendung auf das Wohnungseigentum

Die Vorschriften dieser Verordnung sind auf Wohnungseigentum anzuwenden unabhängig davon, ob durch Vereinbarung oder Beschluss der Wohnungseigentümer abweichende Bestimmungen über die Verteilung der Kosten der Versorgung mit Wärme und Warmwasser getroffen worden sind. Auf die Anbringung und Auswahl der Ausstattung nach den §§ 4 und 5 sowie auf die Verteilung der Kosten und die sonstigen Entscheidungen des Gebäudeeigentümers nach den §§ 6 bis 9b und 11 sind die Regelungen entsprechend anzuwenden, die für die Verwaltung des gemeinschaftlichen Eigentums im Wohnungseigentumsgesetz enthalten oder durch Vereinbarung der Wohnungseigentümer getroffen worden sind. Die Kosten für die Anbringung der Ausstattung sind entsprechend den dort vorgesehenen Regelungen über die Tragung der Verwaltungskosten zu verteilen.

§ 4 Pflicht zur Verbrauchserfassung

(1) Der Gebäudeeigentümer hat den anteiligen Verbrauch der Nutzer an Wärme und Warmwasser zu erfassen.

(2) Er hat dazu die Räume mit Ausstattungen zur Verbrauchserfassung zu versehen; die Nutzer haben dies zu dulden. Will der Gebäudeeigentümer die Ausstattung zur Verbrauchserfassung mieten oder durch eine andere Art der Gebrauchsüberlassung beschaffen, so hat er dies den Nutzern vorher unter Angabe der dadurch entstehenden Kosten mitzuteilen; die Maßnahme ist unzulässig, wenn die Mehrheit der Nutzer innerhalb eines Monats nach Zugang der Mitteilung widerspricht. Die Wahl der Ausstattung bleibt im Rahmen des § 5 dem Gebäudeeigentümer überlassen.

(3) Gemeinschaftlich genutzte Räume sind von der Pflicht zur Verbrauchserfassung ausgenommen. Dies gilt nicht für Gemeinschaftsräume mit nutzungsbedingt hohem Wärme- oder Warmwasserverbrauch, wie Schwimmbäder oder Saunen.

(4) Der Nutzer ist berechtigt, vom Gebäudeeigentümer die Erfüllung dieser Verpflichtungen zu verlangen.

§ 5 Ausstattung zur Verbrauchserfassung

(1) Zur Erfassung des anteiligen Wärmeverbrauchs sind Wärmezähler oder Heizkostenverteiler, zur Erfassung des anteiligen Warmwasserverbrauchs Warmwasserzähler oder andere geeignete Ausstattungen zu verwenden. Soweit nicht eichrechtliche Bestimmungen zur Anwendung kommen, dürfen nur solche Ausstattungen zur Verbrauchserfassung verwendet werden, hinsichtlich derer sachverständige Stellen bestätigt haben, dass sie den anerkannten Regeln der Technik entsprechen oder dass ihre Eignung auf andere Weise nachgewiesen wurde. Als sachverständige Stellen gelten nur solche Stellen,

deren Eignung die nach Landesrecht zuständige Behörde im Benehmen mit der Physikalisch-Technischen Bundesanstalt bestätigt hat. Die Ausstattungen müssen für das jeweilige Heizsystem geeignet sein und so angebracht werden, dass ihre technisch einwandfreie Funktion gewährleistet ist.

(2) Wird der Verbrauch der von einer Anlage im Sinne des § 1 Absatz 1 versorgten Nutzer nicht mit gleichen Ausstattungen erfasst, so sind zunächst durch Vorerfassung vom Gesamtverbrauch die Anteile der Gruppen von Nutzern zu erfassen, deren Verbrauch mit gleichen Ausstattungen erfasst wird. Der Gebäudeeigentümer kann auch bei unterschiedlichen Nutzungs- oder Gebäudearten oder aus anderen sachgerechten Gründen eine Vorerfassung nach Nutzergruppen durchführen.

§ 6 Pflicht zur verbrauchsabhängigen Kostenverteilung

(1) Der Gebäudeeigentümer hat die Kosten der Versorgung mit Wärme und Warmwasser auf der Grundlage der Verbrauchserfassung nach Maßgabe der §§ 7 bis 9 auf die einzelnen Nutzer zu verteilen. Das Ergebnis der Ablesung soll dem Nutzer in der Regel innerhalb eines Monats mitgeteilt werden. Eine gesonderte Mitteilung ist nicht erforderlich, wenn das Ableseergebnis über einen längeren Zeitraum in den Räumen des Nutzers gespeichert ist und von diesem selbst abgerufen werden kann. Einer gesonderten Mitteilung des Warmwasserverbrauchs bedarf es auch dann nicht, wenn in der Nutzeinheit ein Warmwasserzähler eingebaut ist.

(2) In den Fällen des § 5 Absatz 2 sind die Kosten zunächst mindestens zu 50 vom Hundert nach dem Verhältnis der erfassten Anteile am Gesamtverbrauch auf die Nutzergruppen aufzuteilen. Werden die Kosten nicht vollständig nach dem Verhältnis der erfassten Anteile am Gesamtverbrauch aufgeteilt, sind

1. die übrigen Kosten der Versorgung mit Wärme nach der Wohn- oder Nutzfläche oder nach dem umbauten Raum auf die einzelnen Nutzergruppen zu verteilen; es kann auch die Wohn- oder Nutzfläche oder der umbaute Raum der beheizten Räume zu Grunde gelegt werden,
2. die übrigen Kosten der Versorgung mit Warmwasser nach der Wohn- oder Nutzfläche auf die einzelnen Nutzergruppen zu verteilen.

Die Kostenanteile der Nutzergruppen sind dann nach Absatz 1 auf die einzelnen Nutzer zu verteilen.

(3) In den Fällen des § 4 Absatz 3 Satz 2 sind die Kosten nach dem Verhältnis der erfassten Anteile am Gesamtverbrauch auf die Gemeinschaftsräume und die übrigen Räume aufzuteilen. Die Verteilung der auf die Gemeinschaftsräume entfallenden anteiligen Kosten richtet sich nach rechtsgeschäftlichen Bestimmungen.

(4) Die Wahl der Abrechnungsmaßstäbe nach Absatz 2 sowie nach § 7 Absatz 1 Satz 1, §§ 8 und 9 bleibt dem Gebäudeeigentümer überlassen. Er kann diese für künftige Abrechnungszeiträume durch Erklärung gegenüber den Nutzern ändern

1. bei der Einführung einer Vorerfassung nach Nutzergruppen,

5. Heizkostenverordnung **Anh. I**

2. nach Durchführung von baulichen Maßnahmen, die nachhaltig Einsparungen von Heizenergie bewirken oder
3. aus anderen sachgerechten Gründen nach deren erstmaliger Bestimmung.

Die Festlegung und die Änderung der Abrechnungsmaßstäbe sind nur mit Wirkung zum Beginn eines Abrechnungszeitraumes zulässig.

§ 7 Verteilung der Kosten der Versorgung mit Wärme

(1) Von den Kosten des Betriebs der zentralen Heizungsanlage sind mindestens 50 vom Hundert, höchstens 70 vom Hundert nach dem erfassten Wärmeverbrauch der Nutzer zu verteilen. In Gebäuden, die das Anforderungsniveau der Wärmeschutzverordnung vom 16. August 1994 (BGBl. I S. 2121) nicht erfüllen, die mit einer Öl- oder Gasheizung versorgt werden und in denen die freiliegenden Leitungen der Wärmeverteilung überwiegend gedämmt sind, sind von den Kosten des Betriebs der zentralen Heizungsanlage 70 vom Hundert nach dem erfassten Wärmeverbrauch der Nutzer zu verteilen. In Gebäuden, in denen die freiliegenden Leitungen der Wärmeverteilung überwiegend ungedämmt sind und deswegen ein wesentlicher Anteil des Wärmeverbrauchs nicht erfasst wird, kann der Wärmeverbrauch der Nutzer nach anerkannten Regeln der Technik bestimmt werden. Der so bestimmte Verbrauch der einzelnen Nutzer wird als erfasster Wärmeverbrauch nach Satz 1 berücksichtigt. Die übrigen Kosten sind nach der Wohn- oder Nutzfläche oder nach dem umbauten Raum zu verteilen; es kann auch die Wohnoder Nutzfläche oder der umbaute Raum der beheizten Räume zu Grunde gelegt werden.

(2) Zu den Kosten des Betriebs der zentralen Heizungsanlage einschließlich der Abgasanlage gehören die Kosten der verbrauchten Brennstoffe und ihrer Lieferung, die Kosten des Betriebsstromes, die Kosten der Bedienung, Überwachung und Pflege der Anlage, der regelmäßigen Prüfung ihrer Betriebsbereitschaft und Betriebssicherheit einschließlich der Einstellung durch eine Fachkraft, der Reinigung der Anlage und des Betriebsraumes, die Kosten der Messungen nach dem Bundes-Immissionsschutzgesetz, die Kosten der Anmietung oder anderer Arten der Gebrauchsüberlassung einer Ausstattung zur Verbrauchserfassung sowie die Kosten der Verwendung einer Ausstattung zur Verbrauchserfassung einschließlich der Kosten der Eichung sowie der Kosten der Berechnung, Aufteilung und Verbrauchsanalyse. Die Verbrauchsanalyse sollte insbesondere die Entwicklung der Kosten für die Heizwärme- und Warmwasserversorgung der vergangenen drei Jahre wiedergeben.

(3) Für die Verteilung der Kosten der Wärmelieferung gilt Absatz 1 entsprechend.

(4) Zu den Kosten der Wärmelieferung gehören das Entgelt für die Wärmelieferung und die Kosten des Betriebs der zugehörigen Hausanlagen entsprechend Absatz 2.

Anh. I Ergänzende Vorschriften

§ 8 Verteilung der Kosten der Versorgung mit Warmwasser

(1) Von den Kosten des Betriebs der zentralen Warmwasserversorgungsanlage sind mindestens 50 vom Hundert, höchstens 70 vom Hundert nach dem erfassten Warmwasserverbrauch, die übrigen Kosten nach der Wohn- oder Nutzfläche zu verteilen.

(2) Zu den Kosten des Betriebs der zentralen Warmwasserversorgungsanlage gehören die Kosten der Wasserversorgung, soweit sie nicht gesondert abgerechnet werden, und die Kosten der Wassererwärmung entsprechend § 7 Absatz 2. Zu den Kosten der Wasserversorgung gehören die Kosten des Wasserverbrauchs, die Grundgebühren und die Zählermiete, die Kosten der Verwendung von Zwischenzählern, die Kosten des Betriebs einer hauseigenen Wasserversorgungsanlage und einer Wasseraufbereitungsanlage einschließlich der Aufbereitungsstoffe.

(3) Für die Verteilung der Kosten der Warmwasserlieferung gilt Absatz 1 entsprechend.

(4) Zu den Kosten der Warmwasserlieferung gehören das Entgelt für die Lieferung des Warmwassers und die Kosten des Betriebs der zugehörigen Hausanlagen entsprechend § 7 Absatz 2.

§ 9 Verteilung der Kosten der Versorgung mit Wärme und Warmwasser bei verbundenen Anlagen

(1) Ist die zentrale Anlage zur Versorgung mit Wärme mit der zentralen Warmwasserversorgungsanlage verbunden, so sind die einheitlich entstandenen Kosten des Betriebs aufzuteilen. Die Anteile an den einheitlich entstandenen Kosten sind bei Anlagen mit Heizkesseln nach den Anteilen am Brennstoffverbrauch oder am Energieverbrauch, bei eigenständiger gewerblicher Wärmelieferung nach den Anteilen am Wärmeverbrauch zu bestimmen. Kosten, die nicht einheitlich entstanden sind, sind dem Anteil an den einheitlich entstandenen Kosten hinzuzurechnen. Der Anteil der zentralen Anlage zur Versorgung mit Wärme ergibt sich aus dem gesamten Verbrauch nach Abzug des Verbrauchs der zentralen Warmwasserversorgungsanlage. Bei Anlagen, die weder durch Heizkessel noch durch eigenständige gewerbliche Wärmelieferung mit Wärme versorgt werden, können anerkannte Regeln der Technik zur Aufteilung der Kosten verwendet werden. Der Anteil der zentralen Warmwasserversorgungsanlage am Wärmeverbrauch ist nach Absatz 2, der Anteil am Brennstoffverbrauch nach Absatz 3 zu ermitteln.

(2) Die auf die zentrale Warmwasserversorgungsanlage entfallende Wärmemenge (Q) ist ab dem 31. Dezember 2013 mit einem Wärmezähler zu messen. Kann die Wärmemenge nur mit einem unzumutbar hohen Aufwand gemessen werden, kann sie nach der Gleichung

$$Q = 2{,}5 \cdot \frac{\text{kWh}}{\text{m}^3 \cdot \text{K}} \cdot V \cdot (t_w - 10\,°C)$$

bestimmt werden. Dabei sind zu Grunde zu legen

1. das gemessene Volumen des verbrauchten Warmwassers (V) in Kubikmetern (m³);

5. Heizkostenverordnung **Anh. I**

2. die gemessene oder geschätzte mittlere Temperatur des Warmwassers (t_w) in Grad Celsius (°C).

Wenn in Ausnahmefällen weder die Wärmemenge noch das Volumen des verbrauchten Warmwassers gemessen werden können, kann die auf die zentrale Warmwasserversorgungsanlage entfallende Wärmemenge nach folgender Gleichung bestimmt werden

$$Q = 32 \cdot \frac{kWh}{m^2\, A_{Wohn}} \cdot A_{Wohn}$$

Dabei ist die durch die zentrale Anlage mit Warmwasser versorgte Wohn- oder Nutzfläche (A_{Wohn}) zu Grunde zu legen. Die nach den Gleichungen in Satz 2 oder 4 bestimmte Wärmemenge (Q) ist

1. bei brennwertbezogener Abrechnung von Erdgas mit 1, 11 zu multiplizieren und
2. bei eigenständiger gewerblicher Wärmelieferung durch 1, 15 zu dividieren.

(3) Bei Anlagen mit Heizkesseln ist der Brennstoffverbrauch der zentralen Warmwasserversorgungsanlage (B) in Litern, Kubikmetern, Kilogramm oder Schüttraummetern nach der Gleichung

$$B = \frac{Q}{H_i}$$

zu bestimmen. Dabei sind zu Grunde zu legen

1. die auf die zentrale Warmwasserversorgungsanlage entfallende Wärmemenge (Q) nach Absatz 2 in kWh;
2. der Heizwert des verbrauchten Brennstoffes (H_i) in Kilowattstunden (kWh) je Liter (l), Kubikmeter (m³), Kilogramm (kg) oder Schüttraummeter (SRm). Als H_i-Werte können verwendet werden für

Leichtes Heizöl	10	kWh/l
Schweres Heizöl	10,9	kWh/l
Erdgas H	10	kWh/m³
Erdgas L	9	kWh/m³
Flüssiggas	13	kWh/kg
Koks	8	kWh/kg
Braunkohle	5,5	kWh/kg
Steinkohle	8	kWh/kg
Holz (lufttrocken)	4,1	kWh/kg
Holzpellets	5	kWh/kg
Holzhackschnitzel	650	kWh/SRm.

Enthalten die Abrechnungsunterlagen des Energieversorgungsunternehmens oder Brennstofflieferanten H_i-Werte, so sind diese zu verwenden. Soweit die Abrechnung über kWh-Werte erfolgt, ist eine Umrechnung in Brennstoffverbrauch nicht erforderlich.

(4) Der Anteil an den Kosten der Versorgung mit Wärme ist nach § 7 Absatz 1, der Anteil an den Kosten der Versorgung mit Warmwasser nach § 8 Absatz 1 zu verteilen, soweit diese Verordnung nichts anderes bestimmt oder zulässt.

§ 9 a Kostenverteilung in Sonderfällen

(1) Kann der anteilige Wärme- oder Warmwasserverbrauch von Nutzern für einen Abrechnungszeitraum wegen Geräteausfalls oder aus anderen zwingenden Gründen nicht ordnungsgemäß erfasst werden, ist er vom Gebäudeeigentümer auf der Grundlage des Verbrauchs der betroffenen Räume in vergleichbaren Zeiträumen oder des Verbrauchs vergleichbarer anderer Räume im jeweiligen Abrechnungszeitraum oder des Durchschnittsverbrauchs des Gebäudes oder der Nutzergruppe zu ermitteln. Der so ermittelte anteilige Verbrauch ist bei der Kostenverteilung anstelle des erfassten Verbrauchs zu Grunde zu legen.

(2) Überschreitet die von der Verbrauchsermittlung nach Absatz 1 betroffene Wohn- oder Nutzfläche oder der umbaute Raum 25 vom Hundert der für die Kostenverteilung maßgeblichen gesamten Wohn- oder Nutzfläche oder des maßgeblichen gesamten umbauten Raumes, sind die Kosten ausschließlich nach den nach § 7 Absatz 1 Satz 5 und § 8 Absatz 1 für die Verteilung der übrigen Kosten zu Grunde zu legenden Maßstäben zu verteilen.

§ 9 b Kostenaufteilung bei Nutzerwechsel

(1) Bei Nutzerwechsel innerhalb eines Abrechnungszeitraumes hat der Gebäudeeigentümer eine Ablesung der Ausstattung zur Verbrauchserfassung der vom Wechsel betroffenen Räume (Zwischenablesung) vorzunehmen.

(2) Die nach dem erfassten Verbrauch zu verteilenden Kosten sind auf der Grundlage der Zwischenablesung, die übrigen Kosten des Wärmeverbrauchs auf der Grundlage der sich aus anerkannten Regeln der Technik ergebenden Gradtagszahlen oder zeitanteilig und die übrigen Kosten des Warmwasserverbrauchs zeitanteilig auf Vor- und Nachnutzer aufzuteilen.

(3) Ist eine Zwischenablesung nicht möglich oder lässt sie wegen des Zeitpunktes des Nutzerwechsels aus technischen Gründen keine hinreichend genaue Ermittlung der Verbrauchsanteile zu, sind die gesamten Kosten nach den nach Absatz 2 für die übrigen Kosten geltenden Maßstäben aufzuteilen.

(4) Von den Absätzen 1 bis 3 abweichende rechtsgeschäftliche Bestimmungen bleiben unberührt.

§ 10 Überschreitung der Höchstsätze

Rechtsgeschäftliche Bestimmungen, die höhere als die in § 7 Absatz 1 und § 8 Absatz 1 genannten Höchstsätze von 70 vom Hundert vorsehen, bleiben unberührt.

§ 11 Ausnahmen

(1) Soweit sich die §§ 3 bis 7 auf die Versorgung mit Wärme beziehen, sind sie nicht anzuwenden

1. auf Räume,
    a) in Gebäuden, die einen Heizwärmebedarf von weniger als 15 kWh/$(m^2 \cdot a)$ aufweisen,

b) bei denen das Anbringen der Ausstattung zur Verbrauchserfassung, die Erfassung des Wärmeverbrauchs oder die Verteilung der Kosten des Wärmeverbrauchs nicht oder nur mit unverhältnismäßig hohen Kosten möglich ist; unverhältnismäßig hohe Kosten liegen vor, wenn diese nicht durch die Einsparungen, die in der Regel innerhalb von zehn Jahren erzielt werden können, erwirtschaftet werden können; oder
c) die vor dem 1. Juli 1981 bezugsfertig geworden sind und in denen der Nutzer den Wärmeverbrauch nicht beeinflussen kann;
2. a) auf Alters- und Pflegeheime, Studenten- und Lehrlingsheime,
b) auf vergleichbare Gebäude oder Gebäudeteile, deren Nutzung Personengruppen vorbehalten ist, mit denen wegen ihrer besonderen persönlichen Verhältnisse regelmäßig keine üblichen Mietverträge abgeschlossen werden;
3. auf Räume in Gebäuden, die überwiegend versorgt werden
a) mit Wärme aus Anlagen zur Rückgewinnung von Wärme oder aus Wärmepumpen- oder Solaranlagen oder
b) mit Wärme aus Anlagen der Kraft-Wärme-Kopplung oder aus Anlagen zur Verwertung von Abwärme, sofern der Wärmeverbrauch des Gebäudes nicht erfasst wird;
4. auf die Kosten des Betriebs der zugehörigen Hausanlagen, soweit diese Kosten in den Fällen des § 1 Absatz 3 nicht in den Kosten der Wärmelieferung enthalten sind, sondern vom Gebäudeeigentümer gesondert abgerechnet werden;
5. in sonstigen Einzelfällen, in denen die nach Landesrecht zuständige Stelle wegen besonderer Umstände von den Anforderungen dieser Verordnung befreit hat, um einen unangemessenen Aufwand oder sonstige unbillige Härten zu vermeiden.

(2) Soweit sich die §§ 3 bis 6 und § 8 auf die Versorgung mit Warmwasser beziehen, gilt Absatz 1 entsprechend.

§ 12 Kürzungsrecht, Übergangsregelung

(1) Soweit die Kosten der Versorgung mit Wärme oder Warmwasser entgegen den Vorschriften dieser Verordnung nicht verbrauchsabhängig abgerechnet werden, hat der Nutzer das Recht, bei der nicht verbrauchsabhängigen Abrechnung der Kosten den auf ihn entfallenden Anteil um 15 vom Hundert zu kürzen. Dies gilt nicht beim Wohnungseigentum im Verhältnis des einzelnen Wohnungseigentümers zur Gemeinschaft der Wohnungseigentümer; insoweit verbleibt es bei den allgemeinen Vorschriften.

(2) Die Anforderungen des § 5 Absatz 1 Satz 2 gelten bis zum 31. Dezember 2013 als erfüllt
1. für die am 1. Januar 1987 für die Erfassung des anteiligen Warmwasserverbrauchs vorhandenen Warmwasserkostenverteiler und
2. für die am 1. Juli 1981 bereits vorhandenen sonstigen Ausstattungen zur Verbrauchserfassung.

Anh. I
Ergänzende Vorschriften

(3) Bei preisgebundenen Wohnungen im Sinne der Neubaumietenverordnung 1970 gilt Absatz 2 mit der Maßgabe, dass an die Stelle des Datums „1. Juli 1981" das Datum „1. August 1984" tritt.

(4) § 1 Absatz 3, § 4 Absatz 3 Satz 2 und § 6 Absatz 3 gelten für Abrechnungszeiträume, die nach dem 30. September 1989 beginnen; rechtsgeschäftliche Bestimmungen über eine frühere Anwendung dieser Vorschriften bleiben unberührt.

(5) Wird in den Fällen des § 1 Absatz 3 der Wärmeverbrauch der einzelnen Nutzer am 30. September 1989 mit Einrichtungen zur Messung der Wassermenge ermittelt, gilt die Anforderung des § 5 Absatz 1 Satz 1 als erfüllt.

(6) Auf Abrechnungszeiträume, die vor dem 1. Januar 2009 begonnen haben, ist diese Verordnung in der bis zum 31. Dezember 2008 geltenden Fassung weiter anzuwenden.

§ 13 (Berlin-Klausel)

§ 14 (Inkrafttreten)

6. Gesetz zur Einsparung von Energie in Gebäuden (Energieeinsparungsgesetz – EnEG)[1)]

In der Fassung der Bekanntmachung vom 1. September 2005

(BGBl. I S. 2684), geändert durch Artikel 1 des Gesetzes vom 28. März 2009 (BGBl. I S. 643)

FNA 754-4

§ 1 Energiesparender Wärmeschutz bei zu errichtenden Gebäuden

(1) Wer ein Gebäude errichtet, das seiner Zweckbestimmung nach beheizt oder gekühlt werden muss, hat, um Energie zu sparen, den Wärmeschutz nach Maßgabe der nach Absatz 2 zu erlassenden Rechtsverordnung so zu entwerfen und auszuführen, dass beim Heizen und Kühlen vermeidbare Energieverluste unterbleiben.

(2) Die Bundesregierung wird ermächtigt, durch Rechtsverordnung mit Zustimmung des Bundesrates Anforderungen an den Wärmeschutz von Gebäuden und ihren Bauteilen festzusetzen. Die Anforderungen können sich auf die Begrenzung des Wärmedurchgangs sowie die Lüftungswärmeverluste und auf ausreichende raumklimatische Verhältnisse beziehen. Bei der Begrenzung des Wärmedurchgangs ist der gesamte Einfluss der die beheizten oder gekühlten Räume nach außen und zum Erdreich abgrenzenden sowie derjenigen Bauteile zu berücksichtigen, die diese Räume gegen Räume abweichender Temperatur abgrenzen. Bei der Begrenzung von Lüftungswärmeverlusten ist der gesamte Einfluss der Lüftungseinrichtungen, der Dichtheit

---

[1)] **Amtl. Anm.:** Dieses Gesetz dient der Umsetzung der Richtlinie 2002/91/EG des Europäischen Parlaments und des Rates vom 16. Dezember 2002 über die Gesamtenergieeffizienz von Gebäuden (ABl. EG 2003 Nr. L 1 S. 65).

6. Energieeinsparungsgesetz **Anh. I**

von Fenstern und Türen sowie der Fugen zwischen einzelnen Bauteilen zu berücksichtigen.

(3) Soweit andere Rechtsvorschriften höhere Anforderungen an den baulichen Wärmeschutz stellen, bleiben sie unberührt.

§ 2 Energiesparende Anlagentechnik bei Gebäuden

(1) Wer Heizungs-, raumlufttechnische, Kühl-, Beleuchtungs- sowie Warmwasserversorgungsanlagen oder -einrichtungen in Gebäude einbaut oder einbauen lässt oder in Gebäuden aufstellen lässt, hat bei Entwurf, Auswahl und Ausführung dieser Anlagen und Einrichtungen nach Maßgabe der nach den Absätzen 2 und 3 zu erlassenden Rechtsverordnungen dafür Sorge zu tragen, dass nicht mehr Energie verbraucht wird, als zur bestimmungsgemäßen Nutzung erforderlich ist.

(2) Die Bundesregierung wird ermächtigt, durch Rechtsverordnung mit Zustimmung des Bundesrates vorzuschreiben, welchen Anforderungen die Beschaffenheit und die Ausführung der in Absatz 1 genannten Anlagen und Einrichtungen genügen müssen, damit vermeidbare Energieverluste unterbleiben. Für zu errichtende Gebäude können sich die Anforderungen beziehen auf

1. den Wirkungsgrad, die Auslegung und die Leistungsaufteilung der Wärme- und Kälteerzeuger,
2. die Ausbildung interner Verteilungsnetze,
3. die Begrenzung der Warmwassertemperatur,
4. die Einrichtungen der Regelung und Steuerung der Wärme- und Kälteversorgungssysteme,
5. den Einsatz von Wärmerückgewinnungsanlagen,
6. die messtechnische Ausstattung zur Verbrauchserfassung,
7. die Effizienz von Beleuchtungssystemen, insbesondere den Wirkungsgrad von Beleuchtungseinrichtungen, die Verbesserung der Tageslichtnutzung, die Ausstattung zur Regelung und Abschaltung dieser Systeme,
8. weitere Eigenschaften der Anlagen und Einrichtungen, soweit dies im Rahmen der Zielsetzung des Absatzes 1 auf Grund der technischen Entwicklung erforderlich wird.

(3) Die Absätze 1 und 2 gelten entsprechend, soweit in bestehende Gebäude bisher nicht vorhandene Anlagen oder Einrichtungen eingebaut oder vorhandene ersetzt, erweitert oder umgerüstet werden. Bei wesentlichen Erweiterungen oder Umrüstungen können die Anforderungen auf die gesamten Anlagen oder Einrichtungen erstreckt werden. Außerdem können Anforderungen zur Ergänzung der in Absatz 1 genannten Anlagen und Einrichtungen mit dem Ziel einer nachträglichen Verbesserung des Wirkungsgrades und einer Erfassung des Energieverbrauchs gestellt werden.

(4) Soweit andere Rechtsvorschriften höhere Anforderungen an die in Absatz 1 genannten Anlagen und Einrichtungen stellen, bleiben sie unberührt.

§ 3 Energiesparender Betrieb von Anlagen

(1) Wer Heizungs-, raumlufttechnische, Kühl-, Beleuchtungs- sowie Warmwasserversorgungsanlagen oder -einrichtungen in Gebäuden betreibt

oder betreiben lässt, hat dafür Sorge zu tragen, dass sie nach Maßgabe der nach Absatz 2 zu erlassenden Rechtsverordnung so instand gehalten und betrieben werden, dass nicht mehr Energie verbraucht wird, als zu ihrer bestimmungsgemäßen Nutzung erforderlich ist.

(2) Die Bundesregierung wird ermächtigt, durch Rechtsverordnung mit Zustimmung des Bundesrates vorzuschreiben, welchen Anforderungen der Betrieb der in Absatz 1 genannten Anlagen und Einrichtungen genügen muss, damit vermeidbare Energieverluste unterbleiben. Die Anforderungen können sich auf die sachkundige Bedienung, Instandhaltung, regelmäßige Wartung, Inspektion und auf die bestimmungsgemäße Nutzung der Anlagen und Einrichtungen beziehen.

(3) Soweit andere Rechtsvorschriften höhere Anforderungen an den Betrieb der in Absatz 1 genannten Anlagen und Einrichtungen stellen, bleiben sie unberührt.

§ 3 a Verteilung der Betriebskosten

Die Bundesregierung wird ermächtigt, durch Rechtsverordnung mit Zustimmung des Bundesrates vorzuschreiben, dass

1. der Energieverbrauch der Benutzer von heizungs- oder raumlufttechnischen oder der Versorgung mit Warmwasser dienenden gemeinschaftlichen Anlagen oder Einrichtungen erfasst wird,
2. die Betriebskosten dieser Anlagen oder Einrichtungen so auf die Benutzer zu verteilen sind, dass dem Energieverbrauch der Benutzer Rechnung getragen wird.

§ 4 Sonderregelungen und Anforderungen an bestehende Gebäude

(1) Die Bundesregierung wird ermächtigt, durch Rechtsverordnung mit Zustimmung des Bundesrates von den nach den §§ 1 bis 3 zu erlassenden Rechtsverordnungen Ausnahmen zuzulassen und abweichende Anforderungen für Gebäude und Gebäudeteile vorzuschreiben, die nach ihrem üblichen Verwendungszweck

1. wesentlich unter oder über der gewöhnlichen, durchschnittlichen Heizdauer beheizt werden müssen,
2. eine Innentemperatur unter 15 Grad Celsius erfordern,
3. den Heizenergiebedarf durch die im Innern des Gebäudes anfallende Abwärme überwiegend decken,
4. nur teilweise beheizt werden müssen,
5. eine überwiegende Verglasung der wärmeübertragenden Umfassungsflächen erfordern,
6. nicht zum dauernden Aufenthalt von Menschen bestimmt sind,
7. sportlich, kulturell oder zu Versammlungen genutzt werden,
8. zum Schutze von Personen oder Sachwerten einen erhöhten Luftwechsel erfordern,
9. und nach der Art ihrer Ausführung für eine dauernde Verwendung nicht geeignet sind,

soweit der Zweck des Gesetzes, vermeidbare Energieverluste zu verhindern, dies erfordert oder zulässt. Satz 1 gilt entsprechend für die in § 2 Abs. 1

6. Energieeinsparungsgesetz Anh. I

genannten Anlagen und Einrichtungen in solchen Gebäuden oder Gebäudeteilen.

(2) Die Bundesregierung wird ermächtigt, durch Rechtsverordnung mit Zustimmung des Bundesrates zu bestimmen, dass die nach den §§ 1 bis 3 und 4 Abs. 1 festzulegenden Anforderungen auch bei wesentlichen Änderungen von Gebäuden einzuhalten sind.

(3) Die Bundesregierung wird ermächtigt, durch Rechtsverordnung mit Zustimmung des Bundesrates zu bestimmen, dass für bestehende Gebäude, Anlagen oder Einrichtungen einzelne Anforderungen nach den §§ 1, 2 Abs. 1 und 2 und § 4 Abs. 1 gestellt werden können, wenn die Maßnahmen generell zu einer wesentlichen Verminderung der Energieverluste beitragen und die Aufwendungen durch die eintretenden Einsparungen innerhalb angemessener Fristen erwirtschaftet werden können.

§ 5 Gemeinsame Voraussetzungen für Rechtsverordnung

(1) Die in den Rechtsverordnungen nach den §§ 1 bis 4 aufgestellten Anforderungen müssen nach dem Stand der Technik erfüllbar und für Gebäude gleicher Art und Nutzung wirtschaftlich vertretbar sein. Anforderungen gelten als wirtschaftlich vertretbar, wenn generell die erforderlichen Aufwendungen innerhalb der üblichen Nutzungsdauer durch die eintretenden Einsparungen erwirtschaftet werden können. Bei bestehenden Gebäuden ist die noch zu erwartende Nutzungsdauer zu berücksichtigen.

(2) In den Rechtsverordnungen ist vorzusehen, dass auf Antrag von den Anforderungen befreit werden kann, soweit diese im Einzelfall wegen besonderer Umstände durch einen unangemessenen Aufwand oder in sonstiger Weise zu einer unbilligen Härte führen.

(3) In den Rechtsverordnungen kann wegen technischer Anforderungen auf Bekanntmachungen sachverständiger Stellen unter Angabe der Fundstelle verwiesen werden.

(4) In den Rechtsverordnungen nach den §§ 1 bis 4 können die Anforderungen und – in den Fällen des § 3 a – die Erfassung und Kostenverteilung abweichend von Vereinbarungen der Benutzer und von Vorschriften des Wohnungseigentumsgesetzes geregelt und näher bestimmt werden, wie diese Regelungen sich auf die Rechtsverhältnisse zwischen den Beteiligten auswirken.

(5) In den Rechtsverordnungen nach den §§ 1 bis 4 können sich die Anforderungen auch auf den Gesamtenergiebedarf oder -verbrauch der Gebäude und die Einsetzbarkeit alternativer Systeme beziehen sowie Umwandlungsverluste der Anlagensysteme berücksichtigen (Gesamtenergieeffizienz).

§ 5 a Energieausweise

Die Bundesregierung wird ermächtigt, zur Umsetzung oder Durchführung von Rechtsakten der Europäischen Gemeinschaften durch Rechtsverordnung mit Zustimmung des Bundesrates Inhalte und Verwendung von Energieausweisen auf Bedarfs- und Verbrauchsgrundlage vorzugeben und dabei zu bestimmen, welche Angaben und Kennwerte über die Energieeffizienz eines Gebäudes, eines Gebäudeteils oder in § 2 Abs. 1 genannter Anlagen oder

Einrichtungen darzustellen sind. Die Vorgaben können sich insbesondere beziehen auf

1. die Arten der betroffenen Gebäude, Gebäudeteile und Anlagen oder Einrichtungen,
2. die Zeitpunkte und Anlässe für die Ausstellung und Aktualisierung von Energieausweisen,
3. die Ermittlung, Dokumentation und Aktualisierung von Angaben und Kennwerten,
4. die Angabe von Referenzwerten, wie gültige Rechtsnormen und Vergleichskennwerte,
5. begleitende Empfehlungen für kostengünstige Verbesserungen der Energieeffizienz,
6. die Verpflichtungen, Energieausweise Behörden und bestimmten Dritten zugänglich zu machen,
7. den Aushang von Energieausweisen für Gebäude, in denen Dienstleistungen für die Allgemeinheit erbracht werden,
8. die Berechtigung zur Ausstellung von Energieausweisen einschließlich der Anforderungen an die Qualifikation der Aussteller sowie
9. die Ausgestaltung der Energieausweise.

Die Energieausweise dienen lediglich der Information.

§ 6 Maßgebender Zeitpunkt

Für die Unterscheidung zwischen zu errichtenden und bestehenden Gebäuden im Sinne dieses Gesetzes ist der Zeitpunkt der Baugenehmigung oder der bauaufsichtlichen Zustimmung, im Übrigen der Zeitpunkt maßgeblich, zu dem nach Maßgabe des Bauordnungsrechts mit der Bauausführung begonnen werden durfte.

§ 7 Überwachung

(1) Die zuständige Behörden haben darüber zu wachen, dass die in den Rechtsverordnungen nach diesem Gesetz festgesetzten Anforderungen erfüllt werden, soweit die Erfüllung dieser Anforderungen nicht schon nach anderen Rechtsvorschriften im erforderlichen Umfang überwacht wird.

(2) Die Landesregierungen oder die von ihnen bestimmten Stellen werden ermächtigt, durch Rechtsverordnung die Überwachung hinsichtlich der in den Rechtsverordnungen nach den §§ 1 und 2 festgesetzten Anforderungen ganz oder teilweise auf geeignete Stellen, Fachvereinigungen oder Sachverständige zu übertragen. Soweit sich § 4 auf die §§ 1 und 2 bezieht, gilt Satz 1 entsprechend.

(3) Die Bundesregierung wird ermächtigt, durch Rechtsverordnung mit Zustimmung des Bundesrates die Überwachung hinsichtlich der durch Rechtsverordnung nach § 3 festgesetzten Anforderungen auf geeignete Stellen, Fachvereinigungen oder Sachverständige zu übertragen. Soweit sich § 4 auf § 3 bezieht, gilt Satz 1 entsprechend.

(4) In den Rechtsverordnungen nach den Absätzen 2 und 3 kann die Art und das Verfahren der Überwachung geregelt werden; ferner können Anzei-

ge- und Nachweispflichten vorgeschrieben werden. Es ist vorzusehen, dass in der Regel Anforderungen auf Grund der §§ 1 und 2 nur einmal und Anforderungen auf Grund des § 3 höchstens einmal im Jahr überwacht werden; bei Anlagen in Einfamilienhäusern, kleinen und mittleren Mehrfamilienhäusern und vergleichbaren Nichtwohngebäuden ist eine längere Überwachungsfrist vorzusehen.

(5) In der Rechtsverordnung nach Absatz 3 ist vorzusehen, dass
1. eine Überwachung von Anlagen mit einer geringen Wärmeleistung entfällt,
2. die Überwachung der Erfüllung von Anforderungen sich auf die Kontrolle von Nachweisen beschränkt, soweit die Wartung durch eigenes Fachpersonal oder auf Grund von Wartungsverträgen durch Fachbetriebe sichergestellt ist.

(6) In Rechtsverordnungen nach § 4 Abs. 3 kann vorgesehen werden, dass die Überwachung ihrer Einhaltung entfällt.

§ 8 Bußgeldvorschriften

Ordnungswidrig handelt, wer vorsätzlich oder fahrlässig einer Rechtsverordnung
1. nach § 1 Abs. 2 Satz 1 oder 2, § 2 Abs. 2 auch in Verbindung mit Abs. 3, § 3 Abs. 2 oder § 4,
2. nach § 5 a Satz 1 oder
3. nach § 7 Abs. 4

oder einer vollziehbaren Anordnung auf Grund einer solchen Rechtsverordnung zuwiderhandelt, soweit die Rechtsverordnung für einen bestimmten Tatbestand auf diese Bußgeldvorschrift verweist.

(2) Die Ordnungswidrigkeit kann in den Fällen des Absatzes 1 Nr. 1 mit einer Geldbuße bis zu fünfzigtausend Euro, in den Fällen des Absatzes 1 Nr. 2 mit einer Geldbuße bis zu fünfzehntausend Euro und in den übrigen Fällen mit einer Geldbuße bis zu fünftausend Euro geahndet werden.

§§ 9, 10 (gegenstandslos)

§ 11 (Inkrafttreten)

Anh. I
Ergänzende Vorschriften

6 a. Verordnung über energiesparenden Wärmeschutz und energiesparende Anlagentechnik bei Gebäuden (Energieeinsparverordnung – EnEV)[1)]

vom 24. Juli 2007

(BGBl. I S. 1519), geändert durch die Verordnung vom 29. April 2009 (BGBl. I S. 954)

Abschnitt 1. Allgemeine Vorschriften

§ 1 Geltungsbereich

(1) Diese Verordnung stellt Anforderungen an

1. Gebäude mit normalen Innentemperaturen (§ 2 Nr. 1 und 2) und
2. Gebäude mit niedrigen Innentemperaturen (§ 2 Nr. 3)

einschließlich ihrer Heizungs-, raumlufttechnischen und zur Warmwasserbereitung dienenden Anlagen.

(2) Diese Verordnung gilt mit Ausnahme des § 11 nicht für

1. Betriebsgebäude, die überwiegend zur Aufzucht oder zur Haltung von Tieren genutzt werden,
2. Betriebsgebäude, soweit sie nach ihrem Verwendungszweck großflächig und lang anhaltend offen gehalten werden müssen,
3. unterirdische Bauten,
4. Unterglasanlagen und Kulturräume für Aufzucht, Vermehrung und Verkauf von Pflanzen,
5. Traglufthallen, Zelte und sonstige Gebäude, die dazu bestimmt sind, wiederholt aufgestellt und zerlegt zu werden.

Auf Bestandteile des Heizsystems, die sich nicht im räumlichen Zusammenhang mit Gebäuden nach Absatz 1 befinden, ist nur § 11 anzuwenden.

[1)] **Amtl. Anm.:** Die §§ 3 bis 7 und 8 Abs. 3 und die Anhänge 1, 2 und 4 dienen der Umsetzung des Artikels 5 der Richtlinie 93/76/EWG des Rates vom 13. September 1993 zur Begrenzung der Kohlendioxidemissionen durch eine effizentere Energienutzung – SAVE – (ABl. EG Nr. L 237 S. 28), § 13 dient der Umsetzung des Artikels 2 dieser Richtlinie. § 11 Abs. 1 bis 3 und § 18 Nr. 1 dienen der Umsetzung der Richtlinie 92/42/EWG des Rates vom 21. Mai 1992 über die Wirkungsgrade von mit flüssigen oder gasförmigen Brennstoffen beschickten neuen Warmwasserheizkesseln (ABl. EG Nr. L 167 S. 17, L 195 S. 32), geändert durch Artikel 12 der Richtlinie 93/68/EWG des Rates vom 22. Juli 1993 (ABl. EG Nr. L 220 S. 1).

Die Verpflichtungen aus der Richtlinie 98/34/EG des Europäischen Parlaments und des Rates vom 22. Juni 1998 über ein Informationsverfahren auf dem Gebiet der Normen und technischen Vorschriften und der Vorschriften für die Dienste der Informationsgesellschaft (ABl. EG Nr. L 204 S. 37), geändert durch die Richtlinie 98/48/EG des Europäischen Parlaments und des Rates vom 20. Juli 1998 (ABl. EG Nr. L 217 S. 18), sind beachtet worden.

6 a. Energieeinsparverordnung

§ 2 Begriffsbestimmungen

Im Sinne dieser Verordnung

1. sind Gebäude mit normalen Innentemperaturen solche Gebäude, die nach ihrem Verwendungszweck auf eine Innentemperatur von 19 Grad Celsius und mehr und jährlich mehr als vier Monate beheizt werden,
2. sind Wohngebäude solche Gebäude im Sinne von Nummer 1, die ganz oder deutlich überwiegend zum Wohnen genutzt werden,
3. sind Gebäude mit niedrigen Innentemperaturen solche Gebäude, die nach ihrem Verwendungszweck auf eine Innentemperatur von mehr als 12 Grad Celsius und weniger als 19 Grad Celsius und jährlich mehr als vier Monate beheizt werden,
4. sind beheizte Räume solche Räume, die auf Grund bestimmungsgemäßer Nutzung direkt oder durch Raumverbund beheizt werden,
5. sind erneuerbare Energien zu Heizungszwecken, zur Warmwasserbereitung oder zur Lüftung von Gebäuden genutzte und im räumlichen Zusammenhang dazu gewonnene Solarenergie, Umweltwärme, Erdwärme und Biomasse,
6. ist ein Heizkessel der aus Kessel und Brenner bestehende Wärmeerzeuger, der zur Übertragung der durch die Verbrennung freigesetzten Wärme an den Wärmeträger Wasser dient,
7. sind Geräte der mit einem Brenner auszurüstende Kessel und der zur Ausrüstung eines Kessels bestimmte Brenner,
8. ist die Nennwärmeleistung die höchste von dem Heizkessel im Dauerbetrieb nutzbar abgegebene Wärmemenge je Zeiteinheit; ist der Heizkessel für einen Nennwärmeleistungsbereich eingerichtet, so ist die Nennwärmeleistung die in den Grenzen des Nennwärmeleistungsbereichs fest eingestellte und auf einem Zusatzschild angegebene höchste nutzbare Wärmeleistung; ohne Zusatzschild gilt als Nennwärmeleistung der höchste Wert des Nennwärmeleistungsbereichs,
9. ist ein Standardheizkessel ein Heizkessel, bei dem die durchschnittliche Betriebstemperatur durch seine Auslegung beschränkt sein kann,
10. ist ein Niedertemperatur-Heizkessel ein Heizkessel, der kontinuierlich mit einer Eintrittstemperatur von 35 bis 40 Grad Celsius betrieben werden kann und in dem es unter bestimmten Umständen zur Kondensation des in den Abgasen enthaltenen Wasserdampfes kommen kann,
11. ist ein Brennwertkessel ein Heizkessel, der für die Kondensation eines Großteils des in den Abgasen enthaltenen Wasserdampfes konstruiert ist.

Abschnitt 2. Zu errichtende Gebäude

§ 3 Gebäude mit normalen Innentemperaturen

(1) Zu errichtende Gebäude mit normalen Innentemperaturen sind so auszuführen, dass

1. bei Wohngebäuden der auf die Gebäudenutzfläche bezogene Jahres-Primärenergiebedarf und

Anh. I Ergänzende Vorschriften

2. bei anderen Gebäuden der auf das beheizte Gebäudevolumen bezogene Jahres-Primärenergiebedarf

sowie der spezifische, auf die wärmeübertragende Umfassungsfläche bezogene Transmissionswärmeverlust die Höchstwerte in Anhang 1 Tabelle 1 nicht überschreiten.

(2) Der Jahres-Primärenergiebedarf und der spezifische, auf die wärmeübertragende Umfassungsfläche bezogene Transmissionswärmeverlust sind zu berechnen

1. bei Wohngebäuden, deren Fensterflächenanteil 30 vom Hundert nicht überschreitet, nach dem vereinfachten Verfahren nach Anhang 1 Nr. 3 oder nach dem in Anhang 1 Nr. 2 festgelegten Nachweisverfahren,
2. bei anderen Gebäuden nach dem in Anhang 1 Nr. 2 festgelegten Nachweisverfahren.

(3) Die Begrenzung des Jahres-Primärenergiebedarfs nach Absatz 1 gilt nicht für Gebäude, die beheizt werden

1. mindestens zu 70 vom Hundert durch Wärme aus Kraft-Wärme-Kopplung,
2. mindestens zu 70 vom Hundert durch erneuerbare Energien mittels selbsttätig arbeitender Wärmeerzeuger,
3. überwiegend durch Einzelfeuerstätten für einzelne Räume oder Raumgruppen sowie sonstige Wärmeerzeuger, für die keine Regeln der Technik vorliegen.

Bei Gebäuden nach Satz 1 Nr. 3 darf der spezifische, auf die wärmeübertragende Umfassungsfläche bezogene Transmissionswärmeverlust 76 vom Hundert des jeweiligen Höchstwertes nach Anhang 1 Tabelle 1 Spalte 5 oder 6 nicht überschreiten.

(4) Um einen energiesparenden sommerlichen Wärmeschutz sicherzustellen, sind bei Gebäuden, deren Fensterflächenanteil 30 vom Hundert überschreitet, die Anforderungen an die Sonneneintragskennwerte oder die Kühlleistung nach Anhang 1 Nr. 2.9 einzuhalten.

§ 4 Gebäude mit niedrigen Innentemperaturen

Bei zu errichtenden Gebäuden mit niedrigen Innentemperaturen darf der nach Anhang 2 Nr. 2 zu bestimmende spezifische, auf die wärmeübertragende Umfassungsfläche bezogene Transmissionswärmeverlust die Höchstwerte in Anhang 2 Nr. 1 nicht überschreiten.

§ 5 Dichtheit, Mindestluftwechsel

(1) Zu errichtende Gebäude sind so auszuführen, dass die wärmeübertragende Umfassungsfläche einschließlich der Fugen dauerhaft luftundurchlässig entsprechend dem Stand der Technik abgedichtet ist. Dabei muss die Fugendurchlässigkeit außen liegender Fenster, Fenstertüren und Dachflächenfenster Anhang 4 Nr. 1 genügen. Wird die Dichtheit nach den Sätzen 1 und 2 überprüft, ist Anhang 4 Nr. 2 einzuhalten.

(2) Zu errichtende Gebäude sind so auszuführen, dass der zum Zwecke der Gesundheit und Beheizung erforderliche Mindestluftwechsel sichergestellt ist.

6 a. Energieeinsparverordnung

Werden dazu andere Lüftungseinrichtungen als Fenster verwendet, müssen diese Anhang 4 Nr. 3 entsprechen.

§ 6 Mindestwärmeschutz, Wärmebrücken

(1) Bei zu errichtenden Gebäuden sind Bauteile, die gegen die Außenluft, das Erdreich oder Gebäudeteile mit wesentlich niedrigeren Innentemperaturen abgrenzen, so auszuführen, dass die Anforderungen des Mindestwärmeschutzes nach den anerkannten Regeln der Technik eingehalten werden.

(2) Zu errichtende Gebäude sind so auszuführen, dass der Einfluss konstruktiver Wärmebrücken auf den Jahres-Heizwärmebedarf nach den Regeln der Technik und den im jeweiligen Einzelfall wirtschaftlich vertretbaren Maßnahmen so gering wie möglich gehalten wird. Der verbleibende Einfluss der Wärmebrücken ist bei der Ermittlung des spezifischen, auf die wärmeübertragende Umfassungsfläche bezogene Transmissionswärmeverlusts und des Jahres-Primärenergiebedarfs nach Anhang 1 Nr. 2.5 zu berücksichtigen.

§ 7 Gebäude mit geringem Volumen

Übersteigt das beheizte Gebäudevolumen eines zu errichtenden Gebäudes 100 Kubikmeter nicht und werden die Anforderungen des Abschnitts 4 eingehalten, gelten die übrigen Anforderungen dieser Verordnung als erfüllt, wenn die Wärmedurchgangskoeffizienten der Außenbauteile die in Anhang 3 Tabelle 1 genannten Werte nicht überschreiten.

Abschnitt 3. Bestehende Gebäude und Anlagen

§ 8 Änderung von Gebäuden

(1) Soweit bei beheizten Räumen in Gebäuden nach § 1 Abs. 1 Änderungen gemäß Anhang 3 Nr. 1 bis 6 durchgeführt werden, dürfen die in Anhang 3 Tabelle 1 festgelegten Wärmedurchgangskoeffizienten der betroffenen Außenbauteile nicht überschritten werden. Dies gilt nicht für Änderungen, die

1. bei Außenwänden, außen liegenden Fenstern, Fenstertüren und Dachflächenfenstern weniger als 20 vom Hundert der Bauteilflächen gleicher Orientierung im Sinne von Anhang 1 Tabelle 2 Zeile 4 Spalte 3 oder
2. bei anderen Außenbauteilen weniger als 20 vom Hundert der jeweiligen Bauteilfläche

betreffen.

(2) Absatz 1 Satz 1 gilt als erfüllt, wenn das geänderte Gebäude insgesamt den jeweiligen Höchstwert nach Anhang 1 Tabelle 1 oder Anhang 2 Tabelle 1 um nicht mehr als 40 vom Hundert überschreitet.

(3) Bei der Erweiterung des beheizten Gebäudevolumens um zusammenhängend mindestens 30 Kubikmeter sind für den neuen Gebäudeteil die jeweiligen Vorschriften für zu errichtende Gebäude einzuhalten. Ein Energiebedarfsausweis ist nur unter den Voraussetzungen des § 13 Abs. 2 auszustellen.

Anh. I Ergänzende Vorschriften

§ 9 Nachrüstung bei Anlagen und Gebäuden

(1) Eigentümer von Gebäuden müssen Heizkessel, die mit flüssigen oder gasförmigen Brennstoffen beschickt werden und vor dem 1. Oktober 1978 eingebaut oder aufgestellt worden sind, bis zum 31. Dezember 2006 außer Betrieb nehmen. Heizkessel nach Satz 1, die nach § 11 Abs. 1 in Verbindung mit § 23 der Verordnung über kleine und mittlere Feuerungsanlagen so ertüchtigt wurden, dass die zulässigen Abgasverlustgrenzwerte eingehalten sind, oder deren Brenner nach dem 1. November 1996 erneuert worden sind, müssen bis zum 31. Dezember 2008 außer Betrieb genommen werden. Die Sätze 1 und 2 sind nicht anzuwenden, wenn die vorhandenen Heizkessel Niedertemperatur-Heizkessel oder Brennwertkessel sind, sowie auf heizungstechnische Anlagen, deren Nennwärmeleistung weniger als 4 Kilowatt oder mehr als 400 Kilowatt beträgt, und auf Heizkessel nach § 11 Abs. 3 Nr. 2 bis 4.

(2) Eigentümer von Gebäuden müssen bei heizungstechnischen Anlagen ungedämmte, zugängliche Wärmeverteilungs- und Warmwasserleitungen sowie Armaturen, die sich nicht in beheizten Räumen befinden, bis zum 31. Dezember 2006 nach Anhang 5 zur Begrenzung der Wärmeabgabe dämmen.

(3) Eigentümer von Gebäuden mit normalen Innentemperaturen müssen nicht begehbare, aber zugängliche oberste Geschossdecken beheizter Räume bis zum 31. Dezember 2006 so dämmen, dass der Wärmedurchgangskoeffizient der Geschossdecke 0,30 Watt/(m² · K) nicht überschreitet.

(4) Bei Wohngebäuden mit nicht mehr als zwei Wohnungen, von denen zum Zeitpunkt des Inkrafttretens dieser Verordnung eine der Eigentümer selbst bewohnt, sind die Anforderungen nach den Absätzen 1 bis 3 nur im Falle eines Eigentümerwechsels zu erfüllen. Die Frist beträgt zwei Jahre ab dem Eigentumsübergang; sie läuft jedoch nicht vor dem 31. Dezember 2006, in den Fällen des Absatzes 1 Satz 2 nicht vor dem 31. Dezember 2008, ab.

§ 10 Aufrechterhaltung der energetischen Qualität

(1) Außenbauteile dürfen nicht in einer Weise verändert werden, dass die energetische Qualität des Gebäudes verschlechtert wird. Das Gleiche gilt für Anlagen nach dem Abschnitt 4, soweit sie zum Nachweis der Anforderungen energieeinsparrechtlicher Vorschriften des Bundes zu berücksichtigen waren.

(2) Energiebedarfssenkende Einrichtungen in Anlagen nach Absatz 1 sind betriebsbereit zu erhalten und bestimmungsgemäß zu nutzen. Satz 1 gilt als erfüllt, soweit der Einfluss einer energiebedarfssenkenden Einrichtung auf den Jahres-Primärenergiebedarf durch anlagentechnische oder bauliche Maßnahmen ausgeglichen wird.

(3) Heizungs- und Warmwasseranlagen sowie raumlufttechnische Anlagen sind sachgerecht zu bedienen, zu warten und instand zu halten. Für die Wartung und Instandhaltung ist Fachkunde erforderlich. Fachkundig ist, wer die zur Wartung und Instandhaltung notwendigen Fachkenntnisse und Fertigkeiten besitzt.

Abschnitt 4. Heizungstechnische Anlagen, Warmwasseranlagen

§ 11 Inbetriebnahme von Heizkesseln

(1) Heizkessel, die mit flüssigen oder gasförmigen Brennstoffen beschickt werden und deren Nennwärmeleistung mindestens 4 Kilowatt und höchstens 400 Kilowatt beträgt, dürfen zum Zwecke der Inbetriebnahme in Gebäuden nur eingebaut oder aufgestellt werden, wenn sie mit der CE-Kennzeichnung nach § 5 Abs. 1 und 2 der Verordnung über das Inverkehrbringen von Heizkesseln und Geräten nach dem Bauproduktengesetz vom 28. April 1998 (BGBl. I S. 796) oder nach Artikel 7 Abs. 1 Satz 2 der Richtlinie 92/42/EWG des Rates vom 21. Mai 1992 über die Wirkungsgrade von mit flüssigen oder gasförmigen Brennstoffen beschickten neuen Warmwasserheizkesseln (ABl. EG Nr. L 167 S. 17, L 195 S. 32), geändert durch Artikel 12 der Richtlinie 93/68/EWG des Rates vom 22. Juli 1993 (ABl. EG Nr. L 220 S. 1), versehen sind. Satz 1 gilt auch für Heizkessel, die aus Geräten zusammengefügt werden. Dabei sind die Parameter zu beachten, die sich aus der den Geräten beiliegenden EG-Konformitätserklärung ergeben.

(2) Soweit Gebäude, deren Jahres-Primärenergiebedarf nicht nach § 3 Abs. 1 begrenzt ist, mit Heizkesseln nach Absatz 1 ausgestattet werden, müssen diese Niedertemperatur-Heizkessel oder Brennwertkessel sein. Ausgenommen sind bestehende Gebäude mit normalen Innentemperaturen, wenn der Jahres-Primärenergiebedarf den jeweiligen Höchstwert nach Anhang 1 Tabelle 1 um nicht mehr als 40 vom Hundert überschreitet.

(3) Absatz 1 ist nicht anzuwenden auf
1. einzeln produzierte Heizkessel,
2. Heizkessel, die für den Betrieb mit Brennstoffen ausgelegt sind, deren Eigenschaften von den marktüblichen flüssigen und gasförmigen Brennstoffen erheblich abweichen,
3. Anlagen zur ausschließlichen Warmwasserbereitung,
4. Küchenherde und Geräte, die hauptsächlich zur Beheizung des Raumes, in dem sie eingebaut oder aufgestellt sind, ausgelegt sind, daneben aber auch Warmwasser für die Zentralheizung und für sonstige Gebrauchszwecke liefern,
5. Geräte mit einer Nennwärmeleistung von weniger als 6 Kilowatt zur Versorgung eines Warmwasserspeichersystems mit Schwerkraftumlauf.

(4) Heizkessel, deren Nennwärmeleistung kleiner als 4 Kilowatt oder größer als 400 Kilowatt ist, und Heizkessel nach Absatz 3 dürfen nur dann zum Zwecke der Inbetriebnahme in Gebäuden eingebaut oder aufgestellt werden, wenn sie nach anerkannten Regeln der Technik gegen Wärmeverluste gedämmt sind.

§ 12 Verteilungseinrichtungen und Warmwasseranlagen

(1) Wer Zentralheizungen in Gebäude einbaut oder einbauen lässt, muss diese mit zentralen selbsttätig wirkenden Einrichtungen zur Verringerung

Anh. I Ergänzende Vorschriften

und Abschaltung der Wärmezufuhr sowie zur Ein- und Ausschaltung elektrischer Antriebe in Abhängigkeit von

1. der Außentemperatur oder einer anderen geeigneten Führungsgröße und
2. der Zeit

ausstatten. Soweit die in Satz 1 geforderten Ausstattungen bei bestehenden Gebäuden nicht vorhanden sind, muss der Eigentümer sie nachrüsten oder nachrüsten lassen. Bei Wasserheizungen, die ohne Wärmeübertrager an eine Nah- oder Fernwärmeversorgung angeschlossen sind, gilt die Vorschrift hinsichtlich der Verringerung und Abschaltung der Wärmezufuhr auch ohne entsprechende Einrichtungen in den Haus- und Kundenanlagen als erfüllt, wenn die Vorlauftemperatur des Nah- oder Fernheiznetzes in Abhängigkeit von der Außentemperatur und der Zeit durch entsprechende Einrichtungen in der zentralen Erzeugungsanlage geregelt wird.

(2) Wer heizungstechnische Anlagen mit Wasser als Wärmeträger in Gebäude einbaut oder einbauen lässt, muss diese mit selbsttätig wirkenden Einrichtungen zur raumweisen Regelung der Raumtemperatur ausstatten. Dies gilt nicht für Einzelheizgeräte, die zum Betrieb mit festen oder flüssigen Brennstoffen eingerichtet sind. Mit Ausnahme von Wohngebäuden ist für Gruppen von Räumen gleicher Art und Nutzung eine Gruppenregelung zulässig. Fußbodenheizungen in Gebäuden, die vor dem Inkrafttreten dieser Verordnung errichtet worden sind, dürfen abweichend von Satz 1 mit Einrichtungen zur raumweisen Anpassung der Wärmeleistung an die Heizlast ausgestattet werden. Soweit die in Satz 1 bis 3 geforderten Ausstattungen bei bestehenden Gebäuden nicht vorhanden sind, muss der Eigentümer sie nachrüsten.

(3) Wer Umwälzpumpen in Heizkreisen von Zentralheizungen mit mehr als 25 Kilowatt Nennwärmeleistung erstmalig einbaut, einbauen lässt oder vorhandene ersetzt oder ersetzen lässt, hat dafür Sorge zu tragen, dass diese so ausgestattet oder beschaffen sind, dass die elektrische Leistungsaufnahme dem betriebsbedingten Förderbedarf selbsttätig in mindestens drei Stufen angepasst wird, soweit sicherheitstechnische Belange des Heizkessels dem nicht entgegenstehen.

(4) Wer in Warmwasseranlagen Zirkulationspumpen einbaut oder einbauen lässt, muss diese mit selbsttätig wirkenden Einrichtungen zur Ein- und Ausschaltung ausstatten.

(5) Wer Wärmeverteilungs- und Warmwasserleitungen sowie Armaturen in Gebäuden erstmalig einbaut oder vorhandene ersetzt, muss deren Wärmeabgabe nach Anhang 5 begrenzen.

(6) Wer Einrichtungen, in denen Heiz- oder Warmwasser gespeichert wird, erstmalig in Gebäude einbaut oder vorhandene ersetzt, muss deren Wärmeabgabe nach anerkannten Regeln der Technik begrenzen.

6 a. Energieeinsparverordnung   **Anh. I**

Abschnitt 5. Gemeinsame Vorschriften, Ordnungswidrigkeiten

§ 13 Ausweise über Energie- und Wärmebedarf, Energieverbrauchskennwerte

(1) Für zu errichtende Gebäude mit normalen Innentemperaturen sind die wesentlichen Ergebnisse der nach dieser Verordnung erforderlichen Berechnungen, insbesondere die spezifischen Werte des Transmissionswärmeverlusts, der Anlagenaufwandszahl der Anlagen für Heizung, Warmwasserbereitung und Lüftung, des Endenergiebedarfs nach einzelnen Energieträgern und des Jahres-Primärenergiebedarfs in einem Energiebedarfsausweis zusammenzustellen. In dem Ausweis ist auf die normierten Bedingungen hinzuweisen. Einzelheiten über den Energiebedarfsausweis werden in einer Allgemeinen Verwaltungsvorschrift der Bundesregierung mit Zustimmung des Bundesrates bestimmt. Rechte Dritter werden durch den Ausweis nicht berührt.

(2) Für Gebäude mit normalen Innentemperaturen, die wesentlich geändert werden, ist ein Energiebedarfsausweis entsprechend Absatz 1 auszustellen, wenn im Zusammenhang mit den wesentlichen Änderungen die erforderlichen Berechnungen in entsprechender Anwendung des Absatzes 1 durchgeführt worden sind. Einzelheiten, insbesondere bezüglich der erleichterten Feststellung der Eigenschaften von Gebäudeteilen, die von der Änderung nicht betroffen sind, werden in der Allgemeinen Verwaltungsvorschrift nach Absatz 1 Satz 3 geregelt. Eine wesentliche Änderung liegt vor, wenn

1. innerhalb eines Jahres mindestens drei der in Anhang 3 Nr. 1 bis 6 genannten Änderungen in Verbindung mit dem Austausch eines Heizkessels oder der Umstellung einer Heizungsanlage auf einen anderen Energieträger durchgeführt werden oder
2. das beheizte Gebäudevolumen um mehr als 50 vom Hundert erweitert wird.

(3) Für zu errichtende Gebäude mit niedrigen Innentemperaturen sind die wesentlichen Ergebnisse der Berechnung nach dieser Verordnung, insbesondere der spezifische, auf die wärmeübertragende Umfassungsfläche bezogene Transmissionswärmeverlust, in einem Wärmebedarfsausweis zusammenzustellen. Absatz 1 Satz 2 bis 4 gilt entsprechend.

(4) Der Energiebedarfsausweis nach den Absätzen 1 und 2 oder der Wärmebedarfsausweis nach Absatz 3 ist den nach Landesrecht zuständigen Behörden auf Verlangen vorzulegen und Käufern, Mietern und sonstigen Nutzungsberechtigten der Gebäude auf Anforderung zur Einsichtnahme zugänglich zu machen.

(5) Soweit ein Energiebedarfsausweis nach den Absätzen 1 oder 2 nicht zu erstellen ist, können insbesondere die Eigentümer von Wohngebäuden, die zur verbrauchsabhängigen Abrechnung der Heizkosten nach der Verordnung über die Heizkostenabrechnung verpflichtet sind, den Käufern,

Anh. I Ergänzende Vorschriften

Mietern, sonstigen Nutzungsberechtigten und Miet- und Kaufinteressenten den Energieverbrauchskennwert zusammen mit den wesentlichen Gebäude- und Nutzungsmerkmalen gemäß Absatz 6 Satz 2 mitteilen. Energieverbrauchskennwerte im Sinne dieser Vorschrift sind die witterungsbereinigten Energieverbräuche für Raumheizung in Kilowattstunden pro Quadratmeter Wohnfläche des Gebäudes und Jahr. Für die Witterungsbereinigung des Energieverbrauchs ist ein den anerkannten Regeln der Technik entsprechendes Verfahren anzuwenden. Die für die Witterungsbereinigung erforderlichen Daten sind den Bekanntmachungen nach Absatz 6 zu entnehmen.

(6) Als Vergleichsmaßstab für Energieverbrauchskennwerte nach Absatz 5 gibt das Bundesministerium für Verkehr, Bau- und Wohnungswesen im Einvernehmen mit dem Bundesministerium für Wirtschaft und Arbeit im Bundesanzeiger durchschnittliche Energieverbrauchskennwerte und deren Bandbreiten, die den topographischen Unterschieden in den einzelnen Klimazonen Rechnung tragen, sowie die für die Witterungsbereinigung erforderlichen Daten bekannt. Bei der Bekanntmachung durchschnittlicher Energieverbrauchskennwerte ist sachgerecht nach den wesentlichen Gebäude- und Nutzungsmerkmalen zu unterscheiden.

(7) Die Ausweise nach den Absätzen 1 bis 3 und die Energieverbrauchskennwerte nach Absatz 5 sind energiebezogene Merkmale eines Gebäudes im Sinne der Richtlinie 93/76/EWG des Rates vom 13. September 1993 zur Begrenzung der Kohlendioxidemissionen durch eine effizientere Energienutzung (ABl. EG Nr. L 237 S. 28).

§ 14 Getrennte Berechnungen für Teile eines Gebäudes

Teile eines Gebäudes dürfen wie eigenständige Gebäude behandelt werden, insbesondere wenn sie sich hinsichtlich der Nutzung, der Innentemperatur oder des Fensterflächenanteils unterscheiden. Für die Trennwände zwischen den Gebäudeteilen gelten Anhang 1 Nr. 2.7 und Anhang 2 Nr. 2 Satz 3 entsprechend. Soweit im Einzelfall nach Satz 1 verfahren wird, ist dies für dieses Gebäude in den Ausweisen nach § 13 Abs. 1 bis 3 deutlich zu machen.

§ 15 Regeln der Technik

(1) Das Bundesministerium für Verkehr, Bau- und Wohnungswesen kann im Einvernehmen mit dem Bundesministerium für Wirtschaft und Arbeit durch Bekanntmachung im Bundesanzeiger auf Veröffentlichungen sachverständiger Stellen über anerkannte Regeln der Technik hinweisen, soweit in dieser Verordnung auf solche Regeln Bezug genommen wird.

(2) Zu den anerkannten Regeln der Technik gehören auch Normen, technische Vorschriften oder sonstige Bestimmungen anderer Mitgliedstaaten der Europäischen Gemeinschaft oder sonstiger Vertragsstaaten des Abkommens über den Europäischen Wirtschaftsraum, wenn ihre Einhaltung das geforderte Schutzniveau in Bezug auf Energieeinsparung und Wärmeschutz dauerhaft gewährleistet.

6 a. Energieeinsparverordnung **Anh. I**

(3) Soweit eine Bewertung von Baustoffen, Bauteilen und Anlagen im Hinblick auf die Anforderungen dieser Verordnung auf Grund anerkannter Regeln der Technik nicht möglich ist, weil solche Regeln nicht vorliegen oder wesentlich von ihnen abgewichen wird, sind gegenüber der nach Landesrecht zuständigen Behörde die für eine Bewertung erforderlichen Nachweise zu führen. Der Nachweis nach Satz 1 entfällt für Baustoffe, Bauteile und Anlagen,
1. die nach den Vorschriften des Bauproduktengesetzes oder anderer Rechtsvorschriften zur Umsetzung von Richtlinien der Europäischen Gemeinschaften, deren Regelungen auch Anforderungen zur Energieeinsparung umfassen, mit der CE-Kennzeichnung versehen sind und nach diesen Vorschriften zulässige und von den Ländern bestimmte Klassen- und Leistungsstufen aufweisen, oder
2. bei denen nach bauordnungsrechtlichen Vorschriften über die Verwendung von Bauprodukten auch die Einhaltung dieser Verordnung sichergestellt wird.

§ 16 Ausnahmen

(1) Soweit bei Baudenkmälern oder sonstiger besonders erhaltenswerter Bausubstanz die Erfüllung der Anforderungen dieser Verordnung die Substanz oder das Erscheinungsbild beeinträchtigen und andere Maßnahmen zu einem unverhältnismäßig hohen Aufwand führen würden, lassen die nach Landesrecht zuständigen Behörden auf Antrag Ausnahmen zu.

(2) Soweit die Ziele dieser Verordnung durch andere als in dieser Verordnung vorgesehene Maßnahmen im gleichen Umfang erreicht werden, lassen die nach Landesrecht zuständigen Behörden auf Antrag Ausnahmen zu. In einer Allgemeinen Verwaltungsvorschrift kann die Bundesregierung mit Zustimmung des Bundesrates bestimmen, unter welchen Bedingungen die Voraussetzungen nach Satz 1 als erfüllt gelten.

§ 17 Befreiungen

Die nach Landesrecht zuständigen Behörden können auf Antrag von den Anforderungen dieser Verordnung befreien, soweit die Anforderungen im Einzelfall wegen besonderer Umstände durch einen unangemessenen Aufwand oder in sonstiger Weise zu einer unbilligen Härte führen. Eine unbillige Härte liegt insbesondere vor, wenn die erforderlichen Aufwendungen innerhalb der üblichen Nutzungsdauer, bei Anforderungen an bestehende Gebäude innerhalb angemessener Frist durch die eintretenden Einsparungen nicht erwirtschaftet werden können.

§ 18 Ordnungswidrigkeiten

Ordnungswidrig im Sinne des § 8 Abs. 1 Nr. 1 des Energieeinsparungsgesetzes handelt, wer vorsätzlich oder fahrlässig
1. entgegen § 11 Abs. 1 Satz 1, auch in Verbindung mit Satz 2, einen Heizkessel einbaut oder aufstellt,
2. entgegen § 12 Abs. 1 Satz 1 oder Abs. 2 Satz 1 eine Zentralheizung oder eine heizungstechnische Anlage nicht oder nicht rechtzeitig ausstattet,

Anh. I

Ergänzende Vorschriften

3. entgegen § 12 Abs. 3 nicht dafür Sorge trägt, dass Umwälzpumpen in der dort genannten Weise ausgestattet oder beschaffen sind oder
4. entgegen § 12 Abs. 5 die Wärmeabgabe von Wärmeverteilungs- und Warmwasserleitungen sowie Armaturen nicht oder nicht rechtzeitig begrenzt.

Abschnitt 6. Schlussbestimmungen

§ 19 Übergangsvorschrift

Diese Verordnung ist nicht anzuwenden auf die Errichtung und die Änderung von Gebäuden, wenn für das Vorhaben vor dem Inkrafttreten dieser Verordnung der Bauantrag gestellt oder die Bauanzeige erstattet ist. Auf genehmigungs- und anzeigefreie Bauvorhaben ist diese Verordnung nicht anzuwenden, wenn mit der Bauausführung vor dem Inkrafttreten dieser Verordnung begonnen worden ist. Auf Bauvorhaben nach den Sätzen 1 und 2 sind die bis zum 31. Januar 2002 geltenden Vorschriften der Wärmeschutzverordnung vom 16. August 1994 (BGBl. I S. 2121) und der Heizungsanlagen-Verordnung in der Fassung der Bekanntmachung vom 4. Mai 1998 (BGBl. I S. 851) weiter anzuwenden.

§ 20 Inkrafttreten, Außerkrafttreten

(1) § 13 Abs. 1 Satz 3, § 15 und § 16 Abs. 2 dieser Verordnung treten am Tage nach der Verkündung in Kraft. Im Übrigen tritt diese Verordnung am 1. Februar 2002 in Kraft.

(2) Am 1. Februar 2002 treten die Wärmeschutzverordnung vom 16. August 1994 (BGBl. I S. 2121), geändert durch Artikel 350 der Verordnung vom 29. Oktober 2001 (BGBl. I S. 2785), und die Heizungsanlagen-Verordnung in der Fassung der Bekanntmachung vom 4. Mai 1998 (BGBl. I S. 851), geändert durch Artikel 349 der Verordnung vom 29. Oktober 2001 (BGBl. I S. 2785), außer Kraft.

Anhang 1
Anforderungen an zu errichtende Gebäude mit normalen Innentemperaturen (zu § 3)

1. **Höchstwerte des Jahres – Primärenergiebedarfs und des spezifischen Transmissionswärmeverlusts (zu § 3 Abs. 1)**

1.1 Tabelle der Höchstwerte

Tabelle 1

Höchstwerte des auf die Gebäudenutzfläche und des auf das beheizte Gebäudevolumen bezogenen Jahres-Primärenergiebedarfs und des spezifischen, auf die wärmeübertragende Umfassungsfläche bezogenen Transmissionswärmeverlusts in Abhängigkeit vom Verhältnis A/V_e

Verhältnis A/V_e	Jahres-Primärenergiebedarf		Q_p' in kWh/(m³·a) bezogen auf das beheizte Gebäudevolumen	Spezifischer, auf die wärmeübertragende Umfassungsfläche bezogener Transmissionswärmeverlust H_T' in W/(m²·K)	
	Q_p'' in kWh/(m²·a) bezogen auf die Gebäudenutzfläche				
	Wohngebäude außer solchen nach Spalte 3	Wohngebäude mit überwiegender Warmwasserbereitung aus elektrischem Strom	andere Gebäude	Nichtwohngebäude mit einem Fensterflächenanteil ≤ 30% und Wohngebäude	Nichtwohngebäude mit einem Fensterflächenanteil > 30%
1	2	3	4	5	6
≤0,2	66,00 + $\frac{2600}{(100 + A_N)}$	88,00	14,72	1,05	1,55
0,3	73,53 + $\frac{2600}{(100 + A_N)}$	95,53	17,13	0,80	1,15
0,4	81,06 + $\frac{2600}{(100 + A_N)}$	103,06	19,54	0,68	0,95
0,5	88,58 + $\frac{2600}{(100 + A_N)}$	110,58	21,95	0,60	0,83
0,6	96,11 + $\frac{2600}{(100 + A_N)}$	118,11	24,36	0,55	0,75
0,7	103,64 + $\frac{2600}{(100 + A_N)}$	125,64	26,77	0,51	0,69
0,8	111,17 + $\frac{2600}{(100 + A_N)}$	133,17	29,18	0,49	0,65

Anh. I Ergänzende Vorschriften

Verhältnis A/V_e	Jahres-Primärenergiebedarf		Q_p' in kWh/(m³ · a) bezogen auf das beheizte Gebäudevolumen	Spezifischer, auf die wärmeübertragende Umfassungsfläche bezogener Transmissionswärmeverlust H_T' in W/(m² · K)	
	Q_p'' in kWh/(m² · a) bezogen auf die Gebäudenutzfläche				
	Wohngebäude außer solchen nach Spalte 3	Wohngebäude mit überwiegender Warmwasserbereitung aus elektrischem Strom	andere Gebäude	Nichtwohngebäude mit einem Fensterflächenanteil ≤ 30% und Wohngebäude	Nichtwohngebäude mit einem Fensterflächenanteil > 30%
1	2	3	4	5	6
0,9	118,70 + 2600/(100 + A_N)	140,70	31,59	0,47	0,62
1	126,23 + 2600/(100 + A_N)	148,23	34,00	0,45	0,59
≥1,05	130,00 + 2600/(100 + A_N)	152,00	35,21	0,44	0,58

1.2 Zwischenwerte zu Tabelle 1

Zwischenwerte zu den in Tabelle 1 festgelegten Höchstwerten sind nach folgenden Gleichungen zu ermitteln:

Spalte 2 $Q_p'' = 50,94 + 75,29 \cdot A/V_e + 2600/(100 + A_N)$ in kWh/(m² · a)
Spalte 3 $Q_p'' = 72,94 + 75,29 \, A/V_e$ in kWh/(m² · a)
Spalte 4 $Q_p' = 9,9 + 24,1 \, A/V_e$ in kWh/(m³ · a)
Spalte 5 $H_T' = 0,3 + 0,15/(A/V_e)$ in W/(m² · K)
Spalte 6 $H_T' = 0,35 + 0,24/(A/V_e)$ in W/(m² · K)

1.3 Definition der Bezugsgrößen

1.3.1 Die wärmeübertragende Umfassungsfläche A eines Gebäudes in m² ist nach Anhang B der DIN EN ISO 13789 : 1999–10, Fall „Außenabmessung"[1], zu ermitteln. Die zu berücksichtigenden Flächen sind die äußere Begrenzung einer abgeschlossenen beheizten Zone. Außerdem ist die wärmeübertragende Umfassungsfläche A so festzulegen, dass ein in DIN EN 832 : 2003–06 beschriebenes Ein-Zonen-Modell entsteht, das mindestens die beheizten Räume einschließt.

---

[1] **Amtl. Anm.:** Alle zitierten DIN-Normen sind im Beuth-Verlag GmbH, Berlin, veröffentlicht.

6 a. Energieeinsparverordnung Anh. I

1.3.2 Das beheizte Gebäudevolumen V_e in m^3 ist das Volumen, das von der nach Nr. 1.3.1 ermittelten wärmeübertragenden Umfassungsfläche A umschlossen wird.

1.3.3 Das Verhältnis A/V_e in m^{-1} ist die errechnete wärmeübertragende Umfassungsfläche nach Nr. 1.3.1 bezogen auf das beheizte Gebäudevolumen nach Nr. 1.3.2.

1.3.4 Die Gebäudenutzfläche A_N in m^2 wird bei Wohngebäuden wie folgt ermittelt:
$$A_N = 0{,}32\ V_e$$

2. Rechenverfahren zur Ermittlung der Werte des zu errichtenden Gebäudes (zu § 3 Abs. 2 und 4)

2.1 Berechnung des Jahres-Primärenergiebedarfs

2.1.1 Der Jahres-Primärenergiebedarf Q_p für Gebäude ist nach DIN EN 832 : 2003–06 in Verbindung mit DIN V 4108–6 : 2003–06 und DIN V 4701–10 : 2003–08 zu ermitteln; § 15 Abs. 3 bleibt unberührt. Der in diesem Rechengang zu bestimmende Jahres-Heizwärmebedarf Q_h ist nach dem Monatsbilanzverfahren nach DIN EN 832 : 2003–06 mit den in DIN V 4108–6 : 2003–06 Anhang D genannten Randbedingungen zu ermitteln. In DIN V 4108–6 : 2003–06 angegebene Vereinfachungen für den Berechnungsgang nach DIN EN 832 : 2003–06 dürfen angewandt werden. Zur Berücksichtigung von Lüftungsanlagen mit Wärmerückgewinnung sind die methodischen Hinweise unter Nr. 4.1 der DIN V 4701–10 : 2003–08 zu beachten.

2.1.2 Bei Gebäuden, die zu 80 vom Hundert oder mehr durch elektrische Speicherheizsysteme beheizt werden, darf der Primärenergiefaktor bei den Nachweisen nach § 3 Abs. 2 für den für Heizung und Lüftung bezogenen Strom für die Dauer von acht Jahren ab dem Inkrafttreten dieser Verordnung abweichend von der DIN V 4701–10 : 2003–08 mit 2,0 angesetzt werden. Soweit bei diesen Gebäuden eine dezentrale elektrische Warmwasserbereitung vorgesehen wird, darf die Regelung nach Satz 1 auch auf den von diesem System bezogenen Strom angewandt werden. Die Regelungen nach Satz 1 und 2 erstrecken sich nicht auf die Angaben nach § 13 Abs. 1. Elektrische Speicherheizsysteme im Sinne des Satzes 1 sind Heizsysteme mit unterbrechbarem Strombezug in Verbindung mit einer lufttechnischen Anlage mit einer Wärmerückgewinnung, die nur in den Zeiten außerhalb des unterbrochenen Betriebes durch eine Widerstandsheizung Wärme in einem geeigneten Speichermedium speichern.

2.1.3 Werden Ein- und Zweifamilienhäuser mit Niedertemperaturkesseln ausgestattet, deren Systemtemperatur 55/45 °C überschreitet, erhöht sich bei monolithischer Außenwandkonstruktion der Höchstwert des zulässigen Jahres-Primärenergiebedarfs Q_p'' in Tabelle 1 jeweils um 3 vom Hundert. Diese Regelung gilt für die Dauer von fünf Jahren ab dem 1. Februar 2002.

Anh. I Ergänzende Vorschriften

2.2 Berücksichtigung der Warmwasserbereitung bei Wohngebäuden

Bei Wohngebäuden ist der Energiebedarf für Warmwasser in der Berechnung des Jahres-Primärenergiebedarfs zu berücksichtigen. Als Nutz-Wärmebedarf für die Warmwasserbereitung Q_W im Sinne von DIN V 4701–10 : 2003–08 sind 12,5 kWh/(m² · a) anzusetzen.

2.3 Berechnung des spezifischen Transmissionswärmeverlusts

Der spezifische Transmissionswärmeverlust H_T ist nach DIN EN 832 : 1998–12 mit den in DIN V 4108-6 : 2000–11 Anhang D genannten Randbedingungen zu ermitteln. In DIN V 4108–6 : 2000–11 angegebene Vereinfachungen für den Berechnungsgang nach DIN EN 832 : 2003–06 dürfen angewandt werden.

2.4 Beheiztes Luftvolumen

Bei den Berechnungen gemäß Nr. 2.1 ist das beheizte Luftvolumen V nach DIN EN 832 : 2003–06 zu ermitteln. Vereinfacht darf es wie folgt berechnet werden:

$V = 0,76\ V_e$ bei Gebäuden bis zu 3 Vollgeschossen
$V = 0,80\ V_e$ in den übrigen Fällen.

2.5 Wärmebrücken

Wärmebrücken sind bei der Ermittlung des Jahres-Heizwärmebedarfs auf eine der folgenden Arten zu berücksichtigen:

a) Berücksichtigung durch Erhöhung der Wärmedurchgangskoeffizienten um $\Delta U_{WB} = 0{,}10$ W/(m² · K) für die gesamte wärmeübertragende Umfassungsfläche,

b) bei Anwendung von Planungsbeispielen nach DIN 4108 Beiblatt 2 : 2004–01 Berücksichtigung durch Erhöhung der Wärmedurchgangskoeffizienten um $\Delta U_{WB} = 0{,}05$ W/(m² · K) für die gesamte wärmeübertragende Umfassungsfläche,

c) durch genauen Nachweis der Wärmebrücken nach DIN V 4108–6 : 2003–06 in Verbindung mit weiteren anerkannten Regeln der Technik.

Soweit der Wärmebrückeneinfluss bei Außenbauteilen bereits bei der Bestimmung des Wärmedurchlasskoeffizienten U berücksichtigt worden ist, darf die wärmeübertragende Umfassungsfläche A bei der Berücksichtigung des Wärmebrückeneinflusses nach Buchstabe a, b oder c um die entsprechende Bauteilfläche vermindert werden.

2.6 Ermittlung der solaren Wärmegewinne bei Fertighäusern und vergleichbaren Gebäuden

Werden Gebäude nach Plänen errichtet, die für mehrere Gebäude an verschiedenen Standorten erstellt worden sind, dürfen bei der Berechnung die solaren Gewinne so ermittelt werden, als wären alle Fenster dieser Gebäude nach Osten oder Westen orientiert.

2.7 Aneinander gereihte Bebauung

Bei der Berechnung von aneinander gereihten Gebäuden werden Gebäudetrennwände

6a. Energieeinsparverordnung Anh. I

a) zwischen Gebäuden mit normalen Innentemperaturen als nicht wärmedurchlässig angenommen und bei der Ermittlung der Werte A und A/V_e nicht berücksichtigt,
b) zwischen Gebäuden mit normalen Innentemperaturen und Gebäuden mit niedrigen Innentemperaturen bei der Berechnung des Wärmedurchgangskoeffizienten mit einem Temperatur-Korrekturfaktor F_{nb} nach DIN V 4108–6 : 2003–06 gewichtet und
c) zwischen Gebäuden mit normalen Innentemperaturen und Gebäuden mit wesentlich niedrigeren Innentemperaturen im Sinne von DIN 4108–2 : 2003–07 bei der Berechnung des Wärmedurchgangskoeffizienten mit einem Temperatur-Korrekturfaktor $F_u = 0,5$ gewichtet.

Werden beheizte Teile eines Gebäudes getrennt berechnet, gilt Satz 1 Buchstabe a sinngemäß für die Trennflächen zwischen den Gebäudeteilen. Werden aneinander gereihte Gebäude gleichzeitig erstellt, dürfen sie hinsichtlich der Anforderungen des § 3 wie ein Gebäude behandelt werden. § 13 bleibt unberührt.

Ist die Nachbarbebauung bei aneinander gereihter Bebauung nicht gesichert, müssen die Trennwände mindestens den Mindestwärmeschutz nach § 6 Abs. 1 aufweisen.

2.8 Fensterflächenanteil (zu § 3 Abs. 2 und 4 und zu Anhang 1 Nr. 1)

Der Fensterflächenanteil des gesamten Gebäudes f nach § 3 Abs. 2 und 4 ist wie folgt zu ermitteln:

$$f = \frac{A_w}{A_w + A_{AW}}$$

mit
A_w Fläche der Fenster
A_{AW} Fläche der Außenwände.

Wird ein Dachgeschoss beheizt, so sind bei der Ermittlung des Fensterflächenanteils die Fläche aller Fenster des beheizten Dachgeschosses in die Fläche A_w und die Fläche der zur wärmeübertragenden Umfassungsfläche gehörenden Dachschrägen in die Fläche A_{AW} einzubeziehen.

2.9 Sommerlicher Wärmeschutz (zu § 3 Abs. 4)

2.9.1 Als höchstzulässige Sonneneintragskennwerte nach § 3 Abs. 4 sind die in DIN 4108–2 : 2003–07 Abschnitt 8 festgelegten Werte einzuhalten. Der Sonneneintragskennwert des zu errichtenden Gebäudes ist nach dem dort genannten Verfahren zu bestimmen.

2.9.2 Werden Gebäude mit Ausnahme von Wohngebäuden nutzungsbedingt mit Anlagen ausgestattet, die Raumluft unter Einsatz von Energie kühlen, so dürfen diese Gebäude abweichend von Nr. 2.9.1 auch so ausgeführt werden, dass die Kühlleistung bezogen auf das gekühlte Gebäudevolumen nach dem Stand der Technik und den im Einzelfall wirtschaftlich vertretbaren Maßnahmen so gering wie möglich gehalten wird. Dabei sind insbesondere die Maßnahmen zu berücksichtigen,

Anh. I Ergänzende Vorschriften

die das unter Nr. 2.9.1 angegebene Berechnungsverfahren zur Verminderung des Sonneneintragskennwertes vorsieht.

2.10 Voraussetzungen für die Anrechnung mechanisch betriebener Lüftungsanlagen (zu § 3 Abs. 2)

Im Rahmen der Berechnung nach Nr. 2 ist bei mechanischen Lüftungsanlagen die Anrechnung der Wärmerückgewinnung oder einer regelungstechnisch verminderten Luftwechselrate nur zulässig, wenn

- a) die Dichtheit des Gebäudes nach Anhang 4 Nr. 2 nachgewiesen wird,
- b) in der Lüftungsanlage die Zuluft nicht unter Einsatz von elektrischer oder aus fossilen Brennstoffen gewonnener Energie gekühlt wird und
- c) der mit Hilfe der Anlage erreichte Luftwechsel § 5 Abs. 2 genügt.

Die bei der Anrechnung der Wärmerückgewinnung anzusetzenden Kennwerte der Lüftungsanlagen sind nach anerkannten Regeln der Technik zu bestimmen oder den allgemeinen bauaufsichtlichen Zulassungen der verwendeten Produkte zu entnehmen. Lüftungsanlagen müssen mit Einrichtungen ausgestattet sein, die eine Beeinflussung der Luftvolumenströme jeder Nutzeinheit durch den Nutzer erlauben. Es muss sichergestellt sein, dass die aus der Abluft gewonnene Wärme vorrangig vor der vom Heizsystem bereitgestellten Wärme genutzt wird.

3. Vereinfachtes Verfahren für Wohngebäude (zu § 3 Abs. 2 Nr. 1)

Der Jahres-Primärenergiebedarf ist vereinfacht wie folgt zu ermitteln:

$$Q_p = (Q_h + Q_w) \cdot e_p$$

Dabei bedeuten

Q_h der Jahres-Heizwärmebedarf
Q_w der Zuschlag für Warmwasser nach Nr. 2.2
e_p die Anlagenaufwandszahl nach DIN V 4701–10 : 2001–02 Nr. 4.2.6 in Verbindung mit Anhang C.5 (grafisches Verfahren); auch die ausführlicheren Rechengänge nach DIN V 4701–10 : 2003–08 dürfen zur Ermittlung von e_p angewandt werden; § 15 Abs. 3 bleibt unberührt.

Der Einfluss der Wärmebrücken ist durch Anwendung der Planungsbeispiele nach DIN 4108 Beiblatt 2 : 2004–01 zu begrenzen.

Die Nr. 2.1.2, 2.6 und 2.7 gelten entsprechend.

Der Jahres-Heizwärmebedarf ist nach Tabelle 2 und 3 zu ermitteln:

6 a. Energieeinsparverordnung Anh. I

Tabelle 2
Vereinfachtes Verfahren zur Ermittlung des Jahres-Heizwärmebedarfs

Zeile	Zu ermittelnde Größen	Gleichung	Zu verwendende Randbedingung
1	2		3
1	Jahres-Heizwärmebedarf Q_h	$Q_h = 66 (H_T + H_V) - 0{,}95 (Q_s + Q_i)$	
	Spezifischer Transmissionswärmeverlust H_T	$H_T = \Sigma (F_{xi} U_i A_i) + 0{,}05 A^{1)}$	Temperatur-Korrekturfaktoren F_{xi} nach Tabelle 3
2	bezogen auf die wärmeübertragende Umfassungsfläche	$H'_T = \dfrac{H_T}{A}$	
3	Spezifischer Lüftungswärmeverlust H_V	$H_V = 0{,}19 V_e$	ohne Dichtheitsprüfung nach Anhang 4 Nr. 2
		$H_V = 0{,}163 V_e$	mit Dichtheitsprüfung nach Anhang 4 Nr. 2
4	Solare Gewinne Q_S	$Q_s = \Sigma (J_S)j,_{HP} \cdot 0{,}567 g_i A_i^{2)}$	Solare Einstrahlung: Orientierung $\Sigma (J_S)j,_{HP}$
			Südost bis Südwest: 270 kWh/(m²·a)
			Nordwest bis Nordost: 100 kWh/(m²·a)
			übrige Richtungen: 155 kWh/(m²·a)
			Dachflächenfenster mit Neigungen < 30°³⁾: 225 kWh/(m²·a)
			Die Fläche der Fenster A_i mit der Orientierung j (Süd, West, Ost, Nord und horizontal) ist nach den lichten Fassadenöffnungsmaßen zu ermitteln.
5	Interne Gewinne Q_i	$Q_i = 22 A_N$	A_N: Gebäudenutzfläche nach Nr. 1.3.4

[1] **Amtl. Anm.:** Die Wärmedurchgangskoeffizienten der Bauteile U_i sind auf der Grundlage der nach den Landesbauordnungen bekannt gemachten energetischen Kennwerte für Bauprodukte zu ermitteln oder technischen Produkt-Spezifikationen (z. B. für Dachflächenfenster) zu entnehmen. Hierunter fallen insbesondere energetische Kennwerte aus europäischen technischen Zulassungen sowie energetische Kennwerte der Regelungen nach der Baugeselliste A Teil 1 und auf Grund von Festlegungen in allgemeinen bauaufsichtlichen Zulassungen. Bei an das Erdreich grenzenden Bauteilen ist der äußere Wärmeübergangswiderstand gleich Null zu setzen.

[2] **Amtl. Anm.:** Der Gesamtenergiedurchlassgrad g_i (für senkrechte Einstrahlung) ist technischen Produkt-Spezifikationen zu entnehmen oder gemäß den nach den Landesbauordnungen bekannt gemachten energetischen Kennwerten

Anh. I
Ergänzende Vorschriften

für Bauprodukte zu bestimmen. Hierunter fallen insbesondere energetische Kennwerte aus europäischen technischen Zulassungen sowie energetische Kennwerte der Regelungen nach der Bauregelliste A Teil 1 und auf Grund von Festlegungen in allgemeinen bauaufsichtlichen Zulassungen. Besondere energiegewinnende Systeme, wie z. B. Wintergärten oder transparente Wärmedämmung, können im vereinfachten Verfahren keine Berücksichtigung finden.

[3)] **Amtl. Anm.**: Dachflächenfenster mit Neigungen ≤ 30° sind hinsichtlich der Orientierung wie senkrechte Fenster zu behandeln.

Tabelle 3
Temperatur-Korrekturfaktoren F_{xi}

Wärmestrom nach außen über Bauteil i	TemperaturKorrekturfaktor F_{xi}
Außenwand, Fenster	1
Dach (als Systemgrenze)	1
Oberste Geschossdecke (Dachraum nicht ausgebaut)	0,8
Abseitenwand (Drempelwand)	0,8
Wände und Decken zu unbeheizten Räumen	0,5
Unterer Gebäudeabschluss: – Kellerdecke/-wände zu unbeheiztem Keller – Fußboden auf Erdreich – Flächen des beheizten Kellers gegen Erdreich	0,6

Anhang 2
Anforderungen an zu errichtende Gebäude mit niedrigen Innentemperaturen (zu § 4)

1. **Höchstwerte des spezifischen, auf die wärmeübertragende Umfassungsfläche bezogenen Transmissionswärmeverlusts**

Tabelle 1
Höchstwerte in Abhängigkeit vom Verhältnis A/V_e

$A/V_e{}^{1)}$ in m^{-1}	Höchstwerte H_T' in W/(m² · K)$^{2)}$
≤ 0,20	1,03
0,30	0,86
0,40	0,78
0,50	0,73
0,60	0,70
0,70	0,67
0,80	0,66

6 a. Energieeinsparverordnung **Anh. I**

$A/V_e^{1)}$ in m^{-1}	Höchstwerte H_T' in $W/(m^2 \cdot K)^{2)}$
0,90	0,64
≥ 1,00	0,63

[1] **Amtl. Anm.:** Die A/V_e-Werte sind nach Anhang 1 Nr. 1.3 zu ermitteln.
[2] **Amtl. Anm.:** Zwischenwerte sind nach folgender Gleichung zu ermitteln:
$H_T' = 0,53 + 0,1 \cdot V_e/A$ in $W/(m^2 \cdot K)$.

2. **Berechnung des spezifischen, auf die wärmeübertragende Umfassungsfläche bezogenen Transmissionswärmeverlusts H_T'**

    Der spezifische, auf die wärmeübertragende Umfassungsfläche bezogene Transmissionswärmeverlust H_T' ist aus dem spezifischen Transmissionswärmeverlust H_T zu bestimmen, der nach DIN EN 832 : 2003–06 in Verbindung mit DIN V 4108-6 : 2003–06 zu berechnen ist. Bei der Berechnung von H_T dürfen die Temperatur-Reduktionsfaktoren nach DIN V 4108-6 : 2003–06 verwendet werden. Bei aneinander gereihten Gebäuden dürfen die Gebäudetrennwände als wärmeundurchlässig angenommen werden.

Anhang 3
Anforderungen bei Änderung von Außenbauteilen bestehender Gebäude (zu § 8 Abs. 1) und bei Errichtung von Gebäuden mit geringem Volumen (§ 7)

1. **Außenwände**

    Soweit bei beheizten Räumen Außenwände

    a) ersetzt, erstmalig eingebaut
    oder in der Weise erneuert werden, dass
    b) Bekleidungen in Form von Platten oder plattenartigen Bauteilen oder Verschalungen sowie Mauerwerks-Vorsatzschalen angebracht werden,
    c) auf der Innenseite Bekleidungen oder Verschalungen aufgebracht werden,
    d) Dämmschichten eingebaut werden,
    e) bei einer bestehenden Wand mit einem Wärmedurchgangskoeffizienten größer 0,9 $W/(m^2 \cdot K)$ der Außenputz erneuert wird oder
    f) neue Ausfachungen in Fachwerkwände eingesetzt werden,

    sind die jeweiligen Höchstwerte der Wärmedurchgangskoeffizienten nach Tabelle 1 Zeile 1 einzuhalten. Bei einer Kerndämmung von mehrschaligem Mauerwerk gemäß Buchstabe d gilt die Anforderung als erfüllt, wenn der bestehende Hohlraum zwischen den Schalen vollständig mit Dämmstoff ausgefüllt wird.

Anh. I Ergänzende Vorschriften

2. **Fenster, Fenstertüren und Dachflächenfenster**
Soweit bei beheizten Räumen außen liegende Fenster, Fenstertüren oder Dachflächenfenster in der Weise erneuert werden, dass

   a) das gesamte Bauteil ersetzt oder erstmalig eingebaut wird,
   b) zusätzliche Vor- oder Innenfenster eingebaut werden oder
   c) die Verglasung ersetzt wird,

   sind die Anforderungen nach Tabelle 1 Zeile 2 einzuhalten. Satz 1 gilt nicht für Schaufenster und Türanlagen aus Glas. Bei Maßnahmen gemäß Buchstabe c gilt Satz 1 nicht, wenn der vorhandene Rahmen zur Aufnahme der vorgeschriebenen Verglasung ungeeignet ist. Werden Maßnahmen nach Buchstabe c an Kasten- oder Verbundfenstern durchgeführt, so gelten die Anforderungen als erfüllt, wenn eine Glastafel mit einer infrarot-reflektierenden Beschichtung mit einer Emissivität $\varepsilon_n \leq 0,20$ eingebaut wird. Werden bei Maßnahmen nach Satz 1

   1. Schallschutzverglasungen mit einem bewerteten Schalldämmmaß der Verglasung von $R_{w,R} \geq 40$ dB nach DIN EN ISO 717–1 : 1997–01 oder einer vergleichbaren Anforderung oder
   2. Isolierglas-Sonderaufbauten zur Durchschusshemmung, Durchbruchhemmung oder Sprengwirkungshemmung nach den Regeln der Technik oder
   3. Isolierglas-Sonderaufbauten als Brandschutzglas mit einer Einzelelementdicke von mindestens 18 mm nach DIN 4102–13 : 1990–05 oder einer vergleichbaren Anforderung

   verwendet, sind abweichend von Satz 1 die Anforderungen nach Tabelle 1 Zeile 3 einzuhalten.

3. **Außentüren**
Bei der Erneuerung von Außentüren dürfen nur Außentüren eingebaut werden, deren Türfläche einen Wärmedurchgangskoeffizienten von 2,9 W/m² · K nicht überschreitet. Nr. 2 Satz 2 bleibt unberührt.

4. **Decken, Dächer und Dachschrägen**

4.1 **Steildächer**
Soweit bei Steildächern Decken unter nicht ausgebauten Dachräumen sowie Decken und Wände (einschließlich Dachschrägen), die beheizte Räume nach oben gegen die Außenluft abgrenzen,

   a) ersetzt, erstmalig eingebaut
      oder in der Weise erneuert werden, dass
   b) die Dachhaut bzw. außenseitige Bekleidungen oder Verschalungen ersetzt oder neu aufgebaut werden,
   c) innenseitige Bekleidungen oder Verschalungen aufgebracht oder erneuert werden,
   d) Dämmschichten eingebaut werden,
   e) zusätzliche Bekleidungen oder Dämmschichten an Wänden zum unbeheizten Dachraum eingebaut werden,

   sind für die betroffenen Bauteile die Anforderungen nach Tabelle 1 Zeile 4 a einzuhalten. Wird bei Maßnahmen nach Buchstabe b oder d der Wärmeschutz als Zwischensparrendämmung ausgeführt und ist die Dämmschichtdicke wegen einer innenseitigen Bekleidung und der Sparrenhöhe begrenzt, so gilt die Anforderung als erfüllt, wenn die nach den Regeln der Technik höchstmögliche Dämmschichtdicke eingebaut wird.

4.2 Flachdächer
Soweit bei beheizten Räumen Flachdächer
  a) ersetzt, erstmalig eingebaut
     oder in der Weise erneuert werden, dass
  b) die Dachhaut bzw. außenseitige Bekleidungen oder Verschalungen ersetzt oder neu aufgebaut werden,
  c) innenseitige Bekleidungen oder Verschalungen aufgebracht oder erneuert werden,
  d) Dämmschichten eingebaut werden,

sind die Anforderungen nach Tabelle 1 Zeile 4b einzuhalten. Werden bei der Flachdacherneuerung Gefälledächer durch die keilförmige Anordnung einer Dämmschicht aufgebaut, so ist der Wärmedurchgangskoeffizient nach DIN EN ISO 6946 : 1996–11, Anhang C zu ermitteln. Der Bemessungswert des Wärmedurchgangswiderstandes am tiefsten Punkt der neuen Dämmschicht muss den Mindestwärmeschutz nach § 6 Abs. 1 gewährleisten.

5. Wände und Decken gegen unbeheizte Räume und gegen Erdreich
Soweit bei beheizten Räumen Decken und Wände, die an unbeheizte Räume oder an Erdreich grenzen,
  a) ersetzt, erstmalig eingebaut
     oder in der Weise erneuert werden, dass
  b) außenseitige Bekleidungen oder Verschalungen, Feuchtigkeitssperren oder Drainagen angebracht oder erneuert,
  c) innenseitige Bekleidungen oder Verschalungen an Wände angebracht,
  d) Fußbodenaufbauten auf der beheizten Seite aufgebaut oder erneuert,
  e) Deckenbekleidungen auf der Kaltseite angebracht oder
  f) Dämmschichten eingebaut werden,

sind die Anforderungen nach Tabelle 1 Zeile 5 einzuhalten. Die Anforderungen nach Buchstabe d gelten als erfüllt, wenn ein Fußbodenaufbau mit der ohne Anpassung der Türhöhen höchstmöglichen Dämmschichtdicke (bei einem Bemessungswert der Wärmeleitfähigkeit $\lambda = 0{,}04$ W/(m · K) ausgeführt wird.

6. Vorhangfassaden
Soweit bei beheizten Räumen Vorhangfassaden in der Weise erneuert werden, dass
  a) das gesamte Bauteil ersetzt oder erstmalig eingebaut wird,
  b) die Füllung (Verglasung oder Paneele) ersetzt wird,

Anh. I Ergänzende Vorschriften

sind die Anforderungen nach Tabelle 1 Zeile 2c einzuhalten. Werden bei Maßnahmen nach Satz 1 Sonderverglasungen entsprechend Nr. 2 Satz 2 verwendet, sind abweichend von Satz 1 die Anforderungen nach Tabelle 1 Zeile 3c einzuhalten.

7. Anforderungen

Tabelle 1

Höchstwerte der Wärmedurchgangskoeffizienten bei erstmaligem Einbau, Ersatz und Erneuerung von Bauteilen

Zeile	Bauteil	Maßnahme nach	Gebäude nach § 1 Abs. 1 Nr. 1	Gebäude nach § 1 Abs. 1 Nr. 2
			maximaler Wärmedurchgangskoeffizient U_{max}[1] in W/(m2 · K)	
	1	2	3	4
1a	Außenwände	allgemein	0,45	0,75
b		Nr. 1b, d und e	0,35	0,75
2a	Außen liegende Fenster, Fenstertüren, Dachflächenfenster	Nr. 2a und b	1,7[2]	2,8[2]
b	Verglasungen	Nr. 2c	1,5[3]	keine Anforderung
c	Vorhangfassaden	allgemein	1,9[4]	3,0[4]
3a	Außen liegende Fenster, Fenstertüren, Dachflächenfenster mit Sonderverglasungen	Nr. 2a und b	2,0[2]	2,8[2]
b	Sonderverglasungen	Nr. 2c	1,6[3]	keine Anforderung
c	Vorhangfassaden mit Sonderverglasungen	Nr. 6 Satz 2	2,3[4]	3,0[4]
4a	Decken, Dächer und Dachschrägen	Nr. 4.1	0,30	0,40
b	Dächer	Nr. 4.2	0,25	0,40
5a	Decken und Wände gegen unbeheizte Räume	Nr. 5b und e	0,40	keine Anforderung
b	oder Erdreich	Nr. 5a, c, d und f	0,50	keine Anforderung

[1] **Amtl. Anm.:** Wärmedurchgangskoeffizient des Bauteils unter Berücksichtigung der neuen und der vorhandenen Bauteilschichten; für die Berechnung opaker Bauteile ist DIN EN ISO 6946 : 1996–11 zu verwenden.

[2] **Amtl. Anm.:** Bemessungswert des Wärmedurchgangskoeffizienten des Fensters; der Bemessungswert des Wärmedurchgangskoeffizienten des Fensters ist technischen Produkt-Spezifikationen zu entnehmen oder gemäß den nach den Landesbauordnungen bekannt gemachten energetischen Kennwerten für Bau-

6a. Energieeinsparverordnung

produkte zu bestimmen. Hierunter fallen insbesondere energetische Kennwerte aus europäischen technischen Zulassungen sowie energetische Kennwerte der Regelungen nach der Bauregelliste A Teil 1 und auf Grund von Festlegungen in allgemeinen bauaufsichtlichen Zulassungen.

[3]) **Amtl. Anm.:** Bemessungswert des Wärmedurchgangskoeffizienten der Verglasung; der Bemessungswert des Wärmedurchgangskoeffizienten der Verglasung ist technischen Produkt-Spezifikationen zu entnehmen oder gemäß den nach den Landesbauordnungen bekannt gemachten energetischen Kennwerten für Bauprodukte zu bestimmen. Hierunter fallen insbesondere energetische Kennwerte aus europäischen technischen Zulassungen sowie energetische Kennwerte der Regelungen nach der Bauregelliste A Teil 1 und auf Grund von Festlegungen in allgemeinen bauaufsichtlichen Zulassungen.

[4]) **Amtl. Anm.:** Wärmedurchgangskoeffizient der Vorhangfassade; er ist nach anerkannten Regeln der Technik zu ermitteln.

Anhang 4
Anforderungen an die Dichtheit und den Mindestluftwechsel
(zu § 5)

1. **Anforderungen an außen liegende Fenster, Fenstertüren und Dachflächenfenster**
   Außen liegende Fenster, Fenstertüren und Dachflächenfenster müssen den Klassen nach Tabelle 1 entsprechen.

Tabelle 1
Klassen der Fugendurchlässigkeit von außen liegenden Fenstern, Fenstertüren und Dachflächenfenstern

Zeile	Anzahl der Vollgeschosse des Gebäudes	Klasse der Fugendurchlässigkeit nach DIN EN 12 207–1 : 2000–06
1	bis zu 2	2
2	mehr als 2	3

2. **Nachweis der Dichtheit des gesamten Gebäudes**
   Wird eine Überprüfung der Anforderungen nach § 5 Abs. 1 durchgeführt, so darf der nach DIN EN 13 829 : 2001–02 bei einer Druckdifferenz zwischen Innen und Außen von 50 Pa gemessene Volumenstrom – bezogen auf das beheizte Luftvolumen – bei Gebäuden
   - ohne raumlufttechnische Anlagen $3\,h^{-1}$ und
   - mit raumlufttechnischen Anlagen $1{,}5\,h^{-1}$

   nicht überschreiten.

3. **Anforderungen an Lüftungseinrichtungen**
   Lüftungseinrichtungen in der Gebäudehülle müssen einstellbar und leicht regulierbar sein. Im geschlossenen Zustand müssen sie der Tabelle 1 genügen. Soweit in anderen Rechtsvorschriften Anforderungen an die Lüftung gestellt werden, bleiben diese Vorschriften unberührt. Die Sätze 1 und 2 sind nicht anzuwenden, wenn als Lüftungseinrichtungen

Anh. I
Ergänzende Vorschriften

selbsttätig regelnde Außenluftdurchlässe unter Verwendung einer geeigneten Führungsgröße eingesetzt werden.

Anhang 5
Anforderungen zur Begrenzung der Wärmeabgabe von Wärmeverteilungs- und Warmwasserleitungen sowie Armaturen
(zu § 12 Abs. 5)

1. Die Wärmeabgabe von Wärmeverteilungs- und Warmwasserleitungen sowie Armaturen ist durch Wärmedämmung nach Maßgabe der Tabelle 1 zu begrenzen.

Tabelle 1
Wärmedämmung von Wärmeverteilungs- und Warmwasserleitungen sowie Armaturen

Zeile	Art der Leitungen/Armaturen	Mindestdicke der Dämmschicht, bezogen auf eine Wärmeleitfähigkeit von 0,035 W/(m · K)
1	Innendurchmesser bis 22 mm	20 mm
2	Innendurchmesser über 22 mm bis 35 mm	30 mm
3	Innendurchmesser über 35 mm bis 100 mm	gleich Innendurchmesser
4	Innendurchmesser über 100 mm	100 mm
5	Leitungen und Armaturen nach den Zeilen 1 bis 4 in Wand- und Deckendurchbrüchen, im Kreuzungsbereich von Leitungen, an Leitungsverbindungsstellen, bei zentralen Leitungsnetzverteilern	$^1/_2$ der Anforderungen der Zeilen 1 bis 4
6	Leitungen nach Zentralheizungen nach den Zeilen 1 bis 4, die nach Inkrafttreten dieser Verordnung in Bauteilen zwischen beheizten Räumen verschiedener Nutzer verlegt werden	$^1/_2$ der Anforderungen der Zeilen 1 bis 4
7	Leitungen nach Zeile 6 im Fußbodenaufbau	6 mm

Soweit sich Leitungen von Zentralheizungen nach den Zeilen 1 bis 4 in beheizten Räumen oder in Bauteilen zwischen beheizten Räumen eines Nutzers befinden und ihre Wärmeabgabe durch freiliegende Absperreinrichtungen beeinflusst werden kann, werden keine Anforderungen an die Mindestdicke der Dämmschicht gestellt. Dies gilt auch für Warmwasserleitungen in Wohnungen bis zum Innendurchmesser 22 mm, die weder in den Zirkulationskreislauf einbezogen noch mit elektrischer Begleitheizung ausgestattet sind.

2. Bei Materialien mit anderen Wärmeleitfähigkeiten als 0,035 W/(m · K) sind die Mindestdicken der Dämmschichten entsprechend umzurechnen. Für die Umrechnung und die Wärmeleitfähigkeit des Dämmmaterials sind die in Regeln der Technik enthaltenen Rechenverfahren und Rechenwerte zu verwenden.

3. Bei Wärmeverteilungs- und Warmwasserleitungen dürfen die Mindestdicken der Dämmschichten nach Tabelle 1 insoweit vermindert werden, als eine gleichwertige Begrenzung der Wärmeabgabe auch bei anderen Rohrdämmstoffanordnungen und unter Berücksichtigung der Dämmwirkung der Leitungswände sichergestellt ist.

7. Baugesetzbuch (BauGB)

in der Fassung der Bekanntmachung vom 23. September 2004
(BGBl. I S. 2414), zuletzt geändert durch Gesetz vom 29. Juli 2009
(BGBl. I S. 2542)
FNA 213-1
– Auszug –

§ 22 Sicherung von Gebieten mit Fremdenverkehrsfunktionen

(1) Die Gemeinden, die oder deren Teile überwiegend durch den Fremdenverkehr geprägt sind, können in einem Bebauungsplan oder durch eine sonstige Satzung bestimmen, dass zur Sicherung der Zweckbestimmung von Gebieten mit Fremdenverkehrsfunktionen die **Begründung oder Teilung von Wohnungseigentum oder Teileigentum** (§ 1 des Wohnungseigentumsgesetzes) der Genehmigung unterliegt.[1] Dies gilt entsprechend für die in den §§ 30 und 31 des Wohnungseigentumsgesetzes bezeichneten Rechte. Voraussetzung für die Bestimmung ist, dass durch die Begründung oder Teilung der Rechte die vorhandene oder vorgesehene Zweckbestimmung des Gebiets für den Fremdenverkehr und dadurch die geordnete städtebauliche Entwicklung beeinträchtigt werden kann. Die Zweckbestimmung eines Gebiets für den Fremdenverkehr ist insbesondere anzunehmen bei Kurgebieten, Gebieten für die Fremdenbeherbergung, Wochenend- und Ferienhausgebieten, die im Bebauungsplan festgesetzt sind, und bei im Zusammenhang bebauten Ortsteilen, deren Eigenart solchen Gebieten entspricht, sowie bei sonstigen Gebieten mit Fremdenverkehrsfunktionen, die durch Beherbergungsbetriebe und Wohngebäude mit Fremdenbeherbergung geprägt sind.

(2) Die Gemeinde hat die Satzung ortsüblich bekannt zu machen. Sie kann die Bekanntmachung auch in entsprechender Anwendung des § 10 Abs. 3

---

[1] Hervorhebung durch Verf.

Satz 2 bis 5 vornehmen. Die Gemeinde teilt dem Grundbuchamt den Beschluss über die Satzung, das Datum ihres Inkrafttretens sowie die genaue Bezeichnung der betroffenen Grundstücke vor ihrer Bekanntmachung rechtzeitig mit. Von der genauen Bezeichnung der betroffenen Grundstücke kann abgesehen werden, wenn die gesamte Gemarkung betroffen ist und die Gemeinde dies dem Grundbuchamt mitteilt.

(3) (weggefallen)

(4) Die Genehmigung darf nur versagt werden, wenn durch die Begründung oder Teilung der Rechte die Zweckbestimmung des Gebiets für den Fremdenverkehr und dadurch die städtebauliche Entwicklung und Ordnung beeinträchtigt wird. Die Genehmigung ist zu erteilen, wenn sie erforderlich ist, damit Ansprüche Dritter erfüllt werden können, zu deren Sicherung vor dem Wirksamwerden des Genehmigungsvorbehalts eine Vormerkung im Grundbuch eingetragen oder der Antrag auf Eintragung einer Vormerkung beim Grundbuchamt eingegangen ist; die Genehmigung kann auch von dem Dritten beantragt werden. Die Genehmigung kann erteilt werden, um wirtschaftliche Nachteile zu vermeiden, die für den Eigentümer eine besondere Härte bedeuten.

(5) Über die Genehmigung entscheidet die Baugenehmigungsbehörde im Einvernehmen mit der Gemeinde. Über die Genehmigung ist innerhalb eines Monats nach Eingang des Antrags bei der Baugenehmigungsbehörde zu entscheiden. Kann die Prüfung des Antrags in dieser Zeit nicht abgeschlossen werden, ist die Frist vor ihrem Ablauf in einem dem Antragsteller mitzuteilenden Zwischenbescheid um den Zeitraum zu verlängern, der notwendig ist, um die Prüfung abschließen zu können; höchstens jedoch um drei Monate. Die Genehmigung gilt als erteilt, wenn sie nicht innerhalb der Frist versagt wird. Darüber hat die Baugenehmigungsbehörde auf Antrag eines Beteiligten ein Zeugnis auszustellen. Das Einvernehmen gilt als erteilt, wenn es nicht binnen zwei Monaten nach Eingang des Ersuchens der Genehmigungsbehörde verweigert wird; dem Ersuchen gegenüber der Gemeinde steht die Einreichung des Antrags bei der Gemeinde gleich, wenn sie nach Landesrecht vorgeschrieben ist.

(6) Bei einem Grundstück, das im Geltungsbereich einer Satzung nach Absatz 1 liegt, darf das Grundbuchamt die von Absatz 1 erfassten Eintragungen in das Grundbuch nur vornehmen, wenn der Genehmigungsbescheid oder ein Zeugnis gemäß Absatz 5 Satz 5 vorgelegt wird oder wenn die Freistellungserklärung der Gemeinde gemäß Absatz 8 beim Grundbuchamt eingegangen ist. Ist dennoch eine Eintragung in das Grundbuch vorgenommen worden, kann die Baugenehmigungsbehörde, falls die Genehmigung erforderlich war, das Grundbuchamt um die Eintragung eines Widerspruchs ersuchen; § 53 Abs. 1 der Grundbuchordnung bleibt unberührt. Der Widerspruch ist zu löschen, wenn die Baugenehmigungsbehörde darum ersucht oder die Genehmigung erteilt ist.

(7) Wird die Genehmigung versagt, kann der Eigentümer von der Gemeinde unter den Voraussetzungen des § 40 Abs. 2 die Übernahme des Grundstücks verlangen. § 43 Abs. 1, 4 und 5 sowie § 44 Abs. 3 und 4 sind entsprechend anzuwenden.

7. Baugesetzbuch   Anh. I

(8) Die Gemeinde hat den Genehmigungsvorbehalt aufzuheben oder im Einzelfall einzelne Grundstücke durch Erklärung gegenüber dem Eigentümer vom Genehmigungsvorbehalt freizustellen, wenn die Voraussetzungen für den Genehmigungsvorbehalt entfallen sind. Die Gemeinde teilt dem Grundbuchamt die Aufhebung des Genehmigungsvorbehalts sowie die genaue Bezeichnung der hiervon betroffenen Grundstücke unverzüglich mit. Von der genauen Bezeichnung kann abgesehen werden, wenn die gesamte Gemarkung betroffen ist und die Gemeinde dies dem Grundbuchamt mitteilt. Der Genehmigungsvorbehalt erlischt, wenn die Mitteilung über seine Aufhebung beim Grundbuchamt eingegangen ist.

(9) In der sonstigen Satzung nach Absatz 1 kann neben der Bestimmung des Genehmigungsvorbehalts die höchstzulässige Zahl der Wohnungen in Wohngebäuden nach Maßgabe des § 9 Abs. 1 Nr. 6 festgesetzt werden. Vor der Festsetzung nach Satz 1 ist der betroffenen Öffentlichkeit und den berührten Behörden und sonstigen Trägern öffentlicher Belange Gelegenheit zur Stellungnahme innerhalb angemessener Frist zu geben.

(10) Der sonstigen Satzung nach Absatz 1 ist eine Begründung beizufügen. In der Begründung zum Bebauungsplan (§ 9 Abs. 8) oder zur sonstigen Satzung ist darzulegen, dass die in Absatz 1 Satz 3 bezeichneten Voraussetzungen für die Festlegung des Gebiets vorliegen.

§ 23 (weggefallen)

Dritter Abschnitt. Gesetzliche Vorkaufsrechte der Gemeinde

§ 24 Allgemeines Vorkaufsrecht

(1) Der Gemeinde steht ein Vorkaufsrecht zu beim Kauf von Grundstücken
1. im Geltungsbereich eines Bebauungsplans, soweit es sich um Flächen handelt, für die nach dem Bebauungsplan eine Nutzung für öffentliche Zwecke oder für Flächen oder Maßnahmen zum Ausgleich im Sinne des § 1 a Abs. 3 festgesetzt ist,
2. in einem Umlegungsgebiet,
3. in einem förmlich festgelegten Sanierungsgebiet und städtebaulichen Entwicklungsbereich,
4. im Geltungsbereich einer Satzung zur Sicherung von Durchführungsmaßnahmen des Stadtumbaus und einer Erhaltungssatzung,
5. im Geltungsbereich eines Flächennutzungsplans soweit es sich um unbebaute Flächen im Außenbereich handelt, für die nach dem Flächennutzungsplan eine Nutzung als Wohnbaufläche oder Wohngebiet dargestellt ist, sowie
6. in Gebieten, die nach §§ 30, 33 oder 34 Abs. 2 vorwiegend mit Wohngebäuden bebaut werden können, soweit die Grundstücke unbebaut sind.

Anh. I Ergänzende Vorschriften

Im Falle der Nummer 1 kann das Vorkaufsrecht bereits nach Beginn der öffentlichen Auslegung ausgeübt werden, wenn die Gemeinde einen Beschluss gefasst hat, einen Bebauungsplan aufzustellen, zu ändern oder zu ergänzen. Im Falle der Nummer 5 kann das Vorkaufsrecht bereits ausgeübt werden, wenn die Gemeinde einen Beschluss gefasst und ortsüblich bekanntgemacht hat, einen Flächennutzungsplan aufzustellen, zu ändern oder zu ergänzen und wenn nach dem Stand der Planungsarbeiten anzunehmen ist, dass der künftige Flächennutzungsplan eine solche Nutzung darstellen wird.

(2) Das Vorkaufsrecht steht der Gemeinde **nicht zu** beim Kauf von Rechten nach dem **Wohnungseigentumsgesetz** und von Erbbaurechten.[1]

(3) Das Vorkaufsrecht darf nur ausgeübt werden, wenn das Wohl der Allgemeinheit dies rechtfertigt. Bei der Ausübung des Vorkaufsrechts hat die Gemeinde den Verwendungszweck des Grundstücks anzugeben.

§ 134 Beitragspflichtiger

(1) Beitragspflichtig ist derjenige, der im Zeitpunkt der Bekanntgabe des Beitragsbescheids Eigentümer des Grundstücks ist. Ist das Grundstück mit einem Erbbaurecht belastet, so ist der Erbbauberechtigte anstelle des Eigentümers beitragspflichtig. Ist das Grundstück mit einem dinglichen Nutzungsrecht nach Artikel 233 § 4 des Einführungsgesetzes zum Bürgerlichen Gesetzbuche belastet, so ist der Inhaber dieses Rechts anstelle des Eigentümers beitragspflichtig. Mehrere Beitragspflichtige haften als Gesamtschuldner; bei Wohnungs- und Teileigentum sind die einzelnen Wohnungs- und Teileigentümer nur entsprechend ihrem Miteigentumsanteil beitragspflichtig.

(2) Der Beitrag ruht als öffentliche Last auf dem Grundstück, im Falle des Absatzes 1 Satz 2 auf dem Erbbaurecht, im Falle des Absatzes 1 Satz 3 auf dem dinglichen Nutzungsrecht, im Falle des Absatzes 1 Satz 4 auf dem Wohnungs- oder dem Teileigentum.

---

[1] Hervorhebung vom Verf.

II. WEG-relevante Regelungen des ZVG, der ZPO und des GKG

Übersicht

	Seite
1. ZVG	807
2. GVG	810
2a. Zentrale Berufungs- und Beschwerdegerichte für Streitigkeiten nach § 43 Nr. 1 bis 4 und 6 WEG (§ 72 Abs. 2 GVG)	812
3. GKG	813

1. Gesetz über die Zwangsversteigerung und die Zwangsverwaltung

in der Fassung der Bekanntmachung vom 20. Mai 1898 (RGBl. S. 713)

Zuletzt geändert durch Art. 32 des G. vom 17. Dezember 2008 (BGBl. I S. 2586), Art. 8 des G. zur Reform des Kontopfändungsschutzes vom 7. 7. 2009 (BGBl. I S. 1707) und Art. 4 des G. v. 29. 7. 2009 (BGBl. I S. 2258)

– Auszug –

§ 10

(1) Ein Recht auf Befriedigung aus dem Grundstück gewähren nach folgender Rangordnung, bei gleichem Range nach dem Verhältnis ihrer Beträge:

1. der Anspruch eines die Zwangsverwaltung betreibenden Gläubigers auf Ersatz seiner Ausgaben zur Erhaltung oder nötigen Verbesserung des Grundstücks, im Falle der Zwangsversteigerung jedoch nur, wenn die Verwaltung bis zum Zuschlage fortdauert und die Ausgaben nicht aus den Nutzungen des Grundstücks erstattet werden können;

1a. im Falle einer Zwangsversteigerung, bei der das Insolvenzverfahren über das Vermögen des Schuldners eröffnet ist, die zur Insolvenzmasse gehörenden Ansprüche auf Ersatz der Kosten der Feststellung der beweglichen Gegenstände, auf die sich die Versteigerung erstreckt; diese Kosten sind nur zu erheben, wenn ein Insolvenzverwalter bestellt ist, und pauschal mit vier vom Hundert des Wertes anzusetzen, der nach § 47a Abs. 5 Satz 2 festgesetzt worden ist;

2. bei Vollstreckung in ein Wohnungseigentum die daraus fälligen Ansprüche auf Zahlung der Beiträge zu den Lasten und Kosten des gemeinschaftlichen Eigentums oder des Sondereigentums, die nach § 16 Abs. 2, § 28 Abs. 2 und 5 des Wohnungseigentumsgesetzes geschuldet werden, einschließlich der Vorschüsse und Rückstellungen

Anh. II   WEG-relevante Regelungen d. ZVG, ZPO u. GKG

sowie der Rückgriffsansprüche einzelner Wohnungseigentümer. Das Vorrecht erfasst die laufenden und die rückständigen Beträge aus dem Jahr der Beschlagnahme und den letzten zwei Jahren. Das Vorrecht einschließlich aller Nebenleistungen ist begrenzt auf Beträge in Höhe von nicht mehr als 5 vom Hundert des nach § 74 a Abs. 5 festgesetzten Wertes. Die Anmeldung erfolgt durch die Gemeinschaft der Wohnungseigentümer. Rückgriffsansprüche einzelner Wohnungseigentümer werden von diesen angemeldet;

3. die Ansprüche auf Entrichtung der öffentlichen Lasten des Grundstücks wegen der aus den letzten vier Jahren rückständigen Beträge; wiederkehrende Leistungen, insbesondere Grundsteuern, Zinsen, Zuschläge oder Rentenleistungen, sowie Beträge, die zur allmählichen Tilgung einer Schuld als Zuschlag zu den Zinsen zu entrichten sind, genießen dieses Vorrecht nur für die laufenden Beträge und für die Rückstände aus den letzten zwei Jahren. Untereinander stehen öffentliche Grundstückslasten, gleichviel ob sie auf Bundes- oder Landesrecht beruhen, im Range gleich. Die Vorschriften des § 112 Abs. 1 und der §§ 113 und 116 des Gesetzes über den Lastenausgleich vom 14. August 1952 (Bundesgesetzbl. I S. 446) bleiben unberührt;

4. die Ansprüche aus Rechten an dem Grundstück, soweit sie nicht infolge der Beschlagnahme dem Gläubiger gegenüber unwirksam sind, einschließlich der Ansprüche auf Beträge, die zur allmählichen Tilgung einer Schuld als Zuschlag zu den Zinsen zu entrichten sind; Ansprüche auf wiederkehrende Leistungen, insbesondere Zinsen, Zuschläge, Verwaltungskosten oder Rentenleistungen, genießen das Vorrecht dieser Klasse nur wegen der laufenden und der aus den letzten zwei Jahren rückständigen Beträge;

5. der Anspruch des Gläubigers, soweit er nicht in einer der vorhergehenden Klassen zu befriedigen ist;

6. die Ansprüche der vierten Klasse, soweit sie infolge der Beschlagnahme dem Gläubiger gegenüber unwirksam sind;

7. die Ansprüche der dritten Klasse wegen der älteren Rückstände;

8. die Ansprüche der vierten Klasse wegen der älteren Rückstände.

(2) Das Recht auf Befriedigung aus dem Grundstücke besteht auch für die Kosten der Kündigung und der die Befriedigung aus dem Grundstücke bezweckenden Rechtsverfolgung.

(3) Zur Vollstreckung mit dem Range nach Absatz 1 Nr. 2 müssen die dort genannten Beträge die Höhe des Verzugsbetrages nach § 18 Abs. 2 Nr. 2 des Wohnungseigentumsgesetzes übersteigen; liegt ein vollstreckbarer Titel vor, so steht § 30 der Abgabenordnung einer Mitteilung des Einheitswerts an die in Abs. 1 genannten Gläubiger nicht entgegen. Für die Vollstreckung genügt ein Titel, aus dem die Verpflichtung des Schuldners zur Zahlung, die Art und der Bezugszeitraum des Anspruchs sowie seine Fälligkeit zu erkennen sind. Soweit die Art und der Bezugszeitraum des Anspruchs sowie seine Fälligkeit nicht aus dem Titel zu erkennen sind, sind sie in sonst geeigneter Weise glaubhaft zu machen.

1. Gesetz über die Zwangsversteigerung Anh. II

§ 45

(1) Ein Recht ist bei der Feststellung des geringsten Gebots insoweit, als es zur Zeit der Eintragung des Versteigerungsvermerkes aus dem Grundbuch ersichtlich war, nach dem Inhalt des Grundbuchs, im übrigen nur dann zu berücksichtigen, wenn es rechtzeitig angemeldet und, falls der Gläubiger widerspricht, glaubhaft gemacht wird.

(2) Von wiederkehrenden Leistungen, die nach dem Inhalte des Grundbuchs zu entrichten sind, brauchen die laufenden Beträge nicht angemeldet, die rückständigen nicht glaubhaft gemacht zu werden.

(3) Ansprüche der Wohnungseigentümer nach § 10 Abs. 1 Nr. 2 sind bei der Anmeldung durch einen entsprechenden Titel oder durch die Niederschrift der Beschlüsse der Wohnungseigentümer einschließlich ihrer Anlagen oder in sonst geeigneter Weise glaubhaft zu machen. Aus dem Vorbringen müssen sich die Zahlungspflicht, die Art und der Bezugszeitraum des Anspruchs sowie seine Fälligkeit ergeben.

§ 52

(1) Ein Recht bleibt insoweit bestehen, als es bei der Feststellung des geringsten Gebots berücksichtigt und nicht durch Zahlung zu decken ist. Im übrigen erlöschen die Rechte.

(2) Das Recht auf eine der in den §§ 912 bis 917 des Bürgerlichen Gesetzbuchs bezeichneten Renten bleibt auch dann bestehen, wenn es bei der Feststellung des geringsten Gebots nicht berücksichtigt ist. Satz 1 ist entsprechend anzuwenden auf

a) den Erbbauzins, wenn nach § 9 Abs. 3 der Verordnung über das Erbbaurecht das Bestehenbleiben des Erbbauzinses als Inhalt der Reallast vereinbart worden ist;

b) Grunddienstbarkeiten und beschränkte persönliche Dienstbarkeiten, die auf dem Grundstück als Ganzem lasten, wenn in ein Wohnungseigentum mit dem Rang nach § 10 Abs. 1 Nr. 2 vollstreckt wird und diesen kein anderes Recht der Rangklasse 4 vorgeht, aus dem die Versteigerung betrieben werden kann.

§ 156

(1) Die laufenden Beträge der öffentlichen Lasten sind von dem Verwalter ohne weiteres Verfahren zu berichtigen. Dies gilt auch bei der Vollstreckung in ein Wohnungseigentum für die laufenden Beträge der daraus fälligen Ansprüche auf Zahlung der Beiträge zu den Lasten und Kosten des gemeinschaftlichen Eigentums oder des Sondereigentums, die nach § 16 Abs. 2, § 28 Abs. 2 und 5 des Wohnungseigentumsgesetzes geschuldet werden, einschließlich der Vorschüsse und Rückstellungen sowie der Rückgriffsansprüche einzelner Wohnungseigentümer. Die Vorschrift des § 10 Abs. 1 Nr. 2 Satz 3 findet keine Anwendung.

(2) Ist zu erwarten, daß auch auf andere Ansprüche Zahlungen geleistet werden können, so wird nach dem Eingange der im § 19 Abs. 2 bezeichneten Mitteilungen des Grundbuchamts der Verteilungstermin bestimmt. In

Anh. II WEG-relevante Regelungen d. ZVG, ZPO u. GKG

dem Termine wird der Teilungsplan für die ganze Dauer des Verfahrens aufgestellt. Die Terminsbestimmung ist den Beteiligten sowie dem Verwalter zuzustellen. Die Vorschriften des § 105 Abs. 2 Satz 2, des § 113 Abs. 1 und der §§ 114, 115, 124, 126 finden entsprechende Anwendung.

2. Gerichtsverfassungsgesetz (GVG)

in der Fassung vom 9. Mai 1975 (BGBl. I S. 1077)

Zuletzt geändert durch Art. 22 des Gesetzes vom 17. Dezember 2008 (BGBl. I S. 2586); mittelbar geändert durch das Gesetz vom 7. Dezember 2008 (BGBl. I S. 2348)

FNA 300-2

– Auszug –

§ 23 [Sachliche Zuständigkeit des Amtsgerichts]

Die Zuständigkeit der Amtsgerichte umfaßt in bürgerlichen Rechtsstreitigkeiten, soweit sie nicht ohne Rücksicht auf den Wert des Streitgegenstandes den Langerichten zugewiesen sind:

1. Streitigkeiten über Ansprüche, deren Gegenstand an Geld oder Geldeswert die Summe von fünftausend Euro nicht übersteigt;
2. ohne Rücksicht auf den Wert des Streitgegenstandes:
   a) Streitigkeiten über Ansprüche aus einem Mietverhältnis über Wohnraum oder über den Bestand eines solchen Mietverhältnisses; diese Zuständigkeit ist ausschließlich;
   b) Streitigkeiten zwischen Reisenden und Wirten, Fuhrleuten, Schiffern oder Auswanderungsexpedienten in den Einschiffungshäfen, die über Wirtszechen, Fuhrlohn, Überfahrtsgelder, Beförderung der Reisenden und ihrer Habe und über Verlust und Beschädigung der letzteren, sowie Streitigkeiten zwischen Reisenden und Handwerkern, die aus Anlaß der Reise entstanden sind;
   c) Streitigkeiten nach § 43 Nr. 1 bis 4 und 6 des Wohnungseigentumsgesetzes; diese Zuständigkeit ist ausschließlich;
   d) Streitigkeiten wegen Wildschadens;
   e) (weggefallen)
   f) (weggefallen)
   g) Ansprüche aus einem mit der Überlassung eines Grundstücks in Verbindung stehenden Leibgedings-, Leibzuchts-, Altenteils- oder Auszugsvertrag;
   h) das Aufgebotsverfahren.

§ 72 [Zuständigkeit im zweiten Rechtszug]

(1) Die Zivilkammern, einschließlich der Kammern für Handelssachen, sind die Berufungs- und Beschwerdegerichte in den vor den Amtsgerichten verhandelten bürgerlichen Rechtsstreitigkeiten, soweit nicht die Zuständigkeit der Oberlandesgerichte begründet ist.

(2) In Streitigkeiten nach § 43 Nr. 1 bis 4 und 6 des Wohnungseigentumsgesetzes ist das für den Sitz des Oberlandesgerichts zuständige Landgericht gemeinsames Berufungs- und Beschwerdegericht für den Bezirk des Ober-

2. Gerichtsverfassungsgesetz (GVG) Anh. II

landesgerichts, in dem das Amtsgericht seinen Sitz hat. Dies gilt auch für die in § 119 Abs. 1 Nr. 1 Buchstabe b und c genannten Sachen. Die Landesregierungen werden ermächtigt, durch Rechtsverordnung anstelle dieses Gerichts ein anderes Landgericht im Bezirk des Oberlandesgerichts zu bestimmen. Sie können die Ermächtigung auf die Landesjustizverwaltungen übertragen.

§ 119 [Zuständigkeit in Zivilsachen]

(1) Die Oberlandesgerichte sind in bürgerlichen Rechtsstreitigkeiten ferner zuständig für die Verhandlung und Entscheidung über die Rechtsmittel:
1. der Berufung und der Beschwerde gegen Entscheidungen der Amtsgerichte
   a) in den von Familiengerichten entschiedenen Sachen;
   b) in Streitigkeiten über Ansprüche, die von einer oder gegen eine Partei erhoben werden, die ihren allgemeinen Gerichtsstand zum Zeitpunkt der Rechtshängigkeit in erster Instanz außerhalb des Geltungsbereiches dieses Gesetzes hatte;
   c) in denen das Amtsgericht ausländisches Recht angewendet und dies in den Entscheidungsgründen ausdrücklich festgestellt hat;
2. der Berufung und der Beschwerde gegen Entscheidungen der Landgerichte.

(2) § 23 b Abs. 1 und 2 gilt entsprechend.

(3) Durch Landesgesetz kann bestimmt werden, dass die Oberlandesgerichte über Absatz 1 hinaus für alle Berufungen und Beschwerden gegen amtsgerichtliche Entscheidungen zuständig sind. Das Nähere regelt das Landesrecht; es kann von der Befugnis nach Satz 1 in beschränktem Umfang Gebrauch machen, insbesondere die Bestimmung auf die Entscheidungen einzelner Amtsgerichte oder bestimmter Sachen beschränken.

(4) Soweit eine Bestimmung nach Absatz 3 Satz 1 getroffen wird, hat das Landesgesetz zugleich Regelungen zu treffen, die eine Belehrung über das zuständige Rechtsmittelgericht in der angefochtenen Entscheidung sicherstellen.

(5) Bestimmungen nach Absatz 3 gelten nur für Berufungen und Beschwerden, die vor dem 1. Januar 2008 eingelegt werden.

(6) Die Bundesregierung unterrichtet den Deutschen Bundestag zum 1. Januar 2004 und zum 1. Januar 2006 über Erfahrungen und wissenschaftliche Erkenntnisse, welche die Länder, die von der Ermächtigung nach Absatz 3 Gebrauch gemacht haben, gewonnen haben. Die Unterrichtung dient dem Zweck, dem Deutschen Bundestag die Prüfung und Entscheidung zu ermöglichen, welche bundeseinheitliche Gerichtsstruktur die insgesamt sachgerechteste ist, weil sie den Bedürfnissen und Anforderungen des Rechtsverkehrs am besten entspricht.

2 a. Zentrale Berufungs- und Beschwerdegerichte für Streitigkeiten nach § 43 Nr. 1 bis 4 und 6 WEG (Abs. 2 GVG)[1]

Bundesland	Gericht
Baden-Württemberg	LG Karlsruhe LG Stuttgart
Bayern	LG Bamberg LG Nürnberg-Fürth LG München I
Berlin	LG Berlin
Brandenburg	LG Frankfurt/Oder
Bremen	LG Bremen
Hamburg	LG Hamburg
Hessen	LG Frankfurt a. M.
Mecklenburg-Vorpommern	LG Rostock
Niedersachsen	LG Braunschweig LG Aurich LG Lüneburg
Nordrhein-Westfalen	LG Dortmund LG Köln LG Düsseldorf
Rheinland-Pfalz	LG Koblenz LG Landau/Pf.
Saarland	LG Saarbrücken
Sachsen	LG Dresden
Sachsen-Anhalt	LG Dessau-Roßlau
Schleswig-Holstein	LG Itzehoe
Thüringen	LG Gera

[1] Quelle: NJW 2008, S. 1790. Stand 1. 5. 2008 vorbehaltlich etwaiger Änderungen.

3. Gerichtskostengesetz (GKG)

Vom 5. Mai 2004 (BGBl. I S. 718)

Zuletzt geändert durch Art. 47 Abs. 1 des Gesetzes vom 17. Dezember 2008 (BGBl. I S. 2586)

– Auszug –

§ 49 a Wohnungseigentumssachen

(1) Der Streitwert ist auf 50 Prozent des Interesses der Parteien und aller Beigeladenen an der Entscheidung festzusetzen. Er darf das Interesse des Klägers und der auf seiner Seite Beigetretenen an der Entscheidung nicht unterschreiten und das Fünffache des Wertes ihres Interesses nicht überschreiten. Der Wert darf in keinem Fall den Verkehrswert des Wohnungseigentums des Klägers und der auf seiner Seite Beigetretenen übersteigen.

(2) Richtet sich eine Klage gegen einzelne Wohnungseigentümer, darf der Streitwert das Fünffache des Wertes ihres Interesses sowie des Interesses der auf ihrer Seite Beigetretenen nicht übersteigen. Absatz 1 Satz 3 gilt entsprechend.

III. Gesetze mit Bezug auf das Wohnungseigentum

Übersicht

	Seite
1. Mietrecht – Auszug aus dem BGB –	814
1 a. Wohnungsvermittlungsgesetz	820
2. Verjährung und Allgemeines Schuldrecht – Auszug aus dem BGB –	824
3. Formvorschriften – Auszug aus dem BGB –	840
4. Gesetz zur Beendigung der Diskriminierung gleichgeschlechtlicher Gemeinschaften: Lebenspartnerschaften (LPartG) – Auszug –	841
5. Verordnung über die Pflichten der Makler, Darlehens- und Anlagenvermittler, Bauträger und Baubetreuer (Makler- und Bauträgerverordnung – MaBV) – Auszug –	842
6. Bauhandwerkersicherung – § 648 a BGB –	844
7. Beschleunigung fälliger Zahlungen – Auszug aus dem BGB –	846
8. Verordnung über Abschlagszahlungen bei Bauträgerverträgen	848

1. Mietrecht

– Auszug aus dem BGB –[1]

Buch 2. Recht der Schuldverhältnisse

Abschnitt 8. Einzelne Schuldverhältnisse

Titel 5. Mietvertrag, Pachtvertrag

Untertitel 2. Mietverhältnisse über Wohnraum

Kapitel 1. Allgemeine Vorschriften

§ 554 Duldung von Erhaltungs- und Modernisierungsmaßnahmen

(1) Der Mieter hat Maßnahmen zu dulden, die zur Erhaltung der Mietsache erforderlich sind.

---

[1] In der Fassung der Bekanntmachung vom 2. Januar 2002 (BGBl. I S. 42, zuletzt geändert durch Gesetz vom 28. September 2009 (BGBl. I S. 3161).

1. Mietrecht – Auszug aus dem BGB

(2) Maßnahmen zur Verbesserung der Mietsache, zur Einsparung von Energie oder Wasser oder zur Schaffung neuen Wohnraums hat der Mieter zu dulden. Dies gilt nicht, wenn die Maßnahme für ihn, seine Familie oder einen anderen Angehörigen seines Haushalts eine Härte bedeuten würde, die auch unter Würdigung der berechtigten Interessen des Vermieters und anderer Mieter in dem Gebäude nicht zu rechtfertigen ist. Dabei sind insbesondere die vorzunehmenden Arbeiten, die baulichen Folgen, vorausgegangene Aufwendungen des Mieters und die zu erwartende Mieterhöhung zu berücksichtigen. Die zu erwartende Mieterhöhung ist nicht als Härte anzusehen, wenn die Mietsache lediglich in einen Zustand versetzt wird, wie er allgemein üblich ist.

(3) Bei Maßnahmen nach Absatz 2 Satz 1 hat der Vermieter dem Mieter spätestens drei Monate vor Beginn der Maßnahme deren Art sowie voraussichtlichen Umfang und Beginn, voraussichtliche Dauer und die zu erwartende Mieterhöhung in Textform mitzuteilen. Der Mieter ist berechtigt, bis zum Ablauf des Monats, der auf den Zugang der Mitteilung folgt, außerordentlich zum Ablauf des nächsten Monats zu kündigen. Diese Vorschriften gelten nicht bei Maßnahmen, die nur mit einer unerheblichen Einwirkung auf die vermieteten Räume verbunden sind und nur zu einer unerheblichen Mieterhöhung führen.

(4) Aufwendungen, die der Mieter infolge einer Maßnahme nach Absatz 1 oder 2 Satz 1 machen musste, hat der Vermieter in angemessenem Umfang zu ersetzen. Auf Verlangen hat er Vorschuss zu leisten.

(5) Eine zum Nachteil des Mieters von den Absätzen 2 bis 4 abweichende Vereinbarung ist unwirksam.

§ 554a Barrierefreiheit

(1) Der Mieter kann vom Vermieter die Zustimmung zu baulichen Veränderungen oder sonstigen Einrichtungen verlangen, die für eine behindertengerechte Nutzung der Mietsache oder den Zugang zu ihr erforderlich sind, wenn er ein berechtigtes Interesse daran hat. Der Vermieter kann seine Zustimmung verweigern, wenn sein Interesse an der unveränderten Erhaltung der Mietsache oder des Gebäudes das Interesse des Mieters an einer behindertengerechten Nutzung der Mietsache überwiegt. Dabei sind auch die berechtigten Interessen anderer Mieter in dem Gebäude zu berücksichtigen.

(2) Der Vermieter kann seine Zustimmung von der Leistung einer angemessenen zusätzlichen Sicherheit für die Wiederherstellung des ursprünglichen Zustandes abhängig machen. § 551 Abs. 3 und 4 gilt entsprechend.

(3) Eine zum Nachteil des Mieters von Absatz 1 abweichende Vereinbarung ist unwirksam.

Anh. III Gesetze mit Bezug auf das Wohnungseigentum

Kapitel 2. Die Miete

Unterkapitel 1. Vereinbarungen über die Miete

§ 556 Vereinbarungen über Betriebskosten

(1) Die Vertragsparteien können vereinbaren, dass der Mieter Betriebskosten im Sinne des § 19 Abs. 2 des Wohnraumförderungsgesetzes trägt. Bis zum Erlass der Verordnung nach § 19 Abs. 2 Satz 2 des Wohnraumförderungsgesetzes ist hinsichtlich der Betriebskosten nach Satz 1 § 27 der Zweiten Berechnungsverordnung anzuwenden.

(2) Die Vertragsparteien können vorbehaltlich anderweitiger Vorschriften vereinbaren, dass Betriebskosten als Pauschale oder als Vorauszahlung ausgewiesen werden. Vorauszahlungen für Betriebskosten dürfen nur in angemessener Höhe vereinbart werden.

(3) Über die Vorauszahlungen für Betriebskosten ist jährlich abzurechnen; dabei ist der Grundsatz der Wirtschaftlichkeit zu beachten. Die Abrechnung ist dem Mieter spätestens bis zum Ablauf des zwölften Monats nach Ende des Abrechnungszeitraums mitzuteilen. Nach Ablauf dieser Frist ist die Geltendmachung einer Nachforderung durch den Vermieter ausgeschlossen, es sei denn, der Vermieter hat die verspätete Geltendmachung nicht zu vertreten. Der Vermieter ist zu Teilabrechnungen nicht verpflichtet. Einwendungen gegen die Abrechnung hat der Mieter dem Vermieter spätestens bis zum Ablauf des zwölften Monats nach Zugang der Abrechnung mitzuteilen. Nach Ablauf dieser Frist kann der Mieter Einwendungen nicht mehr geltend machen, es sei denn, der Mieter hat die verspätete Geltendmachung nicht zu vertreten.

(4) Eine zum Nachteil des Mieters von Absatz 1, Absatz 2 Satz 2 oder Absatz 3 abweichende Vereinbarung ist unwirksam.

§ 556a Abrechnungsmaßstab für Betriebskosten

(1) Haben die Vertragsparteien nichts anderes vereinbart, sind die Betriebskosten vorbehaltlich anderweitiger Vorschriften nach dem Anteil der Wohnfläche umzulegen. Betriebskosten, die von einem erfassten Verbrauch oder einer erfassten Verursachung durch die Mieter abhängen, sind nach einem Maßstab umzulegen, der dem unterschiedlichen Verbrauch oder der unterschiedlichen Verursachung Rechnung trägt.

(2) Haben die Vertragsparteien etwas anderes vereinbart, kann der Vermieter durch Erklärung in Textform bestimmen, dass die Betriebskosten zukünftig abweichend von der getroffenen Vereinbarung ganz oder teilweise nach einem Maßstab umgelegt werden dürfen, der dem erfassten unterschiedlichen Verbrauch oder der erfassten unterschiedlichen Verursachung Rechnung trägt. Die Erklärung ist nur vor Beginn eines Abrechnungszeitraums zulässig. Sind die Kosten bislang in der Miete enthalten, so ist diese entsprechend herabzusetzen.

(3) Eine zum Nachteil des Mieters von Absatz 2 abweichende Vereinbarung ist unwirksam.

1. Mietrecht – Auszug aus dem BGB

§ 559 Mieterhöhung bei Modernisierung

(1) Hat der Vermieter bauliche Maßnahmen durchgeführt, die den Gebrauchswert der Mietsache nachhaltig erhöhen, die allgemeinen Wohnverhältnisse auf Dauer verbessern oder nachhaltig Einsparungen von Energie oder Wasser bewirken (Modernisierung), oder hat er andere bauliche Maßnahmen aufgrund von Umständen durchgeführt, die er nicht zu vertreten hat, so kann er die jährliche Miete um 11 vom Hundert der für die Wohnung aufgewendeten Kosten erhöhen.

(2) Sind die baulichen Maßnahmen für mehrere Wohnungen durchgeführt worden, so sind die Kosten angemessen auf die einzelnen Wohnungen aufzuteilen.

(3) Eine zum Nachteil des Mieters abweichende Vereinbarung ist unwirksam.

§ 559a Anrechnung von Drittmitteln

(1) Kosten, die vom Mieter oder für diesen von einem Dritten übernommen oder die mit Zuschüssen aus öffentlichen Haushalten gedeckt werden, gehören nicht zu den aufgewendeten Kosten im Sinne des § 559.

(2) Werden die Kosten für die baulichen Maßnahmen ganz oder teilweise durch zinsverbilligte oder zinslose Darlehen aus öffentlichen Haushalten gedeckt, so verringert sich der Erhöhungsbetrag nach § 559 um den Jahresbetrag der Zinsermäßigung. Dieser wird errechnet aus dem Unterschied zwischen dem ermäßigten Zinssatz und dem marktüblichen Zinssatz für den Ursprungsbetrag des Darlehens. Maßgebend ist der marktübliche Zinssatz für erstrangige Hypotheken zum Zeitpunkt der Beendigung der Maßnahmen. Werden Zuschüsse oder Darlehen zur Deckung von laufenden Aufwendungen gewährt, so verringert sich der Erhöhungsbetrag um den Jahresbetrag des Zuschusses oder Darlehens.

(3) Ein Mieterdarlehen, eine Mietvorauszahlung oder eine von einem Dritten für den Mieter erbrachte Leistung für die baulichen Maßnahmen stehen einem Darlehen aus öffentlichen Haushalten gleich. Mittel der Finanzierungsinstitute des Bundes oder eines Landes gelten als Mittel aus öffentlichen Haushalten.

(4) Kann nicht festgestellt werden, in welcher Höhe Zuschüsse oder Darlehen für die einzelnen Wohnungen gewährt worden sind, so sind sie nach dem Verhältnis der für die einzelnen Wohnungen aufgewendeten Kosten aufzuteilen.

(5) Eine zum Nachteil des Mieters abweichende Vereinbarung ist unwirksam.

§ 559b Geltendmachung der Erhöhung, Wirkung der Erhöhungserklärung

(1) Die Mieterhöhung nach § 559 ist dem Mieter in Textform zu erklären. Die Erklärung ist nur wirksam, wenn in ihr die Erhöhung aufgrund der entstandenen Kosten berechnet und entsprechend den Voraussetzungen der §§ 559 und 559a erläutert wird.

Anh. III Gesetze mit Bezug auf das Wohnungseigentum

(2) Der Mieter schuldet die erhöhte Miete mit Beginn des dritten Monats nach dem Zugang der Erklärung. Die Frist verlängert sich um sechs Monate, wenn der Vermieter dem Mieter die zu erwartende Erhöhung der Miete nicht nach § 554 Abs. 3 Satz 1 mitgeteilt hat oder wenn die tatsächliche Mieterhöhung mehr als 10 vom Hundert höher ist als die mitgeteilte.

(3) Eine zum Nachteil des Mieters abweichende Vereinbarung ist unwirksam.

§ 560 Veränderungen von Betriebskosten

(1) Bei einer Betriebskostenpauschale ist der Vermieter berechtigt, Erhöhungen der Betriebskosten durch Erklärung in Textform anteilig auf den Mieter umzulegen, soweit dies im Mietvertrag vereinbart ist. Die Erklärung ist nur wirksam, wenn in ihr der Grund für die Umlage bezeichnet und erläutert wird.

(2) Der Mieter schuldet den auf ihn entfallenden Teil der Umlage mit Beginn des auf die Erklärung folgenden übernächsten Monats. Soweit die Erklärung darauf beruht, dass sich die Betriebskosten rückwirkend erhöht haben, wirkt sie auf den Zeitpunkt der Erhöhung der Betriebskosten, höchstens jedoch auf den Beginn des der Erklärung vorausgehenden Kalenderjahres zurück, sofern der Vermieter die Erklärung innerhalb von drei Monaten nach Kenntnis von der Erhöhung abgibt.

(3) Ermäßigen sich die Betriebskosten, so ist eine Betriebskostenpauschale vom Zeitpunkt der Ermäßigung an entsprechend herabzusetzen. Die Ermäßigung ist dem Mieter unverzüglich mitzuteilen.

(4) Sind Betriebskostenvorauszahlungen vereinbart worden, so kann jede Vertragspartei nach einer Abrechnung durch Erklärung in Textform eine Anpassung auf eine angemessene Höhe vornehmen.

(5) Bei Veränderungen von Betriebskosten ist der Grundsatz der Wirtschaftlichkeit zu beachten.

(6) Eine zum Nachteil des Mieters abweichende Vereinbarung ist unwirksam.

§ 561 Sonderkündigungsrecht des Mieters nach Mieterhöhung

(1) Macht der Vermieter eine Mieterhöhung nach § 558 oder § 559 geltend, so kann der Mieter bis zum Ablauf des zweiten Monats nach dem Zugang der Erklärung des Vermieters das Mietverhältnis außerordentlich zum Ablauf des übernächsten Monats kündigen. Kündigt der Mieter, so tritt die Mieterhöhung nicht ein.

(2) Eine zum Nachteil des Mieters abweichende Vereinbarung ist unwirksam.

Kapitel 5. Beendigung des Mietverhältnisses

Unterkapitel 2. Mietverhältnisse auf unbestimmte Zeit

§ 573 Ordentliche Kündigung des Vermieters

(1) Der Vermieter kann nur kündigen, wenn er ein berechtigtes Interesse an der Beendigung des Mietverhältnisses hat. Die Kündigung zum Zwecke der Mieterhöhung ist ausgeschlossen.

(2) Ein berechtigtes Interesse des Vermieters an der Beendigung des Mietverhältnisses liegt insbesondere vor, wenn

1. der Mieter seine vertraglichen Pflichten schuldhaft nicht unerheblich verletzt hat,
2. der Vermieter die Räume als Wohnung für sich, seine Familienangehörigen oder Angehörige seines Haushalts benötigt oder
3. der Vermieter durch die Fortsetzung des Mietverhältnisses an einer angemessenen wirtschaftlichen Verwertung des Grundstücks gehindert und dadurch erhebliche Nachteile erleiden würde; die Möglichkeit, durch eine anderweitige Vermietung als Wohnraum eine höhere Miete zu erzielen, bleibt außer Betracht; der Vermieter kann sich auch nicht darauf berufen, dass er die Mieträume im Zusammenhang mit einer beabsichtigten oder nach Überlassung an den Mieter erfolgten Begründung von Wohnungseigentum veräußern will.

(3) Die Gründe für ein berechtigtes Interesse des Vermieters sind in dem Kündigungsschreiben anzugeben. Andere Gründe werden nur berücksichtigt, soweit sie nachträglich entstanden sind.

(4) Eine zum Nachteil des Mieters abweichende Vereinbarung ist unwirksam.

Kapitel 6. Besonderheiten bei der Bildung von Wohnungseigentum an vermieteten Wohnungen

§ 577 Vorkaufsrecht des Mieters

(1) Werden vermietete Wohnräume, an denen nach der Überlassung an den Mieter Wohnungseigentum begründet worden ist oder begründet werden soll, an einen Dritten verkauft, so ist der Mieter zum Vorkauf berechtigt. Dies gilt nicht, wenn der Vermieter die Wohnräume an einen Familienangehörigen oder an einen Angehörigen seines Haushalts verkauft. Soweit sich nicht aus den nachfolgenden Absätzen etwas anderes ergibt, finden auf das Vorkaufsrecht die Vorschriften über den Vorkauf Anwendung.

(2) Die Mitteilung des Verkäufers oder des Dritten über den Inhalt des Kaufvertrags ist mit einer Unterrichtung des Mieters über sein Vorkaufsrecht zu verbinden.

(3) Die Ausübung des Vorkaufsrechts erfolgt durch schriftliche Erklärung des Mieters gegenüber dem Verkäufer.

(4) Stirbt der Mieter, so geht das Vorkaufsrecht auf diejenigen über, die in das Mietverhältnis nach § 563 Abs. 1 oder 2 eintreten.

Anh. III Gesetze mit Bezug auf das Wohnungseigentum

(5) Eine zum Nachteil des Mieters abweichende Vereinbarung ist unwirksam.

§ 577 a Kündigungsbeschränkung bei Wohnungsumwandlung

(1) Ist an vermieteten Wohnräumen nach der Überlassung an den Mieter Wohnungseigentum begründet und das Wohnungseigentum veräußert worden, so kann sich ein Erwerber auf berechtigte Interessen im Sinne des § 573 Abs. 2 Nr. 2 oder 3 erst nach Ablauf von drei Jahren seit der Veräußerung berufen.

(2) Die Frist nach Absatz 1 beträgt bis zu zehn Jahre, wenn die ausreichende Versorgung der Bevölkerung mit Mietwohnungen zu angemessenen Bedingungen in einer Gemeinde oder einem Teil einer Gemeinde besonders gefährdet ist und diese Gebiete nach Satz 2 bestimmt sind. Die Landesregierungen werden ermächtigt, diese Gebiete und die Frist nach Satz 1 durch Rechtsverordnung für die Dauer von jeweils höchstens zehn Jahren zu bestimmen.

(3) Eine zum Nachteil des Mieters abweichende Vereinbarung ist unwirksam.

1 a. Gesetz zur Regelung der Wohnungsvermittlung

vom 4. November 1971 (BGBl. I S. 1745, 1747)

zuletzt geändert durch Art. 8 des Gesetzes vom 9. Dezember 2004 (BGBl. I S. 3214)

– WoVermRG –

§ 1

(1) Wohnungsvermittler im Sinne des Gesetzes ist , wer den Abschluss von Mietverträgen über Wohnräume vermittelt oder die Gelegenheit zum Abschluss von Mietverträgen über Wohnräume nachweist.

(2) Zu den Wohnräumen im Sinne dieses Gesetzes gehören auch solche Geschäftsräume, die wegen ihres räumlichen oder wirtschaftlichen Zusammenhangs mit Wohnräumen mit diesen zusammen vermietet werden.

(3) Die Vorschriften dieses Gesetzes gelten nicht für die Vermittlung oder den Nachweis der Gelegenheit zum Abschluss von Mietverträgen über Wohnräume im Fremdenverkehr.

§ 2

(1) Ein Anspruch auf Entgelt für die Vermittlung oder den Nachweis der Gelegenheit zum Abschluss von Mietverträgen über Wohnräume steht dem Wohnungsvermittler nur zu, wenn infolge seiner Vermittlung oder infolge seines Nachweises ein Mietvertrag zustande kommt.

(2) Ein Anspruch nach Absatz 1 steht dem Wohnungsvermittler nicht zu, wenn

1a. Gesetz zur Regelung der Wohnungsvermittlung   Anh. III

1. durch den Mietvertrag ein Mietverhältnis über dieselben Wohnräume fortgesetzt, verlängert oder erneuert wird,
2. der Mietvertrag über Wohnräume abgeschlossen wird, deren Eigentümer, Verwalter, Mieter oder Vermieter der Wohnungsvermittler ist, oder
3. der Mietvertrag über Wohnräume abgeschlossen wird, deren Eigentümer, Verwalter oder Vermieter eine juristische Person ist, an der der Wohnungsvermittler rechtlich oder wirtschaftlich beteiligt ist. Das Gleiche gilt, wenn eine natürliche oder juristische Person Eigentümer, Verwalter oder Vermieter von Wohnräumen ist und ihrerseits an einer juristischen Person, die sich als Wohnungsvermittler betätigt, rechtlich oder wirtschaftlich beteiligt ist.

(3) Ein Anspruch nach Absatz 1 steht dem Wohnungsvermittler gegenüber dem Wohnungssuchenden nicht zu, wenn der Mietvertrag über öffentlich geförderte Wohnungen oder über sonstige preisgebundene Wohnungen abgeschlossen wird, die nach dem 20. Juni 1948 bezugsfertig geworden sind oder bezugsfertig werden. Satz 1 gilt auch für die nach den §§ 88 d und 88 e des Zweiten Wohnungsbaugesetzes oder nach dem Wohnraumförderungsgesetz geförderten Wohnungen, solange das Belegungsrecht besteht. Das Gleiche gilt für die Vermittlung einzelner Wohnräume der in den Sätzen 1 und 2 genannten Wohnungen.

(4) Vorschüsse dürfen nicht gefordert, vereinbart oder angenommen werden.

(5) Eine abweichende Vereinbarung ist unwirksam.[1]

§ 3

(1) Das Entgelt nach § 2 Abs. 1 ist ein einem Bruchteil oder Vielfachen der Monatsmiete anzugeben.

(2) Der Wohnungsvermittler darf vom Wohnungssuchenden für die Vermittlung oder den Nachweis der Gelegenheit zum Abschluss von Mietverträgen über Wohnräume kein Entgelt fordern, sich versprechen lassen oder annehmen, das zwei Monatsmieten zuzüglich der gesetzlichen Umsatzsteuer übersteigt. Im Falle einer Vereinbarung, durch die der Wohnungssuchende verpflichtet wird, ein vom Vermieter geschuldetes Vermittlungsentgelt zu zahlen, darf das vom Wohnungssuchenden insgesamt zu zahlende Entgelt den in Satz 1 bestimmten Betrag nicht übersteigen. Nebenkosten, über die gesondert abzurechnen ist, bleiben bei der Berechnung der Monatsmiete unberücksichtigt.

(3) Außer dem Entgelt nach § 2 Abs. 1 dürfen für Tätigkeiten, die mit der Vermittlung oder dem Nachweis der Gelegenheit zum Abschluss von Mietverträgen über Wohnräume zusammenhängen, sowie für etwaige Nebenleistungen keine Vergütungen irgendwelcher Art, insbesondere keine Einschreibgebühren, Schreibgebühren oder Auslagenerstattungen, vereinbart oder angenommen werden. Dies gilt nicht, soweit die nachgewiesenen Auslagen eine Monatsmiete übersteigen. Es kann jedoch vereinbart werden, dass

---

[1] § 2: Gilt in Berlin und im Saarland in der Fassung des § 9 Abs. 3.

Anh. III   Gesetze mit Bezug auf das Wohnungseigentum

bei Nichtzustandekommen eines Mietvertrags die in Erfüllung des Auftrags nachweisbar entstandenen Auslagen zu erstatten sind.

(4) Eine Vereinbarung, durch die der Auftraggeber sich in Zusammenhang mit dem Auftrag verpflichtet, Waren zu beziehen oder Dienst- oder Werkleistungen in Anspruch zu nehmen, ist unwirksam. Die Wirksamkeit des Vermittlungsvertrags bleibt unberührt. Satz 1 gilt nicht, wenn die Verpflichtung die Übernahme von Einrichtungs- oder Ausstattungsgegenständen des bisherigen Inhabers der Wohnräume zum Gegenstand hat.

§ 4

Der Wohnungsvermittler und der Auftraggeber können vereinbaren, dass bei Nichterfüllung von vertraglichen Verpflichtungen eine Vertragsstrafe zu zahlen ist. Die Vertragsstrafe darf 10 Prozent des gemäß § 2 Abs. 1 vereinbarten Entgelts, höchstens jedoch 25 EURO nicht übersteigen. § 4 Satz 2: IdF d. Art. 7 Abs. 11 Nr. 1 G v. 27. 6. 2000 I 897 mWv 30. 6. 2000.

§ 4 a

(1) Eine Vereinbarung, die den Wohnungssuchenden oder für ihn einen Dritten verpflichtet, ein Entgelt dafür zu leisten, dass der bisherige Mieter die gemieteten Wohnräume räumt, ist unwirksam. Die Erstattung von Kosten, die dem bisherigen Mieter nachweislich für den Umzug entstehen, ist davon ausgenommen.

(2) Ein Vertrag, durch den der Wohnungssuchende sich im Zusammenhang mit dem Abschluss eines Mietvertrages über Wohnräume verpflichtet, von dem Vermieter oder dem bisherigen Mieter eine Einrichtung oder ein Inventarstück zu erwerben, ist im Zweifel unter der aufschiebenden Bedingung geschlossen, dass der Mietvertrag zustande kommt. Die Vereinbarung über das Entgelt ist unwirksam, soweit dieses in einem auffälligen Missverhältnis zum Wert der Einrichtung oder des Inventarstücks steht.

§ 5

(1) Soweit an den Wohnungsvermittler ein ihm nach diesem Gesetz nicht zustehendes Entgelt, eine Vergütung anderer Art, eine Auslagenerstattung, ein Vorschuss oder eine Vertragsstrafe, die den in § 4 genannten Satz übersteigt, geleistet worden ist, kann die Leistung nach den allgemeinen Vorschriften des bürgerlichen Rechts zurückgefordert werden; die Vorschrift des § 817 Satz 2 des Bürgerlichen Gesetzbuchs ist nicht anzuwenden.

(2) Soweit Leistungen auf Grund von Vereinbarungen erbracht worden sind, die nach § 3 Abs. 2 Satz 2 oder § 4 a unwirksam oder nicht wirksam geworden sind, ist Absatz 1 entsprechend anzuwenden.

§ 6

(1) Der Wohnungsvermittler darf Wohnräume nur anbieten, wenn er dazu einen Auftrag von dem Vermieter oder einem anderen Berechtigten hat.

(2) Der Wohnungsvermittler darf öffentlich, insbesondere in Zeitungsanzeigen, auf Aushängetafeln und dergleichen, nur unter Angabe seines Namens und der Bezeichnung als Wohnungsvermittler Wohnräume anbieten

oder suchen; bietet er Wohnräume an, so hat er auch den Mietpreis der Wohnräume anzugeben und darauf hinzuweisen, ob Nebenleistungen besonders zu vergüten sind.

§ 7

Die Vorschriften des § 3 Abs. 1 und des § 6 gelten nur, soweit der Wohnungsvermittler die in § 1 Abs. 1. Bezeichnete Tätigkeit gewerbsmäßig ausübt.

§ 8

(1) Ordnungswidrig handelt, wer als Wohnungsvermittler vorsätzlich oder fahrlässig
1. entgegen § 3 Abs. 1 das Entgelt nicht in einem Bruchteil oder Vielfachen der Monatsmiete angibt,
2. entgegen § 3 Abs. 2 ein Entgelt fordert, sich versprechen lässt oder annimmt, das den dort genannten Betrag übersteigt,
3. entgegen § 6 Abs. 1 ohne Auftrag Wohnräume anbietet oder
4. entgegen § 6 Abs. 2 seinen Namen, die Bezeichnung als Wohnungsvermittler oder den Mietpreis nicht angibt oder auf Nebenkosten nicht hinweist.

(2) Die Ordnungswidrigkeit nach Absatz 1 Nr. 2 kann mit einer Geldbuße bis zu 25.000 EURO, die Ordnungswidrigkeit nach Absatz 1 Nr. 1, 3 und 4 mit einer Geldbuße bis zu 2.500 EURO geahndet werden.

§ 9

(1) (gegenstandslos)

(2) (aufgehoben)

(3) § 2 gilt für das Land Berlin und für das Saarland mit der Maßgabe, dass das Datum „20. Juni 1948" für das Land Berlin durch das Datum „24. Juni 1948", für das Saarland durch das Datum „1. April 1848" zu ersetzen ist.

Anh. III Gesetze mit Bezug auf das Wohnungseigentum

2. Verjährung und Allgemeines Schuldrecht

– Auszug aus dem BGB –[1) 2)]

Buch 1. Allgemeiner Teil
Abschnitt 5. Die Verjährung
Titel 1. Gegenstand und Dauer der Verjährung

§ 194 Gegenstand der Verjährung

(1) Das Recht, von einem anderen ein Tun oder Unterlassen zu verlangen (Anspruch), unterliegt der Verjährung.

(2) Ansprüche aus einem familienrechtlichen Verhältnis unterliegen der Verjährung nicht, soweit sie auf die Herstellung des dem Verhältnis entsprechenden Zustand für die Zukunft gerichtet sind.

§ 195 Regelmäßige Verjährungsfrist

Die regelmäßige Verjährungsfrist beträgt drei Jahre.

§ 196 Verjährungsfrist bei Rechten an einem Grundstück

Ansprüche auf Übertragung des Eigentums an einem Grundstück sowie auf Begründung, Übertragung oder Aufhebung eines Rechts an einem Grundstück oder auf Änderung des Inhalts eines solchen Rechts sowie die Ansprüche auf die Gegenleistung verjähren in zehn Jahren.

§ 197 Dreißigjährige Verjährungsfrist

(1) In 30 Jahren verjähren, soweit nicht ein anderes bestimmt ist,
1. Herausgabeansprüche aus Eigentum und anderen dinglichen Rechten,
2. familien- und erbrechtliche Ansprüche,
3. rechtskräftig festgestellte Ansprüche,
4. Ansprüche aus vollstreckbaren Vergleichen oder vollstreckbaren Urkunden,
5. Ansprüche, die durch die im Insolvenzverfahren erfolgte Feststellung vollstreckbar geworden sind und
6. Ansprüche auf Erstattung der Kosten der Zwangsvollstreckung.

(2) Soweit Ansprüche nach Absatz 1 Nr. 2 regelmäßig wiederkehrende Leistungen oder Unterhaltsleistungen und Ansprüche nach Absatz 1 Nr. 3 bis 5 künftig fällig werdende regelmäßig wiederkehrende Leistungen zum

---

[1)] Fundstelle vgl. Fn. 1) auf S. 814.
[2)] Von den Vorschriften des Schuldrechts wurden die für die am WE Beteiligten wichtigsten abgedruckt. Von Relevanz dürften dabei die Verjährung, Basiszinssatz, Verpflichtung zur Leistung, Verträge über Grundstücke sowie die verbundenen Immobiliengeschäfte sein.

2. Verjährung/Schuldrecht – Auszug aus dem BGB Anh. III

Inhalt haben, tritt an die Stelle der Verjährungsfrist von 30 Jahren die regelmäßige Verjährungsfrist.

§ 198 Verjährung bei Rechtsnachfolge

Gelangt eine Sache, hinsichtlich derer ein dinglicher Anspruch besteht, durch Rechtsnachfolge in den Besitz eines Dritten, so kommt die während des Besitzes des Rechtsvorgängers verstrichene Verjährungszeit dem Rechtsnachfolger zugute.

§ 199 Beginn der regelmäßigen Verjährungsfrist und Höchstfristen

(1) Die regelmäßige Verjährungsfrist beginnt mit dem Schluss des Jahres in dem

1. der Anspruch entstanden ist und
2. der Gläubiger von den den Anspruch begründenden Umständen und der Person des Schuldners Kenntnis erlangt oder ohne grobe Fahrlässigkeit erlangen müsste.

(2) Schadensersatzansprüche, die auf der Verletzung des Lebens, des Körpers, der Gesundheit oder der Freiheit beruhen, verjähren ohne Rücksicht auf ihre Entstehung und die Kenntnis oder grob fahrlässige Unkenntnis in 30 Jahren von der Begehung der Handlung, der Pflichtverletzung oder dem sonstigen, den Schaden auslösenden Ereignis an.

(3) Sonstige Schadensersatzansprüche verjähren

1. ohne Rücksicht auf die Kenntnis oder grob fahrlässige Unkenntnis in zehn Jahren von ihrer Entstehung an und
2. ohne Rücksicht auf ihre Entstehung und die Kenntnis oder grob fahrlässige Unkenntnis in 30 Jahren von der Begehung der Handlung, der Pflichtverletzung oder dem sonstigen, den Schaden auslösenden Ereignis an.

Maßgeblich ist die früher endende Frist.

(4) Andere Ansprüche als Schadensersatzansprüche verjähren ohne Rücksicht auf die Kenntnis oder grob fahrlässige Unkenntnis in zehn Jahren von ihrer Entstehung an.

(5) Geht der Anspruch auf ein Unterlassen, so tritt an die Stelle der Entstehung die Zuwiderhandlung.

§ 200 Beginn anderer Verjährungsfristen

Die Verjährungsfrist von Ansprüchen, die nicht der regelmäßigen Verjährungsfrist unterliegen, beginnt mit der Entstehung des Anspruchs, soweit nicht ein anderer Verjährungsbeginn bestimmt ist. § 199 Abs. 5 findet entsprechende Anwendung.

§ 201 Beginn der Verjährungsfrist von festgestellten Ansprüchen

Die Verjährung von Ansprüchen der in § 197 Abs. 1 Nr. 3 bis 6 bezeichneten Art beginnt mit der Rechtskraft der Entscheidung, der Errichtung des vollstreckbaren Titels oder der Feststellung im Insolvenzverfahren, nicht

Anh. III Gesetze mit Bezug auf das Wohnungseigentum

jedoch vor der Entstehung des Anspruchs. § 199 Abs. 5 findet entsprechende Anwendung.

§ 202 Unzulässigkeit von Vereinbarungen über die Verjährung

(1) Die Verjährung kann bei Haftung wegen Vorsatzes nicht im Voraus durch Rechtsgeschäft erleichtert werden.

(2) Die Verjährung kann durch Rechtsgeschäft nicht über eine Verjährungsfrist von 30 Jahren ab dem gesetzlichen Verjährungsbeginn hinaus erschwert werden.

Titel 2. Hemmung, Ablaufhemmung und Neubeginn der Verjährung

§ 203 Hemmung der Verjährung bei Verhandlungen

Schweben zwischen dem Schuldner und dem Gläubiger Verhandlungen über den Anspruch oder die den Anspruch begründenden Umstände, so ist die Verjährung gehemmt, bis der eine oder der andere Teil die Fortsetzung der Verhandlungen verweigert. Die Verjährung tritt frühestens drei Monate nach dem Ende der Hemmung ein.

§ 204 Hemmung der Verjährung durch Rechtsverfolgung

(1) Die Verjährung wird gehemmt durch

1. die Erhebung der Klage auf Leistung oder auf Feststellung des Anspruchs, auf Erteilung der Vollstreckungsklausel oder auf Erlass des Vollstreckungsurteils,
2. die Zustellung des Antrags im vereinfachten Verfahren über den Unterhalt Minderjähriger,
3. die Zustellung des Mahnbescheids im Mahnverfahren.
4. –14. (hier nicht abgedruckt)

(2), (3) *(hier nicht abgedruckt)*

Buch 2. Recht der Schuldverhältnisse

Abschnitt 1. Inhalt der Schuldverhältnisse

Titel 1. Verpflichtung zur Leistung

§ 247 Basiszinssatz

(1) Der Basiszinssatz beträgt 3,62 Prozent. Er verändert sich zum 1. Januar und 1. Juli eines jeden Jahres um die Prozentpunkte, um welche die Bezugsgröße seit der letzten Veränderung des Basiszinssatzes gestiegen oder gefallen ist. Bezugsgröße ist der Zinssatz für die jüngste Hauptrefinanzierungsoperation der Europäischen Zentralbank vor dem ersten Kalendertag des betreffenden Halbjahres.

2. Verjährung/Schuldrecht – Auszug aus dem BGB Anh. III

(2) Die Deutsche Bundesbank gibt den geltenden Basiszinssatz unverzüglich nach den in Absatz 1 Satz 2 genannten Zeitpunkten im Bundesanzeiger bekannt.[1]

§ 275 Ausschluss der Leistungspflicht

(1) Der Anspruch auf Leistung ist ausgeschlossen, soweit diese für den Schuldner oder für jedermann unmöglich ist.

(2) Der Schuldner kann die Leistung verweigern, soweit diese einen Aufwand erfordert, der unter Beachtung des Inhalts des Schuldverhältnisses und der Gebote von Treu und Glauben in einem groben Missverhältnis zu dem Leistungsinteresse des Gläubigers steht. Bei der Bestimmung der dem Schuldner zuzumutenden Anstrengungen ist auch zu berücksichtigen, ob der Schuldner das Leistungshindernis zu vertreten hat.

(3) Der Schuldner kann die Leistung ferner verweigern, wenn er die Leistung persönlich zu erbringen hat und sie ihm unter Abwägung des seiner Leistung entgegenstehenden Hindernisses mit dem Leistungsinteresse des Gläubigers nicht zugemutet werden kann.

(4) Die Rechte des Gläubigers bestimmen sich nach den §§ 280, 283 bis 285, 311a und 326.

§ 276 Verantwortlichkeit des Schuldners

(1) Der Schuldner hat Vorsatz und Fahrlässigkeit zu vertreten, wenn eine strengere oder mildere Haftung weder bestimmt noch aus dem sonstigen Inhalt des Schuldverhältnisses, insbesondere aus der Übernahme einer Garantie oder eines Beschaffungsrisikos zu entnehmen ist. Die Vorschriften der §§ 827 und 828 finden entsprechende Anwendung.

(2) Fahrlässig handelt, wer die im Verkehr erforderliche Sorgfalt außer Acht lässt.

(3) Die Haftung wegen Vorsatzes kann dem Schuldner nicht im Voraus erlassen werden.

§ 280 Schadensersatz wegen Pflichtverletzung

(1) Verletzt der Schuldner eine Pflicht aus dem Schuldverhältnis, so kann der Gläubiger Ersatz des hierdurch entstehenden Schadens verlangen. Dies gilt nicht, wenn der Schuldner die Pflichtverletzung nicht zu vertreten hat.

(2) Schadensersatz wegen Verzögerung der Leistung kann der Gläubiger nur unter der zusätzlichen Voraussetzung des § 286 verlangen.

(3) Schadensersatz statt der Leistung kann der Gläubiger nur unter den zusätzlichen Voraussetzungen des § 281, des § 282 oder des § 283 verlangen.

---

[1] Seit 1. 1. 2010 beträgt der Basiszinssatz 0,12%. Er ersetzt den Diskontsatz der Deutschen Bundesbank und damit die beiden bisher unterschiedlichen Basiszinssätze (G v. 26. 3. 2002, BGBl. I S. 1219, in Kraft getreten zum 4. 4. 2002). Der gesetzliche Verzugszins beträgt nach § 288 Abs. 1 BGB damit ab 1. 1. 2010 5,12% und nach dessen Abs. 2 sogar 8,12%.

§ 281 Schadensersatz statt der Leistung wegen nicht oder nicht wie geschuldet erbrachter Leistung

(1) Soweit der Schuldner die fällige Leistung nicht oder nicht wie geschuldet erbringt, kann der Gläubiger unter den Voraussetzungen des § 280 Abs. 1 Schadensersatz statt der Leistung verlangen, wenn er dem Schuldner erfolglos eine angemessene Frist zur Leistung oder Nacherfüllung bestimmt hat. Hat der Schuldner eine Teilleistung bewirkt, so kann der Gläubiger Schadensersatz statt der ganzen Leistung nur verlangen, wenn er an der Teilleistung kein Interesse hat. Hat der Schuldner die Leistung nicht wie geschuldet bewirkt, so kann der Gläubiger Schadensersatz statt der ganzen Leistung nicht verlangen, wenn die Pflichtverletzung unerheblich ist.

(2) Die Fristsetzung ist entbehrlich, wenn der Schuldner die Leistung ernsthaft und endgültig verweigert oder wenn besondere Umstände vorliegen, die unter Abwägung der beiderseitigen Interessen die sofortige Geltendmachung des Schadensersatzanspruchs rechtfertigen.

(3) Kommt nach der Art der Pflichtverletzung eine Fristsetzung nicht in Betracht, so tritt an deren Stelle eine Abmahnung.

(4) Der Anspruch auf die Leistung ist ausgeschlossen, sobald der Gläubiger statt der Leistung Schadensersatz verlangt hat.

(5) Verlangt der Gläubiger Schadensersatz statt der ganzen Leistung, so ist der Schuldner zur Rückforderung des Geleisteten nach den §§ 346 bis 348 berechtigt.

§ 282 Schadensersatz statt der Leistung wegen Verletzung einer Pflicht nach § 241 Abs. 2

Verletzt der Schuldner eine Pflicht nach § 241 Abs. 2, kann der Gläubiger unter den Voraussetzungen des § 280 Abs. 1 Schadensersatz statt der Leistung verlangen, wenn ihm die Leistung durch den Schuldner nicht mehr zuzumuten ist.

§ 283 Schadensersatz statt der Leistung bei Ausschluss der Leistungspflicht

Braucht der Schuldner nach § 275 Abs. 1 bis 3 nicht zu leisten, kann der Gläubiger unter den Voraussetzungen des § 280 Abs. 1 Schadensersatz statt der Leistung verlangen. § 281 Abs. 1 Satz 2 und 3 und Abs. 5 findet entsprechende Anwendung.

§ 284 Ersatz vergeblicher Aufwendungen

Anstelle des Schadensersatzes statt der Leistung kann der Gläubiger Ersatz der Aufwendungen verlangen, die er im Vertrauen auf den Erhalt der Leistung gemacht hat und billigerweise machen durfte, es sei denn, deren Zweck wäre auch ohne die Pflichtverletzung des Schuldners nicht erreicht worden.

2. Verjährung/Schuldrecht – Auszug aus dem BGB Anh. III

§ 285 Herausgabe des Ersatzes

(1) Erlangt der Schuldner infolge des Umstands, auf Grund dessen er die Leistung nach § 275 Abs. 1 bis 3 nicht zu erbringen braucht, für den geschuldeten Gegenstand einen Ersatz oder einen Ersatzanspruch, so kann der Gläubiger Herausgabe des als Ersatz Empfangenen oder Abtretung des Ersatzanspruchs verlangen.

(2) Kann der Gläubiger statt der Leistung Schadensersatz verlangen, so mindert sich dieser, wenn er von dem in Absatz 1 bestimmten Recht Gebrauch macht, um den Wert des erlangten Ersatzes oder Ersatzanspruchs.

§ 286 Verzug des Schuldners

(1) Leistet der Schuldner auf eine Mahnung des Gläubigers nicht, die nach dem Eintritt der Fälligkeit erfolgt, so kommt er durch die Mahnung in Verzug. Der Mahnung stehen die Erhebung der Klage auf die Leistung sowie die Zustellung eines Mahnbescheids im Mahnverfahren gleich.

(2) Der Mahnung bedarf es nicht, wenn

1. für die Leistung eine Zeit nach dem Kalender bestimmt ist,
2. der Leistung ein Ereignis vorauszugehen hat und eine angemessene Zeit für die Leistung in der Weise bestimmt ist, dass sie sich von dem Ereignis an nach dem Kalender berechnen lässt,
3. der Schuldner die Leistung ernsthaft und endgültig verweigert,
4. aus besonderen Gründen unter Abwägung der beiderseitigen Interessen der sofortige Eintritt des Verzugs gerechtfertigt ist.

(3) Der Schuldner einer Entgeltforderung kommt spätestens in Verzug, wenn er nicht innerhalb von 30 Tagen nach Fälligkeit und Zugang einer Rechnung oder gleichwertigen Zahlungsaufstellung leistet; dies gilt gegenüber einem Schuldner, der Verbraucher ist, nur, wenn auf diese Folgen in der Rechnung oder Zahlungsaufstellung besonders hingewiesen worden ist. Wenn der Zeitpunkt des Zugangs der Rechnung oder Zahlungsaufstellung unsicher ist, kommt der Schuldner, der nicht Verbraucher ist, spätestens 30 Tage nach Fälligkeit und Empfang der Gegenleistung in Verzug.

(4) Der Schuldner kommt nicht in Verzug, solange die Leistung infolge eines Umstands unterbleibt, den er nicht zu vertreten hat.

§ 287 Verantwortlichkeit während des Verzugs

Der Schuldner hat während des Verzugs jede Fahrlässigkeit zu vertreten. Er haftet wegen der Leistung auch für Zufall, es sei denn, dass der Schaden auch bei rechtzeitiger Leistung eingetreten sein würde.

§ 288 Verzugszinsen

(1) Eine Geldschuld ist während des Verzugs zu verzinsen. Der Verzugszinssatz beträgt für das Jahr fünf Prozentpunkte über dem Basiszinssatz.[1)]

[1)] Seit 1. 1. 2010 beträgt der Basiszinssatz 0,12%. Vgl. im Übrigen die Fußnote zu § 247 Abs. 2 BGB (oben Seite 826).

Anh. III Gesetze mit Bezug auf das Wohnungseigentum

(2) Bei Rechtsgeschäften, an denen ein Verbraucher nicht beteiligt ist, beträgt der Zinssatz für Entgeltforderungen acht Prozentpunkte über dem Basiszinssatz.

(3) Der Gläubiger kann aus einem anderen Rechtsgrund höhere Zinsen verlangen.

(4) Die Geltendmachung eines weiteren Schadens ist nicht ausgeschlossen.

Abschnitt 2.*) Gestaltung rechtsgeschäftlicher Schuldverhältnisse durch Allgemeine Geschäftsbedingungen

§ 305 Einbeziehung Allgemeiner Geschäftsbedingungen in den Vertrag

(1) Allgemeine Geschäftsbedingungen sind alle für eine Vielzahl von Verträgen vorformulierten Vertragsbedingungen, die eine Vertragspartei (Verwender) der anderen Vertragspartei bei Abschluss eines Vertrags stellt. Gleichgültig ist, ob die Bestimmungen einen äußerlich gesonderten Bestandteil des Vertrags bilden oder in die Vertragsurkunde selbst aufgenommen werden, welchen Umfang sie haben, in welcher Schriftart sie verfasst sind und welche Form der Vertrag hat. Allgemeine Geschäftsbedingungen liegen nicht vor, soweit die Vertragsbedingungen zwischen den Vertragsparteien im Einzelnen ausgehandelt sind.

(2) Allgemeine Geschäftsbedingungen werden nur dann Bestandteil eines Vertrags, wenn der Verwender bei Vertragsschluss

1. die andere Vertragspartei ausdrücklich oder, wenn ein ausdrücklicher Hinweis wegen der Art des Vertragsschlusses nur unter unverhältnismäßigen Schwierigkeiten möglich ist, durch deutlich sichtbaren Aushang am Ort des Vertragsschlusses auf sie hinweist und
2. der anderen Vertragspartei die Möglichkeit verschafft, in zumutbarer Weise, die auch eine für den Verwender erkennbare körperliche Behinderung der anderen Vertragspartei angemessen berücksichtigt, von ihrem Inhalt Kenntnis zu nehmen,

und wenn die andere Vertragspartei mit ihrer Geltung einverstanden ist.

(3) Die Vertragsparteien können für eine bestimmte Art von Rechtsgeschäften die Geltung bestimmter Allgemeiner Geschäftsbedingungen unter Beachtung der in Absatz 2 bezeichneten Erfordernisse im Voraus vereinbaren.

§ 305 a Einbeziehung in besonderen Fällen

Auch ohne Einhaltung der in § 305 Abs. 2 Nr. 1 und 2 bezeichneten Erfordernisse werden einbezogen, wenn die andere Vertragspartei mit ihrer Geltung einverstanden ist,

---

*) **Amtl. Anm.:** Dieser Abschnitt dient auch der Umsetzung der Richtlinie 93/13/EWG des Rates vom 5. April 1993 über missbräuchliche Klauseln in Verbraucherverträgen (ABl. EG Nr. L 95 S. 29).

2. Verjährung/Schuldrecht – Auszug aus dem BGB Anh. III

1. die mit Genehmigung der zuständigen Verkehrsbehörde oder auf Grund von internationalen Übereinkommen erlassenen Tarife und Ausführungsbestimmungen der Eisenbahnen und die nach Maßgabe des Personenbeförderungsgesetzes genehmigten Beförderungsbedingungen der Straßenbahnen, Obusse und Kraftfahrzeuge im Linienverkehr in den Beförderungsvertrag,
2. die im Amtsblatt der Regulierungsbehörde für Telekommunikation und Post veröffentlichten und in den Geschäftsstellen des Verwenders bereitgehaltenen Allgemeinen Geschäftsbedingungen
   a) in Beförderungsverträge, die außerhalb von Geschäftsräumen durch den Einwurf von Postsendungen in Briefkästen abgeschlossen werden,
   b) in Verträge über Telekommunikations-, Informations- und andere Dienstleistungen, die unmittelbar durch Einsatz von Fernkommunikationsmitteln und während der Erbringung einer Telekommunikationsdienstleistung in einem Mal erbracht werden, wenn die Allgemeinen Geschäftsbedingungen der anderen Vertragspartei nur unter unverhältnismäßigen Schwierigkeiten vor dem Vertragsschluss zugänglich gemacht werden können.

§ 305 b Vorrang der Individualabrede

Individuelle Vertragsabreden haben Vorrang vor Allgemeinen Geschäftsbedingungen.

§ 305 c Überraschende und mehrdeutige Klauseln

(1) Bestimmungen in Allgemeinen Geschäftsbedingungen, die nach den Umständen, insbesondere nach dem äußeren Erscheinungsbild des Vertrags, so ungewöhnlich sind, dass der Vertragspartner des Verwenders mit ihnen nicht zu rechnen braucht, werden nicht Vertragsbestandteil.

(2) Zweifel bei der Auslegung Allgemeiner Geschäftsbedingungen gehen zu Lasten des Verwenders.

§ 306 Rechtsfolgen bei Nichteinbeziehung und Unwirksamkeit

(1) Sind Allgemeine Geschäftsbedingungen ganz oder teilweise nicht Vertragsbestandteil geworden oder unwirksam, so bleibt der Vertrag im Übrigen wirksam.

(2) Soweit die Bestimmungen nicht Vertragsbestandteil geworden oder unwirksam sind, richtet sich der Inhalt des Vertrags nach den gesetzlichen Vorschriften.

(3) Der Vertrag ist unwirksam, wenn das Festhalten an ihm auch unter Berücksichtigung der nach Absatz 2 vorgesehenen Änderung eine unzumutbare Härte für eine Vertragspartei darstellen würde.

§ 306 a Umgehungsverbot

Die Vorschriften dieses Abschnitts finden auch Anwendung, wenn sie durch anderweitige Gestaltungen umgangen werden.

Anh. III Gesetze mit Bezug auf das Wohnungseigentum

§ 307 Inhaltskontrolle

(1) Bestimmungen in Allgemeinen Geschäftsbedingungen sind unwirksam, wenn sie den Vertragspartner des Verwenders entgegen den Geboten von Treu und Glauben unangemessen benachteiligen. Eine unangemessene Benachteiligung kann sich auch daraus ergeben, dass die Bestimmung nicht klar und verständlich ist.

(2) Eine unangemessene Benachteiligung ist im Zweifel anzunehmen, wenn eine Bestimmung

1. mit wesentlichen Grundgedanken der gesetzlichen Regelung, von der abgewichen wird, nicht zu vereinbaren ist oder
2. wesentliche Rechte oder Pflichten, die sich aus der Natur des Vertrags ergeben, so einschränkt, dass die Erreichung des Vertragszwecks gefährdet ist.

(3) Die Absätze 1 und 2 sowie die §§ 308 und 309 gelten nur für Bestimmungen in Allgemeinen Geschäftsbedingungen, durch die von Rechtsvorschriften abweichende oder diese ergänzende Regelungen vereinbart werden. Andere Bestimmungen können nach Absatz 1 Satz 2 in Verbindung mit Absatz 1 Satz 1 unwirksam sein.

§ 308 Klauselverbote mit Wertungsmöglichkeit

In Allgemeinen Geschäftsbedingungen ist insbesondere unwirksam

1. (Annahme- und Leistungsfrist)
   eine Bestimmung, durch die sich der Verwender unangemessen lange oder nicht hinreichend bestimmte Fristen für die Annahme oder Ablehnung eines Angebots oder die Erbringung einer Leistung vorbehält; ausgenommen hiervon ist der Vorbehalt, erst nach Ablauf der Widerrufs- oder Rückgabefrist nach § 355 Abs. 1 und 2 und § 356 zu leisten;
2. (Nachfrist)
   eine Bestimmung, durch die sich der Verwender für die von ihm zu bewirkende Leistung abweichend von Rechtsvorschriften eine unangemessen lange oder nicht hinreichend bestimmte Nachfrist vorbehält;
3. (Rücktrittsvorbehalt)
   die Vereinbarung eines Rechts des Verwenders, sich ohne sachlich gerechtfertigten und im Vertrag angegebenen Grund von seiner Leistungspflicht zu lösen; dies gilt nicht für Dauerschuldverhältnisse;
4. (Änderungsvorbehalt)
   die Vereinbarung eines Rechts des Verwenders, die versprochene Leistung zu ändern oder von ihr abzuweichen, wenn nicht die Vereinbarung der Änderung oder Abweichung unter Berücksichtigung der Interessen des Verwenders für den anderen Vertragsteil zumutbar ist;
5. (Fingierte Erklärungen)
   eine Bestimmung, wonach eine Erklärung des Vertragspartners des Verwenders bei Vornahme oder Unterlassung einer bestimmten Handlung als von ihm abgegeben oder nicht abgegeben gilt, es sei denn, dass
   a) dem Vertragspartner eine angemessene Frist zur Abgabe einer ausdrücklichen Erklärung eingeräumt ist und

2. Verjährung/Schuldrecht – Auszug aus dem BGB Anh. III

    b) der Verwender sich verpflichtet, den Vertragspartner bei Beginn der Frist auf die vorgesehene Bedeutung seines Verhaltens besonders hinzuweisen;
dies gilt nicht für Verträge, in die Teil B der Verdingungsordnung für Bauleistungen insgesamt einbezogen ist;

6. (Fiktion des Zugangs)
eine Bestimmung, die vorsieht, dass eine Erklärung des Verwenders von besonderer Bedeutung dem anderen Vertragsteil als zugegangen gilt;

7. (Abwicklung von Verträgen)
eine Bestimmung, nach der der Verwender für den Fall, dass eine Vertragspartei vom Vertrag zurücktritt oder den Vertrag kündigt,
    a) eine unangemessen hohe Vergütung für die Nutzung oder den Gebrauch einer Sache oder eines Rechts oder für erbrachte Leistungen oder
    b) einen unangemessen hohen Ersatz von Aufwendungen verlangen kann;

8. (Nichtverfügbarkeit der Leistung)
die nach Nummer 3 zulässige Vereinbarung eines Vorbehalts des Verwenders, sich von der Verpflichtung zur Erfüllung des Vertrags bei Nichtverfügbarkeit der Leistung zu lösen, wenn sich der Verwender nicht verpflichtet,
    a) den Vertragspartner unverzüglich über die Nichtverfügbarkeit zu informieren und
    b) Gegenleistungen des Vertragspartners unverzüglich zu erstatten.

§ 309 Klauselverbote ohne Wertungsmöglichkeit

Auch soweit eine Abweichung von den gesetzlichen Vorschriften zulässig ist, ist in Allgemeinen Geschäftsbedingungen unwirksam

1. (Kurzfristige Preiserhöhungen)
eine Bestimmung, welche die Erhöhung des Entgelts für Waren oder Leistungen vorsieht, die innerhalb von vier Monaten nach Vertragsschluss geliefert oder erbracht werden sollen; dies gilt nicht bei Waren oder Leistungen, die im Rahmen von Dauerschuldverhältnissen geliefert oder erbracht werden;

2. (Leistungsverweigerungsrechte)
eine Bestimmung, durch die
    a) das Leistungsverweigerungsrecht, das dem Vertragspartner des Verwenders nach § 320 zusteht, ausgeschlossen oder eingeschränkt wird oder
    b) ein dem Vertragspartner des Verwenders zustehendes Zurückbehaltungsrecht, soweit es auf demselben Vertragsverhältnis beruht, ausgeschlossen oder eingeschränkt, insbesondere von der Anerkennung von Mängeln durch den Verwender abhängig gemacht wird;

3. (Aufrechnungsverbot)
eine Bestimmung, durch die dem Vertragspartner des Verwenders die Befugnis genommen wird, mit einer unbestrittenen oder rechtskräftig festgestellten Forderung aufzurechnen;

Anh. III   Gesetze mit Bezug auf das Wohnungseigentum

4. (Mahnung, Fristsetzung)
   eine Bestimmung, durch die der Verwender von der gesetzlichen Obliegenheit freigestellt wird, den anderen Vertragsteil zu mahnen oder ihm eine Frist für die Leistung oder Nacherfüllung zu setzen;
5. (Pauschalierung von Schadensersatzansprüchen)
   die Vereinbarung eines pauschalierten Anspruchs des Verwenders auf Schadensersatz oder Ersatz einer Wertminderung, wenn
   a) die Pauschale den in den geregelten Fällen nach dem gewöhnlichen Lauf der Dinge zu erwartenden Schaden oder die gewöhnlich eintretende Wertminderung übersteigt oder
   b) dem anderen Vertragsteil nicht ausdrücklich der Nachweis gestattet wird, ein Schaden oder eine Wertminderung sei überhaupt nicht entstanden oder wesentlich niedriger als die Pauschale;
6. (Vertragsstrafe)
   eine Bestimmung, durch die dem Verwender für den Fall der Nichtabnahme oder verspäteten Abnahme der Leistung, des Zahlungsverzugs oder für den Fall, dass der andere Vertragsteil sich vom Vertrag löst, Zahlung einer Vertragsstrafe versprochen wird;
7. (Haftungsausschluss bei Verletzung von Leben, Körper, Gesundheit und bei grobem Verschulden)
   a) (Verletzung von Leben, Körper, Gesundheit)
      ein Ausschluss oder eine Begrenzung der Haftung für Schäden aus der Verletzung des Lebens, des Körpers oder der Gesundheit, die auf einer fahrlässigen Pflichtverletzung des Verwenders oder einer vorsätzlichen oder fahrlässigen Pflichtverletzung eines gesetzlichen Vertreters oder Erfüllungsgehilfen des Verwenders beruhen;
   b) (Grobes Verschulden)
      ein Ausschluss oder eine Begrenzung der Haftung für sonstige Schäden, die auf einer grob fahrlässigen Pflichtverletzung des Verwenders oder auf einer vorsätzlichen oder grob fahrlässigen Pflichtverletzung eines gesetzlichen Vertreters oder Erfüllungsgehilfen des Verwenders beruhen;
   die Buchstaben a und b gelten nicht für Haftungsbeschränkungen in den nach Maßgabe des Personenbeförderungsgesetzes genehmigten Beförderungsbedingungen und Tarifvorschriften der Straßenbahnen, Obusse und Kraftfahrzeuge im Linienverkehr, soweit sie nicht zum Nachteil des Fahrgastes von der Verordnung über die Allgemeinen Beförderungsbedingungen für den Straßenbahn- und Obusverkehr sowie den Linienverkehr mit Kraftfahrzeugen vom 27. Februar 1970 abweichen; Buchstabe b gilt nicht für Haftungsbeschränkungen für staatlich genehmigte Lotterie- oder Ausspielverträge;
8. (Sonstige Haftungsausschlüsse bei Pflichtverletzung)
   a) (Ausschluss des Rechts, sich vom Vertrag zu lösen)
      eine Bestimmung, die bei einer vom Verwender zu vertretenden, nicht in einem Mangel der Kaufsache oder des Werks bestehenden Pflichtverletzung das Recht des anderen Vertragsteils, sich vom Vertrag zu lösen, ausschließt oder einschränkt; dies gilt nicht für die in der Nummer 7 bezeichneten Beförderungsbedingun-

2. Verjährung/Schuldrecht – Auszug aus dem BGB Anh. III

gen und Tarifvorschriften unter den dort genannten Voraussetzungen;
b) (Mängel)
eine Bestimmung, durch die bei Verträgen über Lieferungen neu hergestellter Sachen und über Werkleistungen
   aa) (Ausschluss und Verweisung auf Dritte)
   die Ansprüche gegen den Verwender wegen eines Mangels insgesamt oder bezüglich einzelner Teile ausgeschlossen, auf die Einräumung von Ansprüchen gegen Dritte beschränkt oder von der vorherigen gerichtlichen Inanspruchnahme Dritter abhängig gemacht werden;
   bb) (Beschränkung auf Nacherfüllung)
   die Ansprüche gegen den Verwender insgesamt oder bezüglich einzelner Teile auf ein Recht auf Nacherfüllung beschränkt werden, sofern dem anderen Vertragsteil nicht ausdrücklich das Recht vorbehalten wird, bei Fehlschlagen der Nacherfüllung zu mindern oder, wenn nicht eine Bauleistung Gegenstand der Mängelhaftung ist, nach seiner Wahl vom Vertrag zurückzutreten;
   cc) (Aufwendungen bei Nacherfüllung)
   die Verpflichtung des Verwenders ausgeschlossen oder beschränkt wird, die zum Zwecke der Nacherfüllung erforderlichen Aufwendungen, insbesondere Transport-, Wege-, Arbeits- und Materialkosten, zu tragen;
   dd) (Vorenthalten der Nacherfüllung)
   der Verwender die Nacherfüllung von der vorherigen Zahlung des vollständigen Entgelts oder eines unter Berücksichtigung des Mangels unverhältnismäßig hohen Teils des Entgelts abhängig macht;
   ee) (Ausschlussfrist für Mängelanzeige)
   der Verwender dem anderen Vertragsteil für die Anzeige nicht offensichtlicher Mängel eine Ausschlussfrist setzt, die kürzer ist als die nach dem Doppelbuchstaben ff zulässige Frist;
   ff) (Erleichterung der Verjährung)
   die Verjährung von Ansprüchen gegen den Verwender wegen eines Mangels in den Fällen des § 438 Abs. 1 Nr. 2 und des § 634a Abs. 1 Nr. 2 erleichtert oder in den sonstigen Fällen eine weniger als ein Jahr betragende Verjährungsfrist ab dem gesetzlichen Verjährungsbeginn erreicht wird; dies gilt nicht für Verträge, in die Teil B der Verdingungsordnung für Bauleistungen insgesamt einbezogen ist;
9. (Laufzeit bei Dauerschuldverhältnissen)
bei einem Vertragsverhältnis, das die regelmäßige Lieferung von Waren oder die regelmäßige Erbringung von Dienst- oder Werkleistungen durch den Verwender zum Gegenstand hat,
   a) eine den anderen Vertragsteil länger als zwei Jahre bindende Laufzeit des Vertrags,

b) eine den anderen Vertragsteil bindende stillschweigende Verlängerung des Vertragsverhältnisses um jeweils mehr als ein Jahr oder
c) zu Lasten des anderen Vertragsteils eine längere Kündigungsfrist als drei Monate vor Ablauf der zunächst vorgesehenen oder stillschweigend verlängerten Vertragsdauer;

dies gilt nicht für Verträge über die Lieferung als zusammengehörig verkaufter Sachen, für Versicherungsverträge sowie für Verträge zwischen den Inhabern urheberrechtlicher Rechte und Ansprüche und Verwertungsgesellschaften im Sinne des Gesetzes über die Wahrnehmung von Urheberrechten und verwandten Schutzrechten;

10. (Wechsel des Vertragspartners)
eine Bestimmung, wonach bei Kauf-, Dienst- oder Werkverträgen ein Dritter anstelle des Verwenders in die sich aus dem Vertrag ergebenden Rechte und Pflichten eintritt oder eintreten kann, es sei denn, in der Bestimmung wird
   a) der Dritte namentlich bezeichnet oder
   b) dem anderen Vertragsteil das Recht eingeräumt, sich vom Vertrag zu lösen;
11. (Haftung des Abschlussvertreters)
eine Bestimmung, durch die der Verwender einem Vertreter, der den Vertrag für den anderen Vertragsteil abschließt,
   a) ohne hierauf gerichtete ausdrückliche und gesonderte Erklärung eine eigene Haftung oder Einstandspflicht oder
   b) im Falle vollmachtsloser Vertretung eine über § 179 hinausgehende Haftung
auferlegt;
12. (Beweislast)
eine Bestimmung, durch die der Verwender die Beweislast zum Nachteil des anderen Vertragsteils ändert, insbesondere indem er
   a) diesem die Beweislast für Umstände auferlegt, die im Verantwortungsbereich des Verwenders liegen, oder
   b) den anderen Vertragsteil bestimmte Tatsachen bestätigen lässt;
Buchstabe b gilt nicht für Empfangsbekenntnisse, die gesondert unterschrieben oder mit einer gesonderten qualifizierten elektronischen Signatur versehen sind;
13. (Form von Anzeigen und Erklärungen)
eine Bestimmung, durch die Anzeigen oder Erklärungen, die dem Verwender oder einem Dritten gegenüber abzugeben sind, an eine strengere Form als die Schriftform oder an besondere Zugangserfordernisse gebunden werden.

§ 310 Anwendungsbereich

(1) § 305 Abs. 2 und 3 und die §§ 308 und 309 finden keine Anwendung auf Allgemeine Geschäftsbedingungen, die gegenüber einem Unternehmer, einer juristischen Person des öffentlichen Rechts oder einem öffentlich-rechtlichen Sondervermögen verwendet werden. § 307 Abs. 1 und 2 findet in den Fällen des Satzes 1 auch insoweit Anwendung, als dies zur Unwirksamkeit

2. Verjährung/Schuldrecht – Auszug aus dem BGB **Anh. III**

von in den §§ 308 und 309 genannten Vertragsbestimmungen führt; auf die im Handelsverkehr geltenden Gewohnheiten und Gebräuche ist angemessen Rücksicht zu nehmen.

(2) Die §§ 308 und 309 finden keine Anwendung auf Verträge der Elektrizitäts-, Gas-, Fernwärme- und Wasserversorgungsunternehmen über die Versorgung von Sonderabnehmern mit elektrischer Energie, Gas, Fernwärme und Wasser aus dem Versorgungsnetz, soweit die Versorgungsbedingungen nicht zum Nachteil der Abnehmer von Verordnungen über Allgemeine Bedingungen für die Versorgung von Tarifkunden mit elektrischer Energie, Gas, Fernwärme und Wasser abweichen. Satz 1 gilt entsprechend für Verträge über die Entsorgung von Abwasser.

(3) Bei Verträgen zwischen einem Unternehmer und einem Verbraucher (Verbraucherverträge) finden die Vorschriften dieses Abschnitts mit folgenden Maßgaben Anwendung:
1. Allgemeine Geschäftsbedingungen gelten als vom Unternehmer gestellt, es sei denn, dass sie durch den Verbraucher in den Vertrag eingeführt wurden;
2. § 305c Abs. 2 und die §§ 306 und 307 bis 309 dieses Gesetzes sowie Artikel 29a des Einführungsgesetzes zum Bürgerlichen Gesetzbuche finden auf vorformulierte Vertragsbedingungen auch dann Anwendung, wenn diese nur zur einmaligen Verwendung bestimmt sind und soweit der Verbraucher auf Grund der Vorformulierung auf ihren Inhalt keinen Einfluss nehmen konnte;
3. bei der Beurteilung der unangemessenen Benachteiligung nach § 307 Abs. 1 und 2 sind auch die den Vertragsschluss begleitenden Umstände zu berücksichtigen.

(4) Dieser Abschnitt findet keine Anwendung bei Verträgen auf dem Gebiet des Erb-, Familien- und Gesellschaftsrechts sowie auf Tarifverträge, Betriebs- und Dienstvereinbarungen. Bei der Anwendung auf Arbeitsverträge sind die im Arbeitsrecht geltenden Besonderheiten angemessen zu berücksichtigen; § 305 Abs. 2 und 3 ist nicht anzuwenden. Tarifverträge, Betriebs- und Dienstvereinbarungen stehen Rechtsvorschriften im Sinne von § 307 Abs. 3 gleich.

Abschnitt 3. Schuldverhältnisse aus Verträgen

Titel 1. Begründung, Inhalt und Beendigung

Untertitel 1. Begründung

§ 311 Rechtsgeschäftliche und rechtsgeschäftsähnliche Schuldverhältnisse

(1) Zur Begründung eines Schuldverhältnisses durch Rechtsgeschäft sowie zur Änderung des Inhalts eines Schuldverhältnisses ist ein Vertrag zwischen den Beteiligten erforderlich, soweit nicht das Gesetz ein anderes vorschreibt.

(2) Ein Schuldverhältnis mit Pflichten nach § 241 Abs. 2 entsteht auch durch
1. die Aufnahme von Vertragsverhandlungen,
2. die Anbahnung eines Vertrags, bei welcher der eine Teil im Hinblick auf eine etwaige rechtsgeschäftliche Beziehung dem anderen Teil die Möglichkeit zur Einwirkung auf seine Rechte, Rechtsgüter und Interessen gewährt oder ihm diese anvertraut, oder
3. ähnliche geschäftliche Kontakte.

(3) Ein Schuldverhältnis mit Pflichten nach § 241 Abs. 2 kann auch zu Personen entstehen, die nicht selbst Vertragspartei werden sollen. Ein solches Schuldverhältnis entsteht insbesondere, wenn der Dritte in besonderem Maße Vertrauen für sich in Anspruch nimmt und dadurch die Vertragsverhandlungen oder den Vertragsschluss erheblich beeinflusst.

§ 311 a Leistungshindernis bei Vertragsschluss

(1) Der Wirksamkeit eines Vertrags steht es nicht entgegen, dass der Schuldner nach § 275 Abs. 1 bis 3 nicht zu leisten braucht und das Leistungshindernis schon bei Vertragsschluss vorliegt.

(2) Der Gläubiger kann nach seiner Wahl Schadensersatz statt der Leistung oder Ersatz seiner Aufwendungen in dem in § 284 bestimmten Umfang verlangen. Dies gilt nicht, wenn der Schuldner das Leistungshindernis bei Vertragsschluss nicht kannte und seine Unkenntnis auch nicht zu vertreten hat. § 281 Abs. 1 Satz 2 und 3 und Abs. 5 findet entsprechende Anwendung.

§ 311 b Verträge über Grundstücke, das Vermögen und den Nachlass

(1) Ein Vertrag, durch den sich der eine Teil verpflichtet, das Eigentum an einem Grundstück zu übertragen oder zu erwerben, bedarf der notariellen Beurkundung. Ein ohne Beachtung dieser Form geschlossener Vertrag wird seinem ganzen Inhalt nach gültig, wenn die Auflassung und die Eintragung in das Grundbuch erfolgen.

(2) Ein Vertrag, durch den sich der eine Teil verpflichtet, sein künftiges Vermögen oder einen Bruchteil seines künftigen Vermögens zu übertragen oder mit einem Nießbrauch zu belasten, ist nichtig.

(3) Ein Vertrag, durch den sich der eine Teil verpflichtet, sein gegenwärtiges Vermögen oder einen Bruchteil seines gegenwärtigen Vermögens zu übertragen oder mit einem Nießbrauch zu belasten, bedarf der notariellen Beurkundung.

(4) Ein Vertrag über den Nachlass eines noch lebenden Dritten ist nichtig. Das Gleiche gilt von einem Vertrag über den Pflichtteil oder ein Vermächtnis aus dem Nachlass eines noch lebenden Dritten.

(5) Absatz 4 gilt nicht für einen Vertrag, der unter künftigen gesetzlichen Erben über den gesetzlichen Erbteil oder den Pflichtteil eines von ihnen geschlossen wird. Ein solcher Vertrag bedarf der notariellen Beurkundung.

2. Verjährung/Schuldrecht – Auszug aus dem BGB   Anh. III

§ 311 c Erstreckung auf Zubehör

Verpflichtet sich jemand zur Veräußerung oder Belastung einer Sache, so erstreckt sich diese Verpflichtung im Zweifel auch auf das Zubehör der Sache.

Titel 5. Rücktritt; Widerrufs- und Rückgaberecht bei Verbraucherverträgen

Untertitel 2. Widerrufs- und Rückgaberecht bei Verbraucherverträgen

§ 358 Verbundene Verträge

(1) Hat der Verbraucher seine auf den Abschluss eines Vertrags über die Lieferung einer Ware oder die Erbringung einer anderen Leistung durch einen Unternehmer gerichtete Willenserklärung wirksam widerrufen, so ist er auch an seine auf den Abschluss eines mit diesem Vertrag verbundenen Verbraucherdarlehensvertrags gerichtete Willenserklärung nicht mehr gebunden.

(2) Hat der Verbraucher seine auf den Abschluss eines Verbraucherdarlehensvertrags gerichtete Willenserklärung wirksam widerrufen, so ist er auch an seine auf den Abschluss eines mit diesem Verbraucherdarlehensvertrag verbundenen Vertrags über die Lieferung einer Ware oder die Erbringung einer anderen Leistung gerichtete Willenserklärung nicht mehr gebunden. Kann der Verbraucher die auf den Abschluss des verbundenen Vertrags gerichtete Willenserklärung nach Maßgabe dieses Untertitels widerrufen, gilt allein Absatz 1 und sein Widerrufsrecht aus § 495 Abs. 1 ist ausgeschlossen. Erklärt der Verbraucher im Fall des Satzes 2 dennoch den Widerruf des Verbraucherdarlehensvertrags, gilt dies als Widerruf des verbundenen Vertrags gegenüber dem Unternehmer gemäß Absatz 1.

(3) Ein Vertrag über die Lieferung einer Ware oder die Erbringung einer anderen Leistung und ein Verbraucherdarlehensvertrag sind verbunden, wenn das Darlehen ganz oder teilweise der Finanzierung des anderen Vertrags dient und beide Verträge eine wirtschaftliche Einheit bilden. Eine wirtschaftliche Einheit ist insbesondere anzunehmen, wenn der Unternehmer selbst die Gegenleistung des Verbrauchers finanziert, oder im Fall der Finanzierung durch einen Dritten, wenn sich der Darlehensgeber bei der Vorbereitung oder dem Abschluss des Verbraucherdarlehensvertrags der Mitwirkung des Unternehmers bedient. Bei einem finanzierten Erwerb eines Grundstücks oder eines grundstücksgleichen Rechts ist eine wirtschaftliche Einheit nur anzunehmen, wenn der Darlehensgeber selbst das Grundstück oder das grundstücksgleiche Recht verschafft oder wenn er über die Zurverfügungstellung von Darlehen hinaus den Erwerb des Grundstücks oder grundstücksgleichen Rechts durch Zusammenwirken mit dem Unternehmer fördert, indem er sich dessen Veräußerungsinteressen ganz oder teilweise zu Eigen macht, bei der Planung, Werbung oder Durchführung des Projekts Funktionen des Veräußerers übernimmt oder den Veräußerer einseitig begünstigt.

Anh. III Gesetze mit Bezug auf das Wohnungseigentum

(4) § 357 gilt für den verbundenen Vertrag entsprechend. Im Fall des Absatzes 1 sind jedoch Ansprüche auf Zahlung von Zinsen und Kosten aus der Rückabwicklung des Verbraucherdarlehensvertrags gegen den Verbraucher ausgeschlossen. Der Darlehensgeber tritt im Verhältnis zum Verbraucher hinsichtlich der Rechtsfolgen des Widerrufs oder der Rückgabe in die Rechte und Pflichten des Unternehmers aus dem verbundenen Vertrag ein, wenn das Darlehen dem Unternehmer bei Wirksamwerden des Widerrufs oder der Rückgabe bereits zugeflossen ist.

(5) Die erforderliche Belehrung über das Widerrufs- oder Rückgaberecht muss auf die Rechtsfolgen nach den Absätzen 1 und 2 Satz 1 und 2 hinweisen.

§ 359 Einwendungen bei verbundenen Verträgen

Der Verbraucher kann die Rückzahlung des Darlehens verweigern, soweit Einwendungen aus dem verbundenen Vertrag ihn gegenüber dem Unternehmer, mit dem er den verbundenen Vertrag geschlossen hat, zur Verweigerung seiner Leistung berechtigen würden. Dies gilt nicht, wenn das finanzierte Entgelt 200 Euro nicht überschreitet, sowie bei Einwendungen, die auf einer zwischen diesem Unternehmer und dem Verbraucher nach Abschluss des Verbraucherdarlehensvertrags vereinbarten Vertragsänderung beruhen. Kann der Verbraucher Nacherfüllung verlangen, so kann er die Rückzahlung des Darlehens erst verweigern, wenn die Nacherfüllung fehlgeschlagen ist.

3. Formvorschriften

– Auszug aus dem BGB –[1)]

Buch 1. Allgemeiner Teil

Abschnitt 3. Rechtsgeschäfte

Titel 2. Willenserklärung

§ 126 a Elektronische Form

(1) Soll die gesetzlich vorgeschriebene schriftliche Form durch die elektronische Form ersetzt werden, so muss der Aussteller der Erklärung dieser seinen Namen hinzufügen und das elektronische Dokument mit einer qualifizierten elektronischen Signatur nach dem Signaturgesetz versehen.

(2) Bei einem Vertrag müssen die Parteien jeweils ein gleichlautendes Dokument in der in Absatz 1 bezeichneten Weise elektronisch signieren.

[1)] Fundstelle vgl. Fn. 1) auf S. 814.

§ 126 b Textform

Ist durch Gesetz Textform vorgeschrieben, so muss die Erklärung in einer Urkunde oder auf andere zur dauerhaften Wiedergabe in Schriftzeichen geeignete Weise abgegeben, die Person des Erklärenden genannt und der Abschluss der Erklärung durch Nachbildung der Namensunterschrift oder anders erkennbar gemacht werden.

4. Gesetz zur Beendigung der Diskriminierung gleichgeschlechtlicher Gemeinschaften: Lebenspartnerschaften (LPartG)

Vom 16. Februar 2001 (BGBl. I S. 266)

Zuletzt geändert durch Art. 12 des G vom 3. April 2009 (BGBl. I S. 700)

– Auszug –

§ 14 Wohnungszuweisung bei Getrenntleben

(1) Leben die Lebenspartner voneinander getrennt oder will einer von ihnen getrennt leben, so kann ein Lebenspartner verlangen, dass ihm der andere die gemeinsame Wohnung oder einen Teil zur alleinigen Benutzung überlässt, soweit dies auch unter Berücksichtigung der Belange des anderen Lebenspartners notwendig ist, um eine unbillige Härte zu vermeiden. Eine unbillige Härte kann auch dann gegeben sein, wenn das Wohl von im Haushalt lebenden Kindern beeinträchtigt ist. Steht einem Lebenspartner allein oder gemeinsam mit einem Dritten das Eigentum, das Erbbaurecht oder der Nießbrauch an dem Grundstück zu, auf dem sich die gemeinsame Wohnung befindet, so ist dies besonders zu berücksichtigen; Entsprechendes gilt für das Wohnungseigentum, das Dauerwohnrecht und das dingliche Wohnrecht.

(2) Hat der Lebenspartner, gegen den sich der Antrag richtet, den anderen Lebenspartner widerrechtlich und vorsätzlich am Körper, der Gesundheit oder der Freiheit verletzt oder mit einer solchen Verletzung oder der Verletzung des Lebens widerrechtlich gedroht, ist in der Regel die gesamte Wohnung zur alleinigen Benutzung zu überlassen. Der Anspruch auf Wohnungsüberlassung ist nur dann ausgeschlossen, wenn keine weiteren Verletzungen und widerrechtlichen Drohungen zu besorgen sind, es sei denn, dass dem verletzten Lebenspartner das weitere Zusammenleben mit dem anderen wegen der Schwere der Tat nicht zuzumuten ist.

(3) Wurde einem Lebenspartner die gemeinsame Wohnung ganz oder zum Teil überlassen, so hat der andere alles zu unterlassen, was geeignet ist, die Ausübung dieses Nutzungsrechts zu erschweren oder zu vereiteln. Er kann von dem nutzungsberechtigten Lebenspartner eine Vergütung für die Nutzung verlangen, soweit dies der Billigkeit entspricht.

(4) Ist ein Lebenspartner aus der gemeinsamen Wohnung ausgezogen, um getrennt zu leben und hat er binnen sechs Monaten nach seinem Auszug eine ernstliche Rückkehrabsicht dem anderen Lebenspartner gegenüber nicht

bekundet, so wird unwiderleglich vermutet, dass er dem in der gemeinsamen Wohnung verbliebenen Lebenspartner das alleinige Nutzungsrecht überlassen hat.

5. Verordnung über die Pflichten der Makler, Darlehens- und Anlagenvermittler, Bauträger und Baubetreuer (Makler- und Bauträgerverordnung – MaBV)

in der Fassung der Bekanntmachung vom 7. November 1990
(BGBl. I S. 2479)
Zuletzt geändert durch Art. 2 der VO vom 9. März 2010 (BGBl. I S. 264)
FNA 7104–6
– Auszug –

§ 3 Besondere Sicherungspflichten für Bauträger

(1) Der Gewerbetreibende darf in den Fällen des § 34 c Abs. 1 Satz 1 Nr. 4 Buchstabe a der Gewerbeordnung, sofern dem Auftraggeber Eigentum an einem Grundstück übertragen oder ein Erbbaurecht bestellt oder übertragen werden soll, Vermögenswerte des Auftraggebers zur Ausführung des Auftrages erst entgegennehmen oder sich zu deren Verwendung ermächtigen lassen, wenn

1. der Vertrag zwischen dem Gewerbetreibenden und dem Auftraggeber rechtswirksam ist und die für seinen Vollzug erforderlichen Genehmigungen vorliegen, diese Voraussetzungen durch eine schriftliche Mitteilung des Notars bestätigt und dem Gewerbetreibenden keine vertraglichen Rücktrittsrechte eingeräumt sind,

2. zur Sicherung des Anspruchs des Auftraggebers auf Eigentumsübertragung oder Bestellung oder Übertragung eines Erbbaurechts an dem Vertragsobjekt eine Vormerkung an der vereinbarten Rangstelle im Grundbuch eingetragen ist; bezieht sich der Anspruch auf Wohnungs- oder Teileigentum oder ein Wohnungs- oder Teilerbbaurecht, so muss außerdem die Begründung dieses Rechts im Grundbuch vollzogen sein,

3. die Freistellung des Vertragsobjekts von allen Grundpfandrechten, die der Vormerkung im Range vorgehen oder gleichstehen und nicht übernommen werden sollen, gesichert ist, und zwar auch für den Fall, dass das Bauvorhaben nicht vollendet wird,

4. die Baugenehmigung erteilt worden ist oder, wenn eine Baugenehmigung nicht oder nicht zwingend vorgesehen ist,
   a) von der zuständigen Behörde bestätigt worden ist, dass
      aa) die Baugenehmigung als erteilt gilt oder
      bb) nach den baurechtlichen Vorschriften mit dem Vorhaben begonnen werden darf, oder

5. Makler- und BauträgerVO   **Anh. III**

b) wenn eine derartige Bestätigung nicht vorgesehen ist, von dem Gewerbetreibenden bestätigt worden ist, dass
    aa) die Baugenehmigung als erteilt gilt oder
    bb) nach den baurechtlichen Vorschriften mit dem Bauvorhaben begonnen werden darf,
und nach Eingang dieser Bestätigung beim Auftraggeber mindestens ein Monat vergangen ist.

Die Freistellung nach Satz 1 Nr. 3 ist gesichert, wenn gewährleistet ist, dass die nicht zu übernehmenden Grundpfandrechte im Grundbuch gelöscht werden, und zwar, wenn das Bauvorhaben vollendet wird, unverzüglich nach Zahlung der geschuldeten Vertragssumme, andernfalls unverzüglich nach Zahlung des dem erreichten Bautenstand entsprechenden Teils der geschuldeten Vertragssumme durch den Auftraggeber. Für den Fall, dass das Bauvorhaben nicht vollendet wird, kann sich der Kreditgeber vorbehalten, an Stelle der Freistellung alle vom Auftraggeber vertragsgemäß im Rahmen des Absatzes 2 bereits geleisteten Zahlungen bis zum anteiligen Wert des Vertragsobjekts zurückzuzahlen. Die zur Sicherung der Freistellung erforderlichen Erklärungen einschließlich etwaiger Erklärungen nach Satz 3 müssen dem Auftraggeber ausgehändigt worden sein. Liegen sie bei Abschluss des notariellen Vertrages bereits vor, muss auf sie in dem Vertrag Bezug genommen sein; andernfalls muss der Vertrag einen ausdrücklichen Hinweis auf die Verpflichtung des Gewerbebetreibenden zur Aushändigung der Erklärungen und deren notwendigen Inhalt enthalten.

(2) Der Gewerbetreibende darf in den Fällen des Absatzes 1 die Vermögenswerte ferner in bis zu sieben Teilbeträgen entsprechend dem Bauablauf entgegennehmen oder sich zu deren Verwendung ermächtigen lassen. Die Teilbeträge können aus den nachfolgenden Vomhundertsätzen zusammengesetzt werden:

1. 30 vom Hundert der Vertragssumme in den Fällen, in denen Eigentum an einem Grundstück übertragen werden soll, oder 20 vom Hundert der Vertragssumme in den Fällen, in denen ein Erbbaurecht bestellt oder übertragen werden soll, nach Beginn der Erdarbeiten,
2. von der restlichen Vertragssumme
   - 40 vom Hundert nach Rohbaufertigstellung, einschließlich Zimmererarbeiten
   - 8 vom Hundert für die Herstellung der Dachflächen und Dachrinnen,
   - 3 vom Hundert für die Rohinstallation der Heizungsanlagen,
   - 3 vom Hundert für die Rohinstallation der Sanitäranlagen,
   - 3 vom Hundert für die Rohinstallation der Elektroanlagen,
   - 10 vom Hundert für den Fenstereinbau, einschließlich der Verglasung,
   - 6 vom Hundert für den Innenputz, ausgenommen Beiputzarbeiten,
   - 3 vom Hundert für den Estrich,
   - 4 vom Hundert für die Fliesenarbeiten im Sanitärbereich,
   - 12 vom Hundert nach Bezugsfertigkeit und Zug um Zug gegen Besitzübergabe,
   - 3 vom Hundert für die Fassadenarbeiten,
   - 5 vom Hundert nach vollständiger Fertigstellung.

Anh. III   Gesetze mit Bezug auf das Wohnungseigentum

Sofern einzelne der in Satz 2 Nr. 2 genannten Leistungen nicht anfallen, wird der jeweilige Vomhundertsatz anteilig auf die übrigen Raten verteilt. Betrifft das Bauvorhaben einen Altbau, so gelten die Sätze 1 und 2 mit der Maßgabe entsprechend, dass der hiernach zu errechnende Teilbetrag für schon erbrachte Leistungen mit Vorliegen der Voraussetzungen des Absatzes 1 entgegengenommen werden kann.

(3) Der Gewerbetreibende darf in den Fällen des § 34c Abs. 1 Satz 1 Nr. 4 Buchstabe a der Gewerbeordnung, sofern ein Nutzungsverhältnis begründet werden soll, Vermögenswerte des Auftraggebers zur Ausführung des Auftrages in Höhe von 20 vom Hundert der Vertragssumme nach Vertragsabschluß entgegennehmen oder sich zu deren Verwendung ermächtigen lassen; im übrigen gelten Absatz 1 Satz 1 Nr. 1 und 4 und Absatz 2 entsprechend.

6. Bauhandwerkersicherung

– Auszug aus dem BGB –[1]

Buch 2. Recht der Schuldverhältnisse

Abschnitt 8. Einzelne Schuldverhältnisse

Titel 9. Werkvertrag und ähnliche Verträge

Untertitel 1. Werkvertrag

§ 648a Bauhandwerkersicherung

(1) Der Unternehmer eines Bauwerks, einer Außenanlage oder eines Teils davon kann vom Besteller Sicherheit für die auch in Zusatzaufträgen vereinbarte und noch nicht gezahlte Vergütung einschließlich dazugehöriger Nebenforderungen, die mit 10 vom Hundert des zu sichernden Vergütungsanspruchs anzusetzen sind, verlangen. Satz 1 gilt in demselben Umfang auch für Ansprüche, die anstelle der Vergütung treten. Der Anspruch des Unternehmers auf Sicherheit wird nicht dadurch ausgeschlossen, dass der Besteller Erfüllung verlangen kann oder das Werk abgenommen hat. Ansprüche, mit denen der Besteller gegen den Anspruch des Unternehmers auf Vergütung aufrechnen kann, bleiben bei der Berechnung der Vergütung unberücksichtigt, es sei denn, sie sind unstreitig oder rechtskräftig festgestellt. Die Sicherheit ist auch dann als ausreichend anzusehen, wenn sich der Sicherungsgeber das Recht vorbehält, sein Versprechen im Falle einer wesentlichen Verschlechterung der Vermögensverhältnisse des Bestellers mit Wirkung für Vergütungsansprüche aus Bauleistungen zu widerrufen, die der Unternehmer bei Zugang der Widerrufserklärung noch nicht erbracht hat.

---

[1] In der Fassung des ForderungssicherungsG vom 23. 10. 2008 (BGBl. I S. 2022); beachte hierzu die Übergangsvorschr. in Art. 229 § 18 EGBGB.

6. Bauhandwerkersicherung Anh. III

(2) Die Sicherheit kann auch durch eine Garantie oder ein sonstiges Zahlungsversprechen eines im Geltungsbereich dieses Gesetzes zum Geschäftsbetrieb befugten Kreditinstituts oder Kreditversicherers geleistet werden. Das Kreditinstitut oder der Kreditversicherer darf Zahlungen an den Unternehmer nur leisten, soweit der Besteller den Vergütungsanspruch des Unternehmers anerkennt oder durch vorläufig vollstreckbares Urteil zur Zahlung der Vergütung verurteilt worden ist und die Voraussetzungen vorliegen, unter denen die Zwangsvollstreckung begonnen werden darf.

(3) Der Unternehmer hat dem Besteller die üblichen Kosten der Sicherheitsleistung bis zu einem Höchstsatz von 2 vom Hundert für das Jahr zu erstatten. Dies gilt nicht, soweit eine Sicherheit wegen Einwendungen des Bestellers gegen den Vergütungsanspruch des Unternehmers aufrechterhalten werden muss und die Einwendungen sich als unbegründet erweisen.

(4) Soweit der Unternehmer für einen Vergütungsanspruch eine Sicherheit nach den Absätzen 1 oder 2 erlangt hat, ist der Anspruch auf Einräumung einer Sicherungshypothek nach § 648 Abs. 1 ausgeschlossen.

(5) Hat der Unternehmer dem Besteller erfolglos eine angemessene Frist zur Leistung der Sicherheit nach Absatz 1 bestimmt, so kann der Unternehmer die Leistung verweigern oder den Vertrag kündigen. Kündigt er den Vertrag, ist der Unternehmer berechtigt, die vereinbarte Vergütung zu verlangen; er muss sich jedoch dasjenige anrechnen lassen, was er infolge der Aufhebung des Vertrages an Aufwendungen erspart oder durch anderweitige Verwendung seiner Arbeitskraft erwirbt oder böswillig zu erwerben unterlässt. Es wird vermutet, dass danach dem Unternehmer 5 vom Hundert der auf den noch nicht erbrachten Teil der Werkleistung entfallenden vereinbarten Vergütung zustehen.

(6) Die Vorschriften der Absätze 1 bis 5 finden keine Anwendung, wenn der Besteller

1. eine juristische Person des öffentlichen Rechts oder ein öffentlich-rechtliches Sondervermögen ist, über deren Vermögen ein Insolvenzverfahren unzulässig ist, oder
2. eine natürliche Person ist und die Bauarbeiten zur Herstellung oder Instandsetzung eines Einfamilienhauses mit oder ohne Einliegerwohnung ausführen lässt.

Satz 1 Nr. 2 gilt nicht bei Betreuung des Bauvorhabens durch einen zur Verfügung über die Finanzierungsmittel des Bestellers ermächtigten Baubetreuer.

(7) Eine von den Vorschriften der Absätze 1 bis 5 abweichende Vereinbarung ist unwirksam.

§ 649 Kündigungsrecht des Bestellers

Der Besteller kann bis zur Vollendung des Werkes jederzeit den Vertrag kündigen. Kündigt der Besteller, so ist der Unternehmer berechtigt, die vereinbarte Vergütung zu verlangen; er muss sich jedoch dasjenige anrechnen lassen, was er infolge der Aufhebung des Vertrages an Aufwendungen erspart oder durch anderweitige Verwendung seiner Arbeitskraft erwirbt oder böswillig zu erwerben unterlässt. Es wird vermutet, dass danach dem Unternehmer 5 vom Hundert der auf den noch nicht erbrachten Teil der Werkleistung entfallenden vereinbarten Vergütung zustehen.

7. Beschleunigung fälliger Zahlungen

– Auszug aus dem BGB –[1]

Buch 2. Recht der Schuldverhältnisse
Abschnitt 8. Einzelne Schuldverhältnisse
Titel 9. Werkvertrag und ähnliche Verträge
Untertitel 1. Werkvertrag

§ 632 a Abschlagszahlungen

(1) Der Unternehmer kann von dem Besteller für eine vertragsgemäß erbrachte Leistung eine Abschlagszahlung in der Höhe verlangen, in der der Besteller durch die Leistung einen Wertzuwachs erlangt hat. Wegen unwesentlicher Mängel kann die Abschlagszahlung nicht verweigert werden. § 641 Abs. 3 gilt entsprechend. Die Leistungen sind durch eine Aufstellung nachzuweisen, die eine rasche und sichere Beurteilung der Leistungen ermöglichen muss. Die Sätze 1 bis 4 gelten auch für erforderliche Stoffe oder Bauteile, die angeliefert oder eigens angefertigt und bereitgestellt sind, wenn dem Besteller nach seiner Wahl Eigentum an den Stoffen oder Bauteilen übertragen oder entsprechende Sicherheit hierfür geleistet wird.

(2) Wenn der Vertrag die Errichtung oder den Umbau eines Hauses oder eines vergleichbaren Bauwerks zum Gegenstand hat und zugleich die Verpflichtung des Unternehmers enthält, dem Besteller das Eigentum an dem Grundstück zu übertragen oder ein Erbbaurecht zu bestellen oder zu übertragen, können Abschlagszahlungen nur verlangt werden, soweit sie gemäß einer Verordnung auf Grund von Artikel 244 des Einführungsgesetzes zum Bürgerlichen Gesetzbuch vereinbart sind.

(3) Ist der Besteller ein Verbraucher und hat der Vertrag die Errichtung oder den Umbau eines Hauses oder eines vergleichbaren Bauwerks zum Gegenstand, ist dem Besteller bei der ersten Abschlagszahlung eine Sicherheit für die rechtzeitige Herstellung des Werkes ohne wesentliche Mängel in Höhe von 5 vom Hundert des Vergütungsanspruchs zu leisten. Erhöht sich der Vergütungsanspruch infolge von Änderungen oder Ergänzungen des Vertrags um mehr als 10 vom Hundert, ist dem Besteller bei der nächsten Abschlagszahlung eine weitere Sicherheit in Höhe von 5 vom Hundert des

---

[1] S. Fn. 1) auf S. 814.

7. Beschleunigung fälliger Zahlungen **Anh. III**

zusätzlichen Vergütungsanspruchs zu leisten. Auf Verlangen des Unternehmers ist die Sicherheitsleistung durch Einbehalt dergestalt zu erbringen, dass der Besteller die Abschlagszahlungen bis zu dem Gesamtbetrag der geschuldeten Sicherheit zurückhält.

(4) Sicherheiten nach dieser Vorschrift können auch durch eine Garantie oder ein sonstiges Zahlungsversprechen eines im Geltungsbereich dieses Gesetzes zum Geschäftsbetrieb befugten Kreditinstituts oder Kreditversicherers geleistet werden.

§ 640 Abnahme

(1) Der Besteller ist verpflichtet, das vertragsmäßig hergestellte Werk abzunehmen, sofern nicht nach der Beschaffenheit des Werkes die Abnahme ausgeschlossen ist. Wegen unwesentlicher Mängel kann die Abnahme nicht verweigert werden. Der Abnahme steht es gleich, wenn der Besteller das werk nicht innerhalb einer ihm vom Unternehmer bestimmten angemessenen Frist abnimmt, obwohl er dazu verpflichtet ist.

(2) Nimmt der Besteller ein mangelhaftes Werk gemäß Absatz 1 Satz 1 ab, obschon er den Mangel kennt, so stehen ihm die in § 634 Nr. 1 bis 3 bezeichneten Rechte nur zu, wenn er sich seine Rechte wegen des Mangels bei der Abnahme vorbehält.

§ 641 Fälligkeit der Vergütung

(1) Die Vergütung ist bei der Abnahme des Werkes zu entrichten. Ist das Werk in Teilen abzunehmen und die Vergütung für die einzelnen Teile bestimmt, so ist die Vergütung für jeden Teil bei dessen Abnahme zu entrichten.

(2) Die Vergütung des Unternehmers für ein Werk, dessen Herstellung der Besteller einem Dritten versprochen hat, wird spätestens fällig,
1. soweit der Besteller von dem Dritten für das versprochene Werk wegen dessen Herstellung seine Vergütung oder Teile davon erhalten hat,
2. soweit das Werk des Bestellers von dem Dritten abgenommen worden ist oder als abgenommen gilt oder
3. wenn der Unternehmer dem Besteller erfolglos eine angemessene Frist zur Auskunft über die in den Nummern 1 und 2 bezeichneten Umstände bestimmt hat.

Hat der Besteller dem Dritten wegen möglicher Mängel des Werkes Sicherheit geleistet, gilt Satz 1 nur, wenn der Unternehmer dem Besteller entsprechende Sicherheit leistet.

(3) Kann der Besteller die Beseitigung eines Mangels verlangen, so kann er nach der Fälligkeit die Zahlung eines angemessenen Teils der Vergütung verweigern; angemessen ist in der Regel das Doppelte der für die Beseitigung des Mangels erforderlichen Kosten.

(4) Eine in Geld festgesetzte Vergütung hat der Besteller von der Abnahme des Werkes an zu verzinsen, sofern nicht die Vergütung gestundet ist.

Anh. III Gesetze mit Bezug auf das Wohnungseigentum

§ 641 a Fertigstellungsbescheinigung

(1) Der Abnahme steht es gleich, wenn dem Unternehmer von einem Gutachter eine Bescheinigung darüber erteilt wird, dass

1. das versprochene Werk, im Falle des § 641 Abs. 1 Satz 2 auch ein Teil desselben, hergestellt ist und
2. das Werk frei von Mängeln ist, die der Besteller gegenüber dem Gutachter behauptet hat oder die für den Gutachter bei einer Besichtigung feststellbar sind,

(Fertigstellungsbescheinigung). Das gilt nicht, wenn das Verfahren nach den Absätzen 2 bis 4 nicht eingehalten worden ist oder wenn die Voraussetzungen des § 640 Abs. 1 Satz 1 und 2 nicht gegeben waren; im Streitfall hat dies der Besteller zu beweisen. § 640 Abs. 2 ist nicht anzuwenden. Es wird vermutet, dass ein Aufmaß oder eine Stundenlohnabrechnung, die der Unternehmer seiner Rechnung zugrunde legt, zutreffen, wenn der Gutachter dies in der Fertigstellungsbescheinigung bestätigt.

(2) Gutachter kann sein

1. ein Sachverständiger, auf den sich Unternehmer und Besteller verständigt haben, oder
2. ein auf Antrag des Unternehmers durch eine Industrie- und Handelskammer, eine Handwerkskammer, eine Architektenkammer oder eine Ingenieurkammer bestimmter öffentlich bestellter und vereidigter Sachverständiger.

Der Gutachter wird vom Unternehmer beauftragt. Er ist diesem und dem Besteller des zu begutachtenden Werkes gegenüber verpflichtet, die Bescheinigung unparteiisch und nach bestem Wissen und Gewissen zu erteilen.

(3) Der Gutachter muss mindestens einen Besichtigungstermin abhalten; eine Einladung hierzu unter Angabe des Anlasses muss dem Besteller mindestens zwei Wochen vorher zugehen. Ob das Werk frei von Mängeln ist, beurteilt der Gutachter nach einem schriftlichen Vertrag, den ihm der Unternehmer vorzulegen hat. Änderungen dieses Vertrages sind dabei nur zu berücksichtigen, wenn sie schriftlich vereinbart sind oder von den Vertragsteilen übereinstimmend gegenüber dem Gutachter vorgebracht werden. Wenn der Vertrag entsprechende Angaben nicht enthält, sind die allgemein anerkannten Regeln der Technik zugrunde zu legen. Vom Besteller geltend gemachte Mängel bleiben bei der Erteilung der Bescheinigung unberücksichtigt, wenn sie nach Abschluss der Besichtigung vorgebracht werden.

(4) Der Besteller ist verpflichtet, eine Untersuchung des Werkes oder von Teilen desselben durch den Gutachter zu gestatten. Verweigert er die Untersuchung, wird vermutet, dass das zu untersuchende Werk vertragsgemäß hergestellt worden ist; die Bescheinigung nach Absatz 1 ist zu erteilen.

(5) Dem Besteller ist vom Gutachter eine Abschrift der Bescheinigung zu erteilen. In Ansehung von Fristen, Zinsen und Gefahrübergang treten die Wirkungen der Bescheinigung erst mit ihrem Zugang beim Besteller ein.

8. Verordnung über Abschlagszahlungen bei Bauträgerverträgen

Vom 23. Mai 2001 (BGBl. S. 981)[1])
Geändert durch Art. 4 Nr. 1 des G vom 23. Oktober 2008 (BGBl. I S. 2022)

§ 1 Zulässige Abschlagszahlungsvereinbarungen

In Werkverträgen, die die Errichtung eines Hauses oder eines vergleichbaren Bauwerks auf einem Grundstück zum Gegenstand haben und zugleich die Verpflichtung des Unternehmers enthalten, dem Besteller das Eigentum an dem Grundstück zu übertragen oder ein Erbbaurecht zu bestellen oder zu übertragen, kann der Besteller zur Leistung von Abschlagszahlungen entsprechend § 3 Abs. 2 der Makler- und Bauträgerverordnung unter den Voraussetzungen ihres § 3 Abs. 1 verpflichtet werden. Unter den Voraussetzungen des § 7 der Makler- und Bauträgerverordnung kann der Besteller auch abweichend von ihrem § 3 Abs. 1 und 2 zur Leistung von Abschlagszahlungen verpflichtet werden. § 632a Abs. 3 des Bürgerlichen Gesetzbuches findet Anwendung.

§ 2 Betroffene Verträge

Diese Verordnung ist auch auf zwischen dem 1. Mai 2000 und dem 29. Mai 2001 abgeschlossene Verträge anzuwenden. Dies gilt nicht, soweit zwischen den Vertragsparteien ein rechtskräftiges Urteil ergangen oder ein verbindlich gewordener Vergleich abgeschlossen worden ist.

§ 2a Übergangsregelung

Die Verordnung ist in ihrer vom 1. Januar 2009 an geltenden Fassung nur auf Schuldverhältnisse anzuwenden, die seit diesem Tag entstanden sind.

§ 3 Inkrafttreten

Diese Verordnung tritt am Tage nach der Verkündung in Kraft.

---

[1]) In Kraft seit 29. 5. 2001 auf Grund der Ermächtigung in § 244 EGBGB. Die Gültigkeit ist wegen Art. 80 Abs. 1 S. 2 GG umstritten.

Sachregister

Fette Zahlen bezeichnen die Paragraphen des WEG, magere verweisen auf die Randziffern.

Abberufung des Verwalters **21** 37; **23** 19; **26** 5 ff, 15, 17, 34 ff., **43** 10 f.
- Stimmrecht bei **25** 38, **26** 37

Abdichtung **5** 13

Abdingbarkeit **7** f. vor **10, 18** 19 f., **22** 7

Abfahrtsrampe **5** 10

Abfallgebühr **10** 1

Abgabeantrag **23** 26

Abgabenbescheid **10** 1
- recht **10** 1

Abgeltungsbetrag **13** 44

Abgeschlossenheit **3** 18, **7** 40, **15** 12

Abgesonderte Nutzung **13** 28

Abgesondertes ME an bestimmten Einrichtungen **1** 11, **5** 3

Abhebung 2126, **27** 16

Ablauf der Bestellung **26** 19

Ablehnung **23** 20

Abmahnung **18** 9

Abmeierungsklage **18** 11, **23** 20

Abnahme **13** 42, **21** 53

Abrechnung (s. Jahresabrechnung)
- sjahr **28** 13
- smaßstab **16** 53 ff.
- sspitze **16** 36, **28** 9
- szeiten **21** 21
- szeitraum **21** 21, **28** 12 f.

Abriss 25 vor **43**
- arbeiten **16** 59

Abrutschen **22** 13

Absage der Versammlung **24** 11

Abschlagszahlung (s. a. u. Vorschüsse) **27** 36

Abschlussmängel Einl. 12, **3** 22

Abschlusstür **5** 18

Absendung **24** 9

Absolute Nichtigkeit **23** 16 ff., 23
- Unzuständigkeit **23** 16

Abspaltung von ME **6** 5

Abstand **15** 11

Abstellplatz **5** 10, 19, **7** 5, **15** 2, 7 ff., **16** 53, **22** 2, 21
- Nutzungsentgelt für – **15** 8, **21** 21

Abstimmung **25**
- sverhalten **25** 12

Abwehranspruch **15** 23 ff.

Abweichende Praxis (Übung) **28** 7

Abweichung **22** 12
- svorbehalt **13** 47

Änderung der MEs-Anteile **3** 16, **16** ff. vor **10**
- des Verteilungsschlüssels **16** 24, 51
- des WEs u. seiner Elemente 11 ff. vor **10**
- sverbot **22** 7
- svorbehalt **8** 16, **13** 47

AGBG **8** 11; **9** vor **10**; **10** 1 a, **26** 37

Aktivprozess **27** 34, 12 vor **43, 43** 2 f.

Alleineigentümer **10** 14

Alleinnutzung **15** 2, **22** 12

Allgemeine Geschäftsbedingungen **7** 46, 9 f. vor **10, 26** 37
- Kontrolle **3** 26, **8** 11, **26** 32

Allgemeine Verfahrensgrundsätze 1 ff. vor **43, 43**

Allg. Verwaltungsvorschrift **3** 18, **7** 1, **Anh.** I 1

Allstimmiger Beschluss **10** 12, 29, **22** 9, 12, **23** 10 f.

Altbau **13** 42, 50

Altbausanierung **13** 42, **21** 45
- substanz **13** 47

Alternativangebote **21** 44 f.

Altersvorsorge **Einl.** 2

Altfälle **10** 47, **623**

851

Register

Fette Zahlen = §§ des WEG

Amateurfunk **13** 23
Amortisation **22** 1
Analoge Anwendung **248,** 6 f. vor **43**
Anbau **22** 31
Anerkenntnis **27** 36
Anfechtbarkeit **23** 20 ff.
Anfechtung **23** 29, **25** 16
– nach BGB **23** 33
Anfechtungsantrag **23** 19
Anfechtungsbefugte **23** 25
Anfechtungsfrist **23** 26 f., **24** 18
Anfechtungs- (Ungültigkeits-) Klage **23** 30, **46** 1 ff., **47** 1, **48** 10
Anfechtungskompetenz **23** 20
Angemessene Frist **26** 38
Anlage von Geld **21** 21, **27** 48
Anlagen **7** 30 ff.
Anmeldung **16** 40
Anrufung des Gerichts **21** 30, **22** 26 f., **23** 19, **28** 20
Ansicht **7** 33
Ansichziehen **10** 40, **15** 57, **21** 46, 53, **22** 27, 18 vor **43**
Anspruch auf Mitwirkung **21** 36
– sbegründung **21** 21
– auf ordnungsmäßige Verwaltung **21** 33 ff.
Anstellungsverhältnis des Verwalters **26** 30 ff.
Anteilige Verpflichtung **3** 28, **16** 79, 80, **21** 10
Antennen **13** 23, **15** 25, **22** 5
Antipatie **12** 10
Antrag **23** 20
– in der Versammlung **25** 16
– beschränkung **23** 20
– Bestimmtheit **43** 15
Antragsrecht **21** 29, **23** 25; 4 vor **43**, **43** 19 ff.
Anwalt **3** 25, **16** 21, **21** 40, **26** 30, **29** 35; 8, 11 vor **43**
– Anwesenheit **21** 40
– Beratung durch **16** 61
– Leitung **24** 13
– praxis **13** 4 f.
– sozietät **26** 3
– szwang **43** 1

Anwartschaft(srecht) **Einl.** 30 f., 6 vor **43, 3** 11, 33, **8** 13, **12** 9, **25** 19
Anwartschaftsvertrag **4** 9
Anwesenheit **21** 40, **24** 11, **25** 34
Anzahlung (Verfall einer) **3** 26
– architekt. Gesamteindruck **22** 2
Anzeigepflicht **14** 10
Arbeiterwohnheim **12** 30, **13** 6
Arbeitsvermittlung **15** 45
Architekt **3** 27, **21** 44
Architektonik Einl. 3
Architekt **21** 44 f.
Architekturbüro **13** 4
Archivierung **21** 40
Arglist **23** 29
Armenrecht s. Prozesskostenhilfe 19 vor **43; 50** 5
Arrest 24 vor **43, 43** 16, **44** 4
Art der Eintragung **7** 10
Arztpraxis **13** 6, 9 f.
Asbest **22** 13, **27** 54
Asylanten, Asylbewerber **13** 6, **15** 6
Aufgabe des Rechtes **1** 14, **13** 26, **15** 12, **16** 37
– des WEs **1** 14, **3** 30
Aufgaben und Befugnisse des Verwalters **27**
Aufhebung von WE **8** 15
Aufhebung der Gemeinschaft **17**
Aufhebung des SEs **4** 16; 44 vor **10**
Aufklärungspflicht d. Gerichts 4 vor **43, 44** 4
– der Beteiligten 4 vor **43**
– des Verwalters **21** 23, **26** 30
Auflassung **4** 6 ff.
Auflassungserklärung **8** 5, **10** 14
Auflassungsform **4** 6; 18 vor **10**
Auflassungsverordnungen **4** 18
Auflassungsvormerkung **4** 20, **10** 2
Aufmaß **27** 7
Aufopferungsanspruch **14** 15
Aufrechnung(srecht) **13** 42, **16** 29 f., **26** 46, **28** 43
Aufschiebende Wirkung **24** 31, **58** 4
Aufschlüsselungsbeispiele **16** 54 ff.
Aufschub **27** 29
Aufspaltung **1** 34

Mager Zahlen = Randziffern **Register**

Aufstockungsrecht **22** 8
Aufteilungsplan **7**
Auftraggeber **50** 6
Auftragsrecht des BGB **29** 15
Aufwandsentschädigung **29** 13
Aufwandspauschale **27** 32, **29** 13
Aufwendungen **17** 4, **21** 14, **22** 1 ff., 6
Aufwendungsersatz **16** 30
Aufzug **15** 36, **21** 26, 35
Aufzugskosten s. Fahrstuhlkosten
Ausbau **21** 22, **22** 16 f.
Ausfall **16** 30
Ausfrieren **16** 50, **23** 16
Ausgestaltung der Verträge **3** 23 ff.
Ausgleichsanspruch **16** 11, **26** 32
Auskunftsanspruch **16** 41, **22** 26
Auskunftsverlangen **12** 10; **28** 21 ff., **29** 6
Ausländer **13** 23
Auslagen **26** 32, **28** 13
– pauschale **29** 13
Auslegung d. Antrags **23** 20, **43** 21 f., 25
– des Beschlusses **10** 28, **21** 16, **23** 9, 15
– der Eintragung **7** 46
– der Teilungserklärung **8** 11, 13, **10** 7, **16** 57
– der Vereinbarung **10** 7; Vorb. **9** vor **10**
Ausscheiden der Nichtinteressierten **22** 22 f.
Ausscheiden durch Verzicht **11** 14
– aus VerwBeirat **29** 3
– des Verwalters **26** 34 ff., **27** 39, 18 vor **43**, **43** 8
– des WEers **10** 47 f., **16** 31, **28** 37, 18, **43** 2, 15, 29, **48** 7 vor **43**
Ausschluss **10** 20, **15** 36
– von Rechten **16** 28, 39
– **18** 10
– vom Stimmrecht **16** 39, **23** 16, **25** 36 ff., **28** 28
– von der Versammlung **16** 39, **23** 8, **24** 12
– von der Verwaltung **21** 7
Ausschlussfrist **23** 26, **46** 3

Ausschlussverfahren **18, 19**
Außengesellschaft **5** vor **10**
Außenfenster **5** 18
Außenhaftung **Einl.** 26, **10** 46 f., **16** 78, **17** 2, 7, **21** 10
Außenverhältnis **17** 7
Außergerichtliche Kosten **16** 92 f., **49** 1
Aussetzung **43** 16
Aussiedler **15** 6
Austausch **15** 22, **21** 23
Auswirkung **22** 12
Auszählung **25** 16
Automat. GB-Verfahren **27** 51
Autonomie **10** 31

Baden **14** 7
Balkon **5** 9, 13 f., **13** 12, **16** 43, **21** 23, **22** 3, 12
– anbau **22** 4
– brüstung **22** 4
– platte **5** 13
– raum **5** 13
– sanierung **21** 15
– treppe **22** 2
– verglasung **22** 4
Ballettstudio **13** 5
Bar **13** 6
Barrierefreiheit **13** 10, **22** 32
Basiszinssatz **16** 49, **Anh. III** 2 (§§ 247, 288 BGB)
Bauarbeiten **14** 15
Bauaufträge **16** 79
Baubehörden **7** 37 f., **22** 13 f.
Baubehördliche Genehmigung **22** 14
Baubeschreibung **7** 30 ff.
Baugenehmigung **15** 25, 61
Bauhandwerker **8** 14, **16** 79 f.
– sicherung **3** 28, **16** 79 f., **30** 25, **Anh. III** 6, 7
Bauherrenmodell **2** 2, 10
Baukostenzuschuss **8** 21
Baulast **15** 11
Bauliche Veränderungen **16** 88, **17** 5, **22** 1 ff.
– Abweichung vom Gesetz **22** 12
Baum **21** 23, 44, **22** 3

Register

Fette Zahlen = §§ des WEG

Baumängel **1** 34, **13** 42 ff., **21** 44
Bauordnungsrecht **5** 15, **13** 7, **15** 3
Bauplan **22** 2
Baurecht **15** 25, **22** 14
Baurechtswidrigkeit 17 vor **43**
Bauruine **16** 38, **22** 51 f.
Bauträger **8** 1, 13, 17, **16** 30
– verwalter **27** 9
Bauwich **22** 8
Bauzeichnung **7** 30, 33
Bedingung **15** 9, **26** 16, **28** 26
Bedingungs- und Befristungsfeindlichkeit **3** 11, **4** 19
Befähigung **26** 3
Befangenheit 18 vor **43**
Befugnisse der Versammlung 7 vor **20**
– des Verwalters **27**
– Erweiterung **27** 17
Begegnungsstätte **13** 6, **15** 41
Begrenzte Haftung **10** 51
Begriff der Wohnung **Anh.** I 4
– des Entgelts **40** 2
– der Verwaltung 5 vor **20**
Begriffe des WEs **1** 2 ff.
Begründung (Änderung) der Vereinbarung **10** 14 ff.
Begründung des WEs **2**
Begründungsmängel **3** 12, 22
Begründungsfrist **23** 26 ff., **46** 3
Begründungszwang **43** 19
Begutachtung **14** 15
Beheizung **14** 5
Behindertengerecht **22** 18
Behinderte **22** 18
Behörde **13** 33
Behördliche Genehmigung **4** 14
– Auflage **15** 53
Beiladung **44** 4 f., **48** 1 ff.
Beitragsverfahren **43** 9
Beitritt zur Neuerung **22** 24
Bekanntmachung
– des Beschlusses **23** 5, 28
Belastung und Beleihung **1** 16 ff.
Belegung **14** 9
Beleidigung **14** 7
Benutzung und Betreten der SEs-Räume **14** 15
Benutzungsregelung **7** 5

Bepflanzung **13** 12, **14** 11, **22** 20
Beratungshilfegesetz **50** 5
Bereicherungsanspruch **28** 7
Berichtigung **24** 17; 20, 27 vor **43**
– sanspruch **12** 18
Berufung 13 f. vor **43**
Bescheid **10** 1
Bescheinigung **Anh.** I 1
Beschlagnahme **16** 39
Beschluss **10** 28 f., **21** 16 ff.
– anfechtung **16** 92 (s. Anfechtung)
– anspruchsbegründender **21** 21
– als Rechtsgeschäft **23** 15
– buch **23** 5
Beschluss-Sammlung **Einl.** 27, **24** 24 ff., **26** 6, 34
Beschlüsse der WEer **10** 33 ff., **23** 15
Beschlussergebnis **23** 30
Beschlussfähigkeit **23** 21, **25** 27 ff.
Beschlussfassung **18** 11 ff., **23** 4, **28** 26 f.
– Kompetenz **10** 31, **12** 28, **15** 9, **16** 54, 82, **21** 55, **22** 12, **23** 16 f., 21, **24** 17, **27** 54
– Unzuständigkeit **23** 16 f., **28** 36
Beschlussunterlagen **21** 40, **27** 55
Beschränkung des MEs **3** 31
Beschwer 28 vor **43**
Beschwerde 13 f. vor **43**
Beseitigung **15** 23 ff., **22** 5, 12, 17, 27 ff.
– sanspruch **22** 27 ff.
Besitz **1** 31, **13** 39
Besitzschutz **13** 38 ff.
Besondere Aufwendungen **22** 6
Bestandsaufnahme **21** 23
Bestandteile **5** 1 ff.
– des Gebäudes **5** 11 ff.
Bestandskraft **16** 32, **23** 13, 17
Bestandteilslehre **2** 1
Bestellung des Verwalters **23** 10, **26**
– Nachweis der Bestellung des – **26** 19 ff.
Bestellungsdauer **26** 24 f.
Bestimmtheitsgrundsatz **3** 17, 31 ff., **4** 20, **7** 5, 33, **8** 11, 15 vor **10**, **10** 22, 32, **15** 9, **22** 16, **23** 16, 20 **43** 11, 21

Mager Zahlen = Randziffern

Register

Bestimmungsrecht **14** 7
Bestimmungszweck **34** ff. vor **10; 10** 34, **13** 5, 16
Beteiligte **9** f. vor **43, 43** 28, **44** 4, **46** 2, **47** 3, **48**
Betonplatte **22** 3
Betonschwellen **22** 2
Betreten d. Wohnung **14** 15, **23** 19
Betreutes Wohnen **15** 34
Betrieb und Verbrauch gemeinschaftlicher Dienste **16** 47
Betriebskosten **16** 56, 82 f.
Beurkundung **4** 3 ff.
Beurteilungsspielraum (s. a. u. Ermessen) **18** 14, **21** 17, 44, **26** 38
Bevollmächtigung **25** 17 ff.
– Beschränkung der **25** 18 f.
Bewässerung **15** 10
Bewegungsmelder **14** 7
Beweiskraft **25** 18
Beweislast **12** 12
Beweissicherung **13** 43, **21** 12, **27** 35
Beweisverfahren **48** 6
Bewilligung **10** 17 f., **15** 9
Bewirtschaftungskosten (s. a. Wohngeld) **16** 27 ff., 42, 54
Bezeichnung der Gemeinschaft **10** 38, **44** 1 ff.
– im Grundbuch **1** 7, **10** 6, **13** 4 f.
– d. Teileigentums **15** 34, 46
– d. Wohnung **15** 45
– d. Wohnungseigentümer **44** 4
Bezug der EW **8** 5; 6 vor **43**
BGB-Gesellschaft **1** 4, **13** 43, **16** 35, **21** 49, **26** 3, **43** 29
Billiges Ermessen **21** 36, 56, **49** 2
Bindung an Erklärungen **4** 19, **10** 15
– an Anträge 9 vor **43, 43** 11 f.
Binnenstreitigkeiten **43** 1 ff., **50** 7
– Verhältnis der **48** 9
– verhältnis **10** 47, 51
Bistro **13** 6
Blitzschutz **22** 13
Blockabstimmung **25** 32
– heizkraftwerk **Einl.** 2 **21** 44

Blockwahl **29** 2
Blumenladen **13** 5
Boden **5** 13
– belag **5** 13
– schutz **21** 44
Bordell 23 vor **10, 13** 9
Böschungsstützmauer **22** 4
Brandmauer 32 vor **10**
– melder **5** 16
Brandschutz **27** 9
Breitbandkabel **13** 23, **21** 52, **22** 5, 20
Brennwerttechnik **21** 44
Bruchteilsmiteigentum an WE **1** 4, **25** 24
Bucheigentümer **16** 31
Buchersitzung **3** 30, **31** 19
Buchungsgegenstand **7** 3 f.
Bürgschaft **10** 50, **13** 44
Büro **13** 6

Café **13** 6
Callgirl **14** 12, **15** 37
Carport **22** 28
Charakter **15** 14
Chemischreinigung **13** 6
Chronologie **24** 26
Container **22** 4
Courtage **1** 34
Culpa in contrahendo **3** 26

Dach **5** 15, 21; **22** 2
– ausbau **22** 8, 16 ff.
– boden **10** 6, **15** 9
– Fläche **15** 9
– Garten **14** 7, **22** 4, 20
– Geschossausbau **22** 4
– Geschossräume **14** 7
– Flächenfenster **15** 2, 9, 20, **22** 8
– Geschosswohnung **15** 2, 9
– raum **5** 21
Dachterrasse **5** 13, 21, **14** 7, **22** 4
Dämmung **5** 13
Darlegungslast **27** 13
Darlehen **21** 21
Datenschutz **21** 26
Dauerauftrag **27** 24
Dauernutzungsrecht **32** 37

Register

Fette Zahlen = §§ des WEG

Dauerwohnrecht **31–42** (s. DWR); langfristig **41**
Deckenbewurf **5** 21
– durchbruch **15** 2, 9
Definition d. WEs **Einl.** 8
Denkmalbehörde **22** 14
Denkmalschutz **7** 43, **13** 23
Dichtungsschicht **21** 44
Dienstbarkeit **1** 21, 23
Dienstleistung **16** 14
Dienstvertrag **3** 27, **26** 30 f.
Digitaler Empfang **21** 26
Digital-Druckerei **13** 7
DIN **13** 14, **14** 8
DIN 4102, 4108, 4109 s. Abgeschlossenheit **3** 18
Dinglich Berechtigter **4** 4
Dingliche Rechte an WE **1** 16 f.
Dingliche Wirkung der Beschlüsse **21** 32
Direktionsrecht **22** 5
Diskontsatz **16** 19
Diskriminierung **Anh.** III 4
Dispositionsmaxime **9** vor **43**, **46** 5
Divergenz **7** 4, 31, 19 vor **10**
Doppelhaushälfte **5** 9
Doppelstockgarage **3** 8, **5** 10, **16** 76
Doppelte Mehrheit **16** 87, **22** 31
Doppelverglasung **5** 18
Dreigliedrige Einheit **Einl.** 8
Dringender Fall **27** 12
Dritter **10** 44, **16** 37
Drittschutz **13** 35
Duldung **22** 12, 29
Duldung der Einwirkung **14** 7, 14
Duldungsanspruch **13** 19
Duldungserklärung **21** 52, **27** 44
Duldungspflicht **13** 38, **21** 52, **22** 17 f.
Duplexgarage **3** 8
Durchbruch **22** 3, 19
DWR
– Abgeschlossenheit **32** 2
– an Erbbaurecht **42**
– Ansprüche des Berechtigten **34**
– an noch zu errichtenden Gebäuden **10** vor **31**
– Bestandsschutz **33** 15

– Beendigung, Erneuerung **31** 28 ff.
– Eintragungsbewilligung **32** 3
– Eintritt in das Rechtsverhältnis **38**
– Entschädigungspflicht **14** 15, **41** 4
– Entstehung **31** 13 ff.
– Erlöschen **37** 3
des ErbbRs **42** 3
d. Mietverhältnisses **38** 5
– Ersatzansprüche des Eigentümers **34**
– Gegenstand **31** 6 ff.
– Gehölz **14** 11
– Grundgeschäft **31** 20 ff.
– Grundstücksbelastung **31** 3 f.
– Haftung des Eigentümers **33** 7
– Haftung des Entgelts **40**
– Heimfallanspruch **36**
– Heimfall des Erbbaurechts **42**
– Löschungsanspruch **41** 5
– Löschungsvormerkung **41** 6 f.
– Nutzungsrecht, nicht Verwertungsrecht **31** 2
– Prüfung des Inhalts der Eintragungsbewilligungsanlagen **32** 8 ff.
– Veräußerungsbeschränkung **35**
– Verkehrsfähigkeit **33** 8 ff.
– Vermietung **37**
– Vertraglicher Inhalt **33** 28 ff.
– Wohnungsbauprämiengesetz **62** 20
– Zuständigkeitsvorschrift **30** vor **43**
– Zwangsversteigerung **39**
– Zwangsvollstreckung und Konkurs **31** 33 ff., **35** 4
DWR und Mietvertrag **11** vor **31**

Echtes Streitverfahren **2** ff. vor **43**
Ehegatte **1** 14, **12** 9
Ehewohnung **60**
Ehrverletzung **14** 7
Eichzeitraum **16** 42
Eidesstattliche Versicherung **28** 23
Eigenregie **14** 20, **22** 28
Eigentümererklärung **27** 19
Eigentum an der Neuerung **22** 25
Eigentumsschutz **1** 32, **13** 38, **14** 20

Mager Zahlen = Randziffern **Register**

Eigentumsübertragung **19** 3
Eigenverschulden **14** 8
Eignung **26** 3, **29** 15
Eilverfahren **26** 27, **43** 16
Einbau **21** 21; **22** 5
Einberufung **24** 3 ff., 21 f.
Einberufungsfrist **24** 10
— mangel **23** 21, **24** 9 f.
— schreiben **24** 10
Einbruchgefahr **22** 18
Einergemeinschaft **23** 15, **27** 36
Einfache Mehrheit **25** 32
Einfamilienhaus **10** 34, **13** 5, 17, **15** 6
Eingang(sdiele) **15** 7
— stür **5** 18
Einheit **16** 63
Einheitl. Ausübung **25** 24
Einheitswert **16** 41, **18** 11
Einigung und Eintragung **4** 5
Einigungsvertrag **Anh.** I 2 b
EinkommenSt **28** 21
Einladung **24** 12
Einmalige Zahlung **21** 49
Einmann-Gemeinschaft **3** 33
— Versammlung **23** 4, **24** 13
Einräumung: Wesen **3** 29
Einräumung durch letztwillige Verfügung **3** 29
Einräumungsvertrag **3** 20 ff.
Einrede **10** 50, **16** 29, 42
Einsichtnahme **28** 21
Einsichtsrecht **24** 20 ff., 31, **28** 30
Einstellplätze **14** 11
Einstimmigkeit 24 vor **10**, **15** 14 ff., **22** 7, 9, 17
Einstweilige Verfügung **26** 27, 24 vor **43** 16
Eintragung **4** 15, **7** 1 ff., **28** ff., **46** ff., **8** 11
— von Beschlüssen **10** 28
— der Gemeinschaft **10** 37 ff.
Eintragungsantrag **7** 28
Eintragungsbewilligung **7** 5, 23, 29, **10** 17, 28
Eintragungsfähigkeit d. Beschlusses **10** 29 f.
Einwendung **10** 50

Einzelabrechnung **28** 13 f., 21, 27, 32
Einzelfall(entscheidung) **10** 18, 31, **16** 53, 85, 94, **21** 16
Einzelner WEer **21** 12 f., **22** 15
Einzelposition **23** 20
Einzelräume **7** 35
Einzelwahl **29** 2
Einziehung **16** 27 ff., **27** 13 f.
— der Früchte **16** 2
Einzugsermächtigung **27** 24
Einzuladende **24** 11
Eis-Café **13** 6
Eiserne Reserve **21** 49
Elektro-Heizung **22** 20
— Leitung **14** 7
— Smog **22** 18
Energieausweis Einl. Rz. 4, **16** 13, **21** 45 a, **Anh.** I 6 (§ 5 a), I 6 a (§§ 16–19)
Energieeinsparung **21** 44, **22** 30 ff.
Energieeinsparverordnung **22** 34 **Anh.** I 6 a
Energielieferung **21** 40
Energiepass s. Energieausweis
Entfernung (s. a. Beseitigung) **22** 5
Entgelt **26** 32, **40** 2
Enthaltung **25** 24, 34 f.
Enthärtung **22** 3
Entlastung **25** 39, **28** 17, 28 f., **29** 2
— f. Teilbereich **28** 28
Entlüftungsanlage **22** 3
Entschädigung **14** 15, **36** 16
Entscheidungsformel **22** 27
Entsorgungsleitung **10** 1 a
Entstehung des WEs **2** 5 ff.
Entwässerungsplan **21** 36
Entwicklung s. Weiterentwicklung
Entziehung **18**
— sklage **18** 16
Entziehung aus Lasten- und Kostentragung **16** 47
Entziehungsklage **14** 22; **18** 16 ff.
Erbbaurecht im allgemeinen **30** 2 ff.
Erbbauzins **16** 42
Erbe **1** 15
Erdgasbefeuerung **22** 31
Erfassung **16** 51

Register

Fette Zahlen = §§ des WEG

Erfüllungsort **16** 19, **28** 15
Ergänzende Vertragsauslegung **8** 11, **10** 7, **16** 44, **23** 15
Erhaltungsakte **13** 32
Erledigung 19 vor **43**, **43** 23
– in der Hauptsache 16 vor **43**
Erlöschen des DWRs **37** 12, **38** 3 f.
Erlöschen des Mietverhältnisses an DWR **37** 5 ff.
Ermächtigung des Verwalters **21** 27, **26** 40 f.
– eines Dritten **21** 26
– eines Wohnungseigentümers **21** 26
– fehlende **27** 42
Ermessen (s. a. u. Beurteilungsspielraum) **24** 7, 29
– des Gerichts **21** 56, **49** 2
– der WEer **16** 83, **21** 17, 44 f., 49
Erneuerungen **16** 24, **21** 44
Erotik-Fachgeschäft **13** 9
Ersatz von Aufwendungen **16** 25, **27** 10, **34** 2
Ersatzbeschaffung **21** 44, **27** 11
Ersatzeinberufung **24** 8, **29** 14
Ersatzzustellung(svertreter) **45** 4 ff.
Erschließungsbeitrag **16** 80
Ersetzung **23** 35
Erstattungsanspruch **16** 12, 25, **21** 23
Ersterstellung **21** 36
Ersterrichtung (s. a. Fertigstellung) **21** 44, **22** 1, 13, 17
Erstherrichtung **14** 6, **21** 44, **22** 1
Erstherstellung **21** 36, **22** 1
Erstveräußerung **12** 9, 23, 25
Erwerb v. WE durch d. Gemeinschaft **10** 38, **21** 21
Erwerber **48** 7
– haftung **16** 31 f.
Erwerbsverpflichtung **4** 12 ff.
Erwerbsvertrag **1** 34, **4** 9, **13** 42 f.
Estrich **5** 13, 21
Eventualeinberufung **25** 30 ff.
Ex-tunc-Wirkung **24** 31

Fachunternehmen **21** 44
Fällen **15** 9, **22** 3

Fälligkeit **16** 22, **31**, **28** 7
Fäulnis **21** 45
Fahrbahnschwellen **22** 13
Fahrradkeller **15** 14
Fahrradraum **5** 16, **21** 5
Fahrrad(ständer) **21** 44, **22**
Fahrstuhl (s. a. Lift) **5** 16, **16** 76, 82 **21** 26
Fahrstuhlkosten **10** 20, **16** 13, 76, 82
Fahrzeuge (s. a. Kfz) **15** 8
Faktische Gemeinschaft **22** 1
Faktischer Verwalter **26** 39, **43** 8
Falsche Darstellung des SEs im Aufteilungsplan **3** 12
Farbliche Gestaltung **22** 2
Fassade **21** 23, **22** 1
– ngrün **14** 7, **22** 2
Fax **21** 52
Fehlbetrag **28** 13, 15
Fehlen d. Verwalters **21** 35, **26** 14, **27** 55
Fenster **5** 18, 21, **22** 3 f., **28**
– sanierung **21** 15
Fenster/Türenelement **22** 3
Fenstergitter **22** 18
Ferienhausgebiet
Ferienwohnung
Fernwärme **21** 40, 44
Fernsehantenne **14** 14
Fernsprecheinrichtung **21** 52, **27** 19
Fertigstellung **16** 17, **22** 49 f.
Festgeld **21** 21, **27** 60
Feststellung d. Beschlusses **23** 19 f., **24** 13
Feststellungsantrag 8 vor **43**, **43** 9, 13, 21
– sinteresse **43** 21 f.
– sklage **47** 1 ff.
– surteil **47** 2
Feuchtigkeitsisolierung **5** 13
– schaden **13** 38, **22** 35, **27** 55
Finanzbedarf **21** 21, **27** 60
Finanzierung **21** 16, 23
Finanzielle Verhältnisse **26** 34
Fiskus **1** 15
Flachdach **21** 45
Fläche **16** 56 f.
– ngröße **16** 56

Mager Zahlen = Randziffern

Register

Fliesen **13** 14
Fluchtweg **15** 24
Folgen fehlender Wiederaufbaupflicht **22** 43 ff.
Folgekosten **16** 85, **22** 22
Folgenbeseitigung (öff.rechtl.) **22** 14
Fonds **1** 10
Forderung **10** 44
– sausfall **16** 30
Form **3** 21, **4**, **10** 14
Formmangel **4** 9
Formularverträge **3** 26
Formvorschriften **4**
Fortbestand **26** 39
Fotokopien **28** 22
Freier Beruf **13** 4, 24
Freiheit von Belastungen **3** 14
Freistellung d. WEers **16** 56
– sanspruch **43** 3
Freiwillige Versteigerung **19** 2
Freizeichnungsklausel **3** 25, **13** 48
Fremdenverkehrsdienstbarkeit **1** 24
Fremdenverkehrsgemeinde **Einl.** 2
Fremdgeldkonto **26** 39
Frist **24** 10, **26** 29
Fristwahrung **27** 32, **46** 3
Funkantenne **13** 23, **15** 25
Fußboden **5** 13, 21

Gäste **24** 12 a
Garage **3** 6, **5** 25, **7** 33, 35, **13** 5, **14** 11
– Abstellplätze **16** 53
Garderobe **22** 29
Garten **13** 18, **21** 23, **22** 12
Gartenanteil **15** 26
Gartenfläche **14** 11, **15** 9 f.
Gartengestaltung **14** 6
Gartengrill **13** 9, **14** 7
Gartenhäuschen **15** 9, **22** 2, 4, 28
Gartenzwerg **14** 7
Gasetagenheizung **22** 20
Gasheizung **21** 53, **27** 66
Gaslieferungsvertrag **10** 38
Gaststätte **13** 6, **15** 42 f.
GbR (s. BGB–Gesellschaft)
Gebäudeschadenshaftung **14** 16 ff.

Gebäudeversicherung **26** 34
Gebrauch der gemeinschaftlichen Sachen vor **13 ff.** (Überblick)
Gebrauch der SEs-Räume vor **13 ff.** (Überblick)
Gebrauch des SE und ME **13** 3
– smöglichkeit **16** 86
– srecht **14** 7 ff.
– sregelung **15**
– svorteil **17** 5
Gebühr **21** 21
– öffentlich-rechtliche **10** 1
Gefahren des WEs **2** 9
Gefahrtragung **13** 41
Gegensprechanlage **22** 3
Gegenstand des gemeinschaftlichen Eigentums **5** 20 ff.
Gegenstände des SEs **5** 7 ff.
Gegenstandsloswerden der SEs-Rechte **9** 3
Gegenstimmen **25** 35
Gehilfe **27** 23
Geländer **5** 13, **21** 45
Gelder **10** 44, **27** 16
Gemeinsame Grundsätze des Gebrauchs des SEs und MEs **13** 3
Gemeinschaft **3** 2, **8** 2, **9** 2, **10** 1, 42, **18** 8, 17, 199, **43** 16, 19
– Kurzbezeichnung **44** 2
– nicht rechtsfähige **10** 1, **27** 33
– Recht der **18** 8, **19** 9
Gemeinschaftliche Dienste **16** 64, **27** 20
Gemeinschaftliches Eigentum **1** 2 ff., 8 ff., **3** 12 f., **5** 20 ff.
Gemeinschaftliche Gelder **1** 10, **10** 44
Gemeinschaftliches Grundbuchblatt als Ausnahme **7** 27
Gemeinschaftliches Ws-Grundbuch **9** 12
Gemeinschaftsantenne **21** 52
Gemeinschaftsordnung **8** 11, **9** vor **10,** 10
– Änderung 24 f. vor **10, 10** 14
Gemeinschaftsverhältnis, verdinglicht **10** 1, 5, **14** 4
Gemischtes WE und TE **1** 3

Register

Fette Zahlen = §§ des WEG

Genehmigung **13** 17, 23, **22** 14
- behördliche **4** 14
- sfiktion **28** 22
Generalbauvertrag **2** 7 f.
Generalschlüssel **21** 40
Generalvollmacht **8** 11
Genossenschaftsmodell **31** 17
Gerätehäuschen **15** 9, **22** 29
Geräteraum **5** 16
Geräusche **14** 5, 7 ff., **15** 5
Gerichtskosten (s. a. GKG) **43** 33 f., **49** 1 ff., **50** 4, 7
Gerichtsmonopol **23** 16
Gerichtsöffentlichkeit **22** vor **43**
Geringstes Gebot **16** 43
Gerüche **14** 5
Gerüst **14** 15
Gesamtakt **10** 13, 28; **23** 15
Gesamtbelastung **2** 9, **16** 11
Gesamthandsformen **3** 34
Gesamtrechtsnachfolge **21** 36
Gesamtschuldner **10** 47, **16** 35, 81, **28** 31
Gesamtvertretung **27** 55
Geschäftsbeschluss **23** 18
Geschäftsbesorgung **2** 7, **3** 28, **26** 30 f.
Geschäftsführung des Verwalters **27** 2 ff.
- Kontrolle der - **27** 53, **28** 12 f., 20
- ohne Auftrag **21** 13, **26** 39
Geschäftswert **12** 27, **18** 24, **43** 33 ff., **50** 7
Geschossdecke **5** 21, **22** 3
Gesellschaft s. BGB-Gesellschaft
Gesetzl. Schuldverhältnis **5** vor **10**, **10** 7 f.
Gesetzl. Verkaufsrecht **1** 22, **Anh. III** 3, 4
Gesetzlicher Vertreter **27** 26 ff.
Gestaltungsrecht **43** 17 ff., **46** 1
Gestaltungsspielraum **15** 9
Gestaltungsurteil **47** 2
Gestattungspflicht **14** 15
Getrennte Prozesse **19** vor **43**; **44** 5
Gewährleistung s. unter Mängel
Gewerbe **13** 5, **15** 15 a, 20
Girokonto **27** 60

Gitter **22** 18
GKG **Anh. II** 3
Glas(fenster) **5** 18
Glaubhaftmachung **16** 42
Gleichbehandlung **21** 38
Gleichwertigkeit **5** 33
Gleitklausel **8** vor **10**, **26** 37
Gliederung der Verwaltung **20**
Gottesdienst **15** 15 a
Grenzanlage **5** 25
Grenze **15** 9, **21** 44
Grenzen der Abdingbarkeit **7** f. vor **10**, **18** 19 f.
Grenzüberbau **1** 9
Grenzziehung **8** 11
Grill **13** 9, **14** 7, **15** 20
Größe **15** 9
Großer Schadensersatz **13** 44
Großwohnanlage **50** 7
Gründungsmangel **Einl.** 12, **7** 31
Grünfläche **15** 4
Grundbesitzabgaben **10** 1
Grundbuchamt **7** 38; **15** vor **10**
Grundbuchberichtigung **12** 18
Grundbucheintragung **7**
Grundbuchfähigkeit **Einl.** 26, **1** 4, **5**, 20, **10** 1 a, 38
Grundbuchmäßige Behandlung der WEs-Sachen **Anh. I Anl. 2**
Grundbuchvorschriften **7**
Grunddienstbarkeit **1** 23 f.
Grundfläche **16** 43
Grundgesetz **14** 7
Grundpfandrechte **1** 16, 25
- gläubiger **5** 31, **10** 15
Grundsatz der gemeinsamen Verwaltung **21** 1 ff.
Grundsteuer **27** 26
Grundstück **16** 44
- sabgaben **10** 1 a
- serwerb **21** 21
Grundstücksgrenze **21** 44
Gültigkeitsvoraussetzung **23** 5
Gutachten **21** 23, 44
Gutgläubiger Erwerb **15** 18
Gutglaubensschutz **3** 35, **6** 4, **7** 4, 31, **61** 2

Mager Zahlen = Randziffern

Register

Guthaben **28** 9, 13, 31
GVG 13 f. vor **43, Anh.** II 2
Haftpflichtversicherung **29** 15
Haftung
– des Verwalters **21** 26, **27** 66 f.
– für Herstellungskosten **3** 28, **16** 79
– des Erwerbers **16** 31 ff.
– des Verbands **Einl. 26, 10** 38, **26** 43 f.
– der Wohnungseigentümer **10** 46 ff., **12** 17, **14** 8, **26** 32
– des WEers **3** 28, **14** 5, **77** ff.
– für Hilfspersonen **14** 12 f.
– für Verwalter **13** 45, **26** 43 f.
– für Verwaltungsschulden **21** 10
– gegenüber Dritten **10** 1, **16** 78 f., **21** 10, **26** 43 f.
– im öff. Recht **Einl.** 36, **16** 47

Haftungssystem **10** 51
Handlungspflicht **14** 15
Handlungsstörer **21** 36, **22** 27, 29
Hangbefestigung **15** 9
Hausanschluss **14** 7
Hausgeld (s. Wohngeld)
– konto **16** 22
Haushaltsnahe Dienstleistung **28** 21
Hausmeister **16** 13, 63, **26** 45, **27** 9
Hausmeisterwohnung **5** 21, **21** 21
Hausordnung **15** 5 f., **21** 41 ff.
Hausratsverordnung **60**
Haustierhaltung **13** 9, **14** 10, **15** 6
Haustür **5** 18
– videoanlage **14** 7
– schließanlage **15** 5, **21** 42
Hausverbot **13** 11, **14** 7, **21** 41
Hausverwaltervertrag **26** 30
Hebeanlage **22** 31
Hebebühne **3** 8, **5** 10, **16** 76
Hecke **22** 3
Heilung **23** 31, 35, **61**
Heimfall **30** 14 ff., **35** 3
Heimfallbedingungen **30** 23
Heimstätte **1** 30, **3** 2
Heimstätteneigenschaft **30** 20
Heizkessel **22** 34, 40

Heizkörper **5** 16, **14** 7, **16** 51, **21** 21, 23
Heizkosten **16** 18, 66 ff.
– abrechnung **21** 54
– erfassung **21** 54
– verordnung, **16** 66 ff., **22** 32, 38 ff., **27** 16, **Anh.** I 4
– verteiler 1 vor **15, 16** 51, **21** 21
– verteilung **16** 42, **21** 21
Heizöl **27** 15
Heizung **14** 5, **21** 21
Heizungsanlage **5** 22, **21** 23, 44, **22** 1
– Verordnung **16** 66 ff., **22** 40, **Anh.** I 5
– nraum **5** 21
– Sanierung **16** 72, **21** 23
Herausgabe **1** 32, **22** 29
Herstellung **21** 36, **22** 1, 17
Herstellungskosten **3** 28
– sverpflichtung **13** 42
Hinweispflicht **27** 66, **46** 5
Hinzuerwerb **21** 37
HOAI **21** 44
Hobbyraum **13** 7
Höchstdauer **29** 2
Hoffläche **15** 10, 14, **22** 1, 28
Holzfenster **22** 28
Honorar **26** 32, **27** 54
Hotel **15** 45, 47
Hotelzimmer **3** 19
– appartement **3** 19
Hunde **10** 20, **14** 10
– haltungsverbot **14** 10
Hypothekenbrief **Anh.** I 2 a Anl. 2

Informationsfreiheit **21** 52
Informationspflicht **23** 22, **26** 30
Informationsrecht **28** 22 f.
Inhalt des SEs **5** 26 ff.
– des Dauerwohnrechts **33**
– der Eintragung **7** 13 ff.
Inhaltliche Bestimmtheit **21** 16, **23** 16, 20
Inhaltsänderungen des WEs **3** 29
Inhaltskontrolle 9 ff. vor **10**
Inkrafttreten **62, 64**
Innenverhältnis (s. a. Binnenverhältnis) **10** 47, 49, **17** 7, **27** 1, 7, **49** 2

Register

Fette Zahlen = §§ des WEG

Insichgeschäft **25** 44, **26** 45, **27** 43
Insichprozess **43** 30, **47** 3
Insolvenz **11** 17, **12** 20, **13** 42, **16** 51, **30** 12
– d. Gemeinschaft **11** 17
– d. Verwalters **27** 60
– d. Zwischenmieters **13** 11
– eines WEers **1** 28, **16** 16, 51, **21** 29, **23** 16, 25, **43** 23
– fähigkeit **Einl.** 29; **11** 18
InsolvenzO, EG **Anh.** I 2 c
Insolvenzverwalter **21** 29
Installation **5** 12, 16, **14** 8
– steile **10** 40
Instandhaltung des SEs **14** 5 f.
Instandhaltung und Instandsetzung **16** 85 ff., **21** 44
Instandhaltungsrücklagen **1** 10, **21** 49, **28** 5
Instandsetzungsarbeiten **13** 30, **27** 9 f.
Instandsetzungslast **5** 17, **10** 19, **16** 76
Instandsetzungsmaßnahmen **21** 13
Intensivere Nutzung **14** 7
Interessenkollisionen **23** 19, **25** 36, **26** 34, 45, **27** 29, **43** 11
Internationales Privatrecht **3** 37
Internationale Zuständigkeit **16** 19
Interne Kommunikation **27** 18, **47** 5
– Kostenerstattung **47** 5
Internet **21** 52
Investitionen **22** 28
Inzidententscheidung **43** 21
Irrtum **23** 29, **25** 16
Isolierter MEsanteil **3** 3; **4** 4; **7** 22
Isolierung **5** 13, 21
Isolierverglasung **5** 18, **10** 14, **16** 14, 17
Ist-Betrag **28** 32

Jahresabrechnung **21** 24, **26** 34, **28** 11 ff.; 16, **16** vor **43**
– svergütung **29** 13
Jalousien **5** 18
Jastimmen **25** 32
Juristische Grundlage **Einl.** 5 ff.
Juristische Natur des DWR **8** f vor **31**

– der Vereinbarung **10** 5 ff.
– der Teilungserkl. **8** 3 f.
Juristische Person (s. Rechtsfähigkeit)

Kabelanschluss s. Breitbandkabel **21** 52
– Vertrag **21** 21
Kalenderjährliche Abrechnung **21** 51, **28** 12, 23
Kaltwasserversorgung **21** 21
– Zähler **16** 53 f., **21** 21
Kamera-Attrappe **21** 26
Kamin **13** 19
– ofen **14** 7
Kampfhunde **14** 10, **15** 6
Kaninchengehege **22** 3
Kapitalkosten **16** 23
Katzen **14** 10
Kaufvertrag **1** 33 ff., **3** 24 ff., **13** 46 f.
Kellereigentum **3** 7
– Fenster **22** 19
– Modell **1** 2
Kellerraum **5** 16, **7** 45, **13** 7, **15** 9, 14
Kernbereich 8, **28** vor **10**, **25** 2, **29** 6
– geschäfte 4 vor **20**
Kettenbeschluss **16** 85
Kfz (s. Pkw); -stellplätze (s. u. Abstellplatz)
KG **1** 4, **26** 3
Kind **14** 7, **15** 5, 14, **27** 54
Kinderarztpraxis **13** 6
Kinderlärm **15** 5
Kinderschaukel **21** 33, **22** 27
Kinderspielplatz **13** 18, **15** 20, 44, 53, **22** 13, **27** 21
– Wagen **21** 42
Kindertagesstätte **13** 6
Kiosk **15** 43
Kirche **15** 44
Klage **43** ff.
– gegen Verwalter **26** 39
Klageänderung 9, **18** vor **43**
Klageantrag **23** 26, **43** 19 ff.
Klagebefugnis **43** 19 ff.
– befugnis (auf Räumung) **19** 4

Mager Zahlen = Randziffern

Register

– erhebung **46** 3
– frist **23** 26
– rücknahme 18 vor **43**
Klageschrift **43** 17
Klarstellungsvermerk **7** 22
Klausel 25 vor **45**
Kleiner Schadensersatz **13** 44
Kleintiere **14** 10
Klient **15** 7
Kombinierter Beschluss **23** 17
Kompetenz **22** 12, **23** 4
Konfusion **10** 45, **43** 30
Konkludente Feststellung d. Beschlussergebnisses **10** 12, **25** 32
Konkludente Zustimmung **22** 12
Konkludentes Verhalten **10** 16, **15** 9, **21** 7, **25** 32, **26** 20
Konkrete Maßnahme **22** 12
Konkretisierung **22** 13
Konkurrenz zwischen **43** ff. und ZPO **43** 2
– Angebote **21** 45, **26** 18
Konkurrenzschutzklausel **10** 23, **15** 14
Konkurs (nunmehr: Insolvenz) **11** 17, **12** 20, **13** 42, **43** 23
Konstitutiv **23** 20, **25** 32
Kontamination **27** 54
Konto **26** 39, **27** 17, 52, 57
Kontostand **28** 25
– eines WEers **1** 28, **16** 16, 36, **23** 16
Kontrolle **28** 20 ff.
– der Geschäftsführung **21** 40, **27** 9, 65
– des GemEs **27** 9
– des SEs **14** 15
Konzentration **6** 21
Konzentrationszuständigkeit **43** 1, 5
Kopfstimmrecht **8** 16, **25** 8 f.
Kopiekosten **26** 30
Kopieren **28** 24
Korrektur **21** 1
Kosten **16, 27** 22
– außergerichtliche **16** 92, **49** 1, **50**
– der Vorratsteilung **8** 17 f.
– des gemeinschaftlichen Eigentums **16** 13 f.

– des Einbaus **21** 21; **22** 5
– des SEs **3** 36, **16** 9
– des SNRs **15** 10
– des Verfahrens **16** 92, **49, 50**
– Einziehung d. **16** 28 f.
Kostenbeteiligung **17** 5
Kostenentscheidung **49** 1 ff.
Kostenerstattung **50** 1 ff.
Kosten-Nutzen-Analyse **21** 44 f., **22** 1
Kosten und Lasten **16** 9 ff.
Kostenentscheidung **49, 50**
Kostentragung des Verwalters **47** 3
Kostenverteilung **10** 26, **16**
Krankengymnastikpraxis **13** 10
Kreditaufnahme **16** 60, **21** 21, **27** 15
Kritik **27** 53
Küchenfenster **22** 3
Kündigung des Mietvertrags **14** 12
Kündigung des Verwalters **26** 2 ff., 28
Kündigungsschutz **Einl.** 25, **8** 19, **8** 20, **36** 11
Kunde **15** 7
Kunststofffenster **22** 28
Kurzbezeichnung **10** 41, **44** 2

Laden **13** 6
– Markise **22** 4
– öffnungszeit **13** 24
– Raum **13** 5, 6
– schlusszeit **13** 24
Ladung **23** 20
Ladungsmangel **23** 22
Lärm **15** 5
Lageplan **15** 9
Laienverwalter **49** 4
LandesbauO **13** 7
Langfristige Dauerwohnrechte **41**
– Übung **43** 4
Lasten **16, 27** 22 f.
– des gemeinschaftlichen Eigentums **16** 9 f.
– Einziehung **16** 27
Lastschriftverfahren **16** 27, **21** 21
Laufende Maßnahmen **27** 50
Leasing **21** 44

863

Register

Fette Zahlen = §§ des WEG

Lebensgefährte **15** 14
- partnerschaft **25** 18, 36, **Anh.** III 4

Leerstehen einer EW **16** 48
Legitimation **22** 14
Leistungsempfang **27** 15
Leistungsverfahren **23** 32
Leitung d. Versammlung **24** 13
LeitungswasserVers. **20** 48
Leuchtreklame **22** 4
Lichteinfall **14** 7, **22** 9
Lift **21** 26, 35, **22** 32
Liquiditätsengpass **21** 49, **27** 29, **28** 13
- probleme **26** 34

Liste d. WEer **21** 40, **27** 7, **44** 3
Loggia **5** 9, 13, **22** 4 f.
Lokal **13** 6
Los **15** 8
Lüftungsschacht **22** 13
Luftschranke **3** 18
Luftzufuhr **14** 7

Mängel
- ansprüche **10** 40, **21** 53
- der Einberufung **24** 5, 9 f.
- d. Gemeinschaftseigentums **13** 35, 38, 42 ff., 55, **14** 10, **21** 25, **27** 38

Mahnbescheid **21** 53
Mahngebühr **16** 39
Mahnung **27** 28
Mahnverfahren **16** 41, **43** 16
Majorisierung **10** 18, **25** 8; **26** 18
Maklerprovision **1** 34, **26** 45
- u. BauträgerVO **3** 25, **13** 44, **21** 53 **Anh.** III 5

Markierung **21** 21
Markise **5** 13, **13** 35, **15** 9, **22** 4, **27**
Maschendrahtzaun **22** 3
Maßnahmen **16** 85
Maßstab **16** 65
Materielle Beteiligung **43** 28 ff.
Materielles Recht **62** 2 f.
Mauer **5** 13
Mehraufwand **10** 23
Mehrere abgeschlossene Wohnungen **3** 10
Mehrere Berechtigte **16** 35, **25** 24

Mehrere Stockwerke **Einl.** 5
Mehrere WEer **43** 13
Mehrere WEs-Rechte **3** 3
Mehrhausanlage **Einl.** 34; **10** 45, **13** 17, 47, **15** 14, 51, **16** 47, 58, 76, 85 **21** 44, 49, **22** 38, **23** 4, **25** 14, **28** 13, **29** 1, **43** 31, **48** 3
Mehrheitsbeschluss **10** 33 f., **15** 17 ff., **21** 16 ff., **25**, **26** 18
Mehrheitsentscheidung **22** 13
Mehrheitsprinzip 8 vor **20**, **16** 62 f.
Mehrjährige Ausgaben **28** 13
Mehrstimmrecht **25** 8 f.
Mehrvertretung **50** 6
Meinungsfreiheit **27** 53
Miet-AG **Einl.** 1
Mietausfall **27** 54
Mieterschutz **Einl.** 43 f., **8** 19 ff.
Miet(er)vertrag **13** 10, **14** 20, **15** 25, 61 f., **16** 35, 52, **21** 45
Miet-Genossenschaft **Einl.** 1
Mietpool **21** 6
Mietrecht **8** 20, **14** 10, 12
MietrechtsreformG **Einl.** 26 f., **Anh.** III 1
Mietverhältnis **8** 19 f., **43** 2
- an DWR
- an Garage **8** 20
- Erlöschen **37** 5 f.

Mietzins **27** 35
Minderheiten 9 vor **20**, **23** 4, 13, **24** 7
Minderheitenrecht **22** 21
Minderung **3** 26, **13** 44
Mindestanforderungen **28** 5
Mindestbefugnisse des Verwalters **27** 1 ff.
Mindesthöhe **16** 41
Mindesthonorar **21** 44
Mitberechtigte **16** 35, **23** 25
Mitbesitz **13** 40
Mitbestimmung **13** 30
Miterbe **12** 22
Mitgebrauch **13** 15, 19
- des Mieters **13** 10

Mitgliedschaftsrecht **13** 29 ff. (Überblick)
- aller Art verdinglicht **5** 30

Mager Zahlen = Randziffern   **Register**

Mitteilung d. Beschlusses **24** 22
Mitverschulden **16** 52, **27** 54
Mitwirkung **21** 36, **43** 2
– spflicht **21** 33 f., 2 vor **43**
– srecht **23** 16, 33
Mobile Antenne **22** 5
Mobile Treppe **22** 3
Mobilfunk **22** 18
– sendeanlage **15** 9
Modernisierende Instandsetzung **21** 44, **22** 2, 31
Modernisierung **13** 47, **16** 85 f., **21** 44, **22** 30 ff.
Möbel **22** 29
Möblierung **22** 3
Moschee **15** 39
Müllbox **22** 4
– entsorgung **10** 47
– schlucker **15** 36
Mündliche Verhandlung 15 vor **43**, **43** 20, 26
Musikausübung **14** 10, **15** 5
Musterverträge s. Formularwerke
Mutwillige Klageerhebung 19 vor **43**

Nachahmungseffekt **22** 29
Nachbargrundstück **5** 23, 8 vor **10**; **10** 19, **13** 35, 38; **15** 4, 9; 6 vor **20**; **21** 21, 26
Nachbarrecht **5** 15, **14** 5, **13** 34 ff., **15** 25
Nachbar(schutz) **13** 25, **15** 3, 11, 23, **22** 14
– öff. Rechtl. **13** 35, **15** 23, 61
Nachfolger **28** 37
Nachlassverbindlichkeit **16** 31
Nachschusspflicht **10** 47
Nachtragswirtschaftsplan **16** 16
Nachweis der Bestellung **26** 19 ff.;
– Verlängerung **26** 4, 10
– Haftung **21** 26
– Honorar **16** 31
– vergütung **21** 24, 26
– Wechsel **27** 36, 39; **18** vor **43**
– Wohnung **15** 15 a
– Zustimmung **22** 16
– der Verwalterbestellung **26** 19 ff.
– der Vertretung **25** 21

Nachzahlung(sbetrag) **28** 13
Namen des Instituts **Einl.** 6
Naturaldienste **16** 14
Nebenintervention **48** 6
Nebenpflichten **16** 27, **26** 30 f.
Nebenräume **5** 9
Negativbeschluss **23** 19, **43** 12
Negatives SNR **15** 12
Neinstimmen **25** 32
Neuartiger Zustand **21** 45
Neubau **13** 42
Neue Bundesländer Einl. 5; **2** 3
Neuerung **22** 3, 24 f.
Neuerwerber **22** 17
Neugestaltung **22** 3
Nichtbekanntgabe **23** 28
Nichtbeschluss **23** 19, **25** 7, 32, **43** 12, 25
Nichteheliche Lebensgemeinschaft **25** 18
Nichteinladung **24** 11
Nichterfüllung **3** 26
Nichtigkeit **23** 16 ff., **48** 10
– und Anfechtbarkeit der Beschlüsse **23** 20 ff.
Nichtöffentlichkeit **24** 12
Nichttragende Wand **22** 3
Nichtursächlichkeit **25** 29
Nichtzulassungsbeschwerde 14 vor **43**, **62** 4 f.
Nichtzustimmung **16** 91
Niederschrift **24** 14 ff.
Nießbrauch **34** 1
Nießbraucher **13** 24, **25** 22 f., 39, **43** 23
Nießbrauchsvorschriften 10 vor **31**
Normen (s. a. DIN) **13** 14
Normenkontrollverfahren **Einl.** 36
Notarhaftung **2** 9
Notgeschäftsführung **16** 28, **21** 12 ff., **27** 67
Notkamin **14** 7
Notverwalter **26** 22 ff., 33
Notwirtschaftsplan **28** 7
Novelle des WEG **Einl.** 20 ff.
Nutzer **15** 11
Nutzfläche **10** 14, **16** 56
Nutzungen **16**

865

Register

Fette Zahlen = §§ des WEG

Nutzungen (Früchte) **16** 1 ff.
Nutzungsausfall **13** 38, **14** 15
Nutzungsentgelt **15** 8, 17
Nutzungsrecht am GemE **15** 12
Nutzungsvorschlag **15** 34

Obdachlose **13** 6, **15** 15 a
Obergrenze **21** 16
Obhutspflicht **14** 10
Objektstimmrecht **8** 16, **25** 8
Öffentlicher Glaube des Grundbuchs **1** 7
– des Aufteilungsplans **7** 32
Öffentliche Verhandlung **22** vor **43**, **43** 26
Öffentliches Recht **Einl.** 36, **10** 1 a
– Baurecht **21** 44
Öffentlich-rechtl. Genehmigung **22** 14 s. u. Genehmigung
– Haftung **Einl.** 36, **16** 47
– Vorschrift **10** 47, **13** 35, **14** 7, **22** 14
Öffneranlage **5** 7, **15** 7
Öffnungsklausel **10** 16 f., 22, 29, **12** 29, **16** 32, 53, 60, 70, **21** 26, **22** 1, 10
– zug. der Länder **7** 41 ff., **32** 8
Öffnungszeiten **13** 24, **15** 43, 48
Ölzentralheizung **21** 44, **22** 1, 31
Örtliche Verhältnisse **15** 14
Örtliche Zuständigkeit **13** vor **43**, **43** 1 ff.
Offene Stellvertretung **27** 62
Offene Verbindlichkeit **28** 13
OHG **1** 4, **26** 3
Oldtimer **15** 7
Opfergrenze **13** 10
Optischer Eindruck **13** 35, **14** 20, **22** 2
Organschaft **10** 1, **26** 4, **27** 3
Ortsbestimmung **22** 5
Ortsüblichkeit **13** 11
Outsourcing **10** 38

Pächter **13** 14
PaPkG **26** 37
Parabolantenne **10** 20, **13** 23, **21** 52, **22** 5, 28

Parallelfall **16** 85
Parkplatzabsperrung **22** 2
Partei **43** 28 f., **50** 6
Parteifähigkeit 16 vor **43**; **43** 6, 28 ff., 31
– wechsel 18 vor **43**
Partyraum **13** 7
Passivprozess **43** 2 f.
Pauschale **14** 15
Penthousewohnung **22** 4
Pergola **22** 4, 9
Periodische Abrechnung **28** 13
Persönl. Erscheinen 15 vor **43**
Persönl. Haftung **10** 47
Personale Verantwortung **26** 4
Personengebundenheit **26** 3
Pfändung von WE (s. Zwangsvollstreckung) **25** 20
– des SNRs **15** 27
Pflanzen **22** 20
Pflanztrog **22** 13
Pflasterung **15** 9, **22** 1
Pflegekosten **16** 82
Photovoltaikanlage **Einl.** 2
Pizzeria **13** 6
Pflichten **Einl.** 19
– der DW-Berechtigten **33** 18 ff.
– des Verwalters **27** 2 ff.
– des WEers **14**
Pkw **21** 42
– Einstellplatz **7** 5
– Stellfläche **15** 2, 8, 12, **21** 21, **22** 21
Plakate **13** 23
Plattenbelag **5** 21
Plombe **15** 4, **16** 51
positive Forderungsverletzung **3** 26, **12** 17, **14** 8, **27** 11, 54
Post **13** 10
– filiale **13** 24
Praxis **13** 4 f., 24
– Schild **13** 24
Preisklauseln 8 vor **10**, **26** 37
ProdukthaftungsG **10** 40, **13** 44
Prostitution **13** 37; **14** 9, 12, **15** 37, 45
Protokoll **23** 28, **24** 14 ff., 17 vor **43**
– falsches **26** 18, 34

Mager Zahlen = Randziffern

Register

Provision **1** 34, **26** 45
Prozessfähigkeit **27** 49, **43** 6, 31
Prozessführung **21** 27, **27** 36 ff.
– sbefugnis **27** 34 f., **29** 10 f.
Prozessgericht **43** 1 ff.
Prozesskosten **49** 1 ff.
– Verteilung der **16** 93, **49** 2
Prozesskostenhilfe **19** vor **43**
Prozessleitung **15** vor **43**
Prozessstandschaft **13** 42, 12 vor **43**
– des Verwalters **27** 34, 36
– gewillkürte **27** 36
Prozessverbindung **47** 1 ff.
Prozessvertretung **11** f. vor **43**
Prüfung **14** 15
– skompetenz d. GBAs **7** 38
– spflicht des GBAs **7** 38, 46; 10 vor **10**
– des Verwalters **12** 10
Pseudovereinbarung **7** 48, **10** 28
Punktesystem **15** 8

Qualifizierte Mehrheit **10** 14, **25** 7
Quartalsabrechnung **28** 19
Quasiverband **27** 18, **46** 7
Quorum **24** 7 f.
Quotenänderung **4** 17, 16 ff. vor **10**
Quotenbelastung **8** 1

Rangklasse **16** 41, 44
Rangverhältnisse **1** 16, **3** 32
Rate **16** 31, **28** 9
Ratenzahlung **16** 27, **21** 26
Rauchen **15** 5, **21** 41
Rauchgasklappe **22** 31
Rauchwarnmelder **5** 16, **21** 17, **22** 14
Raum im Sinne des Gesetzes **3** 6 ff.
Räume **5** 9 f.
Räumungsfrist **18** 18
RBerG **27** 28
Reallast **1** 23, 25
Realteilung **Einl.** 43, **13** 17, **15** 14
Rechnungsabgrenzung **28** 32
Rechnungslegung **28** 19
Rechte der DW-Berechtigten **33** 24 ff.
– der WEer **Einl.** 18
– des Wohnungseigentümers **13**
– aus dem SE **13** 4 ff.
– aus dem ME **13** 15 ff.
Rechte und Pflichten der WEer **1** ff. vor **13 ff.**
Rechtl. Gehör **43** 20, **49** 4
Rechtsanwalt **16** 61, **21** 23, **24** 12, **25** 18, **27** 34 f., 39, 44, 11 vor **43** (s. a. u. Anwalt)
– Kosten **49** 1, **50** 6
– Vergütung **16** 93, **50** 6
Rechtsberatung **27** 31
Rechtsfähigkeit der WEer-Gemeinschaft (s. a. Teilrechtsfähigkeit) **Einl.** 26, 5 vor **10**, **10** 1, 37 ff., **13** 38, 16, 25 vor **43; 43** 28, 31
Rechtsgeschäfte zwischen Gemeinschaft und Verwalter **26** 45 f.
Rechtsinhaber **10** 1
Rechtskraft 23 vor **43**, **48** 10
Rechtsmangel **3** 26
Rechtsmängel bei Begründung **Einl.** 12
Rechtsmissbrauch **23** 22 f.
Rechtsmittel **13** f. vor **43**
Rechtsmittelbelehrung **16** 46, **43** 26
Rechtsnachfolger **8** 9, 36 vor **10**, **10** 26, **16** 31 ff., 42, **22** 17, 28, **23** 13, **28** 34, 18 vor **43**, **43** 8, 13, 23, **48** 8
Rechtsnachteil **27** 32 f.
Rechtsnatur des Urteils **19** 5
Rechtsschein **23** 19
Rechtsschutzbedürfnis **21** 37; 9 vor **43**, **43** 21, 26, 29
– interesse (s. Rechtsschutzbedürfnis)
Rechtsstreit **16** 20 ff., 92
Rechtssubjekt **10** 37 ff. (s. a. Rechtsfähigkeit)
Rechtsträger **10** 1
Referentenentwurf **Einl. 32,** 45 vor **10**
Reform des WEG **Einl,** 20 ff.
Reformpläne **Einl.** 37
Regelungseinrichtung **5** 16
Reihenfolge **24** 13
Reihenhaus **Einl.** 43, **5** 15, **15** 14
Reinigung **16** 13, 63, 82
Reklamen **13** 23 f., **43** 4

Register

Fette Zahlen = §§ des WEG

Religionsausübung **15** 15 a
Reparatur **21** 49
Reparatur(auftrag) **21** 16, **27** 9
Reparaturkosten **16** 17, **21** 49
Restaurant(nutzung) **15** 34 f.
Restfälligkeit **16** 39
Revision (nach ZPO) **1** 34, 14 vor **43**, **62** 5
Revision des Verteilungsschlüssels **16** 60, 73
Richterablehnung 18 vor **43**
Richterliche Aufklärungspflicht **44** 5
– Bestellung **26** 22 f.
– Beteiligung **22** 26, 48
– Entscheidungen **10** 32, **15** 23 ff.; **43**
– Nachprüfung 11 vor **20**; **21** 30 f.
Richtlinien für die Ausstellung von Bescheinigungen gemäß § 7 Abs. 4 Nr. 2 und § 32 Abs. 2 Nr. 2 des WEG: **Anh** I, 1
Richtlinienkompetenz d. WEer **21** 16, **27** 60
Richtwert **15** 6
Rohbau **16** 48
Rolläden **5** 18
Rollstuhl **22** 18
– rampe **22** 28
Rolltor **22** 3, **27** 15
Rückbau **14** 20, **22** 28
Rückgriff **16** 38, 40
Rücklagebildung **16** 4
Rücklagen **1** 10
Rücknahme 18 vor **43**
Rückschnitt **14** 11, **15** 9, **22** 3
Rückstellungen für Instandhaltung **21** 49 f.
Rückstände **16** 16, 39
Rücktritt **3** 25, **13** 42, 44, **18** 22, **26** 26, **29** 13
Rückwirkung **Einl.** 35, **16** 90, **24** 31
Rückzahlung **10** 41
Ruhen des Stimmrechts **18** 20, **25** 26
Ruhestunden **15** 5
– szeiten **21** 42
RVG **50** 6

Sachverständiger **7** 42, **21** 23, **26** 30, **32** 8
Säumnis **10** 23
Sammelbezeichnung **43** 2
Sammelgarage **5** 10
Sandkasten **22** 3
Sanierung **14** 15, **21** 15, 23, **44** f.
– sbedarf **21** 49
– smaßnahmen **21** 23, 31
– sprognose **21** 49
Sanktionen **10** 23, **14** 19 ff., **16** 49, **24** 32
Satellitenfernsehen s. Parabolantenne
Satzung **10** 6, 20
Sauna **5** 9, **15** 17
Schaden am SE **13** 38, **16** 19
Schadenersatz **13** 44, **14** 21, **43** 4
– gegen Gemeinschaft **13** 38, **21** 54
– gegen Verwalter **12** 17, **21** 12, 26, 53, **27** 66 f., **43** 7
– gegen Veräußerer **13** 43 f.
– gegen Wohnungseigentümer **12** 17, **13** 38, **21** 45
– großer **13** 44
– kleiner **13** 44
Schadensersatzanspruch **12** 17, **16** 29, **21** 54
– gegen Mieter **14** 13
– gegen Verwalter **21** 53 (s. a. Haftung)
– Verzicht **21** 26
Schadenspauschale **10** 23
Schalldämmung **14** 5
– schutz **13** 55, **15** 6, 25
Schaukästen **13** 24
Schaukel(gerüst) **15** 9
Scheidung **12** 9
Scheinbeschluss **23** 19
Schenkung eines WEs **1** 14
Schiebetür **21** 44
Schiedsgericht 14 vor **43**
Schiedsgutachterabrede **43** 32
Schiedsverträge **5**, 14 vor **43**, **43** 32
Schilder **13** 23 f.
Schimmel **27** 55

Mager Zahlen = Randziffern

Register

Schlangen **14** 10
Schlechterstellung s. reformatio in peius
Schließanlage **15** 5, **21** 42
Schließung der Wohnungsgrundbücher **9**
Schlüssel **13** 28
Schmerzensgeld **27** 11
Schnitt **7** 33
Schornsteinfeger **16** 13
Schrank **22** 5
Schranken der Regelungsbefugnis **15** 15
Schriftlichkeit **24** 9
Schriftsatz **16** vor **43, 44**
Schrottimmobilien **2** 9
Schülerladen **13** 6
– nachhilfe **15** 45
Schuldanerkenntnis **25** 39
Schulden **16** 58, **21** 10
Schuldenregelung **17** 7
Schuldverhältnis **5** vor **10, 10** 8
Schutzbereich **26** 32
Schutzwirkung **27** 67
Schwebende Unwirksamkeit **12** 16 f.
Schweiz **Einl.** 1
Schwimmbad **5** 9
Selbstständiges Handeln des einzelnen **21** 12 f.
Selbstständiges Beweisverfahren **43** 37
Selbsthilfe **15** 21, 55
Selbstkontrahieren **27** 36
Senioren **13** 6, **15** 41
Sex-Kino (-Shop) **13** 9
Sicherheit geg. Einbruch **22** 18
– sbedürfnis **21** 26
– sglas **22** 18
– (Stellung von) **21** 21
Sicherung **16** 37 ff.
Sicherung d. Erwerbers **3** 25
Sicherungshypothek **16** 79, **27** 30
– recht **Einl.** 30, **16** 37 ff.
Sichtschutz(zaun) **15** 9, 11, **22** 3
Sittenwidrige Vereitelung **18** 22
Sitzplatz **15** 9
Skizze **15** 11
Solaranlage **22** 4, 37

Soll-Betrag **28** 32
Sonderbelastung **28** 14
Sondereigentum, Einräumung **3**
– honorar (s. -vergütung)
Sonderkündigungsrecht **26** 12
Sondernachfolger 8, 36 vor **10, 10** 10, **16** 31 ff., **22** 29, **23** 13
Sondernutzungsplan **15** 26
Sondernutzungsrecht **Einl.** 8, **1** 2, 23, **5** 26 f., **31** ff., **7** 5, **10** 22, 32, 40; 21 vor **10, 12** 30, **13** 28, 38, **14** 11, **15** 9 ff., **16** 51, **23** 15 f.
– fläche **22** 28
– Gleichwertigkeit **5** 33
– negative Komponente **15** 9
– Nutzungsbefugnis **15** 10
Sonderumlage **14** 15, **16** 16, 31 f., 36, 51, **21** 1, 23, **28** 8, 13
– vergütung **21** 24, **26** 32, **27** 34, **28** 12
Sonnenkollektor **22** 37
Sonstiges **23** 9
Soziologische Rechtfertigung **Einl.** 2 ff.
Sparkonto **21** 21
Speicher(raum) **3** 26, **5** 16, **13** 7, **15** 20, **22** 16 f.
Speiserestaurant **15** 9
Spekulationsgeschäft **21** 21, **27** 48
Sperrbügel **22** 21
Sperrfrist **8** 20; **Anh.** III 1 (§ 577 a BGB)
Spezialvorschrift **16** 84
Spielothek **15** 15 a
Spielplatz **13** 18, **22** 4, 7
Spielsalon **13** 6
Spitzboden **5** 16
Spontanversammlung **23** 9
Sprechanlage **5** 21, **15** 7
Stahlgittertür **22** 18
Stand der Technik **22** 30
Standard **13** 55, **14** 5, **21** 49
Standort d. Antenne **22** 5
– d. Gebäudes **7** 33
Steckengebliebener Bau **22** 49
Stehcafé **13** 6
Stellplätze **1** 23, **7** 35, **13** 28, **21** 53, **22** 3 f.

869

Register

Fette Zahlen = §§ des WEG

Steuerberater **13** 4
Stichtag **16** 57
Stilllegung **15** 36, **21** 26
Stillschweigen(d) (s. a. Konkludent) **10** 12, **15** 9
Stimmabgabe **10** 28, **23** 21
Stimmengleicheit **23** 19
Stimmenübergewicht **21** 19, **26** 18
Stimmenzählung **25** 32
Stimmenmehrheit **25** 32
Stimmenthaltung **25** 24, 34, 35
Stimmrecht **25** 8 ff.
– Auslegung von Vereinbarung über 8 vor **10**; 8 vor **20**
– Ausschluss **25** 36 ff., **28** 29
Stimmrechtsvollmacht **25** 21, 32
Stimmzettel **25** 16
Störer **14** 5, **15** 25, **22** 26, 28
– mittelbarer **14** 5
Störungen **14** 9
Strafen **10** 36
Straßenreinigung **10** 47
Streit **3** 26
– genossen **46** 2, **47** 3
– in der Gemeinschaft **21** 40
Streitwert **43** 33 f., **46** 7, **50** 7, **Anh.** II, 3
– bei Löschung eines DWR **31** 39
– im Verfahren nach §§ 18 ff., **19** 6
– privileg **43** 33, **Anh.** II 3
Streunen **15** 6
Streupflicht **15** 5
Stützmauer **22** 3
Struktur **22** 3
Stufen **22** 20
– klage **26** 39
Subtraktionsmethode **25** 32
Sukzessivbeschluss **23** 11
Supermarkt **15** 39

Tätige Mithilfe **21** 21, 44
Täuschung **23** 29
Tagesordnung **23** 9, 21, **24** 13 ff.
– Ergänzung/Erweiterung d. **23** 9
– Reihenfolge d. **24** 13
Tagesstätte **15** 15 a

Tagungsort **24** 9
– raum **24** 9
– zeit **24** 9, **25** 29
Tankhaftpflicht **16** 12
Tankstelle **1** 23, **3** 6, **31** 31
Tapete **22** 4
Tatbestandsberichtigung 20 vor **43**
Tatrichter **22** 26
Tausch von Räumen **6** 6, **14** vor **10**, **12** 24 f.
Teich **22** 20
Teilanfechtung 34
Teileigentum **1** 2 f.
– sgrundbuch **7** 45
Teilentscheidung 20 vor **43**
Teilgemeinschaft **10** 47, **13** 47
Teilhaushalt **28** 29
Teilnahmerecht **25** 33, 45
Teilnichtigkeit **23** 34
Teilrechtsfähigkeit **Einl.** 26, 36; **3** 28; 5 vor **10**, **10** 1, 37 ff., **12** 17, **13** 38, **22** 27, **26** 4, **27** 33 vor **43**; 16 ff., **50** 6
Teilschuldner **Einl.** 33, **10** 47, **26** 43
Teilung durch den Eigentümer **8**
Teilungsanordnung **2** 2
Teilungserklärung (s. a. GemO) **4** 10, 15 vor **10**, **10** 7, **15** 14
Teilungsurteil **2** 3
Teilversammlung **23** 4, 14
Teilzahlung **16** 50, **27** 15
Telefax **21** 52, **25** 21, **27** 19
Telefon **21** 52, **27** 19
– konferenz **23** 4
Tennisplatz **15** 17
Termin d. Versammlung **24** 9
Terrasse **5** 13 f., **13** 38, **14** 7, 15, **15** 9, **22** 16, 20, 29
Textform **24** 9
Theorienstreit **Einl.** 7
Thermohaut **21** 44
Thermoppane-Fenster **22** 30
Thermostatventil **5** 16, **15** 1, **21** 44
Tiefgarage **1** 4, **3** 8, **5** 10,21, **13** 28, **16**, 43, 56, **21** 44, **22** 3, **27** 15
Tierhaltung **10** 20, 32, **13** 9, **14** 10, **15** 6
Tilgungen **27** 22 f.

Mager Zahlen = Randziffern

Register

Tilgungswirkung **16** 27
Time-Sharing **Einl.** 23, **31** 17
Tischtennisplatte **13** 18
Titel 18 vor **43**
– gläubiger **50** 6
Toilette **1** 2, **3** 6
Trag- und Stützmauern **5** 9
Trampelpfad **15** 4
Trennmauer **22** 27
Treppenhaus **16** 13, 82, **22** 2, 4
– reinigung **16** 82
Treppenlift **22** 18
Treppenpodest **22** 2, 4
Treueverhältnis 5 vor **10**
Treuhänder 10 vor **20**, **12** 8, **21** 5, **27** 16, **31** 17
Treuhandkonto **16** 27, **27** 60
– verhältnis **21** 46
Treu u. Glauben **22** 21, **25** 12
Trinität **6** 1 a
Trittschallschutz **5** 21, **13** 14, **14** 5
Trockenestrich **5** 21
Türen **5** 18, **21** 42, 44
Türholm **21** 45
Türinnenseite **21** 45
Turnusnutzung **13** 22, **15** 8, 48
Turnuswechsel der Verwaltung **26** 12

Überbau **1** 9, 32
Übergangsvorschrift **62**
Überlagernde Gebrauchsregelung **15** 11
Überlagernder Beschluss **23** 17
Überlagerung **16** 42
Überlassung der Nutzung **13** 25
Überleitung bestehender Rechtsverhältnisse **63**
Überprüfungspflicht **26** 30
Überschuss **21** 24
Übertragbarkeit des Stimmrechts **25** 17 ff.
Überwachungskamera **21** 26
Überwachungspflicht **21** 40
Überziehungskredit **21** 21
– Zinsen **16** 39
Umbaumaßnahmen **15** 20, **22** 2
Umdeutung einer Kündigung **26** 37
– d. Vereinbarung **23** 17

– einer Prozessvollmacht **27** 37
– eines Beschlusses **23** 15
Umfang des Stimmrechts 8 vor **10**
Umlage (s. a. Sonderumlage)
Umlegung **2** 4, **3** 24
UmsatzSt **28** 21
Umstellung d. Fernsehempfangs **21** 26
– d. Heizung **21** 44, 53, **22** 20, 37, **27** 66
– d. Kostenverteilung **16** 59
Umwandlung v. Mietwohnungen in WE **Einl.** 41 ff., **1** 22, 29, **3** 5, **7** 40, **8** 20, **13** 42, 50
Umwandlung von Ws- in TE **1** 7, 37 vor **10**, **13** 6 f., **15** 14
– Anspruch auf **3** 37
– von GemE in SE **4** 4, **5** 26, **23** 16
– von TE in GemE **16** 31
– von TE in WE **3** 37, **8** 13, **10** 15, **13** 7
Umweltschutz **22** 31
Umzugspauschale **15** 17
Unabdingbarkeit der Bestellung eines Verwalters **26** 13
Unabdingbare Mindestbefugnisse des Verwalters **27** 1 ff.
Unauflösbarkeit d. WEs **Einl.** 17
– der Gemeinschaft **11**
Unbestimmtheit 15 vor **10**, **23** 16
Unbestimmte Vereinbarungen **15** 24
Unbillig **10** 18
Unerlaubte Handlung **27** 11
Ungerechtfertigte Bereicherung **21** 13
Ungleichgewicht **25** 8
Universalbeschluss **23** 10 f.
Unlauterer Wettbewerb **13** 24
Unrichtigkeit des GBs **7** 22, 32
– des Beschlusses **43** 11 ff., **46** 1 f.
Unselbstständigkeit des Sondereigentums **6**
UntererbbR **30** 29
Unterfutter **5** 21
Untergemeinschaft s. Teilgemeinschaft **10** 47
Unterhaltung(spflicht) **5** 10, 14

871

Register

Fette Zahlen = §§ des WEG

Unterlassung **13** 35, 38, **22** 28
- sklage **14** 12
Unternehmer **3** 27
- stellung **21** 44
Unterrichtungskosten **46** 7
Unterrichtungspflicht **24** 23, **27** 12, 30, 66
Unterteilung **8** 16, **25** 10, 24
Unterteilungsplan **8** 16
Untervollmacht **25** 40, **27** 7
Unterwohnungseigentum **1** 19
Unterzeichnung **24** 17
Untrennbarkeit **6** 6 f.; der Elemente **Einl.** 13 f.
Unverhältnismäßigkeit **16** 68
Unverständlichkeit **23** 16
Unzucht **13** 9
Unzulässigkeit d. Klage **44** 3
Unzuständigkeit **23** 26
UWG **13** 24
Urkunde **27** 62
Urteil **47** 1 ff., **48**
Urteil z. Entziehung **19** 7 ff.

Veräußerung d. WEs **1** 12, **10** 47, **43** 2, 19
Veräußerungsbeschränkungen **12**
- Aufhebung der **12** 28
Veräußerungsverlangen s. Entziehung **18** 16
Veranlasser **49** 3
Verband **Einl.** 21, **1** 4, **3** 28, **16** 58, 60, **21** 10, **22** 27, **43** 6, 19
- sklage **27** 18, **46** 7
Verbindung von WE und TE **1** 3
- mehrerer Verfahren **9** vor **43**, **47**
Verbot baul. Veränderung **22** 12
Verbot der Tierhaltung **14** 10
Verbrauch **16** 83, **22** 2
- erin **10** 38
- skosten **16** 38, 50 ff.
- szähler **21** 21
Verbreitung **Einl.** I
Verdienstausfall **14** 15
Verdinglichung **Einl.** 9
- der WEer-Vereinbarung **Einl.** 16
Verdinglichtes Gemeinschaftsverhältnis **10** 5 ff., **14** 4

Verdrängende Vollmacht **25** 19
Verein **10** 6, 20
Vereinbarung **8, 10, 15** 14
Vereinbarungsersetzung **23** 17
Vereinigung **1** 26, **3** 3, 14 vor **10, 12** 26
Vererblichkeit **1** 15
Verfahren **43**
Verfahrensart **19** 1 ff.
- sförderungspflicht **1** f., 9 vor **43**
Verfahrensgrundsätze **43**
Verfahrenskosten **47, 48**
Verfahrensstandschaft **23** 26, **27** 36, 40 f., 12 vor **43**
Verfahrensvoraussetzung **43** 24
Verfallregelung **16** 39
Verfügung über die grundbuchmäßige Behandlung der WEs-Sachen vom 1. 8. 1951 **7** 1 f., **Anh.** I 2
Verfügungsbefugnis **27** 61
Verfügungsfähigkeit **1** 12 ff.
Verfügungsrechte **13** 1 ff.
Verglasung **14** 7
Vergleich **13** 43 f., **19** 16, **21** 53
Vergleichsangebot **21** 44
Vergütung d. Verwalters **26** 32 f., **27** 4; **43** 8
- anteilige Tragung **26** 32
- Erhöhung **26** 32
- Vereinbarung **27** 53
Verhältnis der MEs-Bruchteile **3** 15
Verjährung **13** 48, 51 f., **16** 52, **21** 15, 53, **22** 29, **26** 32, **28** 36, **34** 4, **36** 15
- Unterbrechung d. **21** 53
Verkabelung s. Breitbandkabel
Verkehrspflichten **14** 8, **15** 4
Verkehrsschutz **3** 35
Verkehrssicherungspflicht **15** 4 f., **16** 35, **21** 26, 40, **27** 21, 66
Verkehrswert **16** 39, 46, **50** 7
Verkleinerung 37 vor **10**
Verkündung d. Beschlusses **23** 20, **24** 13, 25, **25** 32
Verlierender Teil **15** 17
Vermietung **12** 35, **13** 10 f., **14** 12, **15** 14, **16** 77, **21** 5, 21

Mager Zahlen = Randziffern

- Beschränkung d. **12** 30, **15** 20
- sverbot **13** 11, **15** 18
- von GemE **13** 10, **15** 2, 20
- von SE **13** 10
- Vermittlung der Auseinandersetzung **2** 3
- Provision **26** 45
- von Wohnungen **26** 45

Vermögen (s. Verwaltungsvermögen)
Vermögensstatus **28** 22
Vermögensverfall **26** 34
Vermögensverwaltung der Gemeinschaft **27** 58 ff.
Vermutung für gemeinschaftliches Eigentum **5** 1 ff.
Verplombung **15** 4, **16** 51, **22** 31
Verrechnung **28** 31
Versäumnis **16** 52
Versagungsgrund **15** 45, 51
Versammlung 7 vor **20**
Versammlung als Grundsatz **23** 4 ff.
- sleiter **24** 13, 33
- sort **24** 9
- sraum **24** 9
- szeit **24** 9

Verschiedenes **23** 9
Verschulden **13** 38, **14** 5, **27** 43
Versendung **24** 11, 14, 18
Versicherung **16** 62, **21** 46 ff.
Versorgungsleitung **10** 1 a
- sperre **14** 15, **23** 16

Versteigerung **15** 8
- des WEs **18** 16; **19** 2

Verteilungsschlüssel **26** vor **10**, **16** 53 ff.
- Änderung **16** 44

Vertikal geteilte Gebäude **Einl.** 5
Vertikalmarkise **15** 9
Vertrag m. Verwalter **26** 15 f., **27** 39
Vertragsfreiheit **8** 9; 7 ff., 9 vor **10**, **10** 20 ff., **24** 2, **28** 2
Vertragsstrafe **15** 17, **21** 55
Vertrauen **26** 34
Vertretung **10** 18, **13** 4, **24** 12, **26** 40
- durch Dritte **25** 17 ff., 39
- durch Verwalter **10** 18, **27** 26 ff., 46 ff.

Register

- durch WEer **27** 55 f.

Vertretungsmacht **23** 8, **25** 17 ff., **27** 3, 46 ff., 51, 60
Verursachung **16** 83
Verwalter **13** 45, **24** 32, **26**, **27**, **43** 7 ff., **45** 1 ff., **46** 2, **48** 2, **49** 3, 8
- kann **nicht** ausgeschlossen werden **20** 9; 10 vor **20**
- Befähigung **26** 3
- Bestellung **26** 16 ff.
- gerichtliche **26** 27, **43** 3
- Fehlen **21** 35, **26** 14
- Haftung **27** 24
- Mindestaufgaben **26** 1, **27** 6
- Organ **27** 3
- Treuhänder **12** 8
- Unterrichtungspflicht **27** 12
- Vergütung **26** 32 f.
- Zustimmung **27** 23

Verwalter-Gesellschaft **43** 7
Verwaltung **20** ff.; 5 vor **20**, **20** 6 ff., **21** 1 ff., 33 f.
Verwaltungsakt **13** 33
Verwaltungsaufwand **21** 55
Verwaltungsbeirat **21** 26, 46, **24** 8, 14, **26** 34, **28** 26, 32, **29**, **43** 24, 29
- Aufgaben **29** 6 ff.
- Bestellung **29** 2
- Höchstdauer **29** 2
- Pflichten **29** 6, 15
- Verwaltung **10** 38 ff.

Verwaltungseinheit **23** 4, 16
- unterlagen **10** 42

Verwaltungsvermögen **10** 37 ff., 42 ff., **11** 18, **16** 31
Verwandte **14** 6
Verweigerung der Zustimmung **12** 18 f.
Verweisung 14 vor **43**
Verwendungsmöglichkeit **2** 2
- Ersatz **27** 10

Verwertungskündigung s. Kündigungsschutz, besonders **8** 20
Verwirkung **15** 11, 25, **19** 15, **22** 28, **43** 15
Verzicht auf WE **1** 14, **3** 30
- auf Einrede **21** 15

Register

Fette Zahlen = §§ des WEG

– auf Schadensersatz **21** 26
Verzinsliche Anlage **27** 48
Verzinsung **23** 16
Verzug **21** 55
– sbetrag **16** 41
Verzugsschulden **16** 49
– Zins **10** 23, **16** 39, **23** 16
Videoüberwachung **14** 7, **21** 26
Vollmacht **8** 11, **25** 21, 39
– z. Änd. der Teilungserkl. **4** 10, 15 vor **10**
Vollmachtsausweis **27** 62 ff.
Vollständige Aufteilung des Gesamtgebäudes **3** 13
Vollstreckung **50** 6 in gemeinschaftlichen Gegenstand **1** 20
– sabwehr **27** 41
– abwehrklage 14 vor **43**
– stitel **27** 41
– sverfahren **27** 49
Vorausverfügungen **40** 4
Vorauszahlungen **16** 15, **28** 4 ff., 30
Vorbereitender Beschluss **21** 27, **23** 16
Vorbereitung **21** 27
– smaßnahmen **21** 44
Vorfinanzierung **21** 23
Vorgarten **22** 28
Vorkaufsrecht an WE **Einl.** 41, **1** 22, **12** 33 f.
Vorleistungen **16** 26
Vormerkung **1** 25, **3** 24, **4** 20, **8** 3, 6, 13, **10** 2, **15** 10, **19** 8
Vormundschaftsgerichtliche Genehmigung **1** 14, **4** 15, **19** 10
Vorratsanfechtung **23** 28
Vorratsbau **2** 2, 8
Vorrecht **Einl.** 25, 30, **16** 37 ff., **19** 9, **Anh.** II, 1
Vorschalterfordernis **22** 16
Vorschaltverfahren **12** 19, 5 vor **43**, **43** 24
Vorschüsse **16** 15, **16** 23, 38, **21** 23, **28** 4 ff., 13, 31 f., 36
– Gerichtskosten **43** 17
Vorsorge für SE **14** 8
Vorvertrag **4** 9
Vorsitz **24** 13

Vorstrafe **26** 3
Vorübergehende Regelung **15** 22, 38, **23** 17, **25** 17
Vorwegzahlung **16** 45

Währungsgleitklausel 8 vor **10**
Wärmedämmung **5** 21, **22** 31
– erfassung **21** 54
– schutz **22** 2
Wäschespinne **22** 1, 3
Wahrsagerei **13** 4
Walmdach **21** 45
Wand(durchbruch) **22** 3, 19
Warmwasserzähler **21** 44, **22** 31 f.
Wartungskosten **16** 82
– svertrag **27** 9
Wäschetrockenplatz **22** 4
Waschküche **15** 5, 7
– raum **15** 7
Waschmaschine **5** 21, **15** 5
Waschordnung **21** 42
Wasseranschluss **5** 26
– hahn **5** 12, **15** 2
– installation **14** 8
– leitung **22** 36
– schaden **14** 5, 12
– zähler **21** 21
Wechsel d. Eigentümers **23** 22
– d. Verwalters **27** 39
Wechselseitige Anhängigkeit **6** 2 ff.
Wegerecht **1** 16, 24
Wegfall d. Geschäftsgrundlage **16** 61
Wegnahmerecht **34** 3
Weisung **27** 23, 57, 60
Weiterentwicklung des WEs **Einl.** 7, 20
Wendeltreppe **22** 8
Werbeschilder **13** 24, **22** 20
Werbung **13** 23 f.
Werdende Eigentümer **3** 33; **8** 3, **10** 2; **16** 31, 79, **25** 19; 6 ff. vor **43**
– Stimmrecht **25** 19
Werdende Gemeinschaft **Einl.** 31, **3** 33, **8** 5, **12** 7, **16** 79, **22** 29; 6 vor **43**
Werkvertrag **2** 7, **3** 26, **13** 42 ff.
Wert d. WEs **3** 39
Wertberechnung **17** 4 f.

Mager Zahlen = Randziffern

Register

Wertermittlung **22** 43
Werterrechnung **16** 53
Wertgrad der Zerstörung **22** 42
Wertsicherungsklausel **8** vor **10**; **26** 32
Wesen der Einräumung **3** 29
Wettbewerb **15** 15
Wichtiger Grund **11** 10, **12** 10, **26** 2, 5 ff., 34 f.
Widerspruch zw. Teil.Erkl. u. Plan **3** 12, **5** 6, **7** 4, 31
Wiederaufbau **22** 44 ff.
Wiederaufbaupflicht **22** 28, 43
Wiederbestellung **26** 26
Wiedereinsetzung in den vorigen Stand **23** 26, **46** 4
Wiederherstellung **15** 25
– sanspruch **43** 4, 10
Wiederholung eines Beschlusses **23** 20
Wiederholungsversammlung **25** 30 f.
Wiederkehrende Leistung **16** 41, **28** 36
Wiederwahl **21** 26, **26** 26, 34, 36
Willenserklärungen **10** 13, 28, **27** 27 ff.
Willensmängel **Einl.** 12, **23** 15, **25** 16
Wintergarten **5** 21, **15** 9, **22** 3, 4, 9, 16, 18, 22, **22** 25
Wirkung d. Beschlusses **24** 19
Wirtschaftsführung **28** 1
Wirtschaftskeller **13** 9
– kraft **26** 28
– plan **21** 51, **28** 3 ff.
Wohlerworbenes Recht **15** 50
Wohnbesitz **Einl.** 20, **42** 5
Wohneinheit **26** 32
Wohnfläche **3** 26, **10** 14, **16** 53, 56, 74, **Anh.** I, 3, 4
Wohngeld i. S. von Verwaltungsbeiträgen **10** 23, **16** 9, 15 f., **27** 14, 9, **26** 39, **27** 13, **28** 4
– ansprüche **27** 34 f., 39, 57
– vorschüsse **28** 32
Wohngeräusche **14** 5
Wohnmobil **13** 19, **15** 14

Wohnraumbewirtschaftung **1** 29
Wohnsitzlose **13** 6, **15** 15 a
Wohnung **13** 5
– Begriff **Anh.** I 3
– Berechnung der Wohnflächen und Nutzflächen **Anh.** I 3, 4
Wohnungsabschlusstür **5** 18
Wohnungsbauprämie **62** 1
Wohnungseingangstür **5** 21, **27** 10
WohnungserbbR **4** 19, **42**
Wohnungsfläche (s. Wohnfläche)
Wohnungsgröße **4** 13
Wohnungsgrundbuch **9**
– verfügung **Anh.** I 2
Wohnungs- und Teilerbbaurecht **30** 5
Wohnungsrecht **13** 20
Wohnungsvermittler **26** 45
Wohnungsvermittlungs(regelungs)gesetz **1** 34, **Anh.** III 1 a
Wortmeldung **24** 13

Zähler **21** 21
Zahlung **27** 15
Zahlungsverkehr **26** 39, **27** 17
Zahlungsmodalität **21** 55
Zahlungsverzug **18** 10
Zaun **15** 4, **21** 44, **22** 2, 20
Zeitpunkt der Versammlung **24** 9
Zentralheizung **16** 77
Zerstörung **9** 3, **11** 8 f., **22** 42 f.
Zinsbeträge **16** 41, **27** 21, 25, 48
Zirkularbeschluss **23** 10 f., **26** 18
Zitterbeschluss **23** 17
ZPO **Einl.** 25, 1 ff., **16** vor **43**, **43** 3
Zuführung z. Rücklage **28** 5
Zugang, eigener **3** 18, **15** 17 (s. Abgeschlossenheit u. DIN)
– sregelung **15** 17
– ssperre **3** 8
Zugriffsrecht **21** 46
Zuordnungssubjekt **10** 37
Zurückbehaltungsrecht **16** 29, **26**, 46, **27** 29, **28** 43
Zurückverweisung **45** 18
Zusammenfassung von selbstständigen Gebäuden **1** 3

Register

Fette Zahlen = §§ des WEG

Zusammentreten aller WEer 23 9
Zusatzvergütung (s. Sondervergütung)
Zuschlag 57 5
Zuschlagswirkung 19 3
Zuschreibung 7 12
Zuständigkeit 10 31, 19 5; 3, 13 f.
  vor 43
- DWR 41 9, 43 1
- des BGH 4 vor 43
- der Gemeinschaft 13 42
- des OLG 4 vor 43
- Entziehung des Wohnungseigentums 19
Zuständigkeitsverteilung 22 1 ff., 9 ff.
Zustandsstörer 15 15
Zustellungen 27 27, 45 1 ff., 46 3, 48 5
- Vertreter 27 27 ff., 45 2 ff.
- Vollmacht 27 27
Zustimmung der Versammlung 12 8 f., 20, 30, 15 17 f., 52, 61
- des Verwalters 12 8 f., 15 20, 52, 21 23, 27 17, 48, 61
- dinglich Berechtigter 4 15, 10 15, 28
- Dritter, insbes. der Grundpfandrechtsgläubiger 1 19, 21, 5 31 f., 8 10, 10 25
- zur Vermietung, Verpachtung, Bestellung eines DWRs, Übertragung eines Sondernutzungsrechts 12 35
- zu Handlungen eines WEers 21 24
- zur Veräußerung 12, 61
- zu baul. Veränderung 22 19

Zustimmungsberechtigte 10 15, 12 8 f., 61
Zustimmungsersetzung 11 11, 12 12
- heilung 61
Zustimmungsverweigerung 12 10 ff.
Zuteilung der Nutzungen 16 6 ff.
Zuweg(ung) 22 2
Zuweisung 10 1
ZVG 16 37 ff., **Anh.** II, 1
Zwangloses Treffen 23 10
Zwangsgeld 28 25
Zwangs(sicherungs)hypothek 10 38, 16 28, 27 30
Zwangsversteigerung 16 17, 31 f., 37 ff., 27 6, 43 1
- Vorrecht 16 37, **Anh.** II 1
Zwangsverwalter **Einl.** 43, 16 31, 45, 22 52, 25 20, 27 6
Zwangsvollstreckung 1 27, 11 16 f., 12 20 f.; 25 vor 43, 43 5, 29
Zweckbestimmung 13 4 ff., 15 14, 15, 34
- der Anlage 15 34
- Teileigentum 15 15
- Wohnen 15 15
Zweckentfremdungsgenehmigung 13 4
Zweiergemeinschaft 16 11, 67, 18 8, 11, 17, 19 9, 25 32
Zweitbeschluss 21 1, 43 22
Zweitwohnung **Einl.** 2
Zwingendes Recht 16 90, 18 20, 21 55, 26 1, 7, 25, 27 57
Zwischenabrechnung 28 13
Zwischenentscheidung 20 vor 43
Zwischenmieter 16 27
Zwischenverfügung 4 6
Zwischenzähler 16 53, 21 21